기출로 합격까지!

행정법총론 최신 7개년 단원별 기출 총정리

개정 법령 및 최신 출제 경향 완벽 반영

핵심을 짚은 해설과 체계적인 오답 정리

유대웅 편저

유대웅 행정법총론
단원별 기출문제

이 책의 머리말

기출문제의 분량

공무원 시험에서 행정법 과목은 해마다 그 난도를 더해가고 있습니다. 출제되고 있는 지문의 수준이 현격히 높아지고 있어, 2020년 이전의 기출문제들은 별로 의미가 없을 정도라고 평가될 정도입니다. 그래서 이 책은 2019년 이후의 기출문제들만을 담고 있습니다. 최대한 많은 수의 문제를 기출문제집에 담으면 좋은 점이 있겠지만, 반대로 그것은 최대한의 시간효율을 도모해야 하는 수험생들에게 출제가능성이 많이 떨어지는 문제들까지 풀게 만드는 부정적 효과가 있기 때문입니다. 그리하여 결국 그것은 수험생들에게 심리적 안정감만 줄 뿐 정작 중요한 문제를 클로즈업해서 보지 못하게 하는 나쁜 효과를 가져오기 때문입니다.

개정된 내용

24년에 출간된 기출문제집에 25년에 출제된 기출문제를 추가하여 싣고, 군무원 7급 기출문제를 모두 삭제하였습니다. 그렇게 하여 작년 716문제에서 올해는 715문제로 문제 수를 유지하였습니다. 군무원 7급 기출문제를 삭제한 이유는 문제의 질이 떨어지고, 논리도 이상한 대부분의 문제들이 군무원 7급에서 나오고 있다는 판단 때문이었습니다. 공무원 시험과는 결이 맞지 않고 군무원 9급을 준비하는 수험생들 역시 이 문제들을 풀 필요가 없기 때문입니다.

이 책의 활용방법(1 – 5 – 9 – 13 전략)

기출문제들을 진도별로 배치하다 보면 객관식 시험의 특성상 반복된 지문들을 연달아 학습하게 됩니다. 그래서 실제로는 개별 기출 지문들을 암기한 것이 아님에도 불구하고, 방금 전에 보았기 때문에 그다음 문제를 잘 풀 수 있게 되는 착시효과가 발생합니다. 저는 이러한 착시효과를 피하기 위해 기출문제를 1번, 5번, 9번, 13번..의 순으로 4문제씩 건너뛰며 푸시기를 권해드립니다. 그렇게 이 문제집의 마지막 파트까지 다 푼 후, 다시 맨 처음으로 돌아와서 2번, 6번, 10번, 14번..의 순으로 문제를 푸는 것입니다. 그리고 또다시 맨 처음으로 돌아와서 3번, 7번, 11번, 15번..의 순으로 문제를 풉니다. 이렇게 하면 '착시효과'를 피해 정확하게 지문들을 암기했는지 여부를 확인할 수 있을뿐더러, 행정법 전체를 개관할 수 있는 눈을 갖게 됩니다. 또한 빠른 속도로 전체 분량을 한 번 더 돌릴 수 있게 되어 공부가 지루해서 포기하는 불상사를 막을 수 있기도 합니다.

문제풀이 기술

행정법에도 꼭 알아야 하는 몇 가지 문제풀이 기술들이 있습니다. 그러나 그 기술들은 강의를 통해서만 보여드릴 수 있는 것이기 때문에 강의를 통해 배우시면 충분합니다. 이 책을 통해 공부를 열심히 했음에도 불구하고, 점수가 오르지 않고 있는 수험생들의 경우에는 강의를 수강하시기 바랍니다.

「핵심정리」의 중요성

행정법이 계속 어려워지고 있습니다. 작년 책에 24년 지방직 9급이 역대급 난도였다고 말했는데, 25년 국가직 9급과 지방직 9급은 그보다 더했습니다. 이 정도 수준의 문제를 풀기 위해서는 기출문제집이 아무리 풍부한 문제를 담고 있다고 하더라도 한계가 있습니다. 문제집 위주의 학습법을 포기하시기를 권하는 바입니다. 기본서 위주의 학습을 하여야 합니다. 제 기본서인 「행정법총론 핵심정리」의 경우 얇은 두께이면서도, 그 어떤 공무원 수험서보다도 출제 가능한 내용을 많이 담고 있습니다. 「행정법총론 핵심정리」를 여러 번 회독하는 데 방점을 두는 쪽으로 학습의 방향을 잡으시기 바랍니다.

끝인사

끝으로, 항상 건강하시고, 목적하셨던 공무원이 꼭 되셔서 웃을 일이 많아지시길 기원합니다. 그리고 이 책이 여러분의 마지막 기출문제집이 되길 간절히 바랍니다. 감사합니다.

2025년 9월

유대웅

제3편   행정절차법

이 책의 차례

제6편   행정쟁송법

제7편   정보행정법

유대웅 행정법총론
단원별 기출문제

01
PART

행정법 통론

제1장	서론
제2장	행정법 성립

기출테마 1 법치행정의 원칙

001 [회독] □□□　　　19년 국가 9급

법률유보의 원칙에 대한 설명으로 옳지 않은 것은? (다툼이 있는 경우 판례에 의함)

① 법률유보의 원칙에서 요구되는 법적 근거는 작용법적 근거를 의미한다.

② 개인택시운송사업자의 운전면허가 아직 취소되지 않았더라도 운전면허 취소사유가 있다면 행정청은 명문 규정이 없더라도 개인택시운송사업면허를 취소할 수 있다.

③ 법률유보의 원칙은 국민의 기본권실현과 관련된 영역에 있어서는 입법자가 그 본질적 사항에 대해서 스스로 결정하여야 한다는 요구까지 내포하고 있다.

④ 국회가 형식적 법률로 직접 규율하여야 하는 필요성은 규율대상이 기본권 및 기본적 의무와 관련된 중요성을 가질수록, 그에 관한 공개적 토론의 필요성 또는 상충하는 이익 사이의 조정 필요성이 클수록 더 증대된다.

001

해설 ① (○) 법률유보의 원칙이란 행정권의 발동에 있어서 조직규범 외에 작용규범이 요구된다는 것을 의미한다.

② (×) "구 여객자동차운수사업법에는 관할관청은 개인택시운송사업자의 운전면허가 취소된 때에 그의 개인택시운송사업면허를 취소할 수 있도록 규정되어 있을 뿐 그에게 운전면허 취소사유가 있다는 사유만으로 개인택시운송사업면허를 취소할 수 있도록 하는 규정은 없으므로, 관할관청으로서는 비록 개인택시운송사업자에게 운전면허 취소사유가 있다 하더라도 그로 인하여 운전면허 취소처분이 이루어지지 않은 이상 개인택시운송사업면허를 취소할 수는 없다." (대법원 2008.5.15. 선고 2007두26001)

③ (○) "오늘날 법률유보원칙은 단순히 행정작용이 법률에 근거를 두기만 하면 충분한 것이 아니라, 국가공동체와 그 구성원에게 기본적이고도 중요한 의미를 갖는 영역, 특히 국민의 기본권실현과 관련된 영역에 있어서는 국민의 대표자인 입법자가 그 본질적 사항에 대해서 스스로 결정하여야 한다는 요구까지 내포하고 있다(의회유보원칙)." (헌법재판소 1999.5.27. 선고 98헌바70)

④ (○) "어떠한 사안이 국회가 형식적 법률로 스스로 규정하여야 하는 본질적 사항에 해당되는지는, 구체적 사례에서 관련된 이익 내지 가치의 중요성, 규제 또는 침해의 정도와 방법 등을 고려하여 개별적으로 결정하여야 하지만, 규율대상이 국민의 기본권 및 기본적 의무와 관련한 중요성을 가질수록 그리고 그에 관한 공개적 토론의 필요성 또는 상충하는 이익 사이의 조정 필요성이 클수록, 그것이 국회의 법률에 의해 직접 규율될 필요성은 더 증대된다." (대법원 2015.8.20. 선고 2012두23808)

정답 ②

002 [회독] □□□ 24년 소방직

법률유보의 원칙에 관한 설명으로 옳지 않은 것은? (다툼이 있는 경우 판례에 의함)

① 법률유보원칙은 단순히 행정작용이 법률에 근거를 두기만 하면 충분한 것이 아니라, 국가공동체와 그 구성원에게 기본적이고도 중요한 의미를 갖는 영역, 특히 국민의 기본권 실현과 관련된 영역에 있어서는 국민의 대표자인 입법자가 그 본질적 사항에 대해서 스스로 결정하여야 한다는 요구까지 내포한다.

② 자치조례에 대한 법률의 위임은 법규명령에 대한 법률의 위임과 같이 반드시 구체적으로 범위를 정하여 할 필요가 없으며 포괄적인 것으로 족하다.

③ 토지 등 소유자가 도시환경정비사업을 시행하는 경우, 사업시행인가 신청 시 필요한 토지 등 소유자의 동의요건을 정하는 것은 국민의 권리와 의무의 형성에 관한 기본적이고 본질적인 사항이 아니므로 국회의 법률로써 규정해야 할 사항이 아니다.

④ 수신료 징수업무를 한국방송공사가 직접 수행할 것인지 제3자에게 위탁할 것인지, 위탁한다면 누구에게 위탁하도록 할 것인지, 위탁받은 자가 자신의 고유업무와 결합하여 징수업무를 할 수 있는지는 징수업무 처리의 효율성 등을 감안하여 결정할 수 있는 사항으로서 국민의 기본권 제한에 관한 본질적인 사항이 아니다.

002

[해설] ① (○) "오늘날의 법률유보원칙은 단순히 행정작용이 법률에 근거를 두기만 하면 충분한 것이 아니라, 국가공동체와 그 구성원에게 기본적이고도 중요한 의미를 갖는 영역, 특히 국민의 기본권 실현에 관련된 영역에 있어서는 행정에 맡길 것이 아니고 국민의 대표자인 입법자 스스로 그 본질적 사항에 대하여 결정하여야 한다는 요구, 즉 의회유보원칙까지 내포하는 것으로 이해되고 있다. 여기서 어떠한 사안이 국회가 형식적 법률로 스스로 규정하여야 하는 본질적 사항에 해당되는지는, 구체적 사례에서 관련된 이익 내지 가치의 중요성, 규제 또는 침해의 정도와 방법 등을 고려하여 개별적으로 결정하여야 하지만, 규율대상이 국민의 기본권과 관련한 중요성을 가질수록 그리고 그에 관한 공개적 토론의 필요성 또는 상충하는 이익 사이의 조정 필요성이 클수록, 그것이 국회의 법률에 의하여 직접 규율될 필요성은 더 증대된다." (대법원 2020.9.3. 선고 2016두32992 전원합의체)

② (○) "조례의 제정권자인 지방의회는 선거를 통해서 그 지역적인 민주적 정당성을 지니고 있는 주민의 대표기관이고 헌법이 지방자치단체에 포괄적인 자치권을 보장하고 있는 취지로 볼 때, 조례에 대한 법률의 위임은 법규명령에 대한 법률의 위임과 같이 반드시 구체적으로 범위를 정하여 할 필요가 없으며 포괄적인 것으로 족하다." (헌법재판소 1995.4.20. 선고 92헌마264)

③ (×) "토지등소유자가 도시환경정비사업을 시행하는 경우 사업시행인가 신청시 필요한 토지등소유자의 동의는 개발사업의 주체 및 정비구역 내 토지등소유자를 상대로 수용권을 행사하고 각종 행정처분을 발할 수 있는 행정주체로서의 지위를 가지는 사업시행자를 지정하는 문제로서 그 동의요건을 정하는 것은 국민의 권리와 의무의 형성에 관한 기본적이고 본질적인 사항이므로 국회가 스스로 행하여야 하는 사항에 속하는 것임에도 불구하고 사업시행인가 신청에 필요한 동의정족수를 토지등소유자가 자치적으로 정하여 운영하는 규약에 정하도록 한 것은 법률유보원칙에 위반된다." (헌법재판소 2011.8.30. 선고 2009헌바128)

④ (○) "수신료 징수업무를 한국방송공사가 직접 수행할 것인지 제3자에게 위탁할 것인지, 위탁한다면 누구에게 위탁하도록 할 것인지, 위탁받은 자가 자신의 고유업무와 결합하여 징수업무를 할 수 있는지는 징수업무 처리의 효율성 등을 감안하여 결정할 수 있는 사항으로서 국민의 기본권제한에 관한 본질적인 사항이 아니라 할 것이다." (헌법재판소 2008.2.28. 선고 2006헌바70)

정답 ③

003 [회독] ☐☐☐

법치행정의 원칙에 대한 설명으로 옳지 않은 것은?

① 규율대상이 국민의 기본권 및 기본적 의무와 관련한 중요성을 가질수록 그리고 그에 관한 공개적 토론의 필요성 또는 상충하는 이익 사이의 조정 필요성이 클수록, 그것이 국회의 법률에 의해 직접 규율될 필요성은 더 증대된다고 보아야 한다.

② 법률의 시행령은 법률에 의한 위임 없이도 법률이 규정한 개인의 권리·의무에 관한 내용을 변경·보충하거나 법률에 규정되지 아니한 새로운 내용을 규정할 수 있다.

③ 법률유보의 원칙은 '법률에 의한 규율'만을 요청하는 것이 아니라 '법률에 근거한 규율'을 요청하는 것이기 때문에 기본권의 제한에는 법률의 근거가 필요할 뿐이고 기본권제한의 형식이 반드시 법률의 형식일 필요는 없다.

④ 행정작용은 법률에 위반되어서는 아니 되며, 국민의 권리를 제한하거나 의무를 부과하는 경우와 그 밖에 국민생활에 중요한 영향을 미치는 경우에는 법률에 근거해야 한다.

003

해설 ① (○) "어떠한 사안이 국회가 형식적 법률로 스스로 규정하여야 하는 본질적 사항에 해당되는지는, 구체적 사례에서 관련된 이익 내지 가치의 중요성, 규제 또는 침해의 정도와 방법 등을 고려하여 개별적으로 결정하여야 하지만, 규율대상이 국민의 기본권 및 기본적 의무와 관련한 중요성을 가질수록 그리고 그에 관한 공개적 토론의 필요성 또는 상충하는 이익 사이의 조정 필요성이 클수록, 그것이 국회의 법률에 의해 직접 규율될 필요성은 더 증대된다." (대법원 2015.8.20. 선고 2012두23808 전원합의체)

② (×) "일반적으로 법률의 시행령은 모법인 법률에 의하여 위임받은 사항이나, 법률이 규정한 범위 내에서 법률을 현실적으로 집행하는 데 필요한 세부적인 사항만을 규정할 수 있을 뿐, 법률의 위임 없이 법률이 규정한 개인의 권리·의무에 관한 내용을 변경·보충하거나 법률에서 규정하지 아니한 새로운 내용을 규정할 수 없다." (대법원 1999.2.11. 선고 98도2816 전원합의체)

③ (○) "법률유보의 원칙은 '법률에 의한 규율'만을 요청하는 것이 아니라 '법률에 근거한 규율'을 요청하는 것이기 때문에 기본권의 제한에는 법률의 근거가 필요할 뿐이고 기본권제한의 형식이 반드시 법률의 형식일 필요는 없다." (헌법재판소 2005.3.31. 선고 2003헌마87)

④ (○) 행정기본법 제8조

행정기본법	제8조(법치행정의 원칙) 행정작용은 법률에 위반되어서는 아니 되며, 국민의 권리를 제한하거나 의무를 부과하는 경우와 그 밖에 국민생활에 중요한 영향을 미치는 경우에는 법률에 근거하여야 한다.

정답 ②

004 [회독] ☐☐☐ 22년 소방직

법치행정의 원리에 대한 설명으로 옳지 않은 것은? (다툼이 있는 경우 판례에 의함)

① 국회가 형식적 법률로 직접 규율해야 할 필요성은 규율대상이 기본권 및 기본적 의무와 관련된 중요성을 가질수록, 그에 관한 공개적 토론의 필요성 또는 상충하는 이익 사이의 조정 필요성이 클수록 더 증대된다.

② 국가계약의 본질적인 내용은 사인 간의 계약과 다를 바가 없어 법령에 특별한 규정이 있는 경우를 제외하고는 사법의 규정 내지 법원리가 그대로 적용되므로, 국가와 사인 간의 계약은 국가계약법령에 따른 요건과 절차를 거치지 않더라도 유효하다.

③ 지방의회의원에 대하여 유급보좌인력을 두기 위해서는 법률의 근거가 필요하다.

④ 납세의무자에게 조세의 납부의무뿐만 아니라 스스로 과세표준과 세액을 계산하여 신고하여야 하는 의무까지 부과하는 경우에는 신고의무불이행에 따른 불이익의 내용을 법률로 정하여야 한다.

004

[해설] ① (○) "어떠한 사안이 국회가 형식적 법률로 스스로 규정하여야 하는 본질적 사항에 해당되는지는, 구체적 사례에서 관련된 이익 내지 가치의 중요성, 규제 또는 침해의 정도와 방법 등을 고려하여 개별적으로 결정하여야 하지만, 규율대상이 국민의 기본권 및 기본적 의무와 관련한 중요성을 가질수록 그리고 그에 관한 공개적 토론의 필요성 또는 상충하는 이익 사이의 조정 필요성이 클수록, 그것이 국회의 법률에 의해 직접 규율될 필요성은 더 증대된다." (대법원 2015.8.20. 선고 2012두23808)

② (✕) "국가가 사인과 계약을 체결할 때에는 국가계약법령에 따른 계약서를 따로 작성하는 등 요건과 절차를 이행하여야 할 것이고, 설령 국가와 사인 사이에 계약이 체결되었더라도 이러한 법령상 요건과 절차를 거치지 아니한 계약은 효력이 없다." (대법원 2015.1.15. 선고 2013다215133)

③ (○) "지방의회의원에 대하여 유급보좌인력을 두는 것은 지방의회의원의 신분·지위 및 그 처우에 관한 현행 법령상의 제도에 중대한 변경을 초래하는 것으로서, 이는 개별 지방의회의 조례로써 규정할 사항이 아니라 국회의 법률로써 규정하여야 할 입법사항이다." (대법원 2013.1.16. 선고 2012추84)

④ (○) "법인세, 종합소득세와 같이 납세의무자에게 조세의 납부의무뿐만 아니라 스스로 과세표준과 세액을 계산하여 신고하여야 하는 의무까지 부과하는 경우에는 신고의무 이행에 필요한 기본적인 사항과 신고의무불이행 시 납세의무자가 입게 될 불이익 등은 납세의무를 구성하는 기본적, 본질적 내용으로서 법률로 정하여야 한다." (대법원 2015.8.20. 선고 2012두23808)

정답 ②

005　[회독] □□□　　25년 지방 9급

법치행정에 대한 설명으로 옳지 않은 것은?

① 자치조례에 대한 법률의 위임은 법규명령에 대한 법률의 위임과 같이 반드시 구체적으로 범위를 정하여야 할 필요가 없으며 포괄적인 것으로 족하다.

② 구「여객자동차 운수사업법」및 동법 시행령상 개인택시운송사업자의 운전면허가 취소된 때에는 그의 개인택시운송사업면허를 취소할 수 있도록 규정되어 있으므로, 개인택시운송사업자 甲이 운전면허 취소사유인 음주운전 교통사고로 사망하였다면 그 운전면허 취소처분이 없더라도 관할관청은 甲에 대한 개인택시운송사업면허를 취소할 수 있다.

③ 고도의 정치성을 띤 국가행위에 대하여는 이른바 통치행위라 하여 법원 스스로 사법심사권의 행사를 억제하여 그 심사대상에서 제외하는 영역이 있을 수 있으나, 이와 같이 통치행위의 개념을 인정하더라도 과도한 사법심사의 자제가 기본권을 보장하고 법치주의 이념을 구현하여야 할 법원의 책무를 태만히 하거나 포기하는 것이 되지 않도록 그 인정을 지극히 신중하게 하여야 한다.

④ 법률의 시행령은 모법인 법률에 의하여 위임받은 사항이나 법률이 규정한 범위 내에서 법률을 현실적으로 집행하는 데 필요한 세부적인 사항만을 규정할 수 있을 뿐, 법률에 의한 위임이 없는 한 법률이 규정한 개인의 권리·의무에 관한 내용을 변경·보충하거나 법률에 규정되지 아니한 새로운 내용을 규정할 수는 없다.

005

① (○) "조례의 제정권자인 지방의회는 선거를 통해서 그 지역적인 민주적 정당성을 지니고 있는 주민의 대표기관이고 헌법이 지방자치단체에 포괄적인 자치권을 보장하고 있는 취지로 볼 때, 조례에 대한 법률의 위임은 법규명령에 대한 법률의 위임과 같이 반드시 구체적으로 범위를 정하여 할 필요가 없으며 포괄적인 것으로 족하다." (헌법재판소 1995.4.20. 선고 92헌마264,279)

② (×) "구 여객자동차운수사업법(2007. 7. 13. 법률 제8511호로 개정되기 전의 것) 제76조 제1항 제15호, 같은 법 시행령 제29조에는 관할관청은 개인택시운송사업자의 운전면허가 취소된 때에 그의 개인택시운송사업면허를 취소할 수 있도록 규정되어 있을 뿐 그에게 운전면허 취소사유가 있다는 사유만으로 개인택시운송사업면허를 취소할 수 있도록 하는 규정은 없으므로, 관할관청으로서는 비록 개인택시운송사업자에게 운전면허 취소사유가 있다 하더라도 그로 인하여 운전면허 취소처분이 이루어지지 않은 이상 개인택시운송사업면허를 취소할 수는 없다. 개인택시운송사업자가 음주운전을 하다가 사망한 경우 그 망인에 대하여 음주운전을 이유로 운전면허 취소처분을 하는 것은 불가능하고, 음주운전은 운전면허의 취소사유에 불과할 뿐 개인택시운송사업면허의 취소사유가 될 수는 없으므로, 음주운전을 이유로 한 개인택시운송사업면허의 취소처분은 위법하다." (대법원 2008.5.15. 선고 2007두26001)

③ (○) "입헌적 법치주의국가의 기본원칙은 어떠한 국가행위나 국가작용도 헌법과 법률에 근거하여 그 테두리 안에서 합헌적·합법적으로 행하여질 것을 요구하고, 이러한 합헌성과 합법성의 판단은 본질적으로 사법의 권능에 속한다. 다만 고도의 정치성을 띤 국가행위에 대하여는 이른바 통치행위라 하여 법원 스스로 사법심사권의 행사를 억제하여 그 심사대상에서 제외하는 영역이 있을 수 있으나, 이와 같이 통치행위의 개념을 인정하더라도 과도한 사법심사의 자제가 기본권을 보장하고 법치주의 이념을 구현하여야 할 법원의 책무를 태만히 하거나 포기하는 것이 되지 않도록 그 인정을 지극히 신중하게 하여야 한다." (대법원 2010.12.16. 선고 2010도5986)

④ (○) "일반적으로 법률의 시행령은 모법인 법률에 의하여 위임받은 사항이나, 법률이 규정한 범위 내에서 법률을 현실적으로 집행하는 데 필요한 세부적인 사항만을 규정할 수 있을 뿐, 법률의 위임 없이 법률이 규정한 개인의 권리·의무에 관한 내용을 변경·보충하거나 법률에서 규정하지 아니한 새로운 내용을 규정할 수 없는 것이다." (대법원 1999.2.11. 선고 98도2816)

정답 ②

006 [회독] □□□ 20년 군무원 9급

다음은 1993년 8월 12일에 발하여진 대통령의 금융실명거래 및 비밀보장에 관한 긴급재정경제명령(이하 '긴급재정경제명령'이라 칭함)에 관한 위헌확인소원에서 헌법재판소가 내린 결정 내용이다. 옳지 않은 것은? (다툼이 있는 경우 판례에 의함)

① 대통령의 긴급재정경제명령은 국가긴급권의 일종으로서 고도의 정치적 결단에 의하여 발동되는 행위이다.

② 대통령의 긴급재정경제명령은 이른바 통치행위에 속한다고 할 수 있다.

③ 통치행위를 포함하여 모든 국가작용은 국민의 기본권적 가치를 실현하기 위한 수단이라는 한계를 반드시 지켜야 한다.

④ 국민의 기본권 침해와 직접 관련되는 경우라도 그 국가작용이 고도의 정치적 결단에 의하여 행해진다면 당연히 헌법재판소의 심판대상이 되지 않는다.

006

해설 "① (○) 대통령의 긴급재정경제명령은 국가긴급권의 일종으로서 고도의 정치적 결단에 의하여 발동되는 행위이고 그 결단을 존중하여야 할 필요성이 있는 행위라는 의미에서 ② (○) 이른바 통치행위에 속한다고 할 수 있으나, ③ (○) 통치행위를 포함하여 모든 국가작용은 국민의 기본권적 가치를 실현하기 위한 수단이라는 한계를 반드시 지켜야 하는 것이고, 헌법재판소는 헌법의 수호와 국민의 기본권 보장을 사명으로 하는 국가기관이므로 ④ (✕) 비록 고도의 정치적 결단에 의하여 행해지는 국가작용이라고 할지라도 그것이 국민의 기본권 침해와 직접 관련되는 경우에는 당연히 헌법재판소의 심판대상이 된다." (헌법재판소 1996.2.29. 선고 93헌마186)

정답 ④

007 [회독] ☐☐☐　　　　　22년 군무원 9급

통치행위에 관한 판례의 내용으로 가장 옳지 않은 것은?

① 외국에의 국군의 파견결정과 같이 성격상 외교 및 국방에 관련된 고도의 정치적 결단이 요구되는 사안에 대한 국민의 대의기관의 결정이 사법심사의 대상이 되지 아니한다.

② 선고된 형의 전부를 사면할 것인지 또는 일부만을 사면할 것인지를 결정하는 것은 사면권자의 전권사항에 속하는 것이고, 징역형의 집행유예에 대한 사면이 병과된 벌금형에도 미치는 것으로 볼 것인지 여부는 사면의 내용에 대한 해석문제에 불과하다.

③ 남북정상회담의 개최과정에서 재정경제부장관에게 신고하지 아니하거나 통일부장관의 협력사업 승인을 얻지 아니한 채 북한 측에 사업권의 대가 명목으로 송금한 행위는 사법심사의 대상이 되지 아니한다.

④ 비록 서훈취소가 대통령이 국가원수로서 행하는 행위라고 하더라도 법원이 사법심사를 자제하여야 할 고도의 정치성을 띤 행위라고 볼 수는 없다.

007

해설 ① (○) "외국에의 국군의 파견결정은 파견군인의 생명과 신체의 안전뿐만 아니라 국제사회에서의 우리나라의 지위와 역할, 동맹국과의 관계, 국가안보문제 등 궁극적으로 국민 내지 국익에 영향을 미치는 복잡하고도 중요한 문제로서 국내 및 국제정치관계 등 제반상황을 고려하여 미래를 예측하고 목표를 설정하는 등 고도의 정치적 결단이 요구되는 사안이다. … 현행 헌법이 채택하고 있는 대의민주제 통치구조 하에서 대의기관인 대통령과 국회의 그와 같은 고도의 정치적 결단은 가급적 존중되어야 한다. … 이 사건 파견결정은 그 성격상 국방 및 외교에 관련된 고도의 정치적 결단을 요하는 문제로서, 헌법과 법률이 정한 절차를 지켜 이루어진 것임이 명백하므로, 대통령과 국회의 판단은 존중되어야 하고 헌법재판소가 사법적 기준만으로 이를 심판하는 것은 자제되어야 한다." (헌법재판소 2004.4.29. 선고 2003헌마814)

② (○) "선고된 형의 전부를 사면할 것인지 또는 일부만을 사면할 것인지를 결정하는 것은 사면권자의 전권사항에 속하는 것이고, 징역형의 집행유예에 대한 사면이 병과된 벌금형에도 미치는 것으로 볼 것인지 여부는 사면의 내용에 대한 해석문제에 불과하다 할 것이다." (헌법재판소 2000.6.1. 선고 97헌바74)

③ (×) "남북정상회담의 개최과정에서 재정경제부장관에게 신고하지 아니하거나 통일부장관의 협력사업 승인을 얻지 아니한 채 북한측에 사업권의 대가 명목으로 송금한 행위 자체는 헌법상 법치국가의 원리와 법 앞에 평등원칙 등에 비추어 볼 때 사법심사의 대상이 된다." (대법원 2004.3.26. 선고 2003도7878)

④ (○) "구 상훈법 제8조는 서훈취소의 요건을 구체적으로 명시하고 있고 절차에 관하여 상세하게 규정하고 있다. 그리고 서훈취소는 서훈수여의 경우와는 달리 이미 발생된 서훈대상자 등의 권리 등에 영향을 미치는 행위로서 관련 당사자에게 미치는 불이익의 내용과 정도 등을 고려하면 사법심사의 필요성이 크다. 따라서 기본권의 보장 및 법치주의의 이념에 비추어 보면, 비록 서훈취소가 대통령이 국가원수로서 행하는 행위라고 하더라도 법원이 사법심사를 자제하여야 할 고도의 정치성을 띤 행위라고 볼 수는 없다." (대법원 2015.4.23. 선고 2012두26920)

정답 ③

제3장	행정의 개념
제4장	행정법의 법원(法源)

제1절 법원의 종류 및 해석

기출테마 3 성문법원

008 [회독] □□□　　　　　　　25년 소방직

〈보기〉의 사례에 관한 설명으로 옳은 것은? (다툼이 있는 경우에 판례에 의함)

┤ 보기 ├

갑(甲)이 동성(同性)인 을(乙)과 교제하다가 서로를 동반자로 삼아 함께 생활하기로 합의하고 동거하던 중 결혼식을 올린 뒤 국민건강보험공단에 건강보험 직장가입자인 을(乙)의 '사실혼 배우자'로 피부양자 자격취득 신고를 하자, 국민건강보험공단은 「국민건강보험법」 제5조 제2항 제1호의 '배우자'를 "자격관리업무지침"에 따라 '사실상 혼인관계에 있는 사람'도 인우보증서*를 제출할 것을 조건으로 피부양자에 포함하는 것으로 해석·적용하여 갑(甲)을 피부양자로 등록하였다. 그런데, 이 사실이 언론에 보도되자 국민건강보험공단은 갑(甲)을 피부양자로 등록한 것이 '착오 처리'였다며 별도의 사전통지 없이 갑(甲)의 피부양자 자격을 소급하여 상실시키고 지역가입자로 갑(甲)의 자격을 변경한 후 그동안의 지역가입자로서의 건강보험료 등을 납입할 것을 고지하였다.

* 인우보증서 : 가까운 관계에 있는 사람이 특정 사실에 대하여 증명하기 위해 기록하는 서류

① 국민건강보험공단은 사회보장제도인 건강보험의 보험자로서 가입자와 피부양자의 자격 관리 등의 업무를 집행하는 공익법인으로서 기본권 보장의 수범자로서의 지위를 갖는다고 할 수 있으나, 공권력을 행사하는 주체로서의 지위까지 갖는 것은 아니다.

② '배우자'를 피보험자로 정한 법률 규정을 국민건강보험공단이 내부준칙에 따라 '사실혼 관계에 있는 사람'도 피부양자에 포함한 것은 위법한 해석·적용이다.

③ 국민건강보험공단이 직장가입자와 사실상 혼인관계에 있는 사람, 즉 이성(異性) 동반자와 달리 동성(同性) 동반자인 갑(甲)을 피부양자로 인정하지 않고 처분을 한 것은 헌법상 평등원칙 위반에 해당한다.

④ 갑(甲)의 피부양자 자격을 소급하여 상실시킨 처분은 「행정절차법」에 따른 사전통지 대상에 해당하므로 국민건강보험공단이 그 처분에 앞서 갑(甲)에게 그 사실을 통지하거나 의견제출 기회를 주지 않은 것은 실체적 하자로써 위법하다.

008

해설 대법원 2024. 7. 18. 선고 2023두36800 전원합의체 사건을 출제한 것이다.

① (×) 국민건강보험공단은 공권력을 행사하는 주체로서의 지위까지 갖는다고 보았다.

② (×) 공단이 내부준칙에 따라 사실혼 관계에 있는 사람'도 건강보험상 '배우자'에 포함하여 해석한 것은 위법하지 않다고 보았다.

③ (○) 동성 동반자까지도 '사실혼 관계에 있는 사람' 즉, 건강보험상의 '배우자'의 범위에 포함시켜 넣어야 하고, 그렇지 않은 경우 평등원칙 위반이 된다고 보았다.

④ (×) 이 경우에는 절차적 하자가 있다고 보았다.

"국가와 지방자치단체는 국가 발전수준에 부응하고 사회환경의 변화에 선제적으로 대응하며 지속가능한 사회보장제도를 확립하고 매년 이에 필요한 재원을 조달하여야 하고(사회보장기본법 제5조 제3항), 사회보장제도의 급여 수준과 비용 부담 등에서 형평성을 유지할 의무가 있다(제25조 제2항). ① 사회보장제도인 건강보험의 보험자로서 가입자와 피부양자의 자격 관리 등의 업무를 집행하는 특수공익법인인 국민건강보험공단은 공권력을 행사하는 주체이자 기본권 보장의 수범자로서의 지위를 갖는다.

[다수의견] 갑이 동성인 을과 교제하다가 서로를 동반자로 삼아 함께 생활하기로 합의하고 동거하던 중 결혼식을 올린 뒤 국민건강보험공단에 건강보험 직장가입자인 을의 사실혼 배우자로 피부양자 자격취득 신고를 하여 피부양자 자격을 취득한 것으로 등록되었는데, 이 사실이 언론에 보도되자 국민건강보험공단이 갑을 피부양자로 등록한 것이 '착오 처리'였다며 갑의 피부양자 자격을 소급하여 상실시키고 지역가입자로 갑의 자격을 변경한 후 그동안의 지역가입자로서의 건강보험료 등을 납입할 것을 고지한 사안에서, ④ 위 처분은 국민건강보험공단의 자격변경 처리에 따라 갑의 피부양자 자격을 소급하여 박탈하는 내용을 포함하므로, 국민건강보험공단이 위 처분에 앞서 갑에게 행정절차법 제21조 제1항에 따라 사전통지를 하거나 의견 제출의 기회를 주어야 함에도 이를 하지 않은 절차적 하자가 있고, 실체적 하자와 관련하여 국민건강보험법 제5조 제2항 제1호(이하 '쟁점 규정'이라 한다)의 '배우자'에서 사실상 혼인관계에 있는 사람을 배제한다면 평등원칙에 반하는 위헌적 결과가 발생할 수 있기 때문에 ② 국민건강보험공단이 배우자를 피보험자로 정한 쟁점 규정을 국민건강보험공단의 '자격관리 업무지침'에 따라 '사실상 혼인관계에 있는 사람'도 인우보증서를 제출할 것을 조건으로 피부양자에 포함하는 것으로 해석 · 적용하는 것은 적법하고, … 국민건강보험공단이 사실상 혼인관계에 있는 사람을 피부양자로 인정하는 이유는 그가 직장가입자의 동반자로서 경제적 생활공동체를 형성하였기 때문이지 이성 동반자이기 때문이 아닌 점 등에 비추어, 이러한 취급은 성적 지향을 이유로 본질적으로 동일한 집단을 차별하는 행위에 해당하며, 건강보험제도와 피부양자제도의 의의, 취지와 연혁 등을 관련 법리와 기록에 비추어 살펴보면, ③ 국민건강보험공단이 직장가입자와 사실상 혼인관계에 있는 사람, 즉 이성 동반자와 달리 동성 동반자인 갑을 피부양자로 인정하지 않고 위 처분을 한 것은 합리적 이유 없이 갑에게 불이익을 주어 그를 사실상 혼인관계에 있는 사람과 차별하는 것으로 헌법상 평등원칙을 위반하여 위법하다." (대법원 2024.7.18. 선고 2023두36800 전원합의체)

정답 ③

기출테마 4 | 조약 및 일반적으로 승인된 국제법규

기출테마 5 | 불문법원(행정법의 일반원칙 제외)

기출테마 6 | 행정법의 일반원칙(신뢰보호의 원칙 제외)

009 [회독] □□□

23년 국가 9급

「행정기본법」상 제재처분의 제척기간인 5년이 지나면 제재처분을 할 수 없는 경우는?

① 제재처분을 하지 아니하면 국민의 안전·생명 또는 환경을 심각하게 해치거나 해칠 우려가 있는 경우
② 거짓이나 그 밖의 부정한 방법으로 인허가를 받거나 신고를 한 경우
③ 정당한 사유 없이 행정청의 조사·출입·검사를 기피·방해·거부하여 제척기간이 지난 경우
④ 당사자가 인허가나 신고의 위법성을 경과실로 알지 못한 경우

009

해설 ①, ②, ③ (○) / ④ (×) 행정기본법 제23조 제2항

행정기본법	제23조(제재처분의 제척기간) ① 행정청은 법령등의 위반행위가 종료된 날부터 5년이 지나면 해당 위반행위에 대하여 제재처분(인허가의 정지·취소·철회, 등록 말소, 영업소 폐쇄와 정지를 갈음하는 과징금 부과를 말한다. 이하 이 조에서 같다)을 할 수 없다. ② 다음 각 호의 어느 하나에 해당하는 경우에는 제1항을 적용하지 아니한다. 1. 거짓이나 그 밖의 부정한 방법으로 인허가를 받거나 신고를 한 경우 2. 당사자가 인허가나 신고의 위법성을 알고 있었거나 중대한 과실로 알지 못한 경우 3. 정당한 사유 없이 행정청의 조사·출입·검사를 기피·방해·거부하여 제척기간이 지난 경우 4. 제재처분을 하지 아니하면 국민의 안전·생명 또는 환경을 심각하게 해치거나 해칠 우려가 있는 경우

정답 ④

010 [회독] ☐☐☐ 23년 군무원 9급

「행정기본법」상 행정의 법 원칙에 대한 설명으로 옳지 않은 것은?

① 행정청은 행정작용을 할 때 상대방에게 해당 행정작용과 실질적인 관련이 없는 의무를 부과해서는 아니 된다.
② 행정청은 합리적 이유 없이 국민을 차별하여서는 아니 된다.
③ 행정청은 공익을 현저히 해칠 우려가 있는 경우라도 행정에 대한 국민의 정당하고 합리적인 신뢰를 보호하여야 한다.
④ 행정청은 법령 등에 따른 의무를 성실히 수행하여야 한다.

011 [회독] ☐☐☐ 21년 군무원 9급

평등원칙에 대한 설명으로 옳지 않은 것은? (단, 다툼이 있는 경우 판례에 의함)

① 국가기관이 채용시험에서 국가유공자의 가족에게 10%의 가산점을 부여하는 규정은 평등권과 공무담임권을 침해한다.
② 평등원칙은 동일한 것 사이에서의 평등이므로 상이한 것에 대한 차별의 정도에서의 평등을 포함하지 않는다.
③ 재량준칙이 공표된 것만으로는 행정의 자기구속의 원칙이 적용될 수 없고, 재량준칙이 되풀이 시행되어 행정관행이 성립한 경우에 적용될 수 있다.
④ 행정의 자기구속의 원칙이 인정되는 경우에는 행정관행과 다른 처분은 특별한 사정이 없는 한 위법하다.

010

해설 ① (○) 행정기본법 제13조

행정기본법	제13조(부당결부금지의 원칙) 행정청은 행정작용을 할 때 상대방에게 해당 행정작용과 실질적인 관련이 없는 의무를 부과해서는 아니 된다.

② (○) 행정기본법 제9조

행정기본법	제9조(평등의 원칙) 행정청은 합리적 이유 없이 국민을 차별하여서는 아니 된다.

③ (×) 행정기본법 제12조 제1항

행정기본법	제12조(신뢰보호의 원칙) ① 행정청은 공익 또는 제3자의 이익을 현저히 해칠 우려가 있는 경우를 제외하고는 행정에 대한 국민의 정당하고 합리적인 신뢰를 보호하여야 한다.

④ (○) 행정기본법 제11조 제1항

행정기본법	제11조(성실의무 및 권한남용금지의 원칙) ① 행정청은 법령등에 따른 의무를 성실히 수행하여야 한다.

정답 ③

011

해설 ① (○) "이 사건 조항의 경우 명시적인 헌법적 근거 없이 국가유공자의 가족들에게 만점의 10%라는 높은 가산점을 부여하고 있는 바, 그러한 가산점 부여 대상자의 광범위성과 가산점 10%의 심각한 영향력과 차별효과를 고려할 때, 그러한 입법정책만으로 헌법상의 공정경쟁의 원리와 기회균등의 원칙을 훼손하는 것은 부적절하며, 국가유공자의 가족의 공직 취업기회를 위하여 매년 많은 일반 응시자들에게 불합격이라는 심각한 불이익을 입게 하는 것은 정당화될 수 없다. 이 사건 조항의 차별로 인한 불평등 효과는 입법목적과 그 달성수단 간의 비례성을 현저히 초과하는 것이므로, 이 사건 조항은 청구인들과 같은 일반 공직시험 응시자들의 평등권을 침해한다. 이 사건 조항이 공무담임권의 행사에 있어서 일반 응시자들을 차별하는 것이 평등권을 침해하는 것이라면, 같은 이유에서 이 사건 조항은 그들의 공무담임권을 침해하는 것이다." (헌법재판소 2006.2.23. 선고 2004헌마675,981,1022)
② (×) 평등의 원칙은 동일한 것 사이에 합리적인 이유 없는 차별취급을 금지할 뿐만 아니라, 합리적인 이유가 있다 하더라도, 그 차별의 정도가 과한 경우에는 평등의 원칙에 어긋난다고 본다. 헌법학의 영역에 속하는 내용인데 그 점을 출제한 것이다.
③, ④ (○) 자기구속의 원칙의 적용을 받으려면 행정규칙이 되풀이 시행되어 행정관행이 성립하여야 한다. "재량권 행사의 준칙인 행정규칙이 그 정한 바에 따라 되풀이 시행되어 행정관행이 이루어지게 되면 평등의 원칙이나 신뢰보호의 원칙에 따라 행정기관은 그 상대방에 대한 관계에서 그 규칙에 따라야 할 자기구속을 받게 되므로, 이러한 경우에는 특별한 사정이 없는 한 그를 위반하는 처분은 평등의 원칙이나 신뢰보호의 원칙에 위배되어 재량권을 일탈·남용한 위법한 처분이 된다." (대법원 2009.12.24. 선고 2009두7967)

정답 ②

012 [회독] □□□　　　　　　　　　　21년 소방직

다음 설명 중 옳지 않은 것은? (다툼이 있는 경우 판례에 의함)

① 원고가 단지 1회 훈령에 위반하여 요정출입을 하다가 적발된 정도라면, 면직처분보다 가벼운 징계처분으로서도 능히 위 훈령의 목적을 달성할 수 있다고 볼 수 있는 점에서 이 사건 파면처분은 이른바 비례의 원칙에 어긋난 것으로 위법하다고 판시하였다.

② 수입 녹용 중 일정성분이 기준치를 0.5% 초과하였다는 이유로 수입 녹용 전부에 대하여 전량 폐기 또는 반송처리를 지시한 처분은 재량권을 일탈·남용한 경우에 해당한다고 판시하였다.

③ 청소년유해매체물로 결정·고시된 만화인 사실을 모르고 있던 도서대여업자가 그 고시일로부터 8일 후에 청소년에게 그 만화를 대여한 것을 사유로 그 도서대여업자에게 금 700만원의 과징금이 부과된 경우, 그 과징금 부과처분은 재량권을 일탈·남용한 것으로서 위법하다고 판시하였다.

④ 사법시험 제2차 시험에 과락제도를 적용하고 있는 (구) 사법시험령 제15조 제2항은 비례의 원칙, 과잉금지의 원칙, 평등의 원칙에 위반되지 않는다고 판시하였다.

012

해설 ① (○) "원고가 단지 1회 훈령에 위반하여 요정 출입을 하다가 적발된 것만으로는 공무원의 신분을 보유케 할 수 없을 정도로 공무원의 품위를 손상케 한 것이라 단정키 어려운 한편, 원고를 면직에 처함으로서만 위와 같은 훈령의 목적을 달할 수 있다고 볼 사유를 인정할 자료가 없고, 오히려 원고의 비행정도라면 이보다 가벼운 징계처분으로서도 능히 위 훈령의 목적을 달할 수 있다고 볼 수 있는 점, 징계처분 중 면직 처분은 타 징계처분과 달라 공무원의 신분을 박탈하는 것이므로 그 징계사유는 적어도 공무원의 신분을 그대로 보유케 하는 것이 심히 부당하다고 볼 정도의 비행이 있는 경우에 한하는 점 등에 비추어 생각하면 이 사건 파면처분은 이른바 비례의 원칙에 어긋난 것으로서… 심히 그 재량권의 범위를 넘어서 한 위법한 처분이라고 아니할 수 없다." (대법원 1967.5.2. 선고 67누24)

② (×) "지방식품의약품안전청장이 수입 녹용 중 전지 3대를 절단부위로부터 5cm까지의 부분을 절단하여 측정한 회분함량이 기준치를 0.5% 초과하였다는 이유로 수입 녹용 전부에 대하여 전량 폐기 또는 반송처리를 지시한 경우, 녹용 수입업자가 입게 될 불이익이 의약품의 안전성과 유효성을 확보함으로써 국민보건의 향상을 기하고 고가의 한약재인 녹용에 대하여 부적합한 수입품의 무분별한 유통을 방지하려는 공익상 필요보다 크다고는 할 수 없으므로 위 폐기 등 지시처분이 재량권을 일탈·남용한 경우에 해당하지 않는다." (대법원 2006.4.14. 선고 2004두3854)

③ (○) "청소년유해매체물로 결정·고시된 만화인 사실을 모르고 있던 도서대여업자가 그 고시일로부터 8일 후에 청소년에게 그 만화를 대여한 것을 사유로 그 도서대여업자에게 금 700만 원의 과징금이 부과된 경우, 그 도서대여업자에게 청소년유해매체물인 만화를 청소년에게 대여하여서는 아니 된다는 금지의무의 해태를 탓하기는 가혹하므로 그 과징금부과처분은 재량권을 일탈·남용한 것으로서 위법하다." (대법원 2001.7.27. 선고 99두9490)

④ (○) "사법시험은 여러 가지 법률분야 중 한가지 분야를 중점적으로 전공·연구하는 학자나 교수를 배출하기 위한 시험이 아니라 다방면의 법률분야에 고른 학식과 소양을 필요로 하는 판사·검사·변호사가 될 자격을 검증하기 위한 시험으로서 시험제도의 특성상 일정한 득점기준의 설정이 필요하므로, 사법시험령 제15조 제2항에서 과락제도를 규정한 것은 사법시험의 제도적 취지를 달성하는 데 있어 필요하고도 적합한 수단이 될 것이다. 그리고 공무원의 공개경쟁채용시험 등의 제2차시험, 법무사시험의 제2차시험, 변리사시험의 제2차시험, 공인회계사시험의 제2차시험 등 국가에서 주관하는 각종시험의 제2차시험의 과락점수와 비교할 때 특별히 비합리적으로 높다고 보이지 아니하는 점, 법조인의 공익적 역할과 업무의 중요성 및 사회에 미치는 영향 등을 고려하면, 사법시험령 제15조 제2항이 사법시험의 제2차시험에서 '매과목 4할 이상'으로 과락 결정의 기준을 정한 것을 두고 과락점수를 비합리적으로 높게 설정하여 지나치게 엄격한 기준에 해당한다고 볼 정도는 아니므로, 비례의 원칙 내지 과잉금지에 위반하였다고 볼 수 없다. … 사법시험령 제15조 제2항에서 규정한 사법시험 제2차시험의 과락제도와 그 점수의 설정은 제2차시험을 치루는 응시자들 모두를 대상으로 차별 없이 적용되는 것이고, 그 시행이 위에서 본 바와 같이 합리적인 정책판단하에서 이루어진 것이므로, 사법시험 제2차시험에 적용되는 위 규정을 사법시험 제1차시험의 과락제도와 점수의 설정과 비교하여 정의의 원칙, 평등의 원칙, 기회균등의 원칙 등에 반한다고 할 수는 없는 것이다." (대법원 2007.1.11. 선고 2004두10432)

정답 ②

013 [회독] □□□ 24년 군무원 9급

다음 중 법치행정의 원칙에 대한 설명으로 가장 적절하지 않은 것은? (다툼이 있는 경우 판례에 의함)

① 법률유보원칙에서 법률이란 형식적 의미의 법률뿐만 아니라 법률상 위임에 따른 법규명령이나 조례의 경우도 포함한다.

② 법률유보원칙은 단순히 행정작용이 법률에 근거를 두기만 하면 충분한 것이 아니라, 국민의 기본권 실현과 관련된 영역에 있어서는 국민의 대표자인 입법자가 그 본질적 사항에 대해서 스스로 결정하여야 한다는 요구까지 내포하고 있다.

③ 법률우위의 원칙은 공법적 행위에만 적용되고 사법적(私法的) 행위에는 적용되지 않는다.

④ 법률우위의 원칙은 행정행위와 같은 구체적인 규율은 물론 법규명령이나 조례와 같은 행정입법에도 적용된다.

013

해설 ① (○) 법률유보원칙에서의 '법률'은 국회가 제정하는 형식적 의미의 법률만을 의미한다. 다만, 행정작용 허용 여부에 대한 형식적 의미의 법률의 위임이 있다면, 그에 따라 제정된 법규명령도 이때의 법률에 포함된다. "헌법 제37조 제2항은 "국민의 모든 자유와 권리는 … 법률로써 제한할 수 있으며"라고 하여 법률유보원칙을 규정하고 있다. 여기서 '법률'이란 국회가 제정한 형식적 의미의 법률을 말한다. 입법자는 행정부로 하여금 규율하도록 입법권을 위임할 수 있으므로, 법률에 근거한 행정입법에 의해서도 기본권 제한이 가능하다. 즉 기본권 제한에 관한 법률유보원칙은 '법률에 의한 규율'을 요청하는 것이 아니라 '법률에 근거한 규율'을 요청하는 것이므로, 기본권 제한에는 법률의 근거가 필요할 뿐이고 기본권 제한의 형식이 반드시 법률의 형식일 필요는 없으므로, 법규명령, 규칙, 조례 등 실질적 의미의 법률을 통해서도 기본권 제한이 가능하다." (헌법재판소 2013.7.25. 선고 2012헌마167)

② (○) "오늘날 법률유보원칙은 단순히 행정작용이 법률에 근거를 두기만 하면 충분한 것이 아니라, 국가공동체와 그 구성원에게 기본적이고도 중요한 의미를 갖는 영역, 특히 국민의 기본권실현과 관련된 영역에 있어서는 국민의 대표자인 입법자가 그 본질적 사항에 대해서 스스로 결정하여야 한다는 요구까지 내포하고 있다(의회유보원칙)." (헌법재판소 1999.5.27. 선고 98헌바70)

③ (×) / ④ (○) 법률우위의 원칙은 행정작용은 법률에 위배되어서는 안 된다는 원칙으로 모든 행정작용에 적용되며(공법상·사법상 행위 불문, 행정행위, 행정입법, 행정계약 불문), 이를 위반한 행정작용은 위법하게 된다.

정답 ③

기출테마 7 신뢰보호의 원칙

014 [회독] ☐☐☐   23년 지방 7급

다음 사례에 대한 설명으로 옳지 않은 것은?

> 甲은 폐기물처리업을 경영하기 위하여 폐기물처리업 사업계획서를 제출하여 관할 도지사 乙로부터 사업계획 적합통보를 받았다. 그 후 甲은 폐기물처리시설의 설치가 허용되지 않는 용도지역을 허용되는 용도지역으로 변경하기 위하여 「국토의 계획 및 이용에 관한 법률」에 따라 乙에게 국토이용계획변경신청을 하였으나, 乙은 위 신청을 거부하였다.

① 만약 乙이 甲에게 사업계획 부적합통보를 하였다면 이는 항고소송의 대상이 되는 행정처분에 해당한다.

② 폐기물처리업 사업계획에 대한 적합통보와 국토이용계획변경은 각기 그 제도적 취지와 결정단계에서 고려해야 할 사항들이 다르다.

③ 乙이 폐기물처리업 사업계획에 대하여 적합통보를 한 것은 그 사업부지 토지에 대한 국토이용계획변경신청을 승인하여 주겠다는 취지의 공적인 견해표명을 한 것으로 볼 수 있다.

④ 甲이 국토이용계획변경신청의 승인을 받을 것으로 신뢰하였더라도 乙의 거부처분이 신뢰보호의 원칙에 위배된다고 할 수 없다.

014

해설 ① (○) "폐기물관리법 관계 법령의 규정에 의하면 폐기물처리업의 허가를 받기 위하여는 먼저 사업계획서를 제출하여 허가권자로부터 사업계획에 대한 적정통보를 받아야 하고, 그 적정통보를 받은 자만이 일정기간 내에 시설, 장비, 기술능력, 자본금을 갖추어 허가신청을 할 수 있으므로, 결국 부적정통보는 허가신청 자체를 제한하는 등 개인의 권리 내지 법률상의 이익을 개별적이고 구체적으로 규제하고 있어 행정처분에 해당한다." (대법원 1998.4.28. 선고 97누21086)

②, ④ (○) / ③ (×) "폐기물관리법령에 의한 폐기물처리업 사업계획에 대한 적정통보와 국토이용관리법령에 의한 국토이용계획변경은 각기 그 제도적 취지와 결정단계에서 고려해야 할 사항들이 다르므로, 피고가 위와 같이 폐기물처리업 사업계획에 대하여 적정통보를 한 것만으로 그 사업부지 토지에 대한 국토이용계획변경신청을 승인하여 주겠다는 취지의 공적인 견해표명을 한 것으로 볼 수 없고, 그럼에도 불구하고 원고가 그 승인을 받을 것으로 신뢰하였다면 원고에게 귀책사유가 있다 할 것이므로, 이 사건 처분이 신뢰보호의 원칙에 위배된다고 할 수 없다." (대법원 2005.4.28. 선고 2004두8828)

정답 ③

015 [회독] □□□　　22년 국가 9급

신뢰보호의 원칙에 대한 설명으로 옳지 않은 것은? (다툼이 있는 경우 판례에 의함)

① 건축주와 그로부터 건축설계를 위임받은 건축사가 관계 법령에서 정하고 있는 건축한계선의 제한이 있다는 사실을 간과한 채 건축설계를 하고 이를 토대로 건축물의 신축 및 증축허가를 받은 경우, 그 신축 및 증축허가가 정당하다고 신뢰한 데에는 귀책사유가 있다.

② 행정청이 상대방에게 장차 어떤 처분을 하겠다고 공적 견해표명을 하였더라도 그 후에 그 전제로 된 사실적·법률적 상태가 변경되었다면, 그와 같은 공적 견해표명은 효력을 잃게 된다.

③ 수강신청 후에 징계요건을 완화하는 학칙개정이 이루어지고 이어 시험이 실시되어 그 개정학칙에 따라 대학이 성적 불량을 이유로 학생에 대하여 징계처분을 한 경우라면 이는 이른바 부진정소급효에 관한 것으로서 특별한 사정이 없는 한 위법이라고 할 수 없다.

④ 병무청 담당부서의 담당공무원에게 공적 견해의 표명을 구하지 아니한 채 민원봉사 담당공무원이 상담에 응하여 안내한 것을 신뢰한 경우에도 신뢰보호의 원칙이 적용된다.

015

해설　① (○) "건축주와 그로부터 건축설계를 위임받은 건축사가 상세계획지침에 의한 건축한계선의 제한이 있다는 사실을 간과한 채 건축설계를 하고 이를 토대로 건축물의 신축 및 증축허가를 받은 경우, 그 신축 및 증축허가가 정당하다고 신뢰한 데에 귀책사유가 있다." (대법원 2002.11.8. 선고 2001두1512)

② (○) "행정청이 상대방에게 장차 어떤 처분을 하겠다고 확약 또는 공적인 의사표명을 하였다고 하더라도, 그 자체에서 상대방으로 하여금 언제까지 처분의 발령을 신청을 하도록 유효기간을 두었는데도 그 기간 내에 상대방의 신청이 없었다거나 확약 또는 공적인 의사표명이 있은 후에 사실적·법률적 상태가 변경되었다면, 그와 같은 확약 또는 공적인 의사표명은 행정청의 별다른 의사표시를 기다리지 않고 실효된다." (대법원 1996.8.20. 선고 95누10877)

③ (○) "대학이 성적불량을 이유로 학생에 대하여 징계처분을 하는 경우에 있어서 수강신청이 있은 후 징계요건을 완화하는 학칙개정이 이루어지고 이어 당해 시험이 실시되어 그 개정학칙에 따라 징계처분을 한 경우라면 이는 이른바 부진정소급효에 관한 것으로서 구 학칙의 존속에 관한 학생의 신뢰보호가 대학당국의 학칙개정의 목적달성보다 더 중요하다고 인정되는 특별한 사정이 없는 한 위법이라고 할 수 없다." (대법원 1989.7.11. 선고 87누1123)

시험성적에 대해 어떤 학칙을 적용할 것인지가 문제이기 때문에, 수강신청 시점이 중요한 것이 아니라, 시험이 치러진 시점이 중요하다. 시험은 학칙 개정 이후에 치러진 것이므로 진정소급에 해당하지 않는다.

④ (×) "병무청 담당부서의 담당공무원에게 공적 견해의 표명을 구하는 정식의 서면질의 등을 하지 아니한 채 총무과 민원팀장에 불과한 공무원이 민원봉사차원에서 상담에 응하여 안내한 것을 신뢰한 경우, 신뢰보호 원칙이 적용되지 아니한다." (대법원 2003.12.26. 선고 2003두1875)

정답 ④

016 [회독] □□□

신뢰보호의 원칙에 관한 설명으로 옳은 것은? (다툼이 있는 경우 판례에 의함)

① 「행정절차법」은 처분의 방식으로 문서주의를 표방하고 있으므로, 행정청의 공적 견해 표명은 묵시적으로 표시되어서는 안 된다.

② 신뢰보호의 원칙은 공익 또는 제3자의 정당한 이익을 현저히 해칠 우려가 있는 경우에도 부정되어야 하는 것은 아니다.

③ 실권의 법리는 법의 일반원리인 신의성실의 원칙에 바탕을 둔 파생원칙이므로 권력관계에는 적용되지 않는다.

④ 병무청 담당부서의 담당공무원에게 공적 견해의 표명을 구하는 정식의 서면질의 등을 하지 아니한 채 총무과 민원팀장에 불과한 공무원이 민원봉사차원에서 상담에 응하여 안내한 것을 신뢰한 경우, 신뢰보호의 원칙이 적용되지 아니한다.

016

해설 ① (×) 「행정절차법」에 따르면 처분은 원칙적으로 문서로 해야 한다(제24조). 따라서 문서주의를 취하고 있다는 점은 옳다. 그러나 행정청의 공적 견해 표명은 묵시적으로도 이루어질 수 있다는 것이 대법원의 입장이다(대법원 2016.10.13. 선고 2016두43077).

행정절차법	제24조(처분의 방식) ① 행정청이 처분을 할 때에는 다른 법령등에 특별한 규정이 있는 경우를 제외하고는 문서로 하여야 하며, 다음 각 호의 어느 하나에 해당하는 경우에는 전자문서로 할 수 있다. 1. 당사자등의 동의가 있는 경우 2. 당사자가 전자문서로 처분을 신청한 경우

② (×) 공익 또는 제3자의 정당한 이익을 현저히 해칠 우려가 있는 경우에는 신뢰가 보호되지 않는다(행정기본법 제12조 제1항).

행정기본법	제12조(신뢰보호의 원칙) ① 행정청은 공익 또는 제3자의 이익을 현저히 해칠 우려가 있는 경우를 제외하고는 행정에 대한 국민의 정당하고 합리적인 신뢰를 보호하여야 한다.

③ (×) 실권의 법리는 권력관계에도 적용된다. "실권 또는 실효의 법리는 법의 일반원리인 신의성실의 원칙에 바탕을 둔 파생원칙인 것이므로 공법관계 가운데 관리관계는 물론이고 권력관계에도 적용되어야 함을 배제할 수는 없다." (대법원 1988.4.27. 선고 87누915)

④ (○) "병무청 담당부서의 담당공무원에게 공적 견해의 표명을 구하는 정식의 서면질의 등을 하지 아니한 채 총무과 민원팀장에 불과한 공무원이 민원봉사차원에서 상담에 응하여 안내한 것을 신뢰한 경우, 신뢰보호 원칙이 적용되지 아니한다." (대법원 2003.12.26. 선고 2003두1875)

정답 ④

017 [회독] ☐☐☐   24년 소방직

신뢰보호원칙에 관한 설명으로 옳지 않은 것은? (다툼이 있는 경우 판례에 의함)

① 행정청의 공적 견해 표명이 있다고 인정하기 위해서는 적어도 담당자의 조직상 지위와 임무, 당해 언동을 하게 된 구체적인 경위 등에 비추어 그 언동의 내용을 신뢰할 수 있는 경우이어야 한다.

② 특정 사항에 관하여 신뢰보호원칙상 행정청이 그와 배치되는 조치를 할 수 없다고 할 수 있을 정도의 행정관행이 성립되었다고 하려면 상당한 기간에 걸쳐 그 사항에 관하여 동일한 처분을 하였다는 객관적 사실이 존재하는 것으로 족하다.

③ 행정청은 공익 또는 제3자의 이익을 현저히 해칠 우려가 있는 경우를 제외하고는 행정에 대한 국민의 정당하고 합리적인 신뢰를 보호하여야 한다.

④ 행정청이 공적인 견해를 표명할 당시의 사정이 사후에 변경된 경우에는 그 공적 견해가 더 이상 개인에게 신뢰의 대상이 된다고 보기 어려운 만큼, 특별한 사정이 없는 한 행정청이 그 견해표명에 반하는 처분을 하더라도 신뢰보호원칙에 위반된다고 할 수 없다.

018 [회독] ☐☐☐   24년 군무원 9급

다음 중 행정상 신뢰보호원칙에 관한 설명으로 가장 적절하지 않은 것은? (다툼이 있는 경우 판례에 의함)

① 도시관리계획결정만으로는 기존의 계획을 앞으로도 계속하겠다는 공적인 견해표명을 한 것으로 볼 수 없다.

② 대법원과 헌법재판소는 신뢰보호원칙이 헌법상 법치주의원리에서 도출된다고 한다.

③ 신뢰보호원칙은 법률적·사실적 사정이 변경된 경우 그 적용이 제한될 수 있다고 보는 것이 판례의 태도이다.

④ 행정기관의 선행행위를 명시적 또는 묵시적 공적 견해의 표명에 국한시키지 않고, 추상적 질의에 대한 일반적 견해표명도 이러한 공적 견해의 표명으로 볼 수 있다.

017

해설 ① (○) "신뢰보호원칙의 적용 요건인 행정청의 공적 견해표명이 있었는지를 판단할 때 행정조직상의 형식적인 권한분장에 구애될 것은 아니지만, 공적 견해표명이 있다고 인정하기 위해서는 적어도 담당자의 조직상 지위와 임무, 당해 언동을 하게 된 구체적인 경위 등에 비추어 그 언동의 내용을 신뢰할 수 있는 경우이어야 한다." (대법원 2021.12.30. 선고 2021두45671)

② (×) "특정 사항에 관하여 신뢰보호원칙상 행정청이 그와 배치되는 조치를 할 수 없다고 할 수 있을 정도의 행정관행이 성립되었다고 하려면 상당한 기간에 걸쳐 그 사항에 관하여 동일한 처분을 하였다는 객관적 사실이 존재할 뿐만 아니라, 행정청이 그 사항에 관하여 다른 내용의 처분을 할 수 있음을 알면서도 어떤 특별한 사정 때문에 그러한 처분을 하지 않는다는 의사가 있고 이와 같은 의사가 명시적 또는 묵시적으로 표시되어야 한다. 단순히 착오로 어떠한 처분을 계속한 경우는 이에 해당되지 않고, 따라서 처분청이 추후 오류를 발견하여 합리적인 방법으로 변경하는 것은 신뢰보호원칙에 위배되지 않는다." (대법원 2020.7.23. 선고 2020두33824)

③ (○) 행정기본법 제12조 제1항

행정기본법	제12조(신뢰보호의 원칙) ① 행정청은 공익 또는 제3자의 이익을 현저히 해칠 우려가 있는 경우를 제외하고는 행정에 대한 국민의 정당하고 합리적인 신뢰를 보호하여야 한다.

④ (○) "신뢰보호의 원칙은 행정청이 공적인 견해를 표명할 당시의 사정이 그대로 유지됨을 전제로 적용되는 것이 원칙이므로, 사후에 그와 같은 사정이 변경된 경우에는 그 공적 견해가 더 이상 개인에게 신뢰의 대상이 된다고 보기 어려운 만큼, 특별한 사정이 없는 한 행정청이 그 견해표명에 반하는 처분을 하더라도 신뢰보호의 원칙에 위반된다고 할 수 없다." (대법원 2020.6.25. 선고 2018두34732)

정답 ②

018

해설 ① (○) "도시관리계획을 고시한 것만으로는 피고가 이 사건 도시관리계획의 유지나 원고들의 이 사건 사업 시행에 관한 공적인 견해를 표명하였다고 보기 어렵고, 일반적으로 기존 행정계획의 존속에 대한 특정인의 기대이익을 행정계획의 변경에 대한 공익보다 항상 우선시할 수도 없다는 등의 이유를 들어, 이 사건 처분이 신뢰보호 원칙에 반하지 않는다고 판단하였다." (대법원 2018.10.12. 선고 2015두50382)

② (○) 옳은 지문이다. 법치국가원리에서 파생된 법적안정성의 원칙 또는 신의성실의 원칙에 근거한다고 본다.

③ (○) "신뢰보호의 원칙은 행정청이 공적인 견해를 표명할 당시의 사정이 그대로 유지됨을 전제로 적용되는 것이 원칙이므로, 사후에 그와 같은 사정이 변경된 경우에는 그 공적 견해가 더 이상 개인에게 신뢰의 대상이 된다고 보기 어려운 만큼, 특별한 사정이 없는 한 행정청이 그 견해표명에 반하는 처분을 하더라도 신뢰보호의 원칙에 위반된다고 할 수 없다." (대법원 2020.6.25. 선고 2018두34732)

④ (×) 추상적 질의에 대한 일반적 견해표명은 공적 견해의 표명으로 볼 수 없다. "비록 과세관청이 질의회신 등을 통하여 어떤 견해를 표명하였다고 하더라도 그것이 중요한 사실관계와 법적인 쟁점을 제대로 드러내지 아니한 채 질의한 데 따른 것이라면 공적인 견해표명에 의하여 정당한 기대를 가지게 할 만한 신뢰가 부여된 경우라고 볼 수 없다." (대법원 2013.12.26. 선고 2011두5940)

정답 ④

019 [회독] ▢▢▢ 25년 국가 9급

행정법의 일반원칙에 대한 설명으로 옳지 않은 것은?

① 폐기물처리업에 대하여 사전에 관할 관청으로부터 사업계획 적합통보를 받고 막대한 비용을 들여 허가요건을 갖춘 다음 허가신청을 하였음에도 다수 청소업자의 난립으로 안정적이고 효율적인 청소업무의 수행에 지장이 있다는 이유로 한 불허가처분은 신뢰보호의 원칙 및 비례의 원칙에 반하는 것으로서 재량권을 남용한 위법한 처분이다.

② 지방자치단체장이 사업자에게 주택사업계획승인을 하면서 그 주택사업과는 아무런 관련이 없는 토지를 기부채납하도록 하는 부관을 주택사업계획승인에 붙인 경우, 그 부관은 부당결부금지의 원칙에 위반되어 위법하다.

③ 지방의회의 조사·감사를 위해 채택된 증인의 불출석 등에 대한 과태료를 그 사회적 신분에 따라 차등 부과할 것을 규정한 조례안은 과태료를 부과하는 목적에 비추어 볼 때 그 합리성을 인정할 수 있어서 헌법에 규정된 평등의 원칙에 위배되지 않는다.

④ 과세관청이 납세의무자에게 부가가치세 면세사업자용 사업자등록증을 교부한 행위는 그가 영위하는 사업에 관하여 부가가치세를 과세하지 아니함을 시사하는 언동이나 공적인 견해를 표명한 것으로 볼 수 없다.

019

해설 ① (○) "폐기물처리업에 대하여 사전에 관할 관청으로부터 적정통보를 받고 막대한 비용을 들여 허가요건을 갖춘 다음 허가신청을 하였음에도 다수 청소업자의 난립으로 안정적이고 효율적인 청소업무의 수행에 지장이 있다는 이유로 한 불허가처분이 신뢰보호의 원칙 및 비례의 원칙에 반하는 것으로서 재량권을 남용한 위법한 처분이다." (대법원 1998.5.8. 선고 98두4061)

② (○) "지방자치단체장이 사업자에게 주택사업계획승인을 하면서 그 주택사업과는 아무런 관련이 없는 토지를 기부채납하도록 하는 부관을 주택사업계획승인에 붙인 경우, 그 부관은 부당결부금지의 원칙에 위반되어 위법하지만, 지방자치단체장이 승인한 사업자의 주택사업계획은 상당히 큰 규모의 사업임에 반하여, 사업자가 기부채납한 토지 가액은 그 100분의 1 상당의 금액에 불과한 데다가, 사업자가 그동안 그 부관에 대하여 아무런 이의를 제기하지 아니하다가 지방자치단체장이 업무착오로 기부채납한 토지에 대하여 보상협조요청서를 보내자 그 때서야 비로소 부관의 하자를 들고 나온 사정에 비추어 볼 때 부관의 하자가 중대하고 명백하여 당연무효라고는 볼 수 없다." (대법원 1997.3.11. 선고 96다49650)

③ (×) "조례안이 지방의회의 감사 또는 조사를 위하여 출석요구를 받은 증인이 5급 이상 공무원인지 여부, 기관(법인)의 대표나 임원인지 여부 등 증인의 사회적 신분에 따라 미리부터 과태료의 액수에 차등을 두고 있는 경우, 그와 같은 차별은 증인의 불출석이나 증언거부에 대하여 과태료를 부과하는 목적에 비추어 볼 때 그 합리성을 인정할 수 없고 지위의 높고 낮음만을 기준으로 한 부당한 차별대우라고 할 것이어서 헌법에 규정된 평등의 원칙에 위배되어 무효이다." (대법원 1997.2.25. 선고 96추213)

④ (○) "부가가치세법상의 사업자등록은 과세관청이 부가가치세의 납세의무자를 파악하고 그 과세자료를 확보하는 데 입법 취지가 있고, 이는 단순한 사업사실의 신고로서 사업자가 소관 세무서장에게 소정의 사업자등록신청서를 제출함으로써 성립하며, 사업자등록증의 교부는 이와 같은 등록사실을 증명하는 증서의 교부행위에 불과한 것으로 과세관청이 납세의무자에게 부가가치세 면세사업자용 사업자등록증을 교부하였다고 하더라도 그가 영위하는 사업에 관하여 부가가치세를 과세하지 아니힘을 시사하는 언동이니 공적인 견해를 표명한 것으로 볼 수 없으며, 구 부가가치세법 시행령 제8조 제2항에 정한 고유번호의 부여도 과세자료를 효율적으로 처리하기 위한 것에 불과한 것이므로 과세관청이 납세의무자에게 고유번호를 부여한 경우에도 마찬가지이다." (대법원 2008.6.12. 선고 2007두23255)

정답 ③

020 [회독] □□□   19년 지방 9급

행정법의 일반원칙에 대한 판례의 입장으로 옳지 않은 것은?

① 행정청이 폐기물처리업 사업계획에 대하여 적정통보를 한 것만으로 그 사업부지 토지에 대한 국토이용계획변경신청을 승인하여 주겠다는 취지의 공적인 견해표명을 한 것으로 볼 수 없다.

② 헌법재판소의 위헌결정은 행정청이 개인에 대하여 신뢰의 대상이 되는 공적인 견해를 표명한 것이라고 할 수 있으므로 그 결정에 관련한 개인의 행위에 대하여는 신뢰보호의 원칙이 적용된다.

③ 지방자치단체장이 사업자에게 주택사업계획승인을 하면서 그 주택사업과는 아무런 관련이 없는 토지를 기부채납하도록 하는 부관을 붙인 경우, 그 부관은 부당결부금지의 원칙에 위반되어 위법하다.

④ 법령 개폐에 있어서 신뢰보호원칙의 위반 여부는 한편으로는 침해받은 신뢰이익의 보호가치, 침해의 중한 정도, 신뢰침해의 방법 등과 다른 한편으로는 새 입법을 통해 실현코자 하는 공익목적을 종합적으로 비교형량하여 판단하여야 한다.

020

[해설] ① (○) "폐기물처리업 사업계획에 대하여 적정통보를 한 것만으로 그 사업부지 토지에 대한 국토이용계획변경신청을 승인하여 주겠다는 취지의 공적인 견해표명을 한 것으로 볼 수 없다." (대법원 2005.4.28. 선고 2004두8828)

② (×) "헌법재판소의 위헌결정은 행정청이 개인에 대하여 신뢰의 대상이 되는 공적인 견해를 표명한 것이라고 할 수 없으므로 그 결정에 관련한 개인의 행위에 대하여는 신뢰보호의 원칙이 적용되지 아니한다." (대법원 2003.6.27. 선고 2002두6965)

③ (○) "지방자치단체장이 사업자에게 주택사업계획승인을 하면서 그 주택사업과는 아무런 관련이 없는 토지를 기부채납하도록 하는 부관을 주택사업계획승인에 붙인 경우, 그 부관은 부당결부금지의 원칙에 위반되어 위법하다." (대법원 1997.3.11. 선고 96다49650)

④ (○) "신뢰보호의 원칙의 위배 여부는 한편으로는 침해받은 이익의 보호가치, 침해의 중한 정도, 신뢰가 손상된 정도, 신뢰침해의 방법 등과 다른 한편으로는 새 입법을 통해 실현하고자 하는 공익적 목적을 종합적으로 비교·형량하여 판단하여야 한다." (헌법재판소 1995.10.26. 선고 94헌바12)

정답 ②

021 [회독] ☐☐☐

행정법의 일반원칙에 대한 설명으로 옳은 것만을 모두 고르면?
(다툼이 있는 경우 판례에 의함)

> ㉠ 비례의 원칙은 법치국가원리에서 당연히 파생되는 헌법상의 기본원리이다.
>
> ㉡ 평등의 원칙은 본질적으로 같은 것을 자의적으로 다르게 취급함을 금지하는 것이므로, 위법한 행정처분이 수차례에 걸쳐 반복적으로 행하여졌다면 행정청에 대하여 자기구속력을 갖게 된다.
>
> ㉢ 국가가 임용결격사유가 있는 자에 대하여 결격사유가 있는 것을 알지 못하고 공무원으로 임용하였다가 나중에 결격사유가 있음을 발견하고 그 임용행위를 취소하는 경우 신의칙이 적용된다.
>
> ㉣ 지방자치단체장이 사업자에게 주택사업계획승인을 하면서 그 주택사업과는 아무런 관련이 없는 토지를 기부채납하도록 하는 부관을 주택사업계획승인에 붙인 경우, 그 부관은 부당결부금지의 원칙에 위반되어 위법하다.

① ㉠, ㉡
② ㉠, ㉣
③ ㉡, ㉢
④ ㉢, ㉣

021

해설 ㉠ (O) "비례의 원칙은 법치국가 원리에서 당연히 파생되는 헌법상의 기본원리로서, 모든 국가작용에 적용된다." (대법원 2019.7.11. 선고 2017두38874)

㉡ (×) "평등의 원칙은 본질적으로 같은 것을 자의적으로 다르게 취급함을 금지하는 것이고, 위법한 행정처분이 수차례에 걸쳐 반복적으로 행하여졌다 하더라도 그러한 처분이 위법한 것인 때에는 행정청에 대하여 자기구속력을 갖게 된다고 할 수 없다." (대법원 2009.6.25. 선고 2008두13132)

㉢ (×) 무효인 행정행위에 대한 신뢰는 보호되지 않는다. "국가가 공무원임용결격사유가 있는 자에 대하여 결격사유가 있는 것을 알지 못하고 공무원으로 임용하였다가 사후에 결격사유가 있는 자임을 발견하고 공무원 임용행위를 취소하는 것은 당사자에게 원래의 임용행위가 당초부터 당연무효이었음을 통지하여 확인시켜 주는 행위에 지나지 아니하는 것이므로, 그러한 의미에서 당초의 임용처분을 취소함에 있어서는 신의칙 내지 신뢰의 원칙을 적용할 수 없고 또 그러한 의미의 취소권은 시효로 소멸하는 것도 아니다." (대법원 1987.4.14. 선고 86누45)

㉣ (O) "지방자치단체장이 사업자에게 주택사업계획승인을 하면서 그 주택사업과는 아무런 관련이 없는 토지를 기부채납하도록 하는 부관을 주택사업계획승인에 붙인 경우, 그 부관은 부당결부금지의 원칙에 위반되어 위법하지만, 부관의 하자가 중대하고 명백하여 당연무효로는 볼 수 없다." (대법원 1997.3.11. 선고 96다49650)

정답 ②

022 [회독] □□□　　　24년 국가 9급

신뢰보호의 원칙에 대한 설명으로 옳지 않은 것은?

① 개발사업을 시행하기 전에 사건 토지 지상에 예식장 등을 건축하는 것이 관계 법령상 가능한지 여부를 질의하여 민원 부서로부터 '저촉사항 없음'이라고 기재된 민원 예비심사 결과를 통보받았다면, 이는 이후의 개발부담금 부과처분에 관하여 신뢰보호의 원칙을 적용하기 위한 공적인 견해표명을 한 것에 해당한다.

② 시의 도시계획과장과 도시계획국장이 도시계획사업의 준공과 동시에 사업부지에 편입한 토지에 대한 완충녹지 지정을 해제함과 아울러 당초의 토지소유자들에게 환매하겠다는 약속을 했음에도 이를 믿고 토지를 협의매매한 토지소유자의 완충녹지지정해제신청을 거부한 것은 신뢰보호의 원칙을 위반하거나 재량권을 일탈·남용한 위법한 처분이다.

③ 국회에서 일정한 법률안을 심의하거나 의결한 적이 있다고 하더라도 그것이 법률로 확정되지 아니한 이상 국가가 이해관계자들에게 위 법률안에 관련된 사항을 약속하였다고 볼 수 없으며, 이러한 사정만으로 어떠한 신뢰를 부여하였다고 볼 수도 없다.

④ 헌법재판소의 위헌결정은 행정청이 개인에 대하여 신뢰의 대상이 되는 공적인 견해를 표명한 것이라고 할 수 없으므로 그 결정에 관련한 개인의 행위에 대하여는 신뢰보호의 원칙이 적용되지 아니한다.

022

해설

① (×) "개발이익환수에 관한 법률에 정한 개발사업을 시행하기 전에, 행정청이 토지 지상에 예식장 등을 건축하는 것이 관계 법령상 가능한지 여부를 질의하는 민원예비심사에 대하여 관련부서 의견으로 개발이익환수에 관한 법률에 '저촉사항 없음'이라고 기재하였다고 하더라도, 이후의 개발부담금부과처분에 관하여 신뢰보호의 원칙을 적용하기 위한 요건인, 개인에 대하여 신뢰의 대상이 되는 공적인 견해표명을 한 것이라고는 보기 어렵다." (대법원 2006.6.9. 선고 2004두46)

② (○) "시의 도시계획과장과 도시계획국장이 도시계획사업의 준공과 동시에 사업부지에 편입한 토지에 대한 완충녹지 지정을 해제함과 아울러 당초의 토지소유자들에게 환매하겠다는 약속을 했음에도, 이를 믿고 토지를 협의매매한 토지소유자의 완충녹지지정해제신청을 거부한 것은, 행정상 신뢰보호의 원칙을 위반하거나 재량권을 일탈·남용한 위법한 처분이다." (대법원 2008.10.9. 선고 2008두6127)

③ (○) "헌법 제53조에 따라서 국회가 의결한 법률안을 대통령이 공포하는 등의 절차를 거쳐서 법률이 확정되면 그 규정 내용에 따라서 국민의 권리·의무에 관한 새로운 법규가 형성될 수 있지만, 이와 같이 법률이 확정되기 전에는 기존 법규를 수정·변경하는 법적 효과가 발생할 수 없고, 다원적 의견이나 각가지 이익을 반영시킨 토론과정을 거쳐 다수결의 원리에 따라 통일적인 국가의사를 형성하는 국회에서 일정한 법률안을 심의하거나 의결한 적이 있다고 하더라도, 그것이 법률로 확정되지 아니한 이상 국가가 이해관계자들에게 위 법률안에 관련된 사항을 약속하였다고 볼 수 없으며, 이러한 사정만으로 어떠한 신뢰를 부여하였다고 볼 수도 없다." (대법원 2008.5.29. 선고 2004다33469)

④ (○) "헌법재판소의 위헌결정은 행정청이 개인에 대하여 신뢰의 대상이 되는 공적인 견해를 표명한 것이라고 할 수 없으므로 그 결정에 관련한 개인의 행위에 대하여는 신뢰보호의 원칙이 적용되지 아니한다." (대법원 2003.6.27. 선고 2002두6965)

정답 ①

023 [회독] ☐☐☐　　　　　　　　　24년 지방 9급

신뢰보호의 원칙에 대한 설명으로 옳지 않은 것은?

① 행정청의 공적 견해의 표명 후 그 견해표명 당시의 사정이 변경된 경우에도 행정청이 공적 견해표명에 반하는 처분을 하는 경우에는 특별한 사정이 없는 한 신뢰보호의 원칙에 위반된다.

② 신뢰보호의 원칙에서 개인의 귀책사유라 함은 행정청의 견해표명의 하자가 상대방 등 관계자의 사실은폐나 기타 사위의 방법에 의한 신청행위 등 부정행위에 기인한 것이거나 그러한 부정행위가 없더라도 하자가 있음을 알았거나 중대한 과실로 알지 못한 경우 등을 의미한다.

③ 행정청의 공적 견해표명이 있었는지 여부를 판단함에 있어서는, 반드시 행정조직상의 형식적인 권한분장에 구애될 것은 아니고, 담당자의 조직상의 지위와 임무, 당해 언동을 하게 된 구체적인 경위 및 그에 대한 상대방의 신뢰가능성에 비추어 실질에 의하여 판단하여야 한다.

④ 행정청은 권한 행사의 기회가 있음에도 불구하고 장기간 권한을 행사하지 아니하여 국민이 그 권한이 행사되지 아니할 것으로 믿을 만한 정당한 사유가 있는 경우에는 그 권한을 행사해서는 아니 되지만, 공익 또는 제3자의 이익을 현저히 해칠 우려가 있는 경우는 예외이다.

023

해설 ① (×) "신뢰보호의 원칙은 행정청이 공적인 견해를 표명할 당시의 사정이 그대로 유지됨을 전제로 적용되는 것이 원칙이므로, 사후에 그와 같은 사정이 변경된 경우에는 그 공적 견해가 더 이상 개인에게 신뢰의 대상이 된다고 보기 어려운 만큼, 특별한 사정이 없는 한 행정청이 그 견해표명에 반하는 처분을 하더라도 신뢰보호의 원칙에 위반된다고 할 수 없다." (대법원 2020.6.25. 선고 2018두34732)

② (○) "신뢰보호의 원칙에서 말하는 귀책사유라 함은 행정청의 견해표명의 하자가 상대방 등 관계자의 사실은폐나 기타 사위의 방법에 의한 신청행위 등 부정행위에 기인한 것이거나 그러한 부정행위가 없다고 하더라도 하자가 있음을 알았거나 중대한 과실로 알지 못한 경우 등을 의미한다고 해석함이 상당하고, 귀책사유의 유무는 상대방과 그로부터 신청행위를 위임받은 수임인 등 관계자 모두를 기준으로 판단하여야 한다." (대법원 2002.11.8. 선고 2001두1512)

③ (○) "과세관청의 공적 견해표명이 있었는지 여부를 판단하는 데 있어 반드시 행정조직상의 형식적인 권한분장에 구애될 것은 아니고 담당자의 조직상 지위와 임무, 당해 언동을 하게 된 구체적인 경위 및 그에 대한 납세자의 신뢰가능성에 비추어 실질에 의하여 판단하여야 한다." (대법원 2019.1.17. 선고 2018두42559)

④ (○) 행정기본법 제12조 제2항

행정기본법	제12조(신뢰보호의 원칙) ① 행정청은 공익 또는 제3자의 이익을 현저히 해칠 우려가 있는 경우를 제외하고는 행정에 대한 국민의 정당하고 합리적인 신뢰를 보호하여야 한다. ② 행정청은 권한 행사의 기회가 있음에도 불구하고 장기간 권한을 행사하지 아니하여 국민이 그 권한이 행사되지 아니할 것으로 믿을 만한 정당한 사유가 있는 경우에는 그 권한을 행사해서는 아니 된다. 다만, 공익 또는 제3자의 이익을 현저히 해칠 우려가 있는 경우는 예외로 한다.

정답 ①

024 [회독] ☐☐☐　　22년 국가 7급

행정법의 일반원칙에 대한 설명으로 옳지 않은 것은? (다툼이 있는 경우 판례에 의함)

① 「행정기본법」은 비례의 원칙을 명문으로 규정하고 있다.

② 행정처분이 수차례에 걸쳐 반복적으로 행하여졌다면 그 처분이 위법한 것인 때에도 행정청에 대하여 자기구속력을 갖게 된다.

③ 공적 견해표명 당시의 사정이 사후에 변경된 경우 특별한 사정이 없는 한 행정청이 그 견해표명에 반하는 처분을 하더라도 신뢰보호원칙에 위반된다고 할 수 없다.

④ 주택사업계획승인을 하면서 그 주택사업과 아무 관련이 없는 토지를 기부채납하도록 하는 부관을 붙인 경우, 그 부관은 부당결부금지원칙에 위반되어 위법하다.

025 [회독] ☐☐☐　　21년 국가 7급

신뢰보호의 원칙에 대한 설명으로 옳지 않은 것은? (다툼이 있는 경우 판례에 의함)

① 「개발이익환수에 관한 법률」에 정한 개발사업을 시행하기 전에, 행정청이 민원예비심사에 대하여 관련부서 의견으로 '저촉사항 없음'이라고 기재한 것은 공적인 견해표명에 해당한다.

② 행정청이 공적 견해를 표명하였는지를 판단할 때는 반드시 행정조직상의 형식적인 권한분장에 구애될 것은 아니다.

③ 행정청은 공익 또는 제3자의 이익을 현저히 해칠 우려가 있는 경우를 제외하고는 행정에 대한 국민의 정당하고 합리적인 신뢰를 보호하여야 한다.

④ 신뢰보호의 원칙이 적용되기 위한 요건 중 귀책사유의 유무는 상대방과 그로부터 신청행위를 위임받은 수임인 등 관계자 모두를 기준으로 판단하여야 한다.

024

해설 ① (○) 「행정기본법」은 비례의 원칙을 명문으로 규정하고 있다 (행정기본법 제10조).

행정기본법	제10조(비례의 원칙) 행정작용은 다음 각 호의 원칙에 따라야 한다. 1. 행정목적을 달성하는 데 유효하고 적절할 것 2. 행정목적을 달성하는 데 필요한 최소한도에 그칠 것 3. 행정작용으로 인한 국민의 이익 침해가 그 행정작용이 의도하는 공익보다 크지 아니할 것

② (×) "평등의 원칙은 본질적으로 같은 것을 자의적으로 다르게 취급함을 금지하는 것이고, 위법한 행정처분이 수차례에 걸쳐 반복적으로 행하여졌다 하더라도 그러한 처분이 위법한 것인 때에는 행정청에 대하여 자기구속력을 갖게 된다고 할 수 없다." (대법원 2009.6.25. 선고 2008두13132)

③ (○) "신뢰보호의 원칙은 행정청이 공적인 견해를 표명할 당시의 사정이 그대로 유지됨을 전제로 적용되는 것이 원칙이므로, 사후에 그와 같은 사정이 변경된 경우에는 그 공적 견해가 더 이상 개인에게 신뢰의 대상이 된다고 보기 어려운 만큼, 특별한 사정이 없는 한 행정청이 그 견해표명에 반하는 처분을 하더라도 신뢰보호의 원칙에 위반된다고 할 수 없다." (대법원 2020.6.25. 선고 2018두34732)

④ (○) "지방자치단체장이 사업자에게 주택사업계획승인을 하면서 그 주택사업과는 아무런 관련이 없는 토지를 기부채납하도록 하는 부관을 주택사업계획승인에 붙인 경우, 그 부관은 부당결부금지의 원칙에 위반되어 위법하다." (대법원 1997.3.11. 선고 96다49650)

정답 ②

025

해설 ① (×) "개발이익환수에 관한 법률에 정한 개발사업을 시행하기 전에, 행정청이 토지 지상에 예식장 등을 건축하는 것이 관계 법령상 가능한지 여부를 질의하는 민원예비심사에 대하여 관련부서 의견으로 개발이익환수에 관한 법률에 '저촉사항 없음'이라고 기재하였다고 하더라도, 이후의 개발부담금부과처분에 관하여 신뢰보호의 원칙을 적용하기 위한 요건인, 개인에 대하여 신뢰의 대상이 되는 공적인 견해표명을 한 것이라고는 보기 어렵다." (대법원 2006.6.9. 선고 2004두46)

② (○) "행정청의 공적 견해표명이 있었는지의 여부를 판단하는 데 있어 반드시 행정조직상의 형식적인 권한분장에 구애될 것은 아니고 담당자의 조직상의 지위와 임무, 당해 언동을 하게 된 구체적인 경위 및 그에 대한 상대방의 신뢰가능성에 비추어 실질에 의하여 판단하여야 한다." (대법원 1997.9.12. 선고 96누18380)

③ (○) 행정기본법 제12조 제1항

행정기본법	제12조(신뢰보호의 원칙) ① 행정청은 공익 또는 제3자의 이익을 현저히 해칠 우려가 있는 경우를 제외하고는 행정에 대한 국민의 정당하고 합리적인 신뢰를 보호하여야 한다.

④ (○) "귀책사유라 함은 행정청의 견해표명의 하자가 상대방 등 관계자의 사실은폐나 기타 사위의 방법에 의한 신청행위 등 부정행위에 기인한 것이거나 그러한 부정행위가 없다고 하더라도 하자가 있음을 알았거나 중대한 과실로 알지 못한 경우 등을 의미한다고 해석함이 상당하고, 귀책사유의 유무는 상대방과 그로부터 신청행위를 위임받은 수임인 등 관계자 모두를 기준으로 판단하여야 한다." (대법원 2002.11.8. 선고 2001두1512)

정답 ①

026 [회독] □□□ 21년 지방 9급

신뢰보호의 원칙에 대한 설명으로 옳은 것(○)과 옳지 않은 것(×)을 바르게 연결한 것은? (다툼이 있는 경우 판례에 의함)

> (가) 행정청이 공적인 의사표명을 하였다면 이후 사실적·법률적 상태의 변경이 있더라도 행정청이 이를 취소하지 않는 한 여전히 공적인 의사표명은 유효하다.
>
> (나) 재량권 행사의 준칙인 행정규칙의 공표만으로 상대방은 보호가치 있는 신뢰를 갖게 되었다고 볼 수 있다.
>
> (다) 행정청이 공적 견해를 표명하였는지를 판단할 때는 반드시 행정조직상의 형식적인 권한분장에 구애될 것은 아니다.
>
> (라) 신뢰보호원칙의 위반은 「국가배상법」상의 위법 개념을 충족시킨다.

	(가)	(나)	(다)	(라)
①	×	×	○	○
②	○	○	×	○
③	○	×	○	×
④	×	○	○	×

026

해설 **(가)** (×) "행정청이 상대방에게 장차 어떤 처분을 하겠다고 확약 또는 공적인 의사표명을 하였다고 하더라도, 그 자체에서 상대방으로 하여금 언제까지 처분의 발령을 신청을 하도록 유효기간을 두었는데도 그 기간 내에 상대방의 신청이 없었다거나 확약 또는 공적인 의사표명이 있은 후에 사실적·법률적 상태가 변경되었다면, 그와 같은 확약 또는 공적인 의사표명은 행정청의 별다른 의사표시를 기다리지 않고 실효된다." (대법원 1996.8.20. 선고 95누10877)

(나) (×) 대법원은 재량권 행사의 준칙인 행정규칙의 공표만으로는 상대방이 보호가치 있는 신뢰를 갖게 된 것으로 보지 않는다. "시장이 농림수산식품부에 의하여 공표된 '2008년도 농림사업시행지침서'에 명시되지 않은 '시·군별 건조저장시설 개소당 논 면적' 기준을 충족하지 못하였다는 이유로 신규 건조저장시설 사업자 인정신청을 반려한 경우, 위 지침이 되풀이 시행되어 행정관행이 이루어졌다거나 그 공표만으로 신청인이 보호가치 있는 신뢰를 갖게 되었다고 볼 수 없다." (대법원 2009.12.24. 선고 2009두7967)

(다) (○) "공적 견해표명이 있었는지의 여부를 판단함에 있어서는, 반드시 행정조직상의 형식적인 권한분장에 구애될 것은 아니고, 담당자의 조직상의 지위와 임무, 당해 언동을 하게 된 구체적인 경위 및 그에 대한 상대방의 신뢰가능성에 비추어 실질에 의하여 판단하여야 한다." (대법원 2008.1.17. 선고 2006두10931)

(라) (○) 신뢰보호의 원칙과 같은 행정법상의 일반원칙을 준수하지 못한 것도 국가배상에서 말하는 위법한 경우에 포함된다. "국가배상책임에 있어 공무원의 가해행위는 법령을 위반한 것이어야 하고, 법령을 위반하였다 함은 엄격한 의미의 법령 위반뿐 아니라 인권존중, 권력남용금지, 신의성실과 같이 공무원으로서 마땅히 지켜야 할 준칙이나 규범을 지키지 아니하고 위반한 경우를 포함하여 널리 그 행위가 객관적인 정당성을 결여하고 있음을 뜻하는 것이므로, 경찰관이 범죄수사를 함에 있어 경찰관으로서 의당 지켜야 할 법규상 또는 조리상의 한계를 위반하였다면 이는 법령을 위반한 경우에 해당한다." (대법원 2008.6.12. 선고 2007다64365)

정답 ①

027 [회독] □□□　　　　　　　　　23년 국가 7급

신뢰보호의 원칙에 대한 설명으로 옳지 않은 것은?

① 「행정기본법」에 의하면 행정청은 공익 또는 제3자의 이익을 현저히 해칠 우려가 있는 경우를 제외하고는 행정에 대한 국민의 정당하고 합리적인 신뢰를 보호하여야 한다.

② 「행정기본법」에 의하면 행정청은 권한 행사의 기회가 있음에도 불구하고 장기간 권한을 행사하지 아니하여 국민이 그 권한이 행사되지 아니할 것으로 믿을 만한 정당한 사유가 있는 경우에는, 공익 또는 제3자의 이익을 현저히 해칠 우려가 있는 경우를 제외하고는 그 권한을 행사해서는 아니 된다.

③ 신법의 효력발생일까지 진행 중인 사건에 대하여 신법을 적용하는 것은 법률의 소급적용에 해당하므로 원칙적으로 허용될 수 없다.

④ 헌법재판소의 위헌결정은 행정청이 개인에 대하여 신뢰의 대상이 되는 공적인 견해를 표명한 것이라고 할 수 없으므로 그 결정에 관련한 개인의 행위에 대하여는 신뢰보호의 원칙이 적용되지 아니한다.

027

해설 ① (○) 행정기본법 제12조 제1항

행정기본법	제12조(신뢰보호의 원칙) ① 행정청은 공익 또는 제3자의 이익을 현저히 해칠 우려가 있는 경우를 제외하고는 행정에 대한 국민의 정당하고 합리적인 신뢰를 보호하여야 한다.

② (○) 행정기본법 제12조 제2항

행정기본법	제12조(신뢰보호의 원칙) ② 행정청은 권한 행사의 기회가 있음에도 불구하고 장기간 권한을 행사하지 아니하여 국민이 그 권한이 행사되지 아니할 것으로 믿을 만한 정당한 사유가 있는 경우에는 그 권한을 행사해서는 아니 된다. 다만, 공익 또는 제3자의 이익을 현저히 해칠 우려가 있는 경우는 예외로 한다.

③ (×) "법령불소급의 원칙은 법령의 효력발생 전에 완성된 요건 사실에 대하여 당해 법령을 적용할 수 없다는 의미일 뿐, 계속 중인 사실이나 그 이후에 발생한 요건 사실에 대한 법령적용까지를 제한하는 것은 아니다." (대법원 2014.4.24. 선고 2013두26552)

④ (○) "헌법재판소의 위헌결정은 행정청이 개인에 대하여 신뢰의 대상이 되는 공적인 견해를 표명한 것이라고 할 수 없으므로 그 결정에 관련한 개인의 행위에 대하여는 신뢰보호의 원칙이 적용되지 아니한다." (대법원 2003.6.27. 선고 2002두6965)

정답 ③

028 [회독] □□□　　　　　　21년 국가 9급

행정법의 일반원칙에 관련된 다음의 설명 중 옳은 것은?
(다툼이 있는 경우 판례에 의함)

① 국가가 국민의 생명·신체의 안전에 대한 보호의무를 다하지 않았는지 여부를 헌법재판소가 심사할 때에는 국가가 이를 보호하기 위하여 적어도 적절하고 효율적인 최소한의 보호조치를 취하였는가 하는 '과소보호 금지원칙'의 위반 여부를 기준으로 삼는다.

② 행정청이 조합설립추진위원회의 설립승인 심사에서 위법한 행정처분을 한 선례가 있는 경우에는, 행정청에 대해 자기구속력을 갖게 되어 이후에도 그러한 기준에 따라야 한다.

③ 공무원 임용신청 당시 잘못 기재된 호적상 출생연월일을 생년월일로 기재하고, 임용 후 36년 동안 이의를 제기하지 않다가, 정년을 1년 3개월 앞두고 정정된 출생연월일을 기준으로 정년연장을 요구하는 것은 신의성실의 원칙에 반한다.

④ 일반적으로 행정청이 폐기물처리업 사업계획에 대한 적정통보를 한 경우 이는 토지에 대한 형질변경신청을 허가하는 취지의 공적 견해표명까지도 포함한다.

028

해설 ① (○) 기본적인 사항이기는 하지만, 헌법의 영역에 속하는 내용을 출제한 것이다. "국가가 국민의 생명·신체의 안전에 대한 보호의무를 다하지 않았는지 여부를 헌법재판소가 심사할 때에는 국가가 이를 보호하기 위하여 적어도 적절하고 효율적인 최소한의 보호조치를 취하였는가 하는 이른바 '과소보호 금지원칙'의 위반 여부를 기준으로 삼아, 국민의 생명·신체의 안전을 보호하기 위한 조치가 필요한 상황인데도 국가가 아무런 보호조치를 취하지 않았든지 아니면 취한 조치가 법익을 보호하기에 전적으로 부적합하거나 매우 불충분한 것임이 명백한 경우에 한하여 국가의 보호의무의 위반을 확인하여야 한다." (헌법재판소 2008.12.26. 선고 2008헌마419)

② (×) "행정청이 조합설립추진위원회의 설립승인 심사에서 위법한 행정처분을 한 선례가 있다고 하여 그러한 기준을 따라야 할 의무가 없는 점 등에 비추어, 평등의 원칙이나 신뢰보호의 원칙 또는 자기구속의 원칙 등에 위배되고 재량권을 일탈·남용하여 자의적으로 조합설립추진위원회 승인처분을 한 것으로 볼 수 없다." (대법원 2009.6.25. 선고 2008두13132)

③ (×) "지방공무원 임용신청 당시 잘못 기재된 호적상 출생연월일을 생년월일로 기재하고, 처음 임용된 때부터 약 36년 동안 전혀 이의를 제기하지 않다가, 정년을 1년 3개월 앞두고 호적상 출생연월일을 정정한 후 그 출생연월일을 기준으로 정년의 연장을 요구하는 것은 신의성실의 원칙에 반하지 않는다." (대법원 2009.3.26. 선고 2008두21300)

④ (×) "도시계획구역 안에서의 폐기물처리시설의 결정기준 및 설치기준 등을 규정하고 있는 도시계획법 및 폐기물관리법령은 도시계획구역 안에서의 토지형질변경의 허가기준을 규정하고 있는 도시계획법 및 토지의 형질변경 등 행위허가기준 등에 관한 규칙과 각기 규정대상 입법취지를 달리하고 있으므로, 일반적으로 폐기물처리업 사업계획에 대한 적정통보에, 당해 토지에 대한 형질변경허가신청을 허가하는 취지의 공적 견해표명이 있는 것으로는 볼 수 없다." (대법원 1998.9.25. 선고 98두6494)

정답 ①

029 [회독] ☐☐☐　　19년 국가 7급

신뢰보호의 원칙에 대한 설명으로 옳은 것은? (다툼이 있는 경우 판례에 의함)

① 처분청이 착오로 행정서사업 허가처분을 한 후 20년이 다 되어서야 취소사유를 알고 행정서사업 허가를 취소한 경우, 그 허가취소처분은 실권의 법리에 저촉되는 것으로 보아야 한다.

② 법령이나 비권력적 사실행위인 행정지도 등은 신뢰의 대상이 되는 선행조치에 포함되지 않는다.

③ 신뢰보호원칙의 적용에 있어서 귀책사유의 유무는 상대방을 기준으로 판단하여야 하며, 상대방으로부터 신청행위를 위임받은 수임인 등 관계자까지 포함시켜 판단할 것은 아니다.

④ 당초 정구장시설을 설치한다는 도시계획결정을 하였다가 정구장 대신 청소년 수련시설을 설치한다는 도시계획 변경결정 및 지적승인을 한 경우 당초의 도시계획결정만으로는 도시계획사업의 시행자 지정을 받게 된다는 공적 견해를 표명했다고 할 수 없다.

030 [회독] ☐☐☐　　20년 소방직

행정법의 일반원칙에 대한 설명으로 옳지 않은 것은? (다툼이 있는 경우 판례에 의함)

① 신뢰보호원칙에 위반하는 경우 그 행정행위는 위법하며, 판례는 이 경우 취소사유로 보지 않고 무효로만 보았다.

② 행정주체가 행정작용을 함에 있어서 상대방에게 이와 실질적 관련이 없는 의무를 부과하거나 그 이행을 강제하여서는 아니 된다.

③ 「행정절차법」상 규정이 없는 경우에도 행정권 행사가 적정한 절차에 따라 행해지지 아니하면 그 행정권 행사는 적법절차의 원칙에 반한다.

④ 자기구속의 원칙이 인정되는 경우 행정관행과 다른 처분은 특별한 사정이 없는 한 위법하다.

029

해설 ① (×) 실권의 법리는 '권리행사 가능성을 알고 있었을 것'을 요건으로 한다. "원고가 허가 받은 때로부터 20년이 다되어 피고가 그 허가를 취소한 것이기는 하나 피고가 취소사유를 알고서도 그렇게 장기간 취소권을 행사하지 않은 것이 아니고 … 피고의 처분이 실권의 법리에 저촉된 것이라고 볼 수 있는 것도 아니다." (대법원 1988.4.27. 선고 87누915)

② (×) 선행조치에는 법령·행정계획·행정행위·확약·행정지도 등이 포함된다.

③ (×) "일반적으로 행정상의 법률관계에 있어서 행정청의 행위에 대하여 신뢰보호의 원칙이 적용되기 위하여는, … 귀책사유의 유무는 상대방과 그로부터 신청행위를 위임받은 수임인 등 관계자 모두를 기준으로 판단하여야 한다." (대법원 2008.1.17. 선고 2006두10931)

④ (○) "당초 정구장 시설을 설치한다는 도시계획결정을 하였다가 정구장 대신 청소년 수련시설을 설치한다는 도시계획 변경결정 및 지적승인을 한 경우, 당초의 도시계획결정만으로는 도시계획사업의 시행자 지정을 받게 된다는 공적인 견해를 표명하였다고 할 수 없다는 이유로 그 후의 도시계획 변경결정 및 지적승인이 도시계획사업의 시행자로 지정받을 것을 예상하고 정구장 설계 비용 등을 지출한 자의 신뢰이익을 침해한 것으로 볼 수 없다." (대법원 2000.11.10. 선고 2000두727)

정답 ④

030

해설 ① (×) 신뢰보호원칙에 위반하는 경우 그 행정행위는 위법하다. 이 점은 옳다. 다만, 이 경우를 판례가 언제나 무효로 보고 있는 것은 아니고, 중대명백설에 따라 취소사유인지 무효사유인지를 달리 판단하고 있다.

② (○) "행정주체가 행정작용을 함에 있어서 이와 실질적인 관련이 없는 상대방의 의무를 부과하거나 그 이행을 강제하여서는 아니 된다." (대법원 2009.2.12. 선고 2005다65500)

③ (○) 적법절차의 원칙은 헌법상의 원칙으로서, 법률의 단계에서 규정이 없다 하더라도 준수되어야 한다. 따라서 「행정절차법」상 규정이 없는 경우에도 행정권 행사가 적정한 절차에 따라 행해지지 아니하면 그 행정권 행사는 적법절차의 원칙에 반하여, 위헌·위법인 것이 된다.

④ (○) 자기구속의 원칙에 위배되는 행정작용은 위법하게 된다(대법원 2009.12.24. 선고 2009두7967).

정답 ①

031 [회독] □□□ 20년 국가 9급

신뢰보호의 원칙에 대한 설명으로 옳지 않은 것은? (다툼이 있는 경우 판례에 의함)

① 관할관청이 폐기물처리업 사업계획에 대하여 적정통보를 한 것만으로도 그 사업부지 토지에 대한 국토이용계획변경신청을 승인하여 주겠다는 취지의 공적인 견해표명을 한 것으로 볼 수 있다.

② 행정청의 확약 또는 공적인 의사표명이 있은 후에 사실적·법률적 상태가 변경되었다면, 그와 같은 확약 또는 공적인 의사표명은 행정청의 별다른 의사표시를 기다리지 않고 실효된다.

③ 행정청의 공적 견해표명이 있었는지 여부를 판단하는 데 있어 반드시 행정조직상의 형식적인 권한분장에 구애될 것은 아니고 담당자의 조직상의 지위와 임무, 당해 언동을 하게 된 구체적인 경위 및 그에 대한 상대방의 신뢰가능성에 비추어 실질에 의하여 판단하여야 한다.

④ 입법예고를 통해 법령안의 내용을 국민에게 예고한 적이 있다고 하더라도 그것이 법령으로 확정되지 아니한 이상 국가가 이해관계자들에게 그 법령안에 관련된 사항을 약속하였다고 볼 수 없으며, 이러한 사정만으로 어떠한 신뢰를 부여하였다고 볼 수도 없다.

032 [회독] □□□ 20년 군무원 9급

신뢰보호 원칙에 대한 설명으로 옳지 않은 것은? (다툼이 있는 경우 판례에 의함)

① 신뢰보호 원칙의 법적 근거로는 신의칙설 또는 법적 안정성을 드는 것이 일반적인 견해이다.

② 신뢰보호 원칙의 실정법적 근거로는 「행정절차법」 제4조 제2항, 「국세기본법」 제18조 제3항 등을 들 수 있다.

③ 대법원은 실권의 법리를 신뢰보호 원칙의 파생원칙으로 본다.

④ 조세법령의 규정내용 및 행정규칙 자체는 과세관청의 공적 견해 표명에 해당하지 아니한다.

031

[해설] ① (×) "폐기물관리법령에 의한 폐기물처리업 사업계획에 대한 적정통보와 국토이용관리법령에 의한 국토이용계획변경은 각기 그 제도적 취지와 결정단계에서 고려해야 할 사항들이 다르므로, 폐기물처리업 사업계획에 대하여 적정통보를 한 것만으로 그 사업부지 토지에 대한 국토이용계획변경신청을 승인하여 주겠다는 취지의 공적인 견해표명을 한 것으로 볼 수 없다." (대법원 2005.4.28. 선고 2004두8828)

② (○) "행정청이 상대방에게 장차 어떤 처분을 하겠다고 확약 또는 공적인 의사표명을 하였다고 하더라도, 확약 또는 공적인 의사표명이 있은 후에 사실적·법률적 상태가 변경되었다면, 그와 같은 확약 또는 공적인 의사표명은 행정청의 별다른 의사표시를 기다리지 않고 실효된다." (대법원 1996.8.20. 선고 95누1087)

③ (○) "행정청의 공적 견해표명이 있었는지의 여부를 판단함에 있어서는, 반드시 행정조직상의 형식적인 권한분장에 구애될 것은 아니고, 담당자의 조직상의 지위와 임무, 당해 언동을 하게 된 구체적인 경위 및 그에 대한 상대방의 신뢰가능성에 비추어 실질에 의하여 판단하여야 한다." (대법원 2008.1.17. 선고 2006두10931)

④ (○) "입법예고를 통해 법령안의 내용을 국민에게 예고한 적이 있다고 하더라도 그것이 법령으로 확정되지 아니한 이상 국가가 이해관계자들에게 위 법령안에 관련된 사항을 약속하였다고 볼 수 없으며, 이러한 사정만으로 어떠한 신뢰를 부여하였다고 볼 수도 없다." (대법원 2018.6.15. 선고 2017다249769)

정답 ①

032

[해설] ① (○) 맞는 지문이다.

② (○) 행정절차법 제4조 제2항이나 국세기본법 제18조 제3항은 신뢰보호원칙을 명문으로 규정하고 있다.

행정절차법	제4조(신의성실 및 신뢰보호) ② 행정청은 법령등의 해석 또는 행정청의 관행이 일반적으로 국민들에게 받아들여졌을 때에는 공익 또는 제3자의 정당한 이익을 현저히 해칠 우려가 있는 경우를 제외하고는 새로운 해석 또는 관행에 따라 소급하여 불리하게 처리하여서는 아니 된다.
국세기본법	제18조(세법 해석의 기준 및 소급과세의 금지) ③ 세법의 해석이나 국세행정의 관행이 일반적으로 납세자에게 받아들여진 후에는 그 해석이나 관행에 의한 행위 또는 계산은 정당한 것으로 보며, 새로운 해석이나 관행에 의하여 소급하여 과세되지 아니한다.

③ (×) 신뢰보호의 원칙이 아니라, 신의성실의 원칙에서 파생된 원칙이라고 본다. "실권 또는 실효의 법리는 법의 일반원리인 신의성실의 원칙에 바탕을 둔 파생원칙인 것이므로 공법관계 가운데 관리관계는 물론이고 권력관계에도 적용되어야 함을 배제할 수는 없다." (대법원 1988.4.27. 선고 87누915)

④ (○) "조세법령의 규정내용 및 행정규칙 자체는 과세관청의 공적 견해 표명에 해당하지 아니한다." (대법원 2003.9.5. 선고 2001두403)

정답 ③

033 [회독] □□□　　　　　　　　　20년 소방직

행정법의 일반원칙과 관련한 판례의 태도로 옳은 것은?

① 연구단지 내 녹지구역에 위험물저장시설인 주유소와 LPG 충전소 중에서 주유소는 허용하면서 LPG충전소를 금지하는 시행령 규정은 LPG충전소 영업을 하려는 국민을 합리적 이유 없이 자의적으로 차별하여 결과적으로 평등원칙에 위배된다는 것이 헌법재판소의 태도이다.

② 하자 있는 처분이 국민에게 권리나 이익을 부여하는 이른바 수익적 행정행위인 때에는 취소하여야 할 공익상 필요와 취소로 인하여 당사자가 입게 될 기득권과 신뢰보호 및 법률생활안정의 침해 등 불이익을 비교교량한 후 공익상 필요가 당사자가 입을 불이익을 정당화할 만큼 강하지 않아도 이를 취소할 수 있다는 것이 판례의 태도이다.

③ 숙박시설 건축허가 신청을 반려한 처분에 관해 학생들의 교육환경과 인근 주민들의 주거환경 보호라는 공익이 그 신청인이 잃게 되는 이익의 침해를 정당화할 수 있을 정도로 크므로, 위 반려처분은 신뢰보호의 원칙에 위배되지 않는다는 것이 판례의 태도이다.

④ 옥외집회의 사전신고의무를 규정한 구 「집회 및 시위에 관한 법률」 제6조 제1항 중 '옥외집회'에 관한 부분은 과잉금지원칙에 위배하여 집회의 자유를 침해하는 것으로 볼 수 있다는 것이 헌법재판소의 태도이다.

033

[해설] ① (×) "LPG는 석유에 비하여 화재 및 폭발의 위험성이 훨씬 커서 주택 및 근린생활시설이 들어설 지역에 LPG충전소의 설치금지는 불가피하다 할 것이고 석유와 LPG의 위와 같은 차이를 고려하여 연구단지내 녹지구역에 LPG충전소의 설치를 금지한 것은 위와 같은 합리적 이유에 근거한 것이므로 이 사건 시행령 규정이 평등원칙에 위배된다고 볼 수 없다." (헌법재판소 2004.7.15. 선고 2001헌마646)

② (×) "행정행위를 한 처분청은 그 행위에 하자가 있는 경우에는 별도의 법적 근거가 없더라도 스스로 이를 취소할 수 있고, 다만 수익적 행정처분을 취소할 때에는 이를 취소하여야 할 공익상의 필요와 그 취소로 인하여 당사자가 입게 될 기득권과 신뢰보호 및 법률생활 안정의 침해 등 불이익을 비교·교량한 후 공익상의 필요가 당사자가 입을 불이익을 정당화할 만큼 강한 경우에 한하여 취소할 수 있다." (대법원 2008.11.13. 선고 2008두8628)

③ (○) 아래와 같은 사실관계를 가진 판례를 성의 없게 지문화한 것이다. "천안시 북부 제2지구는 일반상업지역으로 동서남북이 모두 제2종 일반주거지역으로 둘러싸여 있는데 이 사건 각 신청지로부터 1km 내지 1.5km 거리 안에 9개의 초·중·고등학교(학생 수 합계 5,300여 명)와 25개의 아파트단지(총 14,903세대)와 연립주택 등이 밀집되어 있고, 북부 제2지구 내에도 공원과 대형 마트, 청소년복지회관 등이 이미 들어서 있는 사실, 피고는 이 사건 처분 이전에 이미 위 북부 제2지구 내에서 30건의 숙박시설 건축을 허가한 바 있으며 주민들은 집단적으로 속칭 러브호텔 건축허가 반대운동을 전개하고 있는 사실 … 이 사건 숙박시설 건축허가 신청지 주변으로 주거시설과 교육시설이 밀집되어 있는데, 천안시 북부 제2지구에 이미 허가된 숙박시설과 원고들(숙박시설 건축허가 신청자) 신청의 숙박시설의 규모나 용도에 비추어 이들은 단순한 숙박을 위한 시설이 아니라 속칭 러브호텔화될 가능성이 크다고 보여 주변을 통행하는 청소년의 건전한 인격형성과 인근 주민들의 주거생활의 안녕을 위협할 위험이 있는 점 등에 비추어 보면, 피고(천안시장)가 위와 같은 공적 견해표명에 반하는 이 사건 처분을 함으로써 달성하고자 하는 인근 주민들의 주거환경 및 학생들의 교육환경 보호라는 공익이 원고들이 이 사건 처분으로 인하여 입게 되는 이익의 침해를 정당화할 수 있을 정도로 크다 할 것이므로, 이 사건 처분이 신뢰보호의 원칙에 위반되었거나 재량권을 일탈·남용하여 위법하다고 할 수 없다." (대법원 2005.11.25. 선고 2004두6822)

④ (×) "집시법 제6조 제1항은 평화적이고 효율적인 집회를 보장하고, 공공질서를 보호하기 위한 것으로 그 입법목적이 정당하고, 집회에 대한 사전신고를 통하여 행정관청과 주최자가 상호 정보를 교환하고 협력하는 것은 위와 같은 목적 달성을 위한 적절한 수단에 해당하며, 위 조항이 열거하고 있는 신고사항이나 신고시간 등은 지나치게 과다하거나 신고불가능하다고 볼 수 없으므로 최소침해성의 원칙에 반한다고 보기 어렵다. 나아가 위 조항이 정하는 사전신고의무로 인하여 집회개최자가 겪어야 하는 불편함이나 번거로움 등 제한되는 사익과 신고로 인해 보호되는 공익은 법익균형성 요건도 충족하므로 위 조항 중 '옥외집회'에 관한 부분이 과잉금지원칙에 위배하여 집회의 자유를 침해한다고 볼 수 없다." (헌법재판소 2014.1.28. 선고 2011헌바174)

정답 ③

034 [회독] ☐☐☐

「행정기본법」상 법 원칙에 대한 설명으로 옳지 않은 것은?

① 「의료법」 등 관련 법령이 정신병원 등의 개설에 관하여는 허가제로, 정신과의원 개설에 관하여는 신고제로 각 규정하고 있는 것은 합리적 차별로서 평등의 원칙에 반하지 않는다.

② 재량준칙이 공표된 것만으로는 행정의 자기구속의 원칙이 적용될 수 없고, 재량준칙이 되풀이 시행되어 행정관행이 성립한 경우에 행정의 자기구속의 원칙이 적용될 수 있다.

③ 상대방에게 귀책사유가 있어 그 신뢰의 보호가치가 인정되지 않는다면 신뢰보호의 원칙이 적용되지 않는데, 이때 귀책사유의 유무는 상대방을 기준으로 판단하여야 하고, 상대방으로부터 신청행위를 위임받은 수임인 등의 귀책사유 유무는 고려하지 않는다.

④ 음주운전으로 인한 운전면허취소처분의 재량권 일탈·남용 여부를 판단할 때, 운전면허의 취소로 입게 될 당사자의 불이익보다 음주운전으로 인한 교통사고를 방지하여야 하는 일반예방적 측면이 더 강조되어야 한다.

034

[해설] ① (○) "관련 법령이 정신병원 등의 개설에 관하여는 허가제로, 정신과의원 개설에 관하여는 신고제로 각 규정하고 있는 것은 각 의료기관의 개설 목적 및 규모 등 차이를 반영한 합리적 차별로서 평등의 원칙에 반한다고 볼 수 없다." (대법원 2018.10.25. 선고 2018두44302)

② (○) "재량준칙은 일반적으로 행정조직 내부에서만 효력을 가질 뿐 대외적인 구속력을 갖는 것은 아니므로 행정처분이 이를 위반하였다고 하여 그러한 사정만으로 곧바로 위법하게 되는 것은 아니고, 다만 그 재량준칙이 정한 바에 따라 되풀이 시행되어 행정관행이 이루어지게 되면 평등의 원칙이나 신뢰보호의 원칙에 따라 행정기관은 상대방에 대한 관계에서 그 규칙에 따라야 할 자기구속을 받게 되므로, 이러한 경우에는 특별한 사정이 없는 한 그에 반하는 처분은 평등의 원칙이나 신뢰보호의 원칙에 어긋나 재량권을 일탈·남용한 위법한 처분이 된다." (대법원 2013.11.14. 선고 2011두28783)

③ (✕) "일반적으로 행정상의 법률관계에 있어서 행정청의 행위에 대하여 신뢰보호의 원칙이 적용되기 위하여는, 첫째 행정청이 개인에 대하여 신뢰의 대상이 되는 공적인 견해표명을 하여야 하고, 둘째 행정청의 견해표명이 정당하다고 신뢰한 데에 대하여 그 개인에게 귀책사유가 없어야 하며, 셋째 그 개인이 그 견해표명을 신뢰하고 이에 상응하는 어떠한 행위를 하였어야 하고, 넷째 행정청이 그 견해표명에 반하는 처분을 함으로써 그 견해표명을 신뢰한 개인의 이익이 침해되는 결과가 초래되어야 하며, 마지막으로 위 견해표명에 따른 행정처분을 할 경우 이로 인하여 공익 또는 제3자의 정당한 이익을 현저히 해할 우려가 있는 경우가 아니어야 하는바, 둘째 요건에서 말하는 귀책사유라 함은 행정청의 견해표명의 하자가 상대방 등 관계자의 사실은폐나 기타 사위의 방법에 의한 신청행위 등 부정행위에 기인한 것이거나 그러한 부정행위가 없다고 하더라도 하자가 있음을 알았거나 중대한 과실로 알지 못한 경우 등을 의미한다고 해석함이 상당하고, 귀책사유의 유무는 상대방과 그로부터 신청행위를 위임받은 수임인 등 관계자 모두를 기준으로 판단하여야 한다." (대법원 2002.11.8. 선고 2001두1512)

④ (○) "자동차가 대중적인 교통수단이고 그에 따라 자동차운전면허가 대량으로 발급되어 교통상황이 날로 혼잡해짐에 따라 교통법규를 엄격히 지켜야 할 필요성은 더욱 커지는 점, 음주운전으로 인한 교통사고 역시 빈번하고 그 결과가 참혹한 경우가 많아 대다수의 선량한 운전자 및 보행자를 보호하기 위하여 음주운전을 엄격하게 단속하여야 할 필요가 절실한 점 등에 비추어 보면, 음주운전으로 인한 교통사고를 방지할 공익상의 필요는 더욱 중시되어야 하고 운전면허의 취소는 일반의 수익적 행정행위의 취소와는 달리 그 취소로 인하여 입게 될 당사자의 불이익보다는 이를 방지하여야 하는 일반예방적 측면이 더욱 강조되어야 한다." (대법원 2019.1.17. 선고 2017두59949)

정답 ③

035 [회독] □□□

20년 지방 7급

신뢰보호원칙에 대한 설명으로 옳지 않은 것은? (다툼이 있는 경우 판례에 의함)

① 신뢰보호의 원칙과 행정의 법률적합성의 원칙이 충돌하는 경우 국민보호를 위해 원칙적으로 신뢰보호의 원칙이 우선한다.

② 수익적 행정처분의 하자가 당사자의 사실은폐에 의한 신청행위에 기인한 것이라면 당사자는 그 처분에 관한 신뢰이익을 원용할 수 없다.

③ 면허세의 근거법령이 제정되어 폐지될 때까지의 4년 동안 과세관청이 면허세를 부과할 수 있음을 알면서도 수출확대라는 공익상 필요에서 한 건도 부과한 일이 없었다면 비과세의 관행이 이루어졌다고 보아도 무방하다.

④ 행정청이 상대방에게 장차 어떤 처분을 하겠다고 공적인 의사표명을 하면서 상대방에게 언제까지 처분의 발령을 신청하도록 유효기간을 둔 경우, 그 기간 내에 상대방의 신청이 없었다면 그 공적인 의사표명은 행정청의 별다른 의사표시를 기다리지 않고 실효된다.

035

해설 ① (×) 신뢰보호의 원칙과 행정의 법률적합성의 원칙이 충돌하는 경우 신뢰보호의 원칙이 우선하는 것이 아니라, 양자의 이익형량에 따라 그때 그때 달리 판단된다는 것이 대법원의 입장(동위설)이다.

② (○) "수익적 행정처분의 하자가 당사자의 사실은폐나 기타 사위의 방법에 의한 신청행위에 기인한 것이라면 당사자는 처분에 의한 이익이 위법하게 취득되었음을 알아 취소가능성도 예상하고 있었다 할 것이므로, 그 자신이 처분에 관한 신뢰이익을 원용할 수 없음은 물론 행정청이 이를 고려하지 아니하였더라도 재량권의 남용이 되지 아니한다." (대법원 2014.11.27. 선고 2013두16111)

③ (○) "국세기본법의 규정은 납세자의 권리보호와 과세관청에 대한 납세자의 신뢰보호에 그 목적이 있는 것이므로 이 사건 보세운송면허세의 부과근거이던 지방세법시행령이 제정되어 폐지될 때까지 4년 동안 그 면허세를 부과할 수 있는 정을 알면서도 피고가 수출확대라는 공익상 필요에서 한 건도 이를 부과한 일이 없었다면 납세자인 원고는 그것을 믿을 수 밖에 없고 그로써 비과세의 관행이 이루어졌다고 보아도 무방하다." (대법원 1980.6.10. 선고 80누6)

④ (○) "행정청이 상대방에게 장차 어떤 처분을 하겠다고 확약 또는 공적인 의사표명을 하였다고 하더라도, 그 자체에서 상대방으로 하여금 언제까지 처분의 발령을 신청을 하도록 유효기간을 두었는데도 그 기간 내에 상대방의 신청이 없었다거나 확약 또는 공적인 의사표명이 있은 후에 사실적·법률적 상태가 변경되었다면, 그와 같은 확약 또는 공적인 의사표명은 행정청의 별다른 의사표시를 기다리지 않고 실효된다." (대법원 1996.8.20. 선고 95누10877)

정답 ①

036 [회독] □□□ 20년 지방 9급

행정법의 일반원칙에 대한 설명으로 옳은 것은? (다툼이 있는 경우 판례에 의함)

① 비례의 원칙은 행정에만 적용되는 원칙이므로 입법에서는 적용될 여지가 없다.

② 신뢰보호의 원칙이 적용되기 위한 요건인 행정권의 행사에 관하여 신뢰를 주는 선행조치가 되기 위해서는 반드시 처분청 자신의 적극적인 언동이 있어야만 한다.

③ 동일한 사항을 다르게 취급하는 것은 합리적 이유가 없는 차별이므로, 같은 정도의 비위를 저지른 자들은 비록 개전의 정이 있는지 여부에 차이가 있다고 하더라도 징계종류의 선택과 양정에 있어 동일하게 취급받아야 한다.

④ 재량권행사의 준칙인 행정규칙이 그 정한 바에 따라 되풀이 시행되어 행정관행이 이루어지게 되면 평등의 원칙이나 신뢰보호의 원칙에 따라 행정기관은 그 상대방에 대한 관계에서 그 규칙에 따라야 할 자기구속을 받게 된다.

036

| 해설 | ① (×) 비례의 원칙은 행정작용이 준수해야 하는 원칙으로서 발전한 것이지만, 오늘날에는 입법에 있어서도 준수해야 하는 원칙으로 확립되어 있다. "국가작용 중 특히 입법작용에 있어서의 과잉입법금지의 원칙(비례의 원칙)이라 함은 국가가 국민의 기본권을 제한하는 내용의 입법활동을 함에 있어서 준수하여야 할 기본원칙 내지 입법활동의 한계를 의미하는 것으로서, 국민의 기본권을 제한하려는 입법의 목적이 헌법 및 법률의 체제상 그 정당성이 인정되어야 하고(목적의 정당성), 그 목적의 달성을 위하여 그 방법이 효과적이고 적절하여야 하며(방법의 적정성), 입법권자가 선택한 기본권제한의 조치가 입법목적달성을 위하여 설사 적절하다 할지라도 보다 완화된 형태나 방법을 모색함으로써 기본권의 제한은 필요한 최소한도에 그치도록 하여야 하며(피해의 최소성), 그 입법에 의하여 보호하려는 공익과 침해되는 사익을 비교형량할 때 보호되는 공익이 더 커야 한다(법익의 균형성)는 법치국가의 원리에서 당연히 파생되는 헌법상의 기본원리의 하나인 비례의 원칙을 말하는 것이다. 이를 우리 헌법은 제37조 제1항에서 "국민의 자유와 권리는 헌법에 열거되지 아니한 이유로 경시되지 아니한다." 제2항에서 "국민의 모든 자유와 권리는 국가안전보장, 질서유지 또는 공공복리를 위하여 필요한 경우에 한하여 법률로써 제한할 수 있으며, 제한하는 경우에도 자유와 권리의 본질적인 내용을 침해할 수 없다."라고 선언하여 입법권의 한계로서 과잉입법금지의 원칙을 명문으로 인정하고 있다."(헌법재판소 1992.12.24. 선고 92헌가8)

② (×) 선행조치는 반드시 처분청 자신의 견해표명일 필요는 없으며, 처분청 소속의 보조기관이 행한 조치도 선행조치에 해당한다. 또한 언동은 적극적·소극적 조치를 불문한다.

③ (×) "같은 정도의 비위를 저지른 자들 사이에 있어서도 그 직무의 특성 등에 비추어, 개전의 정이 있는지 여부에 따라 징계의 종류의 선택과 양정에 있어서 차별적으로 취급하는 것은, 사안의 성질에 따른 합리적 차별로서 이를 자의적 취급이라고 할 수 없는 것이어서 평등원칙 내지 형평에 반하지 아니한다."(대법원 1999.8.20. 선고 99두2611)

④ (○) "재량권 행사의 준칙인 행정규칙이 그 정한 바에 따라 되풀이 시행되어 행정관행이 이루어지게 되면 평등의 원칙이나 신뢰보호의 원칙에 따라 행정기관은 그 상대방에 대한 관계에서 그 규칙에 따라야 할 자기구속을 받게 된다."(대법원 2009.12.24. 선고 2000두7067)

정답 ④

037 [회독] □□□   22년 소방직

신뢰보호의 원칙에 대한 설명으로 옳지 않은 것은? (다툼이 있는 경우 판례에 의함)

① 행정청이 공적인 견해에 반하는 행정처분을 함으로써 달성하려는 공익이 행정청의 공적 견해표명을 신뢰한 개인이 그 행정처분으로 인하여 입게 되는 이익의 침해를 정당화할 수 있을 정도로 강한 경우에는 그 행정처분은 위법하지 않다.

② 과세관청이 질의회신 등을 통하여 어떤 견해를 대외적으로 표명하였더라도 그것이 중요한 사실관계와 법적인 쟁점을 제대로 드러내지 아니한 채 질의한 데 따른 것이라면, 공적인 견해표명에 의하여 정당한 기대를 가지게 할 만한 신뢰가 부여된 경우로 볼 수 없다.

③ 폐기물처리업에 대하여 관할 관청의 사전 적정통보를 받고 막대한 비용을 들여 요건을 갖춘 다음 허가신청을 한 경우, 행정청이 청소업자의 난립으로 효율적인 청소업무의 수행에 지장이 있다는 이유로 불허가처분을 하였다 할지라도 신뢰보호의 원칙에 반하지 아니한다.

④ 법원이 「질서위반행위규제법」에 따라서 하는 과태료 재판은 원칙적으로 행정소송에서와 같은 신뢰보호의 원칙 위반 여부가 문제되지 아니한다.

037

해설 ① (○) "행정처분이 이러한 요건을 충족하는 경우라고 하더라도 행정청이 앞서 표명한 공적인 견해에 반하는 행정처분을 함으로써 달성하려는 공익이 행정청의 공적 견해표명을 신뢰한 개인이 그 행정처분으로 인하여 입게 되는 이익의 침해를 정당화할 수 있을 정도로 강한 경우에는 신뢰보호의 원칙을 들어 그 행정처분이 위법하다고는 할 수 없다." (대법원 1998.11.13. 선고 98두7343)

② (○) "과세관청의 행위에 대하여 신의성실의 원칙 또는 신뢰보호의 원칙을 적용하기 위해서는, 과세관청이 공적인 견해표명 등을 통하여 부여한 신뢰가 평균적인 납세자로 하여금 합리적이고 정당한 기대를 가지게 할 만한 것이어야 한다. 비록 과세관청이 질의회신 등을 통하여 어떤 견해를 표명하였다고 하더라도 그것이 중요한 사실관계와 법적인 쟁점을 제대로 드러내지 아니한 채 질의의 데 따른 것이라면 공적인 견해표명에 의하여 정당한 기대를 가지게 할 만한 신뢰가 부여된 경우라고 볼 수 없다." (대법원 2013.12.26. 선고 2011두5940)

③ (×) "폐기물처리업에 대하여 사전에 관할 관청으로부터 적정통보를 받고 막대한 비용을 들여 허가요건을 갖춘 다음 허가신청을 하였음에도 다수 청소업자의 난립으로 안정적이고 효율적인 청소업무의 수행에 지장이 있다는 이유로 한 불허가처분이 신뢰보호의 원칙 및 비례의 원칙에 반하는 것으로서 재량권을 남용한 위법한 처분이다." (대법원 1998.5.8. 선고 98두4061)

④ (○) "법원이 비송사건절차법에 따라서 하는 과태료 재판은 관할 관청이 부과한 과태료처분에 대한 당부를 심판하는 행정소송절차가 아니라 법원이 직권으로 개시·결정하는 것이므로, 원칙적으로 과태료 재판에서는 행정소송에서와 같은 신뢰보호의 원칙위반 여부가 문제로 되지 아니하고, 다만 위반자가 그 의무를 알지 못하는 것이 무리가 아니었다고 할 수 있어 그것을 정당시할 수 있는 사정이 있을 때 또는 그 의무의 이행을 그 당사자에게 기대하는 것이 무리라고 하는 사정이 있을 때 등 그 의무 해태를 탓할 수 없는 정당한 사유가 있는 때에는 이를 부과할 수 없다." (대법원 2006.4.28. 선고 2003마715)

정답 ③

제2절 법원의 효력범위

기출테마 8 행정법의 효력범위

038 [회독] ☐☐☐

22년 군무원 9급

다음 중 행정법의 효력에 대한 설명으로 가장 옳지 않은 것은?

① 행정법령의 시행일을 정하지 않은 경우에는 공포한 날부터 20일이 경과함으로써 효력을 발생하는데, 이 경우 공포한 날을 첫날에 산입하지 아니하고 기간의 말일이 토요일 또는 공휴일인 때에는 그 말일의 다음날로 기간이 만료한다.

② 법령을 소급적용하더라도 일반 국민의 이해에 직접 관계가 없는 경우, 오히려 그 이익을 증진하는 경우, 불이익이나 고통을 제거하는 경우 등의 특별한 사정이 있는 경우에 한하여 예외적으로 법령의 소급적용이 허용된다.

③ 신청에 따른 처분은 신청 후 법령이 개정된 경우라도 법령 등에 특별한 규정이 있거나 처분 당시의 법령을 적용하기 곤란한 특별한 사정이 있는 경우를 제외하고는 개정된 법령을 적용한다.

④ 법령상 허가를 받아야만 가능한 행위가 법령개정으로 허가 없이 할 수 있게 되었다 하더라도 개정의 이유가 사정의 변천에 따른 규제 범위의 합리적 조정의 필요에 따른 것이라면 개정 전 허가를 받지 않고 한 행위에 대해 개성 전 법령에 따리 치벌할 수 있다.

038

해설 ① (×) 행정법령의 시행일을 정하지 않은 경우에는 공포한 날로부터 20일이 경과함으로써 효력이 발생한다는 점은 옳다(법령 등 공포에 관한 법률 제13조). 또 이 경우에 첫날이 산입되지 않는다는 점도 옳다(행정기본법 제7조 제2호). 그러나 이때 기간의 말일이 토요일이나 공휴일이라 하더라도 그 말일로 기간이 만료하는 것이지, 그 다음날 만료하는 것이 아니다(행정기본법 제7조 제3호).

법령 등 공포에 관한 법률	제13조(시행일) 대통령령, 총리령 및 부령은 특별한 규정이 없으면 공포한 날부터 20일이 경과함으로써 효력을 발생한다.
행정기본법	제7조(법령등 시행일의 기간 계산) 법령등(훈령·예규·고시·지침 등을 포함한다. 이하 이 조에서 같다)의 시행일을 정하거나 계산할 때에는 다음 각 호의 기준에 따른다. 1. 법령등을 공포한 날부터 시행하는 경우에는 공포한 날을 시행일로 한다. 2. 법령등을 공포한 날부터 일정 기간이 경과한 날부터 시행하는 경우 법령등을 공포한 날을 첫날에 산입하지 아니한다. 3. 법령등을 공포한 날부터 일정 기간이 경과한 날부터 시행하는 경우 그 기간의 말일이 토요일 또는 공휴일인 때에는 그 말일로 기간이 만료한다.

② (○) "법령의 소급적용, 특히 행정법규의 소급적용은 일반적으로는 법치주의의 원리에 반하고, 개인의 권리·자유에 부당한 침해를 가하며, 법률생활의 안정을 위협하는 것이어서, 이를 인정하지 않는 것이 원칙이고(법률불소급의 원칙 또는 행정법규소급의 원칙), 다만 법령을 소급적용하더라도 일반 국민의 이해에 식섭 관계가 있는 경우, 오히려 그 이익을 증진하는 경우, 불이익이나 고통을 제거하는 경우 등의 특별한 사정이 있는 경우에 한하여 예외적으로 법령의 소급적용이 허용된다." (대법원 2005.5.13. 선고 2004다8630)

③ (○) 이 경우 개정법령인 처분 당시의 법령을 따른다(행정기본법 제14조 제2항).

행정기본법	제14조(법 적용의 기준) ② 당사자의 신청에 따른 처분은 법령등에 특별한 규정이 있거나 처분 당시의 법령등을 적용하기 곤란한 특별한 사정이 있는 경우를 제외하고는 처분 당시의 법령등에 따른다.

④ (△) 이러한 경우에는 여전히 구법이 적용된다고 보던 형사판례(2007도4197)를 출제한 것인데, 2022년 12월 22일자 전원합의체 판결(2020도16420)로 대법원이 태도를 변경하였기 때문에, 이제는 폐기된 판례이다. 이제는 출제될 수 없는 지문이다.

정답 ①

039 [회독] □□□　　21년 지방 9급

행정법의 법원(法源)의 효력에 대한 설명으로 옳지 않은 것은?

① 헌법개정·법률·조약·대통령령·총리령 및 부령의 공포는 관보에 게재함으로써 한다.

② 「국회법」에 따라 하는 국회의장의 법률 공포는 서울특별시에서 발행되는 둘 이상의 일간신문에 게재함으로써 한다.

③ 법령의 공포일은 해당 법령을 게재한 관보 또는 신문이 발행된 날로 한다.

④ 관보의 내용 해석 및 적용 시기 등에 대하여 종이관보가 전자관보보다 우선적 효력을 가진다.

040 [회독] □□□　　21년 군무원 9급

행정법의 효력에 대한 설명으로 옳지 않은 것은?

① 조례와 규칙은 특별한 규정이 없으면 공포한 날부터 20일이 경과함으로써 효력을 발생한다.

② 행정법령은 특별한 규정이 없는 한 시행일로부터 장래에 향하여 효력을 발생하는 것이 원칙이다.

③ 법령을 소급적용하더라도 일반국민의 이해에 직접 관계가 없는 경우에는 법령의 소급적용이 허용된다.

④ 법률불소급의 원칙은 그 법률의 효력발생 전에 완성된 요건사실뿐만 아니라 계속 중인 사실이나 그 이후에 발생한 요건사실에 대해서도 그 법률을 소급적용할 수 없다.

039

해설 ① (○) 법령 등 공포에 관한 법률 제11조 제1항

법령 등 공포에 관한 법률	제11조(공포 및 공고의 절차) ① 헌법개정·법률·조약·대통령령·총리령 및 부령의 공포와 헌법개정안·예산 및 예산 외 국고부담계약의 공고는 관보(官報)에 게재함으로써 한다.

② (○) 법령 등 공포에 관한 법률 제11조 제2항

법령 등 공포에 관한 법률	제11조(공포 및 공고의 절차) ② 「국회법」 제98조 제3항 전단에 따라 하는 국회의장의 법률 공포는 서울특별시에서 발행되는 둘 이상의 일간신문에 게재함으로써 한다.

③ (○) 법령 등 공포에 관한 법률 제12조

법령 등 공포에 관한 법률	제12조(공포일·공고일) 제11조의 법령 등의 공포일 또는 공고일은 해당 법령 등을 게재한 관보 또는 신문이 발행된 날로 한다.

④ (×) 동일한 효력을 가진다(법령 등 공포에 관한 법률 제11조 제4항).

법령 등 공포에 관한 법률	제11조(공포 및 공고의 절차) ④ 관보의 내용 해석 및 적용 시기 등에 대하여 종이관보와 전자관보는 동일한 효력을 가진다.

정답 ④

040

해설 ① (○) 지방자치법 제32조 제8항

지방자치법	제32조(조례와 규칙의 제정 절차 등) ⑧ 조례와 규칙은 특별한 규정이 없으면 공포한 날부터 20일이 지나면 효력을 발생한다.

② (○) 행정법령은 시행일 이전의 과거에 생긴 사항에 대하여 적용한다는 소급효에 관한 특별한 규정이 없는 한, 시행일로부터 장래에 향하여 효력을 발생하는 장래효가 원칙이다.

③ (○) "법령의 소급적용, 특히 행정법규의 소급적용은 일반적으로는 법치주의의 원리에 반하고, 개인의 권리·자유에 부당한 침해를 가하며, 법률생활의 안정을 위협하는 것이어서, 이를 인정하지 않는 것이 원칙이고(법률불소급의 원칙 또는 행정법규불소급의 원칙), 다만 법령을 소급적용하더라도 일반 국민의 이해에 직접 관계가 없는 경우, 오히려 그 이익을 증진하는 경우, 불이익이나 고통을 제거하는 경우 등의 특별한 사정이 있는 경우에 한하여 예외적으로 법령의 소급적용이 허용된다." (대법원 2005.5.13. 선고 2004다8630)

④ (×) "법령불소급의 원칙은 법령의 효력발생 전에 완성된 요건 사실에 대하여 당해 법령을 적용할 수 없다는 의미일 뿐, 계속 중인 사실이나 그 이후에 발생한 요건 사실에 대한 법령적용까지를 제한하는 것은 아니다." (대법원 2014.4.24. 선고 2013두26552)

정답 ④

041 [회독] ☐☐☐   24년 소방직

행정법의 효력에 관한 설명으로 옳은 것만을 〈보기〉에서 있는 대로 고른 것은? (다툼이 있는 경우 판례에 의함)

┤ 보기 ├

㉠ 처분은 무효인 경우를 제외하고, 권한이 있는 기관이 취소 또는 철회하거나 기간의 경과 등으로 소멸되기 전까지는 유효한 것으로 통용된다.

㉡ 조례와 규칙은 특별한 규정이 없으면 공포한 날부터 20일이 지나면 효력을 발생한다.

㉢ 개정 법령이 기존의 사실 또는 법률관계를 적용대상으로 하면서 국민의 재산권과 관련하여 종전보다 불리한 법률효과를 규정하고 있는 경우에도 그러한 사실 또는 법률관계가 개정 법령이 시행되기 이전에 이미 완성 또는 종결된 것이 아니라면 개정 법령을 적용하는 것이 헌법상 금지되는 소급입법에 의한 재산권 침해라고 할 수는 없다.

㉣ 어떠한 법률조항에 대하여 헌법재판소가 헌법불합치결정을 하여 그 법률조항을 합헌적으로 개정 또는 폐지하는 임무를 입법자의 형성 재량에 맡긴 이상, 그 개선입법의 소급적용 여부와 소급적용의 범위는 원칙적으로 입법자의 재량에 달린 것이다.

① ㉠   ② ㉡, ㉣
③ ㉠, ㉡, ㉢   ④ ㉠, ㉡, ㉢, ㉣

041

해설 ㉠ (○) 행정기본법 제15조

행정기본법	제15조(처분의 효력) 처분은 권한이 있는 기관이 취소 또는 철회하거나 기간의 경과 등으로 소멸되기 전까지는 유효한 것으로 통용된다. 다만, 무효인 처분은 처음부터 그 효력이 발생하지 아니한다.

㉡ (○) 지방자치법 제32조 제8항

지방자치법	제32조(조례와 규칙의 제정 절차 등) ⑧ 조례와 규칙은 특별한 규정이 없으면 공포한 날부터 20일이 지나면 효력을 발생한다.

㉢ (○) "행정처분은 그 근거 법령이 개정된 경우에도 경과 규정에서 달리 정함이 없는 한 처분 당시 시행되는 개정 법령과 그에서 정한 기준에 의하는 것이 원칙이고, 개정 법령이 기존의 사실 또는 법률관계를 적용대상으로 하면서 국민의 재산권과 관련하여 종전보다 불리한 법률효과를 규정하고 있는 경우에도 그러한 사실 또는 법률관계가 개정 법률이 시행되기 이전에 이미 완성 또는 종결된 것이 아니라면 이를 헌법상 금지되는 소급입법에 의한 재산권 침해라고 할 수는 없으며, 그러한 개정 법률의 적용과 관련하여서는 개정 전 법령의 존속에 대한 국민의 신뢰가 개정 법령의 적용에 관한 공익상의 요구보다 더 보호가치가 있다고 인정되는 경우에 그러한 국민의 신뢰보호를 보호하기 위하여 그 적용이 제한될 수 있는 여지가 있을 따름이다." (대법원 2020.7.23. 선고 2019두31839)

㉣ (○) "어떠한 법률조항에 대하여 헌법재판소가 헌법불합치결정을 하여 그 법률조항을 합헌적으로 개정 또는 폐지하는 임무를 입법자의 형성 재량에 맡긴 이상, 그 개선입법의 소급적용 여부와 소급적용의 범위는 원칙적으로 입법자의 재량에 달린 것이다." (대법원 2008.1.17. 선고 2007두21563)

정답 ④

042 [회독] ☐☐☐

20년 군무원 9급

행정법의 효력에 대한 설명으로 옳지 않은 것은? (다툼이 있는 경우 판례에 의함)

① 행정법규는 시행일부터 그 효력을 발생한다.

② 법령이 변경된 경우 신 법령이 피적용자에게 유리하여 이를 적용하도록 하는 경과규정을 두는 등의 특별한 규정이 없는 한 「헌법」 제13조 등의 규정에 비추어 볼 때 그 변경 전에 발생한 사항에 대하여는 변경 후의 신 법령이 아니라 변경 전의 구 법령이 적용되어야 한다.

③ 법령불소급의 원칙은 법령의 효력발생 전에 완성된 요건 사실에 대하여 당해 법령을 적용할 수 없다는 의미일 뿐, 계속 중인 사실이나 그 이후에 발생한 요건 사실에 대한 법령적용까지를 제한하는 것은 아니다.

④ 진정소급입법의 경우에는 신뢰보호의 이익을 주장할 수 있으나 부진정소급입법의 경우에는 신뢰보호의 이익을 주장할 수 없다.

042

해설 ① (○) 옳은 내용이다. 시행일이라는 개념 자체가 효력발생일이라는 의미이다.

② (○) "법령이 변경된 경우 신 법령이 피적용자에게 유리하여 이를 적용하도록 하는 경과규정을 두는 등의 특별한 규정이 없는 한 헌법 제13조 등의 규정에 비추어 볼 때 그 변경 전에 발생한 사항에 대하여는 변경 후의 신 법령이 아니라 변경 전의 구 법령이 적용되어야 한다." (대법원 2002.12.10. 선고 2001두3228)

③ (○) "법령불소급의 원칙은 법령의 효력발생 전에 완성된 요건 사실에 대하여 당해 법령을 적용할 수 없다는 의미일 뿐, 계속 중인 사실이나 그 이후에 발생한 요건 사실에 대한 법령적용까지를 제한하는 것은 아니다." (대법원 2014.4.24. 선고 2013두26552)

④ (×) 부진정소급입법은 원칙적으로 허용되지만, 신뢰보호의 원칙에 의해 예외적으로만 제한이 될 수 있는데, 그 점을 지문화한 것이다. "새로운 입법으로 이미 종료된 사실관계에 작용케 하는 진정소급입법은 헌법적으로 허용되지 않는 것이 원칙이며 특단의 사정이 있는 경우에만 예외적으로 허용될 수 있는 반면, 현재 진행중인 사실관계에 작용케 하는 부진정소급입법은 원칙적으로 허용되지만 소급효를 요구하는 공익상의 사유와 신뢰보호의 요청 사이의 교량과정에서 신뢰보호의 관점이 입법자의 형성권에 제한을 가하게 된다." (헌법재판소 1998.11.26. 선고 97헌바58)

정답 ④

043 [회독] □□□　　　　20년 국가 9급

행정법의 법원(法源)의 효력에 대한 설명으로 옳지 않은 것은?
(다툼이 있는 경우 판례에 의함)

① 학교급식을 위해 국내 우수농산물을 사용하는 자에게 식재료나 구입비의 일부를 지원하는 것 등을 내용으로 하는 지방자치단체의 조례안이 '1994년 관세 및 무역에 관한 일반협정'을 위반하여 위법한 이상, 그 조례안은 효력이 없다.

② 국민의 권리 제한 또는 의무 부과와 직접 관련되는 법률, 대통령령, 총리령 및 부령은 긴급히 시행하여야 할 특별한 사유가 있는 경우를 제외하고는 공포일부터 적어도 30일이 경과한 날부터 시행되도록 하여야 한다.

③ 진정소급입법이라 하더라도 예외적으로 국민이 소급입법을 예상할 수 있었거나 신뢰보호의 요청에 우선하는 심히 중대한 공익상의 사유가 소급입법을 정당화하는 경우 등에는 허용될 수 있다.

④ 개발제한구역의 지정 및 관리에 관한 특별조치법령의 개정으로 허가나 신고 없이 개발제한구역 내 공작물 설치 행위를 할 수 있게 되었다면, 그 법령의 시행 전에 이미 범하여진 위법한 설치행위에 대한 가벌성은 소멸한다.

043

해설　① (○) "'1994년 관세 및 무역에 관한 일반협정'(General Agreement on Tariffs and Trade 1994, 이하 'GATT'라 한다)은 1994. 12. 16. 국회의 동의를 얻어 같은 달 23. 대통령의 비준을 거쳐 같은 달 30. 공포되고 1995. 1. 1. 시행된 조약인 '세계무역기구(WTO) 설립을 위한 마라케쉬협정'(Agreement Establishing the WTO)(조약 1265호)의 부속 협정(다자간 무역협정)이고, '정부조달에 관한 협정'(Agreement on Government Procurement, 이하 'AGP'라 한다)은 1994. 12. 16. 국회의 동의를 얻어 1997. 1. 3. 공포시행된 조약(조약 1363호, 복수국가간 무역협정)으로서 각 헌법 제6조 제1항에 의하여 국내법령과 동일한 효력을 가지므로 지방자치단체가 제정한 조례가 GATT나 AGP에 위반되는 경우에는 그 효력이 없다." (대법원 2005.9.9. 선고 2004추10)

② (○) 법령 등 공포에 관한 법률 제13조의2

법령 등 공포에 관한 법률	제13조의2(법령의 시행유예기간) 국민의 권리 제한 또는 의무 부과와 직접 관련되는 법률, 대통령령, 총리령 및 부령은 긴급히 시행하여야 할 특별한 사유가 있는 경우를 제외하고는 공포일부터 적어도 30일이 경과한 날부터 시행되도록 하여야 한다.

③ (○) "기존의 법에 의하여 형성되어 이미 굳어진 개인의 법적 지위를 사후입법을 통하여 박탈하는 것 등을 내용으로 하는 진정소급입법은 개인의 신뢰보호와 법적 안정성을 내용으로 하는 법치국가원리에 의하여 특단의 사정이 없는 한 헌법적으로 허용되지 아니하는 것이 원칙이고, 다만 일반적으로 국민이 소급입법을 예상할 수 있었거나 법적 상태가 불확실하고 혼란스러워 보호할 만한 신뢰이익이 적은 경우와 소급입법에 의한 당사자의 손실이 없거나 아주 경미한 경우 그리고 신뢰보호의 요청에 우선하는 심히 중대한 공익상의 사유가 소급입법을 정당화하는 경우 등에는 예외적으로 진정소급입법이 허용된다." (헌법재판소 1999.7.22. 선고 97헌바76)

④ (△) 이러한 경우에는 여전히 구법이 적용된다고 보던 형사판례(2007도4197)를 출제한 것인데, 2022년 12월 22일자 전원합의체 판결(2020도16420)로 대법원이 태도를 변경하였기 때문에, 이제는 폐기된 판례이다. 이제는 출제될 수 없는 지문이다.

정답 ④

044 [회독] □□□ 25년 소방직

행정법의 효력에 관한 설명으로 옳지 않은 것은? (다툼이 있는 경우 판례에 의함)

① 「법령 등 공포에 관한 법률」상 관보의 내용 해석 및 적용 시기 등에 대하여 종이관보와 전자관보는 동일한 효력을 가진다.

② 「헌법재판소법」에 따르면 형벌에 관한 법률 또는 법률의 조항이 헌법재판소에서 위헌으로 결정되는 경우에는 소급하여 그 효력을 상실한다. 다만, 해당 법률 또는 법률의 조항에 대하여 종전에 합헌으로 결정한 사건이 있는 경우에는 그 결정이 있는 날의 다음 날로 소급하여 효력을 상실한다.

③ 법률불소급의 원칙은 그 법률의 효력발생 전에 완성된 요건사실에 대하여 그 법률을 적용할 수 없다는 의미일 뿐, 계속 중인 사실이나 그 이후에 발생한 요건사실에 대한 법률적용까지를 제한하는 것은 아니다.

④ 구「개발제한구역의 지정 및 관리에 관한 특별조치법」 제11조 제3항 및 같은 법 시행규칙 관련 조항의 신설로 허가나 신고 없이 개발제한구역 내 공작물 설치행위를 할 수 있도록 법령이 개정된 경우, 그 법령의 시행 전에 이미 범하여진 공작물 설치행위에 대한 가벌성은 소멸한다.

044

해설 ① (○) 법령 등 공포에 관한 법률 제11조 제4항

법령공포법	제11조(공포 및 공고의 절차) ④ 관보의 내용 해석 및 적용 시기 등에 대하여 종이관보와 전자관보는 동일한 효력을 가진다.

② (○) 헌법학의 내용이다. (헌법재판소법 제47조 제3항)

헌법재판소법	제47조(위헌결정의 효력) ③ 제2항에도 불구하고 형벌에 관한 법률 또는 법률의 조항은 소급하여 그 효력을 상실한다. 다만, 해당 법률 또는 법률의 조항에 대하여 종전에 합헌으로 결정한 사건이 있는 경우에는 그 결정이 있는 날의 다음 날로 소급하여 효력을 상실한다.

③ (○) "법률불소급의 원칙은 그 법률의 효력발생 전에 완성된 요건사실에 대하여 그 법률을 적용할 수 없다는 의미일 뿐, 계속 중인 사실이나 그 이후에 발생한 요건사실에 대한 법률적용까지를 제한하는 것은 아니다." (대법원 2019.1.31. 선고 2015두60020)

④ (×) 폐기된 판례를 다시 그대로 출제한 것이어서 다소 문제가 있다. '개발제한 구역사건, 가벌성 소멸되지 않는다고 본 예전 판례가 있었음' 정도로만 정리해 두도록 하자. "개정된 개발제한구역의 지정 및 관리에 관한 특별조치법에서 신설한 제11조 제3항은 … 종전에 허가를 받거나 신고를 하여야만 할 수 있던 행위의 일부를 허가나 신고 없이 할 수 있도록 법령이 개정되었다 하더라도 이는 법률 이념의 변천으로 과거에 범죄로서 처벌하던 일부 행위에 대한 처벌 자체가 부당하다는 반성적 고려에서 비롯된 것이라기보다는 사정의 변천에 따른 규제 범위의 합리적 조정의 필요에 따른 것이라고 보이므로, 위 개발제한구역의 지정 및 관리에 관한 특별조치법과 같은 법 시행규칙의 신설 조항들이 시행되기 전에 이미 범하여진 개발제한구역 내 비닐하우스 설치행위에 대한 가벌성이 소멸하는 것은 아니다." (대법원 2007.9.6. 선고 2007도4197)

정답 ④

045 [회독] ☐☐☐ 23년 소방직

「행정기본법」의 내용으로 옳지 않은 것은?

① 행정에 대한 기간의 계산에 관하여는 「민법」 또는 다른 법령등에 특별한 규정이 있는 경우를 제외하고는 「행정기본법」에 따른다.

② 당사자의 신청에 따른 처분은 법령등에 특별한 규정이 있거나 처분 당시의 법령등을 적용하기 곤란한 특별한 사정이 있는 경우를 제외하고는 처분 당시의 법령등에 따른다.

③ 국가와 지방자치단체는 소속 공무원이 공공의 이익을 위하여 적극적으로 직무를 수행할 수 있도록 제반 여건을 조성하고, 이와 관련된 시책 및 조치를 추진하여야 한다.

④ 행정청은 공법상 계약의 상대방을 선정하고 계약 내용을 정할 때 공법상 계약의 공공성과 제3자의 이해관계를 고려하여야 한다.

045

해설 ① (×) 행정기본법 제6조 제1항을 무의미하게 오선지로 구성한 지문이다. 행정에 대한 기간의 계산에 관하여는 「행정기본법」 또는 다른 법령등에 특별한 규정이 있는 경우를 제외하고는 「민법」을 따른다.

행정기본법	제6조(행정에 관한 기간의 계산) ① 행정에 관한 기간의 계산에 관하여는 이 법 또는 다른 법령등에 특별한 규정이 있는 경우를 제외하고는 「민법」을 준용한다.

② (○) 행정기본법 제14조 제2항

행정기본법	제14조(법 적용의 기준) ② 당사자의 신청에 따른 처분은 법령등에 특별한 규정이 있거나 처분 당시의 법령등을 적용하기 곤란한 특별한 사정이 있는 경우를 제외하고는 처분 당시의 법령등에 따른다.

③ (○) 행정기본법 제4조 제2항

행정기본법	제4조(행정의 적극적 추진) ② 국가와 지방자치단체는 소속 공무원이 공공의 이익을 위하여 적극적으로 직무를 수행할 수 있도록 제반 여건을 조성하고, 이와 관련된 시책 및 조치를 추진하여야 한다.

④ (○) 행정기본법 제27조 제2항

행정기본법	제27조(공법상 계약의 체결) ② 행정청은 공법상 계약의 상대방을 선정하고 계약 내용을 정할 때 공법상 계약의 공공성과 제3자의 이해관계를 고려하여야 한다.

정답 ①

제5장　행정법률관계

제1절　행정법률관계의 구분

기출테마 9　행정법률관계의 구분

기출테마 10　특별권력관계(특별행정법관계)

제2절　행정작용법관계의 당사자

기출테마 11　행정작용법관계의 당사자(행정주체와 행정객체)

제3절　행정법률관계의 내용

기출테마 12　개인적 공권

---

046 [회독] □□□　　　　　　　　　　　23년 군무원 9급

다음 중 개인적 공권에 관한 설명으로 옳지 않은 것은? (다툼이 있는 경우 판례에 의함)

① 재량권이 영으로 수축하는 경우에는 무하자재량행사청구권은 행정개입청구권으로 전환되는 특성이 존재한다.

② 사회적 기본권의 성격을 가지는 연금수급권은 국가에 대하여 적극적으로 급부를 요하는 것이므로 헌법규정만으로는 이를 실현할 수 없고, 법률에 의한 형성을 필요로 한다.

③ 행정청에게 부여된 공권력 발동권한이 재량행위인 경우, 행정청의 권한행사에 이해관계가 있는 개인은 행정청에 대하여 무하자재량행사청구권을 가진다.

④ 환경부장관의 생태·자연도 등급결정으로 1등급 권역의 인근 주민들이 가지는 환경상 이익은 법률상 이익이다.

046

해설　① (○) 옳은 내용이다. 원칙적으로는 기속행위에 대해서만 성립할 수 있는 것이지만, 재량행위라 하더라도 예외적으로 그 재량이 영(0)으로 수축하는 경우에는, 사익보호성이 갖추어질 경우 무하자재량행사청구권의 형태로 존재하던 공권이 행정개입청구권으로 전환되어 성립 가능하다.

② (○) "연금수급권은 국가에 대하여 적극적으로 급부를 요구하는 것이므로 헌법규정만으로는 이를 실현할 수 없고 법률에 의한 형성을 필요로 하며, 그 구체적 내용, 즉 수급요건, 수급권자의 범위, 급여금액 등은 법률에 의하여 비로소 확정된다." (전원재판부 2012.5.31. 선고 2009헌마553)

③ (○) 옳은 내용이다. 참고로 무하자재량행사청구권이란 행정청에 대하여 하자 없는 재량권의 행사를 청구할 수 있는 권리를 말한다.

④ (×) "생태·자연도는 토지이용 및 개발계획의 수립이나 시행에 활용하여 자연환경을 체계적으로 보전·관리하기 위한 것일 뿐, 1등급 권역의 인근 주민들이 가지는 생활상 이익을 직접적이고 구체적으로 보호하기 위한 것이 아님이 명백하고, 1등급 권역의 인근 주민들이 가지는 이익은 환경보호라는 공공의 이익이 달성됨에 따라 반사적으로 얻게 되는 이익에 불과하므로, 인근 주민에 불과한 甲은 생태·자연도 등급권역을 1등급에서 일부는 2등급으로, 일부는 3등급으로 변경한 결정의 무효 확인을 구할 원고적격이 없다." (대법원 2014.2.21. 선고 2011두29052)

정답 ④

047 [회독] □□□ 24년 지방 9급

개인적 공권에 대한 설명으로 옳지 않은 것은?

① 환경영향평가 대상지역 밖의 주민이라 할지라도 공유수면매립면허처분 등으로 인하여 그 처분 전과 비교하여 수인한도를 넘는 환경피해를 받거나 받을 우려가 있는 경우에는, 공유수면매립면허처분 등으로 인하여 환경상 이익에 대한 침해 또는 침해우려가 있다는 것을 입증함으로써 그 처분 등의 무효확인을 구할 원고적격을 인정받을 수 있다.

② 공무원연금수급권과 같은 사회보장수급권은 헌법규정만으로는 이를 실현할 수 없어 법률에 의한 형성이 필요하고, 그 구체적인 내용 즉 수급요건 등은 법률에 의하여 비로소 확정된다.

③ 행정처분에 있어서 수익처분의 상대방은 그의 권리나 법률상 보호되는 이익이 침해되었다고 볼 수 없으므로 달리 특별한 사정이 없는 한 그 수익처분의 취소를 구할 이익이 없다.

④ 행정계획은 행정기관 내부의 행동 지침에 불과하므로, 도시계획구역 내 토지 등을 소유하고 있는 주민은 입안권자에게 도시계획입안을 요구할 수 있는 법규상 또는 조리상의 신청권이 없다.

047

해설 ① (○) "환경영향평가 대상지역 밖의 주민이라 할지라도 공유수면매립면허처분 등으로 인하여 그 처분 전과 비교하여 수인한도를 넘는 환경피해를 받거나 받을 우려가 있는 경우에는, 공유수면매립면허처분 등으로 인하여 환경상 이익에 대한 침해 또는 침해우려가 있다는 것을 입증함으로써 그 처분 등의 무효확인을 구할 원고적격을 인정받을 수 있다." (대법원 2006.3.16. 선고 2006두330 전원합의체)

② (○) "헌법 제34조 제1항은 "모든 국민은 인간다운 생활을 할 권리를 가진다."라고 규정하고, 제2항은 "국가는 사회보장·사회복지의 증진에 노력할 의무를 진다."라고 규정하고 있는바, 국민연금수급권이나 공무원연금수급권과 같은 사회보장수급권은 이 규정들로부터 도출되는 사회적 기본권의 하나이다. 이와 같은 연금수급권은 국가에 대하여 적극적으로 급부를 요구하는 것이므로 헌법규정만으로는 이를 실현할 수 없고 법률에 의한 형성을 필요로 하며, 그 구체적 내용, 즉 수급요건, 수급권자의 범위, 급여금액 등은 법률에 의하여 비로소 확정된다." (헌법재판소 2012.5.31. 선고 2009헌마553)

③ (○) "행정처분이 수익적인 처분이거나 신청에 의하여 신청 내용대로 이루어진 처분인 경우에는 처분 상대방의 권리나 법률상 보호되는 이익이 침해되었다고 볼 수 없으므로 달리 특별한 사정이 없는 한 처분의 상대방은 그 취소를 구할 이익이 없다고 할 것이다." (대법원 1995.5.26. 선고 94누7324)

④ (×) "도시계획구역 내 토지 등을 소유하고 있는 사람과 같이 당해 도시계획시설결정에 이해관계가 있는 주민으로서는 도시시설계획의 입안권자 내지 결정권자에게 도시시설계획의 입안 내지 변경을 요구할 수 있는 법규상 또는 조리상의 신청권이 있고, 이러한 신청에 대한 거부행위는 항고소송의 대상이 되는 행정처분에 해당한다." (대법원 2015.3.26. 선고 2014두42742)

정답 ④

048 [회독] ☐☐☐

22년 지방 7급

「대기환경보전법」상 개선명령에 관한 다음 조문에 대한 설명으로 옳지 않은 것은? (다툼이 있는 경우 판례에 의함)

> 제1조(목적) 이 법은 대기오염으로 인한 국민건강이나 환경에 관한 위해를 예방하고 대기환경을 적정하고 지속가능하게 관리·보전하여 모든 국민이 건강하고 쾌적한 환경에서 생활할 수 있게 하는 것을 목적으로 한다.
> 제33조(개선명령) 환경부장관은 제30조에 따른 신고를 한 후 조업 중인 배출시설에서 나오는 오염물질의 정도가 제16조나 제29조제3항에 따른 배출허용기준을 초과한다고 인정하면 대통령령으로 정하는 바에 따라 기간을 정하여 사업자(제29조제2항에 따른 공동 방지시설의 대표자를 포함한다)에게 그 오염물질의 정도가 배출허용기준 이하로 내려가도록 필요한 조치를 취할 것(이하 "개선명령"이라 한다)을 명할 수 있다.

① 환경부장관은 위 법률 제33조에서 위임한 사항을 규정한 대통령령을 입법예고를 할 때와 개정하였을 때에는 10일 이내에 이를 국회 소관 상임위원회에 제출하여야 한다.

② 환경부장관이 인근 주민의 개선명령 신청에 대해 거부한 행위가 항고소송의 대상이 되는 처분이 되기 위해서는 인근 주민에게 개선명령을 발할 것을 요구할 수 있는 신청권이 있어야 한다.

③ 인근 주민이 배출시설에서 나오는 대기오염물질로 인하여 생명과 건강에 심각한 위협을 받고 있다면, 환경부장관의 개선명령에 대한 재량권은 축소될 수 있다.

④ 환경부장관에게는 하자 없는 재량행사를 할 의무가 인정되므로, 위 개선명령의 근거 및 관련 조항의 사익보호성 여부를 따질 필요 없이 인근 주민에게는 소위 무하자재량행사청구권이 인정된다.

048

해설 ① (○) 국회법 제98조의2 제1항

국회법	제98조의2(대통령령 등의 제출 등) ① 중앙행정기관의 장은 법률에서 위임한 사항이나 법률을 집행하기 위하여 필요한 사항을 규정한 대통령령·총리령·부령·훈령·예규·고시 등이 제정·개정 또는 폐지되었을 때에는 10일 이내에 이를 국회 소관 상임위원회에 제출하여야 한다. 다만, 대통령령의 경우에는 입법예고를 할 때(입법예고를 생략하는 경우에는 법제처장에게 심사를 요청할 때를 말한다)에도 그 입법예고안을 10일 이내에 제출하여야 한다.

② (○) "국민의 적극적 행위 신청에 대하여 행정청이 그 신청에 따른 행위를 하지 않겠다고 거부한 행위가 항고소송의 대상이 되는 행정처분에 해당하는 것이라고 하려면, 그 신청한 행위가 공권력의 행사 또는 이에 준하는 행정작용이어야 하고, 그 거부행위가 신청인의 법률관계에 어떤 변동을 일으키는 것이어야 하며, 그 국민에게 그 행위발동을 요구할 법규상 또는 조리상의 신청권이 있어야 한다." (대법원 2007.10.11. 선고 2007두1316)

③ (○) 사람의 생명·신체 등 중요한 법익에 급박하고 현저한 위험이 존재하는 경우라면, 예외적으로 행정주체가 부여받은 그 재량권이 영(0)으로 수축된다.

④ (✕) 오늘날 통설은 행정주체에게 재량권이 부여될 때는, 언제나 동시에 하자 없는 재량을 행사해야 할 의무도 함께 부과되는 것으로 보며(강행규정성), 재량권이 부여된 데에 사익보호성만 있다면, 행정청에 대하여 하자 없는 재량권의 행사를 청구할 수 있는 권리(무하자재량행사청구권) 정도는 인정된다고 본다.

정답 ④

기출테마 13 공의무

제4절 공법관계에 대한 사법규정의 유추적용

기출테마 14 공법관계에 대한 사법규정의 유추적용

제5절 법률요건과 법률사실

기출테마 15 사인의 공법행위

049 [회독] □□□
23년 지방 9급

사인의 공법행위에 대한 설명으로 옳은 것은?

① 공무원에 의해 제출된 사직원은 그에 터잡은 의원면직처분이 있을 때까지 철회될 수 있고, 일단 면직처분이 있고 난 이후에도 자유로이 취소 및 철회될 수 있다.
② 시장 등의 주민등록전입신고 수리 여부에 대한 심사는 「주민등록법」의 입법 목적의 범위 내에서 제한적으로 이루어져야 하는바, 전입신고자가 30일 이상 생활의 근거로서 거주할 목적으로 거주지를 옮기는지 여부가 심사 대상으로 되어야 한다.
③ 행정청은 신청에 구비서류의 미비 등 흠이 있는 경우 원칙상 형식적·절차적인 요건만을 보완요구하여야 하므로 실질적인 요건에 관한 흠이 민원인의 단순한 착오나 일시적인 사정 등에 기인한 경우에도 보완을 요구할 수 없다.
④ 사인의 공법행위는 원칙적으로 발신주의에 따라 그 효력이 발생한다.

049

[해설] ① (×) "공무원이 한 사직 의사표시의 철회나 취소는 그에 터잡은 의원면직처분이 있을 때까지 할 수 있는 것이고, 일단 면직처분이 있고 난 이후에는 철회나 취소할 여지가 없다." (대법원 2001.8.24. 선고 99두9971)

② (○) "주민등록법의 입법 목적에 관한 제1조 및 주민등록 대상자에 관한 제6조의 규정을 고려해 보면, 전입신고를 받은 시장·군수 또는 구청장의 심사 대상은 전입신고자가 30일 이상 생활의 근거로 거주할 목적으로 거주지를 옮기는지 여부만으로 제한된다고 보아야 한다. 따라서 전입신고자가 거주의 목적 이외에 다른 이해관계에 관한 의도를 가지고 있는지 여부, 무허가 건축물의 관리, 전입신고를 수리함으로써 당해 지방자치단체에 미치는 영향 등과 같은 사유는 주민등록법이 아닌 다른 법률에 의하여 규율되어야 하고, 주민등록전입신고의 수리 여부를 심사하는 단계에서는 고려 대상이 될 수 없다." (대법원 2009.6.18. 선고 2008두10997 전원합의체)

③ (×) "민원사무처리에관한법률 제4조 제2항, 같은 법 시행령(2002. 8. 21. 대통령령 제17710호로 개정되기 전의 것) 제15조 제1항, 제2항, 제16조 제1항에 의하면, 행정기관은 민원사항의 신청이 있는 때에는 다른 법령에 특별한 규정이 있는 경우를 제외하고는 그 접수를 보류하거나 거부할 수 없으며, 민원서류에 흠이 있는 경우에는 보완에 필요한 상당한 기간을 정하여 지체 없이 민원인에게 보완을 요구하고 그 기간 내에 민원서류를 보완하지 아니할 때에는 7일의 기간 내에 다시 보완을 요구할 수 있으며, 위 기간 내에 민원서류를 보완하지 아니한 때에 비로소 접수된 민원서류를 되돌려 보낼 수 있도록 규정되어 있는바, 위 규정 소정의 보완의 대상이 되는 흠은 보완이 가능한 경우이어야 함은 물론이고, 그 내용 또한 형식적·절차적인 요건이거나, 실질적인 요건에 관한 흠이 있는 경우라도 그것이 민원인의 단순한 착오나 일시적인 사정 등에 기한 경우 등이라야 한다." (대법원 2004.10.15. 선고 2003두6573)

④ (×) 도달주의를 규정하고 있는 민법 제111조 제1항이 사인의 공법행위에도 적용된다고 본다.

민법	제111조(의사표시의 효력발생시기) ① 상대방이 있는 의사표시는 상대방에게 도달한 때에 그 효력이 생긴다.

정답 ②

050 [회독] ☐☐☐　　　　　　　　　　　23년 소방직

신고에 관한 설명으로 옳지 않은 것은? (다툼이 있는 경우 판례에 의함)

① 법령등에서 행정청에 일정한 사항을 통지함으로써 의무가 끝나는 신고를 규정하고 있는 경우, 신고가 법령등에 규정된 형식상의 요건에 적합하면 신고서가 접수기관에 도달된 때에 신고 의무가 이행된 것으로 본다.

② 「행정절차법」에서는 수리를 요하는 신고를 규정하고 있고, 「행정기본법」에서는 수리를 요하지 않는 신고를 규정하고 있다.

③ 법령등으로 정하는 바에 따라 행정청에 일정한 사항을 통지하여야 하는 신고로서 법률에 신고의 수리가 필요하다고 명시되어 있는 경우에는 행정청이 수리하여야 효력이 발생한다.

④ 「유통산업발전법」상 대규모점포의 개설 등록은 수리를 요하는 신고로서 행정처분에 해당한다.

050

해설 ① (○) 행정절차법 제40조 제2항

행정절차법	제40조(신고) ① 법령등에서 행정청에 일정한 사항을 통지함으로써 의무가 끝나는 신고를 규정하고 있는 경우 신고를 관장하는 행정청은 신고에 필요한 구비서류, 접수기관, 그 밖에 법령등에 따른 신고에 필요한 사항을 게시(인터넷 등을 통한 게시를 포함한다)하거나 이에 대한 편람을 갖추어 두고 누구나 열람할 수 있도록 하여야 한다. ② 제1항에 따른 신고가 다음 각 호의 요건을 갖춘 경우에는 신고서가 접수기관에 도달된 때에 신고 의무가 이행된 것으로 본다. 1. 신고서의 기재사항에 흠이 없을 것 2. 필요한 구비서류가 첨부되어 있을 것 3. 그 밖에 법령등에 규정된 형식상의 요건에 적합할 것

② (×) 「행정절차법」 제40조에서는 수리를 요하지 않는 신고를 규정하고 있고, 「행정기본법」 제34조에서는 수리를 요하는 신고에 대해 규정하고 있다.

③ (○) 행정기본법 제34조

행정기본법	제34조(수리 여부에 따른 신고의 효력) 법령등으로 정하는 바에 따라 행정청에 일정한 사항을 통지하여야 하는 신고로서 법률에 신고의 수리가 필요하다고 명시되어 있는 경우(행정기관의 내부 업무 처리 절차로서 수리를 규정한 경우는 제외한다)에는 행정청이 수리하여야 효력이 발생한다.

④ (○) "대규모점포의 개설 등록은 이른바 '수리를 요하는 신고'로서 행정처분에 해당한다." (대법원 2015.11.19. 선고 2015두295)

정답 ②

051 [회독] ☐☐☐　　　　　　　　　22년 지방 7급

사인의 공법행위에 대한 설명으로 옳지 않은 것은? (다툼이 있는 경우 판례에 의함)

① 「수산업법」상 신고어업을 하려면 법령이 정한 바에 따라 관할 행정청에 신고하여야 하고, 행정청의 수리가 있을 때에 비로소 법적 효과가 발생하게 된다.

② 「민법」상 비진의 의사표시의 무효에 관한 규정은 그 성질상 공무원이 한 사직(일괄사직)의 의사표시와 같은 사인의 공법행위에 적용되지 않는다.

③ 행정청은 사인의 신청에 구비서류의 미비와 같은 흠이 있는 경우 신청인에게 보완을 요구하여야 하는바, 이때 보완의 대상이 되는 흠은 원칙상 형식적·절차적 요건뿐만 아니라 실체적 발급요건상의 흠을 포함한다.

④ 인허가의제 효과를 수반하는 건축신고는 일반적인 건축신고와는 달리, 특별한 사정이 없는 한 행정청이 그 실체적 요건에 관한 심사를 한 후 수리를 하여야 한다.

051

해설 ① (○) "수산업법 제44조 소정의 어업의 신고는 행정청의 수리에 의하여 비로소 그 효과가 발생하는 이른바 '수리를 요하는 신고'라고 할 것이고, 따라서 설사 관할관청이 어업신고를 수리하면서 공유수면매립구역을 조업구역에서 제외한 것이 위법하다고 하더라도, 그 제외된 구역에 관하여 관할관청의 적법한 수리가 없었던 것이 분명한 이상 그 구역에 관하여는 같은 법 제44조 소정의 적법한 어업신고가 있는 것으로 볼 수 없다." (대법원 2000.5.26. 선고 99다37382)

② (○) "이른바 1980년의 공직자숙정계획의 일환으로 일괄사표의 제출과 선별수리의 형식으로 공무원에 대한 의원면직처분이 이루어진 경우, 사직원 제출행위가 강압에 의하여 의사결정의 자유를 박탈당한 상태에서 이루어진 것이라고 할 수 없고 민법상 비진의 의사표시의 무효에 관한 규정은 사인의 공법행위에 적용되지 않는다는 등의 이유로 그 의원면직처분을 당연무효라고 할 수 없다." (대법원 2001.8.24. 선고 99두9971)

③ (✕) "행정절차법 제17조가 '구비서류의 미비 등 흠의 보완'과 '신청 내용의 보완'을 분명하게 구분하고 있는 점에 비추어 보면, 행정절차법 제17조 제5항은 신청인이 신청할 때 관계 법령에서 필수적으로 첨부하여 제출하도록 규정한 서류를 첨부하지 않은 경우와 같이 쉽게 보완이 가능한 사항을 누락하는 등의 흠이 있을 때 행정청이 곧바로 거부처분을 하는 것보다는 신청인에게 보완할 기회를 주도록 함으로써 행정의 공정성·투명성 및 신뢰성을 확보하고 국민의 권익을 보호하려는 행정절차법의 입법 목적을 달성하고자 함이지, 행정청으로 하여금 신청에 대하여 거부처분을 하기 전에 반드시 신청인에게 신청의 내용이나 처분의 실체적 발급요건에 관한 사항까지 보완할 기회를 부여하여야 할 의무를 정한 것은 아니라고 보아야 한다." (대법원 2020.7.23. 선고 2020두36007)

④ (○) "인·허가의제 효과를 수반하는 건축신고는 일반적인 건축신고와는 달리, 특별한 사정이 없는 한 행정청이 그 실체적 요건에 관한 심사를 한 후 수리하여야 하는 이른바 '수리를 요하는 신고'로 보는 것이 옳다." (대법원 2011.1.20. 선고 2010두14954 전원합의체)

정답 ③

052 [회독] □□□

사인의 공법행위에 대한 설명으로 옳지 않은 것은?

① 「체육시설의 설치·이용에 관한 법률」상의 신고체육시설업에 있어서 적법한 요건을 갖춘 신고의 경우에는 행정청의 수리처분 등 별단의 조처를 기다릴 필요 없이 그 접수시에 신고로서의 효력이 발생하는 것이므로 그 수리가 거부되었다고 하여 무신고 영업이 되는 것은 아니다.

② 허가대상 건축물의 양수인이 구 「건축법 시행규칙」에 규정되어 있는 형식적 요건을 갖추어 시장·군수 등 행정관청에 적법하게 건축주의 명의변경을 신고한 때에는 행정관청은 그 신고를 수리하여야지 실체적인 이유를 내세워 신고의 수리를 거부할 수는 없다.

③ 인허가의제 효과를 수반하는 건축신고는 일반적인 건축신고와는 달리 특별한 사정이 없는 한 행정청이 그 실체적 요건에 관한 심사를 한 후 수리하여야 하는 이른바 '수리를 요하는 신고'에 해당한다.

④ 구 「장사 등에 관한 법률」상 납골당설치 신고는 수리를 요하지 않는 자기완결적 신고에 해당하므로, 형식적 요건을 갖춘 신고서가 접수기관에 도달한 때 곧바로 효력이 발생한다.

052

해설 ① (○) "당구장업과 같은 신고체육시설업을 하고자 하는 자는 체육시설업의 종류별로 같은법시행규칙이 정하는 해당 시설을 갖추어 소정의 양식에 따라 신고서를 제출하는 방식으로 시·도지사에 신고하도록 규정하고 있으므로, 소정의 시설을 갖추지 못한 체육시설업의 신고는 부적법한 것으로 그 수리가 거부될 수밖에 없고 그러한 상태에서 신고체육시설업의 영업행위를 계속하는 것은 무신고 영업행위에 해당할 것이지만, 이에 반하여 적법한 요건을 갖춘 신고의 경우에는 행정청의 수리처분 등 별단의 조처를 기다릴 필요 없이 그 접수시에 신고로서의 효력이 발생하는 것이므로 그 수리가 거부되었다고 하여 무신고 영업이 되는 것은 아니다." (대법원 1998.4.24. 선고 97도3121)

② (○) "구 건축법 시행규칙 제11조의 규정은 단순히 행정관청의 사무집행의 편의를 위한 것이 아니라, 허가대상 건축물의 양수인에게 건축주의 명의변경을 신고할 수 있는 공법상의 권리를 인정함과 아울러 행정관청에게는 그 신고를 수리할 의무를 지게 한 것으로 봄이 타당하므로, 허가대상 건축물의 양수인이 구 건축법 시행규칙에 규정되어 있는 형식적 요건을 갖추어 시장·군수 등 행정관청에 적법하게 건축주의 명의변경을 신고한 때에는 행정관청은 그 신고를 수리하여야지 실체적인 이유를 내세워 신고의 수리를 거부할 수는 없다." (대법원 2014.10.15. 선고 2014두37658)

③ (○) "인·허가의제 효과를 수반하는 건축신고는 일반적인 건축신고와는 달리, 특별한 사정이 없는 한 행정청이 그 실체적 요건에 관한 심사를 한 후 수리하여야 하는 이른바 '수리를 요하는 신고'로 보는 것이 옳다." (대법원 2011.1.20. 선고 2010두14954 전원합의체)

④ (✕) "구 장사 등에 관한 법률 제14조 제1항, 구 장사 등에 관한 법률 시행규칙 제7조 제1항을 종합하면, 납골당설치 신고는 이른바 '수리를 요하는 신고'라 할 것이므로, 납골당설치 신고가 구 장사법 관련 규정의 모든 요건에 맞는 신고라 하더라도 신고인은 곧바로 납골당을 설치할 수는 없고, 이에 대한 행정청의 수리처분이 있어야만 신고한 대로 납골당을 설치할 수 있다." (대법원 2011.9.8. 선고 2009두6766)

정답 ④

053 [회독] ☐☐☐ 21년 군무원 9급

사인의 공법행위에 대한 설명으로 옳지 않은 것은? (단, 다툼이 있는 경우 판례에 의함)

① 국민이 어떤 신청을 한 경우에 그 신청의 근거가 된 조항의 해석상 행정발동에 대한 개인의 신청권을 인정하고 있다고 보이면 그 거부행위는 항고소송의 대상이 되는 처분으로 보아야 하고, 구체적으로 그 신청이 인용될 수 있는가 하는 점은 본안에서 판단하여야 할 사항이다.

② 민원사항의 신청서류에 실질적인 요건에 관한 흠이 있더라도 그것이 민원인의 단순한 착오나 일시적인 사정 등에 기한 경우에는 행정청은 보완을 요구할 수 있다.

③ 건축주 등은 건축신고가 반려될 경우 건축물의 건축을 개시하면 시정명령, 이행강제금, 벌금의 대상이 되거나 당해 건축물을 사용하여 행할 행위의 허가가 거부될 우려가 있어 불안정한 지위에 놓이게 되므로, 건축신고 반려행위는 항고소송의 대상성이 인정된다.

④ 건축법상의 건축신고가 다른 법률에서 정한 인가·허가 등의 의제효과를 수반하는 경우라도 특별한 사정이 없는 한 수리를 요하는 신고로 볼 수 없다.

053

해설 ① (O) "국민이 어떤 신청을 한 경우에 그 신청의 근거가 된 조항의 해석상 행정발동에 대한 개인의 신청권을 인정하고 있다고 보여지면 그 거부행위는 항고소송의 대상이 되는 처분으로 보아야 할 것이고, 구체적으로 그 신청이 인용될 수 있는가 하는 점은 본안에서 판단하여야 할 사항인 것이다." (대법원 1996.6.11. 선고 95누12460)

② (O) "행정기관은 민원사항의 신청이 있는 때에는 다른 법령에 특별한 규정이 있는 경우를 제외하고는 그 접수를 보류하거나 거부할 수 없으며, 민원서류에 흠이 있는 경우에는 보완에 필요한 상당한 기간을 정하여 지체 없이 민원인에게 보완을 요구하고 그 기간 내에 민원서류를 보완하지 아니할 때에는 7일의 기간 내에 다시 보완을 요구할 수 있으며, 위 기간 내에 민원서류를 보완하지 아니한 때에 비로소 접수된 민원서류를 되돌려 보낼 수 있도록 규정되어 있는바, 위 규정 소정의 보완의 대상이 되는 흠은 보완이 가능한 경우이어야 함은 물론이고, 그 내용 또한 형식적·절차적인 요건이거나, 실질적인 요건에 관한 흠이 있는 경우라도 그것이 민원인의 단순한 착오나 일시적인 사정 등에 기한 경우 등이라야 한다." (대법원 2004.10.15. 선고 2003두6573)

③ (O) "건축주 등은 신고제하에서도 건축신고가 반려될 경우 당해 건축물의 건축을 개시하면 시정명령, 이행강제금, 벌금의 대상이 되거나 당해 건축물을 사용하여 행할 행위의 허가가 거부될 우려가 있어 불안정한 지위에 놓이게 된다. 그러므로 건축신고 반려행위는 항고소송의 대상이 된다고 보는 것이 옳다." (대법원 2010.11.18. 선고 2008두167)

④ (×) "인·허가의제 효과를 수반하는 건축신고는 일반적인 건축신고와는 달리, 특별한 사정이 없는 한 행정청이 그 실체적 요건에 관한 심사를 한 후 수리하여야 하는 이른바 '수리를 요하는 신고'로 보는 것이 옳다." (대법원 2011.1.20. 선고 2010두14954)

정답 ④

054 [회독] ☐☐☐ 24년 소방직

자기완결적(자체완성적) 신고에 관한 설명으로 옳지 않은 것은?
(다툼이 있는 경우 판례에 의함)

① 자기완결적 신고란 행정청에 일정한 사항을 통지함으로써 의무가 끝나는 신고로서 수리를 요하지 않으며, 신고 그 자체로서 법적 효과를 발생시킨다.

② 자기완결적 신고는 수리를 요하지 않기 때문에 행정청이 신고를 수리하거나 신고필증을 교부하였다고 하더라도 이는 신고사실을 확인하는 의미의 사실행위에 불과하다.

③ 사인이 적법한 요건을 갖춘 신고를 하였다면 행정청의 수리처분 등 별단의 조처를 기다릴 필요 없이 그 접수시에 신고로서의 효력이 발생하는 것이므로, 그 수리가 거부되었다고 하여 무신고 영업이 되는 것은 아니다.

④ 자기완결적 신고에 대해서는 「행정기본법」에서 규정하고 있다.

054

해설 ① (○) 옳은 지문이다(행정절차법 제40조).

행정절차법	제40조(신고) ① 법령등에서 행정청에 일정한 사항을 통지함으로써 의무가 끝나는 신고를 규정하고 있는 경우 신고를 관장하는 행정청은 신고에 필요한 구비서류, 접수기관, 그 밖에 법령등에 따른 신고에 필요한 사항을 게시(인터넷 등을 통한 게시를 포함한다)하거나 이에 대한 편람을 갖추어 두고 누구나 열람할 수 있도록 하여야 한다. ② 제1항에 따른 신고가 다음 각 호의 요건을 갖춘 경우에는 신고서가 접수기관에 도달된 때에 신고 의무가 이행된 것으로 본다. 1. 신고서의 기재사항에 흠이 없을 것 2. 필요한 구비서류가 첨부되어 있을 것 3. 그 밖에 법령등에 규정된 형식상의 요건에 적합할 것 ③ 행정청은 제2항 각 호의 요건을 갖추지 못한 신고서가 제출된 경우에는 지체 없이 상당한 기간을 정하여 신고인에게 보완을 요구하여야 한다. ④ 행정청은 신고인이 제3항에 따른 기간 내에 보완을 하지 아니하였을 때에는 그 이유를 구체적으로 밝혀 해당 신고서를 되돌려 보내야 한다.

② (○) "의료법 제30조 제3항에 의하면 의원, 치과의원, 한의원 또는 조산소의 개설은 단순한 신고사항으로만 규정하고 있고 또 그 신고의 수리여부를 심사, 결정할 수 있게 하는 별다른 규정도 두고 있지 아니하므로 의원의 개설신고를 받은 행정관청으로서는 별다른 심사, 결정 없이 그 신고를 당연히 수리하여야 한다. 의료법 시행규칙 제22조 제3항에 의하면 의원개설 신고서를 수리한 행정관청이 소정의 신고필증을 교부하도록 되어있다 하여도 이는 신고사실의 확인행위로서 신고필증을 교부하도록 규정한 것에 불과하고 그와 같은 신고필증의 교부가 없다 하여 개설신고의 효력을 부정할 수 없다 할 것이다." (대법원 1985.4.23. 선고 84도2953)

③ (○) "적법한 요건을 갖춘 신고의 경우에는 행정관청의 수리처분 등 별단의 조처를 기다릴 필요 없이 그 접수시에 신고로서의 효력이 발생하는 것이므로 그 수리가 거부되었다고 하여 미신고 영업이 되는 것은 아니라고 할 것이다." (대법원 2010.4.29. 선고 2009다97925)

④ (✕) 자기완결적 신고(수리를 요하지 않는 신고)는 행정절차법 제40조에, 행위요건적 신고(수리를 요하는 신고)는 행정기본법 제34조에 규정되어 있다.

행정기본법	제34조(수리 여부에 따른 신고의 효력) 법령등으로 정하는 바에 따라 행정청에 일정한 사항을 통지하여야 하는 신고로서 법률에 신고의 수리가 필요하다고 명시되어 있는 경우(행정기관의 내부 업무 처리 절차로서 수리를 규정한 경우는 제외한다)에는 행정청이 수리하여야 효력이 발생한다.

정답 ④

055 [회독] ☐☐☐　　　　　　21년 지방 7급

사인의 공법행위에 대한 설명으로 옳지 않은 것은? (다툼이 있는 경우 판례에 의함)

① 사인의 공법상 행위는 명문으로 금지되거나 성질상 불가능한 경우가 아닌 한 그에 따른 행정행위가 행하여질 때까지 자유로이 철회할 수 있다.

② 수리를 요하는 신고에서 행정청의 수리행위에 신고필증 교부의 행위가 반드시 필요한 것은 아니다.

③ 「식품위생법」에 의하여 허가영업의 양도에 따른 지위승계신고를 수리하는 허가관청의 행위는 사업허가자의 변경이라는 법률효과를 발생시키는 행위이다.

④ 사인의 공법행위에 적용되는 일반규정은 없으며, 특별한 규정이 없는 한 「민법」상 비진의 의사표시의 무효에 관한 규정은 사인의 공법행위에 적용된다.

055

해설 ① (○) "사인의 공법상 행위는 명문으로 금지되거나 성질상 불가능한 경우가 아닌 한 그에 따른 행정행위가 행하여질 때까지 자유로이 철회하거나 보정할 수 있으므로 사업시행자 지정 처분이 행하여질 때까지 토지 소유자는 새로이 동의를 하거나 동의를 철회할 수 있다." (대법원 2014.7.10. 선고 2013두7025)

② (○) 수리행위에 신고필증 교부 등 행위가 꼭 필요한 것은 아니다 (대법원 2011.9.8. 선고 2009두6766).

③ (○) "구 식품위생법(1997. 12. 13. 법률 제5453호로 개정되기 전의 것) 제25조 제1항, 제3항에 의하여 영업양도에 따른 지위승계신고를 수리하는 허가관청의 행위는, 단순히 양도·양수인 사이에 이미 발생한 사법상의 사업양도의 법률효과에 의하여 양수인이 그 영업을 승계하였다는 사실의 신고를 접수하는 행위에 그치는 것이 아니라, 실질에 있어서 양도자의 사업허가를 취소함과 아울러 양수자에게 적법히 사업을 할 수 있는 권리를 설정하여 주는 행위로서 사업허가자의 변경이라는 법률효과를 발생시키는 행위라고 할 것이다." (대법원 2001.2.9. 선고 2000도2050)

④ (×) 사인의 공법행위에 적용되는 일반적인 규정은 없으며, 따라서 특별한 규정이 없는 한 민법의 의사표시에 관한 규정이 유추적용될 수 있다. 그러나 행정법관계의 특수성에 비추어 민법상 비진의 의사표시의 무효에 관한 규정은 적용되지 않는다. "민법상 비진의 의사표시의 무효에 관한 규정은 사인의 공법행위에 적용되지 않는다는 등의 이유로 그 의원면직처분을 당연무효라고 할 수 없다." (대법원 2001.8.24. 선고 99두9971)

정답 ④

056 [회독] ☐☐☐

21년 지방 9급

신고에 대한 설명으로 옳은 것은? (다툼이 있는 경우 판례에 의함)

① 구 「관광진흥법」에 의한 지위승계신고를 수리하는 허가관청의 행위는 사실적인 행위에 불과하여 항고소송의 대상이 되지 않는다.

② 정보통신매체를 이용하여 학습비를 받고 불특정 다수인에게 원격 평생교육을 실시하기 위해 구 「평생교육법」에서 정한 형식적 요건을 모두 갖추어 신고한 경우, 행정청은 신고대상이 된 교육이나 학습이 공익적 기준에 적합하지 않는다는 등의 실체적 사유를 들어 신고 수리를 거부할 수 없다.

③ 「건축법」에 의한 인·허가의제 효과를 수반하는 건축신고는 건축을 하고자 하는 자가 적법한 요건을 갖춘 신고만 하면 건축을 할 수 있고, 행정청의 수리 등 별단의 조처를 기다릴 필요가 없다.

④ 주민등록의 신고는 행정청에 도달하기만 하면 신고로서의 효력이 발생한다.

056

해설 ① (×) "행정청이 구 관광진흥법 또는 구 체육시설법의 규정에 의하여 유원시설업자 또는 체육시설업자 지위승계신고를 수리하는 처분은 종전 유원시설업자 또는 체육시설업자의 권익을 제한하는 처분이다." (대법원 2012.12.13. 선고 2011두29144)

② (○) "구 평생교육법 제22조 제1항, 제2항, 제3항, 구 평생교육법 시행령 제27조 제1항, 제2항, 제3항에 의하면, 정보통신매체를 이용하여 학습비를 받지 아니하고 원격평생교육을 실시하고자 하는 경우에는 누구든지 아무런 신고 없이 자유롭게 이를 할 수 있고, 다만 위와 같은 교육을 불특정 다수인에게 학습비를 받고 실시하는 경우에는 이를 신고하여야 하나, 법 제22조가 신고를 요하는 제2항과 신고를 요하지 않는 제1항에서 '학습비' 수수 외에 교육 대상이나 방법 등 다른 요건을 달리 규정하고 있지 않을 뿐 아니라 제2항에서도 학습비 금액이나 수령 등에 관하여 아무런 제한을 하고 있지 않은 점에 비추어 볼 때, 행정청으로서는 신고서 기재사항에 흠결이 없고 정해진 서류가 구비된 때에는 이를 수리하여야 하고, 이러한 형식적 요건을 모두 갖추었음에도 신고대상이 된 교육이나 학습이 공익적 기준에 적합하지 않는다는 등 실체적 사유를 들어 신고 수리를 거부할 수는 없다." (대법원 2011.7.28. 선고 2005두11784)

③ (×) 「건축법」에 의한 인·허가의제 효과를 수반하는 건축신고는 수리를 요하는 신고이기 때문에, 신고만 하면 건축을 할 수 있는 것이 아니라, 행정청의 수리 등 별단의 조처를 기다려야 한다. "인·허가의제 효과를 수반하는 건축신고는 일반적인 건축신고와는 달리, 특별한 사정이 없는 한 행정청이 그 실체적 요건에 관한 심사를 한 후 수리하여야 하는 이른바 '수리를 요하는 신고'로 보는 것이 옳다." (대법원 2011.1.20. 선고 2010두14954)

④ (×) "주민등록은 단순히 주민의 거주관계를 파악하고 인구의 동태를 명확히 하는 것 외에도 주민등록에 따라 공법관계상의 여러 가지 법률상 효과가 나타나게 되는 것으로서, 주민등록의 신고는 행정청에 도달하기만 하면 신고로서의 효력이 발생하는 것이 아니라 행정청이 수리한 경우에 비로소 신고의 효력이 발생한다." (대법원 2009.1.30. 선고 2006다17850)

정답 ②

057 [회독] □□□　　　　　　　19년 지방 9급

사인의 공법행위에 대한 설명으로 옳지 않은 것은? (다툼이 있는 경우 판례에 의함)

① 부동산 투기나 이주대책 요구 등을 방지할 목적으로 주민등록전입신고를 거부하는 것은 「주민등록법」의 입법목적과 취지 등에 비추어 허용될 수 없다.

② 구 「의료법 시행규칙」 제22조제3항에 의하면 의원개설신고서를 수리한 행정관청이 소정의 신고필증을 교부하도록 되어있기 때문에 이와 같은 신고필증의 교부가 없으면 개설신고의 효력이 없다.

③ 「건축법」상 건축신고 반려행위는 항고소송의 대상이 되는 행정처분에 해당한다.

④ 「식품위생법」에 의한 영업양도에 따른 지위승계신고를 수리하는 허가관청의 행위는 단순히 양도·양수인 사이에 이미 발생한 사법상의 사업양도의 법률효과에 의하여 양수인이 그 영업을 승계하였다는 사실의 신고를 접수하는 행위에 그치는 것이 아니라, 영업허가자의 변경이라는 법률효과를 발생시키는 행위이다.

057

해설 ① (○) "전입신고를 받은 시장·군수 또는 구청장의 심사 대상은 전입신고자가 30일 이상 생활의 근거로 거주할 목적으로 거주지를 옮기는지 여부만으로 제한된다고 보아야 한다. 따라서 전입신고자가 거주의 목적 이외에 다른 이해관계에 관한 의도를 가지고 있는지 여부, 무허가 건축물의 관리, 전입신고를 수리함으로써 당해 지방자치단체에 미치는 영향 등과 같은 사유는 주민등록법이 아닌 다른 법률에 의하여 규율되어야 하고, 주민등록전입신고의 수리 여부를 심사하는 단계에서는 고려 대상이 될 수 없다." (대법원 2009.6.18. 선고 2008두10997)

② (✕) "의료법시행규칙 제22조 제3항에 의하면 의원개설 신고서를 수리한 행정관청이 소정의 신고필증을 교부하도록 되어있다 하여도 이는 신고사실의 확인행위로서 신고필증을 교부하도록 규정한 것에 불과하고 그와 같은 신고필증의 교부가 없다 하여 개설신고의 효력을 부정할 수 없다 할 것이다." (대법원 1985.4.23. 선고 84도2953)

③ (○) "건축주 등은 신고제하에서도 건축신고가 반려될 경우 당해 건축물의 건축을 개시하면 시정명령, 이행강제금, 벌금의 대상이 되거나 당해 건축물을 사용하여 행할 행위의 허가가 거부될 우려가 있어 불안정한 지위에 놓이게 된다. 따라서 건축신고 반려행위가 이루어진 단계에서 당사자로 하여금 반려행위의 적법성을 다투어 그 법적 불안을 해소한 다음 건축행위에 나아가도록 함으로써 장차 있을지도 모르는 위험에서 미리 벗어날 수 있도록 길을 열어 주고, 위법한 건축물의 양산과 그 철거를 둘러싼 분쟁을 조기에 근본적으로 해결할 수 있게 하는 것이 법치행정의 원리에 부합한다. 그러므로 건축신고 반려행위는 항고소송의 대상이 된다고 보는 것이 옳다." (대법원 2010.11.18. 선고 2008두167)

④ (○) "식품위생법 제25조 제3항에 의한 영업양도에 따른 지위승계신고를 수리하는 허가관청의 행위는 단순히 양도·양수인 사이에 이미 발생한 사법상의 사업양도의 법률효과에 의하여 양수인이 그 영업을 승계하였다는 사실의 신고를 접수하는 행위에 그치는 것이 아니라, 영업허가자의 변경이라는 법률효과를 발생시키는 행위라고 할 것이다." (대법원 1995.2.24. 선고 94누9146)

정답 ②

058 [회독] ☐☐☐　　　　20년 국가 7급

사인의 공법행위로서의 신고에 대한 설명으로 옳지 않은 것은? (다툼이 있는 경우 판례에 의함)

① 「부가가치세법」상 사업자등록은 단순한 사업사실의 신고에 해당하므로, 과세관청이 직권으로 등록을 말소한 행위는 항고소송의 대상인 행정처분에 해당하지 않는다.

② 허가대상 건축물의 양수인이 건축법령에 규정되어 있는 형식적 요건을 갖추어 행정청에 적법하게 건축주 명의변경 신고를 한 경우, 행정청은 실체적인 이유를 들어 신고의 수리를 거부할 수 없다.

③ 구 「체육시설의 설치·이용에 관한 법률」의 규정에 따라 체육시설의 회원을 모집하고자 하는 자의 '회원모집계획서 제출'은 수리를 요하는 신고이며, 이에 대하여 회원모집계획을 승인하는 시·도지사 등의 검토결과 통보는 수리행위로서 행정처분에 해당한다.

④ 장기요양기관의 폐업신고 자체가 효력이 없음에도 행정청이 이를 수리한 경우, 그 수리행위가 당연무효로 되는 것은 아니다.

058

해설　① (○) "부가가치세법상의 사업자등록은 과세관청으로 하여금 부가가치세의 납세의무자를 파악하고 그 과세자료를 확보케 하려는 데 입법취지가 있는 것으로서, 이는 단순한 사업사실의 신고로서 사업자가 소관 세무서장에서 소정의 사업자등록신청서를 제출함으로써 성립되는 것이고, 사업자등록증의 교부는 이와 같은 등록사실을 증명하는 증서의 교부행위에 불과한 것이며, 부가가치세법 제5조 제5항에 의하면 사업자가 폐업하거나 또는 신규로 사업을 개시하고자 하여 사업개시일 전에 등록한 후 사실상 사업을 개시하지 아니하게 되는 때에는 과세관청이 직권으로 이를 말소하도록 하고 있는데, 사업자등록의 말소 또한 폐업사실의 기재일 뿐 그에 의하여 사업자로서의 지위에 변동을 가져오는 것이 아니라는 점에서 과세관청의 사업자등록 직권말소행위는 불복의 대상이 되는 행정처분으로 볼 수가 없다." (대법원 2000.12.22. 선고 99두6903)

② (○) 신고의 수리는 원칙적으로 기속행위이다. "구 건축법 제16조 제1항 본문과 구 건축법 시행령 제12조 제1항 제3호, 제4항 및 구 건축법 시행규칙 제11조 제1항, 제3항의 내용에 비추어 보면, 구 건축법 시행규칙 제11조의 규정은 단순히 행정관청의 사무집행의 편의를 위한 것이 아니라, 허가대상 건축물의 양수인에게 건축주의 명의변경을 신고할 수 있는 공법상의 권리를 인정함과 아울러 행정관청에게는 그 신고를 수리할 의무를 지게 한 것으로 봄이 타당하므로, 허가대상 건축물의 양수인이 구 건축법 시행규칙에 규정되어 있는 형식적 요건을 갖추어 시장·군수 등 행정관청에 적법하게 건축주의 명의변경을 신고한 때에는 행정관청은 그 신고를 수리하여야지 실체적인 이유를 내세워 신고의 수리를 거부할 수는 없다." (대법원 2014.10.15. 선고 2014두37658)

③ (○) 수리를 요하는 신고를 수리하는 행위는 행정처분이다. "구 체육시설의 설치·이용에 관한 법률상 체육시설의 회원을 모집하고자 하는 자의 시·도지사 등에 대한 회원모집계획서 제출은 수리를 요하는 신고에서의 신고에 해당하며, 시·도지사 등의 검토결과 통보는 수리행위로서 행정처분에 해당한다." (대법원 2009.2.26. 선고 2006두16243)

④ (×) "장기요양기관의 폐업신고와 노인의료복지시설의 폐지신고는, 행정청이 관계 법령이 규정한 요건에 맞는지를 심사한 후 수리하는 이른바 '수리를 필요로 하는 신고'에 해당한다. 그러나 행정청이 그 신고를 수리하였다고 하더라도, 신고서 위조 등의 사유가 있어 신고행위 자체가 효력이 없다면, 그 수리행위는 유효한 대상이 없는 것으로서, 수리행위 자체에 중대·명백한 하자가 있는지를 따질 것도 없이 당연히 무효이다." (대법원 2018.6.12. 선고 2018두33593)

정답 ④

059 [회독] □□□

사인의 공법행위에 대한 설명으로 옳지 않은 것은?

① 공무원이 한 사직 의사표시는 그에 터잡은 의원면직처분이 있고 난 이후라도 철회나 취소할 수 있다.

② 자기완결적 신고의 경우 적법한 요건을 갖춘 신고를 하면 신고의 대상이 되는 행위를 적법하게 할 수 있고, 별도로 행정청의 수리를 기다릴 필요가 없다.

③ 「건축법」에 의한 인·허가 의제 효과를 수반하는 건축신고는 특별한 사정이 없는 한 행정청이 그 실체적 요건에 관한 심사를 한 후 수리하여야 하는, 수리를 요하는 신고에 해당한다.

④ 구 「유통산업발전법」에 따른 대규모점포의 개설등록 및 구 「재래시장 및 상점가 육성을 위한 특별법」에 따른 시장관리자 지정은 행정청이 실체적 요건에 관한 심사를 한 후 수리하여야 하는, 수리를 요하는 신고로서 행정처분에 해당한다.

059

해설 ① (×) "공무원이 한 사직 의사표시의 철회나 취소는 그에 터잡은 의원면직처분이 있을 때까지 할 수 있는 것이고, 일단 면직처분이 있고 난 이후에는 철회나 취소할 여지가 없다." (대법원 2001.8.24. 선고 99두9971)

② (○) 신고는 그 법적 효과 발생 요건에 따라 '수리를 요하는 신고'(행정요건적 신고)와 '수리를 요하지 않는 신고'(자기완결적 신고)로 구분되며, 이 중 자기완결적 신고의 경우 신고 자체만으로도 금지해제의 효과가 발생하기 때문에 별도로 행정청의 수리를 기다릴 필요가 없다.

③ (○) "인·허가의제 효과를 수반하는 건축신고는 일반적인 건축신고와 달리, 특별한 사정이 없는 한 행정청이 그 실체적 요건에 관한 심사를 한 후 수리하여야 하는 이른바 '수리를 요하는 신고'로 보는 것이 옳다." (대법원 2011.1.20. 선고 2010두14954 전원합의체)

④ (○) "구 유통산업발전법에 따른 대규모점포의 개설등록 및 구 재래시장법에 따른 시장관리자 지정은 행정청이 실체적 요건에 관한 심사를 한 후 수리하여야 하는 이른바 '수리를 요하는 신고'로서 행정처분에 해당한다." (대법원 2019.9.10. 선고 2019다208953)

정답 ①

060 [회독] ☐☐☐　　　　　　　　　　20년 국가 9급

신고에 대한 설명으로 옳지 않은 것은? (다툼이 있는 경우 판례에 의함)

① 「건축법」상 인·허가의제 효과를 수반하는 건축신고는 특별한 사정이 없는 한 행정청이 그 실체적 요건에 관한 심사를 한 후 수리하여야 하는 이른바 '수리를 요하는 신고'이다.

② 「건축법」상의 착공신고의 경우에는 신고 그 자체로서 법적절차가 완료되어 행정청의 처분이 개입될 여지가 없으므로, 행정청의 착공신고 반려행위는 항고소송의 대상인 처분에 해당하지 않는다.

③ 주민등록의 신고는 행정청에 도달하기만 하면 신고로서의 효력이 발생하는 것이 아니라 행정청이 수리한 경우에 비로소 신고의 효력이 발생한다.

④ 행정청이 구 「식품위생법」상의 영업자지위승계신고 수리처분을 하는 경우, 행정청은 종전의 영업자에 대하여 「행정절차법」 소정의 행정절차를 실시하여야 한다.

060

해설 ① (○) "인·허가의제 효과를 수반하는 건축신고는 일반적인 건축신고와는 달리, 특별한 사정이 없는 한 행정청이 그 실체적 요건에 관한 심사를 한 후 수리하여야 하는 이른바 '수리를 요하는 신고로 보는 것이 옳다." (대법원 2011.1.20. 선고 2010두14954)

② (×) 착공신고는 자기완결적 신고에 해당한다. 그러나 그에 대한 반려행위에는 처분성이 인정된다. "건축주 등으로서는 착공신고가 반려될 경우, 당해 건축물의 착공을 개시하면 시정명령, 이행강제금, 벌금의 대상이 되거나 당해 건축물을 사용하여 행할 행위의 허가가 거부될 우려가 있어 불안정한 지위에 놓이게 된다. 따라서 착공신고 반려행위가 이루어진 단계에서 당사자로 하여금 반려행위의 적법성을 다투어 법적 불안을 해소한 다음 건축행위에 나아가도록 함으로써 장차 있을지도 모르는 위험에서 미리 벗어날 수 있도록 길을 열어 주고, 위법한 건축물의 양산과 철거를 둘러싼 분쟁을 조기에 근본적으로 해결할 수 있게 하는 것이 법치행정의 원리에 부합한다. 그러므로 행정청의 착공신고 반려행위는 항고소송의 대상이 된다고 보는 것이 옳다." (대법원 2011.6.10. 선고 2010두7321)

③ (○) "주민등록은 단순히 주민의 거주관계를 파악하고 인구의 동태를 명확히 하는 것 외에도 주민등록에 따라 공법관계상의 여러 가지 법률상 효과가 나타나게 되는 것으로서, 주민등록의 신고는 행정청에 도달하기만 하면 신고로서의 효력이 발생하는 것이 아니라 행정청이 수리한 경우에 비로소 신고의 효력이 발생한다." (대법원 2009.1.30. 선고 2006다17850)

④ (○) "행정청이 구 식품위생법 규정에 의하여 영업자지위승계신고를 수리하는 처분은 종전의 영업자의 권익을 제한하는 처분이라 할 것이고 따라서 종전의 영업자는 그 처분에 대하여 직접 그 상대가 되는 자에 해당한다고 봄이 상당하므로, 행정청으로서는 위 신고를 수리하는 처분을 함에 있어서 행정절차법 규정 소정의 당사자에 해당하는 종전의 영업자에 대하여 위 규정 소정의 행정절차를 실시하고 처분을 하여야 한다." (대법원 2003.2.14. 선고 2001두7015)

정답 ②

061 [회독] □□□

사인의 공법행위로서 신고에 대한 판례의 입장으로 옳지 않은 것은?

① 「유통산업발전법」상 대규모 점포의 개설 등록은 이른바 '수리를 요하는 신고'로서 행정처분에 해당한다.

② 「의료법」에 따라 정신과의원을 개설하려는 자가 법령에 규정되어 있는 요건을 갖추어 개설신고를 한 경우라도 관할 시장·군수·구청장은 법령에서 정한 요건 이외의 사유를 들어 의원급 의료기관 개설신고의 수리를 거부할 수 있다.

③ 인·허가의제 효과를 수반하는 건축신고는 일반적인 건축신고와는 달리, 특별한 사정이 없는 한 행정청이 그 실체적 요건에 관한 심사를 한 후 수리하여야 하는 이른바 '수리를 요하는 신고'에 해당한다.

④ 가설건축물 존치기간을 연장하려는 건축주 등이 법령에 규정되어 있는 제반 서류와 요건을 갖추어 행정청에 연장신고를 한 경우, 행정청으로서는 법령에서 요구하고 있지도 아니한 '대지사용승낙서' 등의 서류가 제출되지 아니하였거나, 대지소유권자의 사용승낙이 없다는 등의 사유를 들어 가설건축물 존치기간 연장신고의 수리를 거부하여서는 아니 된다.

061

[해설] ① (○) "대규모점포의 개설 등록은 이른바 '수리를 요하는 신고'로서 행정처분에 해당한다." (대법원 2015.11.19. 선고 2015두295)

② (×) "관련 법령의 내용과 이러한 신고제의 취지를 종합하면, 정신과의원을 개설하려는 자가 법령에 규정되어 있는 요건을 갖추어 개설신고를 한 때에, 행정청은 원칙적으로 이를 수리하여 신고필증을 교부하여야 하고, 법령에서 정한 요건 이외의 사유를 들어 의원급 의료기관 개설신고의 수리를 거부할 수는 없다." (대법원 2018.10.25. 선고 2018두44302)

③ (○) "인·허가의제 효과를 수반하는 건축신고는 일반적인 건축신고와는 달리, 특별한 사정이 없는 한 행정청이 그 실체적 요건에 관한 심사를 한 후 수리하여야 하는 이른바 '수리를 요하는 신고'로 보는 것이 옳다." (대법원 2011.1.20. 선고 2010두14954)

④ (○) "가설건축물은 건축법상 '건축물'이 아니므로 건축허가나 건축신고 없이 설치할 수 있는 것이 원칙이지만 일정한 가설건축물에 대하여는 건축물에 준하여 위험을 통제하여야 할 필요가 있으므로 신고 대상으로 규율하고 있다. 이러한 신고제도의 취지에 비추어 보면, 가설건축물 존치기간을 연장하려는 건축주 등이 법령에 규정되어 있는 제반 서류와 요건을 갖추어 행정청에 연장신고를 한 때에는 행정청은 원칙적으로 이를 수리하여 신고필증을 교부하여야 하고, 법령에서 정한 요건 이외의 사유를 들어 수리를 거부할 수는 없다. 따라서 행정청으로서는 법령에서 요구하고 있지도 아니한 '대지사용승낙서' 등의 서류가 제출되지 아니하였거나, 대지소유권자의 사용승낙이 없다는 등의 사유를 들어 가설건축물 존치기간 연장신고의 수리를 거부하여서는 아니 된다." (대법원 2018.1.25. 선고 2015두35116)

정답 ②

062 [회독] ☐☐☐　　　　　　　　　　20년 지방 9급

신고와 수리에 대한 설명으로 옳지 않은 것은? (다툼이 있는 경우 판례에 의함)

① 다른 법령에 의한 인허가가 의제되지 않는 일반적인 건축신고는 자기완결적 신고이므로 이에 대한 수리 거부행위는 항고소송의 대상이 되는 처분이 아니다.

② 「국토의 계획 및 이용에 관한 법률」상의 개발행위허가가 의제되는 건축신고는 특별한 사정이 없는 한 행정청이 그 실체적 요건에 관한 심사를 한 후 수리하여야 하는 이른바 '수리를 요하는 신고'로 보아야 한다.

③ 「행정절차법」은 '법령등에서 행정청에 일정한 사항을 통지함으로써 의무가 끝나는 신고'에 대하여 '그 밖에 법령등에 규정된 형식상의 요건에 적합할 것'을 그 신고의무 이행요건의 하나로 정하고 있다.

④ 「식품위생법」에 따른 식품접객업(일반음식점영업)의 영업신고의 요건을 갖춘 자라고 하더라도, 그 영업신고를 한 당해 건축물이 「건축법」 소정의 허가를 받지 아니한 무허가 건물이라면 적법한 신고를 할 수 없다.

062

해설 ① (✕) 다른 법령에 의한 인·허가가 의제되지 않는 일반적인 건축신고는 자기완결적 신고이지만(98두18435), 그에 대한 수리 거부행위도 항고소송의 대상이 되는 처분에 해당한다. "건축주 등은 … 건축신고가 반려될 경우 당해 건축물의 건축을 개시하면 시정명령, 이행강제금, 벌금의 대상이 되거나 당해 건축물을 사용하여 행할 행위의 허가가 거부될 우려가 있어 불안정한 지위에 놓이게 된다. 따라서 건축신고 반려행위가 이루어진 단계에서 당사자로 하여금 반려행위의 적법성을 다투어 그 법적 불안을 해소한 다음 건축행위에 나아가도록 함으로써 장차 있을지도 모르는 위험에서 미리 벗어날 수 있도록 길을 열어 주고, 위법한 건축물의 양산과 그 철거를 둘러싼 분쟁을 조기에 근본적으로 해결할 수 있게 하는 것이 법치행정의 원리에 부합한다. 그러므로 건축신고 반려행위는 항고소송의 대상이 된다고 보는 것이 옳다." (대법원 2010.11.18. 선고 2008두167)

② (○) "인·허가의제 효과를 수반하는 건축신고는 일반적인 건축신고와는 달리 이른바 '수리를 요하는 신고'로 보는 것이 옳다." (대법원 2011.1.20. 선고 2010두14954)

③ (○) 행정절차법 제40조 제2항 제3호

행정절차법	제40조(신고) ① 법령등에서 행정청에 일정한 사항을 통지함으로써 의무가 끝나는 신고를 규정하고 있는 경우 신고를 관장하는 행정청은 신고에 필요한 구비서류, 접수기관, 그 밖에 법령등에 따른 신고에 필요한 사항을 게시(인터넷 등을 통한 게시를 포함한다)하거나 이에 대한 편람을 갖추어 두고 누구나 열람할 수 있도록 하여야 한다. ② 제1항에 따른 신고가 다음 각 호의 요건을 갖춘 경우에는 신고서가 접수기관에 도달된 때에 신고 의무가 이행된 것으로 본다. 1. 신고서의 기재사항에 흠이 없을 것 2. 필요한 구비서류가 첨부되어 있을 것 3. 그 밖에 법령등에 규정된 형식상의 요건에 적합할 것

④ (○) "식품위생법과 건축법은 그 입법 목적, 규정사항, 적용범위 등을 서로 달리하고 있어 식품접객업에 관하여 식품위생법이 건축법에 우선하여 배타적으로 적용되는 관계에 있다고는 해석되지 않는다. 그러므로 식품위생법에 따른 식품접객업(일반음식점영업)의 영업신고의 요건을 갖춘 자라고 하더라도, 그 영업신고를 한 당해 건축물이 건축법 소정의 허가를 받지 아니한 무허가 건물이라면 적법한 신고를 할 수 없다." (대법원 2009.4.23. 선고 2008도6829)

정답 ①

063 [회독] □□□　　　　　　　

사인의 공법행위에 대한 설명으로 옳지 않은 것은? (다툼이 있는 경우 판례에 의함)

① 주민등록신고는 행정청이 수리한 경우에 비로소 신고의 효력이 발생한다.

② 장기요양기관의 폐업신고와 노인의료복지시설의 폐지신고는 행정청이 그 신고를 수리한 경우, 신고서 위조 등의 사유가 있더라도 그대로 유효하다.

③ 「의료법」에 따라 정신과의원을 개설하려는 자가 법령에 규정되어 있는 요건을 갖추어 개설신고를 한 경우 행정청은 원칙적으로 이를 수리하여 신고필증을 교부하여야 하고, 법령에서 정한 요건 이외의 사유를 들어 의원급 의료기관 개설신고의 수리를 거부할 수는 없다.

④ 가설건축물 존치기간을 연장하려는 건축주 등이 법령에 규정되어 있는 제반 서류와 요건을 갖추어 행정청에 연장신고를 한 때에는 행정청은 원칙적으로 이를 수리하여 신고필증을 교부하여야 하고, 법령에서 정한 요건 이외의 사유를 들어 수리를 거부할 수는 없다.

063

해설 ① (○) "주민등록은 단순히 주민의 거주관계를 파악하고 인구의 동태를 명확히 하는 것 외에도 주민등록에 따라 공법관계상의 여러 가지 법률상 효과가 나타나게 되는 것으로서, 주민등록의 신고는 행정청에 도달하기만 하면 신고로서의 효력이 발생하는 것이 아니라 행정청이 수리한 경우에 비로소 신고의 효력이 발생한다." (대법원 2009.1.30. 선고 2006다17850)

② (✕) "장기요양기관의 폐업신고와 노인의료복지시설의 폐지신고는, 행정청이 관계 법령이 규정한 요건에 맞는지를 심사한 후 수리하는 이른바 '수리를 필요로 하는 신고'에 해당한다. 그러나 행정청이 그 신고를 수리하였다고 하더라도, 신고서 위조 등의 사유가 있어 신고행위 자체가 효력이 없다면, 그 수리행위는 유효한 대상이 없는 것으로서, 수리행위 자체에 중대·명백한 하자가 있는지를 따질 것도 없이 당연히 무효이다." (대법원 2018.6.12. 선고 2018두33593)

③ (○) "정신과의원을 개설하려는 자가 법령에 규정되어 있는 요건을 갖추어 개설신고를 한 때에, 행정청은 원칙적으로 이를 수리하여 신고필증을 교부하여야 하고, 법령에서 정한 요건 이외의 사유를 들어 의원급 의료기관 개설신고의 수리를 거부할 수는 없다." (대법원 2018.10.25. 선고 2018두44302)

④ (○) "가설건축물 존치기간을 연장하려는 건축주 등이 법령에 규정되어 있는 제반 서류와 요건을 갖추어 행정청에 연장신고를 한 때에는 행정청은 원칙적으로 이를 수리하여 신고필증을 교부하여야 하고, 법령에서 정한 요건 이외의 사유를 들어 수리를 거부할 수는 없다. 따라서 행정청으로서는 법령에서 요구하고 있지도 아니한 '대지사용승낙서' 등의 서류가 제출되지 아니하였거나, 대지소유권자의 사용승낙이 없다는 등의 사유를 들어 가설건축물 존치기간 연장신고의 수리를 거부하여서는 아니 된다." (대법원 2018.1.25. 선고 2015두35116)

정답 ②

064 [회독] □□□

20년 소방직

공법상 시효에 대한 설명으로 옳지 않은 것은?

① 「관세법」상 납세자의 과오납금 또는 그 밖의 관세의 환급청구권은 그 권리를 행사할 수 있는 날부터 5년간 행사하지 아니하면 소멸시효가 완성된다.

② 판례는 공법상 부당이득반환청구권은 사권(私權)에 해당되며, 그에 관한 소송은 민사소송절차에 따라야 한다고 보고 있다.

③ 소멸시효에 대해 「국가재정법」은 국가의 국민에 대한 금전채권은 물론이고 국민의 국가에 대한 금전채권에도 적용된다.

④ 공법의 특수성으로 인해 소멸시효의 중단·정지에 관한 「민법」 규정은 적용되지 않는다.

064

해설　① (○) 관세법 제22조 제2항

관세법	제22조(관세징수권 등의 소멸시효) ① 관세의 징수권은 이를 행사할 수 있는 날부터 다음 각 호의 구분에 따른 기간 동안 행사하지 아니하면 소멸시효가 완성된다. 1. 5억원 이상의 관세(내국세를 포함한다. 이하 이 항에서 같다) : 10년 2. 제1호 외의 관세 : 5년 ② 납세자가 납부한 금액 중 잘못 납부하거나 초과하여 납부한 금액 또는 그 밖의 관세의 환급청구권은 그 권리를 행사할 수 있는 날부터 5년간 행사하지 아니하면 소멸시효가 완성된다. ③ 제1항에 따른 관세의 징수권과 제2항에 따른 잘못 납부하거나 초과하여 납부한 금액 또는 그 밖의 관세의 환급청구권을 행사할 수 있는 날은 대통령령으로 정한다.

② (○) 옳은 지문이다. 대법원은 공법상 부당이득반환청구권을 사권(私權)으로 보아, 그에 관한 소송은 민사소송절차에 따라야 한다고 보고 있다. "개발부담금 부과처분이 취소된 이상 그 후의 부당이득으로서의 과오납금 반환에 관한 법률관계는 단순한 민사 관계에 불과한 것이고, 행정소송 절차에 따라야 하는 관계로 볼 수 없다." (대법원 1995.4.28. 선고 94다55019)

③ (○) 국가재정법 제96조

국가재정법	제96조(금전채권·채무의 소멸시효) ① 금전의 급부를 목적으로 하는 국가의 권리로서 시효에 관하여 다른 법률에 규정이 없는 것은 5년 동안 행사하지 아니하면 시효로 인하여 소멸한다. ② 국가에 대한 권리로서 금전의 급부를 목적으로 하는 것도 또한 제1항과 같다.

④ (×) 공법의 특수성에도 불구하고 소멸시효의 중단·정지에 관한 「민법」 규정은 일반원리적 규정이기 때문에 유추적용된다고 본다.

정답 ④

065 [회독] ☐☐☐ 24년 국가 9급

「행정기본법」상 기간의 계산에 대한 설명으로 옳지 않은 것은?

① 행정에 관한 기간의 계산에 관하여는 「행정기본법」 또는 다른 법령등에 특별한 규정이 있는 경우를 제외하고는 「민법」을 준용한다.

② 법령등을 공포한 날부터 일정 기간이 경과한 날부터 시행하는 경우 그 기간의 말일이 토요일 또는 공휴일인 때에는 그 말일로 기간이 만료한다.

③ 법령등을 공포한 날부터 일정 기간이 경과한 날부터 시행하는 경우 법령등을 공포한 날을 첫날에 산입한다.

④ 법령등 또는 처분에서 국민의 권익을 제한하거나 의무를 부과하는 경우 권익이 제한되거나 의무가 지속되는 기간을 계산할 때에 기간을 일, 주, 월 또는 연으로 정한 경우에는 기간의 첫날을 산입한다. 다만, 그러한 기준을 따르는 것이 국민에게 불리한 경우에는 그러하지 아니하다.

065

해설 ① (○) 행정기본법 제6조 제1항

행정기본법	제6조(행정에 관한 기간의 계산) ① 행정에 관한 기간의 계산에 관하여는 이 법(행정기본법) 또는 다른 법령등에 특별한 규정이 있는 경우를 제외하고는 「민법」을 준용한다.

② (○) / ③ (×) 행정기본법 제7조

행정기본법	제7조(법령등 시행일의 기간 계산) 법령등(훈령·예규·고시·지침 등을 포함한다. 이하 이 조에서 같다)의 시행일을 정하거나 계산할 때에는 다음 각 호의 기준에 따른다. 1. 법령등을 공포한 날부터 시행하는 경우에는 공포한 날을 시행일로 한다. 2. 법령등을 공포한 날부터 일정 기간이 경과한 날부터 시행하는 경우 법령등을 공포한 날을 첫날에 산입하지 아니한다. 3. 법령등을 공포한 날부터 일정 기간이 경과한 날부터 시행하는 경우 그 기간의 말일이 토요일 또는 공휴일인 때에는 그 말일로 기간이 만료한다.

④ (○) 행정기본법 제6조 제2항 제1호

행정기본법	제6조(행정에 관한 기간의 계산) ② 법령등 또는 처분에서 국민의 권익을 제한하거나 의무를 부과하는 경우 권익이 제한되거나 의무가 지속되는 기간의 계산은 다음 각 호의 기준에 따른다. 다만, 다음 각 호의 기준에 따르는 것이 국민에게 불리한 경우에는 그러하지 아니하다. 1. 기간을 일, 주, 월 또는 연으로 정한 경우에는 기간의 첫날을 산입한다. 2. 기간의 말일이 토요일 또는 공휴일인 경우에도 기간은 그 날로 만료한다.

정답 ③

066 [회독] ☐☐☐　　　　　　　25년 소방직

「행정기본법」의 내용으로 옳지 않은 것은?

① 대통령령의 위임을 받아 중앙행정기관의 장이 정한 훈령·예규 및 고시 등 행정규칙은 '법령'에 포함되지 않는다.

② 법령등을 공포한 날부터 일정 기간이 경과한 날부터 시행하는 경우 법령등을 공포한 날을 첫날에 산입하지 아니한다.

③ 법령등 또는 처분에서 국민의 권익을 제한하거나 의무를 부과하는 경우 권익이 제한되거나 의무가 지속되는 기간의 계산은 기간을 일, 주, 월 또는 연으로 정한 경우에는 기간의 첫날을 산입하지만 국민에게 불리한 경우에는 그러하지 아니하다.

④ 행정에 관한 나이는 다른 법령등에 특별한 규정이 있는 경우를 제외하고는 출생일을 산입하여 만(滿) 나이로 계산하고, 연수(年數)로 표시한다. 다만, 1세에 이르지 아니한 경우에는 월수(月數)로 표시할 수 있다.

066

[해설] ① (✕) 상위법령의 위임을 받아 제정된 행정규칙은 「행정기본법」상의 '법령'에 포함된다.

행정기본법	제2조(정의) 이 법에서 사용하는 용어의 뜻은 다음과 같다. 〈개정 2025. 3. 18.〉 1. "법령등"이란 다음 각 목의 것을 말한다. 가. 법령: 다음의 어느 하나에 해당하는 것 1) 법률 및 대통령령·총리령·부령 2) 국회규칙·대법원규칙·헌법재판소규칙·중앙선거관리위원회규칙 및 감사원규칙 3) 1) 또는 2)의 위임을 받아 중앙행정기관(「정부조직법」 및 그 밖의 법률에 따라 설치된 중앙행정기관을 말한다. 이하 같다)의 장, 국회의장, 대법원장, 헌법재판소장, 중앙선거관리위원회위원장, 감사원장 등이 정한 훈령·예규 및 고시 등 행정규칙

② (○) 행정기본법 제7조 제2호

행정기본법	제7조(법령등 시행일의 기간 계산) 법령등(훈령·예규·고시·지침 등을 포함한다. 이하 이 조에서 같다)의 시행일을 정하거나 계산할 때에는 다음 각 호의 기준에 따른다. 1. 법령등을 공포한 날(훈령·예규·고시·지침 등은 고시·공고 등의 방법으로 발령한 날을 말한다. 이하 이 조에서 같다)부터 시행하는 경우에는 공포한 날을 시행일로 한다. 2. 법령등을 공포한 날부터 일정 기간이 경과한 날부터 시행하는 경우 법령등을 공포한 날을 첫날에 산입하지 아니한다. 3. 법령등을 공포한 날부터 일정 기간이 경과한 날부터 시행하는 경우 그 기간의 말일이 토요일 또는 공휴일인 때에는 그 말일로 기간이 만료한다.

③ (○) 행정기본법 제6조 제2항 제1호

행정기본법	제6조(행정에 관한 기간의 계산) ② 법령등 또는 처분에서 국민의 권익을 제한하거나 의무를 부과하는 경우 권익이 제한되거나 의무가 지속되는 기간의 계산은 다음 각 호의 기준에 따른다. 다만, 다음 각 호의 기준에 따르는 것이 국민에게 불리한 경우에는 그러하지 아니하다. 1. 기간을 일, 주, 월 또는 연으로 정한 경우에는 기간의 첫날을 산입한다. 2. 기간의 말일이 토요일 또는 공휴일인 경우에도 기간은 그 날로 만료한다.

④ (○) 행정기본법 제7조의2

행정기본법	제7조의2(행정에 관한 나이의 계산 및 표시) 행정에 관한 나이는 다른 법령등에 특별한 규정이 있는 경우를 제외하고는 출생일을 산입하여 만(滿) 나이로 계산하고, 연수(年數)로 표시한다. 다만, 1세에 이르지 아니한 경우에는 월수(月數)로 표시할 수 있다.

정답 ①

070 [회독] ☐☐☐　　　　　　　　　23년 지방 7급

행정규칙에 대한 설명으로 옳지 않은 것은?

① 「여객자동차 운수사업법」의 위임에 따른 시외버스운송사업의 사업계획변경 기준 등에 관한 「여객자동차 운수사업법 시행규칙」의 관련 규정은 대외적인 구속력이 있는 법규명령이라고 할 것이다.

② 법령에 반하는 위법한 행정규칙은 무효이므로 위법한 행정규칙을 위반한 것은 징계사유가 되지 않는다.

③ 법률이 일정한 사항을 고시와 같은 행정규칙에 위임하는 것은 전문적·기술적 사항이나 경미한 사항으로서 업무의 성질상 위임이 불가피한 사항에 한정된다.

④ 행정 각부의 장이 정하는 고시가 법령에 근거를 둔 것이라면, 그 규정 내용이 법령의 위임 범위를 벗어난 것이라도 법규명령으로서의 대외적 구속력이 인정된다.

070

[해설] ① (○) "구 여객자동차 운수사업법 시행규칙 제31조 제2항 제1호, 제2호, 제6호는 구 여객자동차 운수사업법 제11조 제4항의 위임에 따라 시외버스운송사업의 사업계획변경에 관한 절차, 인가기준 등을 구체적으로 규정한 것으로서, 대외적인 구속력이 있는 법규명령이라고 할 것이고, 그것을 행정청 내부의 사무처리준칙을 규정한 행정규칙에 불과하다고 할 수는 없다."(대법원 2006.6.27. 선고 2003두4355)

② (○) "공무원이 상급행정기관이나 감독권자의 직무상 명령을 위반하였다는 점을 징계사유로 삼으려면 직무상 명령이 상위법령에 반하지 않는 적법·유효한 것이어야 하며, '행정규칙'은 상위법령의 구체적 위임이 있지 않는 한 행정조직 내부에서만 효력을 가질 뿐 대외적으로 국민이나 법원을 구속하는 효력이 없다. 다만 행정규칙이 이를 정한 행정기관의 재량에 속하는 사항에 관한 것인 때에는 그 규정 내용이 객관적 합리성을 결여하였다는 등의 특별한 사정이 없는 한 법원은 이를 존중하는 것이 바람직하다. 그러나 행정규칙의 내용이 상위법령에 반하는 것이라면 법치국가원리에서 파생되는 법질서의 통일성과 모순금지 원칙에 따라 그것은 법질서상 당연무효이고, 행정내부적 효력도 인정될 수 없다."(대법원 2020.11.26. 선고 2020두42262)

③ (○) "행정규칙은 법규명령과 같은 엄격한 제정 및 개정절차를 요하지 아니하므로, 재산권 등과 같은 기본권을 제한하는 작용을 하는 법률이 입법위임을 할 때에는 대통령령, 총리령, 부령 등 법규명령에 위임함이 바람직하고, 고시와 같은 형식으로 입법위임을 할 때에는 적어도 행정규제기본법 제4조 제2항 단서에서 정한 바와 같이 법령이 전문적·기술적 사항이나 경미한 사항으로서 업무의 성질상 위임이 불가피한 사항에 한정된다 할 것이고, 그러한 사항이라 하더라도 포괄위임금지의 원칙상 법률의 위임은 반드시 구체적·개별적으로 한정된 사항에 대하여 행하여져야 한다."(헌법재판소 2006.12.28. 선고 2005헌바59)

④ (×) "행정 각부의 장이 정하는 특정 고시가 비록 법령에 근거를 둔 것이더라도 규정 내용이 법령의 위임 범위를 벗어난 것일 경우에는 법규명령으로서의 대외적 구속력을 인정할 여지는 없다. 그리고 특정 고시가 위임의 한계를 준수하고 있는지를 판단할 때에는, 당해 법률 규정의 입법 목적과 규정 내용, 규정의 체계, 다른 규정과의 관계 등을 종합적으로 살펴야 하고, 법률의 위임 규정 자체가 의미 내용을 정확하게 알 수 있는 용어를 사용하여 위임의 한계를 분명히 하고 있는데도 고시에서 문언적 의미의 한계를 벗어났다든지, 위임 규정에서 사용하고 있는 용어의 의미를 넘어 범위를 확장하거나 축소함으로써 위임 내용을 구체화하는 단계를 벗어나 새로운 입법을 한 것으로 평가할 수 있다면, 이는 위임의 한계를 일탈한 것으로서 허용되지 아니한다."(대법원 2019.5.30. 선고 2016다276177)

정답 ④

071 [회독] ☐☐☐

24년 군무원 9급

다음 중 법규명령에 대한 설명으로 가장 적절하지 않은 것은?
(다툼이 있는 경우 판례에 의함)

① 일반적·추상적 규범으로서의 법규명령은 원칙적으로 항고소송의 대상이 될 수 없다.

② 법률이 대통령령으로 규정하도록 되어 있는 사항을 부령으로 정한다면 그 부령은 무효임을 면치 못한다.

③ 법령의 위임관계는 반드시 하위법령의 개별조항에서 위임의 근거가 되는 상위법령의 해당 조항을 구체적으로 명시하고 있어야만 하는 것은 아니다.

④ 위임의 근거가 없어 무효였던 법규명령은 사후적인 법률에 의해 유효가 될 수 없다.

072 [회독] ☐☐☐

24년 군무원 9급

다음 중 위임명령에 대한 설명으로 가장 적절하지 않은 것은?
(다툼이 있는 경우 판례에 의함)

① 위임입법의 구체성, 명확성의 요구 정도는 규율대상이 지극히 다양하거나 수시로 변화하는 성질의 것일 때에는 위임의 구체성, 명확성의 요건이 완화되어야 할 것이다.

② 국회입법의 전속사항이나 국회의 심의를 거쳐야 하는 사항으로 정해진 것은 오로지 법률로만 규율되어야 하고 법규명령으로서 정할 수 없다.

③ 벌칙규정을 법규명령에 위임하는 것도 가능하지만 법률에서 범죄 구성요건은 처벌대상인 행위가 어떠한 것인지 예측할 수 있을 정도로 구체적으로 정하고 형벌의 종류 및 그 상한과 폭을 명백히 규정하여야 한다.

④ 법률에서 위임받은 사항을 전혀 규정하지 아니하고 그대로 재위임하는 것은 허용되지 않으며 위임받은 사항에 관하여 대강을 정하고 그 중의 특정사항을 범위를 정하여 하위법령에 다시 위임하는 경우에만 재위임이 허용된다.

071

해설 ① (○) "항고소송의 대상이 되는 행정처분은 행정청의 공법상의 행위로서 특정사항에 대하여 법률에 의하여 권리를 설정하고 의무를 명하며, 기타 법률상 효과를 발생케 하는 등 국민의 권리의무에 직접관계가 있는 행위이어야 하고, 그 자체로서 국민의 구체적인 권리의무에 직접적인 변동을 초래케 하는 것이 아닌 일반적, 추상적인 법령 또는 내부적 내규 및 내부적 사업계획에 불과한것 등은 그 대상이 될 수 없다." (대법원 1994.9.10. 선고 94두33)

② (○) "법률 또는 대통령령으로 규정할 사항은 부령으로 규정하였다고 하면 그 부령은 무효임을 면치 못한다." (대법원 1962.1.25. 선고 4294민상9)

③ (○) "법령의 위임관계는 반드시 하위 법령의 개별조항에서 위임의 근거가 되는 상위 법령의 해당 조항을 구체적으로 명시하고 있어야만 하는 것은 아니다." (대법원 1999.12.24. 선고 99두5658)

④ (×) "일반적으로 법률의 위임에 따라 효력을 갖는 법규명령의 경우에 위임의 근거가 없어 무효였더라도 나중에 법 개정으로 위임의 근거가 부여되면 그때부터는 유효한 법규명령으로 볼 수 있다. 그러나 법규명령이 개정된 법률에 규정된 내용을 함부로 유추·확장하는 내용의 해석규정이어서 위임의 한계를 벗어난 것으로 인정될 경우에는 법규명령은 여전히 무효이다." (대법원 2017.4.20. 선고 2015두45700 전원합의체)

정답 ④

072

해설 ① (○) "위임의 구체성·명확성의 요구 정도는 그 규율대상의 종류와 성격에 따라 달라질 것이지만 특히 처벌법규나 조세법규와 같이 국민의 기본권을 직접적으로 제한하거나 침해할 소지가 있는 법규에서는 구체성·명확성의 요구가 강화되어 그 위임의 요건과 범위가 일반적인 급부행정의 경우보다 더 엄격하게 제한적으로 규정되어야 하는 반면에, 규율대상이 지극히 다양하거나 수시로 변화하는 성질의 것일 때에는 위임의 구체성·명확성의 요건이 완화되어야 할 것이다." (헌법재판소 1997.10.30. 선고 96헌바92)

② (×) 국회입법의 전속사항이나 국회의 심의를 거쳐야 하는 사항으로 정해진 경우라 하더라도, 그것의 세부적인 사항에 대해서는 행정입법으로의 위임을 통해 행정입법으로 정하는 것이 가능하다.

③ (○) "처벌법규의 위임은 특히 긴급한 필요가 있거나 미리 법률로써 자세히 정할 수 없는 부득이한 사정이 있는 경우에 한정되어야 하고 이러한 경우일지라도 법률에서 범죄의 구성요건은 처벌대상인 행위가 어떠한 것일 것이라고 이를 예측할 수 있을 정도로 구체적으로 정하고 형벌의 종류 및 그 상한과 폭을 명백히 규정하여야 한다." (헌법재판소 1991.7.8. 선고 91헌가4)

④ (○) "법률에서 위임받은 사항을 전혀 규정하지 않고 재위임하는 것은 복위임금지 원칙에 반할 뿐 아니라 위임명령의 제정 형식에 관한 수권법의 내용을 변경하는 것이 되므로 허용되지 않으나 위임받은 사항에 관하여 대강을 정하고 그 중의 특정사항을 범위를 정하여 하위법령에 다시 위임하는 경우에는 재위임이 허용된다." (대법원 2015.1.15. 선고 2013두14238)

정답 ②

073 [회독] ☐☐☐　　　　24년 국가 7급

행정입법에 대한 설명으로 옳은 것은?

① 법률의 위임에 의해 유효하게 성립된 법규명령은 이후 법개정으로 위임의 근거가 없어지더라도 법규명령의 효력에 영향이 없다.

② 행정권의 행정입법 등 법집행의무는 헌법적 의무라고 보아야 할 것이므로, 하위 행정입법의 제정 없이 상위 법령의 규정만으로 집행이 이루어질 수 있는 경우라도 하위 행정입법을 하여야 할 헌법적 작위의무는 인정된다.

③ 법률조항의 위임에 따라 대통령령으로 규정한 내용이 헌법에 위반되는 경우에는 그로 인하여 모법인 해당 수권(授權) 법률조항도 위헌이 된다.

④ 법률이 행정부가 아니거나 행정부에 속하지 않는 공법적 기관의 정관에 자치입법적 사항을 위임하는 경우 헌법에서 정한 포괄적인 위임입법의 금지는 원칙적으로 적용되지 않는다.

073

해설 ① (×) "일반적으로 법률의 위임에 의하여 효력을 갖는 법규명령의 경우, 구법에 위임의 근거가 없어 무효였더라도 사후에 법개정으로 위임의 근거가 부여되면 그때부터는 유효한 법규명령이 되나, 반대로 구법의 위임에 의한 유효한 법규명령이 법개정으로 위임의 근거가 없어지게 되면 그때부터 무효인 법규명령이 되므로, 어떤 법령의 위임 근거 유무에 따른 유효 여부를 심사하려면 법개정의 전·후에 걸쳐 모두 심사하여야만 그 법규명령의 시기에 따른 유효·무효를 판단할 수 있다." (대법원 1995.6.30. 선고 93추83)

② (×) "삼권분립의 원칙, 법치행정의 원칙을 당연한 전제로 하고 있는 우리 헌법 하에서 행정권의 행정입법 등 법집행의무는 헌법적 의무라고 보아야 할 것이다. 그런데 이는 행정입법의 제정이 법률의 집행에 필수불가결한 경우로서 행정입법을 제정하지 아니하는 것이 곧 행정권에 의한 입법권 침해의 결과를 초래하는 경우를 말하는 것이므로, 만일 하위 행정입법의 제정 없이 상위 법령의 규정만으로도 집행이 이루어질 수 있는 경우라면 하위 행정입법을 하여야 할 헌법적 작위의무는 인정되지 아니한다." (헌법재판소 2005.12.22. 선고 2004헌마66)

③ (×) "위임입법의 법리는 헌법의 근본원리인 권력분립주의와 의회주의 내지 법치주의에 바탕을 두는 것이기 때문에 행정부에서 제정된 대통령령에서 규정한 내용이 정당한 것인지 여부와 위임의 적법성은 직접적인 관계가 없다. 따라서 대통령령으로 규정한 내용이 헌법에 위반될 경우라도 그 대통령령의 규정이 위헌으로 되는 것은 별론으로 하고 그로 인하여 정당하고 적법하게 입법권을 위임한 수권법률조항까지 위헌으로 되는 것은 아니다." (헌법재판소 1997.9.25. 선고 96헌바18)

④ (○) "행정부에 의한 법규사항의 제정은 입법부의 권한 내지 의무를 침해하고 자의적인 시행령 제정으로 국민들의 자유와 권리를 침해할 수 있기 때문에 엄격한 헌법적 기속을 받게 하는 것이다. 그런데 법률이 행정부가 아니거나 행정부에 속하지 않는 공법적 기관의 정관에 특정 사항을 정할 수 있다고 위임하는 경우에는 그러한 권력분립의 원칙을 훼손할 여지가 없다. 이는 자치입법에 해당되는 영역이므로 자치적으로 정하는 것이 바람직하다. 따라서 법률이 정관에 자치법적 사항을 위임한 경우에는 헌법 제75조, 제95조가 정하는 포괄적인 위임입법의 금지는 원칙적으로 적용되지 않는다고 봄이 상당하다." (헌법재판소 2006.3.30. 선고 2005헌바31)

정답 ④

074 [회독] ☐☐☐　　　　　　　　22년 소방직

행정입법의 사법적 통제에 대한 설명으로 옳지 않은 것은?
(다툼이 있는 경우 판례에 의함)

① 조례가 집행행위의 개입 없이도 그 자체로서 직접 국민의 권리의무나 법적 이익에 영향을 미치는 등의 법률상 효과를 발생하는 경우 그 조례는 항고소송의 대상이 되는 행정처분에 해당한다.

② 행정청이 행정입법 등 추상적인 법령을 제정하지 아니하는 행위는 법률이 시행되지 못하게 됨으로써 행정입법을 통해 구체화되는 개인의 권리를 침해하는 것으로, 항고소송의 대상이 된다.

③ 어떠한 처분의 근거나 법적인 효과가 행정규칙에 규정되어 있다고 하더라도, 그 처분이 상대방의 권리의무에 직접 영향을 미치는 행위라면 항고소송의 대상이 되는 행정처분에 해당한다.

④ 법령의 규정이 특정 행정기관에게 법령 내용의 구체적 사항을 정하도록 권한을 부여하여 특정 행정기관이 행정규칙을 정하였으나 그 행정규칙이 상위 법령의 위임 범위를 벗어났다면, 그러한 행정규칙은 대외적 구속력을 가지는 법규명령으로서의 효력이 인정되지 않는다.

074

해설 ① (○) "조례가 집행행위의 개입 없이도 그 자체로서 직접 국민의 구체적인 권리의무나 법적 이익에 영향을 미치는 등의 법률상 효과를 발생하는 경우 그 조례는 항고소송의 대상이 되는 행정처분에 해당하고, 이러한 조례에 대한 무효확인소송을 제기함에 있어서 행정소송법 제38조 제1항, 제13조에 의하여 피고적격이 있는 처분 등을 행한 행정청은, 행정주체인 지방자치단체 또는 지방자치단체의 내부적 의결기관으로서 지방자치단체의 의사를 외부에 표시한 권한이 없는 지방의회가 아니라, 구 지방자치법 제19조 제2항, 제92조에 의하여 지방자치단체의 집행기관으로서 조례로서의 효력을 발생시키는 공포권이 있는 지방자치단체의 장이다." (대법원 1996.9.20. 선고 95누8003)

② (✕) "행정소송은 구체적 사건에 대한 법률상 분쟁을 법에 의하여 해결함으로써 법적 안정을 기하자는 것이므로 부작위위법확인소송의 대상이 될 수 있는 것은 구체적 권리의무에 관한 분쟁이어야 하고 추상적인 법령에 관하여 제정의 여부 등은 그 자체로서 국민의 구체적인 권리의무에 직접적 변동을 초래하는 것이 아니어서 그 소송의 대상이 될 수 없다." (대법원 1992.5.8. 선고 91누11261)

③ (○) "어떠한 처분의 근거나 법적인 효과가 행정규칙에 규정되어 있다고 하더라도, 그 처분이 행정규칙의 내부적 구속력에 의하여 상대방에게 권리의 설정 또는 의무의 부담을 명하거나 기타 법적인 효과를 발생하게 하는 등으로 그 상대방의 권리 의무에 직접 영향을 미치는 행위라면, 이 경우에도 항고소송의 대상이 되는 행정처분에 해당한다." (대법원 2002.7.26. 선고 2001두3532)

④ (○) "법령의 규정이 특정 행정기관에게 법령 내용의 구체적 사항을 정할 수 있는 권한을 부여하면서 권한행사의 절차나 방법을 특정하지 아니한 경우에는 수임 행정기관은 행정규칙이나 규정 형식으로 법령 내용이 될 사항을 구체적으로 정할 수 있다. 이 경우 행정규칙 등은 당해 법령의 위임한계를 벗어나지 않는 한 대외적 구속력이 있는 법규명령으로서 효력을 가지게 되지만, 이는 행정규칙이 갖는 일반적 효력이 아니라 행정기관에 법령의 구체적 내용을 보충할 권한을 부여한 법령 규정의 효력에 근거하여 예외적으로 인정되는 것이다. 따라서 그 행정규칙이나 규정이 상위법령의 위임범위를 벗어난 경우에는 법규명령으로서 대외적 구속력을 인정할 여지는 없다." (대법원 2012.7.5. 선고 2010다72076)

정답 ②

075 [회독] □□□

행정입법의 사법적 통제에 대한 설명으로 옳지 않은 것은?

① 중앙선거관리위원회규칙은 법규명령이므로 구체적 규범통제의 대상이 될 수 있다.

② 처분적 법규명령은 무효등확인소송 또는 취소소송의 대상이 된다.

③ 대법원 이외의 각급법원도 구체적 규범통제의 방법으로 법규명령 조항에 대한 위헌·위법 판단을 할 수 있다.

④ 행정입법부작위는 부작위위법확인소송의 대상이 된다.

075

해설 ① (○) 중앙선거관리위원회규칙은 헌법전에서 언급하는 9가지 행정입법 중 하나로 대외적 효력이 있는 법규명령이므로 헌법 제107조 제2항에 따라 구체적 규범통제의 대상이 될 수 있다.

헌법	제107조 ② 명령·규칙 또는 처분이 헌법이나 법률에 위반되는 여부가 재판의 전제가 된 경우에는 대법원은 이를 최종적으로 심사할 권한을 가진다.

② (○) 옳은 내용이다. 법규명령은 보통 일반·추상적 작용이어서 처분성이 인정되지 않지만, 예외적으로 개별·구체성이 있어 국민의 권익을 직접 침해하는 경우 처분성이 있는 처분적 법규명령으로 항고소송의 대상이 될 수 있다.

③ (○) 옳은 내용이다. 법규명령의 위헌·위법 판단은 각급법원도 모두 행할 수 있으며, 대법원이 이를 최종적으로 심사한다.

④ (×) "행정소송은 구체적 사건에 대한 법률상 분쟁을 법에 의하여 해결함으로써 법적 안정을 기하자는 것이므로 부작위위법확인소송의 대상이 될 수 있는 것은 구체적 권리의무에 관한 분쟁이어야 하고 추상적인 법령에 관하여 제정의 여부 등은 그 자체로서 국민의 구체적인 권리의무에 직접적 변동을 초래하는 것이 아니어서 그 소송의 대상이 될 수 없다." (대법원 1992.5.8. 선고 91누11261)

정답 ④

076 [회독] □□□   23년 국가 7급

행정입법에 대한 설명으로 옳지 않은 것은?

① 법령의 위임이 없음에도 법령에 규정된 처분 요건에 해당하는 사항을 부령에서 변경하여 규정한 경우에는 그 부령의 규정은 행정청 내부의 사무처리 기준 등을 정한 것으로서 행정조직 내에서 적용되는 행정명령의 성격을 지닐 뿐 국민에 대한 대외적 구속력은 없다.

② 법원이 법률 하위의 법규명령이 위헌·위법인지를 심사하려면 그것이 재판의 전제가 되어야 하는데, 여기에서 재판의 전제란 구체적 사건이 법원에 계속 중이어야 하고, 위헌·위법인지가 문제 된 경우에는 그 법규명령의 특정 조항이 해당 소송사건의 재판에 적용되는 것이어야 하며, 그 조항이 위헌·위법인지에 따라 그 사건을 담당하는 법원이 다른 판단을 하게 되는 경우를 말한다.

③ 재량권행사의 준칙인 행정규칙이 그 정한 바에 따라 되풀이 시행되어 행정관행이 이루어지게 되면, 평등의 원칙이나 신뢰보호의 원칙에 따라 행정기관은 그 상대방에 대한 관계에서 그 행정규칙에 따라야 할 자기구속을 받게 되고, 그러한 경우에는 대외적인 구속력을 가지게 된다.

④ 상위법령에서 세부사항 등을 시행규칙으로 정하도록 위임하였음에도 이를 고시 등 행정규칙으로 정한 경우 그 행정규칙은 대외적 구속력을 가지는 법규명령으로서 효력이 인정된다.

076

해설 ① (○) "법령에서 행정처분의 요건 중 일부 사항을 부령으로 정할 것을 위임한 데 따라 시행규칙 등 부령에서 이를 정한 경우에 그 부령의 규정은 국민에 대해서도 구속력이 있는 법규명령에 해당한다고 할 것이지만, 법령의 위임이 없음에도 법령에 규정된 처분 요건에 해당하는 사항을 부령에서 변경하여 규정한 경우에는 그 부령의 규정은 행정청 내부의 사무처리 기준 등을 정한 것으로서 행정조직 내에서 적용되는 행정명령의 성격을 지닐 뿐 국민에 대한 대외적 구속력은 없다고 보아야 한다." (대법원 2013.9.12. 선고 2011두10584)

② (○) "법원이 법률 하위의 법규명령, 규칙, 조례, 행정규칙 등(이하 '규정'이라 한다)이 위헌·위법인지를 심사하려면 그것이 '재판의 전제'가 되어야 한다. 여기에서 '재판의 전제'란 구체적 사건이 법원에 계속 중이어야 하고, 위헌·위법인지가 문제 된 경우에는 규정의 특정 조항이 해당 소송사건의 재판에 적용되는 것이어야 하며, 그 조항이 위헌·위법인지에 따라 그 사건을 담당하는 법원이 다른 판단을 하게 되는 경우를 말한다. 따라서 법원이 구체적 규범통제를 통해 위헌·위법으로 선언할 심판대상은, 해당 규정의 전부가 불가분적으로 결합되어 있어 일부를 무효로 하는 경우 나머지 부분이 유지될 수 없는 결과를 가져오는 특별한 사정이 없는 한, 원칙적으로 해당 규정 중 재판의 전제성이 인정되는 조항에 한정된다." (대법원 2019.6.13. 선고 2017두33985)

③ (○) "다만 그 재량준칙이 정한 바에 따라 되풀이 시행되어 행정관행이 이루어지게 되면 평등의 원칙이나 신뢰보호의 원칙에 따라 행정청은 상대방에 대한 관계에서 그 규칙에 따라야 할 자기구속을 받게 되므로, 이러한 경우에는 특별한 사정이 없는 한 그에 반하는 처분은 평등의 원칙이나 신뢰보호의 원칙에 어긋나 재량권을 일탈·남용한 위법한 처분이 된다." (대법원 2014.11.27. 선고 2013두18964)

④ (×) "법령의 규정이 특정 행정기관에게 법령 내용의 구체적 사항을 정할 수 있는 권한을 부여하면서 권한행사의 절차나 방법을 특정하지 아니한 경우에는 수임 행정기관은 행정규칙이나 규정 형식으로 법령 내용이 될 사항을 구체적으로 정할 수 있다. 이 경우 행정규칙 등은 당해 법령의 위임한계를 벗어나지 않는 한 대외적 구속력이 있는 법규명령으로서 효력을 가지게 되지만, 이는 행정규칙이 갖는 일반적 효력이 아니라 행정기관에 법령의 구체적 내용을 보충할 권한을 부여한 법령 규정의 효력에 근거하여 예외적으로 인정되는 것이다. 따라서 그 행정규칙이나 규정이 상위법령의 위임범위를 벗어난 경우에는 법규명령으로서 대외적 구속력을 인정할 여지는 없다. 이는 행정규칙이나 규정 '내용'이 위임범위를 벗어난 경우뿐 아니라 상위법령의 위임규정에서 특정하여 정한 권한행사의 '절차'나 '방식'에 위배되는 경우도 마찬가지이므로, 상위법령에서 세부사항 등을 시행규칙으로 정하도록 위임하였음에도 이를 고시 등 행정규칙으로 정하였다면 그 역시 대외적 구속력을 가지는 법규명령으로서 효력이 인정될 수 없다." (대법원 2012.7.5. 선고 2010다72076)

정답 ④

제3절) 행정규칙

077 [회독] □□□   20년 소방직

행정입법에 대한 설명으로 옳은 내용만을 모두 고른 것은?
(다툼이 있는 경우 판례에 의함)

> ㉠ 위임명령이 위임내용을 구체화하는 단계를 벗어나 새로운 입법을 한 것으로 평가할 수 있다면, 위임의 한계를 벗어난 것으로서 허용되지 않는다.
> ㉡ 법률이 공법적 단체 등의 정관에 자치법적인 사항을 위임한 경우, 포괄적 위임입법 금지가 원칙적으로 적용된다.
> ㉢ 상급행정기관이 하급행정기관에 대하여 업무처리지침이나 법령의 해석적용에 관한 기준을 정하여 발하는 이른바 행정규칙은 일반적으로 대외적 구속력을 갖는다.

① ㉠

② ㉠, ㉡

③ ㉠, ㉢

④ ㉡, ㉢

077

해설 ㉠ (○) "법률의 위임 규정 자체가 그 의미 내용을 정확하게 알 수 있는 용어를 사용하여 위임의 한계를 분명히 하고 있는데도 시행령이 그 문언적 의미의 한계를 벗어났다든지, 위임 규정에서 사용하고 있는 용어의 의미를 넘어 그 범위를 확장하거나 축소함으로써 위임 내용을 구체화하는 단계를 벗어나 새로운 입법을 한 것으로 평가할 수 있다면, 이는 위임의 한계를 일탈한 것으로서 허용되지 않는다." (대법원 2012.12.20. 선고 2011두30878)

㉡ (×) 법률이 공법적 단체 등의 정관에 자치법적인 사항을 위임한 경우에는 포괄적 위임입법이 허용된다. "법률이 행정부가 아니거나 행정부에 속하지 않는 공법적 기관의 정관에 특정 사항을 정할 수 있다고 위임하는 경우에는 그러한 권력분립의 원칙을 훼손할 여지가 없다. 이는 자치입법에 해당되는 영역이므로 자치적으로 정하는 것이 바람직하다. 따라서 법률이 정관에 자치법적 사항을 위임한 경우에는 헌법 제75조, 제95조가 정하는 포괄적인 위임입법의 금지는 원칙적으로 적용되지 않는다고 봄이 상당하다." (헌법재판소 2006.3.30. 선고 2005헌바31)

㉢ (×) "상급행정기관이 하급행정기관에 대하여 업무처리지침이나 법령의 해석적용에 관한 기준을 정하여 발하는 이른바 행정규칙은 일반적으로 행정조직 내부에서만 효력을 가질 뿐 대외적인 구속력을 갖는 것은 아니다." (대법원 1998.6.9. 선고 97누19915)

정답 ①

078 [회독] ☐☐☐　　22년 국가 7급

행정규칙에 대한 설명으로 옳지 않은 것은? (다툼이 있는 경우 판례에 의함)

① 중앙행정기관의 장이 정한 훈령·예규 및 고시 등 행정규칙은 상위법령의 위임이 있다고 하더라도 「행정기본법」상의 '법령'에 해당하지 않는다.

② 처분이 행정규칙을 위반하였다고 해서 그러한 사정만으로 곧바로 위법하게 되는 것은 아니다.

③ 처분의 근거나 법적인 효과가 행정규칙에 규정되어 있더라도 그 상대방의 권리·의무에 직접 영향을 미치는 행위라면, 항고소송의 대상이 되는 행정처분에 해당한다.

④ 행정규칙의 내용이 상위법령이나 법의 일반원칙에 반하는 것이라면 행정내부적 효력도 인정될 수 없다.

078

해설　① (×) 행정기본법 제2조 제1호 가목 3)

행정기본법	제2조(정의) 이 법에서 사용하는 용어의 뜻은 다음과 같다. 1. "법령등"이란 다음 각 목의 것을 말한다. 　가. 법령: 다음의 어느 하나에 해당하는 것 　　1) 법률 및 대통령령·총리령·부령 　　2) 국회규칙·대법원규칙·헌법재판소규칙·중앙선거관리위원회규칙 및 감사원규칙 　　3) 1) 또는 2)의 위임을 받아 중앙행정기관(「정부조직법」 및 그 밖의 법률에 따라 설치된 중앙행정기관을 말한다. 이하 같다)의 장이 정한 훈령·예규 및 고시 등 행정규칙

② (○) "상급행정기관이 소속 공무원이나 하급행정기관에 대하여 업무처리지침이나 법령의 해석·적용 기준을 정해 주는 '행정규칙'은 일반적으로 행정조직 내부에서만 효력을 가질 뿐 대외적으로 국민이나 법원을 구속하는 효력이 없다. 처분이 행정규칙을 위반하였다고 해서 그러한 사정만으로 곧바로 위법하게 되는 것은 아니고, 처분이 행정규칙을 따른 것이라고 해서 적법성이 보장되는 것도 아니다. 처분이 적법한지는 행정규칙에 적합한지 여부가 아니라 상위법령의 규정과 입법 목적 등에 적합한지 여부에 따라 판단해야 한다." (대법원 2019.7.11. 선고 2017두38874)

③ (○) "항고소송의 대상이 되는 행정처분이란 원칙적으로 행정청의 공법상 행위로서 특정 사항에 대하여 법규에 의한 권리 설정 또는 의무 부담을 명하거나 기타 법률상 효과를 발생하게 하는 등으로 일반 국민의 권리의무에 직접 영향을 미치는 행위를 가리키는 것이지만, 어떠한 처분의 근거가 행정규칙에 규정되어 있다고 하더라도, 그 처분이 상대방에게 권리 설정 또는 의무 부담을 명하거나 기타 법적인 효과를 발생하게 하는 등으로 상대방의 권리의무에 직접 영향을 미치는 행위라면, 이 경우에도 항고소송의 대상이 되는 행정처분에 해당한다고 보아야 한다." (대법원 2012.9.27. 선고 2010두3541)

④ (○) "상급행정기관이 소속 공무원이나 하급행정기관에 대하여 세부적인 업무처리절차나 법령의 해석·적용 기준을 정해 주는 '행정규칙'은 상위법령의 구체적 위임이 있지 않는 한 행정조직 내부에서만 효력을 가질 뿐 대외적으로 국민이나 법원을 구속하는 효력이 없다. 다만 행정규칙이 이를 정한 행정기관의 재량에 속하는 사항에 관한 것인 때에는 그 규정 내용이 객관적 합리성을 결여하였다는 등의 특별한 사정이 없는 한 법원은 이를 존중하는 것이 바람직하다. 그러나 행정규칙의 내용이 상위법령에 반하는 것이라면 법치국가원리에서 파생되는 법질서의 통일성과 모순금지 원칙에 따라 그것은 법질서상 당연무효이고, 행정내부적 효력도 인정될 수 없다. 이러한 경우 법원은 해당 행정규칙이 법질서상 부존재하는 것으로 취급하여 행정기관이 한 조치의 당부를 상위법령의 규정과 입법 목적 등에 따라서 판단하여야 한다." (대법원 2019.10.31. 선고 2013두20011)

정답 ①

079 [회독] ☐ ☐ ☐   25년 국가 9급

행정입법에 대한 설명으로 옳지 않은 것은?

① 행정규칙의 내용이 상위법령에 반하는 것이라면 법치국
가원리에서 파생되는 법질서의 통일성과 모순금지 원칙
에 따라 그것은 법질서상 당연무효이고, 행정내부적 효
력도 인정될 수 없다.

② 행정처분이 법규성이 없는 내부지침 등의 규정에 위배
된다고 하더라도 그 이유만으로 처분이 위법하게 되는
것은 아니고, 또 내부지침 등에서 정한 요건에 부합한다고
하여 반드시 그 처분이 적법한 것이라고 할 수도 없다.

③ 행정관청 내부의 사무처리규정에 불과한 전결규정에 위
반하여 원래의 전결권자 아닌 보조기관 등이 처분권자
인 행정관청의 이름으로 행정처분을 하였다면 그 처분
은 권한 없는 자에 의하여 행하여진 무효의 처분이다.

④ 행정소송에 대한 대법원판결에 의하여 명령·규칙이 헌
법 또는 법률에 위반된다는 것이 확정된 경우에는 대법
원은 지체없이 그 사유를 행정안전부장관에게 통보하여
야 한다.

079

해설 ① (○) "행정규칙의 내용이 상위법령에 반하는 것이라면 법
치국가원리에서 파생되는 법질서의 통일성과 모순금지 원칙에 따라
그것은 법질서상 당연무효이고, 행정내부적 효력도 인정될 수 없다.
이러한 경우 법원은 해당 행정규칙이 법질서상 부존재하는 것으로 취
급하여 행정기관이 한 조치의 당부를 상위법령의 규정과 입법 목적
등에 따라서 판단하여야 한다." (대법원 2020.11.26. 선고 2020두42262)

② (○) "행정처분이 법규성이 없는 내부지침 등의 규정에 위배된다고
하더라도 그 이유만으로 처분이 위법하게 되는 것은 아니고, 또 내부
지침 등에서 정한 요건에 부합한다고 하여 반드시 그 처분이 적법한
것이라고 할 수도 없다. 처분의 적법 여부는 그러한 내부지침 등에서
정한 요건에 합치하는지 여부가 아니라 일반 국민에 대하여 구속력을
가지는 법률 등 법규성이 있는 관계 법령의 규정을 기준으로 판단하
여야 한다." (대법원 2018.6.15. 선고 2015두40248)

③ (×) "전결과 같은 행정권한의 내부위임은 법령상 처분권자인 행정
관청이 내부적인 사무처리의 편의를 도모하기 위하여 그의 보조기관
또는 하급 행정관청으로 하여금 그의 권한을 사실상 행사하게 하는
것으로서 법률이 위임을 허용하지 않는 경우에도 인정되는 것이므로,
설사 행정관청 내부의 사무처리규정에 불과한 전결규정에 위반하여
원래의 전결권자 아닌 보조기관 등이 처분권자인 행정관청의 이름으
로 행정처분을 하였다고 하더라도 그 처분이 권한 없는 자에 의하여
행하여진 무효의 처분이라고는 할 수 없다." (대법원 1998.2.27. 선고 97
누1105)

④ (○) 행정소송법 제6조 제1항

행정소송법	제6조(명령·규칙의 위헌판결등 공고) ① 행정소송에 대한 대법원판결에 의하여 명령·규칙이 헌법 또는 법률에 위반된다는 것이 확정된 경우에는 대법원은 지체없이 그 사유를 행정안전부장관에게 통보하여야 한다.

정답 ③

080 [회독] □□□   22년 소방직

행정입법에 대한 설명으로 옳지 않은 것은? (다툼이 있는 경우 판례에 의함)

① 법률의 시행령이나 시행규칙은 법률의 위임이 없으면 개인의 권리·의무에 관한 내용을 변경·보충하거나 법률이 규정하지 아니한 새로운 내용을 정할 수는 없으므로, 모법에 이에 관하여 직접 위임하는 규정을 두지 아니하였다면 당연히 이를 무효라고 보아야 한다.

② 법률에서 군법무관의 보수의 구체적 내용을 시행령에 위임했음에도 불구하고 행정부가 정당한 이유 없이 시행령을 제정하지 않은 것은 불법행위이므로 이에 대하여 국가배상청구를 할 수 있다.

③ 일반적으로 법률의 위임에 따라 효력을 갖는 법규명령의 경우에 위임의 근거가 없어 무효였더라도 나중에 법개정으로 위임의 근거가 부여되면 그때부터는 유효한 법규명령으로 볼 수 있다.

④ 행정처분이 법규성이 없는 내부지침 등의 규정에 위배된다고 하더라도 그 이유만으로 처분이 위법하게 되는 것은 아니며, 내부지침 등에서 정한 요건에 부합한다고 하여 반드시 그 처분이 적법한 것이라고 할 수도 없다.

080

[해설] ① (×) "법률의 시행령이나 시행규칙은 법률에 의한 위임이 없으면 개인의 권리·의무에 관한 내용을 변경·보충하거나 법률이 규정하지 아니한 새로운 내용을 정할 수는 없지만, 법률의 시행령이나 시행규칙의 내용이 모법의 입법 취지와 관련 조항 전체를 유기적·체계적으로 살펴보아 모법의 해석상 가능한 것을 명시한 것에 지나지 아니하거나 모법 조항의 취지에 근거하여 이를 구체화하기 위한 것인 때에는 모법의 규율 범위를 벗어난 것으로 볼 수 없으므로, 모법에 이에 관하여 직접 위임하는 규정을 두지 아니하였다고 하더라도 이를 무효라고 볼 수는 없다." (대법원 2014.8.20. 선고 2012두19526)

② (○) "구 군법무관임용법 제5조 제3항과 군법무관임용 등에 관한 법률 제6조가 군법무관의 보수를 법관 및 검사의 예에 준하도록 규정하면서 그 구체적 내용을 시행령에 위임하고 있는 이상, 위 법률의 규정들은 군법무관의 보수의 내용을 법률로써 일차적으로 형성한 것이고, 위 법률들에 의해 상당한 수준의 보수청구권이 인정되는 것이므로, 위 보수청구권은 단순한 기대이익을 넘어서는 것으로서 법률의 규정에 의해 인정된 재산권의 한 내용이 되는 것으로 봄이 상당하고, 따라서 행정부가 정당한 이유 없이 시행령을 제정하지 않은 것은 위 보수청구권을 침해하는 불법행위에 해당한다." (대법원 2007.11.29. 선고 2006다3561)

③ (○) "일반적으로 법률의 위임에 따라 효력을 갖는 법규명령의 경우에 그 위임의 근거가 없어 무효였더라도 나중에 법 개정으로 위임의 근거가 부여되면 그때부터는 유효한 법규명령으로 볼 수 있다." (대법원 2017.4.20. 선고 2015두45700)

④ (○) "행정처분이 법규성이 없는 내부지침 등의 규정에 위배된다고 하더라도 그 이유만으로 처분이 위법하게 되는 것은 아니고, 또 그 내부지침 등에서 정한 요건에 부합한다고 하여 반드시 그 처분이 적법한 것이라고 할 수도 없다. 처분의 적법 여부는 그러한 내부지침 등에서 정한 요건에 합치하는지 여부가 아니라 일반 국민에 대하여 구속력을 가지는 법률 등 법규성이 있는 관계 법령의 규정을 기준으로 판단하여야 한다." (대법원 2018.6.15. 선고 2015두40248)

정답 ①

081 [회독] □□□ 19년 국가 9급

행정입법에 대한 설명으로 옳은 것은? (다툼이 있는 경우 판례에 의함)

① 상위 법령등의 단순한 집행을 위해 총리령을 제정하려는 경우, 행정상 입법예고를 하지 아니할 수 있다.

② 특히 긴급한 필요가 있거나 미리 법률로 자세히 정할 수 없는 부득이한 사정이 있어 법률에 형벌의 종류·상한·폭을 명확히 규정하더라도, 행정형벌에 대한 위임입법은 허용되지 않는다.

③ 교육부장관이 대학입시기본계획의 내용에서 내신성적 산정기준에 관한 시행지침을 정한 경우, 각 고등학교는 이에 따라 내신성적을 산정할 수밖에 없어 이는 행정처분에 해당된다.

④ 행정소송에 대한 대법원 판결에 의하여 명령·규칙이 헌법 또는 법률에 위반된다는 것이 확정된 경우, 대법원은 지체없이 그 사유를 해당 법령의 소관부처의 장에게 통보하여야 한다.

081

해설 ① (○) 행정절차법 제41조 제1항 제2호

행정절차법	제41조(행정상 입법예고) ① 법령등을 제정·개정 또는 폐지(이하 "입법"이라 한다)하려는 경우에는 해당 입법안을 마련한 행정청은 이를 예고하여야 한다. 다만, 다음 각 호의 어느 하나에 해당하는 경우에는 예고를 하지 아니할 수 있다. 2. 상위 법령등의 단순한 집행을 위한 경우

② (×) "위임입법에 관한 헌법 제75조는 처벌법규에도 적용되는 것이지만 처벌법규의 위임은 특히 긴급한 필요가 있거나 미리 법률로써 자세히 정할 수 없는 부득이한 사정이 있는 경우에 한정되어야 하고 이 경우에도 법률에서 범죄의 구성요건은 처벌대상인 행위가 어떠한 것일 것이라고 이를 예측할 수 있을 정도로 구체적으로 정하고 형벌의 종류 및 그 상한과 폭을 명백히 규정하여야 한다." (헌법재판소 1991.7.8. 선고 91헌가4)

③ (×) "교육부장관이 대학입시기본계획의 내용에서 내신성적 산정기준에 관한 시행지침을 마련하여 시·도 교육감에서 통보한 것은 행정조직 내부에서 내신성적 평가에 관한 내부적 심사기준을 시달한 것에 불과하며, 그것만으로는 현실적으로 특정인의 구체적인 권리의무에 직접적으로 변동을 초래케 하는 것은 아니라 할 것이어서 내신성적 산정지침을 항고소송의 대상이 되는 행정처분으로 볼 수 없다." (대법원 1994.9.10. 선고 94두33)

④ (×) 행정소송법 제6조 제1항

행정소송법	제6조(명령·규칙의 위헌판결등 공고) ① 행정소송에 대한 대법원판결에 의하여 명령·규칙이 헌법 또는 법률에 위반된다는 것이 확정된 경우에는 대법원은 지체없이 그 사유를 행정안전부장관에게 통보하여야 한다.

정답 ①

082 [회독] □□□

행정입법에 관한 설명으로 옳지 않은 것은? (다툼이 있는 경우 판례에 의함)

① 일반적으로 법률의 위임에 의하여 효력을 갖는 법규명령의 경우, 구법에 위임의 근거가 없어 무효였더라도 사후에 법개정으로 위임의 근거가 부여되면 그때부터는 유효한 법규명령이 된다.

② 법령에서 행정처분의 요건 중 일부 사항을 부령으로 정할 것을 위임한 데 따라 시행규칙 등 부령에서 이를 정한 경우에 그 부령의 규정은 국민에 대해서도 구속력이 있는 법규명령에 해당한다.

③ 상급행정기관이 소속 공무원이나 하급행정기관에 대하여 세부적인 업무처리절차나 법령의 해석·적용 기준을 정해주는 행정규칙은 상위법령에 반하지 않는다고 하더라도 상위법령의 구체적 위임이 있지 않는 한, 행정조직 내부적으로도 효력을 가지지 못하고 대외적으로도 국민이나 법원을 구속하는 효력이 없다.

④ 법령보충적 행정규칙은 물론이고, 재량권 행사의 준칙이 되는 행정규칙이 그 정한 바에 따라 되풀이 시행되어 행정관행이 이루어지고 행정의 자기구속원리에 따라 대외적 구속력을 가지는 경우에는 헌법소원의 대상이 될 수 있다.

082

해설 ① (○) "일반적으로 법률의 위임에 의하여 효력을 갖는 법규명령의 경우, 구법에 위임의 근거가 없어 무효였더라도 사후에 법개정으로 위임의 근거가 부여되면 그 때부터는 유효한 법규명령이 되나, 반대로 구법의 위임에 의한 유효한 법규명령이 법개정으로 위임의 근거가 없어지게 되면 그때부터 무효인 법규명령이 된다." (대법원 1995.6.30. 선고 93추83)

② (○) "법령에서 행정처분의 요건 중 일부 사항을 부령으로 정할 것을 위임한 데 따라 시행규칙 등 부령에서 이를 정한 경우에 그 부령의 규정은 국민에 대해서도 구속력이 있는 법규명령에 해당한다고 할 것이지만, 법령의 위임이 없음에도 법령에 규정된 처분 요건에 해당하는 사항을 부령에서 변경하여 규정한 경우에는 그 부령의 규정은 행정청 내부의 사무처리 기준 등을 정한 것으로서 행정조직 내에서 적용되는 행정명령의 성격을 지닐 뿐 국민에 대한 대외적 구속력은 없다고 보아야 한다." (대법원 2013.9.12. 선고 2011두10584)

③ (✕) 이 경우 행정조직 내부적으로는 효력을 갖고, 다만 대외적으로는 국민이나 법원을 구속하는 효력을 갖지 못한다. "상급행정기관이 소속 공무원이나 하급행정기관에 대하여 세부적인 업무처리절차나 법령의 해석·적용 기준을 정해 주는 행정규칙은 상위법령의 구체적 위임이 있지 않는 한 대외적으로 국민이나 법원을 구속하는 효력이 없다." (대법원 2020.10.15. 선고 2020두39624)

④ (○) "행정규칙은 일반적으로 행정조직 내부에서만 효력을 가지는 것이나, 행정규칙이 법령의 규정에 의하여 행정관청에 법령의 구체적 내용을 보충할 권한을 부여한 경우나 재량권행사의 준칙인 규칙이 그 정한 바에 따라 되풀이 시행되어 행정관행이 이룩되게 되면, 평등의 원칙이나 신뢰보호의 원칙에 따라 행정기관은 그 상대방에 대한 관계에서 그 규칙에 따라야 할 자기구속을 당하게 되는 경우에는 대외적인 구속력을 가지게 되는바, 이러한 경우에는 헌법소원의 대상이 될 수도 있다." (헌법재판소 2001.5.31. 선고 99헌마413)

정답 ③

083 [회독] □□□ 23년 국가 9급

행정입법에 대한 설명으로 옳지 않은 것은?

① 총리령·부령의 제정절차는 대통령령의 경우와는 달리 국무회의 심의는 거치지 않아도 된다.

② 법령보충적 행정규칙은 물론이고 재량권 행사의 준칙이 되는 행정규칙이 행정의 자기구속원리에 따라 대외적 구속력을 가지는 경우에는 헌법소원의 대상이 될 수 있다.

③ 상위법령의 위임이 없음에도 상위법령에 규정된 처분 요건에 해당하는 사항을 부령에서 변경하여 규정한 경우 그 부령의 규정은 국민에 대한 대외적 구속력이 있다.

④ 「특정다목적댐법」에서 댐 건설로 손실을 입으면 국가가 보상해야 하고 그 절차와 방법은 대통령령으로 제정토록 명시되어 있음에도 미제정된 경우, 법령제정의 여부는 「행정소송법」상 부작위위법확인소송의 대상이 될 수 없다.

083

해설 ① (○) 옳은 내용이다. 대통령령은 국무회의 심의가 필수이지만, 총리령이나 부령은 필수가 아니다. 총리령이나 부령은 법제처의 심사만 거치면 된다.

② (○) "행정규칙이 법령의 규정에 의하여 행정관청에 법령의 구체적 내용을 보충할 권한을 부여한 경우나 재량권 행사의 준칙인 규칙이 그 정한 바에 따라 되풀이 시행되어 행정관행이 이룩되게 되면 평등의 원칙이나 신뢰보호의 원칙에 따라 행정기관은 그 상대방에 대한 관계에서 그 규칙에 따라야 할 자기구속을 당하게 되는 경우에는 대외적인 구속력을 가지게 되는바 이러한 경우에는 헌법소원의 대상이 될 수도 있다." (헌법재판소 2001.5.31. 선고 99헌마413)

③ (×) "법령의 위임이 없음에도 법령에 규정된 처분 요건에 해당하는 사항을 부령에서 변경하여 규정한 경우에는 그 부령의 규정은 행정청 내부의 사무처리 기준 등을 정한 것으로서 행정조직내에서 적용되는 행정명령의 성격을 지닐 뿐 국민에 대한 대외적 구속력은 없다고 보아야 한다." (대법원 2013.9.12. 선고 2011두10584)

④ (○) "특정다목적댐법에 의하면 다목적댐 건설로 인한 손실보상 의무가 국가에게 있고, 손실보상 절차와 그 방법 등 필요한 사항은 대통령령으로 규정하도록 되어 있음에도 피고가 이를 제정하지 아니한 것은 행정입법부작위에 해당하는 것이어서 그 부작위위법확인을 구한다고 주장하나, 행정소송은 구체적 사건에 대한 법률상 분쟁을 법에 의하여 해결함으로써 법적 안정을 기하자는 것이므로 부작위위법확인소송의 대상이 될 수 있는 것은 구체적 권리의무에 관한 분쟁이어야 하고 추상적인 법령에 관하여 제정의 여부 등은 그 자체로서 국민의 구체적인 권리의무에 직접적 변동을 초래하는 것이 아니어서 행정소송의 대상이 될 수 없으므로 이 사건 소는 부적법하다." (대법원 1992.5.8. 선고 91누11261)

정답 ③

084 [회독] □□□   22년 군무원 9급

행정입법부작위에 대한 설명으로 가장 옳지 않은 것은? (단, 다툼이 있는 경우 판례에 의함)

① 현행법상 행정권의 시행명령제정의무를 규정하는 명시적인 법률규정은 없다.

② 삼권분립의 원칙, 법치행정의 원칙을 당연한 전제로 하고 있는 우리 헌법하에서 행정권의 행정입법 등 법집행의무는 헌법적 의무라고 보아야 한다.

③ 행정입법의 부작위가 위헌·위법이라고 하기 위하여는 행정청에게 행정입법을 하여야 할 작위의무를 전제로 하는 것이나, 그 작위의무가 인정되기 위하여는 행정입법의 제정이 법률의 집행에 필수불가결한 것일 필요는 없다.

④ 부작위위법확인소송의 대상이 될 수 있는 것은 구체적 권리의무에 관한 분쟁이어야 하고, 추상적인 법령에 관하여 제정의 여부 등은 그 자체로서 국민의 구체적인 권리의무에 직접적 변동을 초래하는 것이 아니어서 행정소송의 대상이 될 수 없다.

085 [회독] □□□   21년 군무원 9급

행정소송법상 행정입법부작위에 대한 설명으로 옳지 않은 것은?

① 행정권의 시행명령제정의무는 헌법적 의무이다.

② 시행명령을 제정해야 함에도 불구하고 제정을 거부하는 것은 법치행정의 원칙에 반하는 것이 된다.

③ 시행명령을 제정 또는 개정하였지만 그것이 불충분 또는 불완전하게 된 경우에는 행정입법부작위가 아니다.

④ 행정입법부작위는 부작위위법확인소송의 대상이 된다.

084

해설 ① (○) 출제의도가 무엇인지 파악하기 어려운 지문이다. 정선지로 처리된 것으로 볼 때, "행정부는 법률의 위임을 받은 경우 그 시행을 위한 법령을 제정해야 한다"와 같은 일반적인 규정이 현재 법률상 없다는 말을 하고 있는 듯하다.

② (○) "삼권분립의 원칙, 법치행정의 원칙을 당연한 전제로 하고 있는 우리 헌법 하에서 행정권의 행정입법 등 법집행의무는 헌법적 의무라고 보아야 할 것이다." (헌법재판소 2005.12.22. 선고 2004헌마66)

③ (×) "행정입법의 부작위가 위헌·위법이라고 하기 위하여는 행정청에게 행정입법을 하여야 할 작위의무를 전제로 하는 것이고, 그 작위의무가 인정되기 위하여는 행정입법의 제정이 법률의 집행에 필수불가결한 것이어야 하는바, 만일 하위 행정입법의 제정 없이 상위 법령의 규정만으로도 집행이 이루어질 수 있는 경우라면 하위 행정입법을 제정하여야 할 작위의무는 인정되지 아니한다고 할 것이다." (대법원 2007.1.11. 선고 2004두10432)

④ (○) "행정소송은 구체적 사건에 대한 법률상 분쟁을 법에 의하여 해결함으로써 법적 안정을 기하자는 것이므로 부작위위법확인소송의 대상이 될 수 있는 것은 구체적 권리의무에 관한 분쟁이어야 하고 추상적인 법령에 관하여 제정의 여부 등은 그 자체로서 국민의 구체적인 권리의무에 직접적 변동을 초래하는 것이 아니어서 그 소송의 대상이 될 수 없다." (대법원 1992.5.8. 선고 91누11261)

정답 ③

085

해설 ① (○) "입법부가 법률로써 행정부에게 특정한 사항을 위임했음에도 불구하고 행정부가 정당한 이유 없이 이를 이행하지 않는다면 권력분립의 원칙과 법치국가 내지 법치행정의 원칙에 위배되는 것으로서 위법함과 동시에 위헌적인 것이 된다." (대법원 2007.11.29. 선고 2006다3561)

② (○) "입법부가 법률로써 행정부에게 특정한 사항을 위임했음에도 불구하고 행정부가 정당한 이유 없이 이를 이행하지 않는다면 권력분립의 원칙과 법치국가 내지 법치행정의 원칙에 위배되는 것으로서 위법함과 동시에 위헌적인 것이 된다." (대법원 2007.11.29. 선고 2006다3561)

③ (○) 입법부작위에는 전혀 입법을 하지 않은 진정입법부작위와 입법행위에 결함이 있는 부진정입법부작위가 있는데, 시행명령을 제정 또는 개정하였지만 그것이 불충분 또는 불완전하게 된 경우에는 부진정입법부작위로서 행정입법부작위가 아니다.

④ (×) "행정소송은 구체적 사건에 대한 법률상 분쟁을 법에 의하여 해결함으로써 법적 안정을 기하자는 것이므로 부작위위법확인소송의 대상이 될 수 있는 것은 구체적 권리의무에 관한 분쟁이어야 하고 추상적인 법령에 관하여 제정의 여부 등은 그 자체로서 국민의 구체적인 권리의무에 직접적 변동을 초래하는 것이 아니어서 그 소송의 대상이 될 수 없다." (대법원 1992.5.8. 선고 91누11261)

정답 ④

086 [회독] □□□ 20년 국가 7급

행정입법에 대한 설명으로 옳지 않은 것은? (다툼이 있는 경우 판례에 의함)

① 헌법에서 인정한 법규명령의 형식을 예시적으로 이해하는 견해에 의하면 감사원규칙은 법규명령이 아니라고 본다.

② 고시가 상위법령과 결합하여 대외적 구속력을 갖고 국민의 기본권을 침해하는 법규명령으로 기능하는 경우 헌법소원의 대상이 된다.

③ 집행명령은 상위법령의 집행을 위해 필요한 사항을 규정한 것으로 법규명령에 해당하지만 법률의 수권 없이 제정할 수 있다.

④ 상위법령을 시행하기 위하여 하위법령을 제정하거나 필요한 조치를 함에 있어서는 상당한 기간을 필요로 하며 합리적인 기간 내의 지체를 위헌적인 부작위로 볼 수 없다.

087 [회독] □□□ 21년 지방 9급

행정입법에 대한 설명으로 옳은 것은? (다툼이 있는 경우 판례에 의함)

① 법규명령이 위임의 근거가 없어 무효였더라도 나중에 법개정으로 위임의 근거가 부여되면, 법규명령 제정 당시로 소급하여 유효한 법규명령이 된다.

② 법률의 시행령 내용이 모법 조항의 취지에 근거하여 이를 구체화하기 위한 것인 때에는 모법에 직접 위임하는 규정을 두지 않았더라도 이를 무효라고 볼 수 없다.

③ 대통령령의 입법부작위에 대한 국가배상책임은 인정되지 않는다.

④ 법규명령의 위임근거가 되는 법률에 대하여 위헌결정이 선고되더라도 그 위임에 근거하여 제정된 법규명령은 별도의 폐지행위가 있어야 효력을 상실한다.

086

해설 ① (✕) 예시적으로 이해하는 견해가 아니라, 열거적으로 이해하는 견해에 따르면 감사원규칙은 법규명령이 아니라고 본다. 참고로 헌법재판소는 헌법에서 인정한 법규명령의 형식을 예시적으로 보고 있다(전원재판부 2004.10.28. 선고 99헌바91).

② (○) "행정규칙이 법령의 규정에 의하여 행정관청에 법령의 구체적 내용을 보충할 권한을 부여한 경우나 재량권행사의 준칙인 규칙이 그 정한 바에 따라 되풀이 시행되어 행정관행이 이룩되게 되면, 평등의 원칙이나 신뢰보호의 원칙에 따라 행정기관은 그 상대방에 대한 관계에서 그 규칙에 따라야 할 자기구속을 당하게 되는 경우에는 대외적인 구속력을 가지게 되는바, 이러한 경우에는 헌법소원의 대상이 될 수도 있다." (헌법재판소 2001.5.31. 선고 99헌마413)

③ (○) 옳은 내용이다.

④ (○) "상위법령을 시행하기 위하여 하위법령을 제정하거나 필요한 조치를 함에 있어서는 상당한 기간을 필요로 하며 합리적인 기간 내의 지체를 위헌적인 부작위로 볼 수 없다." (헌법재판소 1998.7.16. 선고 96헌마246)

정답 ①

087

해설 ① (✕) 소급하여 유효하게 되는 것이 아니라, 그때부터 유효하게 된다. "일반적으로 법률의 위임에 의하여 효력을 갖는 법규명령의 경우, 구법에 위임의 근거가 없어 무효였더라도 사후에 법개정으로 위임의 근거가 부여되면 그때부터는 유효한 법규명령이 되나, 반대로 구법의 위임에 의한 유효한 법규명령이 법개정으로 위임의 근거가 없어지게 되면 그때부터 무효인 법규명령이 된다." (대법원 1995.6.30. 선고 93추83)

② (○) "법률의 시행령이나 시행규칙은 그 법률에 의한 위임이 없으면 개인의 권리·의무에 관한 내용을 변경·보충하거나 법률에 규정되지 아니한 새로운 내용을 정할 수는 없지만, 법률의 시행령이나 시행규칙의 내용이 모법의 입법 취지 및 관련 조항 전체를 유기적·체계적으로 살펴 보아 모법의 해석상 가능한 것을 명시한 것에 지나지 아니하거나 모법 조항의 취지에 근거하여 이를 구체화하기 위한 것인 때에는 모법의 규율 범위를 벗어난 것으로 볼 수 없으므로, 모법에 이에 관하여 직접 위임하는 규정을 두지 않았다고 하더라도 이를 무효라고 볼 수는 없다." (대법원 2009.6.11. 선고 2008두13637)

③ (✕) 대통령령을 제정하지 않은 행정입법부작위에 대해 대법원은 국가배상책임을 인정한 바 있다(대법원 2007.11.29. 선고 2006다3561).

④ (✕) "법규명령의 위임근거가 되는 법률에 대하여 위헌결정이 선고되면 그 위임에 근거하여 제정된 법규명령도 원칙적으로 효력을 상실한다." (대법원 2001.6.12. 선고 2000다18547)

정답 ②

제4절) 행정입법의 형식과 실질의 불일치

기출테마 21 행정입법의 형식과 실질의 불일치

088 [회독] □□□

22년 국가 9급

행정입법에 대한 설명으로 옳지 않은 것은? (다툼이 있는 경우 판례에 의함)

① 부령의 형식으로 정해진 제재적 행정처분의 기준은 그 규정의 성질과 내용이 행정청 내부의 사무처리준칙을 정한 것에 불과하므로 대외적으로 국민이나 법원을 구속하는 것은 아니다.

② 항정신병 치료제의 요양급여 인정기준에 관한 보건복지부 고시가 다른 집행행위의 매개 없이 그 자체로서 직접 국민의 구체적인 권리의무와 법률관계를 규율하는 성격을 가질 때에는 항고소송의 대상이 되는 행정처분에 해당한다.

③ 법률의 위임에 의하여 효력을 갖는 법규명령이 법개정으로 위임의 근거가 없어지게 되더라도 효력을 상실하지 않는다.

④ 한국수력원자력 주식회사가 조달하는 기자재, 용역 및 정비공사, 기기수리의 공급자에 대한 관리업무 절차를 규정함을 목적으로 제정·운용하고 있는 '공급자관리지침' 중 등록취소 및 그에 따른 일정 기간의 거래제한조치에 관한 규정들은 상위 법령의 구체적 위임 없이 정한 것이어서 대외적 구속력이 없는 행정규칙이다.

088

해설 ① (○) "제재적 행정처분의 기준이 부령의 형식으로 규정되어 있더라도 그것은 행정청 내부의 사무처리준칙을 정한 것에 지나지 아니하여 대외적으로 국민이나 법원을 기속하는 효력이 없다." (대법원 2007.9.20. 선고 2007두6946)

② (○) "어떠한 고시가 일반적·추상적 성격을 가질 때에는 법규명령 또는 행정규칙에 해당할 것이지만, 다른 집행행위의 매개 없이 그 자체로서 직접 국민의 구체적인 권리의무나 법률관계를 규율하는 성격을 가질 때에는 항고소송의 대상이 되는 행정처분에 해당한다." (대법원 2003.10.9. 선고 2003무23)

③ (×) "일반적으로 법률의 위임에 의하여 효력을 갖는 법규명령의 경우, 구법에 위임의 근거가 없어 무효였더라도 사후에 법개정으로 위임의 근거가 부여되면 그 때부터는 유효한 법규명령이 되나, 반대로 구법의 위임에 의한 유효한 법규명령이 법개정으로 위임의 근거가 없어지게 되면 그때부터 무효인 법규명령이 된다." (대법원 1995.6.30. 선고 93추83)

④ (○) "한국수력원자력 주식회사가 조달하는 기자재, 용역 및 정비공사, 기기수리의 공급자에 대한 관리업무 절차를 규정함을 목적으로 제정·운용하고 있는 '공급자관리지침' 중 등록취소 및 그에 따른 일정 기간의 거래제한조치에 관한 규정들은 공공기관으로서 행정청에 해당하는 한국수력원자력 주식회사가 상위법령의 구체적 위임 없이 정한 것이어서 대외적 구속력이 없는 행정규칙이다." (대법원 2020.5.28. 선고 2017두66541)

정답 ③

089 [회독] □□□   22년 지방 9급

행정입법에 대한 설명으로 옳지 않은 것은? (다툼이 있는 경우 판례에 의함)

① 자치조례에 대한 법률의 위임은 반드시 구체적으로 범위를 정하여 할 필요가 없으며 포괄적인 것으로 족하다.

② 부령 형식으로 정해진 제재적 행정처분의 기준은 법규성이 있어서 대외적으로 국민이나 법원을 기속하는 효력이 있다.

③ 고시가 법령의 수권에 의하여 법령을 보충하는 사항을 정하는 경우 위임의 한계를 벗어나지 않는 한 그 근거 법령과 결합하여 대외적으로 구속력이 있는 법규명령으로서의 효력을 가진다.

④ 법률의 시행령이 형사처벌에 관한 사항을 규정하면서 법률의 명시적인 위임 범위를 벗어나 처벌의 대상을 확장하는 것은 위임입법의 한계를 벗어난 것으로 그 시행령은 무효이다.

090 [회독] □□□   24년 소방직

행정입법에 관한 설명으로 옳지 않은 것은? (다툼이 있는 경우 판례에 의함)

① 헌법에서 정한 행정부가 아닌 기관에 의한 행정입법에는 국회규칙, 대법원규칙, 헌법재판소규칙, 중앙선거관리위원회규칙, 감사원규칙이 있다.

② 행정입법을 실질적 기준에 따라 구분하는 학설은 행정입법의 법규성 유무, 즉 대외적 구속력이 있는지 여부에 따라 법규명령과 행정규칙으로 구분한다.

③ 대법원은 법률의 위임을 받아 부령인 「도로교통법 시행규칙」 형식으로 정한 운전면허행정처분기준을 행정청 내부의 사무처리준칙이라고 판시하였다.

④ 법규명령이 구체적인 집행행위를 매개하지 않고 직접 국민의 기본권을 침해하는 경우에는 헌법소원심판의 대상이 된다.

089

해설 ① (○) "헌법이 지방자치단체에 대해 포괄적인 자치권을 보장하고 있으므로 조례에 대한 법률의 위임은 법규명령에 대한 법률의 위임과 같이 반드시 구체적으로 범위를 정하여 할 필요가 없으며 포괄적인 것으로 족하다고 할 것이다." (헌법재판소 1995.4.20. 선고 92헌마264, 279)

② (×) "제재적 행정처분의 기준이 부령의 형식으로 규정되어 있더라도 그것은 행정청 내부의 사무처리준칙을 정한 것에 지나지 아니하여 대외적으로 국민이나 법원을 기속하는 효력이 없다." (대법원 2007.9.20. 선고 2007두6946)

③ (○) "법령의 규정이 특정 행정기관에 그 법령 내용의 구체적 사항을 정할 수 있는 권한을 부여하면서 그 권한 행사의 절차나 방법을 특정하고 있지 않아 수임행정기관이 행정규칙인 고시의 형식으로 그 법령의 내용이 될 사항을 구체적으로 정하고 있는 경우, 그 고시가 당해 법령의 위임 한계를 벗어나지 않는 한, 그와 결합하여 대외적으로 구속력이 있는 법규명령으로서 효력을 가진다." (대법원 2008.4.10. 선고 2007두4841)

④ (○) "법률의 시행령이 형사처벌에 관한 사항을 규정하면서 법률의 명시적인 위임 범위를 벗어나 그 처벌의 대상을 확장하는 것은 죄형법정주의의 원칙에도 어긋나므로, 그러한 시행령은 위임입법의 한계를 벗어난 것으로서 무효이다." (대법원 2017.2.21. 선고 2015도14966)

정답 ②

090

해설 ① (×) 감사원규칙은 감사원법에 규정되어 있다.

② (○) 옳은 지문이다.

③ (○) "도로교통법시행규칙 제53조 제1항이 정한 [별표 16]의 운전면허행정처분기준은 부령의 형식으로 되어 있으나, 그 규정의 성질과 내용이 운전면허의 취소처분 등에 관한 사무처리기준과 처분절차 등 행정청 내부의 사무처리준칙을 규정한 것에 지나지 아니하므로 대외적으로 국민이나 법원을 기속하는 효력이 없으므로, 자동차운전면허 취소처분의 적법 여부는 그 운전면허행정처분기준만에 의하여 판단할 것이 아니라 도로교통법의 규정 내용과 취지에 따라 판단되어야 한다." (대법원 1997.5.30. 선고 96누5773)

④ (○) "헌법 제107조 제2항이 규정한 명령 · 규칙에 대한 대법원의 최종심사권이란 구체적인 소송사건에서 명령 · 규칙의 위헌여부가 재판의 전제가 되었을 경우 법률의 경우와는 달리 헌법재판소에 제청할 것 없이 대법원이 최종적으로 심사할 수 있다는 의미이며, 명령 · 규칙 그 자체에 의하여 직접 기본권이 침해되었음을 이유로 하여 헌법소원심판을 청구하는 것은 위 헌법규정과는 아무런 상관이 없는 문제이다. 따라서 입법부 · 행정부 · 사법부에서 제정한 규칙이 별도의 집행행위를 기다리지 않고 직접 기본권을 침해하는 것일 때에는 모두 헌법소원심판의 대상이 될 수 있는 것이다." (헌법재판소 1990.10.15. 선고 89헌마178)

정답 ①

091 [회독] □□□ 20년 군무원 9급

행정규칙 형식의 법규명령에 대한 설명으로 옳지 않은 것은?
(다툼이 있는 경우 판례에 의함)

① 헌법이 인정하고 있는 위임입법의 형식은 예시적인 것으로 보아야 할 것이고, 그것은 법률이 행정규칙에 위임하더라도 그 행정규칙은 위임된 사항만을 규율할 수 있으므로, 국회입법의 원칙과 상치되지도 않는다.

② 재산권 등과 같은 기본권을 제한하는 작용을 하는 법률이 입법위임을 할 때에는 법규명령에 위임함이 바람직하고, 금융감독위원회의 고시와 같은 행정규칙 형식으로 입법위임을 할 때에는 적어도 「행정규제기본법」 제4조 제2항 단서에서 정한 바와 같이 법령이 전문적·기술적 사항이나 경미한 사항으로서 업무의 성질상 위임이 불가피한 사항에 한정된다.

③ 법률이 행정규칙 형식으로 입법위임을 하는 경우에는 행정규칙의 특성상 포괄위임금지의 원칙은 인정되지 않는다.

④ 상위법령의 위임에 의하여 정하여진 행정규칙은 위임한계를 벗어나지 아니하는 한 그 상위법령의 규정과 결합하여 대외적인 구속력이 있는 법규명령으로서의 효력을 갖게 된다.

091

해설 ① (○) "헌법 제40조와 헌법 제75조, 제95조의 의미를 살펴보면, 헌법이 인정하고 있는 위임입법의 형식은 예시적인 것으로 보아야 할 것이고, 그것은 법률이 행정규칙에 위임하더라도 그 행정규칙은 위임된 사항만을 규율할 수 있으므로, 국회입법의 원칙과 상치되지도 않는다." (헌법재판소 2004.10.28. 선고 99헌바91)

② (○), ③ (×) "재산권 등과 같은 기본권을 제한하는 작용을 하는 법률이 입법위임을 할 때에는 "대통령령", "총리령", "부령" 등 법규명령에 위임함이 바람직하고, 금융감독위원회의 고시와 같은 형식으로 입법위임을 할 때에는 적어도 행정규제기본법 제4조 제2항 단서에서 정한 바와 같이 법령이 전문적·기술적 사항이나 경미한 사항으로서 업무의 성질상 위임이 불가피한 사항에 한정된다 할 것이고, 그러한 사항이라 하더라도 포괄위임금지의 원칙상 법률의 위임은 반드시 구체적·개별적으로 한정된 사항에 대하여 행하여져야 한다." (헌법재판소 2004.10.28. 선고 99헌바91)

④ (○) "법령의 직접적 위임에 따라 수임행정기관이 그 법령을 시행하는데 필요한 구체적 사항을 정한 것이면, 그 제정 형식은 비록 법규명령이 아닌 고시·훈령·예규 등과 같은 행정규칙이더라도 그것이 상위법령의 위임한계를 벗어나지 않는 한 상위법령과 결합하여 대외적인 구속력을 갖는 법규명령으로서 기능하게 된다." (헌법재판소 2002.7.18. 선고 2001헌마605)

정답 ③

092 [회독] □□□   25년 지방 9급

법령보충적 행정규칙에 대한 설명으로 옳지 않은 것은?

① 헌법 제40조와 헌법 제75조, 제95조의 의미를 살펴보면, 의회가 구체적으로 범위를 정하여 위임한 사항에 관하여는 당해 행정기관이 법정립의 권한을 갖게 되고, 입법자가 규율의 형식도 선택할 수도 있다 할 것이다.

② 법령에서 전문적·기술적 사항이나 경미한 사항으로서 업무의 성질상 위임이 불가피한 사항에 관하여 구체적으로 범위를 정하여 위임한 경우에는 고시 등으로 정할 수 있다.

③ 구 「지방공무원보수업무 등 처리지침」 [별표 1] '직종별 경력환산율표 해설'이 정한 민간근무경력의 호봉 산정에 관한 부분은 「지방공무원법」과 구 「지방공무원 보수규정」 [별표 3]의 단계적 위임에 따라 행정규칙의 형식으로 법령의 내용이 될 사항을 구체적으로 정한 것이고, 법령의 내용 및 취지에 저촉된다거나 위임 한계를 벗어났다고 보기 어렵다면, 대외적 구속력이 있는 법규명령으로서의 효력을 갖는다.

④ 법령보충적 행정규칙은 법규명령 또는 행정규칙에 해당하므로 처분성을 갖는 경우라도 항고소송의 대상이 될 수 없다.

092

해설 ① (○) "헌법 제40조와 헌법 제75조, 제95조의 의미를 살펴보면, 국회입법에 의한 수권이 입법기관이 아닌 행정기관에게 법률 등으로 구체적인 범위를 정하여 위임한 사항에 관하여는 당해 행정기관에게 법정립의 권한을 갖게 되고, 입법자가 규율의 형식도 선택할 수 있다 할 것이므로, 헌법이 인정하고 있는 위임입법의 형식은 예시적인 것으로 보아야 할 것이고, 그것은 법률이 행정규칙에 위임하더라도 그 행정규칙은 위임된 사항만을 규율할 수 있으므로, 국회입법의 원칙과 상치되지도 않는다." (헌법재판소 2006.12.28. 선고 2005헌바59)

② (○) 행정규제기본법 제4조 제2항

행정규제 기본법	제4조(규제 법정주의) ② 규제는 법률에 직접 규정하되, 규제의 세부적인 내용은 법률 또는 상위법령(上位法令)에서 구체적으로 범위를 정하여 위임한 바에 따라 대통령령·총리령·부령 또는 조례·규칙으로 정할 수 있다. 다만, 법령에서 전문적·기술적 사항이나 경미한 사항으로서 업무의 성질상 위임이 불가피한 사항에 관하여 구체적으로 범위를 정하여 위임한 경우에는 고시 등으로 정할 수 있다.

③ (○) "구 지방공무원보수업무 등 처리지침(2014. 8. 8. 안전행정부 예규 제104호로 개정되기 전의 것, 이하 '지침'이라 한다) [별표 1] '직종별 경력환산율표 해설'이 정한 민간근무경력의 호봉 산정에 관한 부분은 지방공무원법 제45조 제1항과 구 지방공무원 보수규정 제8조 제2항, 제9조의2 제2항, [별표 3]의 단계적 위임에 따라 행정자치부장관이 행정규칙의 형식으로 법령의 내용이 될 사항을 구체적으로 정한 것이고, 달리 지침이 위 법령의 내용 및 취지에 저촉된다거나 위임 한계를 벗어났다고 보기 어려우므로, 지침은 상위법령과 결합하여 대외적인 구속력이 있는 법규명령으로서의 효력을 갖게 된다." (대법원 2016.1.28. 선고 2015두53121)

④ (×) "어떠한 고시가 일반적·추상적 성격을 가질 때에는 법규명령 또는 행정규칙에 해당할 것이지만, 다른 집행행위의 매개 없이 그 자체로서 직접 국민의 구체적인 권리의무나 법률관계를 규율하는 성격을 가질 때에는 행정처분에 해당한다. 보건복지부 고시인 약제급여·비급여목록 및 급여상한금액표(보건복지부 고시 제2002-46호로 개정된 것)는 다른 집행행위의 매개 없이 그 자체로서 국민건강보험가입자, 국민건강보험공단, 요양기관 등의 법률관계를 직접 규율하는 성격을 가지므로 항고소송의 대상이 되는 행정처분에 해당한다." (대법원 2006.9.22. 선고 2005두2506)

정답 ④

093 [회독] □□□   20년 지방 9급

대외적 구속력을 인정할 수 없는 경우만을 모두 고르면? (다툼이 있는 경우 판례에 의함)

> ㉠ 운전면허에 관한 제재적 행정처분의 기준이 「도로교통법 시행규칙」[별표]에 규정되어 있는 경우
> ㉡ 행정 각부의 장이 정하는 특정 고시가 비록 법령에 근거를 둔 것이더라도 규정 내용이 법령의 위임 범위를 벗어난 것일 경우
> ㉢ 상위 법령에서 세부사항 등을 시행규칙으로 정하도록 위임하였음에도 이를 고시 등 행정규칙으로 정한 경우
> ㉣ 상위 법령의 위임이 없음에도 상위 법령에 규정된 처분요건에 해당하는 사항을 하위부령에서 변경하여 규정한 경우

① ㉠, ㉡   ② ㉡, ㉢
③ ㉠, ㉡, ㉢   ④ ㉠, ㉡, ㉢, ㉣

094 [회독] □□□   21년 지방 7급

행정입법에 대한 설명으로 옳지 않은 것은? (다툼이 있는 경우 판례에 의함)

① 어느 시행령의 규정이 모법에 저촉되는지가 명백하지 않은 경우에는 모법과 시행령의 다른 규정들과 그 입법취지, 연혁 등을 종합적으로 살펴 모법에 합치된다는 해석도 가능한 경우라면 그 규정을 모법위반으로 무효라고 선언해서는 안 된다.

② 법령의 위임이 없음에도 법령에 규정된 처분 요건에 해당하는 사항을 부령에서 변경하여 규정한 경우에 처분의 적법 여부는 그러한 부령에서 정한 요건을 기준으로 판단하여야 한다.

③ 제재적 행정처분의 기준이 부령의 형식으로 규정되어 있는 경우 그러한 처분기준에 적합하다 하여 곧바로 당해 처분이 적법한 것이라고 할 수는 없다.

④ 행정규칙이 이를 정한 행정기관의 재량에 속하는 사항에 관한 것인 때에는 그 규정 내용이 객관적 합리성을 결여하였다는 등의 특별한 사정이 없는 한 법원은 이를 존중하는 것이 바람직하다.

093

해설 ㉠ (대외적 구속력×) "도로교통법시행규칙 제53조 제1항 별표 16의 운전면허 행정처분기준은 그 규정의 성질과 내용이 운전면허의 취소처분 등에 관한 행정청 내부의 사무처리준칙을 규정한 것에 지나지 아니하여 대외적으로 법원이나 국민을 기속하는 효력은 없다." (대법원 1991.1.15. 선고 90누7630)

㉡ (대외적 구속력×) "행정 각부의 장이 정하는 고시가 비록 법령에 근거를 둔 것이라고 하더라도 그 규정 내용이 법령의 위임 범위를 벗어난 것일 경우에는 법규명령으로서의 대외적 구속력을 인정할 여지는 없다." (대법원 2006.4.28. 선고 2003마715)

㉢ (대외적 구속력×) "상위법령에서 세부사항 등을 시행규칙으로 정하도록 위임하였음에도 이를 고시 등 행정규칙으로 정하였다면 그 역시 대외적 구속력을 가지는 법규명령으로서 효력이 인정될 수 없다." (대법원 2012.7.5. 선고 2010다72076)

㉣ (대외적 구속력×) "법령의 위임이 없음에도 법령에 규정된 처분 요건에 해당하는 사항을 부령에서 변경하여 규정한 경우에는 그 부령의 규정은 행정청 내부의 사무처리 기준 등을 정한 것으로서 행정조직 내에서 적용되는 행정명령의 성격을 지닐 뿐 국민에 대한 대외적 구속력은 없다고 보아야 한다." (대법원 2013.9.12. 선고 2011두10584)

정답 ④

094

해설 ① (○) "어느 시행령이나 조례의 규정이 모법에 저촉되는지가 명백하지 않는 경우에는 모법과 시행령 또는 조례의 다른 규정들과 그 입법 취지, 연혁 등을 종합적으로 살펴 모법에 합치된다는 해석도 가능한 경우라면 그 규정을 모법위반으로 무효라고 선언해서는 안 된다." (대법원 2014.1.16. 선고 2011두6264)

② (×) "법령의 위임이 없음에도 법령에 규정된 처분 요건에 해당하는 사항을 부령에서 변경하여 규정한 경우에는 그 부령의 규정은 행정청 내부의 사무처리 기준 등을 정한 것으로서 행정조직 내에서 적용되는 행정명령의 성격을 지닐 뿐 국민에 대한 대외적 구속력은 없다고 보아야 한다. 따라서 어떤 행정처분이 그와 같이 법규성이 없는 시행규칙 등의 규정에 위배된다고 하더라도 그 이유만으로 처분이 위법하게 되는 것은 아니라 할 것이고, 또 그 규칙 등에서 정한 요건에 부합한다고 하여 반드시 그 처분이 적법한 것이라고 할 수도 없다. 이 경우 처분의 적법 여부는 그러한 규칙 등에서 정한 요건에 합치하는지 여부가 아니라 일반 국민에 대하여 구속력을 가지는 법률 등 법규성이 있는 관계 법령의 규정을 기준으로 판단하여야 한다." (대법원 2013.9.12. 선고 2011두10584)

③ (○) "제재적 행정처분의 기준이 부령의 형식으로 규정되어 있더라도 그것은 행정청 내부의 사무처리준칙을 정한 것에 지나지 아니하여 대외적으로 국민이나 법원을 기속하는 효력이 없고, 당해 처분의 적법 여부는 위 처분기준만이 아니라 관계 법령의 규정 내용과 취지에 따라 판단되어야 하므로, 위 처분기준에 적합하다 하여 곧바로 당해 처분이 적법한 것이라고 할 수는 없다." (대법원 2007.9.20. 선고 2007두6946)

④ (○) "행정규칙이 이를 정한 행정기관의 재량에 속하는 사항에 관한 것인 때에는 그 규정 내용이 객관적 합리성을 결여하였다는 등의 특별한 사정이 없는 한 법원은 이를 존중하는 것이 바람직하다." (대법원 2020.5.28. 선고 2017두66541)

정답 ②

095 [회독] □□□ 21년 국가 7급

행정입법에 대한 판례의 입장으로 옳지 않은 것은?

① 고시가 비록 법령에 근거를 둔 것이더라도 규정 내용이 법령의 위임 범위를 벗어난 것일 경우에는 법규명령으로서의 대외적 구속력을 인정할 여지는 없다.

② 법률의 위임에 따라 효력을 갖는 법규명령의 경우에 위임의 근거가 없어 무효였더라도 나중에 법 개정으로 위임의 근거가 다시 부여된 경우에는 이전부터 소급하여 유효한 법규명령이 있었던 것으로 본다.

③ 어떠한 고시가 다른 집행행위의 매개 없이 그 자체로서 직접 국민의 구체적인 권리의무나 법률관계를 규율하는 성격을 가질 때에는 행정처분에 해당한다.

④ 법률의 시행령이나 시행규칙의 내용이 모법의 입법 취지와 관련 조항 전체를 유기적 · 체계적으로 살펴보아 모법의 해석상 가능한 것을 명시한 것에 지나지 아니하는 때에는 모법에 이에 관하여 직접 위임하는 규정을 두지 아니하였다고 하더라도 이를 무효라고 볼 수는 없다.

095

해설 ① (○) "특정 고시가 비록 법령에 근거를 둔 것이라고 하더라도 그 규정 내용이 법령의 위임 범위를 벗어난 것일 경우에는 위와 같은 법규명령으로서의 대외적 구속력을 인정할 여지는 없다." (대법원 1999.11.26. 선고 97누13474)

② (×) "일반적으로 법률의 위임에 따라 효력을 갖는 법규명령의 경우에 위임의 근거가 없어 무효였더라도 나중에 법 개정으로 위임의 근거가 부여되면 그때부터는 유효한 법규명령으로 볼 수 있다." (대법원 2017.4.20. 선고 2015두45700)

③ (○) "어떠한 고시가 일반적 · 추상적 성격을 가질 때에는 법규명령 또는 행정규칙에 해당할 것이지만, 다른 집행행위의 매개 없이 그 자체로서 직접 국민의 구체적인 권리의무나 법률관계를 규율하는 성격을 가질 때에는 항고소송의 대상이 되는 행정처분에 해당한다." (대법원 2003.10.9. 선고 2003무23)

④ (○) "법률의 시행령이나 시행규칙의 내용이 모법의 입법 취지와 관련 조항 전체를 유기적 · 체계적으로 살펴보아 모법의 해석상 가능한 것을 명시한 것에 지나지 아니하거나 모법 조항의 취지에 근거하여 이를 구체화하기 위한 것인 때에는 모법의 규율 범위를 벗어난 것으로 볼 수 없으므로, 모법에 이에 관하여 직접 위임하는 규정을 두지 아니하였다고 하더라도 이를 무효라고 볼 수는 없다." (대법원 2014.8.20. 선고 2012두19526)

정답 ②

PART 02

096 [회독] □□□   19년 지방 9급

행정입법에 대한 설명으로 옳지 않은 것은? (다툼이 있는 경우 판례에 의함)

① 집행명령은 상위법령의 집행에 필요한 세칙을 정하는 범위 내에서만 가능하고 새로운 국민의 권리·의무를 정할 수 없다.

② 구 「청소년보호법 시행령」 제40조 [별표 6]의 위반행위의 종별에 따른 과징금처분기준에서 정한 과징금 수액은 정액이 아니고 최고한도액이다.

③ 집행명령은 상위법령이 개정되더라도 개정법령과 성질상 모순·저촉되지 아니하고 개정된 상위법령의 시행에 필요한 사항을 규정하고 있는 이상, 개정법령의 시행을 위한 집행명령이 제정·발효될 때까지는 여전히 그 효력을 유지한다.

④ 상위법령에서 세부사항 등을 시행규칙으로 정하도록 위임하였으나, 이를 고시 등 행정규칙으로 정하였더라도 이는 대외적 구속력을 가지는 법규명령으로서 효력이 인정된다.

096

해설 ① (○) 새로운 국민의 권리·의무에 관한 사항을 정할 수 있는 위임명령과 달리, 집행명령은 상위법령의 집행에 필요한 세칙을 정하는 범위 내에서만 가능하고 새로운 국민의 권리·의무를 정할 수 없다.

② (○) "구 청소년보호법 제49조 제1항, 제2항에 따른 같은법 시행령 제40조 [별표 6]의 위반행위의 종별에 따른 과징금 처분기준은 법규명령이기는 하나 모법의 위임규정의 내용과 취지 및 헌법상의 과잉금지의 원칙과 평등의 원칙 등에 비추어 같은 유형의 위반행위라 하더라도 그 규모나 기간·사회적 비난 정도·위반행위로 인하여 다른 법률에 의하여 처벌받은 다른 사정·행위자의 개인적 사정 및 위반행위로 얻은 불법이익의 규모 등 여러 요소를 종합적으로 고려하여 사안에 따라 적정한 과징금의 액수를 정하여야 할 것이므로 그 수액은 정액이 아니라 최고한도액이다." (대법원 2001.3.9. 선고 99두5207)

③ (○) "상위법령의 시행에 필요한 세부적 사항을 정하기 위하여 행정관청이 일반적 직권에 의하여 제정하는 이른바 집행명령은 근거법령인 상위법령이 폐지되면 특별한 규정이 없는 이상 실효되는 것이나, 상위법령이 개정됨에 그친 경우에는 개정법령과 성질상 모순, 저촉되지 아니하고 개정된 상위법령의 시행에 필요한 사항을 규정하고 있는 이상 그 집행명령은 상위법령의 개정에도 불구하고 당연히 실효되지 아니하고 개정법령의 시행을 위한 집행명령이 제정, 발효될 때까지는 여전히 그 효력을 유지한다." (대법원 1989.9.12. 선고 88누6962)

④ (×) "행정규칙이나 규정이 상위법령의 위임범위를 벗어난 경우에는 법규명령으로서 대외적 구속력을 인정할 여지는 없다. 이는 행정규칙이나 규정 '내용'이 위임범위를 벗어난 경우뿐 아니라 상위법령의 위임규정에서 특정하여 정한 권한행사의 '절차'나 '방식'에 위배되는 경우도 마찬가지이므로, 상위법령에서 세부사항 등을 시행규칙으로 정하도록 위임하였음에도 이를 고시 등 행정규칙으로 정하였다면 그 역시 대외적 구속력을 가지는 법규명령으로서 효력이 인정될 수 없다." (대법원 2012.7.5. 선고 2010다72076)

정답 ④

097 [회독] □□□ 19년 국가 7급

행정규칙에 대한 판례의 입장으로 옳지 않은 것은?

① 행정규칙인 고시가 법령의 수권에 의해 법령을 보충하는 사항을 정하는 경우에는 법령보충적 고시로서 근거 법령규정과 결합하여 대외적으로 구속력을 가진다.

② 법령보충적 행정규칙은 법령의 수권에 의하여 인정되고, 그 수권은 포괄위임금지의 원칙상 구체적·개별적으로 한정된 사항에 대하여 행해져야 한다.

③ 고시에 담긴 내용이 구체적 규율의 성격을 갖는다고 하더라도, 해당 고시를 행정처분으로 볼 수는 없으며 법령의 수권 여부에 따라 법규명령 또는 행정규칙으로 볼 수 있을 뿐이다.

④ 재산권 등의 기본권을 제한하는 작용을 하는 법률이 구체적으로 범위를 정하여 고시와 같은 형식으로 입법위임을 할 수 있는 사항은 전문적·기술적 사항이나 경미한 사항으로서 업무의 성질상 위임이 불가피한 사항에 한정된다.

097

해설 ① (○) "행정규칙인 부령이나 고시가 법령의 수권에 의하여 법령을 보충하는 사항을 정하는 경우에는 그 근거 법령규정과 결합하여 대외적으로 구속력이 있는 법규명령으로서의 성질과 효력을 가진다 할 것이다." (대법원 2007.5.10. 선고 2005도591)

② (○) "헌법 제75조는 '법률에서 구체적으로 범위를 정하여 위임한 사항에 관하여 대통령령을 발할 수 있다'고 규정하고 있는바, 이는 위임입법의 한계를 정한 것이므로, 법률의 위임은 반드시 구체적 개별적으로 한정된 사항에 대하여 행하여져야 할 것이다." (헌법재판소 2002.7.18. 선고 2001헌마605)

③ (×) "고시 또는 공고의 법적 성질은 일률적으로 판단될 것이 아니라 고시에 담겨진 내용에 따라 구체적인 경우마다 달리 결정된다고 보아야 한다. 즉, 고시가 일반·추상적 성격을 가질 때는 법규명령 또는 행정규칙에 해당하지만, 고시가 구체적인 규율의 성격을 갖는다면 행정처분에 해당한다." (헌법재판소 1998.4.30. 선고 97헌마141)

④ (○) "행정규칙은 법규명령과 같은 엄격한 제정 및 개정절차를 요하지 아니하므로, 재산권 등과 같은 기본권을 제한하는 작용을 하는 법률이 입법위임을 할 때에는 "대통령령", "총리령", "부령" 등 법규명령에 위임함이 바람직하고, 금융감독위원회의 고시와 같은 형식으로 입법위임을 할 때에는 적어도 행정규제기본법 제4조 제2항 단서에서 정한 바와 같이 법령이 전문적·기술적 사항이나 경미한 사항으로서 업무의 성질상 위임이 불가피한 사항에 한정된다 할 것이다." (헌법재판소 2004.10.28. 선고 99헌바91)

정답 ③

098 [회독] ☐☐☐ 20년 국가 9급

행정규칙에 대한 설명으로 옳지 않은 것은? (다툼이 있는 경우 판례에 의함)

① 법령의 위임이 없음에도 법령에 규정된 처분 요건에 해당하는 사항을 부령에서 변경하여 규정한 경우에는 그 부령의 규정은 행정명령의 성격을 지닐 뿐 국민에 대한 대외적 구속력은 없다.

② 행정관청 내부의 사무처리규정에 불과한 전결규정에 위반하여 원래의 전결권자 아닌 보조기관 등이 처분권자인 행정관청의 이름으로 행정처분을 한 경우, 그 처분은 권한 없는 자에 의하여 행하여진 것으로 무효이다.

③ 법령의 규정이 특정 행정기관에게 법령 내용의 구체적 사항을 정할 수 있는 권한을 부여하면서 권한행사의 절차나 방법을 특정하지 아니한 경우에는 수임 행정기관은 행정규칙으로 법령 내용이 될 사항을 구체적으로 정할 수 있다.

④ 재량권행사의 준칙인 행정규칙이 그 정한 바에 따라 되풀이 시행되어 행정관행이 형성되어 행정기관이 그 상대방에 대한 관계에서 그 행정규칙에 따라야 할 자기구속을 당하게 되는 경우에는 그 행정규칙은 헌법소원의 심판대상이 될 수도 있다.

098

해설 ① (○) "법령의 위임이 없음에도 법령에 규정된 처분 요건에 해당하는 사항을 부령에서 변경하여 규정한 경우에는 그 부령의 규정은 행정청 내부의 사무처리 기준 등을 정한 것으로서 행정조직 내에서 적용되는 행정명령의 성격을 지닐 뿐 국민에 대한 대외적 구속력은 없다고 보아야 한다." (대법원 2013.9.12. 선고 2011두10584)

② (✕) "전결과 같은 행정권한의 내부위임은 법령상 처분권자인 행정관청이 내부적인 사무처리의 편의를 도모하기 위하여 그의 보조기관 또는 하급 행정관청으로 하여금 그의 권한을 사실상 행사하게 하는 것으로서 법률이 위임을 허용하지 않는 경우에도 인정되는 것이므로, 설사 행정관청 내부의 사무처리규정에 불과한 전결규정에 위반하여 원래의 전결권자 아닌 보조기관 등이 처분권자인 행정관청의 이름으로 행정처분을 하였다고 하더라도 그 처분이 권한 없는 자에 의하여 행하여진 무효의 처분이라고는 할 수 없다." (대법원 1998.2.27. 선고 97누1105)

③ (○) "법령의 규정이 특정 행정기관에게 법령 내용의 구체적 사항을 정할 수 있는 권한을 부여하면서 권한행사의 절차나 방법을 특정하지 아니한 경우에는 수임행정기관은 행정규칙이나 규정 형식으로 법령 내용이 될 사항을 구체적으로 정할 수 있다." (대법원 2012.7.5. 선고 2010다72076)

④ (○) "행정규칙이 재량권행사의 준칙으로서 그 정한 바에 따라 되풀이 시행되어 행정관행을 이루게 되어 평등의 원칙이나 신뢰보호의 원칙에 따라 행정기관이 그 상대방에 대한 관계에서 그 규칙에 따라야 할 자기구속을 당하게 되는 경우에는 대외적인 구속력을 갖게 되어 헌법소원의 대상이 된다." (헌법재판소 2011.10.25. 선고 2009헌마588)

정답 ②

099 [회독] ☐☐☐

행정입법에 대한 설명으로 옳지 않은 것은? (다툼이 있는 경우 판례에 의함)

① 행정기관 내부의 사무처리준칙에 불과한 행정규칙은 공포되어야 하는 것은 아니므로 특별한 규정이 없는 한, 수명기관에 도달된 때부터 효력이 발생한다.

② 부작위위법확인소송의 대상이 될 수 있는 것은 구체적 권리의무에 관한 분쟁이어야 하고 추상적인 법령에 관하여 제정의 여부 등은 그 자체로서 국민의 구체적인 권리의무에 직접적 변동을 초래하는 것이 아니어서 그 소송의 대상이 될 수 없다.

③ 부령에서 제재적 행정처분의 기준을 정하였다고 하더라도 이에 관한 처분의 적법 여부는 부령에 적합한 것인가의 여부에 따라 판단할 것이 아니라 처분의 근거 법률의 규정 및 그 취지에 적합한 것인가의 여부에 따라 판단하여야 한다.

④ 법률이 공법적 단체 등의 정관에 자치법적 사항을 위임한 경우에도 원칙적으로 헌법 제75조가 정하는 포괄적인 위임입법 금지 원칙이 적용되므로 이와 별도로 법률유보 내지 의회유보의 원칙을 적용할 필요는 없다.

099

해설 ① (○) 행정규칙은 그것을 지켜야 하는 하급기관(수명기관)에 관보 게재나 복사본 교부 등 적당한 방법으로 도달하면 효력이 발생하며, 행정규칙의 공포는 행정규칙의 효력요건이 아니다. "국세청훈령은 국세청장이 구 소득세법시행령 제170조 제4항 제2호에 해당할 거래를 행정규칙의 형식으로 지정한 것에 지나지 아니하므로 적당한 방법으로 이를 표시, 또는 통보하면 되는 것이지, 공포하거나 고시하지 아니하였다는 이유만으로 그 효력을 부인할 수 없다." (대법원 1990.5.22. 선고 90누639)

② (○) "행정소송은 구체적 사건에 대한 법률상 분쟁을 법에 의하여 해결함으로써 법적 안정을 기하자는 것이므로 부작위위법확인소송의 대상이 될 수 있는 것은 구체적 권리의무에 관한 분쟁이어야 하고 추상적인 법령에 관하여 제정의 여부 등은 그 자체로서 국민의 구체적인 권리의무에 직접적 변동을 초래하는 것이 아니어서 그 소송의 대상이 될 수 없다." (대법원 1992.5.8. 선고 91누11261)

③ (○) "제재적 행정처분의 기준이 부령의 형식으로 규정되어 있더라도 그것은 행정청 내부의 사무처리준칙을 정한 것에 지나지 아니하여 대외적으로 국민이나 법원을 기속하는 효력이 없고, 당해 처분의 적법 여부는 위 처분기준만이 아니라 관계 법령의 규정 내용과 취지에 따라 판단되어야 하므로, 위 처분기준에 적합하다 하여 곧바로 당해 처분이 적법한 것이라고 할 수는 없지만, 위 처분기준이 그 자체로 헌법 또는 법률에 합치되지 아니하거나 위 처분기준에 따른 제재적 행정처분이 그 처분사유가 된 위반행위의 내용 및 관계 법령의 규정 내용과 취지에 비추어 현저히 부당하다고 인정할 만한 합리적인 이유가 없는 한 섣불리 그 처분이 재량권의 범위를 일탈하였거나 재량권을 남용한 것이라고 판단해서는 안 된다." (대법원 2007.9.20. 선고 2007두6946)

④ (×) "법률이 공법적 단체 등의 정관에 자치법적 사항을 위임한 경우에는 헌법 제75조가 정하는 포괄적인 위임입법의 금지는 원칙적으로 적용되지 않는다고 봄이 상당하고, 그렇다 하더라도 그 사항이 국민의 권리·의무에 관련되는 것일 경우에는 적어도 국민의 권리·의무에 관한 기본적이고 본질적인 사항은 국회가 정하여야 한다." (대법원 2007.10.12. 선고 2006두14476)

정답 ④

제5절　자치법규

기출테마 22　자치법규

100　[회독] ☐☐☐

20년 지방 7급

행정입법에 대한 설명으로 옳은 것은? (다툼이 있는 경우 판례에 의함)

① 처분적 조례에 대한 무효확인소송을 제기함에 있어서 피고적격이 있는 처분 등을 행한 행정청은 지방의회이다.

② 상위법령에서 세부사항 등을 시행규칙으로 정하도록 위임하였음에도 이를 고시 등 행정규칙으로 정하였다면 대외적 구속력을 가지는 법규명령으로서 효력이 인정될 수 없다.

③ 법률의 위임에 따라 효력을 갖는 법규명령이 위임의 근거가 없어 무효였더라도 나중에 법개정으로 위임의 근거가 부여되면 당해 법규명령의 제정 시에 소급하여 유효한 법규명령이 된다.

④ 의료기관의 명칭표시판에 진료과목을 함께 표시하는 경우 글자 크기를 제한하고 있는 구 「의료법 시행규칙」 제31조는 그 자체로 국민의 구체적 권리의무나 법률관계에 직접적 변동을 초래하므로 항고소송의 대상이 될 수 있다.

100

해설　① (×) "조례에 대한 무효확인소송을 제기함에 있어서 피고적격이 있는 처분 등을 행한 행정청은, 행정주체인 지방자치단체 또는 지방자치단체의 내부적 의결기관으로서 지방자치단체의 의사를 외부에 표시할 권한이 없는 지방의회가 아니라, 구 지방자치법에 의하여 지방자치단체의 집행기관으로서 조례로서의 효력을 발생시키는 공포권이 있는 지방자치단체의 장이다." (대법원 1996.9.20. 선고 95누8003)

② (○) "행정규칙이나 규정이 상위법령의 위임범위를 벗어난 경우에는 법규명령으로서 대외적 구속력을 인정할 여지는 없다. 이는 행정규칙이나 규정 '내용'이 위임범위를 벗어난 경우뿐 아니라 상위법령의 위임규정에서 특정하여 정한 권한행사의 '절차'나 '방식'에 위배되는 경우도 마찬가지이므로, 상위법령에서 세부사항 등을 시행규칙으로 정하도록 위임하였음에도 이를 고시 등 행정규칙으로 정하였다면 그 역시 대외적 구속력을 가지는 법규명령으로서 효력이 인정될 수 없다." (대법원 2012.7.5. 선고 2010다72076)

③ (×) 소급하지 않고 그때부터 유효하게 된다. "일반적으로 법률의 위임에 의하여 효력을 갖는 법규명령의 경우, 구법에 위임의 근거가 없어 무효였더라도 사후에 법개정으로 위임의 근거가 부여되면 그때부터는 유효한 법규명령이 되나, 반대로 구법의 위임에 의한 유효한 법규명령이 법개정으로 위임의 근거가 없어지게 되면 그때부터 무효인 법규명령이 된다." (대법원 1995.6.30. 선고 93추83)

④ (×) "의료법 시행규칙 제31조가 의료기관의 명칭표시판에 진료과목을 함께 표시하는 경우 그 글자의 크기를 의료기관 명칭을 표시하는 글자 크기의 2분의 1 이내로 제한하고 있지만, 위 규정은 그 위반자에 대하여 과태료를 부과하는 등의 별도의 집행행위 매개 없이는 그 자체로서 국민의 구체적인 권리의무나 법률관계에 직접적인 변동을 초래하지 아니하므로 항고소송의 대상이 되는 행정처분이라고 할 수 없다." (대법원 2007.4.12. 선고 2005두15168)

정답 ②

101 [회독] ☐☐☐　　　　　　　　20년 지방 9급

조례제정권의 범위와 한계에 대한 설명으로 옳지 않은 것은?
(다툼이 있는 경우 판례에 의함)

① 지방자치단체는 법령에 위반되지 않는 범위 내에서 자치사무에 관하여 주민의 권리를 제한하거나 의무를 부과하는 사항이 아닌 한 법률의 위임 없이 조례를 제정할 수 있다.

② 담배자동판매기의 설치를 금지하고 설치된 판매기를 철거하도록 하는 조례는 기존 담배자동판매기업자의 직업의 자유와 재산권을 제한하는 조례이므로 법률의 위임이 필요하다.

③ 영유아 보육시설 종사자의 정년을 조례로 규정하고자 하는 경우에는 법률의 위임이 필요 없다.

④ 군민의 출산을 장려하기 위하여 세 자녀 이상 세대 중 세 번째 이후 자녀에게 양육비 등을 지원할 수 있도록 하는 조례의 제정에는 법률의 위임이 필요 없다.

101

해설 ① (○) 지방자치단체는 법령에 위반되지 않는 범위 내에서 자치사무에 관하여 법률의 위임이 없이도 조례를 제정할 수 있는데, 다만, 그 내용이 주민의 권리를 제한하거나 의무를 부과하는 것인 경우에는 위임이 있어야 한다(지방자치법 제28조 제1항).

지방자치법	제28조(조례) ① 지방자치단체는 법령의 범위 안에서 그 사무에 관하여 조례를 제정할 수 있다. 다만, 주민의 권리 제한 또는 의무 부과에 관한 사항이나 벌칙을 정할 때에는 법률의 위임이 있어야 한다.

② (○) "부천시 담배자동판매기설치금지조례와 강남구 담배자동판매기설치금지조례는 담배소매업을 영위하는 주민들에게 자판기 설치를 제한하는 것을 내용으로 하고 있으므로 주민의 직업선택의 자유 특히 직업수행의 자유를 제한하는 것이 되어 지방자치법 제22조 단서 소정의 주민의 권리의무에 관한 사항을 규율하는 조례라고 할 수 있으므로 지방자치단체가 이러한 조례를 제정함에 있어서는 법률의 위임을 필요로 한다." (헌법재판소 1995.4.20. 선고 92헌마264)

③ (✕) 위임이 필요하다. "서울특별시 중구의회가 2007. 9. 12. 정례회에서 제출한 조례안 중 제17조 제3항은 "보육시설 종사자의 정년은 시설장은 62세, 보육교사는 57세로 한다."고 규정하여 서울특별시 중구가 설립한 구립보육시설에서 시설장은 62세, 보육교사는 57세를 초과해서는 근무할 수 없도록 함으로써 이 조례안의 적용을 받는 서울특별시 중구의 구립보육시설 종사자에 대하여 헌법 제15조가 보장하는 직업의 자유를 제한하는, 즉 직업을 선택하여 수행할 권리의 제한에 관한 사항을 정하고 있다. 따라서 이에 대해서는 법률의 위임이 있어야 그 효력이 있다." (대법원 2009.5.28. 선고 2007추134)

④ (○) "지방자치단체의 세 자녀 이상 세대 양육비 등 지원에 관한 정선군 조례안은 세 자녀 이상 세대 중 세 번째 이후 자녀에게 양육비 등을 지원할 수 있도록 하는 것으로서, 아동·청소년 및 부녀의 보호와 복지증진에 해당되는 사무이고, 또한 위 조례안에는 주민의 편의 및 복리증진에 관한 내용을 담고 있어 그 제정에 있어서 반드시 법률의 개별적 위임이 따로 필요한 것은 아니다." (대법원 2006.10.12. 선고 2006추38)

정답 ③

제3장　행정행위

제1절　행정행위의 의의

기출테마 23　행정행위의 의의

제2절　행정행위의 종류

제1항　개설

제2항　복효적 행정행위

기출테마 24　복효적 행정행위

제3항　중간결정

제4항　기속행위와 재량행위

기출테마 25　기속행위와 재량행위의 구분

102 [회독] □□□

22년 지방 9급

판례상 재량행위에 해당하는 것만을 모두 고르면?

> ㉠ 「여객자동차 운수사업법」상 개인택시운송사업면허
> ㉡ 구 「수도권대기환경특별법」상 대기오염물질 총량관리사업장 설치허가
> ㉢ 「국가공무원법」상 휴직 사유 소멸을 이유로 한 신청에 대한 복직명령
> ㉣ 「출입국관리법」상 체류자격 변경허가

① ㉠, ㉣
② ㉡, ㉢
③ ㉠, ㉡, ㉣
④ ㉠, ㉡, ㉢, ㉣

102

해설 ㉠ (재량행위) "자동차운수사업법에 의한 개인택시운송사업면허는 특정인에게 특정한 권리나 이익을 부여하는 행정행위로서 법령에 특별한 규정이 없는 한 재량행위이고, 그 면허를 위하여 필요한 기준을 정하는 것도 역시 행정청의 재량에 속하는 것이다." (대법원 1997. 9.26. 선고 97누8878)

㉡ (재량행위) "구 수도권대기환경특별법 제14조 제1항에서 정한 대기오염물질 총량관리사업장 설치의 허가 또는 변경허가는 특정인에게 수도권 대기관리권역에서 총량관리대상 오염물질을 일정량을 초과하여 배출할 수 있는 특정한 권리를 설정하여 주는 행위로서 그 처분의 여부 및 내용의 결정은 행정청의 재량에 속한다." (대법원 2013.5.9. 선고 2012두22799)

㉢ (기속행위) "국가공무원법상 복직명령은 기속행위이므로 휴직사유가 소멸하였음을 이유로 신청하는 경우 임용권자는 지체없이 복직명령을 하여야 한다." (대법원 2014.6.12. 선고 2012두4852)

㉣ (재량행위) "출입국관리법상 체류자격 변경허가는 신청인에게 당초의 체류자격과 다른 체류자격에 해당하는 활동을 할 수 있는 권한을 부여하는 일종의 설권적 처분의 성격을 가지므로, 허가권자는 신청인이 관계법령에서 정한 요건을 충족하였다고 하더라도, 신청인의 적격성, 체류 목적, 공익상의 영향 등을 참작하여 허가 여부를 결정할 수 있는 재량을 가진다고 할 것이다." (대법원 2016.7.14. 선고 2015두48846)

정답 ③

103 [회독] □□□　　　20년 국가 7급

기속행위와 재량행위에 대한 설명으로 옳지 않은 것은? (다툼이 있는 경우 판례에 의함)

① 재량행위는 요건이 충족되어도 공익과의 이익형량을 통하여 법에 정해진 효과를 부여하지 않을 수 있다.

② 기속행위의 경우 법원이 사실인정과 관련 법규의 해석·적용을 통하여 일정한 결론을 도출한 후 그 결론에 비추어 행정청이 한 판단의 적법 여부를 독자의 입장에서 판정한다.

③ 의제되는 인·허가가 재량행위인 경우에는 주된 인·허가가 기속행위인 경우에도 인·허가가 의제되는 한도 내에서 재량행위로 보아야 한다.

④ 사실의 존부에 대한 판단에도 재량권이 인정될 수 있으므로, 사실을 오인하여 재량권을 행사한 경우라도 처분이 위법한 것은 아니다.

103

해설 ① (○) 옳은 내용이다. 이것이 재량행위의 개념이다.

② (○) "행정행위가 그 재량성의 유무 및 범위와 관련하여 이른바 기속행위 내지 기속재량행위와 재량행위 내지 자유재량행위로 구분된다고 할 때, 이렇게 구분되는 양자에 대한 사법심사는, 전자의 경우 그 법규에 대한 원칙적인 기속성으로 인하여 법원이 사실인정과 관련 법규의 해석·적용을 통하여 일정한 결론을 도출한 후 그 결론에 비추어 행정청이 한 판단의 적법 여부를 독자의 입장에서 판정하는 방식에 의하게 되나, 후자의 경우 행정청의 재량에 기한 공익 판단의 여지를 감안하여 법원은 독자의 결론을 도출함이 없이 당해 행위에 재량권의 일탈·남용이 있는지 여부만을 심사하게 된다." (대법원 2001.2.9. 선고 98두17593)

③ (○) 대법원은, 의제되는 인·허가가 재량행위인 경우에는 주된 인·허가가 기속행위인 경우에도 인·허가가 의제되는 한도 내에서 재량행위로 취급하고 있다.(대법원 2017.10.12. 선고 2017두48956)

④ (×) 사실의 존부에 대한 판단에는 재량권이 인정될 수 없다. 재량권이 인정되는 것은 인정된 사실을 바탕으로 행정권한을 어떻게 행사할 것인지에 대해 인정되는 것이다. 따라서 사실을 오인하여 재량권을 행사한 경우 처분은 위법한 것으로 취급된다. "법원의 심사결과 행정청의 재량행위가 사실오인 등에 근거한 것이라고 인정된다면 이는 재량권을 일탈·남용한 것으로서 위법하여 그 취소를 면치 못한다." (대법원 2001.7.27. 선고 99두2970)

정답 ④

104 [회독] □□□　　　21년 국가 7급

기속행위와 재량행위에 대한 판례의 입장으로 옳지 않은 것은?

① 「여객자동차 운수사업법」에 의한 개인택시운송사업면허는 특정인에게 권리나 이익을 부여하는 행정행위로서 법령에 특별한 규정이 없는 한 재량행위이다.

② 공유수면점용허가는 특정인에게 공유수면 이용권이라는 독점적 권리를 설정하여 주는 처분으로서 그 처분의 여부 및 내용의 결정은 원칙적으로 행정청의 재량에 속한다.

③ 「국토의 계획 및 이용에 관한 법률」상 토지의 형질변경허가는 그 금지요건이 불확정개념으로 규정되어 있으므로, 동법상 지정된 도시지역 안에서 토지의 형질변경행위를 수반하는 「건축법」상의 건축허가는 재량행위이다.

④ 귀화허가는 강학상 허가에 해당하므로, 귀화신청인이 귀화 요건을 갖추어서 귀화허가를 신청한 경우에 법무부장관은 귀화허가를 해 주어야 한다.

104

해설 ① (○) "자동차운수사업법에 의한 개인택시운송사업 면허는 특정인에게 권리나 이익을 부여하는 행정행위로서 법령에 특별한 규정이 없는 한 재량행위이고, 그 면허를 위하여 필요한 기준을 정하는 것도 역시 행정청의 재량에 속한다." (대법원 1998.2.13. 선고 97누13061)

② (○) "구 공유수면관리법에 따른 공유수면의 점·사용허가는 특정인에게 공유수면 이용권이라는 독점적 권리를 설정하여 주는 처분으로서 그 처분의 여부 및 내용의 결정은 원칙적으로 행정청의 재량에 속한다." (대법원 2004.5.28. 선고 2002두5016)

③ (○) "국토의계획및이용에관한법률에서 정한 토지의 형질변경허가는 그 금지요건이 불확정개념으로 규정되어 있어 그 금지요건에 해당하는지 여부를 판단함에 있어서 행정청에게 재량권이 부여되어 있다고 할 것이므로, 같은 법에 의하여 지정된 도시지역 안에서 토지의 형질변경행위를 수반하는 건축허가는 결국 재량행위에 속한다." (대법원 2005.7.14. 선고 2004두6181)

④ (×) "귀화허가는 외국인에게 대한민국 국적을 부여함으로써 국민으로서의 법적 지위를 포괄적으로 설정하는 행위(강학상 특허)에 해당한다. 한편 국적법 등 관계 법령 어디에도 외국인에게 대한민국의 국적을 취득할 권리를 부여하였다고 볼 만한 규정이 없다. 법무부장관은 귀화신청인이 법률이 정하는 귀화요건을 갖추었다고 하더라도 귀화를 허가할 것인지 여부에 관하여 재량권을 가진다." (대법원 2010.7.15. 선고 2009두19069)

정답 ④

105 [회독] ☐☐☐   25년 소방직

기속행위와 재량행위에 관한 설명으로 옳지 않은 것은? (다툼이 있는 경우 판례에 의함)

① 재외동포에 대한 사증발급은 행정청의 재량행위에 속하는 것으로서, 재외동포가 사증발급을 신청한 경우에 「출입국관리법 시행령」 [별표 1의2]에서 정한 재외동포체류자격의 요건을 갖추었다고 해서 무조건 사증을 발급해야 하는 것은 아니다.

② 「행정기본법」상 행정청은 재량이 있는 처분을 할 때에는 관련 이익을 정당하게 형량하여야 하며, 그 재량권의 범위를 넘어서는 아니 된다.

③ 구 「여객자동차 운수사업법」에 의한 개인택시운송사업면허는 특정인에게 권리나 이익을 부여하는 이른바 수익적 행정행위로서 법령에 특별한 규정이 없는 한 재량행위이다.

④ 육아휴직과 관련하여 「국가공무원법」 제73조 제2항에 따른 복직명령은 재량행위이므로 국가공무원이 휴직의 사유가 소멸하였음을 이유로 복직을 신청하는 경우 임용권자가 지체 없이 복직명령을 하여야 하는 것은 아니다.

105

해설 ① (○) "재외동포에 대한 사증발급은 행정청의 재량행위에 속하는 것으로서, 재외동포가 사증발급을 신청한 경우에 출입국관리법 시행령 [별표 1의2]에서 정한 재외동포체류자격의 요건을 갖추었다고 해서 무조건 사증을 발급해야 하는 것은 아니다." (대법원 2019.7.11. 선고 2017두38874)

② (○) 행정기본법 제21조

행정기본법	제21조(재량행사의 기준) 행정청은 재량이 있는 처분을 할 때에는 관련 이익을 정당하게 형량하여야 하며, 그 재량권의 범위를 넘어서는 아니 된다.

③ (○) "구 여객자동차 운수사업법에 의한 개인택시운송사업면허는 특정인에게 권리나 이익을 부여하는 이른바 수익적 행정행위로서 법령에 특별한 규정이 없는 한 재량행위이다." (대법원 2007.3.15. 선고 2006두15783)

④ (×) "구 교육공무원법 제44조 제1항 제7호는 '만 6세 이하의 초등학교 취학 전 자녀'를 양육대상으로 하여 '교육공무원이 그 자녀를 양육하기 위하여 필요한 경우'를 육아휴직의 사유로 규정하고 있으므로, 육아휴직 중 그 사유가 소멸하였는지는 해당 자녀가 사망하거나 초등학교에 취학하는 등으로 양육대상에 관한 요건이 소멸한 경우뿐만 아니라 육아휴직 중인 교육공무원에게 해당 자녀를 더 이상 양육할 수 없거나, 양육을 위하여 휴직할 필요가 없는 사유가 발생하였는지 여부도 함께 고려하여야 하고, 국가공무원법 제73조 제2항의 문언에 비추어 복직명령은 기속행위이므로 휴직사유가 소멸하였음을 이유로 신청하는 경우 임용권자는 지체 없이 복직명령을 하여야 한다." (대법원 2014.6.12. 선고 2012두4852)

정답 ④

106 [회독] ☐☐☐

기속행위와 재량행위에 대한 설명으로 옳지 않은 것은? (다툼이 있는 경우 판례에 의함)

① 「국토의 계획 및 이용에 관한 법률」상 개발행위허가는 허가기준 및 금지요건이 불확정개념으로 규정된 부분이 많아 그 요건에 해당하는지 여부는 행정청의 재량판단의 영역에 속한다.

② 기속행위와 재량행위의 구분은 당해 행위의 근거가 된 법규의 체제·형식과 그 문언, 당해 행위가 속하는 행정 분야의 주된 목적과 특성, 당해 행위 자체의 개별적 성질과 유형 등을 모두 고려하여 판단하여야 한다.

③ 처분을 할 것인지 여부와 처분의 정도에 관하여 재량이 인정되는 과징금 납부명령에 대하여 그 명령이 재량권을 일탈하였을 경우, 법원은 재량권의 범위 내에서 어느 정도가 적정한 것인지에 관하여 판단할 수 있고 그 일부를 취소할 수 있다.

④ 마을버스운송사업면허의 허용 여부는 운수행정을 통한 공익실현과 아울러 합목적성을 추구하기 위하여 보다 구체적 타당성에 적합한 기준에 의하여야 할 것이므로 행정청의 재량에 속하는 것이라고 보아야 한다.

106

해설 ① (○) "국토의 계획 및 이용에 관한 법률 제56조에 따른 개발행위허가와 농지법 제34조에 따른 농지전용허가·협의는 금지요건·허가기준 등이 불확정개념으로 규정된 부분이 많아 그 요건·기준에 부합하는지의 판단에 관하여 행정청에 재량권이 부여되어 있으므로, 그 요건에 해당하는지 여부는 행정청의 재량판단의 영역에 속한다." (대법원 2017.10.12. 선고 2017두48956)

② (○) "어떤 행정행위가 기속행위인지 재량행위인지 여부는 이를 일률적으로 규정지을 수는 없고, 당해 행위의 근거가 된 법규의 체제·형식과 그 문언, 당해 행위가 속하는 행정 분야의 주된 목적과 특성, 당해 행위 자체의 개별적 성질과 유형 등을 모두 고려하여 판단하여야 한다." (대법원 2001.2.9. 선고 98두17593)

③ (✕) "처분을 할 것인지 여부와 처분의 정도에 관하여 재량이 인정되는 과징금 납부명령에 대하여 그 명령이 재량권을 일탈하였을 경우, 법원으로서는 재량권의 일탈 여부만 판단할 수 있을 뿐이지 재량권의 범위 내에서 어느 정도가 적정한 것인지에 관하여는 판단할 수 없어 그 전부를 취소할 수밖에 없고, 법원이 적정하다고 인정하는 부분을 초과한 부분만 취소할 수는 없다." (대법원 2009.6.23. 선고 2007두18062)

④ (○) "구 자동차운수사업법의 관련 규정에 의하면 마을버스운송사업면허의 허용 여부는 기술적·전문적인 판단을 요하는 분야로서 이에 관한 행정처분은 운수행정을 통한 공익실현과 아울러 합목적성을 추구하기 위하여 보다 구체적 타당성에 적합한 기준에 의하여야 할 것이므로 그 범위 내에서는 법령이 특별히 규정한 바가 없으면 행정청의 재량에 속하는 것이라고 보아야 할 것이고, 또한 마을버스 한정면허시 확정되는 마을버스 노선을 정함에 있어서도 기존 일반노선버스의 노선과의 중복 허용 정도에 대한 판단도 행정청의 재량에 속한다." (대법원 2001.1.19. 선고 99두3812)

정답 ③

107 [회독] ☐☐☐   23년 국가 7급

기속행위와 재량행위에 대한 설명으로 옳은 것은?

① 재량행위에 대한 법원의 심사는 재량권의 일탈 또는 남용 및 재량권의 한계 내에서의 행정청의 판단, 즉 합목적성 내지 공익성의 판단 등을 대상으로 한다.

② 육아휴직 중 「국가공무원법」 제73조 제2항에서 정한 복직 요건인 '휴직사유가 없어진 때'에 하는 복직명령은 기속행위이므로 휴직사유가 소멸하였음을 이유로 복직을 신청하는 경우 임용권자는 지체 없이 복직명령을 하여야 한다.

③ 재외동포에 대한 사증발급은 행정청의 기속행위에 속하는 것으로서, 재외동포가 사증발급을 신청한 경우에 구 「출입국관리법 시행령」 [별표 1의2]에서 정한 재외동포 체류자격의 요건을 갖추었다면 사증을 발급해야 한다.

④ 구 「주택건설촉진법」 제33조에 의한 주택건설사업계획의 승인은 인간이 본래 가지고 있는 자연적 자유의 회복을 내용으로 하는 행정청의 기속행위에 속한다.

107

해설 ① (×) 재량행위에 대한 법원의 심사대상은 재량권의 일탈 또는 남용이 있는지 여부로 한정되고, 재량권의 한계 내에서의 행정청의 판단, 즉 합목적성 내지 공익성은 판단의 대상이 되지 않는다.

② (○) "구 교육공무원법 제44조 제1항 제7호는 '만 6세 이하의 초등학교 취학 전 자녀'를 양육대상으로 하여 '교육공무원이 그 자녀를 양육하기 위하여 필요한 경우'를 육아휴직의 사유로 규정하고 있으므로, 육아휴직 중 그 사유가 소멸하였는지는 해당 자녀가 사망하거나 초등학교에 취학하는 등으로 양육대상에 관한 요건이 소멸한 경우뿐만 아니라 육아휴직 중인 교육공무원에게 해당 자녀를 더 이상 양육할 수 없거나, 양육을 위하여 휴직할 필요가 없는 사유가 발생하였는지 여부도 함께 고려하여야 하고, 국가공무원법 제73조 제2항의 문언에 비추어 복직명령은 기속행위이므로 휴직사유가 소멸하였음을 이유로 신청하는 경우 임용권자는 지체 없이 복직명령을 하여야 한다." (대법원 2014.6.12. 선고 2012두4852)

③ (×) "재외동포에 대한 사증발급은 행정청의 재량행위에 속하는 것으로서, 재외동포가 사증발급을 신청한 경우에 출입국관리법 시행령 [별표 1의2]에서 정한 재외동포체류자격의 요건을 갖추었다고 해서 무조건 사증을 발급해야 하는 것은 아니다. 재외동포에게 출입국관리법 제11조 제1항 각호에서 정한 입국금지사유 또는 재외동포법 제5조 제2항에서 정한 재외동포체류자격 부여 제외사유(예컨대 '대한민국 남자가 병역을 기피할 목적으로 외국국적을 취득하고 대한민국 국적을 상실하여 외국인이 된 경우')가 있어 그의 국내 체류를 허용하지 않음으로써 달성하고자 하는 공익이 그로 말미암아 발생하는 불이익보다 큰 경우에는 행정청이 재외동포체류자격의 사증을 발급하지 않을 재량을 가진다." (대법원 2019.7.11. 선고 2017두38874)

④ (×) 여기서 자연적 자유의 회복이란 강학상 허가를 뜻한다. "구 주택건설촉진법 제33조에 의한 주택건설사업계획의 승인은 상대방에게 권리나 이익을 부여하는 효과를 수반하는 이른바 수익적 행정처분으로서 법령에 행정처분의 요건에 관하여 일의적으로 규정되어 있지 아니한 이상 행정청의 재량행위에 속한다." (대법원 2007.5.10. 선고 2005두13315)

정답 ②

108 [회독] ☐☐☐　　　25년 국가 9급

기속행위와 재량행위에 대한 설명으로 옳지 않은 것은?

① 구 여객자동차 운수사업법령상 마을버스 한정면허시 확정되는 마을버스 노선을 정함에 있어서 기존 일반노선버스의 노선과의 중복 허용 정도에 대한 판단은 행정청의 재량에 속한다.

② 구 「수도권 대기환경개선에 관한 특별법」에서 정한 대기오염물질 총량관리사업장 설치의 허가는 부작위의무를 해제해 주는 행위로서 그 처분의 여부 및 내용의 결정은 기속행위에 해당한다.

③ 국유재산의 무단점유 등에 대한 변상금 징수의 요건은 구 「국유재산법」에 명백히 규정되어 있으므로 변상금을 징수할 것인가는 처분청의 기속행위이다.

④ 「국토의 계획 및 이용에 관한 법률」상 개발행위허가는 허가기준 및 금지요건이 불확정개념으로 규정된 부분이 많아 그 요건에 해당하는지 여부는 행정청의 재량판단의 영역에 속한다.

109 [회독] ☐☐☐　　　21년 군무원 9급

「행정기본법」에 대한 설명으로 옳은 것만을 모두 고른 것은?

> ㉠ 행정은 공공의 이익을 위하여 적극적으로 추진되어야 한다.
> ㉡ 행정작용은 법률에 위반되어서는 아니 되며, 국민의 권리를 제한하거나 의무를 부과하는 경우와 그 밖에 국민생활에 중요한 영향을 미치는 경우에는 법률에 근거하여야 한다.
> ㉢ 행정청은 합리적 이유 없이 국민을 차별하여서는 아니 된다.
> ㉣ 행정청은 행정작용을 할 때 상대방에게 해당 행정작용과 실질적인 관련이 없는 의무를 부과해서는 아니 된다.
> ㉤ 행정청은 처분에 재량이 있는 경우에는 부관(조건, 기한, 부담, 철회권의 유보 등을 말한다)을 붙일 수 있다.

① ㉠, ㉡, ㉢
② ㉠, ㉡, ㉢, ㉣
③ ㉠, ㉡, ㉢, ㉣, ㉤
④ ㉡, ㉢, ㉣, ㉤

108

해설 ① (○) "마을버스운송사업면허의 허용 여부는 … 법령이 특별히 규정한 바가 없으면 행정청의 재량에 속하는 것이라고 보아야 할 것이고, 마을버스 한정면허시 확정되는 마을버스 노선을 정함에 있어서도 기존 일반노선버스의 노선과의 중복 허용 정도에 대한 판단도 행정청의 재량에 속한다고 할 것이며, 노선의 중복 정도는 마을버스 노선과 각 일반버스노선을 개별적으로 대비하여 판단하여야 한다." (대법원 2002.6.28. 선고 2001두10028)

② (✕) "구 수도권대기환경특별법 제14조 제1항에서 정한 대기오염물질 총량관리사업장 설치의 허가 또는 변경허가는 특정인에게 인구가 밀집되고 대기오염이 심각하다고 인정되는 수도권 대기관리권역에서 총량관리대상 오염물질을 일정량을 초과하여 배출할 수 있는 특정한 권리를 설정하여 주는 행위로서 그 처분의 여부 및 내용의 결정은 행정청의 재량에 속한다." (대법원 2013.5.9. 선고 2012두22799)

③ (○) "국유재산의 무단점유 등에 대한 변상금 징수의 요건은 국유재산법 제51조 제1항에 명백히 규정되어 있으므로 변상금을 징수할 것인가는 처분청의 재량을 허용하지 않는 기속행위이고, 여기에 재량권 일탈·남용의 문제는 생길 여지가 없다." (대법원 1998.9.22. 선고 98두7602)

④ (○) "국토계획법이 정한 용도지역 안에서의 건축허가는 건축법 제11조 제1항에 의한 건축허가와 국토계획법 제56조 제1항의 개발행위허가의 성질을 아울러 갖는데, 개발행위허가는 허가기준 및 금지요건이 불확정개념으로 규정된 부분이 많아 그 요건에 해당하는지 여부는 행정청의 재량판단의 영역에 속한다." (대법원 2017.3.15. 선고 2016두55490)

정답 ②

109

해설 ㉠ (○) 행정기본법 제4조 제1항

행정기본법	제4조(행정의 적극적 추진) ① 행정은 공공의 이익을 위하여 적극적으로 추진되어야 한다.

㉡ (○) 행정기본법 제8조

행정기본법	제8조(법치행정의 원칙) 행정작용은 법률에 위반되어서는 아니 되며, 국민의 권리를 제한하거나 의무를 부과하는 경우와 그 밖에 국민생활에 중요한 영향을 미치는 경우에는 법률에 근거하여야 한다.

㉢ (○) 행정기본법 제9조

행정기본법	제9조(평등의 원칙) 행정청은 합리적 이유 없이 국민을 차별하여서는 아니 된다.

㉣ (○) 행정기본법 제13조

행정기본법	제13조(부당결부금지의 원칙) 행정청은 행정작용을 할 때 상대방에게 해당 행정작용과 실질적 관련이 없는 의무를 부과해서는 아니 된다.

㉤ (○) 행정기본법 제17조 제1항

행정기본법	제17조(부관) ① 행정청은 처분에 재량이 있는 경우에는 부관(조건, 기한, 부담, 철회권의 유보 등을 말한다. 이하 이 조에서 같다)을 붙일 수 있다.

정답 ③

110 [회독] □□□   24년 소방직

기속행위와 재량행위에 관한 설명으로 옳지 않은 것은? (다툼이 있는 경우 판례에 의함)

① 기속행위와 재량행위의 구분은 당해 행위의 근거가 된 법규의 체재·형식과 그 문언, 당해 행위가 속하는 행정 분야의 주된 목적과 특성, 당해 행위 자체의 개별적 성질과 유형 등을 모두 고려하여 판단하여야 한다.

② 재량행위에 대한 사법심사가 이루어지는 경우, 법원은 독자의 결론을 도출하고, 그 결론에 비추어 행정청이 한 판단의 적법 여부를 독자의 입장에서 판정하는 방식에 의해야 한다.

③ 건축허가권자는 건축허가신청이 「건축법」 등 관계 법규에서 정하는 어떠한 제한에 배치되지 않는 이상 당연히 같은 법조에서 정하는 건축허가를 하여야 하고, 중대한 공익상의 필요가 없는데도 관계 법령에서 정하는 제한사유 이외의 사유를 들어 요건을 갖춘 자에 대한 허가를 거부할 수는 없다.

④ 판례는 재량권과 판단여지를 구분하지 않고, 판단여지가 인정되는 경우에도 재량권이 인정되는 것으로 본다.

110

해설 ① (○) "행정행위가 재량성의 유무 및 범위와 관련하여 이른바 기속행위 내지 기속재량행위와 재량행위 내지 자유재량행위로 구분된다고 할 때, 그 구분은 당해 행위의 근거가 된 법규의 체재·형식과 문언, 당해 행위가 속하는 행정 분야의 주된 목적과 특성, 당해 행위 자체의 개별적 성질과 유형 등을 모두 고려하여 판단하여야 한다. 이렇게 구분되는 양자에 대한 사법심사는, 전자의 경우 그 법규에 대한 원칙적인 기속성으로 인하여 법원이 사실인정과 관련 법규의 해석·적용을 통하여 일정한 결론을 도출한 후 그 결론에 비추어 행정청이 한 판단의 적법 여부를 독자의 입장에서 판정하는 방식에 의하게 된다. 후자의 경우 행정청의 재량에 기한 공익판단의 여지를 감안하여 법원은 독자의 결론을 도출함이 없이 당해 행위에 재량권의 일탈·남용이 있는지 여부만을 심사하게 되고, 이러한 재량권의 일탈·남용 여부에 대한 심사는 사실오인, 비례·평등의 원칙 위배, 당해 행위의 목적 위반이나 동기의 부정 유무 등을 판단 대상으로 한다." (대법원 2018.10.4. 선고 2014두37702)

② (×) "행정행위를 기속행위와 재량행위로 구분하는 경우 양자에 대한 사법심사는, 전자의 경우 그 법규에 대한 원칙적인 기속성으로 인하여 법원이 사실인정과 관련 법규의 해석·적용을 통하여 일정한 결론을 도출한 후 그 결론에 비추어 행정청이 한 판단의 적법 여부를 독자의 입장에서 판정하는 방식에 의하게 되나, 후자의 경우 행정청의 재량에 기한 공익판단의 여지를 감안하여 법원은 독자의 결론을 도출함이 없이 당해 행위에 재량권의 일탈·남용이 있는지 여부만을 심사하게 되고, 이러한 재량권의 일탈·남용 여부에 대한 심사는 사실오인, 비례·평등의 원칙 위배 등을 그 판단 대상으로 한다." (대법원 2005.7.14. 선고 2004두6181)

③ (○) "건축허가권자는 건축허가신청이 건축법 등 관계 법규에서 정하는 어떠한 제한에 배치되지 않는 이상 당연히 같은 법조에서 정하는 건축허가를 하여야 하고, 중대한 공익상의 필요가 없는데도 관계 법령에서 정하는 제한사유 이외의 사유를 들어 요건을 갖춘 자에 대한 허가를 거부할 수는 없다." (대법원 2009.9.24. 선고 2009두8946)

④ (○) 재량과 판단여지의 구별을 부정하는 학설에 따르면 법규정은 일체를 이루고 있는 경우도 많아 요건판단의 문제와 효과 선택의 문제를 준별하는 것이 어려울뿐더러 어차피 둘 다 행정청이 자율권을 갖게 되는 경우이기 때문에, 양자를 구별하는 것은 타당하지 않다고 본다. 대법원 입장 또한 판단여지를 별도의 독자적 개념으로 설정하지도 판단여지이론을 수용하지도 않는다. 법률요건의 해석이나 포섭·적용에 있어서 일정한 자유가 주어질 수밖에 없는 경우도 '판단여지' 대신 '재량'의 문제로 파악한다.

정답 ②

111 [회독] □□□ 24년 지방 7급

판례의 입장으로 옳지 않은 것은?

① 입학전형 이의신청을 거부하는 경우 국립대학교 총장은 공권력을 행사하는 주체이자 기본권 수범자로서의 지위를 갖는다.

② '환경오염 발생 우려'와 같이 장래에 발생할 불확실한 상황과 파급효과에 대한 예측이 필요한 요건에 관한 행정청의 재량적 판단은 그 내용이 현저히 합리성을 결여하였다거나 상반되는 이익이나 가치를 대비해 볼 때 형평이나 비례의 원칙에 뚜렷하게 배치되는 등의 사정이 없는 한 폭넓게 존중하여야 한다.

③ WTO 협정에 따른 회원국 정부의 반덤핑부과처분이 WTO 협정위반이라는 이유만으로 사인이 직접 국내 법원에 회원국 정부를 상대로 그 처분의 취소를 구하는 소를 제기할 수 있다.

④ 행정처분은 그 근거 법령이 개정된 경우에도 경과규정에서 달리 정함이 없는 한 처분 당시 시행되는 개정 법령과 거기에서 정한 기준에 의하는 것이 원칙이고, 그러한 개정 법령의 적용과 관련하여서는 개정 전 법령의 존속에 대한 국민의 신뢰가 개정 법령의 적용에 관한 공익상의 요구보다 더 보호가치가 있다고 인정되는 경우에 그러한 국민의 신뢰를 보호하기 위하여 그 적용이 제한될 수 있는 여지가 있다.

PART 02

111

해설 ① (O) "국립대학교 총장은 공권력을 행사하는 주체이자 기본권 수범자로서의 지위를 갖는다. 그 결과 사적 단체 또는 사인의 경우 차별처우가 사회공동체의 건전한 상식과 법감정에 비추어 볼 때 도저히 용인될 수 있는 한계를 벗어난 경우에 한해 사회질서에 위반되는 행위로서 위법한 행위로 평가되는 것과 달리, 국립대학교 총장은 헌법상 평등원칙의 직접적인 구속을 받고, 국민의 기본권을 보호 내지 실현할 책임과 의무를 부담하므로, 그 차별처우의 위법성이 보다 폭넓게 인정된다." (대법원 2024.4.4. 선고 2022두56661)

② (O) "환경의 훼손이나 오염을 발생시킬 우려가 있는 개발행위에 대한 행정청의 허가와 관련하여 재량권의 일탈·남용 여부를 심사할 때에는 해당 지역 주민들의 토지이용실태와 생활환경 등 구체적 지역 상황과 상반되는 이익을 가진 이해관계자들 사이의 권익 균형 및 환경권의 보호에 관한 각종 규정의 입법 취지 등을 종합하여 신중하게 판단하여야 한다. '환경오염 발생 우려'와 같이 장래에 발생할 불확실한 상황과 파급효과에 대한 예측이 필요한 요건에 관한 행정청의 재량적 판단은 그 내용이 현저히 합리성을 결여하였다거나 상반되는 이익이나 가치를 대비해 볼 때 형평이나 비례의 원칙에 뚜렷하게 배치되는 등의 사정이 없는 한 폭넓게 존중하여야 한다." (대법원 2021.3.25. 선고 2020두51280)

③ (×) "위 협정은 국가와 국가 사이의 권리·의무관계를 설정하는 국제협정으로, 그 내용 및 성질에 비추어 이와 관련한 법적 분쟁은 위 WTO 분쟁해결기구에서 해결하는 것이 원칙이고, 사인(私人)에 대하여는 위 협정의 직접 효력이 미치지 아니한다고 보아야 할 것이므로, 위 협정에 따른 회원국 정부의 반덤핑부과처분이 WTO 협정위반이라는 이유만으로 사인이 직접 국내 법원에 회원국 정부를 상대로 그 처분의 취소를 구하는 소를 제기하거나 위 협정위반을 처분의 독립된 취소사유로 주장할 수는 없다." (대법원 2009.1.30. 선고 2008두17936)

④ (O) "행정처분은 그 근거 법령이 개정된 경우에도 경과 규정에서 달리 정함이 없는 한 처분 당시 시행되는 개정 법령과 그에서 정한 기준에 의하는 것이 원칙이고, 그 개정 법령이 기존의 사실 또는 법률관계를 적용대상으로 하면서 종전보다 불리한 법률효과를 규정하고 있는 경우에도 그러한 사실 또는 법률관계가 개정 법률이 시행되기 이전에 이미 종결된 것이 아니라면 이를 헌법상 금지되는 소급입법이라고 할 수는 없으며, 그러한 개정 법률의 적용과 관련하여서는 개정 전 법령의 존속에 대한 국민의 신뢰가 개정 법령의 적용에 관한 공익상의 요구보다 더 보호가치가 있다고 인정되는 경우에 그러한 국민의 신뢰보호를 보호하기 위하여 그 적용이 제한될 수 있는 여지가 있을 따름이다." (대법원 2010.3.11. 선고 2008두15169)

정답 ③

112 [회독] □□□   22년 소방직

행정행위에 대한 설명으로 옳지 않은 것은? (다툼이 있는 경우 판례에 의함)

① 재량에 의한 행정처분이 그 재량권의 한계를 벗어난 것이어서 위법하다는 점은 그 행정처분의 효력을 다투는 자가 이를 주장·입증하여야 하고, 처분청이 그 재량권의 행사가 정당한 것이었다는 점까지 주장·입증할 필요는 없다.

② 행정청이 제재처분 양정을 하면서 처분 상대방에게 법령에서 정한 임의적 감경사유가 있는 경우, 그 감경사유까지 고려하고도 감경하지 않은 채 개별처분기준에서 정한 상한으로 처분을 한 경우에는 재량권을 일탈·남용하였다고 보아야 한다.

③ 허가신청 후 허가기준이 변경된 경우에는 원칙적으로 처분시의 기준인 변경된 허가기준에 따라서 처분하여야 한다.

④ 학교법인의 임원이 교비회계 자금을 법인회계로 부당전출하였고, 업무 집행에 있어서 직무를 태만히 하여 학교법인이 이를 시정하기 위한 노력을 하였으나 결과적으로 대부분의 시정 요구 사항이 이행되지 아니하였던 점 등을 고려하면, 교육부장관의 임원승인취소처분은 재량권을 일탈·남용한 것으로 볼 수 없다.

112

해설 ① (○) "자유재량에 의한 행정처분이 그 재량권의 한계를 벗어난 것이어서 위법하다는 점은 그 행정처분의 효력을 다투는 자가 이를 주장·입증하여야 하고 처분청이 그 재량권의 행사가 정당한 것이었다는 점까지 주장·입증할 필요는 없다." (대법원 1987.12.8. 선고 87누861)

② (×) "처분상대방에게 법령에서 정한 임의적 감경사유가 있는 경우에, 행정청이 감경사유까지 고려하고도 감경하지 않은 채 개별처분기준에서 정한 상한으로 처분을 한 경우에는 재량권을 일탈·남용하였다고 단정할 수는 없으나, 행정청이 감경사유를 전혀 고려하지 않았거나 감경사유에 해당하지 않는다고 오인하여 개별처분기준에서 정한 상한으로 처분을 한 경우에는 마땅히 고려대상에 포함하여야 할 사항을 누락하였거나 고려대상에 관한 사실을 오인한 경우에 해당하여 재량권을 일탈·남용한 것이라고 보아야 한다." (대법원 2020.6.25. 선고 2019두52980)

③ (○) "허가 등의 행정처분은 원칙적으로 처분시의 법령과 허가기준에 의하여 처리되어야 하고 허가신청 당시의 기준에 따라야 하는 것은 아니며, 비록 허가신청 후 허가기준이 변경되었다 하더라도 그 허가관청이 허가신청을 수리하고도 정당한 이유 없이 그 처리를 늦추어 그 사이에 허가기준이 변경된 것이 아닌 이상 변경된 허가기준에 따라서 처분을 하여야 한다." (대법원 2006.8.25. 선고 2004두2974)

④ (○) "학교법인의 임원취임승인취소처분에 대한 취소소송에서, 교비회계자금을 법인회계로 부당전출한 위법성의 정도와 임원들의 이에 대한 가공의 정도가 가볍지 아니하고, 학교법인이 행정청의 시정요구에 대하여 이를 시정하기 위한 노력을 하였다고는 하나 결과적으로 대부분의 시정 요구 사항이 이행되지 아니하였던 사정 등을 참작하여, 위 취소처분이 재량권을 일탈·남용하였다고 볼 수 없다." (대법원 2007.7.19. 선고 2006두19297)

정답 ②

113 [회독] ☐☐☐

기속행위와 재량행위에 대한 설명으로 옳은 것은? (다툼이 있는 경우 판례에 의함)

① 법원은 최근 기존의 입장을 변경하여 재량행위 외에 기속행위나 기속적 재량행위에도 부관을 붙일 수 있는 것으로 보고 있고, 이러한 부관이 있는 경우 특별한 사정이 없는 한 당사자는 부관의 내용을 이행하여야 할 의무를 진다.

② 건축허가를 하면서 일정 토지를 기부채납하도록 하는 내용의 허가조건을 붙였다면 원칙상 취소사유로 보아야 한다.

③ 「건축법」상 건축허가신청의 경우 심사 결과 그 신청이 법정요건에 합치하는 경우라 할지라도 소음공해, 먼지발생, 주변인 집단 민원 등의 사유가 있는 경우 이를 불허가사유로 삼을 수 있고, 그러한 불허가처분이 비례원칙 등을 준수하였다면 처분 자체의 위법성은 인정될 수 없다.

④ 법이 과징금 부과처분에 대한 임의적 감경규정을 두었다면 감경 여부는 행정청의 재량에 속한다고 할 것이나, 행정청이 감경사유가 있음에도 이를 전혀 고려하지 않았거나 감경사유에 해당하지 않는다고 오인한 나머지 과징금을 감경하지 않았다면 그 과징금 부과처분은 재량권을 일탈하거나 남용한 위법한 처분으로 보아야 한다.

113

[해설] ① (×) 최근에 입장을 변경한 바 없다. 여전히 기존과 같은 방식으로 부관 부가 가부를 판단하고 있다. "일반적으로 기속행위나 기속적 재량행위에는 부관을 붙일 수 없고, 가사 부관을 붙였다 하더라도 무효이다." (대법원 1988.4.27. 선고 87누1106)

② (×) 취소사유가 아니라 무효사유로 보고 있다. "건축허가를 하면서 일정 토지를 기부채납하도록 하는 내용의 허가조건은 부관을 붙일 수 없는 기속행위 내지 기속적 재량행위인 건축허가에 붙인 부담이거나 또는 법령상 아무런 근거가 없는 부관이어서 무효이다." (대법원 1995.6.13. 선고 94다56883)

③ (×) 소음공해, 먼지발생, 주변인 집단 민원 등의 사유는 법정요건을 갖춘 건축허가신청에 대한 불허가사유가 될 수 없다. "건축허가권자는 건축허가신청이 건축법, 도시계획법 등 관계법규에서 정하는 어떠한 제한에 배치되지 않는 이상 당연히 같은 법조 소정의 건축허가를 하여야 하므로 법률상의 근거없이 그 신청이 관계법규에서 정한 제한에 배치되는지 여부에 대한 심사를 거부할 수 없고, 심사결과 그 신청이 법정요건에 합치하는 경우에는 특별한 사정이 없는 한 이를 허가하여야 하며, 공익상 필요가 없음에도 불구하고 요건을 갖춘 자에 대한 허가를 관계법령에서 정하는 제한 사유 이외의 사유를 들어 거부할 수는 없다고 할 것이다. … 피고(행정청)가 이 사건 건축불허가처분의 사유로 삼은 … 기존 주유소 사업자의 생계 위협 및 위험시설물인 주유소 설치에 따른 집단민원 발생이 이 사건 주유소의 건축허가를 제한할 만한 중대한 공익상의 필요에 해당한다고 보기 어려우므로, 이 사건 건축불허가처분은 위법하다." (대법원 2012.11.22. 선고 2010두22962)

④ (○) "부동산실명법 시행령 제3조의2 단서는 임의적 감경규정임이 명백하므로, 위와 같은 감경사유가 존재하더라도 과징금 부과관청이 감경사유까지 고려하고도 과징금을 감경하지 않은 채 과징금 전액을 부과하는 처분을 한 경우에는 이를 위법하다고 단정할 수는 없으나, 위 감경사유가 있음에도 이를 전혀 고려하지 않았거나 감경사유에 해당하지 않는다고 오인한 나머지 과징금을 감경하지 아니하였다면 그 과징금 부과처분은 재량권을 일탈·남용한 위법한 처분이라고 할 수밖에 없다." (대법원 2010.7.15. 선고 2010두7031)

정답 ④

114 [회독] ☐☐☐　　　　　　　　　23년 지방 7급

행정행위에 대한 설명으로 옳지 않은 것은?

① 개인택시운송사업의 양도·양수가 있고 그에 대한 인가가 있은 후 그 양도·양수 이전에 있었던 양도인에 대한 운송사업면허 취소사유(음주운전 등으로 인한 자동차운전면허의 취소)를 들어 양수인의 운송사업면허를 취소한 것은 위법하다.

② 공무원 임용을 위한 면접전형에서 임용신청자의 능력이나 적격성 등에 관한 판단은 면접위원의 고도의 교양과 학식, 경험에 기초한 자율적 판단에 의존하는 것으로서 면접위원의 자유재량에 속하고, 그와 같은 판단이 현저하게 재량권을 일탈·남용하지 않은 한 이를 위법하다고 할 수 없다.

③ 「가축분뇨의 관리 및 이용에 관한 법률」에 따른 가축분뇨 처리방법 변경허가는 허가권자의 재량행위에 해당한다.

④ 처분의 근거 법령이 행정청에 처분의 요건과 효과 판단에 관하여 일정한 재량을 부여하였는데도, 행정청이 자신에게 재량권이 없다고 오인하여 전혀 비교형량하지 않은 채 처분을 하였다면, 이는 재량권 불행사로서 그 자체로 재량권 일탈·남용에 해당한다.

114

해설 ① (✕) "개인택시운송사업의 양도·양수가 있고 그에 대한 인가가 있은 후 그 양도·양수 이전에 있었던 양도인에 대한 운송사업면허취소사유(음주운전 등으로 인한 자동차운전면허의 취소)를 들어 양수인의 운송사업면허를 취소한 것은 정당하다." (대법원 1998.6.26. 선고 96누18960)

② (○) "공무원 임용을 위한 면접전형에서 임용신청자의 능력이나 적격성 등에 관한 판단은 면접위원의 고도의 교양과 학식, 경험에 기초한 자율적 판단에 의존하는 것으로서 오로지 면접위원의 자유재량에 속하고, 그와 같은 판단이 현저하게 재량권을 일탈·남용하지 않은 한 이를 위법하다고 할 수 없다." (대법원 2008.12.24. 선고 2008두8970)

③ (○) "가축분뇨법에 따른 처리방법 변경허가는 허가권자의 재량행위에 해당한다." (대법원 2021.6.30. 선고 2021두35681)

④ (○) "처분의 근거 법령이 행정청에 처분의 요건과 효과 판단에 일정한 재량을 부여하였는데도, 행정청이 자신에게 재량권이 없다고 오인한 나머지 처분으로 달성하려는 공익과 그로써 처분상대방이 입게 되는 불이익의 내용과 정도를 전혀 비교형량 하지 않은 채 처분을 하였다면, 이는 재량권 불행사로서 그 자체로 재량권 일탈·남용으로 해당 처분을 취소하여야 할 위법사유가 된다." (대법원 2019.7.11. 선고 2017두38874)

정답 ①

115 [회독] ☐ ☐ ☐ 25년 소방직

행정법의 법원(法源)에 관한 설명으로 옳지 않은 것은? (다툼이 있는 경우 판례에 의함)

① 대법원의 판례가 법률해석의 일반적인 기준을 제시한 경우에 유사한 사건을 재판하는 하급심법원의 법관은 판례의 견해를 존중하여 재판하여야 하는 것이기 때문에, 판례가 사안이 서로 다른 사건을 재판하는 하급심법원도 직접 기속하는 효력이 있다.

② 만일 법률에 따른 개인의 행위가 단지 법률이 반사적으로 부여하는 기회의 활용을 넘어서 국가에 의하여 일정 방향으로 유인된 것이라면 특별히 보호가치가 있는 신뢰이익이 인정될 수 있고, 원칙적으로 개인의 신뢰보호가 국가의 법률개정이익에 우선된다고 볼 여지가 있다.

③ 지방식품의약품안전청장이 수입 녹용 중 전지 3대를 절단부위로부터 5cm까지의 부분을 절단하여 측정한 회분함량이 기준치를 0.5% 초과하였다는 이유로 수입 녹용 전부에 대하여 전량 폐기 또는 반송처리를 지시한 처분은 재량권의 일탈·남용에 해당하지 않는다.

④ 국가공무원이 「국가공무원법」상 정치운동의 금지 규정을 위반한 경우에 징역형과 자격정지형을 필요적으로 병과하는 「국가공무원법」 제84조 제1항이 헌법상 평등원칙, 비례원칙에 위반된다고 볼 수 없다.

115

해설 ① (✕) "대법원의 판례가 법률해석의 일반적인 기준을 제시한 경우에 유사한 사건을 재판하는 하급심법원의 법관은 판례의 견해를 존중하여 재판하여야 하는 것이나, 판례가 사안이 서로 다른 사건을 재판하는 하급심법원을 직접 기속하는 효력이 있는 것은 아니므로, 하급심법원이 판례와 다른 견해를 취하여 재판한 경우에 상고를 제기하여 구제받을 수 있음을 별론으로 하고 민사소송법 제422조 제1항 제1호 소정의 재심사유인 법률에 의하여 판결법원을 구성하지 아니한 때에 해당한다고 할 수 없다." (대법원 1996.10.25. 선고 96다31307)

② (○) "개인의 신뢰이익에 대한 보호가치는 법령에 따른 개인의 행위가 국가에 의하여 일정방향으로 유인된 신뢰의 행사인지, 아니면 단지 법률이 부여한 기회를 활용한 것으로서 원칙적으로 사적 위험부담의 범위에 속하는 것인지 여부에 따라 달라진다. 만일 법률에 따른 개인의 행위가 단지 법률이 반사적으로 부여하는 기회의 활용을 넘어서 국가에 의하여 일정 방향으로 유인된 것이라면 특별히 보호가치가 있는 신뢰이익이 인정될 수 있고, 원칙적으로 개인의 신뢰보호가 국가의 법률개정이익에 우선된다고 볼 여지가 있다." (헌법재판소 2002.11.28. 선고 2002헌바45)

③ (○) "지방식품의약품안전청장이 수입 녹용 중 전지 3대를 절단부위로부터 5cm까지의 부분을 절단하여 측정한 회분함량이 기준치를 0.5% 초과하였다는 이유로 수입 녹용 전부에 대하여 전량 폐기 또는 반송처리를 지시한 경우, 녹용 수입업자가 입게 될 불이익이 의약품의 안전성과 유효성을 확보함으로써 국민보건의 향상을 기하고 고가의 한약재인 녹용에 대하여 부적합한 수입품의 무분별한 유통을 방지하려는 공익상 필요보다 크다고는 할 수 없으므로 위 폐기 등 지시처분이 재량권을 일탈·남용한 경우에 해당하지 않는다." (대법원 2006.4.14. 선고 2004두3854)

④ (○) 헌법학의 내용이다. "국가공무원법 제65조(정치 운동의 금지)를 위반한 경우에 징역형과 자격정지형을 필요적으로 병과하는 같은 법 제84조 제1항이 헌법상 평등원칙, 비례원칙에 위반된다고 볼 수도 없다." (대법원 2024.8.29. 선고 2021도11919)

정답 ①

116 [회독] □□□　　　　　　　　　　23년 소방직

재량행위에 관한 설명으로 옳지 않은 것은? (다툼이 있는 경우 판례에 의함)

① 행정청의 재량에 기한 공익판단의 여지를 감안하여 법원은 독자의 결론을 도출함이 없이 당해 행위에 재량권의 일탈·남용이 있는지 여부만을 심사한다.

② 행정청의 전문적인 정성적 평가 결과는 판단의 기초가 된 사실인정에 중대한 오류가 있거나 그 판단이 사회통념상 현저하게 타당성을 잃어 객관적으로 불합리하다는 등의 특별한 사정이 없는 한 법원이 당부를 심사하기에 적절하지 않으므로 가급적 존중되어야 한다.

③ 처분의 근거 법령이 행정청에 처분의 요건과 효과 판단에 일정한 재량을 부여하였으나, 행정청이 자신에게 재량권이 없다고 오인하여 처분으로 달성하려는 공익과 그로써 처분상대방이 입게 되는 불이익의 내용과 정도를 전혀 비교형량하지 않은 채 처분을 하였다고 하더라도, 그 자체로 재량권 일탈·남용으로 해당 처분을 취소하여야 할 위법사유가 되지는 않는다.

④ 구 「사행행위등규제법」에 의한 허가의 경우 허가신청이 적극적 요건에 해당하는지 여부를 판단하는 것은 재량행위라 할 수 있겠으나 허가제한사유에 해당되는 경우에는 적극적 요건에 해당하는지 여부를 판단할 필요는 없다.

116

해설 ① (○) "행정행위가 그 재량성의 유무 및 범위와 관련하여 이른바 기속행위 내지 기속재량행위와 재량행위 내지 자유재량행위로 구분된다고 할 때, … 후자의 경우 행정청의 재량에 기한 공익판단의 여지를 감안하여 법원은 독자의 결론을 도출함이 없이 당해 행위에 재량권의 일탈·남용이 있는지 여부만을 심사하게 되고, 이러한 재량권의 일탈·남용 여부에 대한 심사는 사실오인, 비례·평등의 원칙 위배, 당해 행위의 목적 위반이나 동기의 부정 유무 등을 그 판단 대상으로 한다." (대법원 2001.2.9. 선고 98두17593)

② (○) "행정청의 전문적인 정성적 평가 결과는 판단의 기초가 된 사실인정에 중대한 오류가 있거나 그 판단이 사회통념상 현저하게 타당성을 잃어 객관적으로 불합리하다는 등의 특별한 사정이 없는 한 법원이 당부를 심사하기에 적절하지 않으므로 가급적 존중되어야 한다." (대법원 2020.7.9. 선고 2017두39785)

③ (×) "처분의 근거 법령이 행정청에 처분의 요건과 효과 판단에 일정한 재량을 부여하였는데도, 행정청이 자신에게 재량권이 없다고 오인한 나머지 처분으로 달성하려는 공익과 그로써 처분상대방이 입게 되는 불이익의 내용과 정도를 전혀 비교형량 하지 않은 채 처분을 하였다면, 이는 재량권 불행사로서 그 자체로 재량권 일탈·남용으로 해당처분을 취소하여야 할 위법사유가 된다." (대법원 2019.7.11. 선고 2017두38874)

④ (○) "구 사행행위규제법은 구 복표발행현상기타사행행위단속법과는 달리 사행행위의 종류별로 허가의 요건을 달리하여, 투전기업에 대하여는 제5조 제1항 제3호, 제4호에서 외국인을 상대로 하는 오락시설로서 외화획득에 특히 필요하다고 인정되거나 관광진흥과 관광객의 유치촉진을 위하여 특히 필요하다고 인정될 것을 적극적 요건으로 규정함과 아울러, 제6조 제3호에서는 기타 다른 법령에서 사행행위영업을 할 수 없도록 규정하고 있는 경우 등에 해당할 때에는 허가를 할 수 없도록 규정하고 있으므로, 이 법에 의한 허가의 경우 허가신청이 적극적 요건에 해당하는지 여부를 판단하는 것은 재량행위라 할 수 있겠으나 허가제한사유에 해당되는 경우에는 적극적 요건에 해당하는 여부를 판단할 필요도 없이 당연히 불허가하여야 한다." (대법원 1994.8.23. 선고 94누5410)

정답 ③

117 [회독] ☐☐☐　　　　23년 군무원 9급

기속행위와 재량행위에 대한 설명으로 옳지 않은 것은? (다툼이 있는 경우 판례에 의함)

① 기속행위와 재량행위의 구분은 당해 행위의 근거가 된 법규의 체재·형식과 그 문언, 당해 행위가 속하는 행정 분야의 주된 목적과 특성, 당해 행위 자체의 개별적 성질과 유형 등을 모두 고려하여 판단하여야 한다.

② 처분의 근거 법령이 행정청에 재량을 부여하였으나 행정청이 처분으로 달성하려는 공익과 처분상대방이 입게 되는 불이익을 전혀 비교형량하지 않은 채 처분을 하였더라도 재량권 일탈·남용으로 해당 처분을 취소해야 할 위법사유가 되지는 않는다.

③ 행정청은 처분에 재량이 없는 경우에는 법률에 근거가 있는 경우에 부관을 붙일 수 있다.

④ 재량행위의 경우 법원은 독자의 결론을 도출함이 없이 당해 행위에 재량권의 일탈·남용이 있는지 여부만을 심사한다.

117

[해설] ①, ④ (○) "행정행위가 재량성의 유무 및 범위와 관련하여 이른바 기속행위 내지 기속재량행위와 재량행위 내지 자유재량행위로 구분된다고 할 때, 그 구분은 당해 행위의 근거가 된 법규의 체재·형식과 문언, 당해 행위가 속하는 행정 분야의 주된 목적과 특성, 당해 행위 자체의 개별적 성질과 유형 등을 모두 고려하여 판단하여야 한다. 이렇게 구분되는 양자에 대한 사법심사는, 전자의 경우 그 법규에 대한 원칙적인 기속성으로 인하여 법원이 사실인정과 관련 법규의 해석·적용을 통하여 일정한 결론을 도출한 후 그 결론에 비추어 행정청이 한 판단의 적법 여부를 독자의 입장에서 판정하는 방식에 의하게 된다. 후자의 경우 행정청의 재량에 기한 공익판단의 여지를 감안하여 법원은 독자의 결론을 도출함이 없이 당해 행위에 재량권의 일탈·남용이 있는지 여부만을 심사하게 되고, 이러한 재량권의 일탈·남용 여부에 대한 심사는 사실오인, 비례·평등의 원칙 위배, 당해 행위의 목적 위반이나 동기의 부정 유무 등을 판단 대상으로 한다." (대법원 2018.10.4. 선고 2014두37702)

② (×) "처분의 근거 법령이 행정청에 처분의 요건과 효과 판단에 일정한 재량을 부여하였는데, 행정청이 자신에게 재량권이 없다고 오인한 나머지 처분으로 달성하려는 공익과 그로써 처분상대방이 입게 되는 불이익의 내용과 정도를 전혀 비교형량하지 않은 채 처분을 하였다면, 이는 재량권 불행사로서 그 자체로 재량권 일탈·남용으로 해당 처분을 취소하여야 할 위법사유가 된다." (대법원 2019.7.11. 선고 2017두38874)

③ (○) 행정기본법 제17조 제2항

행정기본법	제17조(부관) ② 행정청은 처분에 재량이 없는 경우에는 법률에 근거가 있는 경우에 부관을 붙일 수 있다.

정답 ②

제5항 내용에 따른 행정행위의 구분

1 개설

기출테마 27 행정행위의 내용 개설

2 하명과 면제

3 허가

기출테마 28 허가

118 [회독] □□□
21년 군무원 9급

행정법상 허가에 대한 설명으로 옳지 않은 것은?

① 허가는 규제에 반하는 행위에 대해 행정강제나 제재를 가하기보다는 행위의 사법상 효력을 부인함으로써 규제의 목적을 달성하는 방법이다.

② 허가란 법령에 의해 금지된 행위를 일정한 요건을 갖춘 경우에 그 금지를 해제하여 적법하게 행위할 수 있게 해준다는 의미에서 상대적 금지와 관련되는 경우이다.

③ 전통적인 의미에서 허가는 원래 개인이 누리는 자연적 자유를 공익적 차원(공공의 안녕과 질서유지)에서 금지해두었다가 일정한 요건을 갖춘 경우 그러한 공공에 대한 위험이 없다고 판단되는 경우 그 금지를 풀어줌으로써 자연적 자유를 회복시켜 주는 행위이다.

④ 실정법상으로는 허가 이외에 면허, 인가, 인허, 승인 등의 용어가 사용되고 있기 때문에 그것이 학문상 개념인 허가에 해당하는지 검토할 필요가 있다.

118

해설 ① (×) 무허가행위는 위법한 행위로서 행정강제나 제재의 대상이 될 뿐, 사법상 효력이 부인되는 것은 아니다.

② (○) 허가는 상대적 금지를 해제하는 경우에만 가능하고, 절대적 금지의 경우에는 인정되지 않는다.

③ (○) 전통적 의미에서 허가는 개인의 자연적 자유를 금지해두었다가 그 금지를 풀어줌으로써 자연적 자유를 회복시켜 주는 행위로서, 개인에게 특정한 권리나 법적 지위를 부여하거나 포괄적 권리의무관계를 설정하여 주는 특허와 구별된다.

④ (○) 실정법상 허가는 허가 이외에 면허, 인가, 인허, 승인 등의 여러 가지 용어로 사용되고 있기 때문에 그것이 학문상 개념인 허가, 특허, 인가 중 어느 개념에 해당하는지 검토할 필요가 있다.

정답 ①

119 [회독] ☐☐☐ 19년 지방 9급

甲은 강학상 허가에 해당하는 「식품위생법」상 영업허가를 신청하였다. 이에 대한 설명으로 옳은 것은? (다툼이 있는 경우 판례에 의함)

① 甲이 공무원인 경우 허가를 받으면 이는 「식품위생법」상의 금지를 해제할 뿐만 아니라 「국가공무원법」상의 영리업무금지까지 해제하여 주는 효과가 있다.

② 甲이 허가를 신청한 이후 관계법령이 개정되어 허가요건을 충족하지 못하게 된 경우, 행정청이 허가신청을 수리하고도 정당한 이유 없이 그 처리를 늦추어 그 사이에 허가기준이 변경된 것이 아닌 이상 甲에게는 불허가처분을 하여야 한다.

③ 甲에게 허가가 부여된 이후 乙에게 또 다른 신규허가가 행해진 경우, 甲에게는 특별한 규정이 없더라도 乙에 대한 신규허가를 다툴 수 있는 원고적격이 인정되는 것이 원칙이다.

④ 甲에 대해 허가가 거부되었음에도 불구하고 甲이 영업을 한 경우, 당해 영업행위는 사법(私法)상 효력이 없는 것이 원칙이다.

119

해설 ① (×) 허가는 해당 법령에 의한 금지를 해제하는 것에 그칠 뿐, 다른 법령에 의한 금지까지 해제하여 주는 것은 아니다.

② (○) "허가 등의 행정처분은 원칙적으로 처분시의 법령과 허가기준에 의하여 처리되어야 하고 허가신청 당시의 기준에 따라야 하는 것은 아니며, 비록 허가신청 후 허가기준이 변경되었다 하더라도 그 허가관청이 허가신청을 수리하고도 정당한 이유 없이 그 처리를 늦추어 그 사이에 허가기준이 변경된 것이 아닌 이상 변경된 허가기준에 따라서 처분을 하여야 한다." (대법원 1996.8.20, 선고 95누10877)

③ (×) 특별한 사정이 없는 한, 강학상 허가로 인한 영업자의 이익은 법률상 이익이 아니라 반사적 이익 내지 사실적 이익으로 봄이 원칙이므로, 기존 영업자인 甲에게는 신규 영업자인 乙에 대한 신규허가를 다툴 수 있는 원고적격이 인정되지 않는 것이 원칙이다.

④ (×) 무인가행위의 사법상 효력은 무효이지만, 무허가행위의 사법상 효력은 있는 것이 원칙이다.

정답 ②

120 [회독] □□□
22년 군무원 9급

다음 중 허가에 대한 설명으로 가장 옳지 않은 것은? (단, 다툼이 있는 경우 판례에 의함)

① 개정 전 허가기준의 존속에 관한 국민의 신뢰가 개정된 허가기준의 적용에 관한 공익상의 요구보다 더 보호가치가 있다고 인정되는 경우에는 그러한 국민의 신뢰를 보호하기 위하여 개정된 허가기준의 적용을 제한할 여지가 있다.

② 법령상의 산림훼손 금지 또는 제한 지역에 해당하지 아니하더라도 중대한 공익상의 필요가 있다고 인정되는 경우, 산림훼손허가신청을 거부할 수 있다.

③ 어업에 관한 허가의 경우 그 유효기간이 경과하면 그 허가의 효력이 당연히 소멸하지만, 유효기간의 만료 후라도 재차 허가를 받게 되면 그 허가기간이 갱신되어 종전의 어업허가의 효력 또는 성질이 계속된다.

④ 요허가행위를 허가를 받지 않고 행한 경우에는 행정법상 처벌의 대상이 되지만 당해 무허가행위의 법률상 효력이 당연히 부정되는 것은 아니다.

121 [회독] □□□
19년 국가 9급

건축허가와 건축신고에 대한 설명으로 옳지 않은 것만을 모두 고르면? (다툼이 있는 경우 판례에 의함)

> ㉠ 「건축법」 제14조제2항에 의한 인·허가의제 효과를 수반하는 건축신고에 대한 수리거부는 처분성이 인정되나, 동 규정에 의한 인·허가의제 효과를 수반하지 않는 건축신고에 대한 수리거부는 처분성이 부정된다.
>
> ㉡ 「국토의 계획 및 이용에 관한 법률」에 의해 지정된 도시지역 안에서 토지의 형질변경행위를 수반하는 건축허가는 재량행위에 속한다.
>
> ㉢ 건축허가권자는 중대한 공익상의 필요가 없음에도 관계 법령에서 정하는 제한사유 이외의 사유를 들어 건축허가 요건을 갖춘 자에 대한 허가를 거부할 수 있다.
>
> ㉣ 건축허가는 대물적 허가에 해당하므로, 허가의 효과는 허가대상 건축물에 대한 권리변동에 수반하여 이전되고 별도의 승인처분에 의하여 이전되는 것은 아니다.

① ㉠, ㉡ 　　　　　② ㉠, ㉢

③ ㉡, ㉢ 　　　　　④ ㉢, ㉣

120

[해설] ① (○) 진정소급적용이 아니라 하더라도, 신뢰보호의 원칙을 위반했는지 여부는 별도로 또 검토해 보아야 한다는 말이다. "건축허가기준에 관한 관계 법령 및 조례(이하 '법령'이라고만 한다)의 규정이 개정된 경우, 새로이 개정된 법령의 경과규정에서 달리 정함이 없는 한 처분 당시에 시행되는 개정 법령에서 정한 기준에 의하여 건축허가 여부를 결정하는 것이 원칙이고, 그러한 개정 법령의 적용과 관련하여서는 개정 전 법령의 존속에 대한 국민의 신뢰가 개정 법령의 적용에 관한 공익상의 요구보다 더 보호가치가 있다고 인정되는 경우에 그러한 국민의 신뢰를 보호하기 위하여 그 적용이 제한될 수 있는 여지가 있을 따름이다." (대법원 2007.11.16. 선고 2005두8092)

② (○) "산림훼손은 국토 및 자연의 유지와 수질 등 환경의 보전에 직접적으로 영향을 미치는 행위이므로, 법령이 규정하는 산림훼손 금지 또는 제한 지역에 해당하는 경우는 물론 금지 또는 제한 지역에 해당하지 않더라도 허가관청은 산림훼손허가신청 대상토지의 현상과 위치 및 주위의 상황 등을 고려하여 국토 및 자연의 유지와 환경의 보전 등 중대한 공익상 필요가 있다고 인정될 때에는 허가를 거부할 수 있고, 그 경우 법규에 명문의 근거가 없더라도 거부처분을 할 수 있다." (대법원 2003.3.28. 선고 2002두12113)

③ (×) "어업에 관한 허가 또는 신고의 경우 그 유효기간이 경과하면 그 허가나 신고의 효력이 당연히 소멸하며, 재차 허가를 받거나 신고를 하더라도 허가나 신고의 기간만 갱신되어 종전의 어업허가나 신고의 효력 또는 성질이 계속된다고 볼 수 없고 새로운 허가 내지 신고로서의 효력이 발생한다고 할 것이다." (대법원 2014.5.29. 선고 2011다57692)

④ (○) 허가는 허가를 받아서 해야 하는 행위의 적법요건일뿐 효력요건은 아니기 때문에, 별도의 규정이 없는 한, 무허가행위의 법률상 효력이 당연히 부인되는 것은 아니다. 단지 그 무허가 행위는 행정법상 처벌 또는 제재의 대상이 될 뿐이다.

정답 ③

121

[해설] ㉠ (×) 대법원은 인·허가 의제의 효과를 수반하는 건축신고뿐만 아니라, 인·허가 의제의 효과를 수반하지 않는 건축신고에 대한 수리거부에도 처분성을 인정하고 있다. (대법원 2010.11.18. 선고 2008두167)

㉡ (○) "국토의계획및이용에관한법률에서 정한 도시지역 안에서 토지의 형질변경행위를 수반하는 건축허가는 … 그 금지요건이 불확정개념으로 규정되어 있어 그 금지요건에 해당하는지 여부를 판단함에 있어서 행정청에게 재량권이 부여되어 있다고 할 것이므로, 같은 법에 의하여 지정된 도시지역 안에서 토지의 형질변경행위를 수반하는 건축허가는 결국 재량행위에 속한다." (대법원 2005.7.14. 선고 2004두6181)

㉢ (×) "건축허가권자는 건축허가신청이 건축법 등 관계 법규에서 정하는 어떠한 제한에 배치되지 않는 이상 당연히 같은 법조에서 정하는 건축허가를 하여야 하고, 중대한 공익상의 필요 없음에도 불구하고, 요건을 갖춘 자에 대한 허가를 관계 법령에서 정하는 제한사유 이외의 사유를 들어 거부할 수는 없다." (대법원 2006.11.9. 선고 2006두1227) 건축허가가 기속행위이기 때문이다.

㉣ (○) "건축허가는 대물적 허가의 성질을 가지는 것으로 그 허가의 효과는 허가대상 건축물에 대한 권리변동에 수반하여 이전되고, 별도의 승인처분에 의하여 이전되는 것이 아니다." (대법원 1979.10.30. 선고 79누190)

정답 ②

기출테마 29 인·허가 의제

122 [회독] ☐☐☐　　　　　　　25년 국가 9급

인허가의제에 대한 설명으로 옳지 않은 것은?

① 인허가의제의 효과는 주된 인허가의 해당 법률에 규정된 관련 인허가에 한정된다.

② 「국토의 계획 및 이용에 관한 법률」상 건축물의 건축에 관한 개발행위허가가 의제되는 건축허가신청이 국토의 계획 및 이용에 관한 법령이 정한 개발행위허가기준에 부합하지 아니하면 허가권자로서는 이를 거부할 수 있다.

③ 주택건설사업계획 승인처분에 따라 의제된 인허가가 위법함을 다투고자 하는 이해관계인은 의제된 인허가의 취소를 구할 것이 아니라 주택건설사업계획 승인처분의 취소를 구하여야 한다.

④ 어떤 개발사업의 시행과 관련하여 인허가의 근거 법령에서 절차간소화를 위하여 관련 인허가를 의제 처리할 수 있는 근거 규정을 둔 경우, 사업시행자는 인허가를 신청하면서 반드시 관련 인허가의제 처리를 신청할 의무가 있는 것은 아니다.

122

해설 | ① (○) 행정기본법 제25조 제2항

행정기본법	제25조(인허가의제의 효과) ② 인허가의제의 효과는 주된 인허가의 해당 법률에 규정된 관련 인허가에 한정된다.

② (○) "건축물의 건축이 국토계획법상 개발행위에 해당할 경우 그에 대한 건축허가를 하는 허가권자는 건축허가에 배치·저촉되는 관계 법령상 제한 사유의 하나로 국토계획법령의 개발행위허가기준을 확인하여야 하므로, 국토계획법상 건축물의 건축에 관한 개발행위허가가 의제되는 건축허가신청이 국토계획법령이 정한 개발행위허가기준에 부합하지 아니하면 허가권자로서는 이를 거부할 수 있고, 이는 건축법 제16조 제3항에 의하여 개발행위허가의 변경이 의제되는 건축허가사항의 변경허가에서도 마찬가지이다." (대법원 2016.8.24. 선고 2016두35762)

③ (✕) "주택건설사업계획 승인처분에 따라 의제된 인허가가 위법함을 다투고자 하는 이해관계인은, 주택건설사업계획 승인처분의 취소를 구할 것이 아니라 의제된 인허가의 취소를 구하여야 하며, 의제된 인허가는 주택건설사업계획 승인처분과 별도로 항고소송의 대상이 되는 처분에 해당한다." (대법원 2018.11.29. 선고 2016두38792)

④ (○) "어떤 인허가의 근거 법령에서 절차간소화를 위하여 관련 인허가를 의제 처리할 수 있는 근거 규정을 둔 경우에는, 사업시행자가 인허가를 신청하면서 하나의 절차 내에서 관련 인허가를 의제 처리해 줄 것을 신청할 수 있다. 관련 인허가 의제 제도는 사업시행자의 이익을 위하여 만들어진 것이므로, 사업시행자가 반드시 관련 인허가 의제 처리를 신청할 의무가 있는 것은 아니다." (대법원 2020.7.23. 선고 2019두31839)

정답 ③

123 [회독] □□□　　　21년 국가 9급

인 · 허가 의제에 대한 설명으로 옳지 않은 것은? (다툼이 있는 경우 판례에 의함)

① 주택건설사업계획 승인권자가 구 「주택법」에 따라 도시 · 군관리계획 결정권자와 협의를 거쳐 관계 주택건설사업계획을 승인하면 도시 · 군관리계획결정이 이루어진 것으로 의제되고, 이러한 협의 절차와 별도로 「국토의 계획 및 이용에 관한 법률」 등에서 정한 도시 · 군관리계획 입안을 위한 주민 의견청취 절차를 거칠 필요는 없다.

② 건축물의 건축이 「국토의 계획 및 이용에 관한 법률」상 개발행위에 해당할 경우 그 건축의 허가권자는 국토계획법령의 개발행위허가기준을 확인하여야 하므로, 국토계획법상 건축물의 건축에 관한 개발행위허가가 의제되는 건축허가신청이 국토계획법령이 정한 개발행위허가기준에 부합하지 아니하면 허가권자로서는 이를 거부할 수 있다.

③ 「건축법」에서 관련 인 · 허가 의제 제도를 둔 취지는 인 · 허가 의제사항 관련 법률에 따른 각각의 인 · 허가 요건에 관한 일체의 심사를 배제하려는 것이 아니다.

④ 주택건설사업계획 승인처분에 따라 의제된 인 · 허가가 위법함을 다투고자 하는 이해관계인은, 주택건설사업계획 승인처분의 취소를 구해야지 의제된 인 · 허가의 취소를 구해서는 아니되며, 의제된 인 · 허가는 주택건설사업계획 승인처분과 별도로 항고소송의 대상이 되는 처분에 해당하지 않는다.

123

[해설] ① (○) "주택건설사업계획 승인권자가 구 주택법 제17조 제3항에 따라 도시 · 군관리계획 결정권자와 협의를 거쳐 관계 주택건설사업계획을 승인하면 같은 조 제1항 제5호에 따라 도시 · 군관리계획 결정이 이루어진 것으로 의제되고, 이러한 협의 절차와 별도로 국토의 계획 및 이용에 관한 법률 제28조 등에서 정한 도시 · 군관리계획 입안을 위한 주민 의견청취 절차를 거칠 필요는 없다." (대법원 2018.11.29. 선고 2016두38792)

② (○) "건축물의 건축이 「국토의 계획 및 이용에 관한 법률」상 개발행위에 해당할 경우 그에 대한 건축허가를 하는 허가권자는 국토계획법령의 개발행위허가기준을 확인하여야 하므로, 국토계획법상 건축물의 건축에 관한 개발행위허가가 의제되는 건축허가신청이 국토계획법령이 정한 개발행위허가기준에 부합하지 아니하면 허가권자로서는 이를 거부할 수 있다." (대법원 2016.8.24. 선고 2016두35762)

③ (○) "건축법에서 관련 인 · 허가 의제 제도를 둔 취지는 인 · 허가 의제사항과 관련하여 건축행정청으로 그 창구를 단일화하고 절차를 간소화하며 비용과 시간을 절감함으로써 국민의 권익을 보호하려는 것이지, 인 · 허가 의제사항 관련 법률에 따른 각각의 인 · 허가 요건에 관한 일체의 심사를 배제하려는 것이 아니다." (대법원 2020.7.23. 선고 2019두31839)

④ (×) "주택건설사업계획승인처분에 따라 의제된 인 · 허가가 위법함을 다투고자 하는 이해관계인은, 주택건설사업계획 승인처분의 취소를 구할 것이 아니라 의제된 인 · 허가의 취소를 구하여야 하며, 의제된 인 · 허가는 주택건설사업계획 승인처분과 별도로 항고소송의 대상이 되는 처분에 해당한다." (대법원 2018.11.29. 선고 2016두38792)

정답 ④

124 [회독] ☐☐☐ 22년 지방 7급

인허가의제에 대한 설명으로 옳지 않은 것은? (다툼이 있는 경우 판례에 의함)

① 도시계획시설인 주차장에 대한 건축허가신청을 받은 행정청으로서는 「건축법」상 허가 요건뿐 아니라 그에 의해 의제되는 국토의 계획 및 이용에 관한 법령이 정한 도시계획시설사업에 관한 실시계획인가 요건도 충족하는 경우에 한하여 이를 허가해야 한다.

② 주된 인허가에 의해 의제된 인허가는 통상적인 인허가와 동일한 효력을 가지나, '부분 인허가의제'가 허용되는 경우 의제된 인허가의 취소나 철회는 허용되지 않으므로 이해관계인이 의제된 인허가의 위법함을 다투고자 하는 경우에는 주된 인허가처분을 항고소송의 대상으로 삼아야 한다.

③ 행정청이 「주택법」상 주택건설사업계획을 승인하면 「국토의 계획 및 이용에 관한 법률」상의 도시·군관리계획 결정이 이루어진 것으로 의제되는데, 이 경우 도시·군관리계획 결정권자와의 협의절차와 별도로 「국토의 계획 및 이용에 관한 법률」에서 정한 도시·군관리계획 입안을 위한 주민 의견청취 절차를 거칠 필요는 없다.

④ 행정청이 건축불허가처분을 하면서 그 처분사유로 건축불허가 사유뿐만 아니라 그 의제의 대상이 되는 형질변경불허가 사유나 농지전용불허가 사유를 들고 있다고 하여 그 건축불허가처분 외에 별개로 형질변경불허가처분이나 농지전용불허가처분이 존재하는 것은 아니다.

124

해설 ① (○) "건축법에서 인허가의제 제도를 둔 취지는, 인허가의제사항과 관련하여 건축허가의 관할 행정청으로 창구를 단일화하고 절차를 간소화하며 비용과 시간을 절감함으로써 국민의 권익을 보호하려는 것이지, 인허가의제사항 관련 법률에 따른 각각의 인허가 요건에 관한 일체의 심사를 배제하려는 것으로 보기는 어려우므로, 도시계획시설인 주차장에 대한 건축허가신청을 받은 행정청으로서는 건축법상 허가 요건뿐 아니라 국토의 계획 및 이용에 관한 법령이 정한 도시계획시설사업에 관한 실시계획인가 요건도 충족하는 경우에 한하여 이를 허가해야 한다." (대법원 2015.7.9. 선고 2015두39590)

② (×) "의제된 인허가는 통상적인 인허가와 동일한 효력을 가지므로, 적어도 '부분 인허가 의제'가 허용되는 경우에는 그 효력을 제거하기 위한 법적 수단으로 의제된 인허가의 취소나 철회가 허용될 수 있고, 이러한 직권 취소·철회가 가능한 이상 그 의제된 인허가에 대한 쟁송취소 역시 허용된다." (대법원 2018.11.29. 선고 2016두38792)

③ (○) "인허가 의제 규정의 입법 취지를 고려하면, 주택건설사업계획 승인권자가 구 주택법 제17조 제3항에 따라 도시·군관리계획 결정권자와 협의를 거쳐 관계 주택건설사업계획을 승인하면 같은 조 제1항 제5호에 따라 도시·군관리계획결정이 이루어진 것으로 의제되고, 이러한 협의 절차와 별도로 국토의 계획 및 이용에 관한 법률 제28조 등에서 정한 도시·군관리계획 입안을 위한 주민 의견청취 절차를 거칠 필요는 없다." (대법원 2018.11.29. 선고 2016두38792)

④ (○) "건축불허가처분을 하면서 그 처분사유로 건축불허가 사유뿐만 아니라 형질변경불허가 사유나 농지전용불허가 사유를 들고 있다고 하여 그 건축불허가처분 외에 별개로 형질변경불허가처분이나 농지전용불허가처분이 존재하는 것이 아니므로, 그 건축불허가처분을 받은 사람은 그 건축불허가처분에 관한 쟁송에서 건축법상의 건축불허가 사유뿐만 아니라 같은 도시계획법상의 형질변경불허가 사유나 농지법상의 농지전용불허가 사유에 관하여도 다툴 수 있는 것이지, 그 건축불허가처분에 관한 쟁송과는 별개로 형질변경불허가처분이나 농지전용불허가처분에 관한 쟁송을 제기하여 이를 다투어야 하는 것은 아니며, 그러한 쟁송을 제기하지 아니하였어도 형질변경불허가 사유나 농지전용불허가 사유에 관하여 불가쟁력이 생기지 아니한다." (대법원 2001.1.16. 선고 99누10988)

정답 ②

125 [회독] □□□　　　　　　　　　22년 소방직

행정행위에 대한 설명으로 옳은 것은? (다툼이 있는 경우 판례에 의함)

① 건축물의 건축이 「국토의 계획 및 이용에 관한 법률」상 개발행위에 해당할 경우 그 건축의 허가권자는 개발행위허가가 의제되는 건축허가신청이 국토계획법령이 정한 개발행위허가기준에 부합하지 아니하면 이를 거부할 수 있다.

② 주택건설사업계획 승인처분에 따라 의제된 인·허가의 위법함을 다투고자 하는 이해관계인은 의제된 인·허가의 취소를 구할 것이 아니라, 주된 처분인 주택건설사업계획 승인처분의 취소를 구하여야 한다.

③ 「하천법」에 의한 하천의 점용허가는 강학상 허가에 해당한다.

④ 「출입국관리법」상 체류자격 변경허가는 기속행위이므로 신청인이 관계법령에서 정한 요건을 충족하면 허가권자는 신청을 받아들여 허가해야 한다.

125

解説 ① (○) "건축물의 건축이 국토계획법상 개발행위에 해당할 경우 그에 대한 건축허가를 하는 허가권자는 건축허가에 배치·저촉되는 관계 법령상 제한 사유의 하나로 국토계획법령의 개발행위허가기준을 확인하여야 하므로, 국토계획법상 건축물의 건축에 관한 개발행위허가가 의제되는 건축허가신청이 국토계획법령이 정한 개발행위허가기준에 부합하지 아니하면 허가권자로서는 이를 거부할 수 있고, 이는 건축법 제16조 제3항에 의하여 개발행위허가의 변경이 의제되는 건축허가사항의 변경허가에서도 마찬가지이다." (대법원 2016.8.24. 선고 2016두35762)

② (×) "주택건설사업계획 승인처분에 따라 의제된 인허가가 위법함을 다투고자 하는 이해관계인은, 주택건설사업계획 승인처분의 취소를 구할 것이 아니라 의제된 인허가의 취소를 구하여야 하며, 의제된 인허가는 주택건설사업계획 승인처분과 별도로 항고소송의 대상이 되는 처분에 해당한다." (대법원 2018.11.29. 선고 2016두38792)

③ (×) 하천의 점용허가는 강학상 특허에 해당한다. "하천법 제33조에 의한 하천의 점용허가는 특정인에게 하천이용권이라는 독점적 권리를 설정하여 주는 처분에 해당하므로, 그러한 점용허가를 받은 자는 일반인에게는 허용되지 않는 특별한 공물사용권을 설정받아 일정 기간 이를 배타적으로 사용할 수 있다." (대법원 2018.12.27. 선고 2014두11601)

④ (×) "체류자격 변경허가는 신청인에게 당초의 체류자격과 다른 체류자격에 해당하는 활동을 할 수 있는 권한을 부여하는 일종의 설권적 처분의 성격을 가지므로, 허가권자는 신청인이 관계 법령에서 정한 요건을 충족하였더라도, 신청인의 적격성, 체류 목적, 공익상의 영향 등을 참작하여 허가 여부를 결정할 수 있는 재량을 가진다." (대법원 2016.7.14. 선고 2015두48846)

정답 ①

126 [회독] ☐☐☐

건축신고에 대한 설명으로 옳지 않은 것은?

① 「건축법」상 수리를 요하지 않는 건축신고에 있어서는 원칙적으로 적법한 요건을 갖춰 신고하면 행정청의 수리 등 별도의 조치를 기다릴 필요 없이 건축행위를 할 수 있다고 보아야 한다.

② 「건축법」상 건축신고가 다른 법률에서 정한 인·허가 등의 의제효과를 수반하는 경우에는 일반적인 건축신고와는 달리 특별한 사정이 없는 한 수리를 요하는 신고에 해당한다.

③ 건축신고 반려행위가 이루어진 단계에서 당사자로 하여금 반려행위의 적법성을 다투어 그 법적 불안을 해소한 다음 건축행위에 나아가도록 함으로써 장차 있을지도 모르는 위험에서 벗어날 수 있도록 길을 열어주기 위하여 건축신고 반려행위는 항고소송의 대상이 된다.

④ 인·허가의 근거 법령인 건축법령에서 절차간소화를 위하여 관련 인·허가를 의제 처리할 수 있는 근거 규정을 둔 경우, 주된 인·허가를 신청하려는 사업시행자는 반드시 관련 인·허가 의제 처리를 동시에 신청해야 한다.

126

해설 ① (○) 「건축법」상 건축신고는 자기완결적 신고(수리를 요하지 않는 신고)이다. "건축법 제5조 단항의 규정에 의하여 건축을 하고자 하는 자는 적법한 요건을 갖춘 신고만 하면 건축을 할 수 있는 것이고, 행정청의 수리처분 등 별단의 조치를 기다릴 필요가 없다고 해석함이 상당하다." (대법원 1968.4.30. 선고 68누12)

② (○) "건축법에서 인·허가의제 제도를 둔 취지는, 인·허가의제사항과 관련하여 건축허가 또는 건축신고의 관할 행정청으로 그 창구를 단일화하고 절차를 간소화하며 비용과 시간을 절감함으로써 국민의 권익을 보호하려는 것이지, 인·허가의제사항 관련 법률에 따른 각각의 인·허가 요건에 관한 일체의 심사를 배제하려는 것으로 보기는 어렵다. 또한 무엇보다도 건축신고를 하려는 자는 인·허가의제사항 관련 법령에서 제출하도록 의무화하고 있는 신청서와 구비서류를 제출하여야 하는데, 이는 건축신고를 수리하는 행정청으로 하여금 인·허가의제사항 관련 법률에 규정된 요건에 관하여도 심사를 하도록 하기 위한 것으로 볼 수밖에 없다. 따라서 인·허가의제 효과를 수반하는 건축신고는 일반적인 건축신고와는 달리, 특별한 사정이 없는 한 행정청이 그 실체적 요건에 관한 심사를 한 후 수리하여야 하는 이른바 '수리를 요하는 신고'로 보는 것이 옳다." (대법원 2011.1.20. 선고 2010두14954 전원합의체)

③ (○) "건축주 등은 신고제하에서도 건축신고가 반려될 경우 당해 건축물의 건축을 개시하면 시정명령, 이행강제금, 벌금의 대상이 되거나 당해 건축물을 사용하여 행할 행위의 허가가 거부될 우려가 있어 불안정한 지위에 놓이게 된다. 따라서 건축신고 반려행위가 이루어진 단계에서 당사자로 하여금 반려행위의 적법성을 다투어 그 법적 불안을 해소한 다음 건축행위에 나아가도록 함으로써 장차 있을지도 모르는 위험에서 미리 벗어날 수 있도록 길을 열어 주고, 위법한 건축물의 양산과 그 철거를 둘러싼 분쟁을 조기에 근본적으로 해결할 수 있게 하는 것이 법치행정의 원리에 부합한다. 그러므로 건축신고 반려행위는 항고소송의 대상이 된다고 보는 것이 옳다." (대법원 2010.11.18. 선고 2008두167 전원합의체)

④ (×) "어떤 개발사업의 시행과 관련하여 여러 개별 법령에서 각각 고유한 목적과 취지를 가지고 요건과 효과를 달리하는 인허가 제도를 각각 규정하고 있다면, 그 개발사업을 시행하기 위해서는 개별 법령에 따른 여러 인허가 절차를 각각 거치는 것이 원칙이다. 다만 어떤 인허가의 근거 법령에서 절차간소화를 위하여 관련 인허가를 의제 처리할 수 있는 근거 규정을 둔 경우에는, 사업시행자가 인허가를 신청하면서 하나의 절차 내에서 관련 인허가를 의제 처리해줄 것을 신청할 수 있다. 관련 인허가 의제 제도는 사업시행자의 이익을 위하여 만들어진 것이므로, 사업시행자가 반드시 관련 인허가 의제 처리를 신청할 의무가 있는 것은 아니다." (대법원 2020.7.23. 선고 2019두31839)

정답 ④

127 [회독] ☐☐☐ 22년 지방 9급

영업의 양도와 영업자지위승계에 대한 설명으로 옳지 않은 것은? (다툼이 있는 경우 판례에 의함)

① 「식품위생법」상 허가영업자의 지위승계신고수리처분을 하는 경우 「행정절차법」 규정 소정의 당사자에 해당하는 종전의 영업자에게 행정절차를 실시하여야 한다.

② 관할 행정청은 여객자동차운송사업의 양도·양수에 대한 인가를 한 후에도 그 양도·양수 이전에 있었던 양도인에 대한 운송사업면허 취소사유를 들어 양수인의 사업면허를 취소할 수 있다.

③ 영업양도행위가 무효임에도 행정청이 승계신고를 수리하였다면 양도자는 민사쟁송이 아닌 행정소송으로 신고수리처분의 무효확인을 구할 수 있다.

④ 사실상 영업이 양도·양수되었지만 승계신고 및 수리처분이 있기 전에 양도인이 허락한 양수인의 영업 중 발생한 위반행위에 대한 행정적 책임은 양수인에게 귀속된다.

127

해설 ① (○) "행정청이 구 식품위생법 규정에 의하여 영업자지위승계신고를 수리하는 처분은 종전의 영업자의 권익을 제한하는 처분이라 할 것이고 따라서 종전의 영업자는 그 처분에 대하여 직접 그 상대가 되는 자에 해당한다고 봄이 상당하므로, 행정청으로서는 위 신고를 수리하는 처분을 함에 있어서 행정절차법 규정 소정의 당사자에 해당하는 종전의 영업자에 대하여 위 규정 소정의 행정절차를 실시하고 처분을 하여야 한다." (대법원 2003.2.14. 선고 2001두7015)

② (○) "구 여객자동차 운수사업법에 의하면 개인택시 운송사업을 양수한 사람은 양도인의 운송사업자로서의 지위를 승계하는 것이므로, 관할관청은 개인택시 운송사업의 양도·양수에 대한 인가를 한 후에도 그 양도·양수 이전에 있었던 양도인에 대한 운송사업면허 취소사유를 들어 양수인의 사업면허를 취소할 수 있는 것이고, 가사 양도·양수 당시에는 양도인에 대한 운송사업면허 취소사유가 현실적으로 발생하지 않은 경우라도 그 원인되는 사실이 이미 존재하였다면, 관할관청으로서는 그 후 발생한 운송사업면허 취소사유에 기하여 양수인의 사업면허를 취소할 수 있는 것이다." (대법원 2010.4.8. 선고 2009두17018)

③ (○) "사업의 양도행위가 무효라고 주장하는 양도자는 민사쟁송으로 양도·양수행위의 무효를 구함이 없이 막바로 허가관청을 상대로 하여 행정소송으로 위 신고수리처분의 무효확인을 구할 법률상 이익이 있다." (대법원 2005.12.23. 선고 2005두3554)

④ (×) "사실상 영업이 양도·양수되었지만 아직 승계신고 및 그 수리처분이 있기 이전에는 여전히 종전의 영업자인 양도인이 영업허가자이고, 양수인은 영업허가자가 되지 못한다 할 것이어서 행정제재처분의 사유가 있는지 여부 및 그 사유가 있다고 하여 행하는 행정제재처분은 영업허가자인 양도인을 기준으로 판단하여 그 양도인에 대하여 행하여야 할 것이다." (대법원 1995.2.24. 선고 94누9146)

정답 ④

128 [회독] □□□   22년 국가 7급

다음 사례에 대한 설명으로 옳지 않은 것은? (다툼이 있는 경우 판례에 의함)

> 甲은 구 「주택건설촉진법」상 아파트를 건설하기 위해 관할 행정청인 A 시장으로부터 주택건설사업계획승인을 받았는데, 그 후 乙에게 위 주택건설사업에 관한 일체의 권리를 양도하였다. 乙은 A 시장에 대하여 사업주체가 변경되었음을 이유로 사업계획변경승인신청서를 제출하였는데, A 시장은 사업계획승인을 받은 날로부터 4년여 간 공사에 착수하지 않았다는 이유로 주택건설사업계획승인을 취소한다고 甲과 乙에게 통지하고, 乙의 사업계획변경승인신청을 반려하였다.

① A 시장의 주택건설사업계획승인의 취소는 취소하여야 할 공익상의 필요와 그 취소로 인하여 당사자가 입게 될 기득권의 침해·신뢰보호 등을 비교·교량하였을 때 공익상의 필요가 당사자가 입을 불이익을 정당화할 만큼 강하지 않다면 적법성을 인정받을 수 없다.

② 사실상 내지 사법상으로 주택건설사업 등이 양도·양수되었을지라도 아직 변경승인을 받기 이전에는 그 사업계획의 피승인자는 여전히 종전의 사업주체인 甲이다.

③ 주택건설사업계획승인취소처분이 甲과 乙에게 같이 통지되었다 하더라도 아직 乙이 사업계획변경승인을 받지 못한 이상 乙로서는 자신에 대한 것이든 甲에 대한 것이든 사업계획승인취소를 다툴 원고적격이 인정되지 않는다.

④ A 시장이 乙에 대하여 한 주택건설사업계획승인취소의 통지는 항고소송의 대상이 되는 행정처분이 아니다.

128

[해설] ① (○) "주택건설사업은 관할 관청의 주택건설종합계획이 정하는 바에 따라 그 사업을 시행하여야 할 뿐 아니라 통상 그 공사 규모가 크고 이해관계인이 많아 비교적 장기간의 공사준비 기간이 소요되는 점 등을 고려할 때, 주택건설사업계획승인에 관하여 건축법 제8조 제8항의 취소사유에 관한 부분을 그대로 유추적용할 수는 없고, 관할 관청이 주택건설촉진법 제48조의 규정 등에 의하여 주택건설사업계획승인을 취소할 때에는 취소하여야 할 공익상의 필요와 그 취소로 인하여 당사자가 입게 될 기득권과 신뢰 보호, 법률생활의 안정과 침해 등을 비교·교량한 후 공익상의 필요가 당사자가 입을 불이익을 정당화할 만큼 강한 경우에 한하여 취소할 수 있다." (대법원 1998.5.8. 선고 97누7875)

②, ④ (○) "주택건설사업계획에 있어서 사업주체변경의 승인은 그로 인하여 사업주체의 변경이라는 공법상의 효과가 발생하는 것이므로, 사실상 내지 사법상으로 주택건설사업 등이 양도·양수되었을지라도 아직 변경승인을 받기 이전에는 그 사업계획의 피승인자는 여전히 종전의 사업주체인 양도인이고 양수인이 아니라 할 것이어서, 사업계획승인취소처분 등의 사유가 있는지의 여부와 취소사유가 있다고 하여 행하는 취소처분은 피승인자인 양도인을 기준으로 판단하여 그 양도인에 대하여 행하여져야 할 것이므로 행정청이 주택건설사업의 양수인에 대하여 양도인에 대한 사업계획승인을 취소하였다는 사실을 통지한 것만으로는 양수인의 법률상 지위에 어떠한 변동을 일으키는 것은 아니므로 위 통지는 항고소송의 대상이 되는 행정처분이라고 할 수는 없다." (대법원 2000.9.26. 선고 99두646)

③ (✕) "주택건설 사업주체의 변경승인신청은 양수인이 단독으로 할 수 있고 위 변경승인은 실질적으로 양수인에 대하여 종전에 승인된 사업계획과 동일한 사업계획을 새로이 승인해 주는 행위라 할 것이므로, 사업주체의 변경승인신청이 된 이후에 행정청이 양도인에 대하여 그 사업계획변경승인의 전제로 되는 사업계획승인을 취소하는 처분을 하였다면 양수인은 그 처분 이전에 양도인으로부터 토지와 사업승인권을 사실상 양수받아 사업주체의 변경승인신청을 한 자로서 그 취소를 구할 법률상의 이익을 가진다." (대법원 2000.9.26. 선고 99두646)

정답 ③

129 [회독] □□□   25년 지방 9급

영업허가의 양도와 제재처분의 효과 및 제재사유의 승계에 대한 설명으로 옳지 않은 것은?

① 「식품위생법」에 따른 영업장 면적 변경에 관한 신고의무가 이행되지 않은 영업을 양수한 자가 그 신고의무를 이행하지 않은 채 영업을 계속하는 경우, 시정명령 또는 영업정지 등 제재처분의 대상이 된다.

② 불법증차를 실행하고 유가보조금을 받은 운송사업자로부터 운송사업 영업을 양수하고 구 「화물자동차 운수사업법」에 따라 신고를 하여 운송사업자의 지위를 승계한 양수인에게, 행정청은 불법증차 차량에 관하여 지급된 유가보조금의 반환을 명할 수 있다. 다만, 그에 따른 양수인의 책임범위는 지위승계 후 유가보조금 부정수급액에 한정된다.

③ 행정청은 개인택시운송사업의 양도·양수에 대한 인가를 한 후, 그 양도·양수 이전에 있었던 양도인에 대한 운송사업면허 취소사유를 들어 양수인의 사업면허를 취소할 수 있다.

④ 분할하는 회사의 분할 전 「하도급거래 공정화에 관한 법률」 위반행위를 이유로 신설회사에 대하여 동법에 따른 시정조치를 명하는 것이 허용된다.

129

해설 ① (○) "영업장 면적이 변경되었음에도 그에 관한 신고의무가 이행되지 않은 영업을 양수한 자 역시 그와 같은 신고의무를 이행하지 않은 채 영업을 계속한다면 시정명령 또는 영업정지 등 제재처분의 대상이 될 수 있다." (대법원 2020.3.26. 선고 2019두38830)

② (○) "불법증차를 실행한 운송사업자로부터 운송사업을 양수하고 화물자동차법 제16조 제1항에 따른 신고를 하여 화물자동차법 제16조 제4항에 따라 운송사업자의 지위를 승계한 경우에는 설령 양수인이 영업양도·양수 대상에 불법증차 차량이 포함되어 있는지를 구체적으로 알지 못하였다 할지라도, 양수인은 불법증차 차량이라는 물적 자산과 그에 대한 운송사업자로서의 책임까지 포괄적으로 승계한다. 따라서 관할 행정청은 양수인의 선의·악의를 불문하고 양수인에 대하여 불법증차 차량에 관하여 지급된 유가보조금의 반환을 명할 수 있다. 다만 그에 따른 양수인의 책임범위는 지위승계 후 발생한 유가보조금 부정수급액에 한정되고, 지위승계 전에 발생한 유가보조금 부정수급액에 대해서까지 양수인을 상대로 반환명령을 할 수는 없다." (대법원 2021.7.29. 선고 2018두55968)

③ (○) "구 여객자동차 운수사업법 제14조 제4항에 의하면 개인택시 운송사업을 양수한 사람은 양도인의 운송사업자로서의 지위를 승계하므로, 관할 관청은 개인택시 운송사업의 양도·양수에 대한 인가를 한 후에도 그 양도·양수 이전에 있었던 양도인에 대한 운송사업면허 취소사유를 들어 양수인의 사업면허를 취소할 수 있다." (대법원 2010.11.11. 선고 2009두14934)

④ (×) "회사 분할 시 신설회사 또는 존속회사가 승계하는 것은 분할하는 회사의 권리와 의무이고, 분할하는 회사의 분할 전 법 위반행위를 이유로 과징금이 부과되기 전까지는 단순한 사실행위만 존재할 뿐 과징금과 관련하여 분할하는 회사에 승계 대상이 되는 어떠한 의무가 있다고 할 수 없으므로, 특별한 규정이 없는 한 신설회사에 대하여 분할하는 회사의 분할 전 법 위반행위를 이유로 과징금을 부과하는 것은 허용되지 않는다." (대법원 2011.5.26. 선고 2008두18335)

정답 ④

130 [회독] □□□

다음 중 허가에 대한 설명으로 가장 옳지 않은 것은?

① 한의사 면허는 허가에 해당하고, 한약조제시험을 통해 약사에게 한약조제권을 인정함으로써 한의사들의 영업이익이 감소되었다고 하더라도 이는 법률상 이익 침해라고 할 수 없다.

② 건축허가는 기속행위이므로 건축법상 허가요건이 충족된 경우에는 항상 허가하여야 한다.

③ 허가신청 후 허가기준이 변경되었다 하더라도 그 허가관청이 허가신청을 수리하고도 정당한 이유 없이 그 처리를 늦추어 그 사이에 허가기준이 변경된 것이 아닌 이상 변경된 허가기준에 따라서 처분을 하여야 한다.

④ 석유판매업 등록은 대물적 허가의 성질을 가지고 있으므로, 종전 석유판매업자가 유사석유제품을 판매한 행위에 대해 승계인에게 사업정지 등 제재처분을 할 수 있다.

130

[해설] ① (○) "한의사 면허는 경찰금지를 해제하는 명령적 행위(강학상 허가)에 해당하고, 한약조제시험을 통하여 약사에게 한약조제권을 인정함으로써 한의사들의 영업상 이익이 감소되었다고 하더라도 이러한 이익은 사실상의 이익에 불과하고 약사법이나 의료법 등의 법률에 의하여 보호되는 이익이라고는 볼 수 없다." (대법원 1998.3.10. 선고 97누4289)

② (×) 요건이 충족되었다 하더라도, 중대한 공익상의 필요가 있는 경우에는 허가를 거부할 수 있다. "건축허가권자는 건축허가신청이 건축법 등 관계 법규에서 정하는 어떠한 제한에 배치되지 않는 이상 당연히 같은 법조에서 정하는 건축허가를 하여야 하고, 중대한 공익상의 필요가 없는데도 관계 법령에서 정하는 제한사유 이외의 사유를 들어 요건을 갖춘 자에 대한 허가를 거부할 수는 없다." (대법원 2009.9.24. 선고 2009두8946)

③ (○) "허가 등의 행정처분은 원칙적으로 처분시의 법령과 허가기준에 의하여 처리되어야 하고 허가신청 당시의 기준에 따라야 하는 것은 아니며, 비록 허가신청 후 허가기준이 변경되었다 하더라도 그 허가관청이 허가신청을 수리하고도 정당한 이유 없이 그 처리를 늦추어 그 사이에 허가기준이 변경된 것이 아닌 이상 변경된 허가기준에 따라서 처분을 하여야 한다." (대법원 2006.8.25. 선고 2004두2974)

④ (○) "석유사업법 제12조 제3항, 제9조 제1항, 제12조 제4항 등을 종합하면 석유판매업(주유소)허가는 소위 대물적 허가의 성질을 갖는 것이어서 그 사업의 양도도 가능하고 이 경우 양수인은 양도인의 지위를 승계하게 됨에 따라 양도인의 위 허가에 따른 권리의무가 양수인에게 이전되는 것이므로 만약 양도인에게 그 허가를 취소할 위법사유가 있다면 허가관청은 이를 이유로 양수인에게 응분의 제재조치를 취할 수 있다." (대법원 1986.7.22. 선고 86누203)

정답 ②

131 [회독] ☐☐☐ 21년 군무원 9급

개인적 공권에 대한 설명으로 옳지 않은 것은? (단, 다툼이 있는 경우 판례에 의함)

① 한의사들이 가지는 한약조제권을 한약조제시험을 통하여 약사에게도 인정함으로써 감소하게 되는 한의사들의 영업상 이익은 법률에 의하여 보호되는 이익이라 볼 수 없다.

② 합병 이전의 회사에 대한 분식회계를 이유로 감사인 지정제외 처분과 손해배상공동기금의 추가적립의무를 명한 조치의 효력은 합병 후 존속하는 법인에게 승계될 수 있다.

③ 당사자 사이에 석탄산업법시행령 제41조 제4항 제5호 소정의 재해위로금에 대한 지급청구권에 관한 부제소합의가 있는 경우 그러한 합의의 효력이 인정된다.

④ 석유판매업 허가는 소위 대물적 허가의 성질을 갖는 것이어서 양수인이 그 양수후 허가관청으로부터 석유판매업 허가를 다시 받았다 하더라도 이는 석유판매업의 양수도를 전제로 한 것이어서 이로써 양도인의 지위승계가 부정되는 것은 아니므로 양도인의 귀책사유는 양수인에게 그 효력이 미친다.

131

해설 ① (○) "한의사 면허는 경찰금지를 해제하는 명령적 행위(강학상 허가)에 해당하고, 한약조제시험을 통하여 약사에게 한약조제권을 인정함으로써 한의사들의 영업상 이익이 감소되었다고 하더라도 이러한 이익은 사실상의 이익에 불과하고 약사법이나 의료법 등의 법률에 의하여 보호되는 이익이라고는 볼 수 없다." (대법원 1998.3.10. 선고 97누4289)

② (○) "구 주식회사의외부감사에관한법률 제4조의3에 규정된 감사인지정 및 같은 법 제16조 제1항에 규정된 감사인지정제외와 관련한 공법상의 관계는 감사인의 인적·물적 설비와 위반행위의 태양과 내용 등과 같은 객관적 사정에 기초하여 이루어지는 것으로서 합병으로 존속하는 회계법인에게 승계된다. … 구 주식회사의외부감사에관한법률 제17조의2에 정해진 손해배상공동기금 및 같은법시행령 제17조의9에 정해진 손해배상공동기금의 추가적립과 관련한 공법상의 관계는 감사인의 감사보수총액과 위반행위의 태양 및 내용 등과 같은 객관적 사정에 기초하여 이루어지는 것으로서 합병으로 존속회계법인에게 승계된다." (대법원 2004.7.8. 선고 2002두1946)

③ (×) "당사자 사이에 석탄산업법시행령 제41조 제4항 제5호 소정의 재해위로금에 대한 지급청구권에 관한 부제소합의가 있었다고 하더라도 그러한 합의는 무효라고 할 것이다." (대법원 1999.1.26. 선고 98두12598) 이러한 합의는 개인적 공권의 일종인 소권(訴權)을 포기하기로 하는 계약인데, 개인적 공권의 포기는 원칙적으로 허용되지 않기 때문이다.

④ (○) "석유판매업(주유소)허가는 소위 대물적 허가의 성질을 갖는 것이어서 그 사업의 양도도 가능하고 이 경우 양수인은 양도인의 지위를 승계하게 됨에 따라 양도인의 위 허가에 따른 권리의무가 양수인에게 이전되는 것이므로 만약 양도인에게 그 허가를 취소할 위법사유가 있다면 허가관청은 이를 이유로 양수인에게 응분의 제재조치를 취할 수 있다 할 것이고, 양수인이 그 양수 후 허가관청으로부터 석유판매업허가를 다시 받았다 하더라도 이는 석유판매업의 양수도를 전제로 한 것이어서 이로써 양도인의 지위승계가 부정되는 것은 아니므로 양도인의 귀책사유는 양수인에게 그 효력이 미친다." (대법원 1986.7.22. 선고 86누203)

정답 ③

132 [회독] □□□ 25년 소방직

사인의 공법행위에 관한 설명으로 옳지 않은 것은? (다툼이 있는 경우 판례에 의함)

① 인·허가의제 효과를 수반하는 건축신고는 일반적인 건축신고와는 달리, 특별한 사정이 없는 한 행정청이 그 실체적 요건에 관한 심사를 한 후 수리하여야 하는 이른바 '수리를 요하는 신고'로 보는 것이 옳다.

② 행정청이 구 「식품위생법」 규정에 의하여 영업자지위승계신고를 수리하는 처분을 함에 있어서는 「행정절차법」 규정 소정의 당사자에 해당하는 종전의 영업자에 대하여 「행정절차법」 규정 소정의 행정절차를 실시하고 처분을 하여야 한다.

③ 구 「유통산업발전법」에 따라 영업시간 제한 등 규제 대상이 되는 대형마트에 해당하는지는, 일단 대형마트로 개설등록되었다면 특별한 사정이 없는 한, 개설 등록된 형식에 따라 대규모점포를 일체로서 판단할 것이 아니고, 대규모점포를 구성하는 개별 점포의 실질이 대형마트의 요건에 부합하는지를 다시 살펴야 한다.

④ 구 「체육시설의설치·이용에관한법률」에 따른 당구장업의 신고요건을 갖춘 자라 할지라도 구 「학교보건법」 상의 학교환경 위생정화구역 내에서는 구 「학교보건법」에 의한 별도 요건을 충족하지 아니하는 한 적법한 신고를 할 수 없다고 보아야 한다.

132

해설 ① (○) "인·허가의제 효과를 수반하는 건축신고는 일반적인 건축신고와는 달리, 특별한 사정이 없는 한 행정청이 그 실체적 요건에 관한 심사를 한 후 수리하여야 하는 이른바 '수리를 요하는 신고'로 보는 것이 옳다." (대법원 2011.1.20. 선고 2010두14954 전원합의체)

② (○) "행정청이 구 식품위생법 규정에 의하여 영업자지위승계신고를 수리하는 처분은 종전의 영업자의 권익을 제한하는 처분이라 할 것이고 따라서 종전의 영업자는 그 처분에 대하여 직접 그 상대가 되는 자에 해당한다고 봄이 상당하므로, 행정청으로서는 위 신고를 수리하는 처분을 함에 있어서 행정절차법 규정 소정의 당사자에 해당하는 종전의 영업자에 대하여 위 규정 소정의 행정절차를 실시하고 처분을 하여야 한다." (대법원 2003.2.14. 선고 2001두7015)

③ (×) "구 유통산업발전법 제12조의2 제1항, 제2항, 제3항에 따라 영업시간 제한 등 규제 대상이 되는 대형마트에 해당하는지는, 일단 대형마트로 개설 등록되었다면 특별한 사정이 없는 한, 개설 등록된 형식에 따라 대규모점포를 일체로서 판단하여야 하고, 대규모점포를 구성하는 개별 점포의 실질이 대형마트의 요건에 부합하는지를 다시 살필 것은 아니다." (대법원 2015.11.19. 선고 2015두295 전원합의체)

④ (○) "학교보건법과 체육시설의설치이용에관한법률은 그 입법목적, 규정사항, 적용범위 등을 서로 달리 하고 있어서 당구장의 설치에 관하여 체육시설의설치·이용에관한법률이 학교보건법에 우선하여 배타적으로 적용되는 관계에 있다고는 해석되지 아니하므로 체육시설의설치·이용에관한법률에 따른 당구장업의 신고요건을 갖춘 자라 할지라도 학교보건법 제5조 소정의 학교환경 위생정화구역 내에서는 같은 법 제6조에 의한 별도 요건을 충족하지 아니하는 한 적법한 신고를 할 수 없다고 보아야 한다." (대법원 1991.7.12. 선고 90누8350)

정답 ③

4 특허

기출테마 31 특허

133 [회독] □□□
22년 지방 9급

행정행위에 대한 설명으로 옳지 않은 것은? (다툼이 있는 경우 판례에 의함)

① 건축허가는 대물적 성질을 갖는 것이어서 행정청으로서는 허가를 할 때에 건축주 또는 토지 소유자가 누구인지 등 인적 요소에 관하여는 형식적 심사만 한다.

② 시·도경찰청장이 횡단보도를 설치하여 보행자 통행방법 등을 규제하는 것은 국민의 권리·의무에 직접 관계가 있는 행위로서 행정처분이다.

③ 국유재산의 무단점유에 대한 변상금 징수의 요건은 「국유재산법」에 명백히 규정되어 있으므로 변상금을 징수할 것인가는 처분청의 재량을 허용하지 않는 기속행위이다.

④ 공유수면의 점용·사용허가는 특정인에게 공유수면 이용권이라는 독점적 권리를 설정하여 주는 처분이 아니라 일반적인 상대적 금지를 해제하는 처분이다.

134 [회독] □□□
20년 소방직

다음 중 특허에 해당하지 않는 것은? (다툼이 있는 경우 판례에 의함)

① 귀화허가

② 공무원임명

③ 개인택시운송사업면허

④ 사립학교 법인이사의 선임행위

133

[해설] ① (○) "건축허가는 대물적 성질을 갖는 것으로서 행정청으로서는 허가를 함에 있어 건축주가 누구인가 등 인적 요소에 대하여는 형식적 심사만 하고 신청서에 기재된 바에 따르게 된다." (대법원 1993.6.29. 선고 92누17822)

② (○) "지방경찰청장이 횡단보도를 설치하여 보행자의 통행방법 등을 규제하는 것은, 행정청이 특정 사항에 대하여 의무의 부담을 명하는 행위이고, 이는 국민의 권리의무에 직접 관계가 있는 행위로서 행정처분이라고 보아야 할 것이다." (대법원 2000.10.27. 선고 98두8964)

③ (○) "국유재산의 무단점유 등에 대한 변상금 징수의 요건은 구 국유재산법에 명백히 규정되어 있으므로 변상금을 징수할 것인가는 처분청의 재량을 허용하지 않는 기속행위이고, 여기에 재량권 일탈·남용의 문제는 생길 여지가 없다." (대법원 1998.9.22. 선고 98두7602)

④ (×) "구 공유수면관리법에 따른 공유수면의 점·사용허가는 특정인에게 공유수면 이용권이라는 독점적 권리를 설정하여 주는 처분으로서 그 처분의 여부 및 내용의 결정은 원칙적으로 행정청의 재량에 속한다고 할 것이다." (대법원 2004.5.28. 선고 2002두5016)

정답 ④

134

[해설] ① 귀화허가(2009두19069), ② 공무원임명, ③ 개인택시운송사업면허(96누7172)는 강학상 특허에 해당한다. 그러나 ④ 사립학교 법인이사의 선임행위(2005두9651)는 강학상 인가에 해당한다.

정답 ④

5 인가

기출테마 32 인가

135 [회독] □□□ 21년 국가 7급

강학상 인가에 대한 설명으로 옳지 않은 것은? (다툼이 있는 경우 판례에 의함)

① 인가는 당사자의 법률적 행위를 보충하여 그 법률적 효력을 완성시키는 행정주체의 보충적 의사표시로서의 법률행위적 행정행위이다.

② 재단법인의 정관변경 결의가 적법 유효하고 보충행위인 인가처분 자체에만 하자가 있다면 그 인가처분의 무효나 취소를 주장할 수 있다.

③ 재단법인의 정관변경 결의에 하자가 있더라도, 그에 대한 인가가 있었다면 기본행위인 정관변경 결의는 유효한 것으로 된다.

④ 재단법인의 임원취임이 사법인인 재단법인의 정관에 근거하였다 할지라도 재단법인의 임원취임승인 신청에 대하여 주무관청이 그 신청을 당연히 승인하여야 하는 것은 아니다.

135

[해설] ① (○) 인가는 당사자의 법률행위를 보충하여 그 법적 효력을 완성시키는 행정주체의 보충적 의사표시로서 법률행위적 행정행위이다.

② (○), ③ (×) "인가는 기본행위인 재단법인의 정관변경에 대한 법률상의 효력을 완성시키는 보충행위로서, 그 기본이 되는 정관변경 결의에 하자가 있을 때에는 그에 대한 인가가 있었다 하여도 기본행위인 정관변경 결의가 유효한 것으로 될 수 없으므로 기본행위인 정관변경 결의가 적법 유효하고 보충행위인 인가처분 자체에만 하자가 있다면 그 인가처분의 무효나 취소를 주장할 수 있다." (대법원 1996.5.16. 선고 95누4810)

④ (○) "재단법인의 임원취임이 사법인인 재단법인의 정관에 근거한다 할지라도 이에 대한 행정청의 승인(인가)행위는 법인에 대한 주무관청의 감독권에 연유하는 이상 그 인가행위 또는 인가거부행위는 공법상의 행정처분으로서, 그 임원취임을 인가 또는 거부할 것인지 여부는 주무관청의 권한에 속하는 사항이라고 할 것이고, 재단법인의 임원취임승인 신청에 대하여 주무관청이 이에 기속되어 이를 당연히 승인(인가)하여야 하는 것은 아니다." (대법원 2000.1.28. 선고 98두16996)

정답 ③

136 [회독] □□□ 19년 국가 9급

다른 법률행위를 보충하여 그 법적 효력을 완성시키는 행위에 해당하지 않는 것만을 모두 고르면? (다툼이 있는 경우 판례에 의함)

> ㉠ 사설법인묘지의 설치에 대한 행정청의 허가
> ㉡ 토지거래허가구역 내의 토지거래계약에 대한 행정청의 허가
> ㉢ 재단법인의 정관변경에 대한 행정청의 허가
> ㉣ 재건축조합이 수립하는 관리처분계획에 대한 행정청의 인가

① ㉠
② ㉠, ㉣
③ ㉡, ㉣
④ ㉠, ㉡, ㉢

136

[해설] 여기서 "다른 법률행위를 보충하여 그 법적 효력을 완성시키는 행위"란 강학상 인가를 뜻한다.

㉠ (허가) "법인묘지 설치허가 신청지가 장사 등에 관한 법률에서 규정한 설치제한지역에 해당하지 않지만 주민들의 보건위생상 이익 보호를 이유로 그 허가를 거부한 처분이 적법하다." (대법원 2008.4.10. 선고 2007두6106)

㉡ (인가) "토지거래계약허가는 규제지역 내에서도 토지거래의 자유가 인정되나 다만 위 허가를 허가 전의 유동적 무효 상태에 있는 법률행위의 효력을 완성시켜 주는 인가적 성질을 띤 것이라고 보는 것이 타당하다." (대법원 1991.12.24. 선고 90다12243)

㉢ (인가) "민법 제45조와 제46조에서 말하는 재단법인의 정관변경 허가는 법률상의 표현이 허가로 되어 있기는 하나, 그 성질에 있어 법률행위의 효력을 보충해 주는 것이지 일반적 금지를 해제하는 것이 아니므로, 그 법적 성격은 인가라고 보아야 한다." (대법원 1996.5.16. 선고 95누4810)

㉣ (인가) "도시재개발법 제34조에 의한 행정청의 인가는 주택개량재개발조합의 관리처분계획에 대한 법률상의 효력을 완성시키는 보충행위이다." (대법원 2001.12.11. 선고 2001두7541)

정답 ①

137 [회독] □□□　　　　　　　　　24년 소방직

행정행위로서 인가에 관한 설명으로 옳지 않은 것은? (다툼이 있는 경우 판례에 의함)

① 기본행위에는 하자가 없는데 인가처분에 고유한 하자가 있다면 그 인가처분의 무효확인이나 취소를 구하여야 한다.

② 인가처분에 고유한 하자가 없는데 기본행위에 하자가 있다면 기본행위의 무효를 주장하면서 곧바로 인가처분의 무효확인이나 취소를 구할 수 있다.

③ 기본행위가 무효인 경우 그에 대한 인가처분이 있더라도 그 기본행위가 유효한 것으로 될 수 없다.

④ 구 「도시 및 주거환경정비법」에 기초하여 주택재개발정비사업조합이 수립한 사업시행계획에 대한 관할 행정청의 인가처분은 사업시행계획의 법률상 효력을 완성시키는 보충행위에 해당한다.

137

해설 ①, ④ (○) / ② (×) "구 도시 및 주거환경정비법에 기초하여 주택재개발정비사업조합이 수립한 사업시행계획은 관할 행정청의 인가·고시가 이루어지면 이해관계인들에게 구속력이 발생하는 독립된 행정처분에 해당하고, 관할 행정청의 사업시행계획 인가처분은 사업시행계획의 법률상 효력을 완성시키는 보충행위에 해당한다. 따라서 기본행위인 사업시행계획에는 하자가 없는데 보충행위인 인가처분에 고유한 하자가 있다면 그 인가처분의 무효확인이나 취소를 구하여야 할 것이지만, 인가처분에는 고유한 하자가 없는데 사업시행계획에 하자가 있다면 사업시행계획의 무효확인이나 취소를 구하여야 할 것이지 사업시행계획의 무효를 주장하면서 곧바로 그에 대한 인가처분의 무효확인이나 취소를 구하여서는 아니 된다." (대법원 2021.2.10. 선고 2020두48031)

③ (○) "원래 인가는 다른 사람의 법률적 행위의 효력을 보충하여 이를 완성시키는 보충적 행정행위에 지나지 않으므로 기본적 행위인 학교법인 이사회의 해산결의가 성립하지 않거나 무효인 때에는 문교부장관의 인가를 받았더라도 그 해산결의가 유효하게 되는 것은 아니며 인가도 무효로 된다." (대법원 1989.5.9. 선고 87다카2407)

정답 ②

138 [회독] ☐☐☐　　　　　　　　23년 지방 9급

인가에 대한 설명으로 옳지 않은 것은?

① 「자동차관리법」상 자동차관리사업자로 구성하는 사업자단체인 조합 또는 협회의 설립인가처분은 자동차관리사업자들의 단체결성행위를 보충하여 효력을 완성시키는 처분에 해당한다.

② 구 「도시 및 주거환경정비법」상 조합설립추진위원회 구성승인처분은 조합의 설립을 위한 주체인 추진위원회의 구성행위를 보충하여 그 효력을 부여하는 처분이다.

③ 주택재개발정비사업조합이 수립한 사업시행계획에 하자가 있음에도 불구하고 관할 행정청이 해당 사업시행계획에 대한 인가처분을 하였다면, 그 인가처분에는 고유한 하자가 없더라도 사업시행계획의 무효를 주장하면서 곧바로 그에 대한 인가처분의 무효확인이나 취소를 구하여야 한다.

④ 구 「도시 및 주거환경정비법」상 토지소유자들이 조합을 설립하지 아니하고 직접 도시환경정비사업을 시행하고자 하는 경우에 내려진 사업시행인가처분은 설권적 처분의 성격을 가진다.

138

해설 ① (○) "구 자동차관리법 제67조 제1항, 제3항, 제4항, 제5항, 구 자동차관리법 시행규칙 제148조 제1항, 제2항의 내용 및 체계 등을 종합하면, 자동차관리법상 자동차관리사업자로 구성하는 사업자단체인 조합 또는 협회(이하 '조합 등'이라고 한다)의 설립인가처분은 국토해양부장관 또는 시·도지사(이하 '시·도지사 등'이라고 한다)가 자동차관리사업자들의 단체결성행위를 보충하여 효력을 완성시키는 처분에 해당한다." (대법원 2015.5.29. 선고 2013두635)

② (○) "구 도시 및 주거환경정비법 제13조 제1항, 제2항, 제14조 제1항, 제15조 제4항, 제5항 등 관계 법령의 내용, 형식, 체제 등에 비추어 보면, 조합설립추진위원회(이하 '추진위원회'라고 한다) 구성승인처분은 조합의 설립을 위한 주체인 추진위원회의 구성행위를 보충하여 그 효력을 부여하는 처분으로서 조합설립이라는 종국적 목적을 달성하기 위한 중간단계의 처분에 해당한다." (대법원 2013.1.31. 선고 2011두11112)

③ (✕) 그 인가처분에는 고유한 하자가 없다면, 사업시행계획을 대상으로 하여 다투어야 하지, 곧바로 그에 대한 인가처분의 무효확인이나 취소를 구하여서는 안 된다. "기본행위인 사업시행계획이 무효인 경우 그에 대한 인가처분이 있다고 하더라도 그 기본행위인 사업시행계획이 유효한 것으로 될 수 없으며, 기본행위가 적법·유효하고 보충행위인 인가처분 자체에만 하자가 있다면 그 인가처분의 무효나 취소를 주장할 수 있다고 할 것이지만, 인가처분에 하자가 없다면 기본행위에 하자가 있다고 하더라도 따로 그 기본행위의 하자를 다투는 것은 별론으로 하고 기본행위의 무효를 내세워 바로 그에 대한 인가처분의 취소 또는 무효확인을 구할 수 없다." (대법원 2014.2.27. 선고 2011두25173)

④ (○) "구 도시 및 주거환경정비법 제8조 제3항, 제28조 제1항에 의하면, 토지 등 소유자들이 그 사업을 위한 조합을 따로 설립하지 아니하고 직접 도시환경정비사업을 시행하고자 하는 경우에는 사업시행계획서에 정관 등과 그 밖에 국토해양부령이 정하는 서류를 첨부하여 시장·군수에게 제출하고 사업시행인가를 받아야 하고, 이러한 절차를 거쳐 사업시행인가를 받은 토지 등 소유자들은 관할 행정청의 감독 아래 정비구역 안에서 구 도시정비법상의 도시환경정비사업을 시행하는 목적 범위 내에서 법령이 정하는 바에 따라 일정한 행정작용을 행하는 행정주체로서의 지위를 가진다. 그렇다면 토지 등 소유자들이 직접 시행하는 도시환경정비사업에서 토지 등 소유자에 대한 사업시행인가처분은 단순히 사업시행계획에 대한 보충행위로서의 성질을 가지는 것이 아니라 구 도시정비법상 정비사업을 시행할 수 있는 권한을 가지는 행정주체로서의 지위를 부여하는 일종의 설권적 처분의 성격을 가진다." (대법원 2013.6.13. 선고 2011두19994)

정답 ③

139 [회독] ☐☐☐　　　24년 국가 9급

행정행위에 대한 설명으로 옳지 않은 것은?

① 여객자동차운송사업의 한정면허는 특정인에게 권리나 이익을 부여하는 수익적 행정행위로서 재량행위에 해당한다.

② 난민 인정에 관한 신청을 받은 행정청은 원칙적으로 법령이 정한 난민 요건에 해당하는지를 심사하여 난민 인정 여부를 결정할 수 있을 뿐이고, 법령이 정한 난민 요건과 무관한 다른 사유만을 들어 난민 인정을 거부할 수는 없다.

③ 자동차관리사업자로 구성하는 사업자단체 설립인가는 인가권자가 가지는 지도·감독 권한의 범위 등과 아울러 설립인가에 관하여 구체적인 기준이 정하여져 있지 않은 점 등에 비추어 재량행위로 보아야 한다.

④ 공익법인의 기본재산 처분허가에 부관을 붙인 경우, 그 처분허가의 법적 성질은 명령적 행정행위인 허가에 해당하며 조건으로서 부관의 부과가 허용되지 아니한다.

139

[해설]

① (○) "여객자동차 운수사업법 제4조 제1항 단서 및 제2항, 제3항, 여객자동차 운수사업법 시행규칙 제17조 제1항 제1호 (가)목 1), 제5항 및 제6항을 종합하면, 여객자동차운송사업의 한정면허는 특정인에게 권리나 이익을 부여하는 수익적 행정행위로서, 교통수요, 운송업체의 수송 및 공급능력 등에 관한 기술적·전문적 판단이 필요하고, 원활한 운송체계의 확보, 일반 공중의 교통 편의성 제고 등 운수행정을 통한 공익적 측면과 함께 관련 운송사업자들 사이의 이해관계 조정 등 사익적 측면을 고려하는 등 합목적성과 구체적 타당성을 확보하기 위한 적합한 기준에 따라야 하므로, 그 범위 내에서는 법령이 특별히 규정한 바가 없으면 행정청이 재량을 보유하고 이는 한정면허가 기간만료로 실효되어 갱신되는 경우에도 마찬가지이다." (대법원 2020.6.11. 선고 2020두34384)

② (○) "구 출입국관리법 제2조 제3호, 제76조의2 제1항, 제3항, 제4항, 구 출입국관리법 시행령 제88조의2, 난민의 지위에 관한 협약 제1조, 난민의 지위에 관한 의정서 제1조의 문언, 체계와 입법 취지를 종합하면, 난민 인정에 관한 신청을 받은 행정청은 원칙적으로 법령이 정한 난민 요건에 해당하는지를 심사하여 난민 인정 여부를 결정할 수 있을 뿐이고, 이와 무관한 다른 사유만을 들어 난민 인정을 거부할 수는 없다." (대법원 2017.12.5. 선고 2016두42913)

③ (○) "구 자동차관리법상 자동차관리사업자로 구성하는 사업자단체인 조합 또는 협회(이하 '조합 등'이라고 한다) 설립인가 제도의 입법 취지, 조합 등에 대하여 인가권자가 가지는 지도·감독 권한의 범위 등과 아울러 자동차관리법상 조합 등 설립인가에 관하여 구체적인 기준이 정하여져 있지 않은 점에 비추어 보면, 인가권자인 국토해양부장관 또는 시·도지사는 조합 등의 설립인가 신청에 대하여 자동차관리법 제67조 제3항에 정한 설립요건의 충족 여부는 물론, 나아가 조합 등의 사업내용이나 운영계획 등이 자동차관리사업의 건전한 발전과 질서 확립이라는 사업자단체 설립의 공익적 목적에 부합하는지 등을 함께 검토하여 설립인가 여부를 결정할 재량을 가진다. 다만 이러한 재량을 행사할 때 기초가 되는 사실을 오인하였거나 비례·평등의 원칙을 위반하는 등의 사유가 있다면 이는 재량권의 일탈·남용으로서 위법하다." (대법원 2015.5.29. 선고 2013두635)

④ (×) "공익법인의 기본재산의 처분에 관한 공익법인의 설립·운영에 관한 법률 제11조 제3항의 규정은 강행규정으로서 이에 위반하여 주무관청의 허가를 받지 않고 기본재산을 처분하는 것은 무효라 할 것인데, 위 처분허가에 부관을 붙인 경우 그 처분허가의 법률적 성질이 형성적 행정행위로서의 인가에 해당한다고 하여 조건으로서의 부관의 부과가 허용되지 아니한다고 볼 수는 없고, 다만 구체적인 경우에 그것이 조건, 기한, 부담, 철회권의 유보 중 어느 종류의 부관에 해당하는지는 당해 부관의 내용, 경위 기타 제반 사정을 종합하여 판단하여야 할 것이다." (대법원 2005.9.28. 선고 2004다50044)

정답 ④

140 [회독] ☐☐☐ 23년 국가 7급

행정행위에 대한 설명으로 옳은 것은?

① 행정청의 의사표시를 요소로 하는 법률행위적 행정행위 중에서 명령적 행위에는 하명, 허가, 대리가 속한다.

② 상대방에게 권리, 능력, 법적 지위, 포괄적 법률관계를 설정하는 특허는 형성적 행정행위이며 원칙적으로 기속행위이다.

③ 인가는 기본행위의 효력을 완성시켜 주는 보충적 행위이므로 기본행위가 무효인 경우에는 이에 대한 인가가 내려지더라도 그 인가는 무효이다.

④ 특정의 사실 또는 법률관계의 존재를 공적으로 증명하여 공적 증거력을 부여하는 행정행위는 확인행위로서 당선인결정, 장애등급결정, 행정심판의 재결 등이 그 예이다.

140

해설 ① (×) 법률행위적 행정행위란 행정청의 의사표시를 요소로 하며, 그 의사표시의 내용대로 법률관계를 변동시키는 행정행위를 말한다. 명령적 행정행위인 하명, 허가, 면제와 형성적 행정행위인 특허, 인가, 대리로 나뉜다. (하허면특인대확공수통)

② (×) 특허란 특정인에게 제3자에 대해서도 효력을 갖는 특별한 권리나 능력 또는 포괄적인 법적 지위를 설정(자유권의 회복×)해주거나 그것을 변경·박탈하는 형성적 행정행위를 말한다. 기속·재량에 대한 판단은 원칙적으로 개별법령이 정하는 바에 의하며, 규정이 분명하지 않다면 원칙적으로 재량행위에 속한다.

③ (○) 인가란 개인들 간의 법률행위 즉, 기본행위의 효과를 완성하여 주는 보충적 행정행위를 말한다. 기본행위에 인가를 받지 못했다는 점 이외의 하자가 있었던 경우, 인가가 있더라도 기본행위에 존재하던 하자가 치유되는 것은 아니며, 기본행위가 성립하지 않았거나 무효인 경우, 그에 대하여 이루어진 인가도 무효가 된다.

④ (×) 어떤 사실이나 법률관계의 존부에 대해 공적인 권위로서 공적 증거력을 부여해주는 행정행위를 공증이라 하며, 주어진 예시는 확인에 해당한다.

확인	㉠ 특정한 법률사실이나 법률관계에 관한 의문.분쟁이 있는 것을 전제함 ㉡ 판단을 표시하는 행위
공증	㉠ 특정한 법률사실이나 법률관계에 관한 의문.분쟁이 없는 것을 전제함 ㉡ 어떠한 사실 또는 법률관계가 진실이라고 인식하여 그것을 공적으로 증명하는 인식행위(인식표시행위)

정답 ③

141 [회독] ☐☐☐　　20년 국가 9급

인가에 대한 설명으로 옳지 않은 것은? (다툼이 있는 경우 판례에 의함)

① 공유수면매립면허의 공동명의자 사이의 면허로 인한 권리의무 양도약정은 면허관청의 인가를 받지 않은 이상 법률상 아무런 효력도 발생할 수 없다.

② 재단법인의 임원취임을 인가 또는 거부할 것인지 여부는 주무관청의 권한에 속하는 사항이라고 할 것이고, 재단법인의 임원취임승인 신청에 대하여 주무관청이 이에 기속되어 이를 당연히 승인(인가)하여야 하는 것은 아니다.

③ 인가처분에 하자가 없다면 기본행위에 하자가 있다 하더라도 따로 그 기본행위의 하자를 다투는 것은 별론으로 하고 기본행위의 무효를 내세워 바로 그에 대한 행정청의 인가처분의 취소 또는 무효확인을 소구할 법률상의 이익이 없다.

④ 공익법인의 기본재산 처분에 대한 허가의 법률적 성질이 형성적 행정행위로서의 인가에 해당하므로, 그 허가에 조건으로서의 부관의 부과가 허용되지 아니한다.

142 [회독] ☐☐☐　　20년 군무원 9급

인가에 대한 설명으로 옳지 않은 것은? (다툼이 있는 경우 판례에 의함)

① 기본행위가 적법·유효하고 보충행위인 인가처분 자체에 흠이 있다면 그 인가처분의 무효나 취소를 주장할 수 있다.

② (구)외자도입법에 따른 기술도입계약에 대한 인가는 기본행위인 기술도입계약을 보충하여 그 법률상 효력을 완성시키는 보충적 행정행위에 지나지 아니하므로 기본행위인 기술도입계약의 해지로 인하여 소멸되었다면 위 인가처분은 처분청의 직권취소에 의하여 소멸한다.

③ 「공유수면매립법」등 관계법령상 공유수면매립의 면허로 인한 권리의무의 양도·양수에 있어서의 면허관청의 인가는 효력요건으로서, 면허로 인한 권리의무양도약정은 면허관청의 인가를 받지 않은 이상 법률상 아무런 효력도 발생할 수 없다.

④ 인가처분에 흠이 없다면 기본행위에 흠이 있다고 하더라도 따로 기본행위의 흠을 다투는 것은 별론으로 하고 기본행위의 흠을 내세워 바로 그에 대한 인가처분의 무효확인 또는 취소를 구할 수는 없다.

141

[해설] ① (○) "공유수면매립법 제20조 제1항 및 같은법시행령 제29조 제1항 등 관계법령의 규정내용과 공유수면매립의 성질 등에 비추어 볼 때, 공유수면매립의 면허로 인한 권리의무의 양도·양수에 있어서의 면허관청의 인가는 효력요건으로서, 위 각 규정은 강행규정이라고 할 것인바, 위 면허의 공동명의자 사이의 면허로 인한 권리의무 양도약정은 면허관청의 인가를 받지 않은 이상 법률상 아무런 효력도 발생할 수 없다." (대법원 1991.6.25. 선고 90누5184)

② (○) "재단법인의 임원취임이 사법인인 재단법인의 정관에 근거한다 할지라도 이에 대한 행정청의 승인(인가)행위는 공법상의 행정처분으로서, 그 임원취임을 인가 또는 거부할 것인지 여부는 주무관청의 권한에 속하는 사항이라고 할 것이고, 재단법인의 임원취임승인 신청에 대하여 주무관청이 이에 기속되어 이를 당연히 승인(인가)하여야 하는 것은 아니다." (대법원 2000.1.28. 선고 98두16996)

③ (○) "인가처분에 하자가 없다면 기본행위에 하자가 있다 하더라도 따로 그 기본행위의 하자를 다투는 것은 별론으로 하고 기본행위의 무효를 내세워 바로 그에 대한 행정청의 인가처분의 취소 또는 무효확인을 소구할 법률상의 이익이 없다." (대법원 1996.5.16. 선고 95누4810)

④ (×) "공익법인의 기본재산의 처분에 관한 공익법인의 설립·운영에 관한 법률 제11조 제3항의 규정은 강행규정으로서 이에 위반하여 주무관청의 허가를 받지 않고 기본재산을 처분하는 것은 무효라 할 것인데, 위 처분허가에 부관을 붙인 경우 그 처분허가의 법률적 성질이 형성적 행정행위로서의 인가에 해당한다고 하여 조건으로서의 부관의 부과가 허용되지 아니한다고 볼 수는 없고, 다만 구체적인 경우에 그것이 조건, 기한, 부담, 철회권의 유보 중 어느 종류의 부관에 해당하는지는 당해 부관의 내용, 경위 기타 제반 사정을 종합하여 판단하여야 할 것이다." (대법원 2005.9.28. 선고 2004다50044)

정답 ④

142

[해설] ①, ④ (○) "기본행위가 적법·유효하고 보충행위인 인가처분 자체에만 흠이 있다면 그 인가처분의 무효나 취소를 주장할 수 있다고 할 것이지만, 인가처분에 흠이 없다면 기본행위에 흠이 있다 하더라도 따로 그 기본행위의 흠을 다투는 것은 별론으로 하고 기본행위의 무효를 내세워 바로 그에 대한 인가처분의 무효확인 또는 취소를 구할 수 없다." (대법원 2010.12.9. 선고 2009두4913)

② (×) "외자도입법에 따른 기술도입계약에 대한 인가는 기본행위인 기술도입계약을 보충하여 그 법률상 효력을 완성시키는 보충적 행정행위에 지나지 아니하므로 기본행위인 기술도입계약이 해지로 인하여 소멸되었다면 위 인가처분은 무효선언이나 그 취소처분이 없어도 당연히 실효된다." (대법원 1983.12.27. 선고 82누491)

③ (○) "공유수면매립법 제20조 제1항 및 같은법시행령 제29조 제1항 등 관계법령의 규정내용과 공유수면매립의 성질 등에 비추어 볼 때, 공유수면매립의 면허로 인한 권리의무의 양도·양수에 있어서의 면허관청의 인가는 효력요건으로서, 위 각 규정은 강행규정이라고 할 것인바, 위 면허의 공동명의자 사이의 면허로 인한 권리·의무 양도약정은 면허관청의 인가를 받지 않은 이상 법률상 아무런 효력도 발생할 수 없다." (대법원 1991.6.25. 선고 90누5184)

정답 ②

143 [회독] ☐☐☐

22년 지방 9급

다음 사례에 대한 설명으로 옳은 것은? (다툼이 있는 경우 판례에 의함)

「도시 및 주거환경정비법」에 따라 설립된 A주택재건축정비사업조합은 관할 B구청장으로부터 ㉠ 조합설립인가를 받은 후, 조합총회에서 재건축 관련 ㉡ 관리처분계획에 대한 의결을 하였고, 관할 B구청장으로부터 위 ㉢ 관리처분계획에 대한 인가를 받았다. 이후 조합원 甲은 위 관리처분계획의 의결에는 조합원 전체의 4/5 이상의 결의가 있어야 함에도 불구하고, 이를 위반하여 위법한 것임을 이유로 ㉣ 관리처분계획의 무효를 주장하며 소송으로 다투려고 한다.

---

① ㉠과 ㉢의 인가의 강학상 법적 성격은 동일하다.

② 甲이 ㉡에 대해 소송으로 다투려면 A주택재건축정비사업조합을 상대로 민사소송을 제기하여야 한다.

③ 甲이 ㉣에 대해 소송으로 다투려면 항고소송을 제기하여야 한다.

④ 甲이 ㉣에 대해 소송으로 다투려면 B구청장을 피고로 하여야 한다.

143

해설 ① (×) ㉠은 강학상 특허(2009다10638)이고, ㉢은 강학상 인가(2015두51347)이다.

② (×) 당사자소송을 제기하여야 한다. "도시 및 주거환경정비법상 행정주체인 주택재건축정비사업조합을 상대로 관리처분계획안에 대한 조합 총회결의의 효력 등을 다투는 소송은 행정처분에 이르는 절차적 요건의 존부나 효력 유무에 관한 소송으로서 그 소송결과에 따라 행정처분의 위법 여부에 직접 영향을 미치는 공법상 법률관계에 관한 것이므로, 이는 행정소송법상의 당사자소송에 해당한다." (대법원 2009.9.17. 선고 2007다2428)

③ (○) "도시 및 주거환경정비법상 주택재건축정비사업조합이 수립한 관리처분계획에 대한 관할 행정청의 인가·고시까지 있게 되면 관리처분계획은 행정처분으로서 효력이 발생하게 되므로, 총회결의의 하자를 이유로 하여 행정처분의 효력을 다투는 항고소송의 방법으로 관리처분계획의 취소 또는 무효확인을 구하여야 한다." (대법원 2009.9.17. 선고 2007다2428)

④ (×) 조합을 피고로 하여야 한다. "관리처분계획은 토지 등의 소유자에게 구체적이고 결정적인 영향을 미치는 것으로서 조합이 행한 처분에 해당하므로 항고소송에 의하여 관리처분계획 또는 그 내용인 분양거부처분 등의 취소를 구할 수 있다." (대법원 1996.2.15. 선고 94다31235)

정답 ③

144 [회독] □□□ 23년 군무원 9급

재건축·재개발사업에 대한 내용으로 옳지 않은 것은? (다툼이 있는 경우 판례에 의함)

① 이전고시의 효력이 발생한 이후에는 조합원 등이 해당 정비사업을 위하여 이루어진 수용재결이나 이의재결의 취소 또는 무효확인을 구할 법률상 이익이 없다.

② 「도시 및 주거환경정비법」등 관련 법령에 의한 조합설립인가처분이 있은 후에 조합설립결의의 하자를 이유로 그 결의부분만을 따로 떼어내어 무효 등 확인의 소를 제기하는 것이 허용되지 않는다.

③ 「도시 및 주거환경정비법」에 따른 이전고시는 공법상 처분이다.

④ 「도시 및 주거환경정비법」상 조합설립추진위원회 구성승인처분을 다투는 소송 계속 중 조합설립인가처분이 이루어진 경우에도 조합설립추진위원회 구성승인처분에 대하여 취소 또는 무효확인을 구할 법률상 이익이 있다.

144

[해설] ① (○) "정비사업의 공익적·단체법적 성격과 이전고시에 따라 이미 형성된 법률관계를 유지하여 법적 안정성을 보호할 필요성이 현저한 점 등을 고려할 때, 이전고시의 효력이 발생한 이후에는 조합원 등이 해당 정비사업을 위하여 이루어진 수용재결이나 이의재결의 취소 또는 무효확인을 구할 법률상 이익이 없다고 해석함이 타당하다." (대법원 2017.3.16. 선고 2013두11536)

② (○) "행정청이 도시 및 주거환경정비법 등 관련 법령에 근거하여 행하는 조합설립인가처분은 단순히 사인들의 조합설립행위에 대한 보충행위로서의 성질을 갖는 것에 그치는 것이 아니라 법령상 요건을 갖출 경우 도시 및 주거환경정비법상 주택재건축사업을 시행할 수 있는 권한을 갖는 행정주체(공법인)로서의 지위를 부여하는 일종의 설권적 처분의 성격을 갖는다고 보아야 한다. 그리고 그와 같이 보는 이상 조합설립결의는 조합설립인가처분이라는 행정처분을 하는 데 필요한 요건 중 하나에 불과한 것이어서, 조합설립결의에 하자가 있다면 그 하자를 이유로 직접 항고소송의 방법으로 조합설립인가처분의 취소 또는 무효확인을 구하여야 하고, 이와는 별도로 조합설립결의부분만을 따로 떼어내어 그 효력 유무를 다투는 확인의 소를 제기하는 것은 원고의 권리 또는 법률상의 지위에 현존하는 불안·위험을 제거하는 데 가장 유효·적절한 수단이라 할 수 없어 특별한 사정이 없는 한 확인의 이익은 인정되지 아니한다." (대법원 2009.9.24. 선고 2008다60568)

③ (○) 옳은 내용이다. 이전고시란 관리처분계획에 따라 소유권을 이전한다는 내용의 고시를 말한다. 이전고시가 있은 다음날 분양받을 자에게 소유권이 이전된다.

④ (✕) "추진위원회 구성승인처분을 다투는 소송 계속 중에 조합설립인가처분이 이루어진 경우에는, 추진위원회 구성승인처분에 위법이 존재하여 조합설립인가 신청행위가 무효라는 점 등을 들어 직접 조합설립인가처분을 다툼으로써 정비사업의 진행을 저지하여야 하고, 이와는 별도로 추진위원회 구성승인처분에 대하여 취소 또는 무효확인을 구할 법률상의 이익은 없다고 보아야 한다." (대법원 2013.1.31. 선고 2011두11112, 2011두11129)

정답 ④

145 [회독] ☐☐☐　　　22년 지방 7급

「도시 및 주거환경정비법」상 행정처분에 대한 판례의 입장으로 옳지 않은 것은?

① 주택재개발조합설립추진위원회 구성승인처분은 조합의 설립을 위한 주체인 주택재개발조합설립추진위원회의 구성행위를 보충하여 그 효력을 부여하는 처분이다.

② 주택재건축조합설립인가처분은 법령상 요건을 갖출 경우 주택재건축사업을 시행할 수 있는 권한을 갖는 행정주체로서의 지위를 부여하는 일종의 설권적 처분의 성격을 갖는다.

③ 주택재건축조합의 정관변경에 대한 시장·군수등의 인가는 그 대상이 되는 기본행위를 보충하여 법률상 효력을 완성시키는 행위로서 시장·군수등이 변경된 정관을 인가하면 정관변경의 효력이 총회의 의결이 있었던 때로 소급하여 발생한다.

④ 토지 등 소유자들이 도시환경정비사업을 위한 조합을 따로 설립하지 아니하고 직접 그 사업을 시행하고자 하는 경우, 사업시행계획인가처분은 일종의 설권적 처분의 성격을 가지므로 토지 등 소유자들이 작성한 사업시행계획은 독립된 행정처분이 아니다.

145

[해설] ① (○) "조합설립추진위원회 구성승인처분은 조합의 설립을 위한 주체인 추진위원회의 구성행위를 보충하여 그 효력을 부여하는 처분으로서 조합설립이라는 종국적 목적을 달성하기 위한 중간단계의 처분에 해당하지만, 그 법률요건이나 효과가 조합설립인가처분의 그것과는 다른 독립적인 처분이기 때문에, 추진위원회 구성승인처분에 대한 취소 또는 무효확인 판결의 확정만으로는 이미 조합설립인가를 받은 조합에 의한 정비사업의 진행을 저지할 수 없다." (대법원 2013.1.31. 선고 2011두11112,11129)

② (○) "행정청이 도시 및 주거환경정비법 등 관련 법령에 근거하여 행하는 조합설립인가처분은 단순히 사인들의 조합설립행위에 대한 보충행위로서의 성질을 갖는 것에 그치는 것이 아니라 법령상 요건을 갖출 경우 도시 및 주거환경정비법상 주택재건축사업을 시행할 수 있는 권한을 갖는 행정주체로서의 지위를 부여하는 일종의 설권적 처분의 성격을 갖는다고 보아야 한다." (대법원 2009.9.24. 선고 2008다60568)

③ (×) "구 도시 및 주거환경정비법 제20조 제3항은 조합이 정관을 변경하고자 하는 경우에는 총회를 개최하여 조합원 과반수 또는 3분의 2 이상의 동의를 얻어 시장·군수의 인가를 받도록 규정하고 있다. 여기서 시장 등의 인가는 그 대상이 되는 기본행위를 보충하여 법률상 효력을 완성시키는 행위로서 이러한 인가를 받지 못한 경우 변경된 정관은 효력이 없고, 시장 등이 변경된 정관을 인가하더라도 정관변경의 효력이 총회의 의결이 있었던 때로 소급하여 발생한다고 할 수 없다." (대법원 2014.7.10. 선고 2013도11532)

④ (○) "토지 등 소유자들이 직접 시행하는 도시환경정비사업에서 토지 등 소유자에 대한 사업시행인가처분은 단순히 사업시행계획에 대한 보충행위로서의 성질을 가지는 것이 아니라 구 도시정비법상 정비사업을 시행할 수 있는 권한을 가지는 행정주체로서의 지위를 부여하는 일종의 설권적 처분의 성격을 가진다. 도시환경정비사업을 직접 시행하려는 토지 등 소유자들은 시장·군수로부터 사업시행인가를 받기 전에는 행정주체로서의 지위를 가지지 못한다. 따라서 그가 작성한 사업시행계획은 인가처분의 요건 중 하나에 불과하고 항고소송의 대상이 되는 독립된 행정처분에 해당하지 아니한다고 할 것이다." (대법원 2013.6.13. 선고 2011두19994)

정답 ③

146 [회독] ☐☐☐　　　23년 소방직

「도시 및 주거환경정비법」에 관한 설명으로 옳지 않은 것은?
(다툼이 있는 경우 판례에 의함)

① 조합설립인가처분은 단순히 사인들의 조합설립행위에 대한 보충행위로서의 성질을 갖는 것에 그치지 않는다.

② 사업시행계획이 무효인 경우 그에 대한 인가처분이 있다고 하더라도 사업시행계획이 유효한 것으로 될 수 없다.

③ 관리처분계획에 대하여 인가·고시가 있는 경우에 총회결의의 하자를 이유로 그 효력 유무를 다투는 확인의 소를 제기하는 것은 특별한 사정이 없는 한 허용된다.

④ 조합원 지위를 상실한 토지 등 소유자는 주택재개발사업에 대한 사업시행계획에 당연무효의 하자가 있는 경우, 사업시행계획의 무효확인 또는 취소를 구할 법률상 이익이 있다.

146

해설 ① (○) "행정청이 도시정비법 등 관련 법령에 근거하여 행하는 조합설립인가처분은 단순히 사인들의 조합설립행위에 대한 보충행위로서의 성질을 갖는 것에 그치는 것이 아니라, 재개발조합에게 도시정비법상 주택재개발사업을 시행할 수 있는 권한을 갖는 행정주체(공법인)로서의 지위를 부여하는 일종의 설권적 처분의 성격을 지닌다고 보아야 한다." (대법원 2010.7.8. 선고 2009두4449)

② (○) "기본행위인 사업시행계획이 무효인 경우 그에 대한 인가처분이 있다고 하더라도 그 기본행위인 사업시행계획이 유효한 것으로 될 수 없으며, 기본행위가 적법·유효하고 보충행위인 인가처분 자체에만 하자가 있다면 그 인가처분의 무효나 취소를 주장할 수 있다." (대법원 2014.2.27. 선고 2011두25173)

③ (×) "도시 및 주거환경정비법상 주택재건축정비사업조합이 같은 법 제48조에 따라 수립한 관리처분계획에 대하여 관할 행정청의 인가·고시까지 있게 되면 관리처분계획은 행정처분으로서 효력이 발생하게 되므로, 총회결의의 하자를 이유로 하여 행정처분의 효력을 다투는 항고소송의 방법으로 관리처분계획의 취소 또는 무효확인을 구하여야 하고, 그와 별도로 행정처분에 이르는 절차적 요건 중 하나에 불과한 총회결의 부분만을 따로 떼어내어 효력 유무를 다투는 확인의 소를 제기하는 것은 특별한 사정이 없는 한 허용되지 않는다." (대법원 2009.9.17. 선고 2007다2428)

④ (○) 재개발을 통해 신축될 건축물에 대한 분양신청을 하지 않은 자들은 조합원으로서의 지위를 상실하게 된다는 점과, 분양신청은 사업시행계획에 대한 인가를 받은 후에 이루어진다는 점을 배경지식으로 하는 지문이다. "주택재개발사업에 대한 사업시행계획에 당연무효인 하자가 있는 경우에는 재개발사업조합은 사업시행계획을 새로이 수립하여 관할관청에게서 인가를 받은 후 다시 분양신청을 받아 관리처분계획을 수립하여야 한다. 따라서 분양신청기간 내에 분양신청을 하지 않거나 분양신청을 철회함으로 인해 구 도시정비법 제47조 및 조합 정관 규정에 의하여 조합원의 지위를 상실한 토지 등 소유자도 그때 분양신청을 함으로써 건축물 등을 분양받을 수 있으므로 사업시행계획의 무효확인 또는 취소를 구할 법률상 이익이 있다." (대법원 2014.2.27. 선고 2011두25173)

정답 ③

147 [회독] ☐☐☐ 20년 지방 9급

강학상 인가에 대한 설명으로 옳은 것만을 모두 고르면?
(다툼이 있는 경우 판례에 의함)

> ㉠ 강학상 인가는 기본행위에 대한 법률상의 효력을 완성시키는 보충행위로서, 그 기본이 되는 행위에 하자가 있을 때에는 그에 대한 인가가 있었다 하여도 기본행위가 유효한 것으로 될 수 없다.
> ㉡ 「민법」상 재단법인의 정관변경에 대한 주무관청의 허가는 법률상 표현이 허가로 되어 있기는 하나, 그 성질은 법률행위의 효력을 보충해 주는 것이지 일반적 금지를 해제하는 것은 아니다.
> ㉢ 인가처분에 하자가 없더라도 기본행위에 무효사유가 있다면 기본행위의 무효를 내세워 그에 대한 행정청의 인가처분의 취소 또는 무효확인을 구할 소의 이익이 있다.
> ㉣ 「도시 및 주거환경정비법」상 관리처분계획에 대한 인가는 강학상 인가의 성격을 갖고 있으므로 관리처분계획에 대한 인가가 있더라도 관리처분계획안에 대한 총회결의에 하자가 있다면 민사소송으로 총회결의의 하자를 다투어야 한다.

① ㉠, ㉡

② ㉡, ㉢

③ ㉢, ㉣

④ ㉠, ㉡, ㉣

147

[해설] ㉠ (O) "인가는 기본행위인 재단법인의 정관변경에 대한 법률상의 효력을 완성시키는 보충행위로서, 그 기본이 되는 정관변경 결의에 하자가 있을 때에는 그에 대한 인가가 있었다 하여도 기본행위인 정관변경 결의가 유효한 것으로 될 수 없다." (대법원 1996.5.16. 선고 95누4810)

㉡ (O) "민법 제45조와 제46조에서 말하는 재단법인의 정관변경 "허가"는 법률상의 표현이 허가로 되어 있기는 하나, 그 성질에 있어 법률행위의 효력을 보충해 주는 것이지 일반적 금지를 해제하는 것이 아니므로, 그 법적 성격은 인가라고 보아야 한다." (대법원 1996.5.16. 선고 95누4810)

㉢ (X) "기본행위인 정관변경 결의가 적법 유효하고 보충행위인 인가처분 자체에만 하자가 있다면 그 인가처분의 무효나 취소를 주장할 수 있지만, 인가처분에 하자가 없다면 기본행위에 하자가 있다 하더라도 따로 그 기본행위의 하자를 다투는 것은 별론으로 하고 기본행위의 무효를 내세워 바로 그에 대한 행정청의 인가처분의 취소 또는 무효확인을 소구할 법률상의 이익이 없다." (대법원 1996.5.16. 선고 95누4810)

㉣ (X) "「도시 및 주거환경정비법」상 주택재건축정비사업조합이 수립한 관리처분계획에 대한 관할 행정청의 인가·고시까지 있게 되면 관리처분계획은 행정처분으로서 효력이 발생하게 되므로, 총회결의의 하자를 이유로 하여 행정처분의 효력을 다투는 항고소송의 방법으로 관리처분계획의 취소 또는 무효확인을 구하여야 하고 그와 별도로 행정처분에 이르는 절차적 요건 중 하나에 불과한 총회결의 부분만을 따로 떼어내어 효력 유무를 다투는 확인의 소를 제기하는 것은 특별한 사정이 없는 한 허용되지 않는다고 보아야 한다." (대법원 2009.9.17. 선고 2007다2428)

정답 ①

6 대리

| 기출테마 **34** 대리(공법상 대리) |

7 확인

| 기출테마 **35** 확인 |

8 공증

| 기출테마 **36** 공증 |

148 [회독] ☐☐☐

25년 소방직

행정행위에 관한 설명으로 옳지 않은 것은? (다툼이 있는 경우 판례에 의함)

① 「사립학교법」에 따른 학교법인의 임원에 대한 감독청의 취임승인은 학교법인의 임원선임행위를 보충하여 그 법률상의 효력을 완성케 하는 보충적 행정행위이다.

② 서울특별시장 또는 도지사의 의료유사업자 자격증 갱신발급행위는 유사의료업자의 자격을 부여 내지 확인하는 것이 아니라 특정한 사실 또는 법률관계의 존부를 공적으로 증명하는 소위 공증행위에 속하는 행정행위라 할 것이다.

③ 토지거래허가는 규제지역 내의 모든 국민에게 전반적으로 토지거래의 자유를 금지하고 일정한 요건을 갖춘 경우에만 금지를 해제하여 계약체결의 자유를 회복시켜 주는 성질을 갖는다.

④ 「출입국관리법」상 체류자격 변경허가는 신청인에게 당초의 체류자격과 다른 체류자격에 해당하는 활동을 할 수 있는 권한을 부여하는 일종의 설권적 처분의 성격을 가진다.

148

해설 ① (○) "사립학교법 제20조 제2항에 의한 학교법인의 임원에 대한 감독청의 취임승인은 학교법인의 임원선임행위를 보충하여 그 법률상의 효력을 완성케하는 보충적 행정행위로서 성질상 기본행위를 떠나 승인처분 그 자체만으로는 법률상 아무런 효력도 발생할 수 없으므로 기본행위인 학교법인의 임원선임행위가 불성립 또는 무효인 경우에는 비록 그에 대한 감독청의 취임승인이 있었다 하여도 이로써 무효인 그 선임행위가 유효한 것으로 될 수는 없다." (대법원 1987.8.18. 선고 86누152)

② (○) "의료법 부칙 제7조, 제59조, 동법시행규칙 제59조 및 1973.11.9자 보건사회부 공고 58호에 의거한 서울특별시장 또는 도지사의 의료유사업자 자격증 갱신발급행위는 유사의료업자의 자격을 부여 내지 확인하는 것이 아니라 특정한 사실 또는 법률관계의 존부를 공적으로 증명하는 소위 공증행위에 속하는 행정행위라 할 것이다." (대법원 1977.5.24. 선고 76누295)

③ (✕) 토지거래허가는 강학상 허가가 아닌 강학상 인가이다. "국토이용관리법 제21조의3 제1항 소정의 허가가 규제지역 내의 모든 국민에게 전반적으로 토지거래의 자유를 금지하고 일정한 요건을 갖춘 경우에만 금지를 해제하여 계약체결의 자유를 회복시켜 주는 성질의 것이라고 보는 것은 위 법의 입법취지를 넘어선 지나친 해석이라고 할 것이고, 규제지역 내에서도 토지거래의 자유가 인정되나 다만 위 허가를 허가 전의 유동적 무효 상태에 있는 법률행위의 효력을 완성시켜 주는 인가적 성질을 띤 것이라고 보는 것이 타당하다." (대법원 1991.12.24. 선고 90다12243 전원합의체)

④ (○) "체류자격 변경허가는 신청인에게 당초의 체류자격과 다른 체류자격에 해당하는 활동을 할 수 있는 권한을 부여하는 일종의 설권적 처분의 성격을 가지므로, 허가권자는 신청인이 관계 법령에서 정한 요건을 충족하였더라도, 신청인의 적격성, 체류 목적, 공익상의 영향 등을 참작하여 허가 여부를 결정할 수 있는 재량을 가진다." (대법원 2016.7.14. 선고 2015두48846)

정답 ③

149 [회독] ☐☐☐　　　　　　　　19년 지방 7급

판례의 입장으로 옳지 않은 것은?

① 건축허가관청은 특단의 사정이 없는 한 건축허가내용대로 완공된 건축물의 준공을 거부할 수 없다.

② 지적공부 소관청이 토지대장을 직권으로 말소하는 행위는 항고소송의 대상이 되는 행정처분에 해당한다.

③ 무허가건물을 무허가건물관리대장에서 삭제하는 행위는 다른 특별한 사정이 없는 한 항고소송의 대상이 되는 행정처분에 해당한다.

④ 지목은 토지소유권을 제대로 행사하기 위한 전제요건이므로 지적공부 소관청의 지목변경신청 반려행위는 항고소송의 대상이 되는 행정처분에 해당한다.

149

해설 ① (○) "허가관청은 특단의 사정이 없는 한 건축허가내용대로 완공된 건축물의 준공을 거부할 수 없다." (대법원 1992.4.10. 선고 91누5358)

② (○) "토지대장은 토지의 소유권을 제대로 행사하기 위한 전제요건으로서 토지 소유자의 실체적 권리관계에 밀접하게 관련되어 있으므로, 이러한 토지대장을 직권으로 말소한 행위는 국민의 권리관계에 영향을 미치는 것으로서 항고소송의 대상이 되는 행정처분에 해당한다." (대법원 2013.10.24. 선고 2011두13286)

③ (×) "무허가건물관리대장은, 행정관청이 지방자치단체의 조례 등에 근거하여 무허가건물 정비에 관한 행정상 사무처리의 편의와 사실증명의 자료로 삼기 위하여 작성, 비치하는 대장으로서 무허가건물을 무허가건물관리대장에 등재하거나 등재된 내용을 변경 또는 삭제하는 행위로 인하여 당해 무허가 건물에 대한 실체상의 권리관계에 변동을 가져오는 것이 아니고, … 관할관청이 무허가건물의 무허가건물관리대장 등재 요건에 관한 오류를 바로잡으면서 당해 무허가건물을 무허가건물관리대장에서 삭제하는 행위는 다른 특별한 사정이 없는 한 항고소송의 대상이 되는 행정처분이 아니다." (대법원 2009.3.12. 선고 2008두11525)

④ (○) "지목은 토지소유권을 제대로 행사하기 위한 전제요건으로서 토지소유자의 실체적 권리관계에 밀접하게 관련되어 있으므로 지적공부 소관청의 지목변경신청 반려행위는 국민의 권리관계에 영향을 미치는 것으로서 항고소송의 대상이 되는 행정처분에 해당한다." (대법원 2004.4.22. 선고 2003두9015)

정답 ③

150 [회독] ☐☐☐ 23년 소방직

행정행위에 관한 설명으로 옳지 않은 것은? (다툼이 있는 경우 판례에 의함)

① 친일반민족행위자재산조사위원회의 국가귀속결정은 당해 재산이 친일재산에 해당한다는 사실을 확인하는 이른바 준법률행위적 행정행위의 성격을 가진다.

② 사업자등록증에 대한 검열은 납세의무자임을 확인하는 준법률행위적 행정행위로서의 확인에 해당한다.

③ 지적공부 소관청의 지목변경신청 반려행위는 국민의 권리관계에 영향을 미치는 것으로서 항고소송의 대상이 되는 행정처분에 해당한다.

④ 인감증명행위는 출원자의 현재 사용하는 인감에 대하여 구체적인 사실을 증명하는 것일 뿐이므로 무효확인을 구할 법률상 이익이 없다.

150

[해설] ① (○) "친일재산은 친일반민족행위자재산조사위원회가 국가귀속결정을 하여야 비로소 국가의 소유로 되는 것이 아니라 특별법의 시행에 따라 그 취득·증여 등 원인행위시에 소급하여 당연히 국가의 소유로 되고, 위 위원회의 국가귀속결정은 당해 재산이 친일재산에 해당한다는 사실을 확인하는 이른바 준법률행위적 행정행위의 성격을 가진다." (대법원 2008.11.13. 선고 2008두13491)

② (×) 행정행위가 아니라, 사실행위에 불과하다고 본다. "부가가치세법상의 사업자등록은 과세관청으로 하여금 부가가치세의 납세의무자를 파악하고 그 과세자료를 확보케 하려는데 입법취지가 있으므로 이는 단순한 사업사실의 신고로서 사업자가 소관세무서장에게 소정의 사업자등록신청서를 제출함으로써 성립되는 것이고, 사업자등록증의 교부는 이와 같은 등록사실을 증명하는 증서의 교부행위에 불과한 것이며, 사업자등록증에 대한 검열 역시 과세관청이 등록된 사업을 계속하고 있는 사업자의 신고사실을 증명하는 사실행위에 지나지 않는다." (대법원 1988.3.8. 선고 87누156)

③ (○) "구 지적법 제20조, 제38조 제2항의 규정은 토지소유자에게 지목변경신청권과 지목정정신청권을 부여한 것이고, 한편 지목은 토지에 대한 공법상의 규제, 개발부담금의 부과대상, 지방세의 과세대상, 공시지가의 산정, 손실보상가액의 산정 등 토지행정의 기초로서 공법상의 법률관계에 영향을 미치고, 토지소유자는 지목을 토대로 토지의 사용·수익·처분에 일정한 제한을 받게 되는 점 등을 고려하면, 지목은 토지소유권을 제대로 행사하기 위한 전제요건으로서 토지소유자의 실체적 권리관계에 밀접하게 관련되어 있으므로 지적공부 소관청의 지목변경신청 반려행위는 국민의 권리관계에 영향을 미치는 것으로서 항고소송의 대상이 되는 행정처분에 해당한다." (대법원 2004.4.22. 선고 2003두9015)

④ (○) "인감증명행위는 인감증명청이 적법한 신청이 있는 경우에 인감대장에 이미 신고된 인감을 기준으로 출원자의 현재 사용하는 인감을 증명하는 것으로서 구체적인 사실을 증명하는 것일 뿐, 나아가 출원자에게 어떠한 권리가 부여되거나 변동 또는 상실되는 효력을 발생하는 것이 아니고, 인감증명의 무효확인을 받아들인다 하더라도 이로써 이미 침해된 당사자의 권리가 회복되거나 또는 곧바로 이와 관련된 새로운 권리가 발생하는 것도 아니므로 무효확인을 구할 법률상 이익이 없어 부적법하다." (대법원 2001.7.10. 선고 2000두2136)

정답 ②

9 수리

기출테마 37　수리

10 통지

기출테마 38　통지

151 [회독] ☐☐☐　　　　　　24년 군무원 9급

다음 중 행정행위에 대한 설명으로 가장 적절하지 않은 것은?
(다툼이 있는 경우 판례에 의함)

① 행정청이 구 「도시 및 주거환경정비법」 등 관련 법령에 근거하여 행하는 조합설립인가처분은 법령상 요건을 갖출 경우 「도시 및 주거환경정비법」상 주택재건축사업을 시행할 수 있는 권한을 갖는 행정주체(공법인)로서의 지위를 부여하는 일종의 설권적 처분의 성격을 갖는다.

② 구 「친일반민족행위자 재산의 국가귀속에 관한 특별법」에 정한 친일재산은 친일 반민족행위자 재산조사위원회가 국가귀속결정을 하여야 비로소 국가의 소유로 되는 것이 아니다.

③ 국민건강보험공단이 甲 등에게 한 '직장가입자 자격상실 및 자격변동 안내' 통보 및 '사업장 직권탈퇴에 따른 가입자 자격상실 안내' 통보는 항고소송의 대상이 되는 처분이 아니다.

④ 교통안전공단이 그 사업목적에 필요한 재원으로 사용할 기금 조성을 위하여 구 「교통안전공단법」에 정한 분담금 납부의무자에 대하여 한 분담금 납부통지는 그 납부의무자의 구체적인 분담금 납부의무를 확정시키는 효력을 갖는 행정처분이 아니다.

151

해설　① (○) "행정청이 도시 및 주거환경정비법 등 관련 법령에 근거하여 행하는 조합설립인가처분은 단순히 사인들의 조합설립행위에 대한 보충행위로서의 성질을 갖는 것에 그치는 것이 아니라 법령상 요건을 갖출 경우 도시 및 주거환경정비법상 주택재건축사업을 시행할 수 있는 권한을 갖는 행정주체(공법인)로서의 지위를 부여하는 일종의 설권적 처분의 성격을 갖는다." (대법원 2009.9.24. 선고 2008다60568)

② (○) "친일반민족행위자 재산의 국가귀속에 관한 특별법 제3조 제1항 본문, 제9조 규정들의 취지와 내용에 비추어 보면, 같은 법 제2조 제2호에 정한 친일재산은 친일반민족행위자재산조사위원회가 국가귀속결정을 하여야 비로소 국가의 소유로 되는 것이 아니라 특별법의 시행에 따라 그 취득·증여 등 원인행위시에 소급하여 당연히 국가의 소유로 되고, 위 위원회의 국가귀속결정은 당해 재산이 친일재산에 해당한다는 사실을 확인하는 이른바 준법률행위적 행정행위의 성격을 가진다." (대법원 2008.11.13. 선고 2008두13491)

③ (○) "국민건강보험공단이 甲 등에게 '직장가입자 자격상실 및 자격변동 안내' 통보 및 '사업장 직권탈퇴에 따른 가입자 자격상실 안내' 통보를 한 사안에서, 국민건강보험 직장가입자 또는 지역가입자 자격변동은 법령이 정하는 사유가 생기면 별도 처분 등의 개입 없이 사유가 발생한 날부터 변동의 효력이 당연히 발생하므로, 국민건강보험공단이 甲 등에 대하여 가입자 자격이 변동되었다는 취지의 '직장가입자 자격상실 및 자격변동 안내' 통보를 하였거나, 그로 인하여 사업장이 국민건강보험법상의 적용대상사업장에서 제외되었다는 취지의 '사업장 직권탈퇴에 따른 가입자 자격상실 안내' 통보를 하였더라도, 이는 甲 등의 가입자 자격의 변동 여부 및 시기를 확인하는 의미에서 한 사실상 통지행위에 불과할 뿐, 위 각 통보에 의하여 가입자 자격이 변동되는 효력이 발생한다고 볼 수 없고, 또한 위 각 통보로 甲 등에게 지역가입자로서의 건강보험료를 납부하여야 하는 의무가 발생함으로써 甲 등의 권리의무에 직접적 변동을 초래하는 것도 아니라는 이유로, 위 각 통보의 처분성이 인정되지 않는다고 보아 그 취소를 구하는 甲 등의 소를 모두 각하한 원심판단이 정당하다." (대법원 2019.2.14. 선고 2016두41729)

④ (✕) "구 교통안전공단법에 의하여 설립된 교통안전공단의 사업목적과 분담금의 부담에 관한 같은 법 제13조, 그 납부통지에 관한 같은 법 제17조, 제18조 등의 규정 내용에 비추어 교통안전공단이 그 사업목적에 필요한 재원으로 사용할 기금 조성을 위하여 같은 법 제13조에 정한 분담금 납부의무자에 대하여 한 분담금 납부통지는 그 납부의무자의 구체적인 분담금 납부의무를 확정시키는 효력을 갖는 행정처분이라고 보아야 할 것이고, 이는 그 분담금 체납자로부터 국세징수법에 의한 강제징수를 할 수 있음을 정한 규정이 없다고 하여도 마찬가지이다." (대법원 2000.9.8. 선고 2000다12716)

정답 ④

제3절 행정행위의 효력

기출테마 39 행정행위의 효력

152 [회독] □□□ 22년 군무원 9급

행정행위의 효력에 대한 설명으로 가장 옳지 않은 것은?
(단, 다툼이 있는 경우 판례에 의함)

① 일반적으로 행정처분이나 행정심판 재결이 불복 기간의 경과로 확정될 경우에는 그 처분의 기초가 된 사실관계나 법률적 판단이 확정되고 당사자들이나 법원이 이에 기속되어 모순되는 주장이나 판단을 할 수 없게 된다.

② 제소기간이 이미 도과하여 불가쟁력이 생긴 행정처분에 대하여는 개별 법규에서 그 변경을 요구할 신청권을 규정하고 있거나 관계 법령의 해석상 그러한 신청권이 인정될 수 있는 등 특별한 사정이 없는 한 국민에게 그 행정처분의 변경을 구할 신청권이 있다 할 수 없다.

③ 불가쟁력이 발생한 행정행위로 손해를 입은 국민은 그 위법성을 들어 국가배상청구를 할 수 있다.

④ 불가변력이라 함은 행정행위를 한 행정청이 당해 행정행위를 직권으로 취소 또는 변경할 수 없게 하는 힘으로 실질적 확정력 또는 실체적 존속력이라고도 한다.

152

해설 ① (×) 행정행위에는 기판력이 인정되지 않는다. "일반적으로 행정처분이나 행정심판 재결이 불복기간의 경과로 인하여 확정될 경우 그 확정력은, 그 처분으로 인하여 법률상 이익을 침해받은 자가 당해 처분이나 재결의 효력을 더 이상 다툴 수 없다는 의미일 뿐, 더 나아가 판결에 있어서와 같은 기판력이 인정되는 것은 아니어서 그 처분의 기초가 된 사실관계나 법률적 판단이 확정되고 당사자들이나 법원이 이에 기속되어 모순되는 주장이나 판단을 할 수 없게 되는 것은 아니다." (대법원 2004.7.8. 선고 2002두11288)

② (○) "제소기간이 이미 도과하여 불가쟁력이 생긴 행정처분에 대하여는 개별 법규에서 그 변경을 요구할 신청권을 규정하고 있거나 관계 법령의 해석상 그러한 신청권이 인정될 수 있는 등 특별한 사정이 없는 한 국민에게 그 행정처분의 변경을 구할 신청권이 있다 할 수 없다." (대법원 2007.4.26. 선고 2005두11104)

③ (○) 행정행위에 불가쟁력이 발생하면 그 상대방이나 이해관계인은 그 행정행위의 효력을 다툴 수 없게 되는 것일뿐, 국가배상청구까지 하지 못하게 되는 것이 아니다.

④ (○) 옳은 지문이다.

정답 ①

153 [회독] ☐☐☐　　　23년 지방 7급

선결문제에 대한 설명으로 옳지 않은 것은?

① 계고처분이 위법한 경우 행정대집행이 완료되면 그 처분의 취소를 구할 소의 이익은 없다 하더라도, 미리 그 행정처분의 취소판결이 있어야만 그 행정처분의 위법임을 이유로 한 손해배상 청구를 할 수 있는 것은 아니다.

② 민사소송에서 어느 행정처분의 당연무효 여부가 선결문제로 되는 경우 행정소송 등의 절차에 의하여 그 취소나 무효확인을 받아야 한다.

③ 과세처분의 하자가 단지 취소할 수 있는 정도에 불과할 때에는 과세관청이 이를 스스로 취소하거나 항고쟁송절차에 의하여 취소되지 않는 한, 그로 인한 조세의 납부가 부당이득이 된다고 할 수 없다.

④ 소방시설 등의 설치 또는 유지·관리에 대한 명령이 행정처분으로서 하자가 있어 무효인 경우, 위 명령 위반을 이유로 행정형벌을 부과할 수 없다.

154 [회독] ☐☐☐　　　22년 지방 9급

선결문제에 대한 판례의 입장으로 옳지 않은 것은?

① 조세부과처분이 무효임을 이유로 이미 납부한 세금의 반환을 청구하는 민사소송에서 법원은 그 조세부과처분이 무효라는 판단과 함께 세금을 반환하라는 판결을 할 수 있다.

② 영업허가취소처분으로 손해를 입은 자가 제기한 국가배상청구소송에서 법원은 영업허가취소처분에 취소사유에 해당하는 하자가 있는 경우에는 영업허가취소처분의 위법을 이유로 배상청구를 인용할 수 없다.

③ 물품을 수입하고자 하는 자가 세관장에게 수입신고를 하여 그 면허를 받고 물품을 통관한 경우에는, 세관장의 수입면허가 중대하고도 명백한 하자가 있는 행정행위이어서 당연무효가 아닌 한 「관세법」 소정의 무면허수입죄가 성립될 수 없다.

④ 영업허가취소처분 이후에 영업을 한 행위에 대하여 무허가영업으로 기소되었으나 형사법원이 판결을 내리기 전에 영업허가취소처분이 행정소송에서 취소되면 형사법원은 무허가영업행위에 대해서 무죄를 선고하여야 한다.

153

해설 ① (○) "위법한 행정대집행이 완료되면 그 처분의 무효확인 또는 취소를 구할 소의 이익은 없다 하더라도, 미리 그 행정처분의 취소판결이 있어야만, 그 행정처분의 위법임을 이유로 한 손해배상 청구를 할 수 있는 것은 아니다." (대법원 1972.4.28. 선고 72다337)

② (✕) "민사소송에 있어서 어느 행정처분의 당연무효 여부가 선결문제로 되는 때에는 이를 판단하여 당연무효임을 전제로 판결할 수 있고 반드시 행정소송 등의 절차에 의하여 그 취소나 무효확인을 받아야 하는 것은 아니다." (대법원 2010.4.8. 선고 2009다90092)

③ (○) "조세의 과오납이 부당이득이 되기 위하여는 납세 또는 조세의 징수가 실체법적으로나 절차법적으로 전혀 법률상의 근거가 없거나 과세처분의 하자가 중대하고 명백하여 당연무효이어야 하고, 과세처분의 하자가 단지 취소할 수 있는 정도에 불과할 때에는 과세관청이 이를 스스로 취소하거나 항고소송절차에 의하여 취소되지 않는 한 그로 인한 조세의 납부가 부당이득이 된다고 할 수 없다." (대법원 1994.11.11. 선고 94다28000)

④ (○) "소방시설 설치유지 및 안전관리에 관한 법률 제9조에 의한 소방시설 등의 설치 또는 유지·관리에 대한 명령을 정당한 사유 없이 위반한 자는 같은 법 제48조의2 제1호에 의하여 행정형벌에 처해지는데, 위 명령이 행정처분으로서 하자가 있어 무효인 경우에는 명령에 따른 의무위반이 생기지 아니하므로 행정형벌을 부과할 수 없다." (대법원 2011.11.10. 선고 2011도11109)

정답 ②

154

해설 ① (○) "국세등의 부과 및 징수처분과 같은 행정처분이 당연무효임을 전제로 하여 민사소송을 제기한 때에는 그 행정처분이 당연무효인지의 여부가 선결문제이므로 법원은 이를 심사하여 그 행정처분의 하자가 중대하고도 명백하여 당연무효라고 인정될 경우에는 이를 전제로 하여 판단할 수 있으나 그 하자가 단순한 취소사유에 그칠 때에는 법원은 그 효력을 부인할 수 없다." (대법원 1973.07.10. 선고 70다1439)

② (✕) 국가배상청구소송을 제기 받은 법원(민사법원)은 영업허가취소처분에 취소사유에 해당하는 하자가 있는 경우에는 영업허가취소처분의 위법을 이유로 배상청구를 인용할 수 있다. 국가배상청구를 인용하기 위해서는 처분에 대한 위법성의 인정이 필요한데, 처분에 대한 위법성의 인정은 민사법원이 항고소송의 수소법원의 도움없이도 직접할 수 있기 때문이다.

③ (○) "물품을 수입하고자 하는 자가 일단 세관장에게 수입신고를 하여 그 면허를 받고 물품을 통관한 경우에는, 세관장의 수입면허가 중대하고도 명백한 하자가 있는 행정행위이어서 당연무효가 아닌 한 관세법 소정의 무면허수입죄가 성립될 수 없다." (대법원 1989.3.28. 선고 89도149)

④ (○) "영업의 금지를 명한 영업허가취소처분 자체가 나중에 행정쟁송절차에 의하여 취소되었다면 그 영업허가취소처분은 그 처분시에 소급하여 효력을 잃게 되며, 그 영업허가취소처분에 복종할 의무가 원래부터 없었음이 확정되었다고 봄이 타당하고, 영업허가취소처분이 장래에 향하여서만 효력을 잃게 된다고 볼 것은 아니므로 그 영업허가취소처분 이후의 영업행위를 무허가영업이라고 볼 수는 없다." (대법원 1993.6.25. 선고 93도277)

정답 ②

155 [회독] □□□　　　　　25년 지방 9급

선결문제에 대한 설명으로 옳지 않은 것은?

① 위법한 행정대집행이 완료되면 대집행계고처분의 무효확인 또는 취소를 구할 소의 이익은 없다 하더라도, 미리 그 행정처분의 취소판결이 있어야만, 그 행정처분이 위법임을 이유로 한 손해배상 청구를 할 수 있는 것은 아니다.

② 행정행위의 하자가 취소사유에 불과한 때에는 그 처분이 취소되지 않는 한 처분의 효력을 부정하여 그로 인한 이득을 법률상 원인 없는 이득이라고 말할 수 없다.

③ 과세대상과 납세의무자 확정이 잘못되어 당연무효한 과세에 대하여는 체납이 문제될 여지가 없으므로 체납범이 성립하지 않는다.

④ 연령미달의 결격자인 피고인이 소외인의 이름으로 운전면허시험에 응시, 합격하여 교부받은 운전면허는 당연무효이므로, 그 경우 피고인의 운전행위는 무면허운전에 해당한다.

156 [회독] □□□　　　　　21년 지방 9급

행정행위의 효력에 대한 설명으로 옳지 않은 것은? (다툼이 있는 경우 판례에 의함)

① 행정처분이 아무리 위법하다고 하여도 그 하자가 중대하고 명백하여 당연 무효라고 보아야 할 사유가 있는 경우를 제외하고는 아무도 그 하자를 이유로 무단히 그 효과를 부정하지 못한다.

② 민사소송에 있어서 어느 행정처분의 당연무효 여부가 선결문제로 되는 때에는 이를 판단하여 당연무효임을 전제로 판결할 수 있고 반드시 행정소송 등의 절차에 의하여 그 취소나 무효확인을 받아야 하는 것은 아니다.

③ 불가쟁력이 발생한 행정행위로 손해를 입은 국민은 국가배상청구를 할 수 있다.

④ 행정행위의 불가변력은 당해 행정행위에 대해서만 인정되는 것이 아니고, 동종의 행정행위라면 그 대상을 달리하더라도 인정된다.

155

[해설] ① (○) "위법한 행정대집행이 완료되면 그 처분의 무효확인 또는 취소를 구할 소의 이익은 없다 하더라도, 미리 그 행정처분의 취소판결이 있어야만, 그 행정처분의 위법임을 이유로 한 손해배상 청구를 할 수 있는 것은 아니다." (대법원 1972.4.28. 선고 72다337)

② (○) "행정처분이 아무리 위법하다고 하여도 그 하자가 중대하고 명백하여 당연무효라고 보아야 할 사유가 있는 경우를 제외하고는 아무도 그 하자를 이유로 무단히 그 효과를 부정하지 못하는 것으로, 이러한 행정행위의 공정력은 판결의 기판력과 같은 효력은 아니지만 그 공정력의 객관적 범위에 속하는 행정행위의 하자가 취소사유에 불과한 때에는 그 처분이 취소되지 않는 한 처분의 효력을 부정하여 그로 인한 이득을 법률상 원인 없는 이득이라고 말할 수 없는 것이다." (대법원 1994.11.11. 선고 94다28000)

③ (○) "과세대상과 납세의무자 확정이 잘못되어 당연무효한 과세에 대하여는 체납이 문제될 여지가 없으므로 체납범이 성립하지 않는다. … 체납범은 정당한 과세에 대하여서만 성립되는 것이고, 과세가 당연히 무효한 경우에 있어서는 체납의 대상이 없어 체납범 성립의 여지가 없다." (대법원 1971.5.31. 선고 71도742)

④ (×) "연령미달의 결격자인 피고인이 소외인의 이름으로 운전면허시험에 응시, 합격하여 교부받은 운전면허는 당연무효가 아니고 도로교통법 제65조 제3호의 사유에 해당함에 불과하여 취소되지 않는 한 유효하므로 피고인의 운전행위는 무면허운전에 해당하지 아니한다." (대법원 1982.6.8. 선고 80도2646)

정답 ④

156

[해설] ① (○) "행정처분이 아무리 위법하다고 하여도 그 하자가 중대하고 명백하여 당연무효라고 보아야 할 사유가 있는 경우를 제외하고는 아무도 그 하자를 이유로 무단히 그 효과를 부정하지 못하는 것으로, 이러한 행정행위의 공정력은 판결의 기판력과 같은 효력은 아니지만 그 공정력의 객관적 범위에 속하는 행정행위의 하자가 취소사유에 불과한 때에는 그 처분이 취소되지 않는 한 처분의 효력을 부정하여 그로 인한 이득을 법률상 원인 없는 이득이라고 말할 수 없는 것이다." (대법원 2007.3.16. 선고 2006다83802)

② (○) "민사소송에 있어서 어느 행정처분의 당연무효 여부가 선결문제로 되는 때에는 이를 판단하여 당연무효임을 전제로 판결할 수 있고 반드시 행정소송 등의 절차에 의하여 그 취소나 무효확인을 받아야 하는 것은 아니다." (대법원 2010.4.8. 선고 2009다90092)

③ (○) 국가배상을 청구하는 것은 행정행위의 효력을 다투는 것이 아니므로, 행정행위에 불가쟁력이 발생하였더라도 그 행정행위로 인하여 입은 손해에 대해 국가배상청구를 하는 것은 여전히 가능하다.

④ (×) "국민의 권리와 이익을 옹호하고 법적안정을 도모하기 위하여 특정한 행위에 대하여는 행정청이라 하여도 이것을 자유로이 취소, 변경 및 철회할 수 없다는 행정행위의 불가변력은 당해 행정행위에 대하여서만 인정되는 것이고, 동종의 행정행위라 하더라도 그 대상을 달리할 때에는 이를 인정할 수 없다." (대법원 1974.12.10. 선고 73누129)

정답 ④

157 [회독] ☐☐☐ 21년 소방직

행정행위의 존속력에 관한 설명으로 옳지 않은 것은? (다툼이 있는 경우 판례에 의함)

① 불가변력은 처분청에 미치는 효력이고, 불가쟁력은 상대방 및 이해관계인에게 미치는 효력이다.

② 불가쟁력이 생긴 경우에도 국가배상청구를 할 수 있다.

③ 불가변력이 있는 행위가 당연히 불가쟁력을 발생시키는 것은 아니다.

④ 불가쟁력은 실체법적 효력만 있고, 절차법적 효력은 전혀 가지고 있지 않다.

157

해설 ① (○) 옳은 내용이다.

② (○) 옳은 내용이다. 국가배상청구소송은 처분의 효력을 다투는 소송이 아니기 때문이다.

③ (○) 옳은 내용이다. 불가변력과 불가쟁력은 상호 무관하기 때문이다.

④ (×) '실체법적 효력'이란 권리나 의무의 확정과 관련된 효력을 뜻하고, '절차법적 효력'이란 행정작용에 대한 쟁송절차와 관련된 효력을 말한다. 불가쟁력은 행정행위에 대하여 그 상대방 또는 이해관계인이 쟁송절차를 통하여 다투지 못하게 하는 효력이므로, 절차법적 효력만 있고, 실체법적 효력은 없다. 판례도 같은 입장을 취하고 있는 것으로 보인다. "행정처분이 불복기간의 경과로 인하여 확정될 경우 그 확정력은, 처분으로 인하여 법률상 이익을 침해받은 자가 해당 처분이나 재결의 효력을 더 이상 다툴 수 없다는 의미일 뿐, 더 나아가 판결에 있어서와 같은 기판력이 인정되는 것은 아니어서 처분의 기초가 된 사실관계나 법률적 판단이 확정되고 당사자들이나 법원이 이에 기속되어 모순되는 주장이나 판단을 할 수 없게 되는 것은 아니다." (대법원 2019.10.17. 선고 2018두104)

정답 ④

158 [회독] ☐☐☐

「행정기본법」상 처분의 재심사에 대한 설명으로 옳지 않은 것은?

① 처분에 관한 법원의 확정판결이 있는 경우, 그러한 처분은 재심사의 대상에서 제외된다.

② 처분으로 법률상 이익이 침해된 제3자는 해당 처분에 대해 재심사를 청구할 수 있다.

③ 공무원 인사 관계 법령에 따른 징계 등 처분에 관한 사항은 재심사의 대상에서 제외된다.

④ 처분의 재심사 결과 중 처분을 유지하는 결과에 대해서는 행정소송을 통하여 불복할 수 없다.

158

해설 ① (○), ② (×) 처분의 당사자가 아닌 제3자는 재심사를 신청할 수 없다. (행정기본법 제37조 제1항)

행정기본법	제37조(처분의 재심사) ① 당사자는 처분(제재처분 및 행정상 강제는 제외한다. 이하 이 조에서 같다)이 행정심판, 행정소송 및 그 밖의 쟁송을 통하여 다툴 수 없게 된 경우(법원의 확정판결이 있는 경우는 제외한다)라도 다음 각 호의 어느 하나에 해당하는 경우에는 해당 처분을 한 행정청에 처분을 취소·철회하거나 변경하여 줄 것을 신청할 수 있다. 1. 처분의 근거가 된 사실관계 또는 법률관계가 추후에 당사자에게 유리하게 바뀐 경우 2. 당사자에게 유리한 결정을 가져다주었을 새로운 증거가 있는 경우 3. 「민사소송법」 제451조에 따른 재심사유에 준하는 사유가 발생한 경우 등 대통령령으로 정하는 경우

③ (○) 행정기본법 제37조 제8항 제1호

행정기본법	제37조(처분의 재심사) ⑧ 다음 각 호의 어느 하나에 해당하는 사항에 관하여는 이 조를 적용하지 아니한다. 1. 공무원 인사 관계 법령에 따른 징계 등 처분에 관한 사항 2. 「노동위원회법」 제2조의2에 따라 노동위원회의 의결을 거쳐 행하는 사항 3. 형사, 행형 및 보안처분 관계 법령에 따라 행하는 사항 4. 외국인의 출입국·난민인정·귀화·국적회복에 관한 사항 5. 과태료 부과 및 징수에 관한 사항 6. 개별 법률에서 그 적용을 배제하고 있는 경우

④ (○) 행정기본법 제37조 제5항

행정기본법	제37조(처분의 재심사) ⑤ 제4항에 따른 처분의 재심사 결과 중 처분을 유지하는 결과에 대해서는 행정심판, 행정소송 및 그 밖의 쟁송수단을 통하여 불복할 수 없다.

정답 ②

159 [회독] □□□ 19년 지방 9급

행정행위의 효력에 대한 설명으로 옳지 않은 것은? (다툼이 있는 경우 판례에 의함)

① 민사소송에 있어서 어느 행정처분의 당연무효 여부가 선결문제로 되는 때에는 당해 소송의 수소법원은 이를 판단하여 그 행정처분의 무효확인판결을 할 수 있다.

② 과세처분의 하자가 단지 취소할 수 있는 정도에 불과할 때에는 과세관청이 이를 스스로 취소하거나 행정쟁송절차에 의하여 취소되지 않는 한 그로 인한 조세의 납부가 부당이득이 된다고 할 수 없다.

③ 구 「소방시설 설치·유지 및 안전관리에 관한 법률」 제9조에 의한 소방시설 등의 설치 또는 유지·관리에 대한 명령이 행정처분으로서 하자가 있어 무효인 경우에는 명령에 따른 의무위반이 생기지 아니하므로, 명령 위반을 이유로 행정형벌을 부과할 수 없다.

④ 행정처분이 불복기간의 경과로 인하여 확정될 경우, 그 확정력은 처분으로 인하여 법률상 이익을 침해받은 자가 처분의 효력을 더 이상 다툴 수 없다는 의미일 뿐 판결에 있어서와 같은 기판력이 인정되는 것은 아니다.

159

해설 ① (✕) 행정행위의 구성요건적 효력에도 불구하고 민사법원이 할 수 있는 행위는 ㉠ 행정행위(처분)의 당연무효 여부를 전제로 민사판결을 하는 것이지, ㉡ 처분의 무효확인판결을 할 수 있는 것이 아니다. 처분의 무효확인판결은 항고소송의 일종인 무효확인소송이 제기된 경우에나 할 수 있는 판결이다.

② (○) "조세의 과오납이 부당이득이 되기 위하여는 납세 또는 조세의 징수가 실체법적으로나 절차법적으로 전혀 법률상의 근거가 없거나 과세처분의 하자가 중대하고 명백하여 당연무효이어야 하고, 과세처분의 하자가 단지 취소할 수 있는 정도에 불과할 때에는 과세관청이 이를 스스로 취소하거나 항고소송절차에 의하여 취소되지 않는 한 그로 인한 조세의 납부가 부당이득이 된다고 할 수 없다." (대법원 1994.11.11. 선고 94다28000)

③ (○) "소방시설 설치유지 및 안전관리에 관한 법률 제9조에 의한 소방시설 등의 설치 또는 유지·관리에 대한 명령을 정당한 사유 없이 위반한 자는 같은 법 제48조의2 제1호에 의하여 행정형벌에 처해지는데, 위 명령이 행정처분으로서 하자가 있어 무효인 경우에는 명령에 따른 의무위반이 생기지 아니하므로 행정형벌을 부과할 수 없다." (대법원 2011.11.10. 선고 2011도11109)

④ (○) "행정처분이나 행정심판 재결이 불복기간의 경과로 인하여 확정될 경우 확정력은 처분으로 인하여 법률상 이익을 침해받은 자가 처분이나 재결의 효력을 더 이상 다툴 수 없다는 의미일 뿐 판결에 있어서와 같은 기판력이 인정되는 것은 아니어서 처분의 기초가 된 사실관계나 법률적 판단이 확정되고 당사자들이나 법원이 이에 기속되어 모순되는 주장이나 판단을 할 수 없게 되는 것은 아니다." (대법원 1993.4.13. 선고 92누17181)

정답 ①

160 [회독] ☐☐☐

행정처분의 효력에 대한 설명으로 옳지 않은 것은?

① 과세처분에 관한 이의신청절차에서 과세관청이 이의신청 사유가 옳다고 인정하여 과세처분을 직권으로 취소한 이상 그 후 특별한 사유 없이 이를 번복하고 종전 처분을 되풀이하는 것은 허용되지 않는다.

② 점용료 부과처분에 취소사유에 해당하는 흠이 있는 경우 도로관리청으로서는 당초 처분 자체를 취소하고 흠을 보완하여 새로운 부과처분을 하거나, 흠 있는 부분에 해당하는 점용료를 감액하는 처분을 할 수 있다.

③ 행정처분이 불복기간의 경과로 인하여 확정될 경우 그 처분의 기초가 된 사실관계나 법률적 판단이 확정되고 당사자들이나 법원이 이에 기속되어 모순되는 주장이나 판단을 할 수 없게 된다.

④ 민사소송에 있어서 어느 행정처분의 당연무효 여부가 선결문제로 되는 때에는 이를 판단하여 당연무효임을 전제로 판결할 수 있고 반드시 행정소송 등의 절차에 의하여 그 취소나 무효확인을 받아야 하는 것은 아니다.

160

해설 ① (○) "과세처분에 관한 불복절차과정에서 그 불복사유가 옳다고 인정하고 이에 따라 필요한 처분을 하였을 경우에는 불복제도와 이에 따른 시정방법을 인정하고 있는 법 취지에 비추어 동일 사항에 관하여 특별한 사유 없이 이를 번복하고 다시 종전의 처분을 되풀이할 수는 없다. 따라서 과세관청이 과세처분에 대한 이의신청절차에서 납세자의 이의신청 사유가 옳다고 인정하여 과세처분을 직권으로 취소하였음에도, 특별한 사유 없이 이를 번복하고 종전 처분을 되풀이하여서 한 과세처분은 위법하다." (대법원 2014.7.24. 선고 2011두14227)

② (○) "행정청은 행정소송이 계속되고 있는 때에도 직권으로 그 처분을 변경할 수 있고, 행정소송법 제22조 제1항은 이를 전제로 처분변경으로 인한 소의 변경에 관하여 규정하고 있다. 도로점용료 부과처분에 취소사유에 해당하는 흠이 있는 경우 도로관리청으로서는 당초 처분 자체를 취소하고 흠을 보완하여 새로운 부과처분을 하거나, 흠 있는 부분에 해당하는 점용료를 감액하는 처분을 할 수 있다. 흠 있는 부분에 해당하는 점용료를 감액하는 처분은 당초 처분 자체를 일부 취소하는 변경처분에 해당하고, 그 실질은 종래의 위법한 부분을 제거하는 것으로서 흠의 치유와는 차이가 있다." (대법원 2019.1.17. 선고 2016두56721)

③ (✕) 행정행위에는 기판력이 인정되지 않는다. "일반적으로 행정처분이나 행정심판 재결이 불복기간의 경과로 인하여 확정될 경우 그 확정력은, 그 처분으로 인하여 법률상 이익을 침해받은 자가 당해 처분이나 재결의 효력을 더 이상 다툴 수 없다는 의미일 뿐, 더 나아가 판결에 있어서와 같은 기판력이 인정되는 것은 아니어서 그 처분의 기초가 된 사실관계나 법률적 판단이 확정되고 당사자들이나 법원이 이에 기속되어 모순되는 주장이나 판단을 할 수 없게 되는 것은 아니다." (대법원 1993.4.13. 선고 92누17181)

④ (○) "민사소송에 있어서 어느 행정처분의 당연무효 여부가 선결문제로 되는 때에는 이를 판단하여 당연무효임을 전제로 판결할 수 있고 반드시 행정소송 등의 절차에 의하여 그 취소나 무효확인을 받아야 하는 것은 아니다." (대법원 2010.4.8. 선고 2009다90092)

정답 ③

제4절 행정행위의 성립

기출테마 40 행정행위의 성립요건 / 적법요건 / 효력발생요건

161 [회독] □□□   21년 국가 9급

행정행위에 대한 설명으로 옳은 것만을 모두 고르면? (다툼이 있는 경우 판례에 의함)

- ㉠ 행정의사가 외부에 표시되어 행정청이 자유롭게 취소·철회할 수 없는 구속을 받게 되는 시점에 처분이 성립하고, 그 성립 여부는 행정청이 행정의사를 공식적인 방법으로 외부에 표시하였는지를 기준으로 판단해야 한다.
- ㉡ 구 「공중위생관리법」상 공중위생영업에 대하여 영업을 정지할 위법사유가 있다면, 관할 행정청은 그 영업이 양도·양수되었다 하더라도 양수인에 대하여 영업정지처분을 할 수 있다.
- ㉢ 「도시 및 주거환경정비법」상 주택재건축조합에 대해 조합설립 인가처분이 행하여진 후에는, 조합설립결의의 하자를 이유로 조합설립의 무효를 주장하려면 조합설립 인가처분의 취소 또는 무효확인을 구하는 소송으로 다투어야 하며, 따로 조합설립결의의 하자를 다투는 확인의 소를 제기할 수 없다.
- ㉣ 공정거래위원회가 부당한 공동행위를 한 사업자들 중 자진신고자에 대하여 구 독점규제 및 공정거래에 관한 법령에 따라 과징금 부과처분(선행처분)을 한 뒤, 다시 자진신고사에 대한 사선을 분리하여 자진신고를 이유로 과징금 감면처분(후행처분)을 한 경우라도 선행처분의 취소를 구하는 소는 적법하다.

① ㉡, ㉢   ② ㉠, ㉡, ㉢

③ ㉠, ㉡, ㉣   ④ ㉠, ㉢, ㉣

161

해설 ㉠ (○) "일반적으로 처분이 주체·내용·절차와 형식의 요건을 모두 갖추고 외부에 표시된 경우에는 처분의 존재가 인정된다. 행정의사가 외부에 표시되어 행정청이 자유롭게 취소·철회할 수 없는 구속을 받게 되는 시점에 처분이 성립하고, 그 성립 여부는 행정청이 행정의사를 공식적인 방법으로 외부에 표시하였는지를 기준으로 판단해야 한다." (대법원 2019.7.11. 선고 2017두38874)

㉡ (○) "만일 어떠한 공중위생영업에 대하여 그 영업을 정지할 위법사유가 있다면, 관할 행정청은 그 영업이 양도·양수되었다 하더라도 그 업소의 양수인에 대하여 영업정지처분을 할 수 있다고 봄이 상당하다." (대법원 2001.6.29. 선고 2001두1611)

㉢ (○) "일단 조합설립 인가처분이 있은 경우 조합설립결의는 위 인가처분이라는 행정처분을 하는데 필요한 요건 중 하나에 불과한 것이어서, 조합설립 인가처분이 있은 이후에는 조합설립결의의 하자를 이유로 조합설립의 무효를 주장하는 것은 조합설립 인가처분의 취소 또는 무효확인을 구하는 항고소송의 방법에 의하여야 할 것이고, 이와는 별도로 조합설립결의만을 대상으로 그 효력 유무를 다투는 확인의 소를 제기하는 것은 확인의 이익이 없어 허용되지 아니한다." (대법원 2010.4.8. 선고 2009마1026)

㉣ (×) "공정거래위원회가 부당한 공동행위를 행한 사업자로서 구 독점규제 및 공정거래에 관한 법률에서 정한 자진신고자나 조사협조자에 대하여 과징금 부과처분(이하 '선행처분'이라 한다)을 한 뒤, 다시 자진신고자 등에 대한 사건을 분리하여 자진신고 등을 이유로 한 과징금 감면처분(이하 '후행처분'이라 한다)을 하였다면, 후행처분은 자진신고 감면까지 포함하여 처분 상대방이 실제로 납부하여야 할 최종적인 과징금액을 결정하는 종국적 처분이고, 선행처분은 이러한 종국적 처분을 예정하고 있는 일종의 잠정적 처분으로서 후행처분이 있을 경우 선행처분은 후행처분에 흡수되어 소멸한다. 따라서 위와 같은 경우에 선행처분의 취소를 구하는 소는 이미 효력을 잃은 처분의 취소를 구하는 것으로 부적법하다." (대법원 2015.2.12. 선고 2013두987)

정답 ②

162 [회독] □□□

23년 군무원 9급

행정행위의 성립과 효력발생에 대한 설명으로 옳지 않은 것은?
(다툼이 있는 경우 판례에 의함)

① 상대방 있는 행정처분이 상대방에게 고지되지 아니한 경우에도 상대방이 다른 경로를 통해 행정처분의 내용을 알게 되었다면 행정처분의 효력이 발생한다고 볼 수 있다.

② 일반적으로 행정처분이 주체·내용·절차와 형식이라는 내부적 성립요건과 외부에 대한 표시라는 외부적 성립요건을 모두 갖춘 경우에는 행정처분이 존재한다.

③ 법무부장관이 입국금지에 관한 정보를 내부전산망인 출입국관리정보시스템에 입력한 것만으로는 법무부장관의 의사가 공식적인 방법으로 외부에 표시된 것이 아니어서 위 입국금지결정은 항고소송의 대상인 처분에 해당되지 않는다.

④ 행정처분의 외부적 성립은 행정의사가 외부에 표시되어 행정청이 자유롭게 취소·철회할 수 없는 구속을 받게 되는 시점을 확정하는 의미를 가진다.

162

[해설] ① (×) "상대방 있는 행정처분은 특별한 규정이 없는 한 의사표시에 관한 일반법리에 따라 상대방에게 고지되어야 효력이 발생하고, 상대방 있는 행정처분이 상대방에게 고지되지 아니한 경우에는 상대방이 다른 경로를 통해 행정처분의 내용을 알게 되었다고 하더라도 행정처분의 효력이 발생한다고 볼 수 없다." (대법원 2019.8.9. 선고 2019두38656)

②, ④ (○) "일반적으로 행정처분이 주체·내용·절차와 형식이라는 내부적 성립요건과 외부에 대한 표시라는 외부적 성립요건을 모두 갖춘 경우에는 행정처분이 존재한다고 할 수 있다. 행정처분의 외부적 성립은 행정의사가 외부에 표시되어 행정청이 자유롭게 취소·철회할 수 없는 구속을 받게 되는 시점을 확정하는 의미를 가지므로, 어떠한 처분의 외부적 성립 여부는 행정청에 의해 행정의사가 공식적인 방법으로 외부에 표시되었는지를 기준으로 판단하여야 한다." (대법원 2017.7.11. 선고 2016두35120)

③ (○) "병무청장이 법무부장관에게 '가수 甲이 공연을 위하여 국외여행허가를 받고 출국한 후 미국 시민권을 취득함으로써 사실상 병역의무를 면탈하였으므로 재외동포 자격으로 재입국하고자 하는 경우 국내에서 취업, 가수활동 등 영리활동을 할 수 없도록 하고, 불가능할 경우 입국 자체를 금지해 달라'고 요청함에 따라 법무부장관이 甲의 입국을 금지하는 결정을 하고, 그 정보를 내부전산망인 '출입국관리정보시스템'에 입력하였으나, 甲에게는 통보하지 않은 사안에서, 위 입국금지결정은 항고소송의 대상이 되는 '처분'에 해당하지 않는다." (대법원 2019.7.11. 선고 2017두38874)

정답 ①

---

163 [회독] ☐☐☐

행정행위의 효력발생요건에 관한 설명으로 옳지 않은 것은?
(다툼이 있는 경우 판례에 의함)

① 내용증명우편이나 등기우편과는 달리, 보통우편의 방법
으로 발송되었다는 사실만으로는 그 우편물이 상당한
기간 내에 도달하였다고 추정할 수 없고, 송달의 효력을
주장하는 측에서 증거에 의하여 이를 입증하여야 한다.

② 상대방 있는 행정처분이 상대방에게 고지되지 아니한
경우 상대방이 다른 경로를 통해 행정처분의 내용을 알
게 되었다면 행정처분의 효력이 발생한다.

③ 「행정절차법」에 따르면 정보통신망을 이용한 송달은 송
달받을 자가 동의하는 경우에만 한다. 이 경우 송달받을
자는 송달받을 전자우편주소 등을 지정하여야 한다.

④ 「행정절차법」상 송달받을 자의 주소등을 통상적인 방법
으로 확인할 수 없는 경우에는 송달받을 자가 알기 쉽도
록 관보, 공보, 게시판, 일간신문 중 하나 이상에 공고하
고 인터넷에도 공고하여야 한다.

163

해설 ① (○) "내용증명우편이나 등기우편과는 달리, 보통우편의
방법으로 발송되었다는 사실만으로는 그 우편물이 상당한 기간 내에
도달하였다고 추정할 수 없고, 송달의 효력을 주장하는 측에서 증거
에 의하여 이를 입증하여야 한다." (대법원 2009.12.10. 선고 2007두
20140)

② (×) "상대방 있는 행정처분은 특별한 규정이 없는 한 의사표시에
관한 일반법리에 따라 상대방에게 고지되어야 효력이 발생하고, 상대
방 있는 행정처분이 상대방에게 고지되지 아니한 경우에는 상대방이
다른 경로를 통해 행정처분의 내용을 알게 되었다고 하더라도 행정처
분의 효력이 발생한다고 볼 수 없다." (대법원 2019.8.9. 선고 2019두38656)

③,④ (○) 행정절차법 제14조 제3항, 제4항

행정절차법	제14조(송달) ③ 정보통신망을 이용한 송달은 송달받을 자가 동의하는 경우에만 한다. 이 경우 송달받을 자는 송달받을 전자우편주소 등을 지정하여야 한다. ④ 다음 각 호의 어느 하나에 해당하는 경우에는 송달받을 자가 알기 쉽도록 관보, 공보, 게시판, 일간신문 중 하나 이상에 공고하고 인터넷에도 공고하여야 한다. 1. 송달받을 자의 주소등을 통상적인 방법으로 확인할 수 없는 경우 2. 송달이 불가능한 경우

정답 ②

164 [회독] ☐☐☐　　　　25년 지방 9급

다음 사례에 대한 설명으로 옳은 것만을 모두 고르면?

> 1976. 12. 15. 대한민국에서 출생한 甲은 2002. 1. 18. 미국 시민권을 취득하여 대한민국 국적을 상실한 재외동포이다. 법무부장관은 '甲이 공연을 위하여 병무청장의 국외여행허가를 받고 출국한 후 미국 시민권을 취득하여 사실상 병역의무를 면탈하였으므로 甲의 입국 자체를 금지해 달라'는 병무청장의 요청에 응하여 「출입국관리법」에 따라 2002. 2. 1. 甲의 입국을 금지하는 결정을 하였다. 법무부장관은 그 정보를 내부전산망인 '출입국관리정보시스템'에 입력하였으나, 甲에게 통보하지는 않았다(이하 '이 사건 입국금지결정'). 이후 2015. 8. 27. 甲은 자신의 거주 지역을 관할하는 재외공관장 乙에게 재외동포(F-4) 체류자격의 사증발급을 신청하였다. 乙은 甲의 아버지에게 전화로 '이 사건 입국금지결정으로 사증발급이 불허되었다.'고 통보하면서 처분이유를 기재한 사증발급 거부처분서를 작성해 주지는 않았다(이하 '이 사건 사증발급 거부처분').

┤ 보기 ├

㉠ 이 사건 입국금지결정은 항고소송의 대상인 처분에 해당한다.

㉡ 이 사건 사증발급 거부처분은 문서로 처분을 하도록 한 「행정절차법」 제24조 제1항을 위반한 하자가 있다.

㉢ 乙은 이 사건 입국금지결정의 공정력과 불가쟁력으로 인해 甲에게 사증을 발급할 수 없다.

㉣ 재외동포에 대한 사증발급은 행정청의 재량행위에 속하는 것으로서, 재외동포가 사증발급을 신청한 경우 재외동포체류자격의 요건을 갖추었다고 해서 무조건 사증을 발급해야 하는 것은 아니다.

① ㉠, ㉢　　　　　　② ㉠, ㉣
③ ㉡, ㉢　　　　　　④ ㉡, ㉣

164

해설 대법원 2019. 7. 11. 선고 2017두38874 사건을 출제한 것이다.

㉠ (✕) "위 입국금지결정은 법무부장관의 의사가 공식적인 방법으로 외부에 표시된 것이 아니라 단지 그 정보를 내부전산망인 '출입국관리정보시스템'에 입력하여 관리한 것에 지나지 않으므로, 위 입국금지결정은 항고소송의 대상이 될 수 있는 '처분'에 해당하지 않는다."

㉡ (○) "행정절차에 관한 일반법인 행정절차법은 제24조 제1항에서 "행정청이 처분을 할 때에는 다른 법령 등에 특별한 규정이 있는 경우를 제외하고는 문서로 하여야 하며, 전자문서로 하는 경우에는 당사자 등의 동의가 있어야 한다. 다만 신속히 처리할 필요가 있거나 사안이 경미한 경우에는 말 또는 그 밖의 방법으로 할 수 있다."라고 정하고 있다. 이 규정은 처분내용의 명확성을 확보하고 처분의 존부에 관한 다툼을 방지하여 처분상대방의 권익을 보호하기 위한 것이므로, 이를 위반한 처분은 하자가 중대·명백하여 무효이다."

㉢ (✕) 위 입국금지결정은 처분이 아니므로 공정력과 불가쟁력이 발생하지 않는다.

㉣ (○) "재외동포에 대한 사증발급은 행정청의 재량행위에 속하는 것으로서, 재외동포가 사증발급을 신청한 경우에 출입국관리법 시행령 [별표 1의2]에서 정한 재외동포체류자격의 요건을 갖추었다고 해서 무조건 사증을 발급해야 하는 것은 아니다."

정답 ④

165 [회독] ☐☐☐

행정행위에 대한 설명으로 옳은 것은? (다툼이 있는 경우 판례에 의함)

① 상대방 있는 행정처분이 상대방에게 고지되지 아니한 경우에는 특별한 규정이 없는 한 상대방이 다른 경로를 통해 행정처분의 내용을 알게 되었다고 하더라도 행정처분의 효력이 발생한다고 볼 수 없다.

② 기한의 도래로 실효한 종전의 허가에 대한 기간연장신청은 새로운 허가를 내용으로 하는 행정처분을 구하는 것이 아니라, 종전의 허가처분을 전제로 하여 단순히 그 유효기간을 연장하여 주는 행정처분을 구하는 것으로 보아야 한다.

③ 공무원에 대한 당연퇴직의 인사발령은 공무원의 신분을 상실시키는 새로운 형성적 행위이므로 행정소송의 대상이 되는 행정처분이다.

④ 지적공부 소관청의 지목변경신청 반려행위는 국민의 권리관계에 영향을 미친다고 볼 수 없어서 행정처분에 해당하지 않는다.

165

해설 ① (○) "상대방 있는 행정처분은 특별한 규정이 없는 한 의사표시에 관한 일반법리에 따라 상대방에게 고지되어야 효력이 발생하고, 상대방 있는 행정처분이 상대방에게 고지되지 아니한 경우에는 상대방이 다른 경로를 통해 행정처분의 내용을 알게 되었다고 하더라도 행정처분의 효력이 발생한다고 볼 수 없다." (대법원 2019.8.9. 선고 2019두38656)

② (×) "종전의 허가가 기한의 도래로 실효한 이상 원고가 종전 허가의 유효기간이 지나서 신청한 이 사건 기간연장신청은 그에 대한 종전의 허가처분을 전제로 하여 단순히 그 유효기간을 연장하여 주는 행정처분을 구하는 것이라기보다는 종전의 허가처분과는 별도의 새로운 허가를 내용으로 하는 행정처분을 구하는 것이라고 보아야 할 것이어서, 이러한 경우 허가권자는 이를 새로운 허가신청으로 보아 법의 관계 규정에 의하여 허가요건의 적합 여부를 새로이 판단하여 그 허가 여부를 결정하여야 할 것이다." (대법원 1995.11.10. 선고 94누11866)

③ (×) "국가공무원법 제69조에 의하면 공무원이 제33조 각 호의 1에 해당할 때에는 당연히 퇴직한다고 규정하고 있으므로, 국가공무원법상 당연퇴직은 결격사유가 있을 때 법률상 당연히 퇴직하는 것이지 공무원관계를 소멸시키기 위한 별도의 행정처분을 요하는 것이 아니며, 당연퇴직의 인사발령은 법률상 당연히 발생하는 퇴직사유를 공적으로 확인하여 알려주는 이른바 관념의 통지에 불과하고 공무원의 신분을 상실시키는 새로운 형성적 행위가 아니므로 행정소송의 대상이 되는 독립한 행정처분이라고 할 수 없다." (대법원 1995.11.14. 선고 95누2036)

④ (×) "구 지적법(2001.1.26. 선고 법률 제6389호로 전문 개정되기 전의 것) 제20조, 제38조 제2항의 규정은 토지소유자에게 지목변경신청권과 지목정정신청권을 부여한 것이고, 한편 지목은 토지에 대한 공법상의 규제, 개발부담금의 부과대상, 지방세의 과세대상, 공시지가의 산정, 손실보상가액의 산정 등 토지행정의 기초로서 공법상의 법률관계에 영향을 미치고, 토지소유자는 지목을 토대로 토지의 사용 · 수익 · 처분에 일정한 제한을 받게 되는 점 등을 고려하면, 지목은 토지소유권을 제대로 행사하기 위한 전제요건으로서 토지소유자의 실체적 권리관계에 밀접하게 관련되어 있으므로 지적공부 소관청의 지목변경신청 반려행위는 국민의 권리관계에 영향을 미치는 것으로서 항고소송의 대상이 되는 행정처분에 해당한다." (대법원 2004.4.22. 선고 2003두9015 전원합의체)

정답 ①

166 [회독] ☐☐☐ 21년 소방직

행정행위의 성립과 효력에 관한 설명으로 옳은 것은? (다툼이 있는 경우 판례에 의함)

① 일반적으로 행정행위가 주체·내용·절차와 형식의 요건을 모두 갖추고 외부에 표시된 경우에 행정행위의 존재가 인정된다.

② 행정청의 의사가 외부에 표시되어 행정청이 자유롭게 취소·철회할 수 없는 구속을 받게 되는 시점에 행정행위가 성립하는 것은 아니며, 행정행위의 성립 여부는 행정청의 의사를 공식적인 방법으로 외부에 표시하였는지 여부를 기준으로 판단해야 한다.

③ 「행정절차법」은 행정행위 상대방에 대한 송달받을 자의 주소 등을 통상적인 방법으로 확인할 수 없는 경우에 한하여, 공고의 방법에 의한 송달이 가능하도록 규정하고 있다.

④ 상대방 있는 행정처분이 상대방에게 고지되지 아니한 경우에도 상대방이 다른 경로를 통해 행정처분의 내용을 알게 된다면 그 행정처분의 효력이 발생한다.

167 [회독] ☐☐☐ 21년 군무원 9급

사례에 대한 설명으로 옳지 않은 것은? (단, 다툼이 있는 경우 판례에 의함)

> 병무청장이 법무부장관에게 '가수 甲이 공연을 위하여 국외여행허가를 받고 출국한 후 미국시민권을 취득함으로써 사실상 병역의무를 면탈하였으므로 재외동포 자격으로 재입국하고자 하는 경우 국내에서 취업, 가수활동 등 영리활동을 할 수 없도록 하고, 불가능할 경우 입국 자체를 금지해 달라'고 요청함에 따라 법무부장관이 甲의 입국을 금지하는 결정을 하고, 그 정보를 내부전산망인 '출입국관리정보시스템'에 입력하였으나, 甲에게는 통보하지 않았다.

① 일반적으로 처분이 주체·내용·절차와 형식의 요건을 모두 갖추고 외부에 표시된 경우에는 처분의 존재가 인정된다.

② 행정의사가 외부에 표시되어 행정청이 자유롭게 취소·철회할 수 없는 구속을 받게 되는 시점에 처분이 성립한다.

③ 그 성립 여부는 행정청이 행정의사를 공식적인 방법으로 외부에 표시하였는지를 기준으로 판단해야 한다.

④ 위 입국금지결정은 항고소송의 대상이 되는 '처분'에 해당한다.

166

[해설] ① (○) / ② (×) 행정청의 의사가 외부에 표시되어 행정청이 자유롭게 취소 철회할 수 없는 구속을 받게 되는 시점에 행정행위가 성립한다. "일반적으로 처분이 주체·내용·절차와 형식의 요건을 모두 갖추고 외부에 표시된 경우에는 처분의 존재가 인정된다. 행정의사가 외부에 표시되어 행정청이 자유롭게 취소·철회할 수 없는 구속을 받게 되는 시점에 처분이 성립하고, 그 성립 여부는 행정청이 행정의사를 공식적인 방법으로 외부에 표시하였는지를 기준으로 판단해야 한다." (대법원 2019.7.11. 선고 2017두38874)

③ (×) 「행정절차법」은 행정행위 상대방에 대한 송달받을 자의 주소 등을 통상적인 방법으로 확인할 수 없는 경우뿐만 아니라, 송달이 불가능한 경우에도 공고의 방법에 의한 송달이 가능하도록 규정하고 있다 (행정절차법 제14조 제4항).

행정절차법	제14조(송달) ④ 다음 각 호의 어느 하나에 해당하는 경우에는 송달받을 자가 알기 쉽도록 관보, 공보, 게시판, 일간신문 중 하나 이상에 공고하고 인터넷에도 공고하여야 한다. 1. 송달받을 자의 주소등을 통상적인 방법으로 확인할 수 없는 경우 2. 송달이 불가능한 경우

④ (×) "상대방 있는 행정처분은 특별한 규정이 없는 한 의사표시에 관한 일반법리에 따라 상대방에게 고지되어야 효력이 발생하고, 상대방 있는 행정처분이 상대방에게 고지되지 아니한 경우에는 상대방이 다른 경로를 통해 행정처분의 내용을 알게 되었다고 하더라도 행정처분의 효력이 발생한다고 볼 수 없다." (대법원 2019.8.9. 선고 2019두38656)

정답 ①

167

[해설] ① (○) "일반적으로 처분이 주체·내용·절차와 형식의 요건을 모두 갖추고 외부에 표시된 경우에는 처분의 존재가 인정된다." (대법원 2019.7.11. 선고 2017두38874)

②, ③ (○) "행정의사가 외부에 표시되어 행정청이 자유롭게 취소·철회할 수 없는 구속을 받게 되는 시점에 처분이 성립하고, 그 성립 여부는 행정청이 행정의사를 공식적인 방법으로 외부에 표시하였는지를 기준으로 판단해야 한다." (대법원 2019.7.11. 선고 2017두38874)

④ (×) "행정청이 행정의사를 외부에 표시하여 행정청이 자유롭게 취소·철회할 수 없는 구속을 받기 전에는 '처분'이 성립하지 않으므로 법무부장관이 출입국관리법 제11조 제1항 제3호 또는 제4호, 출입국관리법 시행령 제14조 제1항, 제2항에 따라 위 입국금지결정을 했다고 해서 '처분'이 성립한다고 볼 수는 없고, 위 입국금지결정은 법무부장관의 의사가 공식적인 방법으로 외부에 표시된 것이 아니라 단지 그 정보를 내부전산망인 '출입국관리정보시스템'에 입력하여 관리한 것에 지나지 않으므로, 위 입국금지결정은 항고소송의 대상이 될 수 있는 '처분'에 해당하지 않는다." (대법원 2019.7.11. 선고 2017두38874)

정답 ④

제5절　행정행위의 하자

기출테마 41　행정행위의 하자

168　[회독] ☐☐☐
19년 지방 9급

행정행위의 하자에 대한 설명으로 옳지 않은 것은? (다툼이 있는 경우 판례에 의함)

① 구 「환경영향평가법」상 환경영향평가를 실시하여야 할 사업에 대하여 환경영향평가를 거치지 아니하였음에도 승인 등 처분을 한 경우, 그 처분은 당연무효이다.

② 적법한 권한 위임 없이 세관출장소장에 의하여 행하여진 관세부과처분은 그 하자가 중대하기는 하지만 객관적으로 명백하다고 할 수 없어 당연무효는 아니다.

③ 행정청이 사전에 교통영향평가를 거치지 아니한 채 '건축허가 전까지 교통영향평가 심의필증을 교부받을 것'을 부관으로 붙여서 한 '실시계획변경 승인 및 공사시행변경 인가 처분'은 그 하자가 중대하고 객관적으로 명백하여 당연무효이다.

④ 징계처분이 중대하고 명백한 하자 때문에 당연무효의 것이라면 징계처분을 받은 자가 이를 용인하였다 하여 그 하자가 치유되는 것은 아니다.

168

해설 ① (○) "환경영향평가를 거쳐야 할 대상사업에 대하여 환경영향평가를 거치지 아니하였음에도 불구하고 승인 등 처분이 이루어진다면, 사전에 환경영향평가를 함에 있어 평가대상지역 주민들의 의견을 수렴하고 그 결과를 토대로 하여 환경부장관과의 협의내용을 사업계획에 미리 반영시키는 것 자체가 원천적으로 봉쇄되는바, 이렇게 되면 환경파괴를 미연에 방지하고 쾌적한 환경을 유지·조성하기 위하여 환경영향평가제도를 둔 입법 취지를 달성할 수 없게 되는 결과를 초래할 뿐만 아니라 환경영향평가대상지역 안의 주민들의 직접적이고 개별적인 이익을 근본적으로 침해하게 되므로, 이러한 행정처분의 하자는 법규의 중요한 부분을 위반한 중대한 것이고 객관적으로도 명백한 것이라고 하지 않을 수 없어, 이와 같은 행정처분은 당연무효이다." (대법원 2006.6.30. 선고 2005두14363)

② (○) "적법한 권한 위임 없이 세관출장소장에 의하여 행하여진 관세부과처분이 그 하자가 중대하기는 하지만 객관적으로 명백하다고 할 수 없어 당연무효는 아니다." (대법원 2004.11.26. 선고 2003두2403)

③ (×) "교통영향평가는 환경영향평가와 그 취지 및 내용, 대상사업의 범위, 사전 주민의견수렴절차 생략 여부 등에 차이가 있고 그 후 교통영향평가가 교통영향분석·개선대책으로 대체된 점, 행정청은 교통영향평가를 배제한 것이 아니라 '건축허가 전까지 교통영향평가 심의필증을 교부받을 것'을 부관으로 하여 실시계획변경 및 공사시행변경 인가 처분을 한 점 등에 비추어, 행정청이 사전에 교통영향평가를 거치지 아니한 채 위와 같은 부관을 붙여서 한 위 처분에 중대하고 명백한 흠이 있다고 할 수 없으므로 이를 무효로 보기는 어렵다." (대법원 2010.2.25. 선고 2009두102)

④ (○) "징계처분이 중대하고 명백한 흠 때문에 당연무효의 것이라면 징계처분을 받은 자가 이를 용인하였다 하여 그 흠이 치료되는 것은 아니다." (대법원 1989.12.12. 선고 88누8869)

정답 ③

169 [회독] □□□

행정행위에 관한 설명으로 옳은 것만을 〈보기〉에서 있는대로 고른 것은? (다툼이 있는 경우 판례에 의함)

┤ 보기 ├

㉠ 변상금 부과처분에 대한 취소소송이 진행 중이라도 그 부과권자로서는 위법한 처분을 스스로 취소하고 그 하자를 보완하여 다시 적법한 부과처분을 할 수도 있다.

㉡ 과세예고 통지 후 과세전적부심사 청구나 그에 대한 결정이 있기도 전에 과세처분을 하는 것은 절차상 하자가 중대하고도 명백하여 무효이다.

㉢ 권한 없는 행정기관이 한 당연무효의 행정처분을 취소할 수 있는 권한은 당해 행정처분을 한 처분청에 속한다.

㉣ 수익적 행정처분의 하자가 당사자의 사실은폐나 기타 사위의 방법에 의한 신청행위에 기인한 것이라면 당사자는 처분에 의한 이익이 위법하게 취득되었음을 알아 취소가능성도 예상하고 있었다 할 것이므로, 그 자신이 처분에 관한 신뢰이익을 원용할 수 없음은 물론 행정청이 이를 고려하지 아니하였다고 하여도 재량권의 남용이 되지 않는다.

① ㉠, ㉡

② ㉠, ㉢, ㉣

③ ㉡, ㉢, ㉣

④ ㉠, ㉡, ㉢, ㉣

169

해설 ㉠ (○) "소멸시효는 객관적으로 권리가 발생하여 그 권리를 행사할 수 있는 때로부터 진행하고 그 권리를 행사할 수 없는 동안만은 진행하지 아니하는데, 여기서 권리를 행사할 수 없는 경우라 함은 그 권리행사에 법률상의 장애사유가 있는 경우를 말하는데, 변상금 부과처분에 대한 취소소송이 진행 중이라도 그 부과권자로서는 위법한 처분을 스스로 취소하고 그 하자를 보완하여 다시 적법한 부과처분을 할 수도 있는 것이어서 그 권리행사에 법률상의 장애사유가 있는 경우에 해당한다고 할 수 없으므로, 그 처분에 대한 취소소송이 진행되는 동안에도 그 부과권의 소멸시효가 진행된다." (대법원 2006.2.10. 선고 2003두5686)

㉡ (○) "사전구제절차로서 과세전적부심사 제도가 가지는 기능과 이를 통해 권리구제가 가능한 범위, 이러한 제도가 도입된 경위와 취지, 납세자의 절차적 권리 침해를 효율적으로 방지하기 위한 통제 방법과 더불어, 헌법 제12조 제1항에서 규정하고 있는 적법절차의 원칙은 형사소송절차에 국한되지 아니하고, 세무공무원이 과세권을 행사하는 경우에도 마찬가지로 준수하여야 하는 점 등을 고려하여 보면, 구 국세기본법 등이 과세전적부심사를 거치지 않고 곧바로 과세처분을 할 수 있거나 과세전적부심사에 대한 결정이 있기 전이라도 과세처분을 할 수 있는 예외사유로 정하고 있다는 등의 특별한 사정이 없는 한, 세무조사 결과에 대한 서면통지 후 과세전적부심사 청구나 그에 대한 결정이 있기도 전에 과세처분을 하는 것은 원칙적으로 과세전적부심사 이후에 이루어져야 하는 과세처분을 그보다 앞서 함으로써 과세전적부심사 제도 자체를 형해화시킬 뿐만 아니라 과세전적부심사 결정과 과세처분 사이의 관계 및 그 불복절차를 불분명하게 할 우려가 있으므로, 그와 같은 과세처분은 납세자의 절차적 권리를 침해하는 것으로서 그 절차상 하자가 중대하고도 명백하여 무효이다." (대법원 2023.11.2. 선고 2021두37748)

㉢ (○) "권한없는 행정기관이 한 당연무효인 행정처분을 취소할 수 있는 권한은 당해 행정처분을 한 처분청에게 속하고, 당해 행정처분을 할 수 있는 적법한 권한을 가지는 행정청에게 그 취소권이 귀속되는 것이 아니다." (대법원 1984.10.10. 선고 84누463)

㉣ (○) "행정행위를 한 처분청은 그 행위에 하자가 있는 경우에는 별도의 법적 근거가 없더라도 스스로 이를 취소할 수 있고, 다만 수익적 행정처분을 취소할 때에는 이를 취소하여야 할 공익상의 필요와 그 취소로 인하여 당사자가 입게 될 기득권과 신뢰보호 및 법률생활 안정의 침해 등 불이익을 비교·교량한 후 공익상의 필요가 당사자가 입을 불이익을 정당화할 만큼 강한 경우에 한하여 취소할 수 있으며, 나아가 수익적 행정처분의 하자가 당사자의 사실은폐나 기타 사위의 방법에 의한 신청행위에 기인한 것이라면 당사자는 처분에 의한 이익이 위법하게 취득되었음을 알아 취소가능성도 예상하고 있었다 할 것이므로, 그 자신이 처분에 관한 신뢰이익을 원용할 수 없음은 물론 행정청이 이를 고려하지 아니하였다고 하여도 재량권의 남용이 되지 않는다." (대법원 2006.5.25. 선고 2003두4669)

정답 ④

170 [회독] □□□ 22년 소방직

행정절차의 하자에 대한 설명으로 옳지 않은 것은? (다툼이 있는 경우 판례에 의함)

① 환경영향평가를 거쳐야 하는 대상사업에 대하여 환경영향평가를 거치지 아니하였음에도 불구하고 승인 등 처분이 행해진 경우, 그 행정처분은 당연무효이다.

② 행정청이 사전환경성검토협의를 거쳐야 할 대상사업에 관하여 법의 해석을 잘못한 나머지 세부용도지역이 지정되지 않은 개발사업 부지에 대하여 사전환경성검토협의를 할지 여부를 결정하는 절차를 생략한 채 승인 등의 처분을 하였다면, 그 행정처분은 당연무효이다.

③ 환경영향평가를 거쳐야 할 대상사업에 대해 환경영향평가 절차를 거쳤으나 그 내용이 다소 부실한 경우, 그 부실의 정도가 환경영향평가를 하지 아니한 것과 같은 정도가 아닌 한 당해 승인 등 처분이 위법하게 되는 것은 아니다.

④ 환경영향평가 대상지역 밖의 주민이라 할지라도 공유수면매립면허처분 등으로 인하여 그 처분 전과 비교하여 수인한도를 넘는 환경피해를 받거나 받을 우려가 있는 경우에는, 이를 입증함으로써 그 처분 등의 무효확인을 구할 원고적격을 인정받을 수 있다.

170

해설 ① (○) "환경영향평가를 거쳐야 할 대상사업에 대하여 환경영향평가를 거치지 아니하였음에도 불구하고 승인 등 처분이 이루어진다면, 사전에 환경영향평가를 함에 있어 평가대상지역 주민들의 의견을 수렴하고 그 결과를 토대로 하여 환경부장관과의 협의내용을 사업계획에 미리 반영시키는 것 자체가 원천적으로 봉쇄되는바, 이렇게 되면 환경파괴를 미연에 방지하고 쾌적한 환경을 유지·조성하기 위하여 환경영향평가제도를 둔 입법 취지를 달성할 수 없게 되는 결과를 초래할 뿐만 아니라 환경영향평가대상지역 안의 주민들의 직접적이고 개별적인 이익을 근본적으로 침해하게 되므로, 이러한 행정처분의 하자는 법규의 중요한 부분을 위반한 중대한 것이고 객관적으로도 명백한 것이라고 하지 않을 수 없어, 이와 같은 행정처분은 당연무효이다." (대법원 2006.6.30. 선고 2005두14363)

② (×) "행정청이 사전환경성검토협의를 거쳐야 할 대상사업에 관하여 법의 해석을 잘못한 나머지 세부용도지역이 지정되지 않은 개발사업 부지에 대하여 사전환경성검토협의를 할지 여부를 결정하는 절차를 생략한 채 승인 등의 처분을 한 사안에서, 그 하자가 객관적으로 명백하다고 할 수 없다." (대법원 2009.9.24. 선고 2009두2825) ➡ 하자가 중대하지만 명백하지 않아 당연무효라고 할 수 없다.

③ (○) "환경영향평가를 거쳐야 할 대상사업에 대하여 그러한 환경영향평가를 거치지 아니하였음에도 승인 등 처분을 하였다면 그 처분은 위법하다 할 것이나, 그러한 절차를 거쳤다면, 비록 그 환경영향평가의 내용이 다소 부실하다 하더라도, 그 부실의 정도가 환경영향평가제도를 둔 입법 취지를 달성할 수 없을 정도이어서 환경영향평가를 하지 아니한 것과 다를 바 없는 정도의 것이 아닌 이상 그 부실은 당해 승인 등 처분에 재량권 일탈·남용의 위법이 있는지 여부를 판단하는 하나의 요소로 됨에 그칠 뿐, 그 부실로 인하여 당연히 당해 승인 등 처분이 위법하게 되는 것이 아니다." (대법원 2001.6.29. 선고 99두9902)

④ (○) "환경영향평가 대상지역 밖의 주민이라 할지라도 공유수면매립면허처분 등으로 인하여 그 처분 전과 비교하여 수인한도를 넘는 환경피해를 받거나 받을 우려가 있는 경우에는, 공유수면매립면허처분 등으로 인하여 환경상 이익에 대한 침해 또는 침해우려가 있다는 것을 입증함으로써 그 처분 등의 무효확인을 구할 원고적격을 인정받을 수 있다." (대법원 2006.3.16. 선고 2006두330)

정답 ②

171 [회독] ☐☐☐　　　22년 군무원 9급

다음 중 행정법의 법원에 대한 설명으로 가장 옳은 것은?
(다툼이 있는 경우 판례에 의함)

① 행정청 내부의 사무처리준칙이 제정·공표되었다면 이 자체만으로도 행정청은 자기구속을 받게 되므로 이 준칙에 위배되는 처분은 위법하게 된다.

② 헌법재판소의 위헌결정이 있다면 행정청이 개인에 대하여 공적인 견해를 표명한 것으로 볼 수 있으므로 위헌결정과 다른 행정청의 결정은 신뢰보호 원칙에 반한다.

③ 부당결부금지의 원칙은 판례에 의해 확립된 행정의 법원칙으로 실정법상 명문의 규정은 없다.

④ 법령의 규정만으로 처분 요건의 의미가 분명하지 아니한 경우에 법원이나 헌법재판소의 분명한 판단이 있음에도 합리적 근거가 없이 사법적 판단과 어긋나게 행정처분을 한 경우에 명백한 하자가 있다고 봄이 타당하다.

171

해설 ① (×) 사무처리준칙이 제정·공표되었다는 것만로는 자기구속력이 발생하지 않고, 사무처리준칙에서 정한 바에 따라 실제로 되풀이 시행되기까지 해야 한다(대법원 2009.12.24. 선고 2009두7967).

② (×) "헌법재판소의 위헌결정은 행정청이 개인에 대하여 신뢰의 대상이 되는 공적인 견해를 표명한 것이라고 할 수 없으므로 그 결정에 관련한 개인의 행위에 대하여는 신뢰보호의 원칙이 적용되지 아니한다." (대법원 2003.6.27. 선고 2002두6965)

③ (×) 부당결부금지원칙에 대해서는 행정기본법 제13조에 명문의 규정이 존재한다.

행정기본법	제13조(부당결부금지의 원칙) 행정청은 행정작용을 할 때 상대방에게 해당 행정작용과 실질적인 관련이 없는 의무를 부과해서는 아니 된다.

④ (○) "법령 규정의 문언만으로는 처분 요건의 의미가 분명하지 아니하여 그 해석에 다툼의 여지가 있었더라도 해당 법령 규정의 위헌 여부 및 그 범위, 법령이 정한 처분 요건의 구체적 의미 등에 관하여 법원이나 헌법재판소의 분명한 판단이 있고, 행정청이 그러한 판단 내용에 따라 법령 규정을 해석·적용하는 데에 아무런 법률상 장애가 없는데도 합리적 근거 없이 사법적 판단과 어긋나게 행정처분을 하였다면 그 하자는 객관적으로 명백하다고 봄이 타당하다." (대법원 2017.12.28. 선고 2017두30122)

정답 ④

172 [회독] ☐☐☐ 24년 지방 9급

행정행위의 하자에 대한 설명으로 옳지 않은 것은?

① 수익적 행정처분의 취소 제한에 관한 법리는 처분청이 수익적 행정처분을 직권으로 취소하는 경우에 적용되는 법리일 뿐 쟁송취소의 경우에는 적용되지 않는다.

② 구 「학교보건법」상 학교환경위생정화구역에서의 금지행위 및 시설의 해제 여부에 관한 행정처분을 함에 있어 학교환경위생정화위원회 심의절차를 누락하였다면, 특별한 사정이 없는 한 이는 행정처분을 위법하게 하는 취소사유가 된다.

③ 행정청이 청문서 도달기간을 어겼다면 당사자가 이에 대하여 이의 하지 아니한 채 스스로 청문일에 출석하여 방어의 기회를 충분히 가졌더라도 청문서 도달기간을 준수하지 아니한 하자가 치유되는 것은 아니다.

④ 토지등급결정내용의 개별통지가 있었다고 볼 수 없어 토지등급결정이 무효라면, 토지소유자가 그 결정 이전이나 이후에 토지등급결정내용을 알았다 하더라도 개별통지의 하자가 치유되는 것은 아니다.

172

해설 ① (○) "수익적 행정처분에 대한 취소권 등의 행사는 기득권의 침해를 정당화할 만한 중대한 공익상의 필요 또는 제3자의 이익보호의 필요가 있는 때에 한하여 허용될 수 있다는 법리는, 처분청이 수익적 행정처분을 직권으로 취소·철회하는 경우에 적용되는 법리일 뿐 쟁송취소의 경우에는 적용되지 않는다." (대법원 2019.10.17. 선고 2018두104)

② (○) "행정청이 구 학교보건법 소정의 학교환경위생정화구역 내에서 금지행위 및 시설의 해제 여부에 관한 행정처분을 함에 있어 학교환경위생정화위원회의 심의를 거치도록 한 취지는 그에 관한 전문가 내지 이해관계인의 의견과 주민의 의사를 행정청의 의사결정에 반영함으로써 공익에 가장 부합하는 민주적 의사를 도출하고 행정처분의 공정성과 투명성을 확보하려는 데 있고, 나아가 그 심의의 요구가 법률에 근거하고 있을 뿐 아니라 심의에 따른 의결내용도 단순히 절차의 형식에 관련된 사항에 그치지 않고 금지행위 및 시설의 해제 여부에 관한 행정처분에 영향을 미칠 수 있는 사항에 관한 것임을 종합해 보면, 금지행위 및 시설의 해제 여부에 관한 행정처분을 하면서 절차상 위와 같은 심의를 누락한 흠이 있다면 그와 같은 흠을 가리켜 위 행정처분의 효력에 아무런 영향을 주지 않는다거나 경미한 정도에 불과하다고 볼 수는 없으므로, 특별한 사정이 없는 한 이는 행정처분을 위법하게 하는 취소사유가 된다." (대법원 2007.3.15. 선고 2006두15806)

③ (×) "행정청이 식품위생법상의 청문절차를 이행함에 있어 소정의 청문서 도달기간을 지키지 아니하였다면 이는 청문의 절차적 요건을 준수하지 아니한 것이므로 이를 바탕으로 한 행정처분은 일단 위법하다고 보아야 할 것이지만 이러한 청문제도의 취지는 처분으로 말미암아 받게 될 영업자에게 미리 변명과 유리한 자료를 제출할 기회를 부여함으로써 부당한 권리침해를 예방하려는 데에 있는 것임을 고려하여 볼 때, 가령 행정청이 청문서 도달기간을 다소 어겼다하더라도 영업자가 이에 대하여 이의하지 아니한 채 스스로 청문일에 출석하여 그 의견을 진술하고 변명하는 등 방어의 기회를 충분히 가졌다면 청문서 도달기간을 준수하지 아니한 하자는 치유되었다고 봄이 상당하다." (대법원 1992.10.23. 선고 92누2844)

④ (○) "토지등급결정내용이 개별통지가 있다고 볼 수 없어 토지등급결정이 무효인 이상, 토지소유자가 그 결정 이전이나 이후에 토지등급결정내용을 알았다거나 또는 그 결정 이후 매년 정기 등급수정의 결과가 토지소유자 등의 열람에 공하여졌다 하더라도 개별통지의 하자가 치유되는 것은 아니다." (대법원 1997.5.28. 선고 96누5308)

정답 ③

173 [회독] ☐☐☐　　　　　　　　23년 국가 9급

행정행위의 하자에 대한 설명으로 옳은 것은?

① 과세처분의 취소를 구하는 행정소송에서 선행처분인 개별공시지가 결정의 위법을 독립된 위법사유로 주장할 수 있다.

② 재건축조합설립인가처분 당시 동의율을 충족하지 못한 하자는 후에 추가동의서가 제출되었다는 사정만으로도 치유된다.

③ 적법한 건축물에 대한 철거명령은 그 하자가 중대하고 명백하여 당연무효라고 할 것이지만, 그 후행행위인 건축물철거 대집행계고처분은 당연무효라고 할 수 없다.

④ 세액산출근거가 기재되지 아니한 납세고지서에 의한 부과처분은 강행법규에 위반하여 취소대상이 된다고 할 것이지만 이와 같은 하자는 납세의무자가 전심절차에서 이를 주장하지 아니하였거나, 그 후 부과된 세금을 자진납부하였다거나, 또는 조세채권의 소멸시효기간이 만료된 경우 치유된다.

173

해설　① (○) "개별공시지가결정은 이를 기초로 한 과세처분 등과는 별개의 독립된 처분으로서 서로 독립하여 별개의 법률효과를 목적으로 하는 것이나, 결정된 개별공시지가가 자신에게 유리하게 작용될 것인지 또는 불이익하게 작용될 것인지 여부를 쉽사리 예견할 수 있는 것도 아니고, 위법한 개별공시지가결정에 대하여 그 정해진 시정절차를 통하여 시정하도록 요구하지 아니하였다는 이유로 위법한 개별공시지가를 기초로 한 과세처분 등 후행 행정처분에서 개별공시지가결정의 위법을 주장할 수 없도록 하는 것은 수인한도를 넘는 불이익을 강요하는 것이므로, 개별공시지가결정에 위법이 있는 경우에는 그 자체를 행정소송의 대상이 되는 행정처분으로 보아 그 위법 여부를 다툴 수 있음은 물론 이를 기초로 한 과세처분 등 행정처분의 취소를 구하는 행정소송에서도 선행처분인 개별공시지가결정의 위법을 독립된 위법사유로 주장할 수 있다." (대법원 1994.1.25. 선고 93누8542)

② (×) "조합설립인가처분 당시 동의율을 충족하지 못한 하자는 후에 추가동의서가 제출되었다는 사정만으로 치유될 수 없다." (대법원 2013.7.11. 선고 2011두27544)

③ (×) "적법한 건축물에 대한 철거명령은 그 하자가 중대하고 명백하여 당연무효라고 할 것이고, 그 후행행위인 건축물철거 대집행계고처분 역시 당연무효라고 할 것이다." (대법원 1999.4.27. 선고 97누6780)

④ (×) "세액산출근거가 기재되지 아니한 납세고지서에 의한 부과처분은 강행법규에 위반하여 취소대상이 된다 할 것이므로 이와 같은 하자는 납세의무자가 전심절차에서 이를 주장하지 아니하였거나, 그 후 부과된 세금을 자진납부하였다거나, 또는 조세채권의 소멸시효기간이 만료되었다 하여 치유되는 것이라고는 할 수 없다." (대법원 1985.4.9. 선고 84누431)

정답 ①

174 [회독] ☐☐☐　　　　　　　　22년 국가 7급

행정행위의 하자에 대한 설명으로 옳지 않은 것은? (다툼이 있는 경우 판례에 의함)

① 인가처분에 하자가 없다면 기본행위에 하자가 있다 하더라도 기본행위의 무효를 내세워 바로 그에 대한 행정청의 인가처분의 취소 또는 무효확인을 소구할 법률상의 이익이 없다.

② 행정처분의 당연무효를 선언하는 의미에서 취소를 구하는 행정소송을 제기한 경우에는 취소소송의 제소요건을 갖추어야 한다.

③ 행정처분이 발하여진 후에 헌법재판소가 그 행정처분의 근거가 된 법률을 위헌으로 결정하였다면, 그 행정처분은 특별한 사정이 없는 한 당연무효이다.

④ 납세자가 아닌 제3자의 재산을 대상으로 한 압류처분은 그 처분의 내용이 법률상 실현될 수 없는 것이어서 당연무효이다.

174

[해설] ① (○) "인가는 기본행위인 재단법인의 정관변경에 대한 법률상의 효력을 완성시키는 보충행위로서, 그 기본이 되는 정관변경 결의에 하자가 있을 때에는 그에 대한 인가가 있었다 하여도 기본행위인 정관변경 결의가 유효한 것으로 될 수 없으므로 기본행위인 정관변경 결의가 적법 유효하고 보충행위인 인가처분 자체에만 하자가 있다면 그 인가처분의 무효나 취소를 주장할 수 있지만, 인가처분에 하자가 없다면 기본행위에 하자가 있다 하더라도 따로 그 기본행위의 하자를 다투는 것은 별론으로 하고 기본행위의 무효를 내세워 바로 그에 대한 행정청의 인가처분의 취소 또는 무효확인을 소구할 법률상의 이익이 없다." (대법원 1996.5.16. 선고 95누4810 전원합의체)

② (○) "행정처분의 당연무효를 선언하는 의미에서 취소를 구하는 행정소송을 제기한 경우에도 제소기간의 준수 등 취소소송의 제소요건을 갖추어야 한다." (대법원 1993.3.12. 선고 92누11039)

③ (×) "법률에 근거하여 행정처분이 발하여진 후에 헌법재판소가 그 행정처분의 근거가 된 법률을 위헌으로 결정하였다면 결과적으로 행정처분은 법률의 근거가 없이 행하여진 것과 마찬가지가 되어 하자가 있는 것이 되나, 하자 있는 행정처분이 당연무효가 되기 위하여는 그 하자가 중대할 뿐만 아니라 명백한 것이어야 하는데, 일반적으로 법률이 헌법에 위반된다는 사정이 헌법재판소의 위헌결정이 있기 전에는 객관적으로 명백한 것이라고 할 수는 없으므로 헌법재판소의 위헌결정 전에 행정처분의 근거되는 당해 법률이 헌법에 위반된다는 사유는 특별한 사정이 없는 한 그 행정처분의 취소소송의 전제가 될 수 있을 뿐 당연무효사유는 아니라고 봄이 상당하다." (대법원 1994.10.28. 선고 92누9463)

④ (○) "체납처분으로서 압류의 요건을 규정하는 국세징수법 제24조 각 항의 규정을 보면, 어느 경우에나 압류의 대상을 납세자의 재산에 국한하고 있으므로, 납세자가 아닌 제3자의 재산을 대상으로 한 압류처분은 그 처분의 내용이 법률상 실현될 수 없는 것이어서 당연무효이다." (대법원 2001.2.23. 선고 2000다68924)

정답 ③

175 [회독] ☐☐☐　　　　　　　　　22년 소방직

행정행위의 하자로서 무효사유가 아닌 것은? (다툼이 있는 경우 판례에 의함)

① 국토계획법령이 정한 도시계획시설사업의 대상 토지의 소유와 동의요건을 갖추지 못하였음에도 도시계획시설사업의 사업시행자 지정처분을 한 경우

② 조세부과처분의 근거가 되었던 법률규정에 대하여 위헌결정이 내려진 후 체납처분을 한 경우

③ 학교환경위생정화위원회의 심의절차를 누락한 채 학교환경위생정화구역에서의 금지행위 및 시설해제 여부에 관한 행정처분을 한 경우

④ 납세자가 아닌 제3자의 재산을 대상으로 압류처분을 한 경우

175

[해설] ① (○) "만일 국토계획법령이 정한 도시계획시설사업의 대상 토지의 소유와 동의 요건을 갖추지 못하였는데도 사업시행자로 지정하였다면, 이는 국토계획법령이 정한 법규의 중요한 부분을 위반한 것으로서 특별한 사정이 없는 한 그 하자가 중대하다고 보아야 한다. … 원심이 같은 취지에서 이 사건 사업시행자 지정 처분의 하자가 중대·명백하여 무효라고 판단한 것은 정당하다." (대법원 2017.7.11. 선고 2016두35120)

② (○) "조세 부과의 근거가 되었던 법률규정이 위헌으로 선언된 경우, 비록 그에 기한 과세처분이 위헌결정 전에 이루어졌고, 과세처분에 대한 제소기간이 이미 경과하여 조세채권이 확정되었으며, 조세채권의 집행을 위한 체납처분의 근거규정 자체에 대하여는 따로 위헌결정이 내려진 바 없다고 하더라도, 위와 같은 위헌결정 이후에 조세채권의 집행을 위한 새로운 체납처분에 착수하거나 이를 속행하는 것은 더 이상 허용되지 않고, 나아가 이러한 위헌결정의 효력에 위배하여 이루어진 체납처분은 그 사유만으로 하자가 중대하고 객관적으로 명백하여 당연무효라고 보아야 한다." (대법원 2012.2.16. 선고 2010두10907)

③ (×) "금지행위 및 시설의 해제 여부에 관한 행정처분을 하면서 절차상 위와 같은 심의를 누락한 흠이 있다면 그와 같은 흠을 가리켜 위 행정처분의 효력에 아무런 영향을 주지 않는다거나 경미한 정도에 불과하다고 볼 수는 없으므로, 특별한 사정이 없는 한 이는 행정처분을 위법하게 하는 취소사유가 된다." (대법원 2007.3.15. 선고 2006두15806)

④ (○) "과세관청이 납세자에 대한 체납처분으로서 제3자의 소유 물건을 압류하고 공매하더라도 그 처분으로 인하여 제3자가 소유권을 상실하는 것이 아니고, 체납처분으로서 압류의 요건을 규정하는 국세징수법 제24조 각 항의 규정을 보면 어느 경우에나 압류의 대상을 납세자의 재산에 국한하고 있으므로, 납세자가 아닌 제3자의 재산을 대상으로 한 압류처분은 그 처분의 내용이 법률상 실현될 수 없는 것이어서 당연무효이다." (대법원 2006.4.13. 선고 2005두15151)

정답 ③

176 [회독] ☐☐☐

행정행위의 하자에 대한 판례의 입장으로 옳지 않은 것은?

① 과세처분 이후 과세의 근거가 되었던 법률규정에 대하여 위헌결정이 내려진 경우, 그 조세채권의 집행을 위해 새로운 체납처분에 착수하거나 이를 속행하는 것은 당연무효로 볼 수 없다.

② 행정청이 어느 법률관계나 사실관계에 대하여 어느 법률의 규정을 적용하여 행정처분을 한 경우에, 그 법률관계나 사실관계에 대하여는 그 법률의 규정을 적용할 수 없다는 법리가 명백히 밝혀져 해석에 다툼의 여지가 없음에도 행정청이 그 규정을 적용하여 처분을 한 때에는 하자가 중대하고 명백하다.

③ 행정청이 청문서 도달기간을 다소 어겼다 하더라도 당사자가 이에 대하여 이의하지 아니한 채 스스로 청문일에 출석하여 그 의견을 진술하고 변명하는 등 방어의 기회를 충분히 가졌다면 청문서 도달기간을 준수하지 아니한 하자는 치유되었다고 볼 수 있다.

④ 선행처분인 소득금액변동통지에 하자가 존재하더라도 당연무효 사유에 해당하지 않는 한 그 하자는 후행처분인 소득세 납세고지처분에 그대로 승계되지 아니한다.

176

해설 ① (×) "조세 부과의 근거가 되었던 법률규정이 위헌으로 선언된 경우, 비록 그에 기한 과세처분이 위헌결정 전에 이루어졌고, 과세처분에 대한 제소기간이 이미 경과하여 조세채권이 확정되었으며, 조세채권의 집행을 위한 체납처분의 근거규정 자체에 대하여는 따로 위헌결정이 내려진 바 없다고 하더라도, 위와 같은 위헌결정 이후에 조세채권의 집행을 위한 새로운 체납처분에 착수하거나 이를 속행하는 것은 더 이상 허용되지 않고, 나아가 이러한 위헌결정의 효력에 위배하여 이루어진 체납처분은 그 사유만으로 하자가 중대하고 객관적으로 명백하여 당연무효라고 보아야 한다." (대법원 2012.2.16. 선고 2010두10907)

② (○) "행정청이 어느 법률관계나 사실관계에 대하여 어느 법률의 규정을 적용하여 행정처분을 한 경우에 그 법률관계나 사실관계에 대하여는 그 법률의 규정을 적용할 수 없다는 법리가 명백히 밝혀져 그 해석에 다툼의 여지가 없음에도 불구하고 행정청이 위 규정을 적용하여 처분을 한 때에는 그 하자가 중대하고 명백하다고 할 것이다." (대법원 2014.5.16. 선고 2011두27094)

③ (○) "행정청이 청문서 도달기간을 다소 어겼다 하더라도 영업자가 이에 대하여 이의하지 아니한 채 스스로 청문일에 출석하여 그 의견을 진술하고 변명하는 등 방어의 기회를 충분히 가졌다면 청문서 도달기간을 준수하지 아니한 하자는 치유되었다고 봄이 상당하다." (대법원 1992.10.23. 선고 92누2844)

④ (○) "원천징수의무자인 법인이 원천징수하는 소득세의 납세의무를 이행하지 아니함에 따라 과세관청이 하는 납세고지는 확정된 세액의 납부를 명하는 징수처분에 해당하므로 선행처분인 소득금액변동통지에 하자가 존재하더라도 당연무효 사유에 해당하지 않는 한 후행처분인 징수처분에 그대로 승계되지 아니한다. 따라서 과세관청의 소득처분과 그에 따른 소득금액변동통지가 있는 경우 원천징수하는 소득세의 납세의무에 관하여는 이를 확정하는 소득금액변동통지에 대한 항고소송에서 다투어야 하고, 소득금액변동통지가 당연무효가 아닌 한 징수처분에 대한 항고소송에서 이를 다툴 수는 없다." (대법원 2012.1.26. 선고 2009두14439).

정답 ①

기출테마 42 근거법령에 대한 위헌결정과 행정행위의 하자

177 [회독] ☐☐☐　　　　　　　　　　　　24년 군무원 9급

다음 중 행정행위의 하자에 대한 설명으로 가장 적절하지 않은 것은? (다툼이 있는 경우 판례에 의함)

① 사법심사에 있어서 행정행위의 하자유무에 대한 판단자료는 원칙적으로 행정행위의 발급시에 제출된 것에 한정된다.

② 행정행위의 부존재와 무효는 「행정쟁송법」상 구별된다.

③ 법률에 근거하여 행정처분이 발하여진 후에 헌법재판소가 그 행정처분의 근거가 된 법률을 위헌으로 결정하였다면 결과적으로 행정처분은 법률의 근거가 없이 행하여진 것과 마찬가지가 되어 당연무효라고 할 것이다.

④ 사업시행자가 토지소유자와 협의를 거치지 아니한 채 토지의 수용을 위한 재결을 신청하였다는 하자는 절차상 위법으로서 이의재결의 취소를 구할 수 있는 사유가 될지언정 당연무효의 사유라고 할 수는 없다.

177

[해설] ① (△) 출제위원은 대법원이 행정처분의 위법여부를 판단하는 자료는 "처분 당시 존재하였던 자료나 행정청에 제출되었던 자료만으로 한정되는 것은 아니고 행정처분 당시 행정청이 알고 있었던 자료뿐만 아니라 사실심 변론종결 당시까지 제출된 모든 자료를 종합하여 처분의 위법 여부를 판단할 수 있다"고 판시한 판결의 의미를, 원칙적으로는 처분(행정행위) 발급 당시에 제출된 것으로 그 판단자료가 한정되어야 하되, 언제나 절대적으로 그러한 것은 아니라는 의미로 이해하여, 이 지문을 정선지로 출제한 듯하다. 그러나 대법원이 그러한 의미로 이와 같이 판시했는지는 불분명하다. 따라서 틀린 지문으로 처리될 가능성도 충분히 있었다. 확실한 것은 대법원은 처분 시 이후의 자료까지도 하자의 존부판단을 위해 사용할 수 있다는 입장을 취하고 있다는 점이다. 그냥 무시하면 되는 지문이다.

② (○) 옳은 지문이다.

행정소송법	제4조(항고소송) 항고소송은 다음과 같이 구분한다. 1. 취소소송 : 행정청의 위법한 처분등을 취소 또는 변경하는 소송 2. 무효등 확인소송 : 행정청의 처분등의 효력 유무 또는 존재여부를 확인하는 소송 3. 부작위위법확인소송 : 행정청의 부작위가 위법하다는 것을 확인하는 소송
행정심판법	제5조(행정심판의 종류) 행정심판의 종류는 다음 각 호와 같다. 1. 취소심판 : 행정청의 위법 또는 부당한 처분을 취소하거나 변경하는 행정심판 2. 무효등확인심판 : 행정청의 처분의 효력 유무 또는 존재 여부를 확인하는 행정심판 3. 의무이행심판 : 당사자의 신청에 대한 행정청의 위법 또는 부당한 거부처분이나 부작위에 대하여 일정한 처분을 하도록 하는 행정심판

③ (✕) "위헌결정의 효력은 그 결정 이후에 당해 법률이 재판의 전제가 되었음을 이유로 법원에 제소된 일반사건에도 미치므로, 당해 법률에 근거하여 행정처분이 발하여진 후에 헌법재판소가 그 행정처분의 근거가 된 법률을 위헌으로 결정하였다면 결과적으로 행정처분은 법률의 근거가 없이 행하여진 것과 마찬가지가 되어 하자가 있는 것이 되나, 이미 취소소송의 제기기간을 경과하여 확정력이 발생한 행정처분의 경우에는 위헌결정의 소급효가 미치지 않는다고 보아야 할 것이고, 일반적으로 법률이 헌법에 위반된다는 사정은 헌법재판소의 위헌결정이 있기 전에는 객관적으로 명백한 것이라고 할 수는 없으므로 헌법재판소의 위헌결정 전에 행정처분의 근거되는 당해 법률이 헌법에 위반된다는 사유는 특별한 사정이 없는 한 그 행정처분의 취소소송의 전제가 될 수 있을 뿐 당연무효사유는 아니라고 봄이 상당하다." (대법원 2002.11.8. 선고 2001두3181)

④ (○) "원지적도가 없는 상태에서 토지조서 및 물건조서를 작성하였다거나, 건설부장관이 토지수용법 제16조의 규정에 따라 토지수용사업승인을 한 후 그 뜻을 토지소유자 등에게 통지하지 아니하였다거나, 기업자가 토지소유자와 협의를 거치지 아니한 채 토지의 수용을 위한 재결을 신청하였다는 등의 하자들 역시 절차상 위법으로서 이의재결의 취소를 구할 수 있는 사유가 될지언정 당연무효의 사유라고 할 수는 없다." (대법원 1993.8.13. 선고 93누2148)

정답 ③

178 [회독] □□□ 22년 국가 9급

다음 사례에 대한 설명으로 옳지 않은 것을 고르시오. (다툼이 있는 경우 판례에 의함)

> A시 시장은 「학교용지 확보 등에 관한 특례법」 관계 조항에 따라 공동주택을 분양받은 甲, 乙, 丙, 丁 등에게 각각 다른 시기에 학교용지 부담금을 부과하였다. 이후 해당 조항에 대하여 법원의 위헌법률심판제청에 따라 헌법재판소가 위헌결정을 하였다. (단, 甲, 乙, 丙, 丁은 모두 위헌법률심판제청신청을 하지 않은 것으로 가정함)

① 甲이 부담금을 납부하였고 부담금부과처분에 불가쟁력이 발생한 상태라면, 해당 조항이 위헌으로 결정되더라도 이미 납부한 부담금을 반환받을 수 없다.

② 乙은 부담금을 납부한 후 부담금부과처분에 대해 행정소송을 제기하였고 현재 소가 계속 중인 경우에도, 乙이 위헌법률심판제청신청을 하지 않았으므로 乙에게 위헌결정의 소급효는 미치지 않는다.

③ 丙이 부담금부과처분에 대한 행정심판청구를 하여 기각 재결서를 송달받았으나, 재결서 송달일로부터 90일 이내에 취소소송을 제기하였다면 丙의 청구는 인용될 수 있다.

④ 부담금부과처분에 대한 제소기간이 경과하여 丁의 부담금 납부의무가 확정되었고 위헌결정 전에 丁의 재산에 대한 압류가 이루어진 상태라도, 丁에 대해 부담금 징수를 위한 체납처분을 속행할 수는 없다.

178

해설 ① (○) "위헌인 법률에 근거한 행정처분이 당연무효인지의 여부는 위헌결정의 소급효와는 별개의 문제로서, 위헌결정의 소급효가 인정된다고 하여 위헌인 법률에 근거한 행정처분이 당연무효가 된다고는 할 수 없고, 오히려 이미 취소소송의 제기기간을 경과하여 확정력이 발생한 행정처분에는 위헌결정의 소급효가 미치지 않는다고 보아야 한다." (대법원 1994.10.28. 선고 92누9463)

② (✕) 乙이 제기한 행정소송을 동종사건 혹은 병행사건이라 부른다. 위헌결정의 효력은 동종사건이나 병행사건에도 미친다고 본다. "헌법재판소의 위헌결정의 효력은 위헌제청을 한 당해 사건, 위헌결정이 있기 전에 이와 동종의 위헌 여부에 관하여 헌법재판소에 위헌여부심판제청을 하였거나 법원에 위헌여부심판제청신청을 한 경우의 당해 사건과 따로 위헌제청신청은 아니하였지만 당해 법률 또는 법률의 조항이 재판의 전제가 되어 법원에 계속중인 사건뿐만 아니라 위헌결정 이후에 위와 같은 이유로 제소된 일반사건에도 미친다." (대법원 1993.1.15. 선고 91누5747)

③ (○) 행정소송법 제20조 제1항에 따르면, 행정심판을 청구하였다가 취소소송을 제기하려 할 때는 재결서 정본을 송달받은 날로부터 90일 이내에 취소소송을 제기하면 된다. 한편, 이 부담금 부과처분에는 취소사유에 해당하는 하자이긴 하지만 어쨌든 위법사유가 존재하게 되므로, 丙이 이에 대하여 취소소송을 제기한 이상 인용판결을 받게 될 것이다.

④ (○) "조세 부과의 근거가 되었던 법률규정이 위헌으로 선언된 경우, 비록 그에 기한 과세처분이 위헌결정 전에 이루어졌고, 과세처분에 대한 제소기간이 이미 경과하여 조세채권이 확정되었으며, 조세채권의 집행을 위한 체납처분의 근거규정 자체에 대하여는 따로 위헌결정이 내려진 바 없다고 하더라도, 위와 같은 위헌결정 이후에 조세채권의 집행을 위한 새로운 체납처분에 착수하거나 이를 속행하는 것은 더 이상 허용되지 않고, 나아가 이러한 위헌결정의 효력에 위배하여 이루어진 체납처분은 그 사유만으로 하자가 중대하고 객관적으로 명백하여 당연무효라고 보아야 한다." (대법원 2012.2.16. 선고 2010두10907)

정답 ②

179 [회독] ☐☐☐ 23년 소방직

행정행위의 효력에 관한 설명으로 옳지 않은 것은? (다툼이 있는 경우 판례에 의함)

① 이미 취소소송의 제기기간을 경과하여 확정력이 발생한 행정처분에는 그 근거가 되는 법률에 대한 위헌결정의 소급효가 미치지 않는다.

② 행정처분이 아무리 위법하다고 하여도 그 하자가 중대하고 명백하여 당연무효라고 보아야 할 사유가 있는 경우를 제외하고는, 행정소송 등에 의하여 적법히 취소될 때까지는 아무도 그 하자를 이유로 그 효과를 부정하지 못한다.

③ 민사소송에 있어서 어느 행정처분의 당연무효 여부가 선결문제로 되는 때에는 이를 판단하여 당연무효임을 전제로 판결할 수 있다.

④ 불가쟁력이 발생한 부담금 부과처분의 근거 법률에 대한 위헌결정이 있으면, 후행 압류처분의 취소를 구하는 소송에서 재판의 내용과 효력에 대한 법률적 의미가 달라진다.

179

[해설] ① (○) "이미 취소소송의 제기기간을 경과하여 확정력이 발생한 행정처분에는 위헌결정의 소급효가 미치지 않는다." (대법원 2019.5.30. 선고 2017다289569)

② (○) "행정처분이 아무리 위법하다고 하여도 그 하자가 중대하고 명백하여 당연무효라고 보아야 할 사유가 있는 경우를 제외하고는 아무도 그 하자를 이유로 무단히 그 효과를 부정하지 못하는 것이다." (대법원 1994.11.11. 선고 94다28000)

③ (○) "민사소송에 있어서 어느 행정처분의 당연무효 여부가 선결문제로 되는 때에는 이를 판단하여 당연무효임을 전제로 판결할 수 있고 반드시 행정소송 등의 절차에 의하여 그 취소나 무효확인을 받아야 하는 것은 아니다." (대법원 2010.4.8. 선고 2009다90092)

④ (×) 부담금부과처분에 대해 불가쟁력이 발생한 후에, 그에 후속하는 압류처분이 이루어지자, 압류처분에 대한 취소소송을 제기하면서, 부담금부과처분의 근거법률에 대한 위헌법률심판제청을 했던 사건이다. 그 사건에서, 헌법재판소는 압류처분에 대한 취소소송에서는 헌법재판소가 부담금부과처분의 근거법률에 대한 위헌결정을 한다 하더라도 결론이 달라지는 바가 없다는 이유로 위헌법률심판제청을 각하하였다. 부담금부과처분의 근거법률에 대한 위헌결정을 한다 하더라도(가정법), 부담금부과처분에는 취소사유에 해당하는 하자만 있게 되는데, 부담금부과처분과 후행의 압류처분 사이에는 하자가 승계되지 않아, 압류처분이 위법하게 되는 것은 아니기 때문이다. "이미 취소소송의 제기기간을 경과하여 확정력이 발생한 행정처분의 경우에는 위헌결정의 소급효가 미치지 않는다고 보아야 할 것이고, 일반적으로 법률이 헌법에 위반된다는 사정이 헌법재판소의 위헌결정이 있기 전에는 객관적으로 명백한 것이라고 할 수는 없으므로 특별한 사정이 없는 한 이러한 하자는 행정처분의 취소사유에 해당할 뿐 당연무효 사유는 아니다. 따라서 설령 이 사건 각 부담금 부과처분의 근거법률이 위헌이라고 하더라도 그 위헌성이 명백하다는 등 특별한 사정이 있다고 볼 자료가 없는 한 각 부과처분에는 취소할 수 있는 하자가 있음에 불과하고 각 부담금 부과처분에 불가쟁력이 발생하여 더 이상 다툴 수 없는 이상 각 부과처분의 하자가 각 압류처분의 효력에 아무런 영향을 미칠 수 없으므로, 각 부과처분의 근거법률의 위헌 여부에 의하여 당해사건인 압류처분취소의 소의 주문이 달라지거나 재판의 내용과 효력에 관한 법률적 의미가 달라지는 경우로 볼 수 없다." (헌법재판소 2004.1.29. 선고 2002헌바73)

정답 ④

기출테마 **43** 행정행위 하자의 치유

180 [회독] ☐☐☐ 24년 국가 9급

다음 사례에 대한 설명으로 옳지 않은 것만을 모두 고르면?

> 세무서장 A가 甲에게 과세처분을 하였는데, 그 후 과세처분의 근거가 되었던 법률규정은 헌법재판소에 의해 위헌으로 선언되었다. 그러나 그 과세처분에 대한 제소기간은 이미 경과하여 확정되었고, A는 甲 명의의 예금에 대한 압류처분을 하였다. 한편, 과세처분의 집행을 위한 위 압류처분의 근거규정 자체는 따로 위헌결정이 내려진 바 없다.

> ㉠ 甲에 대한 과세처분과 압류처분은 별개의 행정처분이므로 선행처분인 과세처분이 당연무효가 아닌 이상 압류처분을 다툴 수 있는 방법은 존재하지 않는다.
>
> ㉡ 압류처분은 과세처분 근거규정이 직접 적용되지 않고 압류처분 관련 규정이 적용될 뿐이므로, 과세처분 근거규정에 대한 위헌결정의 기속력은 압류처분과는 무관하다.
>
> ㉢ 과세처분 이후 조세부과의 근거가 되었던 법률규정에 대하여 위헌결정이 내려진 경우, 과세처분이 당연무효가 아니더라도 위헌결정 이후에 과세처분의 집행을 위한 압류처분을 하는 것은 더 이상 허용되지 않는다.

① ㉠

② ㉠, ㉡

③ ㉠, ㉢

④ ㉡, ㉢

180

해설 ㉠, ㉡ (✕) 대법원의 2010두10907 전원합의체 판결 중 반대의견을 인용한 것으로 옳지 않다.

㉢ (○) "구 헌법재판소법 제47조 제1항은 "법률의 위헌결정은 법원 기타 국가기관 및 지방자치단체를 기속한다."고 규정하고 있는데, 이러한 위헌결정의 기속력과 헌법을 최고규범으로 하는 법질서의 체계적 요청에 비추어 국가기관 및 지방자치단체는 위헌으로 선언된 법률규정에 근거하여 새로운 행정처분을 할 수 없음은 물론이고, 위헌결정 전에 이미 형성된 법률관계에 기한 후속처분이라도 그것이 새로운 위헌적 법률관계를 생성·확대하는 경우라면 이를 허용할 수 없다. 따라서 조세 부과의 근거가 되었던 법률규정이 위헌으로 선언된 경우, 비록 그에 기한 과세처분이 위헌결정 전에 이루어졌고, 과세처분에 대한 제소기간이 이미 경과하여 조세채권이 확정되었으며, 조세채권의 집행을 위한 체납처분의 근거규정 자체에 대하여는 따로 위헌결정이 내려진 바 없다고 하더라도, 위와 같은 위헌결정 이후에 조세채권의 집행을 위한 새로운 체납처분에 착수하거나 이를 속행하는 것은 더 이상 허용되지 않고, 나아가 이러한 위헌결정의 효력에 위배하여 이루어진 체납처분은 그 사유만으로 하자가 중대하고 객관적으로 명백하여 당연무효라고 보아야 한다." (대법원 2012.2.16. 선고 2010두10907 전원합의체)

정답 ②

181 [회독] □□□   20년 소방직

행정행위의 하자에 대한 설명으로 옳은 것은? (다툼이 있는 경우 판례에 의함)

① 하자 있는 행정행위의 치유는 원칙적으로 허용되나, 국민의 권리나 이익을 침해하지 않는 범위 내에서 인정된다.

② 행정소송에서 행정처분의 위법 여부는 행정처분이 있을 때의 법령과 사실상태를 기준으로 하여 판단하여야 하고 처분 후 법령의 개폐나 사실상태의 변동이 있다면 그러한 법령의 개폐나 사실상태의 변동에 의하여 처분의 위법성이 치유될 수 있다.

③ 법률관계나 사실관계에 대하여 그 법률의 규정을 적용할 수 없다는 법리가 명백히 밝혀지지 아니하여 그 해석에 다툼의 여지가 있는 경우에, 행정관청이 이를 잘못 해석하여 행정처분을 하였다면 그 처분의 하자는 객관적으로 명백하다고 볼 것이나, 중대한 것은 아니므로 이를 이유로 무효를 주장할 수는 없다.

④ 「도시 및 주거환경정비법」상 주택재건축사업의 추진위원회가 조합을 설립하고자 하는 때에는 토지소유자 등이 일정 수 이상 동의하여야 하는데, 조합설립인가처분이 이러한 요건을 충족하지 못한 상태에서 이루어졌다면 그러한 처분은 위법하고, 토지소유자 등의 추가동의서가 추후에 제출되어 법정요건을 갖추었다 할지라도 설립인가처분의 위법성이 치유되는 것은 아니다.

181

해설 ① (×) 하자 있는 행정행위의 치유는 원칙적으로 허용되지 않고, 예외적으로 국민의 권리나 이익을 침해하지 않는 범위 내에서 인정된다. "행정행위의 성질이나 법치주의의 관점에서 볼 때 하자 있는 행정행위의 치유는 원칙적으로 허용될 수 없는 것일 뿐만 아니라, 이를 허용하는 경우에도 국민의 권리와 이익을 침해하지 않는 범위에서 구체적 사정에 따라 합목적적으로 가려야 한다고 할 것이다." (대법원 1983.7.26. 선고 82누420)

② (×) "행정소송에서 행정처분의 위법 여부는 행정처분이 있을 때의 법령과 사실상태를 기준으로 하여 판단하여야 하고, 처분 후 법령의 개폐나 사실상태의 변동에 의하여 영향을 받지는 않는다고 할 것이다." (대법원 2002.7.9. 선고 2001두10684)

③ (×) 이 경우 중대성은 인정될 수 있을지 몰라도 명백성이 인정될 수 없어, 무효를 주장할 수 없다. "행정청이 어느 법률관계나 사실관계에 대하여 어느 법률의 규정을 적용하여 행정처분을 한 경우에 그 법률관계나 사실관계에 대하여는 그 법률의 규정을 적용할 수 없다는 법리가 명백히 밝혀져 그 해석에 다툼의 여지가 없음에도 불구하고 행정청이 위 규정을 적용하여 처분을 한 때에는 그 하자가 중대하고도 명백하다고 할 것이나, 그 법률관계나 사실관계에 대하여 그 법률의 규정을 적용할 수 없다는 법리가 명백히 밝혀지지 아니하여 그 해석에 다툼의 여지가 있는 때에는 행정관청이 이를 잘못 해석하여 행정처분을 하였더라도 이는 그 처분 요건사실을 오인한 것에 불과하여 그 하자가 명백하다고 할 수 없는 것이다." (대법원 2004.10.15. 선고 2002다68485)

④ (○) "재건축주택조합설립인가처분 당시 동의율을 충족하지 못한 하자는 후에 추가동의서가 제출되었다는 사정만으로 치유될 수 없다." (대법원 2013.7.11. 선고 2011두27544)

정답 ④

182 [회독] ☐☐☐

행정행위 하자의 치유에 대한 설명으로 옳지 않은 것은?

① 주택재건축정비사업조합설립인가처분 당시 토지소유자 등의 동의율을 충족하지 못한 하자는 소제기 이후에 추가동의서가 제출되어 동의율을 충족한다면 치유된다.

② 흠이 있는 행정행위의 치유는 행정행위의 성질이나 법치주의 관점에서 볼 때 원칙적으로 허용될 수 없는 것이고, 예외적으로 이를 허용하는 때에도 국민의 권리나 이익을 침해하지 않는 범위에서 구체적 사정에 따라 합목적적으로 인정하여야 할 것이다.

③ 행정청이 청문서 도달기간을 다소 어겼다 하더라도 처분 상대방이 방어의 기회를 충분히 가졌다면 청문서 도달기간을 준수하지 아니한 하자는 치유되었다고 봄이 상당하다.

④ 징계처분이 중대하고 명백한 흠 때문에 당연무효의 것이라면 징계처분을 받은 자가 이를 용인하였다 하여 그 흠이 치유되는 것은 아니다.

182

해설 ① (×) "이 사건 설립인가처분 당시 동의율을 충족하지 못한 하자는 후에 추가동의서가 제출되었다는 사정만으로 치유될 수 없다고 판단하였다." (대법원 2013.7.11. 선고 2011두27544)

② (○) "하자 있는 행정행위의 치유는 행정행위의 성질이나 법치주의 관점에서 볼 때 원칙적으로 허용될 수 없는 것이고, 예외적으로 행정행위의 무용한 반복을 피하고 당사자의 법적 안정성을 위해 이를 허용하는 때에도 국민의 권리나 이익을 침해하지 않는 범위에서 구체적 사정에 따라 합목적적으로 인정하여야 한다." (대법원 2002.7.9. 선고 2001두10684)

③ (○) "행정청이 식품위생법상의 청문절차를 이행함에 있어 소정의 청문서 도달기간을 지키지 아니하였다면 이는 청문의 절차적 요건을 준수하지 아니한 것이므로 이를 바탕으로 한 행정처분은 일단 위법하다고 보아야 할 것이지만 이러한 청문제도의 취지는 처분으로 말미암아 받게 될 영업자에게 미리 변명과 유리한 자료를 제출할 기회를 부여함으로써 부당한 권리침해를 예방하려는 데에 있는 것임을 고려하여 볼 때, 가령 행정청이 청문서 도달기간을 다소 어겼다하더라도 영업자가 이에 대하여 이의하지 아니한 채 스스로 청문일에 출석하여 그 의견을 진술하고 변명하는 등 방어의 기회를 충분히 가졌다면 청문서 도달기간을 준수하지 아니한 하자는 치유되었다고 봄이 상당하다." (대법원 1992.10.23. 선고 92누2844)

④ (○) "징계처분이 중대하고 명백한 흠 때문에 당연무효의 것이라면 징계처분을 받은 자가 이를 용인하였다 하여 그 흠이 치료되는 것은 아니다." (대법원 1989.12.12. 선고 88누8869)

정답 ①

183 [회독] □□□   24년 소방직

행정행위의 하자에 관한 설명으로 옳지 않은 것은? (다툼이 있는 경우 판례에 의함)

① 하자 있는 행정행위의 치유는 행정행위의 성질이나 법치주의의 관점에서 볼 때 원칙적으로 허용될 수 없으며, 예외적으로 행정행위의 무용한 반복을 피하고 당사자의 법적 안정성을 위해 이를 허용하는 때에도 국민의 권리나 이익을 침해하지 않는 범위에서 구체적 사정에 따라 합목적적으로 인정할 필요가 있다.

② 행정처분을 한 처분청은 그 처분의 성립에 하자가 있는 경우, 이를 취소할 별도의 법적 근거가 없다고 하더라도 직권으로 이를 취소할 수 있다.

③ 징계처분이 중대하고 명백한 흠 때문에 당연무효의 것이라면 징계처분을 받은 자가 이를 용인하였다 하여 그 흠이 치유되는 것은 아니다.

④ 수도과태료의 부과처분에 대한 납세고지서의 송달이 부적법하면 그 부과처분은 효력이 발생할 수 없지만 처분의 상대방이 객관적으로 위 부과처분의 존재를 인식할 수 있었다는 사실로써 송달의 하자가 치유된다.

183

해설 ① (○) "행정소송에서 행정처분의 위법 여부는 행정처분이 있을 때의 법령과 사실상태를 기준으로 하여 판단하여야 하고, 처분 후 법령의 개폐나 사실상태의 변동에 의하여 영향을 받지는 않는다고 할 것이고, 하자 있는 행정행위의 치유는 행정행위의 성질이나 법치주의의 관점에서 볼 때 원칙적으로 허용될 수 없는 것이고, 예외적으로 행정행위의 무용한 반복을 피하고 당사자의 법적 안정성을 위해 이를 허용하는 때에도 국민의 권리나 이익을 침해하지 않는 범위에서 구체적 사정에 따라 합목적적으로 인정하여야 한다." (대법원 2002.7.9. 선고 2001두10684)

② (○) "산림법령에는 채석허가처분을 한 처분청이 산림을 복구한 자에 대하여 복구설계서승인 및 복구준공통보를 한 경우 그 취소신청과 관련하여 아무런 규정을 두고 있지 않고, 원래 행정처분을 한 처분청은 그 처분에 하자가 있는 경우에는 원칙적으로 별도의 법적 근거가 없더라도 스스로 이를 직권으로 취소할 수 있지만, 그와 같이 직권취소를 할 수 있다는 사정만으로 이해관계인에게 처분청에 대하여 그 취소를 요구할 신청권이 부여된 것으로 볼 수는 없으므로, 처분청이 위와 같이 법규상 또는 조리상의 신청권이 없이 한 이해관계인의 복구준공통보 등의 취소신청을 거부하더라도, 그 거부행위는 항고소송의 대상이 되는 처분에 해당하지 않는다." (대법원 2006.6.30. 선고 2004두701)

③ (○) "징계처분이 중대하고 명백한 흠 때문에 당연무효의 것이라면 징계처분을 받은 자가 이를 용인하였다 하여 그 흠이 치료되는 것은 아니다." (대법원 1989.12.12. 선고 88누8869)

④ (×) "수도과태료의 부과처분에 대한 납입고지서에 송달상대방이나 송달장소, 송달방법 등에 관하여는 서울특별시급수조례 제37조에 따라 지방세법의 규정에 의하여야 할 것이므로, 납세고지서의 송달이 부적법하면 그 부과처분은 효력이 발생할 수 없고, 또한 송달이 부적법하여 송달의 효력이 발생하지 아니하는 이상 상대방이 객관적으로 위 부과처분의 존재를 인식할 수 있었다 하더라도 그와 같은 사실로써 송달의 하자가 치유된다고 볼 수 없다." (대법원 1988.3.22. 선고 87누986)

정답 ④

제6절　행정행위의 폐지(직권취소와 철회)

184 [회독] ☐☐☐

22년 군무원 9급

다음 중 행정행위의 철회에 대한 설명으로 가장 옳지 않은 것은? (단, 다툼이 있는 경우 판례에 의함)

① 부담부 행정처분에 있어서 처분의 상대방이 부담을 이행하지 아니한 경우에 처분행정청으로서는 이를 들어 당해 처분을 철회할 수 있다.

② 외형상 하나의 행정처분이라 하더라도 가분성이 있거나 그 처분대상의 일부가 특정될 수 있다면 그 일부만의 취소도 가능하고 그 일부의 취소는 당해 취소부분에 관하여 효력이 생긴다.

③ 행정행위의 철회는 적법요건을 구비하여 완전히 효력을 발하고 있는 행정행위를 사후적으로 효력을 장래에 향해 소멸시키는 별개의 행정처분이다.

④ 처분 후에 원래의 처분을 그대로 존속시킬 수 없게 된 사정변경이 생긴 경우 처분청은 처분을 철회할 수 있다고 할 것이므로, 이 경우 처분의 상대방에게 그 철회·변경을 요구할 권리는 당연히 인정된다고 할 것이다.

184

해설 ① (○) "부담부 행정처분에 있어서 처분의 상대방이 부담(의무)을 이행하지 아니한 경우에 처분행정청으로서는 이를 들어 당해 처분을 취소(철회)할 수 있는 것이다." (대법원 1989.10.24. 선고 89누2431)

② (○) "외형상 하나의 행정처분이라 하더라도 가분성이 있거나 그 처분대상의 일부가 특정될 수 있다면 그 일부만의 취소도 가능하고 그 일부의 취소는 당해 취소부분에 관하여 효력이 생긴다." (대법원 1995.11.16. 선고 95누8850)

③ (○) "행정행위의 취소는 일단 유효하게 성립한 행정행위를 그 행위에 위법 또는 부당한 하자가 있음을 이유로 소급하여 그 효력을 소멸시키는 별도의 행정처분이고, 행정행위의 철회는 적법요건을 구비하여 완전히 효력을 발하고 있는 행정행위를 사후적으로 그 행위의 효력의 전부 또는 일부를 장래에 향해 소멸시키는 행정처분이므로, 행정행위의 취소사유는 행정행위의 성립 당시에 존재하였던 하자를 말하고, 철회사유는 행정행위가 성립된 이후에 새로이 발생한 것으로서 행정행위의 효력을 존속시킬 수 없는 사유를 말한다." (대법원 2003.5.30. 선고 2003다6422)

④ (×) "산림법이나 같은 법 시행령 등에는 산림훼손 용도변경신청에 관하여 아무런 규정을 두지 않고 있고, 산림청훈령인 '산림의형질변경허가및복구요령'은 법규로서의 효력이 없는 행정청 내부의 사무처리준칙에 불과하며, 처분 후에 원래의 처분을 그대로 존속시킬 수 없게 된 사정변경이 생겼으나 하여 처분의 상대방에게 그 철회·변경을 요구할 권리가 생기는 것도 아니므로, 산림훼손허가를 얻은 자에게는 법규상 또는 조리상 산림훼손 용도변경신청권이 없고, 따라서 산림훼손 용도변경신청을 반려한 것은 항고소송의 대상이 되는 처분에 해당하지 아니한다." (대법원 1998.10.13. 선고 97누13764)

정답 ④

185 [회독] ☐☐☐   24년 지방 9급

행정행위에 대한 설명으로 옳은 것만을 모두 고르면?

> ㉠ 변상금 부과처분에 대한 취소소송이 진행 중인 경우 부과권자는 위법한 처분을 스스로 취소하고 그 하자를 보완하여 다시 적법한 부과처분을 할 수 없다.
> ㉡ 행정청이 「도시 및 주거환경정비법」 등 관련 법령에 근거하여 행하는 조합설립인가처분은 사인들의 조합설립행위에 대한 보충행위로서의 성질을 갖는 것에 그친다.
> ㉢ 「여객자동차 운수사업법」에 따른 개인택시운송사업면허는 특정인에게 권리나 이익을 부여하는 재량행위이다.
> ㉣ 귀화허가는 외국인에게 대한민국 국적을 부여함으로써 국민으로서의 법적 지위를 포괄적으로 설정하는 행위에 해당한다.

① ㉠, ㉡

② ㉡, ㉢

③ ㉢, ㉣

④ ㉠, ㉢, ㉣

185

해설 ㉠ (×) "변상금 부과처분에 대한 취소소송이 진행 중이라도 그 부과권자로서는 위법한 처분을 스스로 취소하고 그 하자를 보완하여 다시 적법한 부과처분을 할 수도 있는 것이어서 그 권리행사에 법률상의 장애사유가 있는 경우에 해당한다고 할 수 없으므로, 그 처분에 대한 취소소송이 진행되는 동안에도 그 부과권의 소멸시효가 진행된다." (대법원 2006.2.10. 선고 2003두5686)

㉡ (×) "조합설립인가처분은 단순히 사인들의 조합설립행위에 대한 보충행위의 성질을 갖는 것이 아니라, 구 도시정비법상 정비사업을 시행할 수 있는 권한을 갖는 행정주체(공법인)의 지위를 부여하는 일종의 설권적 처분의 성격을 갖는다." (대법원 2012.4.12. 선고 2010다10986)

㉢ (○) "여객자동차 운수사업법에 의한 개인택시운송사업면허는 특정인에게 권리나 이익을 부여하는 행정행위로서 법령에 특별한 규정이 없는 한 재량행위이고, 그 면허를 위하여 정하여진 순위 내에서의 운전경력인정방법의 기준설정 역시 행정청의 재량에 속한다 할 것이지만, 행정청이 면허발급 여부를 심사함에 있어서 이미 설정된 면허기준의 해석상 당해 신청이 면허발급의 우선순위에 해당함이 명백함에도 이를 제외시켜 면허거부처분을 하였다면 특별한 사정이 없는 한 그 거부처분은 재량권을 남용한 위법한 처분이 된다." (대법원 2010.1.28. 선고 2009두19137)

㉣ (○) "귀화허가는 외국인에게 대한민국 국적을 부여함으로써 국민으로서의 법적 지위를 포괄적으로 설정하는 행위에 해당한다." (대법원 2010.10.28. 선고 2010두6496)

정답 ③

186 [회독] ☐☐☐　　　　23년 소방직

행정처분의 취소와 철회에 관한 설명으로 옳지 않은 것은?
(다툼이 있는 경우 판례에 의함)

① 행정청은 부당한 처분의 전부나 일부를 소급하여 취소할 수 있다.

② 행정청은 인허가 등을 취소하는 처분을 할 때는 원칙적으로 청문을 하여야 한다.

③ 행정청은 당사자에게 권리나 이익을 부여하는 처분을 취소하려는 경우, 당사자가 중대한 과실로 처분의 위법성을 알지 못하면 취소로 인하여 입게 될 불이익을 취소로 달성되는 공익과 비교·형량하여야 한다.

④ 행정청은 중대한 공익을 위하여 필요한 경우 적법한 처분의 전부 또는 일부를 장래를 향하여 철회할 수 있다.

186

해설 ① (○) 행정기본법 제18조 제1항 본문

행정기본법	제18조(위법 또는 부당한 처분의 취소) ① 행정청은 위법 또는 부당한 처분의 전부나 일부를 소급하여 취소할 수 있다. 다만, 당사자의 신뢰를 보호할 가치가 있는 등 정당한 사유가 있는 경우에는 장래를 향하여 취소할 수 있다.

② (○) 행정절차법 제22조 제1항 제3호 가목

행정절차법	제22조(의견청취) ① 행정청이 처분을 할 때 다음 각 호의 어느 하나에 해당하는 경우에는 청문을 한다. 1. 다른 법령등에서 청문을 하도록 규정하고 있는 경우 2. 행정청이 필요하다고 인정하는 경우 3. 다음 각 목의 처분을 하는 경우 　가. 인허가 등의 취소 　나. 신분·자격의 박탈 　다. 법인이나 조합 등의 설립허가의 취소

③ (×) 당사자가 처분의 위법성을 중대한 과실로 알지 못한 경우에는, 이와 같은 이익형량이 이루어지지 않는다(행정기본법 제18조 제2항 제2호).

행정기본법	제18조(위법 또는 부당한 처분의 취소) ② 행정청은 제1항에 따라 당사자에게 권리나 이익을 부여하는 처분을 취소하려는 경우에는 취소로 인하여 당사자가 입게 될 불이익을 취소로 달성되는 공익과 비교·형량(衡量)하여야 한다. 다만, 다음 각 호의 어느 하나에 해당하는 경우에는 그러하지 아니하다. 1. 거짓이나 그 밖의 부정한 방법으로 처분을 받은 경우 2. 당사자가 처분의 위법성을 알고 있었거나 중대한 과실로 알지 못한 경우

④ (○) 행정기본법 제19조 제1항 제3호

행정기본법	제19조(적법한 처분의 철회) ① 행정청은 적법한 처분이 다음 각 호의 어느 하나에 해당하는 경우에는 그 처분의 전부 또는 일부를 장래를 향하여 철회할 수 있다. 1. 법률에서 정한 철회 사유에 해당하게 된 경우 2. 법령등의 변경이나 사정변경으로 처분을 더 이상 존속시킬 필요가 없게 된 경우 3. 중대한 공익을 위하여 필요한 경우

정답 ③

187 [회독] □□□

행정행위의 직권취소 및 철회에 대한 설명으로 옳지 않은 것은?

① 처분에 대하여 행정심판이나 행정소송이 제기되어 쟁송이 진행되고 있는 도중에는 행정청은 스스로 대상 처분을 취소할 수 없다.

② 행정청은 사정변경으로 적법한 처분을 더 이상 존속시킬 필요가 없게 된 경우 그 처분의 전부 또는 일부를 장래를 향하여 철회할 수 있다.

③ 제소기간의 경과 등으로 처분에 불가쟁력이 발생하였다 하여도 행정청은 실권의 법리에 해당하지 않는다면 직권으로 처분을 취소할 수 있다.

④ 행정청은 위법 또는 부당한 처분의 전부나 일부를 소급하여 취소할 수 있다. 다만, 당사자의 신뢰를 보호할 가치가 있는 등 정당한 사유가 있는 경우에는 장래를 향하여 취소할 수 있다.

187

해설 ① (✕) 직권취소와 쟁송취소는 상호 무관하여, 처분에 대한 쟁송이 진행 중이라 하더라도 그와 무관하게 행정청은 처분을 직권취소 할 수 있다. "변상금 부과처분에 대한 취소소송이 진행 중이라도 그 부과권자로서는 위법한 처분을 스스로 취소하고 그 하자를 보완하여 다시 적법한 부과처분을 할 수도 있는 것이어서 그 권리행사에 법률상의 장애사유가 있는 경우에 해당한다고 할 수 없으므로, 그 처분에 대한 취소소송이 진행되는 동안에도 그 부과권의 소멸시효가 진행된다." (대법원 2006.2.10. 선고 2003두5686)

② (○) 행정기본법 제19조 제1항 제2호

행정기본법	제19조(적법한 처분의 철회) ① 행정청은 적법한 처분이 다음 각 호의 어느 하나에 해당하는 경우에는 그 처분의 전부 또는 일부를 장래를 향하여 철회할 수 있다. 1. 법률에서 정한 철회 사유에 해당하게 된 경우 2. 법령등의 변경이나 사정변경으로 처분을 더 이상 존속시킬 필요가 없게 된 경우 3. 중대한 공익을 위하여 필요한 경우

③ (○) 불가쟁력이 발생하였다고 해서, 행정행위에 불가변력이 발생하는 것은 아니다. 따라서 이 지문은 옳다. 불가쟁력과 불가변력을 구분할 줄 아는지에 대해 묻고 있는 지문이다.

④ (○) 행정기본법 제18조 제1항

행정기본법	제18조(위법 또는 부당한 처분의 취소) ① 행정청은 위법 또는 부당한 처분의 전부나 일부를 소급하여 취소할 수 있다. 다만, 당사자의 신뢰를 보호할 가치가 있는 등 정당한 사유가 있는 경우에는 장래를 향하여 취소할 수 있다.

정답 ①

188 [회독] ☐☐☐　　　　24년 소방직

행정행위의 취소와 철회에 관한 설명으로 옳은 것은? (다툼이 있는 경우 판례에 의함)

① 철회의 효과에 관하여 「행정기본법」은 소급효에 대해 명시적으로 규정함이 없으나, 판례는 별도의 법적 근거가 있다면 소급효 또한 인정할 수 있다는 입장이다.

② 당사자가 거짓이나 그 밖의 부정한 방법으로 처분을 받은 경우 행정청은 처분을 취소하고자 할 때 취소로 달성되는 공익과 당사자가 입게 될 불이익을 비교·형량하여야 한다.

③ 행정청은 적법한 처분이 법률에서 정한 철회 사유에 해당하게 된 경우 그 처분의 전부 또는 일부를 장래를 향해 철회할 수 있는데, 처분을 철회하는 경우 철회로 인하여 당사자가 입게 될 불이익과 철회로 얻게 되는 공익을 비교·형량할 필요는 없다.

④ 연금의 지급결정과 같은 수익적 행정행위를 취소하는 처분이 적법하더라도, 그 처분에 기초하여 잘못 지급된 급여액에 해당하는 금액을 환수하는 처분은 적법하다.

188

해설 ① (○) 철회는 원칙적으로 장래효지만 별도의 규정이 없다면, 소급효를 인정하지 않으면 철회의 의미가 없게 되는 특별한 경우에만 소급효가 가능하다. "영유아보육법 제30조 제5항 제3호에 따른 평가인증의 취소는 평가인증 당시에 존재하였던 하자가 아니라 그 이후에 새로이 발생한 사유로 평가인증의 효력을 소멸시키는 경우에 해당하므로, 법적 성격은 평가인증의 '철회'에 해당한다. 그런데 행정청이 평가인증을 철회하면서 그 효력을 철회의 효력발생일 이전으로 소급하게 하면, 철회 이전의 기간에 평가인증을 전제로 지급한 보조금 등의 지원이 그 근거를 상실하게 되어 이를 반환하여야 하는 법적 불이익이 발생한다. 이는 장래를 향하여 효력을 소멸시키는 철회가 예정한 법적 불이익의 범위를 벗어나는 것이다. 이처럼 행정청이 평가인증이 이루어진 이후에 새로이 발생한 사유를 들어 영유아보육법 제30조 제5항에 따라 평가인증을 철회하는 처분을 하면서도, 평가인증의 효력을 과거로 소급하여 상실시키기 위해서는, 특별한 사정이 없는 한 영유아보육법 제30조 제5항과는 별도의 법적 근거가 필요하다." (대법원 2018.6.28. 선고 2015두58195)

② (×) 행정기본법 제18조 제2항

행정기본법	제18조(위법 또는 부당한 처분의 취소) ② 행정청은 제1항에 따라 당사자에게 권리나 이익을 부여하는 처분을 취소하려는 경우에는 취소로 인하여 당사자가 입게 될 불이익을 취소로 달성되는 공익과 비교·형량(衡量)하여야 한다. 다만, 다음 각 호의 어느 하나에 해당하는 경우에는 그러하지 아니하다. 1. 거짓이나 그 밖의 부정한 방법으로 처분을 받은 경우 2. 당사자가 처분의 위법성을 알고 있었거나 중대한 과실로 알지 못한 경우

③ (×) 행정기본법 제19조

행정기본법	제19조(적법한 처분의 철회) ① 행정청은 적법한 처분이 다음 각 호의 어느 하나에 해당하는 경우에는 그 처분의 전부 또는 일부를 장래를 향하여 철회할 수 있다. 1. 법률에서 정한 철회 사유에 해당하게 된 경우 2. 법령등의 변경이나 사정변경으로 처분을 더 이상 존속시킬 필요가 없게 된 경우 3. 중대한 공익을 위하여 필요한 경우 ② 행정청은 제1항에 따라 처분을 철회하려는 경우에는 철회로 인하여 당사자가 입게 될 불이익을 철회로 달성되는 공익과 비교·형량하여야 한다.

④ (×) "연금 지급결정을 취소하는 처분과 그 처분에 기초하여 잘못 지급된 급여액에 해당하는 금액을 환수하는 처분이 적법한지를 판단하는 경우 비교·교량할 각 사정이 동일하다고는 할 수 없으므로, 연금 지급결정을 취소하는 처분이 적법하다고 하여 환수처분도 반드시 적법하다고 판단하여야 하는 것은 아니다." (대법원 2017.3.30. 선고 2015두43971)

정답 ①

189 [회독] □□□　　　　　　　　　　　23년 국가 9급

행정행위의 취소와 철회에 대한 설명으로 옳지 않은 것은?

① 「행정기본법」은 직권취소나 철회의 일반적 근거규정을 두고 있고, 직권취소나 철회는 개별법률의 근거가 없어도 가능하다.

② 행정행위의 철회 사유는 행정행위가 성립되기 이전에 발생한 것으로서 행정행위의 효력을 존속시킬 수 없는 사유를 말한다.

③ 수익적 처분이 상대방의 허위 기타 부정한 방법으로 인하여 행하여졌다면 상대방은 그 처분이 그와 같은 사유로 인하여 취소될 것임을 예상할 수 있으므로, 이러한 경우까지 상대방의 신뢰를 보호하여야 하는 것은 아니다.

④ 수익적 행정처분을 직권취소할 때에는 이를 취소하여야 할 중대한 공익상 필요와 취소로 인하여 처분상대방이 입게 될 기득권과 법적 안정성에 대한 침해 정도 등 불이익을 비교·교량한 후 공익상 필요가 처분상대방이 입을 불이익을 정당화할 만큼 강한 경우에 한하여 취소할 수 있다.

189

[해설] ① (○) 직권취소와 철회는 각각 행정기본법 제18조와 제19조에 근거규정을 두고 있고 별도의 법적 근거를 필요로 하지 않는다. "행정행위를 한 처분청은 비록 그 처분 당시에 별다른 하자가 없었고, 또 그 처분 후에 이를 취소할 별도의 법적 근거가 없다 하더라도 원래의 처분을 존속시킬 필요가 없게 된 사정변경이 생겼거나 또는 중대한 공익상의 필요가 발생한 경우에는 그 효력을 상실케 하는 별개의 행정행위로 이를 취소할 수 있다." (대법원 1995.6.9. 선고 95누1194)

행정기본법	제18조(위법 또는 부당한 처분의 취소) ① 행정청은 위법 또는 부당한 처분의 전부나 일부를 소급하여 취소할 수 있다. 다만, 당사자의 신뢰를 보호할 가치가 있는 등 정당한 사유가 있는 경우에는 장래를 향하여 취소할 수 있다.
행정기본법	제19조(적법한 처분의 철회) ① 행정청은 적법한 처분이 다음 각 호의 어느 하나에 해당하는 경우에는 그 처분의 전부 또는 일부를 장래를 향하여 철회할 수 있다.

② (×) 철회 사유는 행정행위가 성립된 이후에 발생한 후발적 사유이다.

직권취소	철회
원시적(原始的) 사유	후발적(後發的) 사유
→ 행정행위 발급시부터 법에 어긋났거나 부당했던 경우	→ 행정행위 발급 후에 법령이 개정되거나 사정변경이 발생한 경우, 중대한 공익상의 필요가 발생한 경우, 부담으로 부과된 의무를 불이행한 경우 등

③ (○) 행정기본법 제18조 제2항 단서

행정기본법	제18조(위법 또는 부당한 처분의 취소) ② 행정청은 제1항에 따라 당사자에게 권리나 이익을 부여하는 처분을 취소하려는 경우에는 취소로 인하여 당사자가 입게 될 불이익을 취소로 달성되는 공익과 비교·형량(衡量)하여야 한다. 다만, 다음 각 호의 어느 하나에 해당하는 경우에는 그러하지 아니하다. 1. 거짓이나 그 밖의 부정한 방법으로 처분을 받은 경우 2. 당사자가 처분의 위법성을 알고 있었거나 중대한 과실로 알지 못한 경우

"수익적 처분이 있으면 상대방은 그것을 기초로 하여 새로운 법률관계 등을 형성하게 되는 것이므로, 이러한 상대방의 신뢰를 보호하기 위하여 수익적 처분의 취소에는 일정한 제한이 따르는 것이나, 수익적 처분이 상대방의 허위 기타 부정한 방법으로 인하여 행하여졌다면 상대방은 그 처분이 그와 같은 사유로 인하여 취소될 것임을 예상할 수 없었다고 할 수 없으므로, 이러한 경우에까지 상대방의 신뢰를 보호하여야 하는 것은 아니라고 할 것이다." (대법원 1995.1.20. 선고 94누6529)

④ (○) "수익적 행정행위를 취소·철회하거나 중지시키는 경우에는 이미 부여된 국민의 기득권을 침해하는 것이므로, 비록 취소 등의 사유가 있다고 하더라도 취소권 등의 행사는 기득권의 침해를 정당화할 만한 중대한 공익상의 필요 또는 제3자의 이익을 보호할 필요가 있고, 이를 상대방이 받는 불이익과 비교·교량하여 볼 때 공익상의 필요 등이 상대방이 입을 불이익을 정당화할 만큼 강한 경우에 한하여 허용될 수 있다." (대법원 2021.9.30. 선고 2021두34732)

정답 ②

190 [회독] ☐☐☐ 22년 국가 7급

「행정기본법」상 처분의 취소 및 철회에 대한 설명으로 옳지 않은 것은?

① 행정청은 당사자의 신뢰를 보호할 가치가 있는 등 정당한 사유가 있는 경우에는 위법한 처분을 장래를 향하여 취소할 수 있다.

② 당사자가 부정한 방법으로 수익적 처분을 받은 경우에도 행정청이 그 처분을 취소하려면 취소로 인하여 당사자가 입게 될 불이익을 취소로 달성되는 공익과 비교·형량하여야 한다.

③ 행정청은 중대한 공익을 위하여 필요한 경우에는 적법한 처분의 전부 또는 일부를 장래를 향하여 철회할 수 있다.

④ 처분은 무효가 아닌 한 권한이 있는 기관이 취소 또는 철회하거나 기간의 경과 등으로 소멸되기 전까지는 유효한 것으로 통용된다.

190

해설 ① (○) 행정기본법 제18조 제1항 단서

행정기본법	제18조(위법 또는 부당한 처분의 취소) ① 행정청은 위법 또는 부당한 처분의 전부나 일부를 소급하여 취소할 수 있다. 다만, 당사자의 신뢰를 보호할 가치가 있는 등 정당한 사유가 있는 경우에는 장래를 향하여 취소할 수 있다.

② (×) 당사자가 거짓이나 그 밖의 부정한 방법으로 처분을 받은 경우에는 취소로 인하여 당사자가 입게 될 불이익을 취소로 달성되는 공익과 비교·형량하지 않아도 된다(행정기본법 제18조 제2항).

행정기본법	제18조(위법 또는 부당한 처분의 취소) ② 행정청은 제1항에 따라 당사자에게 권리나 이익을 부여하는 처분을 취소하려는 경우에는 취소로 인하여 당사자가 입게 될 불이익을 취소로 달성되는 공익과 비교·형량(衡量)하여야 한다. 다만, 다음 각 호의 어느 하나에 해당하는 경우에는 그러하지 아니하다. 1. 거짓이나 그 밖의 부정한 방법으로 처분을 받은 경우 2. 당사자가 처분의 위법성을 알고 있었거나 중대한 과실로 알지 못한 경우

③ (○) 행정기본법 제19조 제1항

행정기본법	제19조(적법한 처분의 철회) ① 행정청은 적법한 처분이 다음 각 호의 어느 하나에 해당하는 경우에는 그 처분의 전부 또는 일부를 장래를 향하여 철회할 수 있다. 1. 법률에서 정한 철회 사유에 해당하게 된 경우 2. 법령등의 변경이나 사정변경으로 처분을 더 이상 존속시킬 필요가 없게 된 경우 3. 중대한 공익을 위하여 필요한 경우

④ (○) 행정기본법 제15조

행정기본법	제15조(처분의 효력) 처분은 권한이 있는 기관이 취소 또는 철회하거나 기간의 경과 등으로 소멸되기 전까지는 유효한 것으로 통용된다. 다만, 무효인 처분은 처음부터 그 효력이 발생하지 아니한다.

정답 ②

191 [회독] □□□

행정처분의 직권취소에 대한 설명으로 옳지 않은 것은?

① 과세처분에 관한 이의신청절차에서 과세관청이 납세자의 이의신청 사유가 옳다고 인정하여 과세처분을 직권으로 취소한 이상 그 후 특별한 사유 없이 이를 번복하고 종전 처분을 되풀이하는 것은 허용되지 않는다.

② 행정처분을 한 처분청은 그 행위에 하자가 있는 경우에는 원칙적으로 별도의 법적 근거가 없더라도 스스로 이를 직권으로 취소할 수 있다.

③ 승인처분의 근거 법률에서 행정청의 승인처분에 대한 취소신청과 관련하여 아무런 규정을 두고 있지 않더라도 직권취소를 할 수 있다는 사정만으로 이해관계인은 처분청에 대하여 승인처분의 하자를 이유로 그 승인처분의 취소를 요구할 신청권을 갖는다.

④ 도로관리청이 도로점용허가 중 특별사용의 필요가 없는 부분을 소급적으로 직권취소하였다면, 도로관리청은 이미 징수한 점용료 중 취소된 부분의 점용면적에 해당하는 점용료를 반환하여야 한다.

191

[해설] ① (○) "과세처분에 관한 불복절차과정에서 과세관청이 그 불복사유가 옳다고 인정하고 이에 따라 필요한 처분을 하였을 경우에는, 불복제도와 이에 따른 시정방법을 인정하고 있는 구 국세기본법 제55조 제1항, 제3항 등 규정들의 취지에 비추어 동일 사항에 관하여 특별한 사유 없이 이를 번복하고 다시 종전의 처분을 되풀이할 수는 없는 것이므로, 과세처분에 관한 이의신청절차에서 과세관청이 이의신청 사유가 옳다고 인정하여 과세처분을 직권으로 취소한 이상 그 후 특별한 사유 없이 이를 번복하고 종전 처분을 되풀이하는 것은 허용되지 않는다." (대법원 2010.9.30. 선고 2009두1020)

② (○) "원래 행정처분을 한 처분청은 그 행위에 하자가 있는 경우에는 원칙적으로 별도의 법적 근거가 없더라도 스스로 이를 직권으로 취소할 수 있는 것이고, 행정처분에 대한 법정의 불복기간이 지나면 직권으로도 취소할 수 없게 되는 것은 아니다." (대법원 1995.9.15. 선고 95누6311)

③ (×) "산림법령에는 채석허가처분을 한 처분청이 산림을 복구한 자에 대하여 복구설계서승인 및 복구준공통보를 한 경우 그 취소신청과 관련하여 아무런 규정을 두고 있지 않고, 원래 행정처분을 한 처분청은 그 처분에 하자가 있는 경우에는 원칙적으로 별도의 법적 근거가 없더라도 스스로 이를 직권으로 취소할 수 있지만, 그와 같이 직권취소를 할 수 있다는 사정만으로 이해관계인에게 처분청에 대하여 그 취소를 요구할 신청권이 부여된 것으로 볼 수는 없으므로, 처분청이 위와 같이 법규상 또는 조리상의 신청권이 없이 한 이해관계인의 복구준공통보 등의 취소신청을 거부하더라도, 그 거부행위는 항고소송의 대상이 되는 처분에 해당하지 않는다." (대법원 2006.6.30. 선고 2004두701)

④ (○) "도로점용허가를 한 도로관리청은 위와 같은 흠이 있다는 이유로 유효하게 성립한 도로점용허가 중 특별사용의 필요가 없는 부분을 직권취소할 수 있음이 원칙이다. 다만 이 경우 행정청이 소급적 직권취소를 하려면 이를 취소하여야 할 공익상 필요와 그 취소로 당사자가 입을 기득권 및 신뢰보호와 법률생활 안정의 침해 등 불이익을 비교 교량한 후 공익상 필요가 당사자의 기득권 침해 등 불이익을 정당화할 수 있을 만큼 강한 경우여야 한다. 이에 따라 도로관리청이 도로점용허가 중 특별사용의 필요가 없는 부분을 소급적으로 직권취소하였다면, 도로관리청은 이미 징수한 점용료 중 취소된 부분의 점용면적에 해당하는 점용료를 반환하여야 한다." (대법원 2019.1.17. 선고 2016두56721)

정답 ③

192 [회독] ☐☐☐ 23년 군무원 9급

행정행위의 취소와 철회에 대한 설명으로 옳지 않은 것은?
(다툼이 있는 경우 판례에 의함)

① 한 사람이 여러 종류의 자동차운전면허를 취득하는 경우뿐 아니라 이를 취소함에 있어서도 서로 별개의 것으로 취급하는 것이 원칙이다.

② 당사자가 처분의 위법성을 중대한 과실로 알지 못한 경우에는 행정청은 당사자에게 이익을 부여하는 처분의 취소로 인하여 당사자가 입게 될 불이익을 취소로 달성되는 공익과 비교·형량하지 않아도 된다.

③ 행정청은 정당한 사유가 있는 경우에는 처분을 장래를 향하여 취소할 수 있다.

④ 처분청은 행정처분에 하자가 있는 경우에는 별도의 법적 근거가 있어야만 스스로 이를 취소할 수 있다.

192

해설 ① (○) "한 사람이 여러 종류의 자동차운전면허를 취득하는 경우뿐 아니라 이를 취소 또는 정지하는 경우에도 서로 별개의 것으로 취급하는 것이 원칙이고, 다만 취소사유가 특정 면허에 관한 것이 아니고 다른 면허와 공통된 것이거나 운전면허를 받은 사람에 관한 것일 경우에는 여러 면허를 전부 취소할 수도 있다." (대법원 2012.5.24. 선고 2012두1891)

②, ③ (○) 행정기본법 제18조

행정기본법	제18조(위법 또는 부당한 처분의 취소) ① 행정청은 위법 또는 부당한 처분의 전부나 일부를 소급하여 취소할 수 있다. 다만, 당사자의 신뢰를 보호할 가치가 있는 등 정당한 사유가 있는 경우에는 장래를 향하여 취소할 수 있다. ② 행정청은 제1항에 따라 당사자에게 권리나 이익을 부여하는 처분을 취소하려는 경우에는 취소로 인하여 당사자가 입게 될 불이익을 취소로 달성되는 공익과 비교·형량(衡量)하여야 한다. 다만, 다음 각 호의 어느 하나에 해당하는 경우에는 그러하지 아니하다. 1. 거짓이나 그 밖의 부정한 방법으로 처분을 받은 경우 2. 당사자가 처분의 위법성을 알고 있었거나 중대한 과실로 알지 못한 경우

---

④ (✕) "행정행위를 한 처분청은 그 행위에 하자가 있는 경우에는 별도의 법적 근거가 없더라도 스스로 이를 취소할 수 있고, 다만 수익적 행정처분을 취소할 때에는 이를 취소하여야 할 공익상의 필요와 그 취소로 인하여 당사자가 입게 될 기득권과 신뢰보호 및 법률생활 안정의 침해 등 불이익을 비교·교량한 후 공익상의 필요가 당사자가 입을 불이익을 정당화할 만큼 강한 경우에 한하여 취소할 수 있다." (대법원 2008.11.13. 선고 2008두8628)

정답 ④

193 [회독] □□□

행정행위의 취소에 대한 설명으로 옳지 않은 것은?

① 도로관리청이 도로점용허가 중 특별사용의 필요가 없는 부분을 소급적으로 직권취소하였더라도, 도로관리청은 이미 징수한 점용료 중 취소된 부분의 점용면적에 해당하는 점용료를 반환하여야 하는 것은 아니다.

② 과세관청이 조세부과처분을 취소하면 그 부과처분으로 인한 법률효과는 일단 소멸하는 것이므로, 그 후 다시 동일한 과세대상에 대하여 조세부과처분을 하여도 이미 소멸한 법률효과가 다시 회복되는 것은 아니다.

③ 수익적 행정처분에 대한 취소권의 행사는 기득권의 침해를 정당화할 만한 중대한 공익상의 필요 또는 제3자의 이익보호의 필요가 있는 때에 한하여 허용될 수 있다는 법리는 쟁송취소의 경우에는 적용되지 않는다.

④ 행정청이 의료법인의 이사에 대한 이사취임승인취소처분(제1처분)을 직권으로 취소(제2처분)한 경우, 제1처분과 제2처분 사이에 법원에 의하여 선임결정된 임시이사들의 지위는 법원의 해임결정이 없더라도 당연히 소멸된다.

193

해설 ① (×) "도로점용허가를 한 도로관리청은 위와 같은 흠이 있다는 이유로 유효하게 성립한 도로점용허가 중 특별사용의 필요가 없는 부분을 직권취소할 수 있음이 원칙이다. 다만 이 경우 행정청이 소급적 직권취소를 하려면 이를 취소하여야 할 공익상 필요와 그 취소로 당사자가 입을 기득권 및 신뢰보호와 법률생활 안정의 침해 등 불이익을 비교 교량한 후 공익상 필요가 당사자의 기득권 침해 등 불이익을 정당화할 수 있을 만큼 강한 경우여야 한다. 이에 따라 도로관리청이 도로점용허가 중 특별사용의 필요가 없는 부분을 소급적으로 직권취소하였다면, 도로관리청은 이미 징수한 점용료 중 취소된 부분의 점용면적에 해당하는 점용료를 반환하여야 한다." (대법원 2019.1.17. 선고 2016두56721, 2016두56738)

② (○) "과세관청이 부과처분을 취소하면 그 부과처분으로 인한 법률효과는 일단 소멸하는 것이므로, 그 후 다시 동일한 과세대상에 대하여 부과처분을 하여도 이미 소멸한 법률효과가 다시 회복되는 것은 아니고 새로운 부과처분에 근거한 법률효과가 생길 뿐이며, 그 새로운 부과처분의 내용이 실질에 있어서는 당초의 부과처분의 감액경정처분에 불과한 것이었다 하여 달리 해석할 것이 아니다." (대법원 1996.9.24. 선고 96다204)

③ (○) "수익적 행정처분에 대한 취소권 등의 행사는 기득권의 침해를 정당화할 만한 중대한 공익상의 필요 또는 제3자의 이익보호의 필요가 있는 때에 한하여 허용될 수 있다는 법리는, 처분청이 수익적 행정처분을 직권으로 취소·철회하는 경우에 적용되는 법리일 뿐 쟁송취소의 경우에는 적용되지 않는다." (대법원 2019.10.17. 선고 2018두104)

④ (○) "행정처분이 취소되면 그 소급효에 의하여 처음부터 그 처분이 없었던 것과 같은 효과를 발생하게 되는바, 행정청이 의료법인의 이사에 대한 이사취임승인취소처분(제1처분)을 직권으로 취소(제2처분)한 경우에는 그로 인하여 이사가 소급하여 이사로서의 지위를 회복하게 되고, 그 결과 위 제1처분과 제2처분 사이에 법원에 의하여 선임결정된 임시이사들의 지위는 법원의 해임결정이 없더라도 당연히 소멸된다." (대법원 1997.1.21. 선고 96누3401)

정답 ①

194 [회독] ▢▢▢   25년 소방직

행정행위의 직권취소와 철회에 관한 설명으로 옳지 않은 것은?
(다툼이 있는 경우 판례에 의함)

① 수익적 행정처분의 하자가 당사자의 사실은폐나 기타 사위의 방법에 의한 신청행위에 기인한 것이라면 당사자는 처분에 의한 이익이 위법하게 취득되었음을 알아 취소가능성도 예상하고 있었다 할 것이므로, 행정청이 당사자의 신뢰이익을 고려하지 아니하였더라도 재량권의 남용이 되지 아니한다.

② 「행정기본법」은 행정청이 당사자의 신뢰를 보호할 가치가 있는 등 정당한 사유가 있는 경우 위법 또는 부당한 처분의 전부나 일부를 소급하여 취소하여야 한다고 규정하고 있다.

③ 행정행위를 한 처분청은 그 처분 당시에 그 행정처분에 별다른 하자가 없었고 또 그 처분 후에 이를 취소할 별도의 법적 근거가 없다 하더라도 원래의 처분을 그대로 존속시킬 필요가 없게 된 사정변경이 생겼거나 또는 중대한 공익상의 필요가 발생한 경우에는 별개의 행정행위로 이를 철회하거나 변경할 수 있다.

④ 행정청이 여러 종류의 자동차운전면허를 취득한 자에 대하여 그 운전면허를 취소하는 경우, 취소사유가 특정 면허에 관한 것이 아니고 다른 면허와 공통된 것일 경우에는 여러 면허를 전부 취소할 수도 있다.

194

해설 ① (○) "수익적 행정처분의 하자가 당사자의 사실은폐나 기타 사위의 방법에 의한 신청행위에 기인한 것이라면 당사자는 처분에 의한 이익이 위법하게 취득되었음을 알아 취소가능성도 예상하고 있었다 할 것이므로, 그 자신이 처분에 관한 신뢰이익을 원용할 수 없음은 물론 행정청이 이를 고려하지 아니하였다고 하여도 재량권의 남용이 되지 않는다." (대법원 2006.5.25. 선고 2003두4669)

② (×) 행정기본법 제18조 제1항

행정기본법	제18조(위법 또는 부당한 처분의 취소) ① 행정청은 위법 또는 부당한 처분의 전부나 일부를 소급하여 취소할 수 있다. 다만, 당사자의 신뢰를 보호할 가치가 있는 등 정당한 사유가 있는 경우에는 장래를 향하여 취소할 수 있다.

③ (○) "행정행위를 한 처분청은 그 처분 당시에 그 행정처분에 별다른 하자가 없었고 또 그 처분 후에 이를 취소할 별도의 법적 근거가 없다 하더라도 원래의 처분을 그대로 존속시킬 필요가 없게 된 사정변경이 생겼거나 또는 중대한 공익상의 필요가 발생한 경우에는 별개의 행정행위로 이를 철회하거나 변경할 수 있다." (대법원 1992.1.17. 선고 91누3130)

④ (○) "한 사람이 여러 종류의 자동차운전면허를 취득하는 경우뿐 아니라 이를 취소 또는 정지하는 경우에 있어서도 서로 별개의 것으로 취급하는 것이 원칙이기는 하나, 자동차운전면허는 그 성질이 대인적 면허이므로 취소나 정지의 사유가 특정의 면허에 관한 것이 아니고 다른 면허와 공통된 것이거나 운전면허를 받은 사람에 관한 것일 경우에는 여러 면허를 전부 취소 정지할 수도 있다." (대법원 1997.5.16. 선고 97누1310)

정답 ②

195 [회독] □□□   23년 지방 7급

행정행위의 취소와 철회에 대한 설명으로 옳지 않은 것은?

① 행정청이 의료법인의 이사에 대한 이사취임승인취소처분(제1처분)을 직권으로 취소(제2처분)한 경우, 제1처분과 제2처분 사이에 법원에 의하여 선임결정된 임시이사들의 지위는 법원의 해임결정이 있어야 소멸된다.

② 행정행위를 한 처분청은 비록 그 처분 당시에 별다른 하자가 없었고, 또 그 처분 후에 이를 철회할 별도의 법적 근거가 없다 하더라도 원래의 처분을 존속시킬 필요가 없게 된 사정변경이 생겼거나 또는 중대한 공익상의 필요가 발생한 경우에는 그 효력을 상실케 하는 별개의 행정행위로 이를 철회할 수 있다.

③ 조세부과처분이 취소되면 그 조세부과처분은 확정적으로 효력이 상실되므로 나중에 취소처분이 취소되어도 원 조세부과처분의 효력이 회복되지 않는다.

④ 행정청은 당사자의 신뢰를 보호할 가치가 있는 등 정당한 사유가 있는 경우에는 위법 또는 부당한 처분의 전부나 일부를 장래를 향하여 취소할 수 있다.

195

[해설]

① (×) "행정처분이 취소되면 그 소급효에 의하여 처음부터 그 처분이 없었던 것과 같은 효과를 발생하게 되는바, 행정청이 의료법인의 이사에 대한 이사취임승인취소처분(제1처분)을 직권으로 취소(제2처분)한 경우에는 그로 인하여 이사가 소급하여 이사로서의 지위를 회복하게 되고, 그 결과 위 제1처분과 제2처분 사이에 법원에 의하여 선임결정된 임시이사들의 지위는 법원의 해임결정이 없더라도 당연히 소멸된다." (대법원 1997.1.21. 선고 96누3401)

② (○) "행정행위를 한 처분청은 비록 그 처분 당시에 별다른 하자가 없었고, 또 그 처분 후에 이를 철회할 별도의 법적 근거가 없다 하더라도 원래의 처분을 존속시킬 필요가 없게 된 사정변경이 생겼거나 또는 중대한 공익상의 필요가 발생한 경우에는 그 효력을 상실케 하는 별개의 행정행위로 이를 철회할 수 있다." (대법원 2004.7.22. 선고 2003두7606)

③ (○) "국세기본법 제26조 제1호는 부과의 취소를 국세납부의무 소멸사유의 하나로 들고 있으나, 그 부과의 취소에 하자가 있는 경우의 부과의 취소의 취소에 대하여는 법률이 명문으로 그 취소요건이나 그에 대한 불복절차에 대하여 따로 규정을 둔 바도 없으므로, 설사 부과의 취소에 위법사유가 있다고 하더라도 당연무효가 아닌 한 일단 유효하게 성립하여 부과처분을 확정적으로 상실시키는 것이므로, 과세관청은 부과의 취소를 다시 취소함으로써 원부과처분을 소생시킬 수는 없고 납세의무자에게 종전의 과세대상에 대한 납부의무를 지우려면 다시 법률에서 정한 부과절차에 좇아 동일한 내용의 새로운 처분을 하는 수밖에 없다." (대법원 1995.3.10. 선고 94누7027)

④ (○) 행정기본법 제18조 제1항 단서

행정기본법	제18조(위법 또는 부당한 처분의 취소) ① 행정청은 위법 또는 부당한 처분의 전부나 일부를 소급하여 취소할 수 있다. 다만, 당사자의 신뢰를 보호할 가치가 있는 등 정당한 사유가 있는 경우에는 장래를 향하여 취소할 수 있다.

정답 ①

196 [회독] ☐☐☐　　　　　24년 국가 7급

행정법의 기본원칙에 대한 설명으로 옳은 것은?

① 평등의 원칙은 본질적으로 같은 것을 자의적으로 다르게 취급함을 금지하는 것이므로, 위법한 행정처분이 수차례에 걸쳐 반복적으로 행하여졌다면 행정청에 대하여 자기구속력을 갖게 된다.

② 진정소급입법은 허용되지 않는 것이 원칙이지만 국민이 소급입법을 예상할 수 있었거나 신뢰보호의 요청에 우선하는 심히 중대한 공익상의 사유가 소급입법을 정당화하는 경우에는 허용된다.

③ 어떤 행정처분이 실효의 법리를 위반하여 위법한 것이라면 이는 행정처분의 당연무효사유에 해당한다.

④ 제1종 보통면허로 운전할 수 있는 차량을 음주운전한 경우에도 이와 관련된 면허인 제1종 대형면허와 원동기장치자전거면허까지 취소할 수 있는 것은 아니다.

196

해설　① (✕) "평등의 원칙은 본질적으로 같은 것을 자의적으로 다르게 취급함을 금지하는 것이고, 위법한 행정처분이 수차례에 걸쳐 반복적으로 행하여졌다 하더라도 그러한 처분이 위법한 것인 때에는 행정청에 대하여 자기구속력을 갖게 된다고 할 수 없다."(대법원 2009.6.25. 선고 2008두13132)

② (○) "기존의 법에 의하여 형성되어 이미 굳어진 개인의 법적 지위를 사후입법을 통하여 박탈하는 것 등을 내용으로 하는 진정소급입법은 개인의 신뢰보호와 법적 안정성을 내용으로 하는 법치국가원리에 의하여 특단의 사정이 없는 한 헌법적으로 허용되지 아니하는 것이 원칙이고, 다만 일반적으로 국민이 소급입법을 예상할 수 있었거나, 법적 상태가 불확실하고 혼란스러워 보호할 만한 신뢰이익이 적은 경우와 소급입법에 의한 당사자의 손실이 없거나 아주 경미한 경우, 그리고 신뢰보호의 요청에 우선하는 심히 중대한 공익상의 사유가 소급입법을 정당화하는 경우 등에는 예외적으로 진정소급입법이 허용된다." (헌재 1998.9.30. 선고 97헌바38)

③ (✕) "실권 또는 실효의 법리는 신의성실의 원칙에서 파생한 법원칙으로서, 본래 권리행사의 기회가 있는데도 불구하고 권리자가 장기간에 걸쳐 권리를 행사하지 않았기 때문에 의무자인 상대방이 이미 그의 권리를 행사하지 않을 것으로 믿을 만한 정당한 사유가 있게 됨으로써 새삼스럽게 권리를 행사하는 것이 신의성실의 원칙에 위반되는 결과가 될 때 권리행사를 허용하지 않는 것이다. 어떤 행정처분이 실효의 법리를 위반하여 위법한 것이라고 하더라도, 이러한 하자의 존부는 개별·구체적인 사정을 심리한 후에야 판단할 수 있는 사항이어서 객관적으로 명백한 것이라고 할 수 없으므로, 이는 행정처분의 취소사유에 해당할 뿐 당연무효사유는 아니다." (대법원 2021.12.30. 선고 2018다241458)

④ (✕) "한 사람이 여러 종류의 자동차운전면허를 취득하는 경우뿐 아니라 이를 취소 또는 정지하는 경우에 있어서도 서로 별개의 것으로 취급하는 것이 원칙이기는 하나, 자동차운전면허는 그 성질이 대인적 면허일뿐만 아니라 도로교통법시행규칙 제26조 별표 14에 의하면, 제1종 대형면허 소지자는 제1종 보통면허로 운전할 수 있는 자동차와 원동기장치자전거를, 제1종 보통면허 소지자는 원동기장치자전거까지 운전할 수 있도록 규정하고 있어서 제1종 보통면허로 운전할 수 있는 차량의 음주운전은 당해 운전면허뿐만 아니라 제1종 대형면허로도 가능하고, 또한 제1종 대형면허나 제1종 보통면허의 취소에는 당연히 원동기장치자전거의 운전까지 금지하는 취지가 포함된 것이어서 이들 세 종류의 운전면허는 서로 관련된 것이라고 할 것이므로 제1종 보통면허로 운전할 수 있는 차량을 음주운전한 경우에 이와 관련된 면허인 제1종 대형면허와 원동기장치자전거면허까지 취소할 수 있는 것으로 보아야 한다." (대법원 1994.11.25. 선고 94누9672)

정답 ②

197 [회독] □□□ 22년 소방직

행정행위의 취소와 철회에 대한 설명으로 옳지 않은 것은?
(다툼이 있는 경우 판례에 의함)

① 과세관청은 과세처분의 취소를 다시 취소함으로써 이미 효력을 상실한 원부과처분을 소생시킬 수 없다.

② (구) 「영유아보육법」상 어린이집 평가인증의 취소는 철회에 해당하므로, 평가인증의 효력을 과거로 소급하여 상실시키기 위해서는 특별한 사정이 없는 한 별도의 법적 근거가 필요하다.

③ 행정처분을 한 행정청은 처분의 성립에 하자가 있는 경우라도 별도의 법적 근거가 없으면 직권으로 이를 취소할 수 없다.

④ 세무조사가 과세자료의 수집 또는 신고내용의 정확성 검증이라는 본연의 목적이 아니라 부정한 목적을 위하여 행하여진 것이라면 이는 세무조사에 중대한 위법사유가 있는 경우에 해당하고, 이러한 세무조사에 의하여 수집된 과세자료를 기초로 한 과세처분 역시 위법하다.

197

해설 ① (○) "설사 부과의 취소에 위법사유가 있다고 하더라도 당연무효가 아닌 한 일단 유효하게 성립하여 부과처분을 확정적으로 상실시키는 것이므로, 과세관청은 부과의 취소를 다시 취소함으로써 원부과처분을 소생시킬 수는 없고 납세의무자에게 종전의 과세대상에 대한 납부의무를 지우려면 다시 법률에서 정한 부과절차에 좇아 동일한 내용의 새로운 처분을 하는 수밖에 없다." (대법원 1995.3.10. 선고 94누7027)

② (○) "영유아보육법 제30조 제5항 제3호에 따른 평가인증의 취소는 평가인증 당시에 존재하였던 하자가 아니라 그 이후에 새로이 발생한 사유로 평가인증의 효력을 소멸시키는 경우에 해당하므로, 법적 성격은 평가인증의 '철회'에 해당한다. … 행정청이 평가인증이 이루어진 이후에 새로이 발생한 사유를 들어 영유아보육법 제30조 제5항에 따라 평가인증을 철회하는 처분을 하면서도, 평가인증의 효력을 과거로 소급하여 상실시키기 위해서는, 특별한 사정이 없는 한 영유아보육법 제30조 제5항과는 별도의 법적 근거가 필요하다." (대법원 2018.6.28. 선고 2015두58195)

③ (×) "행정처분을 한 처분청은 처분의 성립에 하자가 있는 경우 별도의 법적 근거가 없더라도 직권으로 이를 취소할 수 있다고 봄이 원칙이므로, 국민연금법이 정한 수급요건을 갖추지 못하였음에도 연금지급결정이 이루어진 경우에는 이미 지급된 급여 부분에 대한 환수처분과 별도로 지급결정을 취소할 수 있다." (대법원 2017.3.30. 선고 2015두43971)

④ (○) "세무조사가 과세자료의 수집 또는 신고내용의 정확성 검증이라는 본연의 목적이 아니라 부정한 목적을 위하여 행하여진 것이라면 이는 세무조사에 중대한 위법사유가 있는 경우에 해당하고 이러한 세무조사에 의하여 수집된 과세자료를 기초로 한 과세처분 역시 위법하다." (대법원 2016.12.15. 선고 2016두47659)

정답 ③

198 [회독] □□□ 21년 군무원 9급

수익적 행정행위의 철회에 대한 설명으로 옳은 것은? (단, 다툼이 있는 경우 판례에 의함)

① 수익적 행정행위에 대한 취소권 등의 행사는 기득권의 침해를 정당화할 만한 중대한 공익상의 필요 또는 제3자의 이익을 보호할 필요가 있고, 이를 상대방이 받는 불이익과 비교·교량하여 볼 때 공익상의 필요 등이 상대방이 입을 불이익을 정당화할 만큼 강한 경우에 한하여 허용될 수 있다.

② 행정행위를 한 처분청은 비록 처분 당시에 별다른 하자가 없었고, 처분 후에 이를 철회할 별도의 법적 근거가 없더라도 원래의 처분을 존속시킬 필요가 없게 된 중대한 공익상 필요가 발생한 경우에도 그 효력을 상실케 하는 별개의 행정행위로 이를 철회할 수 없다.

③ 수익적 행정행위를 취소 또는 철회하거나 중지시키는 경우에는 이미 부여된 국민의 기득권을 침해하는 것이 되므로, 비록 취소 등의 사유가 있다고 하더라도 허용되지 않는다.

④ 행정행위를 한 처분청은 비록 처분 당시에 별다른 하자가 없었고, 처분 후에 이를 철회할 별도의 법적 근거가 없더라도 원래의 처분을 존속시킬 필요가 없게 된 사정변경이 생겼다는 이유만으로 그 효력을 상실케 하는 별개의 행정행위로 이를 철회하는 것은 허용되지 않는다.

199 [회독] □□□ 21년 지방 9급

행정행위의 취소와 철회에 대한 설명으로 옳지 않은 것은? (다툼이 있는 경우 판례에 의함)

① 과세관청은 과세처분의 취소를 다시 취소함으로써 이미 효력을 상실한 과세처분을 소생시킬 수 있다.

② 행정청은 적법한 처분이 중대한 공익을 위하여 필요한 경우에는 그 처분을 장래를 향하여 철회할 수 있다.

③ 수익적 행정행위의 철회는 특별한 다른 규정이 없는 한 「행정절차법」상의 절차에 따라 행해져야 한다.

④ 처분청은 처분의 성립에 하자가 있는 경우 별도의 법적 근거가 없더라도 직권으로 이를 취소할 수 있다.

198

[해설] ① (○) "수익적 행정행위를 취소 또는 철회하거나 중지시키는 경우에는 이미 부여된 국민의 기득권을 침해하는 것이 되므로, 비록 취소 등의 사유가 있다고 하더라도 그 취소권 등의 행사는 기득권의 침해를 정당화할 만한 중대한 공익상의 필요 또는 제3자의 이익을 보호할 필요가 있고, 이를 상대방이 받는 불이익과 비교·교량하여 볼 때 공익상의 필요 등이 상대방이 입을 불이익을 정당화할 만큼 강한 경우에 한하여 허용될 수 있다." (대법원 2017.3.15. 선고 2014두41190)

② (✕) "행정행위를 한 처분청은 비록 처분 당시에 별다른 하자가 없었고, 처분 후에 이를 철회할 별도의 법적 근거가 없더라도 원래의 처분을 존속시킬 필요가 없게 된 사정변경이 생겼거나 중대한 공익상 필요가 발생한 경우에는 그 효력을 상실케 하는 별개의 행정행위로 이를 철회할 수 있다." (대법원 2017.3.15. 선고 2014두41190)

③ (✕) "수익적 행정행위를 취소 또는 철회하거나 중지시키는 경우에는 이미 부여된 국민의 기득권을 침해하는 것이 되므로, 비록 취소 등의 사유가 있다고 하더라도 그 취소권 등의 행사는 기득권의 침해를 정당화할 만한 중대한 공익상의 필요 또는 제3자의 이익을 보호할 필요가 있고, 이를 상대방이 받는 불이익과 비교·교량하여 볼 때 공익상의 필요 등이 상대방이 입을 불이익을 정당화할 만큼 강한 경우에 한하여 허용될 수 있다." (대법원 2017.3.15. 선고 2014두41190)

④ (✕) "행정행위를 한 처분청은 비록 처분 당시에 별다른 하자가 없었고, 처분 후에 이를 철회할 별도의 법적 근거가 없더라도 원래의 처분을 존속시킬 필요가 없게 된 사정변경이 생겼거나 중대한 공익상 필요가 발생한 경우에는 그 효력을 상실케 하는 별개의 행정행위로 이를 철회할 수 있다." (대법원 2017.3.15. 선고 2014두41190)

정답 ①

199

[해설] ① (✕) "국세기본법상 부과의 취소에 위법사유가 있다고 하더라도 당연무효가 아닌 한 일단 유효하게 성립하여 부과 처분을 확정적으로 상실시키는 것이므로, 과세관청은 부과의 취소를 다시 취소함으로써 원부과처분을 소생시킬 수는 없고 납세의무자에게 종전의 과세대상에 대한 납부의무를 지우려면 다시 법률에서 정한 부과절차에 좇아 동일한 내용의 새로운 처분을 하는 수밖에 없다." (대법원 1995.3.10. 선고 94누7027)

② (○) 행정기본법 제19조 제1항 제3호

행정기본법	제19조(적법한 처분의 철회) ① 행정청은 적법한 처분이 다음 각 호의 어느 하나에 해당하는 경우에는 그 처분의 전부 또는 일부를 장래를 향하여 철회할 수 있다. 1. 법률에서 정한 철회 사유에 해당하게 된 경우 2. 법령등의 변경이나 사정변경으로 처분을 더 이상 존속시킬 필요가 없게 된 경우 3. 중대한 공익을 위하여 필요한 경우

③ (○) 철회는 그 자체도 행정행위의 일종이다. 따라서 처분에 해당하고, 따라서 처분 절차에 대한 「행정절차법」상의 규정들이 적용된다.

④ (○) "행정처분을 한 처분청은 그 처분의 성립에 하자가 있는 경우 이를 취소할 별도의 법적 근거가 없다고 하더라도 직권으로 이를 취소할 수 있다." (대법원 2002.5.28. 선고 2001두9653)

정답 ①

200 [회독] □□□　　22년 국가 9급

다음 사례에 대한 설명으로 옳지 않은 것을 고르시오. (다툼이 있는 경우 판례에 의함)

> 건축주 甲은 토지소유자 乙과 매매계약을 체결하고 乙로부터 토지사용승낙서를 받아 乙의 토지 위에 건축물을 건축하는 건축허가를 관할 행정청인 A시장으로부터 받았다. 매매계약서에 의하면 甲이 잔금을 기일 내에 지급하지 못하면 즉시 매매계약이 해제될 수 있고 이 경우 토지사용승낙서는 효력을 잃으며 甲은 건축허가를 포기 · 철회하기로 甲과 乙이 약정하였다. 乙은 甲이 잔금을 기일 내에 지급하지 않자 甲과의 매매계약을 해제하였다.

① 착공에 앞서 甲의 귀책사유로 해당 토지를 사용할 권리를 상실한 경우, 乙은 A시장에 대하여 건축허가의 철회를 신청할 수 있다.

② 건축허가는 대물적 성질을 갖는 것이어서 행정청으로서는 그 허가를 할 때에 건축주 또는 토지소유자가 누구인지 등 인적 요소에 관하여는 형식적 심사만 한다.

③ A시장은 건축허가 당시 별다른 하자가 없었고 철회의 법적근거가 없으므로 건축허가를 철회할 수 없다.

④ 철회권의 행사는 기득권의 침해를 정당화할 만한 중대한 공익상의 필요 또는 제3자의 이익을 보호할 필요가 있고, 공익상의 필요 등이 상대방이 입을 불이익을 정당화할 만큼 강한 경우에 한해 허용될 수 있다.

200

해설 ① (○) "건축주가 토지 소유자로부터 토지사용승낙서를 받아 그 토지 위에 건축물을 건축하는 대물적 성질의 건축허가를 받았다가 착공에 앞서 건축주의 귀책사유로 해당 토지를 사용할 권리를 상실한 경우, 건축허가의 존재로 말미암아 토지에 대한 소유권 행사에 지장을 받을 수 있는 토지 소유자로서는 건축허가의 철회를 신청할 수 있다고 보아야 한다." (대법원 2017.3.15. 선고 2014두41190)

② (○) "건축허가는 대물적 성질을 갖는 것이어서 행정청으로서는 허가를 할 때에 건축주 또는 토지 소유자가 누구인지 등 인적 요소에 관하여는 형식적 심사만 한다." (대법원 2017.3.15. 선고 2014두41190)

③ (×) "행정행위를 한 처분청은 비록 처분 당시에 별다른 하자가 없었고, 처분 후에 이를 철회할 별도의 법적 근거가 없더라도 원래의 처분을 존속시킬 필요가 없게 된 사정변경이 생겼거나 중대한 공익상 필요가 발생한 경우에는 그 효력을 상실케 하는 별개의 행정행위로 이를 철회할 수 있다." (대법원 2017.3.15. 선고 2014두41190)

④ (○) "수익적 행정행위를 취소 또는 철회하거나 중지시키는 경우에는 비록 취소 등의 사유가 있다고 하더라도 그 취소권 등의 행사는 기득권의 침해를 정당화할 만한 중대한 공익상의 필요 또는 제3자의 이익을 보호할 필요가 있고, 이를 상대방이 받는 불이익과 비교 · 교량하여 볼 때 공익상의 필요 등이 상대방이 입을 불이익을 정당화할 만큼 강한 경우에 한하여 허용될 수 있다." (대법원 2017.3.15. 선고 2014두41190)

정답 ③

201 [회독] ☐☐☐　　　　　　　　19년 국가 7급

행정행위의 직권취소에 대한 설명으로 옳은 것은? (다툼이 있는 경우 판례에 의함)

① 법률에서 직권취소에 대한 근거를 두고 있는 경우에는 이해관계인이 처분청에 대하여 위법을 이유로 행정행위의 취소를 요구할 신청권을 갖는다고 보아야 한다.

② 행정행위를 한 행정청은 그 행정행위에 하자가 있는 경우에는 원칙적으로 별도의 법적 근거가 없더라도 스스로 그 행정행위를 직권으로 취소할 수 있다.

③ 직권취소는 행정행위의 성립상의 하자를 이유로 하는 것이므로, 개별법에 특별한 규정이 없는 한 「행정절차법」에 따른 절차규정이 적용되지 않는다.

④ 행정행위의 위법 여부에 대하여 취소소송이 이미 진행 중인 경우 처분청은 위법을 이유로 그 행정행위를 직권 취소할 수 없다.

202 [회독] ☐☐☐　　　　　　　　19년 국가 9급

甲은 「영유아보육법」에 따라 보건복지부장관의 평가인증을 받아 어린이집을 설치·운영하고 있다. 甲은 어린이집을 운영하면서 부정한 방법으로 보조금을 교부받아 사용하였고, 보건복지부장관은 이를 근거로 관련 법령에 따라 평가인증을 취소하였다. 이에 대한 설명으로 옳은 것은? (다툼이 있는 경우 판례에 의함)

① 평가인증의 취소는 강학상 취소에 해당하며, 행정청이 평가 인증취소처분을 하면서 별도의 법적 근거 없이도 평가인증의 효력을 취소사유 발생일로 소급하여 상실시킬 수 있다.

② 평가인증의 취소는 강학상 철회에 해당하며, 행정청이 평가 인증취소처분을 하면서 별도의 법적 근거 없이는 평가인증의 효력을 취소사유 발생일로 소급하여 상실시킬 수 없다.

③ 평가인증의 취소는 강학상 취소에 해당하며, 행정청이 평가 인증취소처분을 하면서 별도의 법적 근거 없이는 평가인증의 효력을 취소사유 발생일로 소급하여 상실시킬 수 없다.

④ 평가인증의 취소는 강학상 철회에 해당하며, 행정청이 평가 인증취소처분을 하면서 별도의 법적 근거 없이도 평가인증의 효력을 취소사유 발생일로 소급하여 상실시킬 수 있다.

201

해설 ① (×), ② (○) "원래 행정처분을 한 처분청은 그 처분에 하자가 있는 경우에는 원칙적으로 별도의 법적 근거가 없더라도 스스로 이를 직권으로 취소할 수 있지만, 그와 같이 직권취소를 할 수 있다는 사정만으로 이해관계인에게 처분청에 대하여 그 취소를 요구할 신청권이 부여된 것으로 볼 수는 없다." (대법원 2006.6.30. 선고 2004두701)

③ (×) 직권취소 역시 행정처분이므로 행정절차법에 따른 절차규정이 적용된다.

④ (×) "변상금 부과처분에 대한 취소소송이 진행중이라도 그 부과권 자로서는 위법한 처분을 스스로 취소하고 그 하자를 보완하여 다시 적법한 부과처분을 할 수도 있다." (대법원 2006.2.10. 선고 2003두5686)

정답 ②

202

해설 ② (○) 철회는 별도의 규정이 없는 한 장래효를 갖는 것이 원칙이다. 그에 대해 묻고 있는 문제이다. 영유아보육법 제30조 제5항 제3호에 따른 평가인증의 취소는 평가인증 당시에 존재하였던 하자가 아니라 그 이후에 새로이 발생한 사유로 평가인증의 효력을 소멸시키는 경우에 해당하므로, 법적 성격은 평가인증의 '철회'에 해당한다. … 이처럼 행정청이 평가인증이 이루어진 이후에 새로이 발생한 사유를 들어 영유아보육법 제30조 제5항에 따라 평가인증을 철회하는 처분을 하면서도, 평가인증의 효력을 과거로 소급하여 상실시키기 위해서는, 특별한 사정이 없는 한 영유아보육법 제30조 제5항과는 별도의 법적 근거가 필요하다.

정답 ②

203 [회독] ☐☐☐　　　19년 지방 9급

행정행위의 취소에 대한 설명으로 옳은 것만을 모두 고르면?
(다툼이 있는 경우 판례에 의함)

> ㉠ 「산업재해보상보험법」상 각종 보험급여 등의 지급결정을 변경 또는 취소하는 처분과 처분에 터 잡아 잘못 지급된 보험급여액에 해당하는 금액을 징수하는 처분이 적법한지를 판단하는 경우, 지급결정을 변경 또는 취소하는 처분이 적법하다면 그에 터 잡은 징수처분도 적법하다고 판단해야 한다.
>
> ㉡ 권한없는 행정기관이 한 당연무효인 행정처분을 취소할 수 있는 권한은 당해 행정처분을 한 처분청에게 속하고, 당해 행정처분을 할 수 있는 적법한 권한을 가지는 행정청에게 그 취소권이 귀속되는 것이 아니다.
>
> ㉢ 수익적 처분이 상대방의 허위 기타 부정한 방법으로 인하여 행하여졌다면 상대방은 그 처분이 그와 같은 사유로 인하여 취소될 것임을 예상할 수 없었다고 할 수 없으므로, 이러한 경우에까지 상대방의 신뢰를 보호하여야 하는 것은 아니다.

① ㉠, ㉡　　　　　② ㉠, ㉢
③ ㉡, ㉢　　　　　④ ㉠, ㉡, ㉢

203

해설 ㉠ (✕) "산재보상법상 각종 보험급여 등의 지급결정을 변경 또는 취소하는 처분과 처분에 터 잡아 잘못 지급된 보험급여액에 해당하는 금액을 징수하는 처분이 적법한지를 판단하는 경우 비교·교량할 각 사정이 동일하다고는 할 수 없으므로, 지급결정을 변경 또는 취소하는 처분이 적법하다고 하여 그에 터 잡은 징수처분도 반드시 적법하다고 판단해야 하는 것은 아니다." (대법원 2014.7.24. 선고 2013두27159)

㉡ (○) "권한없는 행정기관이 한 당연무효인 행정처분을 취소할 수 있는 권한은 당해 행정처분을 한 처분청에게 속하고, 당해 행정처분을 할 수 있는 적법한 권한을 가지는 행정청에게 그 취소권이 귀속되는 것이 아니다." (대법원 1984.10.10. 선고 84누463)

㉢ (○) "수익적 처분이 상대방의 허위 기타 부정한 방법으로 인하여 행하여졌다면 상대방은 그 처분이 그와 같은 사유로 인하여 취소될 것임을 예상할 수 없었다고 할 수 없으므로, 이러한 경우에까지 상대방의 신뢰를 보호하여야 하는 것은 아니라고 할 것이다." (대법원 1995.1.20. 선고 94누6529)

정답 ③

204 [회독] ☐☐☐ 24년 지방 7급

행정처분의 하자에 대한 설명으로 옳지 않은 것은?

① 「공익사업을 위한 토지 등의 취득 및 보상에 관한 법률」
에 따른 사업인정처분이 당연무효이면 그것이 유효함을
전제로 이루어진 수용재결도 무효라고 보아야 한다.

② 수익적 행정처분의 하자가 당사자의 사실은폐나 기타
부정한 방법에 의한 신청행위 때문인 경우, 당사자는 처
분에 관한 신뢰이익을 원용할 수 있고 행정청이 이를 고
려하지 아니하였다면 재량권을 일탈·남용한 것이다.

③ 도시계획시설사업 시행자 지정 처분이 처분 요건을 충
족하지 못하여 당연무효인 경우에는 사업시행자 지정
처분이 유효함을 전제로 이루어진 후행처분인 실시계획
인가처분도 무효이다.

④ 관할청이 시정을 요구하면서 부여한 기간이 너무 불합
리하거나 부당하지 않는 한 단기간이라는 이유만으로
그 시정 요구가 위법하다고 볼 수는 없다.

204

해설 ① (○) "사업인정처분이 당연무효이면 그것이 유효함을 전제
로 이루어진 수용재결도 무효라고 보아야 한다." (대법원 2017.7.11. 선고
2016두35144) "사업인정단계에서의 하자를 다투지 아니하여 이미 쟁송
기간이 도과한 수용재결단계에 있어서는 위 사업인정처분에 중대하
고 명백한 하자가 있어 당연무효라고 볼만한 특단의 사정이 없다면
그 처분의 불가쟁력에 의하여 사업인정처분의 위법, 부당함을 이유로
수용재결처분의 취소를 구할 수 없다." (대법원 1987.9.8. 선고 87누395)

② (×) "수익적 행정처분의 하자가 당사자의 사실은폐나 기타 사위의
방법에 의한 신청행위에 기인한 것이라면, 당사자는 처분에 의한 이
익을 위법하게 취득하였음을 알아 취소가능성도 예상하고 있었을 것
이므로, 그 자신이 처분에 관한 신뢰이익을 원용할 수 없음은 물론,
행정청이 이를 고려하지 않았다 하여도 재량권의 남용이 되지 않고,
이 경우 당사자의 사실은폐나 기타 사위의 방법에 의한 신청행위가
제3자를 통하여 소극적으로 이루어졌다고 하여 달리 볼 것이 아니다."
(대법원 2008.11.13. 선고 2008두8628)

③ (○) "선행처분과 후행처분이 서로 독립하여 별개의 법률효과를 목
적으로 하는 때에도 선행처분이 당연무효이면 선행처분의 하자를 이
유로 후행처분의 효력을 다툴 수 있다. 도시계획시설사업의 시행자가
작성한 실시계획을 인가하는 처분은 도시계획시설사업 시행자에게
도시계획시설사업의 공사를 허가하고 수용권을 부여하는 처분으로서
선행처분인 도시계획시설사업 시행자 지정 처분이 처분 요건을 충족
하지 못하여 당연무효인 경우에는 사업시행자 지정 처분이 유효함을
전제로 이루어진 후행처분인 실시계획 인가처분도 무효라고 보아야
한다." (대법원 2017.7.11. 선고 2016두35120)

④ (○) "관할청이 시정을 요구하면서 부여한 기간이 너무 불합리하거
나 부당하지 않는 한 단기간이라는 이유만으로 그 시정 요구가 위법
하다고 볼 수는 없으며, 또한 시정이 가능한 사항에 대하여만 시정 요
구할 것을 전제로 하고 있다거나 시정이 불가능하여 시정 요구가 무
의미한 경우에는 임원취임승인취소처분을 할 수 없다고 해석할 수는
없다." (대법원 2007.7.19. 선고 2006두19297 전원합의체)

정답 ②

205 [회독] ☐☐☐　　　　　　　　20년 지방 7급

행정행위의 직권취소 및 철회에 대한 설명으로 옳은 것만을 모두 고르면? (다툼이 있는 경우 판례에 의함)

> ㉠ 과세관청은 세금부과처분을 취소한 처분에 취소원인인 하자가 있다는 이유로 취소처분을 다시 취소함으로써 원부과처분을 소생시킬 수 있다.
>
> ㉡ 행정처분을 한 행정청은 원래의 처분을 존속시킬 필요가 없게 된 사정변경이 생겼거나 중대한 공익상의 필요가 생긴 경우 이를 철회할 별도의 법적 근거가 없다 하더라도 별개의 행정행위로 이를 철회할 수 있다.
>
> ㉢ 보건복지부장관이 어린이집에 대한 평가인증이 이루어진 이후에 새로이 발생한 사유를 들어 「영유아보육법」 제30조 제5항에 따라 평가인증을 철회하는 처분을 하면서도, 그 평가인증의 효력을 과거로 소급하여 상실시키기 위해서는, 특별한 사정이 없는 한 「영유아보육법」 제30조 제5항과는 별도의 법적 근거가 필요하다.
>
> ㉣ 면허의 취소처분에는 그 근거가 되는 법령이나 취소권 유보의 부관 등을 명시하여야 함은 물론 처분을 받은 자가 어떠한 위반사실에 대하여 당해 처분이 있었는지를 알 수 있을 정도로 사실을 적시할 것을 요하지만, 이와 같은 취소처분의 근거와 위반사실의 적시를 빠뜨린 하자는 피처분자가 처분 당시 그 취지를 알고 있었거나 그 후 알게 되었다면 그 하자는 치유될 수 있다.

① ㉠, ㉡　　　　　　② ㉠, ㉣

③ ㉡, ㉢　　　　　　④ ㉢, ㉣

205

해설 ㉠ (×) 세금부과처분은 침익적 처분이기 때문에, 취소의 취소가 허용되지 않는다. "국세기본법상 부과의 취소에 위법사유가 있다고 하더라도 당연무효가 아닌 한 일단 유효하게 성립하여 부과 처분을 확정적으로 상실시키는 것이므로, 과세관청은 부과의 취소를 다시 취소함으로써 원부과처분을 소생시킬 수는 없고 납세의무자에게 종전의 과세대상에 대한 납부의무를 지우려면 다시 법률에서 정한 부과 절차에 좇아 동일한 내용의 새로운 처분을 하는 수밖에 없다." (대법원 1995.3.10. 선고 94누7027)

㉡ (○) "행정행위를 한 처분청은 비록 그 처분 당시에 별다른 하자가 없었고, 또 그 처분 후에 이를 철회할 별도의 법적 근거가 없다 하더라도 원래의 처분을 존속시킬 필요가 없게 된 사정변경이 생겼거나 또는 중대한 공익상의 필요가 발생한 경우에는 그 효력을 상실케 하는 별개의 행정행위로 이를 철회할 수 있다." (대법원 2004.11.26. 선고 2003두10251)

㉢ (○) "영유아보육법 제30조 제5항 제3호에 따른 평가인증의 취소는 평가인증 당시에 존재하였던 하자가 아니라 그 이후에 새로이 발생한 사유로 평가인증의 효력을 소멸시키는 경우에 해당하므로, 법적 성격은 평가인증의 '철회'에 해당한다. 행정청이 평가인증이 이루어진 이후에 새로이 발생한 사유를 들어 영유아보육법 제30조 제5항에 따라 평가인증을 철회하는 처분을 하면서도, 평가인증의 효력을 과거로 소급하여 상실시키기 위해서는, 특별한 사정이 없는 한 영유아보육법 제30조 제5항과는 별도의 법적 근거가 필요하다." (대법원 2018.6.28. 선고 2015두58195)

㉣ (×) "면허의 취소처분에는 그 근거가 되는 법령이나 취소권 유보의 부관 등을 명시하여야 함은 물론 처분을 받은 자가 어떠한 위반사실에 대하여 당해 처분이 있었는지를 알 수 있을 정도로 사실을 적시할 것을 요하며, 이와 같은 취소처분의 근거와 위반사실의 적시를 빠뜨린 하자는 피처분자가 처분 당시 그 취지를 알고 있었다거나 그 후 알게 되었다 하여도 치유될 수 없다." (대법원 1990.9.11. 선고 90누1786)

정답 ③

제7절 행정행위의 실효

기출테마 46 행정행위의 실효

제8절 하자의 승계

기출테마 47 하자의 승계

---

206 [회독] ☐☐☐

22년 국가 9급

행정행위의 하자에 대한 설명으로 옳지 않은 것은? (다툼이 있는 경우 판례에 의함)

① 이미 불가쟁력이 발생한 보충역편입처분에 하자가 있다고 하더라도 그것이 당연무효의 사유가 아닌 한 공익근무 요원소집처분에 승계되는 것은 아니다.

② 건물철거명령이 당연무효가 아니고 불가쟁력이 발생하였다면 건물철거명령의 하자를 이유로 후행 대집행계고처분의 효력을 다툴 수 없다.

③ 도시계획시설사업 시행자 지정 처분이 처분 요건을 충족하지 못하여 당연무효인 경우, 도시계획시설사업의 시행자가 작성한 실시계획을 인가하는 처분도 무효이다.

④ 선행처분인 공무원직위해제처분과 후행 직권면직처분 사이에는 하자의 승계가 인정된다.

206

해설 ① (○) "보충역편입처분에 대하여 쟁송을 제기하여야 할 것이며, 그 처분을 다투지 아니하여 이미 불가쟁력이 생겨 그 효력을 다툴 수 없게 된 경우에는, 병역처분변경신청에 의하는 경우는 별론으로 하고, 보충역편입처분에 하자가 있다고 할지라도 그것이 당연무효라고 볼만한 특단의 사정이 없는 한 그 위법을 이유로 공익근무요원소집처분의 효력을 다툴 수 없다." (대법원 2002.12.10. 선고 2001두5422)

② (○) "건물철거명령이 당연무효가 아닌 이상 행정심판이나 소송을 제기하여 그 위법함을 소구하는 절차를 거치지 아니하였다면 위 선행행위인 건물철거명령은 적법한 것으로 확정되었다고 할 것이므로 후행행위인 대집행계고처분에서는 그 건물이 무허가건물이 아닌 적법한 건축물이라는 주장이나 그러한 사실인정을 하지 못한다." (대법원 1998.9.8. 선고 97누20502)

③ (○) "선행처분인 도시계획시설사업 시행자 지정 처분이 처분 요건을 충족하지 못하여 당연무효인 경우에는 사업시행자 지정 처분이 유효함을 전제로 이루어진 후행처분인 실시계획 인가처분도 무효라고 보아야 한다." (대법원 2009.12.10. 선고 2009두12785)

④ (×) "직위해제처분과 면직처분은 후자가 각각 단계적으로 별개의 법률효과를 발생하는 행정처분이어서 선행직위 해제처분의 위법사유가 면직처분에는 승계되지 아니한다 할 것이므로 선행된 직위해제 처분의 위법사유를 들어 면직처분의 효력을 다툴 수는 없다." (대법원 1984.9.11. 선고 84누191)

정답 ④

207 [회독] □□□ 23년 지방 9급

행정행위의 하자의 승계에 대한 설명으로 옳지 않은 것은?

① 2개 이상의 행정처분이 연속적 또는 단계적으로 이루어지는 경우 선행처분과 후행처분이 서로 합하여 1개의 법률효과를 완성하는 때에는 선행처분에 하자가 있으면 그 하자는 후행처분에 승계된다.

② 선행처분과 후행처분이 서로 독립하여 별개의 법률효과를 발생시키는 경우에는 선행처분에 불가쟁력이 생겨 그 효력을 다툴 수 없게 되면 수인한도를 넘는 가혹함을 가져오며 그 결과가 당사자에게 예측가능하지 않더라도 하자의 승계가 인정되지 않는다.

③ 과세관청의 선행처분인 소득금액변동통지에 하자가 존재하더라도 당연무효사유에 해당하지 않는 한 후행처분인 징수처분에 대한 항고소송에서 그 하자를 다툴 수 없다.

④ 수용보상금의 증액을 구하는 소송에서는 선행처분으로서 그 수용대상 토지 가격 산정의 기초가 된 비교표준지공시지가결정의 위법을 독립된 사유로 주장할 수 있다.

207

해설 ① (○), ② (×) "2개 이상의 행정처분이 연속적 또는 단계적으로 이루어지는 경우 선행처분과 후행처분이 서로 합하여 1개의 법률효과를 완성하는 때에는 선행처분에 하자가 있으면 그 하자는 후행처분에 승계된다. 이러한 경우에는 선행처분에 불가쟁력이 생겨 그 효력을 다툴 수 없게 되더라도 선행처분의 하자를 이유로 후행처분의 효력을 다툴 수 있다. 그러나 선행처분과 후행처분이 서로 독립하여 별개의 법률효과를 발생시키는 경우에는 선행처분에 불가쟁력이 생겨 그 효력을 다툴 수 없게 되면 선행처분의 하자가 중대하고 명백하여 선행처분이 당연무효인 경우를 제외하고는 특별한 사정이 없는 한 선행처분의 하자를 이유로 후행처분의 효력을 다툴 수 없는 것이 원칙이다. 다만 그 경우에도 선행처분의 불가쟁력이나 구속력이 그로 인하여 불이익을 입게 되는 자에게 수인한도를 넘는 가혹함을 가져오고, 그 결과가 당사자에게 예측가능한 것이 아니라면, 국민의 재판받을 권리를 보장하고 있는 헌법의 이념에 비추어 선행처분의 후행처분에 대한 구속력을 인정할 수 없다." (대법원 2019.1.31. 선고 2017두40372)

③ (○) "과세관청의 소득처분과 그에 따른 소득금액변동통지가 있는 경우 원천징수의무자인 법인은 소득금액변동통지서를 받은 날에 그 통지서에 기재된 소득의 귀속자에게 당해 소득금액을 지급한 것으로 의제되어 그때 원천징수하는 소득세의 납세의무가 성립함과 동시에 확정되므로 소득금액변동통지는 원천징수의무자인 법인의 납세의무에 직접 영향을 미치는 과세관청의 행위로서 항고소송의 대상이 된다. 그리고 원천징수의무자인 법인이 원천징수하는 소득세의 납세의무를 이행하지 아니함에 따라 과세관청이 하는 납세고지는 확정된 세액의 납부를 명하는 징수처분에 해당하므로 선행처분인 소득금액변동통지에 하자가 존재하더라도 당연무효 사유에 해당하지 않는 한 후행처분인 징수처분에 그대로 승계되지 아니한다. 따라서 과세관청의 소득처분과 그에 따른 소득금액변동통지가 있는 경우 원천징수하는 소득세의 납세의무에 관하여는 이를 확정하는 소득금액변동통지에 대한 항고소송에서 다투어야 하고, 소득금액변동통지가 당연무효가 아닌 한 징수처분에 대한 항고소송에서 이를 다툴 수는 없다." (대법원 2012.1.26. 선고 2009두14439)

④ (○) "표준지공시지가결정이 위법한 경우에는 그 자체를 행정소송의 대상이 되는 행정처분으로 보아 그 위법 여부를 다툴 수 있음은 물론, 수용보상금의 증액을 구하는 소송에서도 선행처분으로서 그 수용대상 토지 가격 산정의 기초가 된 비교표준지공시지가결정의 위법을 독립한 사유로 주장할 수 있다." (대법원 2008.8.21. 선고 2007두13845)

정답 ②

208 [회독] ☐☐☐

다음 사례에 관한 설명으로 옳은 것은? (다툼이 있는 경우 판례에 의함)

> - 甲은 자신의 토지에 대한 개별공시지가결정을 통지받은 후 90일이 넘어 과세처분을 받았는데, 과세처분이 위법한 개별공시지가결정에 기초하였다는 이유로 과세처분의 취소를 구하고자 한다.
> - 甲은 토지대장에 전(田)으로 기재되어 있는 지목을 대(垈)로 변경하고자 지목변경신청을 하였다.
> - 乙은 甲의 토지가 사실은 자신 소유라고 주장하면서 토지대장상의 소유자명의변경을 신청하였으나 거부되었다.

① 甲은 과세처분이 있기 전에는 개별공시지가결정에 대해서 취소소송을 제기할 수 없다.

② 甲은 과세처분의 위법성이 인정되지 않더라도 과세처분 취소소송에서 개별공시지가결정의 위법을 독립된 위법사유로 주장할 수 있다.

③ 토지대장에 등재된 사항을 변경하는 행위는 행정사무집행의 편의와 사실증명의 자료로 삼기 위한 것이므로, 甲은 지목변경신청이 거부되더라도 이에 대하여 취소소송으로 다툴 수 없다.

④ 乙에 대한 토지대장상의 소유자명의변경신청 거부는 처분성이 인정된다.

208

[해설] ① (✕) 개별공시지가결정 자체에도 처분성이 인정된다. 따라서 과세처분이 있기 전에도 개별공시지가결정에 대해 취소소송을 제기할 수 있다. "시장·군수 또는 구청장의 개별토지가격결정은 관계 법령에 의한 토지초과이득세, 택지초과소유부담금 또는 개발부담금 산정의 기준이 되어 국민의 권리나 의무 또는 법률상 이익에 직접적으로 관계되는 것으로서 항고소송의 대상이 되는 행정처분에 해당한다." (대법원 1994.2.8. 선고 93누111)

② (○) 개별공시지가결정에 존재하는 하자는 과세처분에 승계된다. "개별공시지가결정은 이를 기초로 한 과세처분 등과는 별개의 독립된 처분으로서 서로 독립하여 별개의 법률효과를 목적으로 하는 것이나, 개별공시지가는 이를 토지소유자나 이해관계인에게 개별적으로 고지하도록 되어 있는 것이 아니어서 결정된 개별공시지가가 자신에게 유리하게 작용될 것인지 또는 불이익하게 작용될 것인지 여부를 쉽사리 예견할 수 있는 것도 아니므로, 위법한 개별공시지가결정에 대하여 그 정해진 시정절차를 통하여 시정하도록 요구하지 아니하였다는 이유로 위법한 개별공시지가를 기초로 한 과세처분 등 후행 행정처분에서 개별공시지가결정의 위법을 주장할 수 없도록 하는 것은 수인한도를 넘는 불이익을 강요하는 것으로서 과세처분 등 행정처분의 취소를 구하는 행정소송에서 선행처분인 개별공시지가결정의 위법을 독립된 위법사유로 주장할 수 있다." (대법원 1994.1.25. 선고 93누8542)

③ (✕) 지목변경신청이 거부행위에는 처분성이 인정된다. "토지소유자는 지목을 토대로 토지의 사용·수익·처분에 일정한 제한을 받게 되는 점 등을 고려하면, 지목은 토지소유권을 제대로 행사하기 위한 전제요건으로서 토지소유자의 실체적 권리관계에 밀접하게 관련되어 있으므로 지적공부 소관청의 지목변경신청 반려행위는 국민의 권리관계에 영향을 미치는 것으로서 항고소송의 대상이 되는 행정처분에 해당한다." (대법원 2004.4.22. 선고 2003두9015)

④ (✕) 토지대장상 소유자명의변경신청 거부에 대해서는 처분성이 인정되지 않는다. "토지대장에 기재된 소유자 명의가 변경된다고 하여도 이로 인하여 당해 토지에 대한 실체상의 권리관계에 변동을 가져올 수 없고 토지 소유권이 지적공부의 기재만에 의하여 증명되는 것도 아니다. 따라서 소관청이 토지대장상의 소유명의변경신청을 거부한 행위는 이를 항고소송의 대상이 되는 행정처분이라고 할 수 없다." (대법원 2012.1.12. 선고 2010두12354)

정답 ②

209 [회독] □□□　　　　24년 소방직

취소할 수 있는 행정행위의 하자의 승계에 관한 설명으로 옳은 것은? (다툼이 있는 경우 판례에 의함)

① 선행처분인 대집행계고처분에 불가쟁력이 발생하였다면, 후행처분인 대집행영장발부통보처분을 다투는데 있어서 대집행계고처분이 위법하다는 것을 이유로 후행행위 또한 위법한 것이라 주장할 수 없다.

② 선행처분과 후행처분이 서로 독립하여 별개의 효과를 목적으로 하는 경우에도 선행처분의 불가쟁력이나 구속력이 그로 인하여 불이익을 입게 되는 자에게 수인한도를 넘는 가혹함을 가져오며, 그 결과가 당사자에게 예측 가능한 것이 아닌 경우에는 선행처분의 위법사유가 후행처분에 승계된다.

③ 구 「경찰공무원법」에 따른 직위해제처분과 면직처분은 후자가 전자의 처분을 전제로 한 것이기 때문에 선행처분의 위법사유가 후행행위에 승계된다.

④ 과세관청의 소득처분과 그에 따른 소득금액변동통지가 있는 경우 원천징수의무자인 법인은 원천징수하는 소득세의 납세의무에 관하여는 이를 확정하는 소득금액변동통지에 대한 항고소송에서 다툴 수 있고, 소득금액변동통지의 하자는 후행처분인 징수처분에 그대로 승계된다.

209

해설 ① (×) "대집행의 계고, 대집행영장에 의한 통지, 대집행의 실행, 대집행에 요한 비용의 납부명령 등은 타인이 대신하여 행할 수 있는 행정의무의 이행을 의무자의 비용부담하에 확보하고자 하는, 동일한 행정목적을 달성하기 위하여 단계적인 일련의 절차로 연속하여 행하여지는 것으로서, 서로 결합하여 하나의 법률효과를 발생시키는 것이므로, 선행처분인 계고처분이 하자가 있는 위법한 처분이라면, 비록 그 하자가 중대하고도 명백한 것이 아니어서 당연무효의 처분이라고 볼 수 없고 행정소송으로 효력이 다투어지지도 아니하여 이미 불가쟁력이 생겼으며, 후행처분인 대집행영장발부통보처분 자체에는 아무런 하자가 없다고 하더라도, 후행처분인 대집행영장발부통보처분의 취소를 청구하는 소송에서 청구원인으로 선행처분인 계고처분이 위법한 것이기 때문에 그 계고처분을 전제로 행하여진 대집행영장발부통보처분도 위법한 것이라는 주장을 할 수 있다." (대법원 1996.2.9. 선고 95누12507)

② (○) "두 개 이상의 행정처분이 연속적으로 행하여지는 경우 선행처분과 후행처분이 서로 결합하여 1개의 법률효과를 완성하는 때에는 선행처분에 하자가 있으면 그 하자는 후행처분에 승계되므로 선행처분에 불가쟁력이 생겨 그 효력을 다툴 수 없게 된 경우에도 선행처분의 하자를 이유로 후행처분의 효력을 다툴 수 있는 반면 선행처분과 후행처분이 서로 독립하여 별개의 법률효과를 목적으로 하는 때에는 선행처분에 불가쟁력이 생겨 그 효력을 다툴 수 없게 된 경우에는 선행처분의 하자가 중대하고 명백하여 당연무효인 경우를 제외하고는 선행처분의 하자를 이유로 후행처분의 효력을 다툴 수 없는 것이 원칙이나 선행처분과 후행처분이 서로 독립하여 별개의 효과를 목적으로 하는 경우에도 선행처분의 불가쟁력이나 구속력이 그로 인하여 불이익을 입게 되는 자에게 수인한도를 넘는 가혹함을 가져오며, 그 결과가 당사자에게 예측가능한 것이 아닌 경우에는 국민의 재판받을 권리를 보장하고 있는 헌법의 이념에 비추어 선행처분의 후행처분에 대한 구속력은 인정될 수 없다." (대법원 1994.1.25. 선고 93누8542)

③ (×) "구 경찰공무원법 제50조 제1항에 의한 직위해제처분과 같은 제3항에 의한 면직처분은 후자가 전자의 처분을 전제로 한 것이기는 하나 각각 단계적으로 별개의 법률효과를 발생하는 행정처분이어서 선행직위 해제처분의 위법사유가 면직처분에는 승계되지 아니한다 할 것이므로 선행된 직위해제 처분의 위법사유를 들어 면직처분의 효력을 다툴 수는 없다." (대법원 1984.9.11. 선고 84누191)

④ (×) "과세관청의 소득처분과 그에 따른 소득금액변동통지가 있는 경우 원천징수의무자인 법인은 소득금액변동통지서를 받은 날에 그 통지서에 기재된 소득의 귀속자에게 당해 소득금액을 지급한 것으로 의제되어 그때 원천징수하는 소득세의 납세의무가 성립함과 동시에 확정되므로 소득금액변동통지는 원천징수의무자인 법인의 납세의무에 직접 영향을 미치는 과세관청의 행위로서 항고소송의 대상이 된다. 그리고 원천징수의무자인 법인이 원천징수하는 소득세의 납세의무를 이행하지 아니함에 따라 과세관청이 하는 납세고지는 확정된 세액의 납부를 명하는 징수처분에 해당하므로 선행처분인 소득금액변동통지에 하자가 존재하더라도 당연무효 사유에 해당하지 않는 한 후행처분인 징수처분에 그대로 승계되지 아니한다. 따라서 과세관청의 소득처분과 그에 따른 소득금액변동통지가 있는 경우 원천징수하는 소득세의 납세의무에 관하여는 이를 확정하는 소득금액변동통지에 대한 항고소송에서 다투어야 하고, 소득금액변동통지가 당연무효가 아닌 한 징수처분에 대한 항고소송에서 이를 다툴 수는 없다." (대법원 2012.1.26. 선고 2009두14439)

정답 ②

210 [회독] □□□ 24년 국가 7급

하자의 승계에 대한 설명으로 옳지 않은 것은?

① 도시·군계획시설결정과 실시계획인가는 별도의 요건과 절차에 따라 별개의 법률효과를 발생시키는 독립적인 행정처분이므로 선행처분인 도시·군계획시설결정에 하자가 있더라도 그것이 당연무효가 아닌 한 원칙적으로 후행처분인 실시계획인가에 승계되지 않는다.

② 「공인중개사법」 위반으로 업무정지처분을 받고 그 업무정지기간 중 중개업무를 하였다는 이유로 중개사무소개설등록취소처분을 받은 경우, 양 처분은 그 내용과 효과를 달리하는 독립된 행정처분으로서 서로 결합하여 1개의 법률효과를 완성하는 때에 해당한다고 볼 수 없다.

③ 수용보상금의 증액을 구하는 소송에서는 선행처분으로서 그 수용대상 토지 가격 산정의 기초가 된 비교표준지공시지가결정의 위법을 독립된 사유로 주장할 수 없다.

④ 보충역편입처분과 공익근무요원소집처분은 각각 단계적으로 별개의 법률효과를 발생하는 독립된 행정처분이다.

210

해설 ① (○) "도시·군계획시설결정과 실시계획인가는 도시·군계획시설사업을 위하여 이루어지는 단계적 행정절차에서 별도의 요건과 절차에 따라 별개의 법률효과를 발생시키는 독립적인 행정처분이다. 그러므로 선행처분인 도시·군계획시설결정에 하자가 있더라도 그것이 당연무효가 아닌 한 원칙적으로 후행처분인 실시계획인가에 승계되지 않는다." (대법원 2017.7.18. 선고 2016두49938)

② (○) "2개 이상의 행정처분이 연속적 또는 단계적으로 이루어지는 경우 선행처분과 후행처분이 서로 합하여 1개의 법률효과를 완성하는 때에는 선행처분에 하자가 있으면 그 하자는 후행처분에 승계된다. 「공인중개사법」 위반으로 업무정지처분을 받고 그 업무정지기간 중 중개업무를 하였다는 이유로 중개사무소개설등록취소처분을 받은 경우, 이 사건 선행처분인 업무정지처분은 일정 기간 중개업무를 하지 못하도록 하는 처분인 반면, 후행처분인 이 사건 처분은 위와 같은 업무정지처분에 따른 업무정지기간 중에 중개업무를 하였다는 별개의 처분사유를 근거로 중개사무소의 개설등록을 취소하는 처분이다. 비록 이 사건 처분이 업무정지처분을 전제로 하지만, 양 처분은 그 내용과 효과를 달리하는 독립된 행정처분으로서, 서로 결합하여 1개의 법률효과를 완성하는 때에 해당한다고 볼 수 없다. 따라서 원고는 선행처분이 당연무효가 아닌 이상 그 하자를 이유로 후행처분인 이 사건 처분의 효력을 다툴 수 없다." (대법원 2019.1.31. 선고 2017두40372)

③ (×) "표준지공시지가결정이 위법한 경우에는 그 자체를 행정소송의 대상이 되는 행정처분으로 보아 그 위법 여부를 다툴 수 있음은 물론, 수용보상금의 증액을 구하는 소송에서도 선행처분으로서 그 수용대상 토지 가격 산정의 기초가 된 비교표준지공시지가결정의 위법을 독립한 사유로 주장할 수 있다." (대법원 2008.8.21. 선고 2007두13845)

④ (○) "보충역편입처분의 기초가 되는 신체등위 판정에 잘못이 있다는 이유로 이를 다투기 위하여는 신체등위 판정을 기초로 한 보충역편입처분에 대하여 쟁송을 제기하여야 할 것이며, 그 처분을 다투지 아니하여 이미 불가쟁력이 생겨 그 효력을 다툴 수 없게 된 경우에는, 병역처분변경신청에 의하는 경우는 별론으로 하고, 보충역편입처분에 하자가 있다고 할지라도 그것이 당연무효라고 볼만한 특단의 사정이 없는 한 그 위법을 이유로 공익근무요원소집처분의 효력을 다툴 수 없다." (대법원 2002.12.10. 선고 2001두5422)

정답 ③

211 [회독] ☐☐☐   20년 국가 9급

행정행위의 하자에 대한 설명으로 옳지 않은 것은? (다툼이 있는 경우 판례에 의함)

① 행정청이 「식품위생법」상의 청문절차를 이행함에 있어 청문서 도달기간을 다소 어겼지만 영업자가 이의하지 아니한 채 청문일에 출석하여 의견을 진술하고 변명하는 등 방어의 기회를 충분히 가졌다면 청문서 도달기간을 준수하지 아니한 하자는 치유되었다고 본다.

② 행정처분을 한 처분청은 그 처분의 성립에 하자가 있는 경우 이를 취소할 별도의 법적 근거가 없다고 하더라도 직권으로 이를 취소할 수 있다.

③ 행정처분에 있어 여러 개의 처분사유 중 일부가 적법하지 않으면 다른 처분사유로써 그 처분의 정당성이 인정된다고 하더라도, 그 처분은 위법하게 된다.

④ 계고처분의 후속절차인 대집행에 위법이 있다고 하더라도 그와 같은 후속절차에 위법성이 있다는 점을 들어 선행절차인 계고처분이 부적법하다는 사유로 삼을 수는 없다.

211

해설 ① (○) "행정청이 식품위생법상의 청문절차를 이행함에 있어 청문서 도달기간을 다소 어겼다 하더라도 영업자가 이에 대하여 이의하지 아니한 채 스스로 청문일에 출석하여 그 의견을 진술하고 변명하는 등 방어의 기회를 충분히 가졌다면 청문서 도달기간을 준수하지 아니한 하자는 치유되었다고 봄이 상당하다." (대법원 1992.10.23. 선고 92누2844)

② (○) "행정처분을 한 처분청은 그 처분의 성립에 하자가 있는 경우 이를 취소할 별도의 법적 근거가 없다고 하더라도 직권으로 이를 취소할 수 있다." (대법원 2002.5.28. 선고 2001두9653)

③ (×) "행정처분에 있어 수개의 처분사유 중 일부가 적법하지 않다고 하더라도 다른 처분사유로써 그 처분의 정당성이 인정되는 경우에는 그 처분을 위법하다고 할 수 없다." (대법원 2013.10.24. 선고 2013두963)

④ (○) "계고처분의 후속절차인 대집행에 위법이 있다고 하더라도, 그와 같은 후속절차에 위법성이 있다는 점을 들어 선행절차인 계고처분이 부적법하다는 사유로 삼을 수는 없다." (대법원 1997.2.14. 선고 96누15428)

정답 ③

212 [회독] ☐☐☐   20년 지방 7급

행정행위의 효력에 대한 설명으로 옳지 않은 것은? (다툼이 있는 경우 판례에 의함)

① 선행처분과 후행처분이 서로 독립하여 별개의 법률효과를 목적으로 하는 때에도 선행처분이 당연무효이면 선행처분의 하자를 이유로 후행처분의 효력을 다툴 수 있다.

② 도시·군계획시설결정과 실시계획인가는 서로 결합하여 도시·군계획시설사업의 실시라는 하나의 법적 효과를 완성하므로, 도시·군계획시설결정의 하자는 실시계획인가에 승계된다.

③ 도지사의 인사교류안 작성과 그에 따른 인사교류의 권고가 전혀 이루어지지 않은 상태에서, 관할구역 내 A시의 시장이 인사교류로서 소속 지방공무원인 甲에게 B시 지방공무원으로 전출을 명한 처분은 당연무효이다.

④ 물품세 과세대상이 아닌 것을 세무공무원이 직무상 과실로 과세대상으로 오인하여 과세처분을 행함으로 인하여 손해가 발생된 경우에는, 동 과세처분이 취소되지 아니하였다 하더라도, 국가는 이로 인한 손해를 배상할 책임이 있다.

212

해설 ① (○) "선행처분과 후행처분이 서로 독립하여 별개의 법률효과를 목적으로 하는 때에도 선행처분이 당연무효이면 선행처분의 하자를 이유로 후행처분의 효력을 다툴 수 있다." (대법원 2017.7.11. 선고 2016두35120)

② (×) "도시·군계획시설결정과 실시계획인가는 도시·군계획시설사업을 위하여 이루어지는 단계적 행정절차에서 별도의 요건과 절차에 따라 별개의 법률효과를 발생시키는 독립적인 행정처분이다. 그러므로 선행처분인 도시·군계획시설결정에 하자가 있더라도 그것이 당연무효가 아닌 한 원칙적으로 후행처분인 실시계획인가에 승계되지 않는다." (대법원 2017.7.18. 선고 2016두49938)

③ (○) "도지사의 인사교류안 작성과 그에 따른 인사교류의 권고가 전혀 이루어지지 않은 상태에서 행하여진 관할구역 내 시장의 인사교류에 관한 처분은 지방공무원법 제30조의2 제2항의 입법 취지에 비추어 그 하자가 중대하고 객관적으로 명백하여 당연무효이다." (대법원 2005.6.24. 선고 2004두10968)

④ (○) "세무공무원이 직무상 과실로 과세대상으로 오인하여 과세처분을 행함으로 인하여 손해가 발생된 경우에는, 동 과세처분이 취소되지 아니하였다 하더라도, 국가는 이로 인한 손해를 배상할 책임이 있다." (대법원 1979.4.10. 선고 79다262)

정답 ②

213 [회독] ☐☐☐   21년 소방직

행정행위의 하자에 관한 설명으로 옳지 않은 것은? (다툼이 있는 경우 판례에 의함)

① 행정처분의 대상이 되는 법률관계나 사실관계가 있는 것으로 오인할 만한 객관적인 사정이 있고 사실관계를 정확히 조사하여야만 그 대상이 되는지 여부가 밝혀질 수 있는 경우에는 비록 그 하자가 중대하더라도 명백하지 않아 무효로 볼 수 없다.

② 조례 제정권의 범위를 벗어나 국가사무를 대상으로 한 무효인 조례의 규정에 근거하여 지방자치단체의 장이 행정처분을 한 경우 그 행정처분은 하자가 중대하나, 명백하지는 아니하므로 당연무효에 해당하지 아니한다.

③ 보충역편입처분에 하자가 있다고 할지라도 그것이 중대하고 명백하지 않는 한, 그 하자를 이유로 공익근무요원 소집처분의 효력을 다툴 수 없다.

④ 부동산에 관한 취득세를 신고하였으나 부동산매매계약이 해제됨에 따라 소유권 취득의 요건을 갖추지 못한 경우에는 그 하자가 중대하지만 외관상 명백하지 않아 무효는 아니며 취소할 수 있는 데 그친다.

213

해설 ① (○) 대법원은 객관적 명백성설의 입장을 취하고 있지 않다. "과세대상이 되지 않는 법률관계나 사실관계에 대하여 이를 과세대상이 되는 것으로 오인할 만한 객관적인 사실이 있는 경우에 이것이 과세대상이 되는지 여부가 그 사실관계를 정확히 조사하여야 비로소 밝혀질 수 있는 경우라면 이를 오인한 하자가 중대한 경우라도 외관상 명백하다 할 수 없으므로 이를 오인한 과세 처분을 당연무효라 할 수 없다." (대법원 1984.2.28. 선고 82누154) 참고로, 중대명백성설 이외에, 무효사유와 취소사유를 가르는 기준으로 제시되고 있는 견해들은 다음과 같다.

명백성 보충요건설	원칙적으로 하자가 중대하기만 해도 무효가 되지만, 제3자나 공공의 신뢰에 대한 보호가 필요한 경우에는 보충적으로 명백성까지 있어야 무효가 된다고 보는 견해이다.
객관적 명백성설	중대명백설과 동일하게 하자가 중대하면서 명백하기까지 한 경우에만 무효가 된다고 보지만, '명백성'의 의미를 더 넓게 이해하여, 일반인의 관점에서 하자가 명백한 경우뿐만 아니라, 관계공무원이 그 사실관계를 정확히 조사해보면 하자가 있다는 점이 밝혀질 수 있는 경우까지 하자가 명백한 경우에 포함시키는 견해이다.
중대성설	하자가 중대하기만 하면 무효가 된다고 보는 견해이다.

② (○) "조례 제정권의 범위를 벗어나 국가사무를 대상으로 한 무효인 서울특별시행정권한위임조례의 규정에 근거하여 구청장이 건설업 영업정지처분을 한 경우, 그 처분은 결과적으로 적법한 위임 없이 권한 없는 자에 의하여 행하여진 것과 마찬가지가 되어 그 하자가 중대하나, 지방자치단체의 사무에 관한 조례와 규칙은 조례가 보다 상위규범이라고 할 수 있고, 또한 헌법 제107조 제2항의 "규칙"에는 지방자치단체의 조례와 규칙이 모두 포함되는 등 이른바 규칙의 개념이 경우에 따라 상이하게 해석되는 점 등에 비추어 보면 위 처분의 위임 과정의 하자가 객관적으로 명백한 것이라고 할 수 없으므로 이로 인한 하자는 결국 당연무효사유는 아니라고 봄이 상당하다." (대법원 1995.7.11. 선고 94누4615)

③ (○) "병역법상 공익근무요원소집처분이 보충역편입처분을 전제로 하는 것이기는 하나 각각 단계적으로 별개의 법률효과를 발생하는 독립된 행정처분이라고 할 것이므로, 따라서 보충역편입처분의 기초가 되는 신체등위 판정에 잘못이 있다는 이유로 이를 다투기 위하여는 신체등위 판정을 기초로 한 보충역편입처분에 대하여 쟁송을 제기하여야 할 것이며 보충역편입처분에 하자가 있다고 할지라도 그것이 당연무효라고 볼만한 특단의 사정이 없는 한 그 위법을 이유로 공익근무요원소집처분의 효력을 다툴 수 없다." (대법원 2002.12.10. 선고 2001두5422)

④ (×) ㉠ 甲이 乙의 X부동산에 대하여 매매대금을 50억 원으로 하는 매매계약을 체결한 후, 과세표준액을 50억 원으로 하여 취득세 1억 원 및 농어촌특별세 1,000만 원을 자진신고 하였으나, 후에 이 매매계약이 해제되어, 甲이 X부동산을 취득하지 못하였음을 이유로 신고내용대로 취득세를 납부하지 않자, 인천광역시 부평구청장이 甲에 대하여 가산세를 포함하여 취득세 및 농어촌특별세를 납부할 것을 고지하였고, 이 고지에 대하여 甲이 신고행위가 무효이어서 자신에게는 납세의무가 없음을 들어, 취득세부과처분에 대하여 무효확인소송으로 다툰 사건이다. ㉡ 서울고등법원은 이 신고행위의 하자가 명백하지 않다는 이유로 신고행위가 당연무효가 아니라고 보았으나(따라서 취득세부과처분도 무효가 아니라고 보았다), 대법원은 명백성이 이 경우에는 요구되지 않는다며, 신고행위가 당연무효라고 보았다. ㉢ "취득세 등에 관한 이 사건 신고행위의 경우에는 그 존재를 신뢰하는 제3자의 보호가 특별히 문제되지 않아 그 신고행위를 당연무효로 보더라도 법적 안정성이 크게 저해되지 않는 것으로 보이는 점, 원고(甲)가 이 사건 부동산에 관하여 등기와 같은 소유권 취득의 형식적 요건을 갖추지 못했을 뿐만 아니라, 대금의 지급과 같은 소유권 취득의 실질적 요건도 갖추지 못함에 따라 이 사건 부동산의 취득에 기초한 이익 등을 향유한 바 없는 것으로 보이는 점, 이와 같이 지방세법에 규정된 취득이라는 과세요건이 완성되지 않은 등의 중대한 하자가 있고, 그 법적 구제 수단이 국세에 비하여 상대적으로 미비함에도 불구하고, 이 사건 신고행위로 인한 불이익을 원고(甲)에게 그대로 감수시키는 것이 원고(甲)의 권익구제 등의 측면에서 현저하게 부당하다고 보이는 점, 이 사건 신고행위를 당연무효로 보더라도 과세행정의 원활한 운영에 지장이 있다고 단정하기 어려운 점 등을 종합하면, 그 하자가 중대한 이 사건 신고행위의 경우에는 이를 당연무효라고 볼 만한 특별한 사정이 있다고 할 것이다." (대법원 2009.2.12. 선고 2008두11716)

정답 ④

제9절) 행정행위의 부관

기출테마 48 행정행위의 부관

214 [회독] □□□

22년 지방 9급

행정행위의 부관에 대한 설명으로 옳은 것은? (다툼이 있는 경우 판례에 의함)

① 행정처분에 부가한 부담이 무효인 경우에는 그 부담의 이행으로 이루어진 사법상 법률행위도 무효가 된다.
② 부관의 사후변경은 종전의 부관을 변경하지 아니하면 해당 처분의 목적을 달성할 수 없는 경우가 아니라면 인정되지 않는다.
③ 행정처분과 실제적 관련성이 없어 부관을 붙일 수 없는 경우에도 사법상 계약의 형식으로 공법상 제한을 회피할 수 있다.
④ 행정재산에 대한 기한부 사용·수익허가를 받은 경우, 그 사용·수익허가의 기간에 대하여 독립하여 행정소송을 제기할 수 없다.

214

해설 ① (✕) "행정처분에 부담인 부관을 붙인 경우 부관의 무효화에 의하여 본체인 행정처분 자체의 효력에도 영향이 있게 될 수는 있지만, 그 처분을 받은 사람이 부담의 이행으로 사법상 매매 등의 법률행위를 한 경우에는 그 부관은 특별한 사정이 없는 한 법률행위를 하게 된 동기 내지 연유로 작용하였을 뿐이므로 이는 법률행위의 취소사유가 될 수 있음은 별론으로 하고 그 법률행위 자체를 당연히 무효화하는 것은 아니다." (대법원 2009.6.25. 선고 2006다18174)

② (✕) "행정처분에 이미 부담이 부가되어 있는 상태에서 그 의무의 범위 또는 내용 등을 변경하는 부관의 사후변경은, 법률에 명문의 규정이 있거나 그 변경이 미리 유보되어 있는 경우 또는 상대방의 동의가 있는 경우에 한하여 허용되는 것이 원칙이지만, 사정변경으로 인하여 당초에 부담을 부가한 목적을 달성할 수 없게 된 경우에도 그 목적달성에 필요한 범위 내에서 예외적으로 허용된다." (대법원 1997.5.30. 선고 97누2627)

행정기본법	제17조(부관) ③ 행정청은 부관을 붙일 수 있는 처분이 다음 각 호의 어느 하나에 해당하는 경우에는 그 처분을 한 후에도 부관을 새로 붙이거나 종전의 부관을 변경할 수 있다. 1. 법률에 근거가 있는 경우 2. 당사자의 동의가 있는 경우 3. 사정이 변경되어 부관을 새로 붙이거나 종전의 부관을 변경하지 아니하면 해당 처분의 목적을 달성할 수 없다고 인정되는 경우

③ (✕) "행정처분과 부관 사이에 실제적 관련성이 있다고 볼 수 없는 경우 공무원이 위와 같은 공법상의 제한을 회피할 목적으로 행정처분의 상대방과 사이에 사법상 계약을 체결하는 형식을 취하였다면 이는 법치행정의 원리에 반하는 것으로서 위법하다." (대법원 2009.12.10. 선고 2007다63966)

④ (○) "행정행위의 부관은 부담인 경우를 제외하고는 독립하여 행정소송의 대상이 될 수 없는바, 이 사건 허가에서 피고가 정한 사용·수익허가의 기간은 이 사건 허가의 효력을 제한하기 위한 행정행위의 부관으로서 이러한 사용·수익허가의 기간에 대해서는 독립하여 행정소송을 제기할 수 없는 것이다." (대법원 2001.6.15. 선고 99두509)

정답 ④

215 [회독] ☐☐☐　　　　　24년 군무원 9급

다음 중 행정행위의 부관에 대한 설명으로 가장 적절하지 않은 것은? (다툼이 있는 경우 판례에 의함)

① 부담은 행정청이 행정처분을 하면서 일방적으로 부가할 수도 있지만 부담을 부가하기 이전에 상대방과 협의하여 부담의 내용을 협약의 형식으로 미리 정한 다음 행정처분을 하면서 이를 부가할 수도 있다.

② 행정청은 처분의 재량이 없는 경우에는 법률에 근거가 있는 경우에 부관을 붙일 수 있다.

③ 기한은 연월일로 표기하지 않고 '근속기간 중' 또는 '종신'과 같은 도래시기가 확정되지 않은 방식으로 표기하는 것도 가능하다.

④ 기부채납받은 행정재산에 대한 사용·수익허가에서 공유재산의 관리청이 정한 사용·수익허가의 기간은 그 허가의 효력을 제한하기 위한 행정행위의 부관으로서 이러한 사용·수익허가의 기간에 대해서는 독립하여 행정소송을 제기할 수 있다.

215

해설　① (○) "수익적 행정처분에 있어서는 법령에 특별한 근거규정이 없다고 하더라도 그 부관으로서 부담을 붙일 수 있고, 그와 같은 부담은 행정청이 행정처분을 하면서 일방적으로 부가할 수도 있지만 부담을 부가하기 이전에 상대방과 협의하여 부담의 내용을 협약의 형식으로 미리 정한 다음 행정처분을 하면서 이를 부가할 수도 있다."
(대법원 2009.2.12. 선고 2005다65500)

② (○) 행정기본법 제17조 제2항

행정기본법	제17조(부관) ① 행정청은 처분에 재량이 있는 경우에는 부관(조건, 기한, 부담, 철회권의 유보 등을 말한다. 이하 이 조에서 같다)을 붙일 수 있다. ② 행정청은 처분에 재량이 없는 경우에는 법률에 근거가 있는 경우에 부관을 붙일 수 있다.

③ (○) 옳은 지문이다. 기한의 일종인 불확정기한을 말한다.

④ (×) "행정행위의 부관은 부담인 경우를 제외하고는 독립하여 행정소송의 대상이 될 수 없는바, 기부채납받은 행정재산에 대한 사용·수익허가에서 공유재산의 관리청이 정한 사용·수익허가의 기간은 그 허가의 효력을 제한하기 위한 행정행위의 부관으로서 이러한 사용·수익허가의 기간에 대해서는 독립하여 행정소송을 제기할 수 없다."
(대법원 2001.6.15. 선고 99두509)

정답 ④

216 [회독] ☐☐☐

행정행위의 부관에 관한 설명으로 옳지 않은 것은? (다툼이 있는 경우 판례에 의함)

① 기부채납받은 행정재산에 대한 사용·수익허가에서 공유재산의 관리청이 정한 사용·수익허가의 기간은 그 허가의 효력을 제한하기 위한 행정행위의 부관으로서 이러한 사용·수익허가의 기간에 대해서는 독립하여 행정소송을 제기할 수 있다.

② 부담의 이행으로서 하게 된 사법상 매매 등의 법률행위는 부담을 붙인 행정처분과는 어디까지나 별개의 법률행위이므로 그 부담의 불가쟁력의 문제와는 별도로 법률행위가 사회질서 위반이나 강행규정에 위반되는지 여부 등을 따져보아 그 법률행위의 유효 여부를 판단하여야 한다.

③ 「행정기본법」상 행정청은 부관을 붙일 수 있는 처분이 사정이 변경되어 종전의 부관을 변경하지 아니하면 해당 처분의 목적을 달성할 수 없다고 인정되는 경우에는 종전의 부관을 변경할 수 있다.

④ 부담부 행정처분에 있어서 처분의 상대방이 부담(의무)을 이행하지 아니한 경우에 처분행정청으로서는 이를 들어 당해 처분을 취소(철회)할 수 있는 것이다.

216

해설 ① (×) "행정행위의 부관은 부담인 경우를 제외하고는 독립하여 행정소송의 대상이 될 수 없는바, 기부채납받은 행정재산에 대한 사용·수익허가에서 공유재산의 관리청이 정한 사용·수익허가의 기간은 그 허가의 효력을 제한하기 위한 행정행위의 부관으로서 이러한 사용·수익허가의 기간에 대해서는 독립하여 행정소송을 제기할 수 없다." (대법원 2001.6.15. 선고 99두509)

② (○) "행정처분에 붙은 부담인 부관이 제소기간의 도과로 확정되어 이미 불가쟁력이 생겼다면 그 하자가 중대하고 명백하여 당연 무효로 보아야 할 경우 외에는 누구나 그 효력을 부인할 수 없을 것이지만, 부담의 이행으로서 하게 된 사법상 매매 등의 법률행위는 부담을 붙인 행정처분과는 어디까지나 별개의 법률행위이므로 그 부담의 불가쟁력의 문제와는 별도로 법률행위가 사회질서 위반이나 강행규정에 위반되는지 여부 등을 따져보아 그 법률행위의 유효 여부를 판단하여야 한다." (대법원 2009.6.25. 선고 2006다18174)

③ (○) 행정기본법 제17조 제3항 제3호

행정기본법	제17조(부관) ③ 행정청은 부관을 붙일 수 있는 처분이 다음 각 호의 어느 하나에 해당하는 경우에는 그 처분을 한 후에도 부관을 새로 붙이거나 종전의 부관을 변경할 수 있다. 1. 법률에 근거가 있는 경우 2. 당사자의 동의가 있는 경우 3. 사정이 변경되어 부관을 새로 붙이거나 종전의 부관을 변경하지 아니하면 해당 처분의 목적을 달성할 수 없다고 인정되는 경우

④ (○) "부담부 행정처분에 있어서 처분의 상대방이 부담(의무)을 이행하지 아니한 경우에 처분행정청으로서는 이를 들어 당해 처분을 취소(철회)할 수 있는 것이다." (대법원 1989.10.24. 선고 89누2431)

정답 ①

217 [회독] ☐☐☐

행정행위의 부관에 대한 설명으로 옳은 것은? (다툼이 있는 경우 판례에 의함)

① 일반적으로 보조금 교부결정은 법령과 예산에서 정하는 바에 엄격히 기속되므로, 행정청은 보조금 교부결정을 할 때 조건을 붙일 수 없다.

② 수익적 행정처분에 있어서는 행정청이 행정처분을 하면서 부담을 일방적으로 부가할 수 있을 뿐, 부담을 부가하기 이전에 상대방과 협의하여 부담의 내용을 협약의 형식으로 미리 정한 다음 부가할 수는 없다.

③ 토지소유자가 토지형질변경행위허가에 붙은 기부채납의 부관에 따라 토지를 국가나 지방자치단체에 기부채납한 경우, 기부채납의 부관이 당연무효이거나 취소되지 아니한 이상 토지소유자는 위 부관으로 인하여 증여계약의 중요 부분에 착오가 있음을 이유로 증여계약을 취소할 수 없다.

④ 부담이 처분 당시 법령을 기준으로 적법하더라도, 처분 후 부담의 전제가 된 주된 행정처분의 근거 법령이 개정됨으로써 행정청이 더 이상 부관을 붙일 수 없게 되었다면 그 부담은 곧바로 위법하게 되거나 그 효력이 소멸한 것으로 보아야 한다.

217

해설 ① (×) 보조금 관리에 관한 법률 제18조 제1항

보조금 관리에 관한 법률	제18조(보조금의 교부 조건) ① 중앙관서의 장은 보조금의 교부를 결정할 때 법령과 예산에서 정하는 보조금의 교부 목적을 달성하는 데에 필요한 **조건을 붙일 수 있다.**

② (×) "수익적 행정처분에 있어서는 법령에 특별한 근거규정이 없다고 하더라도 그 부관으로서 부담을 붙일 수 있고, 그와 같은 부담은 행정청이 행정처분을 하면서 일방적으로 부가할 수도 있지만 **부담을 부가하기 이전에 상대방과 협의하여 부담의 내용을 협약의 형식으로 미리 정한 다음 행정처분을 하면서 이를 부가할 수도 있다.**" (대법원 2009.2.12. 선고 2005다65500)

③ (○) "**토지소유자가 토지형질변경행위허가에 붙은 기부채납의 부관에 따라 토지를 국가나 지방자치단체에 기부채납(증여)한 경우, 기부채납의 부관이 당연무효이거나 취소되지 아니한 이상 토지소유자는 위 부관으로 인하여 증여계약의 중요부분에 착오가 있음을 이유로 증여계약을 취소할 수 없다.**" (대법원 1999.5.25. 선고 98다53134)

④ (×) "**부담이 처분 당시 법령을 기준으로 적법하다면 처분 후 부담의 전제가 된 주된 행정처분의 근거 법령이 개정됨으로써 행정청이 더 이상 부관을 붙일 수 없게 되었다 하더라도 곧바로 위법하게 되거나 그 효력이 소멸하게 되는 것은 아니라고 할 것이다. 따라서 행정처분의 상대방이 수익적 행정처분을 얻기 위하여 행정청과 사이에 행정처분에 부가할 부담에 관한 협약을 체결하고 행정청이 수익적 행정처분을 하면서 협약상의 의무를 부담으로 부가하였으나 부담의 전제가 된 주된 행정처분의 근거 법령이 개정됨으로써 행정청이 더 이상 부관을 붙일 수 없게 된 경우에도 곧바로 그 전에 행하여진 협약의 효력이 소멸하게 되는 것은 아니다.**" (대법원 2009.2.12. 선고 2008다56262)

정답 ③

218 [회독] □□□　　　24년 지방 7급

행정처분의 부관에 대한 설명으로 옳지 않은 것은?

① 수익적 행정처분에 있어서는 법령에 특별한 근거규정이 없다고 하더라도 그 부관으로서 부담을 붙일 수 있고, 그와 같은 부담은 행정청이 행정처분을 하면서 일방적으로 부가할 수 있으나 부담을 부가하기 이전에 상대방과 협의하여 부담의 내용을 협약의 형식으로 미리 정한 다음 행정처분을 하면서 이를 부가할 수는 없다.

② 행정행위의 부관은 부담인 경우를 제외하고는 독립하여 행정소송의 대상이 될 수 없는바, 기부채납받은 행정재산에 대한 사용·수익허가에서 공유재산의 관리청이 정한 사용·수익허가의 기간은 그 허가의 효력을 제한하기 위한 행정행위의 부관으로서 이러한 사용·수익허가의 기간에 대해서는 독립하여 행정소송을 제기할 수 없다.

③ 부담부 행정처분에 있어서 처분의 상대방이 부담(의무)을 이행하지 아니한 경우에 처분 행정청으로서는 이를 들어 당해 처분을 취소(철회)할 수 있는 것이다.

④ 행정청이 수익적 행정처분을 하면서 부가한 부담의 위법 여부는 처분 당시 법령을 기준으로 판단하여야 하고, 부담이 처분 당시 법령을 기준으로 적법하다면 처분 후 부담의 전제가 된 주된 행정처분의 근거 법령이 개정됨으로써 행정청이 더 이상 부관을 붙일 수 없게 되었다 하더라도 곧바로 위법하게 되거나 그 효력이 소멸하게 되는 것은 아니다.

218

해설 ① (×) "수익적 행정처분에 있어서는 법령에 특별한 근거규정이 없다고 하더라도 그 부관으로서 부담을 붙일 수 있고, 그와 같은 부담은 행정청이 행정처분을 하면서 일방적으로 부가할 수도 있지만 부담을 부가하기 이전에 상대방과 협의하여 부담의 내용을 협약의 형식으로 미리 정한 다음 행정처분을 하면서 이를 부가할 수도 있다." (대법원 2009.2.12. 선고 2005다65500)

② (○) "행정행위의 부관은 부담인 경우를 제외하고는 독립하여 행정소송의 대상이 될 수 없는바, 기부채납받은 행정재산에 대한 사용·수익허가에서 공유재산의 관리청이 정한 사용·수익허가의 기간은 그 허가의 효력을 제한하기 위한 행정행위의 부관으로서 이러한 사용·수익허가의 기간에 대해서는 독립하여 행정소송을 제기할 수 없다." (대법원 2001.6.15. 선고 99두509)

③ (○) "부담부 행정처분에 있어서 처분의 상대방이 부담(의무)을 이행하지 아니한 경우에 처분행정청으로서는 이를 들어 당해 처분을 취소(철회)할 수 있는 것이다." (대법원 1989.10.24. 선고 89누2431)

④ (○) "행정청이 수익적 행정처분을 하면서 부가한 부담의 위법 여부는 처분 당시 법령을 기준으로 판단하여야 하고, 부담이 처분 당시 법령을 기준으로 적법하다면 처분 후 부담의 전제가 된 주된 행정처분의 근거 법령이 개정됨으로써 행정청이 더 이상 부관을 붙일 수 없게 되었다 하더라도 곧바로 위법하게 되거나 그 효력이 소멸하게 되는 것은 아니다." (대법원 2009.2.12. 선고 2005다65500)

정답 ①

219 [회독] ☐☐☐　　　24년 지방 9급

행정행위의 부관에 대한 설명으로 옳지 않은 것은?

① 행정처분에 붙은 부담인 부관이 제소기간 도과로 확정되어 이미 불가쟁력이 생긴 경우에도 그 부담의 이행으로서 하게 된 사법상 매매 등의 법률행위의 효력을 다툴 수 있다.

② 부담부 행정처분에 있어서 처분의 상대방이 부담을 이행하지 아니한 경우에 처분청이 이를 들어 당해 처분을 철회할 수 없다.

③ 지방국토관리청장이 일부 공유수면매립지에 대하여 한 국가 귀속처분은 매립준공인가를 함에 있어서 매립의 면허를 받은 자의 매립지에 대한 소유권취득을 규정한 구 「공유수면매립법」의 법률효과를 일부 배제하는 부관을 붙인 것이다.

④ 부담이 처분 당시 법령을 기준으로 적법하다면 처분 후 부담의 전제가 된 주된 행정처분의 근거 법령이 개정됨으로써 행정청이 더 이상 부관을 붙일 수 없게 되었다 하더라도 곧바로 위법하게 되거나 그 효력이 소멸하게 되는 것은 아니다.

219

[해설] ① (○) "행정처분에 붙은 부담인 부관이 제소기간의 도과로 확정되어 이미 불가쟁력이 생겼다면 그 하자가 중대하고 명백하여 당연 무효로 보아야 할 경우 외에는 누구나 그 효력을 부인할 수 없을 것이지만, 부담의 이행으로서 하게 된 사법상 매매 등의 법률행위는 부담을 붙인 행정처분과는 어디까지나 별개의 법률행위이므로 그 부담의 불가쟁력의 문제와는 별도로 법률행위가 사회질서 위반이나 강행규정에 위반되는지 여부 등을 따져보아 그 법률행위의 유효 여부를 판단하여야 한다." (대법원 2009.6.25. 선고 2006다18174)

② (×) "부담부 행정처분에 있어서 처분의 상대방이 부담(의무)을 이행하지 아니한 경우에 처분행정청으로서는 이를 들어 당해 처분을 취소(철회)할 수 있는 것이다." (대법원 1989.10.24. 선고 89누2431)

③ (○) "행정행위의 부관은 부담의 경우를 제외하고는 독립하여 행정소송의 대상이 될 수 없는 것인바, 지방국토관리청장이 일부 공유수면매립지에 대하여 한 국가 또는 직할시 귀속처분은 매립준공인가를 함에 있어서 매립의 면허를 받은 자의 매립지에 대한 소유권취득을 규정한 공유수면매립법 제14조의 효과 일부를 배제하는 부관을 붙인 것이고, 이러한 행정행위의 부관은 위 법리와 같이 독립하여 행정소송 대상이 될 수 없다." (대법원 1993.10.8. 선고 93누2032)

④ (○) "행정청이 수익적 행정처분을 하면서 부가한 부담의 위법 여부는 처분 당시 법령을 기준으로 판단하여야 하고, 부담이 처분 당시 법령을 기준으로 적법하다면 처분 후 부담의 전제가 된 주된 행정처분의 근거 법령이 개정됨으로써 행정청이 더 이상 부관을 붙일 수 없게 되었다 하더라도 곧바로 위법하게 되거나 그 효력이 소멸하게 되는 것은 아니다. 따라서 행정처분의 상대방이 수익적 행정처분을 얻기 위하여 행정청과 사이에 행정처분에 부가할 부담에 관한 협약을 체결하고 행정청이 수익적 행정처분을 하면서 협약상의 의무를 부담으로 부가하였으나 부담의 전제가 된 주된 행정처분의 근거 법령이 개정됨으로써 행정청이 더 이상 부관을 붙일 수 없게 된 경우에도 곧바로 협약의 효력이 소멸하는 것은 아니다." (대법원 2009.2.12. 선고 2005다65500)

정답 ②

220 [회독] ☐☐☐   22년 소방직

행정행위의 부관에 대한 설명으로 옳은 것은? (다툼이 있는 경우 판례에 의함)

① 수익적 행정처분에 있어서는 법령에 특별한 근거규정이 있는 경우에 한하여 부관을 붙일 수 있다.

② 행정처분에 붙인 부관인 부담이 무효가 되면 그 부담의 이행으로 한 사법상 법률행위도 당연히 무효가 된다.

③ 사정변경으로 인하여 당초에 부담을 부가한 목적을 달성할 수 없게 된 경우에도 부관의 사후변경은 허용되지 않는다.

④ 행정청이 종교단체에 대하여 기본재산전환인가를 하면서 인가조건을 부가하고 그 불이행시 인가를 취소할 수 있도록 한 경우, 인가조건의 의미는 철회권을 유보한 것이다.

220

[해설] ① (×) "수익적 행정처분에 있어서는 법령에 특별한 근거규정이 없다고 하더라도 그 부관으로서 부담을 붙일 수 있고, 그와 같은 부담은 행정청이 행정처분을 하면서 일방적으로 부가할 수도 있지만 부담을 부가하기 이전에 상대방과 협의하여 부담의 내용을 협약의 형식으로 미리 정한 다음 행정처분을 하면서 이를 부가할 수도 있다." (대법원 2009.2.12. 선고 2008다56262)

② (×) "행정처분에 부담인 부관을 붙인 경우 부관의 무효화에 의하여 본체인 행정처분 자체의 효력에도 영향이 있게 될 수는 있지만, 그 처분을 받은 사람이 부담의 이행으로 사법상 매매 등의 법률행위를 한 경우에는 그 부관은 특별한 사정이 없는 한 법률행위를 하게 된 동기 내지 연유로 작용하였을 뿐이므로 이는 법률행위의 취소사유가 될 수 있음은 별론으로 하고 그 법률행위 자체를 당연히 무효화하는 것은 아니다." (대법원 2009.6.25. 선고 2006다18174)

③ (×) "행정처분에 이미 부담이 부가되어 있는 상태에서 그 의무의 범위 또는 내용 등을 변경하는 부관의 사후변경은, 법률에 명문의 규정이 있거나 그 변경이 미리 유보되어 있는 경우 또는 상대방의 동의가 있는 경우에 한하여 허용되는 것이 원칙이지만, 사정변경으로 인하여 당초에 부담을 부가한 목적을 달성할 수 없게 된 경우에도 그 목적달성에 필요한 범위 내에서 예외적으로 허용된다." (대법원 2007.9.21. 선고 2006두7973)

④ (○) "이 사건 기본재산전환인가의 인가조건으로 되어 있는 사유들은 모두 위 인가처분의 효력이 발생하여 기본재산 처분행위가 유효하게 이루어진 이후에 비로소 이행할 수 있는 것들이고, 인가처분 당시에 그 처분에 그와 같은 흠이 존재하였던 것은 아니므로, 위 법리에 의하면, 위 사유들은 모두 인가처분의 철회사유에 해당한다고 보아야 하고, 인가처분을 함에 있어 위와 같은 철회사유를 인가조건으로 부가하면서 비록 철회권 유보라고 명시하지 아니한 채 조건불이행시 인가를 취소할 수 있다는 기재를 하였다 하더라도 위 인가조건의 전체적 의미는 인가처분에 대한 철회권을 유보한 것이라고 봄이 상당하다." (대법원 2003.5.30. 선고 2003다6422)

정답 ④

221 [회독] ☐☐☐　　　　　25년 국가 9급

행정행위의 부관에 대한 설명으로 옳지 않은 것은?

① 어업면허처분에서 면허의 유효기간을 1년으로 정하는 경우, 면허의 유효기간은 어업면허처분의 효력을 제한하기 위한 행정행위의 부관이라 할 것이고 이러한 행정행위의 부관은 독립하여 행정소송의 대상이 될 수 없다.

② 도로점용허가의 점용기간은 행정행위의 본질적인 요소에 해당한다고 볼 것이어서 부관인 점용기간을 정함에 있어서 위법사유가 있다면 이로써 도로점용허가 처분 전부가 위법하게 된다.

③ 행정처분과 실제적 관련성이 없어 부관으로 붙일 수 없는 부담은 사법상 계약의 형식으로도 행정처분의 상대방에게 부과할 수 없다.

④ 사도개설허가에서 정해진 공사기간은 사도개설허가 자체의 존속기간을 정한 것이라 보아야 하므로, 공사기간 내에 사도로 준공검사를 받지 못하였다면 사도개설허가는 당연히 실효된다.

221

해설 ① (○) "어업면허처분을 함에 있어 그 면허의 유효기간을 1년으로 정한 경우, 위 면허의 유효기간은 행정청이 위 어업면허처분의 효력을 제한하기 위한 행정행위의 부관이라 할 것이고 이러한 행정행위의 부관은 독립하여 행정소송의 대상이 될 수 없는 것이므로 위 어업면허처분중 그 면허유효기간만의 취소를 구하는 청구는 허용될 수 없다." (대법원 1986.8.19. 선고 86누202)

② (○) "도로점용허가의 점용기간은 행정행위의 본질적인 요소에 해당한다고 볼 것이어서 부관인 점용기간을 정함에 있어서 위법사유가 있다면 이로써 도로점용허가 처분 전부가 위법하게 된다." (대법원 1985.7.9. 선고 84누604)

③ (○) "공무원이 인·허가 등 수익적 행정처분을 하면서 상대방에게 그 처분과 관련하여 이른바 부관으로서 부담을 붙일 수 있다 하더라도, 그러한 부담은 법치주의와 사유재산 존중, 조세법률주의 등 헌법의 기본원리에 비추어 비례의 원칙이나 부당결부의 원칙에 위반되지 않아야만 적법한 것인바, 행정처분과 부관 사이에 실제적 관련성이 있다고 볼 수 없는 경우 공무원이 위와 같은 공법상의 제한을 회피할 목적으로 행정처분의 상대방과 사이에 사법상 계약을 체결하는 형식을 취하였다면 이는 법치행정의 원리에 반하는 것으로서 위법하다." (대법원 2009.12.10. 선고 2007다63966)

④ (×) "사도개설허가에는 본질적으로 사도를 개설하기 위한 토목공사 등 현실적인 도로개설공사가 따르기 마련이므로 허가를 하면서 공사기간을 특정하기도 하지만 사도개설허가는 사도를 개설할 수 있는 권한의 부여 자체에 주안점이 있는 것이지 공사기간의 제한에 주안점이 있는 것이 아닌 점등에 비추어 보면 이 사건 제1 처분에 명시된 공사기간은 변경된 허가권자인 보조참가인에 대하여 공사기간을 준수하여 공사를 마치도록 하는 의무를 부과하는 일종의 부담에 불과한 것이지, 사도개설허가 자체의 존속기간(즉, 유효기간)을 정한 것이라 볼 수 없고, 따라서 보조참가인이 이 사건 제1 처분의 사도개설허가에서 정해진 공사기간 내에 사도로 준공검사를 받지 못하였다 하더라도, 사도개설허가가 당연히 실효되는 것은 아니다." (대법원 2004.11.25. 선고 2004두7023)

정답 ④

222 [회독] □□□ 24년 국가 9급

행정행위의 부관에 대한 설명으로 옳지 않은 것은?

① 기부채납받은 행정재산에 대한 사용·수익허가에서 공유재산의 관리청이 정한 사용·수익허가의 기간은 그 허가의 효력을 제한하기 위한 행정행위의 부관으로서 이러한 사용·수익허가의 기간에 대해서는 독립하여 행정소송을 제기할 수 없다.

② 토지소유자가 토지형질변경행위허가에 붙인 기부채납의 부관에 따라 토지를 국가나 지방자치단체에 기부채납(증여)한 경우, 기부채납의 부관이 당연무효이거나 취소되지 아니한 이상 토지소유자는 위 부관으로 인하여 증여계약의 중요부분에 착오가 있음을 이유로 증여계약을 취소할 수 없다.

③ 행정행위의 부관인 부담에 정해진 바에 따라 당해 행정청이 아닌 다른 행정청이 그 부담상의 의무이행을 요구하는 의사표시를 하였을 경우, 이러한 행위가 당연히 항고소송의 대상이 되는 처분에 해당한다고 할 수는 없다.

④ 행정처분에 부담인 부관을 붙인 경우 부관의 무효화에 의하여 본체인 행정처분 자체의 효력에도 영향이 있게 될 수 있으며, 그 처분을 받은 사람이 부담의 이행으로 사법상 매매 등의 법률행위를 한 경우 그 법률행위 자체는 당연무효이다.

222

해설 ① (○) "행정행위의 부관은 부담인 경우를 제외하고는 독립하여 행정소송의 대상이 될 수 없는바, 기부채납받은 행정재산에 대한 사용·수익허가에서 공유재산의 관리청이 정한 사용·수익허가의 기간은 그 허가의 효력을 제한하기 위한 행정행위의 부관으로서 이러한 사용·수익허가의 기간에 대해서는 독립하여 행정소송을 제기할 수 없다." (대법원 2001.6.15. 선고 99두509)

② (○) "토지소유자가 토지형질변경행위허가에 붙인 기부채납의 부관에 따라 토지를 국가나 지방자치단체에 기부채납(증여)한 경우, 기부채납의 부관이 당연무효이거나 취소되지 아니한 이상 토지소유자는 위 부관으로 인하여 증여계약의 중요부분에 착오가 있음을 이유로 증여계약을 취소할 수 없다." (대법원 1999.5.25. 선고 98다53134)

③ (○) "행정행위의 부관인 부담에 정해진 바에 따라 당해 행정청이 아닌 다른 행정청이 그 부담상의 의무이행을 요구하는 의사표시를 하였을 경우, 이러한 행위가 당연히 또는 무조건으로 행정소송법상 항고소송의 대상이 되는 처분에 해당한다고 할 수는 없다." (대법원 1992.1.21. 선고 91누1264)

④ (×) "행정처분에 부담인 부관을 붙인 경우 부관의 무효화에 의하여 본체인 행정처분 자체의 효력에도 영향이 있게 될 수는 있지만, 그 처분을 받은 사람이 부담의 이행으로 사법상 매매 등의 법률행위를 한 경우에는 그 부관은 특별한 사정이 없는 한 법률행위를 하게 된 동기 내지 연유로 작용하였을 뿐이므로 이는 법률행위의 취소사유가 될 수 있음은 별론으로 하고 그 법률행위 자체를 당연히 무효화하는 것은 아니다. 또한, 행정처분에 붙은 부담인 부관이 제소기간의 도과로 확정되어 이미 불가쟁력이 생겼다면 그 하자가 중대하고 명백하여 당연무효로 보아야 할 경우 외에는 누구나 그 효력을 부인할 수 없을 것이지만, 부담의 이행으로서 하게 된 사법상 매매 등의 법률행위는 부담을 붙인 행정처분과는 어디까지나 별개의 법률행위이므로 그 부담의 불가쟁력의 문제와는 별도로 법률행위가 사회질서 위반이나 강행규정에 위반되는지 여부 등을 따져보아 그 법률행위의 유효 여부를 판단하여야 한다." (대법원 2009.6.25. 선고 2006다18174)

정답 ④

223 [회독] □□□ 23년 국가 9급

행정행위의 부관에 대한 설명으로 옳지 않은 것은?

① 수익적 행정처분에 있어서는 법령에 특별한 근거규정이 있는 경우에만 그 부관으로서 부담을 붙일 수 있다.

② 기선선망어업의 허가를 하면서 운반선, 등선 등 부속선을 사용할 수 없도록 제한한 부관은 그 어업허가의 목적달성을 사실상 어렵게 하여 그 본질적 효력을 해하는 것이므로 위법한 것이다.

③ 부관은 면허 발급 당시에 붙이는 것뿐만 아니라 면허 발급 이후에 붙이는 것도 법률에 명문의 규정이 있거나 변경이 미리 유보되어 있는 경우 또는 상대방의 동의가 있는 경우 등에는 특별한 사정이 없는 한 허용된다.

④ 토지소유자가 토지형질변경행위허가에 붙은 기부채납의 부관에 따라 토지를 국가나 지방자치단체에 기부채납한 경우, 기부채납의 부관이 당연무효이거나 취소되지 아니한 이상 토지소유자는 위 부관으로 인하여 기부채납계약의 중요부분에 착오가 있음을 이유로 기부채납계약을 취소할 수 없다.

224 [회독] □□□ 23년 소방직

행정행위의 부관에 관한 설명으로 옳지 않은 것은? (다툼이 있는 경우 판례에 의함)

① 행정청은 처분에 재량이 없는 경우에는 법률에 근거가 있는 경우에 부관을 붙일 수 있다.

② 허가의 목적달성을 사실상 어렵게 하여 그 본질적 효력을 해하는 부관은 적법하지 않다.

③ 행정처분에 부과한 부담이 무효가 된 경우라도, 특별한 사정이 없는 한 부담의 이행으로 행한 사법상 매매 등의 법률행위 자체를 당연히 무효화하는 것은 아니다.

④ 부담의 전제가 된 주된 처분의 근거 법령이 개정됨으로써 행정청이 더 이상 부관을 붙일 수 없게 되었다면, 특별한 사정이 없는 한 그 부담의 효력은 소멸하게 된다.

223

해설 ① (×) 수익적 처분인지 침익적 처분인지에 따라 부관 부가 가부가 달라지는 것이 아니라, 기속행위인지 재량행위인지에 따라 달라진다(행정기본법 제17조). 따라서 수익적 행정행위라 하더라도 재량행위인 경우에는 특별한 규정이 없이도 부관을 붙일 수 있다.

행정기본법	제17조(부관) ① 행정청은 처분에 재량이 있는 경우에는 부관(조건, 기한, 부담, 철회권의 유보 등을 말한다. 이하 이 조에서 같다)을 붙일 수 있다. ② 행정청은 처분에 재량이 없는 경우에는 법률에 근거가 있는 경우에 부관을 붙일 수 있다.

② (○) "기선선망어업의 허가를 하면서 운반선, 등선 등 부속선을 사용할 수 없도록 제한한 부관은 그 어업허가의 목적달성을 사실상 어렵게 하여 그 본질적 효력을 해하는 것으로서 위법한 것이다." (대법원 1990.4.27. 선고 89누6808)

③ (○) "부관은 면허 발급 당시에 붙이는 것뿐만 아니라 면허 발급 이후에 붙이는 것도 법률에 명문의 규정이 있거나 변경이 미리 유보되어 있는 경우 또는 상대방의 동의가 있는 경우 등에는 특별한 사정이 없는 한 허용된다." (대법원 2016.11.24. 선고 2016두45028)

④ (○) "토지소유자가 토지형질변경행위허가에 붙은 기부채납의 부관에 따라 토지를 국가나 지방자치단체에 기부채납(증여)한 경우, 기부채납의 부관이 당연무효이거나 취소되지 아니한 이상 토지소유자는 위 부관으로 인하여 증여계약의 중요부분에 착오가 있음을 이유로 증여계약을 취소할 수 없다." (대법원 1999.5.25. 선고 98다53134)

정답 ①

224

해설 ① (○) 행정기본법 제17조 제2항

행정기본법	제17조(부관) ② 행정청은 처분에 재량이 없는 경우에는 법률에 근거가 있는 경우에 부관을 붙일 수 있다.

② (○) 허가의 목적달성을 사실상 어렵게 하여, 그 본질적 효력을 해하는 내용을 부관으로 붙이는 것은 허용되지 않는다고 본다. 판례도 같은 태도이다. "수산업법 제15조에 의하여 어업의 면허 또는 허가에 붙이는 부관은 그 성질상 허가된 어업의 본질적 효력을 해하지 않는 한도의 것이어야 한다." (대법원 1990.4.27. 선고 89누6808)

③ (○) "행정처분에 부담인 부관을 붙인 경우 부관의 무효화에 의하여 본체인 행정처분 자체의 효력에도 영향이 있게 될 수는 있지만, 그 처분을 받은 사람이 부담의 이행으로 사법상 매매 등의 법률행위 자체를 당연히 무효화하는 것은 아니다." (대법원 2009.6.25. 선고 2006다18174)

④ (×) 이러한 법령개정이 있었다 하더라도, 부담의 효력이 사라지는 것은 아니다. "행정청이 수익적 행정처분을 하면서 부가한 부담의 위법 여부는 처분 당시 법령을 기준으로 판단하여야 하고, 부담이 처분 당시 법령을 기준으로 적법하다면 처분 후 부담의 전제가 된 주된 행정처분의 근거 법령이 개정됨으로써 행정청이 더 이상 부관을 붙일 수 없게 되었다 하더라도 곧바로 위법하게 되거나 그 효력이 소멸하게 되는 것은 아니다." (대법원 2009.2.12. 선고 2005다65500)

정답 ④

225 [회독] □□□　　　　　　　　　22년 군무원 9급

부관에 대한 판례의 내용으로 가장 옳지 않은 것은?

① 재량행위에 있어서는 관계 법령에 명시적인 금지규정이 없는 한 행정목적을 달성하기 위하여 조건이나 기한, 부담 등의 부관을 붙일 수 있다.

② 토지소유자가 토지형질변경행위허가에 붙은 기부채납의 부관에 따라 토지를 국가나 지방자치단체에 기부채납(증여)한 경우, 토지소유자는 원칙적으로 기부채납(증여)의 중요부분에 착오가 있음을 이유로 증여계약을 취소할 수 있다.

③ 당초에 붙은 기한을 허가 자체의 존속기간이 아니라 허가조건의 존속기간으로 보더라도 그 후 당초의 기한이 상당 기간 연장되어 연장된 기간을 포함한 존속기간 전체를 기준으로 볼 경우 더 이상 허가된 사업의 성질상 부당하게 짧은 경우에 해당하지 않게 된 때에는 재량권의 행사로서 더 이상의 기간연장을 불허가할 수도 있다.

④ 일반적으로 행정처분에 효력기간이 정하여져 있는 경우에는 그 기간의 경과로 그 행정처분의 효력은 상실되며, 다만 허가에 붙은 기한이 그 허가된 사업의 성질상 부당하게 짧은 경우에는 이를 그 허가 자체의 존속기간이 아니라 그 허가조건의 존속기간으로 볼 수 있다.

225

해설 ① (○) "재량행위에 있어서는 관계 법령에 명시적인 금지규정이 없는 한 행정목적을 달성하기 위하여 조건이나 기한, 부담 등의 부관을 붙일 수 있다."(대법원 2004.3.25. 선고 2003두12837)

② (×) **취소할 수 없다.** "토지소유자가 토지형질변경행위허가에 붙은 기부채납의 부관에 따라 토지를 국가나 지방자치단체에 기부채납(증여)한 경우, 기부채납의 부관이 당연무효이거나 취소되지 아니한 이상 토지소유자는 위 부관으로 인하여 증여계약의 중요부분에 착오가 있음을 이유로 증여계약을 취소할 수 없다."(대법원 1999.5.25. 선고 98다53134)

③, ④ (○) "일반적으로 행정처분에 효력기간이 정하여져 있는 경우에는 그 기간의 경과로 그 행정처분의 효력은 상실되며, 다만 허가에 붙은 기한이 그 허가된 사업의 성질상 부당하게 짧은 경우에는 이를 그 허가 자체의 존속기간이 아니라 그 허가조건의 존속기간으로 보아 그 기한이 도래함으로써 그 조건의 개정을 고려한다는 뜻으로 해석할 수 있지만, 이와 같이 당초에 붙은 기한을 허가 자체의 존속기간이 아니라 허가조건의 존속기간으로 보더라도 그 후 당초의 기한이 상당 기간 연장되어 연장된 기간을 포함한 존속기간 전체를 기준으로 볼 경우 더 이상 허가된 사업의 성질상 부당하게 짧은 경우에 해당하지 않게 된 때에는 관계 법령의 규정에 따라 허가 여부의 재량권을 가진 행정청으로서는 그 때에도 허가조건의 개정만을 고려하여야 하는 것은 아니고 재량권의 행사로서 더 이상의 기간연장을 불허가할 수도 있는 것이며, 이로써 허가의 효력은 상실된다."(대법원 2004.3.25. 선고 2003두12837)

정답 ②

226 [회독] ☐☐☐   23년 군무원 9급

부관에 대한 설명으로 옳은 것은? (다툼이 있는 경우 판례에 의함)

① 행정청은 부관을 붙일 수 있는 처분의 경우 일단 그 처분을 한 후에는 당사자의 동의가 있더라도 부관을 새로 붙일 수 없다.

② 행정청은 처분에 재량이 있는 경우에도 법률에 근거가 있어야만 부관을 붙일 수 있다.

③ 철회권의 유보는 해당 처분의 목적을 달성하기 위하여 필요한 최소한의 범위여야 한다.

④ 부담은 행정행위의 불가분적인 요소로서 부담 그 자체를 행정쟁송의 대상으로 할 수 없다.

226

해설   ① (×) 행정기본법 제17조 제3항 제2호

행정기본법	제17조(부관) ③ 행정청은 부관을 붙일 수 있는 처분이 다음 각 호의 어느 하나에 해당하는 경우에는 그 처분을 한 후에도 부관을 새로 붙이거나 종전의 부관을 변경할 수 있다. 1. 법률에 근거가 있는 경우 2. 당사자의 동의가 있는 경우 3. 사정이 변경되어 부관을 새로 붙이거나 종전의 부관을 변경하지 아니하면 해당 처분의 목적을 달성할 수 없다고 인정되는 경우

② (×) 행정기본법 제17조 제2항(기속행위의 부관)을 오선지로 출제한 것이다. 재량행위의 경우에는 법에 근거가 없는 경우에도 공익상 필요에 의하여 부관을 붙일 수 있다.

행정기본법	제17조(부관) ① 행정청은 처분에 재량이 있는 경우에는 부관(조건, 기한, 부담, 철회권의 유보 등을 말한다. 이하 이 조에서 같다)을 붙일 수 있다. ② 행정청은 처분에 재량이 없는 경우에는 법률에 근거가 있는 경우에 부관을 붙일 수 있다.

③ (○) 행정기본법 제17조 제4항 제3호를 부관의 한 종류인 철회권 유보를 통해 출제한 것이다.

행정기본법	제17조(부관) ④ 부관은 다음 각 호의 요건에 적합하여야 한다. 1. 해당 처분의 목적에 위배되지 아니할 것 2. 해당 처분과 실질적인 관련이 있을 것 3. 해당 처분의 목적을 달성하기 위하여 필요한 최소한의 범위일 것

④ (×) "행정행위의 부관은 행정행위의 일반적인 효력이나 효과를 제한하기 위하여 의사표시의 주된 내용에 부가되는 종된 의사표시이지 그 자체로서 직접 법적 효과를 발생하는 독립된 처분이 아니므로 현행 행정쟁송제도 아래서는 부관 그 자체만을 독립된 쟁송의 대상으로 할 수 없는 것이 원칙이나 행정행위의 부관 중에서도 행정행위에 부수하여 그 행정행위의 상대방에게 일정한 의무를 부과하는 행정청의 의사표시인 부담의 경우에는 다른 부관과는 달리 행정행위의 불가분적인 요소가 아니고 그 존속이 본체인 행정행위의 존재를 전제로 하는 것일 뿐이므로 부담 그 자체로서 행정쟁송의 대상이 될 수 있다." (대법원 1992.1.21. 선고 91누1264)

정답 ③

227 [회독] □□□　　21년 국가 9급

행정행위의 부관에 대한 설명으로 옳은 것은? (다툼이 있는 경우 판례에 의함)

① 행정처분과 부관 사이에 실제적 관련성이 있다고 볼 수 없는 경우, 공무원이 공법상의 제한을 회피할 목적으로 행정처분의 상대방과 사이에 사법상 계약을 체결하는 형식을 취하였더라도 법치행정의 원리에 반하는 것으로서 위법하다고 볼 수 없다.

② 처분 당시 법령을 기준으로 처분에 부가된 부담이 적법하였더라도, 처분 후 부담의 전제가 된 주된 행정처분의 근거 법령이 개정됨으로써 행정청이 더이상 부관을 붙일 수 없게 되었다면 그때부터 부담의 효력은 소멸한다.

③ 부담의 이행으로서 하게 된 사법상 매매 등의 법률행위는 부담을 붙인 행정처분과는 별개의 법률행위이므로, 그 부담의 불가쟁력의 문제와는 별도로 법률행위가 사회질서 위반이나 강행규정에 위반되는지 여부 등을 따져보아 그 법률행위의 유효 여부를 판단하여야 한다.

④ 허가에 붙은 기한이 그 허가된 사업의 성질상 부당하게 짧아서 이 기한이 허가 자체의 존속기간이 아니라 허가조건의 존속기간으로 해석되는 경우에는 허가 여부의 재량권을 가진 행정청은 허가조건의 개정만을 고려할 수 있고, 그 후 당초의 기한이 상당 기간 연장되어 그 기한이 부당하게 짧은 경우에 해당하지 않게 된 때라도 더 이상의 기간연장을 불허가할 수는 없다.

227

해설 ① (×) "행정처분과 부관 사이에 실제적 관련성이 있다고 볼 수 없는 경우 공무원이 이와 같은 공법상의 제한을 회피할 목적으로 행정처분의 상대방과 사이에 사법상 계약을 체결하는 형식을 취하였다면 이는 법치행정의 원리에 반하는 것으로서 위법하다." (대법원 2009.12.10. 선고 2007다63966)

② (×) "부담이 처분 당시 법령을 기준으로 적법하다면, 처분 후 부담의 전제가 된 주된 행정처분의 근거 법령이 개정됨으로써 행정청이 더 이상 부관을 붙일 수 없게 되었다 하더라도 곧바로 위법하게 되거나 그 효력이 소멸하게 되는 것은 아니다." (대법원 2009.2.12. 선고 2005다65500)

③ (○) "부담의 이행으로서 하게 된 사법상 매매 등의 법률행위는 부담을 붙인 행정처분과는 어디까지나 별개의 법률행위이므로 그 부담의 불가쟁력의 문제와는 별도로 법률행위가 사회질서 위반이나 강행규정에 위반되는지 여부 등을 따져 보아 그 법률행위의 유효 여부를 판단하여야 한다." (대법원 2009.6.25. 선고 2006다18174)

④ (×) "허가에 붙은 기한이 그 허가된 사업의 성질상 부당하게 짧은 경우에는 이를 그 허가 자체의 존속기간이 아니라 그 허가조건의 존속기간으로 보아 그 기한이 도래함으로써 그 조건의 개정을 고려한다는 뜻으로 해석할 수 있지만, 이와 같이 당초에 붙은 기한을 허가 자체의 존속기간이 아니라 허가조건의 존속기간으로 보더라도 그 후 당초의 기한이 상당 기간 연장되어 연장된 기간을 포함한 존속기간 전체를 기준으로 볼 경우 더 이상 허가된 사업의 성질상 부당하게 짧은 경우에 해당하지 않게 된 때에는 관계 법령의 규정에 따라 허가 여부의 재량권을 가진 행정청으로서는 그 때에도 허가조건의 개정만을 고려하여야 하는 것은 아니고 재량권의 행사로서 더 이상의 기간연장을 불허가할 수도 있는 것이며, 이로써 허가의 효력은 상실된다." (대법원 2004.3.25. 선고 2003두12837)

정답 ③

228 [회독] ☐☐☐ 23년 국가 7급

「행정기본법」상 부관에 대한 설명으로 옳지 않은 것은?

① 행정청은 처분에 재량이 있는 경우에는 부관을 붙일 수 있다.

② 행정청은 처분에 재량이 없는 경우에는 법률에 근거가 있는 경우에 부관을 붙일 수 있다.

③ 부관은 해당 처분의 목적에 위배되지 아니하여야 하며, 그 처분과 실질적인 관련이 있어야 하고 또한 그 처분의 목적을 달성하기 위하여 필요한 최소한의 범위 내에서 붙여야 한다.

④ 행정청은 사정이 변경되어 종전의 부관을 변경하지 아니하면 해당 처분의 목적을 달성할 수 없다고 인정되는 경우에도 법률에 근거가 없다면 종전의 부관을 변경할 수 없다.

PART 02

228

해설 ① (○) 행정기본법 제17조 제1항

행정기본법	제17조(부관) ① 행정청은 처분에 재량이 있는 경우에는 부관(조건, 기한, 부담, 철회권의 유보 등을 말한다. 이하 이 조에서 같다)을 붙일 수 있다.

② (○) 행정기본법 제17조 제2항

행정기본법	제17조(부관) ② 행정청은 처분에 재량이 없는 경우에는 법률에 근거가 있는 경우에 부관을 붙일 수 있다.

③ (○) 행정기본법 제17조 제4항

행정기본법	제17조(부관) ④ 부관은 다음 각 호의 요건에 적합하여야 한다. 1. 해당 처분의 목적에 위배되지 아니할 것 2. 해당 처분과 실질적인 관련이 있을 것 3. 해당 처분의 목적을 달성하기 위하여 필요한 최소한의 범위일 것

④ (×) 행정기본법 제17조 제3항

행정기본법	제17조(부관) ③ 행정청은 부관을 붙일 수 있는 처분이 다음 각 호의 어느 하나에 해당하는 경우에는 그 처분을 한 후에도 부관을 새로 붙이거나 종전의 부관을 변경할 수 있다. 1. 법률에 근거가 있는 경우 2. 당사자의 동의가 있는 경우 3. 사정이 변경되어 부관을 새로 붙이거나 종전의 부관을 변경하지 아니하면 해당 처분의 목적을 달성할 수 없다고 인정되는 경우

정답 ④

229 [회독] □□□　　　21년 국가 7급

행정행위의 부관에 대한 설명으로 옳지 않은 것은? (다툼이 있는 경우 판례에 의함)

① 행정청은 처분에 재량이 없는 경우에는 법률에 근거가 있는 경우에 부관을 붙일 수 있다.

② 행정청은 부관을 붙일 수 있는 처분이 당사자의 동의가 있는 경우에는 그 처분을 한 후에도 부관을 새로 붙이거나 종전의 부관을 변경할 수 있다.

③ 행정처분에 붙인 부담인 부관이 무효가 되면 그 부담의 이행으로 한 사법상 법률행위도 당연히 무효가 되는 것은 아니다.

④ 행정처분에 붙인 부담인 부관이 제소기간 도과로 불가쟁력이 생긴 경우에는 그 부담의 이행으로 한 사법상 법률행위의 효력을 다툴 수 없다.

230 [회독] □□□　　　21년 군무원 9급

행정행위의 부관에 대한 설명으로 옳지 않은 것은? (단, 다툼이 있는 경우 판례에 의함)

① 재량행위에 있어서는 관계 법령에 명시적인 금지규정이 없는 한 행정목적을 달성하기 위하여 조건이나 기한, 부담 등의 부관을 붙일 수 있고, 그 부관의 내용이 이행 가능하고 비례의 원칙 및 평등의 원칙에 적합하며 행정처분의 본질적 효력을 저해하지 아니하는 이상 위법하다고 할 수 없다.

② 부담은 행정청이 행정처분을 하면서 일방적으로 부가하는 것이 일반적이므로 상대방과 협의하여 협약의 형식으로 미리 정한 다음 행정처분을 하면서 이를 부가하는 경우 부담으로 볼 수 없다.

③ 부관의 사후변경은, 법률에 명문의 규정이 있거나 그 변경이 미리 유보되어 있는 경우 또는 상대방의 동의가 있는 경우에 한하여 허용되는 것이 원칙이지만, 사정변경으로 인하여 당초에 부담을 부가한 목적을 달성할 수 없게 된 경우에도 그 목적달성에 필요한 범위 내에서 예외적으로 허용된다.

④ 건축허가를 하면서 일정 토지를 기부채납하도록 하는 내용의 허가조건은 부관을 붙일 수 없는 기속행위 내지 기속적 재량행위인 건축허가에 붙인 부담이거나 또는 법령상 아무런 근거가 없는 부관이어서 무효이다.

229

해설 ① (○) 행정기본법 제17조 제2항

행정기본법	제17조(부관) ② 행정청은 처분에 재량이 없는 경우에는 법률에 근거가 있는 경우에 부관을 붙일 수 있다.

② (○) 행정기본법 제17조 제3항

행정기본법	제17조(부관) ③ 행정청은 부관을 붙일 수 있는 처분이 다음 각 호의 어느 하나에 해당하는 경우에는 그 처분을 한 후에도 부관을 새로 붙이거나 종전의 부관을 변경할 수 있다. 2. 당사자의 동의가 있는 경우

③ (○) "행정처분에 부담인 부관을 붙인 경우 부관의 무효화에 의하여 본체인 행정처분 자체의 효력에도 영향이 있게 될 수는 있지만, 그 처분을 받은 사람이 부담의 이행으로 사법상 매매 등의 법률행위를 한 경우에는 그 부관은 특별한 사정이 없는 한 법률행위를 하게 된 동기 내지 연유로 작용하였을 뿐이므로 이는 법률행위의 취소사유가 될 수 있음은 별론으로 하고 그 법률행위 자체를 당연히 무효화하는 것은 아니다." (대법원 2009.6.25. 선고 2006다18174)

④ (×) "부담의 이행으로서 하게 된 사법상 매매 등의 법률행위는 부담을 붙인 행정처분과는 어디까지나 별개의 법률행위이므로 그 부담의 불가쟁력의 문제와는 별도로 법률행위가 사회질서 위반이나 강행규정에 위반되는지 여부 등을 따져보아 그 법률행위의 유효 여부를 판단하여야 한다." (대법원 2009.6.25. 선고 2006다18174)

정답 ④

230

해설 ① (○) "재량행위에 있어서는 관계 법령에 명시적인 금지규정이 없는 한 행정목적을 달성하기 위하여 조건이나 기한, 부담 등의 부관을 붙일 수 있고, 그 부관의 내용이 이행 가능하고 비례의 원칙 및 평등의 원칙에 적합하며 행정처분의 본질적 효력을 저해하지 아니하는 이상 위법하다고 할 수 없다." (대법원 2004.3.25. 선고 2003두12837)

② (×) "수익적 행정처분에 있어서는 법령에 특별한 근거규정이 없다고 하더라도 그 부관으로서 부담을 붙일 수 있고, 그와 같은 부담은 행정청이 행정처분을 하면서 일방적으로 부가할 수도 있지만 부담을 부가하기 이전에 상대방과 협의하여 부담의 내용을 협약의 형식으로 미리 정한 다음 행정처분을 하면서 이를 부가할 수도 있다." (대법원 2009.2.12. 선고 2005다65500)

③ (○) "행정처분에 이미 부담이 부가되어 있는 상태에서 그 의무의 범위 또는 내용 등을 변경하는 부관의 사후변경은, 법률에 명문의 규정이 있거나 그 변경이 미리 유보되어 있는 경우 또는 상대방의 동의가 있는 경우에 한하여 허용되는 것이 원칙이지만, 사정변경으로 인하여 당초에 부담을 부가한 목적을 달성할 수 없게 된 경우에도 그 목적달성에 필요한 범위 내에서 예외적으로 허용된다." (대법원 1997.5.30. 선고 97누2627)

④ (○) "건축허가를 하면서 일정 토지를 기부채납하도록 하는 내용의 허가조건은 부관을 붙일 수 없는 기속행위 내지 기속적 재량행위인 건축허가에 붙인 부담이거나 또는 법령상 아무런 근거가 없는 부관이어서 무효이다." (대법원 1995.6.13. 선고 94다56883)

정답 ②

231

[회독] ☐☐☐　　　　　21년 지방 9급

행정행위의 부관에 대한 설명으로 옳지 않은 것은? (다툼이 있는 경우 판례에 의함)

① 행정청은 처분에 재량이 없는 경우에는 법률에 근거가 있는 경우에 부관을 붙일 수 있다.

② 부담이 처분 당시 법령을 기준으로 적법하다면 처분 후 부담의 전제가 된 주된 처분의 근거 법령이 개정됨으로써 행정청이 더 이상 부관을 붙일 수 없게 되었다 하더라도 곧바로 그 효력이 소멸하게 되는 것은 아니다.

③ 처분과 실제적 관련성이 없어 부관으로 붙일 수 없는 부담이라도 사법상 계약의 형식으로 처분의 상대방에게 부과할 수 있다.

④ 행정재산에 대한 사용·수익허가에서 공유재산의 관리청이 정한 사용·수익허가의 기간에 대해서는 독립하여 행정소송을 제기할 수 없다.

232

[회독] ☐☐☐　　　　　19년 지방 9급

행정행위의 부관에 대한 설명으로 옳지 않은 것은? (다툼이 있는 경우 판례에 의함)

① 도로점용허가의 점용기간은 행정행위의 본질적인 요소에 해당한다고 볼 것이어서 부관인 점용기간을 정함에 있어서 위법사유가 있다면 이로써 도로점용허가처분 전부가 위법하게 된다.

② 부담이 처분 당시 법령을 기준으로 적법하다면 처분 후 부담의 전제가 된 주된 행정처분의 근거 법령이 개정됨으로써 행정청이 더 이상 부관을 붙일 수 없게 되었다 하더라도 곧바로 위법하게 되거나 그 효력이 소멸하게 되는 것은 아니다.

③ 기선선망어업의 허가를 하면서 운반선, 등선 등 부속선을 사용할 수 없도록 제한한 부관은 그 어업허가의 목적달성을 사실상 어렵게 하여 그 본질적 효력을 해하는 것이다.

④ 공유수면매립준공인가처분을 하면서 매립지 일부에 대하여 한 국가 및 지방자치단체에의 귀속처분은 부관 중 부담에 해당하므로 독립하여 행정소송 대상이 될 수 있다.

231

해설 ① (○) 행정기본법 제17조 제2항

> **행정기본법**　제17조(부관) ② 행정청은 처분에 재량이 없는 경우에는 법률에 근거가 있는 경우에 부관을 붙일 수 있다.

② (○) "행정청이 수익적 행정처분을 하면서 부가한 부담의 위법 여부는 처분 당시 법령을 기준으로 판단하여야 하고, 부담이 처분 당시 법령을 기준으로 적법하다면 처분 후 부담의 전제가 된 주된 행정처분의 근거 법령이 개정됨으로써 행정청이 더 이상 부관을 붙일 수 없게 되었다 하더라도 곧바로 위법하게 되거나 그 효력이 소멸하게 되는 것은 아니다." (대법원 2009.2.12. 선고 2005다65500)

③ (×) "행정처분과 부관 사이에 실제적 관련성이 있다고 볼 수 없는 경우 공무원이 위와 같은 공법상의 제한을 회피할 목적으로 행정처분의 상대방과 사이에 사법상 계약을 체결하는 형식을 취하였다면 이는 법치행정의 원리에 반하는 것으로서 위법하다." (대법원 2009.12.10. 선고 2007다63966)

④ (○) "행정행위의 부관은 부담인 경우를 제외하고는 독립하여 행정소송의 대상이 될 수 없는바, 기부채납받은 행정재산에 대한 사용·수익허가에서 공유재산의 관리청이 정한 사용·수익허가의 기간은 그 허가의 효력을 제한하기 위한 행정행위의 부관으로서 이러한 사용·수익허가의 기간에 대해서는 독립하여 행정소송을 제기할 수 없다." (대법원 2001.6.15. 선고 99두509)

정답 ③

232

해설 ① (○) "도로점용허가의 점용기간은 행정행위의 본질적인 요소에 해당한다고 볼 것이어서 부관인 점용기간을 정함에 있어서 위법사유가 있다면 이로써 도로점용허가 처분 전부가 위법하게 된다." (대법원 1985.7.9. 선고 84누604)

② (○) "행정청이 수익적 행정처분을 하면서 부가한 부담의 위법 여부는 처분 당시 법령을 기준으로 판단하여야 하고, 부담이 처분 당시 법령을 기준으로 적법하다면 처분 후 부담의 전제가 된 주된 행정처분의 근거 법령이 개정됨으로써 행정청이 더 이상 부관을 붙일 수 없게 되었다 하더라도 곧바로 위법하게 되거나 그 효력이 소멸하게 되는 것은 아니다." (대법원 2009.2.12. 선고 2005다65500)

③ (○) "기선선망어업의 허가를 하면서 운반선, 등선 등 부속선을 사용할 수 없도록 제한한 부관은 그 어업허가의 목적달성을 사실상 어렵게하여 그 본질적 효력을 해하는 것일 뿐만 아니라 위 시행령의 규정에도 어긋나는 것이며, 더욱이 어업조정이나 기타 공익상 필요하다고 인정되는 사정이 없는 이상 위법한 것이다." (대법원 1990.4.27. 선고 89누6808)

④ (×) "피행정행위의 부관은 부담의 경우를 제외하고는 독립하여 행정소송의 대상이 될 수 없는 것인바, 지방국토관리청장이 일부 공유수면매립지에 대하여 한 국가 또는 직할시 귀속처분은 매립준공인가를 함에 있어서 매립의 면허를 받은 자의 매립지에 대한 소유권취득을 규정한 공유수면매립법 제14조의 효과 일부를 배제하는 부관을 붙인 것이고, 이러한 행정행위의 부관은 위 법리와 같이 독립하여 행정소송 대상이 될 수 없다." (대법원 1993.10.8. 선고 93누2032)

정답 ④

233 [회독] □□□　　　　　　　　　　　19년 국가 9급

행정행위의 부관에 대한 설명으로 옳지 않은 것은? (다툼이 있는 경우 판례에 의함)

① 도로점용허가의 점용기간을 정함에 있어 위법사유가 있다면 도로점용허가처분 전부가 위법하게 된다.

② 기속행위에 대해서는 법령상 특별한 근거가 없는 한 부관을 붙일 수 없고, 가사 부관을 붙였다고 하더라도 이는 무효이다.

③ 행정처분에 부담인 부관을 붙인 경우, 부관이 무효라면 부담의 이행으로 이루어진 사법상 매매행위도 당연히 무효가 된다.

④ 사정변경으로 당초에 부담을 부가한 목적을 달성할 수 없게 된 경우에도 그 목적달성에 필요한 범위 내에서 예외적으로 부담의 사후변경이 허용된다.

233

해설 ① (○) "도로점용허가의 점용기간은 행정행위의 본질적인 요소에 해당한다고 볼 것이어서 부관인 점용기간을 정함에 있어서 위법사유가 있다면 이로써 도로점용허가 처분 전부가 위법하게 된다고 할 것이다." (대법원 1985.7.9. 선고 84누604)

② (○) "일반적으로 기속행위나 기속적 재량행위에는 부관을 붙일 수 없고 가사 부관을 붙였다 하더라도 무효이다." (대법원 1995.6.13. 선고 94다56883)

③ (×) "행정처분에 부담인 부관을 붙인 경우 부관의 무효화에 의하여 본체인 행정처분 자체의 효력에도 영향이 있게 될 수는 있지만, 그 처분을 받은 사람이 부담의 이행으로 사법상 매매 등의 법률행위를 한 경우에는 그 부관은 특별한 사정이 없는 한 법률행위를 하게 된 동기 내지 연유로 작용하였을 뿐이므로 이는 법률행위의 취소사유가 될 수 있음은 별론으로 하고 그 법률행위 자체를 당연히 무효화하는 것은 아니다." (대법원 2009.6.25. 선고 2006다18174)

④ (○) "행정처분에 이미 부담이 부가되어 있는 상태에서 그 의무의 범위 또는 내용 등을 변경하는 부관의 사후변경은, 법률에 명문의 규정이 있거나 그 변경이 미리 유보되어 있는 경우 또는 상대방의 동의가 있는 경우에 한하여 허용되는 것이 원칙이지만, 사정변경으로 인하여 당초에 부담을 부가한 목적을 달성할 수 없게 된 경우에도 그 목적달성에 필요한 범위 내에서 예외적으로 허용된다." (대법원 1997.5.30. 선고 97누2627)

정답 ③

234 [회독] □□□

갑은 개발제한구역 내에서의 건축허가를 관할 행정청인 을에게 신청하였고, 을은 갑에게 일정 토지의 기부채납을 조건으로 이를 허가하였다. 이에 대한 설명으로 옳은 것은? (다툼이 있는 경우 판례에 의함)

① 특별한 규정이 없다면 갑에 대한 건축허가는 기속행위로서 건축허가를 하면서 기부채납조건을 붙인 것은 위법하다.

② 갑이 부담인 기부채납조건에 대하여 불복하지 않았고, 이를 이행하지도 않은 채 기부채납조건에서 정한 기부채납기한이 경과하였다면 이로써 갑에 대한 건축허가는 효력을 상실한다.

③ 기부채납조건이 중대하고 명백한 하자로 인하여 무효라 하더라도 갑의 기부채납 이행으로 이루어진 토지의 증여는 그 자체로 사회질서 위반이나 강행규정 위반 등의 특별한 사정이 없는 한 유효하다.

④ 건축허가 자체는 적법하고 부담인 기부채납조건만이 취소사유에 해당하는 위법성이 있는 경우, 갑은 기부채납조건부 건축허가처분 전체에 대하여 취소소송을 제기할 수 있을 뿐이고 기부채납조건만을 대상으로 취소소송을 제기할 수 없다.

234

해설 ① (×) "개발제한구역 내에서는 구역지정의 목적상 건축물의 건축 및 공작물의 설치 등 개발행위가 원칙적으로 금지되고, 다만 구체적인 경우에 이러한 구역지정의 목적에 위배되지 아니할 경우 예외적으로 허가에 의하여 그러한 행위를 할 수 있게 되어 있음이 그 규정의 체제와 문언상 분명하고, 이러한 예외적인 개발행위의 허가는 상대방에게 수익적인 것이 틀림이 없으므로 그 법률적 성질은 재량행위 내지 자유재량행위에 속하는 것이고, 이러한 재량행위에 있어서는 관계 법령에 명시적인 금지규정이 없는 한 행정목적을 달성하기 위하여 조건이나 기한, 부담 등의 부관을 붙일 수 있고, 그 부관의 내용이 이행 가능하고 비례의 원칙 및 평등의 원칙에 적합하며 행정처분의 본질적 효력을 저해하지 아니하는 이상 위법하다고 할 수 없다." (대법원 2004.3.25. 선고 2003두12837)

② (×) 부담불이행은 철회사유가 되는 것일뿐, 부담불이행이 있었다는 이유만으로 곧바로 행정행위의 효력이 상실되는 것은 아니다. 이 점에서 해제조건과 다르다. "부담부 행정처분에 있어서 처분의 상대방이 부담(의무)을 이행하지 아니한 경우에 처분행정청으로서는 이를 들어 당해 처분을 취소(철회)할 수 있는 것이다." (대법원 1989.10.24. 선고 89누2431)

③ (○) "행정처분에 부담인 부관을 붙인 경우 부관의 무효화에 의하여 본체인 행정처분 자체의 효력에도 영향이 있게 될 수는 있지만, 그 처분을 받은 사람이 부담의 이행으로 사법상 매매 등의 법률행위를 한 경우에는 그 부관은 특별한 사정이 없는 한 법률행위를 하게 된 동기 내지 연유로 작용하였을 뿐이므로 이는 법률행위의 취소사유가 될 수 있음은 별론으로 하고 그 법률행위 자체를 당연히 무효화하는 것은 아니다." (대법원 2009.6.25. 선고 2006다18174)

④ (×) "현행 행정쟁송제도 아래서는 부관 그 자체만을 독립된 쟁송의 대상으로 할 수 없는 것이 원칙이나 행정행위의 부관 중에서도 행정행위에 부수하여 그 행정행위의 상대방에게 일정한 의무를 부과하는 행정청의 의사표시인 부담의 경우에는 다른 부관과는 달리 행정행위의 불가분적인 요소가 아니고 그 존속이 본체인 행정행위의 존재를 전제로 하는 것일 뿐이므로 부담 그 자체로서 행정쟁송의 대상이 될 수 있다." (대법원 1992.1.21. 선고 91누1264)

정답 ③

235 [회독] ☐☐☐　　　　　　　　　　20년 국가 9급

행정행위의 부관에 대한 설명으로 옳은 것만을 모두 고르면?
(다툼이 있는 경우 판례에 의함)

> ㉠ 허가에 붙은 기한이 그 허가된 사업의 성질상 부당하게 짧아 그 기한을 허가조건의 존속기간으로 볼 수 있는 경우에 허가기간이 연장되기 위하여는 그 종기가 도래하기 전에 그 허가기간의 연장에 관한 신청이 있어야 한다.
> ㉡ 토지소유자가 토지형질변경행위허가에 붙은 기부채납의 부관에 따라 토지를 기부채납(증여)한 경우, 기부채납의 부관이 당연무효이거나 취소되지 않은 상태에서 그 부관으로 인하여 증여계약의 중요 부분에 착오가 있음을 이유로 증여계약을 취소할 수 없다.
> ㉢ 행정청이 수익적 행정처분을 하면서 사전에 상대방과 체결한 협약상의 의무를 부담으로 부가하였는데, 부담의 전제가 된 주된 행정처분의 근거 법령이 개정되어 부관을 붙일 수 없게 된 경우에는 곧바로 협약의 효력이 소멸한다.
> ㉣ 행정처분과 실제적 관련성이 없어 부관으로 붙일 수 없는 부담이라고 하더라도 행정처분의 상대방에게 사법상 계약의 형식으로 이를 부과할 수 있다.

① ㉠, ㉡　　　　　　　　② ㉡, ㉢
③ ㉢, ㉣　　　　　　　　④ ㉠, ㉡, ㉣

236 [회독] ☐☐☐　　　　　　　　　　20년 소방직

행정행위의 부관에 대한 설명으로 옳지 않은 것은? (다툼이 있는 경우 판례에 의함)

① 사정변경으로 인하여 당초에 부담을 부가한 목적을 달성할 수 없게 된 경우에도 부관의 사후변경은 그 목적달성에 필요한 범위 내에서 예외적으로 허용된다는 것이 판례의 태도이다.
② 행정행위의 부관의 유형 중에서 장래의 불확실한 사실에 의해서 행정행위의 효력을 소멸시키는 것은 해제조건이다.
③ 지방국토관리청장이 일부 공유수면매립지에 대하여 한 국가 또는 직할시(현 광역시) 귀속처분은 법률효과의 일부배제에 해당하는 것으로 행정행위의 부관의 유형으로 볼 수 없다는 것이 판례의 태도이다.
④ 부담과 조건의 구별이 명확하지 않은 경우에는 부담으로 보는 것이 행정행위의 상대방에게 유리하다고 본다.

235

해설 ㉠ (○) "일반적으로 행정처분에 효력기간이 정하여져 있는 경우에는 그 기간의 경과로 그 행정처분의 효력은 상실되고, 다만 허가에 붙은 기한이 그 허가된 사업의 성질상 부당하게 짧은 경우에는 이를 그 허가 자체의 존속기간이 아니라 그 허가조건의 존속기간으로 보아 그 기한이 도래함으로써 그 조건의 개정을 고려한다는 뜻으로 해석할 수는 있지만, 그와 같은 경우라 하더라도 그 허가기간이 연장되기 위하여는 그 종기가 도래하기 전에 그 허가기간의 연장에 관한 신청이 있어야 하며, 만일 그러한 연장신청이 없는 상태에서 허가기간이 만료하였다면 그 허가의 효력은 상실된다." (대법원 2007.10.11. 선고 2005두12404)

㉡ (○) "토지소유자가 토지형질변경행위허가에 붙은 기부채납의 부관에 따라 토지를 국가나 지방자치단체에 기부채납(증여)한 경우, 기부채납의 부관이 당연무효이거나 취소되지 아니한 이상 토지소유자는 위 부관으로 인하여 증여계약의 중요부분에 착오가 있음을 이유로 증여계약을 취소할 수 없다." (대법원 1999.5.25. 선고 98다53134)

㉢ (×) "고속국도 관리청이 고속도로 부지와 접도구역에 송유관 매설을 허가하면서 상대방과 체결한 협약에 따라 송유관 시설을 이전하게 될 경우 그 비용을 상대방에게 부담하도록 하였고, 그 후 도로법 시행규칙이 개정되어 접도구역에는 관리청의 허가 없이도 송유관을 매설할 수 있게 되었다 하더라도, 위 협약이 효력을 상실하지 않을 뿐만 아니라 위 협약에 포함된 부관이 부당결부금지의 원칙에도 반하지 않는다." (대법원 2009.2.12. 선고 2005다65500)

㉣ (×) "행정처분과 부관 사이에 실제적 관련성이 있다고 볼 수 없는 경우 공무원이 위와 같은 공법상의 제한을 회피할 목적으로 행정처분의 상대방과 사이에 사법상 계약을 체결하는 형식을 취하였다면 이는 법치행정의 원리에 반하는 것으로서 위법하다." (대법원 2009.12.10. 선고 2007다63966)

정답 ①

236

해설 ① (○) "부관의 사후변경은 법률에 명문의 규정이 있거나 그 변경이 미리 유보되어 있는 경우 또는 상대방의 동의가 있는 경우에 한하여 허용되는 것이 원칙이지만, 사정변경으로 인하여 당초에 부담을 부가한 목적을 달성할 수 없게 된 경우에도 그 목적 달성에 필요한 범위 내에서 예외적으로 허용된다." (대법원 1997.5.30. 선고 96누2627)

② (○) 옳은 내용이다.

③ (×) 판례는 법률효과의 일부배제로서 부관의 일종이라고 본다. "행정행위의 부관은 부담의 경우를 제외하고는 독립하여 행정소송의 대상이 될 수 없는 것인바, 지방국토관리청장이 일부 공유수면매립지에 대하여 한 국가 또는 직할시 귀속처분은 매립준공인가를 함에 있어서 매립의 면허를 받은 자의 매립지에 대한 소유권취득을 규정한 공유수면매립법 제14조의 효과 일부를 배제하는 부관을 붙인 것이고, 이러한 행정행위의 부관은 위 법리와 같이 독립하여 행정소송 대상이 될 수 없다." (대법원 1993.10.8. 선고 93누2032)

④ (○) 부담과 조건의 구별이 명확하지 않은 경우에는 부담으로 보는 것이 행정행위의 상대방에게 유리하다. 부담은 정지조건뿐만 아니라, 해제조건보다도 그 상대방에게 유리하다.

정답 ③

237 [회독] □□□

행정행위의 부관에 대한 설명으로 옳은 것은? (다툼이 있는 경우 판례에 의함)

① 부관 중에서 부담은 주된 행정행위로부터 분리될 수 있다 할지라도 부담 그 자체는 독립된 행정행위가 아니므로 주된 행정행위로부터 분리하여 쟁송의 대상이 될 수 없다.

② 기부채납받은 행정재산에 대한 사용·수익허가에서 공유재산의 관리청이 정한 사용·수익허가의 기간은 그 허가의 효력을 제한하기 위한 행정행위의 부관으로서, 이러한 사용·수익허가의 기간에 대해서는 독립하여 행정소송을 제기할 수 있다.

③ 지방국토관리청장이 일부 공유수면매립지를 국가 또는 지방자치단체에 귀속처분한 것은 법률효과의 일부를 배제하는 부관을 붙인 것이므로 이러한 행정행위의 부관은 독립하여 행정쟁송 대상이 될 수 없다.

④ 행정청이 부담을 부가하기 이전에 상대방과 협의하여 부담의 내용을 협약의 형식으로 미리 정한 경우에는 행정처분을 하면서 이를 부담으로 부가할 수 없다.

237

해설 ① (×) 부관 중에서 부담은 주된 행정행위로부터 분리될 수 있고, 그 자체로도 독립된 행정행위이며, 주된 행정행위로부터 분리하여 쟁송의 대상이 될 수 있다. "행정행위의 부관은 행정행위의 일반적인 효력이나 효과를 제한하기 위하여 의사표시의 주된 내용에 부가되는 종된 의사표시이지 그 자체로서 직접 법적 효과를 발생하는 독립된 처분이 아니므로 현행 행정쟁송제도 아래서는 부관 그 자체만을 독립된 쟁송의 대상으로 할 수 없는 것이 원칙이나, 행정행위의 부관 중에서도 행정행위에 부수하여 그 행정행위의 상대방에게 일정한 의무를 부과하는 행정청의 의사표시인 부담의 경우에는 다른 부관과는 달리 행정행위의 불가분적인 요소가 아니고 그 존속이 본체인 행정행위의 존재를 전제로 하는 것일 뿐이므로 부담 그 자체로서 행정쟁송의 대상이 될 수 있다." (대법원 1992.1.21. 선고 91누1264)

② (×) "행정행위의 부관은 부담인 경우를 제외하고는 독립하여 행정소송의 대상이 될 수 없는바, 기부채납받은 행정재산에 대한 사용·수익허가에서 공유재산의 관리청이 정한 사용·수익허가의 기간은 그 허가의 효력을 제한하기 위한 행정행위의 부관으로서 이러한 사용·수익허가의 기간에 대해서는 독립하여 행정소송을 제기할 수 없다." (대법원 2001.6.15. 선고 99두509)

③ (○) "지방국토관리청장이 일부 공유수면매립지에 대하여 한 국가 또는 직할시 귀속처분은 매립준공인가를 함에 있어서 매립의 면허를 받은 자의 매립지에 대한 소유권취득을 규정한 공유수면매립법 제14조의 효과 일부를 배제하는 부관을 붙인 것이고, 이러한 행정행위의 부관은 위 법리와 같이 독립하여 행정소송 대상이 될 수 없다." (대법원 1993.10.8. 선고 93누2032)

④ (×) "수익적 행정처분에 있어서는 법령에 특별한 근거규정이 없다고 하더라도 그 부관으로서 부담을 붙일 수 있고, 그와 같은 부담은 행정청이 행정처분을 하면서 일방적으로 부가할 수도 있지만 부담을 부가하기 이전에 상대방과 협의하여 부담의 내용을 협약의 형식으로 미리 정한 다음 행정처분을 하면서 이를 부가할 수도 있다." (대법원 2009.2.12. 선고 2005다65500)

정답 ③

제4장 행정계약(공법상 계약)

기출테마 49 행정계약

238 [회독] □□□

24년 국가 7급

공법상 계약에 대한 설명으로 옳지 않은 것은?

① 행정청은 법령등을 위반하지 아니하는 범위에서 행정목적을 달성하기 위하여 필요한 경우에는 공법상 법률관계에 관한 계약을 체결할 수 있고, 이 경우 계약의 목적 및 내용을 명확하게 적은 계약서를 작성하여야 한다.

② 계약직공무원 채용계약해지의 의사표시는 일반공무원에 대한 징계처분과는 달라서 일정한 사유가 있을 때에 국가 또는 지방자치단체가 채용계약 관계의 한쪽 당사자로서 대등한 지위에서 행하는 의사표시로 취급되는 것으로 이해되므로 「행정절차법」에 의하여 근거와 이유를 제시하여야 하는 것은 아니다.

③ 시립무용단원의 위촉은 공법상 계약에 해당하지만 해촉에 대하여는 민사소송으로 다투어야 한다.

④ 「국가를 당사자로 하는 계약에 관한 법률」에 따라 국가가 당사자가 되는 이른바 공공계약은 사경제 주체로서 상대방과 대등한 위치에서 체결하는 사법상 계약으로서 그에 관한 법령에 특별한 정함이 있는 경우를 제외하고는 사법의 원리가 그대로 적용된다.

238

해설 ① (○) 행정기본법 제27조 제1항

행정기본법	제27조(공법상 계약의 체결) ① 행정청은 법령등을 위반하지 아니하는 범위에서 행정목적을 달성하기 위하여 필요한 경우에는 공법상 법률관계에 관한 계약(이하 "공법상 계약"이라 한다)을 체결할 수 있다. 이 경우 계약의 목적 및 내용을 명확하게 적은 계약서를 작성하여야 한다.

② (○) "계약직공무원에 관한 현행 법령의 규정에 비추어 볼 때, 계약직공무원 채용계약해지의 의사표시는 일반공무원에 대한 징계처분과는 달라서 항고소송의 대상이 되는 처분 등의 성격을 가진 것으로 인정되지 아니하고, 일정한 사유가 있을 때에 국가 또는 지방자치단체가 채용계약 관계의 한쪽 당사자로서 대등한 지위에서 행하는 의사표시로 취급되는 것으로 이해되므로, 이를 징계해고 등에서와 같이 그 징계사유에 한하여 효력 유무를 판단하여야 하거나, 행정처분과 같이 행정절차법에 의하여 근거와 이유를 제시하여야 하는 것은 아니다." (대법원 2002.11.26. 선고 2002두5948)

③ (×) "서울특별시립무용단원이 가지는 지위가 공무원과 유사한 것이라면, 서울특별시립무용단 단원의 위촉은 공법상의 계약이라고 할 것이고, 따라서 그 단원의 해촉에 대하여는 공법상의 당사자소송으로 그 무효확인을 청구할 수 있다." (대법원 1995.12.22. 선고 95누4636)

④ (○) "「국가를 당사자로 하는 계약」에 관한 법률에 따라 국가가 당사자가 되는 이른바 공공계약은 사경제 주체로서 상대방과 대등한 위치에서 체결하는 사법상 계약으로서 본질적인 내용은 사인 간의 계약과 다를 바가 없으므로, 그에 관한 법령에 특별한 정함이 있는 경우를 제외하고는 사적 자치와 계약자유의 원칙 등 사법의 원리가 그대로 적용된다." (대법원 2012.9.20.자 2012마1097)

정답 ③

239 [회독] ▢▢▢　　　22년 지방 9급

공법상 계약에 대한 설명으로 옳은 것은? (다툼이 있는 경우 판례에 의함)

① 지방자치단체가 일방 당사자가 되는 이른바 '공공계약'이 사법상 계약에 해당하는 경우에도 법령에 특별한 규정이 없다면 사적자치와 계약자유의 원칙 등 사법의 원리가 그대로 적용되지 않는다.

② 국립의료원 부설 주차장 위탁관리용역운영계약은 공법상 계약에 해당한다.

③ 공법상 계약이더라도 한쪽 당사자가 다른 당사자를 상대로 계약의 이행을 청구하는 소송은 민사소송으로 제기하여야 한다.

④ 지방자치단체가 A주식회사를 자원회수시설과 부대시설의 운영·유지관리 등을 위탁할 민간사업자로 선정하고 A주식회사와 체결한 위 시설에 관한 위·수탁 운영 협약은 사법상 계약에 해당한다.

239

해설　① (✕) "지방자치단체가 일방 당사자가 되는 이른바 '공공계약'이 사경제의 주체로서 상대방과 대등한 위치에서 체결하는 사법상 계약에 해당하는 경우 그에 관한 법령에 특별한 정함이 있는 경우를 제외하고는 사적 자치와 계약자유의 원칙 등 사법의 원리가 그대로 적용된다." (대법원 2018.2.13. 선고 2014두11328)

② (✕) "국립의료원 부설 주차장에 관한 위탁관리용역운영계약의 실질은 행정재산에 대한 국유재산법 사용·수익 허가(강학상 특허)이다." (대법원 2006.3.9. 선고 2004다31074)

③ (✕) "공법상 계약의 한쪽 당사자가 다른 당사자를 상대로 그 효력을 다투거나 그 이행을 청구하는 소송은 공법상의 법률관계에 관한 분쟁이므로 분쟁의 실질이 공법상 권리·의무의 존부·범위에 관한 다툼이 아니라 손해배상액의 구체적인 산정방법·금액에 국한되는 등의 특별한 사정이 없는 한 공법상 당사자소송으로 제기하여야 한다." (대법원 2021.2.4. 선고 2019다277133)

④ (○) "갑 지방자치단체가 을 주식회사 등 4개 회사로 구성된 공동수급체(이하 A주식회사)를 자원회수시설과 부대시설의 운영·유지관리 등을 위탁할 민간사업자로 선정하고 을 회사 등의 공동수급체(A주식회사)와 위 시설에 관한 위·수탁운영 협약을 체결하였는데… 위 협약은 갑 지방자치단체가 사인인 을 회사 등에 위 시설의 운영을 위탁하고 그 위탁운영비용을 지급하는 것을 내용으로 하는 용역계약으로서 상호 대등한 입장에서 당사자의 합의에 따라 체결한 사법상 계약에 해당한다." (대법원 2019.10.17. 선고 2018두60588)

정답 ④

240 [회독] □□□　　　　　　　24년 국가 9급

판례의 입장으로 옳지 않은 것은?

① 「여객자동차 운수사업법」에 따르면, 여객자동차 운수사업자가 거짓이나 부정한 방법으로 지급받은 보조금에 대한 국토교통부장관 또는 시·도지사의 환수처분은 기속행위에 해당한다.

② 재량권의 일탈·남용에 관하여는 행정행위의 효력을 다투는 사람이 주장·증명책임을 부담한다.

③ 사업주가 당연가입자가 되는 고용보험 및 산업재해보상보험에서 보험료 납부의무 부존재확인은 당사자소송으로 다투어야 한다.

④ 지방자치단체의 장이 「공유재산 및 물품관리법」에 근거하여 기부채납 및 사용·수익허가 방식으로 민간투자사업을 추진하는 과정에서 사업시행자를 지정하기 위한 전 단계에서 공모 제안을 받아 일정한 심사를 거쳐 우선협상대상자를 선정하는 행위는 항고소송의 대상이 되는 행정처분에 해당하지 않는다.

240

해설 ① (○) "마을버스 운수업자 甲이 유류사용량을 실제보다 부풀려 유가보조금을 과다 지급받은 데 대하여 관할 시장이 甲에게 부정수급기간 동안 지급된 유가보조금 전액을 회수하는 내용의 처분을 한 사안에서, 구 여객자동차 운수사업법 제51조 제3항에 따라 국토해양부장관 또는 시·도지사는 여객자동차 운수사업자가 '거짓이나 부정한 방법으로 지급받은 보조금'에 대하여 반환할 것을 명하여야 하고, 위 규정을 '정상적으로 지급받은 보조금'까지 반환하도록 명할 수 있는 것으로 해석하는 것은 문언의 범위를 넘어서는 것이며, 규정의 형식이나 체재 등에 비추어 보면, 위 환수처분은 국토해양부장관 또는 시·도지사가 지급받은 보조금을 반환할 것을 명하여야 하는 기속행위이다." (대법원 2013.12.12. 선고 2011두3388)

② (○) "재량행위에 해당하는 행정행위에 대한 사법심사는 기속행위에 대한 사법심사와는 달리 행정청의 재량에 기초한 공익 판단의 여지를 감안하여 법원이 독자적인 결론을 내리지 않고 해당 행위에 재량권의 일탈·남용이 있는지 여부만을 심사하게 되고, 이러한 재량권의 일탈·남용 여부에 대한 심사는 사실오인, 비례·평등의 원칙 위배 등을 그 판단 대상으로 하며, 이러한 재량권의 일탈·남용에 대하여는 그 행정행위의 효력을 다투는 사람이 증명책임을 진다." (대법원 2016.10.27. 선고 2015두41579)

③ (○) "고용보험 및 산업재해보상보험의 보험료징수 등에 관한 법률 제4조, 제16조의2, 제17조, 제19조, 제23조의 각 규정에 의하면, 사업주가 당연가입자가 되는 고용보험 및 산재보험에서 보험료 납부의무 부존재확인의 소는 공법상의 법률관계 자체를 다투는 소송으로서 공법상 당사자소송이다." (대법원 2016.10.13. 선고 2016다221658)

④ (✕) "공유재산 및 물품관리법(이하 '공유재산법'이라 한다) 제2조 제1호, 제7조 제1항, 제20조 제1항, 제2항 제2호의 내용과 체계에 관련 법리를 종합하면, 지방자치단체의 장이 공유재산법에 근거하여 기부채납 및 사용·수익허가 방식으로 민간투자사업을 추진하는 과정에서 사업시행자를 지정하기 위한 전 단계에서 공모제안을 받아 일정한 심사를 거쳐 우선협상대상자를 선정하는 행위와 이미 선정된 우선협상대상자를 그 지위에서 배제하는 행위는 민간투자사업의 세부내용에 관한 협상을 거쳐 공유재산법에 따른 공유재산의 사용·수익허가를 우선적으로 부여받을 수 있는 지위를 설정하거나 또는 이미 설정한 지위를 박탈하는 조치이므로 모두 항고소송의 대상이 되는 행정처분으로 보아야 한다." (대법원 2020.4.29. 선고 2017두31064)

정답 ④

241 [회독] ☐☐☐

다음 중 행정상 법률관계에 대한 설명으로 가장 적절하지 않은 것은? (다툼이 있는 경우 판례에 의함)

① 국·공유재산의 매각 또는 대부행위는 사법상 계약이지만, 미납된 대부료의 징수행위는 행정처분에 해당한다.

② 시립합창단원의 위촉계약은 공법상 계약이지만, 재위촉 신청을 거부하는 것은 항고소송의 대상이 되는 행정처분이다.

③ 한국산업단지공단의 산업단지 입주자에 대한 입주계약 해지는 항고소송의 대상인 행정처분이다.

④ 행정주체와 사인간의 입찰계약은 사법상 계약이지만, 행정기관의 입찰참가자격제한은 항고소송의 대상이 되는 행정처분이다.

241

해설 ① (○) 옳은 지문이다. "국유재산법 제31조, 제32조 제3항, 산림법 제75조 제1항의 규정 등에 의하여 국유잡종재산에 관한 관리처분의 권한을 위임받은 기관이 국유잡종재산을 대부하는 행위는 국가가 사경제 주체로서 상대방과 대등한 위치에서 행하는 사법상의 계약이다." (대법원 2000.2.11. 선고 99다61675) "공유 일반재산의 대부료와 연체료를 납부기한까지 내지 아니한 경우에도 공유재산 및 물품 관리법 제97조 제2항에 의하여 지방세 체납처분의 예에 따라 이를 징수할 수 있다. 이와 같이 공유 일반재산의 대부료의 징수에 관하여도 지방세 체납처분의 예에 따른 간이하고 경제적인 특별한 구제절차가 마련되어 있으므로, 특별한 사정이 없는 한 민사소송으로 공유 일반재산의 대부료의 지급을 구하는 것은 허용되지 아니한다." (대법원 2017.4.13. 선고 2013다207941)

② (×) "광주광역시문화예술회관장의 단원 위촉은 광주광역시문화예술회관장이 행정청으로서 공권력을 행사하여 행하는 행정처분이 아니라 공법상의 근무관계의 설정을 목적으로 하여 광주광역시와 단원이 되고자 하는 자 사이에 대등한 지위에서 의사가 합치되어 성립하는 공법상 근로계약에 해당한다고 보아야 할 것이므로, 광주광역시립합창단원으로서 위촉기간이 만료되는 자들의 재위촉 신청에 대하여 광주광역시문화예술회관장이 실기와 근무성적에 대한 평정을 실시하여 재위촉을 하지 아니한 것을 항고소송의 대상이 되는 불합격처분이라고 할 수는 없다." (대법원 2001.12.11. 선고 2001두7794)

③ (○) "피고 공단의 지위, 입주계약 및 변경계약의 효과, 입주계약 및 변경계약 체결 의무와 그 의무를 불이행한 경우의 형사적 내지 행정적 제재, 입주계약해지의 절차, 그 해지통보에 수반되는 법적 의무 및 그 의무를 불이행한 경우의 형사적 내지 행정적 제재 등을 종합적으로 고려하면, 이 사건 변경계약 취소는 행정청인 관리권자로부터 관리업무를 위탁받은 피고 공단이 우월적 지위에서 원고들에게 일정한 법률상 효과를 발생하게 하는 것으로서 항고소송의 대상이 되는 행정처분에 해당한다고 보아야 한다." (대법원 2011.6.30. 선고 2010두23859)

④ (○) 옳은 지문이다. "국가를 당사자로 하는 계약에 관한 법률(이하 '국가계약법'이라 한다)에 따라 국가가 당사자가 되는 이른바 공공계약은 사경제 주체로서 상대방과 대등한 위치에서 체결하는 사법상 계약으로서 본질적인 내용은 사인 간의 계약과 다를 바가 없으므로, 그에 관한 법령에 특별한 정함이 있는 경우를 제외하고는 사적 자치와 계약자유의 원칙 등 사법의 원리가 그대로 적용된다." (대법원 2012.9.20. 자 2012마1097), "공공기관운영법 제39조 제2항과 그 하위법령에 따른 입찰참가자격제한 조치는 '구체적 사실에 관한 법집행으로서의 공권력의 행사'로서 행정처분에 해당한다." (대법원 2020.5.28. 선고 2017두66541)

정답 ②

242 [회독] □□□ 25년 국가 9급

공법상 계약에 대한 설명으로 옳은 것은?

① 甲 주식회사가 국책사업인 '한국형헬기 개발사업'에 개발주관사업자 중 하나로 참여하여 국가 산하 중앙행정기관인 방위사업청과 체결한 '한국형헬기 민군겸용 핵심구성품 개발협약'의 법률관계는 공법관계에 해당한다.

② 구 「예산회계법」상 입찰보증금의 국고귀속조치는 국가가 공권력을 행사하는 것이므로 이에 관한 분쟁은 행정소송의 대상이 된다.

③ 과학기술기본법령상 국가연구개발사업 협약의 해지 통보는 단순히 대등 당사자의 지위에서 형성된 공법상 계약을 계약당사자의 지위에서 종료시키는 의사표시에 불과하다.

④ 국립의료원 부설주차장에 관한 위탁관리용역운영계약은 관리청인 국립의료원이 순전히 사경제주체로서 행한 사법상 계약이다.

242

해설 ① (○) "국책사업인 '한국형 헬기 개발사업'(Korean Helicopter Program)에 개발주관사업자 중 하나로 참여하여 국가 산하 중앙행정기관인 방위사업청과 '한국형헬기 민군겸용 핵심구성품 개발협약'을 체결한 갑 주식회사가 협약을 이행하는 과정에서 환율변동 및 물가상승 등 외부적 요인 때문에 협약금액을 초과하는 비용이 발생하였다고 주장하면서 국가를 상대로 초과비용의 지급을 구하는 민사소송을 제기한 사안에서, 위 협약의 법률관계는 공법관계에 해당하므로 이에 관한 분쟁은 행정소송으로 제기하여야 한다." (대법원 2017.11.9. 선고 2015다215526)

② (×) 구 「예산회계법」은 현 「국가를 당사자로 하는 계약에 관한 법률」이다. "예산회계법에 따라 체결되는 계약은 사법상의 계약이라고 할 것이고 동법 제70조의5의 입찰보증금은 낙찰자의 계약체결의무이행의 확보를 목적으로 하여 그 불이행시에 이를 국고에 귀속시켜 국가의 손해를 전보하는 사법상의 손해배상 예정으로서의 성질을 갖는 것이라고 할 것이므로 입찰보증금의 국고귀속조치는 국가가 사법상의 재산권의 주체로서 행위하는 것이지 공권력을 행사하는 것이거나 공권력작용과 일체성을 가진 것이 아니라 할 것이므로 이에 관한 분쟁은 행정소송이 아닌 민사소송의 대상이 될 수 밖에 없다고 할 것이다." (대법원 1983.12.27. 선고 81누366)

③ (×) "과학기술기본법령상 사업 협약의 해지 통보는 단순히 대등 당사자의 지위에서 형성된 공법상계약을 계약당사자의 지위에서 종료시키는 의사표시에 불과한 것이 아니라 행정청이 우월적 지위에서 연구개발비의 회수 및 관련자에 대한 국가연구개발사업 참여제한 등의 법률상 효과를 발생시키는 행정처분에 해당한다." (대법원 2014.12.11. 선고 2012두28704)

④ (×) "국립의료원 부설 주차장에 관한 위탁관리용역운영계약의 실질은 행정재산인 위 부설주차장에 대한 국유재산법 제24조 제1항에 의한 사용·수익 허가로서 이루어진 것임을 알 수 있으므로, 이는 위 국립의료원이 원고의 신청에 의하여 공권력을 가진 우월적 지위에서 행한 행정처분으로서 특정인에게 행정재산을 사용할 수 있는 권리를 설정하여 주는 강학상 특허에 해당한다 할 것이고 순전히 사경제주체로서 원고와 대등한 위치에서 행한 사법상의 계약으로 보기 어렵다고 할 것이다." (대법원 2006.3.9. 선고 2004다31074)

정답 ①

---

243 [회독] ☐☐☐ 23년 소방직

행정상 계약에 관한 설명으로 옳지 않은 것은? (다툼이 있는 경우 판례에 의함)

① 행정청은 법령등을 위반하지 아니하는 범위에서 행정목적을 달성하기 위하여 필요한 경우에는 공법상 법률관계에 대한 계약을 체결할 수 있다.

② 국가가 당사자가 되는 이른바 공공계약은 사경제 주체로서 상대방과 대등한 위치에서 체결하는 사법상 계약이다.

③ 국가와 사인 사이에 계약이 체결되었다면 법령에 따라 작성해야 하는 계약서가 따로 작성되지 않았다고 하더라도 효력이 있다.

④ 「공공기관의 운영에 관한 법률」에 따른 입찰참가자격제한조치는 행정처분에 해당한다.

243

해설 ① (○) 행정기본법 제27조 제1항

행정기본법	제27조(공법상 계약의 체결) ① 행정청은 법령등을 위반하지 아니하는 범위에서 행정목적을 달성하기 위하여 필요한 경우에는 공법상 법률관계에 관한 계약(이하 "공법상 계약"이라 한다)을 체결할 수 있다. 이 경우 계약의 목적 및 내용을 명확하게 적은 계약서를 작성하여야 한다.

② (○) "국가를 당사자로 하는 계약에 관한 법률(이하 '국가계약법'이라 한다)에 따라 국가가 당사자가 되는 이른바 공공계약은 사경제 주체로서 상대방과 대등한 위치에서 체결하는 사법상 계약으로서 본질적인 내용은 사인 간의 계약과 다를 바가 없으므로, 그에 관한 법령에 특별한 정함이 있는 경우를 제외하고는 사적 자치와 계약자유의 원칙 등 사법의 원리가 그대로 적용된다." (대법원 2012.9.20.자 2012마1097 결정)

③ (✕) 행정계약에는 공정력이 없기 때문에 법령을 위반한 경우에는 곧바로 무효가 된다. "국가를 당사자로 하는 계약에 관한 법률 제11조 규정 내용과 국가가 일방당사자가 되어 체결하는 계약의 내용을 명확히 하고 국가가 사인과 계약을 체결할 때 적법한 절차에 따를 것을 담보하려는 규정의 취지 등에 비추어 보면, 국가가 사인과 계약을 체결할 때에는 국가계약법령에 따른 계약서를 따로 작성하는 등 요건과 절차를 이행하여야 할 것이고, 설령 국가와 사인 사이에 계약이 체결되었더라도 이러한 법령상 요건과 절차를 거치지 아니한 계약은 효력이 없다." (대법원 2015.1.15. 선고 2013다215133)

④ (○) 대법원은 "공기업·준정부기관이 법령 또는 계약에 근거하여 선택적으로 입찰참가자격 제한 조치를 할 수 있는 경우, 계약상대방에 대한 입찰참가자격 제한 조치가 ㉠ 법령에 근거한 행정처분인지 아니면 ㉡ 계약에 근거한 권리행사인지는 원칙적으로 의사표시의 해석 문제"라고 하면서, 전자에 해당할 경우, 처분에 해당하는 것이라며, 「공공기관의 운영에 관한 법률」 제39조 제2항에 근거한 한국수력원자력 주식회사의 입찰참가자격제한조치를 행정처분으로 보았다(대법원 2019.2.14. 선고 2016두33292).

정답 ③

244 [회독] ☐☐☐　　　　24년 소방직

공법상 계약에 관한 설명으로 옳지 않은 것은? (다툼이 있는 경우 판례에 의함)

① 「행정기본법」에 따르면, 행정청은 법령등을 위반하지 아니하는 범위에서 공법상 계약을 체결할 수 있으며, 이 경우 계약의 목적 및 내용을 명확하게 적은 계약서를 작성하여야 한다.

② 지방자치단체가 일방 당사자가 되는 이른바 '공공계약'이 사경제의 주체로서 상대방과 대등한 위치에서 체결하는 사법상 계약에 해당하는 경우, 그에 관한 법령에 특별한 정함이 있는 경우를 제외하고는 사적 자치와 계약자유의 원칙 등 사법의 원리가 그대로 적용된다.

③ 공법상 계약의 한쪽 당사자가 다른 당사자를 상대로 효력을 다투거나 이행을 청구하는 소송은 공법상의 법률관계에 관한 분쟁이므로 분쟁의 실질이 손해배상액의 구체적인 산정방법·금액에 국한되는 경우에도 공법상 당사자소송으로 제기하여야 한다.

④ 지방자치단체를 당사자로 하는 계약에 관하여는 그 계약의 성질이 사법상 계약인지 공법상 계약인지와 상관없이 원칙적으로 「지방자치단체를 당사자로 하는 계약에 관한 법률」의 규율이 적용된다고 보아야 한다.

244

해설 ① (○) 행정기본법 제27조 제1항

행정기본법	제27조(공법상 계약의 체결) ① 행정청은 법령등을 위반하지 아니하는 범위에서 행정목적을 달성하기 위하여 필요한 경우에는 공법상 법률관계에 관한 계약(이하 "공법상 계약"이라 한다)을 체결할 수 있다. 이 경우 계약의 목적 및 내용을 명확하게 적은 계약서를 작성하여야 한다.

② (○) "지방자치단체가 일방 당사자가 되는 이른바 '공공계약'이 사경제의 주체로서 상대방과 대등한 위치에서 체결하는 사법상 계약에 해당하는 경우 그에 관한 법령에 특별한 정함이 있는 경우를 제외하고는 사적 자치와 계약자유의 원칙 등 사법의 원리가 그대로 적용된다." (대법원 2018.2.13. 선고 2014두11328)

③ (✕) "공법상 당사자소송이란 행정청의 처분 등을 원인으로 하는 법률관계에 관한 소송 그 밖에 공법상의 법률관계에 관한 소송으로서 그 법률관계의 한쪽 당사자를 피고로 하는 소송을 말한다(행정소송법 제3조 제2호). 공법상 계약이란 공법적 효과의 발생을 목적으로 하여 대등한 당사자 사이의 의사표시의 합치로 성립하는 공법행위를 말한다. 공법상 계약의 한쪽 당사자가 다른 당사자를 상대로 효력을 다투거나 이행을 청구하는 소송은 공법상의 법률관계에 관한 분쟁이므로 분쟁의 실질이 공법상 권리·의무의 존부·범위에 관한 다툼이 아니라 손해배상액의 구체적인 산정방법·금액에 국한되는 등의 특별한 사정이 없는 한 공법상 당사자소송으로 제기하여야 한다." (대법원 2021.2.4. 선고 2019다277133)

④ (○) "다른 법률에 특별한 규정이 있는 경우이거나 또는 지방계약법의 개별 규정의 규율내용이 매매, 도급 등과 같은 특정한 유형·내용의 계약을 규율대상으로 하고 있는 경우가 아닌 한, 지방자치단체를 당사자로 하는 계약에 관하여는 그 계약의 성질이 공법상 계약인지 사법상 계약인지와 상관없이 원칙적으로 지방계약법의 규율이 적용된다고 보아야 한다." (대법원 2020.12.10. 선고 2019다234617)

정답 ③

245 [회독] ☐☐☐

다음 중 공법상 계약에 대한 설명으로 가장 적절하지 않은 것은? (다툼이 있는 경우 판례에 의함)

① 시·군조합의 설립은 당사자의 의사합치로 성립한다는 점에서 공법상 계약에 해당한다.

② 공법상 계약의 이행지체, 불완전이행 등 급부장애가 발생될 경우 민법상의 규정을 유추적용한다.

③ 공중보건의사 채용계약 해지의 의사표시에 대하여는 대등한 당사자 간의 소송형식인 공법상의 당사자소송으로 그 의사표시의 무효확인을 청구할 수 있는 것이지, 이를 항고소송의 대상이 되는 행정처분이라는 전제하에서 그 취소를 구하는 항고소송을 제기할 수는 없다.

④ 공법상 계약의 해지 및 그에 따른 환수통보에 있어서 행정청이 일방적인 의사표시로 자신과 상대방 사이의 법률관계를 종료시킨 경우, 이를 행정청이 우월한 지위에서 행하는 공권력의 행사로서 행정처분에 해당한다고 단정할 수 없다.

245

해설 ① (×) 일반적으로 조합설립은 공법상 합동행위에 속한다.

② (○) 옳은 지문이다. 공법상 계약에는 민법규정이 유추적용될 수 있다.

③ (○) "공중보건의사 채용계약 해지의 의사표시에 대하여는 대등한 당사자간의 소송형식인 공법상의 당사자소송으로 그 의사표시의 무효확인을 청구할 수 있는 것이지, 이를 항고소송의 대상이 되는 행정처분이라는 전제하에서 그 취소를 구하는 항고소송을 제기할 수는 없다." (대법원 1996.5.31. 선고 95누10617)

④ (○) "행정청이 자신과 상대방 사이의 법률관계를 일방적인 의사표시로 종료시켰다고 하더라도 곧바로 의사표시가 행정청으로서 공권력을 행사하여 행하는 행정처분이라고 단정할 수는 없고, 관계 법령이 상대방의 법률관계에 관하여 구체적으로 어떻게 규정하고 있는지에 따라 의사표시가 항고소송의 대상이 되는 행정처분에 해당하는지 아니면 공법상 계약관계의 일방 당사자로서 대등한 지위에서 행하는 의사표시인지를 개별적으로 판단하여야 한다." (대법원 2015.8.27. 선고 2015두41449)

정답 ①

246 [회독] ☐☐☐　　　　　　　　　　25년 소방직

공법상 계약에 관한 설명으로 옳은 것은? (다툼이 있는 경우 판례에 의함)

① 중소기업기술정보진흥원장이 갑(甲) 주식회사와 중소기업 정보화지원사업 지원대상인 사업의 지원에 관하여 체결한 협약을 갑(甲) 주식회사에 책임이 있는 사유로 해지하는 경우 그 협약의 해지 및 그에 따른 환수통보는 공법상 계약에 따라 행정청이 대등한 당사자의 지위에서 하는 의사표시로 보아야 한다.

② 공익사업을 위한 토지 등의 취득 및 보상에 관한 법령에 의한 협의취득은 공법상 계약에 해당한다.

③ 「행정절차법」은 공법상 계약에 관한 규정을 두고 있다.

④ 국립의료원 부설주차장에 관한 위탁관리용역운영계약의 실질은 공법상 계약에 해당한다.

246

해설 ① (○) "중소기업기술정보진흥원장이 갑 주식회사와 중소기업 정보화지원사업 지원대상인 사업의 지원에 관한 협약을 체결하였는데, 협약이 갑 회사에 책임이 있는 사업실패로 해지되었다는 이유로 협약에서 정한 대로 지급받은 정부지원금을 반환할 것을 통보한 사안에서, 중소기업 정보화지원사업에 따른 지원금 출연을 위하여 중소기업청장이 체결하는 협약은 공법상 대등한 당사자 사이의 의사표시의 합치로 성립하는 공법상 계약에 해당하는 점, 구 중소기업 기술혁신 촉진법 제32조 제1항은 제10조가 정한 기술혁신사업과 제11조가 정한 산학협력 지원사업에 관하여 출연한 사업비의 환수에 적용될 수 있을 뿐 이와 근거 규정을 달리하는 중소기업 정보화지원사업에 관하여 출연한 지원금에 대하여는 적용될 수 없고 달리 지원금 환수에 관한 구체적인 법령상 근거가 없는 점 등을 종합하면, 협약의 해지 및 그에 따른 환수통보는 공법상 계약에 따라 행정청이 대등한 당사자의 지위에서 하는 의사표시로 보아야 하고, 이를 행정청이 우월한 지위에서 행하는 공권력의 행사로서 행정처분에 해당한다고 볼 수는 없다." (대법원 2015.8.27. 선고 2015두41449)

② (×) "공익사업을 위한 토지 등의 취득 및 보상에 관한 법령에 의한 협의취득은 사법상의 법률행위이므로 당사자 사이의 자유로운 의사에 따라 채무불이행책임이나 매매대금 과부족금에 대한 지급의무를 약정할 수 있다." (대법원 2012.2.23. 선고 2010다91206)

③ (×) 공법상 계약은 「행정절차법」이 아닌 「행정기본법」에 규정되어 있다.

행정기본법	제27조(공법상 계약의 체결) ① 행정청은 법령등을 위반하지 아니하는 범위에서 행정목적을 달성하기 위하여 필요한 경우에는 공법상 법률관계에 관한 계약(이하 "공법상 계약"이라 한다)을 체결할 수 있다. 이 경우 계약의 목적 및 내용을 명확하게 적은 계약서를 작성하여야 한다. ② 행정청은 공법상 계약의 상대방을 선정하고 계약 내용을 정할 때 공법상 계약의 공공성과 제3자의 이해관계를 고려하여야 한다.

④ (×) "국립의료원 부설주차장에 관한 이 사건 위탁관리용역운영계약의 실질은 행정재산인 위 부설주차장에 대한 국유재산법 제24조 제1항에 의한 사용·수익 허가로서 이루어진 것임을 알 수 있으므로, 이는 위 국립의료원이 원고의 신청에 의하여 공권력을 가진 우월적 지위에서 행한 행정처분으로서 특정인에게 행정재산을 사용할 수 있는 권리를 설정하여 주는 강학상 특허에 해당한다 할 것이고 순전히 사경제주체로서 원고와 대등한 위치에서 행한 사법상의 계약으로 보기 어렵다고 할 것이다." (대법원 2006.3.9. 선고 2004다31074)

정답 ①

247 [회독] □□□ 22년 국가 7급

공법상 계약에 대한 설명으로 옳지 않은 것은? (다툼이 있는 경우 판례에 의함)

① 행정청은 공법상 계약의 상대방을 선정하고 계약 내용을 정할 때 공법상 계약의 공공성과 제3자의 이해관계를 고려하여야 한다.

② 중소기업 정보화지원사업에 따른 지원금 출연을 위하여 중소기업청장이 체결하는 협약은 공법상 대등한 당사자 사이의 의사표시의 합치로 성립하는 공법상 계약에 해당하고 그 협약의 해지 및 그에 따른 환수통보는 공법상 계약에 따라 행정청이 대등한 당사자의 지위에서 하는 의사표시이다.

③ 공법상 계약의 한쪽 당사자가 다른 당사자를 상대로 그 효력을 다투거나 그 이행을 청구하는 소송은 공법상의 법률관계에 관한 분쟁이므로 특별한 사정이 없는 한 공법상 당사자소송으로 제기하여야 한다.

④ 민간투자사업 실시협약을 체결한 당사자가 공법상 당사자소송에 의하여 그 실시협약에 따른 재정지원금의 지급을 구하는 경우에, 수소법원은 주무관청이 재정지원금액을 산정한 절차 등에 위법이 있는지 여부를 심사할 수는 있지만 실시협약에 따른 적정한 재정지원금액이 얼마인지를 구체적으로 심리·판단할 수 없다.

247

해설 ① (○) 행정기본법 제27조 제2항

행정기본법	제27조(공법상 계약의 체결) ② 행정청은 공법상 계약의 상대방을 선정하고 계약 내용을 정할 때 공법상 계약의 공공성과 제3자의 이해관계를 고려하여야 한다.

② (○) "중소기업 정보화지원사업에 따른 지원금 출연을 위하여 중소기업청장이 체결하는 협약은 공법상 대등한 당사자 사이의 의사표시의 합치로 성립하는 공법상 계약에 해당하는 점, 구 중소기업 기술혁신 촉진법 제32조 제1항은 제10조가 정한 기술혁신사업과 제11조가 정한 산학협력 지원사업에 관하여 출연한 사업비의 환수에 적용될 수 있을 뿐 이와 근거 규정을 달리하는 중소기업 정보화지원사업에 관하여 출연한 지원금에 대하여는 적용될 수 없고 달리 지원금 환수에 관한 구체적인 법령상 근거가 없는 점 등을 종합하면, 협약의 해지 및 그에 따른 환수통보는 공법상 계약에 따라 행정청이 대등한 당사자의 지위에서 하는 의사표시로 보아야 하고, 이를 행정청이 우월한 지위에서 행하는 공권력의 행사로서 행정처분에 해당한다고 볼 수는 없다." (대법원 2015.8.27. 선고 2015두41449)

③ (○) "공법상 당사자소송이란 행정청의 처분 등을 원인으로 하는 법률관계에 관한 소송 그 밖에 공법상의 법률관계에 관한 소송으로서 그 법률관계의 한쪽 당사자를 피고로 하는 소송을 말한다(행정소송법 제3조 제2호). 공법상 계약이란 공법적 효과의 발생을 목적으로 하여 대등한 당사자 사이의 의사표시의 합치로 성립하는 공법행위를 말한다. 공법상 계약의 한쪽 당사자가 다른 당사자를 상대로 효력을 다투거나 이행을 청구하는 소송은 공법상의 법률관계에 관한 분쟁이므로 분쟁의 실질이 공법상 권리·의무의 존부·범위에 관한 다툼이 아니라 손해배상액의 구체적인 산정방법·금액에 국한되는 등의 특별한 사정이 없는 한 공법상 당사자소송으로 제기하여야 한다." (대법원 2021.2.4. 선고 2019다277133)

④ (×) "민간투자사업 실시협약을 체결한 당사자가 공법상 당사자소송에 의하여 그 실시협약에 따른 재정지원금의 지급을 구하는 경우에, 수소법원은 단순히 주무관청이 재정지원금액을 산정한 절차 등에 위법이 있는지 여부를 심사하는 데 그쳐서는 아니 되고, 실시협약에 따른 적정한 재정지원금액이 얼마인지를 구체적으로 심리·판단하여야 한다." (대법원 2019.1.31. 선고 2017두46455)

정답 ④

248 [회독] ▢▢▢　　　　　　24년 국가 9급

공법상 계약에 대한 설명으로 옳은 것만을 모두 고르면?

> ㉠ 행정청은 법령등을 위반하지 아니하는 범위에서 행정목적을 달성하기 위하여 필요한 경우에는 공법상 법률관계에 관한 계약을 체결할 수 있고, 이 경우 계약의 목적 및 내용을 명확하게 적은 계약서를 작성하여야 한다.
>
> ㉡ 계약직공무원 채용계약해지의 의사표시를 하는 경우 징계해고 등에서와 같이 그 징계사유에 한하여 효력 유무를 판단하여야 하거나, 행정처분과 같이 「행정절차법」에 의하여 근거와 이유를 제시하여야 한다.
>
> ㉢ 공익사업을 위한 토지 등의 취득 및 보상에 관한 법령에 의한 협의취득은 사법상의 법률행위이지만 당사자 사이의 자유로운 의사에 따라 채무불이행책임이나 매매대금 과부족금에 대한 지급의무를 약정할 수 있는 것은 아니다.
>
> ㉣ 「지방자치단체를 당사자로 하는 계약에 관한 법률」에 따라 지방자치단체가 일방 당사자가 되는 이른바 공공계약이 사경제의 주체로서 상대방과 대등한 위치에서 체결하는 사법상의 계약에 해당하는 경우 그에 관한 법령에 특별한 정함이 있는 경우를 제외하고는 사적 자치와 계약자유의 원칙 등 사법의 원리가 그대로 적용된다.

① ㉠, ㉡　　　　　　② ㉠, ㉣

③ ㉠, ㉢, ㉣　　　　④ ㉡, ㉢, ㉣

248

해설 | ㉠ (○) 행정기본법 제27조 제1항

행정기본법	제27조(공법상 계약의 체결) ① 행정청은 법령등을 위반하지 아니하는 범위에서 행정목적을 달성하기 위하여 필요한 경우에는 공법상 법률관계에 관한 계약(이하 "공법상 계약"이라 한다)을 체결할 수 있다. 이 경우 계약의 목적 및 내용을 명확하게 적은 계약서를 작성하여야 한다.

㉡ (✕) "계약직공무원에 관한 현행 법령의 규정에 비추어 볼 때, 계약직공무원 채용계약해지의 의사표시는 일반공무원에 대한 징계처분과는 달라서 항고소송의 대상이 되는 처분 등의 성격을 가진 것으로 인정되지 아니하고, 일정한 사유가 있을 때에 국가 또는 지방자치단체가 채용계약 관계의 한쪽 당사자로서 대등한 지위에서 행하는 의사표시로 취급되는 것으로 이해되므로, 이를 징계해고 등에서와 같이 그 징계사유에 한하여 효력 유무를 판단하여야 하거나, 행정처분과 같이 행정절차법에 의하여 근거와 이유를 제시하여야 하는 것은 아니다." (대법원 2002.11.26. 선고 2002두5948)

㉢ (✕) "공익사업을 위한 토지 등의 취득 및 보상에 관한 법령(이하 '공익사업법령'이라고 한다)에 의한 협의취득은 사법상의 법률행위이므로 당사자 사이의 자유로운 의사에 따라 채무불이행책임이나 매매대금 과부족금에 대한 지급의무를 약정할 수 있다." (대법원 2012.2.23. 선고 2010다91206)

㉣ (○) "지방자치단체가 일방 당사자가 되는 이른바 '공공계약'이 사경제의 주체로서 상대방과 대등한 위치에서 체결하는 사법상 계약에 해당하는 경우 그에 관한 법령에 특별한 정함이 있는 경우를 제외하고는 사적 자치와 계약자유의 원칙 등 사법의 원리가 그대로 적용된다." (대법원 2018.2.13. 선고 2014두11328)

정답 ②

249 [회독] ☐☐☐ 23년 소방직

행정상 법률관계에 관한 설명으로 옳지 않은 것은? (다툼이 있는 경우 판례에 의함)

① 국가가 사경제의 주체로서 상대방과 대등한 지위에서 체결하는 계약의 본질적인 내용은 사인 간의 계약과 다를 바가 없으므로 사적 자치와 계약자유의 원칙을 비롯한 사법의 원리가 원칙적으로 적용된다.

② 국가가 수익자인 수요기관을 위하여 국민을 계약상대자로 하여 체결하는 요청조달계약에는 다른 법률에 특별한 규정이 없는 한 당연히 「국가를 당사자로 하는 계약에 관한 법률」이 적용된다.

③ 요청조달계약에 적용되는 「국가를 당사자로 하는 계약에 관한 법률」 조항은 국가가 사경제 주체로서 국민과 대등한 관계에 있음을 전제로 한 사법관계에 대한 규정뿐만 아니라, 고권적 지위에서 국민에게 침익적 효과를 발생시키는 행정처분에 대한 규정까지 적용된다.

④ 한국자산관리공사가 국유재산 중 일반재산에 관하여 그 처분을 위임받아 매도하는 것은 행정청이 공권력의 주체라는 우월적 지위에서 행하는 공법상의 행정처분이 아니라 사경제 주체로서 행하는 사법상의 법률행위에 해당하여 헌법소원심판의 대상이 되는 공권력의 행사에 해당하지 않는다.

249

[해설] ① (○) "국가를 당사자로 하는 계약이나 공공기관의 운영에 관한 법률의 적용 대상인 공기업이 일방 당사자가 되는 계약(이하 편의상 '공공계약'이라 한다)은 국가 또는 공기업(이하 '국가 등'이라 한다)이 사경제의 주체로서 상대방과 대등한 지위에서 체결하는 사법(私法)상의 계약으로서 본질적인 내용은 사인 간의 계약과 다를 바가 없으므로, 법령에 특별한 정함이 있는 경우를 제외하고는 서로 대등한 입장에서 당사자의 합의에 따라 계약을 체결하여야 하고 당사자는 계약의 내용을 신의성실의 원칙에 따라 이행하여야 하는 등 사적 자치와 계약자유의 원칙을 비롯한 사법의 원리가 원칙적으로 적용된다." (대법원 2017.12.21. 선고 2012다74076)

② (○) "「국가를 당사자로 하는 계약에 관한 법률」 제2조는 적용 범위에 관하여 국가가 대한민국 국민을 계약상대자로 하여 체결하는 계약 등 국가를 당사자로 하는 계약에 대하여 위 법을 적용한다고 규정하고 있고, 제3조는 국가를 당사자로 하는 계약에 관하여는 다른 법률에 특별한 규정이 있는 경우를 제외하고는 이 법에서 정하는 바에 의한다고 규정하고 있으므로, 국가가 수익자인 수요기관을 위하여 국민을 계약상대자로 하여 체결하는 요청조달계약에는 다른 법률에 특별한 규정이 없는 한 당연히 「국가를 당사자로 하는 계약에 관한 법률」이 적용된다." (대법원 2017.6.29. 선고 2014두14389) 참고로, 요청조달계약이란 국가가 어떤 물자나 공사가 필요한 기관('수요기관')을 위하여, 물건이나 공사의 업자들과 체결하는 계약을 말한다. 어쨌든, 요청조달계약도 국가가 당사자가 된다는 점에서는 변함이 없으므로, 「국가를 당사자로 하는 계약에 관한 법률」이 적용된다는 것이다.

③ (×) 「국가를 당사자로 하는 계약에 관한 법률」 중 국가가 국민과 대등한 관계에 있음을 전제로 하는 규정들은 요청조달계약에도 적용되지만, 동법 규정들 중 국가가 우월적(고권적) 지위에서 국민에게 침익적 효과를 발생시키는 행정처분과 관련된 규정들(예: 입찰참가자격제한과 관련된 규정들)은 요청조달계약에는 적용되지 않는다고 본다. 따라서 계약의 체결과 관련하여 부정한 행위를 한 업체에 대해 국가(조달청장)가 「국가를 당사자로 하는 계약에 관한 법률」에 근거한 입찰참가자격제한 처분을 할 수는 없다고 보았다. "요청조달계약에 적용되는 국가계약법 조항은 국가가 사경제 주체로서 국민과 대등한 관계에 있음을 전제로 한 사법(私法)관계에 관한 규정에 한정되고, 고권적 지위에서 국민에게 침익적 효과를 발생시키는 행정처분에 관한 규정까지 당연히 적용된다고 할 수 없다." (대법원 2017.6.29. 선고 2014두14389)

④ (○) "한국자산관리공사가 국유재산 중 일반재산에 관하여 그 처분을 위임받아 매도하는 것은 행정청이 공권력의 주체라는 우월적 지위에서 행하는 공법상의 행정처분이 아니라 사경제 주체로서 행하는 사법상의 법률행위에 해당하여 헌법소원심판의 대상이 되는 공권력의 행사에 해당하지 않는다." (헌법재판소 2020.6.23. 선고 2020헌마785)

정답 ③

250 [회독] □□□ 23년 지방 7급

행정계약에 대한 설명으로 옳은 것만을 모두 고르면?

> ㉠ 행정청은 법령등을 위반하지 아니하는 범위에서 행정목적을 달성하기 위하여 필요한 경우에는 공법상 법률관계에 관한 계약을 체결할 수 있다.
> ㉡ 「행정기본법」에 따르면 신속히 처리할 필요가 있거나 사안이 경미한 경우에는 말 또는 서면으로 공법상 계약을 체결할 수 있다.
> ㉢ 중소기업기술정보진흥원장이 甲 주식회사와 체결한 중소기업 정보화지원사업 지원대상인 사업의 지원에 관한 협약의 해지는 상대방의 권리·의무를 변경시키는 처분에 해당하므로 항고소송의 대상이 된다.
> ㉣ 「국가를 당사자로 하는 계약에 관한 법률」에 따라 국가가 당사자가 되는 이른바 공공계약은 그에 관한 법령에 특별한 정함이 없는 한 사법상 계약에 해당한다.

① ㉠, ㉡
② ㉠, ㉣
③ ㉡, ㉢
④ ㉢, ㉣

250

해설 ㉠ (○) 행정기본법 제27조 제1항

행정기본법	제27조(공법상 계약의 체결) ① 행정청은 법령등을 위반하지 아니하는 범위에서 행정목적을 달성하기 위하여 필요한 경우에는 공법상 법률관계에 관한 계약(이하 "공법상 계약"이라 한다)을 체결할 수 있다. 이 경우 계약의 목적 및 내용을 명확하게 적은 계약서를 작성하여야 한다.

㉡ (×) 행정기본법에 따르면 공법상 계약을 체결할 때에는 계약서(문서)를 작성하여야 한다(행정기본법 제27조 제1항).

㉢ (×) "중소기업기술정보진흥원장이 甲 주식회사와 중소기업 정보화지원사업 지원대상인 사업의 지원에 관한 협약을 체결하였는데, 협약이 甲 회사에 책임이 있는 사업실패로 해지되었다는 이유로 협약에서 정한 대로 지급받은 정부지원금을 반환할 것을 통보한 사안에서, 중소기업 정보화지원사업에 따른 지원금 출연을 위하여 중소기업청장이 체결하는 협약은 공법상 대등한 당사자 사이의 의사표시의 합치로 성립하는 공법상 계약에 해당하는 점, 구 중소기업 기술혁신 촉진법 제32조 제1항은 제10조가 정한 기술혁신사업과 제11조가 정한 산학협력 지원사업에 관하여 출연한 사업비의 환수에 적용될 수 있을 뿐 이와 근거 규정을 달리하는 중소기업 정보화지원사업에 관하여 출연한 지원금에 대하여는 적용될 수 없고 달리 지원금 환수에 관한 구체적인 법령상 근거가 없는 점 등을 종합하면, 협약의 해지 및 그에 따른 환수통보는 공법상 계약에 따라 행정청이 대등한 당사자의 지위에서 하는 의사표시로 보아야 하고, 이를 행정청이 우월한 지위에서 행하는 공권력의 행사로서 행정처분에 해당한다고 볼 수는 없다." (대법원 2015.8.27. 선고 2015두41449)

㉣ (○) "국가를 당사자로 하는 계약에 관한 법률에 따라 국가가 당사자가 되는 이른바 공공계약은 사경제 주체로서 상대방과 대등한 위치에서 체결하는 사법상 계약으로서 본질적인 내용은 사인 간의 계약과 다를 바가 없으므로, 그에 관한 법령에 특별한 정함이 있는 경우를 제외하고는 사적 자치와 계약자유의 원칙 등 사법의 원리가 그대로 적용된다." (대법원 2020.5.14. 선고 2018다298409)

정답 ②

251 [회독] ☐☐☐

공법상 계약에 대한 설명으로 옳지 않은 것은? (다툼이 있는 경우 판례에 의함)

① 행정청이 자신과 상대방 사이의 법률관계를 일방적인 의사표시로 종료시켰다고 하더라도 곧바로 그 의사표시가 행정청으로서 공권력을 행사하여 행하는 행정처분이라고 단정할 수는 없고, 관계 법령이 상대방의 법률관계에 관하여 구체적으로 어떻게 규정하고 있는지에 따라 개별적으로 판단하여야 한다.

② 채용계약상 특별한 약정이 없는 한, 지방계약직공무원에 대하여 「지방공무원법」, 「지방공무원 징계 및 소청 규정」에 정한 징계절차에 의하지 않고서는 보수를 삭감할 수 없다.

③ 중소기업 정보화지원사업에 대한 지원금출연협약의 해지 및 환수통보는 공법상 계약에 따른 의사표시가 아니라 행정청이 우월한 지위에서 행하는 공권력의 행사로서 행정처분이다.

④ 계약직공무원 채용계약해지는 국가 또는 지방자치단체가 대등한 지위에서 행하는 의사표시로서 처분이 아니므로 「행정절차법」에 의하여 근거와 이유를 제시하여야 하는 것은 아니다.

251

[해설] ① (○) "행정청이 자신과 상대방 사이의 법률관계를 일방적인 의사표시로 종료시켰다고 하더라도 곧바로 의사표시가 행정청으로서 공권력을 행사하여 행하는 행정처분이라고 단정할 수는 없고, 관계 법령이 상대방의 법률관계에 관하여 구체적으로 어떻게 규정하고 있는지에 따라 의사표시가 항고소송의 대상이 되는 행정처분에 해당하는지 아니면 공법상 계약관계의 일방 당사자로서 대등한 지위에서 행하는 의사표시인지를 개별적으로 판단하여야 한다." (대법원 2015.8.27. 선고 2015두41449)

② (○) "근로기준법 등의 입법 취지, 지방공무원법과 지방공무원징계 및소청규정의 여러 규정에 비추어 볼 때, 채용계약상 특별한 약정이 없는 한, 지방계약직공무원에 대하여 지방공무원법, 지방공무원징계 및소청규정에 정한 징계절차에 의하지 않고서는 보수를 삭감할 수 없다고 봄이 상당하다." (대법원 2008.6.12. 선고 2006두16328)

③ (×) "중소기업기술정보진흥원장이 갑 주식회사와 중소기업 정보화지원사업 지원대상인 사업의 지원에 관한 협약을 체결하였는데, 협약이 갑 회사에 책임이 있는 사업실패로 해지되었다는 이유로 협약에서 정한 대로 지급받은 정부지원금을 반환할 것을 통보한 경우에서, 중소기업 정보화지원사업에 따른 지원금 출연을 위하여 중소기업청장이 체결하는 협약은 공법상 대등한 당사자 사이의 의사표시의 합치로 성립하는 공법상 계약에 해당하는 점, 구 중소기업 기술혁신 촉진법 제32조 제1항은 제10조가 정한 기술혁신사업과 제11조가 정한 산학협력 지원사업에 관하여 출연한 사업비의 환수에 적용될 수 있을 뿐 이와 근거 규정을 달리하는 중소기업 정보화지원사업에 관하여 출연한 지원금에 대하여는 적용될 수 없고 달리 지원금 환수에 관한 구체적인 법령상 근거가 없는 점 등을 종합하면, 협약의 해지 및 그에 따른 환수통보는 공법상 계약에 따라 행정청이 대등한 당사자의 지위에서 하는 의사표시로 보아야 하고, 이를 행정청이 우월한 지위에서 행하는 공권력의 행사로서 행정처분에 해당한다고 볼 수는 없다." (대법원 2015.8.27. 선고 2015두41449)

④ (○) "계약직공무원 채용계약해지의 의사표시는 일반공무원에 대한 징계처분과는 달라서 항고소송의 대상이 되는 처분 등의 성격을 가진 것으로 인정되지 아니하고, 국가 또는 지방자치단체가 채용계약관계의 한쪽 당사자로서 대등한 지위에서 행하는 의사표시로 취급되는 것으로 이해되므로, 행정처분과 같이 행정절차법에 의하여 근거와 이유를 제시하여야 하는 것은 아니다." (대법원 2002.11.26. 선고 2002두5948)

정답 ③

252 [회독] □□□ 21년 지방 9급

공법상 계약에 대한 설명으로 옳지 않은 것은? (다툼이 있는 경우 판례에 의함)

① 공중보건의사 채용계약 해지의 의사표시에 대하여는 공법상의 당사자소송으로 그 의사표시의 무효확인을 청구할 수 있다.

② 공법상 계약에는 법률우위의 원칙이 적용된다.

③ 계약직공무원 채용계약해지의 의사표시는 항고소송의 대상이 되는 처분 등의 성격을 가진 것으로 행정처분과 같이 「행정절차법」에 의하여 근거와 이유를 제시하여야 한다.

④ 행정청은 공법상 계약의 상대방을 선정하고 계약 내용을 정할 때 공법상 계약의 공공성과 제3자의 이해관계를 고려하여야 한다.

252

[해설] ① (○) "공중보건의사 채용계약 해지의 의사표시에 대하여는 대등한 당사자간의 소송형식인 공법상의 당사자소송으로 그 의사표시의 무효확인을 청구할 수 있는 것이지, 이를 항고소송의 대상이 되는 행정처분이라는 전제하에서 그 취소를 구하는 항고소송을 제기할 수는 없다." (대법원 1996.5.31. 선고 95누10617)

② (○) 옳은 내용이다. 공법상 계약에는 법률우위의 원칙이 적용된다고 본다.

③ (×) 처분에 해당하지 않아, 행정절차법에 따라 이유제시를 할 필요가 없다. "계약직공무원 채용계약해지의 의사표시는 일반공무원에 대한 징계처분과는 달라서 항고소송의 대상이 되는 처분 등의 성격을 가진 것으로 인정되지 아니하고, 일정한 사유가 있을 때에 국가 또는 지방자치단체가 채용계약 관계의 한쪽 당사자로서 대등한 지위에서 행하는 의사표시로 취급되는 것으로 이해되므로, 이를 징계해고 등에서와 같이 그 징계사유에 한하여 효력 유무를 판단하여야 하거나, 행정처분과 같이 행정절차법에 의하여 근거와 이유를 제시하여야 하는 것은 아니다." (대법원 2002.11.26. 선고 2002두5948)

④ (○) 행정기본법 제27조 제2항

행정기본법	제27조(공법상 계약의 체결) ② 행정청은 공법상 계약의 상대방을 선정하고 계약 내용을 정할 때 공법상 계약의 공공성과 제3자의 이해관계를 고려하여야 한다.

정답 ③

253 [회독] ☐☐☐   21년 지방 7급

공법상 계약에 대한 설명으로 옳지 않은 것은? (다툼이 있는 경우 판례에 의함)

① 구「정부투자기관 관리기본법」의 적용 대상인 정부투자기관이 일방 당사자가 되는 계약은 사법상의 계약으로서 그에 관한 법령에 특별한 정함이 있는 경우를 제외하고는 사적 자치의 원칙이 그대로 적용된다.

② 구「중소기업 기술혁신촉진법」상 중소기업 정보화지원사업에 따른 지원금 출연을 위하여 중소기업청장이 체결하는 협약은 공법상 대등한 당사자 사이의 의사표시의 합치로 성립하는 공법상 계약에 해당한다.

③ 행정청이 자신과 상대방 사이의 법률관계를 일방적인 의사표시로 종료시켰다면 그 의사표시는 공법상 계약관계의 일방 당사자로서 대등한 지위에서 행하는 의사표시가 아니라 공권력행사로서 행정처분에 해당한다.

④ 공법상 계약의 한쪽 당사자가 다른 당사자를 상대로 효력을 다투거나 이행을 청구하는 소송은 분쟁의 실질이 공법상 권리·의무의 존부·범위에 관한 다툼이 아니라 손해배상액의 구체적인 산정방법·금액에 국한되는 등의 특별한 사정이 없는 한 공법상 당사자소송으로 제기하여야 한다.

253

해설 ① (○) "구 정부투자기관 관리기본법(2007. 1. 19. 법률 제8258호 공공기관의 운영에 관한 법률 부칙 제2조 제1호로 폐지)의 적용 대상인 정부투자기관이 일방 당사자가 되는 계약(이하 '공공계약'이라 한다)은 정부투자기관이 사경제의 주체로서 상대방과 대등한 위치에서 체결하는 사법상의 계약으로서 본질적인 내용은 사인 간의 계약과 다를 바가 없으므로 그에 관한 법령에 특별한 정함이 있는 경우를 제외하고는 사적 자치와 계약자유의 원칙 등 사법의 원리가 그대로 적용된다." (대법원 2014.12.24. 선고 2010다83182)

② (○) "중소기업 정보화지원사업에 따른 지원금 출연을 위하여 중소기업청장이 체결하는 협약은 공법상 대등한 당사자 사이의 의사표시의 합치로 성립하는 공법상 계약에 해당하는 점, 구 중소기업 기술혁신 촉진법(2010. 3. 31. 법률 제10220호로 개정되기 전의 것) 제32조 제1항은 제10조가 정한 기술혁신사업과 제11조가 정한 산학협력 지원사업에 관하여 출연한 사업비의 환수에 적용될 수 있을 뿐 이와 근거 규정을 달리하는 중소기업 정보화지원사업에 관하여 출연한 지원금에 대하여는 적용될 수 없고 달리 지원금 환수에 관한 구체적인 법령상 근거가 없는 점 등을 종합하면, 협약의 해지 및 그에 따른 환수통보는 공법상 계약에 따라 행정청이 대등한 당사자의 지위에서 하는 의사표시로 보아야 하고, 이를 행정청이 우월한 지위에서 행하는 공권력의 행사로서 행정처분에 해당한다고 볼 수는 없다." (대법원 2015.8.27. 선고 2015두41449)

③ (×) "행정청이 자신과 상대방 사이의 근로관계를 일방적인 의사표시에 의하여 종료시켰다고 하더라도 곧바로 그 의사표시가 행정청으로서 공권력을 행사하여 행하는 행정처분이라고 단정할 수는 없고, 관계 법령이 상대방의 근무관계에 관하여 구체적으로 어떻게 규정하고 있는지에 따라 그 의사표시가 항고소송의 대상이 되는 행정처분에 해당하는 것인지, 아니면 공법상 계약관계의 일방 당사자로서 대등한 지위에서 행하는 의사표시인지 여부를 개별적으로 판단하여야 한다." (대법원 2012.10.25. 선고 2010두18963)

④ (○) "공법상 계약의 한쪽 당사자가 다른 당사자를 상대로 효력을 다투거나 이행을 청구하는 소송은 공법상의 법률관계에 관한 분쟁이므로 분쟁의 실질이 공법상 권리·의무의 존부·범위에 관한 다툼이 아니라 손해배상액의 구체적인 산정방법·금액에 국한되는 등의 특별한 사정이 없는 한 공법상 당사자소송으로 제기하여야 한다." (대법원 2021.2.4. 선고 2019다277133)

정답 ③

254 [회독] ☐☐☐　　　　　　　　　　　20년 소방직

공법상 계약에 대한 설명으로 옳은 것은? (다툼이 있는 경우 판례에 의함)

① 중소기업기술정보진흥원장과 '갑' 주식회사가 체결한 중소기업 정보화지원사업을 위한 협약의 해지 및 그에 따른 환수통보는 공법상 당사자소송에 의한다.

② 계약의 해지의사표시를 하기 위해서는 「행정절차법」에 따라 근거와 이유를 제시하여야 한다.

③ 계약에 의한 의무불이행에 대해서는 원칙적으로 「행정대집행법」이 적용된다.

④ 계약에 관하여는 「행정절차법」에 명문의 규정을 두고 있다.

254

해설 ① (○) "중소기업기술정보진흥원장이 甲 주식회사와 중소기업 정보화지원사업 지원대상인 사업의 지원에 관한 협약을 체결하였다가, 협약이 甲 회사에 책임이 있는 사업실패로 해지되었다는 이유로 협약에서 정한 대로 지급받은 정부지원금을 반환할 것을 통보한 경우, 협약의 해지 및 그에 따른 환수통보는 공법상 계약에 따라 행정청이 대등한 당사자의 지위에서 하는 의사표시로 보아야 하고, 이를 행정청이 우월한 지위에서 행하는 공권력의 행사로서 행정처분에 해당한다고 볼 수는 없다."(대법원 2015.8.27. 선고 2015두41449) 따라서 이에 대해서는 공법상 당사자소송을 통해 다투어야 한다.

② (×) "계약직공무원에 관한 현행 법령의 규정에 비추어 볼 때, 계약직공무원 채용계약해지의 의사표시는 일반공무원에 대한 징계처분과는 달라서 항고소송의 대상이 되는 처분 등의 성격을 가진 것으로 인정되지 아니하고, 일정한 사유가 있을 때에 국가 또는 지방자치단체가 채용계약 관계의 한쪽 당사자로서 대등한 지위에서 행하는 의사표시로 취급되는 것으로 이해되므로, 이를 징계해고 등에서와 같이 그 징계사유에 한하여 효력유무를 판단하여야 하거나, 행정처분과 같이 행정절차법에 의하여 근거와 이유를 제시하여야 하는 것은 아니다."(대법원 2002.11.26. 선고 2002두5948)

③ (×) 행정대집행의 대상이 되는 의무는 법률에 의하여 직접 명령되었거나 또는 법률에 의거한 행정청의 명령에 의하여 부과받은 의무이어야 한다. 따라서 공법상 계약을 통하여 부담하게 되는 의무는 공법상의 의무라 하더라도, 그것을 불이행한 경우에 행정대집행의 대상이 되지 않는다(행정대집행법 제2조).

행정 대집행법	제2조(대집행과 그 비용징수) 법률(법률의 위임에 의한 명령, 지방자치단체의 조례를 포함한다. 이하 같다)에 의하여 직접명령되었거나 또는 법률에 의거한 행정청의 명령에 의한 행위로서 타인이 대신하여 행할 수 있는 행위를 의무자가 이행하지 아니하는 경우 다른 수단으로써 그 이행을 확보하기 곤란하고 또한 그 불이행을 방치함이 심히 공익을 해할 것으로 인정될 때에는 당해 행정청은 스스로 의무자가 하여야 할 행위를 하거나 또는 제삼자로 하여금 이를 하게 하여 그 비용을 의무자로부터 징수할 수 있다.

④ (×) 공법상 계약에 대한 규정은 「행정절차법」에 존재하지 않는다.

정답 ①

---

255 [회독] □□□ 20년 지방 7급

공법상 계약에 대한 설명으로 옳은 것은? (다툼이 있는 경우 판례에 의함)

① 지방자치단체가 사인과 체결한 자원회수시설에 대한 위탁운영협약은 사법상 계약에 해당하므로 그에 관한 다툼은 민사소송의 대상이 된다.

② 구 「사회간접자본시설에 대한 민간투자법」에 근거한 서울 - 춘천 간 고속도로 민간투자시설사업의 사업시행자 지정은 공법상 계약에 해당한다.

③ 과학기술기본법령상 사업 협약의 해지 통보는 대등 당사자의 지위에서 형성된 공법상 계약을 계약당사자의 지위에서 종료시키는 의사표시에 해당한다.

④ A광역시립합창단원으로서 위촉기간이 만료되는 자들의 재위촉신청에 대하여 A광역시문화예술회관장이 실기와 근무성적에 대한 평정을 실시하여 재위촉을 하지 아니한 것은 항고소송의 대상이 되는 불합격 처분에 해당한다.

255

[해설] ① (○) "甲 지방자치단체가 乙 주식회사 등 4개 회사로 구성된 공동수급체를 자원회수시설과 부대시설의 운영·유지관리 등을 위탁할 민간사업자로 선정하고 乙 회사 등의 공동수급체와 위 시설에 관한 위·수탁 운영 협약을 체결한 경우 … 위 협약은 甲 지방자치단체가 사인인 乙 회사 등에 위 시설의 운영을 위탁하고 그 위탁운영비용을 지급하는 것을 내용으로 하는 용역계약으로서 상호 대등한 입장에서 당사자의 합의에 따라 체결한 사법상 계약에 해당한다." (대법원 2019.10.17. 선고 2018두60588)

② (×) '사회간접자본시설에 대한 민간투자법'상 민간투자에 관한 협약은 공법상 계약이지만, 사업시행자 지정행위는 행정처분에 해당한다고 본다. (대법원 2009.4.23. 선고 2007두13159)

③ (×) "재단법인 한국연구재단의 과학기술기본법령상 사업 협약의 해지 통보는 단순히 대등 당사자의 지위에서 형성된 공법상계약을 계약당사자의 지위에서 종료시키는 의사표시에 불과한 것이 아니라 행정청이 우월적 지위에서 연구개발비의 회수 및 관련자에 대한 국가연구개발사업 참여제한 등의 법률상 효과를 발생시키는 행정처분에 해당한다." (대법원 2014.12.11. 선고 2012두28704)

④ (×) "광주광역시립합창단원으로서 위촉기간이 만료되는 자들의 재위촉 신청에 대하여 광주광역시문화예술회관장이 실기와 근무성적에 대한 평정을 실시하여 재위촉을 하지 아니한 것을 항고소송의 대상이 되는 불합격처분이라고 할 수는 없다." (대법원 2001.12.11. 선고 2001두7794)

정답 ①

PART **02**

256 [회독] □□□ 19년 국가 7급

행정상 법률관계에 대한 판례의 입장으로 옳지 않은 것은?

① 공법상 근무관계의 형성을 목적으로 하는 채용계약의 체결 과정에서 행정청의 일방적인 의사표시로 계약이 성립하지 아니한 경우, 관계 법령이 상대방의 법률관계에 관하여 구체적으로 어떻게 규정하고 있는지에 따라 의사표시가 항고소송의 대상이 되는 처분에 해당하는지 아니면 공법상 계약관계의 일방 당사자로서 대등한 지위에서 행하는 의사표시인지를 개별적으로 판단하여야 한다.

② 행정처분과 부관 사이에 실제적 관련성이 있다고 볼 수 없는 경우 공무원이 이와 같은 공법상의 제한을 회피할 목적으로 행정처분의 상대방과 사이에 사법상 계약을 체결하는 형식을 취하였다면 이는 법치행정의 원리에 반하는 것으로서 위법하다.

③ 지방전문직공무원 채용계약 해지의 의사표시에 대하여는 공법상 당사자소송으로 그 의사표시의 무효확인을 청구할 수 있다.

④ 재단법인 한국연구재단이 A대학교 총장에게 연구개발비의 부당집행을 이유로 과학기술기본법령에 따라 '두뇌한국(BK)21 사업' 협약의 해지를 통보한 것은 공법상 계약을 계약당사자의 지위에서 종료시키는 의사표시에 해당한다.

256

해설 ① (○) "행정청이 자신과 상대방 사이의 근로관계를 일방적인 의사표시로 종료시켰다고 하더라도 곧바로 그 의사표시가 행정청으로서 공권력을 행사하여 행하는 행정처분이라고 단정할 수는 없고, 관계 법령이 상대방의 근무관계에 관하여 구체적으로 어떻게 규정하고 있는지에 따라 그 의사표시가 항고소송의 대상이 되는 행정처분에 해당하는 것인지 아니면 공법상 계약관계의 일방 당사자로서 대등한 지위에서 행하는 의사표시인지 여부를 개별적으로 판단하여야 한다. 이러한 법리는 공법상 근무관계의 형성을 목적으로 하는 채용계약의 체결 과정에서 행정청의 일방적인 의사표시로 계약이 성립하지 아니하게 된 경우에도 마찬가지이다." (대법원 2014.4.24. 선고 2013두6244)

② (○) "행정처분과 부관 사이에 실제적 관련성이 있다고 볼 수 없는 경우 공무원이 위와 같은 공법상의 제한을 회피할 목적으로 행정처분의 상대방과 사이에 사법상 계약을 체결하는 형식을 취하였다면 이는 법치행정의 원리에 반하는 것으로서 위법하다." (대법원 2009.12.10. 선고 2007다63966)

③ (○) "지방전문직공무원 채용계약 해지의 의사표시에 대하여는 대등한 당사자간의 소송형식인 공법상 당사자소송으로 그 의사표시의 무효확인을 청구할 수 있다." (대법원 1993.9.14. 선고 92누4611)

④ (×) "과학기술기본법의 위임에 따라 국가연구개발사업 시행의 세부 사항을 규율하는 '구 국가연구개발사업의 관리 등에 관한 규정'은 제7조에서 대학 등 주관연구기관에 속한 연구자가 신청한 연구개발과제에 대한 심사를 거쳐 연구개발비 지원 대상을 선정하도록 하고, 제9조에서 위와 같이 선정된 과제에 대하여 중앙행정기관의 장 또는 그로부터 업무위탁을 받은 전문기관의 장과 주관연구기관의 장 사이에 사업 협약을 체결하여 연구개발비를 지원하도록 하며, 제12조에서 중앙행정기관의 장이 출연한 연구개발비를 주관연구기관의 장에게 지급하여 이를 관리·집행하도록 하고, 제11조에서 중앙행정기관의 장은 '주관연구기관의 중대한 협약 위반으로 인하여 연구개발을 수행하기가 곤란한 경우(제2호)' 등의 사유가 발생하였을 때에는 협약으로 정하는 바에 따라 협약을 해약할 수 있도록 하면서(제1항), 특히 주관연구기관 등의 귀책사유 등을 이유로 한 협약 해약의 경우에는 출연금의 전부 또는 일부 회수 및 관련자에 대한 국가연구개발사업 참여제한 조치를 할 수 있도록(제3항) 규정하고 있다. 이러한 학술진흥법 등과 과학기술기본법령의 입법 취지 및 규정 내용 등을 살펴보면, 과학기술기본법령상 사업 협약의 해지 통보는 단순히 대등 당사자의 지위에서 형성된 공법상계약을 계약당사자의 지위에서 종료시키는 의사표시에 불과한 것이 아니라 행정청이 우월적 지위에서 연구개발비의 회수 및 관련자에 대한 국가연구개발사업 참여제한 등의 법률상 효과를 발생시키는 행정처분에 해당한다." (대법원 2014.12.11. 선고 2012두28704)

정답 ④

제5장　행정상 사실행위

기출테마 50　행정상 사실행위

257 [회독] ☐☐☐　　　　　　　　　　　　　20년 군무원 9급

사실행위에 관한 판례의 내용으로 옳지 않은 것은? (다툼이 있는 경우 판례에 의함)

① 교도소장이 수형자를 '접견내용 녹음·녹화 및 접견 시 교도관 참여대상자'로 지정한 행위는 수형자의 구체적 권리의무에 직접적 변동을 가져오는 행정청의 공법상 행위로서 항고소송의 대상이 되는 '처분'에 해당한다.

② 구청장이 사회복지법인에 특별감사 결과, 지적사항에 대한 시정지시와 그 결과를 관계서류와 함께 보고하도록 지시한 경우, 그 시정지시는 항고소송의 대상이 되는 행정처분에 해당하지 아니한다.

③ 교도소 수형자에게 소변을 받아 제출하게 한 것은, 형을 집행하는 우월적인 지위에서 외부와 격리된 채 형의 집행에 관한 지시, 명령을 복종하여야 할 관계에 있는 자에게 행해진 것으로서 권력적 사실행위이다.

④ 국세징수법에 의한 체납처분의 집행으로서 한 압류처분은, 행정청이 한 공법상의 처분이고, 따라서 그 처분이 위법이라고 하여 그 취소를 구하는 소송은 행정소송이다.

257

[해설] ① (○) "교도소장(피고)이 수형자 甲을 '접견내용 녹음·녹화 및 접견 시 교도관 참여대상자'로 지정한 행위를 함으로써 원고의 접견 시마다 사생활의 비밀 등 권리에 제한을 가하는 교도관의 참여, 접견내용의 청취·기록·녹음·녹화가 이루어졌으므로, 이는 피고가 그 우월적 지위에서 수형자인 원고에게 일방적으로 강제하는 성격을 가진 공권력적 사실행위의 성격을 갖고 있는 점 등을 고려하면 위와 같은 지정행위는 수형자의 구체적 권리의무에 직접적 변동을 초래하는 행정청의 공법상 행위로서 항고소송의 대상이 되는 '처분'에 해당한다." (대법원 2014.2.13. 선고 2013두20899)

② (×) 법령상 시장·군수·구청장이 사회복지사업에 관한 보고 또는 관계서류의 제출을 명령할 수 있고, 이를 위반한 경우, 불이익을 가할 수 있다고는 규정이 되어 있었으나, 시정지시 권한은 규정되어 있지 않았기 때문에 문제가 된 사건이다. 그런데 '감사에서의 지적사항에 대한 시정지시와 그 결과를 관계서류와 함께 보고하도록 지시'를 명하였다면, 보고 또는 관계서류의 제출 의무를 이행하기 위해서는 그 논리적 전제로 시정지시를 이행해야 하기 때문에, 대법원은 근거규정이 없는 이 시정지시가 권력적 사실행위에 해당한다고 보아 처분성을 인정하였다. "구 사회복지사업법 제26조 제1항 제7호, 제40조 제1항 제4호, 제51조 제1항, 제54조 제7호의 각 규정을 종합하면, 시장·군수·구청장은 사회복지사업을 운영하는 자에 대하여 그 소관업무에 관한 지도·감독을 하고, 필요한 경우 그 업무에 관하여 보고 또는 관계서류의 제출을 명하거나, 소속공무원으로 하여금 법인의 사무소 또는 시설에 출입하여 검사 또는 질문하게 할 수 있으며, 그 명령을 위반한 때에는 시장·군수·구청장이 직접 사회복지시설의 개선, 사업의 정지, 시설의 장의 교체를 명하거나, 시설의 폐쇄를 명할 수 있고, 보건복지부장관이 사회복지법인에 대하여 기간을 정하여 시정명령을 하거나 설립허가를 취소할 수 있을 뿐만 아니라 그 명령에 따르지 않는 자에 대하여 형사처벌도 가능하도록 규정되어 있다. 서울특별시 종로구청장은 사회복지법인 甲에 대하여 위 시정지시와 아울러 그 조치 결과를 관련서류를 첨부하여 보고하도록 명령함으로써 위 시정지시의 조치결과가 구 사회복지사업법 제51조 제1항에 근거한 보고명령 및 관련서류 제출명령에 포함되어 있으므로, 이와 같은 경우 사회복지법인 甲으로서는 위 시정지시에 따른 시정조치가 선행되지 않는 이상 피고의 위 보고명령 및 관련서류 제출명령을 이행하기 어렵다고 할 것이다. 그러므로 사회복지법인 甲으로서는 위 보고명령 및 관련서류 제출명령을 이행하기 위하여 위 시정지시에 따른 시정조치의 이행이 사실상 강제되어 있다고 할 것이고, 만일 서울특별시 종로구청장의 위 명령을 이행하지 않는 경우 시정명령을 받거나 법인설립허가가 취소될 수 있고, 자신이 운영하는 사회복지시설에 대한 개선 또는 사업정지 명령을 받거나 그 시설의 장의 교체 또는 시설의 폐쇄와 같은 불이익을 받을 위험이 … 있으므로, 이와 같은 사정에 비추어 보면, 위 시정지시는 단순한 권고적 효력만을 가지는 비권력적 사실행위에 불과하다고 볼 수는 없고, 사회복지법인 甲에 대하여 의무의 부담을 명하거나 기타 법률상 효과를 발생하게 하는 것으로서 항고소송의 대상이 되는 행정처분에 해당한다고 해석함이 상당하다고 할 것이다." (대법원 2008.4.24. 선고 2008두3500)

③ (○) "교도소 수형자에게 소변을 받아 제출하게 한 것은, 형을 집행하는 우월적인 지위에서 외부와 격리된 채 형의 집행에 관한 지시, 명령을 복종하여야 할 관계에 있는 자에게 행해진 것으로서 일방적으로 강제하는 측면이 존재하며, 응하지 않을 경우 직접적인 징벌 등의 제재는 없다고 하여도 불리한 처우를 받을 수 있다는 심리적 압박이 존재하리라는 것을 충분히 예상할 수 있는 점에 비추어, 권력적 사실행위에 해당한다." (대법원 2006.7.27. 선고 2005헌마277)

④ (○) "국세징수법에 의한 체납처분의 집행으로서 한 본건 압류처분은, 나라의 행정청인 피고가 한 공법상의 처분이고, 따라서 그 처분이 위법이라고 하여 그 취소를 구하는 이 소송은 행정소송이라 할 것이다." (대법원 1969.4.29. 선고 69누12)

정답 ②

258 [회독] □□□ 20년 지방 9급

판례상 항고소송의 대상으로 인정되는 것만을 모두 고르면?

> ㉠ 교도소장이 특정 수형자를 '접견내용 녹음·녹화 및 접견
> 시 교도관 참여대상자'로 지정한 행위
> ㉡ 행정청이 토지대장상의 소유자명의변경신청을 거부한 행위
> ㉢ 지방경찰청장의 횡단보도 설치 행위
> ㉣ 상표권자인 법인에 대한 청산종결등기가 되었음을 이유로
> 특허청장이 행한 상표권 말소등록 행위

① ㉠, ㉡　　　　　② ㉠, ㉢

③ ㉡, ㉣　　　　　④ ㉢, ㉣

258

해설 ㉠ (항고소송의 대상 ○) "교도소장(피고)이 수형자 甲을 '접견내용 녹음·녹화 및 접견 시 교도관 참여대상자'로 지정한 행위를 함으로써 원고의 접견 시마다 사생활의 비밀 등 권리에 제한을 가하는 교도관의 참여, 접견내용의 청취·기록·녹음·녹화가 이루어졌으므로, 이는 피고가 그 우월적 지위에서 수형자인 원고에게 일방적으로 강제하는 성격을 가진 공권력적 사실행위의 성격을 갖고 있는 점 등을 고려하면 위와 같은 지정행위는 수형자의 구체적 권리의무에 직접적 변동을 초래하는 행정청의 공법상 행위로서 항고소송의 대상이 되는 '처분'에 해당한다." (대법원 2014.2.13. 선고 2013두20899)

㉡ (항고소송의 대상 ×) "토지대장에 기재된 소유자 명의가 변경된다고 하여도 이로 인하여 당해 토지에 대한 실체상의 권리관계에 변동을 가져올 수 없고 토지 소유권이 지적공부의 기재만에 의하여 증명되는 것도 아니다. 따라서 소관청이 토지대장상의 소유자명의변경신청을 거부한 행위는 이를 항고소송의 대상이 되는 행정처분이라고 할 수 없다." (대법원 2012.1.12. 선고 2010두12354)

㉢ (항고소송의 대상 ○) "지방경찰청장이 횡단보도를 설치하여 보행자의 통행방법 등을 규제하는 것은, 행정청이 특정 사항에 대하여 의무의 부담을 명하는 행위이고, 이는 국민의 권리의무에 직접 관계가 있는 행위로서 행정처분이라고 보아야 할 것이다." (대법원 2000.10.27. 선고 98두8964)

㉣ (항고소송의 대상 ×) "상표원부에 상표권자인 법인에 대한 청산종결등기가 되었음을 이유로 상표권의 말소등록이 이루어졌다고 해도 이는 상표권이 소멸하였음을 확인하는 사실적·확인적 행위에 지나지 않고, 각 상표권의 말소등록행위는 상표권 소멸의 효력을 발생시키는 행위가 아닐 뿐만 아니라, 위와 같은 말소등록행위에 대하여는 회복등록신청과 그 거부처분에 대한 항고소송 등 다른 권리구제수단이 마련되어 있기도 하므로, 이 사건 각 상표권의 말소등록행위는 항고소송의 대상이 된다고 볼 수 없다." (대법원 2015.10.29. 선고 2014두2362)

정답 ②

259 [회독] ☐☐☐ 23년 지방 9급

행정상 사실행위에 대한 설명으로 옳지 않은 것은?

① 행정상 사실행위의 예로는 폐기물 수거, 행정지도, 대집행의 실행, 행정상 즉시강제 등이 있다.

② 행정청이 위법 건축물에 대한 단전 및 전화통화 단절조치를 요청한 것은 항고소송의 대상이 되는 행정처분이라고 볼 수 없다.

③ 교도소장이 영치품인 티셔츠 사용을 재소자에게 불허한 행위는 항고소송의 대상이 되는 행정처분에 해당한다.

④ 교도소 내 마약류 관련 수형자에 대한 교도소장의 소변 강제채취는 권력적 사실행위이나 헌법소원의 대상은 아니다.

259

해설 ① (○) 옳은 내용이다. 행정상 사실행위는 일정한 법적 효과의 발생을 목적으로 하지 않고, 단순히 사실상의 결과 실현만을 목적으로 하는 행정작용으로, 그 예로는 폐기물 수거, 행정지도, 행정대집행의 실행, 행정상 즉시강제, 불법주차차량 견인조치 등이 있다.

② (○) "건축법 제69조 제2항, 제3항의 규정에 비추어 보면, 행정청이 위법 건축물에 대한 시정명령을 하고 나서 위반자가 이를 이행하지 아니하여 전기·전화의 공급자에게 그 위법 건축물에 대한 전기·전화공급을 하지 말아 줄 것을 요청한 행위는 권고적 성격의 행위에 불과한 것으로서 전기·전화공급자나 특정인의 법률상 지위에 직접적인 변동을 가져오는 것은 아니므로 이를 항고소송의 대상이 되는 행정처분이라고 볼 수 없다." (대법원 1996.3.22. 선고 96누433)

③ (○) "마산교도소장이 행형법시행령 제131조 제2항, 영치금품관리규정(법무부예규관리 제630호) 제28조 제1항 별표 수용자 1인의 영치품 휴대 허가기준에 따라 이에 부합하지 않는 위 단추 달린 남방형 티셔츠에 대하여 휴대를 불허한 이 사건 행위는 이른바 '권력적 사실행위'로서 행정소송법 및 행정심판법의 대상이 되는 '행정청이 행하는 구체적 사실에 대한 법집행으로서의 공권력의 행사'(행정소송법 제2조 제1항 제1호, 행정심판법 제2조 제1항 제1호)에 해당한다." (헌법재판소 2002.8.5. 선고 2002헌마462)

④ (✕) "교도소 수형자에게 소변을 받아 제출하게 한 것은, 형을 집행하는 우월적인 지위에서 외부와 격리된 채 형의 집행에 관한 지시, 명령을 복종하여야 할 관계에 있는 자에게 행해진 것으로서 그 목적 또한 교도소 내의 안전과 질서유지를 위하여 실시하였고, 일방적으로 강제하는 측면이 존재하며, 응하지 않을 경우 직접적인 징벌 등의 제재는 없다고 하여도 불리한 처우를 받을 수 있다는 심리적 압박이 존재하리라는 것을 충분히 예상할 수 있는 점에 비추어, 권력적 사실행위로서 헌법재판소법 제68조 제1항의 공권력의 행사에 해당한다." (헌법재판소 2006.7.27. 선고 2005헌마277)

헌법재판소법	제68조 (청구사유) ① 공권력의 행사 또는 불행사로 인하여 헌법상 보장된 기본권을 침해받은 자는 법원의 재판을 제외하고는 헌법재판소에 헌법소원심판을 청구할 수 있다. 다만, 다른 법률에 구제절차가 있는 경우에는 그 절차를 모두 거친 후에 청구할 수 있다.

정답 ④

260 [회독] ☐☐☐　　　　　　　　　　23년 소방직

행정상 사실행위에 관한 설명으로 옳지 않은 것은? (다툼이 있는 경우 판례에 의함)

① 권력적 사실행위가 행정처분의 준비단계로서 행하여지거나 행정처분과 결합된 경우에는 행정처분에 흡수·통합되어 불가분의 관계에 있다 할 것이므로 행정처분이 취소소송의 대상이 되지만, 처분과 분리하여 따로 권력적 사실행위를 다툴 실익이 있다.

② 비권력적 사실행위는 공권력의 행사에 해당하지 않지만, 행정청이 우월적 지위에서 일방적으로 강제하는 권력적 사실행위는 헌법소원의 대상이 되는 공권력의 행사에 해당한다.

③ 도지사가 도에서 설치·운영하는 지방의료원을 폐업하겠다는 결정을 발표하고 그에 따라 폐업을 위한 일련의 조치를 한 경우, 폐업결정은 공권력의 행사로서 행정처분에 해당한다.

④ 일반적으로 어떤 행위가 헌법소원의 대상이 되는 권력적 사실행위에 해당하는지 여부는 당해 행정주체와 상대방과의 관계, 그 사실행위에 대한 상대방의 의사·관여 정도·태도, 그 사실행위의 목적·경위, 법령에 의한 명령·강제수단의 발동 가부 등 그 행위가 행하여질 당시의 구체적 사정을 종합적으로 고려하여 개별적으로 판단해야 한다.

260

해설 ① (×) "권력적 사실행위가 행정처분의 준비단계로서 행하여지거나 행정처분과 결합된 경우(합성적 행정행위)에는 행정처분에 흡수·통합되어 불가분의 관계에 있다 할 것이므로 행정처분만이 취소소송의 대상이 되고, 처분과 분리하여 따로 권력적 사실행위를 다툴 실익은 없다." (헌법재판소 2003.12.18. 선고 2001헌마754)

② (○) "행정상의 사실행위는 경고, 권고, 시사와 같은 정보제공이나 단순한 지식표시로서의 행정지도와 같이 대외적 구속력이 없는 '비권력적 사실행위'와 행정청이 우월적 지위에서 일방적으로 강제하는 '권력적 사실행위'로 나뉘고, 그 중 권력적 사실행위는 헌법소원의 대상이 되는 공권력의 행사에 해당한다." (헌법재판소 2017.7.25. 선고 2017헌마730)

③ (○) "甲 도지사가 도에서 설치·운영하는 乙 지방의료원을 폐업하겠다는 결정을 발표하고 그에 따라 폐업을 위한 일련의 조치가 이루어진 후 乙 지방의료원을 해산한다는 내용의 조례를 공포하고 乙 지방의료원의 청산절차가 마쳐진 경우, 지방의료원의 설립·통합·해산은 지방자치단체의 조례로 결정할 사항이므로, 도가 설치·운영하는 乙 지방의료원의 폐업·해산은 도의 조례로 결정할 사항인 점 등을 종합하면, 甲 도지사의 폐업결정은 행정청이 행하는 구체적 사실에 관한 법집행으로서의 공권력 행사로서 입원환자들과 소속 직원들의 권리·의무에 직접 영향을 미치는 것이므로 항고소송의 대상에 해당한다." (대법원 2016.8.30. 선고 2015두60617)

④ (○) "일반적으로 어떤 행위가 헌법소원의 대상이 되는 권력적 사실행위에 해당하는지 여부는 당해 행정주체와 상대방과의 관계, 그 사실행위에 대한 상대방의 의사·관여 정도·태도, 그 사실행위의 목적·경위, 법령에 의한 명령·강제수단의 발동 가부 등 그 행위가 행하여질 당시의 구체적 사정을 종합적으로 고려하여 개별적으로 판단해야 한다." (헌법재판소 2017.7.25. 선고 2017헌마730)

정답 ①

261 [회독] □□□   21년 군무원 9급

행정지도에 대한 설명으로 옳지 않은 것은?

① 행정지도가 그의 한계를 일탈하지 아니하였다면, 그로 인하여 상대방에게 어떤 손해가 발생하였다 하더라도 행정기관은 그에 대한 손해배상책임이 없다.

② 위법한 건축물에 대한 단전 및 전화통화 단절조치 요청 행위는 처분성이 인정되는 행정지도이다.

③ 상대방이 행정지도에 따르지 아니하였다는 것을 직접적인 이유로 하는 불이익한 조치는 위법한 행위가 된다.

④ 국가배상법이 정한 배상청구의 요건인 공무원의 직무에는 행정지도도 포함된다.

262 [회독] □□□   23년 군무원 9급

행정지도에 대한 설명으로 옳지 않은 것은? (다툼이 있는 경우 판례에 의함)

① 행정지도를 하는 자는 그 상대방에게 그 행정지도의 취지 및 내용과 신분을 밝혀야 한다.

② 행정지도는 말로 이루어질 수 있다.

③ 행정기관은 행정지도의 상대방이 행정지도에 따르지 아니할 경우 그에 상응하는 불이익조치를 할 수 있다.

④ 행정지도의 상대방은 해당 행정지도의 방식에 관하여 행정기관에 의견제출을 할 수 있다.

261

해 설 ① (○) "행정지도가 강제성을 띠지 않은 비권력적 작용으로서 행정지도의 한계를 일탈하지 아니하였다면, 그로 인하여 상대방에게 어떤 손해가 발생하였다 하더라도 행정기관은 그에 대한 손해배상책임이 없다." (대법원 2008.9.25. 선고 2006다18228)

② (×) "행정청이 위법 건축물에 대한 시정명령을 하고 나서 위반자가 이를 이행하지 아니하여 전기·전화의 공급자에게 그 위법 건축물에 대한 전기·전화공급을 하지 말아 줄 것을 요청한 행위는 권고적 성격의 행위에 불과한 것으로서 전기·전화공급자나 특정인의 법률상 지위에 직접적인 변동을 가져오는 것은 아니므로 이를 항고소송의 대상이 되는 행정처분이라고 볼 수 없다." (대법원 1996.3.22. 선고 96누433)

③ (○) 행정절차법 제48조 제2항

행정절차법	제48조(행정지도의 원칙) ② 행정기관은 행정지도의 상대방이 행정지도에 따르지 아니하였다는 것을 이유로 불이익한 조치를 하여서는 아니 된다.

④ (○) "국가배상법이 정한 배상청구의 요건인 '공무원의 직무'에는 권력적 작용만이 아니라 행정지도와 같은 비권력적 작용도 포함되며 단지 행정주체가 사경제주체로서 하는 활동만 제외된다." (대법원 1998.7.10. 선고 96다38971)

정답 ②

262

해 설 ①, ② (○) 행정절차법 제49조

행정절차법	제49조(행정지도의 방식) ① 행정지도를 하는 자는 그 상대방에게 그 행정지도의 취지 및 내용과 신분을 밝혀야 한다. ② 행정지도가 말로 이루어지는 경우에 상대방이 제1항의 사항을 적은 서면의 교부를 요구하면 그 행정지도를 하는 자는 직무 수행에 특별한 지장이 없으면 이를 교부하여야 한다.

③ (×) 행절절차법 제48조 제2항

행정절차법	제48조(행정지도의 원칙) ② 행정기관은 행정지도의 상대방이 행정지도에 따르지 아니하였다는 것을 이유로 불이익한 조치를 하여서는 아니 된다.

④ (○) 행절절차법 제50조

행정절차법	제50조(의견제출) 행정지도의 상대방은 해당 행정지도의 방식·내용 등에 관하여 행정기관에 의견제출을 할 수 있다.

정답 ③

263 [회독] ☐☐☐ 21년 소방직

행정지도에 관한 설명으로 옳지 않은 것은? (다툼이 있는 경우 판례에 의함)

① 행정지도란 행정기관이 그 소관 사무의 범위에서 일정한 행정목적을 실현하기 위하여 특정인에게 일정한 행위를 하거나 하지 아니하도록 지도, 권고, 조언 등을 하는 행정작용을 말한다.

② 행정지도 중 규제적·구속적 행정지도의 경우에는 법적 근거가 필요하다는 견해가 있다.

③ 교육인적자원부장관(현 교육부장관)의 (구)공립대학 총장들에 대한 학칙시정요구는 고등교육법령에 따른 것으로, 그 법적 성격은 대학총장의 임의적인 협력을 통하여 사실상의 효과를 발생시키는 행정지도의 일종으로 헌법소원의 대상이 되는 공권력의 행사로 볼 수 없다.

④ 행정지도가 강제성을 띠지 않은 비권력적 작용으로서 행정지도의 한계를 일탈하지 아니하였다면, 그로 인해 상대방에게 어떤 손해가 발생하였다고 해도 행정기관은 그에 대한 손해배상책임이 없다.

263

해설 ① (○) 행정절차법 제2조 제3호

행정절차법	제2조(정의) 이 법에서 사용하는 용어의 뜻은 다음과 같다. 3. "행정지도"란 행정기관이 그 소관 사무의 범위에서 일정한 행정목적을 실현하기 위하여 특정인에게 일정한 행위를 하거나 하지 아니하도록 지도, 권고, 조언 등을 하는 행정작용을 말한다.

② (○) 행정지도는 비권력적 사실행위이기 때문에 법적 근거가 필요하지 않다. 다만, 규제적 행정지도가 현실적으로 강제성을 수반하게 되는 경우(구속적인 경우)에는 법적 근거가 있어야 한다고 보는 견해도 있다.

③ (×) 행정지도의 일종이지만 헌법소원의 대상이 되는 공권력의 행사로 보고 있다. "교육인적자원부장관의 대학총장들에 대한 이 사건 학칙시정요구는 고등교육법 제6조 제2항, 동법시행령 제4조 제3항에 따른 것으로서 그 법적 성격은 대학총장의 임의적인 협력을 통하여 사실상의 효과를 발생시키는 행정지도의 일종이지만, 그에 따르지 않을 경우 일정한 불이익조치를 예정하고 있어 사실상 상대방에게 그에 따를 의무를 부과하는 것과 다를 바 없으므로 단순한 행정지도로서의 한계를 넘어 규제적·구속적 성격을 상당히 강하게 갖는 것으로서 헌법소원의 대상이 되는 공권력의 행사라고 볼 수 있다." (헌법재판소 2003.6.26. 선고 2002헌마337)

④ (○) "행정지도가 강제성을 띠지 않은 비권력적 작용으로서 행정지도의 한계를 일탈하지 아니하였다면, 그로 인하여 상대방에게 어떤 손해가 발생하였다 하더라도 행정기관은 그에 대한 손해배상책임이 없다." (대법원 2008.9.25. 선고 2006다18228)

정답 ③

264 [회독] ☐☐☐　　　　25년 소방직

행정지도에 관한 설명으로 옳지 않은 것은? (다툼이 있는 경우 판례에 의함)

① 「행정절차법」은 행정지도에 대해 비례원칙을 준수할 것을 규정하고 있다.

② 「행정절차법」상 행정기관은 행정지도의 상대방이 행정지도에 따르지 아니하였다는 것을 이유로 불이익한 조치를 하여서는 아니 된다.

③ 「행정절차법」상 행정지도가 말로 이루어지는 경우에 상대방이 행정지도의 취지, 내용, 신분 사항을 적은 서면의 교부를 요구하면 그 행정지도를 하는 자는 직무 수행에 특별한 지장이 없으면 이를 교부하여야 한다.

④ 「국가배상법」이 정한 배상청구의 요건인 '공무원의 직무'에는 행정지도와 같은 비권력적 작용은 포함되지 않는다.

264

해설 ①, ② (○) 행정절차법 제48조 제1항, 제2항

행정절차법	제48조(행정지도의 원칙) ① 행정지도는 그 목적 달성에 필요한 최소한도에 그쳐야 하며, 행정지도의 상대방의 의사에 반하여 부당하게 강요하여서는 아니 된다. ② 행정기관은 행정지도의 상대방이 행정지도에 따르지 아니하였다는 것을 이유로 불이익한 조치를 하여서는 아니 된다.

③ (○) 행정절차법 제49조 제2항

행정절차법	제49조(행정지도의 방식) ① 행정지도를 하는 자는 그 상대방에게 그 행정지도의 취지 및 내용과 신분을 밝혀야 한다. ② 행정지도가 말로 이루어지는 경우에 상대방이 제1항의 사항을 적은 서면의 교부를 요구하면 그 행정지도를 하는 자는 직무 수행에 특별한 지장이 없으면 이를 교부하여야 한다.

④ (✕) "국가배상법이 정한 배상청구의 요건인 '공무원의 직무'에는 권력적 작용만이 아니라 행정지도와 같은 비권력적 작용도 포함되며 단지 행정주체가 사경제주체로서 하는 활동만 제외된다." (대법원 1998.7.10. 선고 96다38971)

정답 ④

265 [회독] ☐☐☐ 23년 지방 9급

행정지도에 대한 설명으로 옳지 않은 것은?

① 행정기관은 행정지도의 상대방이 행정지도에 따르지 아니하였다는 것을 이유로 불이익한 조치를 하여서는 아니 된다.

② 행정기관이 같은 행정목적을 실현하기 위하여 많은 상대방에게 행정지도를 하려는 경우에는 특별한 사정이 없으면 행정지도에 공통적인 내용이 되는 사항을 공표하여야 한다.

③ 위법한 행정지도에 따라 행한 사인의 행위는 위법성이 조각되어 범법행위가 되지 않는다.

④ 행정지도가 강제성을 띠지 않은 비권력적 작용으로서 행정지도의 한계를 일탈하지 아니하였다면, 그로 인하여 상대방에게 손해가 발생하였다 하더라도 행정기관은 손해배상책임이 없다.

266 [회독] ☐☐☐ 19년 국가 9급

행정지도에 대한 설명으로 옳지 않은 것은? (다툼이 있는 경우 판례에 의함)

① 행정지도는 상대방의 의사에 반하여 부당하게 강요하여서는 안 된다.

② 행정지도는 작용법적 근거가 필요하지 않으므로, 비례원칙과 평등원칙에 구속되지 않는다.

③ 교육인적자원부장관의 대학총장들에 대한 학칙시정요구는 법령에 따른 것으로 행정지도의 일종이지만, 단순한 행정지도로서의 한계를 넘어 헌법소원의 대상이 되는 공권력의 행사라고 볼 수 있다.

④ 세무당국이 주류제조회사에 대하여 특정 업체와의 주류거래를 일정기간 중지하여 줄 것을 요청한 행위는 권고적 성격의 행위로서 행정처분이라고 볼 수 없다.

265

해설 ① (○) 행정절차법 제48조 제2항

행정절차법	제48조(행정지도의 원칙) ① 행정지도는 그 목적 달성에 필요한 최소한도에 그쳐야 하며, 행정지도의 상대방의 의사에 반하여 부당하게 강요하여서는 아니 된다. ② 행정기관은 행정지도의 상대방이 행정지도에 따르지 아니하였다는 것을 이유로 불이익한 조치를 하여서는 아니 된다.

② (○) 행정절차법 제51조

행정절차법	제51조(다수인을 대상으로 하는 행정지도) 행정기관이 같은 행정목적을 실현하기 위하여 많은 상대방에게 행정지도를 하려는 경우에는 특별한 사정이 없으면 행정지도에 공통적인 내용이 되는 사항을 공표하여야 한다.

③ (×) "행정관청이 토지거래계약신고에 관하여 공시된 기준지가를 기준으로 매매가격을 신고하도록 행정지도하여 왔고 그 기준가격 이상으로 매매가격을 신고한 경우에는 거래신고서를 접수하지 않고 반려하는 것이 관행화되어 있다 하더라도 이는 법에 어긋나는 관행이라 할 것이므로 그와 같은 위법한 관행에 따라 허위신고행위에 이르렀다고 하여 그 범법행위가 사회상규에 위배되지 않는 정당한 행위라고는 볼 수 없다." (대법원 1992.4.24. 선고 91도1609)

④ (○) "행정지도가 강제성을 띠지 않은 비권력적 작용으로서 행정지도의 한계를 일탈하지 아니하였다면, 그로 인하여 상대방에게 어떤 손해가 발생하였다 하더라도 행정기관은 그에 대한 손해배상책임이 없다." (대법원 2008.9.25. 선고 2006다18228)

정답 ③

266

해설 ① (○) 행정절차법 제48조 제1항

행절절차법	제48조(행정지도의 원칙) ① 행정지도는 그 목적 달성에 필요한 최소한도에 그쳐야 하며, 행정지도의 상대방의 의사에 반하여 부당하게 강요하여서는 아니 된다.

② (×) 행정지도는 비권력적 행위로서 상대방의 임의적 협력을 전제로 하므로 작용법적 근거를 필요하지 않으나(법률유보의 원칙 미적용), 법률우위의 원칙은 적용되므로 비례원칙, 평등원칙에 구속된다.

③ (○) "교육인적자원부장관의 대학총장들에 대한 이 사건 학칙시정요구는 고등교육법에 따른 것으로서 그 법적 성격은 대학총장의 임의적인 협력을 통하여 사실상의 효과를 발생시키는 행정지도의 일종이지만, 그에 따르지 않을 경우 일정한 불이익조치를 예정하고 있어 사실상 상대방에게 그에 따를 의무를 부과하는 것과 다를 바 없으므로 단순한 행정지도로서의 한계를 넘어 규제적·구속적 성격을 상당히 강하게 갖는 것으로서 헌법소원의 대상이 되는 공권력의 행사라고 볼 수 있다." (헌법재판소 2003.6.26. 선고 2002헌마337)

④ (○) "세무당국이 소외 회사에 대하여 원고와의 주류거래를 일정기간 중지하여 줄 것을 요청한 행위는 권고 내지 협조를 요청하는 권고적 성격의 행위로서 소외 회사나 원고의 법률상의 지위에 직접적인 법률상의 변동을 가져오는 행정처분이라고 볼 수 없는 것이므로 항고소송의 대상이 될 수 없다." (대법원 1980.10.27. 선고 80누395)

정답 ②

267 [회독] ☐☐☐ 20년 군무원 9급

행정지도에 대한 설명으로 옳지 않은 것은? (다툼이 있는 경우 판례에 의함)

① 행정지도가 단순한 행정지도로서의 한계를 넘어 규제적·구속적 성격을 상당히 강하게 갖는 것이라면 헌법소원의 대상이 되는 공권력의 행사로 볼 수 있다.

② 행정관청이 국토이용관리법 소정의 토지거래계약 신고에 관하여 공시된 기준시가를 기준으로 매매가격을 신고하도록 행정지도를 하여 그에 따라 피고인이 허위신고를 한 것이라면 그 범법행위는 정당화된다.

③ 구「남녀차별금지 및 구제에 관한 법률」상 국가인권위원회의 성희롱결정과 이에 따른 시정조치의 권고는 성희롱 행위자로 결정된 자의 인격권에 영향을 미침과 동시에 공공기관의 장 또는 사용자에게 일정한 법률상의 의무를 부담시키는 것이므로 국가인권위원회의 성희롱결정 및 시정조치권고는 행정소송의 대상이 되는 행정처분에 해당한다.

④ 적법한 행정지도로 인정되기 위해서는 우선 그 목적이 적법한 것으로 인정될 수 있어야 할 것이므로, 행정청이 행한 주식매각의 종용이 정당한 법률적 근거 없이 자의적으로 주주에게 제재를 가하는 것이라면 행정지도의 영역을 벗어난 것이라고 보아야 할 것이다.

267

해설 ① (○) "교육인적자원부장관의 대학총장들에 대한 이 사건 학칙시정요구는 고등교육법에 따른 것으로서 그 법적 성격은 행정지도의 일종이지만, 그에 따르지 않을 경우 일정한 불이익조치를 예정하고 있어 사실상 상대방에게 그에 따를 의무를 부과하는 것과 다를 바 없으므로 단순한 행정지도로서의 한계를 넘어 규제적·구속적 성격을 상당히 강하게 갖는 것으로서 헌법소원의 대상이 되는 공권력의 행사라고 볼 수 있다." (헌법재판소 2003.6.26. 선고 2002헌마337)

② (✕) "행정관청이 국토이용관리법 소정의 토지거래계약신고에 관하여 공시된 기준시가를 기준으로 매매가격을 신고하도록 행정지도를 하여 그에 따라 허위신고를 한 것이라 하더라도 이와 같은 행정지도는 법에 어긋나는 것으로서 그와 같은 행정지도나 관행에 따라 허위신고행위에 이르렀다고 하여도 이것만 가지고서는 그 범법행위가 정당화될 수 없다." (대법원 1994.6.14. 선고 93도3247)

③ (○) "구 남녀차별금지및구제에관한법률상 국가인권위원회의 성희롱결정과 이에 따른 시정조치의 권고는 성희롱 행위자로 결정된 자의 인격권에 영향을 미침과 동시에 공공기관의 장 또는 사용자에게 일정한 법률상의 의무를 부담시키는 것이므로 국가인권위원회의 성희롱결정 및 시정조치권고는 행정소송의 대상이 되는 행정처분에 해당한다." (대법원 2005.7.8. 선고 2005두487)

④ (○) "적법한 행정지도로 인정되기 위하여는 우선 그 목적이 적법한 것으로 인정될 수 있어야 할 것이므로, 주식매각의 종용이 정당한 법률적 근거 없이 자의적으로 주주에게 제재를 가하는 것이라면 이 점에서 벌써 행정지도의 영역을 벗어난 것이라고 보아야 할 것이고 만일 이러한 행위도 행정지도에 해당된다고 한다면 이는 행정지도라는 미명하에 법치주의의 원칙을 파괴하는 것이라고 하지 않을 수 없다." (대법원 1994.12.13. 선고 93다49482)

정답 ②

268 [회독] □□□
20년 소방직

행정지도에 대한 내용으로 옳지 않은 것은?

① 행정기관은 상대방이 행정지도에 따르지 아니하였다는 이유로 불이익 조치를 하여서는 아니 된다.

② 행정절차에 소요되는 비용은 원칙적으로 행정청이 부담하도록 규정되어 있다.

③ 행정지도의 상대방은 당해 행정지도의 방식·내용 등에 관하여 행정기관에 의견을 제출할 수 없다.

④ 행정지도는 그 목적달성에 필요한 최소한도에 그쳐야 한다.

268

해설 ① (○) 행정절차법 제48조 제2항

행정절차법	제48조(행정지도의 원칙) ② 행정기관은 행정지도의 상대방이 행정지도에 따르지 아니하였다는 것을 이유로 불이익한 조치를 하여서는 아니 된다.

② (○) 행정절차법 제54조

행정절차법	제54조(비용의 부담) 행정절차에 드는 비용은 행정청이 부담한다. 다만, 당사자등이 자기를 위하여 스스로 지출한 비용은 그러하지 아니하다.

③ (×) 행정절차법 제50조

행정절차법	제50조(의견제출) 행정지도의 상대방은 해당 행정지도의 방식·내용 등에 관하여 행정기관에 의견제출을 할 수 있다.

④ (○) 행정절차법 제48조 제1항

행정절차법	제48조(행정지도의 원칙) ① 행정지도는 그 목적 달성에 필요한 최소한도에 그쳐야 하며, 행정지도의 상대방의 의사에 반하여 부당하게 강요하여서는 아니 된다.

정답 ③

269 [회독] □□□
20년 소방직

다음 설명 중 옳지 않은 것은? (다툼이 있는 경우 판례에 의함)

① 일정한 행정목적을 실현하기 위하여 상대방인 국민에게 임의적인 협력을 요청하는 비권력적 사실행위를 행정지도라 한다.

② 행정지도를 하는 자는 그 상대방에게 그 행정지도의 취지 및 내용을 밝혀야 하지만 신분은 생략할 수 있다.

③ 상대방의 의사에 반하여 부당하게 강요하는 행정지도는 위법하다.

④ 행정지도에는 법률의 근거가 필요하지 않다는 것이 판례의 태도이다.

269

해설 ① (○) 옳은 내용이다.

② (×) 신분도 밝혀야 한다(행정절차법 제49조 제1항).

행정절차법	제49조(행정지도의 방식) ① 행정지도를 하는 자는 그 상대방에게 그 행정지도의 취지 및 내용과 신분을 밝혀야 한다.

③ (○) 행정절차법 제48조 제1항

행정절차법	제48조(행정지도의 원칙) ① 행정지도는 그 목적 달성에 필요한 최소한도에 그쳐야 하며, 행정지도의 상대방의 의사에 반하여 부당하게 강요하여서는 아니 된다.

④ (○) 행정지도는 보통 비권력적이기 때문에, 행정지도에는 법적 근거가 없어도 된다는 견해가 다수설이다. 다만 엄밀하게 따지자면, 명시적으로 행정지도에 법률의 근거가 필요하지 않다고 본 판례는 없다.

정답 ②

제6장　그 밖의 행정작용 형식

기출테마 52　확약

270 [회독] □□□

23년 국가 7급

확약에 대한 설명으로 옳지 않은 것은?

① 「행정절차법」상 법령등에서 당사자가 신청할 수 있는 처분을 규정하고 있는 경우 행정청은 당사자의 신청에 따라 장래에 어떤 처분을 하거나 하지 아니할 것을 내용으로 하는 확약을 할 수 있으며, 문서 또는 말에 의한 확약도 가능하다.

② 「행정절차법」상 행정청은 확약을 한 후에 확약의 내용을 이행할 수 없을 정도로 법령등이나 사정이 변경된 경우에는 확약에 기속되지 아니하며, 그 확약을 이행할 수 없는 경우에는 지체 없이 당사자에게 그 사실을 통지하여야 한다.

③ 행정청이 상대방에게 장차 어떤 처분을 하겠다고 확약을 하였더라도, 그 자체에서 상대방으로 하여금 언제까지 처분의 발령을 신청하도록 유효기간을 두었는데도 그 기간 내에 상대방의 신청이 없었다면, 그 확약은 행정청의 별다른 의사표시를 기다리지 않고 실효된다.

④ 어업권면허에 선행하는 우선순위결정은 행정청이 우선권자로 결정된 자의 신청이 있으면 어업권면허처분을 하겠다는 것을 약속하는 행위로서 강학상 확약에 불과하고 행정처분은 아니다.

270

해설

① (×) 행정절차법 제40조의2 제1,2항

행정절차법	제40조의2(확약) ① 법령등에서 당사자가 신청할 수 있는 처분을 규정하고 있는 경우 행정청은 당사자의 신청에 따라 장래에 어떤 처분을 하거나 하지 아니할 것을 내용으로 하는 의사표시(이하 "확약"이라 한다)를 할 수 있다. ② 확약은 문서로 하여야 한다.

② (○) 행정절차법 제40조의2 제4,5항

행정절차법	제40조의2(확약) ④ 행정청은 다음 각 호의 어느 하나에 해당하는 경우에는 확약에 기속되지 아니한다. 1. 확약을 한 후에 확약의 내용을 이행할 수 없을 정도로 법령등이나 사정이 변경된 경우 2. 확약이 위법한 경우 ⑤ 행정청은 확약이 제4항 각 호의 어느 하나에 해당하여 확약을 이행할 수 없는 경우에는 지체 없이 당사자에게 그 사실을 통지하여야 한다.

③ (○) "행정청이 상대방에게 장차 어떤 처분을 하겠다고 확약 또는 공적인 의사표명을 하였다고 하더라도, 그 자체에서 상대방으로 하여금 언제까지 처분의 발령을 신청을 하도록 유효기간을 두었는데도 그 기간 내에 상대방의 신청이 없었다거나 확약 또는 공적인 의사표명이 있은 후에 사실적·법률적 상태가 변경되었다면, 그와 같은 확약 또는 공적인 의사표명은 행정청의 별다른 의사표시를 기다리지 않고 실효된다." (대법원 1996.8.20. 선고 95누10877)

④ (○) "어업권면허에 선행하는 우선순위결정은 행정청이 우선권자로 결정된 자의 신청이 있으면 어업권면허처분을 하겠다는 것을 약속하는 행위로서 강학상 확약에 불과하고 행정처분은 아니므로, 우선순위결정에 공정력이나 불가쟁력과 같은 효력은 인정되지 아니하며, 따라서 우선순위결정이 잘못되었다는 이유로 종전의 어업권면허처분이 취소되면 행정청은 종전의 우선순위결정을 무시하고 다시 우선순위를 결정한 다음 새로운 우선순위결정에 기하여 새로운 어업권면허를 할 수 있다." (대법원 1995.1.20. 선고 94누6529)

정답 ①

271 [회독] ☐☐☐　　　　22년 국가 9급

다단계행정결정에 대한 설명으로 옳지 않은 것은? (다툼이 있는 경우 판례에 의함)

① 「공유재산 및 물품 관리법」에 근거하여 공모제안을 받아 이루어지는 민간투자사업 '우선협상대상자 선정행위'나 '우선협상대상자 지위배제행위'에서 '우선협상대상자 지위배제행위'만이 항고소송의 대상인 처분에 해당한다.

② 구 「원자력법」상 원자로 및 관계시설의 부지사전승인처분 후 건설허가처분까지 내려진 경우, 선행처분은 후행처분에 흡수되어 건설허가처분만이 행정쟁송의 대상이 된다.

③ 공정거래위원회가 부당한 공동행위를 한 사업자에게 과징금 부과처분을 한 뒤 다시 자진신고 등을 이유로 과징금 감면처분을 한 경우, 선행처분은 후행처분에 흡수되어 소멸하므로 선행처분의 취소를 구하는 소는 부적법하다.

④ 자동차운송사업 양도·양수인가신청에 대하여 행정청이 내인가를 한 후 그 본인가신청이 있음에도 내인가를 취소한 경우, 다시 본인가에 대하여 별도로 인가여부의 처분을 한다는 사정이 보이지 않는다면 내인가취소는 행정처분에 해당한다.

271

[해설] ① (✕) "지방자치단체의 장이 공유재산법에 근거하여 기부채납 및 사용·수익허가 방식으로 민간투자사업을 추진하는 과정에서 사업시행자를 지정하기 위한 전 단계에서 공모제안을 받아 일정한 심사를 거쳐 우선협상대상자를 선정하는 행위와 이미 선정된 우선협상대상자를 그 지위에서 배제하는 행위는 민간투자사업의 세부내용에 관한 협상을 거쳐 공유재산법에 따른 공유재산의 사용·수익허가를 우선적으로 부여받을 수 있는 지위를 설정하거나 또는 이미 설정한 지위를 박탈하는 조치이므로 모두 항고소송의 대상이 되는 행정처분으로 보아야 한다." (대법원 2020.4.29. 선고 2017두31064)

② (○) "원자로 및 관계 시설의 부지사전승인처분은 그 자체로서 건설부지를 확정하고 사전공사를 허용하는 법률효과를 지닌 독립한 행정처분이기는 하지만, 건설허가 전에 신청자의 편의를 위하여 미리 그 건설허가의 일부 요건을 심사하여 행하는 사전적 부분 건설허가처분의 성격을 갖고 있는 것이어서 나중에 건설허가처분이 있게 되면 그 건설허가처분에 흡수되어 독립된 존재가치를 상실함으로써 그 건설허가처분만이 쟁송의 대상이 된다." (대법원 1998.9.4. 선고 97누19588)

③ (○) "공정거래위원회가 부당한 공동행위를 행한 사업자로서 자진신고자나 조사협조자에 대하여 과징금 부과처분(이하 '선행처분'이라 한다)을 한 뒤, 다시 자진신고자 등에 대한 사건을 분리하여 자진신고 등을 이유로 한 과징금 감면처분(이하 '후행처분'이라 한다)을 하였다면, 후행처분은 자진신고 감면까지 포함하여 처분 상대방이 실제로 납부하여야 할 최종적인 과징금액을 결정하는 종국적 처분이고, 선행처분은 이러한 종국적 처분을 예정하고 있는 일종의 잠정적 처분으로서 후행처분이 있을 경우 선행처분은 후행처분에 흡수되어 소멸한다. 따라서 위와 같은 경우에 선행처분의 취소를 구하는 소는 이미 효력을 잃은 처분의 취소를 구하는 것으로 부적법하다." (대법원 2015.2.12. 선고 2013두987)

④ (○) "자동차운송사업양도양수계약에 기한 양도양수인가신청에 대하여 피고 시장이 내인가를 한 후 위 내인가를 취소한 경우, 피고가 위 내인가를 취소함으로써 다시 본인가에 대하여 따로이 인가 여부의 처분을 한다는 사정이 보이지 않는다면 위 내인가취소를 인가신청을 거부하는 처분으로 보아야 할 것이다." (대법원 1991.6.28. 선고 90누4402)

정답 ①

272 [회독] ☐☐☐

「행정절차법」상 확약에 관한 설명으로 옳지 않은 것은?

① 법령등에서 당사자가 신청할 수 있는 처분을 규정하고 있는 경우 행정청은 당사자의 신청에 따라 장래에 어떤 처분을 하거나 하지 아니할 것을 내용으로 하는 확약을 할 수 있다.

② 행정청은 다른 행정청과의 협의 등의 절차를 거쳐야 하는 처분에 대하여 확약을 하려는 경우에는 확약을 하기 전에 그 절차를 거쳐야 한다.

③ 확약을 한 후에 확약의 내용을 이행할 수 없을 정도로 사정이 변경된 경우, 행정청은 확약에 기속되지 아니한다.

④ 확약은 서면이나 말로 할 수 있으며, 확약이 말로 이루어지는 경우에는 상대방이 서면의 교부를 요구하면 직무수행에 특별한 지장이 없는 한 이를 교부하여야 한다.

272

해설 ①, ②, ③ (○) 행정절차법 제40조의2

행정절차법	제40조의2(확약) ① 법령등에서 당사자가 신청할 수 있는 처분을 규정하고 있는 경우 행정청은 당사자의 신청에 따라 장래에 어떤 처분을 하거나 하지 아니할 것을 내용으로 하는 의사표시(이하 "확약"이라 한다)를 할 수 있다. ② 확약은 문서로 하여야 한다. ③ 행정청은 다른 행정청과의 협의 등의 절차를 거쳐야 하는 처분에 대하여 확약을 하려는 경우에는 확약을 하기 전에 그 절차를 거쳐야 한다. ④ 행정청은 다음 각 호의 어느 하나에 해당하는 경우에는 확약에 기속되지 아니한다. 1. 확약을 한 후에 확약의 내용을 이행할 수 없을 정도로 법령등이나 사정이 변경된 경우 2. 확약이 위법한 경우 ⑤ 행정청은 확약이 제4항 각 호의 어느 하나에 해당하여 확약을 이행할 수 없는 경우에는 지체 없이 당사자에게 그 사실을 통지하여야 한다.

④ (×) 확약은 문서로 하여야 한다(행정절차법 제40조의2 제2항). 행정절차법 제49조 제2항을 변형시켜 낸 오선지이다.

행정절차법	제49조(행정지도의 방식) ② 행정지도가 말로 이루어지는 경우에 상대방이 제1항의 사항을 적은 서면의 교부를 요구하면 그 행정지도를 하는 자는 직무 수행에 특별한 지장이 없으면 이를 교부하여야 한다.

정답 ④

273 [회독] ☐☐☐　　　　　　　　　22년 국가 9급

행정작용에 대한 설명으로 옳은 것은? (다툼이 있는 경우 판례에 의함)

① 구체적인 계획을 입안함에 있어 지침이 되거나 특정 사업의 기본방향을 제시하는 내용의 행정계획은 항고소송의 대상인 행정처분에 해당하지 않는다.

② 공법상 계약이 법령 위반 등의 내용상 하자가 있는 경우에도 그 하자가 중대명백한 것이 아니면 취소할 수 있는 하자에 불과하고 이에 대한 다툼은 당사자소송에 의하여야 한다.

③ 지도, 권고, 조언 등의 행정지도는 법령의 근거를 요하고 항고소송의 대상이 된다.

④ 「국가를 당사자로 하는 계약에 관한 법률」에 따라 국가가 당사자가 되는 이른바 공공계약에 관한 법적 분쟁은 원칙적으로 행정법원의 관할 사항이다.

273

[해설] ① (○) "국토해양부, 환경부, 문화체육관광부, 농림수산부, 식품부가 합동으로 2009. 6. 8. 발표한 '4대강 살리기 마스터플랜' 등은 4대강 정비사업과 주변 지역의 관련 사업을 체계적으로 추진하기 위하여 수립한 종합계획이자 '4대강 살리기 사업'의 기본방향을 제시하는 계획으로서, 행정기관 내부에서 사업의 기본방향을 제시하는 것일 뿐, 국민의 권리·의무에 직접 영향을 미치는 것이 아니어서 행정처분에 해당하지 않는다." (대법원 2011.4.21.자 선고 2010무111)

② (×) 공법상 계약에는 공정력이 인정되지 아니하므로 이에 법령상 위반 등의 내용상 하자가 있는 경우 원칙적으로 무효이다.

③ (×) 행정지도는 비권력적 사실행위로서 법률유보원칙이 적용되지 아니하고, 처분이 아니므로 항고소송의 대상이 되지 아니한다.

④ (×) "국가를 당사자로 하는 계약에 관한 법률에 따라 국가가 당사자가 되는 이른바 공공계약은 사경제 주체로서 상대방과 대등한 위치에서 체결하는 사법상 계약으로서 본질적인 내용은 사인 간의 계약과 다를 바가 없으므로, 그에 관한 법령에 특별한 정함이 있는 경우를 제외하고는 사적 자치와 계약자유의 원칙 등 사법의 원리가 그대로 적용된다." (대법원 2020.5.14. 선고 2018다298409)

정답 ①

274 [회독] □□□ 22년 군무원 9급

행정계획에 관한 판례의 내용으로 가장 옳지 않은 것은?

① 관계 법령에는 추상적인 행정목표와 절차만이 규정되어 있을 뿐 행정계획의 내용에 관하여는 별다른 규정을 두고 있지 아니하므로 행정주체는 구체적인 행정계획을 입안·결정함에 있어서 비교적 광범위한 형성의 자유를 가진다.

② 행정주체가 가지는 이와 같은 형성의 자유는 무제한적인 것이 아니라 그 행정계획에 관련되는 자들의 이익을 공익과 사익 사이에서는 물론이고 공익 상호간과 사익 상호간에도 정당하게 비교교량하여야 한다는 제한이 있다.

③ 판례에 따르면, 행정계획에 있어서 형량의 부존재, 형량의 누락, 평가의 과오 및 형량의 불비례 등 형량의 하자별로 위법의 판단기준을 달리하여 개별화하여 판단하고 있다.

④ 이미 고시된 실시계획에 포함된 상세계획으로 관리되는 토지 위의 건물의 용도를 상세계획승인권자의 변경승인 없이 임의로 판매시설에서 상세계획에 반하는 일반목욕장으로 변경한 사안에서, 그 영업신고를 수리하지 않고 영업소를 폐쇄한 처분은 적법하다고 한 판례가 있다.

274

해설 ①, ② (○) "행정계획이라 함은 행정에 관한 전문적·기술적 판단을 기초로 하여 도시의 건설·정비·개량 등과 같은 특정한 행정목표를 달성하기 위하여 서로 관련되는 행정수단을 종합·조정함으로써 장래의 일정한 시점에 있어서 일정한 질서를 실현하기 위한 활동기준으로 설정된 것으로서, 도시계획법 등 관계 법령에는 추상적인 행정목표와 절차만이 규정되어 있을 뿐 행정계획의 내용에 대하여는 별다른 규정을 두고 있지 아니하므로 행정주체는 구체적인 행정계획을 입안·결정함에 있어서 비교적 광범위한 형성의 자유를 가지는 한편, 행정주체가 가지는 이와 같은 형성의 자유는 무제한적인 것이 아니라 그 행정계획에 관련되는 자들의 이익을 공익과 사익 사이에서는 물론이고 공익 상호간과 사익 상호간에도 정당하게 비교교량하여야 한다는 제한이 있는 것이다." (대법원 2000.3.23. 선고 98두2768)

③ (×) ㉠ 판례는 형량하자의 유형을 언급하고는 있으나, 그러한 유형의 하자가 있으면 곧바로 행정계획이 위법하게 된다고만 판시하고 있을뿐, 하자의 유형별로 위법의 판단기준을 달리 사용하고 있지는 않다. ㉡ 이와 달리 다수설은, 예컨대, 형량의 부존재의 경우에는 그 자체로 곧바로 위법사유가 되고, 형량의 누락은 '중요한' 이익고려사항을 누락한 경우에만 위법사유가 된다고 보는 등 형량하자의 유형별로 위법의 판단기준을 달리하여 하여야 한다고 본다. ㉢ "행정주체가 구체적인 행정계획을 입안·결정할 때에 가지는 비교적 광범위한 형성의 자유는 무제한적인 것이 아니라 행정계획에 관련되는 자들의 이익을 공익과 사익 사이에서는 물론이고 공익 상호 간과 사익 상호 간에도 정당하게 비교교량하여야 한다는 제한이 있는 것이므로, 행정주체가 행정계획을 입안·결정하면서 이익형량을 전혀 행하지 않거나 이익형량의 고려 대상에 마땅히 포함시켜야 할 사항을 빠뜨린 경우 또는 이익형량을 하였으나 정당성과 객관성이 결여된 경우에는 행정계획결정은 형량에 하자가 있어 위법하게 된다." (대법원 2012.1.12. 선고 2010두5806)

④ (○) "이미 고시된 실시계획에 포함된 상세계획으로 관리되는 토지 위의 건물의 용도를 상세계획 승인권자의 변경승인 없이 임의로 판매시설에서 상세계획에 반하는 일반목욕장으로 변경한 사안에서, 그 영업신고를 수리하지 않고 영업소를 폐쇄한 처분은 적법하다." (대법원 2008.3.27. 선고 2006두3742)

정답 ③

275 [회독] ☐☐☐ 22년 국가 7급

행정계획에 대한 설명으로 옳지 않은 것은? (다툼이 있는 경우 판례에 의함)

① '4대강 살리기 마스터플랜'은 4대강 정비사업 지역 인근에 거주하는 주민의 권리·의무에 직접 영향을 미치는 것이어서 행정처분에 해당한다.

② 구 도시계획법령상 도시계획안의 내용에 대한 공고 및 공람 절차에 하자가 있는 도시계획결정은 위법하다.

③ 행정주체는 구체적인 행정계획을 입안·결정함에 있어서 비교적 광범위한 형성의 자유를 가진다.

④ 행정주체가 행정계획을 입안·결정함에 있어서 이익형량의 고려 대상에 마땅히 포함시켜야 할 사항을 누락한 경우 그 행정계획결정은 재량권을 일탈·남용한 것으로서 위법하다.

275

해설 ① (✕) "5개 중앙부처가 합동으로 2009. 6. 8. 발표한 '4대강 살리기 마스터플랜' 등은 4대강 정비사업과 주변 지역의 관련 사업을 체계적으로 추진하기 위하여 수립한 종합계획이자 '4대강 살리기 사업'의 기본방향을 제시하는 계획으로서, 행정기관 내부에서 사업의 기본방향을 제시하는 것일 뿐, 국민의 권리·의무에 직접 영향을 미치는 것이 아니어서 행정처분에 해당하지 않는다." (대법원 2011.4.21.자 선고 2010무111 전원합의체)

② (○) "도시계획법 제16조의2 제2항과 같은법시행령 제14조의2 제6항 내지 제8항의 규정을 종합하여 보면 도시계획의 입안에 있어 해당 도시계획안의 내용을 공고 및 공람하게 한 것은 다수 이해관계자의 이익을 합리적으로 조정하여 국민의 권리자유에 대한 부당한 침해를 방지하고 행정의 민주화와 신뢰를 확보하기 위하여 국민의 의사를 그 과정에 반영시키는데 있는 것이므로 이러한 공고 및 공람 절차에 하자가 있는 도시계획결정은 위법하다." (대법원 2000.3.23. 선고 98두2768)

③, ④ (○) "행정계획이라 함은 행정에 관한 전문적·기술적 판단을 기초로 하여 도시의 건설·정비·개량 등과 같은 특정한 행정목표를 달성하기 위하여 서로 관련되는 행정수단을 종합·조정함으로써 장래의 일정한 시점에 있어서 일정한 질서를 실현하기 위한 활동기준으로 설정된 것으로서, 도시계획법 등 관계 법령에는 추상적인 행정목표와 절차만이 규정되어 있을 뿐 행정계획의 내용에 대하여는 별다른 규정을 두고 있지 아니하므로 행정주체는 구체적인 행정계획을 입안·결정함에 있어서 비교적 광범위한 형성의 자유를 가진다고 할 것이지만, 행정주체가 가지는 이와 같은 형성의 자유는 무제한적인 것이 아니라 그 행정계획에 관련되는 자들의 이익을 공익과 사익 사이에서는 물론이고 공익 상호간과 사익 상호간에도 정당하게 비교교량하여야 한다는 제한이 있는 것이고, 따라서 행정주체가 행정계획을 입안·결정함에 있어서 이익형량을 전혀 행하지 아니하거나 이익형량의 고려 대상에 마땅히 포함시켜야 할 사항을 누락한 경우 또는 이익형량을 하였으나 정당성·객관성이 결여된 경우에는 그 행정계획결정은 재량권을 일탈·남용한 것으로서 위법하다." (대법원 1996.11.29. 선고 96누8567)

정답 ①

276 [회독] □□□ 24년 지방 9급

행정계획에 대한 설명으로 옳지 않은 것은?

① 후행 도시계획결정을 하는 행정청이 선행 도시계획의 결정·변경 등에 관한 권한을 가지고 있지 아니한 경우 선행 도시계획과 양립할 수 없는 내용이 포함된 후행 도시계획결정은 다른 특별한 사정이 없는 한 무효이다.

② 「도시 및 주거환경정비법」에 따라 인가·고시된 관리처분계획은 구속적 행정계획으로서 처분성이 인정된다.

③ 도시계획시설의 지정으로 말미암아 당해 토지의 이용가능성이 배제되거나 또는 토지소유자가 토지를 종래 허용된 용도대로도 사용할 수 없기 때문에 이로 인하여 현저한 재산적 손실이 발생하는 경우에는, 원칙적으로 국가나 지방자치단체는 이에 대한 보상을 해야 한다.

④ 도시계획시설결정의 장기미집행으로 인해 재산권이 침해된 경우, 도시계획시설결정의 실효를 주장할 수 있고, 이는 헌법상 재산권으로부터 당연히 직접 도출되는 권리이다.

276

해설 ① (○) "도시계획의 결정·변경 등에 관한 권한을 가진 행정청은 이미 도시계획이 결정·고시된 지역에 대하여도 다른 내용의 도시계획을 결정·고시할 수 있고, 이 때에 후행 도시계획에 선행 도시계획과 서로 양립할 수 없는 내용이 포함되어 있다면, 특별한 사정이 없는 한 선행 도시계획은 후행 도시계획과 같은 내용으로 변경되는 것이나, 후행 도시계획의 결정을 하는 행정청이 선행 도시계획의 결정·변경 등에 관한 권한을 가지고 있지 아니한 경우에 선행 도시계획과 서로 양립할 수 없는 내용이 포함된 후행 도시계획결정을 하는 것은 아무런 권한 없이 선행 도시계획결정을 폐지하고, 양립할 수 없는 새로운 내용이 포함된 후행 도시계획결정을 하는 것으로서, 선행 도시계획결정의 폐지 부분은 권한 없는 자에 의하여 행해진 것으로서 무효이고, 같은 대상지역에 대하여 선행 도시계획결정이 적법하게 폐지되지 아니한 상태에서 그 위에 다시 한 후행 도시계획결정 역시 위법하고, 그 하자는 중대하고도 명백하여 다른 특별한 사정이 없는 한 무효라고 보아야 한다." (대법원 2000.9.8. 선고 99두11257)

② (○) "「도시 및 주거환경정비법」(이하 '도시정비법'이라 한다)에 기초하여 주택재개발정비사업조합(이하 '조합'이라 한다)이 수립한 관리처분계획은 그것이 인가·고시를 통해 확정되면 이해관계인에 대한 구속적 행정계획으로서 독립적인 행정처분에 해당한다. 이러한 관리처분계획을 인가하는 행정청의 행위는 조합의 관리처분계획에 대한 법률상의 효력을 완성시키는 보충행위이다." (대법원 2016.12.15. 선고 2015두51347)

③ (○) "도시계획시설의 지정으로 말미암아 당해 토지의 이용가능성이 배제되거나 또는 토지소유자가 토지를 종래 허용된 용도대로도 사용할 수 없기 때문에 이로 말미암아 현저한 재산적 손실이 발생하는 경우에는, 원칙적으로 사회적 제약의 범위를 넘는 수용적 효과를 인정하여 국가나 지방자치단체는 이에 대한 보상을 해야 한다." (헌법재판소 1999.10.21. 선고 97헌바26)

④ (✕) "장기미집행 도시계획시설결정의 실효제도는 도시계획시설부지로 하여금 도시계획시설결정으로 인한 사회적 제약으로부터 벗어나게 하는 것으로서 결과적으로 개인의 재산권이 보다 보호되는 측면이 있는 것은 사실이나, 이와 같은 부수는 입법자가 새로운 제도를 마련함에 따라 얻게 되는 법률에 기한 권리일 뿐 헌법상 재산권으로부터 당연히 도출되는 권리는 아니다." (헌법재판소 2005.9.29. 선고 2002헌바84)

정답 ④

277 [회독] □□□　　　　24년 국가 9급

행정계획에 대한 설명으로 옳지 않은 것은?

① 행정청은 구체적인 행정계획을 입안·결정할 때 비교적 광범위한 형성의 재량을 가진다.

② 행정청이 행정계획을 입안·결정할 때 이익형량을 하였으나 정당성과 객관성이 결여된 경우에는 그 행정계획결정은 위법하게 될 수 있다.

③ 도시계획의 결정·변경 등에 관한 권한을 가진 행정청은 이미 도시계획이 결정·고시된 지역에 대하여도 다른 내용의 도시계획을 결정·고시할 수 있고, 이때에 후행 도시계획에 선행 도시계획과 서로 양립할 수 없는 내용이 포함되어 있다면, 특별한 사정이 없는 한 선행 도시계획은 후행 도시계획과 같은 내용으로 변경된다.

④ 도시기본계획은 도시의 장기적 개발 방향과 미래상을 제시하는 도시계획 입안의 지침이 되는 장기적·종합적인 개발계획으로서 직접적인 구속력이 있으므로, 도시계획시설결정 대상면적이 도시기본계획에서 예정했던 것보다 증가할 경우 도시기본계획의 범위를 벗어나 위법하다.

277

해설　①, ② (○) "행정계획은 특정한 행정목표를 달성하기 위하여 행정에 관한 전문적·기술적 판단을 기초로 관련되는 행정수단을 종합·조정함으로써 장래의 일정한 시점에 일정한 질서를 실현하기 위하여 설정한 활동기준이나 그 설정행위를 말한다. 행정청은 구체적인 행정계획을 입안·결정할 때 비교적 광범위한 형성의 재량을 가진다. 다만 행정청의 이러한 형성의 재량이 무제한적이라고 할 수는 없고, 행정계획에서는 그에 관련되는 자들의 이익을 공익과 사익 사이에서는 물론이고 공익 사이에서나 사익 사이에서도 정당하게 비교·교량하여야 한다는 제한이 있으므로, 행정청이 행정계획을 입안·결정할 때 이익형량을 전혀 행하지 아니하거나 이익형량의 고려 대상에 마땅히 포함시켜야 할 사항을 누락한 경우 또는 이익형량을 하였으나 정당성과 객관성이 결여된 경우에는 그 행정계획 결정은 이익형량에 하자가 있어 위법하게 될 수 있다." (대법원 2021.7.29. 선고 2021두33593)

③ (○) "도시계획의 결정·변경 등에 관한 권한을 가진 행정청은 이미 도시계획이 결정·고시된 지역에 대하여도 다른 내용의 도시계획을 결정·고시할 수 있고, 이 때에 후행 도시계획에 선행 도시계획과 서로 양립할 수 없는 내용이 포함되어 있다면, 특별한 사정이 없는 한 선행 도시계획은 후행 도시계획과 같은 내용으로 변경되는 것이나, 후행 도시계획의 결정을 하는 행정청이 선행 도시계획의 결정·변경 등에 관한 권한을 가지고 있지 아니한 경우에 선행 도시계획과 서로 양립할 수 없는 내용이 포함된 후행 도시계획결정을 하는 것은 아무런 권한 없이 선행 도시계획결정을 폐지하고, 양립할 수 없는 새로운 내용이 포함된 후행 도시계획결정을 하는 것으로서, 선행 도시계획결정의 폐지 부분은 권한 없는 자에 의하여 행해진 것으로서 무효이고, 같은 대상지역에 대하여 선행 도시계획결정이 적법하게 폐지되지 아니한 상태에서 그 위에 다시 한 후행 도시계획결정 역시 위법하고, 그 하자는 중대하고도 명백하여 다른 특별한 사정이 없는 한 무효라고 보아야 한다." (대법원 2000.9.8. 선고 99두11257)

④ (×) "도시계획법 제11조 제1항에는, 시장 또는 군수는 그 관할 도시계획구역 안에서 시행할 도시계획을 도시기본계획의 내용에 적합하도록 입안하여야 한다고 규정하고 있으나, 도시기본계획이라는 것은 도시의 장기적 개발방향과 미래상을 제시하는 도시계획 입안의 지침이 되는 장기적·종합적인 개발계획으로서 직접적인 구속력은 없는 것이므로, 도시계획시설결정 대상면적이 도시기본계획에서 예정했던 것보다 증가하였다 하여 그것이 도시기본계획의 범위를 벗어나 위법한 것은 아니다." (대법원 1998.11.27. 선고 96누13927)

정답 ④

278 [회독] □□□

행정계획에 대한 설명으로 옳지 않은 것은?

① 행정청은 행정청이 수립하는 계획 중 국민의 권리·의무에 직접 영향을 미치는 계획을 수립하거나 변경·폐지할 때에는 관련된 여러 이익을 정당하게 형량하여야 한다.

② 도시계획구역 내 토지 등을 소유하고 있는 주민은 도시시설계획의 입안 내지 변경을 요구할 수 있는 법규상 또는 조리상의 신청권이 있다.

③ 구 「도시계획법」상 도시기본계획은 도시의 기본적인 공간구조와 장기발전방향을 제시하는 종합계획으로서 도시계획입안의 지침이 되지만 일반 국민에 대한 직접적인 구속력은 없다.

④ 구 「택지개발촉진법」상 관할행정청의 택지개발사업시행자에 대한 택지개발계획의 승인은 그 승인의 고시에 의하여 개발할 토지의 위치, 면적, 권리내용 등이 특정되어 그 후 사업시행자에게 택지개발사업을 실시할 수 있는 권한이 설정된다고 하더라도 행정처분의 성격을 갖는 것은 아니다.

278

[해설] ① (○) 행정절차법 제40조의4

행정절차법	제40조의4(행정계획) 행정청은 행정청이 수립하는 계획 중 국민의 권리·의무에 직접 영향을 미치는 계획을 수립하거나 변경·폐지할 때에는 관련된 여러 이익을 정당하게 형량하여야 한다.

② (○) "국토의 계획 및 이용에 관한 법률 규정에 헌법상 개인의 재산권 보장의 취지를 더하여 보면, 도시계획구역 내 토지 등을 소유하고 있는 사람과 같이 당해 도시계획시설결정에 이해관계가 있는 주민으로서는 도시시설계획의 입안권자 내지 결정권자에게 도시시설계획의 입안 내지 변경을 요구할 수 있는 법규상 또는 조리상의 신청권이 있고, 이러한 신청에 대한 거부행위는 항고소송의 대상이 되는 행정처분에 해당한다." (대법원 2015.3.26. 선고 2014두42742)

③ (○) "도시기본계획은 도시의 기본적인 공간구조와 장기발전방향을 제시하는 종합계획으로서 그 계획에는 토지이용계획, 환경계획, 공원녹지계획 등 장래의 도시개발의 일반적인 방향이 제시되지만, 그 계획은 도시계획입안의 지침이 되는 것에 불과하여 일반 국민에 대한 직접적인 구속력은 없는 것이므로, 도시기본계획을 입안함에 있어 토지이용계획에는 세부적인 내용을 기재하지 아니하고 다소 포괄적으로 기재하였다 하더라도 기본구상도상에 분명하게 그 내용을 표시한 이상 도시기본계획으로서 입안된 것이라고 봄이 상당하고, 또 공청회 등 절차에서 다른 자료에 의하여 그 내용이 제시된 다음 관계 법령이 정하는 절차에 따라 건설교통부장관의 승인을 받아 공람공고까지 되었다면 도시기본계획으로서 적법한 효력이 있는 것이다." (대법원 2002.10.11. 선고 2000두8226)

④ (×) "택지개발촉진법 제3조에 의한 건설부장관의 택지개발예정지구의 지정과 같은 법 제8조에 의한 건설부장관의 택지개발사업시행자에 대한 택지개발계획의 승인은 그 처분의 고시에 의하여 개발할 토지의 위치, 면적, 권리내용 등이 특정되어 그 후 사업시행자에게 택지개발사업을 실시할 수 있는 권한이 설정되고, 나아가 일정한 절차를 거칠 것을 조건으로 하여 일정한 내용의 수용권이 주어지며 고시된 바에 따라 특정 개인의 권리나 법률상 이익이 개별적이고 구체적으로 규제받게 되므로 건설부장관의 위 각 처분은 행정처분의 성격을 갖는 것이다." (대법원 1992.8.14. 선고 91누11582)

정답 ④

279 [회독] □□□

행정계획에 대한 설명으로 옳지 않은 것은?

① 이미 고시된 실시계획에 포함된 상세계획으로 관리되는 토지 위의 건물의 용도를 상세계획 승인권자의 변경승인 없이 임의로 판매시설에서 상세계획에 반하는 일반목욕장으로 변경한 경우, 행정청이 그 영업신고를 수리하지 않고 영업소를 폐쇄한 처분은 적법하다.

② 구 건설교통부장관이 구역지정의 실효성이 적은 7개 중소도시권은 개발제한구역을 해제하고 구역지정이 필요한 7개 대도시권은 개발제한구역을 부분조정 하는 등의 내용을 담은 '개발제한구역제도개선방안'을 발표한 것은 헌법소원의 대상이 되는 공권력의 행사에 해당되지 아니한다.

③ 구 「도시계획법」상 도시계획은 도시기본계획에 부합되어야 한다고 규정되어 있으므로, 서울특별시 도시기본계획에 포함되어 있지 않은 원지동 추모공원의 설치를 내용으로 하는 서울특별시장의 도시계획시설결정은 위법하다.

④ 자연환경 보호 등을 목적으로 하는 도시관리계획결정은 식생이 양호한 수림의 훼손 등과 같이 장래 발생할 불확실한 상황과 파급효과에 대한 예측 등을 반영한 행정청의 재량적 판단으로서, 그 내용이 현저히 합리성을 결여하거나 형평이나 비례의 원칙에 뚜렷하게 반하는 등의 사정이 없는 한 폭넓게 존중하여야 한다.

279

해설 ① (○) "이미 고시된 실시계획에 포함된 상세계획으로 관리되는 토지 위의 건물의 용도를 상세계획 승인권자의 변경승인 없이 임의로 판매시설에서 상세계획에 반하는 일반목욕장으로 변경한 사안에서, 그 영업신고를 수리하지 않고 영업소를 폐쇄한 처분은 적법하다." (대법원 2008.3.27. 선고 2006두3742,3759)

② (○) "1999. 7. 22. 발표한 개발제한구역제도개선방안은 건설교통부장관이 개발제한구역의 해제 내지 조정을 위한 일반적인 기준을 제시하고, 개발제한구역의 운용에 대한 국가의 기본방침을 천명하는 정책계획안으로서 비구속적 행정계획안에 불과하므로 공권력행위가 될 수 없으며, 이 사건 개선방안을 발표한 행위도 대내외적 효력이 없는 단순한 사실행위에 불과하므로 공권력의 행사라고 할 수 없다. … 이 사건 개선방안은 7개 중소도시권과 7개 대도시권에서 개발제한구역을 해제하거나 조정하기 위한 추상적이고 일반적인 기준들만을 담고 있을 뿐, 개발제한구역의 해제지역이 구체적으로 확정되어 있지 않아서, 해당지역 주민들은 개발제한구역을 해제하는 구체적인 도시계획결정이 내려진 이후에야 비로소 법적인 영향을 받게 되므로, 이 사건 개선방안이 청구인들의 기본권에 직접적으로 영향을 끼칠 가능성이 없다. 따라서 이 사건 개선방안의 발표는 예외적으로 헌법소원의 대상이 되는 공권력의 행사에 해당되지 아니한다." (헌법재판소 2000.6.1. 선고 99헌마538)

③ (×) "'도시계획법' 제19조 제1항 및 이 사건 도시계획시설결정 당시의 서울특별시 도시계획조례 제3조 제3항에서는, 도시계획은 도시기본계획에 부합되어야 한다고 규정되어 있으나, 도시기본계획이라는 것은 도시의 장기적 개발방향과 미래상을 제시하는 도시계획 입안의 지침이 되는 장기적·종합적인 개발계획으로서 직접적인 구속력은 없는 것이므로, 이 사건 추모공원의 조성계획이 서울특별시 도시기본계획에 포함되어 있지 아니하다는 이유만으로는 이 사건 도시계획시설결정이 위법하다 할 수는 없다." (대법원 2007.4.12. 선고 2005두1893)

④ (○) "자연환경 보호 등을 목적으로 하는 도시관리계획결정은 식생이 양호한 수림의 훼손 등과 같이 장래 발생할 불확실한 상황과 파급효과에 대한 예측 등을 반영한 행정청의 재량적 판단으로서, 그 내용이 현저히 합리성을 결여하거나 형평이나 비례의 원칙에 뚜렷하게 반하는 등의 사정이 없는 한 폭넓게 존중해야 한다." (대법원 2023.11.16. 선고 2022두61816)

정답 ③

280 [회독] ☐☐☐ 23년 군무원 9급

다음 중 행정계획에 관한 설명으로 옳지 않은 것은? (다툼이 있는 경우 판례에 의함)

① 국립대학인 서울대학교의 '94학년도 대학입학고사 주요요강'은 행정계획이므로 헌법소원의 대상이 되는 공권력 행사에 해당되지 않는다.

② 행정주체가 행정계획을 입안·결정하면서 이익형량을 전혀 행하지 않거나 이익형량의 고려 대상에 마땅히 포함시켜야 할 사항을 빠뜨린 경우 또는 이익형량을 하였으나 정당성과 객관성이 결여된 경우에는 행정계획결정은 형량에 하자가 있어 위법하게 된다.

③ 개발제한구역지정처분은 그 입안·결정에 관하여 광범위한 형성의 자유를 가지는 계획재량처분이다.

④ 「도시 및 주거환경정비법」에 따른 주택재건축정비사업조합이 행정주체의 지위에서 수립하는 관리처분계획은 구속적 행정계획으로서 주택재건축정비사업조합이 행하는 독립된 행정처분에 해당한다.

280

[해설] ① (×) "국립대학인 서울대학교의 '94학년도 대학입학고사주요요강'은 사실상의 준비행위 내지 사전안내로서 행정쟁송의 대상이 될 수 있는 행정처분이나 공권력의 행사는 될 수 없지만 그 내용이 국민의 기본권에 직접 영향을 끼치는 내용이고 앞으로 법령의 뒷받침에 의하여 그대로 실시될 것이 틀림없을 것으로 예상되어 그로 인하여 직접적으로 기본권 침해를 받게 되는 사람에게는 사실상의 규범작용으로 인한 위험성이 이미 현실적으로 발생하였다고 보아야 할 것이므로 이는 헌법소원의 대상이 되는 헌법재판소법 제68조 제1항 소정의 공권력의 행사에 해당된다고 할 것이며, 이 경우 헌법소원 외에 달리 구제방법이 없다." (헌법재판소 1992.10.1. 선고 92헌마68)

② (○) "행정주체가 구체적인 행정계획을 입안·결정할 때에 가지는 비교적 광범위한 형성의 자유는 무제한적인 것이 아니라 행정계획에 관련되는 자들의 이익을 공익과 사익 사이에서는 물론이고 공익 상호 간과 사익 상호 간에도 정당하게 비교교량하여야 한다는 제한이 있는 것이므로, 행정주체가 행정계획을 입안·결정하면서 이익형량을 전혀 행하지 않거나 이익형량의 고려 대상에 마땅히 포함시켜야 할 사항을 빠뜨린 경우 또는 이익형량을 하였으나 정당성과 객관성이 결여된 경우에는 행정계획결정은 형량에 하자가 있어 위법하게 된다." (대법원 2012.1.12. 선고 2010두5806)

③ (○) "개발제한구역지정처분은 건설부장관이 법령의 범위 내에서 도시의 무질서한 확산 방지 등을 목적으로 도시정책상의 전문적·기술적 판단에 기초하여 행하는 일종의 행정계획으로서 그 입안·결정에 관하여 광범위한 형성의 자유를 가지는 계획재량처분이므로, 그 지정에 관련된 공익과 사익을 전혀 비교교량하지 아니하였거나 비교교량을 하였더라도 그 정당성과 객관성이 결여되어 비례의 원칙에 위반되었다고 볼 만한 사정이 없는 이상, 그 개발제한구역지정처분은 재량권을 일탈·남용한 위법한 것이라고 할 수 없다." (대법원 1997.6.24. 선고 96누1313)

④ (○) "재건축조합이 행정주체의 지위에서 도시정비법 제48조에 따라 수립하는 관리처분계획은 정비사업의 시행 결과 조성되는 대지 또는 건축물의 권리귀속에 관한 사항과 조합원의 비용 분담에 관한 사항 등을 정함으로써 조합원의 재산상 권리·의무 등에 구체적이고 직접적인 영향을 미치게 되므로, 이는 구속적 행정계획으로서 재건축조합이 행하는 독립된 행정처분에 해당한다." (대법원 2009.9.17. 선고 2007다2428 전원합의체)

정답 ①

281 [회독] ☐☐☐　　　　　　　　　　23년 소방직

행정계획에 관한 설명으로 옳지 않은 것은? (다툼이 있는 경우 판례에 의함)

① 구 도시계획법령에 따르면 도시계획의 입안에 있어 해당 도시계획안의 내용을 공고 및 공람하여야 하는데, 이러한 공고 및 공람 절차에 하자가 있으면 도시계획결정은 위법하다.

② 국토해양부, 환경부, 문화체육관광부, 농림수산식품부가 합동으로 2009. 6. 8. 발표한 '4대강 살리기 마스터플랜'은 행정기관 내부에서 사업의 기본방향을 제시하는 것일 뿐, 국민의 권리·의무에 직접 영향을 미치는 것은 아니라고 할 것이어서 행정처분에 해당하지 아니한다.

③ 재건축정비사업조합의 사업시행계획은 행정주체의 지위에서 수립한 구속적 행정계획으로서 인가·고시를 통해 확정되면 독립된 행정처분에 해당한다.

④ 구 「환경정책기본법」 제25조의2에 따라 사전환경성검토를 거쳐야 하는 행정계획이나 개발사업에 대하여 사전환경성검토를 거친 경우, 그 부실의 정도가 사전환경성검토 제도를 둔 입법 취지를 달성할 수 없을 정도가 아니더라도 그 부실로 인하여 행정계획은 위법하게 된다.

281

[해설] ① (○) "도시계획법 제16조의2 제2항과 같은법시행령 제14조의2 제6항 내지 제8항의 규정을 종합하여 보면 도시계획의 입안에 있어 해당 도시계획안의 내용을 공고 및 공람하게 한 것은 다수 이해관계자의 이익을 합리적으로 조정하여 국민의 권리자유에 대한 부당한 침해를 방지하고 행정의 민주화와 신뢰를 확보하기 위하여 국민의 의사를 그 과정에 반영시키는데 있는 것이므로 이러한 공고 및 공람 절차에 하자가 있는 도시계획결정은 위법하다고 하여야 할 것이다." (대법원 2000.3.23. 선고 98두2768)

② (○) "국토해양부, 환경부, 문화체육관광부, 농림수산부, 식품부가 합동으로 2009. 6. 8. 발표한 '4대강 살리기 마스터플랜' 등은 4대강 정비사업과 주변 지역의 관련 사업을 체계적으로 추진하기 위하여 수립한 종합계획이자 '4대강 살리기 사업'의 기본방향을 제시하는 계획으로서, 행정기관 내부에서 사업의 기본방향을 제시하는 것일 뿐, 국민의 권리·의무에 직접 영향을 미치는 것이 아니어서 행정처분에 해당하지 않는다." (대법원 2011.4.21.자 선고 2010무111)

③ (○) "구 도시 및 주거환경정비법에 따른 주택재건축정비사업조합은 관할 행정청의 감독 아래 위 법상 주택재건축사업을 시행하는 공법인으로서, 그 목적 범위 내에서 법령이 정하는 바에 따라 일정한 행정작용을 행하는 행정주체의 지위를 가진다 할 것인데, 재건축정비사업조합이 이러한 행정주체의 지위에서 위 법에 기초하여 수립한 사업시행계획은 인가·고시를 통해 확정되면 이해관계인에 대한 구속적 행정계획으로서 독립된 행정처분에 해당한다." (대법원 2009.11.2.자 선고 2009마596)

④ (✕) "구 환경정책기본법 제25조 내지 제27조, 구 환경정책기본법 시행령) 제7조 내지 제11조의 각 규정을 종합하여 보면, 구 환경정책기본법 제25조의2에 따라 사전환경성검토를 거쳐야 하는 행정계획이나 개발사업에 대하여 사전환경성검토를 거치지 아니하였는데도 행정계획을 수립하거나 개발사업에 대하여 허가 또는 승인 등을 하였다면 그 처분은 위법하다 할 것이나, 그러한 절차를 거쳤다면, 비록 그 사전환경성검토의 내용이 다소 부실하다 하더라도 그 부실의 정도가 사전환경성검토 제도를 둔 입법 취지를 달성할 수 없을 정도이어서 사전환경성검토를 하지 아니한 것과 다를 바 없는 정도의 것이 아닌 이상, 그 부실은 당해 처분에 재량권 일탈·남용의 위법이 있는지 여부를 판단하는 하나의 요소로 됨에 그칠 뿐, 그 부실로 인하여 당연히 당해 처분이 위법하게 되는 것은 아니라고 할 것이다." (대법원 2014.7.24. 선고 2012두4616)

정답 ④

282 [회독] ☐☐☐   21년 소방직

다음 설명 중 옳지 않은 것은? (다툼이 있는 경우 판례에 의함)

① 건설부장관(현 국토교통부장관)이 행한 국립공원지정처분에 따른 경계측량 및 표지의 설치 등은 처분이 아니다.

② 행정지도가 구술로 이루어지는 경우 상대방이 행정지도의 취지·내용 및 신분을 기재한 서면의 교부를 요구하면 당해 행정지도를 행하는 자는 직무수행에 특별한 지장이 없는 한 이를 교부하여야 한다.

③ 조례가 집행행위의 개입 없이도 그 자체로서 직접 국민의 구체적인 권리·의무나 법적 이익에 영향을 미치는 등의 법률상 효과를 발생하는 경우 그 조례는 항고소송의 대상이 되는 행정처분에 해당한다.

④ 행정계획은 현재의 사회·경제적 모든 상황의 조사를 바탕으로 장래를 예측하여 수립되고 장기간에 걸쳐 있으므로, 행정계획의 변경은 인정되지 않는다.

283 [회독] ☐☐☐   21년 지방 7급

행정계획에 대한 설명으로 옳지 않은 것은? (다툼이 있는 경우 판례에 의함)

① 도시관리계획결정·고시와 그 도면에 특정 토지가 도시관리계획에 포함되지 않았음이 명백한데도 도시관리계획을 집행하기 위한 후속 계획이나 처분에서 그 토지가 도시관리계획에 포함된 것처럼 표시되어 있는 경우, 이는 원칙적으로 취소사유에 해당한다.

② 구 「도시계획법」상 행정청이 정당하게 도시계획결정의 처분을 하였다고 하더라도 이를 관보에 게재하여 고시하지 아니한 이상 대외적으로는 아무런 효력이 발생하지 않는다.

③ 행정주체가 행정계획을 입안·결정함에 있어서 이익형량을 하였으나 정당성과 객관성이 결여된 경우 그 행정계획결정은 위법하다.

④ 산업단지개발계획상 산업단지 안의 토지 소유자로서 산업단지개발계획에 적합한 시설을 설치하여 입주하려는 자는 산업단지지정권자 또는 그로부터 권한을 위임받은 기관에 대하여 산업단지개발 계획의 변경을 요청할 수 있는 법규상 또는 조리상 신청권이 있다.

282

해설 ① (○) "건설부장관이 행한 국립공원지정처분은 그 결정 및 첨부된 도면의 공고로써 그 경계가 확정되는 것이고, 시장이 행한 경계측량 및 표지의 설치 등은 공원관리청이 공원구역의 효율적인 보호, 관리를 위하여 이미 확정된 경계를 인식, 파악하는 사실상의 행위로 봄이 상당하며, 위와 같은 사실상의 행위를 가리켜 공권력행사로서의 행정처분의 일부라고 볼 수 없고, 이로 인하여 건설부장관이 행한 공원지정처분이나 그 경계에 변동을 가져온다고 할 수 없다." (대법원 1992.10.13. 선고 92누2325)

② (○) 행정절차법 제49조 제1항, 제2항

행정절차법	제49조(행정지도의 방식) ① 행정지도를 하는 자는 그 상대방에게 그 행정지도의 취지 및 내용과 신분을 밝혀야 한다. ② 행정지도가 말로 이루어지는 경우에 상대방이 제1항의 사항을 적은 서면의 교부를 요구하면 그 행정지도를 하는 자는 직무 수행에 특별한 지장이 없으면 이를 교부하여야 한다.

③ (○) "조례가 집행행위의 개입 없이도 그 자체로서 직접 국민의 구체적인 권리의무나 법적 이익에 영향을 미치는 등의 법률상 효과를 발생하는 경우 그 조례는 항고소송의 대상이 되는 행정처분에 해당한다." (대법원 1996.9.20. 선고 95누8003)

④ (×) 행정계획은 현재의 사회 경제적 상황의 조사를 바탕으로 장래를 예측하여 수립되고 장기간에 걸쳐 있으므로, 그 변경 가능성이 내재되어 있어 원칙적으로 변경이 가능하다고 본다.

정답 ④

283

해설 ① (×) "도시관리계획결정·고시와 그 도면에 특정 토지가 도시관리계획에 포함되지 않았음이 명백한데도 도시관리계획을 집행하기 위한 후속 계획이나 처분에서 그 토지가 도시관리계획에 포함된 것처럼 표시되어 있는 경우가 있다. 이것은 실질적으로 도시관리계획결정을 변경하는 것에 해당하여 구 국토의 계획 및 이용에 관한 법률 제30조 제5항에서 정한 도시관리계획 변경절차를 거치지 않는 한 당연무효이다." (대법원 2019.7.11. 선고 2018두47783)

② (○) "정당하게 도시계획결정등의 처분을 하였다고 하더라도 이를 관보에 게재하여 고시하지 아니한 이상 대외적으로는 아무런 효력도 발생하지 아니한다." (대법원 1985.12.10. 선고 85누186)

③ (○) "행정주체가 행정계획을 입안·결정함에 있어서 이익형량을 전혀 행하지 아니하거나 이익형량의 고려 대상에 마땅히 포함시켜야 할 사항을 누락한 경우 또는 이익형량을 하였으나 정당성과 객관성이 결여된 경우, 그 행정계획결정은 형량에 하자가 있어 위법하게 된다." (대법원 2011.2.24. 선고 2010두21464)

④ (○) "산업단지개발계획상 산업단지 안의 토지 소유자로서 산업단지개발계획에 적합한 시설을 설치하여 입주하려는 자는 산업단지지정권자 또는 그로부터 권한을 위임받은 기관에 대하여 산업단지개발계획의 변경을 요청할 수 있는 법규상 또는 조리상 신청권이 있고, 이러한 신청에 대한 거부행위는 항고소송의 대상이 되는 행정처분에 해당한다고 보아야 한다." (대법원 2017.8.29. 선고 2016두44186)

정답 ①

284 [회독] □□□

항고소송의 대상이 되는 행정처분에 해당하는 것만을 〈보기〉에서 모두 고른 것은? (다툼이 있는 경우 판례에 의함)

┌─ 보기 ├─

㉠ 구 「도시계획법」 제12조에 의하여 고시된 도시계획결정

㉡ 구 「택지개발촉진법」에 의한 건설부장관의 택지개발예정지구의 지정

㉢ 구 「공공기관 지방이전에 따른 혁신도시 건설 및 지원에 관한 특별법」에 따라 국토해양부장관이 발표한 한국토지주택공사의 지방이전방안

㉣ 구 도시계획법령에 의한 도시기본계획

① ㉠, ㉡

② ㉠, ㉢

③ ㉠, ㉢, ㉣

④ ㉡, ㉢, ㉣

284

해설 ㉠ (처분 ○) "도시계획법 제12조 소정의 도시계획결정이 고시되면 도시계획구역안의 토지나 건물 소유자의 토지형질변경, 건축물의 신축, 개축 또는 증축 등 권리행사가 일정한 제한을 받게 되는바 이런 점에서 볼 때 고시된 도시계획결정은 특정 개인의 권리 내지 법률상의 이익을 개별적이고 구체적으로 규제하는 효과를 가져오게 하는 행정청의 처분이라 할 것이고, 이는 행정소송의 대상이 되는 것이라 할 것이다." (대법원 1982.3.9. 선고 80누105)

㉡ (처분 ○) "택지개발촉진법 제3조에 의한 건설부장관의 택지개발예정지구의 지정과 같은 법 제8조에 의한 건설부장관의 택지개발사업시행자에 대한 택지개발계획의 승인은 그 처분의 고시에 의하여 개발할 토지의 위치, 면적, 권리내용 등이 특정되어 그 후 사업시행자에게 택지개발사업을 실시할 수 있는 권한이 설정되고, 나아가 일정한 절차를 거칠 것을 조건으로 하여 일정한 내용의 수용권이 주어지며 고시된 바에 따라 특정 개인의 권리나 법률상 이익이 개별적이고 구체적으로 규제받게 되므로 건설부장관의 위 각 처분은 행정처분의 성격을 갖는 것이다." (대법원 1992.8.14. 선고 91누11582)

㉢ (처분 ✕) 비구속적 행정계획이다. "공공기관 지방이전에 따른 혁신도시 건설 및 지원에 관한 특별법에 따르면, 지방이전계획을 수립하는 주체는 이전공공기관의 장이고, 그 제출받은 계획을 검토·조정하여 국토해양부장관에게 제출하는 주체는 소관 행정기관의 장이며, 그에 따라 지역발전위원회의 심의를 거친 후 승인하는 주체가 국토해양부장관일 뿐이므로, 피청구인이 발표한 이 사건 이전방안은 한국토지주택공사와 각 광역시·도, 관련 행정부처 사이의 의견 조율 과정에서 행정청으로서의 내부 의사를 밝힌 행정계획안 정도에 불과하다. 한국토지주택공사의 지방이전계획은 지역발전위원회의 심의를 거쳐 피청구인의 최종 승인에 의하여 확정되는 것이며, 그 이전 단계에서 발표된 이 사건 이전방안이 국민의 권리의무 또는 법적지위에 어떠한 변동을 가져온다고 할 수 없다. 따라서 이 사건 이전방안은 헌법재판소법 제68조 제1항의 공권력의 행사에 해당한다고 할 수 없다." (헌법재판소 2014.3.27. 선고 2011헌마291)

㉣ (처분 ✕) 비구속적 행정계획이다. "도시기본계획은 도시의 기본적인 공간구조와 장기발전방향을 제시하는 종합계획으로서 그 계획에는 토지이용계획, 환경계획, 공원녹지계획 등 장래의 도시개발의 일반적인 방향이 제시되지만, 그 계획은 도시계획입안의 지침이 되는 것에 불과하여 일반 국민에 대한 직접적인 구속력은 없는 것이므로, 도시기본계획을 입안함에 있어 토지이용계획에는 세부적인 내용을 기재하지 아니하고 다소 포괄적으로 기재하였다 하더라도 기본구상도상에 분명하게 그 내용을 표시한 이상 도시기본계획으로서 입안된 것이라고 봄이 상당하고, 또 공청회 등 절차에서 다른 자료에 의하여 그 내용이 제시된 다음 관계 법령이 정하는 절차에 따라 건설교통부장관의 승인을 받아 공람공고까지 되었다면 도시기본계획으로서 적법한 효력이 있는 것이다." (대법원 2002.10.11. 선고 2000두8226)

정답 ①

285 [회독] ☐☐☐　　　22년 소방직

행정계획에 대한 설명으로 옳지 않은 것은? (다툼이 있는 경우 판례에 의함)

① 행정청은 구체적인 행정계획의 입안·결정에 관하여 광범위한 형성의 재량을 가진다.

② 행정청이 행정계획을 입안·결정할 때 이익형량을 전혀 행하지 아니하였다면, 그 행정계획 결정은 재량권을 일탈·남용한 것으로 위법하다.

③ (구)「도시계획법」 및 지방자치단체의 도시계획조례상 규정된 도시기본계획은 장기적·종합적인 개발계획으로서 행정청에 대한 직접적 구속력을 가지지 않는다.

④ 개발제한구역으로 지정되어 있는 부지에 묘지공원과 화장장 시설들을 설치하기로 하는 도시계획시설결정은 위법하다.

285

해설 ① (○) "행정계획은 특정한 행정목표를 달성하기 위하여 행정에 관한 전문적·기술적 판단을 기초로 관련되는 행정수단을 종합·조정함으로써 장래의 일정한 시점에 일정한 질서를 실현하기 위하여 설정한 활동기준이나 그 설정행위를 말한다. 행정주체는 구체적인 행정계획을 입안·결정할 때 비교적 광범위한 형성의 자유를 가진다." (대법원 2018.10.12. 선고 2015두50382)

② (○) "행정주체가 행정계획을 입안·결정할 때 이러한 이익형량을 전혀 하지 않거나 이익형량의 고려 대상에 마땅히 포함시켜야 할 사항을 누락한 경우, 또는 이익형량을 하였으나 정당성과 객관성이 결여된 경우에는 재량권을 일탈·남용한 것으로 위법하다고 보아야 한다." (대법원 2020.9.3. 선고 2020두34346)

③ (○) "구 도시계획법 제19조 제1항 및 도시계획시설결정 당시의 지방자치단체의 도시계획조례에서는, 도시계획이 도시기본계획에 부합되어야 한다고 규정하고 있으나, 도시기본계획은 도시의 장기적 개발방향과 미래상을 제시하는 도시계획 입안의 지침이 되는 장기적·종합적인 개발계획으로서 행정청에 대한 직접적인 구속력은 없다." (대법원 2007.4.12. 선고 2005두1893)

④ (×) "개발제한구역은 도시의 무질서한 확산을 방지하고 도시 주변의 자연환경을 보전하여 도시민의 건전한 생활환경을 확보하기 위하여 도시의 개발을 제한할 필요에 의하여 지정되는 것이어서 원칙적으로 개발제한구역에서의 개발행위는 제한되는 것이기는 하지만 위와 같은 개발제한구역의 지정목적에 위배되지 않는다면 허용될 수 있는 것인바, 도시계획시설인 묘지공원과 화장장 시설의 설치가 위와 같은 개발제한구역의 지정목적에 위배된다고 보이지 않으므로, 시장이 이미 개발제한구역으로 지정되어 있는 부지에 묘지공원과 화장장 시설들을 설치하기로 하는 내용의 도시계획시설결정을 하였다 하더라도 이를 두고 위법하다고 할 수 없다." (대법원 2007.4.12. 선고 2005두1893)

정답 ④

286 [회독] □□□   25년 국가 9급

행정계획에 대한 설명으로 옳은 것만을 모두 고르면?

┤ 보기 ├

- ㉠ 구 「도시 및 주거환경정비법」에 따른 주택재건축정비사업 조합이 수립한 사업시행계획은 인가·고시를 통해 확정되면 구속적 행정계획으로서 행정처분에 해당한다.
- ㉡ 환지계획은 환지예정지 지정이나 환지처분의 근거가 되고 그 자체가 직접 토지소유자 등의 법률상의 지위를 변동시키거나 다른 고유한 법률효과를 수반하는 것이어서 항고소송의 대상이 되는 처분에 해당한다.
- ㉢ 비구속적 행정계획안이나 행정지침이라도 국민의 기본권에 직접적으로 영향을 끼치고, 앞으로 법령의 뒷받침에 의하여 그대로 실시될 것이 틀림없을 것으로 예상될 수 있을 때에는, 공권력행위로서 예외적으로 헌법소원의 대상이 될 수 있다.

① ㉠, ㉡   ② ㉠, ㉢

③ ㉡, ㉢   ④ ㉠, ㉡, ㉢

286

해설 ㉠ (○) "구 도시 및 주거환경정비법에 따른 주택재건축정비사업조합은 관할 행정청의 감독 아래 위 법상 주택재건축사업을 시행하는 공법인으로서, 그 목적 범위 내에서 법령이 정하는 바에 따라 일정한 행정작용을 행하는 행정주체의 지위를 가진다 할 것인데, 재건축정비사업조합이 이러한 행정주체의 지위에서 위 법에 기초하여 수립한 사업시행계획은 인가·고시를 통해 확정되면 이해관계인에 대한 구속적 행정계획으로서 독립된 행정처분에 해당한다." (대법원 2009.11.2. 자 선고 2009마596)

㉡ (×) "토지구획정리사업법 제57조, 제62조 등의 규정상 환지예정지 지정이나 환지처분은 그에 의하여 직접 토지소유자 등의 권리의무가 변동되므로 이를 항고소송의 대상이 되는 처분이라고 볼 수 있으나, 환지계획은 위와 같은 환지예정지 지정이나 환지처분의 근거가 될 뿐 그 자체가 직접 토지소유자 등의 법률상의 지위를 변동시키거나 또는 환지예정지 지정이나 환지처분과는 다른 고유한 법률효과를 수반하는 것이 아니어서 이를 항고소송의 대상이 되는 처분에 해당한다고 할 수가 없다." (대법원 1999.8.20. 선고 97누6889)

㉢ (○) "국민적 구속력을 갖는 행정계획은 공권력의 행사로 볼 수 있지만, 구속력을 갖지 않고 사실상의 준비행위나 사전안내 또는 행정기관 내부의 지침에 지나지 않는 행정계획은 원칙적으로 헌법소원의 대상이 되는 공권력의 행사라 할 수 없다. 하지만, 비구속적 행정계획안이나 행정지침이라도 국민의 기본권에 직접적으로 영향을 끼치고, 앞으로 법령의 뒷받침에 의하여 그대로 실시될 것이 틀림없을 것으로 예상될 수 있을 때에는, 공권력행위로서 예외적으로 헌법소원의 대상이 된다고 할 것이다." (헌법재판소 2011.12.29. 선고 2009헌마330,344)

정답 ②

287 [회독] ☐☐☐ 21년 국가 9급

행정계획에 대한 설명으로 옳지 않은 것은? (다툼이 있는 경우 판례에 의함)

① 구 「도시계획법」상 도시기본계획은 도시의 기본적인 공간구조와 장기발전방향을 제시하는 종합계획으로서 도시계획입안의 지침이 되므로 일반 국민에 대한 직접적인 구속력은 없다.

② 장래 일정한 기간 내에 관계 법령이 규정하는 시설 등을 갖추어 일정한 행정처분을 구하는 신청을 할 수 있는 법률상 지위에 있는 자의 국토이용계획변경신청을 거부하는 것이 실질적으로 당해 행정처분 자체를 거부하는 결과가 되는 경우라도, 구 「국토이용관리법」상 주민이 국토이용계획의 변경에 대하여 신청을 할 수 있다는 규정이 없으므로 그 신청인에게 국토이용계획변경을 신청할 권리가 인정된다고 볼 수 없다.

③ 구속력 없는 행정계획안이나 행정지침이라도 국민의 기본권에 직접적으로 영향을 끼치고 법령의 뒷받침에 의하여 그대로 실시될 것이 틀림없을 것으로 예상되는 때에는 예외적으로 헌법소원의 대상이 된다.

④ 도시계획의 결정·변경 등에 대한 권한행정청은 이미 도시계획이 결정·고시된 지역에 대하여도 다른 내용의 도시계획을 결정·고시할 수 있고, 이때에 후행 도시계획에 선행 도시계획과 양립할 수 없는 내용이 포함되어 있다면 특별한 사정이 없는 한 선행 도시계획은 후행 도시계획과 같은 내용으로 변경된다.

287

해설 ① (○) "구 도시기본계획은 도시의 기본적인 공간구조와 장기발전방향을 제시하는 종합계획으로서 그 계획에는 토지이용계획, 환경계획, 공원녹지계획 등 장래의 도시개발의 일반적인 방향이 제시되지만, 그 계획은 도시계획입안의 지침이 되는 것에 불과하여 일반 국민에 대한 직접적인 구속력은 없는 것이다." (대법원 2002.10.11. 선고 2000두8226)

② (×) "장래 일정한 기간 내에 관계 법령이 규정하는 시설 등을 갖추어 일정한 행정처분을 구하는 신청을 할 수 있는 법률상 지위에 있는 자의 국토이용계획변경신청을 거부하는 것이 실질적으로 당해 행정처분 자체를 거부하는 결과가 되는 경우에는 예외적으로 그 신청인에게 국토이용계획변경을 신청할 권리가 인정된다고 봄이 상당하므로, 이러한 신청에 대한 거부행위는 항고소송의 대상이 되는 행정처분에 해당한다." (대법원 2003.9.23. 선고 2001두10936)

③ (○) "구속력 없는 행정계획안이나 행정지침이라도 국민의 기본권에 직접적으로 영향을 끼치고 법령의 뒷받침에 의하여 그대로 실시될 것이 틀림없을 것으로 예상되는 때에도 예외적으로 헌법소원의 대상이 된다." (헌법재판소 2016.10.27. 선고 2013헌마576)

④ (○) "도시계획의 결정·변경 등에 관한 권한을 가진 행정청은 이미 도시계획이 결정·고시된 지역에 대하여도 다른 내용의 도시계획을 결정·고시할 수 있고, 이때에 후행 도시계획에 선행 도시계획과 서로 양립할 수 없는 내용이 포함되어 있다면, 특별한 사정이 없는 한 선행 도시계획은 후행 도시계획과 같은 내용으로 변경되는 것이다." (대법원 2000.9.8. 선고 99두11257)

정답 ②

288 [회독] ☐☐☐ 21년 군무원 9급

계획재량에 대한 설명으로 옳지 않은 것은?

① 통상적인 재량행위와 계획재량은 양적인 점에서 차이가 있을 뿐 질적인 점에서는 차이가 없다는 견해는 형량명령이 계획재량에 특유한 하자이론이라기보다는 비례의 원칙을 계획재량에 적용한 것이라고 한다.

② 행정주체는 그 행정계획에 관련되는 자들의 이익을 공익과 사익 사이에서는 물론이고 공익 상호간과 사익 상호간에도 정당하게 비교교량하여야 한다는 제한을 받는다.

③ 행정주체가 행정계획을 입안·결정함에 있어서 이익형량의 고려 대상에 마땅히 포함시켜야할 사항을 누락한 경우 이익형량을 전혀 행하지 아니하는 등의 사정이 없는 한 그 행정계획결정은 형량에 하자가 있다고 보기 어렵다.

④ 행정계획과 관련하여 이익형량을 하였으나 정당성과 객관성이 결여된 경우에는 그 행정계획결정은 형량에 하자가 있어 위법하게 된다.

288

해설 ① (○) 통상적인 재량행위와 계획재량은 양적인 점에서 차이가 있을 뿐 질적인 점에서는 차이가 없다는 견해는 재량행위와 계획재량의 규범구조상의 차이는 입법자가 행정기관에 수권하는 목적에 따라 재량의 범위와 내용을 결정하는 것이기 때문에 계획재량에서의 형량명령은 그 실질적 내용이 협의의 비례원칙에 해당하는 것이지 계획재량에만 특유한 것이 아니라고 보므로 형량명령은 계획재량에 특유한 하자이론이라기보다는 비례의 원칙을 계획재량에 적용한 것이라고 한다.

② (○) "행정주체는 구체적인 행정계획을 입안·결정함에 있어서 비교적 광범위한 형성의 자유를 가지는 것이지만, 행정주체가 가지는 이와 같은 형성의 자유는 무제한적인 것이 아니라 행정계획에 관련되는 자들의 이익을 공익과 사익 사이에서는 물론이고 공익 상호간과 사익 상호간에도 정당하게 비교교량하여야 한다는 제한이 있으므로, 행정주체가 행정계획을 입안·결정함에 있어서 이익형량을 전혀 행하지 아니하거나 이익형량의 고려 대상에 마땅히 포함시켜야 할 사항을 누락한 경우 또는 이익형량을 하였으나 정당성과 객관성이 결여된 경우에는 위법하다." (대법원 2006.9.8. 선고 2003두5426)

③ (×) "행정주체는 구체적인 행정계획을 입안·결정함에 있어서 비교적 광범위한 형성의 자유를 가지는 것이지만, 행정주체가 가지는 이와 같은 형성의 자유는 무제한적인 것이 아니라 그 행정계획에 관련되는 자들의 이익을 공익과 사익 사이에서는 물론이고 공익 상호간과 사익 상호간에도 정당하게 비교교량하여야 한다는 제한이 있으므로, 행정주체가 행정계획을 입안·결정함에 있어서 이익형량을 전혀 행하지 아니하거나 이익형량의 고려 대상에 마땅히 포함시켜야 할 사항을 누락한 경우 또는 이익형량을 하였으나 정당성과 객관성이 결여된 경우에는 위법하다." (대법원 2006.9.8. 선고 2003두5426)

④ (○) "행정주체는 구체적인 행정계획을 입안·결정함에 있어서 비교적 광범위한 형성의 자유를 가지는 것이지만, 행정주체가 가지는 이와 같은 형성의 자유는 무제한적인 것이 아니라 그 행정계획에 관련되는 자들의 이익을 공익과 사익 사이에서는 물론이고 공익 상호간과 사익 상호간에도 정당하게 비교교량하여야 한다는 제한이 있으므로, 행정주체가 행정계획을 입안·결정함에 있어서 이익형량을 전혀 행하지 아니하거나 이익형량의 고려 대상에 마땅히 포함시켜야 할 사항을 누락한 경우 또는 이익형량을 하였으나 정당성과 객관성이 결여된 경우에는 위법하다." (대법원 2006.9.8. 선고 2003두5426)

정답 ③

289 [회독] ☐☐☐

행정계획에 대한 설명으로 옳지 않은 것은? (다툼이 있는 경우 판례에 의함)

① 행정주체가 구체적인 행정계획을 입안·결정할 때 가지는 형성의 자유의 한계에 관한 법리는 주민의 입안 제안 또는 변경신청을 받아들여 도시관리계획결정을 하거나 도시계획시설을 변경할 것인지를 결정할 때에도 동일하게 적용된다.

② 「도시 및 주거환경정비법」에 기초하여 주택재건축정비 사업조합이 수립한 사업시행계획은 인가·고시를 통해 확정되어도 이해관계인에 대한 직접적인 구속력이 없는 행정계획으로서 독립된 행정처분에 해당하지 아니한다.

③ 장래 일정한 기간 내에 관계 법령이 규정하는 시설 등을 갖추어 일정한 행정처분을 구하는 신청을 할 수 있는 법률상 지위에 있는 자의 국토이용계획변경신청을 거부하는 것이 실질적으로 당해 행정처분 자체를 거부하는 결과가 되는 경우에는 예외적으로 그 신청인에게 국토이용계획변경을 신청할 권리가 인정된다.

④ 장기미집행 도시계획시설결정의 실효제도에 의해 개인의 재산권이 보호되는 것은 입법자가 새로운 제도를 마련함에 따라 얻게 되는 법률에 기한 권리일 뿐 헌법상 재산권으로부터 당연히 도출되는 권리는 아니다.

289

해설 ① (○) "행정주체가 구체적인 행정계획을 입안·결정할 때에 가지는 비교적 광범위한 형성의 자유는 무제한적인 것이 아니라 행정계획에 관련되는 자들의 이익을 공익과 사익 사이에서는 물론이고 공익 상호 간과 사익 상호 간에도 정당하게 비교교량하여야 한다는 제한이 있는 것이므로, 행정주체가 행정계획을 입안·결정하면서 이익형량을 전혀 행하지 않거나 이익형량의 고려 대상에 마땅히 포함시켜야 할 사항을 빠뜨린 경우 또는 이익형량을 하였으나 정당성과 객관성이 결여된 경우에는 행정계획결정은 형량에 하자가 있어 위법하게 된다. 이러한 법리는 행정주체가 구 국토의 계획 및 이용에 관한 법률 제26조에 의한 주민의 도시관리계획 입안 제안을 받아들여 도시관리계획결정을 할 것인지를 결정할 때에도 마찬가지이고, 나아가 도시계획시설구역 내 토지 등을 소유하고 있는 주민이 장기간 집행되지 아니한 도시계획시설의 결정권자에게 도시계획시설의 변경을 신청하고, 결정권자가 이러한 신청을 받아들여 도시계획시설을 변경할 것인지를 결정하는 경우에도 동일하게 적용된다고 보아야 한다." (대법원 2012.1.12. 선고 2010두5806)

② (×) "구 도시 및 주거환경정비법에 따른 주택재건축정비사업조합은 관할 행정청의 감독 아래 위 법상 주택재건축사업을 시행하는 공법인으로서, 그 목적 범위 내에서 법령이 정하는 바에 따라 일정한 행정작용을 행하는 행정주체의 지위를 가진다 할 것인데, 재건축정비사업조합이 이러한 행정주체의 지위에서 위 법에 기초하여 수립한 사업시행계획은 인가·고시를 통해 확정되면 이해관계인에 대한 구속적 행정계획으로서 독립된 행정처분에 해당한다." (대법원 2009.11.2.자 선고 2009마596)

③ (○) "장래 일정한 기간 내에 관계 법령이 규정하는 시설 등을 갖추어 일정한 행정처분을 구하는 신청을 할 수 있는 법률상 지위에 있는 자의 국토이용계획변경신청을 거부하는 것이 실질적으로 당해 행정처분 자체를 거부하는 결과가 되는 경우에는 예외적으로 그 신청인에게 국토이용계획변경을 신청할 권리가 인정된다고 봄이 상당하므로, 이러한 신청에 대한 거부행위는 항고소송의 대상이 되는 행정처분에 해당한다." (대법원 2003.9.23. 선고 2001두10936)

④ (○) "장기미집행 도시계획시설결정의 실효제도는 도시계획시설부지로 하여금 도시계획시설결정으로 인한 사회적 제약으로 부터 벗어나게 하는 것으로서 결과적으로 개인의 재산권이 보다 보호되는 측면이 있는 것은 사실이나, 이와 같은 보호는 입법자가 새로운 제도를 마련함에 따라 얻게 되는 법률에 기한 권리일 뿐 헌법상 재산권으로부터 당연히 도출되는 권리는 아니다." (헌법재판소 2005.9.29. 선고 2002헌바84)

정답 ②

290 [회독] □□□

행정계획에 대한 설명으로 옳지 않은 것은? (다툼이 있는 경우 판례에 의함)

① 도시계획구역 내 토지 등을 소유하고 있는 사람과 같이 당해 도시계획시설결정에 이해관계가 있는 주민은 도시시설계획의 입안권자 내지 결정권자에게 도시시설계획의 입안 내지 변경을 요구할 수 있는 법규상 또는 조리상의 신청권이 있다.

② 구 「국토이용관리법」상의 국토이용계획은 그 계획이 일단 확정된 후에 어떤 사정의 변동이 있다고 하여 지역주민이나 일반 이해관계인에게 일일이 그 계획의 변경을 신청할 권리를 인정하여 줄 수 없다.

③ 장래 일정한 기간 내에 관계 법령이 규정하는 시설 등을 갖추어 일정한 행정처분을 구하는 신청을 할 수 있는 법률상 지위에 있는 자의 국토이용계획변경신청을 거부하는 것이 실질적으로 당해 행정처분 자체를 거부하는 결과가 되는 경우에는 항고소송의 대상이 되는 처분에 해당한다.

④ 문화재보호구역 내의 토지소유자가 문화재보호구역의 지정해제를 신청하는 경우에는 그 신청인에게 법규상 또는 조리상 행정계획변경을 신청할 권리가 인정되지 않는다.

290

해설 ① (○) "도시계획구역 내 토지 등을 소유하고 있는 사람과 같이 당해 도시계획시설결정에 이해관계가 있는 주민으로서는 도시시설계획의 입안권자 내지 결정권자에게 도시시설계획의 입안 내지 변경을 요구할 수 있는 법규상 또는 조리상의 신청권이 있다." (대법원 2015.3.26. 선고 2014두42742)

② (○) "구 국토이용관리법상 주민이 국토이용계획의 변경에 대하여 신청을 할 수 있다는 규정이 없을 뿐만 아니라, 국토건설종합계획의 효율적인 추진과 국토이용질서를 확립하기 위한 국토이용계획은 장기성, 종합성이 요구되는 행정계획이어서 원칙적으로는 그 계획이 일단 확정된 후에 어떤 사정의 변동이 있다고 하여 그러한 사유만으로는 지역주민이나 일반 이해관계인에게 일일이 그 계획의 변경을 신청할 권리를 인정하여 줄 수는 없을 것이다." (대법원 2003.9.23. 선고 2001두10936)

③ (○) "장래 일정한 기간 내에 관계 법령이 규정하는 시설 등을 갖추어 일정한 행정처분을 구하는 신청을 할 수 있는 법률상 지위에 있는 자의 국토이용계획변경신청을 거부하는 것이 실질적으로 당해 행정처분 자체를 거부하는 결과가 되는 경우에는 예외적으로 그 신청인에게 국토이용계획변경을 신청할 권리가 인정된다고 봄이 상당하므로, 이러한 신청에 대한 거부행위는 항고소송의 대상이 되는 행정처분에 해당한다." (대법원 2003.9.23. 선고 2001두10936)

④ (×) "문화재보호구역 내에 있는 토지소유자 등으로서는 위 보호구역의 지정해제를 요구할 수 있는 법규상 또는 조리상의 신청권이 있다고 할 것이고, 이러한 신청에 대한 거부행위는 항고소송의 대상이 되는 행정처분에 해당한다." (대법원 2004.4.27. 선고 2003두8821)

정답 ④

기출테마 **54**　자동화된 행정결정

291 [회독] ☐☐☐　　　　　　　　　　23년 지방 9급

자동화된 행정결정에 대한 설명으로 옳지 않은 것은?

① 자동화된 행정결정의 예로는 컴퓨터를 통한 중·고등학생의 학교배정, 신호등에 의한 교통신호 등이 있다.

② 「행정기본법」상 자동적 처분은 항고소송의 대상이 된다.

③ 「행정기본법」상 자동적 처분을 할 수 있는 '완전히 자동화된 시스템'에는 '인공지능 기술을 적용한 시스템'이 포함되지 않는다.

④ 「행정기본법」은 재량행위에 대해서 자동적 처분을 허용하지 않고 있다.

291

[해설] ① (○) 옳은 내용이다. 자동화된 행정결정의 예로는 컴퓨터를 통한 학교배정, 세금 및 각종 공과금의 부과결정, 신호등에 의한 교통신호 등이 있다.

② (○) 옳은 내용이다. 자동화된 의사결정을 따른 것이라 하더라도, 결국 인간의 의사를 반영한 프로그램에 의하여 이루어지는 것이고, 국민의 권리나 의무를 변경시킬 경우에는 처분에 해당한다고 보며, 행정쟁송이 가능하다.

③ (×) / ④ (○) 행정기본법 제20조

행정기본법	제20조(자동적 처분) 행정청은 법률로 정하는 바에 따라 완전히 자동화된 시스템(인공지능 기술을 적용한 시스템을 포함한다)으로 처분을 할 수 있다. 다만, 처분에 재량이 있는 경우는 그러하지 아니하다.

정답 ③

292 [회독] ☐☐☐ 24년 지방 7급

「행정기본법」에 대한 설명으로 옳은 것은?

① 법령등 시행일의 기간 계산에 있어서 법령등을 공포한 날부터 일정 기간이 경과한 날부터 시행하는 경우 법령등을 공포한 날을 첫날에 산입한다.

② 당사자의 신청에 따른 처분은 법령등에 특별한 규정이 있는 경우를 제외하고는 신청 당시의 법령등에 따른다.

③ 행정청은 재량이 있는 경우에도 완전히 자동화된 시스템으로 처분을 할 수 있다.

④ 행정청의 처분에 대해 이의신청을 한 경우에도 그 이의신청과 관계없이 「행정심판법」에 따른 행정심판 또는 「행정소송법」에 따른 행정소송을 제기할 수 있다.

292

해설 ① (×) 행정기본법 제7조 제2호

행정기본법	제7조(법령등 시행일의 기간 계산) 법령등(훈령·예규·고시·지침 등을 포함한다. 이하 이 조에서 같다)의 시행일을 정하거나 계산할 때에는 다음 각 호의 기준에 따른다. 1. 법령등을 공포한 날부터 시행하는 경우에는 공포한 날을 시행일로 한다. 2. 법령등을 공포한 날부터 일정 기간이 경과한 날부터 시행하는 경우 법령등을 공포한 날을 첫날에 산입하지 아니한다. 3. 법령등을 공포한 날부터 일정 기간이 경과한 날부터 시행하는 경우 그 기간의 말일이 토요일 또는 공휴일인 때에는 그 말일로 기간이 만료한다.

② (×) 행정기본법 제14조 제2항

행정기본법	제14조(법 적용의 기준) ② 당사자의 신청에 따른 처분은 법령등에 특별한 규정이 있거나 처분 당시의 법령등을 적용하기 곤란한 특별한 사정이 있는 경우를 제외하고는 처분 당시의 법령등에 따른다.

③ (×) 행정기본법 제20조

행정기본법	제20조(자동적 처분) 행정청은 법률로 정하는 바에 따라 완전히 자동화된 시스템(인공지능 기술을 적용한 시스템을 포함한다)으로 처분을 할 수 있다. 다만, 처분에 재량이 있는 경우는 그러하지 아니하다.

④ (○) 행정기본법 제36조 제3항

행정기본법	제36조(처분에 대한 이의신청) ③ 제1항에 따라 이의신청을 한 경우에도 그 이의신청과 관계없이 「행정심판법」에 따른 행정심판 또는 「행정소송법」에 따른 행정소송을 제기할 수 있다.

정답 ④

293 [회독] ☐☐☐   21년 지방 7급

「행정기본법」상 처분에 대한 설명으로 옳은 것은?

① 행정청은 적법한 처분의 경우 당사자의 신청이 있는 경우에만 철회가 가능하다.

② 행정청은 처분에 재량이 있는 경우 법령이나 행정규칙이 정하는 바에 따라 완전히 자동화된 시스템으로 처분할 수 있다.

③ 당사자의 신청에 따른 처분은 다른 법령에 특별한 규정이 있는 경우를 제외하고는 신청 당시의 법령 등에 따른다.

④ 새로운 법령등은 법령등에 특별한 규정이 있는 경우를 제외하고는 그 법령등의 효력 발생 전에 완성되거나 종결된 사실관계 또는 법률관계에 대해서는 적용되지 아니한다.

293

[해설] ① (×) 행정기본법은 철회사유로 당사자의 신청에 의한 경우를 규정하고 있지 않고 있다(행정기본법 제19조).

행정기본법	제19조(적법한 처분의 철회) ① 행정청은 적법한 처분이 다음 각 호의 어느 하나에 해당하는 경우에는 그 처분의 전부 또는 일부를 장래를 향하여 철회할 수 있다. 1. 법률에서 정한 철회 사유에 해당하게 된 경우 2. 법령등의 변경이나 사정변경으로 처분을 더 이상 존속시킬 필요가 없게 된 경우 3. 중대한 공익을 위하여 필요한 경우

② (×) 처분에 재량이 있는 경우에는 완전히 자동화된 시스템으로 처분할 수 없다(행정기본법 제20조).

행정기본법	제20조(자동적 처분) 행정청은 법률로 정하는 바에 따라 완전히 자동화된 시스템(인공지능 기술을 적용한 시스템을 포함한다)으로 처분을 할 수 있다. 다만, 처분에 재량이 있는 경우는 그러하지 아니하다.

③ (×) 당사자의 신청에 따른 처분은 처분 당시의 법령등에 따른다(행정기본법 제14조 제2항).

행정기본법	제14조(법 적용의 기준) ② 당사자의 신청에 따른 처분은 법령등에 특별한 규정이 있거나 처분 당시의 법령등을 적용하기 곤란한 특별한 사정이 있는 경우를 제외하고는 처분 당시의 법령등에 따른다.

④ (○) 행정기본법 제14조 제1항

행정기본법	제14조(법 적용의 기준) ① 새로운 법령등은 법령등에 특별한 규정이 있는 경우를 제외하고는 그 법령등의 효력 발생 전에 완성되거나 종결된 사실관계 또는 법률관계에 대해서는 적용되지 아니한다.

정답 ④

기출테마 **55**	비공식적 행정작용

기출테마 **56**	사법형식의 행정작용

유대웅 행정법총론
단원별 기출문제

03

행정절차법

| 제1장 | 서론 |

| 기출테마 57 | 행정절차 일반론 |

| 제2장 | 행정절차법 |

(제1절) 행정절차법 총칙

| 기출테마 58 | 행정절차법 총칙 |

294
[회독] □□□
20년 지방 7급

「행정절차법」의 적용 대상이 되지 않는 것만을 모두 고르면?
(다툼이 있는 경우 판례에 의함)

> ㉠ 「병역법」에 따른 징집·소집
> ㉡ 산업기능요원 편입취소처분
> ㉢ 「국가공무원법」상 직위해제처분
> ㉣ 헌법재판소의 심판을 거쳐 행하는 사항
> ㉤ 대통령의 한국방송공사 사장의 해임처분

① ㉠, ㉡, ㉢
② ㉠, ㉢, ㉣
③ ㉡, ㉣, ㉤
④ ㉢, ㉣, ㉤

294

[해설] ㉠과 ㉣은 법령 규정을 출제한 것이고, ㉡, ㉢, ㉤은 판례를 출제한 것이다.
㉠ (×), ㉣ (×) 「행정절차법」

| 행정절차법 | 제3조(적용 범위) ② 이 법은 다음 각 호의 어느 하나에 해당하는 사항에 대하여는 적용하지 아니한다.
3. 헌법재판소의 심판을 거쳐 행하는 사항
9. 「병역법」에 따른 징집·소집, 외국인의 출입국·난민인정·귀화, 공무원 인사 관계 법령에 따른 징계와 그 밖의 처분, 이해 조정을 목적으로 하는 법령에 따른 알선·조정·중재(仲裁)·재정(裁定) 또는 그 밖의 처분 등 해당 행정작용의 성질상 행정절차를 거치기 곤란하거나 거칠 필요가 없다고 인정되는 사항과 행정절차에 준하는 절차를 거친 사항으로서 대통령령으로 정하는 사항 |

㉡ (○) "지방병무청장이 병역법 제41조 제1항 제1호, 제40조 제2호의 규정에 따라 산업기능요원에 대하여 한 산업기능요원 편입취소처분은, 행정처분을 할 경우 '처분의 사전통지'와 '의견제출 기회의 부여'를 규정한 행정절차법 제21조 제1항, 제22조 제3항에서 말하는 '당사자의 권익을 제한하는 처분'에 해당하는 한편, 행정절차법의 적용이 배제되는 사항인 행정절차법 제3조 제2항 제9호, 같은법시행령 제2조 제1호에서 규정하는 '병역법에 의한 소집에 관한 사항'에는 해당하지 아니하므로, 행정절차법상의 '처분의 사전통지'와 '의견제출 기회의 부여' 등의 절차를 거쳐야 한다." (대법원 2002.9.6. 선고 2002두554)

㉢ (×) "국가공무원법상 직위해제처분은 구 행정절차법 제3조 제2항 제9호, 구 행정절차법 시행령 제2조 제3호에 의하여 당해 행정작용의 성질상 행정절차를 거치기 곤란하거나 불필요하다고 인정되는 사항 또는 행정절차에 준하는 절차를 거친 사항에 해당하므로, 처분의 사전통지 및 의견청취 등에 관한 행정절차법의 규정이 별도로 적용되지 않는다." (대법원 2014.5.16. 선고 2012두26180)

㉤ (○) "대통령의 한국방송공사 사장의 해임 절차에 관하여 방송법이나 관련 법령에도 별도의 규정을 두지 않고 있고, 행정절차법의 입법 목적과 행정절차법 제3조 제2항 제9호와 관련 시행령의 규정 내용 등에 비추어 보면, 이 사건 해임처분이 행정절차법과 그 시행령에서 열거적으로 규정한 예외 사유에 해당한다고 볼 수 없으므로 이 사건 해임처분에도 행정절차법이 적용된다고 할 것이다." (대법원 2012.2.23. 선고 2011두5001)

정답 ②

295 [회독] ☐☐☐　　　20년 군무원 9급

다수의 당사자 등이 공동으로 행정절차에 관한 행위를 할 때에 정하는 대표자에 관한 행정절차법의 규정 내용으로 옳지 않은 것은?

① 당사자 등은 대표자를 변경하거나 해임할 수 있다.
② 대표자는 각자 그를 대표자로 선정한 당사자 등을 위하여 행정절차에 관한 모든 행위를 할 수 있다. 다만, 행정절차를 끝맺는 행위에 대하여는 당사자 등의 동의를 받아야 한다.
③ 대표자가 있는 경우에는 당사자 등은 그 대표자를 통하여서만 행정절차에 관한 행위를 할 수 있다.
④ 다수의 대표자가 있는 경우 그 중 1인에 대한 행정청의 행위는 모든 당사자 등에게 효력이 있다. 다만, 행정청의 통지는 대표자 1인에게 하여도 그 효력이 있다.

295

해설 ① (○) 행정절차법 제11조 제3항

행정절차법	제11조(대표자) ③ 당사자등은 대표자를 변경하거나 해임할 수 있다.

② (○) 행정절차법 제11조 제4항

행정절차법	제11조(대표자) ④ 대표자는 각자 그를 대표자로 선정한 당사자등을 위하여 행정절차에 관한 모든 행위를 할 수 있다. 다만, 행정절차를 끝맺는 행위에 대하여는 당사자등의 동의를 받아야 한다.

③ (○) 행정절차법 제11조 제5항

행정절차법	제11조(대표자) ⑤ 대표자가 있는 경우에는 당사자등은 그 대표자를 통하여서만 행정절차에 관한 행위를 할 수 있다.

④ (×) 행정절차법 제11조 제6항

행정절차법	제11조(대표자) ⑥ 다수의 대표자가 있는 경우 그중 1인에 대한 행정청의 행위는 모든 당사자등에게 효력이 있다. 다만, 행정청의 통지는 대표자 모두에게 하여야 그 효력이 있다.

정답 ④

296 [회독] □□□

23년 군무원 9급

행정절차에 관한 설명으로 옳지 않은 것은? (다툼이 있는 경우 판례에 의함)

① 「국가공무원법」상 직위해제처분은 당해 행정작용의 성질상 행정절차를 거치기 곤란하거나 불필요하다고 인정되는 사항 또는 행정절차에 준하는 절차를 거친 사항에 해당하지 않으므로, 처분의 사전통지 및 의견청취 등에 관한 「행정절차법」의 규정이 적용되어야 한다.

② 군인사법령에 의하여 진급예정자명단에 포함된 자에 대하여 의견제출의 기회를 부여하지 아니한 채 진급선발을 취소하는 처분을 한 것은 절차상 하자가 있어 위법하다고 할 것이다.

③ 행정청이 침해적 행정처분을 하면서 당사자에게 행정절차법상의 사전 통지를 하거나 의견제출의 기회를 주지 않았다면, 사전 통지를 하지 않거나 의견제출의 기회를 주지 않아도 되는 예외적인 경우에 해당하지 않는 한, 그 처분은 위법하여 취소를 면할 수 없다.

④ 행정기관이 소속 공무원이나 하급 행정기관에 대하여 세부적인 업무처리절차나 법령의 해석·적용 기준을 정해 주는 '행정규칙'은 상위법령의 구체적 위임이 있지 않는 한 조직내부에서만 효력을 가질 뿐 대외적으로 국민이나 법원을 구속하는 효력이 없다.

296

[해설] ① (×) "국가공무원법상 직위해제처분은 구 행정절차법 제3조 제2항 제9호, 구 행정절차법 시행령 제2조 제3호에 의하여 당해 행정작용의 성질상 행정절차를 거치기 곤란하거나 불필요하다고 인정되는 사항 또는 행정절차에 준하는 절차를 거친 사항에 해당하므로, 처분의 사전통지 및 의견청취 등에 관한 행정절차법의 규정이 별도로 적용되지 않는다." (대법원 2014.5.16. 선고 2012두26180)

② (○) "군인사법령에 의하여 진급예정자명단에 포함된 자에 대하여 의견제출의 기회를 부여하지 아니한 채 진급선발을 취소하는 처분을 한 것이 절차상 하자가 있어 위법하다." (대법원 2007.9.21. 선고 2006두20631)

③ (○) "행정청이 침해적 행정처분을 함에 있어서 당사자에게 위와 같은 사전통지를 하거나 의견제출의 기회를 주지 아니하였다면 사전통지를 하지 않거나 의견제출의 기회를 주지 아니하여도 되는 예외적인 경우에 해당하지 아니하는 한 그 처분은 위법하여 취소를 면할 수 없다." (대법원 2000.11.14. 선고 99두5870)

④ (○) "상급행정기관이 소속 공무원이나 하급행정기관에 대하여 세부적인 업무처리절차나 법령의 해석·적용 기준을 정해 주는 '행정규칙'은 상위법령의 구체적 위임이 있지 않는 한 행정조직 내부에서만 효력을 가질 뿐 대외적으로 국민이나 법원을 구속하는 효력이 없다. 다만 행정규칙이 이를 정한 행정기관의 재량에 속하는 사항에 관한 것인 때에는 그 규정 내용이 객관적 합리성을 결여하였다는 등의 특별한 사정이 없는 한 법원은 이를 존중하는 것이 바람직하다." (대법원 2019.10.31. 선고 2013두20011)

정답 ①

제2절 처분 절차

기출테마 **59** 수익적 처분과 공통 처분 절차

---

297 [회독] ☐☐☐   22년 지방 9급

행정절차에 대한 설명으로 옳지 않은 것은? (다툼이 있는 경우 판례에 의함)

① 계약직공무원 채용계약해지의 의사표시는 「행정절차법」에 의하여 근거와 이유를 제시하여야 하는 것은 아니다.

② 교육부장관이 부적격사유가 없는 후보자들 사이에서 어떤 후보자를 상대적으로 더욱 적합하다고 판단하여 국립대학교의 총장으로 임용제청을 하였다면, 그러한 임용제청행위 자체로서 이유제시의무를 다한 것이다.

③ 「국가공무원법」상 직위해제처분에는 처분의 사전통지 및 의견청취 등에 관한 「행정절차법」의 규정이 적용된다.

④ 과세처분 시 납세고지서에 법으로 규정한 과세표준 등의 기재가 누락되면 그 과세처분 자체가 위법한 처분이 되어 취소의 대상이 된다.

297

[해설] ① (○) "계약직공무원 채용계약해지의 의사표시는 일반공무원에 대한 징계처분과는 달라서 항고소송의 대상이 되는 처분 등의 성격을 가진 것으로 인정되지 아니하고, 국가 또는 지방자치단체가 채용계약 관계의 한쪽 당사자로서 대등한 지위에서 행하는 의사표시로 취급되는 것으로 이해되므로, 행정처분과 같이 행정절차법에 의하여 근거와 이유를 제시하여야 하는 것은 아니다." (대법원 2002.11.26. 선고 2002두5948)

② (○) "교육부장관이 어떤 후보자를 총장 임용에 부적격하다고 판단하여 배제하고 다른 후보자를 임용제청하는 경우라면 배제한 후보자에게 연구윤리 위반, 선거부정, 그 밖의 비위행위 등과 같은 부적격사유가 있다는 점을 구체적으로 제시할 의무가 있다. 그러나 부적격사유가 없는 후보자들 사이에서 어떤 후보자를 상대적으로 더욱 적합하다고 판단하여 임용제청하는 경우라면, 이는 후보자의 경력, 인격, 능력, 대학운영계획 등 여러 요소를 종합적으로 고려하여 총장 임용의 적격성을 정성적으로 평가하는 것으로 그 판단 결과를 수치화하거나 이유제시를 하기 어려울 수 있다. 이 경우에는 교육부장관이 어떤 후보자를 총장으로 임용제청하는 행위 자체에 그가 총장으로 더욱 적합하다는 정성적 평가 결과가 당연히 포함되어 있는 것으로, 이로써 행정절차법상 이유제시의무를 다한 것이라고 보아야 한다." (대법원 2018.6.15. 선고 2016두57564)

③ (×) "국가공무원법상 직위해제처분은 구 행정절차법 제3조 제2항 제9호, 구 행정절차법 시행령 제2조 제3호에 의하여 당해 행정작용의 성질상 행정절차를 거치기 곤란하거나 불필요하다고 인정되는 사항 또는 행정절차에 준하는 절차를 거친 사항에 해당하므로, 처분의 사전통지 및 의견청취 등에 관한 행정절차법의 규정이 별도로 적용되지 않는다." (대법원 2014.5.16. 선고 2012두26180)

④ (○) "과세처분시 납세고지서에 과세표준, 세율, 세액의 계산명세서 등을 첨부하여 고지하도록 한 것은 … 강행규정으로서 납세고지서에 위와 같은 기재가 누락되면 과세처분 자체가 위법하여 취소대상이 된다." (대법원 1983.7.26. 선고 82누420)

정답 ③

298 [회독] ☐☐☐　　　　　23년 국가 9급

행정절차법령상 처분의 신청에 대한 설명으로 옳지 않은 것은?

① 행정청은 신청인의 편의를 위하여 다른 행정청에 신청을 접수하게 할 수 있다.

② 행정청은 신청에 구비서류의 미비 등 흠이 있는 경우 접수를 거부하여야 한다.

③ 행정청은 처리기간이 "즉시"로 되어 있는 신청의 경우에는 접수증을 주지 아니할 수 있다.

④ 행정청은 다수의 행정청이 관여하는 처분을 구하는 신청을 접수한 경우에는 관계 행정청과의 신속한 협조를 통하여 그 처분이 지연되지 아니하도록 하여야 한다.

298

해설 ① (○) 행정절차법 제17조 제7항

행정절차법	제17조(처분의 신청) ⑦ 행정청은 신청인의 편의를 위하여 다른 행정청에 신청을 접수하게 할 수 있다. 이 경우 행정청은 다른 행정청에 접수할 수 있는 신청의 종류를 미리 정하여 공시하여야 한다.

② (×) 행정절차법 제17조 제5항

행정절차법	제17조(처분의 신청) ⑤ 행정청은 신청에 구비서류의 미비 등 흠이 있는 경우에는 보완에 필요한 상당한 기간을 정하여 지체 없이 신청인에게 보완을 요구하여야 한다.

③ (○) 행정절차법 제17조 제4항, 행정절차법 시행령 제9조 제2호

행정절차법	제17조(처분의 신청) ④ 행정청은 신청을 받았을 때에는 다른 법령등에 특별한 규정이 있는 경우를 제외하고는 그 접수를 보류 또는 거부하거나 부당하게 되돌려 보내서는 아니 되며, 신청을 접수한 경우에는 신청인에게 접수증을 주어야 한다. 다만, 대통령령으로 정하는 경우에는 접수증을 주지 아니할 수 있다.
행정절차법 시행령	제9조(접수증) 법 제17조제4항 단서에서 "대통령령이 정하는 경우"라 함은 다음 각호의 1에 해당하는 신청의 경우를 말한다. 1. 구술·우편 또는 정보통신망에 의한 신청 2. 처리기간이 "즉시"로 되어 있는 신청 3. 접수증에 갈음하는 문서를 주는 신청

④ (○) 행정절차법 제18조

행정절차법	제18조(다수의 행정청이 관여하는 처분) 행정청은 다수의 행정청이 관여하는 처분을 구하는 신청을 접수한 경우에는 관계 행정청과의 신속한 협조를 통하여 그 처분이 지연되지 아니하도록 하여야 한다.

정답 ②

299 [회독] ☐☐☐   20년 군무원 9급

처분의 신청에 관한 행정절차법의 규정 내용으로 옳지 않은 것은?

① 행정청에 처분을 구하는 신청은 문서로 하여야 한다. 다만, 다른 법령 등에 특별한 규정이 있는 경우와 행정청이 미리 다른 방법을 정하여 공시한 경우에는 그러하지 아니하다.

② 행정청은 신청에 필요한 구비서류, 접수기관, 처리기간, 그 밖에 필요한 사항을 게시(인터넷 등을 통한 게시를 포함)하거나 이에 대한 편람을 갖추어두고 누구나 열람할 수 있도록 하여야 한다.

③ 행정청은 신청에 구비서류의 미비 등 흠이 있는 경우에는 보완에 필요한 상당한 기간을 정하여 지체 없이 신청인에게 보완을 요구할 수 있다.

④ 행정청은 신청인의 편의를 위하여 다른 행정청에 신청을 접수하게 할 수 있다. 이 경우 행정청은 다른 행정청에 접수할 수 있는 신청의 종류를 미리 정하여 공시하여야 한다.

299

해설 ① (○) 행정절차법 제17조 제1항

행정절차법	제17조(처분의 신청) ① 행정청에 처분을 구하는 신청은 문서로 하여야 한다. 다만, 다른 법령등에 특별한 규정이 있는 경우와 행정청이 미리 다른 방법을 정하여 공시한 경우에는 그러하지 아니하다.

② (○) 행정절차법 제17조 제3항

행정절차법	제17조(처분의 신청) ③ 행정청은 신청에 필요한 구비서류, 접수기관, 처리기간, 그 밖에 필요한 사항을 게시(인터넷 등을 통한 게시를 포함한다)하거나 이에 대한 편람을 갖추어 두고 누구나 열람할 수 있도록 하여야 한다.

③ (×) 요구권이 권한으로서 부여된 것이 아니라, 요구 의무가 부과된 것이다. 보완을 요구하여야 한다(행정절차법 제17조 제5항).

행정절차법	제17조(처분의 신청) ⑤ 행정청은 신청에 구비서류의 미비 등 흠이 있는 경우에는 보완에 필요한 상당한 기간을 정하여 지체 없이 신청인에게 보완을 요구하여야 한다.

④ (○) 행정절차법 제17조 제7항

행정절차법	제17조(처분의 신청) ⑦ 행정청은 신청인의 편의를 위하여 다른 행정청에 신청을 접수하게 할 수 있다. 이 경우 행정청은 다른 행정청에 접수할 수 있는 신청의 종류를 미리 정하여 공시하여야 한다.

정답 ③

300 [회독] ☐☐☐　　　　25년 지방 9급

「행정절차법」상 처분의 이유제시에 대한 설명으로 옳은 것은?

① 신청 내용을 모두 그대로 인정하는 처분인 경우, 처분 후 당사자가 요청하더라도 행정청은 그 근거와 이유를 제시하지 않아도 된다.

② 단순·반복적인 처분 또는 경미한 처분으로서 당사자가 그 이유를 명백히 알 수 있는 경우, 처분 후 당사자가 요청하더라도 행정청은 그 근거와 이유를 제시하지 않아도 된다.

③ 긴급히 처분을 할 필요가 있는 경우, 처분 후 당사자가 요청하더라도 행정청은 그 근거와 이유를 제시하지 않아도 된다.

④ 처분 당시 당사자가 어떠한 근거와 이유로 처분이 이루어진 것인지를 충분히 알 수 있어 그에 불복하여 행정구제절차로 나아가는 데 별다른 지장이 없었던 것으로 인정되는 경우에도 처분서에 처분의 근거와 이유가 구체적으로 명시되지 않았다면 그 처분은 위법하다.

301 [회독] ☐☐☐　　　　20년 지방 7급

자영업에 종사하는 甲은 일정요건의 자영업자에게는 보조금을 지급하도록 한 법령에 근거하여 관할 행정청에 보조금 지급을 신청하였으나 1차 거부되었고, 이후 다시 동일한 보조금을 신청하였다. 이에 대한 설명으로 옳은 것은? (다툼이 있는 경우 판례에 의함)

① 관할 행정청이 다시 2차의 거부처분을 하더라도 甲은 2차 거부처분에 대해서는 취소소송으로 다툴 수 없다.

② 甲이 보조금을 우편으로 신청한 경우, 특별한 규정이 없다면 신청서를 발송한 때에 신청의 효력이 발생한다.

③ 명문으로 금지되거나 성질상 불가능한 경우가 아닌 한, 甲은 신청에 대한 관할 행정청의 처분이 있기 전까지 신청의 내용을 변경할 수 있다.

④ 甲의 신청에 형식적 요건의 하자가 있었다면 그 하자의 보완이 가능함에도 보완을 요구하지 않고 바로 거부하였다고 하여 그 거부가 위법한 것은 아니다.

300

해설　① (○) / ②, ③ (×) 행정절차법 제23조

행정절차법	제23조(처분의 이유 제시) ① 행정청은 처분을 할 때에는 다음 각 호의 어느 하나에 해당하는 경우를 제외하고는 당사자에게 그 근거와 이유를 제시하여야 한다. 1. 신청 내용을 모두 그대로 인정하는 처분인 경우 2. 단순·반복적인 처분 또는 경미한 처분으로서 당사자가 그 이유를 명백히 알 수 있는 경우 3. 긴급히 처분을 할 필요가 있는 경우 ② 행정청은 제1항 제2호 및 제3호의 경우에 처분 후 당사자가 요청하는 경우에는 그 근거와 이유를 제시하여야 한다.

④ (×) "행정절차법 제23조 제1항은 행정청이 처분을 하는 때에는 당사자에게 그 근거와 이유를 제시하도록 규정하고 있고, 이는 행정청의 자의적 결정을 배제하고 당사자로 하여금 행정구제절차에서 적절히 대처할 수 있도록 하는 데 그 취지가 있다. 따라서 처분서에 기재된 내용과 관계 법령 및 당해 처분에 이르기까지 전체적인 과정 등을 종합적으로 고려하여, 처분 당시 당사자가 어떠한 근거와 이유로 처분이 이루어진 것인지를 충분히 알 수 있어서 그에 불복하여 행정구제절차로 나아가는 데에 별다른 지장이 없었던 것으로 인정되는 경우에는 처분서에 처분의 근거와 이유가 구체적으로 명시되어 있지 않았다고 하더라도 그로 말미암아 그 처분이 위법한 것으로 된다고 할 수는 없다." (대법원 2013.11.14. 선고 2011두18571)

정답 ①

301

해설　① (×) 거부처분이 반복된 경우, 각각의 거부처분 모두에 처분성이 인정된다. "거부처분은 관할 행정청이 국민의 처분신청에 대하여 거절의 의사표시를 함으로써 성립되고, 그 이후 동일한 내용의 새로운 신청에 대하여 다시 거절의 의사표시를 한 경우에는 새로운 거부처분이 있는 것으로 보아야 할 것이다." (대법원 2002.3.29. 선고 2000두6084)

② (×) 별도의 규정이 없다면, 사인의 공법행위에도 의사표시의 효력발생시기에 관한 민법 규정이 유추적용된다고 본다. 따라서 민법상 도달주의의 원칙에 따라, 신청서를 발송한 때가 아니라, 신청서가 도달한 때 신청의 효력이 발생한다.

민법	제111조(의사표시의 효력발생시기) ① 상대방이 있는 의사표시는 상대방에게 도달한 때에 그 효력이 생긴다.

③ (○) 행정절차법 제17조 제8항

행정절차법	제17조(처분의 신청) ⑧ 신청인은 처분이 있기 전에는 그 신청의 내용을 보완·변경하거나 취하(取下)할 수 있다. 다만, 다른 법령등에 특별한 규정이 있거나 그 신청의 성질상 보완·변경하거나 취하할 수 없는 경우에는 그러하지 아니하다.

④ (×) 보완을 요구하지 않고 바로 거부하면 그 거부가 위법하게 된다 (행정절차법 제17조 제5항).

행정절차법	제17조(처분의 신청) ⑤ 행정청은 신청에 구비서류의 미비 등 흠이 있는 경우에는 보완에 필요한 상당한 기간을 정하여 지체 없이 신청인에게 보완을 요구하여야 한다.

정답 ③

302 [회독] ☐ ☐ ☐

「행정절차법」상 행정절차에 관한 설명으로 옳은 것은?

① 행정청은 처분의 신청을 받았을 때에는 항상 그 접수를 처리하여야 하며, 신청을 접수한 경우에는 신청인에게 접수증을 주어야 한다.

② 행정청은 처분의 처리기간을 연장할 수 있는데, 이때 처분의 신청인에게 반드시 연장 사유와 처리 예정 기한을 통지할 필요는 없다.

③ 행정청은 필요한 처분기준을 해당 처분의 성질에 비추어 되도록 구체적으로 정하여 공표하여야 한다. 그러나 처분기준을 변경하는 경우에는 그러하지 아니하다.

④ 처분의 신청인은 처분이 있기 전에는 그 신청의 내용을 보완·변경하거나 취하할 수 있다. 다만, 다른 법령등에 특별한 규정이 있거나 그 신청의 성질상 보완·변경하거나 취하할 수 없는 경우에는 그러하지 아니하다.

302

해설 ① (×) 다른 법령등에 특별한 규정이 있는 경우에는 그 접수를 보류 또는 거부할 수 있다(행정절차법 제17조 제4항).

행정절차법	제17조(처분의 신청) ④ 행정청은 신청을 받았을 때에는 다른 법령등에 특별한 규정이 있는 경우를 제외하고는 그 접수를 보류 또는 거부하거나 부당하게 되돌려 보내서는 아니 되며, 신청을 접수한 경우에는 신청인에게 접수증을 주어야 한다. 다만, 대통령령으로 정하는 경우에는 접수증을 주지 아니할 수 있다.

② (×) 행정절차법 제19조 제2항, 제3항

행정절차법	제19조(처리기간의 설정·공표) ② 행정청은 부득이한 사유로 제1항에 따른 처리기간 내에 처분을 처리하기 곤란한 경우에는 해당 처분의 처리기간의 범위에서 한 번만 그 기간을 연장할 수 있다. ③ 행정청은 제2항에 따라 처리기간을 연장할 때에는 처리기간의 연장 사유와 처리 예정 기한을 지체 없이 신청인에게 통지하여야 한다.

③ (×) 행정절차법 제20조 제1항

행정절차법	제20조(처분기준의 설정·공표) ① 행정청은 필요한 처분기준을 해당 처분의 성질에 비추어 되도록 구체적으로 정하여 공표하여야 한다. 처분기준을 변경하는 경우에도 또한 같다.

④ (○) 행정절차법 제17조 제8항

행정절차법	제17조(처분의 신청) ⑧ 신청인은 처분이 있기 전에는 그 신청의 내용을 보완·변경하거나 취하(取下)할 수 있다. 다만, 다른 법령등에 특별한 규정이 있거나 그 신청의 성질상 보완·변경하거나 취하할 수 없는 경우에는 그러하지 아니하다.

정답 ④

303 [회독] ☐☐☐　　　　　　　　　　　23년 국가 7급

「행정절차법」상 행정절차에 대한 설명으로 옳지 않은 것은?

① 행정청이 처분기준 사전공표 의무를 위반하여 미리 공표하지 아니한 기준을 적용하여 처분을 하였다고 하더라도, 그러한 사정만으로 곧바로 해당 처분에 취소사유에 이를 정도의 흠이 존재한다고 볼 수는 없다.

② 처분의 처리기간에 관한 규정은 강행규정이므로 행정청이 처리기간이 지나 처분을 하였다면 이는 처분을 취소할 절차상 하자로 볼 수 있다.

③ 행정청은 위반사실등의 공표를 할 때에는 특별한 사정이 없는 한 미리 당사자에게 그 사실을 통지하고 의견제출의 기회를 주어야 하며, 의견제출의 기회를 받은 당사자는 공표 전에 관할 행정청에 서면이나 말 또는 정보통신망을 이용하여 의견을 제출할 수 있다.

④ 다수의 당사자등이 공동으로 행정절차에 관한 행위를 할 때에는 대표자를 선정할 수 있고, 다수의 대표자가 있는 경우 그중 1인에 대한 행정청의 행위는 모든 당사자등에게 효력이 있지만, 행정청의 통지는 대표자 모두에게 하여야 그 효력이 있다.

303

해설 ① (○) "행정청이 행정절차법 제20조 제1항의 처분기준 사전공표 의무를 위반하여 미리 공표하지 아니한 기준을 적용하여 처분을 하였다고 하더라도, 그러한 사정만으로 곧바로 해당 처분에 취소사유에 이를 정도의 흠이 존재한다고 볼 수는 없다. 다만 해당 처분에 적용한 기준이 상위법령의 규정이나 신뢰보호의 원칙 등과 같은 법의 일반원칙을 위반하였거나 객관적으로 합리성이 없다고 볼 수 있는 구체적인 사정이 있다면 해당 처분은 위법하다고 평가할 수 있다." (대법원 2020.12.24. 선고 2018두45633)

② (×) "처분이나 민원의 처리기간을 정하는 것은 신청에 따른 사무를 가능한 한 조속히 처리하도록 하기 위한 것이다. 처리기간에 관한 규정은 훈시규정에 불과할 뿐 강행규정이라고 볼 수 없다. 행정청이 처리기간이 지나 처분을 하였더라도 이를 처분을 취소할 절차상 하자로 볼 수 없다." (대법원 2019.12.13. 선고 2018두41907)

③ (○) 행정절차법 제40조의3 제3항, 제4항

행정절차법	제40조의3(위반사실 등의 공표) ③ 행정청은 위반사실등의 공표를 할 때에는 미리 당사자에게 그 사실을 통지하고 의견제출의 기회를 주어야 한다. 다만, 다음 각 호의 어느 하나에 해당하는 경우에는 그러하지 아니하다. 1. 공공의 안전 또는 복리를 위하여 긴급히 공표를 할 필요가 있는 경우 2. 해당 공표의 성질상 의견청취가 현저히 곤란하거나 명백히 불필요하다고 인정될 만한 타당한 이유가 있는 경우 3. 당사자가 의견진술의 기회를 포기한다는 뜻을 명백히 밝힌 경우 ④ 제3항에 따라 의견제출의 기회를 받은 당사자는 공표 전에 관할 행정청에 서면이나 말 또는 정보통신망을 이용하여 의견을 제출할 수 있다.

④ (○) 행정절차법 제11조 제1항, 제6항

행정절차법	제11조(대표자) ① 다수의 당사자등이 공동으로 행정절차에 관한 행위를 할 때에는 대표자를 선정할 수 있다. ⑥ 다수의 대표자가 있는 경우 그중 1인에 대한 행정청의 행위는 모든 당사자등에게 효력이 있다. 다만, 행정청의 통지는 대표자 모두에게 하여야 그 효력이 있다.

정답 ②

304 [회독] ☐☐☐　　　　　　　　　　　　23년 국가 9급

「행정절차법」상 송달과 처분절차에 대한 설명으로 옳지 않은 것은?

① 처분기준의 설정·공표의 규정은 침익적 처분뿐만 아니라 수익적 처분의 경우에도 적용된다.
② 정보통신망을 이용하여 전자문서로 송달하는 경우에는 송달받을 자가 지정한 컴퓨터 등에 입력된 때에 도달된 것으로 본다.
③ 공청회가 개최는 되었으나 정상적으로 진행되지 못하고 무산된 횟수가 2회인 경우 온라인공청회를 단독으로 개최할 수 있다.
④ 송달이 불가능한 경우에는 송달받을 자가 알기 쉽도록 관보, 공보, 게시판, 일간신문 중 하나 이상에 공고하고 인터넷에도 공고하여야 한다.

304

해설 ① (○) 공통처분 절차에 속하기 때문이다.

| 행정절차법 | 제20조(처분기준의 설정·공표) ① 행정청은 필요한 처분기준을 해당 처분의 성질에 비추어 되도록 구체적으로 정하여 공표하여야 한다. 처분기준을 변경하는 경우에도 또한 같다. |

② (○) 행정절차법 제15조 제2항

| 행정절차법 | 제15조(송달의 효력 발생) ② 제14조제3항에 따라 정보통신망을 이용하여 전자문서로 송달하는 경우에는 송달받을 자가 지정한 컴퓨터 등에 입력된 때에 도달된 것으로 본다. |

③ (×) 3회 이상이어야 한다(제38조의2 제2항 제2호).

| 행정절차법 | 제38조의2(온라인공청회) ① 행정청은 제38조에 따른 공청회와 병행하여서만 정보통신망을 이용한 공청회(이하 "온라인공청회"라 한다)를 실시할 수 있다.
② 제1항에도 불구하고 다음 각 호의 어느 하나에 해당하는 경우에는 온라인공청회를 단독으로 개최할 수 있다.
1. 국민의 생명·신체·재산의 보호 등 국민의 안전 또는 권익보호 등의 이유로 제38조에 따른 공청회를 개최하기 어려운 경우
2. 제38조에 따른 공청회가 행정청이 책임질 수 없는 사유로 개최되지 못하거나 개최는 되었으나 정상적으로 진행되지 못하고 무산된 횟수가 3회 이상인 경우
3. 행정청이 널리 의견을 수렴하기 위하여 온라인공청회를 단독으로 개최할 필요가 있다고 인정하는 경우. 다만, 제22조제2항제1호 또는 제3호에 따라 공청회를 실시하는 경우는 제외한다. |

④ (○) 제14조 제4항 제2호

| 행정절차법 | 제14조(송달) ④ 다음 각 호의 어느 하나에 해당하는 경우에는 송달받을 자가 알기 쉽도록 관보, 공보, 게시판, 일간신문 중 하나 이상에 공고하고 인터넷에도 공고하여야 한다.
1. 송달받을 자의 주소등을 통상적인 방법으로 확인할 수 없는 경우
2. 송달이 불가능한 경우 |

정답 ③

기출테마 60 　침익적 처분 절차

305 [회독] ☐☐☐　　　　　　　　　　22년 국가 7급

행정절차에 대한 설명으로 옳지 않은 것은? (다툼이 있는 경우 판례에 의함)

① 당사자가 근거규정 등을 명시하여 신청하는 인·허가 등을 거부하는 처분을 함에 있어 당사자가 그 근거를 알 수 있을 정도로 상당한 이유를 제시한 경우에는 당해 처분의 근거 및 이유를 구체적 조항 및 내용까지 명시하지 않았더라도 그로 말미암아 그 처분이 위법한 것이 된다고 할 수 없다.

② 환경영향평가절차를 거쳤다면, 환경영향평가의 내용이 다소 부실하다 하더라도, 그 부실의 정도가 환경영향평가를 하지 아니한 것과 다를 바 없는 정도의 것이 아니라면 당연히 당해 승인 등 처분이 위법하게 되는 것은 아니다.

③ 행정청이 당사자와 도시계획사업의 시행과 관련한 협약을 체결하면서 관계 법령 및 「행정절차법」에 규정된 청문의 실시 등 의견청취절차를 배제하는 조항을 두었다고 하더라도, 청문의 실시에 관한 규정의 적용을 배제할 수 있다고 볼 만한 법령상의 규정이 없는 한, 청문의 실시에 관한 규정의 적용이 배제된다거나 청문을 실시하지 않아도 되는 예외적인 경우에 해당한다고 할 수 없다.

④ 「국가공무원법」상 직위해제처분을 할 경우 처분의 사전통지 및 의견청취 등에 관한 「행정절차법」의 규정이 적용된다.

305

해설 ① (○) "행정청은 처분을 하는 때에는 원칙적으로 당사자에게 근거와 이유를 제시하여야 한다(행정절차법 제23조 제1항). 당사자가 신청하는 허가 등을 거부하는 처분을 하면서 당사자가 그 근거를 알 수 있을 정도로 이유를 제시한 경우에는 처분의 근거와 이유를 구체적으로 명시하지 않았더라도 그로 말미암아 그 처분이 위법하다고 볼 수는 없다." (대법원 2017.8.29. 선고 2016두44186)

② (○) "구 환경영향평가법(1997.3.7. 선고 법률 제5302호로 개정되기 전의 것) 제4조에서 환경영향평가를 실시하여야 할 사업을 정하고, 그 제16조 내지 제19조에서 대상사업에 대하여 반드시 환경영향평가를 거치도록 한 취지 등에 비추어 보면, 같은 법에서 정한 환경영향평가를 거쳐야 할 대상사업에 대하여 그러한 환경영향평가를 거치지 아니하였음에도 승인 등 처분을 하였다면 그 처분은 위법하다 할 것이나, 그러한 절차를 거쳤다면, 비록 그 환경영향평가의 내용이 다소 부실하다 하더라도, 그 부실의 정도가 환경영향평가제도를 둔 입법 취지를 달성할 수 없을 정도이어서 환경영향평가를 하지 아니한 것과 다를 바 없는 정도의 것이 아닌 이상 그 부실은 당해 승인 등 처분에 재량권 일탈·남용의 위법이 있는지 여부를 판단하는 하나의 요소로 됨에 그칠 뿐, 그 부실로 인하여 당연히 당해 승인 등 처분이 위법하게 되는 것이 아니다." (대법원 2001.6.29. 선고 99두9902)

③ (○) "행정청이 당사자와 사이에 도시계획사업의 시행과 관련한 협약을 체결하면서 관계 법령 및 행정절차법에 규정된 청문의 실시 등 의견청취절차를 배제하는 조항을 두었다고 하더라도, 국민의 행정참여를 도모함으로써 행정의 공정성·투명성 및 신뢰성을 확보하고 국민의 권익을 보호한다는 행정절차법의 목적 및 청문제도의 취지 등에 비추어 볼 때, 위와 같은 협약의 체결로 청문의 실시에 관한 규정의 적용을 배제할 수 있다고 볼 만한 법령상의 규정이 없는 한, 이러한 협약이 체결되었다고 하여 청문의 실시에 관한 규정의 적용이 배제된다거나 청문을 실시하지 않아도 되는 예외적인 경우에 해당한다고 할 수 없다." (대법원 2004.7.8. 선고 2002두8350)

④ (×) "국가공무원법상 직위해제처분은 구 행정절차법(2012.10.22. 선고 법률 제11498호로 개정되기 전의 것) 제3조 제2항 제9호, 구 행정절차법 시행령(2011.12.21. 선고 대통령령 제23383호로 개정되기 전의 것) 제2조 제3호에 의하여 당해 행정작용의 성질상 행정절차를 거치기 곤란하거나 불필요하다고 인정되는 사항 또는 행정절차에 준하는 절차를 거친 사항에 해당하므로, 처분의 사전통지 및 의견청취 등에 관한 행정절차법의 규정이 별도로 적용되지 않는다." (대법원 2014.5.16. 선고 2012두26180)

정답 ④

306 [회독] □□□

「행정절차법」상 처분의 사전통지 및 의견제출 절차에 대한 설명으로 옳지 <u>않은</u> 것은? (다툼이 있는 경우 판례에 의함)

① 법령 등에서 요구된 자격이 없거나 없어지게 되면 반드시 일정한 처분을 하여야 하는 경우에 그 자격이 없거나 없어지게 된 사실이 법원의 재판에 의하여 객관적으로 증명된 경우에는 사전통지를 생략할 수 있다.

② 행정청의 처분으로 의무가 부과되거나 권익이 제한되는 경우라도 당사자가 의견진술의 기회를 포기한다는 뜻을 명백히 표시한 경우에는 의견청취를 생략할 수 있다.

③ 별정직 공무원인 대통령기록관장에 대한 직권면직 처분에는 처분의 사전통지 및 의견청취 등에 관한 「행정절차법」 규정이 적용되지 않는다.

④ 대통령이 한국방송공사 사장을 해임하면서 사전통지절차를 거치지 않은 경우에는 그 해임처분은 위법하다.

306

해설 ① (○) 행정절차법 제21조 제4항 제2호

행정절차법	제21조(처분의 사전 통지) ① 행정청은 당사자에게 의무를 부과하거나 권익을 제한하는 처분을 하는 경우에는 미리 다음 각 호의 사항을 당사자등에게 통지하여야 한다. ④ 다음 각 호의 어느 하나에 해당하는 경우에는 제1항에 따른 통지를 하지 아니할 수 있다. 2. 법령등에서 요구된 자격이 없거나 없어지게 되면 반드시 일정한 처분을 하여야 하는 경우에 그 자격이 없거나 없어지게 된 사실이 법원의 재판 등에 의하여 객관적으로 증명된 경우

② (○) 행정절차법 제22조 제4항

행정절차법	제22조(의견청취) ④ 제1항부터 제3항까지의 규정에도 불구하고 제21조제4항 각 호의 어느 하나에 해당하는 경우와 당사자가 의견진술의 기회를 포기한다는 뜻을 명백히 표시한 경우에는 의견청취를 하지 아니할 수 있다.

③ (×) "공무원 인사관계 법령에 의한 처분에 관한 사항이라 하더라도 전부에 대하여 행정절차법의 적용이 배제되는 것이 아니라, 성질상 행정절차를 거치기 곤란하거나 불필요하다고 인정되는 처분이나 행정절차에 준하는 절차를 거치도록 하고 있는 처분의 경우에만 행정절차법의 적용이 배제되는 것으로 보아야 하고, 이러한 법리는 '공무원 인사관계 법령에 의한 처분'에 해당하는 별정직 공무원에 대한 직권면직 처분의 경우에도 마찬가지로 적용된다." (대법원 2013.1.16. 선고 2011두30687)

④ (○) "대통령이 甲을 한국방송공사 사장직에서 해임한 사안에서, 해임처분 과정에서 甲이 처분 내용을 사전에 통지받거나 그에 대한 의견제출 기회 등을 받지 못했고 해임처분 시 법적 근거 및 구체적 해임 사유를 제시받지 못하였으므로 해임처분이 행정절차법에 위배되어 위법하다." (대법원 2012.2.23. 선고 2011두5001)

정답 ③

307 [회독] ☐☐☐

행정절차에 대한 설명으로 옳은 것만을 모두 고르면?

┤ 보기 ├

㉠ '공무원 인사관계 법령에 의한 처분에 관한 사항' 전부에 대하여 「행정절차법」의 적용이 배제된다.

㉡ 당사자에게 의무를 부과하거나 당사자의 권익을 제한하는 처분을 함에 있어서, 행정청은 법령등에서 요구된 자격이 없어지게 되면 반드시 일정한 처분을 하여야 하는 경우에 그 자격이 없어지게 된 사실이 법원의 재판 등에 의하여 객관적으로 증명된 경우에도 「행정절차법」상의 사전통지를 하여야 한다.

㉢ 행정청의 자의적 결정을 배제하고 당사자로 하여금 행정구제절차에서 적절히 대처할 수 있도록 하는 처분의 근거 및 이유제시 제도의 취지에 비추어, 처분을 하면서 당사자가 그 근거를 알 수 있을 정도로 이유를 제시한 경우에는 처분의 근거와 이유를 구체적으로 명시하지 않았더라도 그로 말미암아 그 처분이 위법하다고 볼 수는 없다.

㉣ 행정처분의 상대방에 대한 청문통지서가 반송되었다거나, 행정처분의 상대방이 청문일시에 불출석하였다는 이유만으로 청문을 실시하지 아니하고 한 침해적 행정처분은 위법하다.

① ㉠, ㉡　　　　　　　② ㉠, ㉣

③ ㉡, ㉢　　　　　　　④ ㉢, ㉣

307

해설 ㉠ (×) "행정과정에 대한 국민의 참여와 행정의 공정성, 투명성 및 신뢰성을 확보하고 국민의 권익을 보호함을 목적으로 하는 행정절차법의 입법목적과 행정절차법 제3조 제2항 제9호의 규정 내용 등에 비추어 보면, 공무원 인사관계 법령에 의한 처분에 관한 사항 전부에 대하여 행정절차법의 적용이 배제되는 것이 아니라 성질상 행정절차를 거치기 곤란하거나 불필요하다고 인정되는 처분이나 행정절차에 준하는 절차를 거치도록 하고 있는 처분의 경우에만 행정절차법의 적용이 배제된다." (대법원 2007.9.21. 선고 2006두20631)

㉡ (×) 행정절차법 제21조 제4항 제2호

행정절차법	제21조(처분의 사전 통지) ① 행정청은 당사자에게 의무를 부과하거나 권익을 제한하는 처분을 하는 경우에는 미리 다음 각 호의 사항을 당사자등에게 통지하여야 한다. ④ 다음 각 호의 어느 하나에 해당하는 경우에는 제1항에 따른 통지를 하지 아니할 수 있다. 1. 공공의 안전 또는 복리를 위하여 긴급히 처분을 할 필요가 있는 경우 2. 법령등에서 요구된 자격이 없거나 없어지게 되면 반드시 일정한 처분을 하여야 하는 경우에 그 자격이 없거나 없어지게 된 사실이 법원의 재판 등에 의하여 객관적으로 증명된 경우 3. 해당 처분의 성질상 의견청취가 현저히 곤란하거나 명백히 불필요하다고 인정될 만한 상당한 이유가 있는 경우

㉢ (○) "행정청의 자의적 결정을 배제하고 당사자로 하여금 행정구제절차에서 적절히 대처할 수 있도록 하는 처분의 근거 및 이유제시 제도의 취지에 비추어, 처분을 하면서 당사자가 그 근거를 알 수 있을 정도로 이유를 제시한 경우에는 처분의 근거와 이유를 구체적으로 명시하지 않았더라도 그로 말미암아 그 처분이 위법하다고 볼 수는 없다. 이때 '이유를 제시한 경우'는 처분서에 기재된 내용과 관계 법령 및 당해 처분에 이르기까지의 전체적인 과정 등을 종합적으로 고려하여, 처분 당시 당사자가 어떠한 근거와 이유로 처분이 이루어진 것인지를 충분히 알 수 있어서 그에 불복하여 행정구제절차로 나아가는 데 별다른 지장이 없었다고 인정되는 경우를 뜻한다." (대법원 2019.1.31. 선고 2016두64975)

㉣ (○) "행정절차법 제21조 제4항 제3호 '의견청취가 현저히 곤란하거나 명백히 불필요하다고 인정될 만한 상당한 이유가 있는지 여부'는 당해 행정처분의 성질에 비추어 판단하여야 하는 것이지, 청문통지서의 반송 여부, 청문통지의 방법 등에 의하여 판단할 것은 아니며, 또한 행정처분의 상대방이 통지된 청문일시에 불출석하였다는 이유만으로 행정청이 관계 법령상 그 실시가 요구되는 청문을 실시하지 아니한 채 침해적 행정처분을 할 수는 없을 것이므로, 행정처분의 상대방에 대한 청문통지서가 반송되었다거나, 행정처분의 상대방이 청문일시에 불출석하였다는 이유로 청문을 실시하지 아니하고 한 침해적 행정처분은 위법하다." (대법원 2001.4.13. 선고 2000두3337)

정답 ④

308 [회독] ☐☐☐　　　24년 군무원 9급

다음 중 「행정절차법」상 청문에 대한 설명으로 가장 적절하지 **않은** 것은? (다툼이 있는 경우 판례에 의함)

① 행정청은 당사자가 요청한 경우에는 청문을 실시하여야 한다.

② 행정청이 당사자와 사이에 도시계획사업의 시행과 관련한 협약을 체결하면서 청문의 실시를 배제하는 조항을 둔 경우, 청문의 실시에 관한 규정의 적용이 배제되거나 청문을 실시하지 않아도 되는 예외적인 경우에 해당하지 않는다.

③ 청문 주재자는 당사자등의 전부 또는 일부가 정당한 사유 없이 청문기일에 출석하지 아니하거나 의견서를 제출하지 아니한 경우에는 이들에게 다시 의견진술 및 증거제출의 기회를 주지 아니하고 청문을 마칠 수 있다.

④ 행정청은 처분시 상당한 이유가 있다고 인정하면 청문결과를 반영하여야 한다.

308

해설　① (✕) 행정절차법 제22조 제1항

행정절차법	제22조(의견청취) ① 행정청이 처분을 할 때 다음 각 호의 어느 하나에 해당하는 경우에는 청문을 한다. 1. 다른 법령등에서 청문을 하도록 규정하고 있는 경우 2. 행정청이 필요하다고 인정하는 경우 3. 다음 각 목의 처분을 하는 경우 　가. 인허가 등의 취소 　나. 신분·자격의 박탈 　다. 법인이나 조합 등의 설립허가의 취소

② (○) "행정청이 당사자와 사이에 도시계획사업의 시행과 관련한 협약을 체결하면서 관계 법령 및 행정절차법에 규정된 청문의 실시 등 의견청취절차를 배제하는 조항을 두었다고 하더라도, 국민의 행정참여를 도모함으로써 행정의 공정성·투명성 및 신뢰성을 확보하고 국민의 권익을 보호한다는 행정절차법의 목적 및 청문제도의 취지 등에 비추어 볼 때, 위와 같은 협약의 체결로 청문의 실시에 관한 규정의 적용을 배제할 수 있다고 볼 만한 법령상의 규정이 없는 한, 이러한 협약이 체결되었다고 하여 청문의 실시에 관한 규정의 적용이 배제된다거나 청문을 실시하지 않아도 되는 예외적인 경우에 해당한다고 할 수 없다." (대법원 2004.7.8. 선고 2002두8350)

③ (○) 행정절차법 제35조 제2항

행정절차법	제35조(청문의 종결) ② 청문 주재자는 당사자등의 전부 또는 일부가 정당한 사유 없이 청문기일에 출석하지 아니하거나 제31조제3항에 따른 의견서를 제출하지 아니한 경우에는 이들에게 다시 의견진술 및 증거제출의 기회를 주지 아니하고 청문을 마칠 수 있다.

④ (○) 행정절차법 제35조의2

행정절차법	제35조의2(청문결과의 반영) 행정청은 처분을 할 때에 제35조제4항에 따라 받은 청문조서, 청문 주재자의 의견서, 그 밖의 관계 서류 등을 충분히 검토하고 상당한 이유가 있다고 인정하는 경우에는 청문결과를 반영하여야 한다.

정답 ①

309 [회독] □□□

「행정절차법」에 대한 설명으로 옳지 않은 것은?

① 처분기준을 공표하는 것이 해당 처분의 성질상 현저히 곤란하거나 공공의 안전 또는 복리를 현저히 해치는 것으로 인정될 만한 상당한 이유가 있는 경우에는 처분기준을 공표하지 아니할 수 있다.

② 행정처분의 상대방에 대한 청문통지서가 반송되었거나 행정처분의 상대방이 청문일시에 불출석하였다는 이유만으로 행정청이 관계 법령상 그 실시가 요구되는 청문을 실시하지 아니하고 한 침해적 행정처분은 위법하다.

③ 「행정절차법」상 사전통지 및 의견제출에 대한 권리를 부여하고 있는 '당사자등'에는 불이익처분의 직접 상대방인 당사자와 행정청이 직권으로 또는 신청에 따라 행정절차에 참여하게 한 이해관계인, 그 밖에 제3자가 포함된다.

④ 행정청이 처분을 하면서 당사자가 그 근거를 알 수 있을 정도로 이유를 제시한 경우에는 처분의 근거와 이유를 구체적으로 명시하지 않았더라도 그로 말미암아 그 처분이 위법하다고 볼 수는 없다.

309

해설 ① (○) 행정절차법 제20조 제3항

행정절차법	제20조(처분기준의 설정·공표) ③ 제1항에 따른 처분기준을 공표하는 것이 해당 처분의 성질상 현저히 곤란하거나 공공의 안전 또는 복리를 현저히 해치는 것으로 인정될 만한 상당한 이유가 있는 경우에는 처분기준을 공표하지 아니할 수 있다.

② (○) "행정절차법 제21조 제4항 제3호는 침해적 행정처분을 할 경우 청문을 실시하지 않을 수 있는 사유로서 "당해 처분의 성질상 의견청취가 현저히 곤란하거나 명백히 불필요하다고 인정될 만한 상당한 이유가 있는 경우"를 규정하고 있으나, 여기에서 말하는 '의견청취가 현저히 곤란하거나 명백히 불필요하다고 인정될 만한 상당한 이유가 있는지 여부'는 당해 행정처분의 성질에 비추어 판단하여야 하는 것이지, 청문통지서의 반송 여부, 청문통지의 방법 등에 의하여 판단할 것은 아니며, 또한 행정처분의 상대방이 통지된 청문일시에 불출석하였다는 이유만으로 행정청이 관계 법령상 그 실시가 요구되는 청문을 실시하지 아니한 채 침해적 행정처분을 할 수는 없을 것이므로, 행정처분의 상대방에 대한 청문통지서가 반송되었다거나, 행정처분의 상대방이 청문일시에 불출석하였다는 이유로 청문을 실시하지 아니하고 한 침해적 행정처분은 위법하다." (대법원 2001.4.13. 선고 2000두3337)

③ (×) 단순 제3자는 '당사자등'에 포함되지 않는다(행정절차법 제2조 제4호).

행정절차법	제2조(정의) 이 법에서 사용하는 용어의 뜻은 다음과 같다. 4. "당사자등"이란 다음 각 목의 자를 말한다. 　가. 행정청의 처분에 대하여 직접 그 상대가 되는 당사자 　나. 행정청이 직권으로 또는 신청에 따라 행정절차에 참여하게 한 이해관계인

④ (○) "행정절차법 제23조 제1항은 행정청은 처분을 하는 때에는 당사자에게 그 근거와 이유를 제시하여야 한다고 규정하고 있는바, 일반적으로 당사자가 근거규정 등을 명시하여 신청하는 인·허가 등을 거부하는 처분을 함에 있어 당사자가 그 근거를 알 수 있을 정도로 상당한 이유를 제시한 경우에는 당해 처분의 근거 및 이유를 구체적 조항 및 내용까지 명시하지 않았더라도 그로 말미암아 그 처분이 위법한 것이 된다고 할 수 없다." (대법원 2002.5.17. 선고 2000두8912)

정답 ③

310 [회독] ☐☐☐

행정절차에 대한 설명으로 옳지 않은 것은?

① 청문은 당사자가 공개를 신청하거나 청문 주재자가 필요하다고 인정하는 경우 공개할 수 있다. 다만, 공익 또는 제3자의 정당한 이익을 현저히 해칠 우려가 있는 경우에는 공개하여서는 아니 된다.

② 일반적으로 당사자가 근거규정 등을 명시하여 신청하는 인·허가 등을 거부하는 처분을 함에 있어 당사자가 그 근거를 알 수 있을 정도로 상당한 이유를 제시한 경우에는 당해 처분의 근거 및 이유를 구체적 조항 및 내용까지 명시하지 않았더라도 그로 말미암아 그 처분이 위법한 것이 된다고 할 수 없다.

③ 공무원 인사관계 법령에 따른 처분에 관하여는 「행정절차법」 적용을 배제하고 있으므로, 군인사법령에 의하여 진급예정자명단에 포함된 자에 대하여 의견제출의 기회를 부여하지 아니하고 진급선발취소처분을 한 것이 절차상 하자가 있어 위법하다고 할 수 없다.

④ 과세의 절차 내지 형식에 위법이 있어 과세처분을 취소하는 판결이 확정되었을 때는 그 확정판결의 기판력은 거기에 적시된 절차 내지 형식의 위법사유에 한하여 미치는 것이므로 과세관청은 그 위법사유를 보완하여 다시 새로운 과세처분을 할 수 있다.

310

해설 ① (○) 행정절차법 제30조

행정절차법	제30조(청문의 공개) 청문은 당사자가 공개를 신청하거나 청문 주재자가 필요하다고 인정하는 경우 공개할 수 있다. 다만, 공익 또는 제3자의 정당한 이익을 현저히 해칠 우려가 있는 경우에는 공개하여서는 아니 된다.

② (○) "행정절차법 제23조 제1항은 행정청은 처분을 하는 때에는 당사자에게 그 근거와 이유를 제시하여야 한다고 규정하고 있는바, 일반적으로 당사자가 근거규정 등을 명시하여 신청하는 인·허가 등을 거부하는 처분을 함에 있어 당사자가 그 근거를 알 수 있을 정도로 상당한 이유를 제시한 경우에는 당해 처분의 근거 및 이유를 구체적 조항 및 내용까지 명시하지 않았더라도 그로 말미암아 그 처분이 위법한 것이 된다고 할 수 없다." (대법원 2002.5.17. 선고 2000두8912)

③ (×) "행정청이 침해적 행정처분을 하면서 당사자에게 행정절차법상의 사전통지를 하거나 의견제출의 기회를 주지 아니하였다면 사전통지를 하지 않거나 의견제출의 기회를 주지 아니하여도 되는 예외적인 경우에 해당하지 아니하는 한 그 처분은 위법하여 취소를 면할 수 없다. 행정과정에 대한 국민의 참여와 행정의 공정성, 투명성 및 신뢰성을 확보하고 국민의 권익을 보호함을 목적으로 하는 행정절차법의 입법목적과 행정절차법 제3조 제2항 제9호의 규정 내용 등에 비추어 보면, 공무원 인사관계 법령에 의한 처분에 관한 사항 전부에 대하여 행정절차법의 적용이 배제되는 것이 아니라 성질상 행정절차를 거치기 곤란하거나 불필요하다고 인정되는 처분이나 행정절차에 준하는 절차를 거치도록 하고 있는 처분의 경우에만 행정절차법의 적용이 배제된다. 군인사법령에 의하여 진급예정자명단에 포함된 자에 대하여 의견제출의 기회를 부여하지 아니한 채 진급선발을 취소하는 처분을 한 것이 절차상 하자가 있어 위법하다." (대법원 2007.9.21. 선고 2006두20631)

④ (○) "과세의 절차 내지 형식에 위법이 있어 과세처분을 취소하는 판결이 확정되었을 때는 그 확정판결의 기판력은 거기에 적시된 절차 내지 형식의 위법사유에 한하여 미치는 것이므로 과세관청은 그 위법사유를 보완하여 다시 새로운 과세처분을 할 수 있고 그 새로운 과세처분은 확정판결에 의하여 취소된 종전의 과세처분과는 별개의 처분이라 할 것이어서 확정판결의 기판력에 저촉되는 것이 아니다." (대법원 1987.2.10. 선고 86누91)

정답 ③

311 [회독] ☐☐☐　　　　　　　　22년 지방 7급

행정절차에 대한 설명으로 옳지 않은 것은? (다툼이 있는 경우 판례에 의함)

① 「행정절차법」상 문서주의 원칙에도 불구하고, 행정청의 처분서의 문언만으로는 행정청이 어떤 처분을 하였는지 불분명하다는 등 특별한 사정이 있는 때에는 처분 경위나 처분 이후의 상대방의 태도 등 다른 사정을 고려하여 처분서의 문언과 달리 그 처분의 내용을 해석할 수도 있다.

② '고시'의 방법으로 불특정 다수인을 상대로 의무를 부과하거나 권익을 제한하는 처분은 성질상 의견제출의 기회를 주어야 하는 상대방을 특정할 수 없으므로, 이와 같은 처분에 있어서까지 그 상대방에게 의견제출의 기회를 주어야 하는 것은 아니다.

③ 행정청이 당사자와 도시계획사업의 시행과 관련한 협약을 체결하면서 관계 법령 및 「행정절차법」에 규정된 청문의 실시 등 의견청취절차를 배제하는 조항을 두었다면, 이는 청문을 실시하지 않아도 되는 예외적인 경우에 해당한다.

④ 공무원에 대한 징계절차에서 징계심의대상자가 대리인으로 선임한 변호사가 징계위원회 심의에 출석하여 진술하려고 하였음에도 불구하고 징계권자나 그 소속직원이 변호사가 심의에 출석하는 것을 막았다면 징계위원회의 심의·의결의 절차적 정당성이 상실되어 그 징계의결에 따른 징계처분은 위법하며 원칙적으로 취소되어야 한다.

311

해설 ① (○) "행정청이 문서에 의하여 처분을 한 경우 원칙적으로 그 처분서의 문언에 따라 어떤 처분을 하였는지 확정하여야 하나, 그 처분서의 문언만으로는 행정청이 어떤 처분을 하였는지 불분명하다는 등 특별한 사정이 있는 때에는 처분 경위나 처분 이후의 상대방의 태도 등 다른 사정을 고려하여 처분서의 문언과 달리 그 처분의 내용을 해석할 수도 있다." (대법원 2010.2.11. 선고 2009두18035)

② (○) "구 행정절차법 제22조 제3항에 따라 행정청이 의무를 부과하거나 권익을 제한하는 처분을 할 때 의견제출의 기회를 주어야 하는 '당사자'는 '행정청의 처분에 대하여 직접 그 상대가 되는 당사자'(구 행정절차법 제2조 제4호)를 의미한다. 그런데 '고시'의 방법으로 불특정 다수인을 상대로 의무를 부과하거나 권익을 제한하는 처분은 성질상 의견제출의 기회를 주어야 하는 상대방을 특정할 수 없으므로, 이와 같은 처분에 있어서까지 구 행정절차법 제22조 제3항에 의하여 그 상대방에게 의견제출의 기회를 주어야 한다고 해석할 것은 아니다." (대법원 2014.10.27. 선고 2012두7745)

③ (×) "행정청이 당사자와 사이에 도시계획사업의 시행과 관련한 협약을 체결하면서 관계 법령 및 행정절차법에 규정된 청문의 실시 등 의견청취절차를 배제하는 조항을 두었다고 하더라도, 국민의 행정참여를 도모함으로써 행정의 공정성·투명성 및 신뢰성을 확보하고 국민의 권익을 보호한다는 행정절차법의 목적 및 청문제도의 취지 등에 비추어 볼 때, 위와 같은 협약의 체결로 청문의 실시에 관한 규정의 적용을 배제할 수 있다고 볼 만한 법령상의 규정이 없는 한, 이러한 협약이 체결되었다고 하여 청문의 실시에 관한 규정의 적용이 배제된다거나 청문을 실시하지 않아도 되는 예외적인 경우에 해당한다고 할 수 없다." (대법원 2004.7.8. 선고 2002두8350)

④ (○) "육군3사관학교의 사관생도에 대한 징계절차에서 징계심의대상자가 대리인으로 선임한 변호사가 징계위원회 심의에 출석하여 진술하려고 하였음에도, 징계권자나 그 소속 직원이 변호사가 징계위원회의 심의에 출석하는 것을 막았다면 징계위원회 심의·의결의 절차적 정당성이 상실되어 그 징계의결에 따른 징계처분은 위법하여 원칙적으로 취소되어야 한다." (대법원 2018.3.13. 선고 2016두33339)

정답 ③

312 [회독] ☐☐☐

행정절차에 대한 설명으로 옳지 않은 것은?

① 「행정절차법」상 행정청은 처분을 할 때에 단순·반복적인 처분 또는 경미한 처분으로서 당사자가 그 이유를 명백히 알 수 있는 경우에는 처분 후 당사자가 요청하더라도 당사자에게 그 근거와 이유를 제시하지 않아도 된다.

② 육군3사관학교의 사관생도에 대한 징계절차에서 징계심의대상자가 대리인으로 선임한 변호사가 징계위원회 심의에 출석하여 진술하려고 하였음에도, 징계권자나 그 소속 직원이 변호사가 징계위원회의 심의에 출석하는 것을 막은 후 내린 징계위원회의 징계의결에 따른 징계처분은 특별한 사정이 없는 한 위법하여 원칙적으로 취소되어야 한다.

③ 공무원 인사관계 법령에 의한 처분에 관한 사항 전부에 대하여 「행정절차법」의 적용이 배제되는 것이 아니라 성질상 행정절차를 거치기 곤란하거나 불필요하다고 인정되는 처분이나 행정절차에 준하는 절차를 거치도록 하고 있는 처분의 경우에만 「행정절차법」의 적용이 배제된다.

④ 군인사법령에 의하여 진급예정자명단에 포함된 자에 대하여 「행정절차법」상 의견제출의 기회를 부여하지 아니한 채 진급선발을 취소한 처분은 위법하다.

312

해 설 ① (×) 이 경우에는 당사자가 요청하면 그 근거와 이유를 제시하여야 한다(행정절차법 제23조 제2항).

행정절차법	제23조(처분의 이유 제시) ① 행정청은 처분을 할 때에는 다음 각 호의 어느 하나에 해당하는 경우를 제외하고는 당사자에게 그 근거와 이유를 제시하여야 한다. 1. 신청 내용을 모두 그대로 인정하는 처분인 경우 2. 단순·반복적인 처분 또는 경미한 처분으로서 당사자가 그 이유를 명백히 알 수 있는 경우 3. 긴급히 처분을 할 필요가 있는 경우 ② 행정청은 제1항제2호 및 제3호의 경우에 처분 후 당사자가 요청하는 경우에는 그 근거와 이유를 제시하여야 한다.

② (○) "육군3사관학교의 사관생도에 대한 징계절차에서 징계심의대상자가 대리인으로 선임한 변호사가 징계위원회 심의에 출석하여 진술하려고 하였음에도, 징계권자나 그 소속 직원이 변호사가 징계위원회 심의에 출석하는 것을 막았다면 징계위원회 심의·의결의 절차적 정당성이 상실되어 그 징계의결에 따른 징계처분은 위법하여 원칙적으로 취소되어야 한다. 다만 징계심의대상자의 대리인이 관련된 행정절차나 소송절차에서 이미 실질적인 증거조사를 하고 의견을 진술하는 절차를 거쳐서 징계심의대상자의 방어권 행사에 실질적으로 지장이 초래되었다고 볼 수 없는 특별한 사정이 있는 경우에는, 징계권자가 징계심의대상자의 대리인에게 징계위원회에 출석하여 의견을 진술할 기회를 주지 아니하였더라도 그로 인하여 징계위원회 심의에 절차적 정당성이 상실되었다고 볼 수 없으므로 징계처분을 취소할 것은 아니다." (대법원 2018.3.13. 선고 2016두33339)

③ (○) "행정과정에 대한 국민의 참여와 행정의 공정성, 투명성 및 신뢰성을 확보하고 국민의 권익을 보호함을 목적으로 하는 행정절차법의 입법목적과 행정절차법 제3조 제2항 제9호의 규정 내용 등에 비추어 보면, 공무원 인사관계 법령에 의한 처분에 관한 사항 전부에 대하여 행정절차법의 적용이 배제되는 것이 아니라 성질상 행정절차를 거치기 곤란하거나 불필요하다고 인정되는 처분이나 행정절차에 준하는 절차를 거치도록 하고 있는 처분의 경우에만 행정절차법의 적용이 배제된다." (대법원 2007.9.21. 선고 2006두20631)

④ (○) "군인사법령에 의하여 진급예정자명단에 포함된 자에 대하여 의견제출의 기회를 부여하지 아니한 채 진급선발을 취소하는 처분을 한 것이 절차상 하자가 있어 위법하다." (대법원 2007.9.21. 선고 2006두20631)

정답 ①

313 [회독] ☐☐☐   23년 소방직

행정절차에 관한 설명으로 옳지 않은 것은? (다툼이 있는 경우 판례에 의함)

① 고시의 방법으로 불특정 다수인을 상대로 의무를 부과하거나 권익을 제한하는 처분의 경우도 그 상대방에게 의견제출의 기회를 주어야 한다.

② 정보통신망을 이용하여 전자문서로 송달하는 경우에는 송달받을 자가 지정한 컴퓨터 등에 입력된 때에 도달된 것으로 본다.

③ 과세처분에 대한 전심절차가 모두 끝나고 상고심의 계류 중에 세액산출근거의 통지가 있었다고 하여 이로써 과세처분의 하자가 치유되었다고는 볼 수 없다.

④ 행정청이 허가를 거부하는 처분을 함에 있어 당사자가 그 근거를 알 수 있을 정도로 상당한 이유를 제시하였다면, 구체적 조항 및 내용까지 명시하지 않았더라도 그로 말미암아 그 처분이 위법하게 되지는 않는다.

313

해설 ① (✕) "행정절차법 제22조 제3항에 따라 행정청이 의무를 부과하거나 권익을 제한하는 처분을 할 때 의견제출의 기회를 주어야 하는 '당사자'는 '행정청의 처분에 대하여 직접 그 상대가 되는 당사자'를 의미한다. 그런데 '고시'의 방법으로 불특정 다수인을 상대로 의무를 부과하거나 권익을 제한하는 처분은 성질상 의견제출의 기회를 주어야 하는 상대방을 특정할 수 없으므로, 이와 같은 처분에 있어서까지 구 행정절차법 제22조 제3항에 의하여 그 상대방에게 의견제출의 기회를 주어야 한다고 해석할 것은 아니다." (대법원 2014.10.27. 선고 2012두7745)

② (○) 행정절차법 제15조 제2항

행정절차법	제15조(송달의 효력 발생) ② 제14조제3항에 따라 정보통신망을 이용하여 전자문서로 송달하는 경우에는 송달받을 자가 지정한 컴퓨터 등에 입력된 때에 도달된 것으로 본다.

③ (○) "세액산출근거가 누락된 납세고지서에 의한 과세처분의 하자의 치유를 허용하려면 늦어도 과세처분에 대한 불복여부의 결정 및 불복신청에 편의를 줄 수 있는 상당한 기간내에 하여야 한다고 할 것이므로 위 과세처분에 대한 전심절차가 모두 끝나고 상고심의 계류중에 세액산출근거의 통지가 있었다고 하여 이로써 위 과세처분의 하자가 치유되었다고는 볼 수 없다." (대법원 1984.4.10. 선고 83누393)

④ (○) 대법원은 신청에 따른 (거부)처분에 대해서는 이유제시의 구체성 요구 정도를 완화하고 있다. "행정절차법 제23조 제1항은 행정청은 처분을 하는 때에는 당사자에게 그 근거와 이유를 제시하여야 한다고 규정하고 있는바, 일반적으로 당사자가 근거규정 등을 명시하여 신청하는 인·허가 등을 거부하는 처분을 함에 있어 당사자가 그 근거를 알 수 있을 정도로 상당한 이유를 제시한 경우에는 당해 처분의 근거 및 이유를 구체적 조항 및 내용까지 명시하지 않았더라도 그로 말미암아 그 처분이 위법한 것이 된다고 할 수 없다." (대법원 2002.5.17. 선고 2000두891)

정답 ①

314 [회독] ☐☐☐　　22년 군무원 9급

다음 중 처분의 사전통지에 대한 설명으로 가장 옳지 않은 것은?

① 고시 등에 의한 불특정 다수를 상대로 한 권익제한이나 의무부과의 경우 사전통지 대상이 아니다.

② 수익적 처분의 신청에 대한 거부처분은 실질적으로 침익적 처분에 해당하므로 사전통지 대상이 된다.

③ 「행정절차법」은 처분의 직접 상대방 외에 신청에 따라 행정절차에 참여한 이해관계인도 사전통지의 대상인 당사자에 포함시키고 있다.

④ 공무원의 정규임용처분을 취소하는 처분은 사전통지를 하지 않아도 되는 예외적인 경우에 해당하지 않는다.

314

해설　① (○) "'고시'의 방법으로 불특정 다수인을 상대로 의무를 부과하거나 권익을 제한하는 처분은 성질상 의견제출의 기회를 주어야 하는 상대방을 특정할 수 없으므로, 이와 같은 처분에 있어서까지 구 행정절차법 제22조 제3항에 의하여 그 상대방에게 의견제출의 기회를 주어야 한다고 해석할 것은 아니다." (대법원 2014.10.27. 선고 2012두7745)

② (×) "행정절차법 제21조 제1항은 행정청은 당사자에게 의무를 과하거나 권익을 제한하는 처분을 하는 경우에는 미리 처분의 제목, 당사자의 성명 또는 명칭과 주소, 처분하고자 하는 원인이 되는 사실과 처분의 내용 및 법적 근거, 그에 대하여 의견을 제출할 수 있다는 뜻과 의견을 제출하지 아니하는 경우의 처리방법, 의견제출기관의 명칭과 주소, 의견제출기한 등을 당사자 등에게 통지하도록 하고 있는바, 신청에 따른 처분이 이루어지지 아니한 경우에는 아직 당사자에게 권익이 부과되지 아니하였으므로 특별한 사정이 없는 한 신청에 대한 거부처분이라고 하더라도 직접 당사자의 권익을 제한하는 것은 아니어서 신청에 대한 거부처분을 여기에서 말하는 '당사자의 권익을 제한하는 처분'에 해당한다고 할 수 없는 것이어서 처분의 사전통지대상이 된다고 할 수 없다." (대법원 2003.11.28. 선고 2003두674)

③ (○) 출제오류로 볼 수도 있는 지문이다. 왜냐하면 행정절차법은 "당사자등"과 "당사자"를 구분하고 있는데, '행정청이 직권으로 또는 신청에 따라 행정절차에 참여하게한 이해관계인'은 당사자에는 해당하지 않고, 당사자등에만 해당하기 때문이다. 다만, 출제위원은 여기서 "당사자"라는 표현을 단지 '사전통지의 상대방이 되는 경우'라는 의미로만 사용한 것 같다. 그래서 정선지로 출제한 것 같다.

※ 행정절차법 제2조, 제21조

행정절차법	제21조(처분의 사전 통지) ① 행정청은 당사자에게 의무를 부과하거나 권익을 제한하는 처분을 하는 경우에는 미리 다음 각 호의 사항을 당사자등에게 통지하여야 한다.
행정절차법	제2조(정의) 이 법에서 사용하는 용어의 뜻은 다음과 같다. 4. "당사자등"이란 다음 각 목의 자를 말한다. 　가. 행정청의 처분에 대하여 직접 그 상대가 되는 당사자 　나. 행정청이 직권으로 또는 신청에 따라 행정절차에 참여하게 한 이해관계인

④ (○) "정규공무원으로 임용된 사람에게 시보임용처분 당시 지방공무원법 제31조 제4호에 정한 공무원임용 결격사유가 있어 시보임용처분을 취소하고 그에 따라 정규임용처분을 취소한 경우, 정규임용처분을 취소하는 처분은 성질상 행정절차를 거치는 것이 불필요하여 행정절차법의 적용이 배제되는 경우에 해당하지 않으므로, 그 처분을 하면서 사전통지를 하거나 의견제출의 기회를 부여하지 않은 것은 위법하다." (대법원 2009.1.30. 선고 2008두16155)

정답　②

315 [회독] □□□

21년 지방 9급

행정절차에 대한 설명으로 옳은 것은? (다툼이 있는 경우 판례에 의함)

① 「국가공무원법」상 직위해제처분은 공무원의 인사상 불이익을 주는 처분이므로 「행정절차법」상 사전통지 및 의견 청취절차를 거쳐야 한다.

② 처분 당시 당사자가 어떠한 근거와 이유로 처분이 이루어진 것인지를 충분히 알 수 있어서 그에 불복하여 행정구제절차로 나아가는 데에 별다른 지장이 없었던 것으로 인정되는 경우에도 처분서에 처분의 근거와 이유가 구체적으로 명시되어 있지 않았다면 그 처분은 위법하다.

③ 세액산출근거가 기재되지 아니한 납세고지서에 의한 부과처분은 그 후 부과된 세금을 자진납부하였다거나 또는 조세채권의 소멸시효기간이 만료되었다 하여 하자가 치유되는 것이라고는 할 수 없다.

④ 당사자등은 청문조서의 내용을 열람·확인할 수 있을 뿐, 그 청문조서에 이의가 있더라도 정정을 요구할 수는 없다.

315

해설 ① (×) "국가공무원법상 직위해제처분은 구 행정절차법 제3조 제2항 제9호, 구 행정절차법 시행령 제2조 제3호에 의하여 당해 행정작용의 성질상 행정절차를 거치기 곤란하거나 불필요하다고 인정되는 사항 또는 행정절차에 준하는 절차를 거친 사항에 해당하므로, 처분의 사전통지 및 의견청취 등에 관한 행정절차법의 규정이 별도로 적용되지 않는다." (대법원 2014.5.16. 선고 2012두26180)

② (×) "행정절차법 제23조 제1항은 행정청이 처분을 하는 때에는 당사자에게 그 근거와 이유를 제시하도록 규정하고 있고, 이는 행정청의 자의적 결정을 배제하고 당사자로 하여금 행정구제절차에서 적절히 대처할 수 있도록 하는 데 그 취지가 있다. 따라서 처분 당시 당사자가 어떠한 근거와 이유로 처분이 이루어진 것인지를 충분히 알 수 있어서 그에 불복하여 행정구제절차로 나아가는 데에 별다른 지장이 없었던 것으로 인정되는 경우에는 처분서에 처분의 근거와 이유가 구체적으로 명시되어 있지 않았다고 하더라도 그로 말미암아 그 처분이 위법한 것으로 된다고 할 수는 없다." (대법원 2013.11.14. 선고 2011두18571)

③ (○) "세액산출근거가 기재되지 아니한 납세고지서에 의한 부과처분은 강행법규에 위반하여 취소대상이 된다 할 것이므로 이와 같은 하자는 납세의무자가 전심절차에서 이를 주장하지 아니하였거나, 그 후 부과된 세금을 자진납부하였다거나, 또는 조세채권의 소멸시효기간이 만료되었다 하여 치유되는 것이라고는 할 수 없다." (대법원 1985.4.9. 선고 84누431)

④ (×) 열람·확인뿐만 아니라, 이의가 있을 때에는 정정을 요구할 수 있다(행정절차법 제34조 제2항).

행정절차법	제34조(청문조서) ② 당사자등은 청문조서의 내용을 열람·확인할 수 있으며, 이의가 있을 때에는 그 정정을 요구할 수 있다.

정답 ③

316 [회독] □□□　　　21년 국가 7급

행정절차에 대한 설명으로 옳은 것은? (다툼이 있는 경우에는 판례에 의함)

① 「도로법」상 도로구역을 변경할 경우, 이를 고시하고 그 도면을 일반인이 열람할 수 있도록 하고 있는바, 도로구역을 변경한 처분은 「행정절차법」상 사전통지나 의견청취의 대상이 되는 처분이 아니다.

② 「군인사법」에 따라 당해 직무를 수행할 능력이 없다고 인정하여 장교를 보직해임 하는 경우, 처분의 근거와 이유 제시 등에 관하여 「행정절차법」의 규정이 적용된다.

③ 특별한 사정이 없는 한, 신청에 대한 거부처분은 사전통지 및 의견제출의 대상이 된다.

④ 「식품위생법」상의 영업자지위승계신고를 수리하는 경우, 영업시설을 인수하여 영업자의 지위를 승계한 자에 대하여 사전통지를 하고, 그에게 의견제출의 기회를 주어야 한다.

316

해설 ① (○) "행정절차법 제2조 제4호가 행정절차법의 당사자를 행정청의 처분에 대하여 직접 그 상대가 되는 당사자로 규정하고, 도로법 제25조 제3항이 도로구역을 결정하거나 변경할 경우 이를 고시에 의하도록 하면서, 그 도면을 일반인이 열람할 수 있도록 한 점 등을 종합하여 보면, 도로구역을 변경한 이 사건 처분은 행정절차법 제21조 제1항의 사전통지나 제22조 제3항의 의견청취의 대상이 되는 처분은 아니라고 할 것이다." (대법원 2008.6.12. 선고 2007두1767)

② (×) "구 군인사법상 보직해임처분은 구 행정절차법 제3조 제2항 제9호, 같은 법 시행령 제2조 제3호에 의하여 당해 행정작용의 성질상 행정절차를 거치기 곤란하거나 불필요하다고 인정되는 사항 또는 행정절차에 준하는 절차를 거친 사항에 해당하므로, 처분의 근거와 이유 제시 등에 관한 구 행정절차법의 규정이 별도로 적용되지 아니한다고 봄이 상당하다." (대법원 2014.10.15. 선고 2012두5756)

③ (×) "신청에 따른 처분이 이루어지지 아니한 경우에는 아직 당사자에게 권익이 부과되지 아니하였으므로 특별한 사정이 없는 한 신청에 대한 거부처분이라고 하더라도 직접 당사자의 권익을 제한하는 것은 아니어서 신청에 대한 거부처분을 여기에서 말하는 '당사자의 권익을 제한하는 처분'에 해당한다고 할 수 없는 것이어서 처분의 사전통지 대상이 된다고 할 수 없다." (대법원 2003.11.28. 선고 2003두674)

④ (×) "행정청이 구 식품위생법 규정에 의하여 영업자지위승계신고를 수리하는 처분은 종전의 영업자의 권익을 제한하는 처분이라 할 것이고 따라서 종전의 영업자는 그 처분에 대하여 직접 그 상대가 되는 자에 해당한다고 봄이 상당하므로, 행정청으로서는 위 신고를 수리하는 처분을 함에 있어서 행정절차법 규정 소정의 당사자에 해당하는 종전의 영업자에 대하여 위 규정 소정의 행정절차를 실시하고 처분을 하여야 한다." (대법원 2003.2.14. 선고 2001두7015)

정답 ①

317 [회독] □□□　　　　　　　　　　21년 소방직

행정행위에 대한 설명으로 옳지 않은 것은? (다툼이 있는 경우 판례에 의함)

① 개발제한구역 내의 건축물의 용도변경에 대한 예외적 허가는 그 상대방에게 제한적이므로 기속행위에 속하는 것이다.

② 농지처분의무통지는 단순한 관념의 통지에 불과하다고 볼 수 없고, 상대방인 농지소유자의 의무에 직접 관계되는 독립한 행정처분으로서 항고소송의 대상이 된다.

③ 행정청이 (구) 「식품위생법」 규정에 의하여 영업자지위승계신고를 수리하는 처분은 종전의 영업자의 권익을 제한하는 처분에 해당하므로, 행정청은 이를 처리함에 있어 종전의 영업자에 대하여 처분의 사전통지, 의견청취 등 「행정절차법」상의 처분절차를 거쳐야 한다.

④ 부담은 행정청이 행정행위를 하면서 일방적으로 부가할 수도 있지만 부담을 부가하기 이전에 상대방과 협의하여 부담의 내용을 협약의 형식으로 미리 정한 다음 행정행위를 하면서 부가할 수도 있다.

318 [회독] □□□　　　　　　　　　　21년 군무원 9급

「행정절차법」상 청문에 대한 설명으로 옳지 않은 것은?

① 청문 주재자에게 공정한 청문 진행을 할 수 없는 사정이 있는 경우 당사자 등은 행정청에 기피신청을 할 수 있다.

② 청문 주재자가 청문을 시작할 때에는 먼저 예정된 처분의 내용, 그 원인이 되는 사실 및 법적 근거 등을 설명하여야 한다.

③ 청문 주재자는 직권으로 또는 당사자의 신청에 따라 필요한 조사를 할 수 있으며, 당사자 등이 주장하지 아니한 사실에 대하여는 조사할 수 없다.

④ 행정청은 청문을 마친 후 처분을 할 때까지 새로운 사정이 발견되어 청문을 재개(再開)할 필요가 있다고 인정할 때에는 청문조서 등을 되돌려 보내고 청문의 재개를 명할 수 있다.

317

[해설] ① (✕) 재량행위라 본다. "구 도시계획법상의 개발제한구역 내에서의 건축물 용도변경에 대한 허가가 가지는 예외적인 허가로서의 성격과 그 재량행위로서의 성격에 비추어 보면 …"(대법원 2001.2.9. 선고 98두17593)

② (○) "농지처분의무통지는 단순한 관념의 통지에 불과하다고 볼 수는 없고, 상대방인 농지소유자의 의무에 직접 관계되는 독립한 행정처분으로서 항고소송의 대상이 된다." (대법원 2003.11.14. 선고 2001두8742)

③ (○) "행정청이 구 식품위생법 규정에 의하여 영업자지위승계신고를 수리하는 처분은 종전의 영업자의 권익을 제한하는 처분이라 할 것이고 따라서 종전의 영업자는 그 처분에 대하여 직접 그 상대가 되는 자에 해당한다고 봄이 상당하므로, 행정청으로서는 위 신고를 수리하는 처분을 함에 있어서 행정절차법 규정 소정의 당사자에 해당하는 종전의 영업자에 대하여 위 규정 소정의 행정절차를 실시하고 처분을 하여야 한다." (대법원 2003.2.14. 선고 2001두7015)

④ (○) "부담은 행정청이 행정처분을 하면서 일방적으로 부가할 수도 있지만 부담을 부가하기 이전에 상대방과 협의하여 부담의 내용을 협약의 형식으로 미리 정한 다음 행정처분을 하면서 이를 부가할 수도 있다." (대법원 2009.2.12. 선고 2005다65500)

정답 ①

318

[해설] ① (○) 행정절차법 제29조 제2항

행정절차법	제29조(청문 주재자의 제척·기피·회피) ② 청문 주재자에게 공정한 청문 진행을 할 수 없는 사정이 있는 경우 당사자등은 행정청에 기피신청을 할 수 있다. 이 경우 행정청은 청문을 정지하고 그 신청이 이유가 있다고 인정할 때에는 해당 청문 주재자를 지체 없이 교체하여야 한다.

② (○) 행정절차법 제31조 제1항

행정절차법	제31조(청문의 진행) ① 청문 주재자가 청문을 시작할 때에는 먼저 예정된 처분의 내용, 그 원인이 되는 사실 및 법적 근거 등을 설명하여야 한다.

③ (✕) 행정절차법 제33조 제1항

행정절차법	제33조(증거조사) ① 청문 주재자는 직권으로 또는 당사자의 신청에 따라 필요한 조사를 할 수 있으며, 당사자등이 주장하지 아니한 사실에 대하여도 조사할 수 있다.

④ (○) 행정절차법 제36조

행정절차법	제36조(청문의 재개) 행정청은 청문을 마친 후 처분을 할 때까지 새로운 사정이 발견되어 청문을 재개할 필요가 있다고 인정할 때에는 제35조제4항에 따라 받은 청문조서 등을 되돌려 보내고 청문의 재개를 명할 수 있다. 이 경우 제31조제5항을 준용한다.

정답 ③

319 [회독] ▢▢▢　　　23년 지방 7급

「행정절차법」상 행정절차에 대한 설명으로 옳지 않은 것은?

① 「공무원연금법」상 퇴직연금의 환수결정은 당사자에게 의무를 과하는 처분이기는 하지만 퇴직연금의 환수결정에 앞서 당사자에게 의견진술의 기회를 주지 아니하여도 「행정절차법」에 어긋나지 아니한다.

② 행정청이 처분을 하면서 당사자에게 그 처분에 관하여 행정심판 및 행정소송을 제기할 수 있는지 여부, 그 밖에 불복을 할 수 있는지 여부, 청구절차 및 청구기간 그 밖에 필요한 사항을 고지하지 않았다면 그 처분은 위법하다.

③ 행정청이 미리 공표한 처분의 처리기간을 지나 처분을 하였더라도 이를 처분을 취소할 절차상 하자로 볼 수 없다.

④ 행정청이 당사자와 협약을 체결하면서 관계 법령 및 「행정절차법」에 규정된 청문 등 의견청취절차를 배제하는 조항을 둔 경우, 이를 청문 실시의 배제사유로 인정하는 법령상의 규정이 없다면 청문을 실시하지 않은 것은 절차적 하자를 구성한다.

319

해설 ① (○) "퇴직연금의 환수결정은 당사자에게 의무를 과하는 처분이기는 하나, 관련 법령에 따라 당연히 환수금액이 정하여지는 것이므로, 퇴직연금의 환수결정에 앞서 당사자에게 의견진술의 기회를 주지 아니하여도 행정절차법 제22조 제3항이나 신의칙에 어긋나지 아니한다." (대법원 2000.11.28. 선고 99두5443)

② (×) "행정절차법 제26조는 "행정청이 처분을 할 때에는 당사자에게 그 처분에 관하여 행정심판 및 행정소송을 제기할 수 있는지 여부, 그 밖에 불복을 할 수 있는지 여부, 청구절차 및 청구기간 그 밖에 필요한 사항을 알려야 한다."라고 규정하고 있다. 이러한 고지절차에 관한 규정은 행정처분의 상대방이 그 처분에 대한 행정심판의 절차를 밟는 데 편의를 제공하려는 것이어서 처분청이 위 규정에 따른 고지의무를 이행하지 아니하였다고 하더라도 경우에 따라 행정심판의 제기기간이 연장될 수 있음에 그칠 뿐, 그 때문에 심판의 대상이 되는 행정처분이 위법하다고 할 수는 없다." (대법원 2018.2.8. 선고 2017두66633)

③ (○) "행정절차법 제19조 제1항은 "행정청은 신청인의 편의를 위하여 처분의 처리기간을 종류별로 미리 정하여 공표하여야 한다."라고 정하고 있다. 처분의 처리기간을 정하는 것은 신청에 따른 사무를 가능한 한 조속히 처리하도록 하기 위한 것이다. 처리기간에 관한 규정은 훈시규정에 불과할 뿐 강행규정이라고 볼 수 없다. 행정청이 처리기간이 지나 처분을 하였더라도 이를 처분을 취소할 절차상 하자로 볼 수 없다." (대법원 2019.12.13. 선고 2018두41907)

④ (○) "행정청이 당사자와 사이에 도시계획사업의 시행과 관련한 협약을 체결하면서 관계 법령 및 행정절차법에 규정된 청문의 실시 등 의견청취절차를 배제하는 조항을 두었다고 하더라도, 국민의 행정참여를 도모함으로써 행정의 공정성·투명성 및 신뢰성을 확보하고 국민의 권익을 보호한다는 행정절차법의 목적 및 청문제도의 취지 등에 비추어 볼 때, 위와 같은 협약의 체결로 청문의 실시에 관한 규정의 적용을 배제할 수 있다고 볼 만한 법령상의 규정이 없는 한, 이러한 협약이 체결되었다고 하여 청문의 실시에 관한 규정의 적용이 배제된다거나 청문을 실시하지 않아도 되는 예외적인 경우에 해당한다고 할 수 없다." (대법원 2004.7.8. 선고 2002두8350)

정답 ②

320 [회독] □□□ 21년 소방직

「행정절차법」에 대한 설명으로 옳지 않은 것은?

① 공청회는 다른 법령 등에서 공청회를 개최하도록 규정하고 있는 경우 또는 당해 처분의 영향이 광범위하여 널리 의견을 수렴할 필요가 있다고 행정청이 인정하는 경우에 개최된다.

② 행정응원을 위하여 파견된 직원은 당해 직원의 복무에 관하여 다른 법령 등에 특별한 규정이 없는 한, 응원을 요청한 행정청의 지휘·감독을 받는다.

③ 행정응원에 소요되는 비용은 응원을 요청한 행정청이 부담하며, 그 부담금액 및 부담방법은 응원을 행하는 행정청의 결정에 의한다.

④ 송달이 불가능하여 관보, 공보 등에 공고한 경우에는 다른 법령등에 특별한 규정이 있는 경우를 제외하고 공고일부터 14일이 경과한 때에 그 효력이 발생한다. 다만, 긴급히 시행하여야 할 특별한 사유가 있어 효력 발생 시기를 달리 정해 공고한 경우에는 그에 따른다.

320

해설 ① (○) 행정절차법 제22조 제2항 제1, 2호

행정절차법	제22조(의견청취) ② 행정청이 처분을 할 때 다음 각 호의 어느 하나에 해당하는 경우에는 공청회를 개최한다. 1. 다른 법령등에서 공청회를 개최하도록 규정하고 있는 경우 2. 해당 처분의 영향이 광범위하여 널리 의견을 수렴할 필요가 있다고 행정청이 인정하는 경우 3. 국민생활에 큰 영향을 미치는 처분으로서 대통령령으로 정하는 처분에 대하여 대통령령으로 정하는 수 이상의 당사자등이 공청회 개최를 요구하는 경우

② (○) 행정절차법 제8조 제5항

행정절차법	제8조(행정응원) ⑤ 행정응원을 위하여 파견된 직원은 응원을 요청한 행정청의 지휘·감독을 받는다. 다만, 해당 직원의 복무에 관하여 다른 법령등에 특별한 규정이 있는 경우에는 그에 따른다.

③ (×) 전단은 옳지만, 후단이 틀렸다. 부담금액 및 부담방법은 응원을 행하는 행정청의 결정에 의하는 것이 아니라, 응원을 요청한 행정청과 응원을 하는 행정청이 협의하여 결정한다(행정절차법 제8조 제6항).

행정절차법	제8조(행정응원) ⑥ 행정응원에 드는 비용은 응원을 요청한 행정청이 부담하며, 그 부담금액 및 부담방법은 응원을 요청한 행정청과 응원을 하는 행정청이 협의하여 결정한다.

④ (○) 행정절차법 제15조 제3항

행정절차법	제15조(송달의 효력 발생) ③ 제14조제4항의 경우에는 다른 법령등에 특별한 규정이 있는 경우를 제외하고는 공고일부터 14일이 지난 때에 그 효력이 발생한다. 다만, 긴급히 시행하여야 할 특별한 사유가 있어 효력 발생 시기를 달리 정하여 공고한 경우에는 그에 따른다.
행정절차법	제14조(송달) ④ 다음 각 호의 어느 하나에 해당하는 경우에는 송달받을 자가 알기 쉽도록 관보, 공보, 게시판, 일간신문 중 하나 이상에 공고하고 인터넷에도 공고하여야 한다. 1. 송달받을 자의 주소등을 통상적인 방법으로 확인할 수 없는 경우 2. 송달이 불가능한 경우

정답 ③

321 [회독] □□□   19년 국가 7급

행정절차에 대한 판례의 입장으로 옳지 않은 것은?

① 당사자가 신청하는 허가 등을 거부하는 처분을 하면서 당사자가 그 근거를 알 수 있을 정도로 이유를 제시한 경우에는 처분의 근거와 이유를 구체적으로 명시하지 않았더라도 그로 말미암아 그 처분이 위법하다고 볼 수는 없다.

② 구 「폐기물처리시설 설치촉진 및 주변지역 지원 등에 관한 법률」상 입지선정위원회가 동법 시행령의 규정에 위배하여 군수와 주민대표가 선정·추천한 전문가를 포함시키지 않은 채 임의로 구성되어 의결을 한 경우에, 이에 터잡아 이루어진 폐기물처리시설 입지결정처분은 당연무효가 된다.

③ 「공무원연금법」상 퇴직연금 지급정지 사유기간 중 수급자에게 지급된 퇴직연금의 환수결정은 당사자에게 의무를 과하는 처분으로, 퇴직연금의 환수결정에 앞서 당사자에게 의견진술의 기회를 주지 아니하면 「행정절차법」에 반한다.

④ 납세고지서에 세액산출근거 등의 기재사항이 누락되었거나 과세표준과 세액의 계산명세서가 첨부되지 않은 납세고지의 하자는 납세의무자가 그 나름대로 산출근거를 알고 있다거나 사실상 이를 알고서 쟁송에 이르렀다 하더라도 치유되지 않는다.

321

해설 ① (○) "당사자가 신청하는 허가 등을 거부하는 처분을 하면서 당사자가 그 근거를 알 수 있을 정도로 이유를 제시한 경우에는 처분의 근거와 이유를 구체적으로 명시하지 않았더라도 그로 말미암아 그 처분이 위법하다고 볼 수는 없다." (대법원 2017.8.29. 선고 2016두44186)

② (○) "구 폐기물처리시설 설치촉진 및 주변지역 지원 등에 관한 법률에 정한 입지선정위원회가 그 구성방법 및 절차에 관한 같은 법 시행령의 규정에 위배하여 군수와 주민대표가 선정·추천한 전문가를 포함시키지 않은 채 임의로 구성되어 의결을 한 경우, 그에 터잡아 이루어진 폐기물처리시설 입지결정처분의 하자는 중대한 것이고 객관적으로도 명백하므로 무효사유에 해당한다." (대법원 2007.4.12. 선고 2006두20150)

③ (×) "퇴직연금의 환수결정은 당사자에게 의무를 과하는 처분이기는 하나, 관련 법령에 따라 당연히 환수금액이 정하여지는 것이므로, 퇴직연금의 환수결정에 앞서 당사자에게 의견진술의 기회를 주지 아니하여도 행정절차법 제22조 제3항이나 신의칙에 어긋나지 아니한다." (대법원 2000.11.28. 선고 99두5443)

④ (○) "납세고지서에 세액산출근거 등의 기재사항이 누락되었거나 과세표준과 세액의 계산명세서가 첨부되지 않았다면 적법한 납세의 고지라고 볼 수 없으며, 위와 같은 납세고지의 하자는 납세의무자가 그 나름대로 산출근거를 알고 있다거나 사실상 이를 알고서 쟁송에 이르렀다 하더라도 치유되지 않는다." (대법원 2002.11.13. 선고 2001두1543)

정답 ③

322 [회독] □□□

19년 지방 9급

행정절차에 대한 설명으로 옳은 것은? (다툼이 있는 경우 판례에 의함)

① 공정거래위원회의 시정조치 및 과징금납부명령에 「행정절차법」 소정의 의견청취절차 생략사유가 존재하면 공정거래위원회는 「행정절차법」을 적용하여 의견청취절차를 생략할 수 있다.

② 묘지공원과 화장장의 후보지를 선정하는 과정에서 추모공원건립추진협의회가 후보지 주민들의 의견을 청취하기 위하여 그 명의로 개최한 공청회는 「행정절차법」에서 정한 절차를 준수하여야 하는 것은 아니다.

③ 구 「공중위생법」상 유기장업허가취소처분을 함에 있어서 두 차례에 걸쳐 발송한 청문통지서가 모두 반송되어 온 경우, 처분의 상대방이 청문일시에 불출석하였다는 이유로 청문을 거치지 않고 한 침해적 행정처분은 적법하다.

④ 구 「광업법」에 근거하여 처분청이 광업용 토지수용을 위한 사업인정을 하면서 토지소유자와 토지에 관한 권리를 가진 자의 의견을 들은 경우 처분청은 그 의견에 기속된다.

322

[해설] ① (×) "행정절차법 제3조 제2항, 같은법시행령 제2조 제6호에 의하면 공정거래위원회의 의결·결정을 거쳐 행하는 사항에는 행정절차법의 적용이 제외되게 되어 있으므로, 설사 공정거래위원회의 시정조치 및 과징금납부명령에 행정절차법 소정의 의견청취절차 생략사유가 존재한다고 하더라도, 공정거래위원회는 행정절차법을 적용하여 의견청취절차를 생략할 수는 없다." (대법원 2001.5.8. 선고 2000두10212)

② (○) "묘지공원과 화장장의 후보지를 선정하는 과정에서 서울특별시, 비영리법인, 일반 기업 등이 공동발족한 협의체인 추모공원건립추진협의회가 후보지 주민들의 의견을 청취하기 위하여 그 명의로 개최한 공청회는 행정청이 도시계획시설결정을 하면서 개최한 공청회가 아니므로, 위 공청회의 개최에 관하여 행정절차법에서 정한 절차를 준수하여야 하는 것은 아니다." (대법원 2007.4.12. 선고 2005두1893)

③ (×) "행정처분의 상대방이 통지된 청문일시에 불출석하였다는 이유만으로 행정청이 관계 법령상 그 실시가 요구되는 청문을 실시하지 아니한 채 침해적 행정처분을 할 수는 없을 것이므로, 행정처분의 상대방에 대한 청문통지서가 반송되었다거나, 행정처분의 상대방이 청문일시에 불출석하였다는 이유로 청문을 실시하지 아니하고 한 침해적 행정처분은 위법하다." (대법원 2001.4.13. 선고 2000두3337)

④ (×) "광업법 제88조 제2항에서 처분청이 같은 법조 제1항의 규정에 의하여 광업용 토지수용을 위한 사업인정을 하고자 할 때에 토지소유자와 토지에 관한 권리를 가진 자의 의견을 들어야 한다고 한 것은 그 사업인정 여부를 결정함에 있어서 소유자나 기타 권리자가 의견을 반영할 기회를 주어 이를 참작하도록 하고자 하는 데 있을 뿐, 처분청이 그 의견에 기속되는 것은 아니다." (대법원 1995.12.22. 선고 95누30)

정답 ②

323 [회독] □□□　　　　　　　　　　　20년 국가 7급

「행정절차법」상 행정절차에 대한 설명으로 옳지 않은 것은?
(다툼이 있는 경우 판례에 의함)

① 행정청이 처분절차를 준수하였는지는 취소소송의 본안에서 고려할 요소이지, 소송요건 심사단계에서 고려할 요소가 아니다.

② 신청인이 신청에 앞서 행정청의 허가업무 담당자에게 한 신청서의 내용에 대한 검토요청은 다른 특별한 사정이 없는 한 명시적이고 확정적인 신청의 의사표시로 보기 어렵다.

③ 「병역법」에 따라 지방병무청장이 산업기능요원에 대하여 산업기능요원 편입취소처분을 할 때에는 「행정절차법」에 따라 처분의 사전통지를 하고 의견제출의 기회를 부여하여야 한다.

④ 행정청은 행정처분의 상대방에 대한 청문통지서가 반송되었거나, 행정처분의 상대방이 청문일시에 불출석하였다는 이유로 청문절차를 생략하고 침해적 행정처분을 할 수 있다.

323

해설 ① (○) "어떠한 처분에 법령상 근거가 있는지, 행정절차법에서 정한 처분절차를 준수하였는지는 본안에서 당해 처분이 적법한가를 판단하는 단계에서 고려할 요소이지, 소송요건 심사단계에서 고려할 요소가 아니다." (대법원 2020.4.9. 선고 2015다34444)

② (○) "신청인의 행정청에 대한 신청의 의사표시는 명시적이고 확정적인 것이어야 한다고 할 것이므로 신청인이 신청에 앞서 행정청의 허가업무 담당자에게 신청서의 내용에 대한 검토를 요청한 것만으로는 다른 특별한 사정이 없는 한 명시적이고 확정적인 신청의 의사표시가 있었다고 하기 어렵다." (대법원 2004.9.24. 선고 2003두13236)

③ (○) "지방병무청장이 병역법 제41조 제1항 제1호, 제40조 제2호의 규정에 따라 산업기능요원에 대하여 한 산업기능요원 편입취소처분은, 행정처분을 할 경우 '처분의 사전통지'와 '의견제출 기회의 부여'를 규정한 행정절차법 제21조 제1항, 제22조 제3항에서 말하는 '당사자의 권익을 제한하는 처분'에 해당하는 한편, 행정절차법의 적용이 배제되는 사항인 행정절차법 제3조 제2항 제9호, 같은법시행령 제2조 제1호에서 규정하는 '병역법에 의한 소집에 관한 사항'에는 해당하지 아니하므로, 행정절차법상의 '처분의 사전통지'와 '의견제출 기회의 부여'등의 절차를 거쳐야 한다." (대법원 2002.9.6. 선고 2002두554)

④ (×) "행정절차법 제21조 제4항 제3호는 침해적 행정처분을 할 경우 청문을 실시하지 않을 수 있는 사유로서 "당해 처분의 성질상 의견청취가 현저히 곤란하거나 명백히 불필요하다고 인정될 만한 상당한 이유가 있는 경우"를 규정하고 있으나, 여기에서 말하는 '의견청취가 현저히 곤란하거나 명백히 불필요하다고 인정될 만한 상당한 이유가 있는지 여부'는 당해 행정처분의 성질에 비추어 판단하여야 하는 것이지, 청문통지서의 반송 여부, 청문통지의 방법 등에 의하여 판단할 것은 아니며, 또한 행정처분의 상대방이 통지된 청문일시에 불출석하였다는 이유만으로 행정청이 관계 법령상 그 실시가 요구되는 청문을 실시하지 아니한 채 침해적 행정처분을 할 수는 없을 것이므로, 행정처분의 상대방에 대한 청문통지서가 반송되었다거나, 행정처분의 상대방이 청문일시에 불출석하였다는 이유로 청문을 실시하지 아니하고 한 침해적 행정처분은 위법하다." (대법원 2001.4.13. 선고 2000두3337)

정답 ④

324 [회독] □□□

19년 국가 9급

「행정절차법」상 사전통지와 의견제출에 대한 판례의 입장으로 옳은 것은?

① 항만시설 사용허가신청에 대하여 거부처분을 하는 경우, 사전에 통지하여 의견제출 기회를 주어야 한다.

② 용도를 무단변경한 건물의 원상복구를 명하는 시정명령 및 계고처분을 하는 경우, 사전에 통지할 필요가 없다.

③ 고시의 방법으로 불특정 다수인을 상대로 권익을 제한하는 처분을 하는 경우, 상대방에게 사전에 통지하여 의견제출 기회를 주어야 한다.

④ 공매를 통하여 체육시설을 인수한 자의 체육시설업자 지위승계 신고를 수리하는 경우, 종전 체육시설업자에게 사전에 통지하여 의견제출 기회를 주어야 한다.

325 [회독] □□□

20년 소방직

「행정절차법」상 행정절차에 대한 설명으로 옳은 것은?

① 행정청은 처분을 할 때 필요하다고 인정하는 경우에 청문을 할 수 있다.

② 행정청은 해당 처분의 영향이 광범위하여 널리 의견을 수렴할 필요가 있다고 인정하는 경우에 청문을 실시할 수 있다.

③ 행정청이 당사자에게 의무를 부과하거나 권익을 제한하는 처분을 함에 있어 청문이나 공청회를 거치지 않은 경우에는 당사자에게 의견제출의 기회를 주어야 한다.

④ 행정청이 처분을 할 때에는 긴급히 처분을 할 경우를 제외하고는 모든 경우에 있어 당사자에게 그 근거와 이유를 제시하여야 한다.

324

해설 ① (×) "행정절차법 제21조 제1항은 행정청은 당사자에게 의무를 과하거나 권익을 제한하는 처분을 하는 경우에는 … 당사자 등에게 통지하도록 하고 있는바, 신청에 대한 거부처분을 여기에서 말하는 '당사자의 권익을 제한하는 처분'에 해당한다고 할 수 없는 것이어서 처분의 사전통지대상이 된다고 할 수 없다." (대법원 2003.11.28. 선고 2003두674)

② (×) "원상복구를 명하는 시정명령 및 계고처분은 침해적 처분으로 사전통지의 대상이 된다." (대법원 2016.10.27. 선고 2016두41811)

③ (×) "'고시'의 방법으로 불특정 다수인을 상대로 의무를 부과하거나 권익을 제한하는 처분은 성질상 의견제출의 기회를 주어야 하는 상대방을 특정할 수 없으므로, 이와 같은 처분에 있어서까지 구 행정절차법 제22조 제3항에 의하여 그 상대방에게 의견제출의 기회를 주어야 한다고 해석할 것은 아니다." (대법원 2014.10.27. 선고 2012두7745)

④ (○) "행정청이 구 관광진흥법 또는 구 체육시설법의 규정에 의하여 유원시설업자 또는 체육시설업자 지위승계신고를 수리하는 처분은 종전 유원시설업자 또는 체육시설업자의 권익을 제한하는 처분이고, 종전 유원시설업자 또는 체육시설업자는 그 처분에 대하여 직접 그 상대가 되는 자에 해당한다고 보는 것이 타당하므로, 행정청이 그 신고를 수리하는 처분을 할 때에는 행정절차법 규정에서 정한 당사자에 해당하는 종전 유원시설업자 또는 체육시설업자에 대하여 위 규정에서 정한 행정절차를 실시하고 처분을 하여야 한다." (대법원 2012.12.13. 선고 2011두29144)

정답 ④

325

해설 ① (×) 행정청은 처분을 할 때 필요하다고 인정하는 경우에는 청문을 하여야 한다.

② (×) "해당 처분의 영향이 광범위하여 널리 의견을 수렴할 필요가 있다고 인정하는 경우"는 청문사유가 아니고 공청회사유이다. 또한 할 수 있는 것이 아니라, 하여야 한다.

③ (○) 행정절차법 제22조 제3항

행정절차법	제22조(의견청취) ③ 행정청이 당사자에게 의무를 부과하거나 권익을 제한하는 처분을 할 때 제1항(청문) 또는 제2항(공청회)의 경우 외에는 당사자등에게 의견제출의 기회를 주어야 한다.

④ (×) 긴급히 처분을 할 경우 이외에도 2가지 사유가 더 있다.

행정절차법	제23조(처분의 이유 제시) ① 행정청은 처분을 할 때에는 다음 각 호의 어느 하나에 해당하는 경우를 제외하고는 당사자에게 그 근거와 이유를 제시하여야 한다. 1. 신청 내용을 모두 그대로 인정하는 처분인 경우 2. 단순·반복적인 처분 또는 경미한 처분으로서 당사자가 그 이유를 명백히 알 수 있는 경우 3. 긴급히 처분을 할 필요가 있는 경우

정답 ③

326 [회독] ☐☐☐　　　　　　　　　19년 지방 7급

「행정절차법」상 의견청취절차에 대한 설명으로 옳은 것만을 모두 고르면? (다툼이 있는 경우 판례에 의함)

> ㉠ 의견제출제도는 당사자에게 의무를 부과하거나 권익을 제한하는 경우에 적용되고 수익적 행위나 수익적 행위의 신청에 대한 거부에는 적용이 없으며, 일반처분의 경우에도 적용이 없다.
> ㉡ 처분의 상대방에게 이익이 되며 제3자의 권익을 침해하는 이중효과적 행정행위는 「행정절차법」상 사전통지·의견제출의 대상이 된다.
> ㉢ 「공무원연금법」상 퇴직연금의 환수결정은 당사자에게 의무를 과하는 처분이므로, 퇴직연금의 환수결정에 앞서 당사자에게 「행정절차법」상의 의견진술의 기회를 주지 아니한 경우 당해 처분은 「행정절차법」 위반이다.
> ㉣ 행정청과 당사자 사이에 청문의 실시 등 의견청취절차를 배제하는 협약이 있었다 하더라도, 이와 같은 협약의 체결로 청문의 실시에 관한 규정의 적용을 배제할 수 있다고 볼 만한 법령상의 규정이 없는 한, 청문의 실시에 관한 규정의 적용이 배제되지 않으며 청문을 실시하지 않아도 되는 예외적인 경우에 해당하지 아니한다.

① ㉠, ㉡　　　　　　　　② ㉠, ㉣

③ ㉡, ㉢　　　　　　　　④ ㉢, ㉣

326

[해설] ㉠ (○) 의견제출제도는 침익적 처분에만 적용된다. 따라서 수익적 처분이나 그 거부에 대해서는 적용되지 않는다. 또한 일반처분의 경우에는 침익적이라 하더라도, 성질상 의견청취가 현저히 곤란한 경우에 해당하기 때문에 적용되지 않는다.

행정절차법	제22조(의견청취) ③ 행정청이 당사자에게 의무를 부과하거나 권익을 제한하는 처분을 할 때 제1항 또는 제2항의 경우 외에는 당사자등에게 의견제출의 기회를 주어야 한다. ④ 제1항부터 제3항까지의 규정에도 불구하고 제21조 제4항 각 호의 어느 하나에 해당하는 경우와 당사자가 의견진술의 기회를 포기한다는 뜻을 명백히 표시한 경우에는 의견청취를 하지 아니할 수 있다.
행정절차법	제21조(처분의 사전 통지) ④ 다음 각 호의 어느 하나에 해당하는 경우에는 제1항에 따른 통지를 하지 아니할 수 있다. 1. 공공의 안전 또는 복리를 위하여 긴급히 처분을 할 필요가 있는 경우 2. 법령등에서 요구된 자격이 없거나 없어지게 되면 반드시 일정한 처분을 하여야 하는 경우에 그 자격이 없거나 없어지게 된 사실이 법원의 재판 등에 의하여 객관적으로 증명된 경우 3. 해당 처분의 성질상 의견청취가 현저히 곤란하거나 명백히 불필요하다고 인정될 만한 상당한 이유가 있는 경우

㉡ (×) 처분의 상대방인 '당사자'에게 침익적 처분을 하는 경우에 사전통지·의견제출이 요구된다.

행정절차법	제2조(정의) 이 법에서 사용하는 용어의 뜻은 다음과 같다. 4. "당사자등"이란 다음 각 목의 자를 말한다. 　가. 행정청의 처분에 대하여 직접 그 상대가 되는 당사자 　나. 행정청이 직권으로 또는 신청에 따라 행정절차에 참여하게 한 이해관계인

㉢ (×) "퇴직연금의 환수결정은 당사자에게 의무를 과하는 처분이기는 하나, 관련 법령에 따라 당연히 환수금액이 정하여지는 것이므로, 퇴직연금의 환수결정에 앞서 당사자에게 의견진술의 기회를 주지 아니하여도 행정절차법 제22조 제3항이나 신의칙에 어긋나지 아니한다."
(대법원 2000.11.28. 선고 99두5443)

㉣ (○) "행정청이 당사자와 사이에 도시계획사업의 시행과 관련한 협약을 체결하면서 관계 법령 및 행정절차법에 규정된 청문의 실시 등 의견청취절차를 배제하는 조항을 두었다고 하더라도, 국민의 행정참여를 도모함으로써 행정의 공정성·투명성 및 신뢰성을 확보하고 국민의 권익을 보호한다는 행정절차법의 목적 및 청문제도의 취지 등에 비추어 볼 때, 위와 같은 협약의 체결로 청문의 실시에 관한 규정의 적용을 배제할 수 있다고 볼 만한 법령상의 규정이 없는 한, 이러한 협약이 체결되었다고 하여 청문의 실시에 관한 규정의 적용이 배제된다거나 청문을 실시하지 않아도 되는 예외적인 경우에 해당한다고 할 수 없다." (대법원 2004.7.8. 선고 2002두8350)

정답 ②

327 [회독] □□□

20년 지방 9급

「행정절차법」상 처분의 사전통지 및 의견청취 등에 대한 설명으로 옳은 것은? (다툼이 있는 경우 판례에 의함)

① 고시의 방법으로 불특정 다수인을 상대로 권익을 제한하는 처분을 할 경우 당사자는 물론 제3자에게도 의견제출의 기회를 주어야 한다.

② 청문은 다른 법령등에서 규정하고 있는 경우 이외에 행정청이 필요하다고 인정하는 경우에도 실시할 수 있으나, 공청회는 다른 법령등에서 규정하고 있는 경우에만 개최할 수 있다.

③ 행정청이 당사자에게 의무를 과하거나 권익을 제한하는 처분을 하는 경우에는 처분의 사전통지를 하여야 하는데, 이때의 처분에는 신청에 대한 거부처분도 포함된다.

④ 행정청이 당사자와 사이에 도시계획사업시행 관련 협약을 체결하면서 청문 실시를 배제하는 조항을 두었더라도, 이와 같은 협약의 체결로 청문 실시 규정의 적용을 배제할 만한 법령상 규정이 없는 한, 이러한 협약이 체결되었다고 하여 청문을 실시하지 않아도 되는 예외적인 경우에 해당한다고 할 수 없다.

327

해설 ① (×) "'고시'의 방법으로 불특정 다수인을 상대로 의무를 부과하거나 권익을 제한하는 처분은 성질상 의견제출의 기회를 주어야 하는 상대방을 특정할 수 없으므로, 이와 같은 처분에 있어서까지 구 행정절차법 제22조 제3항에 의하여 그 상대방에게 의견제출의 기회를 주어야 한다고 해석할 것은 아니다." (대법원 2014.10.27. 선고 2012두7745)

② (×) 공청회도 해당 처분의 영향이 광범위하여 널리 의견을 수렴할 필요가 있다고 행정청이 인정하는 경우에도 할 수 있다(제22조 제2항).

행정절차법	제22조(의견청취) ① 행정청이 처분을 할 때 다음 각 호의 어느 하나에 해당하는 경우에는 청문을 한다. 1. 다른 법령등에서 청문을 하도록 규정하고 있는 경우 2. 행정청이 필요하다고 인정하는 경우 3. 다음 각 목의 처분을 하는 경우 　가. 인허가 등의 취소 　나. 신분·자격의 박탈 　다. 법인이나 조합 등의 설립허가의 취소 ② 행정청이 처분을 할 때 다음 각 호의 어느 하나에 해당하는 경우에는 공청회를 개최한다. 1. 다른 법령등에서 공청회를 개최하도록 규정하고 있는 경우 2. 해당 처분의 영향이 광범위하여 널리 의견을 수렴할 필요가 있다고 행정청이 인정하는 경우 3. 국민생활에 큰 영향을 미치는 처분으로서 대통령령으로 정하는 처분에 대하여 대통령령으로 정하는 수 이상의 당사자등이 공청회 개최를 요구하는 경우

③ (×) "행정절차법 제21조 제1항은 행정청은 당사자에게 의무를 과하거나 권익을 제한하는 처분을 하는 경우에는 미리 처분의 제목, 처분하고자 하는 원인이 되는 사실과 처분의 내용 및 법적 근거 등을 당사자 등에게 통지하도록 하고 있는바, 특별한 사정이 없는 한 신청에 대한 거부처분을 여기에서 말하는 '당사자의 권익을 제한하는 처분'에 해당한다고 할 수 없는 것이어서 처분의 사전통지대상이 된다고 할 수 없다." (대법원 2003.11.28. 선고 2003두674)

④ (○) "행정청이 당사자와 사이에 협약을 체결하면서 관계 법령 및 행정절차법에 규정된 청문의 실시 등 의견청취절차를 배제하는 조항을 둔 경우, 협약의 체결로 청문의 실시에 관한 규정의 적용을 배제할 수 있다고 볼 만한 법령상의 규정이 없는 한, 청문의 실시에 관한 규정의 적용이 배제되거나 청문을 실시하지 않아도 되는 예외적인 경우에 해당한다고 할 수 없다." (대법원 2004.7.8. 선고 2002두8350)

정답 ④

제3절 행정상 입법예고와 행정예고제

기출테마 61 행정상 입법예고와 행정예고제

328 [회독] ☐☐☐
21년 지방 7급

「행정절차법」상 행정절차에 대한 설명으로 옳지 않은 것은?
(다툼이 있는 경우 판례에 의함)

① 「국가공무원법」상 직위해제처분은 처분의 사전통지 및 의견청취 등에 관한 「행정절차법」의 규정이 적용되지 않는다.

② 행정예고기간은 예고 내용의 성격 등을 고려하여 정하되, 특별한 사정이 없으면 40일 이상으로 한다.

③ 신청인이 신청에 앞서 행정청의 허가업무 담당자에게 신청서의 내용에 대한 검토를 요청한 것만으로는 다른 특별한 사정이 없는 한 명시적이고 확정적인 신청의 의사표시가 있었다고 하기 어렵다.

④ 신청에 따른 처분이 이루어지지 아니한 경우에는 아직 당사자에게 권익이 부과되지 아니하였으므로 특별한 사정이 없는 한 신청에 대한 거부처분은 직접 당사자의 권익을 제한하는 것은 아니어서 처분의 사전통지대상이 된다고 할 수 없다.

328

[해 설] ① (○) "국가공무원법상 직위해제처분은 구 행정절차법(2012. 10. 22. 법률 제11498호로 개정되기 전의 것) 제3조 제2항 제9호, 구 행정절차법 시행령(2011. 12. 21. 대통령령 제23383호로 개정되기 전의 것) 제2조 제3호에 의하여 당해 행정작용의 성질상 행정절차를 거치기 곤란하거나 불필요하다고 인정되는 사항 또는 행정절차에 준하는 절차를 거친 사항에 해당하므로, 처분의 사전통지 및 의견청취 등에 관한 행정절차법의 규정이 별도로 적용되지 않는다." (대법원 2014.5.16. 선고 2012두26180)

② (×) 20일 이상으로 한다.

행정절차법	제46조(행정예고) ③ 행정예고기간은 예고 내용의 성격 등을 고려하여 정하되, 20일 이상으로 한다.

③ (○) "신청인이 신청에 앞서 행정청의 허가업무 담당자에게 신청서의 내용에 대한 검토를 요청한 것만으로는 다른 특별한 사정이 없는 한 명시적이고 확정적인 신청의 의사표시가 있었다고 하기 어렵다." (대법원 2004.9.24. 선고 2003두13236)

④ (○) "신청에 따른 처분이 이루어지지 아니한 경우에는 아직 당사자에게 권익이 부과되지 아니하였으므로 특별한 사정이 없는 한 신청에 대한 거부처분이라고 하더라도 직접 당사자의 권익을 제한하는 것은 아니어서 신청에 대한 거부처분을 여기에서 말하는 '당사자의 권익을 제한하는 처분'에 해당한다고 할 수 없는 것이어서 처분의 사전통지대상이 된다고 할 수 없다." (대법원 2003.11.28. 선고 2003두674)

정답 ②

329 [회독] ☐☐☐ 25년 국가 9급

「행정절차법」상 행정절차에 대한 설명으로 옳은 것은?

① 행정청은 행정입법안에 관하여 공청회를 마친 후 입법할 때까지 새로운 사정이 발견되어 공청회를 다시 개최할 필요가 있다고 인정할 때에는 공청회를 다시 개최하여야 한다.

② 구 「국적법」에 따른 귀화는 성질상 행정절차를 거치기 곤란하거나 거칠 필요가 없다고 인정되는 사항이 아니므로, 처분의 이유제시를 규정한 「행정절차법」이 적용된다.

③ 국가에 대해 행정처분을 할 때에도 사전 통지, 의견청취, 이유 제시와 관련한 「행정절차법」이 그대로 적용된다고 보아야 한다.

④ 다수의 당사자등에 의해 선정된 대표자가 있는 경우에는 당사자등은 직접 또는 그 대표자를 통하여 행정절차에 관한 행위를 할 수 있다.

329

해설 ① (×) 행정상 입법예고와 관련하여 필요한 경우 공청회를 열 수가 있고, 이때의 공청회에도 처분 절차의 일종인 공청회에 관한 규정들이 준용된다(제45조 제1항). 다만, 이때 공청회의 재개최에 대한 제39조의3 규정은 준용을 하지 않고 있는데(제45조 제2항 반대해석), 이점에 대해 묻고 있는 지문이다.

행정절차법	제45조(공청회) ① 행정청은 입법안에 관하여 공청회를 개최할 수 있다. ② 공청회에 관하여는 제38조, 제38조의2, 제38조의3, 제39조 및 제39조의2를 준용한다.
행정절차법	제39조의3(공청회의 재개최) 행정청은 공청회를 마친 후 처분을 할 때까지 새로운 사정이 발견되어 공청회를 다시 개최할 필요가 있다고 인정할 때에는 공청회를 다시 개최할 수 있다.

② (×) "구 국적법 제5조 각 호와 같이 귀화는 요건이 항목별로 구분되어 구체적으로 규정되어 있다. 그리고 성질상 행정절차를 거치기 곤란하거나 거칠 필요가 없다고 인정되어 처분의 이유제시 등을 규정한 행정절차법이 적용되지 않는다(제3조 제2항 제9호)." (대법원 2018.12.13. 선고 2016두31616)

③ (○) "행정절차법의 규정과 행정의 공정성·투명성 및 신뢰성 확보라는 행정절차법의 입법 취지 등을 고려해 보면, 행정기관의 처분에 의하여 불이익을 입게 되는 국가를 일반 국민과 달리 취급할 이유가 없다. 따라서 국가에 대해 행정처분을 할 때에도 사전 통지, 의견청취, 이유 제시와 관련한 행정절차법이 그대로 적용된다고 보아야 한다." (대법원 2023.9.21. 선고 2023두39724)

④ (×) 행정절차법 제11조 제5항

행정절차법	제11조(대표자) ① 다수의 당사자등이 공동으로 행정절차에 관한 행위를 할 때에는 대표자를 선정할 수 있다. ⑤ 대표자가 있는 경우에는 당사자등은 그 대표자를 통하여서만 행정절차에 관한 행위를 할 수 있다.

정답 ③

제3장　민원 처리에 관한 법률

기출테마 62　민원 처리에 관한 법률

유대웅 행정법총론
단원별 기출문제

04

행정의 실효성 확보수단

제1장   서론

기출테마 63   행정의 실효성 확보수단 개설

제2장   행정강제(직접적 실효성 확보수단)

제1절   행정대집행

기출테마 64   행정대집행

330   [회독] ☐☐☐

22년 지방 9급

행정상 강제집행에 대한 설명으로 옳은 것만을 모두 고르면?
(다툼이 있는 경우 판례에 의함)

㉠ 행정청은 퇴거를 명하는 집행권원이 없더라도 건물철거 대집행 과정에서 부수적으로 철거의무자인 건물의 점유자들에 대해 퇴거 조치를 할 수 있다.

㉡ 권원 없이 국유재산에 설치한 시설물에 대하여 관리청이 행정대집행을 통해 철거를 하지 않는 경우 그 국유재산에 대하여 사용청구권을 가진 자는 국가를 대위하여 민사소송으로 그 시설물의 철거를 구할 수 있다.

㉢ 공유 일반재산의 대부료 지급은 사법상 법률관계이므로 행정상 강제집행절차가 인정되더라도 따로 민사소송으로 대부료의 지급을 구하는 것이 허용된다.

㉣ 관계법령에 위반하여 장례식장 영업을 하고 있는 자에게 부과된 장례식장 사용중지의무는 공법상 의무로서 행정대집행의 대상이 된다.

---

① ㉠, ㉡   ② ㉠, ㉣
③ ㉡, ㉢   ④ ㉢, ㉣

330

해설 ㉠ (○) "건물의 점유자가 철거의무자일 때에는 건물철거의무에 퇴거의무도 포함되어 있는 것이어서 별도로 퇴거를 명하는 집행권원이 필요하지 않다. 따라서 행정청이 행정대집행의 방법으로 건물철거의무의 이행을 실현할 수 있는 경우에는 건물철거 대집행 과정에서 부수적으로 그 건물의 점유자들에 대한 퇴거 조치를 할 수 있다." (대법원 2017.4.28. 선고 2016다213916)

㉡ (○) "관리권자인 보령시장이 행정대집행을 실시하지 아니하는 경우 국가에 대하여 이 사건 토지 사용청구권을 가지는 원고로서는 위 청구권을 보전하기 위하여 국가를 대위하여 피고들을 상대로 민사소송의 방법으로 이 사건 시설물의 철거를 구할 수 있다고 보아야 할 것이다." (대법원 2009.6.11. 선고 2009다1122)

㉢ (✕) 공유 일반재산의 대부료 지급이 사법상 법률관계에 속하다는 점은 맞다(99다61675). 그러나 그 경우에도 행정상 강제집행절차가 인정되는 경우에는 따로 민사소송으로 대부료의 지급을 구하는 것이 허용되지 않는다고 본다. "공유 일반재산의 대부료와 연체료를 납부기한까지 내지 아니한 경우에도 공유재산 및 물품 관리법에 의하여 지방세 체납처분의 예에 따라 이를 징수할 수 있다. 이와 같이 공유 일반재산의 대부료의 징수에 관하여도 지방세 체납처분의 예에 따른 간이하고 경제적인 특별한 구제절차가 마련되어 있으므로, 특별한 사정이 없는 한 민사소송으로 공유 일반재산의 대부료의 지급을 구하는 것은 허용되지 아니한다." (대법원 2017.4.13. 선고 2013다207941)

㉣ (✕) "장례식장의 사용을 중지할 것과 이를 불이행할 경우 행정대집행법에 의하여 대집행하겠다는 내용의 이 사건 처분은, 이 사건 처분에 따른 '장례식장 사용중지 의무'가 원고 이외의 '타인이 대신'할 수도 없고, 타인이 대신하여 '행할 수 있는 행위'라고도 할 수 없는 비대체적 부작위 의무에 대한 것이므로, 그 자체로 위법하다." (대법원 2005.9.28. 선고 2005두7464)

정답 ①

---

331 [회독] ☐☐☐　　　23년 국가 7급

다음 사례에 대한 설명으로 옳지 않은 것은?

> 甲은 토지 위에 컨테이너를 설치하여 사무실로 사용하였다. 관할 행정청인 乙은 甲에게 이 컨테이너는 「건축법」상 건축허가를 받아야 하는 건축물인데 건축허가를 받지 않고 건축하였다는 이유로 甲에게 원상복구명령을 하면서, 만약 기한 내에 원상복구를 하지 않을 경우에는 행정대집행을 통하여 컨테이너를 철거할 것임을 계고하였다. 이후 甲은 乙에게 이 컨테이너에 대하여 가설건축물 축조신고를 하였으나 乙은 이 컨테이너는 건축허가대상이라는 이유로 가설건축물 축조신고를 반려하였다.

① 「건축법」에 특별한 규정이 없더라도 「행정절차법」상 예외에 해당하지 않는 한 乙은 원상복구명령을 하면서 甲에게 원상복구명령을 사전통지하고 의견제출의 기회를 주어야 한다.

② 乙이 행한 원상복구명령과 대집행 계고가 계고서라는 1장의 문서로 이루어진 경우라도 원상복구명령과 계고처분은 독립하여 있는 것으로서 각 그 요건이 충족된 것으로 볼 수 있다.

③ 乙이 대집행영장을 통지한 경우, 원상복구명령이 당연무효라면 대집행영장통지도 당연무효이다.

④ 甲이 제기한 원상복구명령 및 계고처분에 대한 취소소송에서, 乙은 처분 시에 제시한 '甲의 건축물은 건축허가를 받지 않은 건축물'이라는 처분사유에 '甲의 건축물은 신고를 하지 않은 가설건축물'이라는 처분사유를 추가할 수 있다.

331

해설 ① (○) 특별한 경우를 제외하고 권리를 제한하거나 의무를 부과하는 처분을 할 때에는 사전통지, 의견청취, 이유제시의 순서로 행정절차가 이루어진다. "행정청이 침해적 행정처분을 하면서 당사자에게 사전통지를 하거나 의견제출의 기회를 주지 아니하였다면, 사전통지나 의견제출의 예외적인 경우에 해당하지 아니하는 한, 처분은 위법하여 취소를 면할 수 없다." (대법원 2016.10.27. 선고 2016두41811)

② (○) "계고서라는 명칭의 1장의 문서로서 일정기간 내에 위법건축물의 자진철거를 명함과 동시에 그 소정기한 내에 자진철거를 하지 아니할 때에는 대집행할 뜻을 미리 계고한 경우라도 건축법에 의한 철거명령과 행정대집행법에 의한 계고처분은 독립하여 있는 것으로서 각 그 요건이 충족되었다고 볼 것이다." (대법원 1992.6.12. 선고 91누13564)

③ (○) 무효사유에 해당하는 선행행위의 하자는 언제나 후행행위에 승계되어 후행행위를 무효가 되게 만든다. 효력이 없는 처분을 토대로 한 처분이기 때문이다.

④ (×) "컨테이너를 설치하여 사무실 등으로 사용하는 甲 등에게 관할 시장이 건축법 제2조 제1항 제2호의 건축물에 해당함에도 같은 법 제11조의 따른 건축허가를 받지 않고 건축하였다는 이유로 원상복구명령 및 계고처분을 하였다가 이에 대한 취소소송에서 같은 법 제20조 제3항 위반을 처분사유로 추가한 사안에서, 당초 처분사유인 '건축법 제11조 위반'과 추가한 추가사유인 '건축법 제20조 제3항 위반'은 위반행위의 내용이 다르고 위법상태를 해소하기 위하여 거쳐야 하는 절차, 건축기준 및 허용가능성이 달라지므로 그 기초인 사회적 사실관계가 동일하다고 볼 수 없어 처분사유의 추가·변경이 허용되지 않는다." (대법원 2021.7.29. 선고 2021두34756)

정답 ④

332 [회독] □□□　　　　　　　22년 지방 7급

「행정대집행법」상 행정대집행에 대한 설명으로 옳지 않은 것은? (다툼이 있는 경우 판례에 의함)

① 관계 법령상 행정대집행의 절차가 인정되어 행정청이 행정대집행의 방법으로 건물의 철거 등 대체적 작위의무의 이행을 실현할 수 있는 경우에는 따로 민사소송의 방법으로 그 의무의 이행을 구할 수 없다.

② 행정청이 행정대집행을 한 경우 그에 따른 비용의 징수는 「행정대집행법」의 절차에 따라 「국세징수법」의 예에 의하여 징수하여야 하며, 손해배상을 구하는 민사소송으로 징수할 수는 없다.

③ 행정대집행에 있어 대집행 대상인 건물의 점유자가 철거의무자일 때에는 건물철거의무에 퇴거의무도 포함되어 있는 것이어서 별도로 퇴거를 명하는 집행권원이 필요하지 않다.

④ 법령이 일정한 행위를 금지하고 있는 경우, 그 금지규정으로부터 위반결과의 시정을 명하는 행정청의 처분권한은 당연히 도출되므로 행정청은 그 금지규정에 근거하여 시정을 명하고 행정대집행에 나아갈 수 있다.

332

해설 ① (○) "관계 법령상 행정대집행의 절차가 인정되어 행정청이 행정대집행의 방법으로 건물의 철거 등 대체적 작위의무의 이행을 실현할 수 있는 경우에는 따로 민사소송의 방법으로 그 의무의 이행을 구할 수 없다. 한편 건물의 점유자가 철거의무자일 때에는 건물철거의무에 퇴거의무도 포함되어 있는 것이어서 별도로 퇴거를 명하는 집행권원이 필요하지 않다." (대법원 2017.4.28. 선고 2016다213916)

② (○) "대한주택공사가 구 대한주택공사법 및 구 대한주택공사법 시행령에 의하여 대집행권한을 위탁받아 공무인 대집행을 실시하기 위하여 지출한 비용을 행정대집행법 절차에 따라 국세징수법의 예에 의하여 징수할 수 있음에도 민사소송절차에 의하여 그 비용의 상환을 청구한 사안에서, 행정대집행법이 대집행비용의 징수에 관하여 민사소송절차에 의한 소송이 아닌 간이하고 경제적인 특별구제절차를 마련해 놓고 있으므로, 위 청구는 소의 이익이 없어 부적법하다." (대법원 2011.9.8. 선고 2010다48240)

③ (○) "관계 법령상 행정대집행의 절차가 인정되어 행정청이 행정대집행의 방법으로 건물의 철거 등 대체적 작위의무의 이행을 실현할 수 있는 경우에는 따로 민사소송의 방법으로 그 의무의 이행을 구할 수 없다. 한편 건물의 점유자가 철거의무자일 때에는 건물철거의무에 퇴거의무도 포함되어 있는 것이어서 별도로 퇴거를 명하는 집행권원이 필요하지 않다." (대법원 2017.4.28. 선고 2016다213916)

④ (✕) "단순한 부작위의무의 위반, 즉 관계 법령에 정하고 있는 절대적 금지나 허가를 유보한 상대적 금지를 위반한 경우에는 당해 법령에서 그 위반자에 대하여 위반에 의하여 생긴 유형적 결과의 시정을 명하는 행정처분의 권한을 인정하는 규정을 두고 있지 아니한 이상, 법치주의의 원리에 비추어 볼 때 위와 같은 부작위의무로부터 그 의무를 위반함으로써 생긴 결과를 시정하기 위한 작위의무를 당연히 끌어낼 수는 없으며, 또 위 금지규정(특히 허가를 유보한 상대적 금지규정)으로부터 작위의무, 즉 위반결과의 시정을 명하는 권한이 당연히 추론(推論)되는 것도 아니다." (대법원 1996.6.28. 선고 96누4374)

정답 ④

333 [회독] □□□ 24년 지방 9급

행정대집행에 대한 설명으로 옳지 않은 것은?

① 관계 법령상 행정대집행의 절차가 인정되어 행정청이 행정대집행의 방법으로 건물의 철거 등 대체적 작위의무의 이행을 실현할 수 있는 경우에는 따로 민사소송의 방법으로 그 의무의 이행을 구할 수 없다.

② 「공익사업을 위한 토지 등의 취득 및 보상에 관한 법률」에 따른 토지 등의 협의취득은 사법상 계약에 해당하므로, 협의취득시 부담한 의무는 행정대집행의 대상이 되지 않는다.

③ 「행정대집행법」에 따르면 대집행에 요한 비용을 징수하였을 때에는 그 징수금은 사무비의 소속에 따라 국고 또는 지방자치단체의 수입으로 한다.

④ 자기완결적 신고에 해당하는 대문설치신고가 형식적 하자가 없는 적법한 요건을 갖춘 신고임에도 불구하고 관할 행정청이 수리를 거부한 후 당해 대문의 철거명령을 하였더라도, 후행행위인 대문철거 대집행계고처분이 당연무효가 되는 것은 아니다.

333

[해설] ① (○) "관계 법령상 행정대집행의 절차가 인정되어 행정청이 행정대집행의 방법으로 건물의 철거 등 대체적 작위의무의 이행을 실현할 수 있는 경우에는 따로 민사소송의 방법으로 그 의무의 이행을 구할 수 없다." (대법원 2017.4.28. 선고 2016다213916)

② (○) "행정대집행법상 대집행의 대상이 되는 대체적 작위의무는 공법상 의무이어야 할 것인데, 구 공공용지의 취득 및 손실보상에 관한 특례법에 따른 토지 등의 협의취득은 공공사업에 필요한 토지 등을 그 소유자와의 협의에 의하여 취득하는 것으로서 공공기관이 사경제 주체로서 행하는 사법상 매매 내지 사법상 계약의 실질을 가지는 것이므로, 그 협의취득시 건물소유자가 매매대상 건물에 대한 철거의무를 부담하겠다는 취지의 약정을 하였다고 하더라도 이러한 철거의무는 공법상의 의무가 될 수 없고, 이 경우에도 행정대집행법을 준용하여 대집행을 허용하는 별도의 규정이 없는 한 위와 같은 철거의무는 행정대집행법에 의한 대집행의 대상이 되지 않는다." (대법원 2006.10.13. 선고 2006두7096)

③ (○) 행정대집행법 제6조 제3항

행정대집행법	제6조(비용징수) ① 대집행에 요한 비용은 국세징수법의 예에 의하여 징수할 수 있다. ② 대집행에 요한 비용에 대하여서는 행정청은 사무비의 소속에 따라 국세에 다음가는 순위의 선취득권을 가진다. ③ 대집행에 요한 비용을 징수하였을 때에는 그 징수금은 사무비의 소속에 따라 국고 또는 지방자치단체의 수입으로 한다.

④ (×) "대문설치신고는 형식적 하자가 없는 적법한 요건을 갖춘 신고라고 할 것이어서 피고의 신고증 교부 또는 수리처분 등 별단의 조치를 기다릴 필요가 없이 그 신고의 효력이 발생하였다고 할 것이어서 이 사건 대문은 적법한 것임에도 피고가 원고에 대하여 명한 이 사건 대문의 철거명령은 그 하자가 중대하고 명백하여 당연무효라고 할 것이고, 그 후행행위인 이 사건 계고처분 역시 당연무효이다." (대법원 1999.4.27. 선고 97누6780)

정답 ④

PART 04

334 [회독] □□□　　　　　　　　　　23년 국가 9급

행정대집행에 대한 설명으로 옳지 않은 것은?

① 행정대집행은 「행정기본법」상 행정상 강제에 해당한다.
② 대집행에 요한 비용은 「국세징수법」의 예에 의하여 징수할 수 있다.
③ 「행정대집행법」상 대집행의 대상이 되는 대체적 작위의무는 공법상 의무이어야 한다.
④ 대집행에 요한 비용에 대하여서는 행정청은 사무비의 소속에 따라 국세와 동일한 순위의 선취득권을 가지며, 대집행에 요한 비용을 징수하였을 때에는 그 징수금은 국고의 수입으로 한다.

334

해설　① (○) 행정기본법은 행정대집행을 행정상 강제의 일종으로 규정한다(행정기본법 제30조 제1항 제1호).

행정기본법	제30조(행정상 강제) ① 행정청은 행정목적을 달성하기 위하여 필요한 경우에는 법률로 정하는 바에 따라 필요한 최소한의 범위에서 다음 각 호의 어느 하나에 해당하는 조치를 할 수 있다. 1. 행정대집행 : 의무자가 행정상 의무(법령등에서 직접 부과하거나 행정청이 법령등에 따라 부과한 의무를 말한다. 이하 이 절에서 같다)로서 타인이 대신하여 행할 수 있는 의무를 이행하지 아니하는 경우 법률로 정하는 다른 수단으로는 그 이행을 확보하기 곤란하고 그 불이행을 방치하면 공익을 크게 해칠 것으로 인정될 때에 행정청이 의무자가 하여야 할 행위를 스스로 하거나 제3자에게 하게 하고 그 비용을 의무자로부터 징수하는 것

② (○) / ④ (×)

행정대집행법	제6조(비용징수) ① 대집행에 요한 비용은 국세징수법의 예에 의하여 징수할 수 있다. ② 대집행에 요한 비용에 대하여서는 행정청은 사무비의 소속에 따라 국세에 다음가는 순위의 선취득권을 가진다. ③ 대집행에 요한 비용을 징수하였을 때에는 그 징수금은 사무비의 소속에 따라 국고 또는 지방자치단체의 수입으로 한다.

③ (○) "행정대집행법상 대집행의 대상이 되는 대체적 작위의무는 공법상 의무이어야 할 것인데, 사법상계약의 실질을 가지는 것이므로, 그 협의취득시 건물소유자가 매매대상 건물에 대한 철거의무를 부담하겠다는 취지의 약정을 하였다고 하더라도 이러한 철거의무는 공법상의 의무가 될 수 없고, 이 경우에도 행정대집행법을 준용하여 대집행을 허용하는 별도의 규정이 없는 한 위와 같은 철거의무는 행정대집행법에 의한 대집행의 대상이 되지 않는다." (대법원 2006.10.13. 선고 2006두7096)

정답 ④

335 [회독] ☐☐☐

다음 사례에 대한 설명으로 옳은 것만을 모두 고르면?

> A시는 관광지개발사업을 시행하기 위하여 「공익사업을 위한 토지 등의 취득 및 보상에 관한 법률」의 절차에 따라 甲 소유 토지 및 건물을 포함하고 있는 지역 일대의 토지 및 건물들을 수용하였다. A시 시장은 甲에게 적법하게 토지의 인도와 건물의 철거 및 퇴거를 명하였으나 甲이 건물을 점유한 채 그 의무를 이행하지 않고 있다.

> ㉠ A시 시장의 토지인도명령에 대해 甲이 이를 불이행하더라도 그 불이행에 대해서 A시 시장은 행정대집행을 할 수 없다.
>
> ㉡ 甲이 위 건물철거의무를 이행하지 않을 경우, A시 시장은 행정대집행의 방법으로 건물의 철거 등 대체적 작위의무의 이행을 실현할 수 있는 경우에는 따로 민사소송의 방법으로 그 의무의 이행을 구할 수 없다.
>
> ㉢ 甲이 토지 인도의무를 이행하지 않을 경우, 甲의 토지 인도의무는 공법상 의무에 해당하므로 그 권리에 끼칠 현저한 손해를 피하기 위한 경우라 하더라도 A시 시장이 그 권리를 피보전권리로 하는 민사상 명도단행가처분을 구할 수는 없다.
>
> ㉣ 甲이 위력을 행사하여 적법한 행정대집행을 방해하는 경우 대집행 행정청은 필요한 경우에는 「경찰관 직무집행법」에 근거한 위험발생 방지조치 또는 「형법」상 공무집행방해죄의 범행방지 내지 현행범체포의 차원에서 경찰의 도움을 받을 수 있다.

① ㉠, ㉢ ② ㉡, ㉣

③ ㉠, ㉡, ㉣ ④ ㉡, ㉢, ㉣

335

해설 ㉠ (○) "피수용자 등이 기업자에 대하여 부담하는 수용대상 토지의 인도의무에 관한 구 토지수용법 제63조, 제64조, 제77조 규정에서의 '인도'에는 명도도 포함되는 것으로 보아야 하고, 이러한 명도의무는 그것을 강제적으로 실현하면서 직접적인 실력행사가 필요한 것이지 대체적 작위의무라고 볼 수 없으므로 특별한 사정이 없는 한 행정대집행법에 의한 대집행의 대상이 될 수 있는 것이 아니다." (대법원 2005.8.19. 선고 2004다2809)

㉡ (○) "관계 법령상 행정대집행의 절차가 인정되어 행정청이 행정대집행의 방법으로 건물의 철거 등 대체적 작위의무의 이행을 실현할 수 있는 경우에는 따로 민사소송의 방법으로 그 의무의 이행을 구할 수 없다. 한편 건물의 점유자가 철거의무자일 때에는 건물철거의무에 퇴거의무도 포함되어 있는 것이어서 별도로 퇴거를 명하는 집행권원이 필요하지 않다." (대법원 2017.4.28. 선고 2016다213916)

㉢ (✕) "구 토지수용법 제63조의 규정에 따라 피수용자 등이 기업자에 대하여 부담하는 수용대상 토지의 인도 또는 그 지장물의 명도의무 등이 비록 공법상의 법률관계라고 하더라도, 그 권리를 피보전권리로 하는 명도단행가처분은 그 권리에 끼칠 현저한 손해를 피하거나 급박한 위험을 방지하기 위하여 또는 그 밖의 필요한 이유가 있을 경우에는 허용될 수 있다." (대법원 2005.8.19. 선고 2004다2809)

㉣ (○) "행정청이 행정대집행의 방법으로 건물철거의무의 이행을 실현할 수 있는 경우에는 건물철거 대집행 과정에서 부수적으로 건물의 점유자들에 대한 퇴거 조치를 할 수 있고, 점유자들이 적법한 행정대집행을 위력을 행사하여 방해하는 경우 형법상 공무집행방해죄가 성립하므로, 필요한 경우에는 '경찰관 직무집행법'에 근거한 위험발생 방지조치 또는 형법상 공무집행방해죄의 범행방지 내지 현행범체포의 차원에서 경찰의 도움을 받을 수도 있다." (대법원 2017.4.28. 선고 2016다213916)

정답 ③

336 [회독] ☐☐☐　　　　　　　　　　21년 소방직

행정대집행에 관한 설명으로 옳지 않은 것은? (다툼이 있는 경우 판례에 의함)

① 대집행의 근거법으로는 대집행에 관한 일반법인 「행정대집행법」과 대집행에 관한 개별법 규정이 있다.
② 대집행의 요건을 충족한 경우에 행정청이 대집행을 할 것인지 여부에 관해서 소수설은 재량행위로 보나, 다수설과 판례는 기속행위로 본다.
③ 대집행의 절차인 '대집행의 계고'의 법적 성질은 준법률행위적 행정행위이므로 계고 그 자체가 독립하여 항고소송의 대상이나, 2차 계고는 새로운 철거의무를 부과하는 것이 아니고 대집행기한의 연기 통지에 불과하므로 행정처분으로 볼 수 없다는 판례가 있다.
④ 계고처분의 후속절차인 대집행에 위법이 있다고 하여 그와 같은 후속절차에 위법성이 있다는 점을 들어 선행절차인 계고처분이 부적법하다는 사유로 삼을 수는 없다.

337 [회독] ☐☐☐　　　　　　　　　　24년 군무원 9급

다음 중 행정상 대집행에 대한 판례의 설명으로 가장 적절하지 않은 것은?

① 하천유수인용허가신청이 불허되었음을 이유로 하천유수인용행위를 중단할 것과 이를 불이행할 경우 「행정대집행법」에 의하여 대집행을 하겠다는 내용의 계고처분은 대집행의 대상이 될 수 없는 부작위의무에 대한 것으로서 그 자체로 위법하다.
② 피수용자 등이 사업시행자에 대하여 부담하는 수용대상 토지의 인도의무는 「행정대집행법」에 의한 대집행의 대상이 될 수 있다.
③ 대집행의 실행이 완료된 경우에는 행위가 위법한 것이라는 이유로 손해배상이나 원상회복 등을 청구하는 것은 별론으로 하고 처분의 취소를 구할 법률상 이익은 없다.
④ 계고서라는 명칭의 1장의 문서로서 일정기간 내에 위법건축물의 자진철거를 명함과 동시에 그 소정기한 내에 자진철거를 하지 아니할 때에는 대집행할 뜻을 미리 계고한 경우라도 「건축법」에 의한 철거명령과 「행정대집행법」에 의한 계고처분은 독립하여 있는 것으로서 각 그 요건이 충족되었다고 볼 것이다.

336

해설　① (○) 행정대집행에 대하여 「행정대집행법」이 일반법으로서 존재하고, 이외에도 「공익사업을 위한 토지등의 취득 및 보상에 관한 법률」이나 「도로법」등에 대집행에 관한 개별규정들이 존재한다.
② (✕) 다수설은 판단여지에 해당한다고 보고 있고, 대법원은 이를 재량행위로 보고 있다(96누8086).
③ (○) 대집행 계고는 준법률행위적 행정행위인 통지의 일종으로서, 처분성이 인정된다고 본다(62누117). 다만, 최초의 계고가 아닌 2차, 3차 계고는 새로운 철거의무를 부과하는 것이 아니어서, 사실행위에 불과하므로 처분성이 인정되지 않는다. "건물의 소유자에게 위법건축물을 일정기간까지 철거할 것을 명함과 아울러 불이행할 때에는 대집행한다는 내용의 철거대집행 계고처분을 고지한 후 이에 불응하자 다시 제2차, 제3차 계고서를 발송하여 일정기간까지의 자진철거를 촉구하고 불이행하면 대집행을 한다는 뜻을 고지하였다면 행정대집행법상의 건물철거의무는 제1차 철거명령 및 계고처분으로서 발생하였고 제2차, 제3차의 계고처분은 새로운 철거의무를 부과한 것이 아니고 다만 대집행기한의 연기통지에 불과하므로 행정처분이 아니다." (대법원 1994.10.28. 선고 94누5144)
④ (○) "계고처분의 후속절차인 대집행에 위법이 있다고 하더라도, 그와 같은 후속절차에 위법성이 있다는 점을 들어 선행절차인 계고처분이 부적법하다는 사유로 삼을 수는 없다." (대법원 1997.2.14. 선고 96누15428)

정답 ②

337

해설　① (○) "하천유수인용허가신청이 불허되었음을 이유로 하천유수인용행위를 중단할 것과 이를 불이행할 경우 행정대집행법에 의하여 대집행하겠다는 내용의 계고처분은 대집행의 대상이 될 수 없는 부작위의무에 대한 것으로서 그 자체로 위법함이 명백한바, 이러한 경우 법원으로서는 마땅히 석명권을 행사하여 원고로 하여금 위 계고처분의 위법사유를 밝히게 하고, 나아가 위와 같은 법리에 따라 그 취소 여부를 가려 보아야 한다." (대법원 1998.10.2. 선고 96누5445)
② (✕) "피수용자 등이 기업자에 대하여 부담하는 수용대상 토지의 인도의무에 관한 구 토지수용법 제63조, 제64조, 제77조 규정에서의 '인도'에는 명도도 포함되는 것으로 보아야 하고, 이러한 명도의무는 그것을 강제적으로 실현하면서 직접적인 실력행사가 필요한 것이지 대체적 작위의무라고 볼 수 없으므로 특별한 사정이 없는 한 행정대집행법에 의한 대집행의 대상이 될 수 있는 것이 아니다." (대법원 2005.8.19. 선고 2004다2809)
③ (○) "대집행계고처분 취소소송의 변론종결 전에 대집행영장에 의한 통지절차를 거쳐 사실행위로서 대집행의 실행이 완료된 경우에는 행위가 위법한 것이라는 이유로 손해배상이나 원상회복 등을 청구하는 것은 별론으로 하고 처분의 취소를 구할 법률상 이익은 없다." (대법원 1993.6.8. 선고 93누6164)
④ (○) "계고서라는 명칭의 1장의 문서로서 일정기간 내에 위법건축물의 자진철거를 명함과 동시에 그 소정기한 내에 자진철거를 하지 아니할 때에는 대집행할 뜻을 미리 계고한 경우라도 건축법에 의한 철거명령과 행정대집행법에 의한 계고처분은 독립하여 있는 것으로서 각 그 요건이 충족되었다고 볼 것이다." (대법원 1992.6.12. 선고 91누13564)

정답 ②

338 [회독] ☐☐☐　　　　　　　　21년 지방 9급

행정대집행에 대한 설명으로 옳지 않은 것은? (다툼이 있는 경우 판례에 의함)

① 도시공원시설 점유자의 퇴거 및 명도 의무는 「행정대집행법」에 의한 대집행의 대상이 아니다.

② 후행처분인 대집행비용납부명령 취소청구 소송에서 선행처분인 계고처분이 위법하다는 이유로 대집행비용납부명령의 취소를 구할 수 없다.

③ 대집행에 요한 비용을 징수하였을 때에는 그 징수금은 사무비의 소속에 따라 국고 또는 지방자치단체의 수입으로 한다.

④ 대집행에 대하여는 행정심판을 제기할 수 있다.

338

[해설] ① (○) "도시공원시설인 매점의 관리청이 그 공동점유자 중의 1인에 대하여 소정의 기간 내에 위 매점으로부터 퇴거하고 이에 부수하여 그 판매 시설물 및 상품을 반출하지 아니할 때에는 이를 대집행하겠다는 내용의 계고처분은 그 주된 목적이 매점의 원형을 보존하기 위하여 점유자가 설치한 불법 시설물을 철거하고자 하는 것이 아니라, 매점에 대한 점유자의 점유를 배제하고 그 점유이전을 받는 데 있다고 할 것인데, 이러한 의무는 그것을 강제적으로 실현함에 있어 직접적인 실력행사가 필요한 것이지 대체적 작위의무에 해당하는 것은 아니어서 직접강제의 방법에 의하는 것은 별론으로 하고 행정대집행법에 의한 대집행의 대상이 되는 것은 아니다." (대법원 1998.10.23. 선고 97누157)

② (×) "대집행비용납부명령 자체에는 아무런 하자가 없다 하더라도, 후행처분인 대집행비용납부명령의 취소를 청구하는 소송에서 청구원인으로 선행처분인 계고처분이 위법한 것이기 때문에 그 계고처분을 전제로 행하여진 대집행비용납부명령도 위법한 것이라는 주장을 할 수 있다." (대법원 1993.11.9. 선고 93누14271)

③ (○) 행정대집행법 제6조 제3항

행정대집행법	제6조 (비용징수) ③ 대집행에 요한 비용을 징수하였을 때에는 그 징수금은 사무비의 소속에 따라 국고 또는 지방자치단체의 수입으로 한다.

④ (○) 행정대집행법 제7조

행정대집행법	제7조 (행정심판) 대집행에 대하여는 행정심판을 제기할 수 있다.

정답 ②

339 [회독] ☐☐☐　　　24년 국가 7급

행정대집행에 대한 설명으로 옳지 않은 것은?

① 정당한 사유 없이 공유재산에 시설물을 설치한 경우 행정청은 행정대집행의 방법으로 이 시설물을 철거할 수 있고, 이러한 행정대집행이 인정되는 경우에는 민사소송의 방법으로 시설물의 철거를 구하는 것은 허용되지 아니한다.

② 건물의 점유자가 철거의무자일 때에도 건물철거의무에 퇴거의무가 포함되어 있지 않으므로 별도로 퇴거를 명하는 집행권원이 필요하다.

③ 아무런 권원 없이 국유재산에 설치한 시설물에 대하여 행정청이 행정대집행을 실시하지 않는 경우, 그 국유재산에 대한 사용청구권을 가지고 있는 자는 국가를 대위하여 민사소송으로 그 시설물의 철거를 구할 수 있다.

④ 공공사업에 필요한 토지와 건물을 사업시행자가 협의취득할 때 건물소유자가 매매대상 건물에 대한 철거의무를 부담하겠다는 취지의 약정을 하였다고 하더라도 이러한 철거의무는 「행정대집행법」에 의한 대집행의 대상이 되는 공법상의 의무가 아니다.

339

해설 ① (○) "「공유재산 및 물품 관리법」 제83조 제1항은 "지방자치단체의 장은 정당한 사유 없이 공유재산을 점유하거나 공유재산에 시설물을 설치한 경우에는 원상복구 또는 시설물의 철거 등을 명하거나 이에 필요한 조치를 할 수 있다."라고 규정하고, 제2항은 "제1항에 따른 명령을 받은 자가 그 명령을 이행하지 아니할 때에는 '행정대집행법'에 따라 원상복구 또는 시설물의 철거 등을 하고 그 비용을 징수할 수 있다."라고 규정하고 있다. 위 규정에 따라 지방자치단체장은 행정대집행의 방법으로 공유재산에 설치한 시설물을 철거할 수 있고, 이러한 행정대집행의 절차가 인정되는 경우에는 민사소송의 방법으로 시설물의 철거를 구하는 것은 허용되지 아니한다." (대법원 2017.4.13. 선고 2013다207941)

② (×) "관계 법령상 행정대집행의 절차가 인정되어 행정청이 행정대집행의 방법으로 건물의 철거 등 대체적 작위의무의 이행을 실현할 수 있는 경우에는 따로 민사소송의 방법으로 그 의무의 이행을 구할 수 없다. 한편 건물의 점유자가 철거의무자일 때에는 건물철거의무에 퇴거의무도 포함되어 있는 것이어서 별도로 퇴거를 명하는 집행권원이 필요하지 않다." (대법원 2017.4.28. 선고 2016다213916)

③ (○) "관리권자인 보령시장이 행정대집행을 실시하지 아니하는 경우 국가에 대하여 이 사건 토지 사용청구권을 가지는 원고로서는 위 청구권을 보전하기 위하여 국가를 대위하여 피고들을 상대로 민사소송의 방법으로 이 사건 시설물의 철거를 구하는 이외에는 이를 실현할 수 있는 다른 절차와 방법이 없어 그 보전의 필요성이 인정되므로, 원고는 국가를 대위하여 피고들을 상대로 민사소송의 방법으로 이 사건 시설물의 철거를 구할 수 있다고 보아야 할 것이고, 한편 이 사건 청구 중 이 사건 토지 인도청구 부분에 대하여는 관리권자인 보령시장으로서도 행정대집행의 방법으로 이를 실현할 수 없으므로, 원고는 당연히 국가를 대위하여 피고들을 상대로 민사소송의 방법으로 이 사건 토지의 인도를 구할 수 있다고 할 것이다." (대법원 2009.6.11. 선고 2009다1122)

④ (○) "행정대집행법상 대집행의 대상이 되는 대체적 작위의무는 공법상 의무이어야 할 것인데, 구 공공용지의 취득 및 손실보상에 관한 특례법에 따른 토지 등의 협의취득은 공공사업에 필요한 토지 등을 그 소유자와의 협의에 의하여 취득하는 것으로서 공공기관이 사경제 주체로서 행하는 사법상 매매 내지 사법상 계약의 실질을 가지는 것이므로, 그 협의취득시 건물소유자가 매매대상 건물에 대한 철거의무를 부담하겠다는 취지의 약정을 하였다고 하더라도 이러한 철거의무는 공법상의 의무가 될 수 없고, 이 경우에도 행정대집행법을 준용하여 대집행을 허용하는 별도의 규정이 없는 한 위와 같은 철거의무는 행정대집행법에 의한 대집행의 대상이 되지 않는다." (대법원 2006.10.13. 선고 2006두7096)

정답 ②

340 [회독] ☐☐☐

행정대집행에 관한 설명으로 옳지 않은 것은? (다툼이 있는 경우 판례에 의함)

① 타인이 대신하여 행할 수 있는 행위가 조례에 의하여 직접 명령된 경우에는 행정대집행의 대상이 될 수 있다.

② 위법건축물에 대한 철거명령 및 계고처분에 불응하자 제2차로 계고처분을 행한 경우, 제2차 계고처분은 항고소송의 대상인 행정처분에 해당한다.

③ 대집행비용은 「국세징수법」의 예에 의하여 징수할 수 있다.

④ 계고처분은 독립한 처분으로서, 위법건축물에 대한 철거명령과 동시에 발령할 수 있다.

340

[해설] ① (○) 법률에 의하여 직접명령된 행위의무를 이행하지 않을 때는 행정대집행을 할 수 있는데, 이때 여기서 말하는 "법률"에는 조례도 포함된다. 따라서 조례에 의하여 직접명령된 행위의무를 이행하지 않을 때에도 행정대집행의 대상이 된다(행정대집행법 제2조).

행정대집행법	제2조(대집행과 그 비용징수) 법률(법률의 위임에 의한 명령, 지방자치단체의 조례를 포함한다. 이하 같다)에 의하여 직접명령되었거나 또는 법률에 의거한 행정청의 명령에 의한 행위로서 타인이 대신하여 행할 수 있는 행위를 의무자가 이행하지 아니하는 경우 다른 수단으로써 그 이행을 확보하기 곤란하고 또한 그 불이행을 방치함이 심히 공익을 해할 것으로 인정될 때에는 당해 행정청은 스스로 의무자가 하여야 할 행위를 하거나 또는 제삼자로 하여금 이를 하게 하여 그 비용을 의무자로부터 징수할 수 있다.

② (×) 최초의 계고처분만 처분성이 인정되고 그 이후의 계고처분에는 처분성이 부정된다. "건물의 소유자에게 위법건축물을 일정기간까지 철거할 것을 명함과 아울러 불이행할 때에는 대집행한다는 내용의 철거대집행 계고처분을 고지한 후 이에 불응하자 다시 제2차, 제3차 계고서를 발송하여 일정기간까지의 자진철거를 촉구하고 불이행하면 대집행을 한다는 뜻을 고지하였다면 행정대집행법상의 건물철거의무는 제1차 철거명령 및 계고처분으로서 발생하였고 제2차, 제3차의 계고처분은 새로운 철거의무를 부과한 것이 아니고 다만 대집행기한의 연기통지에 불과하므로 행정처분이 아니다." (대법원 1994.10.28. 선고 94누5144)

③ (○) 행정대집행법 제6조 제1항

행정대집행법	제6조(비용징수) ① 대집행에 요한 비용은 국세징수법의 예에 의하여 징수할 수 있다.

④ (○) 계고처분은 철거명령과 별개의 행정작용으로서 독자적인 처분성이 인정된다. 철거명령과 동시에 발령된 경우에도 철거명령과 계고처분이라는 2개의 처분이 발급된 것으로 본다.

정답 ②

341 [회독] □□□　　　　　　　　　　　21년 소방직

행정상 강제집행에 대한 설명으로 옳지 않은 것은? (다툼이 있는 경우 판례에 의함)

① 대집행은 비금전적인 대체적 작위의무를 의무자가 이행하지 않는 경우 행정청이 스스로 의무자가 행하여야 할 행위를 하거나 제3자로 하여금 행하게 하는 것으로, 그 대집행의 대상은 공법상 의무에만 한정하지 않는다.

② 행정청이 대집행에 대한 계고를 함에 있어서 의무자가 스스로 이행하지 아니하는 경우 대집행할 행위의 내용과 범위가 구체적으로 특정되어야 하지만, 그 내용 및 범위는 대집행계고서에 의해서만 특정되어야 하는 것은 아니고 그 처분 전후에 송달된 문서나 기타 사정을 종합하여 이를 특정할 수 있으면 족하다.

③ 비상시 또는 위험이 절박한 경우에 있어 당해 행위의 급속한 실시를 요하여 대집행영장에 의한 통지절차를 취할 여유가 없을 때에는 이 절차를 거치지 아니하고 대집행할 수 있다.

④ 개발제한구역 내의 건축물에 대하여 허가를 받지 않고 한 용도변경행위에 대한 형사처벌과 「건축법」 제83조 제1항에 의한 시정명령 위반에 대한 이행강제금 부과는 이중처벌에 해당하지 아니한다.

341

해설 ① (×) 전단은 옳지만, 후단이 틀렸다. 그 대집행의 대상은 공법상 의무의 불이행으로만 한정된다.

② (○) "행정청이 행정대집행법 제3조 제1항에 의한 대집행계고를 함에 있어서는 의무자가 스스로 이행하지 아니하는 경우에 대집행할 행위의 내용 및 범위가 구체적으로 특정되어야 하나, 그 행위의 내용 및 범위는 반드시 대집행계고서에 의하여서만 특정되어야 하는 것이 아니고, 계고처분 전후에 송달된 문서나 기타 사정을 종합하여 행위의 내용이 특정되거나 실제건물의 위치, 구조, 평수 등을 계고서의 표시와 대조·검토하여 대집행의무자가 그 이행의무의 범위를 알 수 있을 정도로 하면 족하다." (대법원 1996.10.11. 선고 96누8086)

③ (○) 행정대집행법 제3조 제3항

행정대집행법	제3조(대집행의 절차) ③ 비상시 또는 위험이 절박한 경우에 있어서 당해 행위의 급속한 실시를 요하여 전2항(대집행의 계고, 대집행영장의 통지)에 규정한 수속을 취할 여유가 없을 때에는 그 수속을 거치지 아니하고 대집행을 할 수 있다.

④ (○) 이행강제금의 부과는 처벌에 해당하지 않기 때문이다. "건축법 제78조에 의한 무허가 건축행위에 대한 형사처벌과 건축법 제83조 제1항에 의한 시정명령 위반에 대한 이행강제금의 부과는 그 처벌 내지 제재대상이 되는 기본적 사실관계로서의 행위를 달리하며, 또한 그 보호법익과 목적에서도 차이가 있으므로 헌법 제13조 제1항이 금지하는 이중처벌에 해당한다고 할 수 없다." (헌법재판소 2004.2.26. 선고 2001헌바80)

정답 ①

342 [회독] ☐☐☐　　　　　　　　20년 지방 9급

행정상 강제집행 중 대집행에 대한 설명으로 옳지 않은 것은?
(다툼이 있는 경우 판례에 의함)

① 대집행의 대상은 원칙적으로 대체적 작위의무에 한하며, 부작위의무위반의 경우 대체적 작위의무로 전환하는 규정을 두고 있지 아니하는 한 대집행의 대상이 되지 않는다.

② 행정청이 계고를 함에 있어 의무자가 스스로 이행하지 아니하는 경우 대집행의 내용과 범위가 구체적으로 특정되어야 하며, 대집행의 내용과 범위는 반드시 대집행계고서에 의해서만 특정되어야 한다.

③ 대집행을 함에 있어 계고요건의 주장과 입증책임은 처분행정청에 있는 것이지, 의무불이행자에 있는 것이 아니다.

④ 대집행 비용은 원칙상 의무자가 부담하며 행정청은 그 비용액과 납기일을 정하여 의무자에게 문서로 납부를 명하여야 한다.

342

해 설　① (○) "대집행계고처분을 하기 위하여는 법령에 의하여 직접 명령되거나 법령에 근거한 행정청의 명령에 의한 의무자의 대체적 작위의무 위반행위가 있어야 한다. … 부작위의무 위반행위에 대하여 대체적 작위의무로 전환하는 규정을 두고 있지 아니하므로 위 금지규정으로부터 그 위반결과의 시정을 명하는 원상복구명령을 할 수 있는 권한이 도출되는 것은 아니다." (대법원 1996.6.28. 선고 96누4374)

② (×) "행정청이 행정대집행법에 의한 대집행계고를 함에 있어서는 의무자가 스스로 이행하지 아니하는 경우에 대집행할 행위의 내용 및 범위가 구체적으로 특정되어야 하나, 그 행위의 내용 및 범위는 반드시 대집행계고서에 의하여서만 특정되어야 하는 것이 아니고 계고처분 전후에 송달된 문서나 기타 사정을 종합하여 행위의 내용이 특정되면 족하다." (대법원 1994.10.28. 선고 94누5144)

③ (○) "철거의무가 있는 건물이라 하더라도 그 철거의무를 대집행하기 위한 계고처분을 하려면 다른 방법으로는 이행의 확보가 어렵고 불이행을 방치함이 심히 공익을 해하는 것으로 인정될 때에 한하여 허용되고 이러한 요건의 주장 · 입증 책임은 처분행정청에 있다." (대법원 1996.10.11. 선고 96누8086)

④ (○) 행정대집행법 제2조, 제5조

행정대집행법	제2조(대집행과 그 비용징수) 법률(법률의 위임에 의한 명령, 지방자치단체의 조례를 포함한다. 이하 같다)에 의하여 직접명령되었거나 또는 법률에 의거한 행정청의 명령에 의한 행위로서 타인이 대신하여 행할 수 있는 행위를 의무자가 이행하지 아니하는 경우 다른 수단으로써 그 이행을 확보하기 곤란하고 또한 그 불이행을 방치함이 심히 공익을 해할 것으로 인정될 때에는 당해 행정청은 스스로 의무자가 하여야 할 행위를 하거나 또는 제삼자로 하여금 이를 하게 하여 그 비용을 의무자로부터 징수할 수 있다.
행정대집행법	제5조(비용납부명령서) 대집행에 요한 비용의 징수에 있어서는 실제에 요한 비용액과 그 납기일을 정하여 의무자에게 문서로써 그 납부를 명하여야 한다.

정답 ②

343 [회독] □□□

19년 지방 9급

甲은 관할 행정청에 토지의 형질변경행위가 수반되는 건축허가를 신청하였고, 관할 행정청은 甲에 대해 '건축기간 동안 자재 등을 도로에 불법적치하지 말 것'이라는 부관을 붙여 건축허가를 하였다. 이에 대한 설명으로 옳은 것은? (다툼이 있는 경우 판례에 의함)

① 토지의 형질변경의 허용 여부에 대해 행정청의 재량이 인정되더라도 주된 행위인 건축허가가 기속행위인 경우에는 甲에 대한 건축허가는 기속행위로 보아야 한다.

② 위 건축허가에 대해 건축주를 乙로 변경하는 건축주명의변경신고가 관련 법령의 요건을 모두 갖추어 행해졌더라도 관할 행정청이 신고의 수리를 거부한 경우, 그 수리거부행위는 乙의 권리의무에 직접 영향을 미치는 것으로서 취소소송의 대상이 되는 처분이다.

③ 甲이 위 부관을 위반하여 도로에 자재 등을 불법적치한 경우, 관할 행정청은 바로 「행정대집행법」에 따라 불법적치된 자재 등을 제거할 수 있다.

④ 甲이 위 부관에 위반하였음을 이유로 관할 행정청이 건축허가의 효력을 소멸시키려면 법령상의 근거가 있어야 한다.

343

해설 ① (✕) "토지의 형질변경허가는 그 금지요건이 불확정개념으로 규정되어 있어 그 금지요건에 해당하는지 여부를 판단함에 있어서 행정청에게 재량권이 부여되어 있다고 할 것이므로, 같은 법에 의하여 지정된 도시지역 안에서 토지의 형질변경행위를 수반하는 건축허가는 결국 재량행위에 속한다." (대법원 2005.7.14. 선고 2004두6181)

② (○) "건축주명의변경신고수리거부행위는 행정청이 허가대상건축물 양수인의 건축주명의변경신고라는 구체적인 사실에 관한 법집행으로서 그 신고를 수리하여야 할 법령상의 의무를 지고 있음에도 불구하고 그 신고의 수리를 거부함으로써, 양수인이 건축공사를 계속하기 위하여 또는 건축공사를 완료한 후 자신의 명의로 소유권보존등기를 하기 위하여 가지는 구체적인 법적 이익을 침해하는 결과가 되었다고 할 것이므로, 비록 건축허가가 대물적 허가로서 그 허가의 효과가 허가대상건축물에 대한 권리변동에 수반하여 이전된다고 하더라도, 양수인의 권리의무에 직접 영향을 미치는 것으로서 취소소송의 대상이 되는 처분이라고 하지 않을 수 없다." (대법원 1992.3.31. 선고 91누4911)

③ (✕) '건축기간 동안 자재 등을 도로에 불법적치하지 말 것'이라는 부관은 부작위하명이므로 작위의무를 대상으로 하는 대집행의 대상이 될 수 없다.

④ (✕) "부담부 행정처분에 있어서 처분의 상대방이 부담(의무)을 이행하지 아니한 경우에 처분행정청으로서는 이를 들어 당해 처분을 취소(철회)할 수 있는 것이다." (대법원 1989.10.24. 선고 89누2431)

정답 ②

344 [회독] ☐☐☐　　19년 지방 7급

행정청이 별도의 법령상의 근거 없이도 할 수 있는 행위를 모두 고르면? (다툼이 있는 경우 판례에 의함)

> ㉠ 수익적 행정처분인 재량행위를 하면서 침익적 성격의 부관을 부가하는 행위
> ㉡ 부관인 부담의 불이행을 이유로 수익적 행정행위를 철회하는 행위
> ㉢ 부작위의무를 위반함으로써 생긴 결과를 시정하기 위한 작위의무를 명하는 행위
> ㉣ 철거명령의 위반을 이유로 행정대집행을 하면서 철거의무자인 점유자에 대해 퇴거명령을 하는 행위

① ㉠, ㉡　　　　　　　② ㉡, ㉢
③ ㉢, ㉣　　　　　　　④ ㉠, ㉡, ㉣

345 [회독] ☐☐☐　　19년 지방 9급

행정대집행에 대한 설명으로 옳지 않은 것은? (다툼이 있는 경우 판례에 의함)

① 구 대한주택공사가 대집행권한을 위탁받아 공무인 대집행을 실시하기 위하여 지출한 비용을 「행정대집행법」 절차에 따라 「국세징수법」의 예에 의하여 징수할 수 있음에도 민사소송절차에 의하여 그 비용의 상환을 구하는 청구는 소의 이익이 없어 부적법하다.
② 건물의 점유자가 철거의무자일 때에는 건물철거의무에 퇴거의무도 포함되어 있는 것이어서 별도로 퇴거를 명하는 집행권원이 필요하지 않다.
③ 철거명령에서 주어진 일정기간이 자진철거에 필요한 상당한 기간이라고 하여도 그 기간 속에는 계고시에 필요한 '상당한 이행기간'이 포함되어 있다고 볼 수 없다.
④ 대집행계고처분 취소소송의 변론이 종결되기 전에 대집행영장에 의한 통지절차를 거쳐 사실행위로서 대집행의 실행이 완료된 경우에는 계고처분의 취소를 구할 법률상의 이익이 없다.

344

[해설] ㉠ (가능) "주택재건축사업시행의 인가는 상대방에게 권리나 이익을 부여하는 효과를 가진 이른바 수익적 행정처분으로서 법령에 행정처분의 요건에 관하여 일의적으로 규정되어 있지 아니한 이상 행정청의 재량행위에 속하므로, 처분청으로서는 법령상의 제한에 근거한 것이 아니라 하더라도 공익상 필요 등에 의하여 필요한 범위 내에서 여러 조건(부담)을 부과할 수 있다." (대법원 2007.7.12. 선고 2007두6663)
㉡ (가능) "부담부 행정처분에 있어서 처분의 상대방이 부담(의무)을 이행하지 아니한 경우에 처분행정청으로서는 이를 들어 당해 처분을 취소(철회)할 수 있는 것이다." (대법원 1989.10.24. 선고 89누2431)
㉢ (불가능) "단순한 부작위의무의 위반, 즉 관계 법령에 정하고 있는 절대적 금지나 허가를 유보한 상대적 금지를 위반한 경우에는 당해 법령에서 그 위반자에 대하여 위반에 의하여 생긴 유형적 결과의 시정을 명하는 행정처분의 권한을 인정하는 규정을 두고 있지 아니한 이상, 법치주의의 원리에 비추어 볼 때 위와 같은 부작위의무로부터 그 의무를 위반함으로써 생긴 결과를 시정하기 위한 작위의무를 당연히 끌어낼 수는 없으며, 또 위 금지규정(특히 허가를 유보한 상대적 금지규정)으로부터 작위의무, 즉 위반결과의 시정을 명하는 권한이 당연히 추론되는 것도 아니다." (대법원 1996.6.28. 선고 96누4374)
㉣ (가능) "관계 법령상 행정대집행의 절차가 인정되어 행정청이 행정대집행의 방법으로 건물의 철거 등 대체적 작위의무의 이행을 실현할 수 있는 경우에는 따로 민사소송의 방법으로 그 의무의 이행을 구할 수 없다. 한편 건물의 점유자가 철거의무자일 때에는 건물철거의무에 퇴거의무도 포함되어 있는 것이어서 별도로 퇴거를 명하는 집행권원이 필요하지 않다." (대법원 2017.4.28. 선고 2016다213916)

정답 ④

345

[해설] ① (○) "대한주택공사가 대집행권한을 위탁받아 공무인 대집행을 실시하기 위하여 지출한 비용을 행정대집행법 절차에 따라 국세징수법의 예에 의하여 징수할 수 있음에도 민사소송절차에 의하여 그 비용의 상환을 청구한 사안에서, 행정대집행법이 대집행비용의 징수에 관하여 민사소송절차에 의한 소송이 아닌 간이하고 경제적인 특별구제절차를 마련해 놓고 있으므로, 위 청구는 소의 이익이 없어 부적법하다." (대법원 2011.9.8. 선고 2010다48240)
② (○) "건물의 점유자가 철거의무자일 때에는 건물철거의무에 퇴거의무도 포함되어 있는 것이어서 별도로 퇴거를 명하는 집행권원이 필요하지 않다." (대법원 2017.4.28. 선고 2016다213916)
③ (×) "철거명령에서 주어진 일정기간이 자진철거에 필요한 상당한 기간이라면 그 기간 속에는 계고시에 필요한 '상당한 이행기간'도 포함되어 있다고 보아야 할 것이다." (대법원 1992.6.12. 선고 91누13564)
④ (○) "대집행계고처분 취소소송의 변론종결 전에 대집행영장에 의한 통지절차를 거쳐 사실행위로서 대집행의 실행이 완료된 경우에는 행위가 위법한 것이라는 이유로 손해배상이나 원상회복 등을 청구하는 것은 별론으로 하고 처분의 취소를 구할 법률상 이익은 없다." (대법원 1993.6.8. 선고 93누6164)

정답 ③

346 [회독] ☐☐☐   20년 국가 7급

「행정대집행법」상 행정대집행에 대한 설명으로 옳은 것은?
(다툼이 있는 경우 판례에 의함)

① 대집행계고 시 대집행할 행위의 내용 및 범위는 반드시 대집행계고서에 의해서만 특정되어야 하는 것은 아니다.
② 관계 법령에 위반하여 장례식장 영업을 하고 있는 자에 대한 장례식장 사용중지의무는 대집행의 대상이 된다.
③ 대체적 작위의무가 법률의 위임을 받은 조례에 의해 직접 부과된 경우에는 대집행의 대상이 되지 아니한다.
④ 대집행의 계고는 대집행의 의무적 절차의 하나이므로 생략할 수 없지만, 철거명령과 계고처분을 1장의 문서로 동시에 행할 수는 있다.

346

해설 ① (○) "행정청이 행정대집행법에 의한 대집행계고를 함에 있어서는 의무자가 스스로 이행하지 아니하는 경우에 대집행할 행위의 내용 및 범위가 구체적으로 특정되어야 하나, 그 행위의 내용 및 범위는 반드시 대집행계고서에 의하여서만 특정되어야 하는 것이 아니고 계고처분 전후에 송달된 문서나 기타 사정을 종합하여 행위의 내용이 특정되면 족하다." (대법원 1994.10.28. 선고 94누5144)

② (×) "甲이 건물의 지하 1층의 의료시설(병원)과 제2종 근린생활시설(음식점) 중 일부에서 장례식장 영업을 하고 있는 것이 관계 법령에 위반한 것이라는 이유로, 장례식장의 사용을 중지할 것과 이를 불이행할 경우 행정대집행법에 의하여 대집행하겠다는 내용의 장례예식장사용중지계고처분은, 그에 따른 '장례식장 사용중지 의무'가 甲 이외의 '타인이 대신'할 수도 없고, 타인이 대신하여 '행할 수 있는 행위'라고도 할 수 없는 비대체적 부작위 의무에 대한 것이므로, 그 자체로 위법함이 명백하다." (대법원 2005.9.28. 선고 2005두7464)

③ (×) 법률의 위임을 받은 조례에 의해 직접 부과된 경우에도 행정대집행의 대상이 된다(행정대집행법 제2조).

행정대집행법	제2조(대집행과 그 비용징수) 법률(법률의 위임에 의한 명령, 지방자치단체의 조례를 포함한다. 이하 같다)에 의하여 직접명령되었거나 또는 법률에 의거한 행정청의 명령에 의한 행위로서 타인이 대신하여 행할 수 있는 행위를 의무자가 이행하지 아니하는 경우 다른 수단으로써 그 이행을 확보하기 곤란하고 또한 그 불이행을 방치함이 심히 공익을 해할 것으로 인정될 때에는 당해 행정청은 스스로 의무자가 하여야 할 행위를 하거나 또는 제삼자로 하여금 이를 하게 하여 그 비용을 의무자로부터 징수할 수 있다.

④ (×) 비상시 또는 위험이 절박한 경우에 있어서 당해 행위의 급속한 실시를 요하여 계고를 할 여유가 없을 때에는 대집행 계고가 생략될 수 있고(행정대집행법 제3조 제3항), 철거명령과 계고처분을 1장의 문서로 동시에 행할 수도 있다(대법원 1992.6.12. 선고 91누13564).

행정대집행법	제3조(대집행의 절차) ① 전조의 규정에 의한 처분(이하 대집행이라 한다)을 하려함에 있어서는 상당한 이행기한을 정하여 그 기한까지 이행되지 아니할 때에는 대집행을 한다는 뜻을 미리 문서로써 계고하여야 한다. 이 경우 행정청은 상당한 이행기한을 정함에 있어 의무의 성질·내용 등을 고려하여 사회통념상 해당 의무를 이행하는 데 필요한 기간이 확보되도록 하여야 한다. ② 의무자가 전항의 계고를 받고 지정기한까지 그 의무를 이행하지 아니할 때에는 당해 행정청은 대집행영장으로써 대집행을 할 시기, 대집행을 시키기 위하여 파견하는 집행책임자의 성명과 대집행에 요하는 비용의 개산에 의한 견적액을 의무자에게 통지하여야 한다. ③ 비상시 또는 위험이 절박한 경우에 있어서 당해 행위의 급속한 실시를 요하여 전2항에 규정한 수속을 취할 여유가 없을 때에는 그 수속을 거치지 아니하고 대집행을 할 수 있다.

정답 ①

347 [회독] ☐☐☐　　　　　　　　20년 국가 9급

「**행정대집행법**」상 대집행에 대한 설명으로 옳지 않은 것은?
(다툼이 있는 경우 판례에 의함)

① 「공익사업을 위한 토지 등의 취득 및 보상에 관한 법률」
상의 협의취득시에 매매대상 건물에 대한 철거의무를
부담하겠다는 취지의 약정을 건물소유자가 하였다고 하
더라도, 그 철거의무는 대집행의 대상이 되지 않는다.

② 공유수면에 설치한 건물을 철거하여 공유수면을 원상회
복하여야 할 의무는 대체적 작위의무에 해당하므로 행
정대집행의 대상이 된다.

③ 행정청이 건물 철거의무를 행정대집행의 방법으로 실현
하는 과정에서, 건물을 점유하고 있는 철거의무자들에
대하여 제기한 건물퇴거를 구하는 소송은 적법하다.

④ 철거대상건물의 점유자들이 적법한 행정대집행을 위력
을 행사하여 방해하는 경우, 행정청은 필요하다면 「경찰
관 직무집행법」에 근거한 위험발생 방지조치 차원에서
경찰의 도움을 받을 수 있다.

347

해설 ① (○) "행정대집행법상 대집행의 대상이 되는 대체적 작위
의무는 공법상 의무이어야 할 것인데, 구 공공용지의 취득 및 손실보
상에 관한 특례법에 따른 토지 등의 협의취득은 공공사업에 필요한
토지 등을 그 소유자와의 협의에 의하여 취득하는 것으로서 공공기관
이 사경제주체로서 행하는 사법상 매매 내지 사법상 계약의 실질을
가지는 것이므로, 그 협의취득시 건물소유자가 매매대상 건물에 대한
철거의무를 부담하겠다는 취지의 약정을 하였다고 하더라도 이러한
철거의무는 공법상의 의무가 될 수 없고, 이 경우에도 행정대집행법
을 준용하여 대집행을 허용하는 별도의 규정이 없는 한 위와 같은 철
거의무는 행정대집행법에 의한 대집행의 대상이 되지 않는다." (대법
원 2006.10.13. 선고 2006두7096)

② (○) "피고들(공유수면에 경량철골구조 기타지붕 1층 단독주택을
신축하여 점유하고 있는 자들)이 이 사건 건물을 철거하여 이 사건 공
유수면을 원상회복하여야 할 의무는 대체적 작위의무에 해당하므로
행정대집행의 대상이 된다 할 것이며, 당진시장은 이 사건 건물 철거
의무를 행정대집행의 방법으로 실현하는 과정에서 부수적으로 피고
들과 그 가족들의 퇴거 조치를 실현할 수 있으므로, 행정대집행 외에
별도로 퇴거를 명하는 집행권원은 필요하지 않다고 할 것이다." (대법
원 2017.4.28. 선고 2016다213916)

③ (✕) "관계 법령상 행정대집행의 절차가 인정되어 행정청이 행정대
집행의 방법으로 건물의 철거 등 대체적 작위의무의 이행을 실현할
수 있는 경우에는 따로 민사소송의 방법으로 그 의무의 이행을 구할
수 없다. 한편 건물의 점유자가 철거의무자일 때에는 건물철거의무에
퇴거의무도 포함되어 있는 것이어서 별도로 퇴거를 명하는 집행권원
이 필요하지 않다. … 원고(당진시)가 피고들(공유수면에 경량철골구
조 기타지붕 1층 단독주택을 신축하여 점유하고 있는 자들)에 대하여
건물퇴거를 구하는 이 사건 소는 부적법하다." (대법원 2017.4.28. 선고
2016다213916)

④ (○) "점유자들이 적법한 행정대집행을 위력을 행사하여 방해하는
경우 형법상 공무집행방해죄가 성립하므로, 필요한 경우에는 '경찰관
직무집행법'에 근거한 위험발생 방지조치 또는 형법상 공무집행방해
죄의 범행방지 내지 현행범체포의 차원에서 경찰의 도움을 받을 수도
있다." (대법원 2017.4.28. 선고 2016다213916)

정답 ③

348 [회독] □□□

20년 지방 7급

「행정대집행법」상 대집행에 대한 설명으로 옳지 않은 것은?
(다툼이 있는 경우 판례에 의함)

① 행정청은 해가 지기 전에 대집행을 착수한 경우라도 해가 진 후에는 대집행을 할 수 없다.

② 무허가증축부분으로 인하여 건물의 미관이 나아지고 증축부분을 철거하는 데 비용이 많이 소요된다고 하더라도 건물철거대집행계고처분을 할 요건에 해당된다.

③ 계고처분의 후속절차인 대집행에 위법이 있다고 하더라도, 그와 같은 후속절차에 위법성이 있다는 점을 들어 선행절차인 계고처분이 부적법하다는 사유로 삼을 수는 없다.

④ 「건축법」에 위반하여 증·개축함으로써 철거의무가 있더라도 그 철거의무를 대집행하기 위한 계고처분을 하려면 다른 방법으로는 그 이행의 확보가 어렵고, 그 불이행을 방치함이 심히 공익을 해하는 것으로 인정되는 경우에 한한다.

348

해설 ① (×) 해가 지기 전에 대집행을 착수한 경우에는 예외적으로 해가 진 후에도 대집행을 할 수 있다(행정대집행법 제4조 제1항).

행정대집행법	제4조(대집행의 실행 등) ① 행정청(제2조에 따라 대집행을 실행하는 제3자를 포함한다. 이하 이 조에서 같다)은 해가 뜨기 전이나 해가 진 후에는 대집행을 하여서는 아니 된다. 다만, 다음 각 호의 어느 하나에 해당하는 경우에는 그러하지 아니하다. 1. 의무자가 동의한 경우 2. 해가 지기 전에 대집행을 착수한 경우 3. 해가 뜬 후부터 해가 지기 전까지 대집행을 하는 경우에는 대집행의 목적 달성이 불가능한 경우 4. 그 밖에 비상시 또는 위험이 절박한 경우

② (○) "무허가증축부분으로 인하여 건물의 미관이 나아지고 위 증축부분을 철거하는 데 비용이 많이 소요된다고 하더라도 위 무허가증축부분을 그대로 방치한다면 이를 단속하는 당국의 권능이 무력화되어 건축행정의 원활한 수행이 위태롭게 되며 건축법 소정의 제한규정을 회피하는 것을 사전예방하고 또한 도시계획구역 안에서 토지의 경제적이고 효율적인 이용을 도모한다는 더 큰 공익을 심히 해할 우려가 있다고 보아 건물철거대집행계고처분을 할 요건에 해당된다." (대법원 1992.3.10. 선고 91누4140)

③ (○) "계고처분의 후속절차인 대집행에 위법이 있다고 하더라도, 그와 같은 후속절차에 위법성이 있다는 점을 들어 선행절차인 계고처분이 부적법하다는 사유로 삼을 수는 없다." (대법원 1997.2.14. 선고 96누15428)

④ (○) "건축법에 위반하여 증·개축함으로써 철거의무가 있더라도 행정대집행법 제2조에 의하여 그 철거의무를 대집행하기 위한 계고처분을 하려면 다른 방법으로는 그 이행의 확보가 어렵고, 그 불이행을 방치함이 심히 공익을 해하는 것으로 인정되는 경우에 한한다." (대법원 1989.7.11. 선고 88누11193)

정답 ①

349 [회독] ☐☐☐　　　　　　　23년 군무원 9급

행정상 강제에 관한 설명으로 옳지 않은 것은? (다툼이 있는 경우 판례에 의함)

① 관계 법령상 행정대집행의 절차가 인정되어 행정청이 행정대집행의 방법으로 건물의 철거 등 대체적 작위의무의 이행을 실현할 수 있는 경우에는 따로 민사소송의 방법으로 그 의무의 이행을 구할 수 없다.

② 「행정대집행법」에 따른 행정대집행에서 건물의 점유자가 철거의무자일 때에는 별도로 퇴거를 명하는 집행권원이 필요하다.

③ 「건축법」에 위반하여 건축한 것이어서 철거의무가 있는 건물이라 하더라도 그 철거의무를 대집행하기 위한 계고처분을 하려면 다른 방법으로는 이행의 확보가 어렵고 불이행을 방치함이 심히 공익을 해하는 것으로 인정될 때에 한하여 허용되고 이러한 요건의 주장·입증책임은 처분 행정청에 있다.

④ 과세관청이 체납처분으로서 행하는 공매는 우월한 공권력의 행사로서 행정소송의 대상이 되는 공법상의 행정처분이며 공매에 의하여 재산을 매수한 자는 그 공매처분이 취소된 경우에 그 취소처분의 위법을 주장하여 행정소송을 제기할 법률상 이익이 있다.

349

해설 ① (○), ② (✕) "관계 법령상 행정대집행의 절차가 인정되어 행정청이 행정대집행의 방법으로 건물의 철거 등 대체적 작위의무의 이행을 실현할 수 있는 경우에는 따로 민사소송의 방법으로 그 의무의 이행을 구할 수 없다. 한편 건물의 점유자가 철거의무자일 때에는 건물철거의무에 퇴거의무도 포함되어 있는 것이어서 **별도로 퇴거를 명하는 집행권원이 필요하지 않다.**" (대법원 2017.4.28. 선고 2016다213916)

③ (○) "건축법에 위반하여 건축한 것이어서 철거의무가 있는 건물이라 하더라도 그 철거의무를 대집행하기 위한 계고처분을 하려면 다른 방법으로는 이행의 확보가 어렵고 불이행을 방치함이 심히 공익을 해하는 것으로 인정될 때에 한하여 허용되고 이러한 요건의 주장·입증책임은 처분 행정청에 있다." (대법원 1996.10.11. 선고 96누8086)

④ (○) "과세관청이 체납처분으로서 행하는 공매는 우월한 공권력의 행사로서 행정소송의 대상이 되는 공법상의 행정처분이며 공매에 의하여 재산을 매수한 자는 그 공매처분이 취소된 경우에 그 취소처분의 위법을 주장하여 행정소송을 제기할 **법률상 이익이 있다.**" (대법원 1984.9.25. 선고 84누201)

정답 ②

350 [회독] □□□　　　　　25년 지방 9급

판례의 입장으로 옳은 것은?

① 행정청이 구 「토지구획정리사업법」상 토지구획정리사업의 환지예정지를 지정하고, 그 사업에 편입되는 건축물로서 지장물 소유자에게 지장물의 자진이전을 요구한 후 이에 응하지 않자 지장물의 이전에 대한 대집행을 계고하고 다시 대집행영장을 통지한 경우, 위 계고처분 등은 「행정대집행법」 제2조에 따라 명령된 지장물 이전의무가 없음에도 그러한 의무의 불이행을 사유로 행하여진 것이므로 위법하다.

② 선행처분인 철거명령을 다투지 못한 경우에도, 이에 후속하는 대집행계고처분 취소소송에서 불가쟁력이 발생한 철거명령의 위법을 다툴 수 있다.

③ 행정청이 행정대집행의 방법으로 건물철거의무의 이행을 실현할 수 있는 경우에는 건물철거 대집행과정에서 부수적으로 건물의 점유자들에 대한 퇴거조치를 할 수 없다.

④ 법령상 요구되는 청문절차가 의무적 절차인 경우, 그 청문절차를 거치지 않은 처분은 무효이다.

350

해설 ① (○) "피고가 이 사건 계고처분의 근거 법령으로 삼은 이 사건 조항은 "시행자는 제56조 제1항의 규정에 의하여 환지예정지를 지정하는 경우, 제58조 제1항의 규정에 의하여 종전의 토지에 관한 사용 또는 수익을 정지시키는 경우나 공공시설의 변경 또는 폐지에 관한 공사를 시행하는 경우에 필요한 때에는 시행지구 안에 있는 건축물 등 및 장애물 등을 이전하거나 제거할 수 있다"고 규정하고 있을 뿐이어서, 건축물 등의 소유자 또는 점유자에게 직접 그 이전 또는 제거의무를 부과하는 규정이 아님은 법문상 명백하다. … 이와 같이 이 사건 조항은 원고들에게 직접 이 사건 지장물의 이전의무를 명하는 법령이 아닐 뿐 아니라, 피고가 원고들에게 그러한 의무를 명할 수 있는 근거 법령이 될 수도 없다. 한편 원심 판시와 같이 피고가 원고들에게 여러 차례 이 사건 지장물의 자진이전을 요구해 왔다 하더라도 이를 이 사건 지장물의 이전을 명한 피고의 행정처분이라고 볼 수 없으며, 달리 기록상 피고가 이 사건 조항이 아닌 다른 법령에 근거하여 적법하게 위와 같은 행정처분을 하였다고 볼 자료도 없다. 그렇다면, 이 사건 계고처분은 원고들에게 행정대집행법 제2조가 정한 바에 따라 명령된 이 사건 지장물 이전의무가 없음에도 그러한 의무의 불이행을 사유로 행하여진 것이어서 위법하고, 이 사건 통지처분 또한 위와 같이 위법한 이 사건 계고처분을 전제로 행하여진 것이므로 위법하다." (대법원 2010.6.24. 선고 2010두1231)

② (×) "건물철거명령이 당연무효가 아닌 이상 행정심판이나 소송을 제기하여 그 위법함을 소구하는 절차를 거치지 아니하였다면 위 선행행위인 건물철거명령은 적법한 것으로 확정되었다고 할 것이므로 후행행위인 대집행계고처분에서는 그 건물이 무허가건물이 아닌 적법한 건축물이라는 주장이나 그러한 사실인정을 하지 못한다." (대법원 1998.9.8. 선고 97누20502)

③ (×) "관계 법령상 행정대집행의 절차가 인정되어 행정청이 행정대집행의 방법으로 건물의 철거 등 대체적 작위의무의 이행을 실현할 수 있는 경우에는 따로 민사소송의 방법으로 그 의무의 이행을 구할 수 없다. 한편 건물의 점유자가 철거의무자일 때에는 건물철거의무에 퇴거의무도 포함되어 있는 것이어서 별도로 퇴거를 명하는 집행권원이 필요하지 않다. 행정청이 행정대집행의 방법으로 건물철거의무의 이행을 실현할 수 있는 경우에는 건물철거 대집행 과정에서 부수적으로 건물의 점유자들에 대한 퇴거 조치를 할 수 있다." (대법원 2017.4.28. 선고 2016다213916)

④ (×) "행정청이 특히 침해적 행정처분을 할 때 그 처분의 근거 법령 등에서 청문을 실시하도록 규정하고 있다면, 행정절차법 등 관련 법령상 청문을 실시하지 않아도 되는 예외적인 경우에 해당하지 않는 한 반드시 청문을 실시하여야 하며, 그러한 절차를 결여한 처분은 위법한 처분으로서 취소사유에 해당한다." (대법원 2007.11.16. 선고 2005두15700)

정답 ①

제2절 이행강제금

기출테마 65 이행강제금(집행벌)

351 [회독] □□□
23년 지방 7급

행정상 강제집행에 대한 설명으로 옳은 것만을 모두 고르면?

> ㉠ 이행강제금은 행정상 간접적인 강제집행 수단이다.
> ㉡ 행정청은 의무자가 행정상 의무를 이행할 때까지 이행강제금을 반복하여 부과할 수 없다.
> ㉢ 토지·건물의 명도의무는 대체적 작위의무가 아니므로 대집행의 대상이 아니다.
> ㉣ 부작위의무도 대체적 작위의무로 전환하는 규정을 두고 있는 경우에는 대체적 작위의무로 전환한 후에 대집행의 대상이 될 수 있다.

① ㉠, ㉢
② ㉠, ㉡, ㉣
③ ㉠, ㉢, ㉣
④ ㉡, ㉢, ㉣

351

해설 ㉠ (○) "건축법상의 이행강제금은 시정명령의 불이행이라는 과거의 위반행위에 대한 제재가 아니라, 의무자에게 시정명령을 받은 의무의 이행을 명하고 그 이행기간 안에 의무를 이행하지 않으면 이행강제금이 부과된다는 사실을 고지함으로써 의무자에게 심리적 압박을 주어 의무의 이행을 간접적으로 강제하는 행정상의 간접강제 수단에 해당한다."(대법원 2018.1.25. 선고 2015두35116)

㉡ (×) 행정기본법 제31조 제5항

행정기본법	제31조(이행강제금의 부과) ⑤ 행정청은 의무자가 행정상 의무를 이행할 때까지 이행강제금을 반복하여 부과할 수 있다. 다만, 의무자가 의무를 이행하면 새로운 이행강제금의 부과를 즉시 중지하되, 이미 부과한 이행강제금은 징수하여야 한다.

㉢ (○) "명도의무는 그것을 강제적으로 실현하면서 직접적인 실력행사가 필요한 것이지 대체적 작위의무라고 볼 수 없으므로 특별한 사정이 없는 한 행정대집행법에 의한 대집행의 대상이 될 수 있는 것이 아니다."(대법원 2005.8.19. 선고 2004다2809)

㉣ (○) 부작위의무, 즉 관계 법령에 정하고 있는 절대적 금지나 허가를 유보한 상대적 금지를 위반한 경우, 대집행을 할 수 있으려면「행정대집행법」 이외에 이를 대체적 작위의무로 전환하는 별도의 법적 근거가 있어야 한다(대법원 1996.6.28. 선고 96누4374).

정답 ③

352 [회독] □□□ 24년 군무원 9급

다음 중 행정의 실효성 확보수단에 대한 설명으로 가장 적절한 것은? (다툼이 있는 경우 판례에 의함)

① 구「공유재산 및 물품 관리법」에 따라 지방자치단체장은 행정대집행의 방법으로 공유재산에 설치한 시설물을 철거할 수 있고, 이러한 행정대집행의 절차가 인정되는 경우에는 민사소송의 방법으로 시설물의 철거를 구하는 것은 허용되지 아니한다.

② 법령에 의해 대집행권한을 위탁받은 한국토지공사(현 한국토지주택공사)가 「국가배상법」 제2조에서 말하는 공무원에 해당한다.

③ 이행강제금은 대체적 작위의무의 위반에 대하여 부과될 수 없다.

④ 「국세징수법」상 공매통지 자체는 원칙적으로 그 공매통지 자체를 항고소송의 대상으로 삼아 그 취소 등을 구할 수 있다.

352

해설 ① (○) "지방자치단체장은 행정대집행의 방법으로 공유재산에 설치한 시설물을 철거할 수 있고, 이러한 행정대집행의 절차가 인정되는 경우에는 민사소송의 방법으로 시설물의 철거를 구하는 것은 허용되지 아니한다." (대법원 2017.4.13. 선고 2013다207941)

② (×) "한국토지공사는 구 한국토지공사법 제2조, 제4조에 의하여 정부가 자본금의 전액을 출자하여 설립한 법인이고, 같은 법 제9조 제4호에 규정된 한국토지공사의 사업에 관하여는 공익사업을 위한 토지 등의 취득 및 보상에 관한 법률 제89조 제1항, 위 한국토지공사법 제22조 제6호 및 같은 법 시행령 제40조의3 제1항의 규정에 의하여 본래 시·도지사나 시장·군수 또는 구청장의 업무에 속하는 대집행권한을 한국토지공사에게 위탁하도록 되어 있는바, 한국토지공사는 이러한 법령의 위탁에 의하여 대집행을 수권받은 자로서 공무인 대집행을 실시함에 따르는 권리·의무 및 책임이 귀속되는 행정주체의 지위에 있다고 볼 것이지 지방자치단체 등의 기관으로서 국가배상법 제2조 소정의 공무원에 해당한다고 볼 것은 아니다." (대법원 2010.1.28. 선고 2007다82950,82967)

③ (×) "전통적으로 행정대집행은 대체적 작위의무에 대한 강제집행수단으로, 이행강제금은 부작위의무나 비대체적 작위의무에 대한 강제집행수단으로 이해되어 왔으나, 이는 이행강제금제도의 본질에서 오는 제약은 아니며, 이행강제금은 대체적 작위의무의 위반에 대하여도 부과될 수 있다." (헌법재판소 2004.2.26. 선고 2001헌바80)

④ (×) "공매통지 자체가 그 상대방인 체납자 등의 법적 지위나 권리·의무에 직접적인 영향을 주는 행정처분에 해당한다고 할 것은 아니므로 다른 특별한 사정이 없는 한 체납자 등은 공매통지의 결여나 위법을 들어 공매처분의 취소 등을 구할 수 있는 것이지 공매통지 자체를 항고소송의 대상으로 삼아 그 취소 등을 구할 수는 없다." (대법원 2011.3.24. 선고 2010두25527)

정답 ①

353 [회독] ☐☐☐ 22년 군무원 9급

다음 중 이행강제금에 대한 설명으로 가장 옳지 않은 것은?
(단, 다툼이 있는 경우 판례에 의함)

① 구 건축법상 이행강제금은 위반행위에 대하여 시정명령을 받은 후 시정기간 내에 당해 시정명령을 이행하지 아니한 건축주 등에 대하여 부과되는 간접강제의 일종으로서 금전제재의 성격을 가지므로 그 이행강제금 납부의무는 상속인 기타의 사람에게 승계될 수 있다.

② 행정청은 의무자가 행정상 의무를 이행할 때까지 이행강제금을 반복하여 부과할 수 있고, 의무자가 의무를 이행하면 새로운 이행강제금의 부과를 즉시 중지하되, 이미 부과한 이행강제금은 징수하여야 한다.

③ 장기 의무위반자가 이행강제금 부과 전에 그 의무를 이행하였다면 이행강제금의 부과로써 이행을 확보하고자 하는 목적은 이미 실현된 것이므로 이행강제금을 부과할 수 없다.

④ 이행강제금은 의무위반에 대하여 장래의 의무이행을 확보하는 수단이라는 점에서 과거의 의무위반에 대한 제재인 행정벌과 구별된다.

353

해설 ① (✕) 건축법상 이행강제금은 타인에게 승계될 수 없다. "구 건축법상의 이행강제금은 구 건축법의 위반행위에 대하여 시정명령을 받은 후 시정기간 내에 당해 시정명령을 이행하지 아니한 건축주 등에 대하여 부과되는 간접강제의 일종으로서 그 이행강제금 납부의무는 상속인 기타의 사람에게 승계될 수 없는 일신전속적인 성질의 것이므로 이미 사망한 사람에게 이행강제금을 부과하는 내용의 처분이나 결정은 당연무효이다." (대법원 2006.12.8. 선고 2006마470)

② (○) 행정기본법 제31조 제5항

행정기본법	제31조(이행강제금의 부과) ⑤ 행정청은 의무자가 행정상 의무를 이행할 때까지 이행강제금을 반복하여 부과할 수 있다. 다만, 의무자가 의무를 이행하면 새로운 이행강제금의 부과를 즉시 중지하되, 이미 부과한 이행강제금은 징수하여야 한다.

③ (○) "장기미등기자가 이행강제금 부과 전에 등기신청의무를 이행하였다면 이행강제금의 부과로써 이행을 확보하고자 하는 목적은 이미 실현된 것이므로 부동산실명법 제6조 제2항에 규정된 기간이 지나서 등기신청의무를 이행한 경우라 하더라도 이행강제금을 부과할 수 없다." (대법원 2016.6.23. 선고 2015두36454)

④ (○) 옳은 지문이다. 이행강제금은 그 1차적인 목적이 의무이행의 확보에 있다.

정답 ①

354 [회독] □□□　　　　21년 지방 9급

이행강제금에 대한 설명으로 옳지 않은 것은? (다툼이 있는 경우 판례에 의함)

① 이행강제금은 대체적 작위의무의 위반에 대하여도 부과될 수 있다.

② 이미 사망한 사람에게 「건축법」상의 이행강제금을 부과하는 내용의 처분이나 결정은 당연무효이다.

③ 「부동산 실권리자명의 등기에 관한 법률」상 장기미등기자가 이행강제금 부과 전에 등기신청의무를 이행하였더라도 동법에 규정된 기간이 지나서 등기신청의무를 이행하였다면 이행강제금을 부과할 수 있다.

④ 「건축법」상 위법건축물에 대한 이행강제수단으로 대집행과 이행강제금이 인정되고 있는데, 행정청은 개별사건에 있어서 위반내용, 위반자의 시정의지 등을 감안하여 대집행과 이행강제금을 선택적으로 활용할 수 있다.

354

해설 ① (○) "전통적으로 행정대집행은 대체적 작위의무에 대한 강제집행수단으로, 이행강제금은 부작위의무나 비대체적 작위 의무에 대한 강제집행수단으로 이해되어 왔으나, 이는 이행강제금제도의 본질에서 오는 제약은 아니며, 이행강제금은 대체적 작위의무의 위반에 대하여도 부과될 수 있다." (헌법재판소 2004.2.26. 선고 2001헌바80)

② (○) "구 건축법상의 이행강제금 납부의무는 상속인 기타의 사람에게 승계될 수 없는 일신전속적인 성질의 것이므로 이미 사망한 사람에게 이행강제금을 부과하는 내용의 처분이나 결정은 당연무효이다." (대법원 2006.12.8. 선고 2006마470)

③ (×) "부동산 실권리자명의 등기에 관한 법률(이하 '부동산실명법'이라 한다) 제10조 제1항, 제4항, 제6조 제2항의 내용, 체계 및 취지 등을 종합하면, 부동산의 소유권이전을 내용으로 하는 계약을 체결하고 반대급부의 이행을 완료한 날로부터 3년 이내에 소유권이전등기를 신청하지 아니한 등기권리자 등(이하 '장기미등기자'라 한다)에 대하여 부과되는 이행강제금은 소유권이전등기신청의무 불이행이라는 과거의 사실에 대한 제재인 과징금과 달리, 장기미등기자에게 등기신청의무를 이행하지 아니하면 이행강제금이 부과된다는 심리적 압박을 주어 의무의 이행을 간접적으로 강제하는 행정상의 간접강제 수단에 해당한다. 따라서 장기미등기자가 이행강제금 부과 전에 등기신청의무를 이행하였다면 이행강제금의 부과로써 이행을 확보하고자 하는 목적은 이미 실현된 것이므로 부동산실명법 제6조 제2항에 규정된 기간이 지나서 등기신청의무를 이행한 경우라 하더라도 이행강제금을 부과할 수 없다." (대법원 2016.6.23. 선고 2015두36454)

④ (○) "현행 건축법상 위법건축물에 대한 이행강제수단으로 대집행과 이행강제금(제83조 제1항)이 인정되고 있는데, 양 제도는 각각의 장·단점이 있으므로 행정청은 개별사건에 있어서 위반내용, 위반자의 시정의지 등을 감안하여 대집행과 이행강제금을 선택적으로 활용할 수 있으며, 이처럼 그 합리적인 재량에 의해 선택하여 활용하는 이상 중첩적인 제재에 해당한다고 볼 수 없다." (헌법재판소 2004.2.26. 선고 2001헌바80)

정답 ③

355 [회독] ▢▢▢

이행강제금에 대한 설명으로 옳지 않은 것은? (다툼이 있는 경우 판례에 의함)

① 「건축법」상 이행강제금은 시정명령의 불이행이라는 과거의 위반행위에 대한 제재가 아니라 시정명령을 이행하지 않고 있는 건축주 등에 대하여 다시 상당한 이행기한을 부여하고 기한 안에 시정명령을 이행하지 않으면 이행강제금이 부과된다는 사실을 고지함으로써 의무자에게 심리적 압박을 주어 시정명령에 따른 의무의 이행을 간접적으로 강제하는 수단의 성질을 가진다.

② 「건축법」상 행정청은 의무자가 행정상 의무를 이행할 때까지 이행강제금을 반복하여 부과할 수 있으나, 의무자가 의무를 이행하면 새로운 이행강제금의 부과를 즉시 중지하여야 하고 이미 부과한 이행강제금은 징수하지 아니한다.

③ 「농지법」에 따른 이행강제금을 부과할 때에는 그때마다 이행강제금을 부과·징수한다는 뜻을 미리 문서로 알려야 하고, 이와 같은 절차를 거치지 아니한 채 이행강제금을 부과하는 것은 이행강제금 제도의 취지에 반하는 것으로써 위법하다.

④ 「건축법」상 이행강제금은 위반행위에 대하여 시정명령을 받은 후 시정기간 내에 당해 시정명령을 이행하지 아니한 건축주 등에 대하여 부과하는 것으로서 그 이행강제금 납부의무는 상속인 기타의 사람에게 승계될 수 없는 일신전속적인 성질의 것이므로 이미 사망한 사람에게 이행강제금을 부과하는 내용의 처분이나 결정은 당연무효이다.

355

해설 ① (○) "구 건축법상 이행강제금은 시정명령의 불이행이라는 과거의 위반행위에 대한 제재가 아니라, 시정명령을 이행하지 않고 있는 건축주·공사시공자·현장관리인·소유자·관리자 또는 점유자(이하 '건축주 등'이라 한다)에 대하여 다시 상당한 이행기한을 부여하고 기한 안에 시정명령을 이행하지 않으면 이행강제금이 부과된다는 사실을 고지함으로써 의무자에게 심리적 압박을 주어 시정명령에 따른 의무의 이행을 간접적으로 강제하는 행정상의 간접강제 수단에 해당한다." (대법원 2016.7.14. 선고 2015두46598)

② (✕) 시정명령을 받은 자가 이를 이행하더라도 이미 부과된 이행강제금은 징수하여야 한다(건축법 제60조 제5항, 제6항).

건축법	제80조(이행강제금) ⑤ 허가권자는 최초의 시정명령이 있었던 날을 기준으로 하여 1년에 2회 이내의 범위에서 해당 지방자치단체의 조례로 정하는 횟수만큼 그 시정명령이 이행될 때까지 반복하여 제1항 및 제2항에 따른 이행강제금을 부과·징수할 수 있다. ⑥ 허가권자는 제79조제1항에 따라 시정명령을 받은 자가 이를 이행하면 새로운 이행강제금의 부과를 즉시 중지하되, 이미 부과된 이행강제금은 징수하여야 한다.

③ (○) "농지법 제62조 제1항에 따른 이행강제금을 부과할 때에는 그때마다 이행강제금을 부과·징수한다는 뜻을 미리 문서로 알려야 하고, 이와 같은 절차를 거치지 아니한 채 이행강제금을 부과하는 것은 이행강제금 제도의 취지에 반하는 것으로서 위법하다." (대법원 2018.11.2. 자 2018마5608)

④ (○) "이행강제금은 구 건축법의 위반행위에 대하여 시정명령을 받은 후 시정기간 내에 당해 시정명령을 이행하지 아니한 건축주 등에 대하여 부과되는 간접강제의 일종으로서 그 이행강제금 납부의무는 상속인 기타의 사람에게 승계될 수 없는 일신전속적인 성질의 것이므로 이미 사망한 사람에게 이행강제금을 부과하는 내용의 처분이나 결정은 당연무효이고, 이행강제금을 부과받은 사람의 이의에 의하여 비송사건절차법에 의한 재판절차가 개시된 후에 그 이의한 사람이 사망한 때에는 사건 자체가 목적을 잃고 절차가 종료한다." (헌법재판소 2002.10.31. 선고 2000헌가12)

정답 ②

356 [회독] □□□ 23년 국가 7급

이행강제금에 대한 설명으로 옳지 않은 것은?

① 이행강제금 납부의무는 상속인 기타의 사람에게 승계될 수 없는 일신전속적인 성질의 것이므로 이미 사망한 사람에게 이행강제금을 부과하는 내용의 처분이나 결정은 당연무효이다.

② 이행강제금은 대체적 작위의무의 위반에 대하여도 부과될 수 있으며, 「건축법」상 위법건축물에 대한 이행강제수단으로 행정대집행과 이행강제금을 합리적인 재량에 의해 선택적으로 활용하는 이상 이는 중첩적인 제재에 해당하지 않는다.

③ 「건축법」상 시정명령을 받은 의무자가 이행강제금이 부과되기 전에 그 의무를 이행하였더라도 그 시정명령에서 정한 기간을 지나서 이행한 경우라면 행정청은 이행강제금을 부과할 수 있다.

④ 건축주 등이 「건축법」상 시정명령을 장기간 이행하지 아니하였더라도, 그 기간 중에는 시정명령의 이행 기회가 제공되지 아니하였다가 뒤늦게 시정명령의 이행 기회가 제공된 경우라면, 행정청은 시정명령의 이행 기회 제공을 전제로 한 1회분의 이행강제금만을 부과할 수 있고 시정명령의 이행 기회가 제공되지 아니한 과거의 기간에 대한 이행강제금까지 한꺼번에 부과할 수는 없다.

356

[해설] ① (○) "구 건축법상의 이행강제금은 구 건축법의 위반행위에 대하여 시정명령을 받은 후 시정기간 내에 당해 시정명령을 이행하지 아니한 건축주 등에 대하여 부과되는 간접강제의 일종으로서 그 이행강제금 납부의무는 상속인 기타의 사람에게 승계될 수 없는 일신전속적인 성질의 것이므로 이미 사망한 사람에게 이행강제금을 부과하는 내용의 처분이나 결정은 당연무효이다." (대법원 2006.12.8.자 2006마470)

② (○) "전통적으로 행정대집행은 대체적 작위의무에 대한 강제집행수단으로, 이행강제금은 부작위의무나 비대체적 작위의무에 대한 강제집행수단으로 이해되어 왔으나, 이는 이행강제금제도의 본질에서 오는 제약은 아니며, 이행강제금은 대체적 작위의무의 위반에 대하여도 부과될 수 있다. 현행 건축법상 위법건축물에 대한 이행강제수단으로 대집행과 이행강제금(제83조 제1항)이 인정되고 있는데, 양 제도는 각각의 장·단점이 있으므로 행정청은 개별사건에 있어서 위반내용, 위반자의 시정의지 등을 감안하여 대집행과 이행강제금을 선택적으로 활용할 수 있으며, 이처럼 그 합리적인 재량에 의해 선택하여 활용하는 이상 중첩적인 제재에 해당한다고 볼 수 없다." (헌법재판소 2004.2.26. 선고 2001헌바80)

③ (×) "건축법상의 이행강제금은 시정명령의 불이행이라는 과거의 위반행위에 대한 제재가 아니라, 의무자에게 시정명령을 받은 의무의 이행을 명하고 그 이행기간 안에 의무를 이행하지 않으면 이행강제금이 부과된다는 사실을 고지함으로써 의무자에게 심리적 압박을 주어 의무의 이행을 간접적으로 강제하는 행정상의 간접강제 수단에 해당한다. 이러한 이행강제금의 본질상 시정명령을 받은 의무자가 이행강제금이 부과되기 전에 그 의무를 이행한 경우에는 비록 시정명령에서 정한 기간을 지나서 이행한 경우라도 이행강제금을 부과할 수 없다. 나아가 시정명령을 받은 의무자가 그 시정명령의 취지에 부합하는 의무를 이행하기 위한 정당한 방법으로 행정청에 신청 또는 신고를 하였으나 행정청이 위법하게 이를 거부 또는 반려함으로써 결국 그 처분이 취소되기에 이르렀다면, 특별한 사정이 없는 한 그 시정명령의 불이행을 이유로 이행강제금을 부과할 수는 없다고 보는 것이 위와 같은 이행강제금 제도의 취지에 부합한다." (대법원 2018.1.25. 선고 2015두35116)

④ (○) "비록 건축주 등이 장기간 시정명령을 이행하지 아니하였더라도, 그 기간 중에는 시정명령의 이행 기회가 제공되지 아니하였다가 뒤늦게 시정명령의 이행 기회가 제공된 경우라면, 시정명령의 이행 기회 제공을 전제로 한 1회분의 이행강제금만을 부과할 수 있고, 시정명령의 이행 기회가 제공되지 아니한 과거의 기간에 대한 이행강제금까지 한꺼번에 부과할 수는 없다. 그리고 이를 위반하여 이루어진 이행강제금 부과처분은 과거의 위반행위에 대한 제재가 아니라 행정상의 간접강제 수단이라는 이행강제금의 본질에 반하여 구 건축법 제80조 제1항, 제4항 등 법규의 중요한 부분을 위반한 것으로서, 그러한 하자는 중대할 뿐만 아니라 객관적으로도 명백하다." (대법원 2016.7.14. 선고 2015두46598)

정답 ③

357 [회독] ☐☐☐　　21년 국가 9급

「행정대집행법」상 대집행과 이행강제금에 대한 甲과 乙의 대화 중 乙의 답변이 옳지 않은 것은? (다툼이 있는 경우 판례에 의함)

① 甲: 행정대집행의 절차가 인정되는 경우에도 행정청이 민사상 강제집행수단을 이용할 수 있나요?

　乙: 행정대집행의 절차가 인정되어 실현할 수 있는 경우에는 따로 민사소송의 방법을 이용할 수 없습니다.

② 甲: 대집행의 적용대상은 무엇인가요?

　乙: 대집행은 공법상 대체적 작위의무의 불이행이 있는 경우에 행할 수 있습니다.

③ 甲: 행정청은 대집행의 대상이 될 수 있는 것에 대하여 이행강제금을 부과할 수도 있나요?

　乙: 행정청은 개별사건에 있어서 위법건축물에 대하여 대집행과 이행강제금을 선택적으로 활용할 수 있습니다.

④ 甲: 만약 이행강제금을 부과받은 사람이 사망하였다면 이행강제금의 납부의무는 상속인에게 승계되나요?

　乙: 이행강제금의 납부의무는 상속의 대상이 되므로, 상속인이 납부의무를 승계합니다.

357

해설 ① (○) 여기서 말하는 "민사상 강제집행수단"이란 민사소송을 제기하여 인용판결을 받은 후, 그 판결을 집행권원으로 삼아 민사집행을 하는 것을 말한다(자세한 내용은 행정법의 범위를 넘어선다). "관계 법령상 행정대집행의 절차가 인정되어 행정청이 행정대집행의 방법으로 건물의 철거 등 대체적 작위의무의 이행을 실현할 수 있는 경우에는 따로 민사소송의 방법으로 그 의무의 이행을 구할 수 없다." (대법원 2017.4.28. 선고 2016다213916)

② (○) "행정대집행법상 대집행의 대상이 되는 대체적 작위의무는 공법상 의무이어야 한다." (대법원 2006.10.13. 선고 2006두7096)

③ (○) 판례는 대체적 작위의무의 불이행에 대해서도 이행강제금 부과를 할 수 있다고 본다. 따라서 대집행과 이행강제금을 선택적으로 활용할 수 있다고 본다. "현행 건축법상 위법건축물에 대한 이행강제 수단으로 대집행과 이행강제금(제83조 제1항)이 인정되고 있는데, 행정청은 개별사건에 있어서 위반내용, 위반자의 시정의지 등을 감안하여 대집행과 이행강제금을 선택적으로 활용할 수 있으며, 이처럼 그 합리적인 재량에 의해 선택하여 활용하는 이상 중첩적인 제재에 해당한다고 볼 수 없다." (헌법재판소 2004.2.26. 선고 2001헌바80)

④ (×) "구 건축법상의 이행강제금 납부의무는 상속인 기타의 사람에게 승계될 수 없는 일신전속적인 성질의 것이므로 이미 사망한 사람에게 이행강제금을 부과하는 내용의 처분이나 결정은 당연무효이고, 이행강제금을 부과받은 사람의 이의에 의하여 비송사건절차법에 의한 재판절차가 개시된 후에 그 이의한 사람이 사망한 때에는 사건 자체가 목적을 잃고 절차가 종료한다." (대법원 2006.12.8. 선고 2006마470)

정답 ④

358 [회독] □□□　　　　24년 지방 9급

이행강제금에 대한 설명으로 옳지 않은 것은?

① 「건축법」상 이행강제금은 시정명령의 불이행이라는 과거의 위반행위에 대한 제재이다.

② 행정청은 이행강제금을 부과받은 자가 납부기한까지 이행강제금을 내지 아니하면 국세강제징수의 예 또는 「지방행정제재·부과금의 징수 등에 관한 법률」에 따라 징수한다.

③ 처분의 근거법령에 의하면 「비송사건절차법」에 따라 이행강제금 부과처분에 불복하도록 규정하고 있었지만, 관할청이 이행강제금 부과처분을 하면서 재결청에 행정심판을 청구하거나 관할 행정법원에 행정소송을 할 수 있다고 잘못 안내한 경우라도 이행강제금 부과처분에 대해 행정법원에 항고소송을 제기할 수 없다.

④ 「건축법」상 이행강제금을 부과받은 사람이 이행강제금 사건의 제1심결정 후 항고심결정이 있기 전에 사망한 경우, 항고심결정은 당연무효이고, 이미 사망한 사람의 이름으로 제기된 재항고는 보정할 수 없는 흠결이 있는 것으로서 부적법하다.

358

해설　① (✕) "건축법상의 이행강제금은 시정명령의 불이행이라는 과거의 위반행위에 대한 제재가 아니라, 의무자에게 시정명령을 받은 의무의 이행을 명하고 그 이행기간 안에 의무를 이행하지 않으면 이행강제금이 부과된다는 사실을 고지함으로써 의무자에게 심리적 압박을 주어 의무의 이행을 간접적으로 강제하는 행정상의 간접강제 수단에 해당한다."

② (○) 행정기본법 제31조 제6항

행정기본법	제31조(이행강제금의 부과) ⑥ 행정청은 이행강제금을 부과받은 자가 납부기한까지 이행강제금을 내지 아니하면 국세강제징수의 예 또는 「지방행정제재·부과금의 징수 등에 관한 법률」에 따라 징수한다.

③ (○) "농지법 제62조 제1항에 따른 이행강제금 부과처분에 불복하는 경우에는 비송사건절차법에 따른 재판절차가 적용되어야 하고, 행정소송법상 항고소송의 대상은 될 수 없다. 농지법 제62조 제6항, 제7항이 위와 같이 이행강제금 부과처분에 대한 불복절차를 분명하게 규정하고 있으므로, 이와 다른 불복절차를 허용할 수는 없다. 설령 관할청이 이행강제금 부과처분을 하면서 재결청에 행정심판을 청구하거나 관할 행정법원에 행정소송을 할 수 있다고 잘못 안내하거나 관할 행정심판위원회가 각하재결이 아닌 기각재결을 하면서 관할 법원에 행정소송을 할 수 있다고 잘못 안내하였다고 하더라도, 그러한 잘못된 안내로 행정법원의 항고소송 재판관할이 생긴다고 볼 수도 없다." (대법원 2019.4.11. 선고 2018두42955)

④ (○) "구 건축법상 이행강제금을 부과받은 사람이 이행강제금사건의 제1심결정 후 항고심결정이 있기 전에 사망한 경우, 항고심결정은 당연무효이고, 이미 사망한 사람의 이름으로 제기된 재항고는 보정할 수 없는 흠결이 있는 것으로서 부적법하다." (대법원 2006.12.8. 선고 2006마470)

정답 ①

359 [회독] □ □ □ 24년 국가 7급

행정의 실효성 확보수단에 대한 설명으로 옳지 않은 것은?

① 「행정기본법」에 따르면, 행정청은 이행강제금을 부과받은 자가 납부기한까지 이행강제금을 내지 아니하면 국세강제징수의 예 또는 「지방행정제재·부과금의 징수 등에 관한 법률」에 따라 징수한다.

② 「농지법」상 이행강제금의 부과는 행정처분이므로 취소소송을 제기할 수 있으며 법원은 당해 사건에서 과도한 이행강제금이 부과되었다고 판단하면 그 금액을 감액하여야 한다.

③ 구 「주택건설촉진법」의 규정을 위반하여 주택을 공급한 자에게 과태료를 부과한다고 하여 주택을 공급한 자와 제3자 간에 체결한 주택공급계약의 사법적 효력까지 부인된다고 볼 수는 없다.

④ 수도조례 및 하수도사용조례에 기한 과태료의 부과 여부 및 그 당부는 최종적으로 「질서위반행위규제법」에 의한 절차에 의하여 판단되어야 하므로, 그 과태료 부과처분은 행정소송의 대상이 되는 행정처분이라고 할 수 없다.

359

① (○) 행정기본법 제31조 제6항

행정기본법	제31조(이행강제금의 부과) ⑥ 행정청은 이행강제금을 부과받은 자가 납부기한까지 이행강제금을 내지 아니하면 국세강제징수의 예 또는 「지방행정제재·부과금의 징수 등에 관한 법률」에 따라 징수한다.

② (×) 건축법상 이행강제금과 같이 개별법에 불복절차에 관한 특별한 규정이 없는 경우 행정심판과 행정소송이 가능하나 농지법상 이행강제금과 같이 개별법에 특별한 규정이 있는 경우 그에 따른다. "농지법은 농지 처분명령에 대한 이행강제금 부과처분에 불복하는 자가 그 처분을 고지받은 날부터 30일 이내에 부과권자에게 이의를 제기할 수 있고, 이의를 받은 부과권자는 지체 없이 관할 법원에 그 사실을 통보하여야 하며, 그 통보를 받은 관할 법원은 비송사건절차법에 따른 과태료 재판에 준하여 재판을 하도록 정하고 있다(제62조 제1항, 제6항, 제7항). 따라서 농지법 제62조 제1항에 따른 이행강제금 부과처분에 불복하는 경우에는 비송사건절차법에 따른 재판절차가 적용되어야 하고, 행정소송법상 항고소송의 대상은 될 수 없다." (대법원 2019.4.11. 선고 2018두42955)

③ (○) 행정법상 규정들은 특별한 사정이 없는 한 효력규정이 아니라, 단속규정에 해당하기 때문이다. "구 「주택건설촉진법」 제52조의3 제1항 제6호는 "제32조 제2호의 규정을 위반하여 주택을 공급한 자"를 과태료에 처하도록 규정하고 있으나, 주택공급계약이 위 법 제32조, 구 「주택공급에 관한 규칙」 제27조 제4항, 제3항에 위반하였다고 하더라도 그 사법적 효력까지 부인된다고 할 수는 없다." (대법원 2007.8.23. 선고 2005다59475)

④ (○) "「서울특별시 수도조례」(이하 '수도조례') 제44조 제4항, 「서울특별시 하수도사용조례」(이하 '하수도사용조례') 제42조는 위 각 조례에 기한 과태료에 관하여 그 부과·징수 및 이의신청 등에 관한 사항은 질서위반행위규제법을 따른다고 규정하고 있다. … 위와 같은 규정을 종합하여 보면, 수도조례 및 하수도사용조례에 기한 과태료의 부과 여부 및 그 당부는 최종적으로 질서위반행위규제법에 의한 절차에 의하여 판단되어야 한다고 할 것이므로, 그 과태료 부과처분은 행정청을 피고로 하는 행정소송의 대상이 되는 행정처분이라고 볼 수 없다." (대법원 2012.10.11. 선고 2011두19369)

정답 ②

360 [회독] □□□

행정의 실효성 확보수단으로서 이행강제금에 대한 설명으로 옳지 않은 것은? (다툼이 있는 경우 판례에 의함)

① 이행강제금은 침익적 강제수단이므로 법적 근거를 요한다.

② 형사처벌과 이행강제금은 병과될 수 있다.

③ 대체적 작위의무 위반에 대해서는 이행강제금이 부과될 수 없다.

④ 「건축법」상 이행강제금은 반복하여 부과·징수될 수 있다.

360

해설 ① (○) "이행강제금은 국민의 자유와 권리를 제한한다는 의미에서 행정상 간접강제의 일종인 이른바 **침익적 행정행위에 속하므로 그 부과요건, 부과대상, 부과금액, 부과회수 등이 법률로써 엄격하게 정하여져야 하고, 위 이행강제금 부과의 전제가 되는 시정명령도 그 요건이 법률로써 엄격하게 정해져야 한다.**" (헌법재판소 2000.3.30. 선고 98헌가8)

② (○) "**이행강제금은 범죄에 대하여 국가가 형벌권을 실행한다고 하는 과벌에 해당하지 아니하므로 헌법 제13조 제1항이 금지하는 이중처벌금지의 원칙이 적용될 여지가 없을** 뿐만 아니라 건축법에 의한 형사처벌의 대상이 되는 행위와 이 사건 법률조항에 따라 이행강제금이 부과되는 행위는 기초적 사실관계가 동일한 행위가 아니라 할 것이므로 이런 점에서도 이 사건 법률조항이 헌법 제13조 제1항의 이중처벌금지의 원칙에 위반되지 아니한다.**" (헌법재판소 2011.10.25. 선고 2009헌바140)

③ (×) "전통적으로 행정대집행은 대체적 작위의무에 대한 강제집행수단으로, 이행강제금은 부작위의무나 비대체적 작위의무에 대한 강제집행수단으로 이해되어 왔으나, 이는 이행강제금제도의 본질에서 오는 제약은 아니며, **이행강제금은 대체적 작위의무의 위반에 대하여도 부과될 수 있다.**" (헌법재판소 2004.2.26. 선고 2001헌바80)

④ (○) 이행강제금은 반복하여 부과·징수될 수 있다. 예컨대 건축법 제80조도 이를 전제로 하여 규정되어 있다.

건축법	제80조(이행강제금) ⑤ 허가권자는 최초의 시정명령이 있었던 날을 기준으로 하여 1년에 2회 이내의 범위에서 해당 지방자치단체의 조례로 정하는 횟수만큼 그 시정명령이 이행될 때까지 반복하여 제1항 및 제2항에 따른 이행강제금을 부과·징수할 수 있다.

정답 ③

361 [회독] □□□ 19년 지방 9급

이행강제금에 대한 설명으로 옳지 않은 것은? (다툼이 있는 경우 판례에 의함)

① 이행강제금은 과거의 의무불이행에 대한 제재의 기능을 지니고 있으므로, 이행강제금이 부과되기 전에 의무를 이행한 경우에도 시정명령에서 정한 기간을 지나서 이행한 경우라면 이행강제금을 부과할 수 있다.

② 「건축법」상 허가권자는 이행강제금을 부과하기 전에 이행강제금을 부과·징수한다는 뜻을 미리 문서로써 계고하여야 한다.

③ 「건축법」상 이행강제금 납부의 최초 독촉은 징수처분으로서 항고소송의 대상이 되는 행정처분이 될 수 있다.

④ 부작위의무나 비대체적 작위의무뿐만 아니라 대체적 작위의무의 위반에 대하여도 이행강제금을 부과할 수 있다.

361

해설 ① (×) "건축법상의 이행강제금은 시정명령의 불이행이라는 과거의 위반행위에 대한 제재가 아니라, 의무자에게 시정명령을 받은 의무의 이행을 명하고 그 이행기간 안에 의무를 이행하지 않으면 이행강제금이 부과된다는 사실을 고지함으로써 의무자에게 심리적 압박을 주어 의무의 이행을 간접적으로 강제하는 행정상의 간접강제 수단에 해당한다. 이러한 이행강제금의 본질상 시정명령을 받은 의무자가 이행강제금이 부과되기 전에 그 의무를 이행한 경우에는 비록 시정명령에서 정한 기간을 지나서 이행한 경우라도 이행강제금을 부과할 수 없다." (대법원 2018.1.25. 선고 2015두35116)

② (○) 건축법 제80조

건축법	제80조(이행강제금) ① 허가권자는 제79조제1항에 따라 시정명령을 받은 후 시정기간 내에 시정명령을 이행하지 아니한 건축주등에 대하여는 그 시정명령의 이행에 필요한 상당한 이행기한을 정하여 그 기한까지 시정명령을 이행하지 아니하면 다음 각 호의 이행강제금을 부과한다. ③ 허가권자는 제1항 및 제2항에 따른 이행강제금을 부과하기 전에 제1항 및 제2항에 따른 이행강제금을 부과·징수한다는 뜻을 미리 문서로써 계고하여야 한다.

③ (○) "이행강제금 부과처분을 받은 자가 이행강제금을 기한 내에 납부하지 아니한 때에는 그 납부를 독촉할 수 있으며, 납부독촉에도 불구하고 이행강제금을 납부하지 않으면 체납절차에 의하여 이행강제금을 징수할 수 있고, 이때 이행강제금 납부의 최초 독촉은 징수처분으로서 항고소송의 대상이 되는 행정처분이 될 수 있다." (대법원 2009.12.24. 선고 2009두14507)

④ (○) "전통적으로 행정대집행은 대체적 작위의무에 대한 강제집행수단으로, 이행강제금은 부작위의무나 비대체적 작위의무에 대한 강제집행수단으로 이해되어 왔으나, 이는 이행강제금제도의 본질에서 오는 제약은 아니며, 이행강제금은 대체적 작위의무의 위반에 대하여도 부과될 수 있다." (헌법재판소 2004.2.26. 선고 2001헌비00,04,102,103,2002헌바26(병합))

정답 ①

362 [회독] ☐☐☐　　　　　　　　　　　20년 군무원 9급

이행강제금에 대한 설명으로 옳지 않은 것은? (다툼이 있는 경우 판례에 의함)

① 현행 「건축법」상 위법건축물에 대한 이행강제수단으로 대집행과 이행강제금이 인정되고 있는데, 행정청은 개별 사건에 있어서 위반내용, 위반자의 시정의지 등을 감안하여 대집행과 이행강제금을 선택적으로 활용할 수 있다.

② 「건축법」에서 무허가 건축행위에 대한 형사처벌과 「건축법」 제80조 제1항에 의한 시정명령위반에 대한 이행강제금의 부과는 「헌법」 제13조 제1항이 금지하는 이중처벌에 해당한다고 할 수 없다.

③ 비록 건축주 등이 장기간 시정명령을 이행하지 아니하였더라도, 그 기간 중에는 시정명령의 이행 기회가 제공되지 아니하였다가 뒤늦게 시정명령의 이행 기회가 제공된 경우라면, 시정명령의 이행 기회가 제공되지 아니한 과거의 기간에 대한 이행강제금까지 한꺼번에 부과할 수 있다.

④ 「부동산 실권리자명의 등기에 관한 법률」상 장기미등기자가 이행강제금 부과 전에 등기신청의무를 이행하였다면 이행강제금의 부과로써 이행을 확보하고자 하는 목적은 이미 실현된 것이므로 이 법상 규정된 기간이 지나서 등기신청의무를 이행한 경우라 하더라도 이행강제금을 부과할 수 없다.

362

해설 ① (○) "현행 건축법상 위법건축물에 대한 이행강제수단으로 대집행과 이행강제금(제83조 제1항)이 인정되고 있는데, 행정청은 개별사건에 있어서 위반내용, 위반자의 시정의지 등을 감안하여 대집행과 이행강제금을 선택적으로 활용할 수 있으며, 이처럼 그 합리적인 재량에 의해 선택하여 활용하는 이상 중첩적인 제재에 해당한다고 볼 수 없다." (헌법재판소 2004.2.26. 선고 2001헌바80)

② (○) "건축법을 위반한 건축주 등이 건축 허가권자로부터 위반건축물의 철거 등 시정명령을 받고도 그 이행을 하지 않는 경우 건축법 위반자에 대하여 시정명령 이행시까지 반복적으로 이행강제금을 부과할 수 있도록 규정한 건축법 제80조 제1항 및 제4항에서 규정하고 있는 이행강제금은, 일정한 기한까지 의무를 이행하지 않을 때에는 일정한 금전적 부담을 과할 뜻을 미리 계고함으로써 의무자에게 심리적 압박을 주어 장래에 그 의무를 이행하게 하려는 행정상 간접적인 강제집행 수단의 하나로서 과거의 일정한 법률위반 행위에 대한 제재로서의 형벌이 아니라 장래의 의무이행의 확보를 위한 강제수단일 뿐이어서, 범죄에 대하여 국가가 형벌권을 실행한다고 하는 과벌에 해당하지 아니하므로 헌법 제13조 제1항이 금지하는 이중처벌금지의 원칙이 적용될 여지가 없다." (헌법재판소 2011.10.25. 선고 2009헌바140)

③ (✕) "비록 건축주 등이 장기간 시정명령을 이행하지 아니하였더라도, 그 기간 중에는 시정명령의 이행 기회가 제공되지 아니하였다가 뒤늦게 시정명령의 이행 기회가 제공된 경우라면, 시정명령의 이행 기회 제공을 전제로 한 1회분의 이행강제금만을 부과할 수 있고, 시정명령의 이행 기회가 제공되지 아니한 과거의 기간에 대한 이행강제금까지 한꺼번에 부과할 수는 없다." (대법원 2016.7.14. 선고 2015두46598)

④ (○) "「부동산 실권리자명의 등기에 관한 법률」상 장기미등기자에 대하여 부과되는 이행강제금은 행정상의 간접강제 수단에 해당한다. 따라서 장기미등기자가 이행강제금 부과 전에 등기신청의무를 이행하였다면 이행강제금의 부과로써 이행을 확보하고자 하는 목적은 이미 실현된 것이므로 부동산실명법 제6조 제2항에 규정된 기간이 지나서 등기신청의무를 이행한 경우라 하더라도 이행강제금을 부과할 수 없다고 보아야 한다." (대법원 2016.6.23. 선고 2015두36454)

정답 ③

363 [회독] □□□ 24년 소방직

이행강제금에 관한 설명으로 옳은 것은? (다툼이 있는 경우 판례에 의함)

① 이행강제금은 부작위의무나 비대체적 작위의무에 대한 강제집행수단이므로 대체적 작위의무의 위반에 대하여는 부과될 수 없다.

② 이행강제금과 행정벌을 병과하는 것은 헌법에서 금지하는 이중처벌에 해당한다.

③ 이행강제금 납부의무는 일신전속적인 성질을 가지므로 상속인 등에게 승계되지 않는다.

④ 「농지법」상 이행강제금 부과처분은 「행정소송법」상 항고소송의 대상이 된다.

363

해설 ①, ② (×) "전통적으로 행정대집행은 대체적 작위의무에 대한 강제집행수단으로, 이행강제금은 부작위의무나 비대체적 작위의무에 대한 강제집행수단으로 이해되어 왔으나, 이는 이행강제금제도의 본질에서 오는 제약은 아니며, 이행강제금은 대체적 작위의무의 위반에 대하여도 부과될 수 있다. 현행 건축법상 위법건축물에 대한 이행강제수단으로 대집행과 이행강제금(제83조 제1항)이 인정되고 있는데, 양 제도는 각각의 장·단점이 있으므로 행정청은 개별사건에 있어서 위반내용, 위반자의 시정의지 등을 감안하여 대집행과 이행강제금을 선택적으로 활용할 수 있으며, 이처럼 그 합리적인 재량에 의해 선택하여 활용하는 이상 중첩적인 제재에 해당한다고 볼 수 없다."
(헌법재판소 2004.2.26. 선고 2001헌바80)

③ (○) "구 건축법상의 이행강제금은 구 건축법의 위반행위에 대하여 시정명령을 받은 후 시정기간 내에 당해 시정명령을 이행하지 아니한 건축주 등에 대하여 부과되는 간접강제의 일종으로서 그 이행강제금 납부의무는 상속인 기타의 사람에게 승계될 수 없는 일신전속적인 성질의 것이므로 이미 사망한 사람에게 이행강제금을 부과하는 내용의 처분이나 결정은 당연무효이고, 이행강제금을 부과받은 사람의 이의에 의하여 비송사건절차법에 의한 재판절차가 개시된 후에 그 이의한 사람이 사망한 때에는 사건 자체가 목적을 잃고 절차가 종료한다."
(대법원 2006.12.8. 선고 2006마470)

④ (×) "농지법은 농지 처분명령에 대한 이행강제금 부과처분에 불복하는 자가 그 처분을 고지받은 날부터 30일 이내에 부과권자에게 이의를 제기할 수 있고, 이의를 받은 부과권자는 지체 없이 관할 법원에 그 사실을 통보하여야 하며, 그 통보를 받은 관할 법원은 비송사건절차법에 따른 과태료 재판에 준하여 재판을 하도록 정하고 있다(제62조 제1항, 제6항, 제7항). 따라서 농지법 제62조 제1항에 따른 이행강제금 부과처분에 불복하는 경우에는 비송사건절차법에 따른 재판절차가 적용되어야 하고, 행정소송법상 항고소송의 대상은 될 수 없다."
(대법원 2019.4.11. 선고 2018두42955)

정답 ③

제3절 직접강제

기출테마 66 직접강제

364 [회독] □□□   24년 소방직

행정법상 실효성(의무이행) 확보수단에 관한 설명으로 옳지 않은 것은? (다툼이 있는 경우 판례에 의함)

① 행정청은 행정목적을 달성하기 위하여 필요한 경우에는 법률로 정하는 바에 따라 행정대집행, 이행강제금의 부과, 직접강제, 강제징수, 즉시강제 등의 조치를 취할 수 있으며, 이러한 조치는 필요한 최소 범위에서 취해야 한다.

② 직접강제는 보충성을 특징으로 삼기 때문에 행정대집행이나 이행강제금 부과의 방법으로는 행정상 의무 이행을 확보할 수 없거나 그 실현이 불가능한 경우에 실시하여야 한다.

③ 토지의 명도의무는 특별한 사정이 없는 한 「행정대집행법」에 의한 대집행의 대상이 될 수 있다.

④ 행정상 즉시강제와 관련하여 급박한 상황에 대처하기 위한 것으로 그 불가피성과 정당성이 충분히 인정되는 경우에 헌법상 영장주의에 반하지 않는다고 본 헌법재판소 판례가 있다.

364

[해설] ① (○) 행정기본법 제30조 제1항

행정기본법	제30조(행정상 강제) ① 행정청은 행정목적을 달성하기 위하여 필요한 경우에는 법률로 정하는 바에 따라 필요한 최소한의 범위에서 다음 각 호의 어느 하나에 해당하는 조치를 할 수 있다. 1. 행정대집행 : 의무자가 행정상 의무(법령등에서 직접 부과하거나 행정청이 법령등에 따라 부과한 의무를 말한다. 이하 이 절에서 같다)로서 타인이 대신하여 행할 수 있는 의무를 이행하지 아니하는 경우 법률로 정하는 다른 수단으로는 그 이행을 확보하기 곤란하고 그 불이행을 방치하면 공익을 크게 해칠 것으로 인정될 때에 행정청이 의무자가 하여야 할 행위를 스스로 하거나 제3자에게 하게 하고 그 비용을 의무자로부터 징수하는 것

행정기본법	2. 이행강제금의 부과 : 의무자가 행정상 의무를 이행하지 아니하는 경우 행정청이 적절한 이행기간을 부여하고, 그 기한까지 행정상 의무를 이행하지 아니하면 금전급부의무를 부과하는 것 3. 직접강제 : 의무자가 행정상 의무를 이행하지 아니하는 경우 행정청이 의무자의 신체나 재산에 실력을 행사하여 그 행정상 의무의 이행이 있었던 것과 같은 상태를 실현하는 것 4. 강제징수 : 의무자가 행정상 의무 중 금전급부의무를 이행하지 아니하는 경우 행정청이 의무자의 재산에 실력을 행사하여 그 행정상 의무가 실현된 것과 같은 상태를 실현하는 것 5. 즉시강제 : 현재의 급박한 행정상의 장해를 제거하기 위한 경우로서 다음 각 목의 어느 하나에 해당하는 경우에 행정청이 곧바로 국민의 신체 또는 재산에 실력을 행사하여 행정목적을 달성하는 것 　가. 행정청이 미리 행정상 의무 이행을 명할 시간적 여유가 없는 경우 　나. 그 성질상 행정상 의무의 이행을 명하는 것만으로는 행정목적 달성이 곤란한 경우

② (○) 행정기본법 제32조 제1항

행정기본법	제32조(직접강제) ① 직접강제는 행정대집행이나 이행강제금 부과의 방법으로는 행정상 의무 이행을 확보할 수 없거나 그 실현이 불가능한 경우에 실시하여야 한다.

③ (×) "피수용자 등이 기업자에 대하여 부담하는 수용대상 토지의 인도의무에 관한 구 토지수용법(2002. 2. 4. 법률 제6656호 공익사업을 위한 토지 등의 취득 및 보상에 관한 법률 부칙 제2조로 폐지) 제63조, 제64조, 제77조 규정에서의 '인도'에는 명도도 포함되는 것으로 보아야 하고, 이러한 명도의무는 그것을 강제적으로 실현하면서 직접적인 실력행사가 필요한 것이지 대체적 작위의무라고 볼 수 없으므로 특별한 사정이 없는 한 행정대집행법에 의한 대집행의 대상이 될 수 있는 것이 아니다." (대법원 2005.8.19. 선고 2004다2809)

④ (○) "급박한 상황에 대처하기 위한 것으로서 그 불가피성과 정당성이 충분히 인정되는 경우이므로, 이 사건 법률조항이 영장 없는 수거를 인정한다고 하더라도 이를 두고 헌법상 영장주의에 위배되는 것으로는 볼 수 없다." (헌법재판소 2002.10.31. 선고 2000헌가12)

정답 ③

제4절　강제징수

기출테마 67　강제징수

365 [회독] □□□

19년 지방 7급

행정상 강제집행에 대한 설명으로 옳지 않은 것은? (다툼이 있는 경우 판례에 의함)

① 「건축법」상 이행강제금 납부의무는 상속인 기타의 사람에게 승계될 수 없는 일신전속적인 성질을 갖는다.

② 「행정대집행법」상 건물철거 대집행은 다른 방법으로는 이행의 확보가 어렵고 불이행을 방치함이 심히 공익을 해하는 것으로 인정될 때에 한하여 허용되고 이러한 요건의 주장·입증책임은 처분 행정청에 있다.

③ 관계 법령상 행정대집행의 절차가 인정되어 행정청이 행정대집행의 방법으로 건물의 철거 등 대체적 작위의무의 이행을 실현할 수 있는 경우에는 따로 민사소송의 방법으로 그 의무의 이행을 구할 수 없다.

④ 「국세징수법」상의 공매통지 자체는 그 상대방인 체납자 등의 법적 지위나 권리·의무에 직접적인 영향을 주는 행정처분에 해당한다고 할 것이므로 공매통지 자체를 항고소송의 대상으로 삼아 그 취소 등을 구할 수 있다.

365

해설 ① (○) "이행강제금은 구 건축법의 위반행위에 대하여 시정명령을 받은 후 시정기간 내에 당해 시정명령을 이행하지 아니한 건축주 등에 대하여 부과되는 간접강제의 일종으로서 그 이행강제금 납부의무는 상속인 기타의 사람에게 승계될 수 없는 일신전속적인 성질의 것이므로 이미 사망한 사람에게 이행강제금을 부과하는 내용의 처분이나 결정은 당연무효이고, 이행강제금을 부과받은 사람의 이의에 의하여 비송사건절차법에 의한 재판절차가 개시된 후에 그 이의한 사람이 사망한 때에는 사건 자체가 목적을 잃고 절차가 종료한다." (대법원 2006.12.8. 선고 2006마470)

② (○) "건축법에 위반하여 건축한 것이어서 철거의무가 있는 건물이라 하더라도 그 철거의무를 대집행하기 위한 계고처분을 하려면 다른 방법으로는 이행의 확보가 어렵고 불이행을 방치함이 심히 공익을 해하는 것으로 인정될 때에 한하여 허용되고 이러한 요건의 주장·입증책임은 처분 행정청에 있다." (대법원 1996.10.11. 선고 96누8086)

③ (○) "지방자치단체장은 행정대집행의 방법으로 공유재산에 설치한 시설물을 철거할 수 있고, 이러한 행정대집행의 절차가 인정되는 경우에는 민사소송의 방법으로 시설물의 철거를 구하는 것은 허용되지 아니한다." (대법원 2017.4.13. 선고 2013다207941)

④ (×) "체납자 등에 대한 공매통지는 국가의 강제력에 의하여 진행되는 공매에서 체납자 등의 권리 내지 재산상의 이익을 보호하기 위하여 법률로 규정한 절차적 요건이라고 보아야 하며, 공매처분을 하면서 체납자 등에게 공매통지를 하지 않았거나 공매통지를 하였더라도 그것이 적법하지 아니한 경우에는 절차상의 흠이 있어 그 공매처분이 위법하게 되는 것이지만, 공매통지 자체가 그 상대방인 체납자 등의 법적 지위나 권리·의무에 직접적인 영향을 주는 행정처분에 해당한다고 할 것은 아니므로 다른 특별한 사정이 없는 한 체납자 등은 공매통지의 결여나 위법을 들어 공매처분의 취소 등을 구할 수 있는 것이지 공매통지 자체를 항고소송의 대상으로 삼아 그 취소 등을 구할 수는 없다." (대법원 2011.3.24. 선고 2010두25527)

정답 ④

366 [회독] ☐☐☐   25년 소방직

행정상 강제집행에 관한 설명으로 옳지 않은 것은? (다툼이 있는 경우 판례에 의함)

① 직접강제는 행정대집행이나 이행강제금 부과의 방법으로는 행정상 의무이행을 확보할 수 없거나 그 실현이 불가능한 경우에 실시하여야 한다.

② 국세체납절차에 의한 강제징수에 있어 금전 납부를 독촉한 후 다시 동일한 내용의 독촉을 하는 경우 최초의 독촉만 처분성이 인정되고 이후 반복한 독촉은 처분성이 인정되지 않는다.

③ 행정청이 의무자가 행정상 의무를 이행할 때까지 이행강제금을 반복하여 부과하는 경우에 의무자가 의무를 이행하더라도 이미 부과한 이행강제금은 징수하여야 한다.

④ 이행강제금은 대체적 작위의무의 위반에 대해서도 부과될 수 있으나 개별사건에 있어 행정청이 대집행과 이행강제금을 선택적으로 활용하는 것은 허용되지 않는다.

366

해설 ① (○) 행정기본법 제32조 제1항

행정기본법	제32조(직접강제) ① 직접강제는 행정대집행이나 이행강제금 부과의 방법으로는 행정상 의무 이행을 확보할 수 없거나 그 실현이 불가능한 경우에 실시하여야 한다.

② (○) "보험자 또는 보험자단체가 사기 기타 부정한 방법으로 보험급여비용을 받은 의료기관에게 그 급여비용에 상당하는 금액을 부당이득으로 징수할 수 있고, 그 의료기관이 납부고지에서 지정된 납부기한까지 징수금을 납부하지 아니한 경우 국세체납절차에 의하여 강제징수할 수 있는바, 보험자 또는 보험자단체가 부당이득금 또는 가산금의 납부를 독촉한 후 다시 동일한 내용의 독촉을 하는 경우 최초의 독촉만이 징수처분으로서 항고소송의 대상이 되는 행정처분이 되고 그 후에 한 동일한 내용의 독촉은 체납처분의 전제요건인 징수처분으로서 소멸시효 중단사유가 되는 독촉이 아니라 민법상의 단순한 최고에 불과하여 국민의 권리의무나 법률상의 지위에 직접적으로 영향을 미치는 것이 아니므로 항고소송의 대상이 되는 행정처분이라 할 수 없다." (대법원 1999.7.13. 선고 97누119)

③ (○) 행정기본법 제31조 제5항

행정기본법	제31조(이행강제금의 부과) ⑤ 행정청은 의무자가 행정상 의무를 이행할 때까지 이행강제금을 반복하여 부과할 수 있다. 다만, 의무자가 의무를 이행하면 새로운 이행강제금의 부과를 즉시 중지하되, 이미 부과한 이행강제금은 징수하여야 한다.

④ (×) "전통적으로 행정대집행은 대체적 작위의무에 대한 강제집행수단으로, 이행강제금은 부작위의무나 비대체적 작위의무에 대한 강제집행수단으로 이해되어 왔으나, 이는 이행강제금제도의 본질에서 오는 제약은 아니며, 이행강제금은 대체적 작위의무의 위반에 대하여도 부과될 수 있다. 현행 건축법상 위법건축물에 대한 이행강제수단으로 대집행과 이행강제금(제83조 제1항)이 인정되고 있는데, 양 제도는 각각의 장·단점이 있으므로 행정청은 개별사건에 있어서 위반내용, 위반자의 시정의지 등을 감안하여 대집행과 이행강제금을 선택적으로 활용할 수 있으며, 이처럼 그 합리적인 재량에 의해 선택하여 활용하는 이상 중첩적인 제재에 해당한다고 볼 수 없다." (헌법재판소 2004.2.26. 선고 2001헌바80)

정답 ④

367 [회독] ☐☐☐ 19년 국가 7급

행정의 실효성 확보수단에 대한 판례의 입장으로 옳지 않은 것은?

① 행정청이 행정대집행의 방법으로 건물철거의무의 이행을 실현할 수 있는 경우에는 건물철거 대집행 과정에서 부수적으로 건물의 점유자들에 대한 퇴거 조치를 할 수 있고, 점유자들이 적법한 행정대집행을 위력을 행사하여 방해하는 경우 「경찰관직무집행법」에 근거한 위험발생 방지조치 차원에서 경찰의 도움을 받을 수도 있다.

② 대집행계고를 하기 위하여는 법령에 의하여 직접 명령되거나 법령에 근거한 행정청의 명령에 의한 의무자의 대체적 작위의무 위반행위가 있어야 하는데, 단순한 부작위의무 위반의 경우에는 당해 법령에서 그 위반자에게 위반에 의해 생긴 유형적 결과의 시정을 명하는 행정처분 권한을 인정하는 규정을 두고 있지 않은 이상, 이와 같은 부작위의무로부터 그 의무를 위반함으로써 생긴 결과를 시정하기 위한 작위의무를 당연히 끌어낼 수는 없다.

③ 사용자가 이행하여야 할 행정법상 의무의 내용을 초과하는 것을 '불이행 내용'으로 기재한 이행강제금 부과 예고서에 의하여 이행강제금 부과 예고를 한 다음 이를 이행하지 않았다는 이유로 이행강제금을 부과하였다면, 초과한 정도가 근소하다는 등의 특별한 사정이 없는 한 이행강제금 부과 예고는 위법하며, 이에 터 잡은 이행강제금 부과처분 역시 위법하다.

④ 체납자 등에 대한 공매처분을 하면서 체납자 등에게 공매통지를 하지 않았거나 공매통지를 하였더라도 그것이 적법하지 않은 경우 절차상의 흠이 있어 그 공매처분이 위법하게 되는 것인바, 공매통지는 상대방인 체납자 등의 법적 지위나 권리·의무에 직접적인 영향을 주는 행정처분으로서 항고소송의 대상이 된다.

367

해설 ① (○) "행정청이 행정대집행의 방법으로 건물철거의무의 이행을 실현할 수 있는 경우에는 건물철거 대집행 과정에서 부수적으로 건물의 점유자들에 대한 퇴거 조치를 할 수 있고, 점유자들이 적법한 행정대집행을 위력을 행사하여 방해하는 경우 형법상 공무집행방해죄가 성립하므로, 필요한 경우에는 '경찰관 직무집행법'에 근거한 위험발생 방지조치 또는 형법상 공무집행방해죄의 범행방지 내지 현행범체포의 차원에서 경찰의 도움을 받을 수도 있다." (대법원 2017.4.28. 선고 2016다213916)

② (○) "대집행계고처분을 하기 위하여는 법령에 의하여 직접 명령되거나 법령에 근거한 행정청의 명령에 의한 의무자의 대체적 작위의무 위반행위가 있어야 한다. 따라서 단순한 부작위의무의 위반의 경우에는 당해 법령에서 그 위반자에 대하여 위반에 의하여 생긴 유형적 결과의 시정을 명하는 행정처분의 권한을 인정하는 규정을 두고 있지 아니한 이상, 위와 같은 부작위의무로부터 그 의무를 위반함으로써 생긴 결과를 시정하기 위한 작위의무를 당연히 끌어낼 수는 없다." (대법원 1996.6.28. 선고 96누4374)

③ (○) "사용자가 이행하여야 할 행정법상 의무의 내용을 초과하는 것을 '불이행 내용'으로 기재한 이행강제금 부과 예고서에 의하여 이행강제금 부과 예고를 한 다음 이를 이행하지 않았다는 이유로 이행강제금을 부과하였다면, 초과한 정도가 근소하다는 등의 특별한 사정이 없는 한 이행강제금 부과 예고는 이행강제금 제도의 취지에 반하는 것으로서 위법하고, 이에 터 잡은 이행강제금 부과처분 역시 위법하다." (대법원 2015.6.24. 선고 2011두2170)

④ (✕) "체납자 등에 대한 공매통지는 공매에서 … 절차적 요건이라고 보아야 하며, 공매처분을 하면서 체납자 등에게 공매통지를 하지 않았거나 공매통지를 하였더라도 그것이 적법하지 아니한 경우에는 절차상의 흠이 있어 그 공매처분이 위법하게 되는 것이지만, 공매통지 자체가 그 상대방인 체납자 등의 법적 지위나 권리·의무에 직접적인 영향을 주는 행정처분에 해당한다고 할 것은 아니다." (대법원 2011.3.24. 선고 2010두25527)

정답 ④

368 [회독] ☐☐☐

24년 지방 7급

행정상 강제집행에 대한 설명으로 옳은 것은?

① 「농지법」상 이행강제금 부과처분에 대하여 부과권자가 관할 법원에 행정소송을 할 수 있다고 잘못 안내하면서 이행강제금을 부과한 경우 상대방은 항고소송을 통해 다툴 수 있다.

② 관계 법령상 행정대집행의 절차가 인정되어 행정청이 행정대집행의 방법으로 건물의 철거 등 대체적 작위의무의 이행을 실현할 수 있는 경우, 건물의 점유자가 철거의무자일 때에는 별도로 퇴거를 명하는 집행권원이 필요하다.

③ 구 「지방세징수법」상 지방세의 결손처분은 국세의 결손처분과 마찬가지로 더 이상 납세의무가 소멸하는 사유가 아니라 체납처분을 종료하는 의미만을 가지고, 결손처분의 취소는 국민의 권리와 의무에 영향을 미치는 행정처분이 아니다.

④ 납세자가 아닌 제3자의 재산을 대상으로 한 압류처분은 당연무효가 아니라 취소사유에 해당한다.

368

해설 ① (×) "농지법 제62조 제6항, 제7항이 위와 같이 이행강제금 부과처분에 대한 불복절차를 분명하게 규정하고 있으므로, 이와 다른 불복절차를 허용할 수는 없다. 설령 관할청이 이행강제금 부과처분을 하면서 재결청에 행정심판을 청구하거나 관할 행정법원에 행정소송을 할 수 있다고 잘못 안내하거나 관할 행정심판위원회가 각하재결이 아닌 기각재결을 하면서 관할 법원에 행정소송을 할 수 있다고 잘못 안내하였다고 하더라도, 그러한 잘못된 안내로 행정법원의 항고소송 재판관할이 생긴다고 볼 수도 없다." (대법원 2019.4.11. 선고 2018두42955)

② (×) "관계 법령상 행정대집행의 절차가 인정되어 행정청이 행정대집행의 방법으로 건물의 철거 등 대체적 작위의무의 이행을 실현할 수 있는 경우에는 따로 민사소송의 방법으로 그 의무의 이행을 구할 수 없다. 한편 건물의 점유자가 철거의무자일 때에는 건물철거의무에 퇴거의무도 포함되어 있는 것이어서 별도로 퇴거를 명하는 집행권원이 필요하지 않다." (대법원 2017.4.28. 선고 2016다213916)

③ (○) "구 지방세기본법은 물론 현행 지방세징수법하에서도, 지방세의 결손처분은 국세의 결손처분과 마찬가지로 더 이상 납세의무가 소멸하는 사유가 아니라 체납처분을 종료하는 의미만을 가지게 되었고, 결손처분의 취소 역시 국민의 권리와 의무에 영향을 미치는 행정처분이 아니라 과거에 종료되었던 체납처분 절차를 다시 시작한다는 행정절차로서의 의미만을 가지게 되었다고 할 것이다." (대법원 2019.8.9. 선고 2018다272407)

④ (×) "과세관청이 납세자에 대한 체납처분으로서 제3자의 소유 물건을 압류하고 공매하더라도 그 처분으로 인하여 제3자가 소유권을 상실하는 것이 아니고, 체납처분으로서 압류의 요건을 규정하는 국세징수법 제24조 각 항의 규정을 보면 어느 경우에나 압류의 대상을 납세자의 재산에 국한하고 있으므로, 납세자가 아닌 제3자의 재산을 대상으로 한 압류처분은 그 처분의 내용이 법률상 실현될 수 없는 것이어서 당연무효이다." (대법원 2006.4.13. 선고 2005두15151)

정답 ③

제5절 행정상 즉시강제

기출테마 68 행정상 즉시강제

369 [회독] □□□

22년 소방직

「행정기본법」에 대한 설명으로 옳지 않은 것은?

① 행정작용은 법률에 위반되어서는 아니 되며, 국민의 권리를 제한하거나 의무를 부과하는 경우와 그 밖에 국민생활에 중요한 영향을 미치는 경우에는 법률에 근거하여야 한다.

② 행정청은 권한 행사의 기회가 있음에도 불구하고 장기간 권한을 행사하지 아니하여 국민이 그 권한이 행사되지 아니할 것으로 믿을 만한 정당한 사유가 있는 경우에는 그 권한을 행사해서는 아니 된다. 다만, 공익 또는 제3자의 이익을 현저히 해칠 우려가 있는 경우는 예외로 한다.

③ 즉시강제는 다른 수단으로는 행정목적을 달성할 수 없는 경우에만 허용되며, 이 경우에도 최소한으로만 실시하여야 한다.

④ 행정청은 법률로 정하는 바에 따라 처분에 재량이 있는 경우에도 완전히 자동화된 시스템으로 처분을 할 수 있다.

369

해설 ① (○) 행정기본법 제8조

행정기본법	제8조(법치행정의 원칙) 행정작용은 법률에 위반되어서는 아니 되며, 국민의 권리를 제한하거나 의무를 부과하는 경우와 그 밖에 국민생활에 중요한 영향을 미치는 경우에는 법률에 근거하여야 한다.

② (○) 행정기본법 제12조 제2항

행정기본법	제12조(신뢰보호의 원칙) ① 행정청은 공익 또는 제3자의 이익을 현저히 해칠 우려가 있는 경우를 제외하고는 행정에 대한 국민의 정당하고 합리적인 신뢰를 보호하여야 한다. ② 행정청은 권한 행사의 기회가 있음에도 불구하고 장기간 권한을 행사하지 아니하여 국민이 그 권한이 행사되지 아니할 것으로 믿을 만한 정당한 사유가 있는 경우에는 그 권한을 행사해서는 아니 된다. 다만, 공익 또는 제3자의 이익을 현저히 해칠 우려가 있는 경우는 예외로 한다.

③ (○) 행정기본법 제33조 제1항

행정기본법	제33조(즉시강제) ① 즉시강제는 다른 수단으로는 행정목적을 달성할 수 없는 경우에만 허용되며, 이 경우에도 최소한으로만 실시하여야 한다.

④ (×) 행정기본법 제20조

행정기본법	제20조(자동적 처분) 행정청은 법률로 정하는 바에 따라 완전히 자동화된 시스템(인공지능 기술을 적용한 시스템을 포함한다)으로 처분을 할 수 있다. 다만, 처분에 재량이 있는 경우는 그러하지 아니하다.

정답 ④

370 [회독] □□□　　　　　　　　　22년 국가 9급

행정상 즉시강제에 대한 설명으로 옳은 것만을 모두 고르면?

ⓒ 항고소송의 대상이 되는 처분의 성질을 갖는다.

ⓒ 과거의 의무위반에 대하여 가해지는 제재이다.

ⓒ 목전에 급박한 장해를 예방하기 위한 경우에는 예외적으
로 법률의 근거가 없이도 발동될 수 있다는 것이 일반적인
견해이다.

ⓒ 강제 건강진단과 예방접종은 대인적 강제수단에 해당한다.

ⓒ 위법한 즉시강제작용으로 손해를 입은 자는 국가나 지방
자치단체를 상대로 「국가배상법」이 정한 바에 따라 손해
배상을 청구할 수 있다.

---

① ㉡, ㉢　　　　　　　　② ㉠, ㉡, ㉤

③ ㉠, ㉣, ㉤　　　　　　④ ㉢, ㉣, ㉤

---

371 [회독] □□□　　　　　　　　　21년 국가 9급

**행정상 즉시강제에 대한 설명으로 옳지 않은 것은? (다툼이
있는 경우 판례에 의함)**

① 행정상 즉시강제는 국민의 권리침해를 필연적으로 수반
하므로, 이에 대해서는 항상 영장주의가 적용된다.

② 행정상 즉시강제는 직접강제와는 달리 행정상 강제집행
에 해당하지 않는다.

③ 구 「음반·비디오물 및 게임물에 관한 법률」상 불법게
임물에 대한 수거 및 폐기 조치는 행정상 즉시강제에 해
당한다.

④ 다른 수단으로는 행정목적을 달성할 수 없는 경우에만
허용되며, 이 경우에도 최소한으로만 실시하여야 한다.

370

[해설] ㉠ (○) 행정상 즉시강제는 권력적 사실행위로서 처분에 해당
한다.

㉡ (×) 행정상 즉시강제는 장래에 대하여 행정상 필요한 상태를 실현
시키는 작용으로서 과거의 의무위반에 대하여 가해지는 제재인 행정
벌과 구별된다.

㉢ (×) 행정상 즉시강제는 권력적 사실행위이므로 법적 근거가 필요
하다.

㉣ (○) 강제 건강진단과 예방접종은 즉시강제로서 대인적 강제수단
에 해당한다.

㉤ (○) 즉시강제는 공무원의 직무집행에 해당하므로 위법한 즉시강제
작용으로 손해를 입은 자는 국가배상법상 손해배상을 청구할 수 있다.

정답 ③

371

[해설] ① (×) 헌법재판소는 원칙적으로 영장주의가 적용되지 않는
다고 보고 있고(2000헌가12), 대법원도 영장주의를 고수해서는 그 목
적을 달성할 수 없는 경우에는 예외적으로는 영장주의가 적용되지 않
을 수 있다고 보고 있다(93추83).

② (○) 행정강제는 즉시강제와 행정상 강제집행으로 나뉘는데, 행정
상 강제집행에는 대집행, 이행강제금, 직접강제, 강제징수가 있다.

③ (○) 헌법재판소는 이를 즉시강제에 해당하는 것으로 보고 있다.
" … 이 사건 법률조항은 문화관광부장관, 시·도지사, 시장·군수·
구청장이 법 제18조 제5항의 규정에 의한 등급분류를 받지 아니하거
나 등급분류를 받은 게임물과 다른 내용의 게임물을 발견한 때에는
관계공무원으로 하여금 이를 수거하여 폐기하게 할 수 있도록 규정하
고 있는바, 이는 어떤 하명도 거치지 않고 행정청이 직접 대상물에 실
력을 가하는 경우로서, 위 조항은 행정상 즉시강제 그 중에서도 대물
적(對物的) 강제를 규정하고 있다고 할 것이다. (헌법재판소 2002.10.31.
선고 2000헌가12)

④ (○) "행정강제는 행정상 강제집행을 원칙으로 하며, 법치국가적
요청인 예측가능성과 법적 안정성에 반하고, 기본권 침해의 소지가
큰 권력작용인 행정상 즉시강제는 어디까지나 예외적인 강제수단이
라고 할 것이다. 이러한 행정상 즉시강제는 엄격한 실정법상의 근거
를 필요로 할 뿐만 아니라, 그 발동에 있어서는 법규의 범위 안에서도
다시 행정상의 장해가 목전에 급박하고, 다른 수단으로는 행정목적을
달성할 수 없는 경우이어야 하며, 이러한 경우에도 그 행사는 필요 최
소한도에 그쳐야 함을 내용으로 하는 조리상의 한계에 기속된다."
(헌법재판소 2002.10.31. 선고 2000헌가12)

정답 ①

372 [회독] ☐☐☐   25년 지방 9급

행정상 강제에 대한 설명으로 옳은 것은?

① 외국인의 출입국에 관한 사항에 대하여는 「행정기본법」
상 행정상 강제에 대한 규정이 적용된다.

② 행정상 강제조치에 관하여 「행정기본법」에서 정한 사항
이외의 사항을 다른 법률에서 정할 수 없다.

③ 행정상 즉시강제는 현재의 급박한 행정상의 장해를 제
거하기 위한 경우로서 의무를 명할 시간적 여유가 없는
상황에서 의무불이행을 전제로 하지 않고 행정청이 곧
바로 국민의 신체 또는 재산에 실력을 행사하여 행정목
적을 달성하는 것을 말한다.

④ 보안처분 관계 법령에 따라 행하는 사항에 관하여는 「행
정기본법」상 행정상 강제에 대한 규정이 적용된다.

372

| 해설 | ① (×), ④ (×) 행정기본법 제30조 제3항 |

| 행정기본법 | 제30조(행정상 강제) ③ 형사(刑事), 행형(行刑) 및 보안처분 관계 법령에 따라 행하는 사항이나 외국인의 출입국·난민인정·귀화·국적회복에 관한 사항에 관하여는 이 절을 적용하지 아니한다. |

② (×) 행정기본법 제30조 제2항

| 행정기본법 | 제30조(행정상 강제) ② 행정상 강제 조치에 관하여 이 법에서 정한 사항 외에 필요한 사항은 따로 법률로 정한다. |

③ (○) 행정기본법 제30조 제1항 제5호

| 행정기본법 | 제30조(행정상 강제) ① 행정청은 행정목적을 달성하기 위하여 필요한 경우에는 법률로 정하는 바에 따라 필요한 최소한의 범위에서 다음 각 호의 어느 하나에 해당하는 조치를 할 수 있다.
5. 즉시강제: 현재의 급박한 행정상의 장해를 제거하기 위한 경우로서 다음 각 목의 어느 하나에 해당하는 경우에 행정청이 곧바로 국민의 신체 또는 재산에 실력을 행사하여 행정목적을 달성하는 것
가. 행정청이 미리 행정상 의무 이행을 명할 시간적 여유가 없는 경우
나. 그 성질상 행정상 의무의 이행을 명하는 것만으로는 행정목적 달성이 곤란한 경우 |

정답 ③

373 [회독] □□□   25년 소방직

〈보기〉는 어떠한 행정강제의 개별법상 근거를 나타낸 것이다. 이러한 행정강제에 관한 설명으로 옳지 않은 것은? (다툼이 있는 경우 판례에 의함)

보기
소방본부장, 소방서장 또는 소방대장은 소방활동을 위하여 긴급하게 출동할 때에는 소방자동차의 통행과 소방활동에 방해가 되는 주차 또는 정차된 차량 및 물건 등을 제거하거나 이동시킬 수 있다(「소방기본법」 제25조 제3항).

① 「행정기본법」은 〈보기〉와 같은 행정강제에 관하여 "다른 수단으로는 행정목적을 달성할 수 없는 경우에만 허용되며 이 경우에도 최소한으로만 실시하여야 한다"는 내용을 명시적으로 규정하고 있다.

② 〈보기〉에서 소방활동에 방해되는 차량 및 물건을 제거하거나 이동시키는 것은 소방대상물에 대한 대물적 강제처분의 성질을 갖는다.

③ 〈보기〉와 같은 행정강제는 법령 또는 행정처분에 의한 선행의 구체적 의무의 존재와 그 불이행을 전제로 한다.

④ 〈보기〉와 같은 행정강제에 대하여 헌법재판소는 그 본질상 급박성을 요건으로 하고 있어 법관의 영장을 기다려서는 그 목적을 달성할 수 없다고 할 것이므로, 원칙적으로 영장주의가 적용되지 않는다고 보았다.

373

해설 〈보기〉의 행정강제는 '즉시강제'를 말한다.

① (○) 행정기본법 제33조 제1항

행정기본법	제33조(즉시강제) ① 즉시강제는 다른 수단으로는 행정목적을 달성할 수 없는 경우에만 허용되며, 이 경우에도 최소한으로만 실시하여야 한다.

② (○) 옳은 지문이다. 차량 및 물건을 대상으로 하는 것이기 때문이다.

③ (×) 즉시강제는 선행의 구체적 의무의 존재와 그 불이행을 요건으로 하지 않는다.

④ (○) "영장주의가 행정상 즉시강제에도 적용되는지에 관하여는 논란이 있으나, 행정상 즉시강제는 상대방의 임의이행을 기다릴 시간적 여유가 없을 때 하명 없이 바로 실력을 행사하는 것으로서, 그 본질상 급박성을 요건으로 하고 있어 법관의 영장을 기다려서는 그 목적을 달성할 수 없다고 할 것이므로, 원칙적으로 영장주의가 적용되지 않는다고 보아야 할 것이다." (헌법재판소 2002.10.31. 선고 2000헌가12)

정답 ③

374 [회독] ▢▢▢

행정강제에 대한 설명으로 옳은 것은? (다툼이 있는 경우 판례에 의함)

① 행정대집행의 방법으로 건물철거의무이행을 실현할 수 있는 경우, 철거의무자인 건물 점유자의 퇴거의무를 실현하려면 퇴거를 명하는 별도의 집행권원이 있어야 하고, 철거 대집행 과정에서 부수적으로 건물 점유자들에 대한 퇴거조치를 할 수는 없다.

② 즉시강제란 법령 또는 행정처분에 의한 선행의 구체적 의무의 불이행으로 인한 목전의 급박한 장해를 제거할 필요가 있는 경우에 행정기관이 즉시 국민의 신체 또는 재산에 실력을 행사하여 행정상의 필요한 상태를 실현하는 작용을 말한다.

③ 공법인이 대집행권한을 위탁받아 공무인 대집행 실시에 지출한 비용을 「행정대집행법」에 따라 강제징수할 수 있음에도 민사소송절차에 의하여 상환을 청구하는 것은 허용되지 않는다.

④ 이행강제금은 심리적 압박을 통하여 간접적으로 의무이행을 확보하는 수단인 행정벌과는 달리 의무이행의 강제를 직접적인 목적으로 하므로, 강학상 직접강제에 해당한다.

374

[해설] ① (×) "행정대집행의 방법으로 건물의 철거 등 대체적 작위의무의 이행을 실현할 수 있는 경우에는 … 건물의 점유자가 철거의무자일 때에는 건물철거의무에 퇴거의무도 포함되어 있는 것이어서 별도로 퇴거를 명하는 집행권원이 필요하지 않다. … 행정청이 행정대집행의 방법으로 건물철거의무의 이행을 실현할 수 있는 경우에는 건물철거 대집행 과정에서 부수적으로 건물의 점유자들에 대한 퇴거조치를 할 수 있다." (대법원 2017.4.28. 선고 2016다213916)

② (×) 즉시강제는 선행의 구체적 의무의 불이행을 요건으로 하지 아니한다.

"행정상 즉시강제란 행정강제의 일종으로서 목전의 급박한 행정상 장해를 제거할 필요가 있는 경우에, 미리 의무를 명할 시간적 여유가 없을 때 또는 그 성질상 의무를 명하여 가지고는 목적달성이 곤란할 때에, 직접 국민의 신체 또는 재산에 실력을 가하여 행정상 필요한 상태를 실현하는 작용이다." (헌법재판소 2002.10.31. 선고 2000헌가12)

③ (○) "대한주택공사가 법령에 의하여 대집행권한을 위탁받아 공무인 대집행을 실시하기 위하여 지출한 비용을 행정대집행법 절차에 따라 징수할 수 있음에도 민사소송절차에 의하여 그 비용의 상환을 청구한 사안에서, 행정대집행법이 대집행비용의 징수에 관하여 민사소송절차에 의한 소송이 아닌 간이하고 경제적인 특별구제절차를 마련해 놓고 있으므로, 위 청구는 소의 이익이 없어 부적법하다." (대법원 2011.9.8. 선고 2010다48240)

④ (×) "이행강제금은 일정한 기한까지 의무를 이행하지 않을 때에는 일정한 금전적 부담을 과할 뜻을 미리 계고함으로써 의무자에게 심리적 압박을 주어 장래에 그 의무를 이행하게 하려는 행정상 간접적인 강제집행 수단의 하나이다. (헌법재판소 2011.10.25. 선고 2009헌바140)

정답 ③

제3장　행정벌

제1절　서론

제2절　행정형벌

기출테마 69　행정형벌

375 [회독] □□□

22년 국가 9급

행정법규의 양벌규정에 대한 설명으로 옳지 않은 것은? (다툼이 있는 경우 판례에 의함)

① 양벌규정은 행위자에 대한 처벌규정임과 동시에 그 위반행위의 이익귀속주체인 영업주에 대한 처벌규정이다.

② 종업원의 범죄성립이나 처벌이 영업주 처벌의 전제조건이 되는 것은 아니다.

③ 법인 대표자의 법규위반행위에 대한 법인의 책임은 법인 자신의 법규위반행위로 평가될 수 있는 행위에 대한 법인의 직접책임이다.

④ 양벌규정에 의한 법인의 처벌은 어디까지나 행정적 제재처분일 뿐 형벌과는 성격을 달리한다.

375

[해설] ① (○) "양벌규정은 업무주가 아니면서 당해 업무를 실제로 집행하는 자가 있는 때에 위 벌칙규정의 실효성을 확보하기 위하여 그 적용대상자를 당해 업무를 실제로 집행하는 자에게까지 확장함으로써 그러한 자가 당해 업무집행과 관련하여 위 벌칙규정의 위반행위를 한 경우 위 양벌규정에 의하여 처벌할 수 있도록 한 행위자의 처벌규정임과 동시에 그 위반행위의 이익귀속주체인 업무주에 대한 처벌규정이라고 할 것이다." (대법원 1999.7.15. 선고 95도2870)

② (○) "양벌규정에 의한 영업주의 처벌은 금지위반행위자인 종업원의 처벌에 종속하는 것이 아니라 독립하여 그 자신의 종업원에 대한 선임감독상의 과실로 인하여 처벌되는 것이므로 종업원의 범죄성립이나 처벌이 영업주 처벌의 전제조건이 될 필요는 없다." (대법원 2006.2.24. 선고 2005도7673)

③ (○) "법인 대표자의 법규위반행위에 대한 법인의 책임은 법인 자신의 법규위반행위로 평가될 수 있는 행위에 대한 법인의 직접책임으로서, 대표자의 고의에 의한 위반행위에 대하여는 법인 자신의 고의에 의한 책임을, 대표자의 과실에 의한 위반행위에 대하여는 법인 자신의 과실에 의한 책임을 부담하는 것이다." (헌법재판소 2010.7.29. 선고 2009헌가25)

④ (×) "양벌규정에 의한 법인의 처벌은 어디까지나 형벌의 일종으로서 행정적 제재처분이나 민사상 불법행위책임과는 성격을 달리한다." (대법원 2015.12.24. 선고 2015도13946)

정답 ④

376 [회독] ☐☐☐　　　　　　23년 소방직

행정의 실효성 확보수단에 관한 설명으로 옳지 않은 것은?
(다툼이 있는 경우 판례에 의함)

① 「소방기본법」상 소방본부장, 소방서장 또는 소방대장이 소방활동을 위하여 긴급하게 출동할 때에는 소방자동차의 통행과 소방활동에 방해가 되는 주차 또는 정차된 차량 및 물건 등을 제거하거나 이동시킬 수 있는 것은 즉시강제에 해당한다.

② 「건축법」상 시정명령을 받은 자가 이를 이행하면 이미 부과된 이행강제금은 징수하여야 하지만, 새로이 이행강제금을 부과하지는 않는다.

③ 통고처분에 대하여 이의가 있으면 통고내용을 이행하지 않음으로써 고발되어 형사재판절차에서 통고처분의 위법·부당함을 다툴 수 있으므로 행정소송의 대상으로서의 처분성이 인정되지 않는다.

④ 조세 부과의 근거가 되었던 법률규정이 위헌결정되었다 하더라도, 그에 기한 과세처분이 위헌결정 전에 이루어졌다면 위헌결정 이후에 조세채권의 집행을 위한 새로운 체납처분에 착수할 수 있다.

376

해설 ① (○) 옳은 지문이다. 즉시강제에 해당한다고 본다.

소방기본법	제25조(강제처분 등) ③ 소방본부장, 소방서장 또는 소방대장은 소방활동을 위하여 긴급하게 출동할 때에는 소방자동차의 통행과 소방활동에 방해가 되는 주차 또는 정차된 차량 및 물건 등을 제거하거나 이동시킬 수 있다.

② (○) 건축법 제80조 제6항

건축법	제80조(이행강제금) ⑥ 허가권자는 제79조제1항에 따라 시정명령을 받은 자가 이를 이행하면 새로운 이행강제금의 부과를 즉시 중지하되, 이미 부과된 이행강제금은 징수하여야 한다.

③ (○) "통고처분은 상대방의 임의의 승복을 그 발효요건으로 하기 때문에 그 자체만으로는 통고이행을 강제하거나 상대방에게 아무런 권리의무를 형성하지 않으므로 행정심판이나 행정소송의 대상으로서의 처분성을 부여할 수 없고, 통고처분에 대하여 이의가 있으면 통고내용을 이행하지 않음으로써 고발되어 형사재판절차에서 통고처분의 위법·부당함을 얼마든지 다툴 수 있기 때문에 관세법 제38조 제3항 제2호가 법관에 의한 재판받을 권리를 침해한다든가 적법절차의 원칙에 저촉된다고 볼 수 없다." (헌법재판소 1998.5.28. 선고 96헌바4)

④ (×) 이 경우 위헌결정 이후에 조세채권의 집행을 위한 새로운 체납처분에 착수할 수 없다. "구 헌법재판소법 제47조 제1항은 "법률의 위헌결정은 법원 기타 국가기관 및 지방자치단체를 기속한다."고 규정하고 있는데, 이러한 위헌결정의 기속력과 헌법을 최고규범으로 하는 법질서의 체계적 요청에 비추어 국가기관 및 지방자치단체는 위헌으로 선언된 법률규정에 근거하여 새로운 행정처분을 할 수 없음은 물론이고, 위헌결정 전에 이미 형성된 법률관계에 기한 후속처분이라도 그것이 새로운 위헌적 법률관계를 생성·확대하는 경우라면 이를 허용할 수 없다. 따라서 조세부과의 근거가 되었던 법률규정이 위헌으로 선언된 경우, 비록 그에 기한 과세처분이 위헌결정 전에 이루어졌고, 과세처분에 대한 제소기간이 이미 경과하여 조세채권이 확정되었으며, 조세채권의 집행을 위한 체납처분의 근거규정 자체에 대하여는 따로 위헌결정이 내려진 바 없다고 하더라도, 위와 같은 위헌결정 이후에 조세채권의 집행을 위한 새로운 체납처분에 착수하거나 이를 속행하는 것은 더 이상 허용되지 않고, 나아가 이러한 위헌결정의 효력에 위배하여 이루어진 체납처분은 그 사유만으로 하자가 중대하고 객관적으로 명백하여 당연무효라고 보아야 한다." (대법원 2012.2.16. 선고 2010두10907)

정답 ④

377 [회독] ☐☐☐   25년 국가 9급

행정의 실효성 확보수단에 대한 설명으로 옳지 않은 것은?

① 대집행에 요한 비용을 「국세징수법」의 예에 의하여 징수하였을 때에는 그 징수금은 사무비의 소속에 따라 국고 또는 지방자치단체의 수입으로 한다.

② 외국인의 출입국에 관한 사항에 관하여는 「행정기본법」상 행정상 강제 규정이 적용된다.

③ 「부동산 실권리자명의 등기에 관한 법률」상 장기미등기자가 같은 법에 규정된 기간이 지나서 등기신청의무를 이행하였다고 하더라도 이행강제금을 부과할 수 없다.

④ 지방자치단체 소속 공무원이 지방자치단체 고유의 자치사무를 수행하던 중 「도로법」의 규정에 의한 위반행위를 한 경우, 지방자치단체는 「도로법」의 양벌규정에 따라 처벌대상이 되는 법인에 해당한다.

377

[해설] ① (○) 행정대집행법 제6조 제1항, 제3항

행정 대집행법	제6조(비용징수) ① 대집행에 요한 비용은 국세징수법의 예에 의하여 징수할 수 있다. ② 대집행에 요한 비용에 대하여서는 행정청은 사무비의 소속에 따라 국세에 다음가는 순위의 선취득권을 가진다. ③ 대집행에 요한 비용을 징수하였을 때에는 그 징수금은 사무비의 소속에 따라 국고 또는 지방자치단체의 수입으로 한다.

② (✕) 행정기본법 제30조 제3항

행정기본법	제30조(행정상 강제) ③ 형사(刑事), 행형(行刑) 및 보안처분 관계 법령에 따라 행하는 사항이나 외국인의 출입국·난민인정·귀화·국적회복에 관한 사항에 관하여는 이 절을 적용하지 아니한다.

③ (○) "이행강제금은 소유권이전등기신청의무 불이행이라는 과거의 사실에 대한 제재인 과징금과 달리, 장기미등기자에게 등기신청의무를 이행하지 아니하면 이행강제금이 부과된다는 심리적 압박을 주어 의무의 이행을 간접적으로 강제하는 행정상의 간접강제 수단에 해당한다. 따라서 장기미등기자가 이행강제금 부과 전에 등기신청의무를 이행하였다면 이행강제금의 부과로써 이행을 확보하고자 하는 목적은 이미 실현된 것이므로 부동산실명법 제6조 제2항에 규정된 기간이 지나서 등기신청의무를 이행한 경우라 하더라도 이행강제금을 부과할 수 없다." (대법원 2016.6.23. 선고 2015두36454)

④ (○) "지방자치단체가 그 고유의 자치사무를 처리하는 경우에는 지방자치단체는 국가기관의 일부가 아니라 국가기관과는 별도의 독립한 공법인이므로, 지방자치단체 소속 공무원이 지방자치단체 고유의 자치사무를 수행하던 중 도로법 제81조 내지 제85조의 규정에 의한 위반행위를 한 경우에는 지방자치단체는 도로법 제86조의 양벌규정에 따라 처벌대상이 되는 법인에 해당한다." (대법원 2005.11.10. 선고 2004도2657)

정답 ②

378 [회독] □□□ 23년 국가 7급

행정벌에 대한 설명으로 옳지 않은 것은?

① 양벌규정에 의한 영업주의 처벌은 그 자신의 종업원에 대한 선임감독상의 과실로 인하여 처벌되는 것이므로 종업원의 범죄성립이나 처벌이 영업주 처벌의 전제조건이 될 필요는 없다.

② 질서위반행위를 한 자가 자신의 책임 없는 사유로 위반행위에 이르렀다고 주장하는 경우 법원은 그 내용을 살펴 행위자에게 고의나 과실이 있는지를 따져보아야 한다.

③ 지방국세청장 또는 세무서장이 「조세범 처벌절차법」에 따라 통고처분을 거치지 아니하고 즉시 고발하였다면 이로써 조세범칙사건에 대한 조사 및 처분 절차는 종료되고 형사사건 절차로 이행되어 지방국세청장 또는 세무서장으로서는 동일한 조세범칙행위에 대하여 더 이상 통고처분을 할 권한이 없다.

④ 「질서위반행위규제법」상 과태료 사건은 다른 법령에 특별한 규정이 있는 경우를 제외하고는 행정청의 주소지의 지방법원 또는 그 지원의 관할로 한다.

378

해설 ① (○) "양벌규정에 의한 영업주의 처벌에 관하여 양벌규정에 의한 영업주의 처벌은 금지위반행위자인 종업원의 처벌에 종속하는 것이 아니라 독립하여 그 자신의 종업원에 대한 선임감독상의 과실로 인하여 처벌되는 것이므로 종업원의 범죄성립이나 처벌이 영업주 처벌의 전제조건이 될 필요는 없다." (대법원 2006.2.24. 선고 2005도7673)

② (○) "질서위반행위규제법은 과태료의 부과대상인 질서위반행위에 대하여도 책임주의 원칙을 채택하여 제7조에서 "고의 또는 과실이 없는 질서위반행위는 과태료를 부과하지 아니한다."고 규정하고 있으므로, 질서위반행위를 한 자가 자신의 책임 없는 사유로 위반행위에 이르렀다고 주장하는 경우 법원으로서는 그 내용을 살펴 행위자에게 고의나 과실이 있는지를 따져보아야 한다." (대법원 2011.7.14. 선고 2011마364)

③ (○) "지방국세청장 또는 세무서장이 조세범 처벌절차법 제17조 제1항에 따라 통고처분을 거치지 아니하고 즉시 고발하였다면 이로써 조세범칙사건에 대한 조사 및 처분 절차는 종료되고 형사사건 절차로 이행되어 지방국세청장 또는 세무서장으로서는 동일한 조세범칙행위에 대하여 더 이상 통고처분을 할 권한이 없다." (대법원 2016.9.28. 선고 2014도10748)

④ (×) 질서위반행위규제법 제25조

질서위반 행위규제법	제25조(관할 법원) 과태료 사건은 다른 법령에 특별한 규정이 있는 경우를 제외하고는 당사자의 주소지의 지방법원 또는 그 지원의 관할로 한다.

정답 ④

379 [회독] ☐☐☐ 20년 소방직

행정의 실효성 확보수단에 대한 설명으로 옳은 것은? (다툼이 있는 경우 판례에 의함)

① 「건축법」상 이행강제금은 형벌에 해당하므로 이중처벌 금지의 원칙이 적용된다.

② 양벌규정에 의한 영업주의 처벌은 금지위반행위자인 종업원의 처벌에 종속되는 것이다.

③ 「도로교통법」상 경찰서장의 통고처분은 항고소송의 대상이 되는 처분이다.

④ 건물철거의무에 퇴거의무도 포함되어 있어 건물철거대집행 과정에서 부수적으로 건물의 점유자들에 대한 퇴거조치를 할 수 있다.

379

해설 ① (×) "개발제한구역 내의 건축물에 대하여 허가를 받지 않고 한 용도변경행위에 대한 형사처벌과 건축법 제83조 제1항에 의한 시정명령 위반에 대한 이행강제금의 부과는 그 처벌 내지 제재대상이 되는 기본적 사실관계로서의 행위를 달리하며, 또한 그 보호법익과 목적에서도 차이가 있으므로 이중처벌에 해당한다고 할 수 없다." (대법원 2005.8.19. 선고 2005마30)

② (×) "양벌규정에 의한 영업주의 처벌은 금지위반행위자인 종업원의 처벌에 종속하는 것이 아니라 독립하여 그 자신의 종업원에 대한 선임감독상의 과실로 인하여 처벌되는 것이므로 종업원의 범죄성립이나 처벌이 영업주 처벌의 전제조건이 될 필요는 없다." (대법원 2006.2.24. 선고 2005도7673)

③ (×) "「도로교통법」 제118조에서 규정하는 경찰서장의 통고처분은 행정소송의 대상이 되는 행정처분이 아니므로 그 처분의 취소를 구하는 소송은 부적법하고 도로교통법상의 통고처분을 받은 자가 그 처분에 대하여 이의가 있는 경우에는 통고처분에 따른 범칙금의 납부를 이행하지 아니함으로써 경찰서장의 즉결심판청구에 의하여 법원의 심판을 받을 수 있게 될 뿐이다." (대법원 1995.6.29. 선고 95누4674)

④ (○) "건물의 점유자가 철거의무자일 때에는 건물철거의무에 퇴거의무도 포함되어 있어서 별도로 퇴거를 명하는 집행권원이 필요하지 않고, 행정청은 행정대집행의 방법으로 건물철거의무의 이행을 실현할 수 있는 경우에는 건물철거 대집행 과정에서 부수적으로 건물의 점유자들에 대한 퇴거 조치를 할 수 있다." (대법원 2017.4.28. 선고 2016다213916)

정답 ④

380 [회독] □□□
20년 군무원 9급

통고처분에 대한 설명으로 옳지 않은 것은? (다툼이 있는 경우 판례에 의함)

① 지방국세청장이 조세범칙행위에 대하여 고발을 한 후에 동일한 조세범칙행위에 대하여 통고처분을 하여 조세범칙행위자가 이를 이행하였다면 고발에 따른 형사절차의 이행은 일사부재리의 원칙에 반하여 위법하다.

② 「도로교통법」에 따른 경찰서장의 통고처분은 행정소송의 대상이 되는 행정처분이 아니다.

③ 통고처분은 상대방의 임의의 승복을 그 발효요건으로 하는 것으로서 상대방의 재판받을 권리를 침해하는 것으로 인정되지 않는다.

④ 「관세법」상 통고처분을 할 것인지의 여부는 관세청장 또는 세관장의 재량에 맡겨져 있고, 따라서 관세청장 또는 세관장이 관세범에 대하여 통고처분을 하지 아니한 채 고발하였다는 것만으로는 그 고발 및 이에 기한 공소의 제기가 부적법하게 되는 것은 아니다.

381 [회독] □□□
24년 군무원 9급

다음 중 행정벌에 대한 설명으로 가장 적절하지 않은 것은? (다툼이 있는 경우 판례에 의함)

① 양벌규정에 의한 영업주의 처벌은 독립하여 그 자신의 종업원에 대한 선임감독상의 과실로 인하여 처벌되는 것이므로 종업원의 범죄성립이나 처벌이 영업주 처벌의 전제조건이 될 필요는 없다.

② 구 「도로교통법」에서 규정하는 경찰서장의 통고처분은 행정소송의 대상이 되는 행정처분이다.

③ 구 「관세법」상 통고처분을 할 것인지의 여부는 관세청장 또는 세관장의 재량에 맡겨져 있다.

④ 지방자치단체가 그 고유의 자치사무를 처리하는 경우 지방자치단체는 국가기관과는 별도의 독립한 공법인으로서 양벌규정에 의한 처벌 대상이 되는 법인에 해당한다.

380

해설 ① (×) "지방국세청장 또는 세무서장이 조세범 처벌절차법에 따라 통고처분을 거치지 아니하고 즉시 고발하였다면 이로써 조세범칙사건에 대한 조사 및 처분 절차는 종료되고 형사사건 절차로 이행되어 지방국세청장 또는 세무서장으로서는 동일한 조세범칙행위에 대하여 더 이상 통고처분을 할 권한이 없다. 따라서 지방국세청장 또는 세무서장이 조세범칙행위에 대하여 고발을 한 후에 동일한 조세범칙행위에 대하여 통고처분을 하였더라도, 이는 법적 권한 소멸 후에 이루어진 것으로서 특별한 사정이 없는 한 효력이 없고, 조세범칙행위자가 이러한 통고처분을 이행하였더라도 조세범 처벌절차법에서 정한 일사부재리의 원칙이 적용될 수 없다." (대법원 2016.9.28. 선고 2014도10748)

② (○) "도로교통법 제118조에서 규정하는 경찰서장의 통고처분은 행정소송의 대상이 되는 행정처분이 아니므로 그 처분의 취소를 구하는 소송은 부적법하다." (대법원 1995.6.29. 선고 95누4674)

③ (○) "통고처분은 상대방의 임의의 승복을 그 발효요건으로 하기 때문에 행정심판이나 행정소송의 대상으로서의 처분성을 부여할 수 없고, 통고처분에 대하여 이의가 있으면 통고내용을 이행하지 않음으로써 고발되어 형사재판절차에서 통고처분의 위법·부당함을 얼마든지 다툴 수 있기 때문에 관세법 제38조 제3항 제2호가 법관에 의한 재판받을 권리를 침해한다든가 적법절차의 원칙에 저촉된다고 볼 수 없다." (헌법재판소 1998.5.28. 선고 96헌바4)

④ (○) "통고처분을 할 것인지의 여부는 관세청장 또는 세관장의 재량에 맡겨져 있고, 따라서 관세청장 또는 세관장이 관세범에 대하여 통고처분을 하지 아니한 채 고발하였다는 것만으로는 그 고발 및 이에 기한 공소의 제기가 부적법하게 되는 것은 아니다." (대법원 2007.5.11. 선고 2006도1993)

정답 ①

381

해설 ① (○) "양벌규정에 의한 영업주의 처벌은 금지위반행위자인 종업원의 처벌에 종속하는 것이 아니라 독립하여 그 자신의 종업원에 대한 선임감독상의 과실로 인하여 처벌되는 것이므로 종업원의 범죄성립이나 처벌이 영업주 처벌의 전제조건이 될 필요는 없다." (대법원 2006.2.24. 선고 2005도7673)

② (×) "도로교통법 제118조에서 규정하는 경찰서장의 통고처분은 행정소송의 대상이 되는 행정처분이 아니므로 그 처분의 취소를 구하는 소송은 부적법하다고 할 것이다." (대법원 1995.6.29. 선고 95누4674)

③ (○) "통고처분을 할 것인지의 여부는 관세청장 또는 세관장의 재량에 맡겨져 있고, 따라서 관세청장 또는 세관장이 관세범에 대하여 통고처분을 하지 아니한 채 고발하였다는 것만으로는 그 고발 및 이에 기한 공소의 제기가 부적법하게 되는 것은 아니다." (대법원 2007.5.11. 선고 2006도1993)

④ (○) "지방자치단체가 그 고유의 자치사무를 처리하는 경우에는 지방자치단체는 국가기관의 일부가 아니라 국가기관과는 별도의 독립한 공법인이므로, 지방자치단체 소속 공무원이 지방자치단체 고유의 자치사무를 수행하던 중 도로법 제81조 내지 제85조의 규정에 의한 위반행위를 한 경우에는 지방자치단체는 도로법 제86조의 양벌규정에 따라 처벌대상이 되는 법인에 해당한다." (대법원 2005.11.10. 선고 2004도2657)

정답 ②

382 [회독] ☐☐☐

22년 소방직

행정벌에 대한 설명으로 옳지 않은 것은? (다툼이 있는 경우 판례에 의함)

① 지방자치단체 소속 공무원이 지방자치단체 고유의 자치사무를 처리하면서 위반행위를 한 경우 지방자치단체도 양벌규정에 따라 처벌대상이 되는 법인에 해당한다.

② 지방국세청장이 조세범칙행위에 대하여 고발을 한 후에 동일한 조세범칙행위에 대하여 통고처분을 하는 경우, 이러한 통고처분은 법적 권한 소멸 후 이루어진 것으로 특별한 사정이 없는 한 효력이 없고 조세범칙행위자가 이를 이행하였더라도 일사부재리의 원칙이 적용될 수 없다.

③ 경찰서장이 범칙행위에 대하여 통고처분을 하더라도 통고처분에서 정한 납부기간까지는 검사가 공소를 제기할 수 있다.

④ 하나의 행위가 둘 이상의 질서위반행위에 해당하는 경우에는 각 질서위반행위에 대하여 정한 과태료 중 가장 중한 과태료를 부과한다.

382

[해설] ① (○) "국가가 본래 그의 사무의 일부를 지방자치단체의 장에게 위임하여 그 사무를 처리하게 하는 기관위임사무의 경우에는 지방자치단체는 국가기관의 일부로 볼 수 있는 것이지만, 지방자치단체가 그 고유의 자치사무를 처리하는 경우에는 지방자치단체는 국가기관의 일부가 아니라 국가기관과는 별도의 독립한 공법인이므로, 지방자치단체 소속 공무원이 지방자치단체 고유의 자치사무를 수행하던 중 도로법 제81조 내지 제85조의 규정에 의한 위반행위를 한 경우에는 지방자치단체는 도로법 제86조의 양벌규정에 따라 처벌대상이 되는 법인에 해당한다." (대법원 2005.11.10. 선고 2004도2657)

② (○) "지방국세청장 또는 세무서장이 조세범칙행위에 대하여 고발을 한 후에 동일한 조세범칙행위에 대하여 통고처분을 하였더라도, 이는 법적 권한 소멸 후에 이루어진 것으로서 특별한 사정이 없는 한 효력이 없고, 조세범칙행위자가 이러한 통고처분을 이행하였더라도 조세범 처벌절차법 제15조 제3항에서 정한 일사부재리의 원칙이 적용될 수 없다." (대법원 2016.9.28. 선고 2014도10748)

③ (×) "경찰서장이 범칙행위에 대하여 통고처분을 한 이상, 범칙자의 위와 같은 절차적 지위를 보장하기 위하여 통고처분에서 정한 범칙금 납부기간까지는 원칙적으로 경찰서장은 즉결심판을 청구할 수 없고, 검사도 동일한 범칙행위에 대하여 공소를 제기할 수 없다고 보아야 한다." (대법원 2020.4.29. 선고 2017도13409)

④ (○) 질서위반행위규제법 제13조 제1항

질서위반행위규제법	제13조(수개의 질서위반행위의 처리) ① 하나의 행위가 2 이상의 질서위반행위에 해당하는 경우에는 각 질서위반행위에 대하여 정한 과태료 중 가장 중한 과태료를 부과한다.

정답 ③

383 [회독] □□□

제재처분에 대한 설명으로 옳지 않은 것은? (다툼이 있는 경우 판례에 의함)

① 일정한 법규위반 사실이 행정처분의 전제사실이자 형사법규의 위반사실이 되는 경우, 형사판결이 확정되기 전에 그 위반사실을 이유로 제재처분을 하였다면 절차적 위반에 해당한다.

② 행정청이 여러 개의 위반행위에 대하여 하나의 제재처분을 하였으나, 위반행위별로 제재처분의 내용을 구분하는 것이 가능하고 여러 개의 위반행위 중 일부의 위반행위에 대한 제재처분 부분만이 위법하다면, 법원은 제재처분 전부를 취소하여서는 아니 된다.

③ 법령위반 행위가 2022년 3월 23일 있은 후 법령이 개정되어 그 위반행위에 대한 제재처분 기준이 감경된 경우, 특별한 규정이 없다면 해당 제재처분에 대해서는 개정된 법령을 적용한다.

④ 행정법규 위반에 대한 영업정지 처분은 행정목적의 달성을 위하여 행정법규 위반이라는 객관적 사실에 착안하여 가하는 제재이므로, 반드시 현실적인 행위자가 아니라도 법령상 책임자로 규정된 자에게 부과되고, 특별한 사정이 없는 한 위반자에게 고의나 과실이 없더라도 부과할 수 있다.

383

[해설] ① (×) "행정처분과 형벌은 각각 그 권력적 기초, 대상, 목적이 다르다. 일정한 법규 위반 사실이 행정처분의 전제사실이자 형사법규의 위반 사실이 되는 경우에 동일한 행위에 관하여 독립적으로 행정처분이나 형벌을 부과하거나 이를 병과할 수 있다. 법규가 예외적으로 형사소추 선행 원칙을 규정하고 있지 않은 이상 형사판결 확정에 앞서 일정한 위반사실을 들어 행정처분을 하였다고 하여 절차적 위반이 있다고 할 수 없다." (대법원 2017.6.19. 선고 2015두59808)

② (○) "행정청이 여러 개의 위반행위에 대하여 하나의 제재처분을 하였으나, 위반행위별로 제재처분의 내용을 구분하는 것이 가능하고 여러 개의 위반행위 중 일부의 위반행위에 대한 제재처분 부분만이 위법하다면, 법원은 제재처분 중 위법성이 인정되는 부분만 취소하여야 하고 제재처분 전부를 취소하여서는 아니 된다." (대법원 2020.5.14. 선고 2019두63515)

③ (○) 행정기본법 제14조 제3항 단서

행정기본법	제14조(법 적용의 기준) ③ 법령등을 위반한 행위의 성립과 이에 대한 제재처분은 법령등에 특별한 규정이 있는 경우를 제외하고는 법령등을 위반한 행위 당시의 법령등에 따른다. 다만, **법령등을 위반한 행위 후 법령등의 변경에 의하여 그 행위가 법령등을 위반한 행위에 해당하지 아니하거나 제재처분 기준이 가벼워진 경우로서 해당 법령등에 특별한 규정이 없는 경우에는 변경된 법령등을 적용한다.**

④ (○) "행정법규 위반에 대한 제재조치는 행정목적의 달성을 위하여 행정법규 위반이라는 객관적 사실에 착안하여 가하는 제재이므로, 반드시 현실적인 행위자가 아니라도 법령상 책임자로 규정된 자에게 부과되고, 특별한 사정이 없는 한 위반자에게 고의나 과실이 없더라도 부과할 수 있다. 이러한 법리는 구 대부업 등의 등록 및 금융이용자 보호에 관한 법률 제13조 제1항이 정하는 대부업자 등의 불법추심행위를 이유로 한 영업정지 처분에도 마찬가지로 적용된다." (대법원 2017.5.11. 선고 2014두8773)

정답 ①

제3절 행정질서벌

기출테마 70 행정질서벌

384 [회독] □□□
22년 지방 9급

행정벌에 대한 설명으로 옳은 것은? (다툼이 있는 경우 판례에 의함)

① 양벌규정에 의한 영업주의 처벌은 금지위반행위자인 종업원의 처벌에 종속되는 것이므로 영업주만 따로 처벌할 수는 없다.

② 통고처분은 법정기간 내에 납부하지 않는 것을 해제조건으로 하는 행정처분이므로 행정소송의 대상이 된다.

③ 행정청의 과태료 부과에 대해 서면으로 이의가 제기된 경우 과태료 부과처분은 그 효력을 상실한다.

④ 법원이 하는 과태료재판에는 원칙적으로 행정소송에서와 같은 신뢰보호의 원칙이 적용된다.

384

[해설] ① (×) "양벌규정에 의한 영업주의 처벌은 금지위반행위자인 종업원의 처벌에 종속하는 것이 아니라 독립하여 그 자신의 종업원에 대한 선임감독상의 과실로 인하여 처벌되는 것이므로 종업원의 범죄 성립이나 처벌이 영업주 처벌의 전제조건이 될 필요는 없다." (대법원 2006.2.24. 선고 2005도7673)

② (×) "도로교통법 제118조에서 규정하는 경찰서장의 통고처분은 행정소송의 대상이 되는 행정처분이 아니다." (대법원 1995.6.29. 선고 95누4674)

③ (○) 질서위반행위규제법 제20조

질서위반행위 규제법	제20조(이의제기) ① 행정청의 과태료 부과에 불복하는 당사자는 제17조제1항에 따른 과태료 부과 통지를 받은 날부터 60일 이내에 해당 행정청에 서면으로 이의제기를 할 수 있다. ② 제1항에 따른 이의제기가 있는 경우에는 행정청의 과태료 부과처분은 그 효력을 상실한다.

④ (×) "법원이 비송사건절차법에 따라서 하는 과태료 재판은 관할 관청이 부과한 과태료처분에 대한 당부를 심판하는 행정소송절차가 아니라 법원이 직권으로 개시·결정하는 것이므로, 원칙적으로 과태료 재판에서는 행정소송에서와 같은 신뢰보호의 원칙 위반 여부가 문제로 되지 아니하고, 다만 위반자가 그 의무를 알지 못하는 것이 무리가 아니었다고 할 수 있어 그것을 정당시할 수 있는 사정이 있을 때 또는 그 의무의 이행을 그 당사자에게 기대하는 것이 무리라고 하는 사정이 있을 때 등 그 의무 해태를 탓할 수 없는 정당한 사유가 있는 때에는 이를 부과할 수 없다." (대법원 2006.4.28. 선고 2003마715)

정답 ③

385 [회독] ☐☐☐

행정질서벌과 「질서위반행위규제법」에 대한 설명으로 옳은 것은? (다툼이 있는 경우 판례에 의함)

① 신분에 의하여 과태료를 감경 또는 가중하거나 과태료를 부과하지 아니하는 때에는 그 신분의 효과는 신분이 없는 자에게는 미치지 않는다.

② 「질서위반행위규제법」 원칙상 고의 또는 과실이 없는 질서위반행위에 대해서도 과태료를 부과할 수 있다.

③ 행정청의 과태료 부과에 불복하는 이의제기가 있더라도 과태료 부과처분은 그 효력을 상실하지 않는다.

④ 행정질서벌인 과태료는 죄형법정주의의 규율 대상이다.

385

해설 ① (○) 질서위반행위규제법 제12조 제3항

질서위반행위 규제법	제12조(다수인의 질서위반행위 가담) ③ 신분에 의하여 과태료를 감경 또는 가중하거나 과태료를 부과하지 아니하는 때에는 그 신분의 효과는 신분이 없는 자에게는 미치지 아니한다.

② (×) 질서위반행위규제법 제7조

질서위반행위 규제법	제7조(고의 또는 과실) 고의 또는 과실이 없는 질서위반행위는 과태료를 부과하지 아니한다.

③ (×) 질서위반행위규제법 제20조 제2항

질서위반행위 규제법	제20조(이의제기) ② 제1항에 따른 이의제기가 있는 경우에는 행정청의 과태료 부과처분은 그 효력을 상실한다.

④ (×) "과태료는 행정상의 질서유지를 위한 행정질서벌에 해당할 뿐 형벌이라고 할 수 없어 죄형법정주의의 규율대상에 해당하지 아니한다." (헌법재판소 1998.5.28. 선고 96헌바83)

정답 ①

386 [회독] □□□

23년 국가 9급

「질서위반행위규제법」상 과태료에 대한 설명으로 옳지 않은 것은?

① 신분에 의하여 성립하는 질서위반행위에 신분이 없는 자가 가담한 때에는 신분이 없는 자에 대하여도 질서위반행위가 성립한다.

② 하나의 행위가 2 이상의 질서위반행위에 해당하는 경우에는 각 질서위반행위에 대하여 정한 과태료 중 가장 중한 과태료를 부과한다.

③ 자신의 행위가 위법하지 아니한 것으로 오인하고 행한 질서위반행위는 그 오인에 정당한 이유가 있는 때에 한하여 과태료를 부과하지 아니한다.

④ 행정청이 위반사실을 적발하면 과태료를 부과받을 자의 주소지를 관할하는 지방법원에 통보하여야 하고, 당해 법원은 「비송사건절차법」에 따라 결정으로써 과태료를 부과한다.

386

| 해설 | ① (○) 질서위반행위규제법 제12조 |

| 질서위반행위 규제법 | 제12조(다수인의 질서위반행위 가담) ① 2인 이상이 질서위반행위에 가담한 때에는 각자가 질서위반행위를 한 것으로 본다.
② 신분에 의하여 성립하는 질서위반행위에 신분이 없는 자가 가담한 때에는 신분이 없는 자에 대하여도 질서위반행위가 성립한다.
③ 신분에 의하여 과태료를 감경 또는 가중하거나 과태료를 부과하지 아니하는 때에는 그 신분의 효과는 신분이 없는 자에게는 미치지 아니한다. |

② (○) 질서위반행위규제법 제13조 제1항

| 질서위반행위 규제법 | 제13조(수개의 질서위반행위의 처리) ① 하나의 행위가 2 이상의 질서위반행위에 해당하는 경우에는 각 질서위반행위에 대하여 정한 과태료 중 가장 중한 과태료를 부과한다. |

③ (○) 질서위반행위규제법 제8조

| 질서위반행위 규제법 | 제8조(위법성의 착오) 자신의 행위가 위법하지 아니한 것으로 오인하고 행한 질서위반행위는 그 오인에 정당한 이유가 있는 때에 한하여 과태료를 부과하지 아니한다. |

④ (×) 여러 부분이 틀린 지문이다. ㉠ 행정청이 위반사실을 적발하면 먼저 과태료 부과처분을 할 수 있고 ㉡ 이에 대하여 이의제기를 한 경우라면(언제나×) 과태료를 부과받을 자의 주소지를 관할하는 지방법원에 통보하여야 한다.
㉢ 이 경우 관할 법원은 「비송사건절차법」을 준용하여 「질서위반행위규제법」에 따라 ㉣ 결정의 형식으로 과태료를 부과한다(질서위반행위규제법 제21조 제1항, 제25조, 제28조, 제26조 제1항).

| 질서위반행위 규제법 | 제17조(과태료의 부과) ① 행정청은 제16조의 의견 제출 절차를 마친 후에 서면(당사자가 동의하는 경우에는 전자문서를 포함한다. 이하 이 조에서 같다)으로 과태료를 부과하여야 한다. |
| 질서위반행위 규제법 | 제21조(법원에의 통보) ① 제20조제1항에 따른 이의제기를 받은 행정청은 이의제기를 받은 날부터 14일 이내에 이에 대한 의견 및 증빙서류를 첨부하여 관할 법원에 통보하여야 한다. 다만, 다음 각 호의 어느 하나에 해당하는 경우에는 그러하지 아니하다.
1. 당사자가 이의제기를 철회한 경우
2. 당사자의 이의제기에 이유가 있어 과태료를 부과할 필요가 없는 것으로 인정되는 경우 |

정답 ④

387 [회독] □□□

행정의 실효성 확보수단에 대한 설명으로 옳지 않은 것은?

① 행정법상의 질서벌인 과태료의 부과처분과 형사처벌을 병과하는 것은 일사부재리의 원칙에 반하지 않는다는 것이 대법원의 입장이다.

② 계고서라는 명칭의 1장의 문서로서 일정기간 내에 위법 건축물의 자진철거를 명함과 동시에 그 소정기한 내에 자진철거를 하지 아니할 때에는 대집행할 뜻을 미리 계고한 경우라면 「건축법」에 의한 철거명령과 「행정대집행법」에 의한 계고처분의 요건이 충족된 것은 아니다.

③ 직접강제는 행정대집행이나 이행강제금 부과의 방법으로는 행정상 의무 이행을 확보할 수 없거나 그 실현이 불가능한 경우에 실시하여야 한다.

④ 과세관청이 체납처분으로서 행하는 공매는 우월한 공권력의 행사로서 행정소송의 대상이 되는 공법상의 행정처분이며 공매에 의하여 재산을 매수한 자는 그 공매처분이 취소된 경우에 그 취소처분의 위법을 주장하여 행정소송을 제기할 법률상 이익이 있다.

387

해설 ① (○) "행정법상의 질서벌인 과태료의 부과처분과 형사처벌은 그 성질이나 목적을 달리하는 별개의 것이므로 행정법상의 질서벌인 과태료를 납부한 후에 형사처벌을 한다고 하여 이를 일사부재리의 원칙에 반하는 것이라고 할 수는 없다." (대법원 1996.4.12. 선고 96도158)

② (×) "계고서라는 명칭의 1장의 문서로서 일정기간 내에 위법건축물의 자진철거를 명함과 동시에 그 소정기한 내에 자진철거를 하지 아니할 때에는 대집행할 뜻을 미리 계고한 경우라도 건축법에 의한 철거명령과 행정대집행법에 의한 계고처분은 독립하여 있는 것으로서 각 그 요건이 충족되었다고 볼 것이다." (대법원 1992.6.12. 선고 91누13564)

③ (○) 행정기본법 제32조 제1항

행정기본법	제32조(직접강제) ① 직접강제는 행정대집행이나 이행강제금 부과의 방법으로는 행정상 의무 이행을 확보할 수 없거나 그 실현이 불가능한 경우에 실시하여야 한다.

④ (○) "과세관청이 체납처분으로서 행하는 공매는 우월한 공권력의 행사로서 행정소송의 대상이 되는 공법상의 행정처분이며 공매에 의하여 재산을 매수한 자는 그 공매처분이 취소된 경우에 그 취소처분의 위법을 주장하여 행정소송을 제기할 법률상 이익이 있다." (대법원 1984.9.25. 선고 84누201)

정답 ②

PART 04

388 [회독] ☐☐☐　　　　24년 군무원 9급

다음 중 「질서위반행위규제법」에 대한 설명으로 가장 적절하지 않은 것은?

① 고의 또는 과실이 없는 질서위반행위는 과태료를 부과하지 아니한다.

② 하나의 행위가 2 이상의 질서위반행위에 해당하는 경우에는 각 질서위반행위에 대하여 정한 과태료를 각각 부과한다.

③ 과태료는 행정청의 과태료 부과처분이나 법원의 과태료 재판이 확정된 후 5년간 징수하지 아니하거나 집행하지 아니하면 시효로 인하여 소멸한다.

④ 과태료 부과에 불복하는 당사자는 과태료 부과 통지를 받은 날부터 60일 이내에 해당 행정청에 서면으로 이의제기를 할 수 있고, 이의제기가 있는 경우에는 행정청의 과태료 부과처분은 그 효력을 상실한다.

388

해설 ① (○) 질서위반행위규제법 제7조

질서위반행위 규제법	제7조(고의 또는 과실) 고의 또는 과실이 없는 질서위반행위는 과태료를 부과하지 아니한다.

② (✕) 질서위반행위규제법 제13조

질서위반행위 규제법	제13조(수개의 질서위반행위의 처리) ① 하나의 행위가 2 이상의 질서위반행위에 해당하는 경우에는 각 질서위반행위에 대하여 정한 과태료 중 가장 중한 과태료를 부과한다. ② 제1항의 경우를 제외하고 2 이상의 질서위반행위가 경합하는 경우에는 각 질서위반행위에 대하여 정한 과태료를 각각 부과한다. 다만, 다른 법령(지방자치단체의 조례를 포함한다. 이하 같다)에 특별한 규정이 있는 경우에는 그 법령으로 정하는 바에 따른다.

③ (○) 질서위반행위규제법 제15조 제1항

질서위반행위 규제법	제15조(과태료의 시효) ① 과태료는 행정청의 과태료 부과처분이나 법원의 과태료 재판이 확정된 후 5년간 징수하지 아니하거나 집행하지 아니하면 시효로 인하여 소멸한다. ② 제1항에 따른 소멸시효의 중단·정지 등에 관하여는 「국세기본법」 제28조를 준용한다.

④ (○) 질서위반행위규제법 제20조

질서위반행위 규제법	제20조(이의제기) ① 행정청의 과태료 부과에 불복하는 당사자는 제17조제1항에 따른 과태료 부과 통지를 받은 날부터 60일 이내에 해당 행정청에 서면으로 이의제기를 할 수 있다. ② 제1항에 따른 이의제기가 있는 경우에는 행정청의 과태료 부과처분은 그 효력을 상실한다. ③ 당사자는 행정청으로부터 제21조제3항에 따른 통지를 받기 전까지는 행정청에 대하여 서면으로 이의제기를 철회할 수 있다.

정답 ②

389 [회독] ☐☐☐ 23년 소방직

행정질서벌에 관한 설명으로 옳은 것은? (다툼이 있는 경우 판례에 의함)

① 과태료 부과와 형사처벌은 그 성질이나 목적이 다를 바가 없으므로 과태료 부과 후에 형사처벌을 할 경우 이중처벌금지원칙에 반한다.

② 과태료와 같은 행정질서벌은 행정질서유지를 위한 의무의 위반이라는 객관적 사실에 대하여 과하는 제재이므로 현실적인 행위자가 아니더라도 법령상 책임자로 규정된 자에게 부과된다.

③ 자신의 행위가 위법하지 아니한 것으로 오인하고 행한 질서위반행위에 대하여는 그 오인에 정당한 이유가 있는 때에도 과태료를 부과한다.

④ 질서위반행위 후 법률이 변경되어 그 행위가 질서위반행위에 해당하지 아니하게 되면 법률에 특별한 규정이 없는 한 변경되기 전의 법률을 적용한다.

389

[해설] ① (✕) 성질이나 목적이 다르기 때문에, 과태료 부과 후에 형사처벌을 할 경우 이중처벌금지원칙에 반하지 않는다. "행정법상의 질서벌인 과태료의 부과처분과 형사처벌은 그 성질이나 목적을 달리하는 별개의 것이므로 행정법상의 질서벌인 과태료를 납부한 후에 형사처벌을 한다고 하여 이를 일사부재리의 원칙에 반하는 것이라고 할 수는 없다." (대법원 1996.4.12. 선고 96도158) 판례는 '이중처벌금지원칙'을 '일사부재리의 원칙'이라 표현하기도 한다.

② (◦) "과태료와 같은 행정질서벌은 행정질서유지를 위한 의무의 위반이라는 객관적 사실에 대하여 과하는 제재이므로 반드시 현실적인 행위자가 아니라도 법령상 책임자로 규정된 자에게 부과되고 원칙적으로 위반자의 고의·과실을 요하지 아니하나, 위반자가 그 의무를 알지 못하는 것이 무리가 아니었다고 할 수 있어 그것을 정당시할 수 있는 사정이 있을 때 또는 그 의무의 이행을 그 당사자에게 기대하는 것이 무리라고 하는 사정이 있을 때 등 그 의무해태를 탓할 수 없는 정당한 사유가 있는 때에는 이를 부과할 수 없다." (대법원 2000.5.26. 선고 98두5972)

③ (✕) 그 오인에 정당한 이유가 있는 때에는 과태료가 부과되지 않는다(질서위반행위규제법 제8조).

질서위반행위 규제법	제8조(위법성의 착오) 자신의 행위가 위법하지 아니한 것으로 오인하고 행한 질서위반행위는 그 오인에 정당한 이유가 있는 때에 한하여 과태료를 부과하지 아니한다.

④ (✕) 이 경우 변경된 법률을 적용한다.

질서위반행위 규제법	제3조(법 적용의 시간적 범위) ② 질서위반행위 후 법률이 변경되어 그 행위가 질서위반행위에 해당하지 아니하게 되거나 과태료가 변경되기 전의 법률보다 가볍게 된 때에는 법률에 특별한 규정이 없는 한 변경된 법률을 적용한다.

정답 ②

390 [회독] ☐☐☐　　　　24년 국가 9급

행정벌에 대한 설명으로 옳지 않은 것은?

① 지방자치단체 소속 공무원이 지방자치단체 고유의 자치사무를 수행하던 중 「도로법」 규정에 의한 위반행위를 한 경우 지방자치단체는 「도로법」 소정의 양벌규정에 따라 처벌대상이 되는 법인에 해당하지 않는다.

② 「개인정보 보호법」에 따르면, 죄형법정주의의 원칙상 '법인격 없는 공공기관'을 「개인정보 보호법」 소정의 양벌규정에 의하여 처벌할 수 없고, 그 경우 행위자 역시 위 양벌규정으로 처벌할 수 없다.

③ 과태료의 부과·징수, 재판 및 집행 등의 절차에 관한 다른 법률의 규정 중 「질서위반행위규제법」의 규정에 저촉되는 것은 「질서위반행위규제법」으로 정하는 바에 따른다.

④ 「질서위반행위규제법」에 따르면, 당사자와 검사는 과태료 재판에 대하여 즉시항고를 할 수 있으며, 이 경우 항고는 집행정지의 효력이 있다.

390

해설 ① (×) "헌법 제117조, 지방자치법 제3조 제1항, 제9조, 제93조, 도로법 제54조, 제83조, 제86조의 각 규정을 종합하여 보면, 국가가 본래 그의 사무의 일부를 지방자치단체의 장에게 위임하여 그 사무를 처리하게 하는 기관위임사무의 경우에는 지방자치단체는 국가기관의 일부로 볼 수 있는 것이지만, 지방자치단체가 그 고유의 자치사무를 처리하는 경우에는 지방자치단체는 국가기관의 일부가 아니라 국가기관과는 별도의 독립한 공법인이므로, 지방자치단체 소속 공무원이 지방자치단체 고유의 자치사무를 수행하던 중 도로법 제81조 내지 제85조의 규정에 의한 위반행위를 한 경우에는 지방자치단체는 도로법 제86조의 양벌규정에 따라 처벌대상이 되는 법인에 해당한다." (대법원 2005.11.10. 선고 2004도2657)

② (○) "구 개인정보 보호법은 제2조 제5호, 제6호에서 공공기관 중 법인격이 없는 '중앙행정기관 및 그 소속 기관' 등을 개인정보처리자 중 하나로 규정하고 있으면서도, 양벌규정에 의하여 처벌되는 개인정보처리자로는 같은 법 제74조 제2항에서 '법인 또는 개인'만을 규정하고 있을 뿐이고, 법인격 없는 공공기관에 대하여도 위 양벌규정을 적용할 것인지 여부에 대하여는 명문의 규정을 두고 있지 않으므로, 죄형법정주의의 원칙상 '법인격 없는 공공기관'을 위 양벌규정에 의하여 처벌할 수 없고, 그 경우 행위자 역시 위 양벌규정으로 처벌할 수 없다고 봄이 타당하다." (대법원 2021.10.28. 선고 2020도1942)

③ (○) 질서위반행위규제법 제5조

질서위반 행위규제법	제5조(다른 법률과의 관계) 과태료의 부과·징수, 재판 및 집행 등의 절차에 관한 다른 법률의 규정 중 이 법의 규정에 저촉되는 것은 이 법(질서위반행위규제법)으로 정하는 바에 따른다.

④ (○) 질서위반행위규제법 제38조 제1항

질서위반 행위규제법	제38조(항고) ① 당사자와 검사는 과태료 재판에 대하여 즉시항고를 할 수 있다. 이 경우 항고는 집행정지의 효력이 있다.

정답 ①

391 [회독] ☐☐☐

「질서위반행위규제법」에 대한 설명으로 옳지 않은 것은?

① 행정청의 과태료 처분이 확정된 후 법률이 변경되어 그 행위가 질서위반행위에 해당하지 아니하게 된 때에는 변경된 법률에 특별한 규정이 없는 한 과태료의 징수를 면제한다.

② 심신(心神)장애로 인하여 행위의 옳고 그름을 판단할 능력이 없거나 그 판단에 따른 행위를 할 능력이 없는 자의 질서위반행위는 과태료를 부과하지 아니한다.

③ 행정청은 질서위반행위가 종료된 날(다수인이 질서위반행위에 가담한 경우에는 최종행위가 종료된 날을 말함)부터 5년이 경과한 경우에는 해당 질서위반행위에 대하여 과태료를 부과할 수 없다.

④ 행정청의 과태료 부과에 불복하는 당사자는 과태료 부과 통지를 받은 날부터 90일 이내에 관할 법원에 취소소송을 제기할 수 있다.

391

해설 ① (○) 질서위반행위규제법 제3조 제3항

질서위반 행위규제법	제3조(법 적용의 시간적 범위) ③ 행정청의 과태료 처분이나 법원의 과태료 재판이 확정된 후 법률이 변경되어 그 행위가 질서위반행위에 해당하지 아니하게 된 때에는 변경된 법률에 특별한 규정이 없는 한 과태료의 징수 또는 집행을 면제한다.

② (○) 질서위반행위규제법 제10조 제1항

질서위반 행위규제법	제10조(심신장애) ① 심신(心神)장애로 인하여 행위의 옳고 그름을 판단할 능력이 없거나 그 판단에 따른 행위를 할 능력이 없는 자의 질서위반행위는 과태료를 부과하지 아니한다.

③ (○) 질서위반행위규제법 제19조 제1항

질서위반 행위규제법	제19조(과태료 부과의 제척기간) ① 행정청은 질서위반행위가 종료된 날(다수인이 질서위반행위에 가담한 경우에는 최종행위가 종료된 날을 말한다)부터 5년이 경과한 경우에는 해당 질서위반행위에 대하여 과태료를 부과할 수 없다.

④ (×) 과태료 부과처분은 처분성이 부정되어 취소소송의 대상이 될 수 없다(2011두19369). 과태료 부과에 불복하는 경우에는 행정청에 이의제기를 하는 방법으로 한다(질서위반행위규제법 제20조 제1항).

질서위반 행위규제법	제20조(이의제기) ① 행정청의 과태료 부과에 불복하는 당사자는 제17조제1항에 따른 과태료 부과 통지를 받은 날부터 60일 이내에 해당 행정청에 서면으로 이의제기를 할 수 있다.

정답 ④

392 [회독] ☐☐☐　　　　24년 국가 7급

행정벌에 대한 설명으로 옳지 않은 것은?

① 지방자치단체가 고유의 자치사무를 처리하는 경우 당해 지방자치단체는 국가기관과는 별도의 독립한 공법인이므로 양벌규정에 따라 처벌대상이 되는 법인에 해당한다.

② 「개인정보 보호법」상 법인격 없는 공공기관은 양벌규정에 의하여 처벌될 수 있으며, 이 경우 행위자 역시 위 양벌규정으로 처벌될 수 있다.

③ 「질서위반행위규제법」에 따르면 고의 또는 과실이 없는 질서위반행위는 과태료를 부과하지 아니한다.

④ 질서위반행위에 대하여 과태료를 부과하는 근거 법령이 개정되어 행위 시의 법률에 의하면 과태료 부과대상이었지만 재판 시의 법률에 의하면 부과대상이 아니게 된 때에는 개정 법률의 부칙 등에서 행위 시의 법률을 적용하도록 명시하는 등 특별한 사정이 없는 한 재판 시의 법률을 적용하여야 하므로 과태료를 부과할 수 없다.

392

해설　① (○) "헌법 제117조, 지방자치법 제3조 제1항, 제9조, 제93조, 도로법 제54조, 제83조, 제86조의 각 규정을 종합하여 보면, 국가가 본래 그의 사무의 일부를 지방자치단체의 장에게 위임하여 그 사무를 처리하게 하는 기관위임사무의 경우에는 지방자치단체는 국가기관의 일부로 볼 수 있는 것이지만, 지방자치단체가 그 고유의 자치사무를 처리하는 경우에는 지방자치단체는 국가기관의 일부가 아니라 국가기관과는 별도의 독립한 공법인이므로, 지방자치단체 소속 공무원이 지방자치단체 고유의 자치사무를 수행하던 중 도로법 제81조 내지 제85조의 규정에 의한 위반행위를 한 경우에는 지방자치단체는 도로법 제86조의 양벌규정에 따라 처벌대상이 되는 법인에 해당한다." (대법원 2005.11.10. 선고 2004도2657)

② (✕) "구 개인정보 보호법 제71조 제2호는 같은 법 제18조 제1항을 위반하여 이용범위를 초과하여 개인정보를 이용한 개인정보처리자를 처벌하도록 규정하고 있고, 같은 법 제74조 제2항에서는 법인의 대표자나 법인 또는 개인의 대리인, 사용인, 그 밖의 종업원이 그 법인 또는 개인의 업무에 관하여 같은 법 제71조에 해당하는 위반행위를 하면 그 행위자를 벌하는 외에 그 법인 또는 개인에게도 해당 조문의 벌금형을 과하도록 하는 양벌규정을 두고 있다. 그러나, 구 「개인정보 보호법」은 제2조 제5호, 제6호에서 공공기관 중 법인격이 없는 '중앙행정기관 및 그 소속 기관' 등을 개인정보처리자 중 하나로 규정하고 있으면서도, 양벌규정에 의하여 처벌되는 개인정보처리자로는 같은 법 제74조 제2항에서 '법인 또는 개인'만을 규정하고 있을 뿐이고, 법인격 없는 공공기관에 대하여도 위 양벌규정을 적용할 것인지 여부에 대하여는 명문의 규정을 두고 있지 않으므로, 죄형법정주의의 원칙상 '법인격 없는 공공기관'을 위 양벌규정에 의하여 처벌할 수 없고, 그 경우 행위자 역시 위 양벌규정으로 처벌할 수 없다고 봄이 타당하다." (대법원 2021.10.28. 선고 2020도1942)

③ (○) 질서위반행위규제법 제7조

질서위반 행위규제법	제7조(고의 또는 과실) 고의 또는 과실이 없는 질서위반행위는 과태료를 부과하지 아니한다.

④ (○) "질서위반행위에 대하여 과태료 부과의 근거 법률이 개정되어 행위 시의 법률에 의하면 과태료 부과대상이었지만 재판 시의 법률에 의하면 과태료 부과대상이 아니게 된 때에는, 개정 법률의 부칙에서 종전 법률 시행 당시에 행해진 질서위반행위에 대해서는 행위 시의 법률을 적용하도록 특별한 규정을 두지 않은 이상 재판 시의 법률을 적용하여야 하므로 과태료를 부과할 수 없다." (대법원 2020.12.18.자 2020마6912)

질서위반 행위규제법	제3조(법 적용의 시간적 범위) ① 질서위반행위의 성립과 과태료 처분은 행위 시의 법률에 따른다. ② 질서위반행위 후 법률이 변경되어 그 행위가 질서위반행위에 해당하지 아니하게 되거나 과태료가 변경되기 전의 법률보다 가볍게 된 때에는 법률에 특별한 규정이 없는 한 변경된 법률을 적용한다.

정답 ②

393 [회독] ☐☐☐   21년 소방직

행정벌에 대한 설명으로 옳지 않은 것은? (다툼이 있는 경우 판례에 의함)

① 과태료는 행정상의 질서유지를 위한 행정질서벌에 해당할 뿐 형벌이라 할 수 없어 죄형법정주의의 규율 대상에 해당하지 않는다.

② 행정형벌은 행정법상 의무위반에 대한 제재로 과하는 처벌로 법인이 법인으로서 행정법상 의무자인 경우 그 의무위반에 대하여 형벌의 성질이 허용하는 한도 내에서 그 법인을 처벌하는 것은 당연하며, 행정범에 관한 한 법인의 범죄능력을 인정함이 일반적이나, 지방자치단체와 같은 공법인의 경우는 범죄능력 및 형벌 능력 모두 부정된다.

③ 과태료 재판은 이유를 붙인 결정으로써 하며, 결정은 당사자와 검사에게 고지함으로써 효력이 발생하고, 당사자와 검사는 과태료 재판에 대하여 즉시항고할 수 있으며 이 경우 항고는 집행정지의 효력이 있다.

④ 행정청이 질서위반행위에 대하여 과태료를 부과하고자 하는 때에는 미리 당사자에게 과태료 부과의 원인이 되는 사실, 과태료 금액 및 적용법령 등을 통지하고 10일 이상의 기간을 정하여 의견을 제출할 기회를 주어야 한다.

393

해설 ① (○) "죄형법정주의는 무엇이 범죄이며 그에 대한 형벌이 어떠한 것인가는 국민의 대표로 구성된 입법부가 제정한 법률로써 정하여야 한다는 원칙인데 과태료는 행정상의 질서유지를 위한 행정질서벌에 해당할 뿐 형벌이라고 할 수 없어 죄형법정주의의 규율대상에 해당하지 아니한다." (헌법재판소 1998.5.28. 선고 96헌바83)

② (×) 공무원 시험의 범위를 넘어서는 내용에 대한 지문이다. 공법인인지 사법인인지를 불문하고, 행정범에 관한 한 법인의 경우 범죄능력은 부정되더라도, 형벌능력은 인정된다고 보는 것이 형법학에서의 통설적인 입장이다. ㉠ '행정범'이란 행정법상의 의무(예컨대, 폐기물을 무단 소각하지 말아야 할 의무)를 위반함으로써 성립하는 범죄(예컨대, 폐기물 무단 소각죄)를 말한다. '범죄능력'이란 어떠한 행위를 하였을 때 그것이 범죄를 저지른 것으로 취급될 수 있는 능력을 말한다(예컨대, 호랑이는 사람을 잡아 먹더라도 범죄능력이 없어서 호랑이에게는 살인죄가 성립하지 않는다). '형벌능력'이란 형벌을 받을 감수(甘受, passio)할 수 있는 능력을 말한다. 형법 이론에 따르면 형벌능력이 없는 자에게는 형벌이 부과되지 않는다. ㉡ 한편 '형사범'이라는 개념도 존재하는 형법상의 의무(예컨대, 사람을 죽이지 말아야 할 의무, 타인의 물건을 훔치지 말아야 할 의무 등)를 위반함으로써 성립하는 범죄(예컨대, 살인죄, 절도죄 등)를 말한다. ㉢ 지방자치단체 등을 포함한 법인에게 범죄능력이나 형벌능력이 있는지가 행정법적으로 문제되는데, 행정법학계의 통설은 형사범과 관련해서는 법인에게 범죄능력과 형벌능력이 모두 부정될지 몰라도, 행정범과 관련해서는 지방자치단체 등 법인에게 범죄능력은 없지만 형벌능력은 있다고 보아 지방자치단체 등 법인도 형사처벌 부과의 대상이 될 수 있다고 본다('범죄를 저지를 수는 없지만 형벌은 부과된다'). 또 지방자치단체 소속 공무원이 자치사무를 수행하던 중 도로법을 위반한 행위에 대해 대법원이 지방자치단체에 형벌을 부과한 것을 두고(2004도2657), 대법원도 법인의 형벌능력을 인정하고 있는 것으로 통설은 해석하고 있다.

③ (○) 질서위반행위규제법 제36조 제1항, 제37조 제1항, 제38조 제1항

질서위반행위 규제법	제36조(재판) ① 과태료 재판은 이유를 붙인 결정으로써 한다.
질서위반행위 규제법	제37조(결정의 고지) ① 결정은 당사자와 검사에게 고지함으로써 효력이 생긴다.
질서위반행위 규제법	제38조(항고) ① 당사자와 검사는 과태료 재판에 대하여 즉시항고를 할 수 있다. 이 경우 항고는 집행정지의 효력이 있다.

④ (○) 질서위반행위규제법 제16조 제1항, 질서위반행위규제법 시행령 제3조

질서위반행위 규제법	제16조(사전통지 및 의견 제출 등) ① 행정청이 질서위반행위에 대하여 과태료를 부과하고자 하는 때에는 미리 당사자(제11조제2항에 따른 고용주등을 포함한다. 이하 같다)에게 대통령령으로 정하는 사항을 통지하고, 10일 이상의 기간을 정하여 의견을 제출할 기회를 주어야 한다. 이 경우 지정된 기일까지 의견 제출이 없는 경우에는 의견이 없는 것으로 본다.
질서위반행위 규제법 시행령	제3조(사전통지 및 의견제출 등) ① 법 제16조제1항에 따라 행정청이 과태료 부과에 관하여 미리 통지하는 경우에는 다음 각 호의 사항을 모두 적은 서면(당사자가 동의하는 경우에는 전자문서를 포함한다)으로 하여야 한다. 2. 과태료 부과의 원인이 되는 사실, 과태료 금액 및 적용 법령

정답 ②

394 [회독] ☐☐☐　　　　　　　　　　21년 지방 9급

행정벌에 대한 설명으로 옳지 않은 것은? (다툼이 있는 경우 판례에 의함)

① 법률에 따르지 아니하고는 어떤 행위도 질서위반행위로 과태료를 부과하지 아니한다.

② 경찰서장이 범칙행위에 대하여 통고처분을 한 이상, 통고처분에서 정한 범칙금 납부 기간까지는 원칙적으로 경찰서장은 즉결심판을 청구할 수 없고, 검사도 동일한 범칙행위에 대하여 공소를 제기할 수 없다.

③ 행정청의 과태료 부과에 대해 이의가 제기된 경우에는 행정청의 과태료 부과처분은 그 효력을 상실한다.

④ 신분에 의하여 성립하는 질서위반행위에 신분이 없는 자가 가담한 경우 신분이 없는 자에 대하여는 질서위반행위가 성립하지 않는다.

394

해설 ① (○) 질서위반행위규제법 제6조

질서위반행위 규제법	제6조(질서위반행위 법정주의) 법률에 따르지 아니하고는 어떤 행위도 질서위반행위로 과태료를 부과하지 아니한다.

② (○) "경범죄 처벌법상 범칙금제도는 … 즉결심판 선고 전까지 범칙금을 납부하면 형사처벌을 면할 수 있도록 함으로써 범칙자에 대하여 형사소추와 형사처벌을 면제받을 기회를 부여하고 있다. 따라서 경찰서장이 범칙행위에 대하여 통고처분을 한 이상, 범칙자의 위와 같은 절차적 지위를 보장하기 위하여 통고처분에서 정한 범칙금 납부 기간까지는 원칙적으로 경찰서장은 즉결심판을 청구할 수 없고, 검사도 동일한 범칙행위에 대하여 공소를 제기할 수 없다고 보아야 한다." (대법원 2020.4.29. 선고 2017도13409)

③ (○) 질서위반행위규제법 제20조

질서위반행위 규제법	제20조(이의제기) ① 행정청의 과태료 부과에 불복하는 당사자는 제17조제1항에 따른 과태료 부과 통지를 받은 날부터 60일 이내에 해당 행정청에 서면으로 이의제기를 할 수 있다. ② 제1항에 따른 이의제기가 있는 경우에는 행정청의 과태료 부과처분은 그 효력을 상실한다.

④ (×) 이 경우 신분이 없는 자에 대해서도 질서위반행위가 성립한다 (질서위반행위규제법 제12조 제2항).

질서위반행위 규제법	제12조(다수인의 질서위반행위 가담) ② 신분에 의하여 성립하는 질서위반행위에 신분이 없는 자가 가담한 때에는 신분이 없는 자에 대하여도 질서위반행위가 성립한다.

정답 ④

395 [회독] ☐☐☐

행정벌에 대한 설명으로 옳은 것은? (다툼이 있는 경우 판례에 의함)

① 지방자치단체가 그 고유의 자치사무를 처리하는 경우 지방자치단체는 양벌규정에 의한 처벌대상이 되지 않는다.

② 「관세법」상 통고처분은 상대방의 임의의 승복을 그 발효요건으로 하기 때문에 그 자체만으로는 통고이행을 강제하거나 상대방에게 아무런 권리의무를 형성하지 않는다.

③ 질서위반행위 후 법률이 변경되어 그 행위가 질서위반행위에 해당하지 아니하게 된 때에는 법률에 특별한 규정이 없는 한 변경되기 전의 법률을 적용한다.

④ 스스로 심신장애 상태를 일으켜 질서위반행위를 한 자에 대하여는 과태료를 감경한다.

395

해설 ① (×) "국가가 본래 그의 사무의 일부를 지방자치단체의 장에게 위임하여 처리하게 하는 기관위임사무의 경우 지방자치단체는 국가기관의 일부로 볼 수 있고, 지방자치단체가 그 고유의 자치사무를 처리하는 경우 지방자치단체는 국가기관의 일부가 아니라 국가기관과는 별도의 독립한 공법인으로서 양벌규정에 의한 처벌대상이 되는 법인에 해당한다." (대법원 2009.6.11. 선고 2008도6530)

② (○) "통고처분은 상대방의 임의의 승복을 그 발효요건으로 하기 때문에 그 자체만으로는 통고이행을 강제하거나 상대방에게 아무런 권리의무를 형성하지 않으므로 행정심판이나 행정소송의 대상으로서의 처분성을 부여할 수 없다." (헌법재판소 1998.5.28. 선고 96헌바4)

③ (×) 질서위반행위규제법 제3조 제2항

질서위반행위 규제법	제3조(법 적용의 시간적 범위) ② 질서위반행위 후 법률이 변경되어 그 행위가 질서위반행위에 해당하지 아니하게 되거나 과태료가 변경되기 전의 법률보다 가볍게 된 때에는 법률에 특별한 규정이 없는 한 변경된 법률을 적용한다.

④ (×) 질서위반행위규제법 제10조

질서위반행위 규제법	제10조(심신장애) ① 심신(心神)장애로 인하여 행위의 옳고 그름을 판단할 능력이 없거나 그 판단에 따른 행위를 할 능력이 없는 자의 질서위반행위는 과태료를 부과하지 아니한다. ② 심신장애로 인하여 제1항에 따른 능력이 미약한 자의 질서위반행위는 과태료를 감경한다. ③ 스스로 심신장애 상태를 일으켜 질서위반행위를 한 자에 대하여는 제1항 및 제2항을 적용하지 아니한다.

정답 ②

396 [회독] ☐☐☐　　　　　　　　　　21년 국가 9급

행정의 실효성 확보수단의 예와 그 법적 성질의 연결이 옳지 않은 것은? (다툼이 있는 경우 판례에 의함)

① 「건축법」에 따른 이행강제금의 부과 – 집행벌

② 「식품위생법」에 따른 영업소 폐쇄 – 직접강제

③ 「공유재산 및 물품 관리법」에 따른 공유재산 원상복구 명령의 강제적 이행 – 즉시강제

④ 「부동산등기 특별조치법」에 따른 과태료의 부과 – 행정벌

396

해설 ① (○) 집행벌이란 이행강제금을 뜻하는 말이다. 따라서 「건축법」상 이행강제금의 부과가 이행강제금의 일종인지 묻고 있는 것이다. 맞다. 대표적인 이행강제금의 예에 해당한다.

② (○) 식품위생법에 따른 영업소 폐쇄조치는 강제집행 중 직접강제에 해당한다(식품위생법 제79조).

식품위생법	제79조(폐쇄조치 등) ① 식품의약품안전처장, 시·도지사 또는 시장·군수·구청장은 제37조제1항, 제4항 또는 제5항을 위반하여 허가받지 아니하거나 신고 또는 등록하지 아니하고 영업을 하는 경우 또는 제75조제1항 또는 제2항에 따라 허가 또는 등록이 취소되거나 영업소 폐쇄명령을 받은 후에도 계속하여 영업을 하는 경우에는 해당 영업소를 폐쇄하기 위하여 관계 공무원에게 다음 각 호의 조치를 하게 할 수 있다. 1. 해당 영업소의 간판 등 영업 표지물의 제거나 삭제 2. 해당 영업소가 적법한 영업소가 아님을 알리는 게시문 등의 부착 3. 해당 영업소의 시설물과 영업에 사용하는 기구 등을 사용할 수 없게 하는 봉인(封印)

③ (×) 행정법각론에 해당하는 내용을 변별력 확보목적으로 행정법총론 시험에서 출제한 것이다. 「공유재산 및 물품 관리법」에 따르면(제83조 제1항) 공유재산 원상복구명령을 한 뒤에 자발적으로 이를 이행하지 않고 있는 경우 행정대집행을 할 수 있게 하고 있다(제83조 제2항).

공유재산 및 물품 관리법	제83조(원상복구명령 등) ① 지방자치단체의 장은 정당한 사유 없이 공유재산을 점유하거나 공유재산에 시설물을 설치한 경우에는 원상복구 또는 시설물의 철거 등을 명하거나 이에 필요한 조치를 할 수 있다. ② 제1항에 따른 명령을 받은 자가 그 명령을 이행하지 아니할 때에는 「행정대집행법」에 따라 원상복구 또는 시설물의 철거 등을 하고 그 비용을 징수할 수 있다.

④ (○) 과태료는 행정형벌과 함께 행정벌에 속한다.

정답 ③

397 [회독] ☐☐☐　　　　　　　　　　　19년 국가 9급

행정벌에 대한 설명으로 옳지 않은 것은? (다툼이 있는 경우 판례에 의함)

① 과실범을 처벌한다는 명문의 규정이 없더라도 행정형벌 법규의 해석에 의하여 과실행위도 처벌한다는 뜻이 도출되는 경우에는 과실범도 처벌될 수 있다.

② 통고처분에 따른 범칙금을 납부한 후에 동일한 사건에 대하여 다시 형사처벌을 하는 것이 일사부재리의 원칙에 반하는 것은 아니다.

③ 과태료는 행정질서벌에 해당할 뿐 형벌이라고 할 수 없어 죄형법정주의의 규율대상에 해당하지 아니한다.

④ 과태료를 부과하는 근거 법령이 개정되어 행위 시의 법률에 의하면 과태료 부과대상이었지만 재판 시의 법률에 의하면 부과대상이 아니게 된 때에는 특별한 사정이 없는 한 과태료를 부과할 수 없다.

397

[해설] ① (○) 옳은 지문이다. 대법원이 이러한 입장을 취하고 있다. "구 대기환경보전법의 입법목적이나 제반 관계규정의 취지 등을 고려하면, 고의범의 경우는 물론 과실로 인하여 그러한 내용을 인식하지 못한 과실범의 경우도 함께 처벌하는 규정이다." (대법원 1993.9.10. 선고 92도1136)

② (×) 통고처분에 따른 범칙금을 납부하면 확정재판에 준하는 효력을 인정되므로 동일한 사건에 대하여 다시 형사처벌하는 것은 일사부재리의 원칙에 반한다.

"범칙금을 납부한 경우 그 범칙행위에 대하여 다시 벌받지 아니한다고 규정하고 있는바, 이는 범칙금의 납부에 확정재판의 효력에 준하는 효력을 인정하는 취지로 해석하여야 한다." (대법원 2002.11.22. 선고 2001도849)

③ (○) "과태료는 행정상의 질서유지를 위한 행정질서벌에 해당할 뿐 형벌이라고 할 수 없어 죄형법정주의의 규율대상에 해당하지 아니한다." (헌법재판소 1998.5.28. 선고 96헌바83)

④ (○) "신법(재판시 법)에 의하면 과태료 부과의 대상이 아니게 되었으므로, 과태료를 부과할 수 없게 된다(질서위반행위규제법 제3조 제2항)."

질서위반행위 규제법	제3조(법 적용의 시간적 범위) ② 질서위반행위 후 법률이 변경되어 그 행위가 질서위반행위에 해당하지 아니하게 되거나 과태료가 변경되기 전의 법률보다 가볍게 된 때에는 법률에 특별한 규정이 없는 한 변경된 법률을 적용한다.

정답 ②

398 [회독] ☐☐☐ 22년 국가 7급

행정벌에 대한 설명으로 옳지 않은 것은? (다툼이 있는 경우 판례에 의함)

① 「지방자치법」상 사기나 부정한 방법으로 사용료 징수를 면한 자에 대한 과태료의 부과·징수 등의 절차에 관한 사항은 「질서위반행위규제법」에 따른다.

② 구 「행형법」에 의한 징벌을 받은 뒤에 형사처벌을 한다고 하여 일사부재리의 원칙에 반하는 것은 아니다.

③ 「도로교통법」상 경찰서장의 통고처분은 행정소송의 대상이 되는 행정처분이 아니다.

④ 「질서위반행위규제법」상 법원의 과태료 재판이 확정된 후에는 법률이 변경되어 그 행위가 질서위반행위에 해당하지 아니하게 된 경우라 하더라도 과태료의 집행을 면제하지 못한다.

398

해설 ① (○) 지방자치법 제156조 제2항, 제3항

지방자치법	제156조(사용료의 징수조례 등) ② 사기나 그 밖의 부정한 방법으로 사용료·수수료 또는 분담금의 징수를 면한 자에게는 그 징수를 면한 금액의 5배 이내의 과태료를, 공공시설을 부정사용한 자에게는 50만원 이하의 과태료를 부과하는 규정을 조례로 정할 수 있다. ③ 제2항에 따른 과태료의 부과·징수, 재판 및 집행 등의 절차에 관한 사항은 「질서위반행위규제법」에 따른다.

② (○) "피고인이 행형법에 의한 징벌을 받아 그 집행을 종료하였다고 하더라도 행형법상의 징벌은 수형자의 교도소 내의 준수사항위반에 대하여 과하는 행정상의 질서벌의 일종으로서 형법 법령에 위반한 행위에 대한 형사책임과는 그 목적, 성격을 달리하는 것이므로 징벌을 받은 뒤에 형사처벌을 한다고 하여 일사부재리의 원칙에 반하는 것은 아니다." (대법원 2000.10.27. 선고 2000도3874)

③ (○) "도로교통법 제118조에서 규정하는 경찰서장의 통고처분은 행정소송의 대상이 되는 행정처분이 아니므로 그 처분의 취소를 구하는 소송은 부적법하고, 도로교통법상의 통고처분을 받은 자가 그 처분에 대하여 이의가 있는 경우에는 통고처분에 따른 범칙금의 납부를 이행하지 아니함으로써 경찰서장의 즉결심판청구에 의하여 법원의 심판을 받을 수 있게 될 뿐이다." (대법원 1995.6.29. 선고 95누4674)

④ (×) 질서위반행위규제법 제3조 제3항

질서위반 행위규제법	제3조(법 적용의 시간적 범위) ③ 행정청의 과태료 처분이나 법원의 과태료 재판이 확정된 후 법률이 변경되어 그 행위가 질서위반행위에 해당하지 아니하게 된 때에는 변경된 법률에 특별한 규정이 없는 한 과태료의 징수 또는 집행을 면제한다.

정답 ④

399 [회독] ☐☐☐ 19년 지방 9급

「질서위반행위규제법」의 내용에 대한 설명으로 옳은 것은?

① 지방자치단체의 조례상의 의무를 위반하여 과태료를 부과하는 행위는 질서위반행위에 해당되지 않는다.

② 법원의 과태료 재판이 확정된 후 법률이 변경되어 그 행위가 질서위반행위에 해당하지 아니하게 된 때에는 변경된 법률에 특별한 규정이 없는 한 과태료의 집행을 면제한다.

③ 과태료는 행정청의 과태료 부과처분이 있은 후 3년간 징수하지 아니하면 시효로 인하여 소멸한다.

④ 행정청의 과태료 부과에 대한 이의제기는 과태료 부과처분의 효력에 영향을 주지 아니한다.

399

[해설] ① (×) 질서위반행위규제법 제2조 제1호

질서위반행위 규제법	제2조(정의) 이 법에서 사용하는 용어의 뜻은 다음과 같다. 1. "질서위반행위"란 법률(지방자치단체의 조례를 포함한다. 이하 같다)상의 의무를 위반하여 과태료를 부과하는 행위를 말한다. 다만, 다음 각 목의 어느 하나에 해당하는 행위를 제외한다.

② (○) 질서위반행위규제법 제3조 제3항

질서위반행위 규제법	제3조(법 적용의 시간적 범위) ③ 행정청의 과태료 처분이나 법원의 과태료 재판이 확정된 후 법률이 변경되어 그 행위가 질서위반행위에 해당하지 아니하게 된 때에는 변경된 법률에 특별한 규정이 없는 한 과태료의 징수 또는 집행을 면제한다.

③ (×) 질서위반행위규제법 제15조 제1항

질서위반행위 규제법	제15조(과태료의 시효) ① 과태료는 행정청의 과태료 부과처분이나 법원의 과태료 재판이 확정된 후 5년간 징수하지 아니하거나 집행하지 아니하면 시효로 인하여 소멸한다.

④ (×) 질서위반행위규제법 제20조

질서위반행위 규제법	제20조(이의제기) ① 행정청의 과태료 부과에 불복하는 당사자는 제17조제1항에 따른 과태료 부과 통지를 받은 날부터 60일 이내에 해당 행정청에 서면으로 이의제기를 할 수 있다. ② 제1항에 따른 이의제기가 있는 경우에는 행정청의 과태료 부과처분은 그 효력을 상실한다.

정답 ②

400 [회독] □□□

20년 국가 9급

「질서위반행위규제법」의 내용으로 옳은 것만을 모두 고르면?

㉠ 행정청이 질서위반행위에 대하여 과태료를 부과하고자 하는 때에는 미리 당사자에게 대통령령으로 정하는 사항을 통지하고, 10일 이상의 기간을 정하여 의견을 제출할 기회를 주어야 한다.

㉡ 행정청에 의해 부과된 과태료는 질서위반행위가 종료된 날(다수인이 질서위반행위에 가담한 경우에는 최종행위가 종료된 날을 말한다)부터 5년간 징수하지 아니하거나 집행하지 아니하면 시효로 인하여 소멸한다.

㉢ 과태료 사건은 다른 법령에 특별한 규정이 있는 경우를 제외하고는 과태료 부과관청의 소재지의 지방법원 또는 그 지원의 관할로 한다.

㉣ 다른 법률에 특별한 규정이 없는 경우, 14세가 되지 아니한 자의 질서위반행위는 과태료를 부과하지 아니한다.

① ㉠, ㉣   ② ㉡, ㉣

③ ㉠, ㉡, ㉢   ④ ㉠, ㉢, ㉣

400

해설 ㉠ (○) 질서위반행위규제법 제16조 제1항

질서위반행위규제법	제16조(사전통지 및 의견 제출 등) ① 행정청이 질서위반행위에 대하여 과태료를 부과하고자 하는 때에는 미리 당사자(제11조 제2항에 따른 고용주등을 포함한다. 이하 같다)에게 대통령령으로 정하는 사항을 통지하고, 10일 이상의 기간을 정하여 의견을 제출할 기회를 주어야 한다. 이 경우 지정된 기일까지 의견 제출이 없는 경우에는 의견이 없는 것으로 본다.

㉡ (×) "질서위반행위가 종료된 날(다수인이 질서위반행위에 가담한 경우에는 최종행위가 종료된 날을 말한다)부터"가 아니라, "행정청의 과태료 부과처분이나 법원의 과태료 재판이 확정된 후"부터 5년간 징수하지 않거나 집행하지 않으면 시효로 인하여 소멸한다(질서위반행위규제법 제15조 제1항). 제15조 제1항과 제19조 제1항을 섞어서 오선지를 구성한 경우이다.

질서위반행위규제법	제15조(과태료의 시효) ① 과태료는 행정청의 과태료 부과처분이나 법원의 과태료 재판이 확정된 후 5년간 징수하지 아니하거나 집행하지 아니하면 시효로 인하여 소멸한다.
질서위반행위규제법	제19조(과태료 부과의 제척기간) ① 행정청은 질서위반행위가 종료된 날(다수인이 질서위반행위에 가담한 경우에는 최종행위가 종료된 날을 말한다)부터 5년이 경과한 경우에는 해당 질서위반행위에 대하여 과태료를 부과할 수 없다.

㉢ (×) 과태료 부과관청이 아니라, 과태료를 부과받는 당사자의 주소지의 지방법원 또는 그 지원의 관할로 한다(질서위반행위규제법 제25조).

질서위반행위규제법	제25조(관할 법원) 과태료 사건은 다른 법령에 특별한 규정이 있는 경우를 제외하고는 당사자의 주소지의 지방법원 또는 그 지원의 관할로 한다.

㉣ (○) 질서위반행위규제법 제9조

질서위반행위규제법	제9조(책임연령) 14세가 되지 아니한 자의 질서위반행위는 과태료를 부과하지 아니한다. 다만, 다른 법률에 특별한 규정이 있는 경우에는 그러하지 아니하다.

정답 ①

401 [회독] ☐☐☐　　　　　　23년 지방 9급

「**질서위반행위규제법**」에 대한 설명으로 옳지 않은 것은?

① 질서위반행위 후 법률이 변경되어 그 행위가 질서위반행위에 해당하지 아니하게 되거나 과태료가 변경되기 전의 법률보다 가볍게 된 때에는 법률에 특별한 규정이 없는 한 변경된 법률을 적용하여야 한다.

② 고의 또는 과실이 없는 질서위반행위라고 하더라도 과태료를 부과할 수 있다.

③ 행정청의 과태료 부과에 불복하는 당사자는 과태료 부과 통지를 받은 날부터 60일 이내에 해당 행정청에 서면으로 이의제기를 할 수 있다.

④ 법원이 심문 없이 과태료 재판을 하고자 하는 때에는 당사자와 검사는 특별한 사정이 없는 한 약식재판의 고지를 받은 날부터 7일 이내에 이의신청을 할 수 있다.

401

해설 ① (○) 질서위반행위규제법 제3조 제2항

질서위반 행위규제법	제3조(법 적용의 시간적 범위) ① 질서위반행위의 성립과 과태료 처분은 행위 시의 법률에 따른다. ② 질서위반행위 후 법률이 변경되어 그 행위가 질서위반행위에 해당하지 아니하게 되거나 과태료가 변경되기 전의 법률보다 가볍게 된 때에는 법률에 특별한 규정이 없는 한 변경된 법률을 적용한다. ③ 행정청의 과태료 처분이나 법원의 과태료 재판이 확정된 후 법률이 변경되어 그 행위가 질서위반행위에 해당하지 아니하게 된 때에는 변경된 법률에 특별한 규정이 없는 한 과태료의 징수 또는 집행을 면제한다.

② (×) 질서위반행위규제법 제7조

질서위반 행위규제법	제7조(고의 또는 과실) 고의 또는 과실이 없는 질서위반행위는 과태료를 부과하지 아니한다.

③ (○) 질서위반행위규제법 제20조 제1항

질서위반 행위규제법	제20조(이의제기) ① 행정청의 과태료 부과에 불복하는 당사자는 제17조제1항에 따른 과태료 부과 통지를 받은 날부터 60일 이내에 해당 행정청에 서면으로 이의제기를 할 수 있다.

④ (○) 질서위반행위규제법 제45조 제1항

질서위반 행위규제법	제44조(약식재판) 법원은 상당하다고 인정하는 때에는 제31조제1항에 따른 심문 없이 과태료 재판을 할 수 있다.
질서위반 행위규제법	제45조(이의신청) ① 당사자와 검사는 제44조에 따른 약식재판의 고지를 받은 날부터 7일 이내에 이의신청을 할 수 있다.

정답 ②

402 [회독] ☐☐☐

20년 소방직

다음 설명 중 옳지 않은 것은? (다툼이 있는 경우 판례에 의함)

① 「질서위반행위규제법」상의 질서위반행위는 고의 또는 과실이 있는 경우에 과태료를 부과할 수 있다.

② 질서위반행위의 성립은 행위 시의 법률을 따르고 과태료 처분은 판결 시의 법률에 따른다.

③ 행정청은 질서위반행위가 발생하였다는 합리적 의심이 있어 그에 대한 조사가 필요하다고 인정하는 경우에 법정조사권을 행사할 수 있다.

④ 행정질서벌인 과태료는 형벌이 아니므로 행정질서벌에는 형법총칙이 적용되지 않는다.

402

해설 ① (○) 질서위반행위규제법 제7조

질서위반행위 규제법	제7조(고의 또는 과실) 고의 또는 과실이 없는 질서위반행위는 과태료를 부과하지 아니한다.

② (×) 질서위반행위의 성립과 과태료 처분 모두 행위 시의 법률을 따르는 것이 원칙이다(질서위반행위규제법 제3조 제1항).

질서위반행위 규제법	제3조(법 적용의 시간적 범위) ① 질서위반행위의 성립과 과태료 처분은 행위 시의 법률에 따른다.

③ (○) 질서위반행위규제법 제22조에서 "질서위반행위가 발생하였다는 합리적 의심이 있어 그에 대한 조사가 필요하다고 인정하는 경우"에 대하여 ㉠ 당사자 또는 참고인의 출석 요구 및 진술의 청취 권한, ㉡ 당사자에 대한 보고 명령 또는 자료 제출의 명령 권한, ㉢ 사무소 또는 영업소에 출입하여 장부·서류 또는 그 밖의 물건을 검사할 수 있는 권한을 인정하고 있다.

질서위반행위 규제법	제22조(질서위반행위의 조사) ① 행정청은 질서위반행위가 발생하였다는 합리적 의심이 있어 그에 대한 조사가 필요하다고 인정할 때에는 대통령령으로 정하는 바에 따라 다음 각 호의 조치를 할 수 있다. 1. 당사자 또는 참고인의 출석 요구 및 진술의 청취 2. 당사자에 대한 보고 명령 또는 자료 제출의 명령 ② 행정청은 질서위반행위가 발생하였다는 합리적 의심이 있어 그에 대한 조사가 필요하다고 인정할 때에는 그 소속 직원으로 하여금 당사자의 사무소 또는 영업소에 출입하여 장부·서류 또는 그 밖의 물건을 검사하게 할 수 있다.

④ (○) "죄형법정주의는 무엇이 범죄이며 그에 대한 형벌이 어떠한 것인가는 국민의 대표로 구성된 입법부가 제정한 법률로써 정하여야 한다는 원칙인데, 부동산등기특별조치법 제11조 제1항 본문 중 제2조 제1항에 관한 부분이 정하고 있는 과태료는 행정상의 질서유지를 위한 행정질서벌에 해당할 뿐 형벌이라고 할 수 없어 죄형법정주의의 규율대상에 해당하지 아니한다." (헌법재판소 1998.5.28. 선고 96헌바83)

정답 ②

제4장 새로운 실효성 확보수단

제1절 과징금

기출테마 71 과징금

---

403 [회독] □□□   22년 국가 9급

과징금 부과처분에 대한 설명으로 옳지 않은 것은? (다툼이 있는 경우 판례에 의함)

① 「독점규제 및 공정거래에 관한 법률」상의 과징금은 법이 규정한 범위 내에서 그 부과처분 당시까지 부과관청이 확인한 사실을 기초로 일의적으로 확정되어야 할 것이지, 추후에 부과금 산정기준이 되는 새로운 자료가 나왔다고 하여 새로운 부과처분을 할 수 있는 것은 아니다.

② 영업정지에 갈음하여 부과되는 이른바 변형된 과징금의 부과 여부는 통상 행정청의 재량행위이다.

③ 과징금은 행정상 제재금이고 범죄에 대한 국가 형벌권의 실행이 아니므로 행정법규 위반에 대해 벌금 이외에 과징금을 부과하는 것은 이중처벌금지의 원칙에 위반되지 않는다.

④ 「부동산 실권리자명의 등기에 관한 법률」상 명의신탁자에 대한 과징금의 부과 여부는 행정청의 재량행위이다.

403

[해설] ① (○) "구 독점규제및공정거래에관한법률 제23조 제1항의 규정에 위반하여 불공정거래행위를 한 사업자에 대하여 같은 법 제24조의2 제1항의 규정에 의하여 부과되는 과징금은 법이 규정한 범위 내에서 그 부과처분 당시까지 부과관청이 확인한 사실을 기초로 일의적으로 확정되어야 할 것이고, 그렇지 아니하고 부과관청이 과징금을 부과하면서 추후에 부과금 산정 기준이 되는 새로운 자료가 나올 경우에는 과징금액이 변경될 수도 있다고 유보한다든지, 실제로 추후에 새로운 자료가 나왔다고 하여 새로운 부과처분을 할 수는 없다." (대법원 1999.5.28. 선고 99두1571)

② (○) "행정청에게는 운영정지 처분이 영유아 및 보호자에게 초래할 불편의 정도 또는 그 밖에 공익을 해칠 우려가 있는지 등을 고려하여 어린이집 운영정지 처분을 할 것인지 또는 이에 갈음하여 과징금을 부과할 것인지를 선택할 수 있는 재량이 인정된다." (대법원 2015.6.24. 선고 2015두39378)

③ (○) "과징금은 그 취지와 기능, 부과의 주체와 절차 등을 종합할 때 부당내부거래 억지라는 행정목적을 실현하기 위하여 그 위반행위에 대하여 제재를 가하는 행정상의 제재금으로서의 기본적 성격에 부당이득환수적 요소도 부가되어 있는 것이라 할 것이고, 이를 두고 헌법 제13조 제1항에서 금지하는 국가형벌권 행사로서의 '처벌'에 해당한다고는 할 수 없으므로, 공정거래법에서 형사처벌과 아울러 과징금의 병과를 예정하고 있더라도 이중처벌금지원칙에 위반된다고 볼 수 없다." (헌법재판소 2003.7.24. 선고 2001헌가25)

④ (✕) "부동산 실권리자명의 등기에 관한 법률 제3조 제1항, 제5조 제1항, 같은 법 시행령 제3조 제1항의 규정을 종합하면, 명의신탁자에 대하여 과징금을 부과할 것인지 여부는 기속행위에 해당한다." (대법원 2007.7.12. 선고 2005두17287)

정답 ④

---

404 [회독] □□□

과징금에 대한 설명으로 옳지 않은 것은?

① 「부동산 실권리자명의 등기에 관한 법률」 제5조에 의하여 부과된 과징금 채무는 대체적 급부가 가능한 의무이므로 그 과징금을 부과받은 자가 사망한 경우 그 상속인에게 포괄승계된다.

② 「부동산 실권리자명의 등기에 관한 법률」 제5조에 규정된 과징금은 행정청이 명의신탁행위로 인한 불법적인 이익을 박탈하거나 실명등기의무의 이행을 강제하기 위하여 의무자에게 부과·징수하는 것일 뿐 국가형벌권 행사로서의 처벌에 해당한다고 할 수 없다.

③ 법이 규정한 범위 내에서 부과처분 당시까지 부과관청이 확인한 사실을 기초로 과징금의 부과처분을 하나, 추후에 부과금 산정기준이 되는 새로운 자료가 나온 경우 부과관청은 새로운 부과처분을 하여야 한다.

④ 재량권이 부여된 과징금 부과처분이 법정 한도액을 초과하여 위법할 경우 법원은 그 초과부분만을 취소할 수 없고 부과된 과징금 전부를 취소하여야 한다.

404

해설 ① (○) "「부동산 실권리자명의 등기에 관한 법률」 제5조에 의하여 부과된 과징금 채무는 대체적 급부가 가능한 의무이므로 위 과징금을 부과받은 자가 사망한 경우 그 상속인에게 포괄승계된다." (대법원 1999.5.14. 선고 99두35)

② (○) "구 부동산 실권리자명의 등기에 관한 법률(2007. 5. 11. 법률 제8418호로 개정되기 전의 것) 제5조에 규정된 과징금은 그 취지와 기능, 부과의 주체와 절차 등에 비추어 행정청이 명의신탁행위로 인한 불법적인 이익을 박탈하거나 위 법률에 따른 실명등기의무의 이행을 강제하기 위하여 의무자에게 부과·징수하는 것일 뿐 그것이 헌법 제13조 제1항에서 금지하는 국가형벌권 행사로서의 처벌에 해당한다고 할 수 없으므로 위 법률에서 형사처벌과 아울러 과징금의 부과처분을 할 수 있도록 규정하고 있다 하더라도 이중처벌금지 원칙에 위반한다고 볼 수 없다." (대법원 2007.7.12. 선고 2006두4554)

③ (×) "과징금은 원칙적으로 행정법상의 의무를 위반한 자에 대하여 당해 위반행위로 얻게 된 경제적 이익을 박탈하기 위한 목적으로 부과하는 금전적인 제재이므로, 법이 규정한 범위 내에서 그 부과처분 당시까지 부과관청이 확인한 사실을 기초로 일의적으로 확정되어야 할 것이지, 추후에 부과금 산정기준이 되는 새로운 자료가 나왔다고 하여 새로운 부과처분을 할 수 있는 것은 아니다." (대법원 2002.5.28. 선고 2000두6121)

④ (○) "자동차운수사업면허조건 등을 위반한 사업자에 대하여 행정청이 행정제재수단으로 사업 정지를 명할 것인지, 과징금을 부과할 것인지, 과징금을 부과키로 한다면 그 금액은 얼마로 할 것인지에 관하여 재량권이 부여되었다 할 것이므로 과징금부과처분이 법이 정한 한도액을 초과하여 위법할 경우 법원으로서는 그 전부를 취소할 수밖에 없고, 그 한도액을 초과한 부분이나 법원이 적정하다고 인정되는 부분을 초과한 부분만을 취소할 수 없다." (대법원 1998.4.10. 선고 98두2270)

정답 ③

405 [회독] ☐☐☐

행정의 실효성 확보수단에 대한 대법원 판례의 입장으로 옳지 않은 것은?

① 행정법상의 질서벌인 과태료의 부과처분과 형사처벌은 그 성질이나 목적을 달리하는 별개의 것이므로 행정법상의 질서벌인 과태료를 납부한 후에 형사처벌을 한다고 하여 이를 일사부재리의 원칙에 반하는 것이라고 할 수는 없다.

② 「건축법」상 시정명령을 받은 의무자가 그 시정명령의 취지에 부합하는 의무를 이행하기 위한 정당한 방법으로 행정청에 신청 또는 신고를 하였으나 행정청이 위법하게 이를 거부 또는 반려함으로써 결국 그 처분이 취소되기에 이르렀더라도, 이행강제금 제도의 취지에 비추어 볼 때 그 시정명령의 불이행을 이유로 이행강제금을 부과할 수 있다.

③ 건물의 소유자에게 위법건축물을 일정기간까지 철거할 것을 명함과 아울러 불이행할 때에는 대집행한다는 내용의 철거대집행 계고처분을 고지한 후 이에 불응하자 다시 제2차, 제3차 계고서를 발송하여 일정기간까지의 자진철거를 촉구하고 불이행하면 대집행을 한다는 뜻을 고지한 경우, 제2차, 제3차의 계고처분은 새로운 철거의무를 부과한 것이 아니라 대집행기한을 연기통지한 것에 불과하다.

④ 관할 행정청이 여객자동차운송사업자가 범한 여러 가지 위반행위 중 일부만 인지하여 과징금 부과처분을 하였는데 그 후 과징금 부과처분 시점 이전에 이루어진 다른 위반행위를 인지하여 이에 대하여 별도의 과징금 부과처분을 하게 되는 경우, 종전 과징금 부과처분의 대상이 된 위반행위와 추가 과징금 부과처분의 대상이 된 위반행위에 대하여 일괄하여 하나의 과징금 부과처분을 하는 경우와의 형평을 고려하여 추가 과징금 부과처분의 처분양정이 이루어져야 한다.

405

해설 ① (○) "행정법상의 질서벌인 과태료의 부과처분과 형사처벌은 그 성질이나 목적을 달리하는 별개의 것이므로 행정법상의 질서벌인 과태료를 납부한 후에 형사처벌을 한다고 하여 이를 일사부재리의 원칙에 반하는 것이라고 할 수는 없다." (대법원 1996.4.12. 선고 96도158)

② (×) "시정명령을 받은 의무자가 그 시정명령의 취지에 부합하는 의무를 이행하기 위한 정당한 방법으로 행정청에 신청 또는 신고를 하였으나 행정청이 위법하게 이를 거부 또는 반려함으로써 결국 그 처분이 취소되기에 이르렀다면, 특별한 사정이 없는 한 그 시정명령의 불이행을 이유로 이행강제금을 부과할 수는 없다." (대법원 2018.1.25. 선고 2015두35116)

③ (○) "건물의 소유자에게 위법건축물을 일정기간까지 철거할 것을 명함과 아울러 불이행할 때에는 대집행한다는 내용의 철거대집행 계고처분을 고지한 후 이에 불응하자 다시 제2차, 제3차 계고서를 발송하여 일정기간까지의 자진철거를 촉구하고 불이행하면 대집행을 한다는 뜻을 고지하였다면, 제2차, 제3차의 계고처분은 새로운 철거의무를 부과한 것이 아니고 다만 대집행기한의 연기통지에 불과하므로 행정처분이 아니다." (대법원 1994.10.28. 선고 94누5144)

④ (○) "관할 행정청이 여객자동차운송사업자가 범한 여러 가지 위반행위 중 일부만 인지하여 과징금 부과처분을 하였는데 그 후 과징금 부과처분 시점 이전에 이루어진 다른 위반행위를 인지하여 이에 대하여 별도의 과징금 부과처분을 하게 되는 경우에도 종전 과징금 부과처분의 대상이 된 위반행위와 추가 과징금 부과처분의 대상이 된 위반행위에 대하여 일괄하여 하나의 과징금 부과처분을 하는 경우와의 형평을 고려하여 추가 과징금 부과처분의 처분양정이 이루어져야 한다." (대법원 2021.2.4. 선고 2020두48390)

정답 ②

406 [회독] □□□   22년 지방 9급

여객자동차운송사업을 하는 甲은 관련법규 위반을 이유로 사업정지 처분에 갈음하는 과징금부과처분을 받았다. 이에 대한 설명으로 옳지 않은 것은? (다툼이 있는 경우 판례에 의함)

① 甲이 현실적인 위반행위자가 아닌 법령상 책임자인 경우에도 甲에게 과징금을 부과할 수 있다.

② 甲에게 고의·과실이 없는 경우에는 과징금을 부과할 수 없다.

③ 과징금부과처분에 대해 甲은 취소소송을 제기하여 다툴 수 있다.

④ 甲에게 부과된 과징금이 법이 정한 한도액을 초과하여 위법한 경우, 법원은 그 초과부분에 대하여 일부 취소할 수 없고 그 전부를 취소하여야 한다.

406

[해설] ① (○) "구 여객자동차 운수사업법 제88조 제1항의 과징금부과처분(변형된 과징금)은 제재적 행정처분으로서 행정법규 위반이라는 객관적 사실에 착안하여 가하는 제재이므로 반드시 현실적인 행위자가 아니라도 법령상 책임자로 규정된 자에게 부과되고 원칙적으로 위반자의 고의·과실을 요하지 아니하나, 위반자의 의무 해태를 탓할 수 없는 정당한 사유가 있는 등의 특별한 사정이 있는 경우에는 이를 부과할 수 없다." (대법원 2014.10.15. 선고 2013두5005)

② (×) "구 여객자동차 운수사업법 제88조 제1항의 과징금부과처분(변형된 과징금)은 제재적 행정처분으로서 행정법규 위반이라는 객관적 사실에 착안하여 가하는 제재이므로 반드시 현실적인 행위자가 아니라도 법령상 책임자로 규정된 자에게 부과되고 원칙적으로 위반자의 고의·과실을 요하지 아니하나, 위반자의 의무 해태를 탓할 수 없는 정당한 사유가 있는 등의 특별한 사정이 있는 경우에는 이를 부과할 수 없다." (대법원 2014.10.15. 선고 2013두5005)

③ (○) 과징금의 부과행위는 행정쟁송법상의 처분에 해당하므로 행정심판이나 행정소송을 제기하여 그 취소 등을 구할 수 있다.

④ (○) "과징금을 부과할 것인지, 과징금을 부과키로 하였다면 그 금액은 얼마로 할 것인지 등에 관하여 재량권이 부여되어 있다 할 것이고 … 과징금 부과처분이 법이 정한 한도액을 초과하여 위법할 경우 법원으로서는 그 전부를 취소할 수밖에 없고, 그 한도액을 초과한 부분이나 법원이 적정하다고 인정되는 부분을 초과한 부분만을 취소할 수는 없다." (대법원 1993.7.27. 선고 93누1077)

정답 ②

407 [회독] □□□　　　　　　　　21년 국가 7급

행정의 실효성확보수단에 대한 설명으로 옳은 것만을 모두 고른 것은? (다툼이 있는 경우 판례에 의함)

ㄱ 위반 결과의 시정을 명하는 권한은 금지규정으로부터 당연히 추론되는 것은 아니다.
ㄴ 양벌규정에 의해 영업주를 처벌하는 경우, 금지위반행위자인 종업원을 처벌할 수 없는 경우에도 영업주만 따로 처벌할 수 있다.
ㄷ 「농지법」상 이행강제금부과처분은 행정소송의 대상이다.
ㄹ 행정상 의무위반행위자에 대하여 과징금을 부과하기 위해서는 원칙적으로 위반자의 고의 또는 과실이 있어야 한다.

---

① ㄱ
② ㄱ, ㄴ
③ ㄷ, ㄹ
④ ㄱ, ㄴ, ㄷ, ㄹ

407

해설　ㄱ (○) "단순한 부작위의무의 위반, 즉 관계 법령에 정하고 있는 절대적 금지나 허가를 유보한 상대적 금지를 위반한 경우에는 당해 법령에서 그 위반자에 대하여 위반에 의하여 생긴 유형적 결과의 시정을 명하는 행정처분의 권한을 인정하는 규정을 두고 있지 아니한 이상, 법치주의의 원리에 비추어 볼 때 위와 같은 부작위의무로부터 그 의무를 위반함으로써 생긴 결과를 시정하기 위한 작위의무를 당연히 끌어낼 수는 없으며, 또 위 금지규정(특히 허가를 유보한 상대적 금지규정)으로부터 작위의무, 즉 위반결과의 시정을 명하는 권한이 당연히 추론(推論)되는 것도 아니다." (대법원 1996.6.28. 선고 96누4374)

ㄴ (○) "양벌규정에 의한 영업주의 처벌은 금지위반행위자인 종업원의 처벌에 종속하는 것이 아니라 독립하여 그 자신의 종업원에 대한 선임감독상의 과실로 인하여 처벌되는 것이므로 영업주의 위 과실책임을 묻는 경우 금지위반행위자인 종업원에게 구성요건상의 자격이 없다고 하더라도 영업주의 범죄성립에는 아무런 지장이 없다." (대법원 1987.11.10. 선고 87도1213)

ㄷ (✕) "농지법 제62조 제1항에 따른 이행강제금 부과처분에 불복하는 경우에는 비송사건절차법에 따른 재판절차가 적용되어야 하고, 행정소송법상 항고소송의 대상은 될 수 없다." (대법원 2019.4.11. 선고 2018두42955)

ㄹ (✕) "과징금부과처분은 제재적 행정처분으로서 여객자동차 운수사업에 관한 질서를 확립하고 여객의 원활한 운송과 여객자동차 운수사업의 종합적인 발달을 도모하여 공공복리를 증진한다는 행정목적의 달성을 위하여 행정법규 위반이라는 객관적 사실에 착안하여 가하는 제재이므로 반드시 현실적인 행위자가 아니라도 법령상 책임자로 규정된 자에게 부과되고 원칙적으로 위반자의 고의·과실을 요하지 아니하나, 위반자의 의무 해태를 탓할 수 없는 정당한 사유가 있는 등의 특별한 사정이 있는 경우에는 이를 부과할 수 없다." (대법원 2014.10.15. 선고 2013두5005)

정답 ②

408 [회독] ☐☐☐　　　　　　　　24년 국가 9급

과징금에 대한 설명으로 옳지 않은 것은?

① 구 「독점규제 및 공정거래에 관한 법률」 소정의 부당지원행위에 대한 과징금은 부당지원행위의 억지라는 행정목적을 실현하기 위한 행정상 제재금으로서의 성격에 부당이득환수적 요소도 부가되어 있으므로 국가형벌권 행사로서의 처벌에 해당하지 아니한다.

② 행정기본법령에 따르면, 과징금 납부 의무자가 과징금을 분할 납부하려는 경우에는 납부기한 7일 전까지 과징금의 분할 납부를 신청하는 문서에 해당 사유를 증명하는 서류를 첨부하여 행정청에 신청해야 한다.

③ 관할 행정청이 여객자동차운송사업자의 여러 가지 위반행위를 인지하였다면 전부에 대하여 일괄하여 최고한도 내에서 하나의 과징금 부과처분을 하는 것이 원칙이고, 인지한 위반행위 중 일부에 대해서만 우선 과징금 부과처분을 하고 나머지에 대해서는 차후에 별도의 과징금 부과처분을 하는 것은 다른 특별한 사정이 없는 한 허용되지 않는다.

④ 과징금의 근거가 되는 법률에는 과징금에 관한 부과·징수 주체, 부과 사유, 상한액, 가산금을 징수하려는 경우 그 사항, 과징금 또는 가산금 체납 시 강제징수를 하려는 경우 그 사항을 명확하게 규정하여야 한다.

408

해설 ① (○) "구 독점규제및공정거래에관한법률 제23조 제1항 제7호, 같은 법 제24조의2 소정의 부당지원행위를 한 지원주체에 대한 과징금은 그 취지와 기능, 부과의 주체 및 절차 등을 종합할 때 부당지원행위의 억지(抑止)라는 행정목적을 실현하기 위한 입법자의 정책적 판단에 기하여 그 위반행위에 대하여 제재를 가하는 행정상의 제재금으로서의 기본적 성격에 부당이득환수적 요소도 부가되어 있는 것이라고 할 것이어서 그것이 헌법 제13조 제1항에서 금지하는 국가형벌권 행사로서의 처벌에 해당한다고 할 수 없으므로 구 독점규제및공정거래에관한법률에서 형사처벌과 아울러 과징금의 부과처분을 할 수 있도록 규정하고 있다 하더라도 이중처벌금지원칙이나 무죄추정원칙에 위반된다거나 사법권이나 재판청구권을 침해한다고 볼 수 없고, 또한 같은 법 제55조의3 제1항에 정한 각 사유를 참작하여 부당지원행위의 불법의 정도에 비례하여 상당한 금액의 범위 내에서만 과징금을 부과할 수 있도록 하고 있음에 비추어 비례원칙에 반한다고 할 수도 없다." (대법원 2004.4.9. 선고 2001두6197)

② (✕) 납부기한 10일 전까지 신청해야 한다(행정기본법 시행령 제7조 제1항).

행정기본법 시행령	제7조(과징금의 납부기한 연기 및 분할 납부) ① 과징금 납부 의무자는 법 제29조 각 호 외의 부분 단서에 따라 과징금 납부기한을 연기하거나 과징금을 분할 납부하려는 경우에는 납부기한 10일 전까지 과징금 납부기한의 연기나 과징금의 분할 납부를 신청하는 문서에 같은 조 각 호의 사유를 증명하는 서류를 첨부하여 행정청에 신청해야 한다.
행정기본법	제29조(과징금의 납부기한 연기 및 분할 납부) 과징금은 한꺼번에 납부하는 것을 원칙으로 한다. 다만, 행정청은 과징금을 부과받은 자가 다음 각 호의 어느 하나에 해당하는 사유로 과징금 전액을 한꺼번에 내기 어렵다고 인정될 때에는 그 납부기한을 연기하거나 분할 납부하게 할 수 있으며, 이 경우 필요하다고 인정하면 담보를 제공하게 할 수 있다. 1. 재해 등으로 재산에 현저한 손실을 입은 경우 2. 사업 여건의 악화로 사업이 중대한 위기에 처한 경우 3. 과징금을 한꺼번에 내면 자금 사정에 현저한 어려움이 예상되는 경우 4. 그 밖에 제1호부터 제3호까지에 준하는 경우로서 대통령령으로 정하는 사유가 있는 경우

③ (○) "위반행위가 여러 가지인 경우에 행정처분의 방식과 한계를 정한 관련 규정들의 내용과 취지에다가, 여객자동차운수사업자가 범한 여러 가지 위반행위에 대하여 관할 행정청이 구 여객자동차 운수사업법 제85조 제1항 제12호에 근거하여 사업정지처분을 하기로 선택한 이상 각 위반행위의 종류와 위반 정도를 불문하고 사업정지처분의 기간은 6개월을 초과할 수 없는 점을 종합하면, 관할 행정청이 사업정지처분을 갈음하는 과징금 부과처분을 하기로 선택하는 경우에도 사업정지처분의 경우와 마찬가지로 여러 가지 위반행위에 대하여 1회에 부과할 수 있는 과징금 총액의 최고한도액은 5,000만 원이라고 보는 것이 타당하다. 관할 행정청이 여객자동차운송사업자의 여러 가지 위반행위를 인지하였다면 전부에 대하여 일괄하여 5,000만 원의 최고한도 내에서 하나의 과징금 부과처분을 하는 것이 원칙이고, 인지한 여러 가지 위반행위 중 일부에 대해서만 우선 과징금 부과처분을 하고 나머지에 대해서는 차후에 별도의 과징금 부과처분을 하는 것은 다른 특별한 사정이 없는 한 허용되지 않는다." (대법원 2021.2.4. 선고 2020두48390)

④ (○) 행정기본법 제28조 제2항

행정기본법	제28조(과징금의 기준) ② 과징금의 근거가 되는 법률에는 과징금에 관한 다음 각 호의 사항을 명확하게 규정하여야 한다. 1. 부과·징수 주체 2. 부과 사유 3. 상한액 4. 가산금을 징수하려는 경우 그 사항 5. 과징금 또는 가산금 체납 시 강제징수를 하려는 경우 그 사항

정답 ②

409 [회독] □□□ 22년 지방 7급

과징금에 대한 설명으로 옳지 않은 것은? (다툼이 있는 경우 판례에 의함)

① 과징금의 근거가 되는 법률에는 과징금의 상한액을 명확하게 규정하여야 한다.

② 행정기본법 제28조제1항에 과징금 부과의 법적 근거를 마련하였으므로 행정청은 직접 이 규정에 근거하여 과징금을 부과할 수 있다.

③ 영업정지처분에 갈음하는 과징금이 규정되어 있는 경우 과징금을 부과할 것인지 영업정지처분을 내릴 것인지는 통상 행정청의 재량에 속한다.

④ 과징금부과처분은 원칙적으로 위반자의 고의·과실을 요하지 아니하나, 위반자의 의무 해태를 탓할 수 없는 정당한 사유가 있는 등의 특별한 사정이 있는 경우에는 이를 부과할 수 없다.

409

해설 ① (○) 행정기본법 제28조 제2항 제3호

행정기본법	제28조(과징금의 기준) ② 과징금의 근거가 되는 법률에는 과징금에 관한 다음 각 호의 사항을 명확하게 규정하여야 한다. 1. 부과·징수 주체 2. 부과 사유 3. 상한액 4. 가산금을 징수하려는 경우 그 사항 5. 과징금 또는 가산금 체납 시 강제징수를 하려는 경우 그 사항

② (×) 행정기본법 제28조 제1항은 과징금 부과의 일반적 근거가 아니며, 과징금을 부과하려면 별도의 법적 근거가 필요하다.

행정기본법	제28조(과징금의 기준) ① 행정청은 법령등에 따른 의무를 위반한 자에 대하여 법률로 정하는 바에 따라 그 위반행위에 대한 제재로서 과징금을 부과할 수 있다.

③ (○) "자동차운수사업 면허조건 등에 위반한 사업자에 대하여 행정청이 행정제재수단으로서 사업정지를 명할 것인지, 과징금을 부과할 것인지, 과징금을 부과키로 하였다면 그 금액은 얼마로 할 것인지 등에 관하여 재량권이 부여되어 있다 할 것이고, 과징금 최고한도액 5,000,000원의 부과처분만으로는 적절치 않다고 여길 경우 사업정지쪽을 택할 수도 있다 할 것이므로 과징금 부과처분이 법이 정한 한도액을 초과하여 위법할 경우 법원으로서는 그 전부를 취소할 수밖에 없고, 그 한도액을 초과한 부분이나 법원이 적정하다고 인정되는 부분을 초과한 부분만을 취소할 수는 없다." (대법원 1993.7.27. 선고 93누1077)

④ (○) "구 여객자동차 운수사업법 제88조 제1항의 과징금부과처분은 제재적 행정처분으로서 여객자동차 운수사업에 관한 질서를 확립하고 여객의 원활한 운송과 여객자동차 운수사업의 종합적인 발달을 도모하여 공공복리를 증진한다는 행정목적의 달성을 위하여 행정법규 위반이라는 객관적 사실에 착안하여 가하는 제재이므로 반드시 현실적인 행위자가 아니라도 법령상 책임자로 규정된 자에게 부과되고 원칙적으로 위반자의 고의·과실을 요하지 아니하나, 위반자의 의무 해태를 탓할 수 없는 정당한 사유가 있는 등의 특별한 사정이 있는 경우에는 이를 부과할 수 없다." (대법원 2014.10.15. 선고 2013두5005)

정답 ②

410 [회독] ☐☐☐

행정의 실효성확보수단에 대한 설명으로 옳지 않은 것은? (다툼이 있는 경우 판례에 의함)

① 대집행과 이행강제금 중 어떠한 강제수단을 선택할 것인지에 대하여 행정청의 재량이 인정된다.

② 「건축법」상 시정명령을 받은 의무자가 이행강제금이 부과되기 전에 그 의무를 이행한 경우에는 비록 시정명령에서 정한 기간을 지나서 이행한 경우라도 이행강제금을 부과할 수 없다.

③ 「여객자동차 운수사업법」상 과징금부과처분은 원칙적으로 위반자의 고의·과실을 요하지 않는다.

④ 「국세징수법」상 공매통지에 하자가 있는 경우, 다른 특별한 사정이 없는 한 체납자는 공매통지 자체를 항고소송의 대상으로 삼아 그 취소 등을 구할 수 있다.

410

해설 ① (○) "현행 건축법상 위법건축물에 대한 이행강제수단으로 대집행과 이행강제금(제83조 제1항)이 인정되고 있는데, 양 제도는 각각의 장·단점이 있으므로 행정청은 개별사건에 있어서 위반내용, 위반자의 시정의지 등을 감안하여 대집행과 이행강제금을 선택적으로 활용할 수 있으며 이처럼 그 합리적인 재량에 의해 선택하여 활용하는 이상 중첩적인 제재에 해당한다고 볼 수 없다." (헌법재판소 2004.2.26. 선고 2001헌바80)

② (○) "건축법상의 이행강제금은 의무자에게 시정명령을 받은 의무의 이행을 명하고 그 이행기간 안에 의무를 이행하지 않으면 이행강제금이 부과된다는 사실을 고지함으로써 의무자에게 심리적 압박을 주어 의무의 이행을 간접적으로 강제하는 행정상의 간접강제 수단에 해당한다. 이러한 이행강제금의 본질상 시정명령을 받은 의무자가 이행강제금이 부과되기 전에 그 의무를 이행한 경우에는 비록 시정명령에서 정한 기간을 지나서 이행한 경우라도 이행강제금을 부과할 수 없다." (대법원 2018.1.25. 선고 2015두35116)

③ (○) "구 여객자동차 운수사업법의 과징금부과처분은 제재적 행정처분으로서 행정법규 위반이라는 객관적 사실에 착안하여 가하는 제재이므로 반드시 현실적인 행위자가 아니라도 법령상 책임자로 규정된 자에게 부과되고 원칙적으로 위반자의 고의·과실을 요하지 아니하나 위반자의 의무 해태를 탓할 수 없는 정당한 사유가 있는 등의 특별한 사정이 있는 경우에는 이를 부과할 수 없다." (대법원 2014.10.15. 선고 2013두5005)

④ (×) "체납자 등에 대한 공매통지는 국가의 강제력에 의하여 진행되는 공매에서 체납자 등의 권리 내지 재산상의 이익을 보호하기 위하여 법률로 규정한 절차적 요건이라고 보아야 하며, 공매처분을 하면서 체납자 등에게 공매통지를 하지 않았거나 공매통지를 하였더라도 그것이 적법하지 아니한 경우에는 절차상의 흠이 있어 그 공매처분이 위법하게 되는 것이지만, 공매통지 자체가 그 상대방인 체납자 등의 법적 지위나 권리·의무에 직접적인 영향을 주는 행정처분에 해당한다고 할 것은 아니므로 다른 특별한 사정이 없는 한 체납자 등은 공매통지의 결여나 위법을 들어 공매처분의 취소 등을 구할 수 있는 것이지 공매통지 자체를 항고소송의 대상으로 삼아 그 취소 등을 구할 수는 없다." (대법원 2011.3.24. 선고 2010두25527)

정답 ④

411 [회독] □□□

행정벌에 대한 설명으로 옳은 것으로만 묶은 것은? (다툼이 있는 경우 판례에 의함)

㉠ 행정청의 과태료 부과에 불복하는 자는 서면으로 이의제기를 할 수 있으나, 이의제기가 있더라도 과태료 부과처분은 그 효력을 유지한다.

㉡ 「도로교통법」상 범칙금 통고처분은 항고소송의 대상이 되는 행정처분에 해당하지 않는다.

㉢ 과징금은 어떤 경우에도 영업정지에 갈음하여 부과할 수 없다.

㉣ 「질서위반행위규제법」에 따른 과태료는 행정청의 과태료 부과처분이나 법원의 과태료 재판이 확정된 후 5년간 징수하지 아니하거나 집행하지 아니하면 시효로 소멸한다.

---

① ㉠, ㉡   ② ㉠, ㉢

③ ㉡, ㉢   ④ ㉡, ㉣

411

해설 ㉠ (✕) 이의제기를 하면 과태료 부과처분은 그 효력을 상실한다(질서위반행위규제법 제20조 제2항).

질서위반행위 규제법	제20조(이의제기) ① 행정청의 과태료 부과에 불복하는 당사자는 제17조제1항에 따른 과태료 부과 통지를 받은 날부터 60일 이내에 해당 행정청에 서면으로 이의제기를 할 수 있다. ② 제1항에 따른 이의제기가 있는 경우에는 행정청의 과태료 부과처분은 그 효력을 상실한다.

㉡ (○) "도로교통법 제118조에서 규정하는 경찰서장의 통고처분은 행정소송의 대상이 되는 행정처분이 아니므로 그 처분의 취소를 구하는 소송은 부적법하다." (대법원 1995.6.29. 선고 95누4674)

㉢ (✕) 변형된 의미의 과징금은 영업정지에 갈음하여 부과된다.

여객자동차 운수사업법	제88조(과징금 처분) ① 국토교통부장관, 시·도지사 또는 시장·군수·구청장은 여객자동차 운수사업자가 제49조의15제1항 또는 제85조제1항 각 호의 어느 하나에 해당하여 사업정지 처분을 하여야 하는 경우에 그 사업정지 처분이 그 여객자동차 운수사업을 이용하는 사람들에게 심한 불편을 주거나 공익을 해칠 우려가 있는 때에는 그 사업정지 처분을 갈음하여 5천만원 이하의 과징금을 부과·징수할 수 있다.

㉣ (○) 질서위반행위규제법 제15조 제1항

질서위반행위 규제법	제15조(과태료의 시효) ① 과태료는 행정청의 과태료 부과처분이나 법원의 과태료 재판이 확정된 후 5년간 징수하지 아니하거나 집행하지 아니하면 시효로 인하여 소멸한다.

정답 ④

제2절) 가산금 및 가산세

기출테마 72 가산금 및 가산세

412 [회독] ☐☐☐   21년 지방 7급

행정상 제재에 대한 설명으로 옳지 않은 것은? (다툼이 있는 경우 판례에 의함)

① 「도로교통법」에 따른 경찰서장의 통고처분은 행정소송의 대상이 되는 행정처분이다.

② 지방자치단체 소속 공무원이 지방자치단체 고유의 자치사무를 수행하던 중 「도로법」 규정에 의한 위반행위를 한 경우에는 지방자치단체는 「도로법」의 양벌규정에 따라 처벌대상이 되는 법인에 해당한다.

③ 「독점규제 및 공정거래에 관한 법률」상 부당내부거래에 대한 과징금에는 행정상의 제재금으로서의 기본적 성격에 부당이득환수적 요소도 부가되어 있다.

④ 「법인세법」상 가산세는 형벌이 아니므로 행위자의 고의 또는 과실·책임능력·책임조건 등을 고려하지 아니하며, 조세의 부과절차에 따라 과징할 수 있다.

412

해설 ① (×) "도로교통법 제118조에서 규정하는 경찰서장의 통고처분은 행정소송의 대상이 되는 행정처분이 아니므로 그 처분의 취소를 구하는 소송은 부적법하고, 도로교통법상의 통고처분을 받은 자가 그 처분에 대하여 이의가 있는 경우에는 통고처분에 따른 범칙금의 납부를 이행하지 아니함으로써 경찰서장의 즉결심판청구에 의하여 법원의 심판을 받을 수 있게 될 뿐이다." (대법원 1995.6.29. 선고 95누4674)

② (○) "지방자치단체 소속 공무원이 지방자치단체 고유의 자치사무를 수행하던 중 도로법 제81조 내지 제85조의 규정에 의한 위반행위를 한 경우에는 지방자치단체는 도로법 제86조의 양벌규정에 따라 처벌대상이 되는 법인에 해당한다." (대법원 2005.11.10. 선고 2004도2657)

③ (○) "구 독점규제및공정거래에관한법률 제24조의2에 의한 부당내부거래에 대한 과징금은 그 취지와 기능, 부과의 주체와 절차 등을 종합할 때 부당내부거래 억지라는 행정목적을 실현하기 위하여 그 위반행위에 대하여 제재를 가하는 행정상의 제재금으로서의 기본적 성격에 부당이득환수적 요소도 부가되어 있는 것이라 할 것이고, 이를 두고 헌법 제13조 제1항에서 금지하는 국가형벌권 행사로서의 '처벌'에 해당한다고는 할 수 없으므로, 공정거래법에서 형사처벌과 아울러 과징금의 병과를 예정하고 있더라도 이중처벌금지원칙에 위반된다고 볼 수 없으며, 이 과징금 부과처분에 대하여 공정력과 집행력을 인정한다고 하여 이를 확정판결 전의 형벌집행과 같은 것으로 보아 무죄추정의 원칙에 위반된다고도 할 수 없다." (헌법재판소 2003.7.24. 선고 2001헌가25)

④ (○) "가산세는 형벌이 아니므로 행위자의 고의 또는 과실·책임능력·책임조건 등을 고려하지 아니하고 가산세 과세요건의 충족 여부만을 확인하여 조세의 부과 절차에 따라 과징할 수 있다." (헌법재판소 2006.7.27. 선고 2004헌가13)

정답 ①

413 [회독] □□□

행정상 제재에 대한 설명으로 옳지 않은 것은? (다툼이 있는 경우 판례에 의함)

① 관할 행정청이 이행강제금의 부과·징수를 게을리한 행위는 주민소송의 대상이 되는 공금의 부과·징수를 게을리한 사항에 해당한다.

② 구 「독점규제 및 공정거래에 관한 법률」상의 부당내부거래에 대한 과징금에는 행정상의 제재금으로서의 기본적 성격에 부당이득환수적 요소도 부가되어 있다.

③ 구 「법인세법」 제76조 제9항에 근거하여 부과하는 가산세는 형벌이 아니므로 행위자의 고의 또는 과실·책임능력·책임조건 등을 고려하지 아니하며, 조세의 부과절차에 따라 과징할 수 있다.

④ 양벌규정에 의한 영업주의 처벌은 금지위반행위자인 종업원의 처벌에 종속하는 것이므로 종업원의 범죄성립이나 처벌이 영업주 처벌의 전제조건이 된다.

413

해설 ① (○) 엄밀하게 말하면 행정법각론의 범위에 속하는 내용이다. "이행강제금은 지방자치단체의 재정수입을 구성하는 재원 중 하나로서 '지방세외수입금의 징수 등에 관한 법률'에서 이행강제금의 효율적인 징수 등에 필요한 사항을 특별히 규정하는 등 그 부과·징수를 재무회계 관점에서도 규율하고 있으므로, 이행강제금의 부과·징수를 게을리한 행위는 주민소송의 대상이 되는 공금의 부과·징수를 게을리한 사항에 해당한다." (대법원 2015.9.10. 선고 2013두16746)

지방자치법	제22조(주민소송) ① 제21조 제1항에 따라 공금의 지출에 관한 사항, 재산의 취득·관리·처분에 관한 사항, 해당 지방자치단체를 당사자로 하는 매매·임차·도급 계약이나 그 밖의 계약의 체결·이행에 관한 사항 또는 지방세·사용료·수수료·과태료 등 공금의 부과·징수를 게을리한 사항을 감사 청구한 주민은 다음 각 호의 어느 하나에 해당하는 경우에 그 감사 청구한 사항과 관련이 있는 위법한 행위나 업무를 게을리 한 사실에 대하여 해당 지방자치단체의 장을 상대방으로 하여 소송을 제기할 수 있다. (각 호 생략)

② (○) "구 독점규제및공정거래에관한법률 제24조의2에 의한 부당내부거래에 대한 과징금은 그 취지와 기능, 부과의 주체와 절차 등을 종합할 때 부당내부거래 억지라는 행정목적을 실현하기 위하여 그 위반행위에 대하여 제재를 가하는 행정상의 제재금으로서의 기본적 성격에 부당이득환수적 요소도 부가되어 있는 것이라 할 것이다." (헌법재판소 2003.7.24. 선고 2001헌가25)

③ (○) "구 법인세법 제76조 제9항은 납세자의 고의·과실을 묻지 아니하나, 가산세는 형벌이 아니므로 행위자의 고의 또는 과실·책임능력·책임조건 등을 고려하지 아니하고 가산세 과세요건의 충족 여부만을 확인하여 조세의 부과 절차에 따라 과징할 수 있다." (헌법재판소 2006.7.27. 선고 2004헌가13)

④ (×) "양벌규정에 의한 영업주의 처벌은 금지위반행위자인 종업원의 처벌에 종속하는 것이 아니라 독립하여 그 자신의 종업원에 대한 선임·감독상의 과실로 인하여 처벌되는 것이므로 종업원의 범죄성립이나 처벌이 영업주 처벌의 전제조건이 될 필요는 없다." (대법원 2006.2.24. 선고 2005도7673)

정답 ④

414 [회독] ☐☐☐　　　　23년 지방 9급

행정의 실효성 확보 수단에 대한 설명으로 옳지 않은 것은?

① 구 「국세징수법」상 가산금 또는 중가산금의 고지는 항고소송의 대상이 되는 처분이 아니다.

② 지방자치단체 소속 공무원이 지방자치단체 고유의 자치사무를 수행하던 중 구 「도로법」에 위반하는 행위를 한 경우 지방자치단체는 구 「도로법」상 양벌규정에 따라 처벌대상이 되는 법인에 해당한다.

③ 구 「음반·비디오물 및 게임물에 관한 법률」상 불법게임물에 대한 수거 및 폐기조치는 행정상 즉시강제에 해당한다.

④ 공매처분을 하면서 체납자에게 공매통지를 하지 않았거나 공매통지를 하였지만 그것이 적법하지 아니하다 하더라도 공매처분 자체는 위법하지 않다.

415 [회독] ☐☐☐　　　　23년 지방 9급

행정의 실효성 확보 수단에 대한 설명으로 옳지 않은 것은?

① 「농지법」상 이행강제금 부과처분에 대한 불복은 「비송사건절차법」에 따른 재판절차뿐만 아니라 「행정소송법」상 항고소송 절차에 따를 수 있다.

② 관계 법령상 행정대집행의 절차가 인정되어 행정청이 행정대집행의 방법으로 건물의 철거 등 대체적 작위의무의 이행을 실현할 수 있는 경우에는 따로 민사소송의 방법으로 그 의무의 이행을 구할 수 없다.

③ 「행정조사기본법」에 따르면 조사대상자의 자발적인 협조를 얻어 행정조사를 실시하고자 하는 경우 조사대상자는 문서·전화·구두 등의 방법으로 당해 행정조사를 거부할 수 있다.

④ 통고처분은 상대방의 임의의 승복을 그 발효요건으로 하기 때문에 그 자체만으로는 통고이행을 강제하거나 상대방에게 아무런 권리·의무를 형성하지 않으므로 행정심판이나 행정소송의 대상으로서의 처분성을 인정할 수 없다.

414

해설 ① (○) "국세징수법상 가산금 또는 중가산금은 과세청의 확정절차 없이도 법률에 의해 당연 발생하므로 가산금 또는 중가산금의 고지는 처분이 아니다." (대법원 2005.6.10. 선고 2005다15482)

② (○) "지방자치단체가 고유의 자치사무를 처리하는 경우에는 지방자치단체는 국가기관의 일부가 아니라 국가기관과는 별도의 독립한 공법인이므로, 지방자치단체 소속 공무원이 자치사무를 수행하던 중 도로법 제81조 위반행위를 한 경우에는 지방자치단체는 도로법 제86조 양벌규정에 따라 처벌대상이 되는 법인에 해당한다." (대법원 2005.11.10. 선고 2004도2657)

③ (○) "행정상 즉시강제는 그 본질상 급박성을 요건으로 하고 있어 법관의 영장을 기다려서는 목적을 달성할 수 없으므로, 원칙적으로 영장주의가 적용되지 않는다고 보아야 한다. 구 음반·비디오물 및 게임물에 관한 법률 제24조는 급박한 상황에 대처하기 위한 것으로서 그 불가피성과 정당성이 인정되는 경우이므로, 영장 없는 수거를 인정한다고 하더라도 영장주의에 위배되는 것으로는 볼 수 없다." (헌법재판소 2002.10.31. 선고 2000헌가12)

④ (×) "체납자 등에 대한 공매통지는 국가의 강제력에 의하여 진행되는 공매에서 체납자 등의 권리 내지 재산상의 이익을 보호하기 위하여 법률로 규정한 절차적 요건이라고 보아야 하며, 공매처분을 하면서 체납자 등에게 공매통지를 하지 않았거나 공매통지를 하였더라도 그것이 적법하지 아니한 경우에는 절차상의 흠이 있어 그 공매처분은 위법하다." (대법원 2008.11.20. 선고 2007두18154 전원합의체)

정답 ④

415

해설 ① (×) "농지법은 농지 처분명령에 대한 이행강제금 부과처분에 불복하는 자는 비송사건절차법에 따른 과태료 재판에 준하여 재판을 하도록 정하고 있다. 따라서 농지법 제62조에 따른 이행강제금 부과처분에 불복하는 경우에는 비송사건절차법에 따른 재판절차가 적용되어야 하고, 행정소송법상 항고소송의 대상은 될 수 없다." (대법원 2019.4.11. 선고 2018두42955)

② (○) "토지에 관한 도로구역결정이 고시된 후 토지수용법에 위반하여 공작물을 축조한 자에 대하여 관리청은 이러한 위반행위에 의하여 생긴 유형적 결과의 시정을 명하는 행정처분을 하여 이에 따르지 않는 경우에는 행정대집행의 방법으로 그 의무내용을 실현할 수 있는 것이고, 이러한 행정대집행의 절차가 인정되는 경우에는 따로 민사소송의 방법으로 공작물의 철거·수거 등을 구할 수는 없다." (대법원 2000.5.12. 선고 99다18909)

③ (○) 행정기관의 장이 제5조 단서에 따라 조사대상자의 자발적인 협조를 얻어 행정조사를 실시하고자 하는 경우 조사대상자는 문서·전화·구두 등의 방법으로 당해 행정조사를 거부할 수 있다(행정조사기본법 제20조 제1항).

④ (○) "도로교통법 제118조에서 규정하는 경찰서장의 통고처분은 행정소송의 대상이 되는 행정처분이 아니므로 그 처분의 취소를 구하는 소송은 부적법하다." (대법원 1995.6.29. 선고 95누4674)

정답 ①

---

416 [회독] ☐☐☐

행정의 실효성 확보수단에 대한 설명으로 옳은 것만을 모두 고르면? (다툼이 있는 경우 판례에 의함)

㉠ 조세부과처분에 취소사유인 하자가 있는 경우 그 하자는 후행 강제징수절차인 독촉·압류·매각·청산절차에 승계된다.

㉡ 세법상 가산세는 과세권 행사 및 조세채권 실현을 용이하게 하기 위하여 납세자가 정당한 이유 없이 법에 규정된 신고, 납세 등의 의무를 위반한 경우에 개별세법에 따라 부과하는 행정상 제재로서, 납세자의 고의·과실은 고려되지 아니하고 법령의 부지·착오 등은 그 의무위반을 탓할 수 없는 정당한 사유에 해당하지 아니한다.

㉢ 세무공무원이 체납처분을 하기 위하여 질문·검사 또는 수색을 하거나 재산을 압류할 때에는 그 신분을 표시하는 증표를 지니고 이를 관계자에게 보여 주어야 한다.

㉣ 구 「국세징수법」상 가산금은 국세를 납부기한까지 납부하지 아니하면 과세청의 확정절차 없이도 법률에 의하여 당연히 발생하는 것이므로 가산금의 고지는 항고소송의 대상이 되는 처분이라고 볼 수 없다.

---

① ㉠, ㉡
② ㉡, ㉢
③ ㉢, ㉣
④ ㉡, ㉢, ㉣

416

해설 ㉠ (×) "조세의 부과처분과 압류 등의 체납처분은 별개의 행정처분으로서 독립성을 가지므로 부과처분에 하자가 있더라도 그 부과처분이 취소되지 아니하는 한 그 부과처분에 의한 체납처분은 위법이라고 할 수는 없다." (대법원 1987.9.22. 선고 87누383)

㉡ (○) "세법상 가산세는 과세권의 행사 및 조세채권의 실현을 용이하게 하기 위하여 납세자가 정당한 이유 없이 법에 규정된 신고·납세의무 등을 위반한 경우에 법이 정하는 바에 의하여 부과하는 행정상의 제재로서 납세자의 고의·과실은 고려되지 아니하는 것이고, 법령의 부지 또는 오인은 그 정당한 사유에 해당한다고 볼 수 없다." (대법원 2002.4.12. 선고 2000두5944)

㉢ (○) 국세징수법 제38조

국세징수법	제38조(증표 등의 제시) 세무공무원은 다음 각 호의 어느 하나를 하는 경우 그 신분을 나타내는 증표 및 압류·수색 등 통지서를 지니고 이를 관계자에게 보여 주어야 한다. 1. 제31조에 따른 압류 2. 제35조에 따른 수색 3. 제36조에 따른 질문·검사

㉣ (○) "국세징수법 제21조, 제22조가 규정하는 가산금 또는 중가산금은 국세를 납부기한까지 납부하지 아니하면 과세청의 확정절차 없이도 법률 규정에 의하여 당연히 발생하는 것이므로 가산금 또는 중가산금의 고지가 항고소송의 대상이 되는 처분이라고 볼 수 없다." (대법원 2005.6.10. 선고 2005다15482)

정답 ④

417 [회독] ☐☐☐

행정의 실효성 확보수단에 대한 설명으로 옳지 않은 것은?
(다툼이 있는 경우 판례에 의함)

① 하나의 납세고지서에 의하여 본세와 가산세를 함께 부과할 때 납세고지서에 본세와 가산세 각각의 세액과 산출근거 등을 구분하여 기재하여야 한다.

② 「농지법」상 이행강제금 부과처분은 항고소송의 대상이 되는 처분에 해당하므로 이에 불복하는 경우 항고소송을 제기할 수 있다.

③ 지방자치단체 소속 공무원이 지방자치단체 고유의 자치사무를 수행하던 중 도로법 규정에 의한 위반행위를 한 경우 지방자치단체는 「도로법」의 양벌규정에 따라 처벌대상이 되는 법인에 해당한다.

④ 구 「여객자동차 운수사업법」상 과징금부과처분은 원칙적으로 위반자의 고의·과실을 요하지 아니하나, 위반자의 의무 해태를 탓할 수 없는 정당한 사유가 있는 등의 특별한 사정이 있는 경우에는 이를 부과할 수 없다.

417

해설 ① (○) "하나의 납세고지서에 의하여 본세와 가산세를 함께 부과할 때에는 납세고지서에 본세와 가산세 각각의 세액과 산출근거 등을 구분하여 기재해야 하는 것이고, 또 여러 종류의 가산세를 함께 부과하는 경우에는 그 가산세 상호 간에도 종류별로 세액과 산출근거 등을 구분하여 기재함으로써 납세의무자가 납세고지서 자체로 각 과세처분의 내용을 알 수 있도록 하는 것이 당연한 원칙이다." (대법원 2012.10.18. 선고 2010두12347)

② (×) "농지법에 따른 이행강제금 부과처분에 불복하는 경우에는 비송사건절차법에 따른 재판절차가 적용되어야 하고, 행정소송법상 항고소송의 대상은 될 수 없다. 설령 관할청이 이행강제금 부과처분을 하면서 재결청에 행정심판을 청구하거나 관할 행정법원에 행정소송을 할 수 있다고 잘못 안내하거나 관할 행정심판위원회가 각하재결이 아닌 기각 재결을 하면서 관할 법원에 행정소송을 할 수 있다고 잘못 안내하였다고 하더라도, 그러한 잘못된 안내로 행정법원의 항고소송 재판관할이 생긴다고 볼 수도 없다." (대법원 2019.4.11. 선고 2018두42955)

③ (○) "지방자치단체가 그 고유의 자치사무를 처리하는 경우에는 지방자치단체는 국가기관의 일부가 아니라 국가기관과는 별도의 독립한 공법인이므로, 지방자치단체 소속 공무원이 지방자치단체 고유의 자치사무를 수행하던 중 「도로법」의 규정에 의한 위반행위를 한 경우에는 지방자치단체는 도로법 제86조의 양벌규정에 따라 처벌대상이 되는 법인에 해당한다." (대법원 2005.11.10. 선고 2004도2657)

④ (○) "구 「여객자동차 운수사업법」의 과징금부과처분은 제재적 행정처분으로서 행정법규 위반이라는 객관적 사실에 착안하여 가하는 제재이므로 반드시 현실적인 행위자가 아니라도 법령상 책임자로 규정된 자에게 부과되고 원칙적으로 위반자의 고의·과실을 요하지 아니하나, 위반자의 의무 해태를 탓할 수 없는 정당한 사유가 있는 등의 특별한 사정이 있는 경우에는 이를 부과할 수 없다." (대법원 2014.10.15. 선고 2013두5005)

정답 ②

제3절 비금전적 실효성 확보수단

기출테마 73 비금전적 실효성 확보수단

418 [회독] ☐☐☐ 23년 국가 7급

행정상 의무이행 확보수단에 대한 설명으로 옳은 것은?

① 병무청장이 구 「병역법」에 따라 병역의무 기피자의 인적사항 등을 인터넷 홈페이지에 게시하는 등의 방법으로 공개한 경우 병무청장의 공개결정은 항고소송의 대상이 되는 행정처분이 아니다.

② 「부동산 실권리자명의 등기에 관한 법률」 제5조에 의하여 부과된 과징금 채무는 대체적 급부가 가능한 의무이므로 과징금을 부과받은 자가 사망한 경우 그 상속인에게 포괄승계된다.

③ 가산세는 세법에서 규정하는 의무의 성실한 이행을 확보하기 위하여 세법에 따라 산출한 본세액에 가산하여 징수하는 조세로서, 본세에 감면사유가 인정된다면 가산세도 감면대상에 포함된다.

④ 가산세는 납세자가 정당한 이유 없이 법에 규정된 신고, 납세 등 각종 의무를 위반한 경우에 개별세법이 정하는 바에 따라 부과되는 행정상의 제재로서 납세자의 고의·과실 또한 중요한 고려 요소가 된다.

418

해설 ① (×) "병무청장이 병역법 제81조의2 제1항에 따라 병역의무 기피자의 인적사항 등을 인터넷 홈페이지에 게시하는 등의 방법으로 공개한 경우 병무청장의 공개결정을 항고소송의 대상이 되는 행정처분으로 보아야 한다." (대법원 2019.6.27. 선고 2018두49130)

② (○) "부동산실권리자명의등기에관한법률 제5조에 의하여 부과된 과징금 채무는 대체적 급부가 가능한 의무이므로 위 과징금을 부과받은 자가 사망한 경우 그 상속인에게 포괄승계된다." (대법원 1999.5.14. 선고 99두35)

③ (×) "가산세는 세법에서 규정하는 의무의 성실한 이행을 확보하기 위하여 세법에 따라 산출한 본세액에 가산하여 징수하는 독립된 조세로서, 본세에 감면사유가 인정된다고 하여 가산세도 감면대상에 포함되는 것이 아니고, 반면에 그 의무를 이행하지 아니한 데 대한 정당한 사유가 있는 경우에는 본세 납세의무가 있더라도 가산세는 부과하지 않는다(국세기본법 제2조 제4호, 제47조, 제48조 등 참조)." (대법원 2019.2.14. 선고 2015두52616)

④ (×) "세법상 가산세는 과세권의 행사 및 조세채권의 실현을 용이하게 하기 위하여 납세자가 정당한 이유 없이 법에 규정된 신고, 납세 등 각종 의무를 위반한 경우에 개별세법이 정하는 바에 따라 부과되는 행정상의 제재로서 납세자의 고의, 과실은 고려되지 않는 것이고, 다만 납세의무자가 그 의무를 알지 못한 것이 무리가 아니었다거나 그 의무의 이행을 당사자에게 기대하는 것이 무리라고 하는 사정이 있을 때 등 그 의무해태를 탓할 수 없는 정당한 사유가 있는 경우에는 이를 부과할 수 없다." (대법원 2003.9.5. 선고 2001두403)

정답 ②

419 [회독] □□□

행정상 실효성 확보수단에 관한 설명으로 옳지 않은 것은?
(다툼이 있는 경우 판례에 의함)

① 「건축법」상 대지 또는 건축물의 위법상태를 시정할 수 있는 법률상 또는 사실상의 지위에 있지 않은 자는 시정명령의 상대방이 될 수 없다.

② 공급거부란 행정법상의 의무를 위반하거나 불이행한 자에 대하여 행정상의 서비스 또는 재화의 공급을 거부하는 권력적 사실행위로서 판례는 지방자치단체장에 의한 단수조치의 처분성을 인정하였다.

③ 병무청장이 「병역법」에 따라 병역의무 기피자의 인적사항 등을 인터넷 홈페이지에 게시하는 등의 방법으로 공개한 경우, 병무청장의 공개결정은 항고소송의 대상이 되는 행정처분에 해당한다.

④ 과징금은 법령등에 따른 의무를 위반한 자에 대하여 법률로 정하는 바에 따라 그 위반행위에 대해 부과하는 제재로서 분할 납부를 원칙으로 하고 일정한 사유가 인정될 때에는 한꺼번에 납부하게 할 수 있다.

419

해설 ① (○) "건축법상 위법상태의 해소를 목적으로 하는 시정명령 제도의 본질상, 시정명령의 이행을 기대할 수 없는 자, 즉 대지 또는 건축물의 위법상태를 시정할 수 있는 법률상 또는 사실상의 지위에 있지 않은 자는 시정명령의 상대방이 될 수 없다고 보는 것이 타당하다. 시정명령의 이행을 기대할 수 없는 자에 대한 시정명령은 위법상태의 시정이라는 행정목적 달성을 위한 적절한 수단이 될 수 없고, 상대방에게 불가능한 일을 명령하는 결과밖에 되지 않기 때문이다." (대법원 2022.10.14. 선고 2021두45008)

② (○) 공급거부란 행정법상의 의무를 위반하거나 불이행한 자에 대하여 행정상 서비스나 재화의 공급을 거부함으로써 간접적으로 행정법상의 의무이행을 확보하는 행정작용으로서, 권력적 사실행위에 해당하며, 대표적인 예시로는 단수처분이 있다. 대법원은 단순조치의 처분성을 인정하였다. "단수처분은 항고소송의 대상이 되는 행정처분에 해당한다." (대법원 1979.12.28. 선고 79누218)

③ (○) "병무청장이 병역법 제81조의2 제1항에 따라 병역의무 기피자의 인적사항 등을 인터넷 홈페이지에 게시하는 등의 방법으로 공개한 경우 병무청장의 공개결정을 항고소송의 대상이 되는 행정처분으로 보아야 한다." (대법원 2019.6.27. 선고 2018두49130)

④ (×) 과징금은 일괄 납부가 원칙이고, 예외적으로 분할 납부를 할 수 있다.

행정기본법	제28조(과징금의 기준) ① 행정청은 법령등에 따른 의무를 위반한 자에 대하여 법률로 정하는 바에 따라 그 위반행위에 대한 제재로서 과징금을 부과할 수 있다.
	제29조(과징금의 납부기한 연기 및 분할 납부) 과징금은 한꺼번에 납부하는 것을 원칙으로 한다. 다만, 행정청은 과징금을 부과받은 자가 다음 각 호의 어느 하나에 해당하는 사유로 과징금 전액을 한꺼번에 내기 어렵다고 인정될 때에는 그 납부기한을 연기하거나 분할 납부하게 할 수 있으며, 이 경우 필요하다고 인정하면 담보를 제공하게 할 수 있다. 1. 재해 등으로 재산에 현저한 손실을 입은 경우 2. 사업 여건의 악화로 사업이 중대한 위기에 처한 경우 3. 과징금을 한꺼번에 내면 자금 사정에 현저한 어려움이 예상되는 경우 4. 그 밖에 제1호부터 제3호까지에 준하는 경우로서 대통령령으로 정하는 사유가 있는 경우

정답 ④

420 [회독] ☐☐☐　　　　　　　　　20년 군무원 9급

행정법규 위반에 대한 제재조치의 설명으로 옳지 않은 것은?
(다툼이 있는 경우 판례에 의함)

① 행정법규 위반에 대한 제재조치는 행정목적의 달성을 위하여 행정법규 위반이라는 객관적 사실에 착안하여 가하는 제재이므로, 반드시 현실적인 행위자가 아니라도 법령상 책임자로 규정된 자에게 부과되며, 그러한 제재조치의 위반자에게 고의나 과실이 있어야 부과할 수 있다.

② 법규가 예외적으로 형사소추 선행 원칙을 규정하고 있지 않은 이상 형사판결 확정에 앞서 일정한 위반사실을 들어 행정처분을 하였다고 하여 절차적 위반이 있다고 할 수 없다.

③ 제재적 행정처분은 권익침해의 효과를 가져오므로 철회권이 유보되어 있거나, 법률유보의 원칙상 명문의 근거가 있어야 하며, 행정청이 이러한 권한을 갖고 있다고 하여도 그러한 권한의 행사는 의무에 합당한 재량에 따라야 한다.

④ 세무서장 등은 납세자가 허가·인가·면허 및 등록을 받은 사업과 관련된 소득세, 법인세 및 부가가치세를 대통령령으로 정하는 사유 없이 체납하였을 때에는 해당 사업의 주무관서에 그 납세자에 대하여 허가 등의 갱신과 그 허가 등의 근거 법률에 따른 신규 허가 등을 하지 아니할 것을 요구할 수 있다.

420

해설 ① (×) "행정법규 위반에 대하여 가하는 제재조치는 행정목적의 달성을 위하여 행정법규 위반이라는 객관적 사실에 착안하여 가하는 제재이므로 반드시 현실적인 행위자가 아니라도 법령상 책임자로 규정된 자에게 부과되고 특별한 사정이 없는 한 위반자에게 고의나 과실이 없더라도 부과할 수 있다." (대법원 2017.5.11. 선고 2014두8773)

② (○) "일정한 법규위반 사실이 행정처분의 전제사실이 되는 한편 이와 동시에 형사법규의 위반 사실이 되는 경우에 동일한 행위에 관하여 독립적으로 행정처분이나 형벌을 과하거나 이를 병과할 수 있는 것이고, 법규가 예외적으로 형사소추 선행 원칙을 규정하고 있지 아니한 이상 형사판결 확정에 앞서 일정한 위반사실을 들어 행정처분을 하였다고 하여 절차적 위반이 있다고 할 수 없다." (대법원 2017.6.15. 선고 2015두39156)

③ (○) 엄밀하게 말하면 틀린 지문이지만, ①이 확실하게 잘못된 선지이어서 이를 정답으로 골라서는 안 된다. 출제위원은 단순히 '제재적 행정처분은 …'으로 문장을 시작하였으나, '수익적 행정처분을 철회하는 제재적 행정처분은 …'이라는 말을 하고 싶었던 것 같다. 그래야 지문이 말이 된다. 다만, 이렇게 선해한다 하더라도 여전히 문제는 있는데, 수익적 행정처분에 대한 철회가 철회권이 유보되어 있거나, 법률유보의 원칙상 명문의 근거가 있는 경우에만 가능한 것도 아니기 때문이다. 따라서 "수익적 행정처분을 철회하는 제재적 행정처분은 철회권이 유보되어 있거나, 법률유보의 원칙상 명문의 근거가 있는 경우라면 할 수 있고, 행정청이 이러한 권한을 갖고 있다고 하여도 그러한 권한의 행사는 의무에 합당한 재량에 따라야 한다."라고 쓰여졌어야 비로소 정선지가 될 수 있었다.

원래의 선지	제재적 행정처분은 권익침해의 효과를 가져오므로 철회권이 유보되어 있거나, 법률유보의 원칙상 명문의 근거가 있어야 하며, 행정청이 이러한 권한을 갖고 있다고 하여도 그러한 권한의 행사는 의무에 합당한 재량에 따라야 한다.
선해한 의미	수익적 행정처분을 철회하는 제재적 행정처분은 철회권이 유보되어 있거나, 법률유보의 원칙상 명문의 근거가 있는 경우에는 할 수 있고, 행정청이 이러한 권한을 갖고 있다고 하여도 그러한 권한의 행사는 의무에 합당한 재량에 따라야 한다.

④ (○) 국세징수법 제112조 제1항

국세징수법	제112조(사업에 관한 허가등의 제한) ① 관할 세무서장은 납세자가 허가·인가·면허 및 등록 등을 받은 사업과 관련된 소득세, 법인세 및 부가가치세를 체납한 경우 해당 사업의 주무관청에 그 납세자에 대하여 허가등의 갱신과 그 허가등의 근거 법률에 따른 신규 허가등을 하지 아니할 것을 요구할 수 있다.

정답 ①

421 [회독] ☐☐☐

「행정절차법」상 위반사실등의 공표에 관한 설명으로 옳지 않은 것은?

① 행정청은 위반사실등의 공표를 하기 전에 당사자가 공표와 관련된 의무의 이행, 원상회복, 손해배상 등의 조치를 마친 경우에는 위반사실등의 공표를 하지 아니할 수 있다.

② 위반사실등의 공표에 관하여 당사자가 의견진술의 기회를 포기한다는 뜻을 명백히 밝힌 경우라도 행정청은 미리 당사자에게 그 사실을 통지하고 의견제출의 기회를 주어야 한다.

③ 행정청은 공표된 내용이 사실과 다른 것으로 밝혀지거나 공표에 포함된 처분이 취소된 경우라도 당사자가 원하지 아니하면 정정한 내용을 공표하지 아니할 수 있다.

④ 위반사실등의 공표에 관하여 의견제출의 기회를 받은 당사자는 공표 전에 관할 행정청에 서면이나 말 또는 정보통신망을 이용하여 의견을 제출할 수 있다.

421

해설 ①, ③, ④ (○) 행정절차법 제40조의3

행정절차법

제40조의3(위반사실 등의 공표) ① 행정청은 법령에 따른 의무를 위반한 자의 성명·법인명, 위반사실, 의무 위반을 이유로 한 처분사실 등(이하 "위반사실등"이라 한다)을 법률로 정하는 바에 따라 일반에게 공표할 수 있다.

② 행정청은 위반사실등의 공표를 하기 전에 사실과 다른 공표로 인하여 당사자의 명예·신용 등이 훼손되지 아니하도록 객관적이고 타당한 증거와 근거가 있는지를 확인하여야 한다.

③ 행정청은 위반사실등의 공표를 할 때에는 미리 당사자에게 그 사실을 통지하고 의견제출의 기회를 주어야 한다. 다만, 다음 각 호의 어느 하나에 해당하는 경우에는 그러하지 아니하다.

1. 공공의 안전 또는 복리를 위하여 긴급히 공표를 할 필요가 있는 경우
2. 해당 공표의 성질상 의견청취가 현저히 곤란하거나 명백히 불필요하다고 인정될 만한 타당한 이유가 있는 경우
3. 당사자가 의견진술의 기회를 포기한다는 뜻을 명백히 밝힌 경우

④ 제3항에 따라 의견제출의 기회를 받은 당사자는 공표 전에 관할 행정청에 서면이나 말 또는 정보통신망을 이용하여 의견을 제출할 수 있다.

⑤ 제4항에 따른 의견제출의 방법과 제출 의견의 반영 등에 관하여는 제27조 및 제27조의2를 준용한다. 이 경우 "처분"은 "위반사실등의 공표"로 본다.

⑥ 위반사실등의 공표는 관보, 공보 또는 인터넷 홈페이지 등을 통하여 한다.

⑦ 행정청은 위반사실등의 공표를 하기 전에 당사자가 공표와 관련된 의무의 이행, 원상회복, 손해배상 등의 조치를 마친 경우에는 위반사실등의 공표를 하지 아니할 수 있다.

⑧ 행정청은 공표된 내용이 사실과 다른 것으로 밝혀지거나 공표에 포함된 처분이 취소된 경우에는 그 내용을 정정하여, 정정한 내용을 지체 없이 해당 공표와 같은 방법으로 공표된 기간 이상 공표하여야 한다. 다만, 당사자가 원하지 아니하면 공표하지 아니할 수 있다.

② (×) 당사자가 의견진술의 기회를 포기한다는 뜻을 명백히 밝힌 경우, 행정청은 의견제출의 기회를 주지 않아도 된다(행정절차법 제40조의3 제3항 제3호).

정답 ②

제4절　행정조사

기출테마 74　행정조사

422 [회독] ☐☐☐　　　22년 국가 7급

행정조사에 대한 설명으로 옳지 않은 것은? (다툼이 있는 경우 판례에 의함)

① 세무조사에 중대한 위법사유가 있는 경우 이러한 세무조사에 의하여 수집된 과세자료를 기초로 한 과세처분 역시 위법하다.

② 과세관청의 질문조사권이 행해지는 세무조사결정은 납세의무자의 권리·의무에 직접 영향을 미치는 공권력의 행사에 따른 행정작용으로서 항고소송의 대상이 된다.

③ 「행정조사기본법」 제4조(행정조사의 기본원칙)는 조세·보안처분에 관한 사항에 대하여 적용하지 아니한다.

④ 행정기관의 장은 법령등에 특별한 규정이 있는 경우를 제외하고는 행정조사의 결과를 확정한 날부터 7일 이내에 그 결과를 조사대상자에게 통지하여야 한다.

422

해설 ① (○) "세무조사가 과세자료의 수집 또는 신고내용의 정확성 검증이라는 본연의 목적이 아니라 부정한 목적을 위하여 행하여진 것이라면 이는 세무조사에 중대한 위법사유가 있는 경우에 해당하고 이러한 세무조사에 의하여 수집된 과세자료를 기초로 한 과세처분 역시 위법하다." (대법원 2016.12.15. 선고 2016두47659)

② (○) "부과처분을 위한 과세관청의 질문조사권이 행해지는 세무조사결정이 있는 경우 납세의무자는 세무공무원의 과세자료 수집을 위한 질문에 대답하고 검사를 수인하여야 할 법적 의무를 부담하게 되는 점, 세무조사는 기본적으로 적정하고 공평한 과세의 실현을 위하여 필요한 최소한의 범위 안에서 행하여져야 하고, 더욱이 동일한 세목 및 과세기간에 대한 재조사는 납세자의 영업의 자유 등 권익을 심각하게 침해할 뿐만 아니라 과세관청에 의한 자의적인 세무조사의 위험마저 있으므로 조세공평의 원칙에 현저히 반하는 예외적인 경우를 제외하고는 금지될 필요가 있는 점, 납세의무자로 하여금 개개의 과태료 처분에 대하여 불복하거나 조사 종료 후의 과세처분에 대하여만 다툴 수 있도록 하는 것보다는 그에 앞서 세무조사결정에 대하여 다툼으로써 분쟁을 조기에 근본적으로 해결할 수 있는 점 등을 종합하면, 세무조사결정은 납세의무자의 권리·의무에 직접 영향을 미치는 공권력의 행사에 따른 행정작용으로서 항고소송의 대상이 된다." (대법원 2011.3.10. 선고 2009두23617,23624)

③ (×) 행정조사기본법 제3조 제2항, 제3항

행정조사 기본법	제3조(적용범위) ② 다음 각 호의 어느 하나에 해당하는 사항에 대하여는 이 법을 적용하지 아니한다. 5. 조세·형사·행형 및 보안처분에 관한 사항 ③ 제2항에도 불구하고 제4조(행정조사의 기본원칙), 제5조(행정조사의 근거) 및 제28조(정보통신수단을 통한 행정조사)는 제2항 각 호의 사항에 대하여 적용한다. [시행일 : 2024. 1. 18.]

④ (○) 행정조사기본법 제24조

행정조사 기본법	제24조(조사결과의 통지) 행정기관의 장은 법령등에 특별한 규정이 있는 경우를 제외하고는 행정조사의 결과를 확정한 날부터 7일 이내에 그 결과를 조사대상자에게 통지하여야 한다.

정답 ③

423 [회독] ▢▢▢   25년 소방직

행정조사에 관한 설명으로 옳은 것은? (다툼이 있는 경우 판례에 의함)

① 「행정조사기본법」상 화재가 진화된 현장에서 소방공무원이 화재 원인을 분석하기 위해 시료를 채취하는 것은 행정조사에 해당하나 조사대상자에게 자료제출을 요구하거나 출석·진술을 요구하는 활동은 이에 포함되지 않는다.

② 헌법상 적법절차의 원칙은 형사소송절차에 국한된 것으로서 모든 국가작용 전반에 대해 적용되는 것은 아니므로 행정목적 달성을 위한 행정조사에는 적용되지 않는다.

③ 행정기관이 행정조사를 행하는 경우 조사대상자의 자발적인 협조가 있다면 법령등에서 행정조사를 규정하고 있지 않더라도 실시할 수 있다.

④ 세관공무원이 「마약류 불법거래 방지에 관한 특례법」에 따른 조치의 일환으로 특정한 수출입물품을 개봉하여 검사하고 그 내용물의 점유를 취득한 행위는 수출입물품에 대한 적정한 통관 등을 목적으로 실시하는 행정조사라는 점에서 사전 또는 사후 영장을 요하지 않는다.

423

해설 ① (×) 행정조사기본법 제2조 제1호

| 행정조사
기본법 | 제2조(정의) 이 법에서 사용하는 용어의 정의는 다음과 같다.
1. "행정조사"란 행정기관이 정책을 결정하거나 직무를 수행하는 데 필요한 정보나 자료를 수집하기 위하여 현장조사·문서열람·시료채취 등을 하거나 조사대상자에게 보고요구·자료제출요구 및 출석·진술요구를 행하는 활동을 말한다. |

② (×) "헌법 제12조 제1항에서 규정하고 있는 적법절차의 원칙은 형사소송절차에 국한되지 아니하고 모든 국가작용 전반에 대하여 적용된다. 세무조사는 국가의 과세권을 실현하기 위한 행정조사의 일종으로서 과세자료의 수집 또는 신고내용의 정확성 검증 등을 위하여 필요불가결하며, 종국적으로는 조세의 탈루를 막고 납세자의 성실한 신고를 담보하는 중요한 기능을 수행한다. 이러한 세무공무원의 세무조사권의 행사에서도 적법절차의 원칙은 마땅히 준수되어야 한다." (대법원 2014.6.26. 선고 2012두911)

③ (○) 행정조사기본법 제5조

| 행정조사
기본법 | 제5조(행정조사의 근거) 행정기관은 법령등에서 행정조사를 규정하고 있는 경우에 한하여 행정조사를 실시할 수 있다. 다만, 조사대상자의 자발적인 협조를 얻어 실시하는 행정조사의 경우에는 그러하지 아니하다. |

④ (×) "수출입물품 통관검사절차에서 이루어지는 물품의 개봉, 시료채취, 성분분석 등의 검사는 수출입물품에 대한 적정한 통관 등을 목적으로 조사를 하는 것으로서 이를 수사기관의 강제처분이라고 할 수 없으므로, 세관공무원은 압수·수색영장 없이 이러한 검사를 진행할 수 있다. 세관공무원이 통관검사를 위하여 직무상 소지하거나 보관하는 물품을 수사기관에 임의로 제출한 경우에는 비록 소유자의 동의를 받지 않았더라도 수사기관이 강제로 점유를 취득하지 않은 이상 해당 물품을 압수하였다고 할 수 없다. 그러나 마약류 불법거래 방지에 관한 특례법 제4조 제1항에 따른 조치의 일환으로 특정한 수출입물품을 개봉하여 검사하고 그 내용물의 점유를 취득한 행위는 위에서 본 수출입물품에 대한 적정한 통관 등을 목적으로 조사를 하는 경우와는 달리, 범죄수사인 압수 또는 수색에 해당하여 사전 또는 사후에 영장을 받아야 한다." (대법원 2017.7.18. 선고 2014도8719)

정답 ③

424 [회독] ☐☐☐　　　24년 군무원 9급

다음 중 행정조사에 대한 설명으로 가장 적절하지 않은 것은?
(다툼이 있는 경우 판례에 의함)

① 행정기관은 조사대상자의 자발적인 협조를 얻어 행정조사를 실시할 수 있는데, 이 경우에도 조사개시 7일 전까지 조사대상자에게 서면으로 통지하여야 한다.

② 「국세기본법」이 정한 세무조사대상 선정사유가 없음에도 세무조사대상으로 선정하여 과세자료를 수집하고 그에 기하여 과세처분을 하는 것은 위법하다.

③ 부과처분을 위한 과세관청의 질문조사권이 행해지는 세무조사결정이 있는 경우 납세의무자는 세무공무원의 과세자료 수집을 위한 질문에 대답하고 검사를 수인하여야 할 법적 의무를 부담하게 된다는 점에서 세무조사결정은 항고소송의 대상이 된다.

④ 세무조사가 과세자료의 수집 또는 신고내용의 정확성 검증이라는 본연의 목적이 아니라 부정한 목적을 위하여 행하여진 것이라면 이는 세무조사에 중대한 위법사유가 있는 경우에 해당하고 이러한 세무조사에 의하여 수집된 과세자료를 기초로 한 과세처분 역시 위법하다.

424

해설 ① (×) 행정조사기본법 제17조 제1항 제3호

행정조사 기본법	제17조(조사의 사전통지) ① 행정조사를 실시하고자 하는 행정기관의 장은 제9조에 따른 출석요구서, 제10조에 따른 보고요구서·자료제출요구서 및 제11조에 따른 현장출입조사서(이하 "출석요구서등"이라 한다)를 조사개시 7일 전까지 조사대상자에게 서면으로 통지하여야 한다. 다만, 다음 각 호의 어느 하나에 해당하는 경우에는 행정조사의 개시와 동시에 출석요구서 등을 조사대상자에게 제시하거나 행정조사의 목적 등을 조사대상자에게 구두로 통지할 수 있다. 　1. 행정조사를 실시하기 전에 관련 사항을 미리 통지하는 때에는 증거인멸 등으로 행정조사의 목적을 달성할 수 없다고 판단되는 경우 　2. 「통계법」 제3조제2호에 따른 지정통계의 작성을 위하여 조사하는 경우 　3. 제5조 단서에 따라 조사대상자의 자발적인 협조를 얻어 실시하는 행정조사의 경우

② (○) "구 국세기본법 제81조의5가 정한 세무조사대상 선정사유가 없음에도 세무조사대상으로 선정하여 과세자료를 수집하고 그에 기하여 과세처분을 하는 것은 적법절차의 원칙을 어기고 구 국세기본법 제81조의5와 제81조의3 제1항을 위반한 것으로서 특별한 사정이 없는 한 과세처분은 위법하다." (대법원 2014.6.26. 선고 2012두911)

③ (○) "부과처분을 위한 과세관청의 질문조사권이 행해지는 세무조사결정이 있는 경우 납세의무자는 세무공무원의 과세자료 수집을 위한 질문에 대답하고 검사를 수인하여야 할 법적 의무를 부담하게 되는 점, 세무조사는 기본적으로 적정하고 공평한 과세의 실현을 위하여 필요한 최소한의 범위 안에서 행하여져야 하고, 더욱이 동일한 세목 및 과세기간에 대한 재조사는 납세자의 영업의 자유 등 권익을 심각하게 침해할 뿐만 아니라 과세관청에 의한 자의적인 세무조사의 위험마저 있으므로 조세공평의 원칙에 현저히 반하는 예외적인 경우를 제외하고는 금지될 필요가 있는 점, 납세의무자로 하여금 개개의 과태료 처분에 대하여 불복하거나 조사 종료 후의 과세처분에 대하여만 다툴 수 있도록 하는 것보다는 그에 앞서 세무조사결정에 대하여 다툼으로써 분쟁을 조기에 근본적으로 해결할 수 있는 점 등을 종합하면, 세무조사결정은 납세의무자의 권리·의무에 직접 영향을 미치는 공권력의 행사에 따른 행정작용으로서 항고소송의 대상이 된다." (대법원 2011.3.10. 선고 2009두23617,23624)

④ (○) "세무조사가 과세자료의 수집 또는 신고내용의 정확성 검증이라는 본연의 목적이 아니라 부정한 목적을 위하여 행하여진 것이라면 이는 세무조사에 중대한 위법사유가 있는 경우에 해당하고 이러한 세무조사에 의하여 수집된 과세자료를 기초로 한 과세처분 역시 위법하다." (대법원 2016.12.15. 선고 2016두47659)

정답 ①

425 [회독] ☐☐☐　　　　　　　　23년 국가 9급

「행정조사기본법」상 행정조사에 대한 설명으로 옳지 않은 것은?

① 행정기관의 장은 조사원이 조사목적의 달성을 위하여 한 시료채취로 조사대상자에게 손실을 입힌 때에는 그 손실을 보상하여야 한다.

② 개별 법령 등에서 행정조사를 규정하고 있지 않더라도, 행정기관은 조사대상자가 자발적으로 협조하는 경우에는 행정조사를 실시할 수 있다.

③ 행정기관의 장은 조사대상자의 신상이나 사업비밀 등이 유출될 우려가 있으므로 인터넷 등 정보통신망을 통하여 조사대상자로 하여금 자료의 제출 등을 하게 할 수 없다.

④ 행정기관의 장은 당해 행정기관 내의 2 이상의 부서가 동일하거나 유사한 업무분야에 대하여 동일한 조사대상자에게 행정조사를 실시하는 경우에는 공동조사를 하여야 한다.

425

해설 ① (○) 행정조사기본법 제12조 제2항

행정조사 기본법	제12조(시료채취) ① 조사원이 조사목적의 달성을 위하여 시료채취를 하는 경우에는 그 시료의 소유자 및 관리자의 정상적인 경제활동을 방해하지 아니하는 범위 안에서 최소한도로 하여야 한다. ② 행정기관의 장은 제1항에 따른 시료채취로 조사대상자에게 손실을 입힌 때에는 대통령령으로 정하는 절차와 방법에 따라 그 손실을 보상하여야 한다.

② (○) 행정조사기본법 제5조

행정조사 기본법	제5조(행정조사의 근거) 행정기관은 법령등에서 행정조사를 규정하고 있는 경우에 한하여 행정조사를 실시할 수 있다. 다만, 조사대상자의 자발적인 협조를 얻어 실시하는 행정조사의 경우에는 그러하지 아니하다.

③ (×) 행정조사기본법 제28조

행정조사 기본법	제28조(정보통신수단을 통한 행정조사) ① 행정기관의 장은 인터넷 등 정보통신망을 통하여 조사대상자로 하여금 자료의 제출 등을 하게 할 수 있다.

④ (○) 행정조사기본법 제14조 제1항

행정조사 기본법	제14조(공동조사) ① 행정기관의 장은 다음 각 호의 어느 하나에 해당하는 행정조사를 하는 경우에는 공동조사를 하여야 한다. 1. 당해 행정기관 내의 2 이상의 부서가 동일하거나 유사한 업무분야에 대하여 동일한 조사대상자에게 행정조사를 실시하는 경우 2. 서로 다른 행정기관이 대통령령으로 정하는 분야에 대하여 동일한 조사대상자에게 행정조사를 실시하는 경우

정답 ③

426 [회독] ☐☐☐　　　24년 지방 9급

행정조사에 대한 설명으로 옳지 않은 것은?

① 우편물 통관검사절차에서 이루어지는 우편물의 개봉, 시료채취, 성분분석 등의 검사는 수출입물품에 대한 적정한 통관 등을 목적으로 한 행정조사의 성격을 가지는 것으로서 압수·수색영장 없이도 이러한 검사를 진행할 수 있다.

② 세무조사결정은 납세자의 권리·의무에 직접 영향을 미치는 공권력의 행사에 따른 행정작용으로서 항고소송의 대상이 된다.

③ 「행정조사기본법」에 따르면 조사대상자의 자발적인 협조에 따라 실시하는 행정조사에 대하여 조사대상자가 조사에 응할 것인지에 대한 응답을 하지 아니하는 경우에는 법령등에 특별한 규정이 없는 한 그 조사를 거부한 것으로 본다.

④ 「행정조사기본법」상 행정조사를 실시하기 전에 관련 사항을 미리 통지하는 경우 증거인멸 등으로 행정조사의 목적을 달성할 수 없다고 판단되는 때에는, 행정기관의 장은 행정조사 종료 후 지체 없이 행정조사의 목적 등을 조사대상자에게 구두로 통지할 수 있다.

426

해설 ① (○) "관세법 제246조 제1항, 제2항, 제257조, '국제우편물 수입통관 사무처리'(2011. 9. 30. 관세청고시 제2011-40호) 제1-2조 제2항, 제1-3조, 제3-6조, 구 '수출입물품 등의 분석사무 처리에 관한 시행세칙'(2013. 1. 4. 관세청훈령 제1507호로 개정되기 전의 것) 등과 관세법이 관세의 부과·징수와 아울러 수출입물품의 통관을 적정하게 함을 목적으로 한다는 점(관세법 제1조)에 비추어 보면, 우편물 통관검사절차에서 이루어지는 우편물의 개봉, 시료채취, 성분분석 등의 검사는 수출입물품에 대한 적정한 통관 등을 목적으로 한 행정조사의 성격을 가지는 것으로서 수사기관의 강제처분이라고 할 수 없으므로, 압수·수색영장 없이 우편물의 개봉, 시료채취, 성분분석 등 검사가 진행되었다 하더라도 특별한 사정이 없는 한 위법하다고 볼 수 없다." (대법원 2013.9.26. 선고 2013도7718)

② (○) "세무조사결정은 납세의무자의 권리·의무에 직접 영향을 미치는 공권력의 행사에 따른 행정작용으로서 항고소송의 대상이 된다." (대법원 2011.3.10. 선고 2009두23617,23624)

③ (○) 행정조사기본법 제20조 제2항

행정조사 기본법	제20조(자발적인 협조에 따라 실시하는 행정조사) ① 행정기관의 장이 제5조 단서에 따라 조사대상자의 자발적인 협조를 얻어 행정조사를 실시하고자 하는 경우 조사대상자는 문서·전화·구두 등의 방법으로 당해 행정조사를 거부할 수 있다. ② 제1항에 따른 행정조사에 대하여 조사대상자가 조사에 응할 것인지에 대한 응답을 하지 아니하는 경우에는 법령등에 특별한 규정이 없는 한 그 조사를 거부한 것으로 본다.

④ (✕) 이 경우에도 조사개시와 동시에 통지할 수는 있어도, 조사종료 후 통지할 수 있게 되는 것은 아니다(행정조사기본법 제17조 제1항 단서)

행정조사 기본법	제17조(조사의 사전통지) ① 행정조사를 실시하고자 하는 행정기관의 장은 제9조에 따른 출석요구서, 제10조에 따른 보고요구서·자료제출요구서 및 제11조에 따른 현장출입조사서(이하 "출석요구서등"이라 한다)를 조사개시 7일 전까지 조사대상자에게 서면으로 통지하여야 한다. 다만, 다음 각 호의 어느 하나에 해당하는 경우에는 행정조사의 개시와 동시에 출석요구서등을 조사대상자에게 제시하거나 행정조사의 목적 등을 조사대상자에게 구두로 통지할 수 있다. 1. 행정조사를 실시하기 전에 관련 사항을 미리 통지하는 때에는 증거인멸 등으로 행정조사의 목적을 달성할 수 없다고 판단되는 경우 2. 「통계법」 제3조제2호에 따른 지정통계의 작성을 위하여 조사하는 경우 3. 제5조 단서에 따라 조사대상자의 자발적인 협조를 얻어 실시하는 행정조사의 경우

정답 ④

427 [회독] ☐☐☐

21년 군무원 9급

「행정조사기본법」상 행정조사의 기본원칙에 대한 설명으로 옳지 않은 것은? (단, 다툼이 있는 경우 판례에 의함)

① 행정조사는 조사목적을 달성하는데 필요한 최소한의 범위 안에서 실시하여야 하며, 다른 목적 등을 위하여 조사권을 남용하여서는 아니 된다.

② 행정기관은 유사하거나 동일한 사안에 대하여는 공동조사 등을 실시함으로써 행정조사가 중복되지 아니하도록 하여야 한다.

③ 행정조사는 법령등의 위반에 대한 처벌에 중점을 두되 법령등을 준수하도록 유도하여야 한다.

④ 행정기관은 행정조사를 통하여 알게 된 정보를 다른 법률에 따라 내부에서 이용하거나 다른 기관에 제공하는 경우를 제외하고는 원래의 조사목적 이외의 용도로 이용하거나 타인에게 제공하여서는 아니 된다.

428 [회독] ☐☐☐

21년 소방직

행정조사에 관한 설명으로 옳은 것(○)과 옳지 않은 것(×)을 바르게 표기한 것은? (다툼이 있는 경우 판례에 의함)

> ㉠ 행정조사는 그 실효성 확보를 위해 수시조사를 원칙으로 한다.
> ㉡ 「행정절차법」은 행정조사절차에 관한 명문의 규정을 일부 두고 있다.
> ㉢ (구) 「국세기본법」에 따른 금지되는 재조사에 기초한 과세처분은 특별한 사정이 없는 한 위법하다.
> ㉣ 우편물 통관검사절차에서 이루어지는 우편물의 개봉, 시료채취, 성분분석 등의 검사는 행정조사의 성격을 가지는 것으로 압수·수색영장 없이 진행되었다고 해도 특별한 사정이 없는 한 위법하다고 볼 수 없다.

	㉠	㉡	㉢	㉣
①	×	×	○	○
②	×	○	×	○
③	○	×	○	×
④	×	○	○	○

427

해설 ① (○) 행정조사기본법 제4조 제1항

행정조사 기본법	제4조(행정조사의 기본원칙) ① 행정조사는 조사목적을 달성하는데 필요한 최소한의 범위 안에서 실시하여야 하며, 다른 목적 등을 위하여 조사권을 남용하여서는 아니 된다.

② (○) 행정조사기본법 제4조 제3항

행정조사 기본법	제4조(행정조사의 기본원칙) ③ 행정기관은 유사하거나 동일한 사안에 대하여는 공동조사 등을 실시함으로써 행정조사가 중복되지 아니하도록 하여야 한다.

③ (×) 행정조사기본법 제4조 제4항

행정조사 기본법	제4조(행정조사의 기본원칙) ④ 행정조사는 법령등의 위반에 대한 처벌보다는 법령등을 준수하도록 유도하는 데 중점을 두어야 한다.

④ (○) 행정조사기본법 제4조 제6항

행정조사 기본법	제4조(행정조사의 기본원칙) ⑥ 행정기관은 행정조사를 통하여 알게 된 정보를 다른 법률에 따라 내부에서 이용하거나 다른 기관에 제공하는 경우를 제외하고는 원래의 조사목적 이외의 용도로 이용하거나 타인에게 제공하여서는 아니 된다.

정답 ③

428

해설 ㉠ (×) 정기조사를 원칙으로 한다(행정조사기본법 제7조).

행정조사 기본법	제7조(조사의 주기) 행정조사는 법령등 또는 행정조사운영계획으로 정하는 바에 따라 정기적으로 실시함을 원칙으로 한다. 다만, 다음 각 호 중 어느 하나에 해당하는 경우에는 수시조사를 할 수 있다. (각 호 생략)

㉡ (×) 「행정절차법」에는 행정조사절차에 대한 규정이 없다.

㉢ (○) "구 국세기본법 제81조의4 제2항에 따라 금지되는 재조사에 기하여 과세처분을 하는 것은 단순히 당초 과세처분의 오류를 경정하는 경우에 불과하다는 등의 특별한 사정이 없는 한 그 자체로 위법하고, 이는 과세관청이 그러한 재조사로 얻은 과세자료를 과세처분의 근거로 삼지 않았다거나 이를 배제하고서도 동일한 과세처분이 가능한 경우라고 하여 달리 볼 것은 아니다." (대법원 2017.12.13. 선고 2016두55421)

㉣ (○) "우편물 통관검사절차에서 이루어지는 우편물의 개봉, 시료채취, 성분분석 등의 검사는 수출입물품에 대한 적정한 통관 등을 목적으로 한 행정조사의 성격을 가지는 것으로서 수사기관의 강제처분이라고 할 수 없으므로, 압수·수색영장 없이 우편물의 개봉, 시료채취, 성분분석 등 검사가 진행되었다 하더라도 특별한 사정이 없는 한 위법하다고 볼 수 없다." (대법원 2013.9.26. 선고 2013도7718)

정답 ①

429 [회독] □□□ 21년 군무원 9급

행정의 실효성 확보수단에 대한 설명으로 옳지 않은 것은?
(단, 다툼이 있는 경우 판례에 의함)

① 계고서라는 명칭의 1장의 문서로서 일정기간 내에 위법 건축물의 자진철거를 명함과 동시에 그 소정기한 내에 자진철거를 하지 아니할 때에는 대집행할 뜻을 미리 계고한 경우라도 건축법에 의한 철거명령과 행정대집행법에 의한 계고처분은 독립하여 있는 것으로서 각 그 요건이 충족되었다고 볼 것이다.

② 이행강제금은 행정상 간접적인 강제집행 수단의 하나로서, 과거의 일정한 법률위반 행위에 대한 제재인 형벌이 아니라 장래의 의무이행 확보를 위한 강제수단일 뿐이어서, 범죄에 대하여 국가가 형벌권을 실행하는 과벌에 해당하지 아니한다.

③ 세무조사결정은 납세의무자의 권리·의무에 직접 영향을 미치는 공권력의 행사에 따른 행정작용으로 보기 어려우므로 항고소송의 대상이 될 수 없다.

④ 토지·건물 등의 인도의무는 비대체적 작위의무이므로 행정대집행법상 대집행 대상이 될 수 없다.

429

해설 ① (○) "계고서라는 명칭의 1장의 문서로서 일정기간 내에 위법건축물의 자진철거를 명함과 동시에 그 소정기한 내에 자진철거를 하지 아니할 때에는 대집행할 뜻을 미리 계고한 경우라도 건축법에 의한 철거명령과 행정대집행법에 의한 계고처분은 독립하여 있는 것으로서 각 그 요건이 충족되었다고 볼 것이다." (대법원 1992.6.12. 선고 91누13564)

② (○) "이행강제금은 일정한 기한까지 의무를 이행하지 않을 때에는 일정한 금전적 부담을 과할 뜻을 미리 계고함으로써 의무자에게 심리적 압박을 주어 장래에 그 의무를 이행하게 하려는 행정상 간접적인 강제집행 수단의 하나로서 과거의 일정한 법률위반 행위에 대한 제재로서의 형벌이 아니라 장래의 의무이행의 확보를 위한 강제수단일 뿐이어서 범죄에 대하여 국가가 형벌권을 실행한다고 하는 과벌에 해당하지 아니하므로 헌법 제13조 제1항이 금지하는 이중처벌금지의 원칙이 적용될 여지가 없다." (헌법재판소 2011.10.25. 선고 2009헌바140)

③ (×) "세무조사결정은 납세의무자의 권리·의무에 직접 영향을 미치는 공권력의 행사에 따른 행정작용으로서 항고소송의 대상이 된다." (대법원 2011.3.10. 선고 2009두23617,23624)

④ (○) "피수용자 등이 기업자에 대하여 부담하는 수용대상 토지의 인도의무에 관한 구 토지수용법 제63조, 제64조, 제77조 규정에서의 '인도'에는 명도도 포함되는 것으로 보아야 하고, 이러한 명도의무는 그것을 강제적으로 실현하면서 직접적인 실력행사가 필요한 것이지 대체적 작위의무라고 볼 수 없으므로 특별한 사정이 없는 한 행정대집행법에 의한 대집행의 대상이 될 수 있는 것이 아니다." (대법원 2005.8.19. 선고 2004다2809)

정답 ③

430 [회독] □□□　　　19년 국가 7급

행정청의 침익적 행위에 대한 판례의 입장으로 옳지 않은 것은?

① 「국민연금법」상 연금 지급결정을 취소하는 처분과 그 처분에 기초하여 잘못 지급된 급여액에 해당하는 금액을 환수하는 처분이 적법한지를 판단하는 경우 비교·교량할 각 사정이 상이하다고는 할 수 없으므로, 연금 지급결정을 취소하는 처분이 적법하다면 환수처분도 적법하다고 판단하여야 한다.

② 세무조사가 과세자료의 수집 등의 본연의 목적이 아니라 부정한 목적을 위하여 행하여진 것이라면 세무조사에 중대한 위법사유가 있는 경우에 해당하고, 이러한 세무조사에 의하여 수집된 과세자료를 기초로 한 과세처분 역시 위법하다.

③ 과세관청이 과세예고 통지 후 과세전적부심사 청구나 그에 대한 결정이 있기 전에 과세처분을 한 경우, 특별한 사정이 없는 한 그 과세처분은 절차상 하자가 중대·명백하여 당연무효이다.

④ 건축주 등이 장기간 시정명령을 이행하지 아니하였으나 그 기간 중에 시정명령의 이행 기회가 제공되지 아니하였다가 뒤늦게 이행 기회가 제공된 경우, 이행 기회가 제공되지 아니한 과거의 기간에 대한 이행강제금까지 한꺼번에 부과하였다면 그러한 이행강제금 부과처분은 하자가 중대·명백하여 당연무효이다.

430

해설 ① (×) "연금 지급결정을 취소하는 처분과 그 처분에 기초하여 잘못 지급된 급여액에 해당하는 금액을 환수하는 처분이 적법한지를 판단하는 경우 비교·교량할 각 사정이 동일하다고는 할 수 없으므로, 연금 지급결정을 취소하는 처분이 적법하다고 하여 환수처분도 반드시 적법하다고 판단하여야 하는 것은 아니다." (대법원 2017.3.30. 선고 2015두43971)

② (○) "세무조사가 과세자료의 수집 또는 신고내용의 정확성 검증이라는 본연의 목적이 아니라 부정한 목적을 위하여 행하여진 것이라면 이는 세무조사에 중대한 위법사유가 있는 경우에 해당하고 이러한 세무조사에 의하여 수집된 과세자료를 기초로 한 과세처분 역시 위법하다." (대법원 2016.12.15. 선고 2016두47659)

③ (○) "과세예고 통지 후 과세전적부심사 청구나 그에 대한 결정이 있기도 전에 과세처분을 하는 것은 원칙적으로 과세전적부심사 이후에 이루어져야 하는 과세처분을 그보다 앞서 함으로써 과세전적부심사 제도 자체를 형해화시킬 뿐이므로, 그와 같은 과세처분은 납세자의 절차적 권리를 침해하는 것으로서 그 절차상 하자가 중대하고도 명백하여 무효라고 할 것이다." (대법원 2016.12.27. 선고 2016두49228)

④ (○) "비록 건축주등이 장기간 시정명령을 이행하지 아니하였다 하더라도, 그 기간 중에는 시정명령의 이행 기회가 제공되지 아니하였다가 뒤늦게 시정명령의 이행 기회가 제공된 경우라면, 그 시정명령의 이행 기회 제공을 전제로 한 1회분의 이행강제금만을 부과할 수 있고, 시정명령의 이행 기회가 제공되지 아니한 과거의 기간에 대한 이행강제금까지 한꺼번에 부과할 수는 없다고 보아야 한다. 그리고 이를 위반하여 이루어진 이행강제금 부과처분은 … 그러한 하자는 중대할 뿐만 아니라 객관적으로도 명백하다고 할 것이다." (대법원 2016.7.14. 선고 2015두46598)

정답 ①

431 [회독] □□□　　　　20년 소방직

행정강제수단에 대한 설명으로 옳지 않은 것은? (다툼이 있는 경우 판례에 의함)

① 행정기관은 법령 등에서 행정조사를 규정하고 있는 경우에 한하여 행정조사를 실시할 수 있지만 조사대상자의 자발적인 협조를 얻어 실시하는 경우에는 그러하지 아니하다.

② 화재진압작업을 위해서 화재발생현장에 불법주차차량을 제거하는 것은 급박성을 이유로 법적 근거가 없더라도 최후수단으로서 실행이 가능하다.

③ 해가 지기 전에 대집행을 착수한 경우에는 야간에 대집행실행이 가능하다.

④ 「건축법」상 이행강제금 납부의 최초 독촉은 항고소송의 대상이 되는 행정처분에 해당한다는 것이 판례의 태도이다.

431

해설 ① (○) 행정조사기본법 제5조

행정조사 기본법	제5조(행정조사의 근거) 행정기관은 법령등에서 행정조사를 규정하고 있는 경우에 한하여 행정조사를 실시할 수 있다. 다만, 조사대상자의 자발적인 협조를 얻어 실시하는 행정조사의 경우에는 그러하지 아니하다.

② (×) 화재진압작업을 위한 것이라 하더라도 법적근거 없이는 불법주차차량을 제거할 수 없다. 다만, 이에 대해서는 소방기본법 제25조 제3항에 법적근거가 마련되어 있다.

③ (○) 행정대집행법 제4조 제1항 단서 제2호

행정대집행법	제4조(대집행의 실행 등) ① 행정청(제2조에 따라 대집행을 실행하는 제3자를 포함한다. 이하 이 조에서 같다)은 해가 뜨기 전이나 해가 진 후에는 대집행을 하여서는 아니 된다. 다만, 다음 각 호의 어느 하나에 해당하는 경우에는 그러하지 아니하다. 1. 의무자가 동의한 경우 2. 해가 지기 전에 대집행을 착수한 경우 3. 해가 뜬 후부터 해가 지기 전까지 대집행을 하는 경우에는 대집행의 목적 달성이 불가능한 경우 4. 그 밖에 비상시 또는 위험이 절박한 경우

④ (○) "건축법 제69조의2 제6항, 지방세법 제28조, 제82조, 국세징수법 제23조의 각 규정에 의하면, 이행강제금 부과처분을 받은 자가 이행강제금을 기한 내에 납부하지 아니한 때에는 그 납부를 독촉할 수 있으며, 납부독촉에도 불구하고 이행강제금을 납부하지 않으면 체납절차에 의하여 이행강제금을 징수할 수 있고, 이때 이행강제금 납부의 최초 독촉은 징수처분으로서 항고소송의 대상이 되는 행정처분이 될 수 있다." (대법원 2009.12.24. 선고 2009두14507)

정답 ②

432 [회독] ☐☐☐　　　　　　　　　　20년 소방직

행정조사에 대한 설명으로 옳지 않은 것은?

① 행정조사는 법령등의 준수를 유도하기보다는 법령등의 위반에 대한 처벌에 중점을 두어야 한다.

② 행정조사는 조사대상자의 자발적 협조를 얻어서 실시하는 경우에는 개별 법령의 근거규정이 없어도 할 수 있다.

③ 행정기관의 장은 법령등에서 규정하고 있는 조사사항을 조사대상자로 하여금 스스로 신고하도록 하는 자율신고제도를 운영할 수 있다.

④ 조사원이 조사목적을 달성하기 위하여 시료채취를 하는 경우에는 그 시료의 소유자 및 관리자의 정상적인 경제활동을 방해하지 아니하는 범위 안에서 최소한도로 하여야 한다.

432

해설 ① (✕) 거꾸로 되어 있다. 행정조사는 법령등의 위반에 대한 처벌보다는 법령등을 준수하도록 유도하는 데 중점을 두어야 한다(행정조사기본법 제4조 제4항).

행정조사 기본법	제4조(행정조사의 기본원칙) ④ 행정조사는 법령등의 위반에 대한 처벌보다는 법령등을 준수하도록 유도하는 데 중점을 두어야 한다.

② (○) 행정조사기본법 제5조

행정조사 기본법	제5조(행정조사의 근거) 행정기관은 법령등에서 행정조사를 규정하고 있는 경우에 한하여 행정조사를 실시할 수 있다. 다만, 조사대상자의 자발적인 협조를 얻어 실시하는 행정조사의 경우에는 그러하지 아니하다.

③ (○) 행정조사기본법 제25조 제1항

행정조사 기본법	제25조(자율신고제도) ① 행정기관의 장은 법령등에서 규정하고 있는 조사사항을 조사대상자로 하여금 스스로 신고하도록 하는 제도를 운영할 수 있다.

④ (○) 행정조사기본법 제12조 제1항

행정조사 기본법	제12조(시료채취) ① 조사원이 조사목적의 달성을 위하여 시료채취를 하는 경우에는 그 시료의 소유자 및 관리자의 정상적인 경제활동을 방해하지 아니하는 범위 안에서 최소한도로 하여야 한다.

정답 ①

433 [회독] ☐☐☐ 19년 지방 7급

행정조사에 대한 설명으로 옳지 않은 것은? (다툼이 있는 경우 판례에 의함)

① 조세부과처분을 위한 과세관청의 세무조사결정은 사실 행위로서 납세의무자의 권리·의무에 직접 영향을 미치는 것은 아니므로 항고소송의 대상이 되지 아니한다.

② 부가가치세부과처분이 종전의 부가가치세 경정조사와 같은 세목 및 같은 과세기간에 대하여 중복하여 실시한 위법한 세무조사에 기초하여 이루어진 경우 그 과세처분은 위법하다.

③ 「행정조사기본법」에 의하면 행정기관은 행정조사를 통하여 알게 된 정보를 다른 법률에 따라 내부에서 이용하거나 다른 기관에 제공하는 경우를 제외하고는 원래의 조사 목적 이외의 용도로 이용하거나 타인에게 제공하여서는 아니 된다.

④ 「행정조사기본법」에 의하면 조사대상자의 자발적인 협조를 얻어 실시하는 행정조사의 경우에는 법령 등의 근거 없이도 행할 수 있으며, 이러한 행정조사에 대하여 조사대상자가 조사에 응할 것인지에 대한 응답을 하지 아니하는 경우에는 법령 등에 특별한 규정이 없는 한 그 조사를 거부한 것으로 본다.

433

해설 ① (✕) "부과처분을 위한 과세관청의 질문조사권이 행해지는 세무조사결정이 있는 경우 납세의무자는 세무공무원의 과세자료 수집을 위한 질문에 대답하고 검사를 수인하여야 할 법적 의무를 부담하게 되는 점, 세무조사는 기본적으로 적정하고 공평한 과세의 실현을 위하여 필요한 최소한의 범위 안에서 행하여져야 하고, 더욱이 동일한 세목 및 과세기간에 대한 재조사는 납세자의 영업의 자유 등 권익을 심각하게 침해할 뿐만 아니라 과세관청에 의한 자의적인 세무조사의 위험마저 있으므로 조세공평의 원칙에 현저히 반하는 예외적인 경우를 제외하고는 금지될 필요가 있는 점, 납세의무자로 하여금 개개의 과태료 처분에 대하여 불복하거나 조사 종료 후의 과세처분에 대하여만 다툴 수 있도록 하는 것보다는 그에 앞서 세무조사결정에 대하여 다툼으로써 분쟁을 조기에 근본적으로 해결할 수 있는 점 등을 종합하면, 세무조사결정은 납세의무자의 권리·의무에 직접 영향을 미치는 공권력의 행사에 따른 행정작용으로서 항고소송의 대상이 된다." (대법원 2011.3.10. 선고 2009두23617)

② (○) "납세자에 대한 부가가치세부과처분이 종전의 부가가치세 경정조사와 같은 세목 및 같은 과세기간에 대하여 중복하여 실시된 위법한 세무조사에 기초하여 이루어진 것이라면 위법하다." (대법원 2006.6.2. 선고 2004두12070)

③ (○) 행정조사기본법 제4조 제6항

행정조사 기본법	제4조(행정조사의 기본원칙) ⑥ 행정기관은 행정조사를 통하여 알게 된 정보를 다른 법률에 따라 내부에서 이용하거나 다른 기관에 제공하는 경우를 제외하고는 원래의 조사목적 이외의 용도로 이용하거나 타인에게 제공하여서는 아니 된다.

④ (○) 행정조사기본법 제5조 단서, 제20조 제2항

행정조사 기본법	제5조(행정조사의 근거) 행정기관은 법령등에서 행정조사를 규정하고 있는 경우에 한하여 행정조사를 실시할 수 있다. 다만, 조사대상자의 자발적인 협조를 얻어 실시하는 행정조사의 경우에는 그러하지 아니하다.
행정조사 기본법	제20조(자발적인 협조에 따라 실시하는 행정조사) ① 행정기관의 장이 제5조 단서에 따라 조사대상자의 자발적인 협조를 얻어 행정조사를 실시하고자 하는 경우 조사대상자는 문서·전화·구두 등의 방법으로 당해 행정조사를 거부할 수 있다. ② 제1항에 따른 행정조사에 대하여 조사대상자가 조사에 응할 것인지에 대한 응답을 하지 아니하는 경우에는 법령등에 특별한 규정이 없는 한 그 조사를 거부한 것으로 본다.

정답 ①

434 [회독] ☐☐☐

행정조사에 대한 설명으로 옳지 않은 것은?

① 「행정조사기본법」상 조사원이 가택·사무실 또는 사업장 등에 출입하여 현장조사를 실시하는 경우, 그 권한을 나타내는 증표를 지니고 이를 조사대상자에게 내보여야 한다.

② 「행정조사기본법」 제5조 단서에서 정한 '조사대상자의 자발적인 협조를 얻어 실시하는 행정조사'는 개별 법령 등에서 행정조사를 규정하고 있는 경우에도 실시할 수 있다.

③ 납세자 등이 대답하거나 수인할 의무가 없고 납세자의 영업의 자유 등을 침해하거나 세무조사권이 남용될 염려가 없는 조사행위라 하더라도 재조사가 금지되는 세무조사에 해당한다.

④ 우편물 통관검사절차에서 이루어지는 우편물의 개봉, 시료채취, 성분분석 등의 검사는 행정조사의 성격을 가지는 것으로서 압수·수색영장 없이 우편물의 개봉, 시료채취, 성분분석 등 검사가 진행되었다 하더라도 특별한 사정이 없는 한 위법하다고 볼 수 없다.

434

해설 ① (○) 행정조사기본법 제11조 제3항

행정조사 기본법	제11조(현장조사) ① 조사원이 가택·사무실 또는 사업장 등에 출입하여 현장조사를 실시하는 경우에는 행정기관의 장은 다음 각 호의 사항이 기재된 현장출입조사서 또는 법령등에서 현장조사시 제시하도록 규정하고 있는 문서를 조사대상자에게 발송하여야 한다. ③ 제1항 및 제2항에 따라 현장조사를 하는 조사원은 그 권한을 나타내는 증표를 지니고 이를 조사대상자에게 내보여야 한다.

② (○) "행정조사기본법 제5조에 의하면 행정기관은 법령 등에서 행정조사를 규정하고 있는 경우에 한하여 행정조사를 실시할 수 있으나(본문), 한편 '조사대상자의 자발적인 협조를 얻어 실시하는 행정조사'의 경우에는 그러한 제한이 없이 실시가 허용된다(단서). 행정조사기본법 제5조는 행정기관이 정책을 결정하거나 직무를 수행하는 데에 필요한 정보나 자료를 수집하기 위하여 행정조사를 실시할 수 있는 근거에 관하여 정한 것으로서, 이러한 규정의 취지와 아울러 문언에 비추어 보면, 단서에서 정한 '조사대상자의 자발적인 협조를 얻어 실시하는 행정조사'는 개별 법령 등에서 행정조사를 규정하고 있는 경우에도 실시할 수 있다." (대법원 2016.10.27. 선고 2016두41811)

③ (×) "세무조사의 성질과 효과, 중복세무조사를 금지하는 취지 등에 비추어 볼 때, … 과세자료의 수집 또는 신고내용의 정확성 검증 등을 위한 과세관청의 모든 조사행위가 재조사가 금지되는 세무조사에 해당한다고 볼 경우에는 과세관청으로서는 단순한 사실관계의 확인만으로 충분한 사안에서 언제나 정식의 세무조사에 착수할 수밖에 없고 납세자 등으로서도 불필요하게 정식의 세무조사에 응하여야 하므로, 납세자 등이 대답하거나 수인할 의무가 없고 납세자의 영업의 자유 등을 침해하거나 세무조사권이 남용될 염려가 없는 조사행위까지 재조사가 금지되는 '세무조사'에 해당한다고 볼 것은 아니다." (대법원 2017.3.16. 선고 2014두8360)

④ (○) "우편물 통관검사절차에서 이루어지는 우편물의 개봉, 시료채취, 성분분석 등의 검사는 수출입물품에 대한 적정한 통관 등을 목적으로 한 행정조사의 성격을 가지는 것으로서 수사기관의 강제처분이라고 할 수 없으므로, 압수·수색영장 없이 우편물의 개봉, 시료채취, 성분분석 등 검사가 진행되었다 하더라도 특별한 사정이 없는 한 위법하다고 볼 수 없다." (대법원 2013.9.26. 선고 2013도7718)

정답 ③

435 [회독] □□□ 25년 지방 9급

행정법의 법원(法源)에 대한 설명으로 옳지 않은 것은?

① 재량권 행사의 준칙인 행정규칙이 그 정한 바에 따라 되풀이 시행되어 행정관행이 이루어지게 되면 평등의 원칙이나 신뢰보호의 원칙에 따라 행정기관은 그 상대방에 대한 관계에서 그 규칙에 따라야 할 자기구속을 받게 된다.

② 위법한 행정처분이 수차례에 걸쳐 반복적으로 행하여졌다 하더라도 그러한 처분이 위법한 것인 때에는 행정청에 대하여 자기구속력을 갖게 된다고 할 수 없다.

③ 구 농림수산식품부에 의하여 공표된 「2008년도 농림사업시행지침서」가 되풀이 시행되어 행정관행이 이루어졌다거나 그 공표만으로 신청인이 보호가치 있는 신뢰를 갖게 되었다고 볼 수 없다면, 이 지침에 명시되지 않은 기준을 충족하지 못하였다는 이유를 들어 신청인의 사업자 인정신청을 반려한 처분은 행정의 자기구속의 원칙에 위배되지 않는다.

④ 세무조사가 과세자료의 수집 또는 신고내용의 정확성 검증이라는 본연의 목적이 아니라 부정한 목적을 위하여 행하여졌다고 하더라도, 이러한 세무조사에 의하여 수집된 과세자료를 기초로 한 과세처분은 위법하지 않다.

435

해설 ① (○) "재량권 행사의 준칙인 행정규칙이 그 정한 바에 따라 되풀이 시행되어 행정관행이 이루어지게 되면 평등의 원칙이나 신뢰보호의 원칙에 따라 행정기관은 그 상대방에 대한 관계에서 그 규칙에 따라야 할 자기구속을 받게 되므로, 이러한 경우에는 특별한 사정이 없는 한 그를 위반하는 처분은 평등의 원칙이나 신뢰보호의 원칙에 위배되어 재량권을 일탈·남용한 위법한 처분이 된다." (대법원 2009.12.24. 선고 2009두7967)

② (○) "평등의 원칙은 본질적으로 같은 것을 자의적으로 다르게 취급함을 금지하는 것이고, 위법한 행정처분이 수차례에 걸쳐 반복적으로 행하여졌다 하더라도 그러한 처분이 위법한 것인 때에는 행정청에 대하여 자기구속력을 갖게 된다고 할 수 없다." (대법원 2009.6.25. 선고 2008두13132)

③ (○) "시장이 농림수산식품부에 의하여 공표된 '2008년도 농림사업시행지침서'에 명시되지 않은 '시·군별 건조저장시설 개소당 논 면적' 기준을 충족하지 못하였다는 이유로 신규 건조저장시설 사업자 인정신청을 반려한 사안에서, 위 지침이 되풀이 시행되어 행정관행이 이루어졌다거나 그 공표만으로 신청인이 보호가치 있는 신뢰를 갖게 되었다고 볼 수 없고, 쌀 시장 개방화에 대비한 경쟁력 강화 등 우월한 공익상 요청에 따라 위 지침상의 요건 외에 '시·군별 건조저장시설 개소당 논 면적 1,000ha 이상' 요건을 추가할 만한 특별한 사정을 인정할 수 있어, 그 처분이 행정의 자기구속의 원칙 및 행정규칙에 관련된 신뢰보호의 원칙에 위배되거나 재량권을 일탈·남용한 위법이 없다." (대법원 2009.12.24. 선고 2009두7967)

④ (✕) "세무조사가 과세자료의 수집 또는 신고내용의 정확성 검증이라는 본연의 목적이 아니라 부정한 목적을 위하여 행하여진 것이라면 이는 세무조사에 중대한 위법사유가 있는 경우에 해당하고 이러한 세무조사에 의하여 수집된 과세자료를 기초로 한 과세처분 역시 위법하다." (대법원 2016.12.15. 선고 2016두47659)

정답 ④

유대웅 행정법총론
단원별 기출문제

05
PART

행정상 전보제도

제1장　서론

기출테마 75　부패방지 및 국민권익위원회의 설치와 운영에 관한 법률

제2장　국가배상제도

제1절　서론

제2절　국가배상법 제2조에 따른 책임

기출테마 76　국가배상법 제2조 책임의 의의

기출테마 77　성립요건

436 [회독] □□□

21년 국가 9급

「국가배상법」상 공무원의 위법한 직무행위로 인한 손해배상에 대한 설명으로 옳은 것은? (다툼이 있는 경우 판례에 의함)

① 일반적으로 공무원이 필요한 지식을 갖추지 못하고 법규의 해석을 그르쳐 행정처분을 하였다면 그가 법률전문가가 아닌 행정직공무원이라고 하여 과실이 없다고는 할 수 없다.

② 국가배상의 요건인 '공무원의 직무'에는 국가나 지방자치단체의 비권력적 작용과 사경제 주체로서 하는 작용이 포함된다.

③ 손해배상책임을 묻기 위해서는 가해 공무원을 특정하여야 한다.

④ 국가가 가해 공무원에 대하여 구상권을 행사하는 경우 국가가 배상한 배상액 전액에 대하여 구상권을 행사하여야 한다.

436

해설 ① (○) "일반적으로 공무원이 직무를 집행함에 있어서 관계법규를 알지 못하거나 필요한 지식을 갖추지 못하여 법규의 해석을 그르쳐 잘못된 행정처분을 하였다면 그가 법률전문가가 아닌 행정직공무원이라고 하여 과실이 없다고 할 수 없다." (대법원 1995.10.13. 선고 95다32747)

② (×) "국가배상법이 정한 손해배상청구의 요건인 '공무원의 직무'에는 국가나 지방자치단체의 권력적 작용뿐만 아니라 비권력적 작용도 포함되지만, 단순한 사경제의 주체로서 하는 작용은 포함되지 아니한다." (대법원 1999.11.26. 선고 98다47245)

③ (×) 대법원은 국가배상책임을 묻기 위해 가해공무원이 특정될 필요는 없다고 보고 있다(대법원 1995.11.10. 선고 95다23897).

④ (×) "국가 또는 지방자치단체의 산하 공무원이 그 직무를 집행함에 당하여 중대한 과실로 인하여 법령에 위반하여 타인에게 손해를 가함으로써 국가 또는 지방자치단체가 손해배상책임을 부담하고, 그 결과로 손해를 입게된 경우에는 국가 등은 당해 공무원의 직무내용, 당해 불법행위의 상황, 손해발생에 대한 당해 공무원의 기여정도, 당해 공무원의 평소 근무태도 등 제반사정을 참작하여 손해의 공평한 분담이라는 견지에서 신의칙상 상당하다고 인정되는 한도 내에서만 당해 공무원에 대하여 구상권을 행사할 수 있다고 봄이 상당하다." (대법원 1991.5.10. 선고 91다6764)

정답 ①

437 [회독] □□□

「국가배상법」에 대한 설명으로 옳지 않은 것은? (다툼이 있는 경우 판례에 의함)

① 공무원들의 공무원증 발급 업무를 하는 공무원이 다른 공무원의 공무원증을 위조하는 행위는 「국가배상법」상의 직무집행에 해당하지 않는다.

② 국가의 철도운행사업과 관련하여 발생한 사고로 인한 손해배상청구의 경우 그 사고에 공무원이 간여하였다고 하더라도 「국가배상법」이 아니라 「민법」이 적용되어야 하지만, 철도시설물의 설치 또는 관리의 하자로 인한 손해배상청구의 경우에는 「국가배상법」이 적용된다.

③ 재판작용에 대한 국가배상의 경우, 재판에 대하여 불복절차 내지 시정절차 자체가 없는 경우에는 부당한 재판으로 인하여 불이익 내지 손해를 입은 사람은 국가배상책임의 요건이 충족된다면 국가배상을 청구할 수 있다.

④ 영업허가취소처분이 나중에 행정심판에 의하여 재량권을 일탈한 위법한 처분이 되었더라도 그 처분이 당시 시행되던 「공중위생법시행규칙」에 정하여진 행정처분의 기준에 따른 것이라면 그 영업허가취소처분을 한 공무원에게 그와 같은 위법한 처분을 한 데 있어 어떤 직무집행상의 과실이 있다고 할 수 없다.

437

해설 ① (×) "인사업무담당 공무원이 다른 공무원의 공무원증 등을 위조한 행위에 대하여 실질적으로는 직무행위에 속하지 아니한다 할지라도 외관상으로 국가배상법 제2조 제1항의 직무집행관련성을 인정한다." (대법원 2005.1.14. 선고 2004다26805)

② (○) "국가 또는 지방자치단체라 할지라도 공권력의 행사가 아니고 단순한 사경제의 주체로 활동하였을 경우에는 그 손해배상책임에 국가배상법이 적용될 수 없고 민법상의 사용자책임 등이 인정되는 것이고 국가의 철도운행사업은 국가가 공권력의 행사로서 하는 것이 아니고 사경제적 작용이라 할 것이므로, 이로 인한 사고에 공무원이 간여하였다고 하더라도 국가배상법을 적용할 것이 아니고 일반 민법의 규정에 따라야 하므로, 국가배상법상의 배상전치절차를 거칠 필요가 없으나, 공공의 영조물인 철도시설물의 설치 또는 관리의 하자로 인한 불법행위를 원인으로 하여 국가에 대하여 손해배상청구를 하는 경우에는 국가배상법이 적용되므로 배상전치절차를 거쳐야 한다." (대법원 1999.6.22. 선고 99다7008)

③ (○) "재판에 대하여 불복절차 내지 시정절차 자체가 없는 경우에는 부당한 재판으로 인하여 불이익 내지 손해를 입은 사람은 국가배상 이외의 방법으로는 자신의 권리 내지 이익을 회복할 방법이 없으므로, 이와 같은 경우에는 배상책임의 요건이 충족되는 한 국가배상책임을 인정하지 않을 수 없다." (대법원 2003.7.11. 선고 99다24218)

④ (○) "영업허가취소처분이 나중에 행정심판에 의하여 재량권을 일탈한 위법한 처분임이 판명되어 취소되었다고 하더라도 그 처분이 당시 시행되던 공중위생법시행규칙에 정하여진 행정처분의 기준에 따른 것인 이상 그 영업허가취소처분을 한 행정청 공무원에게 그와 같은 위법한 처분을 한 데 있어 어떤 직무집행상의 과실이 있다고 할 수는 없다." (대법원 1994.11.8. 선고 94다26141)

정답 ①

438 [회독] ☐☐☐ 24년 지방 9급

위법한 직무집행행위로 인한 손해배상책임에 대한 설명으로 옳지 않은 것은?

① 「국가배상법」상 '공무원'이라 함은 널리 공무를 위탁받아 실질적으로 공무에 종사하고 있는 일체의 자를 가리키는 것으로서, 단지 공무의 위탁이 일시적인 사항에 관한 활동을 위한 것은 포함되지 않는다.

② 「국가배상법」이 정한 배상청구의 요건인 '공무원의 직무'에는 권력적 작용만이 아니라 행정지도와 같은 비권력적 공행정작용도 포함된다.

③ 어떠한 행정처분이 후에 항고소송에서 위법한 것으로서 취소되었다고 하더라도 그로써 곧 당해 행정처분이 공무원의 고의 또는 과실에 의한 불법행위를 구성한다고 단정할 수는 없다.

④ 헌법상 과잉금지의 원칙 내지 비례의 원칙을 위반하여 국민의 기본권을 침해한 국가작용은 국가배상책임에 있어 법령을 위반한 가해행위가 된다.

438

해설 ① (✕) "국가배상법 제2조 소정의 '공무원'이라 함은 국가공무원법이나 지방공무원법에 의하여 공무원으로서의 신분을 가진 자에 국한하지 않고, 널리 공무를 위탁받아 실질적으로 공무에 종사하고 있는 일체의 자를 가리키는 것으로서, 공무의 위탁이 일시적이고 한정적인 사항에 관한 활동을 위한 것이어도 달리 볼 것은 아니다." (대법원 2001.1.5. 선고 98다39060)

② (○) "국가배상법이 정한 손해배상청구의 요건인 '공무원의 직무'에는 국가나 지방자치단체의 권력적 작용뿐만 아니라 비권력적 작용도 포함되지만 단순한 사경제의 주체로서 하는 작용은 포함되지 않는다." (대법원 2004.4.9. 선고 2002다10691)

③ (○) "어떠한 행정처분이 후에 항고소송에서 위법한 것으로서 취소되었다고 하더라도 그로써 곧 당해 행정처분이 공무원의 고의 또는 과실에 의한 불법행위를 구성한다고 단정할 수는 없지만, 그 행정처분의 담당공무원이 보통 일반의 공무원을 표준으로 하여 볼 때 객관적 주의의무를 결하여 그 행정처분이 객관적 정당성을 상실하였다고 인정될 정도에 이른 경우에는 국가배상법 제2조 소정의 국가배상책임의 요건을 충족하였다고 보아야 한다. 이때 객관적 정당성을 상실하였는지 여부는 침해행위가 되는 행정처분의 태양과 그 목적, 피해자의 관여 여부 및 관여의 정도, 침해된 이익의 종류와 손해의 정도 등 여러 사정을 종합하여 결정하되 손해의 전보책임을 국가 또는 지방자치단체에게 부담시킬 만한 실질적인 이유가 있는지도 살펴서 판단하여야 하며, 이는 행정청이 재결의 형식으로 처분을 한 경우에도 마찬가지이다." (대법원 2011.1.27. 선고 2008다30703)

④ (○) "국가배상책임에 있어 공무원의 가해행위는 법령을 위반한 것이어야 하는데, 여기서 법령을 위반하였다는 것은 엄격한 의미의 법령 위반뿐 아니라 인권존중, 권력남용금지, 신의성실과 같이 공무원으로서 마땅히 지켜야 할 준칙이나 규범을 지키지 아니하고 위반한 경우를 포함하여 널리 그 행위가 객관적인 정당성을 결여하고 있음을 뜻한다. 따라서 헌법상 과잉금지의 원칙 내지 비례의 원칙을 위반하여 국민의 기본권을 침해한 국가작용은 국가배상책임에 있어 법령을 위반한 가해행위가 된다." (대법원 2022.9.29. 선고 2018다224408)

정답 ①

439 [회독] ☐☐☐ 23년 소방직

국가배상책임의 요건에 관한 설명으로 옳지 않은 것은? (다툼이 있는 경우 판례에 의함)

① 「국가배상법」이 정한 손해배상청구의 요건인 '공무원의 직무'에는 국가나 지방자치단체의 권력적 작용뿐만 아니라 비권력적 작용도 포함되지만 단순한 사경제의 주체로서 하는 작용은 포함되지 않는다.

② 공무원에게 부과된 직무상 의무의 내용이 전적으로 또는 부수적으로 사회구성원 개인의 안전과 이익을 보호하기 위하여 설정된 것이라면, 그와 같은 의무를 위반함으로 인하여 피해자가 입은 손해에 대하여는 상당인과관계가 인정되는 범위 내에서 배상책임이 성립한다.

③ 항고소송에서 위법한 것으로서 취소된 행정처분이 객관적 정당성을 상실하였다고 인정될 정도에 이른 것이 아닌 경우, 당해 행정처분은 공무원의 고의 또는 과실에 의한 불법행위를 구성하게 된다.

④ 공무원 개인이 지는 손해배상책임에서 중과실이란 공무원에게 통상 요구되는 정도의 상당한 주의를 하지 않더라도 약간의 주의를 한다면 손쉽게 위법·유해한 결과를 예견할 수 있는 경우임에도 만연히 이를 간과한 경우와 같이, 거의 고의에 가까운 현저한 주의를 결여한 상태를 의미한다.

439

[해설] ① (○) "국가배상법이 정한 손해배상청구의 요건인 '공무원의 직무'에는 국가나 지방자치단체의 권력적 작용뿐만 아니라 비권력적 작용도 포함되지만 단순한 사경제의 주체로서 하는 작용은 포함되지 않는다." (대법원 2004.4.9. 선고 2002다10691)

② (○) "공무원에게 부과된 직무상 의무의 내용이 단순히 공공 일반의 이익을 위한 것이거나 행정기관 내부의 질서를 규율하기 위한 것이 아니고 전적으로 또는 부수적으로 사회구성원 개인의 안전과 이익을 보호하기 위하여 설정된 것이라면, 공무원이 그와 같은 직무상 의무를 위반함으로 인하여 피해자가 입은 손해에 대하여는 상당인과관계가 인정되는 범위 내에서 국가가 배상책임을 지는 것이고, 이때 상당인과관계의 유무를 판단함에 있어서는 일반적인 결과발생의 개연성은 물론 직무상 의무를 부과하는 법령 기타 행동규범의 목적이나 가해행위의 태양 및 피해의 정도 등을 종합적으로 고려하여야 할 것이다." (대법원 1993.2.12. 선고 91다43466)

③ (×) "어떠한 행정처분이 후에 항고소송에서 취소되었다고 할지라도 그 기판력에 의하여 당해 행정처분이 곧바로 공무원의 고의 또는 과실로 인한 것으로서 불법행위를 구성한다고 단정할 수는 없는 것이고, 그 행정처분의 담당공무원이 보통 일반의 공무원을 표준으로 하여 볼 때 객관적 주의의무를 결하여 그 행정처분이 객관적 정당성을 상실하였다고 인정될 정도에 이른 경우에 국가배상법 제2조 소정의 국가배상책임의 요건을 충족하였다고 봄이 상당할 것이다." (대법원 2000.5.12. 선고 99다70600)

④ (○) "공무원이 직무 수행 중 불법행위로 타인에게 손해를 입힌 경우에 국가나 지방자치단체가 국가배상책임을 부담하는 외에 공무원 개인도 고의 또는 중과실이 있는 경우에는 불법행위로 인한 손해배상책임을 지고, 공무원에게 경과실이 있을 뿐인 경우에는 공무원 개인은 불법행위로 인한 손해배상책임을 부담하지 아니하는데, 여기서 공무원의 중과실이란 공무원에게 통상 요구되는 정도의 상당한 주의를 하지 않더라도 약간의 주의를 한다면 손쉽게 위법·유해한 결과를 예견할 수 있는 경우임에도 만연히 이를 간과함과 같은 거의 고의에 가까운 현저한 주의를 결여한 상태를 의미한다." (대법원 2011.9.8. 선고 2011다34521)

정답 ③

PART 05

440 [회독] □□□　　　　24년 군무원 9급

다음 중 공무원의 직무상 위법행위로 인한 손해배상에 대한 설명으로 가장 적절한 것은? (다툼이 있는 경우 판례에 의함)

① 국가의 철도운행사업은 국가가 공권력의 행사로서 하는 것이 아니고 사경제적 작용이라 할 것이므로, 이로 인한 사고에 공무원이 간여하였다고 하더라도 「국가배상법」을 적용할 것이 아니고 일반 민법의 규정에 따라야 한다.

② 행정지도와 같은 비권력적 사실행위는 공무원의 직무행위의 범위에 속하지 아니한다.

③ 항고소송에서 처분이 위법하다고 확인되었다면, 국가배상청구소송에서 바로 처분을 한 공무원의 과실이 인정된다.

④ 공무원에게 경과실이 있는 경우 피해자에게 민사책임을 지지 않지만 만일 공무원이 피해자에게 배상했다면 국가에 대해 구상할 수는 없다.

440

[해설] ① (○) "국가 또는 지방자치단체라 할지라도 공권력의 행사가 아니고 단순한 사경제의 주체로 활동하였을 경우에는 그 손해배상책임에 국가배상법이 적용될 수 없고 민법상의 사용자책임 등이 인정되는 것이고 국가의 철도운행사업은 국가가 공권력의 행사로서 하는 것이 아니고 사경제적 작용이라 할 것이므로, 이로 인한 사고에 공무원이 간여하였다고 하더라도 국가배상법을 적용할 것이 아니고 일반 민법의 규정에 따라야 하므로, 국가배상법상의 배상전치절차를 거칠 필요가 없으나, 공공의 영조물인 철도시설물의 설치 또는 관리의 하자로 인한 불법행위를 원인으로 하여 국가에 대하여 손해배상청구를 하는 경우에는 국가배상법이 적용되므로 배상전치절차를 거쳐야 한다." (대법원 1999.6.22. 선고 99다7008)

② (×) "국가배상법이 정한 배상청구의 요건인 '공무원의 직무'에는 권력적 작용만이 아니라 행정지도와 같은 비권력적 작용도 포함되며 단지 행정주체가 사경제주체로서 하는 활동만 제외된다." (대법원 1998.7.10. 선고 96다38971)

③ (×) "어떠한 행정처분이 후에 항고소송에서 취소되었다고 할지라도 그 기판력에 의하여 당해 행정처분이 곧바로 공무원의 고의 또는 과실로 인한 것으로서 불법행위를 구성한다고 단정할 수는 없는 것이고, 그 행정처분의 담당공무원이 보통 일반의 공무원을 표준으로 하여 볼 때 객관적 주의의무를 결하여 그 행정처분이 객관적 정당성을 상실하였다고 인정될 정도에 이른 경우에 국가배상법 제2조 소정의 국가배상책임의 요건을 충족하였다고 봄이 상당할 것이며, 이 때에 객관적 정당성을 상실하였는지 여부는 피침해이익의 종류 및 성질, 침해행위가 되는 행정처분의 태양 및 그 원인, 행정처분의 발동에 대한 피해자측의 관여의 유무, 정도 및 손해의 정도 등 제반 사정을 종합하여 손해의 전보책임을 국가 또는 지방자치단체에게 부담시켜야 할 실질적인 이유가 있는지 여부에 의하여 판단하여야 한다." (대법원 2000.5.12. 선고 99다70600)

④ (×) "공무원이 직무수행 중 불법행위로 타인에게 손해를 입힌 경우에 국가 등이 국가배상책임을 부담하는 외에 공무원 개인도 고의 또는 중과실이 있는 경우에는 불법행위로 인한 손해배상책임을 지고, 공무원에게 경과실이 있을 뿐인 경우에는 공무원 개인은 손해배상책임을 부담하지 아니한다. 이처럼 경과실이 있는 공무원이 피해자에 대하여 손해배상책임을 부담하지 아니함에도 피해자에게 손해를 배상하였다면 그것은 채무자 아닌 사람이 타인의 채무를 변제한 경우에 해당하고, 이는 민법 제469조의 '제3자의 변제' 또는 민법 제744조의 '도의관념에 적합한 비채변제'에 해당하여 피해자는 공무원에 대하여 이를 반환할 의무가 없고, 그에 따라 피해자의 국가에 대한 손해배상청구권이 소멸하여 국가는 자신의 출연 없이 채무를 면하게 되므로, 피해자에게 손해를 직접 배상한 경과실이 있는 공무원은 특별한 사정이 없는 한 국가에 대하여 국가의 피해자에 대한 손해배상책임의 범위 내에서 공무원이 변제한 금액에 관하여 구상권을 취득한다고 봄이 타당하다." (대법원 2014.8.20. 선고 2012다54478)

정답 ①

441 [회독] ☐☐☐ 22년 지방 7급

「국가배상법」 제2조의 국가배상책임이 인정되기 위한 요건에 대한 설명으로 옳지 않은 것은? (다툼이 있는 경우 판례에 의함)

① 공무원의 부작위가 공무원으로서 마땅히 지켜야 할 준칙이나 규범을 위반한 경우를 포함하여 널리 객관적인 정당성이 없는 경우, 그 부작위는 '법령을 위반'하는 경우에 해당한다.

② 상급행정기관이 소속 공무원이나 하급행정기관에 대하여 업무처리지침이나 법령의 해석·적용 기준을 정해 주는 행정규칙을 위반한 공무원의 조치가 있다고 해서 그러한 사정만으로 곧바로 그 조치의 위법성이 인정되는 것은 아니다.

③ '공무원'에는 공무를 위탁받아 실질적으로 공무에 종사하고 있는 자가 포함되나, 공무의 위탁이 일시적이고 한정적인 사항에 관한 활동을 위한 것인 경우 그러한 활동을 하는 자는 포함되지 않는다.

④ 공무원에게 부과된 직무상 의무의 내용이 전적으로 또는 부수적으로라도 사회구성원 개인의 안전과 이익을 보호하기 위하여 설정된 것이어야 직무상 의무위반과 피해자가 입은 손해 사이에 상당인과관계가 인정될 수 있다.

441

해설 ① (○) "공무원의 부작위로 인한 국가배상책임을 인정하기 위하여는 공무원의 작위로 인한 국가배상책임을 인정하는 경우와 마찬가지로 "공무원이 그 직무를 집행함에 당하여 고의 또는 과실로 법령에 위반하여 타인에게 손해를 가한 때"라고 하는 국가배상법 제2조 제1항의 요건이 충족되어야 할 것이다. 여기서 '법령에 위반하여'라고 함은 엄격하게 형식적 의미의 법령에 명시적으로 공무원의 작위의무가 정하여져 있음에도 이를 위반하는 경우만을 의미하는 것은 아니고, 인권존중·권력남용금지·신의성실과 같이 공무원으로서 마땅히 지켜야 할 준칙이나 규범을 지키지 아니하고 위반한 경우를 포함하여 널리 그 행위가 객관적인 정당성을 결여하고 있는 경우도 포함한다." (대법원 2012.7.26. 선고 2010다95666)

② (○) "상급행정기관이 소속 공무원이나 하급행정기관에 대하여 업무처리지침이나 법령의 해석·적용 기준을 정해 주는 '행정규칙'은 일반적으로 행정조직 내부에서만 효력을 가질 뿐 대외적으로 국민이나 법원을 구속하는 효력이 없다. 공무원의 조치가 행정규칙을 위반하였다고 해서 그러한 사정만으로 곧바로 위법하게 되는 것은 아니고, 공무원의 조치가 행정규칙을 따른 것이라고 해서 적법성이 보장되는 것도 아니다. 공무원의 조치가 적법한지는 행정규칙에 적합한지 여부가 아니라 상위법령의 규정과 입법 목적 등에 적합한지 여부에 따라 판단해야 한다." (대법원 2020.5.28. 선고 2017다211559)

③ (×) "국가배상법 제2조 소정의 '공무원'이라 함은 국가공무원법이나 지방공무원법에 의하여 공무원으로서의 신분을 가진 자에 국한하지 않고, 널리 공무를 위탁받아 실질적으로 공무에 종사하고 있는 일체의 자를 가리키는 것으로서, 공무의 위탁이 일시적이고 한정적인 사항에 관한 활동을 위한 것이어도 달리 볼 것은 아니다." (대법원 2001.1.5. 선고 98다39060)

④ (○) "공무원이 고의 또는 과실로 그에게 부과된 직무상 의무를 위반하였을 경우라고 하더라도 국가는 그러한 직무상의 의무 위반과 피해자가 입은 손해 사이에 상당인과관계가 인정되는 범위 내에서만 배상책임을 지는 것이고, 이 경우 상당인과관계가 인정되기 위하여는 공무원에게 부과된 직무상 의무의 내용이 단순히 공공 일반의 이익을 위한 것이거나 행정기관 내부의 질서를 규율하기 위한 것이 아니고 전적으로 또는 부수적으로 사회구성원 개인의 안전과 이익을 보호하기 위하여 설정된 것이어야 한다." (대법원 2011.9.8. 선고 2011다34521)

정답 ③

442 [회독] □□□   22년 소방직

행정상 손해배상에 대한 설명으로 옳은 것은? (다툼이 있는 경우 판례에 의함)

① 국회의원은 원칙적으로 정치적 책임을 질 뿐이므로 헌법에 따른 구체적 입법의무를 부담하고 있음에도 그 입법에 필요한 상당한 기간이 경과하도록 고의 또는 과실로 그 입법의무를 이행하지 아니하는 경우 그 배상책임이 인정되기 어렵다.

② 주무 부처인 중앙행정기관이 입법 예고를 통해 법령안의 내용을 국민에게 예고한 적이 있다면, 그것이 법령으로 확정되지 아니하였다고 하더라도 국가는 위 법령안에 관련된 사항에 대해 이해관계자들에게 어떠한 신뢰를 부여한 것으로 볼 수 있다.

③ 공무원에게 부과된 직무상 의무의 내용이 전적으로 또는 부수적으로 사회구성원 개인의 안전과 이익을 보호하기 위하여 설정된 것이라면, 공무원이 그와 같은 직무상 의무를 위반함으로써 피해자가 입은 손해에 대해서는 상당인과관계가 인정되는 범위에서 국가가 배상책임을 진다.

④ 「금융위원회의 설치 등에 관한 법률」의 입법 취지에 비추어 볼 때, 금융감독원에 금융기관에 대한 검사·감독의무를 부과한 법령의 목적이 금융상품에 투자한 투자자 개인의 이익을 직접 보호하기 위한 것이라고 할 수 있으므로, 피고 금융감독원 및 그 직원들의 위법한 직무집행과 해당 저축은행의 후순위사채에 투자한 원고들이 입은 손해 사이에 상당인과관계가 인정된다.

442

해설 ① (×) "국회의원의 입법행위는 그 입법 내용이 헌법의 문언에 명백히 위배됨에도 불구하고 국회가 굳이 당해 입법을 한 것과 같은 특수한 경우가 아닌 한 국가배상법 제2조 제1항 소정의 위법행위에 해당한다고 볼 수 없고, 같은 맥락에서 국가가 일정한 사항에 관하여 헌법에 의하여 부과되는 구체적인 입법의무를 부담하고 있음에도 불구하고 그 입법에 필요한 상당한 기간이 경과하도록 고의 또는 과실로 이러한 입법의무를 이행하지 아니하는 등 극히 예외적인 사정이 인정되는 사안에 한정하여 국가배상법 소정의 배상책임이 인정될 수 있으며, 위와 같은 구체적인 입법의무 자체가 인정되지 않는 경우에는 애당초 부작위로 인한 불법행위가 성립할 여지가 없다." (대법원 2008.5.29. 선고 2004다33469)

② (×) "정책의 주무 부처인 중앙행정기관이 그 소관 사항에 대하여 입안한 법령안은 법제처 심사 등의 절차를 거쳐 공포함으로써 확정되므로, 법령이 확정되기 이전에는 법적 효과가 발생할 수 없다. 따라서 입법예고를 통해 법령안의 내용을 국민에게 예고한 적이 있다고 하더라도 그것이 법령으로 확정되지 아니한 이상 국가가 이해관계자들에게 위 법령안에 관련된 사항을 약속하였다고 볼 수 없으며, 이러한 사정만으로 어떠한 신뢰를 부여하였다고 볼 수도 없다." (대법원 2018.6.15. 선고 2017다249769)

③ (○) "공무원에게 부과된 직무상의 의무의 내용이 단순히 공공일반의 이익을 위한 것이거나 행정기관 내부의 질서를 규율하기 위한 것이 아니고, 전적으로 또는 부수적으로 사회구성원 개인의 안전과 이익을 보호하기 위하여 설정된 것이라면 공무원이 직무상의 의무를 위반함으로 인하여 피해자가 입은 손해에 대하여는 상당인과관계가 인정되는 범위 내에서 국가 또는 지방자치단체가 배상책임을 져야 한다." (대법원 1995.4.11. 선고 94다15646)

④ (×) "금융위원회의 설치 등에 관한 법률의 입법취지 등에 비추어 볼 때, 피고 금융감독원에 금융기관에 대한 검사·감독의무를 부과한 법령의 목적이 금융상품에 투자한 투자자 개인의 이익을 직접 보호하기 위한 것이라고 할 수 없으므로, 피고 금융감독원 및 그 직원들의 위법한 직무집행과 부산2저축은행의 후순위사채에 투자한 원고들이 입은 손해 사이에 상당인과관계가 있다고 보기 어렵다." (대법원 2015.12.23. 선고 2015다210194)

정답 ③

443 [회독] □□□ 19년 국가 7급

행정상 손해배상에 대한 판례의 입장으로 옳지 않은 것은?

① 「국가배상법」 제2조에 따른 공무원은 「국가공무원법」 등에 의해 공무원의 신분을 가진 자에 국한하지 않고, 널리 공무를 위탁받아 실질적으로 공무에 종사하고 있는 일체의 자를 가리킨다.

② 공무원이 직무를 수행하면서 그 근거법령에 따라 구체적으로 의무를 부여받았어도 그것이 국민 개개인의 이익을 위한 것이 아니라 전체적으로 공공 일반의 이익을 도모하기 위한 것이라면 그 의무에 위반하여 국민에게 손해를 가하여도 국가 또는 지방자치단체는 배상책임을 지지 않는다.

③ 어떠한 행정처분이 항고소송에서 취소되었을지라도 그 기판력에 의하여 당해 행정처분이 곧바로 공무원의 고의 또는 과실로 인한 것으로서 국가배상책임이 성립한다고 단정할 수는 없다.

④ 「공직선거법」이 후보자가 되고자 하는 자와 그 소속 정당에게 전과기록을 조회할 권리를 부여하고 수사기관에 회보의무를 부과한 것은 공공의 이익만을 위한 것이지 후보자가 되고자 하는 자나 그 소속 정당의 개별적 이익까지 보호하기 위한 것은 아니다.

443

해설 ① (○) "국가배상법 제2조 소정의 '공무원'이라 함은 국가공무원법이나 지방공무원법에 의하여 공무원으로서의 신분을 가진 자에 국한하지 않고, 널리 공무를 위탁받아 실질적으로 공무에 종사하고 있는 일체의 자를 가리키는 것이다." (대법원 2001.1.5. 선고 98다39060)

② (○) "공무원이 직무를 수행하면서 그 근거되는 법령의 규정에 따라 구체적으로 의무를 부여받았어도 그것이 국민의 이익과 관계없이 순전히 행정기관 내부의 질서를 유지하기 위한 것이거나, 또는 국민의 이익과 관련된 것이라도 직접 국민 개개인의 이익을 위한 것이 아니라 전체적으로 공공일반의 이익을 도모하기 위한 것이라면 그 의무에 위반하여 국민에게 손해를 가하여도 국가 또는 지방자치단체는 배상책임을 부담하지 아니한다." (대법원 2002.3.12. 선고 2000다55225, 55232)

③ (○) "어떠한 행정처분이 후에 항고소송에서 취소되었다고 할지라도 그 기판력에 의하여 당해 행정처분이 곧바로 공무원의 고의 또는 과실로 인한 것으로서 불법행위를 구성한다고 단정할 수는 없는 것이다." (대법원 2000.5.12. 선고 99다70600)

④ (✕) "공직선거법이 위와 같이 후보자가 되고자 하는 자와 그 소속 정당에게 전과기록을 조회할 권리를 부여하고 수사기관에 회보의무를 부과한 것은 단순히 유권자의 알권리 보호 등 공공 일반의 이익만을 위한 것이 아니라, 그와 함께 후보자가 되고자 하는 자가 자신의 피선거권 유무를 정확하게 확인할 수 있게 하고, 정당이 후보자가 되고자 하는 자의 범죄경력을 파악함으로써 부적격자를 공천함으로 인하여 생길 수 있는 정당의 신뢰도 하락을 방지할 수 있게 하는 등 개별적인 이익도 보호하기 위한 것이다." (대법원 2011.9.8. 선고 2011다34521)

정답 ④

444 [회독] ☐☐☐　　　　　　　　　　19년 지방 9급

국가배상에 대한 설명으로 옳은 것만을 모두 고르면? (다툼이 있는 경우 판례에 의함)

㉠ 헌법재판소 재판관이 청구기간 내에 제기된 헌법소원심판청구 사건에서 청구기간을 오인하여 각하결정을 한 경우, 이에 대한 불복절차 내지 시정절차가 없는 때에는 국가배상책임을 인정할 수 있다.

㉡ 형벌에 관한 법령이 헌법재판소의 위헌결정으로 소급하여 효력을 상실한 경우, 위헌 선언 전 그 법령에 기초하여 수사가 개시되어 공소가 제기되고 유죄판결이 선고되었더라도, 그러한 사정만으로 국가의 손해배상책임이 발생한다고 볼 수 없다.

㉢ 법령의 위탁에 의해 지방자치단체로부터 대집행을 수권받은 구 한국토지공사는 지방자치단체의 기관으로서 「국가배상법」 제2조 소정의 공무원에 해당한다.

㉣ 취소판결의 기판력은 국가배상청구소송에도 미치므로, 행정처분이 후에 항고소송에서 위법을 이유로 취소된 경우에는 그 기판력에 의하여 당해 행정처분이 곧바로 공무원의 고의 또는 과실에 의한 불법행위를 구성한다고 보아야 한다.

---

① ㉠, ㉡　　　　　　② ㉠, ㉣

③ ㉡, ㉢　　　　　　④ ㉢, ㉣

444

해설 ㉠ (○) "헌법재판소 재판관이 청구기간 내에 제기된 헌법소원심판청구 사건에서 청구기간을 오인하여 각하결정을 한 경우, 이에 대한 불복절차 내지 시정절차가 없는 때에는 국가배상책임(위법성)을 인정할 수 있다." (대법원 2003.7.11. 선고 99다24218)

㉡ (○) "형벌에 관한 법령이 헌법재판소의 위헌결정으로 소급하여 효력을 상실하였거나 법원에서 위헌·무효로 선언된 경우, 그 법령이 위헌으로 선언되기 전에 그 법령에 기초하여 수사가 개시되어 공소가 제기되고 유죄판결이 선고되었더라도, 그러한 사정만으로 수사기관의 직무행위나 법관의 재판상 직무행위가 국가배상법 제2조 제1항에서 말하는 공무원의 고의 또는 과실에 의한 불법행위에 해당하여 국가의 손해배상책임이 발생한다고 볼 수는 없다." (대법원 2014.10.27. 선고 2013다217962)

㉢ (×) "한국토지공사는 이러한 법령의 위탁에 의하여 대집행을 수권받은 자로서 공무인 대집행을 실시함에 따르는 권리·의무 및 책임이 귀속되는 행정주체의 지위에 있다고 볼 것이지 지방자치단체 등의 기관으로서 국가배상법 제2조 소정의 공무원에 해당한다고 볼 것은 아니다." (대법원 2010.1.28. 선고 2007다82950,82967)

㉣ (×) "어떠한 행정처분이 후에 항고소송에서 취소되었다고 할지라도 그 기판력에 의하여 당해 행정처분이 곧바로 공무원의 고의 또는 과실로 인한 것으로서 불법행위를 구성한다고 단정할 수는 없는 것이고, 그 행정처분의 담당공무원이 보통 일반의 공무원을 표준으로 하여 볼 때 객관적 주의의무를 결하여 그 행정처분이 객관적 정당성을 상실하였다고 인정될 정도에 이른 경우에 국가배상법 제2조 소정의 국가배상책임의 요건을 충족하였다고 봄이 상당할 것이다." (대법원 2000.5.12. 선고 99다70600)

정답 ①

445 [회독] □□□　　　　　　20년 군무원 9급

「**국가배상법**」 제2조와 관련한 내용으로 옳지 않은 것은? (다툼이 있는 경우 판례에 의함)

① 국·공립대학 교원에 대한 재임용거부처분이 재량권을 일탈·남용한 것으로 평가되어 그것이 불법행위가 됨을 이유로 국·공립대학 교원임용권자에게 손해배상책임을 묻기 위해서는 당해 재임용거부가 국·공립대학 교원 임용권자의 고의 또는 과실로 인한 것이라는 점이 인정되어야 한다.

② 입법부가 법률로써 행정부에게 특정한 사항을 위임했음에도 불구하고 행정부가 정당한 이유 없이 이를 이행하지 않는다면 권력분립의 원칙과 법치국가 내지 법치행정의 원칙에 위배되는 것으로서 위법함과 동시에 위헌적인 것이 된다.

③ 유흥주점에 감금된 채 윤락을 강요받으며 생활하던 여종업원들이 유흥주점에 화재가 났을 때 미처 피신하지 못하고 유독가스에 질식해 사망한 사안에서, 지방자치단체의 담당 공무원이 위 유흥주점의 용도변경, 무허가 영업 및 시설기준에 위배된 개축에 대하여 시정명령 등 식품위생법상 취하여야 할 조치를 게을리 한 직무상 의무위반행위와 위 종업원들의 사망 사이에 상당인과관계가 존재한다.

④ 「국가배상법」 제2조 제1항의 '법령을 위반하여'라고 함은 엄격하게 형식적 의미의 법령에 명시적으로 공무원의 행위의무가 정하여져 있음에도 이를 위반하는 경우만을 의미하는 것은 아니고, 인권존중·권력남용금지·신의성실과 같이 공무원으로서 마땅히 지켜야 할 준칙이나 규범을 지키지 아니하고 위반한 경우를 비롯하여 널리 그 행위가 객관적인 정당성을 결여하고 있는 경우도 포함한다.

445

해설 ① (○) "국·공립대학 교원에 대한 재임용거부처분이 재량권을 일탈·남용한 것으로 평가되어 그것이 불법행위가 됨을 이유로 국·공립대학 교원 임용권자에게 손해배상책임을 묻기 위해서는 당해 재임용거부가 국·공립대학 교원 임용권자의 고의 또는 과실로 인한 것이라는 점이 인정되어야 한다." (대법원 2011.1.27. 선고 2009다30946)

② (○) "입법부가 법률로써 행정부에게 특정한 사항을 위임했음에도 불구하고 행정부가 정당한 이유 없이 이를 이행하지 않는다면 권력분립의 원칙과 법치국가 내지 법치행정의 원칙에 위배되는 것으로서 위법함과 동시에 위헌적인 것이 된다." (대법원 2007.11.29. 선고 2006다3561)

③ (×) "유흥주점에 감금된 채 윤락을 강요받으며 생활하던 여종업원들이 유흥주점에 화재가 났을 때 미처 피신하지 못하고 유독가스에 질식해 사망한 경우, 지방자치단체의 담당 공무원이 위 유흥주점의 용도변경, 무허가 영업 및 시설기준에 위배된 개축에 대하여 시정명령 등 식품위생법상 취하여야 할 조치를 게을리 한 직무상 의무위반행위와 위 종업원들의 사망 사이에 상당인과관계가 존재하지 않는다." (대법원 2008.4.10. 선고 2005다48994)

④ (○) "'법령을 위반하여'라고 함은 엄격하게 형식적 의미의 법령에 명시적으로 공무원의 행위의무가 정하여져 있음에도 이를 위반하는 경우만을 의미하는 것은 아니고, 인권존중·권력남용금지·신의성실과 같이 공무원으로서 마땅히 지켜야 할 준칙이나 규범을 지키지 아니하고 위반한 경우를 비롯하여 널리 그 행위가 객관적인 정당성을 결여하고 있는 경우도 포함한다." (대법원 2005.6.10. 선고 2002다53995)

정답 ③

446 [회독] ☐☐☐　　　　21년 군무원 9급

「국가배상법」의 내용에 대한 설명으로 옳지 않은 것은? (단, 다툼이 있는 경우 판례에 의함)

① 국가나 지방자치단체는 공무를 위탁받은 사인이 직무를 집행하면서 고의 또는 과실로 법령을 위반하여 타인에게 손해를 입힌 때에는 국가배상법에 따라 그 손해를 배상하여야 한다.

② 도로·하천, 그 밖의 공공의 영조물(營造物)의 설치나 관리에 하자(瑕疵)가 있기 때문에 타인에게 손해를 발생하게 하였을 때에는 국가나 지방자치단체는 그 손해를 배상하여야 한다. 이 경우 군인·군무원의 2중배상금지에 관한 규정은 적용되지 않는다.

③ 직무를 집행하는 공무원에게 고의 또는 중대한 과실이 있으면 국가나 지방자치단체는 그 공무원에게 구상(求償)할 수 있다.

④ 군인·군무원이 전투·훈련 등 직무 집행과 관련하여 전사(戰死)·순직(殉職)하거나 공상(公傷)을 입은 경우에 본인이나 그 유족이 다른 법령에 따라 재해보상금·유족연금·상이연금 등의 보상을 지급받을 수 있을 때에는, 「국가배상법」 및 「민법」에 따른 손해배상을 청구할 수 없다.

446

해설 ① (○) 국가배상법 제2조 제1항

국가배상법	제2조(배상책임) ① 국가나 지방자치단체는 공무원 또는 공무를 위탁받은 사인(이하 "공무원"이라 한다)이 직무를 집행하면서 고의 또는 과실로 법령을 위반하여 타인에게 손해를 입히거나, 「자동차손해배상 보장법」에 따라 손해배상의 책임이 있을 때에는 이 법에 따라 그 손해를 배상하여야 한다. 다만, 군인·군무원·경찰공무원 또는 예비군대원이 전투·훈련 등 직무 집행과 관련하여 전사(戰死)·순직(殉職)하거나 공상(公傷)을 입은 경우에 본인이나 그 유족이 다른 법령에 따라 재해보상금·유족연금·상이연금 등의 보상을 지급받을 수 있을 때에는 이 법 및 「민법」에 따른 손해배상을 청구할 수 없다.

② (✕) 국가배상법 제5조에 의한 국가배상책임이 인정되는 경우에도 군인·군무원의 2중배상금지에 관한 규정(국가배상법 제2조 제1항 단서)이 적용된다.

국가배상법	제5조(공공시설 등의 하자로 인한 책임) ① 도로·하천, 그 밖의 공공의 영조물(營造物)의 설치나 관리에 하자(瑕疵)가 있기 때문에 타인에게 손해를 발생하게 하였을 때에는 국가나 지방자치단체는 그 손해를 배상하여야 한다. 이 경우 제2조제1항 단서, 제3조 및 제3조의2를 준용한다.

③ (○) 국가배상법 제2조 제2항

국가배상법	제2조(배상책임) ② 제1항 본문의 경우에 공무원에게 고의 또는 중대한 과실이 있으면 국가나 지방자치단체는 그 공무원에게 구상(求償)할 수 있다.

④ (○) 국가배상법 제2조 제1항

국가배상법	제2조(배상책임) ① 국가나 지방자치단체는 공무원 또는 공무를 위탁받은 사인(이하 "공무원"이라 한다)이 직무를 집행하면서 고의 또는 과실로 법령을 위반하여 타인에게 손해를 입히거나, 「자동차손해배상 보장법」에 따라 손해배상의 책임이 있을 때에는 이 법에 따라 그 손해를 배상하여야 한다. 다만, 군인·군무원·경찰공무원 또는 예비군대원이 전투·훈련 등 직무 집행과 관련하여 전사(戰死)·순직(殉職)하거나 공상(公傷)을 입은 경우에 본인이나 그 유족이 다른 법령에 따라 재해보상금·유족연금·상이연금 등의 보상을 지급받을 수 있을 때에는 이 법 및 「민법」에 따른 손해배상을 청구할 수 없다.

정답 ②

447 [회독] ☐☐☐　　　　　　　　　　　　　　　　22년 국가 7급

국가배상에 대한 판례의 입장으로 옳은 것은?

① 공익근무요원은 「국가배상법」 제2조제1항 단서규정에 의하여 손해배상청구가 제한된다.

② 외국인이 피해자인 경우에는 해당 국가와 상호보증이 있을 때에만 「국가배상법」이 적용되며, 상호보증은 해당 국가와 조약이 체결되어 있어야 한다.

③ 공무원에 대한 전보인사가 인사권을 다소 부적절하게 행사한 것으로 볼 여지가 있다 하더라도 그러한 사유만으로 그 전보인사가 당연히 불법행위를 구성한다고 볼 수는 없다.

④ 직무집행과 관련하여 공상을 입은 군인이 먼저 「국가배상법」에 따라 손해배상금을 지급받았다면 「국가유공자 등 예우 및 지원에 관한 법률」이 정한 보상금 등 보훈급여금의 지급을 청구하는 것은 이중배상금지원칙에 따라 인정되지 아니한다.

447

해설 ① (×) "공익근무요원은 병역법 제2조 제1항 제9호, 제5조 제1항의 규정에 의하면 국가기관 또는 지방자치단체의 공익목적수행에 필요한 경비·감시·보호 또는 행정업무 등의 지원과 국제협력 또는 예술·체육의 육성을 위하여 소집되어 공익분야에 종사하는 사람으로서 보충역에 편입되어 있는 자이기 때문에, 소집되어 군에 복무하지 않는 한 군인이라고 말할 수 없으므로, 비록 병역법 제75조 제2항이 공익근무요원으로 복무 중 순직한 사람의 유족에 대하여 국가유공자등예우및지원에관한법률에 따른 보상을 하도록 규정하고 있다고 하여도, 공익근무요원이 국가배상법 제2조 제1항 단서의 규정에 의하여 국가배상법상 손해배상청구가 제한되는 군인·군무원·경찰공무원 또는 향토예비군대원에 해당한다고 할 수 없다." (대법원 1997.3.28. 선고 97다4036)

② (×) 국가배상법 제7조

국가배상법	제7조(외국인에 대한 책임) 이 법은 외국인이 피해자인 경우에는 해당 국가와 상호 보증이 있을 때에만 적용한다.

"상호보증은 외국의 법령, 판례 및 관례 등에 의하여 발생요건을 비교하여 인정되면 충분하고 반드시 당사국과의 조약이 체결되어 있을 필요는 없으며, 당해 외국에서 구체적으로 우리나라 국민에게 국가배상청구를 인정한 사례가 없더라도 실제로 인정될 것이라고 기대할 수 있는 상태이면 충분하다." (대법원 2015.6.11. 선고 2013다208388)

③ (○) "공무원에 대한 전보인사가 법령이 정한 기준과 원칙에 위배되거나 인사권을 다소 부적절하게 행사한 것으로 볼 여지가 있다 하더라도 그러한 사유만으로 그 전보인사가 당연히 불법행위를 구성한다고 볼 수는 없고, 인사권자가 당해 공무원에 대한 보복감정 등 다른 의도를 가지고 인사재량권을 일탈·남용하여 객관적 정당성을 상실하였음이 명백한 경우 등 전보인사가 우리의 건전한 사회통념이나 사회상규상 도저히 용인될 수 없음이 분명한 경우에, 그 전보인사는 위법하게 상대방에게 정신적 고통을 가하는 것이 되어 당해 공무원에 대한 관계에서 불법행위를 구성한다." (대법원 2009.5.28. 선고 2006다16215)

④ (×) "군인·군무원·경찰공무원 또는 향토예비군대원(이하 '군인 등'이라 한다)이 전투·훈련 등 직무집행과 관련하여 공상을 입는 등의 이유로 구 국가유공자법이 정한 국가유공자 요건에 해당하여 보상금 등 보훈급여금을 지급받을 수 있는 경우에는 국가배상법 제2조 제1항 단서에 따라 국가를 상대로 국가배상을 청구할 수 없다고 보아야 한다. 그러나 이와 달리 전투·훈련 등 직무집행과 관련하여 공상을 입은 군인 등이 먼저 국가배상법에 따라 손해배상금을 지급받은 다음 구 국가유공자법이 정한 보상금 등 보훈급여금의 지급을 청구하는 경우 피고로서는 다음과 같은 사정에 비추어 국가배상법에 따라 손해배상을 받았다는 사정을 들어 보상금 등 보훈급여금의 지급을 거부할 수 없다고 보아야 한다." (대법원 2017.2.3. 선고 2014두40012) 이중배상금지 규정은 손해배상을 받지 못하게 하는 규정이지 다른 법령에 따른 보상을 받지 못하게 하는 규정이 아니기 때문이다.

정답 ③

PART 05

448 [회독] □□□　　　　　　　　　21년 소방직

국가배상책임에 관한 설명으로 옳지 않은 것은? (다툼이 있는 경우 판례에 의함)

① 「국가배상법」에서는 공무원 개인의 피해자에 대한 배상책임을 인정하는 명시적인 규정을 두고 있지 않다.

② 공무원증 발급업무를 담당하는 공무원이 대출을 받을 목적으로 다른 공무원의 공무원증을 위조하는 행위는 「국가배상법」 제2조 제1항의 직무집행관련성이 인정되지 않는다.

③ 군교도소 수용자들이 탈주하여 일반 국민에게 손해를 입혔다면 국가는 그로 인하여 피해자들이 입은 손해를 배상할 책임이 있다.

④ 「국가배상법」 제2조 제1항 단서에 의해 군인 등의 국가배상청구권이 제한되는 경우, 공동불법행위자인 민간인은 피해를 입은 군인 등에게 그 손해 전부에 대하여 배상하여야 하는 것은 아니며 자신의 부담 부분에 한하여 손해배상의무를 부담한다.

448

해설 ① (○) 옳은 내용이다. 「국가배상법」은 국가나 지방자치단체의 배상책임을 규율하는 법률이다.

② (×) "울산세관의 통관지원과에서 인사업무를 담당하면서 울산세관 공무원들의 공무원증 및 재직증명서 발급업무를 하는 공무원인 김영선이 울산세관의 다른 공무원의 공무원증 등을 위조하는 행위는 비록 그것이 실질적으로는 직무행위에 속하지 아니한다 할지라도 적어도 외관상으로는 공무원증과 재직증명서를 발급하는 행위로서 직무집행으로 보여지므로 결국 소외인의 공무원증 등 위조행위는 국가배상법 제2조 제1항 소정의 공무원이 직무를 집행함에 당하여 한 행위로 인정된다." (대법원 2005.1.14. 선고 2004다26805)

③ (○) "군행형법과 군행형법시행령이 군교도소나 미결수용실(이하 '교도소 등'이라 한다)에 대한 경계 감호를 위하여 관련 공무원에게 각종 직무상의 의무를 부과하고 있는 것은, 일차적으로는 그 수용자들을 격리보호하고 교정교화함으로써 공공 일반의 이익을 도모하고 교도소 등의 내부 질서를 유지하기 위한 것이라 할 것이지만, 부수적으로는 그 수용자들이 탈주한 경우에 그 도주과정에서 일어날 수 있는 2차적 범죄행위로부터 일반 국민의 인명과 재화를 보호하고자 하는 목적도 있다고 할 것이므로, 국가공무원들이 위와 같은 직무상의 의무를 위반한 결과 수용자들이 탈주함으로써 일반 국민에게 손해를 입히는 사건이 발생하였다면, 국가는 그로 인하여 피해자들이 입은 손해를 배상할 책임이 있다." (대법원 2003.2.14. 선고 2002다62678)

④ (○) "공동불법행위자 등이 부진정연대채무자로서 각자 피해자의 손해 전부를 배상할 의무를 부담하는 공동불법행위의 일반적인 경우와 달리 예외적으로 민간인은 피해 군인 등에 대하여 그 손해 중 국가 등이 민간인에 대한 구상의무를 부담한다면 그 내부적인 관계에서 부담하여야 할 부분을 제외한 나머지 자신의 부담부분에 한하여 손해배상의무를 부담하고, 한편 국가 등에 대하여는 그 귀책부분의 구상을 청구할 수 없다고 해석함이 상당하다 할 것이고, 이러한 해석이 손해의 공평·타당한 부담을 그 지도원리로 하는 손해배상제도의 이상에도 맞는다 할 것이다." (대법원 2001.2.15. 선고 96다42420)

정답 ②

449 [회독] ☐☐☐ 23년 국가 9급

「국가배상법」상 이중배상금지에 대한 판례의 입장으로 옳지 않은 것은?

① 「국가배상법」 제2조 제1항 단서에서 정한 '다른 법령의 규정'에 따른 보상금청구권이 모두 시효로 소멸된 경우라고 하더라도 「국가배상법」 제2조 제1항 단서 규정이 적용된다.

② 경찰공무원인 피해자가 「공무원연금법」에 따라 공무상 요양비를 지급받는 것은 「국가배상법」 제2조 제1항 단서에서 정한 '다른 법령의 규정'에 따라 보상을 지급받는 것에 해당하지 않는다.

③ 훈련으로 공상을 입은 군인이 「국가배상법」에 따라 손해배상금을 지급받은 다음 「보훈보상대상자 지원에 관한 법률」이 정한 보훈급여금의 지급을 청구하는 경우, 국가는 「국가배상법」 제2조 제1항 단서에 따라 그 지급을 거부할 수 있다.

④ 군인이 교육훈련으로 공상을 입은 경우라도 「군인연금법」 또는 「국가유공자예우등에관한법률」에 의하여 재해보상금·유족연금·상이연금 등 별도의 보상을 받을 수 없는 경우에는 「국가배상법」 제2조 제1항 단서의 적용대상에서 제외하여야 한다.

449

해설 ① (○) "국가배상법 제2조 제1항 단서 규정은 다른 법령에 보상제도가 규정되어 있고, 그 법령에 규정된 상이등급 또는 장애등급 등의 요건에 해당되어 그 권리가 발생한 이상, 실제로 그 권리를 행사하였는지 또는 그 권리를 행사하고 있는지 여부에 관계없이 적용된다고 보아야 하고, 그 각 법률에 의한 보상금청구권이 시효로 소멸되었다 하여 적용되지 않는다고 할 수는 없다." (대법원 2002.5.10. 선고 2000다39735)

② (○) "구 공무원연금법에 따라 각종 급여를 지급하는 제도는 공무원의 생활안정과 복리향상에 이바지하기 위한 것이라는 점에서 국가배상법 제2조 제1항 단서에 따라 손해배상금을 지급하는 제도와 그 취지 및 목적을 달리하므로, 경찰공무원인 피해자가 구 공무원연금법의 규정에 따라 공무상 요양비를 지급받는 것은 국가배상법 제2조 제1항 단서에서 정한 '다른 법령의 규정'에 따라 보상을 지급받는 것에 해당하지 않는다. … 한편 군인연금법과 구 공무원연금법은 취지나 목적에서 유사한 면이 있으나, 별도의 규정체계를 통해 서로 다른 적용대상을 규율하고 있는 만큼 서로 상이한 내용들로 규정되어 있기도 하므로, 군인연금법이 국가배상법 제2조 제1항 단서에서 정한 '다른 법령'에 해당한다고 하여, 구 공무원연금법도 군인연금법과 동일하게 취급되어야 하는 것은 아니다." (대법원 2019.5.30. 선고 2017다16174)

③ (×) "전투·훈련 등 직무집행과 관련하여 공상을 입은 군인·군무원·경찰공무원 또는 향토예비군대원이 먼저 국가배상법에 따라 손해배상금을 지급받은 다음 보훈보상대상자 지원에 관한 법률이 정한 보상금 등 보훈급여금의 지급을 청구하는 경우, 국가배상법에 따라 손해배상을 받았다는 사정을 들어 보상금 등 보훈급여금의 지급을 거부할 수 없다." (대법원 2017.2.3. 선고 2015두60075)

④ (○) "군인, 군무원 등 국가배상법 제2조 제1항 단서에 열거된 자가 전투·훈련 기타 직무집행과 관련하는 등으로 공상을 입은 경우라고 하더라도 군인연금법 또는 국가유공자예우등에관한법률에 의하여 재해보상금, 유족연금, 상이연금 등 별도의 보상을 받을 수 없는 경우에는 국가배상법 제2조 제1항 단서의 적용 대상에서 제외된다." (대법원 1996.12.20. 선고 96다42178)

정답 ③

450 [회독] ☐☐☐　　　　　　　　19년 국가 9급

「국가배상법」상 국가배상에 대한 설명으로 옳은 것(○)과 옳지 않은 것(×)을 바르게 연결한 것은? (다툼이 있는 경우 판례에 의함)

> ㉠ 재판에 대하여 불복절차 내지 시정절차 자체가 없는 경우, 부당한 재판으로 인하여 불이익 내지 손해를 입은 사람에게는 배상책임의 요건이 충족되는 한 국가배상 책임이 인정될 수 있다.
>
> ㉡ 국가가 일정한 사항에 관하여 헌법에 의하여 부과되는 구체적인 입법의무를 부담하고 있음에도 불구하고 그 입법에 필요한 상당한 기간이 경과하도록 고의·과실로 입법의무를 이행하지 아니하는 경우, 국가배상책임이 인정될 수 있다.
>
> ㉢ 직무집행과 관련하여 공상을 입은 군인이 먼저 「국가배상법」상 손해배상을 받은 다음 구 「국가유공자 등 예우 및 지원에 관한 법률」상 보훈급여금을 지급청구하는 경우, 국가배상을 받았다는 이유로 그 지급을 거부할 수 없다.
>
> ㉣ 피해자에게 손해를 직접 배상한 경과실이 있는 공무원은 특별한 사정이 없는 한, 국가의 피해자에 대한 손해배상책임의 범위 내에서 자신이 변제한 금액에 관하여 국가에 대한 구상권을 취득한다.

	㉠	㉡	㉢	㉣
①	○	○	×	○
②	×	○	○	×
③	○	×	×	×
④	○	○	○	○

450

해설　㉠ (○) "재판에 대하여 불복절차 내지 시정절차 자체가 없는 경우에는 부당한 재판으로 인하여 불이익 내지 손해를 입은 사람은 국가배상 이외의 방법으로는 자신의 권리 내지 이익을 회복할 방법이 없으므로, 이와 같은 경우에는 배상책임의 요건이 충족되는 한 국가배상책임을 인정하지 않을 수 없다." (대법원 2003.7.11. 선고 99다24218)

㉡ (○) "국가가 일정한 사항에 관하여 헌법에 의하여 부과되는 구체적인 입법의무를 부담하고 있음에도 불구하고 그 입법에 필요한 상당한 기간이 경과하도록 고의 또는 과실로 이러한 입법의무를 이행하지 아니하는 등 극히 예외적인 사정이 인정되는 사안에 한정하여 국가배상법 소정의 배상책임이 인정될 수 있으며, 위와 같은 구체적인 입법의무 자체가 인정되지 않는 경우에는 애당초 부작위로 인한 불법행위가 성립할 여지가 없다." (대법원 2008.5.29. 선고 2004다33469)

㉢ (○) "직무집행과 관련하여 공상을 입은 군인 등이 먼저 국가배상법에 따라 손해배상금을 지급받은 다음 보훈보상대상자 지원에 관한 법률이 정한 보상금 등 보훈급여금의 지급을 청구하는 경우, 국가배상법에 따라 손해배상을 받았다는 이유로 그 지급을 거부할 수 없다." (대법원 2017.2.3. 선고 2014두40012)

㉣ (○) "경과실이 있는 공무원이 피해자에 대하여 손해배상책임을 부담하지 아니함에도 피해자에게 손해를 배상하였다면 국가는 자신의 출연 없이 채무를 면하게 되므로, 피해자에게 손해를 직접 배상한 경과실이 있는 공무원은 특별한 사정이 없는 한 국가에 대하여 국가의 피해자에 대한 손해배상책임의 범위 내에서 공무원이 변제한 금액에 관하여 구상권을 취득한다." (대법원 2014.8.20. 선고 2012다54478)

정답 ④

기출테마 79 국가나 지방자치단체가 자배법상의 책임을 지게 된 경우의 처리

451 [회독] ☐☐☐   25년 소방직

국가배상에 관한 설명으로 옳지 않은 것은? (다툼이 있는 경우 판례에 의함)

① 어떠한 행정처분이 후에 항고소송에서 취소되었다면 그 기판력에 의하여 당해 행정처분은 곧바로 공무원의 고의 또는 과실로 인한 것으로서 불법행위를 구성한다.

② 국가배상책임은 공무원의 직무집행이 법령에 위반한 것임을 요건으로 하는 것으로서, 공무원의 직무집행이 법령이 정한 요건과 절차에 따라 이루어진 것이라면 특별한 사정이 없는 한 그 과정에서 개인의 권리가 침해되는 일이 생긴다고 하여 법령 적합성이 곧바로 부정되는 것은 아니다.

③ 공무원이 자기를 위하여 자동차를 운행하지 않고 직무를 집행하기 위하여 국가소유의 관용차를 운행하다가 다른 사람을 사망하게 하거나 부상하게 한 때에는 해당 공무원은 「자동차손해배상보장법」상 손해배상책임의 주체가 될 수 없다.

④ 「국가배상법」은 외국인이 피해자인 경우에는 해당 국가와 상호 보증이 있을 때에만 적용한다.

451

해설 ① (✕) "어떠한 행정처분이 후에 항고소송에서 취소되었다고 할지라도 그 기판력에 의하여 당해 행정처분이 곧바로 공무원의 고의 또는 과실로 인한 것으로서 불법행위를 구성한다고 단정할 수는 없는 것이고, 그 행정처분의 담당공무원이 보통 일반의 공무원을 표준으로 하여 볼 때 객관적 주의의무를 결하여 그 행정처분이 객관적 정당성을 상실하였다고 인정될 정도에 이른 경우에 국가배상법 제2조 소정의 국가배상책임의 요건을 충족하였다고 봄이 상당할 것이다." (대법원 2000.5.12. 선고 99다70600)

② (○) "국가배상책임은 공무원의 직무집행이 법령에 위반한 것임을 요건으로 하는 것으로서, 공무원의 직무집행이 법령이 정한 요건과 절차에 따라 이루어진 것이라면 특별한 사정이 없는 한 이는 법령에 적합한 것이고 그 과정에서 개인의 권리가 침해되는 일이 생긴다고 하여 그 법령적합성이 곧바로 부정되는 것은 아니다." (대법원 2000.11.10. 선고 2000다26807,26814)

③ (○) "자동차손해배상보장법 제3조 소정의 "자기를 위하여 자동차를 운행하는 자"라고 함은 자동차에 대한 운행을 지배하여 그 이익을 향수하는 책임주체로서의 지위에 있는 자를 뜻하는 것인바, 공무원이 그 직무를 집행하기 위하여 국가 또는 지방자치단체 소유의 관용차를 운행하는 경우, 그 자동차에 대한 운행지배나 운행이익은 그 공무원이 소속한 국가 또는 지방자치단체에 귀속된다고 할 것이고, 그 공무원 자신이 개인적으로 그 자동차에 대한 운행지배나 운행이익을 가지는 것이라고는 볼 수 없으므로, 그 공무원이 자기를 위하여 관용차를 운행하는 자로서 같은 법조 소정의 손해배상책임의 주체가 될 수는 없다." (대법원 1992.2.25. 선고 91다12356)

④ (○) 국가배상법 제7조

국가배상법	제7조(외국인에 대한 책임) 이 법은 외국인이 피해자인 경우에는 해당 국가와 상호 보증이 있을 때에만 적용한다.

정답 ①

제3절) 국가배상법 제5조에 따른 책임(영조물 책임)

기출테마 80 국가배상법 제5조에 따른 책임

452 [회독] □□□

22년 군무원 9급

다음 중 영조물의 설치·관리상 하자로 인한 손해배상에 대한 설명으로 가장 옳지 않은 것은?

① 공공의 영조물은 사물(私物)이 아닌 공물(公物)이어야 하지만, 공유나 사유임을 불문하고 행정주체에 의하여 특정 공공의 목적에 공여된 유체물이면 족하다.

② 도로의 설치 및 관리에 있어 완전무결한 상태를 유지할 정도의 고도의 안전성을 갖추지 아니하였다고 하여 하자가 있다고 단정할 수는 없고, 그것을 이용하는 자의 상식적이고 질서있는 이용 방법을 기대한 상대적인 안전성을 갖추는 것으로 족하다.

③ 하천의 홍수위가 「하천법」상 관련규정이나 하천정비계획 등에서 정한 홍수위를 충족하고 있다고 해도 하천이 범람하거나 유량을 지탱하지 못해 제방이 무너지는 경우는 안전성을 결여한 것으로 하자가 있다고 본다.

④ 공군에 속한 군인이나 군무원의 경우 일반인에 비하여 공군비행장 주변의 항공기 소음피해에 관하여 잘 인식하거나 인식할 수 있는 지위에 있다는 이유만으로 가해자가 면책되거나 손해배상액이 감액되지는 않는다.

452

해설 ① (○) "국가배상법 제5조 소정의 공공의 영조물이란 공유나 사유임을 불문하고 행정주체에 의하여 특정공공의 목적에 공여된 유체물 또는 물적 설비를 의미한다." (대법원 1981.7.7. 선고 80다2478)

② (○) "영조물의 설치 및 관리에 있어서 항상 완전무결한 상태를 유지할 정도의 고도의 안전성을 갖추지 아니하였다고 하여 영조물의 설치 또는 관리에 하자가 있다고 단정할 수 없는 것이고, 영조물의 설치자 또는 관리자에게 부과되는 방호조치의무는 영조물의 위험성에 비례하여 사회통념상 일반적으로 요구되는 정도의 것을 의미하므로 영조물인 도로의 경우도 다른 생활필수시설과의 관계나 그것을 설치하고 관리하는 주체의 재정적, 인적, 물적 제약 등을 고려하여 그것을 이용하는 자의 상식적이고 질서 있는 이용방법을 기대한 상대적인 안전성을 갖추는 것으로 족하다." (대법원 2002.8.23. 선고 2002다9158)

③ (×) "관리청이 하천법 등 관련 규정에 의해 책정한 하천정비기본계획 등에 따라 개수를 완료한 하천 또는 아직 개수 중이라 하더라도 개수를 완료한 부분에 있어서는, 위 하천정비기본계획 등에서 정한 계획홍수량 및 계획홍수위를 충족하여 하천이 관리되고 있다면 당초부터 계획홍수량 및 계획홍수위를 잘못 책정하였다거나 그 후 이를 시급히 변경해야 할 사정이 생겼음에도 불구하고 이를 해태하였다는 등의 특별한 사정이 없는 한, 그 하천은 용도에 따라 통상 갖추어야 할 안전성을 갖추고 있다고 봄이 상당하다." (대법원 2007.9.21. 선고 2005다65678)

④ (○) "공군비행장 주변의 항공기 소음 피해로 인한 손해배상 사건에서 공군에 속한 군인이나 군무원의 경우 일반인에 비하여 그 피해에 관하여 잘 인식하거나 인식할 수 있는 지위에 있다는 이유만으로 가해자의 면책이나 손해배상액의 감액에 있어 달리 볼 수는 없다." (대법원 2015.10.15. 선고 2013다23914)

정답 ③

453 [회독] □□□

「국가배상법」상 영조물의 설치·관리의 하자로 인한 손해배상책임에 대한 설명으로 옳지 않은 것은?

① 「국가배상법」상의 영조물의 설치·관리상의 하자로 인한 책임은 무과실책임이고 나아가 「민법」상의 공작물의 점유자의 책임과는 달리 면책사유도 규정되어 있지 않다.

② '공공의 영조물'이라 함은 국가 또는 지방자치단체에 의하여 특정 공공의 목적에 공여된 유체물 내지 물적 설비를 말하며, 국가 또는 지방자치단체가 소유권, 임차권 그 밖의 권한에 기하여 관리하고 있는 경우뿐만 아니라 사실상의 관리를 하고 있는 경우도 포함된다.

③ '영조물의 설치 또는 관리의 하자'에는 영조물이 공공의 목적에 이용됨에 있어 그 이용상태 및 정도가 일정한 한도를 초과하여 제3자에게 사회통념상 수인할 것이 기대되는 한도를 넘는 피해를 입히는 경우까지 포함된다.

④ 공유나 사유임을 불문하고 사실상 도로로 사용되고 있었다면, 도로의 노선인정 기타 공용개시가 없었다고 하여도 해당 도로는 「국가배상법」상 영조물이라고 할 수 있다.

453

[해설] ① (○) "국가배상법 제5조 소정의 영조물의 설치·관리상의 하자로 인한 책임은 무과실책임이고 나아가 민법 제758조 소정의 공작물의 점유자의 책임과는 달리 면책사유도 규정되어 있지 않으므로, 국가 또는 지방자치단체는 영조물의 설치·관리상의 하자로 인하여 타인에게 손해를 가한 경우에 그 손해의 방지에 필요한 주의를 해태하지 아니하였다 하여 면책을 주장할 수 없다." (대법원 1994.11.22. 선고 94다32924)

② (○) "국가배상법 제5조 제1항 소정의 '공공의 영조물'이라 함은 국가 또는 지방자치단체에 의하여 특정 공공의 목적에 공여된 유체물 내지 물적 설비를 말하며, 국가 또는 지방자치단체가 소유권, 임차권 그 밖의 권한에 기하여 관리하고 있는 경우뿐만 아니라 사실상의 관리를 하고 있는 경우도 포함된다." (대법원 1998.10.23. 선고 98다17381)

③ (○) "국가배상법 제5조 제1항에 정하여진 '영조물의 설치 또는 관리의 하자'라 함은 공공의 목적에 공여된 영조물이 그 용도에 따라 갖추어야 할 안전성을 갖추지 못한 상태에 있음을 말하고, 여기서 안전성을 갖추지 못한 상태, 즉 타인에게 위해를 끼칠 위험성이 있는 상태라 함은 당해 영조물을 구성하는 물적 시설 그 자체에 있는 물리적·외형적 흠결이나 불비로 인하여 그 이용자에게 위해를 끼칠 위험성이 있는 경우뿐만 아니라, 그 영조물이 공공의 목적에 이용됨에 있어 그 이용 상태 및 정도가 일정한 한도를 초과하여 제3자에게 사회통념상 수인할 것이 기대되는 한도를 넘는 피해를 입히는 경우까지 포함된다고 보아야 한다." (대법원 2010.11.25. 선고 2007다74560)

④ (×) "국가배상법 제5조 소정의 공공의 영조물이란 공유나 사유임을 불문하고 행정주체에 의하여 특정공공의 목적에 공여된 유체물 또는 물적 설비를 의미하므로 사실상 군민의 통행에 제공되고 있던 도로 옆의 암벽으로부터 떨어진 낙석에 맞아 소외인이 사망하는 사고가 발생하였다고 하여도 동 사고지점 도로가 피고 군에 의하여 노선인정 기타 공용개시가 없었으면 이를 영조물이라 할 수 없다." (대법원 1981.7.7. 선고 80다2478)

정답 ④

454 [회독] □□□   23년 국가 7급

「국가배상법」상 영조물의 설치·관리의 하자로 인한 손해배상책임에 대한 설명으로 옳지 않은 것은?

① 국가 또는 지방자치단체에 의하여 특정 공공의 목적에 공여된 유체물 내지 물적 설비는 국가 또는 지방자치단체가 사실상의 관리를 하고 있는 경우에도 '공공의 영조물'이라 볼 수 있다.

② 영조물이 그 용도에 따라 갖추어야 할 안전성을 갖추지 못한 상태에는 영조물이 공공의 목적에 이용됨에 있어 그 이용 상태 및 정도가 일정한 한도를 초과하여 제3자에게 사회통념상 수인할 것이 기대되는 한도를 넘는 피해를 입히는 경우까지 포함된다.

③ 영조물이 안전성을 갖추었는지 여부는 영조물의 설치자 또는 관리자가 그 영조물의 위험성에 비례하여 사회통념상 일반적으로 요구되는 정도의 방호조치의무를 다하였는지를 기준으로 판단하여야 하고, 그 설치자 또는 관리자의 재정적·인적·물적 제약 등은 고려하지 않는다.

④ 객관적으로 보아 영조물의 결함이 영조물의 설치·관리자의 관리행위가 미칠 수 없는 상황 아래에 있는 경우에는 영조물의 설치·관리의 하자를 인정할 수 없다.

454

해설 ① (○) "국가배상법 제5조 제1항 소정의 "공공의 영조물"이라 함은 국가 또는 지방자치단체에 의하여 특정 공공의 목적에 공여된 유체물 내지 물적 설비를 지칭하며, 특정 공공의 목적에 공여된 물이라 함은 일반공중의 자유로운 사용에 직접적으로 제공되는 공공용물에 한하지 아니하고, 행정주체 자신의 사용에 제공되는 공용물도 포함하며 국가 또는 지방자치단체가 소유권, 임차권 그밖의 권한에 기하여 관리하고 있는 경우뿐만 아니라 사실상의 관리를 하고 있는 경우도 포함한다." (대법원 1995.1.24. 선고 94다45302)

② (○) "국가배상법 제5조 제1항에 정하여진 '영조물의 설치 또는 관리의 하자'라 함은 공공의 목적에 공여된 영조물이 그 용도에 따라 갖추어야 할 안전성을 갖추지 못한 상태에 있음을 말하고, 안전성을 갖추지 못한 상태, 즉 타인에게 위해를 끼칠 위험성이 있는 상태라 함은 당해 영조물을 구성하는 물적 시설 그 자체에 있는 물리적·외형적 흠결이나 불비로 인하여 그 이용자에게 위해를 끼칠 위험성이 있는 경우뿐만 아니라, 그 영조물이 공공의 목적에 이용됨에 있어 그 이용 상태 및 정도가 일정한 한도를 초과하여 제3자에게 사회통념상 수인할 것이 기대되는 한도를 넘는 피해를 입히는 경우까지 포함된다고 보아야 한다." (대법원 2005.1.27. 선고 2003다49566)

③ (×) "국가배상법 제5조 제1항에 규정된 '영조물 설치·관리상의 하자'는 공공의 목적에 공여된 영조물이 그 용도에 따라 통상 갖추어야 할 안전성을 갖추지 못한 상태에 있음을 말한다. 그리고 위와 같은 안전성의 구비 여부는 영조물의 설치자 또는 관리자가 그 영조물의 위험성에 비례하여 사회통념상 일반적으로 요구되는 정도의 방호조치의무를 다하였는지를 기준으로 판단하여야 하고, 아울러 그 설치자 또는 관리자의 재정적·인적·물적 제약 등도 고려하여야 한다. 따라서 영조물인 도로의 경우도 그 설치 및 관리에 있어 완전무결한 상태를 유지할 정도의 고도의 안전성을 갖추지 아니하였다고 하여 하자가 있다고 단정할 수는 없고, 그것을 이용하는 자의 상식적이고 질서 있는 이용 방법을 기대한 상대적인 안전성을 갖추는 것으로 족하다." (대법원 2013.10.24. 선고 2013다208074)

④ (○) "국가배상법 제5조 제1항 소정의 영조물의 설치 또는 관리의 하자라 함은 영조물이 그 용도에 따라 통상 갖추어야 할 안전성을 갖추지 못한 상태에 있음을 말하는 것으로서, 영조물이 완전무결한 상태에 있지 아니하고 그 기능상 어떠한 결함이 있다는 것만으로 영조물의 설치 또는 관리에 하자가 있다고 할 수 없는 것이고, 위와 같은 안전성의 구비 여부를 판단함에 있어서는 당해 영조물의 용도, 그 설치장소의 현황 및 이용 상황 등 제반 사정을 종합적으로 고려하여 설치 관리자가 그 영조물의 위험성에 비례하여 사회통념상 일반적으로 요구되는 정도의 방호조치의무를 다하였는지 여부를 그 기준으로 삼아야 할 것이며, 객관적으로 보아 시간적·장소적으로 영조물의 기능상 결함으로 인한 손해발생의 예견가능성과 회피가능성이 없는 경우, 즉 그 영조물의 결함이 영조물의 설치관리자의 관리행위가 미칠 수 없는 상황 아래에 있는 경우에는 영조물의 설치·관리상의 하자를 인정할 수 없다." (대법원 2007.9.21. 선고 2005다65678)

정답 ③

455 [회독] ☐☐☐　　　　　　　22년 지방 9급

국가배상제도에 대한 설명으로 옳은 것은? (다툼이 있는 경우 판례에 의함)

① 공무원에게 부과된 직무상 의무가 단순히 공공일반의 이익만을 위한 경우라면 그러한 직무상 의무 위반에 대해서는 국가배상책임이 인정되지 않는다.

② 국가의 비권력적 작용은 국가배상청구의 요건인 직무에 포함되지 않는다.

③ 경과실로 불법행위를 한 공무원이 피해자에게 손해를 배상하였다면 이는 타인의 채무를 변제한 경우에 해당하므로 피해자는 공무원에게 이를 반환할 의무가 있다.

④ 지방자치단체가 권원 없이 사실상 관리하고 있는 도로는 국가배상책임의 대상이 되는 영조물에 해당하지 않는다.

456 [회독] ☐☐☐　　　　　　　21년 지방 7급

국가배상에 대한 설명으로 옳지 않은 것은? (다툼이 있는 경우 판례에 의함)

① 공무원이 고의 또는 과실로 그에게 부과된 직무상 의무를 위반하였을 경우라고 하더라도 국가는 그러한 직무상의 의무 위반과 피해자가 입은 손해 사이에 상당인과관계가 인정되는 범위 내에서만 배상책임을 진다.

② 공무원의 부작위로 인한 국가배상책임을 인정할 것인지 여부가 문제되는 경우에 관련 공무원에 대하여 작위의무를 명하는 형식적 법률의 규정이 없는 경우에는 국가배상책임이 인정되지 않는다.

③ 「국가배상법」 제5조 소정의 공공의 영조물이란 공유나 사유임을 불문하고 행정주체에 의하여 특정 공공의 목적에 공여된 유체물 또는 물적 설비를 의미한다.

④ 설치 공사 중인 옹벽은 아직 완성되지 아니하여 일반 공중의 이용에 제공되지 않고 있었던 이상 공공의 영조물에 해당한다고 할 수 없다.

455

해설 ① (○) "공무원이 고의 또는 과실로 그에게 부과된 직무상 의무를 위반하였을 경우라고 하더라도 국가는 그러한 직무상의 의무 위반과 피해자가 입은 손해 사이에 상당인과관계가 인정되는 범위 내에서만 배상책임을 지는 것이고, 이 경우 상당인과관계가 인정되기 위하여는 공무원에게 부과된 직무상 의무의 내용이 단순히 공공 일반의 이익을 위한 것이거나 행정기관 내부의 질서를 규율하기 위한 것이 아니고 전적으로 또는 부수적으로 사회구성원 개인의 안전과 이익을 보호하기 위하여 설정된 것이어야 한다." (대법원 2010.9.9. 선고 2008다77795)

② (×) "국가배상법이 정한 손해배상청구의 요건인 '공무원의 직무'에는 국가나 지방자치단체의 권력적 작용뿐만 아니라 비권력적 작용도 포함되지만, 단순한 사경제의 주체로서 하는 작용은 포함되지 아니한다." (대법원 1999.11.26. 선고 98다47245)

③ (×) "경과실이 있는 공무원이 피해자에 대하여 손해배상책임을 부담하지 아니함에도 피해자에게 손해를 배상하였다면 그것은 채무자 아닌 사람이 타인의 채무를 변제한 경우에 해당하고, 이는 민법 제469조의 '제3자의 변제' 또는 민법 제744조의 '도의관념에 적합한 비채변제'에 해당하여 피해자는 공무원에 대하여 이를 반환할 의무가 없고, … 피해자에게 손해를 직접 배상한 경과실이 있는 공무원은 특별한 사정이 없는 한 국가에 대하여 국가의 피해자에 대한 손해배상책임의 범위 내에서 공무원이 변제한 금액에 관하여 구상권을 취득한다고 봄이 타당하다." (대법원 2014.8.20. 선고 2012다54478)

④ (×) "국가배상법 제5조 제1항 소정의 '공공의 영조물'이라 함은 국가 또는 지방자치단체에 의하여 특정 공공의 목적에 공여된 유체물 내지 물적 설비를 말하며, 국가 또는 지방자치단체가 소유권, 임차권 그 밖의 권한에 기하여 관리하고 있는 경우뿐만 아니라 사실상의 관리를 하고 있는 경우도 포함된다." (대법원 1998.10.23. 선고 98다17381)

정답 ①

456

해설 ① (○) "공무원이 고의 또는 과실로 그에게 부과된 직무상 의무를 위반하였을 경우라고 하더라도 국가는 그러한 직무상의 의무 위반과 피해자가 입은 손해 사이에 상당인과관계가 인정되는 범위 내에서만 배상책임을 진다." (대법원 2010.9.9. 선고 2008다77795)

② (×) "공무원의 부작위로 인한 국가배상책임을 인정할 것인지 여부가 문제되는 경우에 관련 공무원에 대하여 작위의무를 명하는 법령의 규정이 없다면 공무원의 부작위로 인하여 침해된 국민의 법익 또는 국민에게 발생한 손해가 어느 정도 심각하고 절박한 것인지, 관련 공무원이 그와 같은 결과를 예견하여 그 결과를 회피하기 위한 조치를 취할 수 있는 가능성이 있는지 등을 종합적으로 고려하여 판단하여야 한다." (대법원 2001.4.24. 선고 2000다57856)

③ (○) "국가배상법 제5조 소정의 공공의 영조물이란 공유나 사유임을 불문하고 행정주체에 의하여 특정공공의 목적에 공여된 유체물 또는 물적 설비를 의미한다." (대법원 1981.7.7. 선고 80다2478)

④ (○) "설치하고 있던 옹벽은 소외 회사가 공사를 도급받아 공사 중에 있었을 뿐만 아니라 아직 완성도 되지 아니하여 일반 공중의 이용에 제공되지 않고 있었던 이상 국가배상법 제5조 제1항 소정의 영조물에 해당한다고 할 수 없다." (대법원 1998.10.23. 선고 98다17381)

정답 ②

457 [회독] □□□ 21년 소방직

다음 설명 중 옳지 않은 것은? (다툼이 있는 경우 판례에 의함)

① 지방자치단체가 옹벽시설공사를 업체에게 주어 공사를 시행하다가 사고가 일어난 경우, 옹벽이 공사 중이고 아직 완성되지 아니하여 일반 공중의 이용에 제공되지 않았다면 「국가배상법」 제5조 소정의 영조물에 해당한다고 할 수 없다.

② 김포공항을 설치·관리함에 있어 항공법령에 따른 항공기 소음기준 및 소음대책을 준수하려는 노력을 하였더라도, 공항이 항공기 운항이라는 공공의 목적에 이용됨에 있어 그와 관련하여 배출하는 소음 등의 침해가 인근 주민들에게 통상의 수인한도를 넘는 피해를 발생하게 하였다면 공항의 설치 관리상에 하자가 있다고 보아야 한다.

③ 가변차로에 설치된 두 개의 신호기에서 서로 모순되는 신호가 들어오는 고장으로 인하여 사고가 발생한 경우, 그 고장이 현재의 기술 수준상 부득이한 것으로 예방할 방법이 없는 것이라면 손해발생의 예견가능성이나 회피가능성이 없어 영조물의 하자를 인정할 수 없다.

④ 영조물 설치자의 재정사정이나 영조물의 사용목적에 의한 사정은, 안전성을 요구하는 데 대한 참작사유는 될지언정 안전성을 결정지을 절대적 요건은 아니다.

457

[해설] ① (○) "지방자치단체가 비탈사면인 언덕에 대하여 현장조사를 한 결과 붕괴의 위험이 있음을 발견하고 이를 붕괴위험지구로 지정하여 관리하여 오다가 붕괴를 예방하기 위하여 언덕에 옹벽을 설치하기로 하고 소외 회사에게 옹벽시설공사를 도급 주어 소외 회사가 공사를 시행하다가 깊이 3m의 구덩이를 파게 되었는데, 피해자가 공사현장 주변을 지나가다가 흙이 무너져 내리면서 위 구덩이에 추락하여 상해를 입게된 경우, 위 사고 당시 설치하고 있던 옹벽은 소외 회사가 공사를 도급받아 공사 중에 있었을 뿐만 아니라 아직 완성도 되지 아니하여 일반 공중의 이용에 제공되지 않고 있었던 이상 국가배상법 제5조 제1항 소정의 영조물에 해당한다고 할 수 없다." (대법원 1998.10.23. 선고 98다17381)

② (○) "설령 피고(대한민국)가 김포공항을 설치·관리함에 있어 항공법령에 따른 항공기 소음기준 및 소음대책을 준수하려는 노력을 경주하였다고 하더라도, 김포공항이 항공기 운항이라는 공공의 목적에 이용됨에 있어 그와 관련하여 배출하는 소음 등의 침해가 인근 주민인 선정자들에게 통상의 수인한도를 넘는 피해를 발생하게 하였다면 김포공항의 설치·관리상에 하자가 있다고 보아야 할 것이고, 김포공항에서 발생하는 소음 등으로 인근 주민들이 입은 피해는 사회통념상 수인한도를 넘는 것으로서 김포공항의 설치·관리에 하자가 있다." (대법원 2005.1.27. 선고 2003다49566)

③ (×) "가변차로에 설치된 신호등의 용도와 오작동시에 발생하는 사고의 위험성과 심각성을 감안할 때, 만일 가변차로에 설치된 두 개의 신호기에서 서로 모순되는 신호가 들어오는 고장을 예방할 방법이 없음에도 그와 같은 신호기를 설치하여 그와 같은 고장을 발생하게 한 것이라면, 그 고장이 자연재해 등 외부요인에 의한 불가항력에 기인한 것이 아닌 한 그 자체로 설치·관리자의 방호조치의무를 다하지 못한 것으로서 신호등이 그 용도에 따라 통상 갖추어야 할 안전성을 갖추지 못한 상태에 있었다고 할 것이고, 따라서 설령 적정전압보다 낮은 저전압이 원인이 되어 위와 같은 오작동이 발생하였고 그 고장은 현재의 기술수준상 부득이한 것이라고 가정하더라도 그와 같은 사정만으로 손해발생의 예견가능성이나 회피가능성이 없어 영조물의 하자를 인정할 수 없는 경우라고 단정할 수 없다." (대법원 2001.7.27. 선고 2000다56822)

④ (○) "영조물 설치의 '하자'라 함은 영조물의 축조에 불완전한 점이 있어 이 때문에 영조물 자체가 통상 갖추어야 할 완전성을 갖추지 못한 상태에 있음을 말한다고 할 것인바 그 '하자' 유무는 객관적 견지에서 본 안전성의 문제이고 그 설치자의 재정사정이나 영조물의 사용목적에 의한 사정은 안전성을 요구하는데 대한 정도 문제로서 참작사유에는 해당할지언정 안전성을 결정지을 절대적 요건에는 해당하지 아니한다 할 것이다." (대법원 1967.2.21. 선고 66다1723)

정답 ③

제4절 구체적인 국가배상

기출테마 81 구체적인 국가배상

458 [회독] □□□

22년 국가 9급

행정상 손해배상에 대한 설명으로 옳지 않은 것은? (다툼이 있는 경우 판례에 의함)

① 국가배상청구권의 소멸시효 기간은 지났으나 국가가 소멸시효 완성을 주장하는 것이 신의성실의 원칙에 반하는 권리남용으로 허용될 수 없어 배상책임을 이행한 경우, 국가는 원칙적으로 해당 공무원에 대해 구상권을 행사할 수 있다.

② 공무원이 관계 법령의 해석이 확립되기 전에 어느 한 설을 취하여 업무를 처리한 것이 결과적으로 위법하더라도 처분 당시 그 이상의 업무처리를 성실한 평균적 공무원에게 기대하기 어려웠던 경우라면 원칙적으로 공무원의 과실을 인정할 수 없다.

③ 공무원이 직무를 수행하면서 그 근거가 되는 법령의 규정에 따라 구체적으로 의무를 부여받아도 그것이 국민의 이익과 관계없이 순전히 행정기관 내부의 질서를 유지하기 위한 것이라면 그 의무에 위반하여 국민에게 손해를 가하여도 국가 등은 배상책임을 부담하지 않는다.

④ 행정처분이 후에 항고소송에서 취소되었다고 할지라도 그 기판력에 의하여 당해 행정처분이 곧바로 공무원의 고의 또는 과실로 인한 것으로서 불법행위를 구성한다고 단정할 수는 없다.

458

해설 ① (×) "공무원의 불법행위로 손해를 입은 피해자의 국가배상청구권의 소멸시효 기간이 지났으나 국가가 소멸시효 완성을 주장하는 것이 신의성실의 원칙에 반하는 권리남용으로 허용될 수 없어 배상책임을 이행한 경우에는, 소멸시효 완성 주장이 권리남용에 해당하게 된 원인행위와 관련하여 공무원이 원인이 되는 행위를 적극적으로 주도하였다는 등의 특별한 사정이 없는 한, 국가가 공무원에게 구상권을 행사하는 것은 신의칙상 허용되지 않는다." (대법원 2016.6.10. 선고 2015다217843)

② (○) "행정청이 관계 법령의 해석이 확립되기 전에 어느 한 설을 취하여 업무를 처리한 것이 결과적으로 위법하게 되어 그 법령의 부당집행이라는 결과를 빚었다고 하더라도 처분 당시 그와 같은 처리 방법 이상의 것을 성실한 평균적 공무원에게 기대하기 어려웠던 경우라면 특별한 사정이 없는 한 이를 두고 공무원의 과실로 인한 것이라고는 할 수 없기 때문에 그 행정처분이 후에 항고소송에서 취소되었다고 할지라도 당해 행정처분이 곧바로 공무원의 고의 또는 과실로 인한 불법행위를 구성한다고 단정할 수는 없다." (대법원 1997.7.11. 선고 97다7608)

③ (○) "공무원이 직무를 수행하면서 그 근거되는 법령의 규정에 따라 구체적으로 의무를 부여받았어도 그것이 국민의 이익과는 관계없이 순전히 행정기관 내부의 질서를 유지하기 위한 것이거나, 또는 국민의 이익과 관련된 것이라도 직접 국민 개개인의 이익을 위한 것이 아니라 전체적으로 공공 일반의 이익을 도모하기 위한 것이라면 그 의무에 위반하여 국민에게 손해를 가하여도 국가 또는 지방자치단체는 배상책임을 부담하지 아니한다." (대법원 2002.3.12. 선고 2000다55225,55232)

④ (○) "어떠한 행정처분이 후에 항고소송에서 취소되었다고 할지라도 그 기판력에 의하여 당해 행정처분이 곧바로 공무원의 고의 또는 과실로 인한 것으로서 불법행위를 구성한다고 단정할 수는 없다." (대법원 2000.5.12. 선고 99다70600)

정답 ①

459 [회독] ☐☐☐　　　　　　　　23년 군무원 9급

행정상 손해배상에 대한 설명으로 옳지 않은 것은? (다툼이 있는 경우 판례에 의함)

① 「국가배상법」이 정한 손해배상청구의 요건인 '공무원의 직무'에는 국가나 지방자치단체의 권력적 작용뿐만 아니라 비권력적 작용으로서 단순한 사경제의 주체로서 하는 작용도 포함된다.

② 「국가배상법」 제5조 제1항에 정하여진 '영조물의 설치 또는 관리의 하자' 요건에서 안전성을 갖추지 못한 상태의 의미에는 그 영조물이 공공의 목적에 이용됨에 있어 그 이용상태 및 정도가 일정한 한도를 초과하여 제3자에게 사회통념상 수인할 것이 기대되는 한도를 넘는 피해를 입히는 경우까지 포함된다.

③ 외국인이 피해자인 경우에는 해당 국가와 상호 보증이 있을 때에만 「국가배상법」이 적용되는데, 이때 상호보증의 요건 구비를 위해 반드시 당사국과의 조약이 체결되어 있을 필요는 없다.

④ 「국가배상법」에 따른 손해배상의 소송은 배상심의회에 배상신청을 하지 아니하고도 제기할 수 있다.

459

해설 ① (×) "국가배상법이 정한 손해배상청구의 요건인 '공무원의 직무'에는 국가나 지방자치단체의 권력적 작용뿐만 아니라 비권력적 작용도 포함되지만, 단순한 사경제의 주체로서 하는 작용은 포함되지 아니한다." (대법원 1999.11.26. 선고 98다47245)

② (○) "국가배상법 제5조 제1항에 정하여진 '영조물의 설치 또는 관리의 하자'라 함은 공공의 목적에 공여된 영조물이 그 용도에 따라 갖추어야 할 안전성을 갖추지 못한 상태에 있음을 말하고, 안전성을 갖추지 못한 상태, 즉 타인에게 위해를 끼칠 위험성이 있는 상태라 함은 당해 영조물을 구성하는 물적 시설 그 자체에 있는 물리적·외형적 흠결이나 불비로 인하여 그 이용자에게 위해를 끼칠 위험성이 있는 경우뿐만 아니라, 그 영조물이 공공의 목적에 이용됨에 있어 그 이용상태 및 정도가 일정한 한도를 초과하여 제3자에게 사회통념상 수인할 것이 기대되는 한도를 넘는 피해를 입히는 경우까지 포함된다고 보아야 한다." (대법원 2005.1.27. 선고 2003다49566)

③ (○) "국가배상법 제7조는 우리나라만이 입을 수 있는 불이익을 방지하고 국제관계에서 형평을 도모하기 위하여 외국인의 국가배상청구권의 발생요건으로 '외국인이 피해자인 경우에는 해당 국가와 상호보증이 있을 것'을 요구하고 있는데, … 상호보증은 외국의 법령, 판례 및 관례 등에 의하여 발생요건을 비교하여 인정되면 충분하고 반드시 당사국과의 조약이 체결되어 있을 필요는 없으며, 당해 외국에서 구체적으로 우리나라 국민에게 국가배상청구를 인정한 사례가 없더라도 실제로 인정될 것이라고 기대할 수 있는 상태이면 충분하다." (대법원 2015.6.11. 선고 2013다208388)

④ (○) 국가배상법 제9조

국가배상법	제9조(소송과 배상신청의 관계) 이 법에 따른 손해배상의 소송은 배상심의회(이하 "심의회"라 한다)에 배상신청을 하지 아니하고도 제기할 수 있다.

정답 ①

460 [회독] ☐☐☐ 21년 소방직

「국가배상법」에 대한 설명으로 옳지 않은 것은? (다툼이 있는 경우 판례에 의함)

① 판례는 「자동차손해배상 보장법」은 배상책임의 성립요건에 관하여는 「국가배상법」에 우선하여 적용된다고 판시하였다.

② 헌법재판소는 「국가배상법」 제2조 제1항 단서 이중배상 금지규정에 대하여 헌법에 위반되지 아니한다고 판시하였다.

③ 생명 신체의 침해로 인한 국가배상을 받을 권리는 양도는 가능하지만, 압류는 하지 못한다.

④ 판례는 「국가배상법」 제5조의 영조물의 설치 관리상의 하자로 인한 손해가 발생한 경우, 피해자의 위자료 청구권이 배제되지 아니한다고 판시하였다.

460

해설 ① (○) "자동차손해배상보장법(이하 '자배법'이라 한다) … 법조항은 위 법의 취지로 보아 자동차의 운행이 사적인 용무를 위한 것이건 국가 등의 공무를 위한 것이건 구별하지 아니하고 민법이나 국가배상법에 우선하여 적용된다고 보아야 할 것이다. 따라서 일반적으로는 공무원의 공무집행상의 위법행위로 인한 공무원 개인 책임의 내용과 범위는 민법과 국가배상법의 규정과 해석에 따라 정하여 질 것이지만, 자동차의 운행으로 말미암아 다른 사람을 사망하게 하거나 부상하게 함으로써 발생한 손해에 대한 공무원의 손해배상책임의 내용과 범위는 이와는 달리 자배법이 정하는 바에 의할 것이다." (대법원 1996.3.8. 선고 94다23876)

② (○) "국가배상법 제2조 제1항 단서는 헌법 제29조 제1항에 의하여 보장되는 국가배상청구권을 헌법 내재적으로 제한하는 헌법 제29조 제2항에 직접 근거하고, 실질적으로 내용을 같이하는 것이므로 헌법에 위반되지 아니한다." (헌법재판소 2001.2.22. 선고 2000헌바38)

③ (×) 양도와 압류 모두 허용되지 않는다(국가배상법 제4조).

국가배상법	제4조(양도 등 금지) 생명·신체의 침해로 인한 국가배상을 받을 권리는 양도하거나 압류하지 못한다.

④ (○) "국가배상법 제5조 제1항의 영조물의 설치·관리상의 하자로 인한 손해가 발생한 경우 같은 법 제3조 제1항 내지 제5항의 해석상 피해자의 위자료 청구권이 배제되지 아니한다." (대법원 1990.11.13. 선고 90다카25604)

정답 ③

461 [회독] ☐☐☐　20년 지방 9급

국가배상에 대한 설명으로 옳지 않은 것은? (다툼이 있는 경우 판례에 의함)

① 국가배상책임에서의 법령위반은, 인권존중·권력남용금지·신의성실·공서양속 등의 위반도 포함해 널리 그 행위가 객관적인 정당성을 결여하고 있음을 의미한다.

② 공무원에게 부과된 직무상 의무는 전적으로 또는 부수적으로 사회구성원 개인의 안전과 이익을 보호하기 위해 설정된 것이어야 국가배상책임이 인정된다.

③ 배상심의회의 결정은 대외적인 법적 구속력을 가지므로 배상 신청인과 상대방은 그 결정에 항상 구속된다.

④ 판례는 구 「국가배상법」(67. 3. 3. 법률 제1899호) 제3조의 배상액 기준은 배상심의회 배상액 결정의 기준이 될 뿐 배상 범위를 법적으로 제한하는 규정이 아니므로 법원을 기속하지 않는다고 보았다.

461

해설 ① (○) "국가배상책임에 있어 공무원의 가해행위는 법령을 위반한 것이어야 하고, '법령을 위반하였다' 함은 엄격한 의미의 법령위반뿐 아니라 인권존중, 권력남용금지, 신의성실과 같이 공무원으로서 마땅히 지켜야 할 준칙이나 규범을 지키지 아니하고 위반한 경우를 포함하여 널리 그 행위가 객관적인 정당성을 결여하고 있음을 뜻하는 것이므로, 경찰관이 범죄수사를 함에 있어 경찰관으로서 의당 지켜야 할 법규상 또는 조리상의 한계를 위반하였다면 이는 법령을 위반한 경우에 해당한다." (대법원 2008.6.12. 선고 2007다64365)

② (○) "공무원이 고의 또는 과실로 그에게 부과된 직무상 의무를 위반하였을 경우라고 하더라도 국가는 그러한 직무상의 의무 위반과 피해자가 입은 손해 사이에 상당인과관계가 인정되는 범위 내에서만 배상책임을 지는 것이고, 이 경우 상당인과관계가 인정되기 위하여는 공무원에게 부과된 직무상 의무의 내용이 단순히 공공 일반의 이익을 위한 것이거나 행정기관 내부의 질서를 규율하기 위한 것이 아니고 전적으로 또는 부수적으로 사회구성원 개인의 안전과 이익을 보호하기 위하여 설정된 것이어야 한다." (대법원 2010.9.9. 선고 2008다77795)

③ (✕) 배상심의회의 결정은 대외적인 법적 구속력을 갖지 않는다고 본다. 국가배상법 제15조 제3항은 그에 구속력이 없음을 전제로 규정이 되어 있다. 배상결정에 동의하지 않을 수 있다고 본다.

국가배상법	제15조(신청인의 동의와 배상금 지급) ③ 배상결정을 받은 신청인이 배상금 지급을 청구하지 아니하거나 지방자치단체가 대통령령으로 정하는 기간 내에 배상금을 지급하지 아니하면 그 결정에 동의하지 아니한 것으로 본다.

④ (○) "구 국가배상법 제3조 제1항과 제3항의 손해배상의 기준은 배상심의회의 배상금지급기준을 정함에 있어서의 하나의 기준을 정한 것에 지나지 아니하는 것이고 이로써 배상액의 상한을 제한한 것으로 볼 수 없다 할 것이며 따라서 법원이 국가배상법에 의한 손해배상액을 산정함에 있어서 그 기준에 구애되는 것이 아니라 할 것이다." (대법원 1970.1.29. 선고 69다1203)

정답 ③

462 [회독] ☐☐☐ 24년 국가 9급

국가배상에 대한 설명으로 옳은 것은?

① 국가배상청구의 요건인 '공무원의 직무'에는 행정주체가 사경제주체로서 하는 작용도 포함된다.

② 청구기간 내에 헌법소원이 적법하게 제기되었음에도 헌법재판소 재판관이 청구기간을 오인하여 각하결정을 한 경우, 이에 대한 불복절차 내지 시정절차가 없는 때에는 국가배상책임을 인정할 수 있다.

③ 군 복무 중 사망한 군인 등의 유족인 원고가 「국가배상법」에 따른 손해배상금을 지급받은 경우, 국가는 「군인연금법」 소정의 사망보상금을 지급함에 있어 원고가 받은 손해배상금 상당 금액을 공제할 수 없다.

④ 외국인이 피해자인 경우 해당 국가와 상호보증이 없더라도 「국가배상법」이 적용된다.

462

해설 ① (×) "국가배상법이 정한 손해배상청구의 요건인 '공무원의 직무'에는 국가나 지방자치단체의 권력적 작용뿐만 아니라 비권력적 작용도 포함되지만 단순한 사경제의 주체로서 하는 작용은 포함되지 않는다." (대법원 2004.4.9. 선고 2002다10691)

② (○) "헌법재판소 재판관이 청구기간 내에 제기된 헌법소원심판청구 사건에서 청구기간을 오인하여 각하결정을 한 경우, 이에 대한 불복절차 내지 시정절차가 없는 때에는 국가배상책임(위법성)을 인정할 수 있다." (대법원 2003.7.11. 선고 99다24218)

③ (×) "군 복무 중 사망한 사람의 유족이 국가배상을 받은 경우, 국가보훈처장 등이 사망보상금에서 정신적 손해배상금까지 공제할 수 있는지 문제 된 사안에서, 구 군인연금법이 정하고 있는 급여 중 사망보상금은 일실손해의 보전을 위한 것으로 불법행위로 인한 소극적 손해배상과 같은 종류의 급여이므로, 군 복무 중 사망한 사람의 유족이 국가배상을 받은 경우 국가보훈처장 등은 사망보상금에서 소극적 손해배상금 상당액을 공제할 수 있을 뿐, 이를 넘어 정신적 손해배상금까지 공제할 수 없다." (대법원 2021.12.16. 선고 2019두45944)

④ (×) 상호보증이 있어야만 국가배상법이 적용된다(국가배상법 제7조).

국가배상법	제7조(외국인에 대한 책임) 이 법(국가배상법)은 외국인이 피해자인 경우에는 해당 국가와 상호 보증이 있을 때에만 적용한다.

정답 ②

463 [회독] □□□

국가배상에 대한 설명으로 옳은 것은?

① 「국가배상법」에 따른 손해배상의 소송은 배상심의회에 배상신청을 하지 아니하면 제기할 수 없다.

② 국가배상소송을 제기하는 경우 민사소송이 아니라 공법상 당사자소송으로 제기하여야 한다.

③ 군 복무 중 사망한 사람의 유족이 국가배상을 받은 경우, 관할 행정청 등은 「군인연금법」상 사망보상금에서 소극적 손해배상금 상당액을 공제할 수 있을 뿐, 이를 넘어 정신적 손해배상금까지 공제할 수는 없다.

④ 공공시설물의 하자로 손해를 입은 외국인에게는 해당 국가와 상호 보증이 없더라도 「국가배상법」이 적용된다.

463

[해설] ① (×) 배상신청을 하지 않고도 소송을 제기할 수 있다(국가배상법 제9조).

국가배상법	제9조(소송과 배상신청의 관계) 이 법에 따른 손해배상의 소송은 배상심의회(이하 "심의회"라 한다)에 배상신청을 하지 아니하고도 제기할 수 있다.

② (×) 대법원은 국가배상청구권은 결국 손해배상청구권의 일종이므로 사권으로 보아야 하고, 국가배상청구소송은 민사소송으로 제기되어야 한다는 사권설의 입장이다(대법원 1972.10.10. 선고 69다701).

③ (○) "군 복무 중 사망한 사람의 유족이 국가배상을 받은 경우, 국가보훈처장 등이 사망보상금에서 정신적 손해배상금까지 공제할 수 있는지 문제 된 경우, 구 군인연금법이 정하고 있는 급여 중 사망보상금은 일실손해의 보전을 위한 것으로 불법행위로 인한 소극적 손해배상과 같은 종류의 급여이므로, 군 복무 중 사망한 사람의 유족이 국가배상을 받은 경우 국가보훈처장 등은 사망보상금에서 소극적 손해배상금 상당액을 공제할 수 있을 뿐, 이를 넘어 정신적 손해배상금까지 공제할 수 없다."(대법원 2021.12.16. 선고 2019두45944)

④ (×) 제2조 책임뿐만 아니라 제5조 책임도 상호보증이 있어야만 외국인에게도 적용된다.

국가배상법	제7조(외국인에 대한 책임) 이 법은 외국인이 피해자인 경우에는 해당 국가와 상호 보증이 있을 때에만 적용한다.

정답 ③

464 [회독] □□□ 23년 지방 9급

국가배상에 대한 설명으로 옳지 않은 것은?

① 시·도경찰청장 또는 경찰서장이 지방자치단체의 장으로부터 권한을 위탁받아 설치·관리하는 신호기의 하자로 인해 손해가 발생한 경우 「국가배상법」 제5조 소정의 배상책임의 귀속 주체는 국가뿐이다.

② 헌법재판소 재판관이 청구기간 내에 제기된 헌법소원심판청구 사건에서 청구기간을 오인하여 각하결정을 한 경우, 이에 대한 불복절차 내지 시정절차가 없는 때에는 배상책임의 요건이 충족되는 한 국가배상책임을 인정할 수 있다.

③ 영조물의 설치·관리자와 비용부담자가 다른 경우 피해자에게 손해를 배상한 자는 내부관계에서 그 손해를 배상할 책임이 있는 자에게 구상할 수 있다.

④ 군 복무 중 사망한 군인 등의 유족이 「국가배상법」에 따른 손해배상금을 지급받은 경우 그 손해배상금 상당 금액에 대해서는 「군인연금법」에서 정한 사망보상금을 지급받을 수 없다.

464

해설 ① (×) "지방자치단체장이 교통신호기를 설치하여 그 관리권한이 도로교통법 제71조의2 제1항의 규정에 의하여 관할 지방경찰청장에게 위임되어 지방자치단체 소속 공무원과 지방경찰청 소속 공무원이 합동근무하는 교통종합관제센터에서 그 관리업무를 담당하던 중 위 신호기가 고장난 채 방치되어 교통사고가 발생한 경우, 국가배상법 제2조 또는 제5조에 의한 배상책임을 부담하는 것은 지방경찰청장이 소속된 국가가 아니라, 그 권한을 위임한 지방자치단체장이 소속된 지방자치단체라고 할 것이나, 한편 국가배상법 제6조 제1항은 같은 법 제2조, 제3조 및 제5조의 규정에 의하여 국가 또는 지방자치단체가 손해를 배상할 책임이 있는 경우에 공무원의 선임·감독 또는 영조물의 설치·관리를 맡은 자와 공무원의 봉급·급여 기타의 비용 또는 영조물의 설치·관리의 비용을 부담하는 자가 동일하지 아니한 경우에는 그 비용을 부담하는 자도 손해를 배상하여야 한다고 규정하고 있으므로 교통신호기를 관리하는 지방경찰청장 산하 경찰관들에 대한 봉급을 부담하는 국가도 국가배상법 제6조 제1항에 의한 배상책임을 부담한다." (대법원 1999.6.25. 선고 99다11120)

② (○) "헌법재판소 재판관이 청구기간 내에 제기된 헌법소원심판청구 사건에서 청구기간을 오인하여 각하결정을 한 경우, 이에 대한 불복절차 내지 시정절차가 없는 때에는 국가배상책임(위법성)을 인정할 수 있다." (대법원 2003.7.11. 선고 99다24218)

③ (○) 국가배상법 제6조 제2항

국가배상법	제6조(비용부담자 등의 책임) ① 제2조·제3조 및 제5조에 따라 국가나 지방자치단체가 손해를 배상할 책임이 있는 경우에 공무원의 선임·감독 또는 영조물의 설치·관리를 맡은 자와 공무원의 봉급·급여, 그 밖의 비용 또는 영조물의 설치·관리 비용을 부담하는 자가 동일하지 아니하면 그 비용을 부담하는 자도 손해를 배상하여야 한다. ② 제1항의 경우에 손해를 배상한 자는 내부관계에서 그 손해를 배상할 책임이 있는 자에게 구상할 수 있다.

④ (○) "다른 법령에 따라 지급받은 급여와의 조정에 관한 조항을 두고 있지 아니한 보훈보상대상자 지원에 관한 법률과 달리, 군인연금법 제41조 제1항은 "다른 법령에 따라 국가나 지방자치단체의 부담으로 이 법에 따른 급여와 같은 종류의 급여를 받은 사람에게는 그 급여금에 상당하는 금액에 대하여는 이 법에 따른 급여를 지급하지 아니한다."라고 명시적으로 규정하고 있다. 나아가 군인연금법이 정하고 있는 급여 중 사망보상금(군인연금법 제31조)은 일실손해의 보전을 위한 것으로 불법행위로 인한 소극적 손해배상과 같은 종류의 급여라고 봄이 타당하다(대법원 1998.11.19. 선고 97다36873 전원합의체 판결 참조). 따라서 피고에게 군인연금법 제41조 제1항에 따라 원고가 받은 손해배상금 상당 금액에 대하여는 사망보상금을 지급할 의무가 존재하지 아니한다." (대법원 2018.7.20. 선고 2018두36691)

정답 ①

465 [회독] ☐☐☐ 21년 지방 9급

국가배상에 대한 설명으로 옳지 않은 것은? (다툼이 있는 경우 판례에 의함)

① 국가나 지방자치단체가 손해를 배상할 책임이 있는 경우에 공무원의 선임·감독 또는 영조물의 설치·관리를 맡은 자와 공무원의 봉급·급여, 그 밖의 비용 또는 영조물의 설치·관리 비용을 부담하는 자가 동일하지 아니하면 그 비용을 부담하는 자도 손해를 배상하여야 한다.

② 국가배상책임에 있어서 국가는 직무상의 의무 위반과 피해자가 입은 손해 사이에 상당인과관계가 인정되는 범위 내에서만 배상책임을 지는 것이고, 이 경우 상당인과관계가 인정되기 위해서는 공무원에게 부과된 직무상 의무의 내용이 전적으로 또는 부수적으로 사회구성원 개인의 안전과 이익을 보호하기 위하여 설정된 것이어야 한다.

③ 「국가배상법」상 '공공의 영조물'은 지방자치단체가 소유권, 임차권 그 밖의 권한에 기하여 관리하고 있는 경우는 포함하지만, 사실상의 관리를 하고 있는 경우는 포함하지 않는다.

④ 공무원 개인이 고의 또는 중과실이 있는 경우에는 불법행위로 인한 손해배상책임을 진다고 할 것이지만, 공무원의 위법행위가 경과실에 기한 경우에는 공무원은 손해배상책임을 부담하지 않는다.

465

[해설] ① (○) 국가배상법 제6조 제1항

국가배상법	제6조 (비용부담자 등의 책임) ① 제2조·제3조 및 제5조에 따라 국가나 지방자치단체가 손해를 배상할 책임이 있는 경우에 공무원의 선임·감독 또는 영조물의 설치·관리를 맡은 자와 공무원의 봉급·급여, 그 밖의 비용 또는 영조물의 설치·관리 비용을 부담하는 자가 동일하지 아니하면 그 비용을 부담하는 자도 손해를 배상하여야 한다.

② (○) "공무원이 고의 또는 과실로 그에게 부과된 직무상 의무를 위반하였을 경우라고 하더라도 국가는 그러한 직무상의 의무위반과 피해자가 입은 손해 사이에 상당인과관계가 인정되는 범위 내에서만 배상책임을 지는 것이고, 이 경우 상당인과관계가 인정되기 위하여는 공무원에게 부과된 직무상 의무의 내용이 단순히 공공 일반의 이익을 위한 것이거나 행정기관 내부의 질서를 규율하기 위한 것이 아니고 전적으로 또는 부수적으로 사회구성원 개인의 안전과 이익을 보호하기 위하여 설정된 것이어야 한다." (대법원 2010.9.9. 선고 2008다77795)

③ (✕) 사실상의 관리를 하고 있는 경우도 포함한다. "국가배상법 제5조 제1항 소정의 '공공의 영조물'이라 함은 국가 또는 지방자치단체에 의하여 특정 공공의 목적에 공여된 유체물 내지 물적 설비를 말하며, 국가 또는 지방자치단체가 소유권, 임차권 그 밖의 권한에 기하여 관리하고 있는 경우뿐만 아니라 사실상의 관리를 하고 있는 경우도 포함된다." (대법원 1998.10.23. 선고 98다17381)

④ (○) "공무원이 직무수행 중 불법행위로 타인에게 손해를 입힌 경우에 국가 등이 국가배상책임을 부담하는 외에 공무원 개인도 고의 또는 중과실이 있는 경우에는 불법행위로 인한 손해배상책임을 진다고 할 것이지만, 공무원에게 경과실뿐인 경우에는 공무원 개인은 손해배상책임을 부담하지 아니한다." (대법원 1996.2.15. 선고 95다38677)

정답 ③

466 [회독] ☐☐☐   20년 국가 7급

「국가배상법」 제5조상 영조물의 설치·관리의 하자로 인한 손해배상책임에 대한 설명으로 옳지 않은 것은? (다툼이 있는 경우 판례에 의함)

① '공공의 영조물'에는 철도시설물인 대합실과 승강장 및 도로 상에 설치된 보행자 신호기와 차량 신호기도 포함된다.

② 하천의 제방이 계획홍수위를 넘고 있더라도, 하천이 그 후 새로운 하천시설을 설치할 때 '하천시설기준'으로 정한 여유고(餘裕高)를 확보하지 못하고 있다면 그 사정만으로 안정성이 결여된 하자가 있다고 보아야 한다.

③ 국가나 지방자치단체가 손해를 배상할 책임이 있는 경우에 영조물의 설치·관리를 맡은 자와 영조물의 설치·관리 비용을 부담하는 자가 동일하지 아니하면 그 비용을 부담하는 자도 손해를 배상하여야 한다.

④ 사실상 군민(郡民)의 통행에 제공되고 있던 도로라고 하여도 군(郡)에 의하여 노선인정 기타 공용개시가 없었던 이상 이 도로를 '공공의 영조물'이라 할 수 없다.

466

해설 ① (○) '공공의 영조물'에는 철도시설물인 대합실과 승강장(99다7008) 및 도로 상에 설치된 보행자 신호기와 차량 신호기(99다11120)도 포함된다.

② (×) "관리상의 특질과 특수성을 감안한다면, 하천의 관리청이 관계 규정에 따라 설정한 계획홍수위를 변경시켜야 할 사정이 생기는 등 특별한 사정이 없는 한, 이미 존재하는 하천의 제방이 계획홍수위를 넘고 있다면 그 하천은 용도에 따라 통상 갖추어야 할 안전성을 갖추고 있다고 보아야 하고, 그와 같은 하천이 그 후 새로운 하천시설을 설치할 때 기준으로 삼기 위하여 제정한 '하천시설기준'이 정한 여유고를 확보하지 못하고 있다는 사정만으로 바로 안전성이 결여된 하자가 있다고 볼 수는 없다." (대법원 2003.10.23. 선고 2001다48057)

③ (○) 국가배상법 제6조 제1항

국가배상법	제6조(비용부담자 등의 책임) ① 제2조·제3조 및 제5조에 따라 국가나 지방자치단체가 손해를 배상할 책임이 있는 경우에 공무원의 선임·감독 또는 영조물의 설치·관리를 맡은 자와 공무원의 봉급·급여, 그 밖의 비용 또는 영조물의 설치·관리 비용을 부담하는 자가 동일하지 아니하면 그 비용을 부담하는 자도 손해를 배상하여야 한다.

④ (○) "국가배상법 제5조 소정의 공공의 영조물이란 공유나 사유임을 불문하고 행정주체에 의하여 특정공공의 목적에 공여된 유체물 또는 물적 설비를 의미하므로, 사실상 군민의 통행에 제공되고 있던 도로 옆의 암벽으로부터 떨어진 낙석에 맞아 소외인이 사망하는 사고가 발생하였다고 하여도, 동 사고지점 도로가 피고 군에 의하여 노선인정 기타 공용개시가 없었으면 이를 영조물이라 할 수 없다." (대법원 1981.7.7. 선고 80다2478)

정답 ②

467 [회독] ☐☐☐

甲은 A지방자치단체가 관리하는 도로를 운행하던 중 도로에 방치된 낙하물로 인하여 손해를 입었고, 이를 이유로 「국가배상법」상 손해배상을 청구하려고 한다. 이에 대한 설명으로 옳지 않은 것은? (다툼이 있는 경우 판례에 의함)

① A지방자치단체가 위 도로를 권원 없이 사실상 관리하고 있는 경우에는 A지방자치단체의 배상책임은 인정될 수 없다.

② 위 도로의 설치·관리상의 하자가 있는지 여부는 위 도로가 그 용도에 따라 통상 갖추어야 할 안전성을 갖추었는지 여부에 따라 결정된다.

③ 위 도로가 국도이며 그 관리권이 A지방자치단체의 장에게 위임되었다면, A지방자치단체가 도로의 관리에 필요한 일체의 경비를 대외적으로 지출하는 자에 불과하더라도 甲은 A지방자치단체에 대해 국가배상을 청구할 수 있다.

④ 甲이 배상을 받기 위하여 소송을 제기하는 경우에는 민사소송을 제기하여야 한다.

467

해설 ① (✕) 지방자치단체가 위 도로를 관리하고 있다면 권원이 없었다 하더라도, 그것은 국가배상법 제5조의 영조물 즉, 강학상 공물에 해당한다. 따라서 지방자치단체는 국가배상책임을 부담하여야 한다. "국가배상법 제5조 제1항 소정의 '공공의 영조물'이라 함은 국가 또는 지방자치단체에 의하여 특정 공공의 목적에 공여된 유체물 내지 물적 설비를 말하며, 국가 또는 지방자치단체가 소유권, 임차권 그 밖의 권한에 기하여 관리하고 있는 경우뿐만 아니라 사실상의 관리를 하고 있는 경우도 포함된다." (대법원 1998.10.23. 선고 98다17381)

② (○) "국가배상법 제5조 제1항에 규정된 '영조물 설치·관리상의 하자'는 공공의 목적에 공여된 영조물이 그 용도에 따라 통상 갖추어야 할 안전성을 갖추지 못한 상태에 있음을 말한다." (대법원 2013.10.24. 선고 2013다208074)

③ (○) 국가사무인 국도의 관리가 A지방자치단체의 장에게 위임되었으므로 기관위임이 있게 된 경우이다. 이 경우에는 A지방자치단체는 국도관리사무의 주체('사무관리주체')가 아니어서, 제5조에 의한 배상책임을 부담하지는 않지만, 제6조 제1항에 의하여 비용부담자가 되기 때문에, 그에 의하여 국가배상책임을 부담하게 된다.

국가배상법	제6조(비용부담자 등의 책임) ① 제2조·제3조 및 제5조에 따라 국가나 지방자치단체가 손해를 배상할 책임이 있는 경우에 … 영조물의 설치·관리를 맡은 자와 … 영조물의 설치·관리 비용을 부담하는 자가 동일하지 아니하면 그 비용을 부담하는 자도 손해를 배상하여야 한다.

④ (○) 대법원은 국가배상청구소송을 민사소송으로 보고 있다(69다701).

정답 ①

468 [회독] □□□

다음 중 행정상 손해배상에 대한 설명으로 가장 적절하지 않은 것은? (다툼이 있는 경우 판례에 의함)

① 이미 존재하는 하천의 제방이 계획홍수위를 넘고 있다면 그 하천은 용도에 따라 통상 갖추어야 할 안정성을 갖추고 있다고 보아야 하고, 그와 같은 하천이 그 후 새로운 하천시설을 설치할 때 기준으로 삼기 위하여 제정한 '하천시설기준'이 정한 여유고를 확보하지 못하고 있다는 사정만으로 바로 안정성이 결여된 하자가 있다고 볼 수는 없다.

② 국토해양부장관이 하천공사를 대행하던 중 지방하천의 관리상 하자로 인하여 손해가 발생하였다면 하천관리청이 속한 지방자치단체는 국가와 함께 「국가배상법」 제5조 제1항에 따라 지방하천의 관리자로서 손해배상책임을 부담한다.

③ 동일한 손해가 공무원의 직무상 불법행위와 영조물 설치·관리상 하자로 인하여 발생된 경우 결국 영조물 설치·관리상 하자는 공무원의 직무와 관련된 것이므로 전자만을 근거로 국가배상을 청구하여야 한다.

④ 「국가배상법」상 배상결정을 받은 신청인은 지체없이 그 결정에 대한 동의서를 첨부하여 국가나 지방자치단체에 배상금 지급을 청구하여야 하고 청구하지 아니한 경우에는 그 결정에 동의하지 아니한 것으로 본다.

468

해설 ① (○) "하천의 관리청이 관계 규정에 따라 설정한 계획홍수위를 변경시켜야 할 사정이 생기는 등 특별한 사정이 없는 한, 이미 존재하는 하천의 제방이 계획홍수위를 넘고 있다면 그 하천은 용도에 따라 통상 갖추어야 할 안전성을 갖추고 있다고 보아야 하고, 그와 같은 하천이 그 후 새로운 하천시설을 설치할 때 기준으로 삼기 위하여 제정한 '하천시설기준'이 정한 여유고를 확보하지 못하고 있다는 사정만으로 바로 안전성이 결여된 하자가 있다고 볼 수는 없다." (대법원 2003.10.23. 선고 2001다48057)

② (○) "구 하천법 제28조 제1항에 따라 국토해양부장관이 하천공사를 대행하더라도 이는 국토해양부장관이 하천관리에 관한 일부 권한을 일시적으로 행사하는 것으로 볼 수 있을 뿐 하천관리청이 국토해양부장관으로 변경되는 것은 아니므로, 국토해양부장관이 하천공사를 대행하던 중 지방하천의 관리상 하자로 인하여 손해가 발생하였다면 하천관리청이 속한 지방자치단체는 국가와 함께 국가배상법 제5조 제1항에 따라 지방하천의 관리자로서 손해배상책임을 부담한다." (대법원 2014.6.26. 선고 2011다85413)

③ (×) 둘 중 선택하여 국가배상을 청구할 수 있다.

④ (○) 국가배상법 제15조

국가배상법	제15조(신청인의 동의와 배상금 지급) ① 배상결정을 받은 신청인은 지체 없이 그 결정에 대한 동의서를 첨부하여 국가나 지방자치단체에 배상금 지급을 청구하여야 한다. ② 배상금 지급에 관한 절차, 지급기관, 지급시기, 그 밖에 필요한 사항은 대통령령으로 정한다. ③ 배상결정을 받은 신청인이 배상금 지급을 청구하지 아니하거나 지방자치단체가 대통령령으로 정하는 기간 내에 배상금을 지급하지 아니하면 그 결정에 동의하지 아니한 것으로 본다.

정답 ③

469 [회독] □□□

국가배상책임에 관한 설명으로 옳지 않은 것은? (다툼이 있는 경우 판례에 의함)

① 영조물이 그 설치 및 관리에 있어 완전무결한 상태를 유지할 정도의 고도의 안전성을 갖추지 아니하였다고 하여 하자가 있다고 단정할 수는 없고, 영조물 이용자의 상식적이고 질서 있는 이용 방법을 기대한 상대적인 안전성을 갖추는 것으로 족하다.

② '영조물의 설치나 관리의 하자'란 공공의 목적에 공여된 영조물이 그 용도에 따라 갖추어야 할 안전성을 갖추지 못한 상태에 있음을 말하고, 여기서 안전성을 갖추지 못한 상태란 그 영조물을 구성하는 물적 시설 자체에 있는 물리적·외형적 흠결이나 불비로 인하여 그 이용자에게 위해를 끼칠 위험성이 있는 경우에 한한다.

③ 대법원의 판단으로 관계 법령의 해석이 확립되고 이어 상급행정기관 내지 유관 행정부서로부터 시달된 업무지침이나 업무연락 등을 통하여 이를 충분히 인식할 수 있게 된 상태에서, 확립된 법령의 해석에 어긋나는 견해를 고집하여 계속하여 위법한 행정처분을 하거나 이에 준하는 행위로 평가될 수 있는 불이익을 처분상대방에게 주게 된다면, 이는 그 공무원의 고의 또는 과실로 인한 것이 되어 그 손해를 배상할 책임이 있다.

④ 상위 지방자치단체가 하위 지방자치단체장에게 영조물의 설치·관리 권한을 기관위임한 경우(단, 비용은 상위 지방자치단체가 부담하기로 함), 하위 지방자치단체장이 기관위임사무로 설치·관리하는 영조물의 하자로 타인에게 손해를 발생하게 한 경우에는 권한을 위임한 상위 지방자치단체가 그 손해배상책임을 진다.

469

해설 ① (○) "국가배상법 제5조 제1항에 규정된 '영조물 설치·관리상의 하자'는 공공의 목적에 공여된 영조물이 그 용도에 따라 통상 갖추어야 할 안전성을 갖추지 못한 상태에 있음을 말한다. 그리고 위와 같은 안전성의 구비 여부는 영조물의 설치자 또는 관리자가 그 영조물의 위험성에 비례하여 사회통념상 일반적으로 요구되는 정도의 방호조치의무를 다하였는지를 기준으로 판단하여야 하고, 아울러 그 설치자 또는 관리자의 재정적·인적·물적 제약 등도 고려하여야 한다. 따라서 영조물이 그 설치 및 관리에 있어 완전무결한 상태를 유지할 정도의 고도의 안전성을 갖추지 아니하였다고 하여 하자가 있다고 단정할 수는 없고, 영조물 이용자의 상식적이고 질서 있는 이용 방법을 기대한 상대적인 안전성을 갖추는 것으로 족하다." (대법원 2022.7.28. 선고 2022다225910)

② (×) "국가배상법 제5조 제1항에 정하여진 '영조물의 설치 또는 관리의 하자'라 함은 공공의 목적에 공여된 영조물이 그 용도에 따라 갖추어야 할 안전성을 갖추지 못한 상태에 있음을 말하고, 여기서 안전성을 갖추지 못한 상태, 즉 타인에게 위해를 끼칠 위험성이 있는 상태라 함은 당해 영조물을 구성하는 물적 시설 그 자체에 있는 물리적·외형적 흠결이나 불비로 인하여 그 이용자에게 위해를 끼칠 위험성이 있는 경우뿐만 아니라, 그 영조물이 공공의 목적에 이용됨에 있어 그 이용 상태 및 정도가 일정한 한도를 초과하여 제3자에게 사회통념상 수인할 것이 기대되는 한도를 넘는 피해를 입히는 경우까지 포함된다고 보아야 한다." (대법원 2010.11.25. 선고 2007다74560)

③ (○) "대법원의 판단으로 관계 법령의 해석이 확립되고 이어 상급행정기관 내지 유관 행정부서로부터 시달된 업무지침이나 업무연락 등을 통하여 이를 충분히 인식할 수 있게 된 상태에서, 확립된 법령의 해석에 어긋나는 견해를 고집하여 계속하여 위법한 행정처분을 하거나 이에 준하는 행위로 평가될 수 있는 불이익을 처분상대방에게 주게 된다면, 이는 그 공무원의 고의 또는 과실로 인한 것이 되어 그 손해를 배상할 책임이 있다." (대법원 2007.5.10. 선고 2005다31828)

④ (○) "도로의 유지·관리에 관한 상위 지방자치단체의 행정권한이 행정권한 위임조례로 하위 지방자치단체장에게 위임되었다면 그것은 기관위임이지 단순한 내부위임이 아니다. 기관위임의 경우 위임받은 하위 지방자치단체장은 상위 지방자치단체 산하 행정기관의 지위에서 그 사무를 처리하는 것이므로 사무귀속의 주체가 달라진다고 할 수 없다. 따라서 하위 지방자치단체장을 보조하는 그 지방자치단체 소속 공무원이 위임사무를 처리하면서 고의 또는 과실로 타인에게 손해를 가하거나 위임사무로 설치·관리하는 영조물의 하자로 타인에게 손해를 발생하게 한 경우에는 권한을 위임한 상위 지방자치단체가 그 손해배상책임을 진다." (대법원 2017.9.21. 선고 2017다223538)

정답 ②

470 [회독] ☐☐☐ 24년 지방 7급

「국가배상법」상 국가배상책임에 대한 설명으로 옳지 않은 것은?

① 통장이 전입신고서에 확인인을 찍는 행위는 공무를 위탁받아 실질적으로 공무를 수행하는 것이라고 보아야 하므로, 통장은 그 업무범위 내에서는 「국가배상법」 소정의 공무원에 해당한다.

② 인사업무담당 공무원이 다른 공무원의 공무원증 등을 위조한 행위에 대하여 실질적으로는 직무행위에 속하지 아니한다 할지라도 외관상으로는 「국가배상법」의 직무집행관련성이 인정된다.

③ 「국가배상법」이 정한 손해배상청구의 요건인 '공무원의 직무'에는 국가나 지방자치단체의 권력적 작용뿐만 아니라 비권력적 작용도 포함되지만 단순한 사경제의 주체로서 하는 작용은 포함되지 않는다.

④ 지방자치단체장 간의 기관위임의 경우에는 사무귀속의 주체가 달라진다고 할 수 있으므로, 하위 지방자치단체장을 보조하는 하위 지방자치단체 소속 공무원이 위임사무처리에 있어 고의 또는 과실로 타인에게 손해를 가하였다면 상위 지방자치단체는 그 사무귀속 주체로서 손해배상책임을 지지 않는다.

470

해설 ① (○) "서울특별시 종로구 통, 반설치조례에 의하면 통장은 동장의 추천에 의하여 구청장이 위촉하고 동장의 감독을 받아 주민의 거주·이동상황 파악 등의 임무를 수행하도록 규정되어 있고, 주민등록법 제14조와 같은법시행령 제7조의2 등에 의하면 주민등록 전입신고를 하여야 할 신고의무자가 전입신고를 할 경우에는 신고서에 관할 이장(시에 있어서는 통장)의 확인인을 받아 제출하도록 규정되어 있는 점 등에 비추어 보면 통장이 전입신고서에 확인인을 찍는 행위는 공무를 위탁받아 실질적으로 공무를 수행하는 것이라고 보아야 하므로, 통장은 그 업무범위 내에서는 국가배상법 제2조 소정의 공무원에 해당한다." (대법원 1991.7.9. 선고 91다5570)

② (○) "인사업무담당 공무원이 다른 공무원의 공무원증 등을 위조한 행위에 대하여 실질적으로는 직무행위에 속하지 아니한다 할지라도 외관상으로는 국가배상법 제2조 제1항의 직무집행관련성이 인정된다." (대법원 2005.1.14. 선고 2004다26805)

③ (○) "국가배상법이 정한 손해배상청구의 요건인 '공무원의 직무'에는 국가나 지방자치단체의 권력적 작용뿐만 아니라 비권력적 작용도 포함되지만, 단순한 사경제의 주체로서 하는 작용은 포함되지 아니한다." (대법원 1999.11.26. 선고 98다47245)

④ (×) "지방자치단체장 간의 기관위임의 경우에 위임받은 하위 지방자치단체장은 상위 지방자치단체 산하 행정기관의 지위에서 그 사무를 처리하는 것이므로 사무귀속의 주체가 달라진다고 할 수 없고, 따라서 하위 지방자치단체장을 보조하는 하위 지방자치단체 소속 공무원이 위임사무처리에 있어 고의 또는 과실로 타인에게 손해를 가하였더라도 상위 지방자치단체는 여전히 그 사무귀속 주체로서 손해배상책임을 진다." (대법원 1996.11.8. 선고 96다21331)

정답 ④

471 [회독] □□□

국가배상에 대한 판례의 태도로 옳지 않은 것은?

① 성폭력범죄의 수사를 담당하거나 수사에 관여하는 경찰관이 피해자의 인적사항 등을 공개 또는 누설함으로써 피해자가 손해를 입은 경우, 국가의 배상책임이 인정된다는 것이 판례의 태도이다.

② 음주운전으로 적발된 주취운전자가 도로 밖으로 차량을 이동하겠다며 단속 경찰관으로부터 보관 중이던 차량열쇠를 반환받아 몰래 차량을 운전하여 가던 중 사고를 일으킨 경우, 국가배상책임이 인정되지 않는다는 것이 판례의 태도이다.

③ 지방자치단체장이 설치하여 관할 지방경찰청장에게 관리권한이 위임된 교통신호기의 고장으로 인하여 교통사고가 발생한 경우, 지방자치단체뿐만 아니라 국가도 손해배상책임을 부담한다는 것이 판례의 태도이다.

④ 군수 또는 그 보조 공무원이 농수산부장관으로부터 도지사를 거쳐 군수에게 재위임된 국가사무(기관위임사무)인 개간허가 및 그 취소사무를 처리함에 있어 고의 또는 과실로 타인에게 손해를 가한 경우, 「국가배상법」 제6조에 의하여 지방자치단체인 군이 비용을 부담한다고 볼 수 있는 경우에 한하여 국가와 함께 손해배상책임을 부담한다.

471

해설 ① (○) "성폭력범죄의 처벌 및 피해자보호 등에 관한 법률 제21조는 성폭력범죄의 수사 또는 재판을 담당하거나 이에 관여하는 공무원에 대하여 피해자의 인적사항과 사생활의 비밀을 엄수할 직무상 의무를 부과하고 있고, 이는 주로 성폭력범죄 피해자의 명예와 사생활의 평온을 보호하기 위한 것이므로, 성폭력범죄의 수사를 담당하거나 수사에 관여하는 경찰관이 위와 같은 직무상 의무에 반하여 피해자의 인적사항 등을 공개 또는 누설하였다면 국가는 그로 인하여 피해자가 입은 손해를 배상하여야 한다." (대법원 2008.6.12. 선고 2007다64365)

② (×) "음주운전으로 적발된 주취운전자 甲이 주취로 인하여 주시력, 주의력, 위험상황에 대한 판단력 및 반응력 등이 약화되고 법준수에 대한 긴장력이 떨어져 과속의 가능성이 높은 상태에 있어, 만일 그 상태로 운전을 감행한다면 자기 또는 타인의 생명이나 신체에 위해를 미칠 위험이 현저한 상황에 있었다고 할 것이므로, 이러한 사정을 합리적으로 판단할 때 단속경찰관으로서는 甲이 정상적으로 운전할 수 있는 상태에 이르기까지 주취운전을 하지 못하도록 구체적이고도 적절한 조치를 취하여야 할 의무가 있다고 해석함이 상당하고, 甲이 도로 밖으로 차량을 이동하겠다며 단속 경찰관으로부터 보관 중이던 차량열쇠를 반환받아 몰래 차량을 운전하여 가던 중 사고를 일으킨 경우, 국가배상책임이 인정된다." (대법원 1998.5.8. 선고 97다54482)

③ (○) "지방자치단체장이 교통신호기를 설치하여 그 관리권한이 도로교통법 제71조의2 제1항의 규정에 의하여 관할 지방경찰청장에게 위임되어 지방자치단체 소속 공무원과 지방경찰청 소속 공무원이 합동근무하는 교통종합관제센터에서 그 관리업무를 담당하던 중 위 신호기가 고장난 채 방치되어 교통사고가 발생한 경우, 국가배상법 제2조 또는 제5조에 의한 배상책임을 부담하는 것은 지방경찰청장이 소속된 국가가 아니라, 그 권한을 위임한 지방자치단체장이 소속된 지방자치단체라고 할 것이나, 한편 국가배상법 제6조 제1항은 같은 법 제2조, 제3조 및 제5조의 규정에 의하여 국가 또는 지방자치단체가 손해를 배상할 책임이 있는 경우에 공무원의 선임·감독 또는 영조물의 설치·관리를 맡은 자와 공무원의 봉급·급여 기타의 비용 또는 영조물의 설치·관리의 비용을 부담하는 자가 동일하지 아니한 경우에는 그 비용을 부담하는 자도 손해를 배상하여야 한다고 규정하고 있으므로 교통신호기를 관리하는 지방경찰청장 산하 경찰관들에 대한 봉급을 부담하는 국가도 국가배상법 제6조 제1항에 의한 배상책임을 부담한다." (대법원 1999.6.25. 선고 99다11120)

④ (○) "구 농지확대개발촉진법 제24조와 제27조에 의하여 농수산부장관 소관의 국가사무로 규정되어 있는 개간허가와 개간허가의 취소사무는 같은 법 제61조 제1항, 같은 법시행령 제37조 제1항에 의하여 도지사에게 위임되고, 같은 법 제61조 제2항에 근거하여 도지사로부터 하위 지방자치 단체장인 군수에게 재위임되었으므로 이른바 기관위임사무라 할 것이고, 이러한 경우 군수는 그 사무의 귀속 주체인 국가 산하 행정기관의 지위에서 그 사무를 처리하는 것에 불과하므로, 군수 또는 군수를 보조하는 공무원이 위임사무처리에 있어 고의 또는 과실로 타인에게 손해를 가하였다 하더라도 원칙적으로 군에는 국가배상책임이 없고 그 사무의 귀속 주체인 국가가 손해배상책임을 지는 것이며, 다만 국가배상법 제6조에 의하여 군이 비용을 부담한다고 볼 수 있는 경우에 한하여 국가와 함께 손해배상책임을 부담한다." (대법원 2000.5.12. 선고 99다70600)

정답 ②

472 [회독] ☐☐☐ 20년 지방 7급

국가배상에 대한 설명으로 옳은 것은? (다툼이 있는 경우 판례에 의함)

① 행정처분의 담당공무원이 주관적 주의의무를 결하여 그 행정처분이 주관적 정당성을 상실하였다고 인정될 정도에 이른 경우에 「국가배상법」 제2조의 요건을 충족하였다고 봄이 상당하다.

② 「국가배상법」 제6조 제1항에 의하면 지방자치단체장이 설치하여 관할 지방경찰청장에게 관리권한이 위임된 교통신호기의 고장으로 인하여 교통사고가 발생한 경우, 지방자치단체가 손해배상책임을 지고 국가는 피해자에 대하여 배상책임을 지지 않는다.

③ 국민이 법령에 정하여진 수질기준에 미달한 상수원수로 생산된 수돗물을 마심으로써 건강상의 위해 발생에 대한 염려 등에 따른 정신적 고통을 받았다고 하더라도, 이러한 사정만으로는 국가 또는 지방자치단체가 국민에게 손해배상책임을 부담하지 아니한다.

④ 「국가배상법」 제5조 제1항 소정의 '공공의 영조물'이라 함은 국가 또는 지방자치단체에 의하여 특정 공공의 목적에 공여된 유체물 내지 물적 설비를 말하며, 국가 또는 지방자치단체가 소유권, 임차권, 그 밖의 권한에 기하여 관리하고 있는 경우로 한정되고, 사실상의 관리를 하고 있는 경우는 포함되지 않는다.

472

[해설] ① (×) "행정처분의 담당공무원이 보통 일반의 공무원을 표준으로 하여 볼 때 객관적 주의의무를 결하여 그 행정처분이 객관적 정당성을 상실하였다고 인정될 정도에 이른 경우에 비로소 국가배상법 제2조 소정 국가배상책임의 요건을 충족하였다고 봄이 상당하다." (대법원 2003.11.27. 선고 2001다33789)
문제가 된 구체적 사건의 당사자의 능력을 기준으로 부과되는 주의의무를 '주관적 주의의무'라 하고, 반대로 일반적인 평균인의 능력을 기준으로 부과되는 누구의 능력을 기준으로 부과되는 주의의무를 '객관적 주의의무'라 한다.

② (×) "국가배상법 제2조 또는 제5조에 의한 배상책임을 부담하는 것은 지방경찰청장이 소속된 국가가 아니라, 그 권한을 위임한 지방자치단체장이 소속된 지방자치단체라고 할 것이나, 한편 국가배상법 제6조 제1항은 같은 법 제2조, 제3조 및 제5조의 규정에 의하여 국가 또는 지방자치단체가 손해를 배상할 책임이 있는 경우에 공무원의 선임·감독 또는 영조물의 설치·관리를 맡은 자와 공무원의 봉급·급여 기타의 비용 또는 영조물의 설치·관리의 비용을 부담하는 자가 동일하지 아니한 경우에는 그 비용을 부담하는 자도 손해를 배상하여야 한다고 규정하고 있으므로 교통 신호기를 관리하는 지방경찰청장 산하 경찰관들에 대한 봉급을 부담하는 국가도 국가배상법 제6조 제1항에 의한 배상책임을 부담한다." (대법원 1999.6.25. 선고 99다11120)

③ (○) "국가 등에게 일정한 기준에 따라 상수원수의 수질을 유지하여야 할 의무를 부과하고 있는 법령의 규정은 국민에게 양질의 수돗물이 공급되게 함으로써 국민 일반의 건강을 보호하여 공공 일반의 전체적인 이익을 도모하기 위한 것이지, 국민 개개인의 안전과 이익을 직접적으로 보호하기 위한 규정이 아니므로, 국민이 법령에 정하여진 수질 기준에 미달한 상수원수로 생산된 수돗물을 마심으로써 건강상의 위해 발생에 대한 염려 등에 따른 정신적 고통을 받았다고 하더라도, 이러한 사정만으로는 국가 또는 지방자치단체가 국민에게 손해배상책임을 부담하지 아니한다." (대법원 2001.10.23. 선고 99다36280)

④ (×) "국가배상법 제5조 제1항 소정의 '공공의 영조물'이라 함은 국가 또는 지방자치단체에 의하여 특정 공공의 목적에 공여된 유체물 내지 물적 설비를 말하며, 국가 또는 지방자치단체가 소유권, 임차권 그 밖의 권한에 기하여 관리하고 있는 경우뿐만 아니라 사실상의 관리를 하고 있는 경우도 포함된다." (대법원 1998.10.23. 선고 98다17381)

정답 ③

473 [회독] ▢▢▢

다음 중 공공의 영조물에 관한 설명으로 옳지 않은 것은? (다툼이 있는 경우 판례에 의함)

① 「도로교통법」 제3조 제1항에 의하여 특별시장·광역시장·제주특별자치도지사 또는 시장·군수의 권한으로 규정되어 있는 도로에서 경찰서장 등이 설치·관리하는 신호기의 하자로 인한 「국가배상법」 제5조 소정의 배상책임은 그 사무의 귀속 주체인 국가가 부담한다.

② 사실상 군민의 통행에 제공되고 있던 도로 옆의 암벽으로부터 떨어진 낙석에 맞아 사망하는 사고가 발생하였다고 하여도 동사고지점 도로가 군에 의하여 노선인정 기타 공용개시가 없었으면 이를 영조물이라 할 수 없다.

③ 국가나 지방자치단체가 영조물의 설치·관리의 하자를 이유로 손해배상책임을 부담하는 경우 영조물의 설치·관리를 맡은 자와 그 비용부담자가 동일하지 아니하면 비용부담자도 손해배상책임이 있다.

④ 경찰서지서의 숙직실에서 순직한 경찰공무원의 유족들은 「국가배상법」 및 「민법」의 규정에 의한 손해배상을 청구할 권리가 있다.

473

해설 ① (×) "지방자치단체장이 교통신호기를 설치하여 그 관리권한이 도로교통법 제71조의2 제1항의 규정에 의하여 관할 지방경찰청장에게 위임되어 지방자치단체 소속 공무원과 지방경찰청 소속 공무원이 합동근무하는 교통종합관제센터에서 그 관리업무를 담당하던 중 위 신호기가 고장난 채 방치되어 교통사고가 발생한 경우, 국가배상법 제2조 또는 제5조에 의한 배상책임을 부담하는 것은 지방경찰청장이 소속된 국가가 아니라, 그 권한을 위임한 지방자치단체장이 소속된 지방자치단체라고 할 것이나, 한편 국가배상법 제6조 제1항은 같은 법 제2조, 제3조 및 제5조의 규정에 의하여 국가 또는 지방자치단체가 손해를 배상할 책임이 있는 경우에 공무원의 선임·감독 또는 영조물의 설치·관리를 맡은 자와 공무원의 봉급·급여 기타의 비용 또는 영조물의 설치·관리의 비용을 부담하는 자가 동일하지 아니한 경우에는 그 비용을 부담하는 자도 손해를 배상하여야 한다고 규정하고 있으므로 교통신호기를 관리하는 지방경찰청장 산하 경찰관들에 대한 봉급을 부담하는 국가도 국가배상법 제6조 제1항에 의한 배상책임을 부담한다." (대법원 1999.6.25. 선고 99다11120)

② (○) "국가배상법 제5조 소정의 공공의 영조물이란 공유나 사유임을 불문하고 행정주체에 의하여 특정공공의 목적에 공여된 유체물 또는 물적 설비를 의미하므로 사실상 군민의 통행에 제공되고 있던 도로 옆의 암벽으로부터 떨어진 낙석에 맞아 소외인이 사망하는 사고가 발생하였다고 하여도 동 사고지점 도로가 피고 군에 의하여 노선인정 기타 공용개시가 없었으면 이를 영조물이라 할 수 없다." (대법원 1981.7.7. 선고 80다2478)

③ (○) 국가배상법 제6조 제1항

국가배상법	제6조(비용부담자 등의 책임) ① 제2조·제3조 및 제5조에 따라 국가나 지방자치단체가 손해를 배상할 책임이 있는 경우에 공무원의 선임·감독 또는 영조물의 설치·관리를 맡은 자와 공무원의 봉급·급여, 그 밖의 비용 또는 영조물의 설치·관리 비용을 부담하는 자가 동일하지 아니하면 그 비용을 부담하는 자도 손해를 배상하여야 한다.

④ (○) "경찰서지서의 숙직실은 국가배상법 제2조 제1항 단서에서 말하는 전투·훈련에 관련된 시설이라고 볼 수 없으므로 위 숙직실에서 순직한 경찰공무원의 유족들은 국가배상법 제2조 제1항 본문에 의하여 국가배상법 및 민법의 규정에 의한 손해배상을 청구할 권리가 있다." (대법원 1979.1.30. 선고 77다2389 전원합의체)

정답 ①

제3장   손실보상제도

제1절 의의 및 법적근거

기출테마 83   손실보상의 의의 및 법적근거

제2절 손실보상청구권의 성립 요건

기출테마 84   손실보상청구권의 성립 요건

제3절 성립요건 충족의 효과 – 공익사업을 위한 토지등의 취득 및 보상에 관한 법률

기출테마 85   수용절차

474 [회독] □ □ □

24년 지방 7급

「공익사업을 위한 토지 등의 취득 및 보상에 관한 법률」에 대한 설명으로 옳지 않은 것은?

① 「공익사업을 위한 토지 등의 취득 및 보상에 관한 법률」의 규정에 의한 사업인정처분은 공익사업을 토지 등을 수용 또는 사용할 사업으로 결정하는 것으로서 단순한 확인행위가 아니라 형성행위이다.

② 보상금 증감에 관한 행정소송의 경우 그 소송을 제기하는 자가 토지소유자일 때에는 사업시행자와 관할 토지수용위원회를, 사업시행자일 때에는 토지소유자와 관할 토지수용위원회를 각각 피고로 한다.

③ 「공익사업을 위한 토지 등의 취득 및 보상에 관한 법률」에 의한 보상을 하면서 손실보상금에 관한 당사자 간의 합의가 성립한 경우, 그 보상합의는 공공기관이 사경제주체로서 행하는 사법상 계약의 실질을 가진다.

④ 사업시행자에게 해당 공익사업을 수행할 의사와 능력이 있어야 한다는 것은 사업인정의 한 요건이라고 보아야 한다.

474

[해설] ① (○) "「공익사업을 위한 토지 등의 취득 및 보상에 관한 법률」의 규정에 의한 사업인정처분이라 함은 공익사업을 토지 등을 수용 또는 사용할 사업으로 결정하는 것으로서 단순한 확인행위가 아니라 형성행위이다." (대법원 2005.4.29. 선고 2004두14670)

② (×) 공익사업을 위한 토지 등의 취득 및 보상에 관한 법률(토지보상법) 제85조 제2항

토지보상법	제85조(행정소송의 제기) ② 제1항에 따라 제기하려는 행정소송이 보상금의 증감(增減)에 관한 소송인 경우 그 소송을 제기하는 자가 토지소유자 또는 관계인일 때에는 사업시행자를, 사업시행자일 때에는 토지소유자 또는 관계인을 각각 피고로 한다.

③ (○) "「공익사업을 위한 토지 등의 취득 및 보상에 관한 법률」에 의한 보상합의는 공공기관이 사경제주체로서 행하는 사법상 계약의 실질을 가지는 것으로서, 당사자 간의 합의로 같은 법 소정의 손실보상의 기준에 의하지 아니한 손실보상금을 정할 수 있으며, 이와 같이 같은 법이 정하는 기준에 따르지 아니하고 손실보상액에 관한 합의를 하였다고 하더라도 그 합의가 착오 등을 이유로 적법하게 취소되지 않는 한 유효하다." (대법원 2013.8.22. 선고 2012다3517)

④ (○) "해당 공익사업을 수행하여 공익을 실현할 의사나 능력이 없는 자에게 타인의 재산권을 공권력적·강제적으로 박탈할 수 있는 수용권을 설정하여 줄 수는 없으므로, 사업시행자에게 해당 공익사업을 수행할 의사와 능력이 있어야 한다는 것도 사업인정의 한 요건이라고 보아야 한다." (대법원 2011.1.27. 선고 2009두1051)

정답 ②

475 [회독] ☐☐☐　　　22년 지방 7급

공익사업을 위한 토지 등의 취득 및 보상에 관한 법령상 재결에 대한 설명으로 옳은 것은? (다툼이 있는 경우 판례에 의함)

① 관할 토지수용위원회가 사실을 오인하여 어떤 보상항목이 손실보상대상에 해당하지 않는다고 잘못된 내용의 재결을 한 경우, 피보상자가 이를 다투려면 그 재결에 대한 항고소송을 제기하여야 한다.

② 사업시행자가 토지소유자 등의 재결신청의 청구를 거부하는 경우, 토지소유자 등은 민사소송의 방법으로 그 절차 이행을 구할 수 있다.

③ 토지수용위원회의 수용재결이 있은 후에는 토지소유자 등과 사업시행자가 다시 협의하여 토지 등의 취득이나 사용 및 그에 대한 보상에 관하여 임의로 계약을 체결할 수 없다.

④ 토지소유자 등이 손실보상대상에 해당한다고 주장하며 보상을 요구하는데도 사업시행자가 손실보상대상에 해당하지 아니한다며 보상대상에서 이를 제외한 채 협의를 하지 않아 결국 협의가 성립하지 않은 경우, 토지소유자 등에게는 재결신청청구권이 인정된다.

475

해설　① (×) "어떤 보상항목이 공익사업을 위한 토지 등의 취득 및 보상에 관한 법령상 손실보상대상에 해당함에도 관할 토지수용위원회가 사실을 오인하거나 법리를 오해함으로써 손실보상대상에 해당하지 않는다고 잘못된 내용의 재결을 한 경우에는, 피보상자는 관할 토지수용위원회를 상대로 그 재결에 대한 취소소송을 제기할 것이 아니라, 사업시행자를 상대로 구 공익사업을 위한 토지 등의 취득 및 보상에 관한 법률 제85조 제2항에 따른 보상금증감소송을 제기하여야 한다." (대법원 2018.7.20. 선고 2015두4044)

② (×) "기업자가 토지소유자 등의 재결신청의 청구를 거부한다고 하여 이를 이유로 민사소송의 방법으로 그 절차 이행을 구할 수는 없다." (대법원 1997.11.14. 선고 97다13016) 재결신청 청구에도 불구하고 사업시행자가 재결신청을 거부하거나 하지 않고 있는 경우 토지소유자는 사업시행자를 상대로 거부처분 취소소송 또는 부작위 위법확인소송으로 다툴 수 있다.

③ (×) "수용재결이 있은 후에 사법상 계약의 실질을 가지는 협의취득 절차를 금지해야 할 별다른 필요성을 찾기 어려운 점 등을 종합해 보면, 토지수용위원회의 수용재결이 있은 후라고 하더라도 토지소유자 등과 사업시행자가 다시 협의하여 토지 등의 취득이나 사용 및 그에 대한 보상에 관하여 임의로 계약을 체결할 수 있다고 보아야 한다." (대법원 2017.4.13. 선고 2016두64241)

④ (○) "공익사업을 위한 토지 등의 취득 및 보상에 관한 법률(이하 '공익사업법'이라 한다) 제30조 제1항은 재결신청을 청구할 수 있는 경우를 사업시행자와 토지소유자 및 관계인 사이에 '협의가 성립하지 아니한 때'로 정하고 있을 뿐 손실보상대상에 관한 이견으로 협의가 성립하지 아니한 경우를 제외하는 등 그 사유를 제한하고 있지 않은 점, … 등에 비추어 볼 때, '협의가 성립되지 아니한 때'에는 사업시행자가 토지소유자 등과 공익사업법 제26조에서 정한 협의절차를 거쳤으나 보상액 등에 관하여 협의가 성립하지 아니한 경우는 물론 토지소유자 등이 손실보상대상에 해당한다고 주장하며 보상을 요구하는데도 사업시행자가 손실보상대상에 해당하지 아니한다며 보상대상에서 이를 제외한 채 협의를 하지 않아 결국 협의가 성립하지 않은 경우도 포함된다고 보아야 한다." (대법원 2011.7.14. 선고 2011두2309)

정답 ④

기출테마 **86**　수용재결에 대한 불복절차

476 [회독] ☐☐☐　　　　　　　　　　　　　　22년 국가 9급

다음 사례에 대한 설명으로 옳은 것은? (다툼이 있는 경우 판례에 의함)

> 건설회사 A는 택지개발사업을 위해 관련 법령에 따른 절차를 거쳐 甲 소유의 토지 등을 취득하고자 甲과 보상에 관한 협의를 하였으나 협의가 성립되지 않았다. 이에 관할 지방토지수용위원회에 재결을 신청하여 토지의 수용 및 보상금에 대한 수용재결을 받았다.

① 甲이 수용재결에 대하여 이의신청을 제기하면 사업의 진행 및 토지의 수용 또는 사용을 정지시키는 효력이 있다.

② 甲이 수용 자체를 다투는 경우 관할 지방토지수용위원회를 상대로 수용재결에 대하여 취소소송을 제기할 수 있다.

③ 甲은 보상금 증액을 위해 A를 상대로 손실보상을 구하는 민사소송을 제기할 수 있다.

④ 甲이 계속 거주하고 있는 건물과 토지의 인도를 거부할 경우 행정대집행의 대상이 될 수 있다.

476

[해설] ① (×) 공익사업을 위한 토지 등의 취득 및 보상에 관한 법률 제83조, 제88조

공익사업을 위한 토지 등의 취득 및 보상에 관한 법률	제83조(이의의 신청) ① 중앙토지수용위원회의 제34조에 따른 재결에 이의가 있는 자는 중앙토지수용위원회에 이의를 신청할 수 있다. 제88조(처분효력의 부정지) 제83조에 따른 이의의 신청이나 제85조에 따른 행정소송의 제기는 사업의 진행 및 토지의 수용 또는 사용을 정지시키지 아니한다.

② (○) "수용재결에 불복하여 취소소송을 제기하는 때에는 이의신청을 거친 경우에도 수용재결을 한 중앙토지수용위원회 또는 지방토지수용위원회를 피고로 하여 수용재결의 취소를 구하여야 한다." (대법원 2010.1.28. 선고 2008두1504)

③ (×) "토지수용법 제75조의2 제2항의 규정은 그 제1항에 의하여 이의재결에 대하여 불복하는 행정소송을 제기하는 경우, 이것이 보상금의 증감에 관한 소송인 때에는 이의재결에서 정한 보상금이 증액 변경될 것을 전제로 하여 기업자를 상대로 보상금의 지급을 구하는 공법상의 당사자소송을 규정한 것으로 볼 것이다." (대법원 1991.11.26. 선고 91누285)

④ (×) "피수용자 등이 기업자에 대하여 부담하는 수용대상 토지의 인도의무에 관한 구 토지수용법 제63조, 제64조, 제77조 규정에서의 '인도'에는 명도도 포함되는 것으로 보아야 하고, 이러한 명도의무는 그것을 강제적으로 실현하면서 직접적인 실력행사가 필요한 것이지 대체적 작위의무라고 볼 수 없으므로 특별한 사정이 없는 한 행정대집행법에 의한 대집행의 대상이 될 수 있는 것이 아니다." (대법원 2005.8.19. 선고 2004다2809)

정답 ②

477 [회독] □□□

24년 지방 9급

손실보상에 대한 설명으로 옳은 것만을 모두 고르면?

㉠ 공공필요에 의한 재산권의 수용·사용 또는 제한 및 그에 대한 보상은 법률로써 하되, 정당한 보상을 지급하여야 한다.

㉡ 「하천법」 부칙과 이에 따른 특별조치법이 하천구역으로 편입된 토지에 대하여 손실보상청구권을 규정하였다고 하더라도 당해 법률규정이 아니라 관리청의 보상금지급결정에 의하여 비로소 손실보상청구권이 발생한다.

㉢ 「공익사업을 위한 토지 등의 취득 및 보상에 관한 법률」상 보상금의 증감에 관한 소송인 경우 그 소송을 제기하는 자가 토지소유자 또는 관계인일 때에는 지방토지수용위원회 또는 중앙토지수용위원회를 피고로 한다.

㉣ 수용재결에 불복하여 취소소송을 제기하는 때에는 이의신청을 거친 경우에도 수용재결을 한 중앙토지수용위원회 또는 지방토지수용위원회를 피고로 하여 수용재결의 취소를 구하여야 하지만, 이의신청에 대한 재결 자체에 고유한 위법이 있는 경우에는 그 이의재결을 한 중앙토지수용위원회를 피고로 하여 이의재결의 취소를 구할 수 있다.

① ㉠, ㉡   ② ㉠, ㉣
③ ㉡, ㉢   ④ ㉡, ㉢, ㉣

477

해설 ㉠ (○) "공공필요에 의한 재산권의 수용·사용 또는 제한 및 그에 대한 보상은 법률로써 하되, 정당한 보상을 지급하여야 한다(헌법 제23조 제3항)." (대법원 2023.8.18. 선고 2022두34913)

㉡ (×) "하천법 부칙(1984. 12. 31.) 제2조와 '법률 제3782호 하천법 중 개정법률 부칙 제2조의 규정에 의한 보상청구권의 소멸시효가 만료된 하천구역 편입토지 보상에 관한 특별조치법' 제2조, 제6조의 각 규정들을 종합하면, 위 규정들에 의한 손실보상청구권은 1984. 12. 31. 전에 토지가 하천구역으로 된 경우에는 당연히 발생되는 것이지, 관리청의 보상금지급결정에 의하여 비로소 발생하는 것은 아니므로, 위 규정들에 의한 손실보상금의 지급을 구하거나 손실보상청구권의 확인을 구하는 소송은 행정소송법 제3조 제2호 소정의 당사자소송에 의하여야 한다." (대법원 2006.5.18. 선고 2004다6207 전원합의체)

㉢ (×) 공익사업을 위한 토지 등의 취득 및 보상에 관한 법률(토지보상법) 제85조 제2항

토지보상법	제85조(행정소송의 제기) ① 사업시행자, 토지소유자 또는 관계인은 제34조에 따른 재결에 불복할 때에는 재결서를 받은 날부터 90일 이내에, 이의신청을 거쳤을 때에는 이의신청에 대한 재결서를 받은 날부터 60일 이내에 각각 행정소송을 제기할 수 있다. 이 경우 사업시행자는 행정소송을 제기하기 전에 제84조에 따라 늘어난 보상금을 공탁하여야 하며, 보상금을 받을 자는 공탁된 보상금을 소송이 종결될 때까지 수령할 수 없다. ② 제1항에 따라 제기하려는 행정소송이 보상금의 증감(增減)에 관한 소송인 경우 그 소송을 제기하는 자가 토지소유자 또는 관계인일 때에는 사업시행자를, 사업시행자일 때에는 토지소유자 또는 관계인을 각각 피고로 한다.

㉣ (○) "수용재결에 불복하여 취소소송을 제기하는 때에는 이의신청을 거친 경우에도 수용재결을 한 중앙토지수용위원회 또는 지방토지수용위원회를 피고로 하여 수용재결의 취소를 구하여야 하고, 다만 이의신청에 대한 재결 자체에 고유한 위법이 있음을 이유로 하는 경우에는 그 이의재결을 한 중앙토지수용위원회를 피고로 하여 이의재결의 취소를 구할 수 있다고 보아야 한다." (대법원 2010.1.28. 선고 2008두1504)

정답 ②

478 [회독] □□□

「공익사업을 위한 토지 등의 취득 및 보상에 관한 법률」에 따른 토지 등의 취득 및 보상에 대한 내용으로 옳지 않은 것은?

① 사업시행자는 공익사업을 준비하기 위하여 타인이 점유하는 토지에 출입하여 측량하거나 조사할 수 있다.

② 공익사업에 필요한 토지등의 취득 또는 사용으로 인하여 토지소유자나 관계인이 입은 손실은 사업시행자가 보상하여야 한다.

③ 보상액을 산정할 경우에 해당 공익사업으로 인하여 토지등의 가격이 변동되었을 때에는 이를 고려하여야 한다.

④ 토지소유자가 제기하는 행정소송이 보상금의 증감에 관한 소송인 경우 사업시행자를 피고로 한다.

478

해설 ① (○) 공익사업을 위한 토지 등의 취득 및 보상에 관한 법률(토지보상법) 제9조 제1항

토지보상법	제9조(사업 준비를 위한 출입의 허가 등) ① 사업시행자는 공익사업을 준비하기 위하여 타인이 점유하는 토지에 출입하여 측량하거나 조사할 수 있다.

② (○) 공익사업을 위한 토지 등의 취득 및 보상에 관한 법률(토지보상법) 제61조

토지보상법	제61조(사업시행자 보상) 공익사업에 필요한 토지등의 취득 또는 사용으로 인하여 토지소유자나 관계인이 입은 손실은 사업시행자가 보상하여야 한다.

③ (×) 공익사업을 위한 토지 등의 취득 및 보상에 관한 법률(토지보상법) 제67조 제2항

토지보상법	제67조(보상액의 가격시점 등) ① 보상액의 산정은 협의에 의한 경우에는 협의 성립 당시의 가격을, 재결에 의한 경우에는 수용 또는 사용의 재결 당시의 가격을 기준으로 한다. ② 보상액을 산정할 경우에 해당 공익사업으로 인하여 토지등의 가격이 변동되었을 때에는 이를 고려하지 아니한다.

④ (○) 공익사업을 위한 토지 등의 취득 및 보상에 관한 법률(토지보상법) 제85조 제2항

토지보상법	제85조(행정소송의 제기) ② 제1항에 따라 제기하려는 행정소송이 보상금의 증감(增減)에 관한 소송인 경우 그 소송을 제기하는 자가 토지소유자 또는 관계인일 때에는 사업시행자를, 사업시행자일 때에는 토지소유자 또는 관계인을 각각 피고로 한다.

정답 ③

479 [회독] ☐☐☐

「공익사업을 위한 토지 등의 취득 및 보상에 관한 법률」상 손실보상에 대한 설명으로 옳지 않은 것은?

① 영업을 하기 위해 투자한 비용이나 그 영업을 통해 얻을 것으로 기대되는 이익에 대한 손실은 영업손실보상의 대상이 된다고 할 수 없다.

② 토지소유자가 손실보상금의 액수를 다투고자 하는 경우 토지수용위원회가 아니라 사업시행자를 상대로 보상금의 증액을 구하는 소송을 제기해야 한다.

③ 토지수용위원회의 재결에 대한 토지소유자의 행정소송 제기는 사업의 진행 및 토지의 수용 또는 사용을 정지시키지 아니한다.

④ 어떤 보상항목이 손실보상대상에 해당함에도 관할 토지수용위원회가 사실을 오인하거나 법리를 오해함으로써 손실보상대상에 해당하지 않는다고 잘못된 내용의 재결을 한 경우에는, 피보상자는 관할 토지수용위원회를 상대로 재결취소소송을 제기하여야 한다.

479

해설 ① (○) "구 토지수용법 제51조가 규정하고 있는 '영업상의 손실'이란 수용의 대상이 된 토지·건물 등을 이용하여 영업을 하다가 그 토지·건물 등이 수용됨으로 인하여 영업을 할 수 없거나 제한을 받게 됨으로 인하여 생기는 직접적인 손실을 말하는 것이므로 위 규정은 영업을 하기 위하여 투자한 비용이나 그 영업을 통하여 얻을 것으로 기대되는 이익에 대한 손실보상의 근거규정이 될 수 없고, 그 외 구 토지수용법이나 구 '공공용지의 취득 및 손실보상에 관한 특례법', 그 시행령 및 시행규칙 등 관계 법령에도 영업을 하기 위하여 투자한 비용이나 그 영업을 통하여 얻을 것으로 기대되는 이익에 대한 손실보상의 근거규정이나 그 보상의 기준과 방법 등에 관한 규정이 없으므로, 이러한 손실은 그 보상의 대상이 된다고 할 수 없다." (대법원 2006.1.27. 선고 2003두13106)

② (○) 공익사업을 위한 토지 등의 취득 및 보상에 관한 법률 제85조 제2항

토지보상법	제85조(행정소송의 제기) ① 사업시행자, 토지소유자 또는 관계인은 제34조에 따른 재결에 불복할 때에는 재결서를 받은 날부터 90일 이내에, 이의신청을 거쳤을 때에는 이의신청에 대한 재결서를 받은 날부터 60일 이내에 각각 행정소송을 제기할 수 있다. 이 경우 사업시행자는 행정소송을 제기하기 전에 제84조에 따라 늘어난 보상금을 공탁하여야 하며, 보상금을 받을 자는 공탁된 보상금을 소송이 종결될 때까지 수령할 수 없다. ② 제1항에 따라 제기하려는 행정소송이 보상금의 증감(增減)에 관한 소송인 경우 그 소송을 제기하는 자가 토지소유자 또는 관계인일 때에는 사업시행자를, 사업시행자일 때에는 토지소유자 또는 관계인을 각각 피고로 한다.

③ (○) 공익사업을 위한 토지 등의 취득 및 보상에 관한 법률 제88조

토지보상법	제88조(처분효력의 부정지) 제83조에 따른 이의의 신청이나 제85조에 따른 행정소송의 제기는 사업의 진행 및 토지의 수용 또는 사용을 정지시키지 아니한다.

토지보상법	제83조(이의의 신청) ① 중앙토지수용위원회의 제34조에 따른 재결에 이의가 있는 자는 중앙토지수용위원회에 이의를 신청할 수 있다. ② 지방토지수용위원회의 제34조에 따른 재결에 이의가 있는 자는 해당 지방토지수용위원회를 거쳐 중앙토지수용위원회에 이의를 신청할 수 있다. ③ 제1항 및 제2항에 따른 이의의 신청은 재결서의 정본을 받은 날부터 30일 이내에 하여야 한다.

④ (×) "어떤 보상항목이 공익사업을 위한 토지 등의 취득 및 보상에 관한 법령상 손실보상대상에 해당함에도 관할 토지수용위원회가 사실을 오인하거나 법리를 오해함으로써 손실보상대상에 해당하지 않는다고 잘못된 내용의 재결을 한 경우에는, 피보상자는 관할 토지수용위원회를 상대로 그 재결에 대한 취소소송을 제기할 것이 아니라, 사업시행자를 상대로 공익사업을 위한 토지 등의 취득 및 보상에 관한 법률 제85조 제2항에 따른 보상금증감소송을 제기하여야 한다." (대법원 2019.11.28. 선고 2018두227)

정답 ④

480 [회독] ☐☐☐

다음 사례에 대한 설명으로 옳은 것은? (다툼이 있는 경우 판례에 의함)

> 경기도 A군수는 개발촉진지구에서 시행되는 지역개발사업의 시행자로 B를 지정·고시하고 실시계획을 승인·고시하였다. B는 개발사업구역에 편입된 甲 소유 토지에 관하여 「공익사업을 위한 토지 등의 취득 및 보상에 관한 법률」에 따라 甲과 협의를 하였으나 협의가 이루어지지 아니하자 경기도 지방토지수용위원회에 위 토지에 대한 수용재결 신청을 하여 수용재결서 정본을 송달받았다.

① 甲은 수용재결에 불복할 때에는 그 재결서를 받은 날부터 60일 이내에, 이의신청을 거쳤을 때에는 이의신청에 대한 재결서를 받은 날부터 30일 이내에 각각 행정소송을 제기하여야 한다.

② 甲이 수용재결에 이의가 있을 경우 경기도 지방토지수용위원회를 거쳐 중앙토지수용위원회에 이의를 신청할 수 있다.

③ 甲이 수용재결에 대하여 중앙토지수용위원회의 이의재결을 거친 후 취소소송을 제기할 경우, 이의재결에 고유한 위법이 없는 경우에도 중앙토지수용위원회를 피고로 하여 수용재결의 취소를 구하여야 한다.

④ 甲이 보상금의 증액청구를 하고자 하는 경우에는 경기도 지방토지수용위원회를 피고로 하여 당사자소송을 제기하여야 한다.

480

해설 ①, ④ (×) 공익사업을 위한 토지 등의 취득 및 보상에 관한 법률 제85조

공익사업을 위한 토지 등의 취득 및 보상에 관한 법률	제85조(행정소송의 제기) ① 사업시행자, 토지소유자 또는 관계인은 제34조에 따른 재결에 불복할 때에는 재결서를 받은 날부터 90일 이내에, 이의신청을 거쳤을 때에는 이의신청에 대한 재결서를 받은 날부터 60일 이내에 각각 행정소송을 제기할 수 있다. 이 경우 사업시행자는 행정소송을 제기하기 전에 제84조에 따라 늘어난 보상금을 공탁하여야 하며, 보상금을 받을 자는 공탁된 보상금을 소송이 종결될 때까지 수령할 수 없다. ② 제1항에 따라 제기하려는 행정소송이 보상금의 증감(增減)에 관한 소송인 경우 그 소송을 제기하는 자가 토지소유자 또는 관계인일 때에는 사업시행자를, 사업시행자일 때에는 토지소유자 또는 관계인을 각각 피고로 한다.

② (○) 공익사업을 위한 토지 등의 취득 및 보상에 관한 법률 제83조 제2항

공익사업을 위한 토지 등의 취득 및 보상에 관한 법률	제83조(이의의 신청) ② 지방토지수용위원회의 제34조에 따른 재결에 이의가 있는 자는 해당 지방토지수용위원회를 거쳐 중앙토지수용위원회에 이의를 신청할 수 있다.

③ (×) "공익사업을 위한 토지 등의 취득 및 보상에 관한 법률 제85조 제1항 전문의 문언 내용과 같은 법 제83조, 제85조가 중앙토지수용위원회에 대한 이의신청을 임의적 절차로 규정하고 있는 점, 행정소송법 제19조 단서가 행정심판에 대한 재결은 재결 자체에 고유한 위법이 있음을 이유로 하는 경우에 한하여 취소소송의 대상으로 삼을 수 있도록 규정하고 있는 점 등을 종합하여 보면, 수용재결에 불복하여 취소소송을 제기하는 때에는 이의신청을 거친 경우에도 수용재결을 한 중앙토지수용위원회 또는 지방토지수용위원회를 피고로 하여 수용재결의 취소를 구하여야 하고, 다만 이의신청에 대한 재결 자체에 고유한 위법이 있음을 이유로 하는 경우에는 그 이의재결을 한 중앙토지수용위원회를 피고로 하여 이의재결의 취소를 구할 수 있다고 보아야 한다." (대법원 2010.1.28. 선고 2008두1504)

정답 ②

481 [회독] ☐☐☐ 23년 군무원 9급

행정상 손실보상에 대한 설명으로 옳지 않은 것은? (다툼이 있는 경우 판례에 의함)

① 잔여지 수용청구를 받아들이지 않은 토지수용위원회의 재결에 대하여 토지소유자가 불복하여 제기하는 소송은 보상금의 증액에 관한 소송에 해당하여 사업시행자를 피고로 하여야 한다.

② 수용재결에 불복하여 취소소송을 제기하는 때에는 이의신청을 거친 경우에도 수용재결을 한 중앙토지수용위원회 또는 지방토지수용위원회를 피고로 하여 수용재결의 취소를 구하여야 한다.

③ 「공익사업을 위한 토지 등의 취득 및 보상에 관한 법률」에 의한 보상금 증감에 관한 소송은 수용재결서를 받은 날부터 90일 이내에, 이의신청을 거쳤을 때에는 이의신청에 대한 재결서를 받은 날부터 60일 이내에 각각 행정소송을 제기할 수 있다.

④ 「공익사업을 위한 토지 등의 취득 및 보상에 관한 법률」에 의한 사업인정의 고시 절차를 누락한 것을 이유로 수용재결처분의 취소를 구할 수 있다.

481

해설 ① (○) "공익사업을 위한 토지 등의 취득 및 보상에 관한 법률(이하 '토지보상법'이라고 한다) 제72조의 문언, 연혁 및 취지 등에 비추어 보면, 위 규정이 정한 수용청구권은 토지보상법 제74조 제1항이 정한 잔여지 수용청구권과 같이 손실보상의 일환으로 토지소유자에게 부여되는 권리로서 그 청구에 의하여 수용효과가 생기는 형성권의 성질을 지니므로, 토지소유자의 토지수용청구를 받아들이지 아니한 토지수용위원회의 재결에 대하여 토지소유자가 불복하여 제기하는 소송은 토지보상법 제85조 제2항에 규정되어 있는 '보상금의 증감에 관한 소송'에 해당하고, 피고는 토지수용위원회가 아니라 사업시행자로 하여야 한다." (대법원 2015.4.9. 선고 2014두46669)

② (○) "수용재결에 불복하여 취소소송을 제기하는 때에는 이의신청을 거친 경우에도 수용재결을 한 중앙토지수용위원회 또는 지방토지수용위원회를 피고로 하여 수용재결의 취소를 구하여야 하고, 다만 이의신청에 대한 재결 자체에 고유한 위법이 있음을 이유로 하는 경우에는 그 이의재결을 한 중앙토지수용위원회를 피고로 하여 이의재결의 취소를 구할 수 있다고 보아야 한다." (대법원 2010.1.28. 선고 2008두1504)

③ (○) 보상금증감청구소송의 제소기간은 공익사업을 위한 토지 등의 취득 및 보상에 관한 법률 제85조 제1항의 항고소송과 제소기간이 동일하다.

공익사업을 위한 토지 등의 취득 및 보상에 관한 법률	제85조(행정소송의 제기) ① 사업시행자, 토지소유자 또는 관계인은 제34조에 따른 재결에 불복할 때에는 재결서를 받은 날부터 90일 이내에, 이의신청을 거쳤을 때에는 이의신청에 대한 재결서를 받은 날부터 60일 이내에 각각 행정소송을 제기할 수 있다.

④ (×) "구 토지수용법 제16조 제1항에서는 건설부장관이 사업인정을 하는 때에는 지체 없이 그 뜻을 기업자·토지소유자·관계인 및 관계 도지사에게 통보하고 기업자의 성명 또는 명칭, 사업의 종류, 기업지 및 수용 또는 사용할 토지의 세목을 관보에 공시하여야 한다고 규정하고 있는바, 가령 건설부장관이 위와 같은 절차를 누락한 경우 이는 절차상의 위법으로서 수용재결 단계 전의 사업인정 단계에서 다툴 수 있는 취소사유에 해당하기는 하나, 더 나아가 그 사업인정 자체를 무효로 할 중대하고 명백한 하자라고 보기는 어렵고, 따라서 이러한 위법을 들어 수용재결처분의 취소를 구하거나 무효확인을 구할 수는 없다." (대법원 2000.10.13. 선고 2000두5142)

정답 ④

482 [회독] ☐☐☐　　　　　　　　　　24년 소방직

행정상 손실보상에 관한 설명으로 옳은 것은? (다툼이 있는 경우 판례에 의함)

① 헌법재판소는 공시지가에 의한 보상을 하는 것은 합헌으로 보았으나, 개발이익을 배제하여 보상금액을 결정하는 것은 위헌이라고 결정하였다.

② 「공익사업을 위한 토지 등의 취득 및 보상에 관한 법률」에 따라 공익사업에 필요한 토지 등의 취득 또는 사용으로 인하여 토지소유자나 관계인이 입은 손실은 사업시행자가 보상하여야 한다. 이때 보상은 해당 공익사업을 위한 공사에 착수하기 이전에 이루어지며, 다른 특별한 규정이 없는 한 현금 지급을 원칙으로 한다.

③ 대법원은 국군보안사가 사인 소유의 방송사 주식을 강제로 국가에게 증여하게 한 사건에서 수용유사적 침해 이론에 근거해 손실보상을 인정한다고 판시하였다.

④ 대법원은 하천구역으로 편입된 토지에 대한 손실보상청구권과 관련하여 공법상의 법률관계를 대상으로 하는 당사자소송 절차에 의하지 않고 민사소송 절차에 따라야 한다고 판시하였다.

482

해설 ① (×) "이 사건 토지보상조항이 '부동산 가격공시 및 감정평가에 관한 법률'에 의한 공시지가를 기준으로 토지수용으로 인한 손실보상액을 산정하되, 개발이익을 배제하고 공시기준일부터 재결 시까지의 시점보정을 인근 토지의 가격변동률과 생산자물가상승률에 의하도록 한 것은 공시기준일의 표준지의 객관적 가치를 정당하게 반영하는 것이고 표준지의 선정과 시점보정의 방법이 적정하므로, 이 사건 토지보상조항은 헌법 제23조 제3항이 규정한 정당보상의 원칙에 위배되지 않는다." (헌법재판소 2013.12.26. 선고 2011헌바162)

② (○) 공익사업을 위한 토지 등의 취득 및 보상에 관한 법률 (토지보상법) 제61조 내지 제63조 제1항

토지보상법	제61조(사업시행자 보상) 공익사업에 필요한 토지등의 취득 또는 사용으로 인하여 토지소유자나 관계인이 입은 손실은 사업시행자가 보상하여야 한다.
	제62조(사전보상) 사업시행자는 해당 공익사업을 위한 공사에 착수하기 이전에 토지소유자와 관계인에게 보상액 전액(全額)을 지급하여야 한다. 다만, 제38조에 따른 천재지변 시의 토지 사용과 제39조에 따른 시급한 토지 사용의 경우 또는 토지소유자 및 관계인의 승낙이 있는 경우에는 그러하지 아니하다.
	제63조(현금보상 등) ① 손실보상은 다른 법률에 특별한 규정이 있는 경우를 제외하고는 현금으로 지급하여야 한다. 다만, 토지소유자가 원하는 경우로서 사업시행자가 해당 공익사업의 합리적인 토지이용계획과 사업계획 등을 고려하여 토지로 보상이 가능한 경우에는 토지소유자가 받을 보상금 중 본문에 따른 현금 또는 제7항 및 제8항에 따른 채권으로 보상받는 금액을 제외한 부분에 대하여 다음 각 호에서 정하는 기준과 절차에 따라 그 공익사업의 시행으로 조성한 토지로 보상할 수 있다.

③ (×) 대법원은 수용유사침해 이론에 관하여 언급한 적은 있지만(93다6409), 당해 사건은 수용유사침해 이론이 적용될 사안이 아니라고 보아 수용유사침해 이론을 받아들일 것인지에 대해서는 판단하지 않았다. "수용유사적 침해의 이론은 국가 기타 공권력의 주체가 위법하게 공권력을 행사하여 국민의 재산권을 침해하였고 그 효과가 실제에 있어서 수용과 다름없을 때에는 적법한 수용이 있는 것과 마찬가지로 국민이 그로 인한 손실의 보상을 청구할 수 있다는 것인데, 1980.6.말경의 비상계엄 당시 국군보안사령부 정보처장이 언론통폐합조치의 일환으로 사인 소유의 방송사 주식을 강압적으로 국가에 증여하게 한 것은 위 수용유사행위에 해당되지 않는다." (대법원 1993.10.26. 선고 93다6409)

④ (×) "하천법 부칙(1984.12.31.) 제2조와 '법률 제3782호 하천법 중 개정법률 부칙 제2조의 규정에 의한 보상청구권의 소멸시효가 만료된 하천구역 편입토지 보상에 관한 특별조치법' 제2조, 제6조의 각 규정들을 종합하면, 위 규정들에 의한 손실보상청구권은 1984. 12. 31. 전에 토지가 하천구역으로 된 경우에는 당연히 발생되는 것이지, 관리청의 보상금지급결정에 의하여 비로소 발생하는 것은 아니므로, 위 규정들에 의한 손실보상금의 지급을 구하거나 손실보상청구권의 확인을 구하는 소송은 행정소송법 제3조 제2호 소정의 당사자소송에 의하여야 한다." (대법원 2006.5.18. 선고 2004다6207 전원합의체)

정답 ②

기출테마 87 손실보상의 방법 및 원칙

기출테마 88 손실보상의 대상 : 사업시행지 내 손실

483 [회독] □□□
21년 국가 7급

재산권 보장과 손실보상에 대한 설명으로 옳은 것은? (다툼이 있는 경우 판례에 의함)

① 공용수용은 공공필요에 부합하여야 하므로, 수용 등의 주체를 국가 등의 공적 기관에 한정하여야 한다.

② 공익사업시행으로 인한 개발이익은 완전보상의 범위에 포함되는 피수용토지의 객관적 가치 내지 피수용자의 손실에 해당한다.

③ 구 「공유수면매립법」상 간척사업의 시행으로 인하여 관행어업권이 상실된 경우, 실질적이고 현실적인 피해가 발생한 경우에만 「공유수면매립법」에서 정하는 손실보상청구권이 발생한다.

④ 「공익사업을 위한 토지 등의 취득 및 보상에 관한 법률」에 따른 보상은 토지소유자나 관계인 개인별로 하는 것이 아니라 수용 또는 사용의 대상이 되는 물건별로 행해지는 것이다.

483

해설 ① (×) "헌법 제23조 제3항은 정당한 보상을 전제로 하여 재산권의 수용 등에 관한 가능성을 규정하고 있지만, 재산권 수용의 주체를 한정하지 않고 있다. 위 헌법조항의 핵심은 당해 수용이 공공필요에 부합하는가, 정당한 보상이 지급되고 있는가 여부 등에 있는 것이지, 그 수용의 주체가 국가인지 민간기업인지 여부에 달려 있다고 볼 수 없다. 또한 국가 등의 공적 기관이 직접 수용의 주체가 되는 것이든 그러한 공적 기관의 최종적인 허부판단과 승인결정하에 민간기업이 수용의 주체가 되는 것이든, 양자 사이에 공공필요에 대한 판단과 수용의 범위에 있어서 본질적인 차이를 가져올 것으로 보이지 않는다. 따라서 위 수용 등의 주체를 국가 등의 공적 기관에 한정하여 해석할 이유가 없다." (헌법재판소 2009.9.24. 선고 2007헌바114)

② (×) "헌법 제23조 제3항에서 규정한 "정당한 보상"이란 원칙적으로 피수용재산의 객관적인 재산가치를 완전하게 보상하여야 한다는 완전보상을 뜻하는 것이지만, 공익사업의 시행으로 인한 개발이익은 완전보상의 범위에 포함되는 피수용토지의 객관적 가치 내지 피수용자의 손실이라고는 볼 수 없다." (헌법재판소 1991.2.11. 선고 90헌바17,18)

③ (○) "손실보상은 공공필요에 의한 행정작용에 의하여 사인에게 발생한 특별한 희생에 대한 전보라는 점에서 그 사인에게 특별한 희생이 발생하여야 하는 것은 당연히 요구되는 것이고, 공유수면 매립면허의 고시가 있다고 하여 반드시 그 사업이 시행되고 그로 인하여 손실이 발생한다고 할 수 없으므로, 매립면허 고시 이후 매립공사가 실행되어 관행어업권자에게 실질적이고 현실적인 피해가 발생한 경우에만 공유수면매립법에서 정하는 손실보상청구권이 발생하였다고 할 것이다." (대법원 2010.12.9. 선고 2007두6571)

④ (×) 공익사업을 위한 토지 등의 취득 및 보상에 관한 법률 제64조

공익사업을 위한 토지 등의 취득 및 보상에 관한 법률	제64조(개인별 보상) 손실보상은 토지소유자나 관계인에게 개인별로 하여야 한다. 다만, 개인별로 보상액을 산정할 수 없을 때에는 그러하지 아니하다.

정답 ③

484 [회독] ☐☐☐

「공익사업을 위한 토지 등의 취득 및 보상에 관한 법률」의 내용으로 옳지 않은 것은?

① 사업시행자가 사업인정고시가 된 날부터 1년 이내에 재결신청을 하지 아니한 경우에는 사업인정고시가 된 날부터 1년이 되는 날의 다음 날에 사업인정은 그 효력을 상실한다.

② 재결에 계산상 또는 기재상의 잘못이 있는 것이 명백할 때에는 토지수용위원회는 직권으로 또는 당사자의 신청에 의하여 경정재결을 할 수 있다.

③ 보상액의 산정은 협의에 의한 경우에는 협의 성립 당시의 가격을, 재결에 의한 경우에는 수용 또는 사용의 재결 당시의 가격을 기준으로 한다.

④ 중앙토지수용위원회는 이의신청을 받은 경우 재결이 위법하다고 인정할 때에는 그 재결의 전부 또는 일부를 취소할 수 있고 보상액을 변경할 수는 없다.

484

해설 ① (○) 공익사업을 위한 토지 등의 취득 및 보상에 관한 법률(토지보상법) 제23조 제1항

토지보상법	제23조(사업인정의 실효) ① 사업시행자가 제22조제1항에 따른 사업인정의 고시(이하 "사업인정고시"라 한다)가 된 날부터 1년 이내에 제28조제1항에 따른 재결신청을 하지 아니한 경우에는 사업인정고시가 된 날부터 1년이 되는 날의 다음 날에 사업인정은 그 효력을 상실한다.

② (○) 공익사업을 위한 토지 등의 취득 및 보상에 관한 법률(토지보상법) 제36조 제1항

토지보상법	제36조(재결의 경정) ① 재결에 계산상 또는 기재상의 잘못이나 그 밖에 이와 비슷한 잘못이 있는 것이 명백할 때에는 토지수용위원회는 직권으로 또는 당사자의 신청에 의하여 경정재결(更正裁決)을 할 수 있다.

③ (○) 공익사업을 위한 토지 등의 취득 및 보상에 관한 법률(토지보상법) 제67조 제1항

토지보상법	제67조(보상액의 가격시점 등) ① 보상액의 산정은 협의에 의한 경우에는 협의 성립 당시의 가격을, 재결에 의한 경우에는 수용 또는 사용의 재결 당시의 가격을 기준으로 한다.

④ (×) 공익사업을 위한 토지 등의 취득 및 보상에 관한 법률(토지보상법) 제84조 제1항

토지보상법	제84조(이의신청에 대한 재결) ① 중앙토지수용위원회는 제83조에 따른 이의신청을 받은 경우 제34조에 따른 재결이 위법하거나 부당하다고 인정할 때에는 그 재결의 전부 또는 일부를 취소하거나 보상액을 변경할 수 있다.

정답 ④

485 [회독] ☐☐☐　　　　　　　　　　　23년 소방직

행정상 손실보상제도에 관한 설명으로 옳지 않은 것은? (다툼이 있는 경우 판례에 의함)

① 구 「소하천정비법」에 따라 소하천구역으로 편입된 토지의 소유자가 사용·수익에 대한 권리행사에 제한을 받아 손해를 입고 있는 경우, 손실보상을 청구할 수 있을 뿐만 아니라, 관리청의 제방부지에 대한 점유를 권원 없는 점유와 같이 보아 관리청을 상대로 손해배상이나 부당이득의 반환을 청구할 수 있다.

② 구 「전염병예방법」에 의한 피해보상제도가 수익적 행정처분의 형식을 취하고는 있지만, 구 「전염병예방법」의 취지와 입법 경위 등을 고려하면 그 실질은 피해자의 특별한 희생에 대한 보상에 가까우므로 그 인정 여부는 객관적으로 합리적인 재량권의 범위 내에서 타당하게 결정하여야 한다.

③ 제방부지 및 제외지가 유수지와 더불어 하천구역이 되어 국유로 되는 이상 그로 인하여 소유자가 입은 손실은 특별한 희생에 해당하고, 보상방법을 유수지에 대한 것과 달리할 아무런 합리적인 이유가 없으므로 소유자에게 손실을 보상하여야 한다.

④ 「국토의 계획 및 이용에 관한 법률」에서 규정하는 도시계획시설사업은 도로·철도·항만·공항·주차장 등 교통시설, 수도·전기·가스공급설비 등 공급시설과 같은 도시계획시설을 설치·정비 또는 개량하여 공공복리를 증진시키고 국민의 삶의 질을 향상시키는 것을 목적으로 하고 있으므로, 그 자체로 공공필요성의 요건이 충족된다.

485

[해설] ① (×) 법률규정에 의하여 발생한 손실이기 때문에, ㉠ 위법한 것으로 평가되지 않아 손해배상의 대상이 되지 않고, ㉡ 또 법률상의 원인이 있는 것이기 때문에 부당이득으로도 되지 않는다. "토지가 구 소하천정비법에 의하여 소하천구역으로 적법하게 편입된 경우 그로 인하여 그 토지의 소유자가 사용·수익에 관한 권리행사에 제한을 받아 손해를 입고 있다고 하더라도 구 소하천정비법 제24조에서 정한 절차에 따라 손실보상을 청구할 수 있음은 별론으로 하고, 관리청의 제방 부지에 대한 점유를 권원 없는 점유와 같이 보아 손해배상이나 부당이득의 반환을 청구할 수 없다." (대법원 2021.12.30. 선고 2018다284608)

② (○) 보건복지가족부장관의 예방접종으로 인한 질병, 장애 또는 사망의 인정에 따른 손실보상제도에 대한 지문이다. 위 인정행위는 수익적 행위이므로 재량행위이긴 하지만, 손실보상으로서의 성질이 있다는 것까지 감안하면, 재량의 범위가 다소 축소될 필요가 있다는 판시이다. "특정인에게 권리나 이익을 부여하는 이른바 수익적 행정처분은 법령에 특별한 규정이 없는 한 재량행위이고, 구 전염병예방법 제54조의2 제2항에 의하여 보건복지가족부장관에게 예방접종으로 인한 질병, 장애 또는 사망(이하 '장애 등'이라 한다)의 인정 권한을 부여한 것은, 예방접종과 장애 등 사이에 인과관계가 있는지를 판단하는 것은 고도의 전문적 의학 지식이나 기술이 필요한 점과 전국적으로 일관되고 통일적인 해석이 필요한 점을 감안한 것으로 역시 보건복지가족부장관의 재량에 속하는 것이므로, 인정에 관한 보건복지가족부장관의 결정은 가능한 한 존중되어야 한다. 다만 인정 여부의 결정이 재량권의 행사에 해당하더라도 재량권을 일탈하거나 남용해서는 안 되고, 특히 구 전염병예방법에 의한 피해보상제도가 수익적 행정처분의 형식을 취하고는 있지만, 구 전염병예방법의 취지와 입법 경위 등을 고려하면 실질은 피해자의 특별한 희생에 대한 보상에 가까우므로, 보건복지가족부장관은 위와 같은 사정 등을 두루 고려하여 객관적으로 합리적인 재량권의 범위 내에서 타당한 결정을 해야 하고, 그렇지 않을 경우 인정 여부의 결정은 주어진 재량권을 남용한 것으로서 위법하게 된다." (대법원 2014.5.16. 선고 2014두274)

③ (○) 이 판례를 이해하기 위해서는 제방부지 및 제외지와 유수지를 구분하여야 한다. 유수지에 대해서는 손실보상규정이 존재했는데, 제방부지나 제외지에 대해서는 손실보상 규정이 존재하지 않기 때문에 문제가 되었다. 대법원은 손실보상 여부에 있어 양자를 차별취급할 합리적 이유가 없기 때문에, 규정이 없다 하더라도 유수지에 대한 손실보상규정을 유추적용하여 제방부지나 제외지의 소유권을 상실하게 된 자에 대해서도 손실을 보상하여야 한다고 보았다. "법률 제2292호 하천법 개정법률 제2조 제1항 제2호 (나)목 및 (다)목, 제3조에 의하면, 제방부지 및 제외지는 법률 규정에 의하여 당연히 하천구역이 되어 국유로 되는데도, 하천편입토지 보상 등에 관한 특별조치법(이하 '특별조치법'이라 한다)은 법률 제2292호 하천법 개정법률 시행일(1971. 7. 20.)부터 법률 제3782호 하천법 중 개정법률의 시행일(1984. 12. 31.) 전에 국유로 된 제방부지 및 제외지에 대하여는 명시적인 보상규정을 두고 있지 않다. 그러나 제방부지 및 제외지가 유수지와 더불어 하천구역이 되어 국유로 되는 이상 그로 인하여 소유자가 입은 손실은 보상되어야 하고 보상방법을 유수지에 관한 것과 달리할 아무런 합리적인 이유가 없으므로, 법률 제2292호 하천법 개정법률 시행일부터 법률 제3782호 하천법 중 개정법률 시행일 전에 국유로 된 제방부지 및 제외지에 대하여도 특별조치법 제2조를 유추적용하여 소유자에게 손실을 보상하여야 한다고 보는 것이 타당하다." (대법원 2011.8.25. 선고 2011두2743)

④ (○) "도시계획시설사업은 도로·철도·항만·공항·주차장 등 교통시설, 수도·전기·가스공급설비 등 공급시설과 같은 도시계획시설을 설치·정비 또는 개량하여 공공복리를 증진시키고 국민의 삶의 질을 향상시키는 것을 목적으로 하고 있으므로, 도시계획시설사업은 그 자체로 공공필요성의 요건이 충족된다." (헌법재판소 2014.7.24. 선고 2012헌바294)

정답 ①

486 [회독] ☐☐☐　　21년 국가 7급

행정상 손실보상에 대한 설명으로 옳지 않은 것은? (다툼이 있는 경우 판례에 의함)

① 「하천법」 제50조에 따른 하천수 사용권은 「공익사업을 위한 토지 등의 취득 및 보상에 관한 법률」이 손실보상의 대상으로 규정하고 있는 '물의 사용에 관한 권리'에 해당한다.

② 국가지정문화재에 대하여 관리단체로 지정된 지방자치단체의 장은 「문화재보호법」 및 「공익사업을 위한 토지 등의 취득 및 보상에 관한 법률」에 따라 국가지정문화재나 그 보호구역에 있는 토지 등을 수용할 수 있다.

③ 「공익사업을 위한 토지 등의 취득 및 보상에 관한 법률」상 보상 대상이 되는 '기타 토지에 정착한 물건에 대한 소유권 그 밖의 권리를 가진 관계인'에는 수거·철거권 등 실질적 처분권을 가진 자도 포함된다.

④ 「공익사업을 위한 토지 등의 취득 및 보상에 관한 법률」상 보상금증액소송은 처분청인 토지수용위원회를 피고로 한다.

486

[해설] ① (○) "하천법 제50조에 의한 하천수 사용권은 하천법 제33조에 의한 하천의 점용허가에 따라 해당 하천을 점용할 수 있는 권리와 마찬가지로 특허에 의한 공물사용권의 일종으로서, 양도가 가능하고 이에 대한 민사집행법상의 집행 역시 가능한 독립된 재산적 가치가 있는 구체적인 권리라고 보아야 한다. 따라서 하천법 제50조에 의한 하천수 사용권은 공익사업을 위한 토지 등의 취득 및 보상에 관한 법률 제76조 제1항이 손실보상의 대상으로 규정하고 있는 '물의 사용에 관한 권리'에 해당한다." (대법원 2018.12.27. 선고 2014두11601)

② (○) 각론의 범위에 속하는 판례이다. "문화재보호법은 지방자치단체 또는 지방자치단체의 장에게 시·도지정문화재뿐 아니라 국가지정문화재에 대하여도 일정한 권한 또는 책무를 부여하고 있고, 문화재보호법에 해당 문화재의 지정권자만이 토지 등을 수용할 수 있다는 등의 제한을 두고 있지 않으므로, 국가지정문화재에 대하여 관리단체로 지정된 지방자치단체의 장은 문화재보호법 제83조 제1항 및 토지보상법에 따라 국가지정문화재나 그 보호구역에 있는 토지 등을 수용할 수 있다." (대법원 2019.2.28. 선고 2017두71031)

③ (○) "공익사업을 위한 토지 등의 취득 및 보상에 관한 법률상 보상 대상이 되는 '기타 토지에 정착한 물건에 대한 소유권 그 밖의 권리를 가진 관계인'에는 수거·철거권 등 실질적 처분권을 가진 자도 포함된다." (대법원 2019.4.11. 선고 2018다277419)

④ (×) 보상금증액소송은 처분청인 토지수용위원회를 피고로 하지 않고, 사업시행자를 피고로 하고 있다.

공익사업을 위한 토지 등의 취득 및 보상에 관한 법률	제85조(행정소송의 제기) ② 제1항에 따라 제기하려는 행정소송이 보상금의 증감(增減)에 관한 소송인 경우 그 소송을 제기하는 자가 토지소유자 또는 관계인일 때에는 사업시행자를, 사업시행일 때에는 토지소유자 또는 관계인을 각각 피고로 한다.

정답 ④

487 [회독] ☐☐☐

공익사업을 위한 토지 등의 취득 및 보상에 관한 법률에 대한 설명으로 옳지 않은 것은?

① 구 「하천법」에 의한 하천수 사용권은 「공익사업을 위한 토지 등의 취득 및 보상에 관한 법률」이 손실보상의 대상으로 규정하고 있는 '물의 사용에 관한 권리'에 해당한다.

② 토지수용위원회의 재결에 대한 토지소유자의 행정소송 제기는 사업의 진행 및 토지의 수용 또는 사용을 정지시키지 아니한다.

③ 사업인정은 공익사업의 시행자에게 그 후 일정한 절차를 거칠 것을 조건으로 일정한 내용의 수용권을 설정하여 주는 형성행위이다.

④ 어떤 보상항목이 공익사업을 위한 토지 등의 취득 및 보상에 관한 법령상 손실보상대상에 해당함에도 관할 토지수용위원회가 사실을 오인하거나 법리를 오해함으로써 손실보상대상에 해당하지 않는다고 잘못된 내용의 재결을 한 경우에는, 피보상자는 관할 토지수용위원회를 상대로 재결취소소송을 제기하여야 한다.

487

해설 ① (○) "하천법 제50조에 의한 하천수 사용권은 하천법 제33조에 의한 하천의 점용허가에 따라 해당 하천을 점용할 수 있는 권리와 마찬가지로 특허에 의한 공물사용권의 일종으로서, 양도가 가능하고 이에 대한 민사집행법상의 집행 역시 가능한 독립된 재산적 가치가 있는 구체적인 권리라고 보아야 한다. 따라서 하천법 제50조에 의한 하천수 사용권은 공익사업을 위한 토지 등의 취득 및 보상에 관한 법률 제76조 제1항이 손실보상의 대상으로 규정하고 있는 '물의 사용에 관한 권리'에 해당한다." (대법원 2018.12.27. 선고 2014두11601)

② (○) 공익사업을 위한 토지 등의 취득 및 보상에 관한 법률 제88조

공익사업을 위한 토지 등의 취득 및 보상에 관한 법률	제85조(행정소송의 제기) ① 사업시행자, 토지소유자 또는 관계인은 제34조에 따른 재결에 불복할 때에는 재결서를 받은 날부터 90일 이내에, 이의신청을 거쳤을 때에는 이의신청에 대한 재결서를 받은 날부터 60일 이내에 각각 행정소송을 제기할 수 있다. 이 경우 사업시행자는 행정소송을 제기하기 전에 제84조에 따라 늘어난 보상금을 공탁하여야 하며, 보상금을 받을 자는 공탁된 보상금을 소송이 종결될 때까지 수령할 수 없다.
공익사업을 위한 토지 등의 취득 및 보상에 관한 법률	제88조(처분효력의 부정지) 제83조에 따른 이의의 신청이나 제85조에 따른 행정소송의 제기는 사업의 진행 및 토지의 수용 또는 사용을 정지시키지 아니한다.

③ (○) "사업인정이란 공익사업을 토지 등을 수용 또는 사용할 사업으로 결정하는 것으로서 공익사업의 시행자에게 그 후 일정한 절차를 거칠 것을 조건으로 일정한 내용의 수용권을 설정하여 주는 형성행위이다." (대법원 2019.2.28. 선고 2017두71031)

④ (✕) "어떤 보상항목이 공익사업을 위한 토지 등의 취득 및 보상에 관한 법령상 손실보상대상에 해당함에도 관할 토지수용위원회가 사실을 오인하거나 법리를 오해함으로써 손실보상대상에 해당하지 않는다고 잘못된 내용의 재결을 한 경우에는, 피보상자는 관할 토지수용위원회를 상대로 그 재결에 대한 취소소송을 제기할 것이 아니라, 사업시행자를 상대로 공익사업을 위한 토지 등의 취득 및 보상에 관한 법률 제85조 제2항에 따른 보상금증감소송을 제기하여야 한다." (대법원 2019.11.28. 선고 2018두227)

정답 ④

488 [회독] □□□　　　　

손실보상에 대한 설명으로 옳은 것은?

① 「공익사업을 위한 토지 등의 취득 및 보상에 관한 법률」 상 사업시행자와 토지소유자 사이의 협의취득에 대한 분쟁은 민사소송으로 다투어야 한다.

② 「공익사업을 위한 토지 등의 취득 및 보상에 관한 법률」 에 따라 사업인정고시가 된 후 토지의 사용으로 인하여 토지의 형질이 변경되는 경우에 토지소유자는 중앙토지 수용위원회에 그 토지의 매수청구권을 행사할 수 있다.

③ 헌법재판소는 「개발제한구역의 지정 및 관리에 관한 특별조치법」 제11조제1항 등에 대한 위헌소원사건에서 토지의 효용이 감소한 토지소유자에게 토지매수청구권을 인정하는 등 보상규정을 두었지만 적절한 손실보상에 해당하지 않는다고 위헌결정을 하였다.

④ 사업시행자는 동일한 사업지역에 보상시기를 달리하는 동일인 소유의 토지등이 여러 개가 있는 경우 토지등의 소유자가 일괄보상을 요구하더라도 「공익사업을 위한 토지 등의 취득 및 보상에 관한 법률」에 따라 단계적으로 보상금을 지급하여야 한다.

488

해설 ① (○) "도시계획사업의 시행자가 그 사업에 필요한 토지를 협의취득하는 행위는 사경제주체로서 행하는 사법상의 법률행위에 지나지 않으며 공권력의 주체로서 우월한 지위에서 행하는 공법상의 행정처분이 아니므로 행정소송의 대상이 되지 않는다." (대법원 1992.10.27. 선고 91누3871)

② (×) 매수청구는 토지수용위원회가 아니라 사업시행자를 상대로 하는 것이다. 토지수용위원회에 하는 것은 수용청구이다.

토지보상법	제72조(사용하는 토지의 매수청구 등) 사업인정고시가 된 후 다음 각 호의 어느 하나에 해당할 때에는 해당 토지소유자는 사업시행자에게 해당 토지의 매수를 청구하거나 관할 토지수용위원회에 그 토지의 수용을 청구할 수 있다. 이 경우 관계인은 사업시행자나 관할 토지수용위원회에 그 권리의 존속(存續)을 청구할 수 있다. 1. 토지를 사용하는 기간이 3년 이상인 경우 2. 토지의 사용으로 인하여 토지의 형질이 변경되는 경우 3. 사용하려는 토지에 그 토지소유자의 건축물이 있는 경우

③ (×) "개발제한구역의 지정으로 그 효용이 현저히 감소한 토지 또는 당해 토지의 사용 및 수익이 사실상 불가능한 토지의 소유자에게 토지매수청구권을 인정하고 있는 점 등을 종합할 때, 이 사건 법률조항은 비례의 원칙에 위반하여 당해 토지 소유자의 재산권을 침해하지 않는다." (헌법재판소 2007.8.30. 선고 2006헌바9)

개발제한구역의 지정 및 관리에 관한 특별조치법	제17조(토지매수의 청구) ① 개발제한구역의 지정에 따라 개발제한구역의 토지를 종래의 용도로 사용할 수 없어 그 효용이 현저히 감소된 토지나 그 토지의 사용 및 수익이 사실상 불가능하게 된 토지(이하 "매수대상토지"라 한다)의 소유자로서 다음 각 호의 어느 하나에 해당하는 자는 국토교통부장관에게 그 토지의 매수를 청구할 수 있다. 1. 개발제한구역으로 지정될 당시부터 계속하여 해당 토지를 소유한 자 2. 토지의 사용·수익이 사실상 불가능하게 되기 전에 해당 토지를 취득하여 계속 소유한 자 3. 제1호나 제2호에 해당하는 자로부터 해당 토지를 상속받아 계속하여 소유한 자 ② 국토교통부장관은 제1항에 따라 매수청구를 받은 토지가 제3항에 따른 기준에 해당되면 그 토지를 매수하여야 한다.

④ (×) 사업시행자는 동일한 사업지역에 보상시기를 달리하는 여러 개의 토지를 소유하는 자가 일괄 보상을 요구하면 한꺼번에 보상금을 지급하도록 하여야 한다(토지보상법 제65조).

토지보상법	제65조(일괄보상) 사업시행자는 동일한 사업지역에 보상시기를 달리하는 동일인 소유의 토지등이 여러 개 있는 경우 토지소유자나 관계인이 요구할 때에는 한꺼번에 보상금을 지급하도록 하여야 한다.

정답 ①

489 [회독] □□□

행정상의 손실보상에 관한 설명으로 옳지 않은 것은? (다툼이 있는 경우 판례에 의함)

① 헌법은 재산권 수용의 주체를 국가 등 공적기관으로 한정한 바 없으므로 민간기업도 수용의 주체가 될 수 있다.

② 구 「약사법」상 약사에게 인정된 한약조제권은 재산가치 있는 구체적 권리이므로 헌법 제23조 제1항 및 제13조 제2항에 의하여 보호되는 재산권의 보장대상이다.

③ 「공익사업을 위한 토지 등의 취득 및 보상에 관한 법률」에 따르면 농업의 손실에 대하여는 농지소유자가 해당 지역에 거주하는 농민인 경우가 아니라면 농지의 단위면적당 소득 등을 고려하여 실제 경작자에게 보상하여야 한다.

④ 헌법 제23조 제3항이 규정하는 "정당한 보상"이란 원칙적으로 피수용재산의 객관적인 재산가치를 완전하게 보상하는 것이어야 한다는 완전보상을 뜻하는 것으로서 보상금액뿐만 아니라 보상의 시기나 방법 등에 있어서도 어떠한 제한을 두어서는 아니 된다는 것을 의미한다.

489

[해설] ① (○) 재산권 수용의 주체는 국가 등의 공적 기관뿐만 아니라 민간기업도 될 수 있다. "헌법 제23조 제3항은 정당한 보상을 전제로 하여 재산권의 수용 등에 관한 가능성을 규정하고 있지만, 재산권 수용의 주체를 한정하지 않고 있다. 위 헌법조항의 핵심은 당해 수용이 공공필요에 부합하는가, 정당한 보상이 지급되고 있는가 여부 등에 있는 것이지, 그 수용의 주체가 국가인지 민간기업인지 여부에 달려 있다고 볼 수 없다. 또한 국가 등의 공적 기관이 직접 수용의 주체가 되는 것이든 그러한 공적 기관의 최종적인 허부판단과 승인결정하에 민간기업이 수용의 주체가 되는 것이든, 양자 사이에 공공필요에 대한 판단과 수용의 범위에 있어서 본질적인 차이를 가져올 것으로 보이지 않는다. 따라서 위 수용 등의 주체를 국가 등의 공적 기관에 한정하여 해석할 이유가 없다." (헌법재판소 2009.9.24. 선고 2007헌바14)

② (×) 헌법학의 내용이다. "약사는 단순히 의약품의 판매뿐만 아니라 의약품의 분석, 관리 등의 업무를 다루며, 약사면허 그 자체는 양도·양수할 수 없고 상속의 대상도 되지 아니하며, 또한 약사의 한약조제권이란 그것이 타인에 의하여 침해되었을 때 방해를 배제하거나 원상회복 내지 손해배상을 청구할 수 있는 권리가 아니라 법률에 의하여 약사의 지위에서 인정되는 하나의 권능에 불과하고, 더욱이 의약품을 판매하여 얻게 되는 이익 역시 장래의 불확실한 기대리익에 불과한 것이므로, 구 약사법상 약사에게 인정된 한약조제권은 위 헌법조항들이 말하는 재산권의 범위에 속하지 아니한다." (헌법재판소 1997.11.27. 선고 97헌바10)

③ (○) 공익사업을 위한 토지 등의 취득 및 보상에 관한 법률 (토지보상법) 제77조 제2항

토지보상법	제77조(영업의 손실 등에 대한 보상) ② 농업의 손실에 대하여는 농지의 단위면적당 소득 등을 고려하여 실제 경작자에게 보상하여야 한다. 다만, 농지소유자가 해당 지역에 거주하는 농민인 경우에는 농지소유자와 실제 경작자가 협의하는 바에 따라 보상할 수 있다.

④ (○) "공공필요에 의한 재산권의 공권력적·강제적 박탈을 의미하는 공용수용은 헌법 제23조 제3항에 명시된 대로 국민의 재산권을 그 의사에 반하여 강제적으로라도 취득하여야 할 공익적 필요성이 있을 것, 수용과 그에 대한 보상은 모두 법률에 의거할 것, 그리고 정당한 보상을 지급할 것의 요건을 갖추어야 한다. 여기서 정당한 보상이란 "원칙적으로 피수용재산의 객관적인 재산가치를 완전하게 보상하는 것이어야 한다는 완전보상을 의미하는 것으로서 그 보상금액뿐만 아니라 보상의 시기·방법 및 절차까지도 정당하여야 한다는 것"을 의미한다." (헌법재판소 2011.10.25. 선고 2009헌바281)

정답 ②

기출테마 89   손실보상의 대상 : 잔여지

490   [회독] □□□   19년 지방 9급

손실보상에 대한 설명으로 옳은 것은? (다툼이 있는 경우 판례에 의함)

① 「공익사업을 위한 토지 등의 취득 및 보상에 관한 법률」에 의한 잔여지 수용청구를 받아들이지 않은 토지수용위원회의 재결에 대하여 토지소유자가 불복하여 제기하는 소송은 항고소송에 해당한다.

② 「공익사업을 위한 토지 등의 취득 및 보상에 관한 법률」에 따른 사업폐지 등에 대한 보상청구권은 사법상 권리로서 그에 관한 소송은 민사소송절차에 의하여야 한다.

③ 「공익사업을 위한 토지 등의 취득 및 보상에 관한 법률」에 의한 보상합의는 공공기관이 사경제주체로서 행하는 사법상 계약의 실질을 가진다.

④ 공유수면매립면허의 고시가 있는 경우 그 사업이 시행되고 그로 인하여 직접 손실이 발생한다고 할 수 있으므로, 관행어업권자는 공유수면매립면허의 고시를 이유로 손실보상을 청구할 수 있다.

490

해설 ① (×) "구 '공익사업을 위한 토지 등의 취득 및 보상에 관한 법률' 제74조 제1항에 규정되어 있는 잔여지 수용청구권은 손실보상의 일환으로 토지소유자에게 부여되는 권리로서 그 요건을 구비한 때에는 잔여지를 수용하는 토지수용위원회의 재결이 없더라도 그 청구에 의하여 수용의 효과가 발생하는 형성권적 성질을 가지므로, 잔여지 수용청구를 받아들이지 않은 토지수용위원회의 재결에 대하여 토지소유자가 불복하여 제기하는 소송은 위 법 제85조 제2항에 규정되어 있는 '보상금의 증감에 관한 소송'에 해당하여 사업시행자를 피고로 하여야 한다." (대법원 2010.8.19. 선고 2008두822)

② (×) "구 공익사업을 위한 토지 등의 취득 및 보상에 관한 법률 제79조 제2항, 공익사업을 위한 토지 등의 취득 및 보상에 관한 법률 시행규칙 제57조에 따른 사업폐지 등에 대한 보상청구권은 공익사업의 시행 등 적법한 공권력의 행사에 의한 재산상 특별한 희생에 대하여 전체적인 공평부담의 견지에서 공익사업의 주체가 손해를 보상하여 주는 손실보상의 일종으로 공법상 권리임이 분명하므로 그에 관한 쟁송은 민사소송이 아닌 행정소송절차에 의하여야 한다." (대법원 2012.10.11. 선고 2010다23210)

③ (○) "공익사업을 위한 토지 등의 취득 및 보상에 관한 법률(이하 '공익사업법'이라고 한다)에 의한 보상합의는 공공기관이 사경제주체로서 행하는 사법상 계약의 실질을 가지는 것으로서, 당사자 간의 합의로 같은 법 소정의 손실보상의 기준에 의하지 아니한 손실보상금을 정할 수 있으며, 이와 같이 같은 법이 정하는 기준에 따르지 아니하고 손실보상액에 관한 합의를 하였다고 하더라도 그 합의가 착오 등을 이유로 적법하게 취소되지 않는 한 유효하다." (대법원 2013.8.22. 선고 2012다3517)

④ (×) "손실보상은 공공필요에 의한 행정작용에 의하여 사인에게 발생한 특별한 희생에 대한 전보라는 점에서 그 사인에게 특별한 희생이 발생하여야 하는 것은 당연히 요구되는 것이고, 공유수면 매립면허의 고시가 있다고 하여 반드시 그 사업이 시행되고 그로 인하여 손실이 발생한다고 할 수 없으므로, 매립면허 고시 이후 매립공사가 실행되어 관행어업권자에게 실질적이고 현실적인 피해가 발생한 경우에만 공유수면매립법에서 정하는 손실보상청구권이 발생하였다고 할 것이다." (대법원 2010.12.9. 선고 2007두6571)

정답 ③

491 [회독] □□□　　　19년 지방 7급

「공익사업을 위한 토지 등의 취득 및 보상에 관한 법률」상 잔여지 수용청구 및 손실보상에 대한 설명으로 옳은 것은? (다툼이 있는 경우 판례에 의함)

① 동일한 토지소유자에 속하는 일단의 토지의 일부가 취득됨으로써 잔여지의 가격이 감소한 때에는 잔여지를 종래의 목적으로 사용하는 것이 가능한 경우라도 그 잔여지는 손실보상의 대상이 된다.

② 토지소유자가 잔여지 수용청구에 대한 재결절차를 거친 경우에는 곧바로 사업시행자를 상대로 잔여지 가격감소 등으로 인한 손실보상을 청구할 수 있다.

③ 잔여지 수용청구는 당해 공익사업의 공사완료일까지 해야 하지만, 토지소유자가 그 기간 내에 잔여지 수용청구권을 행사하지 않았더라도 그 권리가 소멸하는 것은 아니다.

④ 토지소유자가 사업시행자에게 잔여지 매수청구의 의사표시를 하였다면, 그 의사표시는 특별한 사정이 없는 한 관할 토지수용위원회에 한 잔여지 수용청구의 의사표시로 볼 수 있다.

491

해설 ① (○) "사업시행자가 동일한 토지소유자에 속하는 일단의 토지 일부를 취득함으로 인하여 잔여지의 가격이 감소하거나 그 밖의 손실이 있을 때 등에는 잔여지를 종래의 목적으로 사용하는 것이 가능한 경우라도 잔여지 손실보상의 대상이 되며, 잔여지를 종래의 목적에 사용하는 것이 불가능하거나 현저히 곤란한 경우이어야만 잔여지 손실보상청구를 할 수 있는 것이 아니다." (대법원 2018.7.20. 선고 2015두4044)

② (×) "토지소유자가 사업시행자로부터 공익사업법 제73조에 따른 잔여지 가격감소 등으로 인한 손실보상을 받기 위해서는 공익사업법 제34조, 제50조 등에 규정된 재결절차를 거친 다음 그 재결에 대하여 불복이 있는 때에 비로소 공익사업법 제83조 내지 제85조에 따라 권리구제를 받을 수 있을 뿐, 이러한 재결절차를 거치지 않은 채 곧바로 사업시행자를 상대로 손실보상을 청구하는 것은 허용되지 않는다고 봄이 상당하다." (대법원 2008.7.10. 선고 2006두19495)

③ (×) "잔여지 수용청구는 사업시행자와 사이에 매수에 관한 협의가 성립되지 아니한 경우 일단의 토지의 일부에 대한 관할 토지수용위원회의 수용재결이 있기 전까지(현행법은 사업완료일까지로 규정되어 있으나, 판결 당시에는 수용재결 전까지로 규정되어 있었음) 관할 토지수용위원회에 하여야 하고, 잔여지 수용청구권의 행사기간은 제척기간으로서, 토지소유자가 그 행사기간 내에 잔여지 수용청구권을 행사하지 아니하면 그 권리가 소멸한다." (대법원 2010.8.19. 선고 2008두822)

④ (×) "잔여지 수용청구의 의사표시는 관할 토지수용위원회에 하여야 하는 것으로서, 관할 토지수용위원회가 사업시행자에게 잔여지 수용청구의 의사표시를 수령할 권한을 부여하였다고 인정할 만한 사정이 없는 한, 사업시행자에게 한 잔여지 매수청구의 의사표시를 관할 토지수용위원회에 한 잔여지 수용청구의 의사표시로 볼 수는 없다." (대법원 2010.8.19. 선고 2008두822)

정답 ①

492 [회독] ☐☐☐   23년 지방 7급

「공익사업을 위한 토지 등의 취득 및 보상에 관한 법률」(이하 '토지보상법'이라 함)상 행정상 손실보상에 대한 설명으로 옳지 않은 것은?

① 사업시행자, 토지소유자 또는 관계인은 토지수용위원회의 재결에 불복할 때에는 재결서를 받은 날부터 90일 이내에, 이의신청을 거쳤을 때에는 이의신청에 대한 재결서를 받은 날부터 60일 이내에 각각 행정소송을 제기할 수 있으며, 이 경우 행정소송의 제기는 사업의 진행 및 토지의 수용 또는 사용을 정지시키지 아니한다.

② 동일한 소유자에게 속하는 일단의 토지의 일부가 협의에 의하여 매수되거나 수용됨으로 인하여 잔여지를 종래의 목적에 사용하는 것이 현저히 곤란할 때에는 해당 토지소유자는 사업시행자에게 잔여지를 매수하여 줄 것을 청구할 수 있으며, 사업인정 이후에는 관할 토지수용위원회에 수용을 청구할 수 있고, 이 경우 수용의 청구는 매수에 관한 협의가 성립되지 아니한 경우에만 할 수 있으며 사업완료일까지 하여야 한다.

③ 토지보상법에 의한 보상금증감청구소송은 보상금의 증액 또는 감액 청구에 관한 소송이므로 잔여지 수용청구를 거절한 재결에 불복하는 소송은 '보상금의 증감에 관한 소송'에 해당되지 아니한다.

④ 하나의 재결에서 피보상자별로 여러 가지의 토지, 물건, 권리 뚜는 영업의 손실에 관하여 심리·판단이 이루어졌을 때, 피보상자 또는 사업시행자가 여러 보상항목들 중 일부에 관해서만 불복하는 경우 반드시 재결 전부에 관하여 불복하여야 하는 것은 아니다.

492

[해설] ① (○) 공익사업을 위한 토지 등의 취득 및 보상에 관한 법률(토지보상법) 제85조 제1항, 제88조

토지보상법	제85조(행정소송의 제기) ① 사업시행자, 토지소유자 또는 관계인은 제34조에 따른 재결에 불복할 때에는 재결서를 받은 날부터 90일 이내에, 이의신청을 거쳤을 때에는 이의신청에 대한 재결서를 받은 날부터 60일 이내에 각각 행정소송을 제기할 수 있다. 이 경우 사업시행자는 행정소송을 제기하기 전에 제84조에 따라 늘어난 보상금을 공탁하여야 하며, 보상금을 받을 자는 공탁된 보상금을 소송이 종결될 때까지 수령할 수 없다.
	제88조(처분효력의 부정지) 제83조에 따른 이의의 신청이나 제85조에 따른 행정소송의 제기는 사업의 진행 및 토지의 수용 또는 사용을 정지시키지 아니한다.

② (○) 공익사업을 위한 토지 등의 취득 및 보상에 관한 법률(토지보상법) 제74조 제1항

토지보상법	제74조(잔여지 등의 매수 및 수용 청구) ① 동일한 소유자에게 속하는 일단의 토지의 일부가 협의에 의하여 매수되거나 수용됨으로 인하여 잔여지를 종래의 목적에 사용하는 것이 현저히 곤란할 때에는 해당 토지소유자는 사업시행자에게 잔여지를 매수하여 줄 것을 청구할 수 있으며, 사업인정 이후에는 관할 토지수용위원회에 수용을 청구할 수 있다. 이 경우 수용의 청구는 매수에 관한 협의가 성립되지 아니한 경우에만 할 수 있으며, 사업완료일까지 하여야 한다.

③ (×) "구 '공익사업을 위한 토지 등의 취득 및 보상에 관한 법률' 제74조 제1항에 규정되어 있는 잔여지 수용청구권은 손실보상의 일환으로 토지소유자에게 부여되는 권리로서 그 요건을 구비한 때에는 잔여지를 수용하는 토지수용위원회의 재결이 없더라도 그 청구에 의하여 수용의 효과가 발생하는 형성권적 성질을 가지므로, 잔여지 수용청구를 받아들이지 않은 토지수용위원회의 재결에 대하여 토지소유자가 불복하여 제기하는 소송은 위 법 제85조 제2항에 규정되어 있는 '보상금의 증감에 관한 소송'에 해당하여 사업시행자를 피고로 하여야 한다." (대법원 2010.8.19. 선고 2008두822)

④ (○) "하나의 재결에서 피보상자별로 여러 가지의 토지, 물건, 권리 또는 영업(이처럼 손실보상 대상에 해당하는지, 나아가 그 보상금액이 얼마인지를 심리·판단하는 기초 단위를 이하 '보상항목'이라고 한다)의 손실에 관하여 심리·판단이 이루어졌을 때, 피보상자 또는 사업시행자가 반드시 재결 전부에 관하여 불복하여야 하는 것은 아니며, 여러 보상항목들 중 일부에 관해서만 불복하는 경우에는 그 부분에 관해서만 개별적으로 불복의 사유를 주장하여 행정소송을 제기할 수 있다." (대법원 2018.5.15. 선고 2017두41221)

정답 ③

493 [회독] ☐☐☐　　　　　20년 국가 7급

「공익사업을 위한 토지 등의 취득 및 보상에 관한 법률」상 손실보상에 대한 설명으로 옳지 않은 것은? (다툼이 있는 경우 판례에 의함)

① 잔여지 수용청구권은 그 요건을 구비한 때에는 잔여지를 수용하는 토지수용위원회의 재결이 없더라도 그 청구에 의하여 수용의 효과가 발생하는 형성권적 성질을 가진다.

② 공익사업에 영업시설 일부가 편입됨으로 인하여 잔여 영업시설에 손실을 입은 자는 재결절차를 거치지 않은 채 곧바로 사업시행자를 상대로 잔여 영업시설의 손실에 대한 보상을 청구할 수 있다.

③ 국가 등의 공적 기관이 직접 수용의 주체가 되는 것이든 그러한 공적 기관의 최종적인 허부판단과 승인결정하에 민간기업이 수용의 주체가 되는 것이든, 양자 사이에 공공필요에 대한 판단과 수용의 범위에 있어서 본질적인 차이가 있는 것은 아니다.

④ 손실보상금 산정을 위한 감정평가 중 어느 한 가지 점이라도 위법사유가 있으면 그것으로써 감정평가결과는 위법하게 되나, 법원은 그 감정내용 중 위법하지 않은 부분을 추출하여 판결에서 참작할 수 있다.

493

[해설] ① (○) "잔여지 수용청구권은 손실보상의 일환으로 토지소유자에게 부여되는 권리로서 그 요건을 구비한 때에는 잔여지를 수용하는 토지수용위원회의 재결이 없더라도 그 청구에 의하여 수용의 효과가 발생하는 형성권적 성질을 가진다." (대법원 2010.8.19. 선고 2008두822)

② (×) "구 공익사업을 위한 토지 등의 취득 및 보상에 관한 법률의 규정 내용과 입법 취지 등을 종합하면, 공익사업에 영업시설 일부가 편입됨으로 인하여 잔여 영업시설에 손실을 입은 자가 사업시행자로부터 잔여 영업시설의 손실에 대한 보상을 받기 위해서는, 토지보상법에 규정된 재결절차를 거친 다음 그 재결에 대하여 불복이 있는 때에 비로소 토지보상법에 따라 권리구제를 받을 수 있을 뿐이다. 이러한 재결절차를 거치지 않은 채 곧바로 사업시행자를 상대로 손실보상을 청구하는 것은 허용되지 않는다." (대법원 2018.7.20. 선고 2015두4044)

③ (○) "헌법 제23조 제3항은 정당한 보상을 전제로 하여 재산권의 수용 등에 관한 가능성을 규정하고 있지만, 재산권 수용의 주체를 한정하지 않고 있다. 국가 등의 공적 기관이 직접 수용의 주체가 되는 것이든 그러한 공적 기관의 최종적인 허부판단과 승인결정하에 민간기업이 수용의 주체가 되는 것이든, 양자 사이에 공공필요에 대한 판단과 수용의 범위에 있어서 본질적인 차이를 가져올 것으로 보이지 않는다. 따라서 위 수용 등의 주체를 국가 등의 공적 기관에 한정하여 해석할 이유가 없다." (헌법재판소 2009.9.24. 선고 2007헌바114)

④ (○) "토지수용의 경우 손실보상금 산정을 위한 감정평가 중 어느 한 가지 점이라도 위법사유가 있으면 그것으로써 그 감정평가결과는 위법하게 되나, 감정평가가 위법하다고 하여도 법원은 그 감정내용 중 위법하지 않은 부분은 이를 추출하여 판결에서 참작할 수 있다." (대법원 1999.8.24. 선고 99두4754)

정답 ②

494 [회독] □□□

22년 군무원 9급

다음 중 행정상 손실보상에 대한 설명으로 가장 옳지 않은 것은? (단, 다툼이 있는 경우 판례에 의함)

① 「공익사업을 위한 토지 등의 취득 및 보상에 관한 법률」 시행령에서 이주대책의 대상자에서 세입자를 제외하고 있는 것이 세입자의 재산권을 침해하는 것이라 볼 수 없다.

② 공익사업으로 인하여 영업을 폐지하거나 휴업하는 자가 구 「공익사업을 위한 토지 등의 취득 및 보상에 관한 법률」에 규정된 재결절차를 거치지 않은 채 곧바로 사업시행자를 상대로 영업손실보상을 청구할 수 없다.

③ 사업시행자 스스로 공익사업의 원활한 시행을 위하여 생활대책을 수립·실시할 수 있도록 하는 내부규정을 두고 이에 따라 생활대책대상자 선정기준을 마련하여 생활대책을 수립·실시하는 경우, 생활대책대상자 선정기준에 해당하는 자기 자신을 생활대책대상자에서 제외하거나 선정을 거부한 사업시행자를 상대로 항고소송을 제기할 수 있다.

④ 보상청구권이 성립하기 위해서는 재산권에 대한 법적인 행위로서 공행정작용에 의한 침해를 말하고 사실행위는 포함되지 않는다.

494

해설 ① (○) "이주대책은 헌법 제23조 제3항에 규정된 정당한 보상에 포함되는 것이라기보다는 이에 부가하여 이주자들에게 종전의 생활상태를 회복시키기 위한 생활보상의 일환으로서 국가의 정책적인 배려에 의하여 마련된 제도라고 볼 것이다. 따라서 이주대책의 실시 여부는 입법자의 입법정책적 재량의 영역에 속하므로 공익사업을위한토지등의취득및보상에관한법률시행령 제40조 제3항 제3호(이하 '이 사건 조항'이라 한다)가 이주대책의 대상자에서 세입자를 제외하고 있는 것이 세입자의 재산권을 침해하는 것이라 볼 수 없다."(헌법재판소 2006.2.23. 선고 2004헌마19)

② (○) "구 공익사업을 위한 토지 등의 취득 및 보상에 관한 법률 제77조 제1항, 제4항, 구 공익사업을 위한 토지 등의 취득 및 보상에 관한 법률 시행규칙 제45조, 제46조, 제47조와 구 공익사업법 제26조, 제28조, 제30조, 제34조, 제50조, 제61조, 제83조 내지 제85조의 규정 내용 및 입법 취지 등을 종합하여 보면, 공익사업으로 인하여 영업을 폐지하거나 휴업하는 자가 사업시행자에게서 구 공익사업법 제77조 제1항에 따라 영업손실에 대한 보상을 받기 위해서는 구 공익사업법 제34조, 제50조 등에 규정된 재결절차를 거친 다음 재결에 대하여 불복이 있는 때에 비로소 구 공익사업법 제83조 내지 제85조에 따라 권리구제를 받을 수 있을 뿐, 이러한 재결절차를 거치지 않은 채 곧바로 사업시행자를 상대로 손실보상을 청구하는 것은 허용되지 않는다고 보는 것이 타당하다."(대법원 2011.9.29. 선고 2009두10963)

③ (○) "사업시행자 스스로 공익사업의 원활한 시행을 위하여 필요하다고 인정함으로써 생활대책을 수립·실시할 수 있도록 하는 내부규정을 두고 있고 내부규정에 따라 생활대책대상자 선정기준을 마련하여 생활대책을 수립·실시하는 경우에는, 이러한 생활대책 역시 "공공필요에 의한 재산권의 수용·사용 또는 제한 및 그에 대한 보상은 법률로써 하되, 정당한 보상을 지급하여야 한다."고 규정하고 있는 헌법 제23조 제3항에 따른 정당한 보상에 포함되는 것으로 보아야 한다. 따라서 이러한 생활대책대상자 선정기준에 해당하는 자는 사업시행자에게 생활대책대상자 선정 여부의 확인·결정을 신청할 수 있는 권리를 가지는 것이어서, 만일 사업시행자가 그러한 자를 생활대책대상자에서 제외하거나 선정을 거부하면, 이러한 생활대책대상자 선정기준에 해당하는 자는 사업시행자를 상대로 항고소송을 제기할 수 있다고 보는 것이 타당하다."(대법원 2011.10.13. 선고 2008두17905)

④ (×) 재산권에 대한 침해는 법적인 행위와 사실행위를 모두 포함한다.

정답 ④

495 [회독] □□□

25년 지방 9급

행정상 손실보상제도에 대한 설명으로 옳지 않은 것은?

① 「공익사업을 위한 토지 등의 취득 및 보상에 관한 법률」 상 토지소유자가 행정소송으로 손실보상금의 증액을 구하는 경우에는 관할 토지수용위원회를 피고로 하여 보상금 증액 청구의 소를 제기하여야 한다.

② 손실보상은 공공필요에 의한 행정작용에 의하여 사인에게 발생한 특별한 희생에 대한 전보라는 점에서 그 사인에게 특별한 희생이 발생하여야 하는 것은 당연히 요구되는 것이고, 공유수면 매립면허의 고시가 있다고 하여 반드시 간척사업이 시행되고 그로 인하여 손실이 발생한다고 할 수 없다.

③ 「산업입지 및 개발에 관한 법률」상 민간기업에게 산업단지개발사업에 필요한 토지 등을 수용할 수 있도록 규정한 조항은 헌법 제23조제3항의 '공공필요'에 위반되지 않는다.

④ 「공익사업을 위한 토지 등의 취득 및 보상에 관한 법률」 상 적법하게 시행된 공익사업으로 인하여 이주하게 된 주거용 건축물 세입자의 주거이전비 보상청구권은 공법상의 권리이고, 주거이전비 보상청구소송은 공법상의 법률관계를 대상으로 하는 행정소송에 의하여야 한다.

495

[해설] ① (×) 공익사업을 위한 토지 등의 취득 및 보상에 관한 법률(토지보상법) 제85조 제2항

토지보상법	제85조(행정소송의 제기) ② 제1항에 따라 제기하려는 행정소송이 보상금의 증감(增減)에 관한 소송인 경우 그 소송을 제기하는 자가 토지소유자 또는 관계인일 때에는 사업시행자를, 사업시행자일 때에는 토지소유자 또는 관계인을 각각 피고로 한다.

② (○) "손실보상은 공공필요에 의한 행정작용에 의하여 사인에게 발생한 특별한 희생에 대한 전보라는 점에서 그 사인에게 특별한 희생이 발생하여야 하는 것은 당연히 요구되는 것이고, 공유수면 매립면허의 고시가 있다고 하여 반드시 그 사업이 시행되고 그로 인하여 손실이 발생한다고 할 수 없으므로, 매립면허 고시 이후 매립공사가 실행되어 관행어업권자에게 실질적이고 현실적인 피해가 발생한 경우에만 공유수면매립법에서 정하는 손실보상청구권이 발생하였다고 할 것이다." (대법원 2010.12.9. 선고 2007두6571)

③ (○) 민간기업에게 산업단지개발사업에 필요한 토지 등을 수용할 수 있도록 규정한 이 사건 수용조항은 헌법 제23조 제3항의 공공필요에 위반되지 않는다. "헌법 제23조 제3항은 정당한 보상을 전제로 하여 재산권의 수용 등에 관한 가능성을 규정하고 있지만, 재산권 수용의 주체를 한정하지 않고 있다. 위 헌법조항의 핵심은 당해 수용이 공공필요에 부합하는가, 정당한 보상이 지급되고 있는가 여부 등에 있는 것이지, 그 수용의 주체가 국가인지 민간기업인지 여부에 달려 있다고 볼 수 없다. 또한 국가 등의 공적 기관이 직접 수용의 주체가 되는 것이든 그러한 공적 기관의 최종적인 허부판단과 승인결정하에 민간기업이 수용의 주체가 되는 것이든, 양자 사이에 공공필요에 대한 판단과 수용의 범위에 있어서 본질적인 차이를 가져올 것으로 보이지 않는다. 따라서 위 수용 등의 주체를 국가 등의 공적 기관에 한정하여 해석할 이유가 없다. … 산업입지법상 규정들은 산업단지개발사업의 시행자인 민간기업이 자신의 이윤추구에 치우친 나머지 애초 산업단지를 조성함으로써 달성, 견지하고자 한 공익목적을 해태하지 않도록 규율하고 있다는 점도 함께 고려한다면, 이 사건 수용조항은 헌법 제23조 제3항의 '공공필요성'을 갖추고 있다고 보인다." (헌법재판소 2009.9.24. 선고 2007헌바114)

④ (○) "주거이전비는 당해 공익사업 시행지구 안에 거주하는 세입자들의 조기이주를 장려하여 사업추진을 원활하게 하려는 정책적인 목적과 주거이전으로 인하여 특별한 어려움을 겪게 될 세입자들을 대상으로 하는 사회보장적인 차원에서 지급되는 금원의 성격을 가지므로, 적법하게 시행된 공익사업으로 인하여 이주하게 된 주거용 건축물 세입자의 주거이전비 보상청구권은 공법상의 권리이고, 따라서 그 보상을 둘러싼 쟁송은 민사소송이 아니라 공법상의 법률관계를 대상으로 하는 행정소송에 의하여야 한다. … 각 조문을 종합하여 보면, 세입자의 주거이전비 보상청구권은 그 요건을 충족하는 경우에 당연히 발생하는 것이므로, 주거이전비 보상청구소송은 행정소송법 제3조 제2호에 규정된 당사자소송에 의하여야 한다." (대법원 2008.5.29. 선고 2007다8129)

정답 ①

496 [회독] ☐☐☐　　　　　　　　　　　19년 국가 7급

손실보상에 대한 판례의 입장으로 옳은 것은?

① 이주대책은 이른바 생활보상에 해당하는 것으로서 헌법 제23조 제3항이 규정하는 손실보상의 한 형태로 보아야 하므로, 법률이 사업시행자에게 이주대책의 수립·실시 의무를 부과하였다면 이로부터 사업시행자가 수립한 이주대책상의 택지분양권 등의 구체적 권리가 이주자에게 직접 발생한다.

② 공공사업 시행으로 사업시행지 밖에서 발생한 간접손실은 손실 발생을 쉽게 예견할 수 있고 손실 범위도 구체적으로 특정할 수 있더라도, 사업시행자와 협의가 이루어지지 않고 그 보상에 관한 명문의 근거 법령이 없는 경우에는 보상의 대상이 아니다.

③ 공익사업으로 인해 농업손실을 입은 자가 사업시행자에게서 「공익사업을 위한 토지 등의 취득 및 보상에 관한 법률」에 따른 보상을 받으려면 재결절차를 거쳐야 하고, 이를 거치지 않고 곧바로 민사소송으로 보상금을 청구하는 것은 허용되지 않는다.

④ 「공익사업을 위한 토지 등의 취득 및 보상에 관한 법률」상 주거용 건축물 세입자의 주거이전비 보상청구권은 사법상의 권리이고, 주거이전비 보상청구소송은 민사소송에 의해야 한다.

496

[해설] ① (×) "공공용지의취득및손실보상에관한특례법상의 이주대책은 … 그 본래의 취지에 있어 이주자들에 대하여 종전의 생활상태를 원상으로 회복시키면서 동시에 인간다운 생활을 보장하여 주기 위한 이른바 생활보상의 일환으로 국가의 적극적이고 정책적인 배려에 의하여 마련된 제도이다. 같은 법 제8조 제1항이 사업시행자에게 이주대책의 수립·실시의무를 부과하고 있다고 하여 그 규정 자체만에 의하여 이주자에게 사업시행자가 수립한 이주대책상의 택지분양권이나 아파트 입주권 등을 받을 수 있는 구체적인 권리(수분양권)가 직접 발생하는 것이라고는 도저히 볼 수 없으며, 사업시행자가 이주대책에 관한 구체적인 계획을 수립하여 이를 해당자에게 통지 내지 공고한 후, 이주자가 수분양권을 취득하기를 희망하여 이주대책에 정한 절차에 따라 사업시행자에게 이주대책대상자 선정신청을 하고 사업시행자가 이를 받아들여 이주대책대상자로 확인·결정하여야만 비로소 구체적인 수분양권이 발생하게 된다." (대법원 1994.5.24. 선고 92다35783)

② (×) "공공사업의 시행 결과 그 공공사업의 시행이 기업지 밖에 미치는 간접손실에 관하여 그 피해자와 사업시행자 사이에 협의가 이루어지지 아니하고 그 보상에 관한 명문의 근거 법령이 없는 경우라고 하더라도, … 시행으로 인하여 그러한 손실이 발생하리라는 것을 쉽게 예견할 수 있고 그 손실의 범위도 구체적으로 이를 특정할 수 있는 경우라면 그 손실의 보상에 관하여 공공용지의취득및손실보상에관한특례법시행규칙의 관련 규정 등을 유추적용할 수 있다고 해석함이 상당하다." (대법원 1999.10.8. 선고 99다27231)

③ (○) "공익사업으로 인하여 농업의 손실을 입게 된 자가 사업시행자로부터 구 공익사업법에 따라 농업손실에 대한 보상을 받기 위해서는 구 공익사업법에 규정된 재결절차를 거친 다음 그 재결에 대하여 불복이 있는 때에 비로소 구 공익사업법 제83조 내지 제85조에 따라 권리구제를 받을 수 있다." (대법원 2011.10.13. 선고 2009다43461)

④ (×) "구 공익사업을 위한 토지 등의 취득 및 보상에 관한 법률(약칭 토지보상법)상 주거이전비는 … 주거이전으로 인하여 특별한 어려움을 겪게 될 세입자들을 대상으로 하는 사회보장적인 차원에서 지급되는 금원의 성격을 가지므로, … 주거이전비 보상청구권은 공법상의 권리이고, 따라서 그 보상을 둘러싼 쟁송은 행정소송에 의하여야 한다." (대법원 2008.5.29. 선고 2007다8129)

정답 ③

497 [회독] ☐☐☐　　　　　　　20년 국가 7급

「공익사업을 위한 토지 등의 취득 및 보상에 관한 법률」상 토지수용절차 및 보상에 대한 설명으로 옳지 않은 것은? (다툼이 있는 경우 판례에 의함)

① 토지수용위원회가 토지에 대하여 사용재결을 하는 경우 사용할 토지의 위치와 면적, 권리자, 손실보상액, 사용 개시일뿐만 아니라 사용방법, 사용기간도 구체적으로 재결서에 특정하여야 한다.

② 사업인정기관은 어떠한 사업이 외형상 토지 등을 수용 또는 사용할 수 있는 사업에 해당한다 하더라도, 사업시행자에게 해당 공익사업을 수행할 의사와 능력이 없다면 사업인정을 거부할 수 있다.

③ 협의취득으로 인한 사업시행자의 토지에 대한 소유권 취득은 승계취득이므로 관할 토지수용위원회에 의한 협의 성립의 확인이 있었더라도 사업시행자는 수용재결의 경우와 동일하게 그 토지에 대한 원시취득의 효과를 누릴 수 없다.

④ 사업시행자의 이주대책 수립·실시의무 및 이주대책의 내용에 관한 규정은 당사자의 합의 또는 사업시행자의 재량에 의하여 적용을 배제할 수 없는 강행법규이다.

497

해설 ① (○) "공익사업을 위한 토지 등의 취득 및 보상에 관한 법령이 재결을 서면으로 하도록 하고, '사용할 토지의 구역, 사용의 방법과 기간'을 재결사항의 하나로 규정한 취지는, 재결에 의하여 설정되는 사용권의 내용을 구체적으로 특정함으로써 재결 내용의 명확성을 확보하고 재결로 인하여 제한받는 권리의 구체적인 내용이나 범위 등에 관한 다툼을 방지하기 위한 것이다. 따라서 관할 토지수용위원회가 토지에 관하여 사용재결을 하는 경우에는 재결서에 사용할 토지의 위치와 면적, 권리자, 손실보상액, 사용 개시일 외에도 사용방법, 사용기간을 구체적으로 특정하여야 한다." (대법원 2019.6.13. 선고 2018두42641)

② (○) "해당 사업이 외형상 토지 등을 수용 또는 사용할 수 있는 사업에 해당한다고 하더라도 사업인정기관으로서는 해당 공익사업을 수행하여 공익을 실현할 의사나 능력이 없는 자에게 타인의 재산권을 공권력적·강제적으로 박탈할 수 있는 수용권을 설정하여 줄 수는 없으므로, 사업시행자에게 해당 공익사업을 수행할 의사와 능력이 있어야 한다는 것도 사업인정의 한 요건이라고 보아야 한다." (대법원 2011.1.27. 선고 2009두1051)

③ (✕) 각론의 범위에 속하는 내용이다. "토지보상법상 수용은 일정한 요건하에 그 소유권을 사업시행자에게 귀속시키는 행정처분으로서 이로 인한 효과는 소유자가 누구인지와 무관하게 사업시행자가 그 소유권을 취득하게 하는 원시취득이다. 반면, 토지보상법상 '협의취득'의 성격은 사법상 매매계약이므로 그 이행으로 인한 사업시행자의 소유권 취득도 승계취득이다. 그런데 토지보상법 제29조 제3항에 따른 신청이 수리됨으로써 협의 성립의 확인이 있었던 것으로 간주되면, 토지보상법 제29조 제4항에 따라 그에 관한 재결이 있었던 것으로 재차 의제되고, 그에 따라 사업시행자는 사법상 매매의 효력만을 갖는 협의취득과는 달리 확인대상 토지를 수용재결의 경우와 동일하게 원시취득하는 효과를 누리게 된다." (대법원 2018.12.13. 선고 2016두51719)

공익사업을 위한 토지 등의 취득 및 보상에 관한 법률	제29조(협의 성립의 확인) ① 사업시행자와 토지소유자 및 관계인 간에 제26조에 따른 절차를 거쳐 협의가 성립되었을 때에는 사업시행자는 제28조제1항에 따른 재결 신청기간 이내에 해당 토지소유자 및 관계인의 동의를 받아 대통령령으로 정하는 바에 따라 관할 토지수용위원회에 협의 성립의 확인을 신청할 수 있다. ④ 제1항 … 에 따른 확인은 이 법에 따른 재결로 보며, 사업시행자, 토지소유자 및 관계인은 그 확인된 협의의 성립이나 내용을 다툴 수 없다.

④ (○) "이주대책은 공익사업의 시행에 필요한 토지 등을 제공함으로 인하여 생활의 근거를 상실하게 되는 이주대책대상자들에게 종전 생활상태를 원상으로 회복시키면서 동시에 인간다운 생활을 보장하여 주기 위하여 마련된 제도이므로, 사업시행자의 이주대책 수립·실시의무를 정하고 있는 구 공익사업을 위한 토지 등의 취득 및 보상에 관한 법률 제78조 제1항은 물론 이주대책의 내용에 관하여 규정하고 있는 같은 조 제4항 본문 역시 당사자의 합의 또는 사업시행자의 재량에 의하여 적용을 배제할 수 없는 강행법규이다." (대법원 2011.6.23. 선고 2007다63089)

정답 ③

제4장　행정상 전보제도의 보완

기출테마 92　행정상 전보제도의 보완

498
[회독] ☐ ☐ ☐　　　　21년 군무원 9급

공법상 결과제거청구권에 대한 설명으로 옳지 않은 것은?

① 공법상 결과제거청구권의 대상은 가해행위와 상당인과 관계가 있는 손해이다.

② 결과제거청구는 권력작용뿐만 아니라 관리작용에 의한 침해의 경우에도 인정된다.

③ 원상회복이 행정주체에게 기대가능한 것이어야 한다.

④ 피해자의 과실이 위법상태의 발생에 기여한 경우에는 그 과실에 비례하여 결과제거청구권이 제한되거나 상실된다.

498

해설 ① (✕) 공법상 결과제거청구권의 대상은 가해행위와 상당인과관계가 있는 손해가 아니라 공행정작용으로 인하여 야기된 위법한 결과의 제거와 그를 통한 원상회복이다.

② (○) 결과제거청구는 권력작용뿐만 아니라 관리작용에 의한 침해의 경우에도 인정되고, 법적 행위뿐만 아니라 사실행위에 의한 침해의 경우에도 인정된다.

③ (○) 공법상 결과제거청구는 원상회복이 행정주체에게 기대가능한 것이어야 한다. 그렇지 않은 경우에는 손해배상 또는 손실보상에 의한 구제만이 가능하다.

④ (○) 민법상 과실상계에 관한 규정(민법 제396조)이 공법상 결과제거청구권에 유추적용될 수 있다. 따라서 피해자의 과실이 위법상태의 발생에 기여한 경우에는 그 과실에 비례하여 결과제거청구권이 제한되거나 상실된다.

정답 ①

PART
05

유대웅 행정법총론
단원별 기출문제

06

행정쟁송법

제1장　행정소송

제1절　서론

기출테마 93　행정소송 개설

499
[회독] □□□　　　　　　　　　　21년 소방직

「행정소송법」에 대한 설명으로 옳은 것은? (다툼이 있는 경우 판례에 의함)

① 민중소송 및 기관소송은 법률이 정한 자에 한하여 제기할 수 있다.
② 판례는 「행정소송법」상 행정청의 부작위에 대하여 부작위위법확인소송과 작위의무이행소송을 인정하고 있다.
③ 「행정소송법」상 항고소송은 취소소송, 무효등 확인소송, 부작위위법확인소송, 당사자소송으로 구분한다.
④ 국가 또는 공공단체의 기관이 법률에 위반되는 행위를 한 때에 직접 자기의 법률상 이익과 관계없이 그 시정을 구하기 위하여 제기하는 소송을 기관소송이라 한다.

499

해설　① (○) 행정소송법 제45조

행정소송법	제45조(소의 제기) 민중소송 및 기관소송은 법률이 정한 경우에 법률에 정한 자에 한하여 제기할 수 있다.

② (×) 작위의무이행소송은 인정하지 않고 있다. "행정심판법 제4조 제3호가 의무이행심판청구를 인정하고 있고 항고소송의 제1심 관할 법원이 행정청의 소재지를 관할하는 고등법원으로 되어 있다고 하더라도, 행정소송법상 행정청의 부작위에 대하여는 부작위위법확인소송만 인정되고 작위의무의 이행이나 확인을 구하는 행정소송은 허용될 수 없다." (대법원 1992.11.10. 선고 92누1629)

③ (×) 행정소송법상 항고소송은 취소소송, 무효등확인소송, 부작위위법확인소송으로 구분된다(행정소송법 제4조). 당사자소송은 항고소송이 아니다.

행정소송법	제4조(항고소송) 항고소송은 다음과 같이 구분한다. 1. **취소소송**: 행정청의 위법한 처분등을 취소 또는 변경하는 소송 2. **무효등 확인소송**: 행정청의 처분등의 효력 유무 또는 존재여부를 확인하는 소송 3. **부작위위법확인소송**: 행정청의 부작위가 위법하다는 것을 확인하는 소송

④ (×) 이러한 소송을 민중소송이라 한다(행정소송법 제3조 제3호).

행정소송법	제3조(행정소송의 종류) 행정소송은 다음의 네가지로 구분한다. 3. 민중소송: 국가 또는 공공단체의 기관이 법률에 위반되는 행위를 한 때에 직접 자기의 법률상 이익과 관계없이 그 시정을 구하기 위하여 제기하는 소송 4. 기관소송: 국가 또는 공공단체의 기관상호간에 있어서의 권한의 존부 또는 그 행사에 관한 다툼이 있을 때에 이에 대하여 제기하는 소송. 다만, 헌법재판소법 제2조의 규정에 의하여 헌법재판소의 관장사항으로 되는 소송은 제외한다.

정답 ①

500 [회독] ☐☐☐　　　　　　　20년 지방 9급

「행정소송법」에서 규정하고 있는 항고소송이 아닌 것은?

① 기관소송
② 무효등 확인소송
③ 부작위위법확인소송
④ 취소소송

500

[해설] 기관소송은 행정소송의 일종이기는 하지만, 항고소송의 일종
은 아니다.

행정소송법	제3조(행정소송의 종류) 행정소송은 다음의 네가지로 구분한다. 1. 항고소송 : 행정청의 처분등이나 부작위에 대하여 제기하는 소송 2. 당사자소송 : 행정청의 처분등을 원인으로 하는 법률관계에 관한 소송 그 밖에 공법상의 법률관계에 관한 소송으로서 그 법률관계의 한쪽 당사자를 피고로 하는 소송 3. 민중소송 : 국가 또는 공공단체의 기관이 법률에 위반되는 행위를 한 때에 직접 자기의 법률상 이익과 관계없이 그 시정을 구하기 위하여 제기하는 소송 4. 기관소송 : 국가 또는 공공단체의 기관상호간에 있어서의 권한의 존부 또는 그 행사에 관한 다툼이 있을 때에 이에 대하여 제기하는 소송. 다만, 헌법재판소법 제2조의 규정에 의하여 헌법재판소의 관장사항으로 되는 소송은 제외한다.
행정소송법	제4조(항고소송) 항고소송은 다음과 같이 구분한다. 1. 취소소송 : 행정청의 위법한 처분등을 취소 또는 변경하는 소송 2. 무효등 확인소송 : 행정청의 처분등의 효력 유무 또는 존재여부를 확인하는 소송 3. 부작위위법확인소송 : 행정청의 부작위가 위법하다는 것을 확인하는 소송

정답 ①

501 [회독] ☐☐☐

행정법의 법원(法源)에 대한 설명으로 옳지 않은 것은? (다툼이 있는 경우 판례에 의함)

① 지방자치단체가 제정한 조례가 헌법에 의하여 체결·공포된 조약에 위반되는 경우 그 조례는 효력이 없다.

② 행정소송에 관하여 「행정소송법」에 특별한 규정이 없는 사항에 대하여는 「법원조직법」과 「민사소송법」 및 「민사집행법」의 규정을 준용한다.

③ 평등원칙은 일체의 차별적 대우를 부정하는 절대적 평등을 의미하는 것이 아니라 입법과 법의 적용에 있어서 합리적인 근거가 없는 차별을 배제하는 상대적 평등을 뜻한다.

④ 개정 법령이 기존의 사실 또는 법률관계를 적용대상으로 하면서 국민의 재산권과 관련하여 종전보다 불리한 법률효과를 규정하고 있는 경우, 그러한 사실 또는 법률관계가 개정 법률이 시행되기 이전에 이미 완성 또는 종결된 것이 아니라면 소급입법금지원칙에 위반된다.

501

해설 ① (○) "'1994년 관세 및 무역에 관한 일반협정'(General Agreement on Tariffs and Trade 1994, 이하 'GATT'라 한다)은 1994. 12. 16. 국회의 동의를 얻어 같은 달 23. 대통령의 비준을 거쳐 같은 달 30. 공포되고 1995. 1. 1. 시행된 조약인 '세계무역기구(WTO) 설립을 위한 마라케쉬협정'(Agreement Establishing the WTO)(조약 1265호)의 부속 협정(다자간 무역협정)이고, '정부조달에 관한 협정'(Agreement on Government Procurement, 이하 'AGP'라 한다)은 1994. 12. 16. 국회의 동의를 얻어 1997. 1. 3. 공포시행된 조약(조약 1363호, 복수국가간 무역협정)으로서 각 헌법 제6조 제1항에 의하여 국내법령과 동일한 효력을 가지므로 지방자치단체가 제정한 조례가 GATT나 AGP에 위반되는 경우에는 그 효력이 없다." (대법원 2005.9.9. 선고 2004추10)

② (○) 행정소송법 제8조 제2항

행정소송법	제8조(법적용예) ② 행정소송에 관하여 이 법에 특별한 규정이 없는 사항에 대하여는 법원조직법과 민사소송법 및 민사집행법의 규정을 준용한다.

③ (○) "헌법에서 규정하고 있는 평등의 원칙은 일체의 차별적 대우를 부정하는 절대적 평등을 의미하는 것이 아니라 입법과 법의 적용에 있어서 합리적인 근거가 없는 차별을 하여서는 아니 된다는 상대적 평등을 뜻하므로 합리적인 근거가 있는 차별은 평등의 원칙에 반하는 것이 아니다." (헌법재판소 1999.1.28. 선고 98헌마172)

④ (×) "개정 법령이 기존의 사실 또는 법률관계를 적용대상으로 하면서 국민의 재산권과 관련하여 종전보다 불리한 법률효과를 규정하고 있는 경우에도 그러한 사실 또는 법률관계가 개정 법령이 시행되기 이전에 이미 완성 또는 종결된 것이 아니라면 이를 헌법상 금지되는 소급입법에 의한 재산권 침해라고 할 수는 없으며, 그러한 개정 법령의 적용과 관련하여서는 개정 전 법령의 존속에 대한 국민의 신뢰가 개정 법령의 적용에 관한 공익상의 요구보다 더 보호가치가 있다고 인정되는 경우에 그러한 국민의 신뢰를 보호하기 위하여 그 적용이 제한될 수 있는 여지가 있을 따름이다." (대법원 2009.4.23. 선고 2008두8918)

정답 ④

제2절 | 취소소송

제1항 | 서론

기출테마 94 취소소송의 개설

기출테마 95 취소소송의 심리

502 [회독] □□□

23년 지방 9급

행정소송의 심리에 대한 설명으로 옳지 않은 것은?

① 「행정소송법」에 따르면 법원은 필요하다고 인정할 때에는 직권으로 증거조사를 할 수 있으나, 당사자가 주장하지 아니한 사실에 대하여는 판단할 수 없다.

② 법원은 행정처분 당시 행정청이 알고 있었던 자료뿐만 아니라 사실심 변론종결 당시까지 제출된 모든 자료를 종합하여 처분 당시 존재하였던 객관적 사실을 확정하고 그 사실에 기초하여 처분의 위법 여부를 판단할 수 있다.

③ 「행정소송법」에 따르면 법원은 당사자의 신청이 있는 때에는 결정으로써 재결을 행한 행정청에 대하여 행정심판에 관한 기록의 제출을 명할 수 있고, 제출명령을 받은 행정청은 지체없이 당해 행정심판에 관한 기록을 법원에 제출하여야 한다.

④ 결혼이민[F-6 (나)목] 체류사격을 신청한 외국인에 대하여 행정청이 그 요건을 충족하지 못하였다는 이유로 거부처분을 하는 경우 '그 요건을 갖추지 못하였다는 판단', 즉 '혼인파탄의 주된 귀책사유가 국민인 배우자에게 있지 않다는 판단' 자체가 처분사유가 되는바, 결혼이민[F-6 (다)목] 체류자격 거부처분 취소소송에서 그 처분사유에 관한 증명책임은 피고 행정청에 있다.

502

해설 ① (×) 행정소송법 제26조

행정소송법	제26조(직권심리) 법원은 필요하다고 인정할 때에는 직권으로 증거조사를 할 수 있고, 당사자가 주장하지 아니한 사실에 대하여도 판단할 수 있다.

② (○) "행정처분의 위법 여부는 행정처분이 있을 때의 법령과 사실상태를 기준으로 판단하여야 하며, 법원은 행정처분 당시 행정청이 알고 있었던 자료뿐만 아니라 사실심 변론종결 당시까지 제출된 모든 자료를 종합하여 처분 당시 존재하였던 객관적 사실을 확정하고 그 사실에 기초하여 처분의 위법 여부를 판단할 수 있다. 행정청으로부터 행정처분을 받았으나 나중에 그 행정처분이 행정쟁송절차에서 취소되었다면, 그 행정처분은 처분 시에 소급하여 효력을 잃게 된다." (대법원 2019.7.25. 선고 2017두55077)

③ (○) 행정소송법 제25조

행정소송법	제25조(행정심판기록의 제출명령) ① 법원은 당사자의 신청이 있는 때에는 결정으로써 재결을 행한 행정청에 대하여 행정심판에 관한 기록의 제출을 명할 수 있다. ② 제1항의 규정에 의한 제출명령을 받은 행정청은 지체없이 당해 행정심판에 관합 기록을 법원에 제출하여야 한다.

④ (○) "결혼이민[F-6 (다)목] 체류자격을 신청한 외국인에 대하여 행정청이 그 요건을 충족하지 못하였다는 이유로 거부처분을 하는 경우에는 '그 요건을 갖추지 못하였다는 판단', 다시 말해 '혼인파탄의 주된 귀책사유가 국민인 배우자에게 있지 않다는 판단' 자체가 처분사유가 된다. 부부가 혼인파탄에 이르게 된 여러 사정들은 그와 같은 판단의 근거가 되는 기초 사실 내지 평가요소에 해당한다. 결혼이민[F-6 (다)목] 체류자격 거부처분 취소소송에서 원고와 피고 행정청은 각자 자신에게 유리한 평가요소들을 적극적으로 주장·증명하여야 하며, 수소법원은 증명된 평가요소들을 종합하여 혼인파탄의 주된 귀책사유가 누구에게 있는지를 판단하여야 한다. 수소법원이 '혼인파탄의 주된 귀책사유가 국민인 배우자에게 있다'고 판단하게 되는 경우에는, 해당 결혼이민[F-6 (다)목] 체류자격 거부처분은 위법하여 취소되어야 하므로, 이러한 의미에서 결혼이민[F-6 (다)목] 체류자격 거부처분 취소소송에서도 그 처분사유에 관한 증명책임은 피고 행정청에 있다." (대법원 2019.7.4. 선고 2018두66869)

정답 ①

503 [회독] □□□ 24년 소방직

행정상 제재처분에 관한 설명으로 옳은 것은? (다툼이 있는 경우 판례에 의함)

① 행정법규 위반에 대하여 가하는 제재조치는 원칙적으로 위반자에게 고의나 과실이 있어야 부과될 수 있다.

② 행정청은 법령등의 위반행위가 종료된 날부터 3년이 지나면 해당 위반행위에 대하여 제재처분(인허가의 정지·취소·철회, 등록 말소, 영업소 폐쇄와 정지를 갈음하는 과징금 부과를 말한다)을 할 수 없다.

③ 법령등을 위반한 행위의 성립과 이에 대한 제재처분은 법령등에 특별한 규정이 있는 경우를 제외하고는 원칙적으로 제재처분 당시의 법령등에 따른다.

④ 여러 처분사유에 관하여 하나의 제재처분을 하였을 때 그중 일부가 인정되지 않는다고 하더라도 나머지 처분사유들만으로도 처분의 정당성이 인정되는 경우에는 그 처분을 위법하다고 보아 취소하여서는 아니 된다.

503

해설 ① (×) "행정법규 위반에 대하여 가하는 제재조치는 행정목적의 달성을 위하여 행정법규 위반이라는 객관적 사실에 착안하여 가하는 제재이므로, 위반자가 그 의무를 알지 못하는 것이 무리가 아니었다고 할 수 있어 그것을 정당시할 수 있는 사정이 있을 때 또는 의무의 이행을 당사자에게 기대하는 것이 무리라고 하는 사정이 있을 때 등 의무 해태를 탓할 수 없는 정당한 사유가 있는 경우 등의 특별한 사정이 없는 한 위반자에게 고의나 과실이 없다고 하더라도 부과될 수 있다." (대법원 2012.6.28. 선고 2010두24371)

② (×) 행정기본법 제23조 제1항

행정기본법	제23조(제재처분의 제척기간) ① 행정청은 법령등의 위반행위가 종료된 날부터 5년이 지나면 해당 위반행위에 대하여 제재처분(인허가의 정지·취소·철회, 등록 말소, 영업소 폐쇄와 정지를 갈음하는 과징금 부과를 말한다. 이하 이 조에서 같다)을 할 수 없다.

③ (×) 행정기본법 제14조 제3항

행정기본법	제14조(법 적용의 기준) ③ 법령등을 위반한 행위의 성립과 이에 대한 제재처분은 법령등에 특별한 규정이 있는 경우를 제외하고는 법령등을 위반한 행위 당시의 법령등에 따른다. 다만, 법령등을 위반한 행위 후 법령등의 변경에 의하여 그 행위가 법령등을 위반한 행위에 해당하지 아니하거나 제재처분 기준이 가벼워진 경우로서 해당 법령등에 특별한 규정이 없는 경우에는 변경된 법령등을 적용한다.

④ (○) "여러 처분사유에 관하여 하나의 제재처분을 하였을 때 그중 일부가 인정되지 않는다고 하더라도 나머지 처분사유들만으로도 처분의 정당성이 인정되는 경우에는 그 처분을 위법하다고 보아 취소하여서는 아니 된다." (대법원 2020.5.14. 선고 2019두63515)

정답 ④

기출테마 96 피고적격

504 [회독] □□□　　　20년 군무원 9급

헌법재판소 결정례와 대법원 판례의 내용으로 옳지 않은 것은?
(다툼이 있는 경우 판례에 의함)

① 현역군인만을 국방부의 보조기관 및 차관보·보좌기관과 병무청 및 방위사업청의 보조기관 및 보좌기관에 보할 수 있도록 정하여 군무원을 제외하고 있는 정부조직법 관련 조항은 군무원인 청구인들의 평등권을 침해한다고 보아야 한다.

② 행정소송에 있어서 처분청의 처분권한 유무는 직권조사사항이 아니다.

③ 행정권한의 위임이 행하여진 때에는 위임관청은 그 사무를 처리할 권한을 잃는다.

④ 자동차운전면허시험 관리업무는 국가행정사무이고 지방자치단체의 장인 서울특별시장은 국가로부터 그 관리업무를 기관위임 받아 국가행정기관의 지위에서 그 업무를 집행하므로, 국가는 면허시험장의 설치 및 보존의 하자로 인한 손해배상책임을 부담한다.

504

해설 ① (×) "군인과 군무원은 모두 국군을 구성하며 국토수호라는 목적을 위해 국가와 국민에게 봉사하는 특정직공무원이기는 하지만 각각의 책임·직무·신분 및 근무조건에는 상당한 차이가 존재한다. 이 사건 법률조항이 현역군인에게만 국방부 등의 보조기관 등에 보해질 수 있는 특례를 인정한 것은 국방부 등이 담당하고 있는 지상·해상·상륙 및 항공작전임무와 그 임무를 수행하기 위한 교육훈련업무에는 평소 그 업무에 종사해 온 현역군인들의 작전 및 교육경험을 활용할 필요성이 인정되는 반면, 군무원들이 주로 담당해 온 정비·보급·수송 등의 군수지원분야의 업무, 행정 업무 그리고 일부 전투지원분야의 업무는 국방부 등에 근무하는 일반직공무원·별정직공무원 및 계약직공무원으로서도 충분히 감당할 수 있다는 입법자의 합리적인 재량 판단에 의한 것이다. 따라서 이와 같은 차별이 입법재량의 범위를 벗어나 현저하게 불합리한 것이라 볼 수는 없으므로 이 사건 법률조항은 청구인들의 평등권을 침해하지 않는다." (헌법재판소 2008.6.26. 선고 2005헌마1275)

② (○) "처분청이 처분권한을 가지고 있는가 하는 점은 직권조사사항이 아니다." (대법원 1996.6.25. 선고 96누570)

③ (○) "행정권한의 위임이 행하여진 때에는 위임관청은 그 사무를 처리할 권한을 잃는다." (대법원 1992.9.22. 선고 91누11292)

④ (○) "자동차운전면허시험 관리업무는 국가행정사무이고 지방자치단체의 장인 서울특별시장은 국가로부터 그 관리업무를 기관위임받아 국가행정기관의 지위에서 그 업무를 집행하므로, 국가는 면허시험장의 설치 및 보존의 하자로 인한 손해배상책임을 부담한다." (대법원 1991.12.24. 선고 91다34097) 기관위임이 이루어진 경우, 사무를 위임한 행정주체도 국가배상법 제5조에 의한 손해배상책임을 부담한다는 말이다. 자동차운전면허시험 관리업무가 기관위임사무인지 여부에 대해 묻고 있는 지문이 아니다.

정답 ①

505 [회독] □□□   24년 국가 7급

취소소송의 피고에 대한 설명으로 옳지 않은 것은?

① 취소소송은 다른 법률에 특별한 규정이 없는 한 그 처분 등을 행한 행정청을 피고로 하므로, 대외적으로 의사를 표시할 수 있는 기관이 아닌 내부기관은 실질적인 의사가 그 기관에 의하여 결정되더라도 피고적격을 갖지 못한다.

② 권한의 위임이나 위탁을 받아 수임행정청이 자신의 명의로 한 처분에 관한 취소소송은 원칙적으로 수임행정청을 피고로 하여 제기하여야 한다.

③ 중앙노동위원회의 처분에 대한 소송은 중앙노동위원회 위원장을 피고로 한다.

④ 권한의 대리가 있는 경우, 대리 행정청이 대리관계를 표시하고 피대리 행정청을 대리하여 행정처분을 한 때에는 대리 행정청이 피고로 되어야 한다.

505

해설 ① (○) "취소소송은 다른 법률에 특별한 규정이 없는 한 그 처분 등을 행한 행정청을 피고로 한다(행정소송법 제13조 제1항). 여기서 '행정청'이라 함은 국가 또는 공공단체의 기관으로서 국가나 공공단체의 의견을 결정하여 외부에 표시할 수 있는 권한, 즉 처분권한을 가진 기관을 말하고, 대외적으로 의사를 표시할 수 있는 기관이 아닌 내부기관은 실질적인 의사가 그 기관에 의하여 결정되더라도 피고적격을 갖지 못한다." (대법원 2014.5.16. 선고 2014두274)

② (○) "권한의 위임이나 위탁을 받아 수임행정청이 정당한 권한에 기하여 그 명의로 한 처분에 대하여는 말할 것도 없고, 내부위임이나 대리권을 수여받은 데 불과하여 원행정청 명의나 대리관계를 밝히지 아니하고는 그의 명의로 처분 등을 할 권한이 없는 행정청이 권한 없이 그의 명의로 한 처분에 대하여도 처분명의자인 행정청이 피고가 되어야 할 것이다." (대법원 1995.12.22. 선고 95누14688)

③ (○) 노동위원회법 제27조 제1항

노동위원회법	제27조(중앙노동위원회의 처분에 대한 소송) ① 중앙노동위원회의 처분에 대한 소송은 중앙노동위원회 위원장을 피고로 하여 처분의 송달을 받은 날부터 15일 이내에 제기하여야 한다.

④ (×) "항고소송은 다른 법률에 특별한 규정이 없는 한 원칙적으로 소송의 대상인 행정처분을 외부적으로 행한 행정청을 피고로 하여야 하고(행정소송법 제13조 제1항 본문), 다만 대리기관이 대리관계를 표시하고 피대리 행정청을 대리하여 행정처분을 한 때에는 피대리 행정청이 피고로 되어야 한다." (대법원 2018.10.25. 선고 2018두43095)

정답 ④

506 [회독] ☐☐☐ 25년 국가 9급

항고소송의 피고적격에 대한 설명으로 옳은 것은?

① 조례에 대한 무효확인소송에서 피고적격이 있는 행정청은 지방의회이다.

② 합의제 행정기관의 처분에 대해서는 그 기관 자체가 피고가 되므로, 중앙노동위원회의 처분에 대한 소는 중앙노동위원회가 피고가 된다.

③ 국가공무원에 대한 징계처분의 처분청이 대통령인 경우에는 대통령이 피고가 된다.

④ 대리기관이 대리관계를 표시하고 피대리 행정청을 대리하여 행정처분을 한 때에는 피대리 행정청이 피고가 된다.

506

해설 ① (×) "조례에 대한 무효확인소송을 제기함에 있어서 행정소송법 제38조 제1항, 제13조에 의하여 피고적격이 있는 처분 등을 행한 행정청은, 행정주체인 지방자치단체 또는 지방자치단체의 내부적 의결기관으로서 지방자치단체의 의사를 외부에 표시한 권한이 없는 지방의회가 아니라, 구 지방자치법 제19조 제2항, 제92조에 의하여 지방자치단체의 집행기관으로서 조례로서의 효력을 발생시키는 공포권이 있는 지방자치단체의 장이다." (대법원 1996.9.20. 선고 95누8003)

② (×) 노동위원회법 제27조 제1항

노동위원회법	제27조(중앙노동위원회의 처분에 대한 소송) ① 중앙노동위원회의 처분에 대한 소송은 중앙노동위원회 위원장을 피고(被告)로 하여 처분의 송달을 받은 날부터 15일 이내에 제기하여야 한다.

③ (×) 소속 장관을 피고로 한다.

국가공무원법	제16조(행정소송과의 관계) ① 제75조에 따른 처분(공무원에 대한 징계처분등), 그 밖에 본인의 의사에 반한 불리한 처분이나 부작위(不作爲)에 관한 행정소송은 소청심사위원회의 심사·결정을 거치지 아니하면 제기할 수 없다. ② 제1항에 따른 행정소송을 제기할 때에는 대통령의 처분 또는 부작위의 경우에는 소속 장관(대통령령으로 정하는 기관의 장을 포함한다. 이하 같다)을, 중앙선거관리위원회위원장의 처분 또는 부작위의 경우에는 중앙선거관리위원회사무총장을 각각 피고로 한다.

④ (○) "항고소송은 다른 법률에 특별한 규정이 없는 한 원칙적으로 소송의 대상인 행정처분을 외부적으로 행한 행정청을 피고로 하여야 하고(행정소송법 제13조 제1항 본문), 다만 대리기관이 대리관계를 표시하고 피대리 행정청을 대리하여 행정처분을 한 때에는 피대리 행정청이 피고로 되어야 한다." (대법원 2018.10.25. 선고 2018두43095)

정답 ④

507 [회독] □□□   21년 국가 9급

취소소송의 제소기간에 대한 설명으로 옳은 것(○)과 옳지 않은 것(×)을 바르게 연결한 것은? (다툼이 있는 경우 판례에 의함)

ⓐ 행정청이 행정심판청구를 할 수 있다고 잘못 알려 행정심판을 청구한 경우에는 재결서 정본을 송달받은 날이 아닌 처분이 있음을 안 날로부터 제소기간이 기산된다.

ⓑ 행정심판을 청구하였으나 심판청구기간을 도과하여 각하된 후 제기하는 취소소송은 재결서를 송달받은 날부터 90일 이내에 제기하면 된다.

ⓒ '처분이 있음을 안 날'은 처분이 있었다는 사실을 현실적으로 안 날을 의미하므로, 처분서를 송달받기 전 정보공개청구를 통하여 처분을 하는 내용의 일체의 서류를 교부받았다면 그 서류를 교부받은 날부터 제소기간이 기산된다.

ⓓ 동일한 처분에 대하여 무효확인의 소를 제기하였다가 그 처분의 취소를 구하는 소를 추가적으로 병합한 경우, 주된 청구인 무효확인의 소가 적법한 제소기간 내에 제기되었다면 추가로 병합된 취소청구의 소도 적법하게 제기된 것으로 볼 수 있다.

	ⓐ	ⓑ	ⓒ	ⓓ
①	×	×	○	×
②	○	○	×	○
③	○	×	○	×
④	×	×	×	○

507

해설 ⓐ (×) 재결서 정본을 송달받은 날부터 제소기간이 기산된다 (행정소송법 제20조 제1항 단서).

행정소송법	제20조(제소기간) ① 취소소송은 처분등이 있음을 안 날부터 90일 이내에 제기하여야 한다. 다만, 제18조 제1항 단서에 규정한 경우와 그 밖에 행정심판청구를 할 수 있는 경우 또는 행정청이 행정심판청구를 할 수 있다고 잘못 알린 경우에 행정심판청구가 있은 때의 기간은 재결서의 정본을 송달받은 날부터 기산한다.

ⓑ (×) 행정심판청구기간을 도과한 후에는 행정심판을 청구하였다 하더라도, 취소소송을 적법하게 제기하는 것이 불가능하다. "처분이 있음을 안 날부터 90일 이내에 행정심판을 청구하지도 않고 취소소송을 제기하지도 않은 경우에는 그 후 제기된 취소소송은 제소기간을 경과한 것으로서 부적법하고, 처분이 있음을 안 날부터 90일을 넘겨 청구한 부적법한 행정심판청구에 대한 재결이 있은 후 재결서를 송달받은 날부터 90일 이내에 원래의 처분에 대하여 취소소송을 제기하였다고 하여 취소소송이 다시 제소기간을 준수한 것으로 되는 것은 아니다." (대법원 2011.11.24. 선고 2011두18786)

ⓒ (×) 행정소송법 제20조 제1항이 정한 제소기간이 기산되기 위해서는 일단 처분이 '있'기는 하여야 한다. 그런데 처분이 '있다'는 것은 효력발생을 의미하고, 처분의 효력은 상대방에게 통지가 된 때에 발생한다. 따라서 상대방이 처분의 내용을 어떤 경로로든 알게 되었다 하더라도, 통지가 있기 전에는 제20조 제1항의 제소기간이 기산되지 않는다. "지방보훈청장이 허혈성심장질환이 있는 甲에게 재심 서면판정 신체검사를 실시한 다음 종전과 동일하게 전(공)상군경 7급 국가유공자로 판정하는 '고엽제후유증전환 재심신체검사 무변동처분' 통보서를 송달하자 甲이 위 처분의 취소를 구한 경우, 위 처분이 甲에게 고지되어 처분이 있다는 사실을 현실적으로 알았을 때 행정소송법 제20조 제1항에서 정한 제소기간이 진행한다고 보아야 함에도, 원심인 부산고등법원이 甲이 통보서를 송달받기 전에 자신의 의무기록에 관한 정보공개를 청구하여 위 처분을 하는 내용의 통보서를 비롯한 일체의 서류를 교부받은 날부터 제소기간을 기산하여 위 소는 90일이 지난 후 제기한 것으로서 부적법하다고 본 것은 위법하다." (대법원 2014.9.25. 선고 2014두8254)

ⓓ (○) "행정처분의 무효확인을 구하는 소에는 특단의 사정이 없는 한 그 취소를 구하는 취지도 포함되어 있다고 보아야 하는 점 등에 비추어 볼 때, 동일한 행정처분에 대하여 무효확인의 소를 제기하였다가 그 후 그 처분의 취소를 구하는 소를 추가적으로 병합한 경우, 주된 청구인 무효확인의 소가 적법한 제소기간 내에 제기되었다면 추가로 병합된 취소청구의 소도 적법하게 제기된 것으로 봄이 상당하다." (대법원 2005.12.23. 선고 2005두3554)

정답 ④

---

508 [회독] ▢▢▢ 21년 국가 7급

다음 사례에 관한 설명으로 옳은 것은? (다툼이 있는 경우 판례에 의함)

> 관할 행정청은 2019. 4. 17. 「청소년보호법」의 규정에 따라 ㉠ A주식회사가 운영하는 인터넷 사이트를 청소년유해매체물로 결정하는 내용, ㉡ 일반 불특정 다수인을 상대방으로 하여 일률적으로 표시의무, 포장의무, 청소년에 대한 판매·대여 등의 금지의무 등 각종 의무를 발생시키는 내용, ㉢ 그 결정·고시의 효력발생일을 2019. 4. 24.로 정하는 내용 등을 포함한 「청소년유해매체물 결정·고시」를 하였다.

① 위 결정·고시는 항고소송의 대상이 되는 행정처분에 해당하지 않는다.

② 관할 행정청이 위 결정·고시를 함에 있어서 A주식회사에게 이를 통지하지 않았다고 하여 결정·고시의 효력 자체가 발생하지 않는 것은 아니다.

③ A주식회사가 위 결정을 통지받지 못하였다는 것은 취소소송의 제소기간을 준수하지 못한 것에 대한 정당한 사유가 될 수 있다.

④ 위 결정·고시에 대한 취소소송의 제소기간을 계산함에 있어서는, A주식회사가 위 결정·고시가 있었다는 사실을 현실적으로 알았는지 여부에 관계없이 고시일인 2019. 4. 17.에 위 결정·고시가 있음을 알았다고 보아야 한다.

508

[해설] ① (✕) "구 청소년보호법에 따른 청소년유해매체물 결정 및 고시처분은 당해 유해매체물의 소유자 등 특정인만을 대상으로 한 행정처분이 아니라 일반 불특정 다수인을 상대방으로 하여 일률적으로 표시의무, 포장의무, 청소년에 대한 판매·대여 등의 금지의무 등 각종 의무를 발생시키는 행정처분이다." (대법원 2007.6.14. 선고 2004두619)

② (○) "일반 불특정 다수인을 상대방으로 하여 일률적으로 표시의무, 포장의무, 청소년에 대한 판매·대여 등의 금지의무 등 각종 의무를 발생시키는 행정처분으로서 정보통신윤리위원회가 특정 인터넷 웹사이트를 청소년유해매체물로 결정하고 청소년보호위원회가 효력발생시기를 명시하여 고시함으로써 그 명시된 시점에 효력이 발생하였다고 봄이 상당하고, 정보통신윤리위원회와 청소년보호위원회가 위 처분이 있었음을 위 웹사이트 운영자에게 제대로 통지하지 아니하였다고 하여 그 효력 자체가 발생하지 아니한 것으로 볼 수는 없다." (대법원 2007.6.14. 선고 2004두619)

③ (✕) "인터넷 웹사이트에 대하여 구 청소년보호법에 따른 청소년유해매체물 결정 및 고시처분을 한 사안에서, 위 결정은 이해관계인이 고시가 있었음을 알았는지 여부에 관계없이 관보에 고시됨으로써 효력이 발생하고, 그가 위 결정을 통지받지 못하였다는 것이 제소기간을 준수하지 못한 것에 대한 정당한 사유가 될 수 없다." (대법원 2007.6.14. 선고 2004두619)

④ (✕) "통상 고시 또는 공고에 의하여 행정처분을 하는 경우에는 그 처분의 상대방이 불특정 다수인이고 그 처분의 효력이 불특정 다수인에게 일률적으로 적용되는 것이므로, 그 행정처분에 이해관계를 갖는 자가 고시 또는 공고가 있었다는 사실을 현실적으로 알았는지 여부에 관계없이 고시가 효력을 발생하는 날 행정처분이 있음을 알았다고 보아야 한다." (대법원 2007.6.14. 선고 2004두619)

정답 ②

509 [회독] □□□   20년 국가 9급

다음 사례에 대한 설명으로 옳은 것은? (다툼이 있는 경우 판례에 의함)

> - 2020. 1. 6. 인기 아이돌 가수인 甲의 노래가 수록된 음반이 청소년 유해 매체물로 결정 및 고시되었는데, 여성가족부장관은 이 고시를 하면서 그 효력발생 시기를 구체적으로 밝히지 않았다.
> - A시의 시장이 식품위생법 위반을 이유로 乙에 대해 영업허가를 취소하는 처분을 하고자 하나 송달이 불가능하다.

① 「행정 효율과 협업 촉진에 관한 규정」에 따르면 여성가족부장관의 고시의 효력은 2020. 1. 20.부터 발생한다.

② 甲의 노래가 수록된 음반을 청소년 유해 매체물로 지정하는 결정 및 고시는 항고소송의 대상이 될 수 없다.

③ A시의 시장이 영업허가취소처분을 송달하려면 乙이 알기 쉽도록 관보, 공보, 게시판, 일간신문 중 하나 이상에 공고하고 인터넷에도 공고하여야 한다.

④ 乙의 영업허가취소처분이 공보에 공고된 경우, 乙이 자신에 대한 영업허가취소처분이 있음을 알고 있지 못하더라도 영업허가취소처분에 대한 취소소송을 제기하려면 공고가 효력을 발생한 날부터 90일 안에 제기해야 한다.

509

해설 첫번째 사례는 일반처분이기 때문에 그것이 고시를 통하여 이루어지는 경우에 대한 것이고, 두번째 사례는 공시송달이기 때문에 처분이 공고나 고시를 통하여 이루어지는 경우에 대한 것이다. 양자가 어떻게 달리 취급되는지에 대해 묻고 있는 문제이다.

① (×) 「행정업무의 운영 및 혁신에 관한 규정」 제6조 제2항에 따르면, 이 경우 2020. 1. 12.부터 효력이 발생한다.

행정업무의 운영 및 혁신에 관한 규정	제6조(문서의 성립 및 효력 발생) ② 문서는 수신자에게 도달(전자문서의 경우는 수신자가 관리하거나 지정한 전자적 시스템 등에 입력되는 것을 말한다)됨으로써 효력을 발생한다. ③ 제2항에도 불구하고 공고문서는 그 문서에서 효력발생 시기를 구체적으로 밝히고 있지 않으면 그 고시 또는 공고 등이 있은 날부터 5일이 경과한 때에 효력이 발생한다.
행정업무의 운영 및 혁신에 관한 규정	제4조(공문서의 종류) 공문서(이하 "문서"라 한다)의 종류는 다음 각 호의 구분에 따른다. 3. 공고문서: 고시·공고 등 행정기관이 일정한 사항을 일반에게 알리는 문서

② (×) "구 청소년보호법에 따른 청소년유해매체물 결정 및 고시처분은 당해 유해매체물의 소유자 등 특정인만을 대상으로 한 행정처분이 아니라, 일반 불특정 다수인을 상대방으로 하여 일률적으로 표시의무, 포장의무, 청소년에 대한 판매·대여 등의 금지의무 등 각종 의무를 발생시키는 행정처분이다." (대법원 2007.6.14. 선고 2004두619)

③ (○) 행정절차법 제14조 제4항

행정절차법	제14조(송달) ④ 다음 각 호의 어느 하나에 해당하는 경우에는 송달받을 자가 알기 쉽도록 관보, 공보, 게시판, 일간신문 중 하나 이상에 공고하고 인터넷에도 공고하여야 한다. 1. 송달받을 자의 주소등을 통상적인 방법으로 확인할 수 없는 경우 2. 송달이 불가능한 경우

④ (×) "행정소송법 제20조 제1항 소정의 제소기간 기산점인 '처분이 있음을 안 날'이라 함은 당사자가 통지, 공고 기타의 방법에 의하여 당해 처분이 있었다는 사실을 현실적으로 안 날을 의미하는바, 특정인에 대한 행정처분을 주소 불명 등의 이유로 송달할 수 없어 관보·공보·게시판·일간신문 등에 공고한 경우에는, 공고가 효력을 발생하는 날에 상대방이 그 행정처분이 있음을 알았다고 볼 수는 없고, 상대방이 당해 처분이 있었다는 사실을 현실적으로 안 날에 그 처분이 있음을 알았다고 보아야 한다." (대법원 2006.4.28. 선고 2005두14851)

정답 ③

510 [회독] ☐☐☐　　　　　　　　　　20년 지방 9급

다음은 「행정소송법」상 제소 기간에 대한 설명이다. ㉠~㉤에 들어갈 내용은?

> 취소소송은 처분등이 (㉠)부터 (㉡) 이내에 제기하여야 한다. 다만, 행정심판청구를 할 수 있는 경우 또는 행정청이 행정심판청구를 할 수 있다고 잘못 알린 경우에 행정심판청구가 있은 때의 기간은 (㉢)을 (㉣)부터 기산한다. 한편 취소소송은 처분등이 있은 날부터 (㉤)을 경과하면 이를 제기하지 못한다. 다만, 정당한 사유가 있는 때에는 그러하지 아니하다.

	㉠	㉡	㉢	㉣	㉤
①	있은 날	30일	결정서의 정본	통지받은 날	180일
②	있음을 안 날	90일	재결서의 정본	송달받은 날	1년
③	있은 날	1년	결정서의 부본	통지받은 날	2년
④	있음을 안 날	1년	재결서의 부본	송달받은 날	3년

510

해설 행정소송법 제20조 제1항, 제2항

행정소송법	제20조(제소기간) ① 취소소송은 처분등이 ㉠ (있음을 안 날)부터 ㉡ (90일) 이내에 제기하여야 한다. 다만, 제18조 제1항 단서에 규정한 경우와 그 밖에 행정심판청구를 할 수 있는 경우 또는 행정청이 행정심판청구를 할 수 있다고 잘못 알린 경우에 행정심판청구가 있은 때의 기간은 ㉢ (재결서의 정본)을 ㉣ (송달받은 날)부터 기산한다. ② 취소소송은 처분등이 있은 날부터 ㉤ (1년)을 경과하면 이를 제기하지 못한다. 다만, 정당한 사유가 있는 때에는 그러하지 아니하다.

정답 ②

기출테마 98 행정심판의 전치

기출테마 99 관할 법원

511 [회독] □□□
23년 군무원 9급

헌법재판소와 대법원 판례의 내용으로 옳지 않은 것은?

① 「감염병의 예방 및 관리에 관한 법률」 제71조에 의한 예방접종 피해에 대한 국가의 보상책임은 무과실책임이지만, 질병, 장애 또는 사망이 예방접종으로 발생하였다는 점이 인정되어야 한다.

② 당사자적격, 권리보호이익 등 소송요건은 직권조사사항으로서 당사자가 주장하지 아니하더라도 법원이 직권으로 조사하여 판단하여야 하고, 사실심 변론종결 이후에 소송요건이 흠결되거나 그 흠결이 치유된 경우 상고심에서도 이를 참작하여야 한다.

③ 법령이 특정한 행정기관 등으로 하여금 다른 행정기관을 상대로 제재적 조치를 취할 수 있도록 하면서, 그에 따르지 않으면 그 행정기관에 대하여 과태료를 부과하거나 형사처벌을 할 수 있도록 정하는 경우, 제재적 조치의 상대방인 행정기관 등에게 항고소송 원고로서의 당사자능력과 원고적격을 인정할 수 없다.

④ 원고가 「행정소송법」상 항고소송으로 제기해야 할 사건을 민사소송으로 잘못 제기한 경우에 수소법원이 그 항고소송에 대한 관할을 가지고 있지 아니하여 관할법원에 이송하는 결정을 하였고, 그 이송결정이 확정된 후 원고가 항고소송으로 소 변경을 하였다면, 그 항고소송에 대한 제소기간의 준수 여부는 원칙적으로 처음에 소를 제기한 때를 기준으로 판단하여야 한다.

511

[해설] ① (○) "구 전염병예방법 제54조의2의 규정에 의한 국가의 보상책임은 무과실책임이기는 하지만, 책임이 있다고 하기 위해서는 질병, 장애 또는 사망(이하 '장애 등'이라 한다)이 당해 예방접종으로 인한 것임을 인정할 수 있어야 한다." (대법원 2014.5.16. 선고 2014두274)

② (○) "당사자적격, 권리보호이익 등 소송요건은 직권조사사항으로서 당사자가 주장하지 아니하더라도 법원이 직권으로 조사하여 판단하여야 하고, 사실심 변론종결 이후에 소송요건이 흠결되거나 그 흠결이 치유된 경우 상고심에서도 이를 참작하여야 한다." (대법원 2011.2.10. 선고 2010다87535)

③ (✕) "법령이 특정한 행정기관 등으로 하여금 다른 행정기관을 상대로 제재적 조치를 취할 수 있도록 하면서, 그에 따르지 않으면 그 행정기관에 대하여 과태료를 부과하거나 형사처벌을 할 수 있도록 정하는 경우가 있다. 이러한 경우에는 단순히 국가기관이나 행정기관의 내부적 문제라거나 권한 분장에 관한 분쟁으로만 볼 수 없다. 행정기관의 제재적 조치의 내용에 따라 '구체적 사실에 대한 법집행으로서 공권력의 행사'에 해당할 수 있고, 그러한 조치의 상대방인 행정기관이 입게 될 불이익도 명확하다. 그런데도 그러한 제재적 조치를 기관소송이나 권한쟁의심판을 통하여 다툴 수 없다면, 제재적 조치는 그 성격상 단순히 행정기관 등 내부의 권한 행사에 머무는 것이 아니라 상대방에 대한 공권력 행사로서 항고소송을 통한 주관적 구제대상이 될 수 있다고 보아야 한다. 기관소송 법정주의를 취하면서 제한적으로만 이를 인정하고 있는 현행 법령의 체계에 비추어 보면, 이 경우 항고소송을 통한 구제의 길을 열어주는 것이 법치국가 원리에도 부합한다. 따라서 이러한 권리구제나 권리보호의 필요성이 인정된다면 예외적으로 그 제재적 조치의 상대방인 행정기관 등에게 항고소송 원고로서의 당사자능력과 원고적격을 인정할 수 있다." (대법원 2018.8.1. 선고 2014두35379)

④ (○) "원고가 행정소송법상 항고소송으로 제기해야 할 사건을 민사소송으로 잘못 제기한 경우에 수소법원이 그 항고소송에 대한 관할을 가지고 있지 아니하여 관할법원에 이송하는 결정을 하였고, 그 이송결정이 확정된 후 원고가 항고소송으로 소 변경을 하였다면, 그 항고소송에 대한 제소기간의 준수 여부는 원칙적으로 처음에 소를 제기한 때를 기준으로 판단하여야 한다." (대법원 2022.11.17. 선고 2021두44425)

정답 ③

기출테마 100 관련청구소송의 이송과 병합

512 [회독] ☐☐☐

행정소송상 재판관할에 대한 설명으로 옳지 않은 것은?

① 토지의 수용 기타 부동산에 관계되는 처분등에 대한 취소소송은 그 부동산의 소재지를 관할하는 행정법원에 이를 제기할 수 있다.

② 수소법원의 재판관할권 유무는 법원의 직권조사사항이며, 소송당사자에게도 관할위반을 이유로 하는 이송신청권이 인정된다.

③ 원고가 고의 또는 중대한 과실 없이 행정소송으로 제기하여야 할 사건을 민사소송으로 잘못 제기한 경우, 수소법원으로서는 만약 그 행정소송에 대한 관할도 동시에 가지고 있다면 이를 행정소송으로 심리·판단하여야 한다.

④ 처분과 관련되는 손해배상청구소송이 계속된 법원에 당해 처분에 대한 취소소송을 병합할 수는 없다.

512

해설 ① (○) 행정소송법 제9조 제3항

행정소송법	제9조(재판관할) ③ 토지의 수용 기타 부동산 또는 특정의 장소에 관계되는 처분등에 대한 취소소송은 그 부동산 또는 장소의 소재지를 관할하는 행정법원에 이를 제기할 수 있다.

② (×) "수소법원의 재판관할권 유무는 법원의 직권조사사항으로서 법원이 그 관할에 속하지 아니함을 인정한 때에는 민사소송법 제34조 제1항에 의하여 직권으로 이송결정을 하는 것이고, 소송당사자에게 관할위반을 이유로 하는 이송신청권이 있는 것은 아니다. 따라서 당사자가 관할위반을 이유로 한 이송신청을 한 경우에도 이는 단지 법원의 직권발동을 촉구하는 의미밖에 없다." (대법원 2018.1.19.자 2017마1332)

③ (○) "원고가 고의 또는 중대한 과실 없이 행정소송으로 제기하여야 할 사건을 민사소송으로 잘못 제기한 경우, 수소법원으로서는 만약 그 행정소송에 대한 관할도 동시에 가지고 있다면 이를 행정소송으로 심리·판단하여야 하고, 그 행정소송에 대한 관할을 가지고 있지 아니하다면 관할법원에 이송하여야 한다." (대법원 2021.2.4. 선고 2019다277133)

④ (○) 관련청구소송을 취소소송에 병합해야 한다(행정소송법 제10조 제2항).

행정소송법	제10조(관련청구소송의 이송 및 병합) ① 취소소송과 다음 각호의 1에 해당하는 소송(이하 "관련청구소송"이라 한다)이 각각 다른 법원에 계속되고 있는 경우에 관련청구소송이 계속된 법원이 상당하다고 인정하는 때에는 당사자의 신청 또는 직권에 의하여 이를 취소소송이 계속된 법원으로 이송할 수 있다. 1. 당해 처분등과 관련되는 손해배상·부당이득반환·원상회복등 청구소송 2. 당해 처분등과 관련되는 취소소송 ② 취소소송에는 사실심의 변론종결시까지 관련청구소송을 병합하거나 피고외의 자를 상대로 한 관련청구소송을 취소소송이 계속된 법원에 병합하여 제기할 수 있다.

정답 ②

기출테마 101 | 협의의 소의 이익

513 [회독] □□□   22년 군무원 9급

다음 중 취소소송에 대한 설명으로 가장 옳지 않은 것은? (단, 다툼이 있는 경우 판례에 의함)

① 제재적 행정처분의 효력이 제재기간 경과로 소멸하였더라도 관련 법규에서 제재적 행정처분을 받은 사실을 가중사유나 전제요건으로 삼아 장래의 제재적 행정처분을 하도록 정하고 있다면, 선행처분의 취소를 구할 법률상 이익이 있다.

② 행정처분의 취소소송 계속 중 처분청이 다툼의 대상이 되는 행정처분을 직권으로 취소하면 그 처분은 효력을 상실하여 더 이상 존재하지 않는 것이므로 존재하지 않는 처분을 대상으로 한 항고소송은 원칙적으로 소의 이익이 소멸하여 부적법하다.

③ 고등학교 졸업이 대학 입학 자격이나 학력인정으로서의 의미밖에 없다고 할 수 없으므로 고등학교졸업학력검정고시에 합격하였다 하여 고등학교 학생으로서의 신분과 명예가 회복될 수 없는 것이니 퇴학처분을 받은 자로서는 퇴학처분의 위법을 주장하여 그 취소를 구할 소송상의 이익이 있다.

④ 소송계속 중 해당 처분이 기간의 경과로 그 효과가 소멸하더라도 예외적으로 그 처분의 취소를 구할 소의 이익을 인정할 수 있는 '행정처분과 동일한 사유로 위법한 처분이 반복될 위험성이 있는 경우'란 해당 사건의 동일한 소송 당사자 사이에서 반복될 위험이 있는 경우만을 의미한다.

513

해설 ① (○) "제재적 행정처분이 그 처분에서 정한 제재기간의 경과로 인하여 그 효과가 소멸되었으나, 부령인 시행규칙 또는 지방자치단체의 규칙의 형식으로 정한 처분기준에서 제재적 행정처분을 받은 것을 가중사유나 전제요건으로 삼아 장래의 제재적 행정처분을 하도록 정하고 있는 경우, 선행처분인 제재적 행정처분을 받은 상대방이 그 처분에서 정한 제재기간이 경과하였다 하더라도 그 처분의 취소를 구할 법률상 이익이 있다." (대법원 2006.6.22. 선고 2003두1684 전원합의체)

② (○) "행정처분의 무효확인 또는 취소를 구하는 소가 제소 당시에는 소의 이익이 있어 적법하였더라도, 소송 계속 중 처분청이 다툼의 대상이 되는 행정처분을 직권으로 취소하면 그 처분은 효력을 상실하여 더 이상 존재하지 않는 것이므로, 존재하지 않는 처분을 대상으로 한 항고소송은 원칙적으로 소의 이익이 소멸하여 부적법하다고 보아야 한다." (대법원 2020.4.9. 선고 2019두49953)

③ (○) "고등학교졸업이 대학입학자격이나 학력인정으로서의 의미밖에 없다고 할 수 없으므로 고등학교졸업학력검정고시에 합격하였다 하여 고등학교 학생으로서의 신분과 명예가 회복될 수 없는 것이니 퇴학처분을 받은 자로서는 퇴학처분의 위법을 주장하여 그 취소를 구할 소송상의 이익이 있다." (대법원 1992.7.14. 선고 91누4737)

④ (×) "행정처분의 무효 확인 또는 취소를 구하는 소가 제소 당시에는 소의 이익이 있어 적법하였는데, 소송계속 중 해당 행정처분이 기간의 경과 등으로 그 효과가 소멸한 때에 처분이 취소되어도 원상회복이 불가능하다고 보이는 경우라도, 무효 확인 또는 취소로써 회복할 수 있는 다른 권리나 이익이 남아 있거나 또는 그 행정처분과 동일한 사유로 위법한 처분이 반복될 위험성이 있어 행정처분의 위법성 확인 내지 불분명한 법률문제에 대한 해명이 필요한 경우에는 행정의 적법성 확보와 그에 대한 사법통제, 국민의 권리구제 확대 등의 측면에서 예외적으로 그 처분의 취소를 구할 소의 이익을 인정할 수 있다. 여기에서 '그 행정처분과 동일한 사유로 위법한 처분이 반복될 위험성이 있는 경우'란 불분명한 법률문제에 대한 해명이 필요한 상황에 대한 대표적인 예시일 뿐이며, 반드시 '해당 사건의 동일한 소송 당사자 사이에서' 반복될 위험이 있는 경우만을 의미하는 것은 아니다." (대법원 2020.12.24. 선고 2020두30450)

정답 ④

514 [회독] ☐☐☐　　　　　　　　

「행정소송법」상 취소소송에 대한 설명으로 옳지 않은 것은?

① 부당해고 구제신청에 관한 중앙노동위원회의 결정에 대하여 취소소송을 제기하는 경우, 법원은 중앙노동위원회의 결정 후에 생긴 사유를 들어 그 결정의 적법 여부를 판단할 수 있다.

② 취소소송에서 쟁송의 대상이 되는 행정처분의 존부는 소송요건으로서 법원의 직권조사사항이고 자백의 대상이 될 수 없다.

③ 이미 직위해제처분을 받아 직위해제된 공무원에 대하여 행정청이 새로운 사유에 기하여 직위해제처분을 하였다면, 이전 직위해제처분의 취소를 구하는 소송을 제기하는 것은 부적법하다.

④ 취소소송 계속 중에 처분청이 계쟁 처분을 직권으로 취소하더라도, 동일한 소송 당사자 사이에서 그 처분과 동일한 사유로 위법한 처분이 반복될 위험성이 있어 그 처분에 대한 위법성의 확인이 필요한 경우에는 그 처분의 취소를 구할 소의 이익이 있다.

514

해설 ① (✕) "부당해고 구제신청에 관한 중앙노동위원회의 명령 또는 결정의 취소를 구하는 소송에서 그 명령 또는 결정이 적법한지는 그 명령 또는 결정이 이루어진 시점을 기준으로 판단하여야 하고, 그 명령 또는 결정 후에 생긴 사유를 들어 적법 여부를 판단할 수는 없으나, 그 명령 또는 결정의 기초가 된 사실이 동일하다면 노동위원회에서 주장하지 아니한 사유도 행정소송에서 주장할 수 있다."(대법원 2021.7.29. 선고 2016두64876)

② (〇) "행정소송에서 쟁송의 대상이 되는 행정처분의 존부는 소송요건으로서 직권조사사항이고, 자백의 대상이 될 수 없는 것이므로, 설사 그 존재를 당사자들이 다투지 아니한다 하더라도 그 존부에 관하여 의심이 있는 경우에는 이를 직권으로 밝혀 보아야 할 것이고, 사실심에서 변론종결시까지 당사자가 주장하지 않던 직권조사사항에 해당하는 사항을 상고심에서 비로소 주장하는 경우 그 직권조사사항에 해당하는 사항은 상고심의 심판범위에 해당한다."(대법원 2004.12.24. 선고 2003두15195)

③ (〇) "행정청이 공무원에 대하여 새로운 직위해제사유에 기한 직위해제처분을 한 경우 그 이전에 한 직위해제처분은 이를 묵시적으로 철회하였다고 봄이 상당하므로, 그 이전 처분의 취소를 구하는 부분은 존재하지 않는 행정처분을 대상으로 한 것으로서 그 소의 이익이 없어 부적법하다."(대법원 2003.10.10. 선고 2003두5945)

④ (〇) "제소 당시에는 권리보호의 이익을 갖추었는데 제소 후 취소 대상 행정처분이 기간의 경과 등으로 그 효과가 소멸한 때, 동일한 소송 당사자 사이에서 동일한 사유로 위법한 처분이 반복될 위험성이 있어 행정처분의 위법성 확인 내지 불분명한 법률문제에 대한 해명이 필요하다고 판단되는 경우, 그리고 선행처분과 후행처분이 단계적인 일련의 절차로 연속하여 행하여져 후행처분이 선행처분의 적법함을 전제로 이루어짐에 따라 선행처분의 하자가 후행처분에 승계된다고 볼 수 있어 이미 소를 제기하여 다투고 있는 선행처분의 위법성을 확인하여 줄 필요가 있는 경우 등에는 행정의 적법성 확보와 그에 대한 사법통제, 국민의 권리구제의 확대 등의 측면에서 여전히 그 처분의 취소를 구할 법률상 이익이 있다."(대법원 2007.7.19. 선고 2006두19297 전원합의체)

정답 ①

515 [회독] ☐☐☐　　　　　　23년 소방직

「행정소송법」에 따른 법률상 이익에 관한 설명으로 옳지 않은 것은? (다툼이 있는 경우 판례에 의함)

① 행정처분의 무효확인 또는 취소를 구하는 소에서, 비록 행정처분의 위법을 이유로 무효확인 또는 취소 판결을 받더라도 그 처분에 의하여 발생한 위법상태를 원상으로 회복시키는 것이 불가능한 경우에는 원칙적으로 그 무효확인 또는 취소를 구할 법률상 이익이 없다.

② 행정청이 한 처분등의 취소를 구하는 것보다 실효적이고 직접적인 구제수단이 있음에도 처분등의 취소를 구하는 것은 특별한 사정이 없는 한 분쟁해결의 유효적절한 수단이라고 할 수 없어 법률상 이익이 없다.

③ 지방의회 의원에 대한 제명의결 취소소송 계속 중 의원의 임기가 만료되었다면, 제명의결시부터 임기만료일까지의 기간에 대한 월정수당의 지급을 구할 수 있다고 하더라도 그 제명의결의 취소를 구할 법률상 이익이 없다.

④ 행정처분이 취소되면 그 처분은 취소로 인하여 그 효력이 상실되어 더 이상 존재하지 않는 것이고, 그 처분을 대상으로 한 취소소송의 경우 법률상 이익이 없다.

515

해설 ① (○) "행정처분의 무효확인 또는 취소를 구하는 소에서, 비록 행정처분의 위법을 이유로 무효확인 또는 취소 판결을 받더라도 처분에 의하여 발생한 위법상태를 원상으로 회복시키는 것이 불가능한 경우에는 원칙적으로 무효확인 또는 취소를 구할 법률상 이익이 없고, 다만 원상회복이 불가능하더라도 무효확인 또는 취소로써 회복할 수 있는 다른 권리나 이익이 남아 있는 경우 예외적으로 법률상 이익이 인정될 수 있을 뿐이다." (대법원 2016.6.10. 선고 2013두1638)

② (○) "행정청이 한 처분 등의 취소를 구하는 소송은 처분에 의하여 발생한 위법 상태를 배제하여 원래 상태로 회복시키고 처분으로 침해된 권리나 이익을 구제하고자 하는 것이다. 따라서 해당 처분 등의 취소를 구하는 것보다 실효적이고 직접적인 구제수단이 있음에도 처분 등의 취소를 구하는 것은 특별한 사정이 없는 한 분쟁해결의 유효적절한 수단이라고 할 수 없어 법률상 이익이 있다고 할 수 없다." (대법원 2017.10.31. 선고 2015두45045)

③ (✕) 이 경우에는 법률상 이익 즉, 소의 이익이 인정된다. "지방의회 의원에 대한 제명의결 취소소송 계속중 의원의 임기가 만료된 경우, 제명의결의 취소로 의원의 지위를 회복할 수는 없다 하더라도 제명의결시부터 임기만료일까지의 기간에 대한 월정수당의 지급을 구할 수 있는 등 여전히 그 제명의결의 취소를 구할 법률상 이익이 있다." (대법원 2009.1.30. 선고 2007두13487)

④ (○) "행정처분이 취소되면 그 처분은 취소로 인하여 그 효력이 상실되어 더 이상 존재하지 않는 것이고, 존재하지 않는 행정처분을 대상으로 한 취소소송은 소의 이익이 없어 부적법하다." (대법원 2006.9.28. 선고 2004두5317)

정답 ③

516 [회독] □□□ 24년 군무원 9급

다음 중 항고소송의 소의 이익에 대한 판례의 설명으로 가장 적절하지 않은 것은?

① 부령인 시행규칙 형식으로 정한 처분기준에서 제재적 행정처분을 받은 것을 가중사유나 전제 요건으로 삼아 장래의 제재적 행정처분을 하도록 정하고 있는 경우, 선행처분인 제재적 행정처분을 받은 상대방이 그 처분에서 정한 제재기간이 경과하였다 하더라도 그 처분의 취소를 구할 법률상 이익이 있다.

② 권리보호의 필요성 유무를 판단할 때에는 국민의 재판청구권을 보장한 헌법 제27조 제1항의 취지와 행정처분으로 인한 권익침해를 효과적으로 구제하려는 「행정소송법」의 목적 등에 비추어 행정처분의 존재로 인하여 국민의 권익이 실제로 침해되고 있는 경우는 물론이고 권익침해의 구체적·현실적 위험이 있는 경우에도 이를 구제하는 소송이 허용되어야 한다는 요청을 고려하여야 한다.

③ 행정처분과 동일한 사유로 위법한 처분이 반복될 위험성이 있어 행정처분의 위법성 확인 내지 불분명한 법률문제에 대한 해명이 필요한 경우에는 취소를 구할 소의 이익을 인정할 수 있는데, 그 행정처분과 동일한 사유로 위법한 처분이 반복될 위험성이 있는 경우란 해당 사건의 동일한 소송당사자 사이에서 반복될 위험이 있는 경우만을 의미한다.

④ 행정처분의 무효확인 또는 취소를 구하는 소가 제소 당시에는 소의 이익이 있어 적법하였더라도, 소송 계속 중 처분청이 다툼의 대상이 되는 행정처분을 직권으로 취소하면 그 처분은 효력을 상실하여 더 이상 존재하지 않는 것으로, 존재하지 않는 그 처분을 대상으로 한 항고소송은 원칙적으로 소의 이익이 소멸하여 부적법하다.

516

해설 ①, ② (○) "국민의 재판청구권을 보장한 헌법 제27조 제1항의 취지와 행정처분으로 인한 권익침해를 효과적으로 구제하려는 행정소송법의 목적 등에 비추어 행정처분의 존재로 인하여 국민의 권익이 실제로 침해되고 있는 경우는 물론이고 권익침해의 구체적·현실적 위험이 있는 경우에도 이를 구제하는 소송이 허용되어야 한다는 요청을 고려하면, 규칙이 정한 바에 따라 선행처분을 가중사유 또는 전제요건으로 하는 후행처분을 받을 우려가 현실적으로 존재하는 경우에는, 선행처분을 받은 상대방은 비록 그 처분에서 정한 제재기간이 경과하였다 하더라도 그 처분의 취소소송을 통하여 그러한 불이익을 제거할 권리보호의 필요성이 충분히 인정된다고 할 것이므로, 선행처분의 취소를 구할 법률상 이익이 있다." (대법원 2006.6.22. 선고 2003두1684 전원합의체)

③ (×) "행정처분의 무효 확인 또는 취소를 구하는 소가 제소 당시에는 소의 이익이 있어 적법하였는데, 소송계속 중 해당 행정처분이 기간의 경과 등으로 그 효과가 소멸한 때에 처분이 취소되어도 원상회복이 불가능하다고 보이는 경우라도, 무효 확인 또는 취소로써 회복할 수 있는 다른 권리나 이익이 남아 있거나 또는 그 행정처분과 동일한 사유로 위법한 처분이 반복될 위험성이 있어 행정처분의 위법성 확인 내지 불분명한 법률문제에 대한 해명이 필요한 경우에는 행정의 적법성 확보와 그에 대한 사법통제, 국민의 권리구제 확대 등의 측면에서 예외적으로 그 처분의 취소를 구할 소의 이익을 인정할 수 있다. 여기에서 '그 행정처분과 동일한 사유로 위법한 처분이 반복될 위험성이 있는 경우'란 불분명한 법률문제에 대한 해명이 필요한 상황에 대한 대표적인 예시일 뿐이며, 반드시 '해당 사건의 동일한 소송 당사자 사이에서' 반복될 위험이 있는 경우만을 의미하는 것은 아니다." (대법원 2020.12.24. 선고 2020두30450)

④ (○) "행정처분을 다툴 소의 이익은 개별·구체적 사정을 고려하여 판단하여야 한다. 행정처분의 무효확인 또는 취소를 구하는 소가 제소 당시에는 소의 이익이 있어 적법하였더라도, 소송 계속 중 처분청이 다툼의 대상이 되는 행정처분을 직권으로 취소하면 그 처분은 효력을 상실하여 더 이상 존재하지 않는 것이므로, 존재하지 않는 처분을 대상으로 한 항고소송은 원칙적으로 소의 이익이 소멸하여 부적법하다." (대법원 2020.4.9. 선고 2019두49953)

정답 ③

517 [회독] ☐☐☐

X시의 공무원 **甲**은 **乙**이 건축한 건물이 건축허가에 위반하였다는 이유로 철거명령과 행정대집행법상의 절차를 거쳐 대집행을 완료하였다. 乙은 행정대집행의 처분들이 하자가 있다는 이유로 행정소송 및 손해배상소송을 제기하려고 한다. 다음 중 설명으로 가장 옳지 않은 것은? (단, 다툼이 있는 경우 판례에 의함)

① 乙이 취소소송을 제기하는 경우, 행정대집행이 이미 완료된 것이므로 소의 이익이 없어 각하판결을 받을 것이다.

② 乙이 손해배상소송을 제기하는 경우, 민사법원은 그 행정처분이 위법인지 여부는 심사할 수 없다.

③ 「행정소송법」은 처분 등의 효력 유무 또는 존재 여부가 민사소송의 선결문제로 되는 경우 당해 민사소송의 수소법원이 이를 심리·판단할 수 있는 것으로 규정하고 있다.

④ X시의 손해배상책임이 인정된다면 X시는 고의 또는 중대한 과실이 있는 甲에게 구상할 수 있다.

517

해설 ① (○) "위법한 행정대집행이 완료되면 그 처분의 무효확인 또는 취소를 구할 소의 이익은 없다 하더라도, 미리 그 행정처분의 취소판결이 있어야만, 그 행정처분의 위법임을 이유로 한 손해배상 청구를 할 수 있는 것은 아니다." (대법원 1972.4.28. 선고 72다337)

② (✕) 이 경우 민사법원은 그 행정처분이 위법인지 여부를 심사할 수 있다.

③ (○) 행정소송법 제11조 제1항은 이것이 가능함을 전제로 규정되어 있다.

행정소송법	제11조(선결문제) ① 처분등의 효력 유무 또는 존재 여부가 민사소송의 선결문제로 되어 당해 민사소송의 수소법원이 이를 심리·판단하는 경우에는 제17조, 제25조, 제26조 및 제33조의 규정을 준용한다.

④ (○) 국가배상법 제2조 제1항, 제2항

국가배상법	제2조(배상책임) ① 국가나 지방자치단체는 공무원 또는 공무를 위탁받은 사인(이하 "공무원"이라 한다)이 직무를 집행하면서 고의 또는 과실로 법령을 위반하여 타인에게 손해를 입히거나, 「자동차손해배상 보장법」에 따라 손해배상의 책임이 있을 때에는 이 법에 따라 그 손해를 배상하여야 한다. (단서 생략) ② 제1항 본문의 경우에 공무원에게 고의 또는 중대한 과실이 있으면 국가나 지방자치단체는 그 공무원에게 구상(求償)할 수 있다.

정답 ②

518 [회독] ▢▢▢　　　21년 소방직

행정행위에 관한 설명으로 옳지 않은 것은? (다툼이 있는 경우 판례에 의함)

① 행정행위의 부관 중 행정행위에 부수하여 그 상대방에게 일정한 의무를 부과하는 행정청의 의사표시인 부담은 그 자체만으로 행정소송의 대상이 될 수 있다.

② 현역입영대상자는 현역병입영통지처분에 따라 현실적으로 입영을 하였다 할지라도, 입영 이후의 법률관계에 영향을 미치고 있는 현역병입영통지처분을 한 관할지방병무청장을 상대로 위법을 주장하여 그 취소를 구할 수 있다.

③ 재량행위가 법령이나 평등원칙을 위반한 경우뿐만 아니라 합목적성의 판단을 그르친 경우에도 위법한 처분으로서 행정소송의 대상이 된다.

④ 허가의 신청 후 법령의 개정으로 허가기준이 변경된 경우에는 신청할 당시의 법령이 아닌 행정행위 발령 당시의 법령을 기준으로 허가 여부를 판단하는 것이 원칙이다.

519 [회독] ▢▢▢　　　21년 지방 9급

행정소송상 협의의 소익에 대한 설명으로 옳은 것만을 모두 고르면? (다툼이 있는 경우 판례에 의함)

> ㉠ 월정수당을 받는 지방의회 의원에 대한 제명의결 취소소송 계속중 의원의 임기가 만료된 경우 지방의회 의원은 그 제명의결의 취소를 구할 법률상 이익이 있다.
> ㉡ 파면처분 취소소송의 사실심 변론종결 전에 금고 이상의 형을 선고받아 당연퇴직된 경우에도 해당 공무원은 파면처분의 취소를 구할 이익이 있다.
> ㉢ 공익근무요원 소집해제신청을 거부한 후에 원고가 계속하여 공익근무요원으로 복무함에 따라 복무기간 만료를 이유로 소집해제처분을 한 경우, 원고는 거부처분의 취소를 구할 소의 이익이 있다.

① ㉠　　　　　　　② ㉡
③ ㉠, ㉡　　　　　④ ㉡, ㉢

518

해설 ① (○) "행정행위의 부관은 행정행위의 일반적인 효력이나 효과를 제한하기 위하여 의사표시의 주된 내용에 부가되는 종된 의사표시이지 그 자체로서 직접 법적 효과를 발생하는 독립된 처분이 아니므로 현행 행정쟁송제도 아래서는 부관 그 자체만을 독립된 쟁송의 대상으로 할 수 없는 것이 원칙이나 행정행위의 부관 중에서도 행정행위에 부수하여 그 행정행위의 상대방에게 일정한 의무를 부과하는 행정청의 의사표시인 부담의 경우에는 다른 부관과는 달리 행정행위의 불가분적인 요소가 아니고 그 존속이 본체인 행정행위의 존재를 전제로 하는 것일 뿐이므로 부담 그 자체로서 행정쟁송의 대상이 될 수 있다." (대법원 1992.1.21. 선고 91누1264)

② (○) "현역입영대상자로서는 현실적으로 입영을 하였다고 하더라도, 입영 이후의 법률관계에 영향을 미치고 있는 현역병입영통지처분 등을 한 관할지방병무청장을 상대로 위법을 주장하여 그 취소를 구할 소송상의 이익이 있다." (대법원 2003.12.26. 선고 2003두1875)

③ (✕) 재량행위가 단순하게 합목적성의 판단을 그르쳐 발급된 경우를, '부당'(不當)하다고 한다. 이 경우에는 위법하게 되는 것까지는 아니기 때문에, 행정소송의 대상이 되지 않는다. 소송은 위법·적법 여부를 판단하는 제도이기 때문이다.

④ (○) "허가 등의 행정처분은 원칙적으로 처분시의 법령과 허가기준에 의하여 처리되어야 하고 허가신청 당시의 기준에 따라야 하는 것은 아니며, 비록 허가신청 후 허가기준이 변경되었다 하더라도 그 허가관청이 허가신청을 수리하고도 정당한 이유 없이 그 처리를 늦추어 그 사이에 허가기준이 변경된 것이 아닌 이상 변경된 허가기준에 따라서 처분을 하여야 한다." (대법원 1996.8.20. 선고 95누10877)

정답 ③

519

해설 ㉠ (○) "지방의회 의원에 대한 제명의결 취소소송 계속중 의원의 임기가 만료된 경우, 제명의결의 취소로 의원의 지위를 회복할 수는 없다 하더라도, 제명의결시부터 임기만료일까지의 기간에 대한 월정수당의 지급을 구할 수 있는 등 여전히 그 제명의결의 취소를 구할 법률상 이익이 있다." (대법원 2009.1.30. 선고 2007두13487)

㉡ (○) "파면처분 취소소송의 사실심변론종결 전에 원고가 허위공문서등 작성죄로 징역 8월에 2년간 집행유예의 형을 선고받아 확정되었다면 원고는 지방공무원법 제61조의 규정에 따라 위 판결이 확정된 날 당연퇴직되어 그 공무원의 신분을 상실하고, 당연퇴직이나 파면이 퇴직급여에 관한 불이익의 점에 있어 동일하다 하더라도 최소한도 이 사건 파면처분이 있은 때부터 위 법규정에 의한 당연퇴직일자까지의 기간에 있어서는 파면처분의 취소를 구하여 그로 인해 박탈당한 이익의 회복을 구할 소의 이익이 있다 할 것이다." (대법원 1985.6.25. 선고 85누39)

㉢ (✕) "공익근무요원 소집해제신청을 거부한 후에 원고가 계속하여 공익근무요원으로 복무함에 따라 복무기간 만료를 이유로 소집해제처분을 한 경우, 원고가 입게 되는 권리와 이익의 침해는 소집해제처분으로 해소되었으므로 위 거부처분의 취소를 구할 소의 이익이 없다." (대법원 2005.5.13. 선고 2004두4369)

정답 ③

520 [회독] ☐☐☐　　　25년 소방직

취소소송의 소의 이익과 피고적격에 관한 설명으로 옳지 않은 것은? (다툼이 있는 경우 판례에 의함)

① 행정처분의 취소를 구하는 행정소송은 다른 법률에 특별한 규정이 없는 한 그 처분을 행한 행정청을 피고로 하여야 하며, 행정처분을 행할 적법한 권한 있는 상급행정청으로부터 내부위임을 받은 데 불과한 하급행정청이 권한 없이 행정처분을 한 경우에도 피고는 실제로 그 처분을 행한 하급행정청이다.

② 국립대학교 특별전형 불합격처분에 대한 취소소송에서 원고들이 불합격처분의 취소를 구하는 소송계속 중 당해년도의 입학시기가 지났다면 원고들로서는 불합격처분의 적법여부를 다툴만한 법률상의 이익이 없다.

③ 사실심 변론종결일 현재 토석채취 허가기간이 경과하였다면 그 허가는 이미 실효되었다고 할 것이어서 새로 토석채취허가를 받지 아니하고는 채석을 계속할 수 없고, 나아가 토석채취허가 취소처분이 외형상 잔존함으로 말미암아 어떠한 법률상 불이익이 있다고 볼 만한 특별한 사정도 없다면 위 취소처분의 취소를 구하는 소는 소의 이익이 없다.

④ 행정처분의 취소를 구하는 소가 제소 당시에는 소의 이익이 있어 적법하였는데, 소송계속 중 해당 행정처분이 기간의 경과 등으로 그 효과가 소멸한 때에 처분이 취소되어도 원상회복이 불가능하다고 보이는 경우라도, 그 행정처분과 동일한 사유로 위법한 처분이 반복될 위험성이 있어 행정처분의 위법성 확인 내지 불분명한 법률문제에 대한 해명이 필요한 경우에는 예외적으로 그 처분의 취소를 구할 소의 이익을 인정할 수 있다.

520

해설 ① (○) "행정처분의 취소 또는 무효확인을 구하는 행정소송은 다른 법률에 특별한 규정이 없는 한 그 처분을 행한 행정청을 피고로 하여야 하며, 행정처분을 행할 적법한 권한 있는 상급행정청으로부터 내부위임을 받은 데 불과한 하급행정청이 권한 없이 행정처분을 한 경우에도 실제로 그 처분을 행한 하급행정청을 피고로 하여야 할 것이지 그 처분을 행할 적법한 권한 있는 상급행정청을 피고로 할 것은 아니다." (대법원 1994.8.12. 선고 94누2763)

② (✕) "교육법시행령 제72조, 서울대학교학칙 제37조 제1항 소정의 학생의 입학시기에 관한 규정이나 대학학생정원령 제2조 소정의 입학정원에 관한 규정은 학사운영 등 교육행정을 원활하게 수행하기 위한 행정상의 필요에 의하여 정해놓은 것으로서 어느 학년도의 합격자는 반드시 당해 년도에만 입학하여야 한다고 볼 수 없으므로 원고들이 불합격처분의 취소를 구하는 이 사건 소송계속 중 당해년도의 입학시기가 지났더라도 당해 년도의 합격자로 인정되면 다음년도의 입학시기에 입학할 수도 있다고 할 것이고, 피고의 위법한 처분이 있게 됨에 따라 당연히 합격하였어야 할 원고들이 불합격처리되고 불합격되었어야 할 자들이 합격한 결과가 되었다면 원고들은 입학정원에 들어가는 자들이라고 하지 않을 수 없다고 할 것이므로 원고들로서는 피고의 불합격처분의 적법여부를 다툴만한 법률상의 이익이 있다고 할 것이다." (대법원 1990.8.28. 선고 89누8255)

③ (○) "사실심 변론종결일 현재 토석채취 허가기간이 경과하였다면 그 허가는 이미 실효되었다고 할 것이어서 새로 토석채취허가를 받지 아니하고는 채석을 계속할 수 없고, 나아가 토석채취허가 취소처분이 외형상 잔존함으로 말미암아 어떠한 법률상 불이익이 있다고 볼 만한 특별한 사정도 없다면 위 취소처분의 취소를 구하는 소는 소의 이익이 없다." (대법원 1993.7.27. 선고 93누3899)

④ (○) "행정처분의 무효 확인 또는 취소를 구하는 소가 제소 당시에는 소의 이익이 있어 적법하였는데, 소송계속 중 해당 행정처분이 기간의 경과 등으로 그 효과가 소멸한 때에 처분이 취소되어도 원상회복이 불가능하다고 보이는 경우라도, 무효 확인 또는 취소로써 회복할 수 있는 다른 권리나 이익이 남아 있거나 또는 그 행정처분과 동일한 사유로 위법한 처분이 반복될 위험성이 있어 행정처분의 위법성 확인 내지 불분명한 법률문제에 대한 해명이 필요한 경우에는 행정의 적법성 확보와 그에 대한 사법통제, 국민의 권리구제 확대 등의 측면에서 예외적으로 그 처분의 취소를 구할 소의 이익을 인정할 수 있다." (대법원 2020.12.24. 선고 2020두30450)

정답 ②

521 [회독] ☐☐☐

취소소송에서 협의의 소의 이익에 대한 설명으로 옳지 않은 것은? (다툼이 있는 경우 판례에 의함)

① 현역입영대상자가 현역병입영통지처분에 따라 현실적으로 입영을 한 후에는 처분의 집행이 종료되었고 입영으로 처분의 목적이 달성되어 실효되었으므로 입영통지처분을 다툴 법률상 이익이 인정되지 않는다.

② 가중요건이 법령에 규정되어 있는 경우, 업무정지처분을 받은 후 새로운 제재처분을 받음이 없이 법률이 정한 기간이 경과하여 실제로 가중된 제재처분을 받을 우려가 없어졌다면 특별한 사정이 없는 한 업무정지처분의 취소를 구할 법률상 이익이 인정되지 않는다.

③ 공장등록이 취소된 후 그 공장시설물이 철거되었고 다시 복구를 통하여 공장을 운영할 수 없는 상태라 하더라도 대도시 안의 공장을 지방으로 이전할 경우 조세감면 및 우선입주 등의 혜택이 관계법률에 보장되어 있다면, 공장등록취소처분의 취소를 구할 법률상 이익이 인정된다.

④ 지방의회 의원에 대한 제명의결 취소소송 계속 중 의원의 임기가 만료된 경우에도 여전히 제명의결의 취소를 구할 법률상 이익이 인정된다.

521

[해설] ① (×) "현역입영대상자로서는 현실적으로 입영을 하였다고 하더라도, 입영 이후의 법률관계에 영향을 미치고 있는 현역병입영통지처분 등을 한 관할지방병무청장을 상대로 위법을 주장하여 그 취소를 구할 소송상의 이익이 있다." (대법원 2003.12.26. 선고 2003두1875)

② (○) "건축사 업무정지처분을 받은 후 새로운 업무정지처분을 받음이 없이 1년이 경과하여 실제로 가중된 제재처분을 받을 우려가 없게 된 경우, 업무정지처분에서 정한 정지기간이 경과한 후에 업무정지처분의 취소를 구할 법률상 이익이 존재하지 않는다." (대법원 2000.4.21. 선고 98두10080)

③ (○) "피고가 원고들에 대한 공장등록을 취소한 후, 그 공장들이 행정대집행에 의하여 철거되었거나 철거될 예정에 있다 하더라도, 대도시 안의 공장시설을 지방으로 이전할 경우, 조세특례제한법에 따라 설비투자에 대한 세액공제 및 소득세 등의 감면혜택이 있을 뿐 아니라, 공업배치및공장설립에관한법률 제21조 및 제25조에 따라 간이한 이전절차 및 우선 입주를 할 수 있는 혜택이 부여되어 있으므로, 비록 원고들의 각 공장이 철거되었다 하더라도 이 사건 공장등록취소처분의 취소를 구할 법률상의 이익이 있다." (대법원 2002.1.11. 선고 2000두3306)

④ (○) "지방의회 의원에 대한 제명의결 취소소송 계속 중 의원의 임기가 만료된 사안에서, 제명의결의 취소로 의원의 지위를 회복할 수는 없다 하더라도 제명의결시부터 임기만료일까지의 기간에 대한 월정수당의 지급을 구할 수 있는 등 여전히 그 제명의결의 취소를 구할 법률상 이익이 있다." (대법원 2009.1.30. 선고 2007두13487)

정답 ①

522 [회독] □□□ 20년 군무원 9급

소의 이익에 관한 판례의 내용으로 옳지 않은 것은? (다툼이 있는 경우 판례에 의함)

① 소음·진동배출시설에 대한 설치허가가 취소된 후 그 배출시설이 어떠한 경위로든 철거되어 다시 복구 등을 통하여 배출시설을 가동할 수 없는 상태라면 이는 배출시설 설치허가의 대상이 되지 아니하므로 외형상 설치허가 취소행위가 잔존하고 있다고 하여도 특단의 사정이 없는 한 이제 와서 굳이 위 처분의 취소를 구할 법률상의 이익이 없다.

② 원자로 및 관계 시설의 부지사전승인처분은 나중에 건설허가처분이 있게 되더라도 그 건설허가처분에 흡수되어 독립된 존재가치를 상실하는 것이 아니므로, 부지사전승인처분의 취소를 구할 이익이 있다.

③ 법인세 과세표준과 관련하여 과세관청이 법인의 소득처분 상대방에 대한 소득처분을 경정하면서 증액과 감액을 동시에 한 결과 전체로서 소득처분금액이 감소된 경우, 법인이 소득금액변동통지의 취소를 구할 소의 이익이 없다.

④ 건물철거 대집행계고처분 취소소송 계속 중 건물철거대집행의 계고처분에 이어 대집행의 실행으로 건물에 대한 철거가 이미 사실행위로서 완료된 경우에는 원고로서는 계고처분의 취소를 구할 소의 이익이 없게 된다.

522

해설 ① (○) "소음·진동배출시설에 대한 설치허가가 취소된 후 그 배출시설이 어떠한 경위로든 철거되어 다시 복구 등을 통하여 배출시설을 가동할 수 없는 상태라면 이는 배출시설 설치허가의 대상이 되지 아니하므로 외형상 설치허가취소 행위가 잔존하고 있다고 하여도 특단의 사정이 없는 한 이제 와서 굳이 위 처분의 취소를 구할 법률상의 이익이 없다." (대법원 2002.1.11. 선고 2000두2457)

② (×) "원자로 및 관계 시설의 부지사전승인처분은 건설허가 전에 신청자의 편의를 위하여 미리 그 건설허가의 일부 요건을 심사하여 행하는 사전적 부분 건설허가처분의 성격을 갖고 있는 것이어서 나중에 건설허가처분이 있게 되면 그 건설허가처분에 흡수되어 독립된 존재가치를 상실함으로써 그 건설허가처분만이 쟁송의 대상이 되는 것이므로, 부지사전승인처분의 취소를 구하는 소는 소의 이익을 잃게 된다." (대법원 1998.9.4. 선고 97누19588)

③ (○) "과세관청이 직권으로 상대방에 대한 소득처분을 경정하면서 일부 항목에 대한 증액과 다른 항목에 대한 감액을 동시에 한 결과 전체로서 소득처분금액이 감소된 경우에는 그에 따른 소득금액변동통지가 납세자인 당해 법인에 불이익을 미치는 처분이 아니므로 당해 법인은 그 소득금액변동통지의 취소를 구할 이익이 없다." (대법원 2012.4.13. 선고 2009두5510)

④ (○) "계고처분에 기한 대집행의 실행이 이미 사실행위로서 완료되었다면 이 사건 계고처분의 무효확인 또는 취소를 구할 법률상의 이익은 없다." (대법원 1995.7.28. 선고 95누2623)

정답 ②

기출테마 **102** 원고적격

523 [회독] ☐☐☐　　　　　　　　　23년 국가 9급

다음 사례에 대한 설명으로 옳은 것은?

> A구 의회 의원인 甲은 공무원을 폭행하는 등 의원으로서 품위를 손상시키는 행위를 하였다. 이러한 사유를 들어 A구 의회는 甲을 의원직에서 제명하는 의결을 하였다. 이에 甲은 위 제명의결을 행정소송의 방법으로 다투고자 한다.

① 甲이 제명의결을 행정소송으로 다투는 경우 소송의 유형은 무효확인소송으로 하여야 하며 취소소송으로는 할 수 없다.

② A구 의회는 입법기관으로서 행정청의 지위를 가지지 못하므로 甲에 대한 제명의결을 다투는 행정소송에서는 A구 의회 사무총장이 피고가 되어야 한다.

③ 「행정소송법」 제12조의 '법률상 이익' 개념에 관하여 법률상 이익구제설에 따르는 판례에 의하면 甲은 제명의결을 다툴 원고적격을 갖지 못한다.

④ 법원이 甲이 제기한 행정소송을 받아들여 소송의 계속 중에 甲의 임기가 만료되었더라도 수소법원은 소의 이익을 인정할 수 있다.

523

해설 ① (×) "대법원은 지방의회의 의원징계의결에 대해 처분성을 인정하여, 이에 대한 취소소송을 허용하고 있다." (대법원 2009.1.30. 선고 2007두13487, 대법원 1993.11.26. 선고 93누7341)

② (×) "지방의회의원에 대한 징계의결(제명의결)이나 지방의회의 의장선거, 의장에 대한 불신임결의의 처분청은 지방의회이므로 이들 처분에 대한 취소소송의 피고적격은 지방의회가 갖는다." (대법원 1993.11.26. 선고 93누7341)

③ (×) 법률상 이익구제설에 따르면, 불이익 처분의 직접상대방은 법률상 이익의 침해를 인정받게 되므로, 甲은 제명의결의 직접상대방으로서, 그에 대하여 다툴 원고적격을 갖는다고 보아야 한다. 참고로 법률상 이익구제설이 판례의 태도이기도 하다.

④ (○) "지방의회 의원에 대한 제명의결 취소소송 계속 중 의원의 임기가 만료되었다 하더라도, 제명의결의 취소로 의원의 지위를 회복할 수는 없다 하더라도 제명의결시부터 임기만료일까지의 기간에 대한 월정수당의 지급을 구할 수 있는 등 여전히 그 제명의결의 취소를 구할 법률상 이익이 있다." (대법원 2009.1.30. 선고 2007두13487)

정답 ④

524 [회독] ☐☐☐

다음 중 제3자의 원고적격에 관한 설명으로 옳지 않은 것은?
(다툼이 있는 경우 판례에 의함)

① 행정처분의 직접 상대방이 아닌 제3자라도 당해 처분에 관하여 법률상 직접적이고 구체적인 이해관계를 가지는 경우에는 당해 처분 취소소송의 원고적격이 인정된다.

② 환경상 이익은 본질적으로 자연인에게 귀속되는 것으로서 단체는 환경상 이익의 침해를 이유로 행정소송을 제기할 수 없다.

③ 우리 출입국관리법의 해석상 외국인은 사증발급 거부처분의 취소를 구할 법률상 이익이 있다.

④ 처분 등에 의해 법률상 이익이 현저히 침해되는 경우뿐만 아니라 침해가 우려되는 경우에도 원고적격이 인정된다.

524

해설 ① (○) "행정처분의 직접 상대방이 아닌 제3자라도 당해 처분에 관하여 법률상 직접적이고 구체적인 이해관계를 가지는 경우에는 당해 처분 취소소송의 원고적격이 인정되나, 사실상 간접적이고 경제적인 이해관계를 가지는 데 불과한 경우에는 그러한 원고적격이 인정될 수 없다." (대법원 1997.12.12. 선고 97누317)

② (○) "재단법인 甲 수녀원이, 매립목적을 택지조성에서 조선시설용지로 변경하는 내용의 공유수면매립목적 변경 승인처분으로 인하여 법률상 보호되는 환경상 이익을 침해받았다면서 행정청을 상대로 처분의 무효 확인을 구하는 소송을 제기한 사안에서, 공유수면매립목적 변경 승인처분으로 甲 수녀원에 소속된 수녀 등이 쾌적한 환경에서 생활할 수 있는 환경상 이익을 침해받는다고 하더라도 이를 가리켜 곧바로 甲 수녀원의 법률상 이익이 침해된다고 볼 수 없고, 자연인이 아닌 甲 수녀원은 쾌적한 환경에서 생활할 수 있는 이익을 향수할 수 있는 주체가 아니므로 위 처분으로 위와 같은 생활상의 이익이 직접적으로 침해되는 관계에 있다고 볼 수도 없으며, 위 처분으로 환경에 영향을 주어 甲 수녀원이 운영하는 쨈 공장에 직접적이고 구체적인 재산적 피해가 발생한다거나 甲 수녀원이 폐쇄되고 이전해야 하는 등의 피해를 받거나 받을 우려가 있다는 점 등에 관한 증명도 부족하다는 이유로, 甲 수녀원에 처분의 무효 확인을 구할 원고적격이 없다." (대법원 2012.6.28. 선고 2010두2005)

③ (×) "사증발급의 법적 성질, 출입국관리법의 입법 목적, 사증발급 신청인의 대한민국과의 실질적 관련성, 상호주의원칙 등을 고려하면, 우리 출입국관리법의 해석상 외국인에게는 사증발급 거부처분의 취소를 구할 법률상 이익이 인정되지 않는다고 봄이 타당하다." (대법원 2018.5.15. 선고 2014두42506)

④ (○) "다만, 그 행정처분의 근거 법규 또는 관련 법규에 그 처분으로써 이루어지는 행위 등 사업으로 인하여 환경상 침해를 받으리라고 예상되는 영향권의 범위가 구체적으로 규정되어 있는 경우에는, 그 영향권 내의 주민들에 대하여는 당해 처분으로 인하여 직접적이고 중대한 환경피해를 입으리라고 예상할 수 있고, 이와 같은 환경상의 이익은 주민 개개인에 대하여 개별적으로 보호되는 직접적·구체적 이익으로서 그들에 대하여는 특단의 사정이 없는 한 환경상 이익에 대한 침해 또는 침해 우려가 있는 것으로 사실상 추정되어 법률상 보호되는 이익으로 인정됨으로써 원고적격이 인정되며, 그 영향권 밖의 주민들은 당해 처분으로 인하여 그 처분 전과 비교하여 수인한도를 넘는 환경피해를 받거나 받을 우려가 있다는 자신의 환경상 이익에 대한 침해 또는 침해 우려가 있음을 입증하여야만 법률상 보호되는 이익으로 인정되어 원고적격이 인정된다." (대법원 2009.9.24. 선고 2009두2825)

정답 ③

525 [회독] □□□　　　　　　23년 국가 9급

행정소송에 대한 설명으로 옳지 않은 것은?

① 건축물의 하자를 다투는 입주예정자들은 건물의 사용검사처분에 대해 제3자효 행정행위의 차원에서 행정소송을 통해 다툴 수 있다.

② 당사자소송으로 서울행정법원에 제기할 것을 민사소송으로 지방법원에 제기하여 판결이 내려진 경우, 그 판결은 관할위반에 해당한다.

③ 민사소송인 소가 서울행정법원에 제기되었는데도 피고가 제1심법원에서 관할위반이라고 항변하지 않고 본안에서 변론을 한 경우에는 제1심법원에 변론관할이 생긴다.

④ 환경부장관이 생태·자연도 1등급으로 지정되었던 지역을 2등급으로 변경하는 내용의 생태·자연도 수정·보완을 고시하는 경우, 1등급지역에 거주하던 인근 주민은 생태·자연도 등급변경처분의 무효 확인을 구할 원고적격이 없다.

525

[해설] ① (×) "건축물에 대한 사용검사처분이 취소된다고 하더라도 사용검사 이전의 상태로 돌아가 건축물을 사용할 수 없게 되는 것에 그칠 뿐 곧바로 건축물의 하자 상태 등이 제거되거나 보완되는 것도 아니다. 그리고 입주자나 입주예정자들은 사용검사처분을 취소하지 않고서도 민사소송 등을 통하여 분양계약에 따른 법률관계 및 하자 등을 주장·증명함으로써 사업주체 등으로부터 하자제거·보완 등에 관한 권리구제를 받을 수 있으므로 … 구 주택법상 입주자나 입주예정자는 사용검사처분의 취소를 구할 법률상 이익이 없다." (대법원 2014.7.24. 선고 2011두30465)

② (○) 당사자소송으로 서울행정법원에 제기할 것을 민사소송으로 지방법원에 제기하여 판결이 내려진 경우, 대법원은 그 판결에는 관할위반의 위법이 있는 판결이라고 본다. (대법원 2009.9.24. 선고 2008다60568).

③ (○) 민사사건은 당사자가 원하는 경우에는 행정법원에서도 처리될 수 있다고 본다(임의관할). 따라서 당사자간 행정법원에서 소송으로 다투기로 합의하거나(합의관할), 원고가 행정법원에 소를 제기한 데 대해 피고가 항변하지 않고 본안에서 변론하는 경우에는(변론관할), 행정법원으로 잘못 제기된 민사사건도 민사법원으로 이송하지 않고 행정법원에서 심리·판결한다. (대법원 2013.2.28. 선고 2010두22368)

④ (○) "환경부장관이 생태·자연도 1등급으로 지정되었던 지역을 2등급 또는 3등급으로 변경하는 내용의 생태·자연도 수정·보완을 고시하자, 인근 주민 갑이 생태·자연도 등급변경처분의 무효 확인을 청구한 사안에서 생태·자연도는 토지이용 및 개발계획의 수립이나 시행에 활용하여 자연환경을 체계적으로 보전·관리하기 위한 것일 뿐 1등급 권역의 인근주민들이 가지는 이익은 환경보호라는 공공의 이익이 달성됨에 따라 반사적으로 얻게 되는 이익에 불과하므로, 인근 주민에 불과한 갑은 원고적격이 없다." (대법원 2014.2.21. 선고 2011두29052)

정답 ①

행정소송의 원고적격에 대한 설명으로 옳지 않은 것은? (단, 다툼이 있는 경우 판례에 의함)

① 면허나 인·허가 등의 수익적 행정처분의 근거가 되는 법률이 해당 업자들 사이의 과당경쟁으로 인한 경영의 불합리를 방지하는 것도 그 목적으로 하고 있는 경우, 다른 업자에 대한 면허나 인·허가 등의 수익적 행정처분에 대하여 미리 같은 종류의 면허나 인·허가 등의 처분을 받아 영업을 하고 있는 기존의 업자는 당해 행정처분의 취소를 구할 원고적격이 인정될 수 있다.

② 광업권설정허가처분과 그에 따른 광산 개발로 인하여 재산상·환경상 이익의 침해를 받거나 받을 우려가 있는 토지나 건축물의 소유자와 점유자 또는 이해관계인 및 주민들은 그 처분 전과 비교하여 수인한도를 넘는 재산상 환경상 이익의 침해를 받거나 받을 우려가 있다는 것을 증명하더라도 원고적격을 인정받을 수 없다.

③ 행정처분의 직접 상대방이 아닌 제3자라 하더라도 당해 행정처분으로 인하여 법률상 보호되는 이익을 침해당한 경우에는 취소소송을 제기하여 그 당부의 판단을 받을 자격이 있다.

④ 법인의 주주가 그 처분으로 인하여 궁극적으로 주식이 소각되거나 주주의 법인에 대한 권리가 소멸하는 등 주주의 지위에 중대한 영향을 초래하게 되는데도 그 처분의 성질상 당해 법인이 이를 다툴 것을 기대할 수 없고 달리 주주의 지위를 보전할 구제방법이 없는 경우에는 주주도 그 처분에 관하여 직접적이고 구체적인 법률상 이해관계를 가진다고 보이므로 그 취소를 구할 원고적격이 있다.

526

[해설] ① (○) "일반적으로 면허나 인·허가 등의 수익적 행정처분의 근거가 되는 법률이 해당 업자들 사이의 과당경쟁으로 인한 경영의 불합리를 방지하는 것도 그 목적으로 하고 있는 경우, 다른 업자에 대한 면허나 인·허가 등의 수익적 행정처분에 대하여 이미 같은 종류의 면허나 인·허가 등의 수익적 행정처분을 받아 영업을 하고 있는 기존의 업자는 경업자에 대하여 이루어진 면허나 인·허가 등 행정처분의 상대방이 아니라 하더라도 당해 행정처분의 취소를 구할 원고적격이 있다." (대법원 2006.7.28. 선고 2004두6716)

② (×) "광업권설정허가처분과 그에 따른 광산 개발로 인하여 재산상·환경상 이익의 침해를 받거나 받을 우려가 있는 토지나 건축물의 소유자와 점유자 또는 이해관계인 및 주민들은 그 처분 전과 비교하여 수인한도를 넘는 재산상·환경상 이익의 침해를 받거나 받을 우려가 있다는 것을 증명함으로써 그 처분의 취소를 구할 원고적격을 인정받을 수 있다." (대법원 2008.9.11. 선고 2006두7577)

③ (○) "행정처분의 직접 상대방이 아닌 제3자라 하더라도 당해 행정처분으로 인하여 법률상 보호되는 이익을 침해당한 경우에는 그 처분의 취소나 무효확인을 구하는 행정소송을 제기하여 그 당부의 판단을 받을 자격 즉 원고적격이 있다." (대법원 2007.4.12. 선고 2004두7924)

④ (○) "일반적으로 법인의 주주는 당해 법인에 대한 행정처분에 관하여 사실상이나 간접적인 이해관계를 가질 뿐이어서 스스로 그 처분의 취소를 구할 원고적격이 없는 것이 원칙이라고 할 것이지만, 그 처분으로 인하여 궁극적으로 주식이 소각되거나 주주의 법인에 대한 권리가 소멸하는 등 주주의 지위에 중대한 영향을 초래하게 되는데도 그 처분의 성질상 당해 법인이 이를 다툴 것을 기대할 수 없고 달리 주주의 지위를 보전할 구제방법이 없는 경우에는 주주도 그 처분에 관하여 직접적이고 구체적인 법률상 이해관계를 가진다고 보이므로 그 취소를 구할 원고적격이 있다." (대법원 2004.12.23. 선고 2000두2648)

정답 ②

527 [회독] ☐☐☐　　　　　　　　　21년 국가 9급

판례상 항고소송의 원고적격이 인정되는 경우만을 모두 고르면?

> ㉠ 중국 국적자인 외국인이 사증발급 거부처분의 취소를 구하는 경우
> ㉡ 소방청장이 처분성이 인정되는 국민권익위원회의 조치요구에 불복하여 조치요구의 취소를 구하는 경우
> ㉢ 지방법무사회가 법무사의 사무원 채용승인 신청을 거부하여 사무원이 될 수 없게 된 자가 지방법무사회를 상대로 거부처분의 취소를 구하는 경우
> ㉣ 개발제한구역 중 일부 취락을 개발제한구역에서 해제하는 내용의 도시관리계획변경결정에 대하여 개발제한구역 해제대상에서 누락된 토지의 소유자가 위 결정의 취소를 구하는 경우

① ㉠, ㉡　　　　　　　② ㉡, ㉢
③ ㉢, ㉣　　　　　　　④ ㉠, ㉢, ㉣

527

해설　㉠ (×) "사증발급의 법적 성질, 출입국관리법의 입법 목적, 사증발급 신청인의 대한민국과의 실질적 관련성, 상호주의원칙 등을 고려하면, 우리 출입국관리법의 해석상 외국인에게는 사증발급 거부처분의 취소를 구할 법률상 이익이 인정되지 않는다."(대법원 2018.5.15. 선고 2014두42506)

[비교판례1] "출입국관리법상 체류자격변경 불허가처분, 강제퇴거명령 등을 다투는 외국인은 대한민국에 적법하게 입국하여 상당한 기간을 체류한 사람이므로, 이미 대한민국과의 실질적 관련성 내지 대한민국에서 법적으로 보호가치 있는 이해관계를 형성한 경우이어서, 해당 처분의 취소를 구할 법률상 이익이 인정된다고 보아야 한다."(대법원 2018.5.15. 선고 2014두42506)

[비교판례2] "甲(외국국적 재외동포)은 대한민국에서 출생하여 오랜 기간 대한민국 국적을 보유하면서 거주한 사람이므로 이미 대한민국과 실질적 관련성이 있거나 대한민국에서 법적으로 보호가치 있는 이해관계를 형성하였다고 볼 수 있다. 또한 재외동포의 대한민국 출입국과 대한민국 안에서의 법적 지위를 보장함을 목적으로 「재외동포의 출입국과 법적 지위에 관한 법률」이 특별히 제정되어 시행 중이다. 따라서 甲에게는 사증발급 거부처분의 취소를 구할 법률상 이익이 인정된다."(대법원 2019.7.11. 선고 2017두38874)

㉡ (○) "국민권익위원회가 소방청장에게 인사와 관련하여 부당한 지시를 한 사실이 인정된다며 이를 취소할 것을 요구하기로 의결하고 그 내용을 통지하자 소방청장이 국민권익위원회 조치요구의 취소를 구하는 소송을 제기한 경우, 처분성이 인정되는 국민권익위원회의 조치요구에 불복하고자 하는 소방청장으로서는 조치요구의 취소를 구하는 항고소송을 제기하는 것이 유효·적절한 수단으로 볼 수 있으므로 소방청장은 예외적으로 당사자능력과 원고적격을 가진다."(대법원 2018.8.1. 선고 2014두35379)

㉢ (○) "법무사규칙 제37조 제4항이 이의신청 절차를 규정한 것은 채용승인을 신청한 법무사뿐만 아니라 사무원이 되려는 사람의 이익도 보호하려는 취지로 볼 수 있다. 따라서 지방법무사회의 사무원 채용승인 거부처분 또는 채용승인 취소처분에 대해서는 처분 상대방인 법무사뿐만 아니라 그 때문에 사무원이 될 수 없게 된 사람도 이를 다툴 원고적격이 인정되어야 한다."(대법원 2020.4.9. 선고 2015다34444)

㉣ (×) "개발제한구역 중 일부 취락을 개발제한구역에서 해제하는 내용의 도시관리계획변경결정에 대하여, 개발제한구역 해제대상에서 누락된 토지의 소유자는 위 결정의 취소를 구할 법률상 이익이 없다."(대법원 2008.7.10. 선고 2007두10242)

정답 ②

528 [회독] ☐☐☐ 25년 소방직

행정소송에 관한 설명으로 옳지 않은 것은? (다툼이 있는 경우 판례에 의함)

① 「행정소송법」상 행정청으로 하여금 일정한 행정처분을 하도록 명하는 이행판결을 구하는 소송이나 법원으로 하여금 행정청이 일정한 행정처분을 행한 것과 같은 효과가 있는 행정처분을 직접 행하도록 하는 형성판결을 구하는 소송은 허용되지 아니한다.

② 「행정소송법」은 취소소송이 계속된 법원으로 이송할 수 있는 '관련청구소송'의 범위를 당해 처분등과 관련되는 손해배상·부당이득반환·원상회복등 청구소송과 당해 처분등과 관련되는 취소소송으로 규정하고 있다.

③ 행정처분에 있어서 불이익처분의 상대방은 직접 개인적 이익의 침해를 받은 자로서 원고적격이 인정되지만 수익처분의 상대방은 그의 권리나 법률상 보호되는 이익이 침해되었다고 볼 수 없으므로 달리 특별한 사정이 없는 한 취소를 구할 이익이 없다.

④ 과세처분취소소송의 소송물은 과세관청이 결정한 세액의 객관적 존부이므로 처분 당시의 자료만에 의하여 처분의 적법 여부를 판단하여야 하고 처분 당시의 처분사유만을 주장할 수 있기 때문에, 과세관청은 소송 도중 사실심 변론종결시까지 당해 처분에서 인정한 과세표준 또는 세액의 정당성을 뒷받침할 수 있는 새로운 자료를 제출할 수 없다.

528

해설 ① (○) 행정소송법에 이러한 유형의 항고소송은 규정되어 있지 않다. "현행 행정소송법상 행정청으로 하여금 일정한 행정처분을 하도록 명하는 이행판결을 구하는 소송이나 법원으로 하여금 행정청이 일정한 행정처분을 행한 것과 같은 효과가 있는 행정처분을 직접 행하도록 하는 형성판결을 구하는 소송은 허용되지 아니한다." (대법원 1997.9.30. 선고 97누3200)

② (○) 행정소송법 제10조 제1항

행정소송법	제10조(관련청구소송의 이송 및 병합) ① 취소소송과 다음 각호의 1에 해당하는 소송(이하 "관련청구소송"이라 한다)이 각각 다른 법원에 계속되고 있는 경우에 관련청구소송이 계속된 법원이 상당하다고 인정하는 때에는 당사자의 신청 또는 직권에 의하여 이를 취소소송이 계속된 법원으로 이송할 수 있다. 1. 당해 처분등과 관련되는 손해배상·부당이득반환·원상회복등 청구소송 2. 당해 처분등과 관련되는 취소소송

③ (○) "행정처분에 있어서 불이익처분의 상대방은 직접 개인적 이익의 침해를 받은 자로서 원고적격이 인정되지만 수익처분의 상대방은 그의 권리나 법률상 보호되는 이익이 침해되었다고 볼 수 없으므로 달리 특별한 사정이 없는 한 취소를 구할 이익이 없다." (대법원 1995.8.22. 선고 94누8129)

④ (×) "과세처분취소소송의 소송물은 과세관청이 결정한 세액의 객관적 존부이므로, 과세관청으로서는 소송 도중 사실심 변론종결시까지 당해 처분에서 인정한 과세표준 또는 세액의 정당성을 뒷받침할 수 있는 새로운 자료를 제출하거나 처분의 동일성이 유지되는 범위 내에서 그 사유를 교환·변경할 수 있는 것이고, 반드시 처분 당시의 자료만에 의하여 처분의 적법 여부를 판단하여야 하거나 처분 당시의 처분사유만을 주장할 수 있는 것은 아니다." (대법원 2002.10.11. 선고 2001두1994)

정답 ④

529 [회독] □□□

20년 소방직

다음 설명 중 옳은 내용만을 모두 고른 것은? (다툼이 있는
경우 판례에 의함)

> ㉠ 국가기관인 소방청장은 국민권익위원회를 상대로 조치요
> 구의 취소를 구할 당사자능력이 없기 때문에 항고소송의
> 원고적격이 인정되지 않는다.
> ㉡ 기속행위나 기속적 재량행위인 건축허가에 붙인 부관은
> 무효이다.
> ㉢ 행정심판을 거친 경우에 취소소송의 제소기간은 재결서의
> 정본을 송달받은 날부터 90일 이내이다.
> ㉣ 과태료는 행정벌의 일종으로 형벌과 마찬가지로 형법총칙
> 이 적용된다.

① ㉠, ㉡

② ㉠, ㉣

③ ㉡, ㉢

④ ㉢, ㉣

529

[해설] ㉠ (×) "국민권익위원회가 소방청장에게 인사와 관련하여 부당한 지시를 한 사실이 인정된다며 이를 취소할 것을 요구하기로 의결하고 그 내용을 통지하자 소방청장이 국민권익위원회 조치요구의 취소를 구하는 소송을 제기한 경우, 처분성이 인정되는 국민권익위원회의 조치요구에 불복하고자 하는 소방청장으로서는 조치요구의 취소를 구하는 항고소송을 제기하는 것이 유효·적절한 수단으로 볼 수 있으므로 소방청장이 예외적으로 당사자능력과 원고적격을 가진다." (대법원 2018.8.1. 선고 2014두35379)

㉡ (○) "건축허가를 하면서 일정 토지를 기부채납하도록 하는 내용의 허가조건은 부관을 붙일 수 없는 기속행위 내지 기속적 재량행위인 건축허가에 붙인 부담이거나 또는 법령상 아무런 근거가 없는 부관이어서 무효이다." (대법원 1995.6.13. 선고 94다56883)

㉢ (○) 행정소송법 제20조 제1항 단서

행정소송법	제20조(제소기간) ① 취소소송은 처분등이 있음을 안 날부터 90일 이내에 제기하여야 한다. 다만, 제18조 제1항 단서에 규정한 경우와 그 밖에 행정심판청구를 할 수 있는 경우 또는 행정청이 행정심판청구를 할 수 있다고 잘못 알린 경우에 행정심판청구가 있은 때의 기간은 재결서의 정본을 송달받은 날부터 기산한다.

㉣ (×) "죄형법정주의는 무엇이 범죄이며 그에 대한 형벌이 어떠한 것인가는 국민의 대표로 구성된 입법부가 제정한 법률로써 정하여야 한다는 원칙인데, 부동산등기특별조치법 제11조 제1항 본문 중 제2조 제1항에 관한 부분이 정하고 있는 과태료는 행정상의 질서유지를 위한 행정질서벌에 해당할 뿐 형벌이라고 할 수 없어 죄형법정주의의 규율대상에 해당하지 아니한다." (헌법재판소 1998.5.28. 선고 96헌바83)

정답 ③

530 [회독] □□□　　　　　　　　　19년 국가 7급

항고소송의 원고적격에 대한 판례의 입장으로 옳지 않은 것은?

① 일반면허를 받은 시외버스운송사업자에 대한 사업계획 변경 인가처분으로 인하여 노선 및 운행계통의 일부 중복으로 기존에 한정면허를 받은 시외버스운송사업자의 수익감소가 예상된다면, 기존의 한정면허를 받은 시외버스운송사업자는 일반면허 시외버스운송사업자에 대한 사업계획변경 인가처분의 취소를 구할 법률상의 이익이 있다.

② 처분의 근거 법규 또는 관련 법규에 그 처분으로써 이루어지는 행위 등 사업으로 인하여 환경상 침해를 받으리라고 예상되는 영향권의 범위가 구체적으로 규정되어 있는 경우, 그 영향권 내의 주민들에 대하여는 특단의 사정이 없는 한 환경상 이익에 대한 침해 또는 침해 우려가 있는 것으로 사실상 추정된다.

③ 「출입국관리법」상의 체류자격 및 사증발급의 기준과 절차에 관한 규정들은 대한민국의 출입국질서와 국경관리라는 공익을 보호하려는 취지로 해석될 뿐이므로, 동법상 체류자격변경 불허가처분, 강제퇴거명령 등을 다투는 외국인에게는 해당 처분의 취소를 구할 법률상 이익이 인정되지 않는다.

④ 법령이 특정한 행정기관으로 하여금 다른 행정기관에 제재적 조치를 취할 수 있도록 하면서, 그에 따르지 않으면 그 행정기관에 과태료 등을 과할 수 있도록 정하는 경우, 권리구제나 권리보호의 필요성이 인정된다면 예외적으로 그 제재적 조치의 상대방인 행정기관에게 항고소송의 원고적격을 인정할 수 있다.

530

해설 ① (○) "일반면허를 받은 시외버스운송사업자에 대한 사업계획변경 인가처분으로 인하여 기존에 한정면허를 받은 시외버스운송사업자의 노선 및 운행계통과 일반면허를 받은 시외버스운송사업자의 그것이 일부 중복되게 되고 기존업자의 수익감소가 예상된다면, 기존의 한정면허를 받은 시외버스운송사업자와 일반면허를 받은 시외버스운송사업자는 경업관계에 있는 것으로 보는 것이 타당하고, 따라서 기존의 한정면허를 받은 시외버스운송사업자는 일반면허 시외버스운송사업자에 대한 사업계획변경인가처분의 취소를 구할 법률상의 이익이 있다." (대법원 2018.4.26. 선고 2015두53824)

② (○) "행정처분의 근거 법규 또는 관련 법규에 그 처분으로써 이루어지는 행위 등 사업으로 인하여 환경상 침해를 받으리라고 예상되는 영향권의 범위가 구체적으로 규정되어 있는 경우에는, 그 영향권 내의 주민들에 대하여는 당해 처분으로 인하여 직접적이고 중대한 환경피해를 입으리라고 예상할 수 있고, 이와 같은 환경상의 이익은 주민 개개인에 대하여 개별적으로 보호되는 직접적·구체적 이익으로서 그들에 대하여는 특단의 사정이 없는 한 환경상 이익에 대한 침해 또는 침해 우려가 있는 것으로 사실상 추정되어 법률상 보호되는 이익으로 인정됨으로써 원고적격이 인정된다." (대법원 2010.4.15. 선고 2007두16127)

③ (✕) "우리나라의 「출입국관리법」상의 체류자격 및 사증발급의 기준과 절차에 관한 출입국관리법과 그 하위법령의 위와 같은 규정들은, 대한민국의 출입국 질서와 국경관리라는 공익을 보호하려는 취지일 뿐, 외국인에게 대한민국에 입국할 권리를 보장하거나 대한민국에 입국하고자 하는 외국인의 사익까지 보호하려는 취지로 해석하기는 어렵다. … 국적법상 귀화불허가처분이나 출입국관리법상 체류자격변경 불허가처분, 강제퇴거명령 등을 다투는 외국인은 대한민국에 적법하게 입국하여 상당한 기간을 체류한 사람이므로, 이미 대한민국과의 실질적 관련성 내지 대한민국에서 법적으로 보호가치 있는 이해관계를 형성한 경우이어서, 해당 처분의 취소를 구할 법률상 이익이 인정된다고 보아야 한다." (대법원 2018.5.15. 선고 2014두42506)

④ (○) "법령이 특정한 행정기관 등으로 하여금 다른 행정기관을 상대로 제재적 조치를 취할 수 있도록 하면서, 그에 따르지 않으면 그 행정기관에 대하여 과태료를 부과하거나 형사처벌을 할 수 있도록 정하는 경우가 있다. … 권리구제나 권리보호의 필요성이 인정된다면 예외적으로 그 제재적 조치의 상대방인 행정기관 등에게 항고소송 원고로서의 당사자능력과 원고적격을 인정할 수 있다." (대법원 2018.8.1. 선고 2014두35379)

정답 ③

531 [회독] ☐☐☐ 19년 지방 9급

행정소송의 당사자에 대한 설명으로 옳지 않은 것은? (다툼이 있는 경우 판례에 의함)

① 대리기관이 대리관계를 표시하고 피대리 행정청을 대리하여 행정처분을 한 때에는 피대리 행정청이 피고로 되어야 한다.

② 「국가공무원법」에 따른 처분, 그 밖에 본인의 의사에 반한 불리한 처분이나 부작위에 관한 행정소송을 제기할 때에 대통령의 처분 또는 부작위의 경우에는 소속 장관을 피고로 한다.

③ 약제를 제조·공급하는 제약회사는 보건복지부 고시인 「약제급여·비급여 목록 및 급여 상한금액표」 중 약제의 상한금액 인하 부분에 대하여 그 취소를 구할 원고적격이 있다.

④ 개발제한구역 안에서의 공장설립을 승인한 처분이 위법하다는 이유로 쟁송취소되었다면, 설령 그 승인처분에 기초한 공장건축허가처분이 잔존하는 경우에도 인근 주민들에게는 공장건축허가처분의 취소를 구할 법률상 이익이 없다.

531

[**해설**] ① (○) "항고소송은 다른 법률에 특별한 규정이 없는 한 원칙적으로 소송의 대상인 행정처분을 외부적으로 행한 행정청을 피고로 하여야 하고(행정소송법 제13조 제1항 본문), 다만 대리기관이 대리관계를 표시하고 피대리 행정청을 대리하여 행정처분을 한 때에는 피대리 행정청이 피고로 되어야 한다." (대법원 2018.10.25. 선고 2018두43095)

② (○) 국가공무원법 제16조 제1항, 제2항

국가공무원법	제16조(행정소송과의 관계) ① 제75조에 따른 처분, 그 밖에 본인의 의사에 반한 불리한 처분이나 부작위에 관한 행정소송은 소청심사위원회의 심사·결정을 거치지 아니하면 제기할 수 없다. ② 제1항에 따른 행정소송을 제기할 때에는 대통령의 처분 또는 부작위의 경우에는 소속 장관(대통령령으로 정하는 기관의 장을 포함한다. 이하 같다)을, 중앙선거관리위원회위원장의 처분 또는 부작위의 경우에는 중앙선거관리위원회사무총장을 각각 피고로 한다.

③ (○) "약제를 제조·공급하는 제약회사가 보건복지부 고시인 '약제급여·비급여 목록 및 급여 상한금액표' 중 약제의 상한금액 인하 부분에 대하여 그 취소를 구할 원고적격이 있다." (대법원 2006.12.21. 선고 2005두16161)

④ (×) "개발제한구역 안에서의 공장설립을 승인한 처분이 위법하다는 이유로 쟁송취소되었다고 하더라도 그 승인처분에 기초한 공장건축허가처분이 잔존하는 이상, 공장설립승인처분이 취소되었다는 사정만으로 인근 주민들의 환경상 이익이 침해되는 상태나 침해될 위험이 종료되었다거나 이를 시정할 수 있는 단계가 지나버렸다고 단정할 수는 없고, 인근 주민들은 여전히 공장건축허가처분의 취소를 구할 법률상 이익이 있다고 보아야 한다." (대법원 2018.7.12. 선고 2015두3485)

정답 ④

532 [회독] ☐☐☐　　　　　　　　　　21년 지방 7급

판례상 취소소송의 대상이 되는 행정작용에 해당하는 경우만을 모두 고르면?

> ㉠ 한국마사회의 조교사·기수 면허취소처분
> ㉡ 임용기간이 만료된 국립대학 조교수에 대하여 재임용을 거부하는 취지로 한 임용기간만료의 통지
> ㉢ 「국가공무원법」상 당연퇴직의 인사발령
> ㉣ 어업권면허에 선행하는 확약인 우선순위결정
> ㉤ 과세관청의 소득처분에 따른 소득금액변동통지

① ㉠, ㉢　　　　　　　　② ㉡, ㉤
③ ㉠, ㉡, ㉣　　　　　　④ ㉢, ㉣, ㉤

532

해설 ㉠ (✕) "한국마사회가 조교사 또는 기수의 면허를 부여하거나 취소하는 것은 경마를 독점적으로 개최할 수 있는 지위에서 우수한 능력을 갖추었다고 인정되는 사람에게 경마에서의 일정한 기능과 역할을 수행할 수 있는 자격을 부여하거나 이를 박탈하는 것에 지나지 아니하므로, 이는 국가 기타 행정기관으로부터 위탁받은 행정권한의 행사가 아니라 일반 사법상의 법률관계에서 이루어지는 단체 내부에서의 징계 내지 제재처분이다." (대법원 2008.1.31. 선고 2005두8269)

㉡ (○) "임용권자가 임용기간이 만료된 조교수에 대하여 재임용을 거부하는 취지로 한 임용기간만료의 통지는 위와 같은 대학교원의 법률관계에 영향을 주는 것으로서 행정소송의 대상이 되는 처분에 해당한다." (대법원 2004.4.22. 선고 2000두7735)

㉢ (✕) "당연퇴직의 인사발령은 법률상 당연히 발생하는 퇴직사유를 공적으로 확인하여 알려주는 이른바 관념의 통지에 불과하고 공무원의 신분을 상실시키는 새로운 형성적 행위가 아니므로 행정소송의 대상이 되는 독립한 행정처분이라고 할 수 없다." (대법원 1995.11.14. 선고 95누2036)

㉣ (✕) "어업권면허에 선행하는 우선순위결정은 행정청이 우선권자로 결정된 자의 신청이 있으면 어업권면허처분을 하겠다는 것을 약속하는 행위로서 강학상 확약에 불과하고 행정처분은 아니다." (대법원 1995.1.20. 선고 94누6529)

㉤ (○) "소득금액변동통지는 원천징수의무자인 법인의 납세의무에 직접 영향을 미치는 과세관청의 행위로서, 항고소송의 대상이 되는 조세행정처분이라고 봄이 상당하다." (대법원 2006.4.20. 선고 2002두1878)

정답 ②

533 [회독] □□□ 22년 지방 7급

「행정소송법」상 취소소송에 대한 설명으로 옳지 않은 것은?
(다툼이 있는 경우 판례에 의함)

① 상대방의 권리를 제한하는 행위라 하더라도 행정청 또는 그 소속기관이나 권한을 위임받은 공공단체 등의 행위가 아닌 한 이를 행정처분이라고 할 수 없다.

② 국가가 국토이용계획과 관련한 지방자치단체의 장의 기관위임사무의 처리에 관하여 지방자치단체의 장을 상대로 취소소송을 제기하는 것은 허용되지 않는다.

③ 「건축법」상 지방자치단체를 상대방으로 하는 건축협의의 취소는 행정처분에 해당한다고 볼 수 없으므로 지방자치단체가 건축물 소재지 관할 건축허가권자를 상대로 항고소송을 통해 건축협의 취소의 취소를 구할 수 없다.

④ 어떠한 처분의 근거가 행정규칙에 규정되어 있는 경우에도, 그 처분이 상대방의 권리의무에 직접 영향을 미치는 행위라면 취소소송의 대상이 되는 행정처분에 해당한다.

533

[해설] ① (○) "행정소송의 대상이 되는 행정처분이라 함은 행정청 또는 그 소속기관이나 법령에 의하여 행정권한의 위임 또는 위탁을 받은 공공단체 등이 국민의 권리·의무에 관계되는 사항에 관하여 직접 효력을 미치는 공권력의 발동으로서 하는 공법상의 행위를 말하며, 그것이 상대방의 권리를 제한하는 행위라 하더라도 행정청 또는 그 소속기관이나 권한을 위임받은 공공단체 등의 행위가 아닌 한 이를 행정처분이라고 할 수 없다." (대법원 2008.1.31. 선고 2005두8269)

② (○) "건설교통부장관은 지방자치단체의 장이 기관위임사무인 국토이용계획 사무를 처리함에 있어 자신과 의견이 다를 경우 행정협의조정위원회에 협의·조정 신청을 하여 그 협의·조정 결정에 따라 의견 불일치를 해소할 수 있고, 법원에 의한 판결을 받지 않고서도 행정권한의 위임 및 위탁에 관한 규정이나 구 지방자치법에서 정하고 있는 지도·감독을 통하여 직접 지방자치단체의 장의 사무처리에 대하여 시정명령을 발하고 그 사무처리를 취소 또는 정지할 수 있으며, 지방자치단체의 장에게 기간을 정하여 직무이행명령을 하고 지방자치단체의 장이 이를 이행하지 아니할 때에는 직접 필요한 조치를 할 수도 있으므로, 국가가 국토이용계획과 관련한 지방자치단체의 장의 기관위임사무의 처리에 관하여 지방자치단체의 장을 상대로 취소소송을 제기하는 것은 허용되지 않는다." (대법원 2007.9.20. 선고 2005두6935)

③ (×) "건축협의 취소는 상대방이 다른 지방자치단체 등 행정주체라 하더라도 '행정청이 행하는 구체적 사실에 관한 법집행으로서의 공권력 행사'(행정소송법 제2조 제1항 제1호)로서 처분에 해당한다고 볼 수 있고, 지방자치단체인 원고가 이를 다툴 실효적 해결 수단이 없는 이상, 원고는 건축물 소재지 관할 허가권자인 지방자치단체의 장을 상대로 항고소송을 통해 건축협의 취소의 취소를 구할 수 있다." (대법원 2014.2.27. 선고 2012두22980)

④ (○) "어떠한 처분의 근거나 법적인 효과가 행정규칙에 규정되어 있다고 하더라도, 그 처분이 행정규칙의 내부적 구속력에 의하여 상대방에게 권리의 설정 또는 의무의 부담을 명하거나 기타 법적인 효과를 발생하게 하는 등으로 그 상대방의 권리 의무에 직접 영향을 미치는 행위라면, 이 경우도 항고소송의 대상이 되는 행정처분에 해당한다." (대법원 2002.7.20. 선고 2001두3532)

정답 ③

PART 06

534 [회독] □□□　　　　22년 국가 7급

항고소송에 대한 판례의 입장으로 옳은 것만을 모두 고르면?

> ㉠ 건축물대장 소관청의 용도변경신청 거부행위는 국민의 권리관계에 영향을 미치는 것으로서 항고소송의 대상이 되는 행정처분에 해당한다.
>
> ㉡ 자동차운전면허대장에 일정한 사항을 등재하는 행위와 운전경력증명서상의 기재행위는 행정소송의 대상이 되는 독립한 행정처분으로 볼 수 없다.
>
> ㉢ 「병역법」에 따라 관할 지방병무청장이 1차로 병역의무기피자 인적사항 공개 대상자 결정을 하고 그에 따라 병무청장이 같은 내용으로 최종적 공개결정을 하였더라도, 해당 공개 대상자는 관할 지방병무청장의 공개 대상자 결정을 다툴 수 있다.
>
> ㉣ 한국마사회가 조교사 또는 기수의 면허를 취소하는 것은 국가 기타 행정기관으로부터 위탁받은 행정권한의 행사가 아니라 일반 사법상의 법률관계에서 이루어지는 단체 내부에서의 징계 내지 제재처분이다.

① ㉠, ㉡, ㉢　　　　② ㉠, ㉡, ㉣

③ ㉠, ㉢, ㉣　　　　④ ㉡, ㉢, ㉣

534

해설　㉠ (○) "구 건축법(2005.11.8. 선고 법률 제7696호로 개정되기 전의 것) 제14조 제4항의 규정은 건축물의 소유자에게 건축물대장의 용도변경신청권을 부여한 것이고, 한편 건축물의 용도는 토지의 지목에 대응하는 것으로서 건물의 이용에 대한 공법상의 규제, 건축법상의 시정명령, 지방세 등의 과세대상 등 공법상 법률관계에 영향을 미치고, 건물소유자는 용도를 토대로 건물의 사용·수익·처분에 일정한 영향을 받게 된다. 이러한 점 등을 고려해 보면, 건축물대장의 용도는 건축물의 소유권을 제대로 행사하기 위한 전제요건으로서 건축물 소유자의 실체적 권리관계에 밀접하게 관련되어 있으므로, 건축물대장 소관청의 용도변경신청 거부행위는 국민의 권리관계에 영향을 미치는 것으로서 항고소송의 대상이 되는 행정처분에 해당한다." (대법원 2009.1.30. 선고 2007두7277)

㉡ (○) "자동차운전면허대장상 일정한 사항의 등재행위는 운전면허 행정사무집행의 편의와 사실증명의 자료로 삼기 위한 것일 뿐 그 등재행위로 인하여 당해 운전면허 취득자에게 새로이 어떠한 권리가 부여되거나 변동 또는 상실되는 효력이 발생하는 것은 아니므로 이는 행정소송의 대상이 되는 독립한 행정처분으로 볼 수 없고, 운전경력증명서상의 기재행위 역시 당해 운전면허 취득자에 대한 자동차운전면허대장상의 기재사항을 옮겨 적는 것에 불과할 뿐이므로 운전경력증명서에 한 등재의 말소를 구하는 소는 부적법하다 할 것이다." (대법원 1991.9.24. 선고 91누1400)

㉢ (×) "관할 지방병무청장이 위원회의 심의를 거쳐 공개 대상자를 1차로 결정하기는 하지만, 병무청장에게 최종적으로 공개 여부를 결정할 권한이 있으므로, 관할 지방병무청장의 공개 대상자 결정은 병무청장의 최종적인 결정에 앞서 이루어지는 행정기관 내부의 중간적 결정에 불과하다. 가까운 시일 내에 최종적인 결정과 외부적인 표시가 예정된 상황에서, 외부에 표시되지 않은 행정기관 내부의 결정을 항고소송의 대상인 처분으로 보아야 할 필요성은 크지 않다. 관할 지방병무청장이 1차로 공개 대상자 결정을 하고, 그에 따라 병무청장이 같은 내용으로 최종적 공개결정을 하였다면, 공개 대상자는 병무청장의 최종적 공개결정만을 다투는 것으로 충분하고, 관할 지방병무청장의 공개 대상자 결정을 별도로 다툴 소의 이익은 없어진다." (대법원 2019.6.27. 선고 2018두49130)

㉣ (○) "한국마사회가 조교사 또는 기수의 면허를 부여하거나 취소하는 것은 경마를 독점적으로 개최할 수 있는 지위에서 우수한 능력을 갖추었다고 인정되는 사람에게 경마에서의 일정한 기능과 역할을 수행할 수 있는 자격을 부여하거나 이를 박탈하는 것에 지나지 아니하므로, 이는 국가 기타 행정기관으로부터 위탁받은 행정권한의 행사가 아니라 일반 사법상의 법률관계에서 이루어지는 단체 내부에서의 징계 내지 제재처분이다." (대법원 2008.1.31. 선고 2005두8269)

정답 ②

535 [회독] □□□　　　　　　24년 지방 9급

행정입법에 대한 설명으로 옳지 않은 것은?

① 위임명령이 위임 내용을 구체화하는 단계를 벗어나 새로운 입법을 한 것으로 평가할 수 있다면 이는 위임의 한계를 일탈한 것으로서 허용되지 않는다.

② 교육부장관이 대학입시기본계획에서 내신성적 산정기준에 관한 시행지침을 마련하여 시·도교육감에게 통보한 경우, 각 고등학교에서 위 지침에 일률적으로 기속되어 내신성적을 산정할 수밖에 없고 대학에서도 이를 그대로 내신성적으로 인정하여 입학생을 선발할 수밖에 없으므로 내신성적 산정지침은 항고소송의 대상이 되는 행정처분에 해당한다.

③ 법규명령이 법률상 위임의 근거가 없어 무효였더라도 사후에 법 개정으로 위임의 근거가 부여되면 그때부터는 유효한 법규명령이 된다.

④ 행정청이 개인택시운송사업면허발급 여부를 심사함에 있어서 이미 설정된 면허기준의 해석상 당해 신청이 면허발급의 우선순위에 해당함이 명백함에도 면허거부처분을 하였다면 특별한 사정이 없는 한 그 거부처분은 위법한 처분이 된다.

535

해설 ① (○) "법률이 특정 사안과 관련하여 시행령에 위임을 한 경우 시행령이 위임의 한계를 준수하고 있는지를 판단할 때는 당해 법률 규정의 입법 목적과 규정 내용, 규정의 체계, 다른 규정과의 관계 등을 종합적으로 살펴야 한다. 법률의 위임 규정 자체가 그 의미 내용을 정확하게 알 수 있는 용어를 사용하여 위임의 한계를 분명히 하고 있는데도 시행령이 그 문언적 의미의 한계를 벗어났다든지, 위임 규정에서 사용하고 있는 용어의 의미를 넘어 그 범위를 확장하거나 축소함으로써 위임 내용을 구체화하는 단계를 벗어나 새로운 입법을 한 것으로 평가할 수 있다면, 이는 위임의 한계를 일탈한 것으로서 허용되지 않는다." (대법원 2012.12.20. 선고 2011두30878 전원합의체)

② (×) "교육부장관이 내신성적 산정기준의 통일을 기하기 위해 대학입시기본계획의 내용에서 내신성적 산정기준에 관한 시행지침을 마련하여 시·도 교육감에서 통보한 것은 행정조직 내부에서 내신성적 평가에 관한 내부적 심사기준을 시달한 것에 불과하며, 각 고등학교에서 위 지침에 일률적으로 기속되어 내신성적을 산정할 수밖에 없고 또 대학에서도 이를 그대로 내신성적으로 인정하여 입학생을 선발할 수밖에 없는 관계로 장차 일부 수험생들이 위 지침으로 인해 어떤 불이익을 입을 개연성이 없지는 아니하나, 그러한 사정만으로서 위 지침에 의하여 곧바로 개별적이고 구체적인 권리의 침해를 받은 것으로는 도저히 인정할 수 없으므로, 그것만으로는 현실적으로 특정인의 구체적인 권리의무에 직접적으로 변동을 초래케 하는 것은 아니라 할 것이어서 내신성적 산정지침을 항고소송의 대상이 되는 행정처분으로 볼 수 없다." (대법원 1994.9.10. 선고 94두33)

③ (○) "일반적으로 법률의 위임에 따라 효력을 갖는 법규명령의 경우에 위임의 근거가 없어 무효였더라도 나중에 법 개정으로 위임의 근거가 부여되면 그때부터는 유효한 법규명령으로 볼 수 있다. 그러나 법규명령이 개정된 법률에 규정된 내용을 함부로 유추·확장하는 내용의 해석규정이어서 위임의 한계를 벗어난 것으로 인정될 경우에는 법규명령은 여전히 무효이다." (대법원 2017.4.20. 선고 2015두45700 전원합의체)

④ (○) "여객자동차 운수사업법에 의한 개인택시운송사업면허는 특정인에게 권리나 이익을 부여하는 행전행위로서 법령에 특별한 규정이 없는 한 재량행위이고, 그 면허를 위하여 정하여진 순위 내에서의 운전경력인정방법의 기준설정 역시 행정청의 재량에 속한다 할 것이지만, 행정청이 면허발급 여부를 심사함에 있어서 이미 설정된 면허기준의 해석상 당해 신청이 면허발급의 우선순위에 해당함이 명백함에도 이를 제외시켜 면허거부처분을 하였다면 특별한 사정이 없는 한 그 거부처분은 재량권을 남용한 위법한 처분이 된다." (대법원 2010.1.28. 선고 2009두19137)

정답 ②

536 [회독] □□□ 24년 국가 7급

항고소송의 대상인 처분에 대한 설명으로 옳지 않은 것은?

① 병무청장이 병역의무 기피자의 인적사항 등을 인터넷 홈페이지에 게시하는 등의 방법으로 공개한 경우 병무청장의 공개결정은 항고소송의 대상이 되는 행정처분에 해당하지 않는다.

② 어떠한 처분의 근거나 법적인 효과가 행정규칙에 규정되어 있다고 하더라도, 그 처분이 행정규칙의 내부적 구속력에 의하여 상대방에게 권리의 설정 또는 의무의 부담을 명하거나 기타 법적인 효과를 발생하게 하는 등으로 그 상대방의 권리·의무에 직접 영향을 미치는 행위라면, 이 경우에도 항고소송의 대상이 되는 행정처분에 해당한다.

③ 공정거래위원회가 「하도급거래 공정화에 관한 법률」 제26조(관계 행정기관의 장의 협조)에 따라 관계 행정기관의 장에게 한 원사업자 또는 수급사업자에 대한 입찰참가자격의 제한을 요청한 결정은 항고소송의 대상이 되는 처분에 해당한다.

④ 산업단지개발계획상 산업단지 안의 토지소유자로서 산업단지개발계획에 적합한 시설을 설치하여 입주하려는 자는 산업단지지정권자 또는 그로부터 권한을 위임받은 기관에 대하여 산업단지개발계획의 변경을 요청할 수 있는 법규상 또는 조리상 신청권이 있고, 이러한 신청에 대한 거부행위는 항고소송의 대상이 되는 행정처분에 해당한다.

536

해설 ① (×) "병무청장이 병역법 제81조의2 제1항에 따라 병역의무 기피자의 인적사항 등을 인터넷 홈페이지에 게시하는 등의 방법으로 공개한 경우 병무청장의 공개결정을 항고소송의 대상이 되는 행정처분으로 보아야 한다. 반면 관할 지방병무청장의 공개 대상자 결정은 병무청장의 최종적인 결정에 앞서 이루어지는 행정기관 내부의 중간적 결정에 불과하다. 관할 지방병무청장이 1차로 공개 대상자 결정을 하고, 그에 따라 병무청장이 같은 내용으로 최종적 공개결정을 하였다면, 공개 대상자는 병무청장의 최종적 공개결정만을 다투는 것으로 충분하고, 관할 지방병무청장의 공개 대상자 결정을 별도로 다툴 소의 이익은 없어진다." (대법원 2019.6.27. 선고 2018두49130)

② (○) "어떠한 처분의 근거나 법적인 효과가 행정규칙에 규정되어 있다고 하더라도, 그 처분이 행정규칙의 내부적 구속력에 의하여 상대방에게 권리의 설정 또는 의무의 부담을 명하거나 기타 법적인 효과를 발생하게 하는 등으로 그 상대방의 권리 의무에 직접 영향을 미치는 행위라면, 이 경우에도 항고소송의 대상이 되는 행정처분에 해당한다." (대법원 2002.7.26. 선고 2001두3532)

③ (○) 공정거래위원회가 구 하도급거래 공정화에 관한 법률 제26조 제2항 후단에 따라 관계 행정기관의 장에게 한 원사업자 또는 수급사업자에 대한 입찰참가자격의 제한을 요청한 결정은 항고소송의 대상이 되는 처분이다. "구 하도급거래 공정화에 관한 법률 제26조 제2항은 입찰참가자격제한 요청의 요건을 구 하도급거래 공정화에 관한 법률 시행령으로 정하는 기준에 따라 부과한 벌점의 누산점수가 일정 기준을 초과하는 경우로 구체화하고, 위 요건을 충족하는 경우 공정거래위원회는 법 제26조 제2항 후단에 따라 관계 행정기관의 장에게 해당 사업자에 대한 입찰참가자격제한 요청 결정을 하게 되며, 이를 요청받은 관계 행정기관의 장은 특별한 사정이 없는 한 그 사업자에 대하여 입찰참가자격을 제한하는 처분을 해야 하므로, 사업자로서는 입찰참가자격제한 요청 결정이 있으면 장차 후속 처분으로 입찰참가자격이 제한될 수 있는 법률상 불이익이 존재한다. 이때 입찰참가자격제한 요청 결정이 있음을 알고 있는 사업자로 하여금 입찰참가자격제한처분에 대하여만 다툴 수 있도록 하는 것보다는 그에 앞서 직접 입찰참가자격제한 요청 결정의 적법성을 다툴 수 있도록 함으로써 분쟁을 조기에 근본적으로 해결하도록 하는 것이 법치행정의 원리에도 부합한다. 따라서 공정거래위원회의 입찰참가자격제한 요청 결정은 항고소송의 대상이 되는 처분에 해당한다." (대법원 2023.2.2. 선고 2020두48260)

④ (○) "산업입지에 관한 법령은 산업단지에 적합한 시설을 설치하여 입주하려는 자와 토지 소유자에게 산업단지 지정과 관련한 산업단지개발계획 입안과 관련한 권한을 인정하고, 산업단지 지정뿐만 아니라 변경과 관련해서도 이해관계인에 대한 절차적 권리를 보장하는 규정을 두고 있다. 산업단지개발계획상 산업단지 안의 토지 소유자로서 산업단지개발계획에 적합한 시설을 설치하여 입주하려는 자는 산업단지지정권자 또는 그로부터 권한을 위임받은 기관에 대하여 산업단지개발계획의 변경을 요청할 수 있는 법규상 또는 조리상 신청권이 있고, 이러한 신청에 대한 거부행위는 항고소송의 대상이 되는 행정처분에 해당한다고 보아야 한다." (대법원 2017.8.29. 선고 2016두44186)

정답 ①

537 [회독] □□□

항고소송의 대상에 대한 설명으로 옳지 않은 것은?

① 어떠한 처분에 법령상 근거가 있는지, 「행정절차법」에서 정한 처분 절차를 준수하였는지는 소송요건 심사단계에서 고려하여야 한다.

② 병무청장이 「병역법」에 따라 병역의무 기피자의 인적사항 등을 인터넷 홈페이지에 게시하는 등의 방법으로 공개한 경우 병무청장의 공개결정은 항고소송의 대상이 되는 행정처분이다.

③ 국민건강보험공단이 행한 '직장가입자 자격상실 및 자격변동 안내' 통보는 가입자 자격의 변동 여부 및 시기를 확인하는 의미에서 한 사실상 통지행위에 불과할 뿐, 항고소송의 대상이 되는 행정처분에 해당하지 않는다.

④ 행정청의 행위가 '처분'에 해당하는지가 불분명한 경우에는 그에 대한 불복방법 선택에 중대한 이해관계를 가지는 상대방의 인식가능성과 예측가능성을 중요하게 고려하여 규범적으로 판단하여야 한다.

537

해설 ① (×) "어떠한 처분에 법령상 근거가 있는지, 행정절차법에서 정한 처분절차를 준수하였는지는 본안에서 당해 처분이 적법한가를 판단하는 단계에서 고려할 요소이지, 소송요건 심사단계에서 고려할 요소가 아니다." (대법원 2020.1.16. 선고 2019다264700)

② (○) "병무청장이 병역법에 따라 병역의무 기피자의 인적사항 등을 인터넷홈페이지에 게시하는 등의 방법으로 공개한 경우 병무청장의 공개결정을 항고소송의 대상이 되는 행정처분으로 보아야 한다." (대법원 2019.6.27. 선고 2018두49130)

③ (○) "국민건강보험 직장가입자 또는 지역가입자 자격 변동은 법령이 정하는 사유가 생기면 별도 처분 등의 개입 없이 사유가 발생한 날부터 변동의 효력이 당연히 발생하므로, 국민건강보험공단이 갑 등에 대하여 가입자 자격이 변동되었다는 취지의 '직장가입자 자격상실 및 자격변동 안내' 통보를 하였거나, 그로 인하여 사업장이 국민건강보험법상의 적용대상사업장에서 제외되었다는 취지의 '사업장 직권탈퇴에 따른 가입자 자격상실 안내' 통보를 하였더라도, 이는 갑 등의 가입자 자격의 변동 여부 및 시기를 확인하는 의미에서 한 사실상 통지행위에 불과할 뿐, 위 각 통보에 의하여 가입자 자격이 변동되는 효력이 발생한다고 볼 수 없고, 또한 위 각 통보로 갑 등에게 지역가입자로서의 건강보험료를 납부하여야 하는 의무가 발생함으로써 갑 등의 권리의무에 직접적 변동을 초래하는 것도 아니다. 따라서 위 각 통보의 처분성이 인정되지 않는다." (대법원 2019.2.14. 선고 2016두41729)

④ (○) "행정청의 행위가 '처분'에 해당하는지 불분명한 경우에는 그에 대한 불복방법 선택에 중대한 이해관계를 가지는 상대방의 인식가능성과 예측가능성을 중요하게 고려하여 규범적으로 판단하여야 한다." (대법원 2021.1.14. 선고 2020두50324)

정답 ①

538 [회독] ☐☐☐　　　　　　23년 군무원 9급

항고소송의 대상인 '처분'에 대한 설명으로 옳지 않은 것은?
(다툼이 있는 경우 판례에 의함)

① 교육부장관이 대학에서 추천한 복수의 총장후보자들 전부 또는 일부를 임용제청에서 제외하는 행위는 제외된 후보자들에 대한 불이익처분으로서 항고소송의 대상이 되는 처분에 해당한다고 보아야 한다.

② 법령상 토사채취가 제한되지 않는 산림 내에서의 토사채취에 대하여 국토와 자연의 유지, 환경보전 등 중대한 공익상 필요를 이유로 그 허가를 거부하는 것은 재량권을 일탈·남용하여 위법한 처분이라 할 수 있다.

③ 대학이 복수의 후보자에 대하여 순위를 정하여 추천한 경우 교육부장관이 후순위후보자를 임용제청했더라도 이로 인하여 헌법과 법률이 보장하는 대학의 자율성이 제한된다고는 볼 수 없다.

④ 절차상 또는 형식상 하자로 무효인 행정처분에 대하여 행정청이 적법한 절차 또는 형식을 갖추어 다시 동일한 행정처분을 하였다면, 종전의 무효인 행정처분에 대한 무효확인청구는 과거의 법률관계의 효력을 다투는 것에 불과하므로 무효확인을 구할 법률상 이익이 없다.

538

해설 ① (○) "교육부장관이 대학에서 추천한 복수의 총장 후보자들 전부 또는 일부를 임용제청에서 제외하는 행위는 제외된 후보자들에 대한 불이익처분으로서 항고소송의 대상이 되는 처분에 해당한다고 보아야 한다." (대법원 2018.6.15. 선고 2016두57564)

② (✕) "산림 내에서의 토사채취는 국토 및 자연의 유지와 환경의 보전에 직접적으로 영향을 미치는 행위이므로 법령이 규정하는 토사채취의 제한지역에 해당하는 경우는 물론이거니와 그러한 제한지역에 해당하지 않더라도 허가관청은 토사채취허가신청 대상 토지의 형상과 위치 및 그 주위의 상황 등을 고려하여 국토 및 자연의 유지와 환경보전 등 중대한 공익상 필요가 있다고 인정될 때에는 그 허가를 거부할 수 있다." (대법원 2007.6.15. 선고 2005두9736)

③ (○) "교육공무원법령은 대학이 대학의 장 후보자를 복수로 추천하도록 정하고 있을 뿐이고, 교육부장관이나 대통령이 대학이 정한 순위에 구속된다고 볼 만한 규정을 두고 있지 않다. 대학이 복수의 후보자에 대하여 순위를 정하여 추천한 경우 교육부장관이 후순위 후보자를 임용제청하더라도 단순히 그것만으로 헌법과 법률이 보장하는 대학의 자율성이 제한된다고 볼 수는 없다. 대학 총장 임용에 관해서는 임용권자에게 일반 국민에 대한 행정처분이나 공무원에 대한 징계처분에 비하여 광범위한 재량이 주어져 있다고 볼 수 있다." (대법원 2018.6.15. 선고 2016두57564)

④ (○) "행정처분이 취소되면 그 처분은 효력을 상실하여 더 이상 존재하지 않는 것이고, 존재하지 않는 행정처분을 대상으로 한 취소소송은 소의 이익이 없어 부적법하다. 또한 절차상 또는 형식상 하자로 무효인 행정처분에 대하여 행정청이 적법한 절차 또는 형식을 갖추어 다시 동일한 행정처분을 하였다면, 종전의 무효인 행정처분에 대한 무효확인 청구는 과거의 법률관계의 효력을 다투는 것에 불과하므로 무효확인을 구할 법률상 이익이 없다." (대법원 2010.4.29. 선고 2009두16879)

정답 ②

---

539 [회독] □□□　　　　　　　23년 군무원 9급

행정소송에 관한 설명으로 옳지 않은 것은? (다툼이 있는 경우 판례에 의함)

① 「공기업·준정부기관 계약사무규칙」에 따른 낙찰적격 세부기준은 국민의 권리의무에 영향을 미치므로 대외적 구속력이 인정된다.

② 지적공부 소관청의 지목변경신청 반려행위는 국민의 권리관계에 영향을 미치는 것으로서 항고소송의 대상이 되는 행정처분에 해당한다.

③ 건축물대장 소관청의 용도변경신청 거부행위는 국민의 권리관계에 영향을 미치는 것으로서 항고소송의 대상이 되는 행정처분에 해당한다.

④ 국가계약법상 감점조치는 계약 사무를 처리함에 있어 내부규정인 세부기준에 의하여 종합취득점수의 일부를 감점하게 된다는 뜻의 사법상의 효력을 가지는 통지행위에 불과하므로 항고소송의 대상이 되지 않는다.

539

해설 ① (×) "공사낙찰적격심사 감점처분(이하 '이 사건 감점조치'라 한다)의 근거로 내세운 규정은 피고의 공사낙찰적격심사세부기준(이하 '이 사건 세부기준'이라 한다) 제4조 제2항인 사실, 이 사건 세부기준은 공공기관의 운영에 관한 법률 제39조 제1항, 제3항, 구 공기업·준정부기관 계약사무규칙 제12조에 근거하고 있으나, 이러한 규정은 공공기관이 사인과 사이의 계약관계를 공정하고 합리적·효율적으로 처리할 수 있도록 관계 공무원이 지켜야 할 계약사무처리에 관한 필요한 사항을 규정한 것으로서 공공기관의 내부규정에 불과하여 대외적 구속력이 없는 것임을 알 수 있다." (대법원 2014.12.24. 선고 2010두6700)

② (○) "지목은 토지소유권을 제대로 행사하기 위한 전제요건으로서 토지소유자의 실체적 권리관계에 밀접하게 관련되어 있으므로 지적공부 소관청의 지목변경신청 반려행위는 국민의 권리관계에 영향을 미치는 것으로서 항고소송의 대상이 되는 행정처분에 해당한다." (대법원 2004.4.22. 선고 2003두9015)

③ (○) "건축물대장의 용도는 건축물의 소유권을 제대로 행사하기 위한 전제요건으로서 건축물 소유자의 실체적 권리관계에 밀접하게 관련되어 있으므로, 건축물대장 소관청의 용도변경신청 거부행위는 국민의 권리관계에 영향을 미치는 것으로서 항고소송의 대상이 되는 행정처분에 해당한다." (대법원 2009.1.30. 선고 2007두7277)

④ (○) "이 사건 감점조치는 행정청이나 그 소속 기관 또는 그 위임을 받은 공공단체의 공법상의 행위가 아니라 장차 그 대상자인 원고가 피고가 시행하는 입찰에 참가하는 경우에 그 낙찰적격자 심사 등 계약 사무를 처리함에 있어 피고 내부규정인 이 사건 세부기준에 의하여 종합취득점수의 10/100을 감점하게 된다는 뜻의 사법상의 효력을 가지는 통지행위에 불과하다 할 것이고, 또한 피고의 이와 같은 통지행위가 있다고 하여 원고에게 공공기관의 운영에 관한 법률 제39조 제2항, 제3항, 구 공기업·준정부기관 계약사무규칙 제15조에 의한 국가, 지방자치단체 또는 다른 공공기관에서 시행하는 모든 입찰에의 참가자격을 제한하는 효력이 발생한다고 볼 수도 없으므로, 피고의 이 사건 감점조치는 행정소송의 대상이 되는 행정처분이라고 할 수 없다." (대법원 2014.12.24. 선고 2010두6700)

정답 ①

540 [회독] □□□

22년 군무원 9급

다음 중 취소소송의 대상이 되는 처분에 해당하는 것으로 옳은 것은 모두 몇 개인가?

> ㉠ 한국마사회의 조교사나 기수에 대한 면허취소·정지
> ㉡ 법규성 있는 고시가 집행행위 매개 없이 그 자체로서 이해당사자의 법률관계를 직접 규율하는 경우
> ㉢ 행정계획 변경신청의 거부가 장차 일정한 처분에 대한 신청을 구할 법률상 이익이 있는 자의 처분 자체를 실질적으로 거부하는 경우
> ㉣ 국가공무원법상 당연퇴직의 인사발령

① 0개
② 1개
③ 2개
④ 3개

540

해설 ㉠ (×) "한국마사회가 조교사 또는 기수의 면허를 부여하거나 취소하는 것은 경마를 독점적으로 개최할 수 있는 지위에서 우수한 능력을 갖추었다고 인정되는 사람에게 경마에서의 일정한 기능과 역할을 수행할 수 있는 자격을 부여하거나 이를 박탈하는 것에 지나지 아니하므로, 이는 국가 기타 행정기관으로부터 위탁받은 행정권한의 행사가 아니라 일반 사법상의 법률관계에서 이루어지는 단체 내부에서의 징계 내지 제재처분이다." (대법원 2008.1.31. 선고 2005두8269)

㉡ (○) "어떠한 고시가 일반적·추상적 성격을 가질 때에는 법규명령 또는 행정규칙에 해당할 것이지만, 다른 집행행위의 매개 없이 그 자체로서 직접 국민의 구체적인 권리의무나 법률관계를 규율하는 성격을 가질 때에는 항고소송의 대상이 되는 행정처분에 해당한다." (대법원 2003.10.9.자 2003무23)

㉢ (○) "장래 일정한 기간 내에 관계 법령이 규정하는 시설 등을 갖추어 일정한 행정처분을 구하는 신청을 할 수 있는 법률상 지위에 있는 자의 국토이용계획변경신청을 거부하는 것이 실질적으로 당해 행정처분 자체를 거부하는 결과가 되는 경우에는 예외적으로 그 신청인에게 국토이용계획변경을 신청할 권리가 인정된다고 봄이 상당하므로, 이러한 신청에 대한 거부행위는 항고소송의 대상이 되는 행정처분에 해당한다." (대법원 2003.9.23. 선고 2001두10936)

㉣ (×) "국가공무원법상 당연퇴직은 결격사유가 있을 때 법률상 당연히 퇴직하는 것이지 공무원관계를 소멸시키기 위한 별도의 행정처분을 요하는 것이 아니며, 당연퇴직의 인사발령은 법률상 당연히 발생하는 퇴직사유를 공적으로 확인하여 알려주는 이른바 관념의 통지에 불과하고 공무원의 신분을 상실시키는 새로운 형성적 행위가 아니므로 행정소송의 대상이 되는 독립한 행정처분이라고 할 수 없다." (대법원 1995.11.14. 선고 95누2036)

정답 ③

541 [회독] ☐☐☐ 19년 국가 9급

항고소송의 대상인 처분에 대한 설명으로 옳은 것은? (다툼이 있는 경우 판례에 의함)

① 국립대학교 총장의 임용권한은 대통령에게 있으므로, 교육부장관이 대통령에게 임용제청을 하면서 대학에서 추천한 복수의 총장 후보자들 중 일부를 임용제청에서 제외한 행위는 처분에 해당하지 않는다.

② 인터넷 포털사이트의 개인정보 유출사고로 주민등록번호가 불법 유출되었음을 이유로 주민등록번호 변경신청을 하였으나 관할 구청장이 이를 거부한 경우, 그 거부행위는 처분에 해당하지 않는다.

③ 검사의 불기소결정은 공권력의 행사에 포함되므로, 검사의 자의적인 수사에 의하여 불기소결정이 이루어진 경우 그 불기소결정은 처분에 해당한다.

④ 국가인권위원회가 진정에 대하여 각하 및 기각결정을 할 경우 피해자인 진정인은 인권침해 등에 대한 구제조치를 받을 권리를 박탈당하게 되므로, 국가인권위원회의 진정에 대한 각하 및 기각결정은 처분에 해당한다.

541

해설 ① (✕) "교육부장관이 자의적으로 대학에서 추천한 복수의 총장 후보자들 전부 또는 일부를 임용제청하지 않는다면 대통령으로부터 임용을 받을 기회를 박탈하는 효과가 있다. 따라서 교육부장관이 대학에서 추천한 복수의 총장 후보자들 전부 또는 일부를 임용제청에서 제외하는 행위는 제외된 후보자들에 대한 불이익처분으로서 항고소송의 대상이 되는 처분에 해당한다고 보아야 한다." (대법원 2018.6.15. 선고 2016두57564)

② (✕) "피해자의 의사와 무관하게 주민등록번호가 유출된 경우에는 조리상 주민등록번호의 변경을 요구할 신청권을 인정함이 타당하고, 구청장의 주민등록번호 변경신청 거부행위는 항고소송의 대상이 되는 행정처분에 해당한다." (대법원 2017.6.15. 선고 2013두2945)

③ (✕) "처분의 근거 법률에서 행정소송 이외의 다른 절차에 의하여 불복할 것을 예정하고 있는 처분은 항고소송의 대상이 될 수 없다. 검사의 불기소결정에 대해서는 검찰청법에 의한 항고와 재항고, 형사소송법에 의한 재정신청에 의해서만 불복할 수 있는 것이므로, 이에 대해서는 행정소송법상 항고소송을 제기할 수 없다." (대법원 2018.9.28. 선고 2017두47465)

④ (○) "국가인권위원회가 진정을 각하 및 기각결정을 할 경우 피해자인 진정인으로서는 자신의 인격권 등을 침해하는 인권침해 또는 차별행위 등이 시정되고 그에 따른 구제조치를 받을 권리를 박탈당하게 되므로, 진정에 대한 국가인권위원회의 각하 및 기각결정은 피해자인 진정인의 권리행사에 중대한 지장을 초래하는 것으로서 항고소송의 대상이 되는 행정처분에 해당한다." (헌법재판소 2015.3.26. 선고 2013헌마214)

정답 ④

PART 06

542 [회독] ☐☐☐   20년 국가 9급

판례의 입장으로 옳은 것은?

① 변상금부과처분이 당연무효인 경우, 당해 변상금부과처분에 의하여 납부한 오납금에 대한 납부자의 부당이득반환청구권의 소멸시효는 변상금부과처분의 부과시부터 진행한다.

② 행정소송에서 쟁송의 대상이 되는 행정처분의 존부에 관한 사항이 상고심에서 비로소 주장된 경우에 행정처분의 존부에 관한 사항은 상고심의 심판범위에 해당한다.

③ 어떠한 처분의 근거나 법적인 효과가 행정규칙에 규정되어 있다면, 그 처분이 행정규칙의 내부적 구속력에 의하여 상대방의 권리 의무에 직접 영향을 미치는 행위라도 항고소송의 대상이 되는 행정처분이라 볼 수 없다.

④ 어떠한 허가처분에 대하여 타법상의 인·허가가 의제된 경우, 의제된 인·허가는 통상적인 인·허가와 동일한 효력을 갖는 것은 아니므로 '부분 인·허가 의제'가 허용되는 경우에도 의제된 인·허가에 대한 쟁송취소는 허용되지 않는다.

542

해설 ① (×) "지방재정법 제87조 제1항에 의한 변상금부과처분이 당연무효인 경우에 이 변상금부과처분에 의하여 납부자가 납부하거나 징수당한 오납금은 지방자치단체가 법률상 원인 없이 취득한 부당이득에 해당하고, 이러한 오납금에 대한 납부자의 부당이득반환청구권은 처음부터 법률상 원인이 없이 납부 또는 징수된 것이므로 납부 또는 징수시에 발생하여 확정되며, 그때부터 소멸시효가 진행한다." (대법원 2005.1.27. 선고 2004다50143)

② (○) "행정소송에서 쟁송의 대상이 되는 행정처분의 존부는 소송요건으로서 직권조사사항이고, 사실심에서 변론종결시까지 당사자가 주장하지 않던 직권조사사항에 해당하는 사항을 상고심에서 비로소 주장하는 경우 그 직권조사사항에 해당하는 사항은 상고심의 심판범위에 해당한다." (대법원 2004.12.24. 선고 2003두15195)

③ (×) "어떠한 처분의 근거나 법적인 효과가 행정규칙에 규정되어 있다고 하더라도, 그 처분이 행정규칙의 내부적 구속력에 의하여 상대방에게 권리의 설정 또는 의무의 부담을 명하거나 기타 법적인 효과를 발생하게 하는 등으로 그 상대방의 권리 의무에 직접 영향을 미치는 행위라면, 이 경우에도 항고소송의 대상이 되는 행정처분에 해당한다." (대법원 2002.7.26. 선고 2001두3532)

④ (×) "의제된 인허가는 통상적인 인허가와 동일한 효력을 가지므로, 적어도 '부분 인허가 의제'가 허용되는 경우에는 그 효력을 제거하기 위한 법적 수단으로 의제된 인허가의 취소나 철회가 허용될 수 있고, 이러한 직권 취소·철회가 가능한 이상 그 의제된 인허가에 대한 쟁송취소 역시 허용된다." (대법원 2018.11.29. 선고 2016두38792)

정답 ②

543 [회독] ☐☐☐　　　20년 군무원 9급

행정소송의 대상이 되는 처분에 관한 판례의 내용으로 옳지 않은 것은? (다툼이 있는 경우 판례에 의함)

① 당사자가 지방노동위원회의 처분에 대하여 불복하기 위해서는 처분 송달일로부터 10일 이내에 중앙노동위원회에 재심을 신청하고 중앙노동위원회의 재심판정서 송달일로부터 15일 이내에 고용노동부 장관을 피고로 하여 재심판정취소의 소를 제기하여야 할 것이다.

② 지방의회 의장에 대한 불신임의결은 의장으로서의 권한을 박탈하는 행정처분의 일종으로서 항고소송의 대상이 된다.

③ 조례가 집행행위의 개입 없이도 그 자체로서 직접 국민의 구체적인 권리의무나 법적 이익에 영향을 미치는 등의 법률상 효과를 발생하는 경우 그 조례는 항고소송의 대상이 되는 행정처분에 해당한다.

④ 항정신병 치료제의 요양급여 인정기준에 관한 보건복지부 고시가 다른 집행행위의 매개 없이 그 자체로서 제약회사, 요양기관, 환자 및 국민건강보험공단 사이의 법률관계를 직접 규율한다는 이유로 항고소송의 대상이 되는 행정처분에 해당한다.

543

해설　① (✕) 고용노동부장관이 아니라 중앙노동위원장을 피고로 하여야 한다. "구 노동위원회법 제19조의2 제1항의 규정은 행정처분의 성질을 가지는 지방노동위원회의 처분에 대하여 중앙노동위원장을 상대로 행정소송을 제기할 경우의 전치요건에 관한 규정이라 할 것이므로 당사자가 지방노동위원회의 처분에 대하여 불복하기 위하여는 처분 송달일로부터 10일 이내에 중앙노동위원회에 재심을 신청하고 중앙노동위원회의 재심판정서 송달일로부터 15일 이내에 중앙노동위원장을 피고로 하여 재심판정취소의 소를 제기하여야 할 것이다." (대법원 1995.9.15. 선고 95누6724)

② (○) "지방의회를 대표하고 의사를 정리하며 회의장 내의 질서를 유지하고 의회의 사무를 감독하며 위원회에 출석하여 발언할 수 있는 등의 직무권한을 가지는 지방의회 의장에 대한 불신임의결은 의장으로서의 권한을 박탈하는 행정처분의 일종으로서 항고소송의 대상이 된다." (대법원 1994.10.11. 선고 94두23)

③ (○) "조례가 집행행위의 개입 없이도 그 자체로서 직접 국민의 구체적인 권리의무나 법적 이익에 영향을 미치는 등의 법률상 효과를 발생하는 경우 그 조례는 항고소송의 대상이 되는 행정처분에 해당한다." (대법원 1996.9.20. 선고 95누8003)

④ (○) "항정신병 치료제의 요양급여 인정기준에 관한 보건복지부 고시는, 불특정의 항정신병 치료제 일반을 대상으로 한 것이 아니라 특정 제약회사의 특정 의약품을 규율 대상으로 하는 점 및 의사에 대하여 특정 의약품을 처방함에 있어서 지켜야 할 기준을 제시하면서 만일 그와 같은 처방기준에 따르지 않은 경우에는 국민건강보험공단에 대하여 그 약제비용을 보험급여로 청구할 수 없고 환자 본인에 대하여만 청구할 수 있게 한 점 등에 비추어 볼 때, 다른 집행행위의 매개 없이 그 자체로서 제약회사, 요양기관, 환자 및 국민건강보험공단 사이의 법률관계를 직접 규율하는 성격을 가진다고 할 것이므로, 이는 항고소송의 대상이 되는 행정처분으로서의 성격을 갖는다." (대법원 2003.10.9. 선고 2003무23)

정답 ①

544 [회독] □□□　　　　　　22년 소방직

항고소송의 대상에 대한 설명으로 옳지 않은 것은? (다툼이 있는 경우 판례에 의함)

① 병무청장의 요청에 따른 법무부장관의 입국금지결정은 법무부장관의 의사가 공식적인 방법으로 외부에 표시되어 입국 자체를 금지하는 것으로서 그 입국금지결정은 항고소송의 대상이 될 수 있는 처분에 해당한다.

② 병무청장이 「병역법」에 따라 병역의무 기피자의 인적사항 등을 인터넷 홈페이지에 게시하는 등의 방법으로 공개한 경우 병무청장의 공개결정을 항고소송의 대상이 되는 행정처분으로 보아야 한다.

③ 시장이 감사원으로부터 「감사원법」에 따라 징계의 종류를 정직으로 정한 징계 요구를 받게 되자 감사원에 징계 요구에 대한 재심의를 청구하였고, 감사원이 재심의청구를 기각한 경우, 감사원의 징계 요구와 재심의결정은 항고소송의 대상이 되는 행정처분이라고 할 수 없다.

④ 「국방전력발전업무훈령」에 따른 연구개발확인서 발급은 개발업체가 전력지원체계 연구개발사업을 성공적으로 수행하여 군사용 적합판정을 받고 경우에 따라 사업관리기관이 개발업체에게 수의계약의 방식으로 국방조달계약을 체결할 수 있는 지위가 있음을 인정해 주는 확인적 행정행위로서 처분에 해당한다.

544

해설 ① (×) "병무청장이 법무부장관에게 '가수 갑이 공연을 위하여 국외여행허가를 받고 출국한 후 미국 시민권을 취득함으로써 사실상 병역의무를 면탈하였으므로 재외동포 자격으로 재입국하고자 하는 경우 국내에서 취업, 가수활동 등 영리활동을 할 수 없도록 하고, 불가능할 경우 입국 자체를 금지해 달라'고 요청함에 따라 법무부장관이 갑의 입국을 금지하는 결정을 하고, 그 정보를 내부전산망인 '출입국관리정보시스템'에 입력하였으나, 갑에게는 통보하지 않은 사안에서, 위 입국금지결정은 항고소송의 대상이 되는 '처분'에 해당하지 않는다." (대법원 2019.7.11. 선고 2017두38874)

② (○) "병무청장이 병역법 제81조의2 제1항에 따라 병역의무 기피자의 인적사항 등을 인터넷 홈페이지에 게시하는 등의 방법으로 공개한 경우 병무청장의 공개결정을 항고소송의 대상이 되는 행정처분으로 보아야 한다." (대법원 2019.6.27. 선고 2018두49130)

③ (○) "갑 시장이 감사원으로부터 감사원법 제32조에 따라 을에 대하여 징계의 종류를 정직으로 정한 징계 요구를 받게 되자 감사원에 징계 요구에 대한 재심의를 청구하였고, 감사원이 재심의청구를 기각하자 을이 감사원의 징계 요구와 그에 대한 재심의결정의 취소를 구하고 갑 시장이 감사원의 재심의결정 취소를 구하는 소를 제기한 사안에서, 감사원의 징계 요구와 재심의결정이 항고소송의 대상이 되는 행정처분이라고 할 수 없고, 갑 시장이 제기한 소송이 기관소송으로서 감사원법 제40조 제2항에 따라 허용된다고 볼 수 없다." (대법원 2016.12.27. 선고 2014두5637)

④ (○) "국방전력발전업무훈령 제113조의5 제1항에 의한 연구개발확인서 발급은 개발업체가 '업체투자연구개발' 방식 또는 '정부·업체공동투자연구개발' 방식으로 전력지원체계 연구개발사업을 성공적으로 수행하여 군사용 적합판정을 받고 국방규격이 제·개정된 경우에 사업관리기관이 개발업체에게 해당 품목의 양산과 관련하여 경쟁입찰에 부치지 않고 수의계약의 방식으로 국방조달계약을 체결할 수 있는 지위(경쟁입찰의 예외사유)가 있음을 인정해 주는 '확인적 행정행위'로서 공권력의 행사인 '처분'에 해당하고, 연구개발확인서 발급 거부는 신청에 따른 처분 발급을 거부하는 '거부처분'에 해당한다." (대법원 2020.1.16. 선고 2019다264700)

정답 ①

545 [회독] □□□　　　　　　　23년 소방직

항고소송의 대상이 되는 처분에 관한 설명으로 옳지 않은 것은?
(다툼이 있는 경우 판례에 의함)

① 과태료의 부과 여부 및 그 당부는 최종적으로 「질서위반행위규제법」의 절차에 의하여 판단되어야 한다고 할 것이므로, 그 과태료 부과처분은 행정청을 피고로 하는 항고소송의 대상이 되는 처분이라고 볼 수 없다.

② 행정청의 행위가 항고소송의 대상이 되는 처분에 해당하는지가 불분명한 경우에는 그에 대한 불복방법 선택에 중대한 이해관계를 가지는 상대방의 인식가능성과 예측가능성을 중요하게 고려해서 규범적으로 판단해야 한다.

③ 어떠한 처분의 근거나 법적인 효과가 행정규칙에 규정되어 있다고 하더라도, 그 처분이 행정규칙의 내부적 구속력에 의하여 상대방에게 권리의 설정 또는 의무의 부담을 명하거나 기타 법적인 효과를 발생하게 하는 등으로 그 상대방의 권리 의무에 직접 영향을 미치는 행위라면, 이 경우에도 항고소송의 대상이 되는 처분에 해당한다고 보아야 한다.

④ 「총포·도검·화약류 등의 안전관리에 관한 법률」에 따른 총포·화약안전기술협회가 회비납부의무자에 대하여 한 회비납부통지는 항고소송의 대상이 되는 처분에 해당하지 않는다.

545

해설 ① (○) "과태료의 부과 여부 및 그 당부는 최종적으로 「질서위반행위규제법」에 의한 절차에 의하여 판단되어야 한다고 할 것이므로, 그 과태료 부과처분은 행정청을 피고로 하는 행정소송의 대상이 되는 행정처분이라고 볼 수 없다." (대법원 2012.10.11. 선고 2011두19369)

② (○) "행정청의 행위가 '처분'에 해당하는지 불분명한 경우에는 그에 대한 불복방법 선택에 중대한 이해관계를 가지는 상대방의 인식가능성과 예측가능성을 중요하게 고려하여 규범적으로 판단하여야 한다." (대법원 2021.1.14. 선고 2020두50324)

③ (○) "항고소송의 대상이 되는 행정처분이라 함은 원칙적으로 행정청의 공법상 행위로서 특정 사항에 대하여 법규에 의한 권리의 설정 또는 의무의 부담을 명하거나 기타 법률상 효과를 발생하게 하는 등으로 일반 국민의 권리·의무에 직접 영향을 미치는 행위를 가리키는 것이지만, 어떠한 처분의 근거나 법적인 효과가 행정규칙에 규정되어 있다고 하더라도, 그 처분이 행정규칙의 내부적 구속력에 의하여 상대방에게 권리의 설정 또는 의무의 부담을 명하거나 기타 법적인 효과를 발생하게 하는 등으로 그 상대방의 권리 의무에 직접 영향을 미치는 행위라면, 이 경우에도 항고소송의 대상이 되는 행정처분에 해당한다." (대법원 2002.7.26. 선고 2001두3532)

④ (×) 대법원은 다음과 같은 이유에 근거해서 총포·화약안전기술협회의 회비납부의무자에 대한 회비납부통지처분의 처분성을 인정하였다. "회비의 금액과 납부기간, 납부장소를 기재한 납부통지서를 납부의무자에게 발부해야 비로소 구체적인 회비납부의무가 발생하는 것이며, 회비 부과의 요건사실 확인과 회비 액수의 산정에 관한 피고의 조사·확인없이 곧바로 총포화약법령으로부터 구체적인 회비납부의무가 발생한다고 볼 수는 없다. 총포화약류를 취급하는 사람의 추상적인 회비납부의무는 법령의 규정에 따라 성립하지만, 피고가 매년 납부의무자별로 일정한 조사·확인을 거쳐 회비산정기준에 따라 회비의 액수를 산정·고지해야 실제 납부 또는 징수가 가능하다. 따라서 피고의 회비납부통지는 '행정청이 행하는 구체적 사실에 관한 법집행으로서의 공권력의 행사'에 해당한다고 보아야 한다." (대법원 2021.12.30. 선고 2018다241458)

정답 ④

기출테마 104 　대상적격 특수논점 1 : 거부행위의 처분성

546 [회독] ☐☐☐　　　　　　　　　　　25년 지방 9급

거부처분의 취소소송에 대한 설명으로 옳지 않은 것은?

① 도시계획구역 내 토지 등을 소유하고 있는 주민으로서는 도시시설계획의 입안권자 내지 결정권자에게 도시시설계획의 입안 내지 변경을 요구할 수 있는 법규상 또는 조리상 신청권이 있다.

② 주민등록번호가 피해자의 의사와 무관하게 유출된 경우 조리상 주민등록번호의 변경을 요구할 신청권이 인정된다.

③ 신청권은 그 신청에 따른 단순한 응답을 받을 권리를 넘어서 신청의 인용이라는 만족적 결과를 얻을 권리를 의미한다.

④ 「민원사무 처리에 관한 법률」에서 민원사항의 신청에 대한 행정기관의 절차적인 접수의무를 규정하고 있다고 하더라도, 그로써 바로 민원인에게 그 민원에서 요구하는 행정기관의 행위에 대한 실체적인 신청권까지 인정되는 것이라고 볼 수 없다.

546

해설　① (○) "도시계획구역 내 토지 등을 소유하고 있는 사람과 같이 당해 도시계획시설결정에 이해관계가 있는 주민으로서는 도시시설계획의 입안권자 내지 결정권자에게 도시시설계획의 입안 내지 변경을 요구할 수 있는 법규상 또는 조리상의 신청권이 있고, 이러한 신청에 대한 거부행위는 항고소송의 대상이 되는 행정처분에 해당한다." (대법원 2015.3.26. 선고 2014두42742)

② (○) "피해자의 의사와 무관하게 주민등록번호가 유출된 경우에는 조리상 주민등록번호의 변경을 요구할 신청권을 인정함이 타당하고, 구청장의 주민등록번호 변경신청 거부행위는 항고소송의 대상이 되는 행정처분에 해당한다." (대법원 2017.6.15. 선고 2013두2945)

③ (✕) "거부처분의 처분성을 인정하기 위한 전제요건이 되는 신청권의 존부는 구체적 사건에서 신청인이 누구인가를 고려하지 않고 관계 법규의 해석에 의하여 일반 국민에게 그러한 신청권을 인정하고 있는가를 살펴 추상적으로 결정되는 것이고, 신청인이 그 신청에 따른 단순한 응답을 받을 권리를 넘어서 신청의 인용이라는 만족적 결과를 얻을 권리를 의미하는 것은 아니므로, 국민이 어떤 신청을 한 경우에 그 신청의 근거가 된 조항의 해석상 행정발동에 대한 개인의 신청권을 인정하고 있다고 보이면 그 거부행위는 항고소송의 대상이 되는 처분으로 보아야 하고, 구체적으로 그 신청이 인용될 수 있는가 하는 점은 본안에서 판단하여야 할 사항이다." (대법원 2009.9.10. 선고 2007두20638)

④ (○) "구 행정규제및민원사무기본법 제2조 제3호와 제9조 제3항 및 같은법시행령 제2조 제3호 (바)목의 규정은, 행정기관에 대하여 특정한 행위를 요구하는 행위도 민원사항의 하나로 규정하면서 그에 관한 신청이 있을 경우 행정기관은 그 접수를 보류 또는 거부거나 혹은 접수된 서류를 부당하게 되돌려 보낼 수 없도록 규정하고 있으나, 위 법이 민원사무의 처리에 관한 기본적인 사항을 정하는 것을 그 입법목적으로 하여 주로 절차적인 사항을 정하고 있는 점에 비추어 볼 때, 위 각 규정에서 위와 같이 민원사항의 신청에 대한 행정기관의 절차적인 접수의무를 규정하고 있다고 하더라도 그로써 바로 민원인에게 그 민원에서 요구하는 행정기관의 행위에 대한 실체적인 신청권까지 인정되는 것이라고 볼 수는 없다." (대법원 1999.8.24. 선고 97누7004)

정답 ③

---

547 [회독] ☐☐☐

「행정소송법」상 취소소송에 대한 설명으로 옳지 않은 것은?
(다툼이 있는 경우 판례에 의함)

① 대한민국에서 출생하여 오랜 기간 대한민국 국적을 보유하면서 거주한 재외동포는 사증발급 거부처분의 취소를 구할 법률상 이익이 있다.

② 국민권익위원회가 소방청장에게 일정한 의무를 부과하는 내용의 조치요구를 한 경우 소방청장은 조치요구의 취소를 구할 당사자능력 및 원고적격이 인정되지 않는다.

③ 임용지원자가 특별채용 대상자로서 자격을 갖추고 있고 유사한 지위에 있는 자에 대하여 정규교사로 특별채용한 전례가 있다 하더라도, 교사로의 특별채용을 요구할 법규상 또는 조리상의 권리가 있다고 할 수 없다.

④ 피해자의 의사와 무관하게 주민등록번호가 유출된 경우, 조리상 주민등록번호의 변경을 요구할 신청권을 인정함이 타당하다.

547

해설 ① (○) "재외동포의 대한민국 출입국과 대한민국 안에서의 법적 지위를 보장함을 목적으로 「재외동포의 출입국과 법적 지위에 관한 법률」(이하 '재외동포법'이라 한다)이 특별히 제정되어 시행 중이다. 따라서 원고는 이 사건 사증발급 거부처분의 취소를 구할 법률상 이익이 인정된다." (대법원 2019.7.11. 선고 2017두38874)

② (✕) "국민권익위원회가 소방청장에게 인사와 관련하여 부당한 지시를 한 사실이 인정된다며 이를 취소할 것을 요구하기로 의결하고 그 내용을 통지하자 소방청장이 국민권익위원회 조치요구의 취소를 구하는 소송을 제기한 사안에서, 처분성이 인정되는 국민권익위원회의 조치요구에 불복하고자 하는 소방청장으로서는 조치요구의 취소를 구하는 항고소송을 제기하는 것이 유효·적절한 수단으로 볼 수 있으므로 소방청장은 예외적으로 당사자능력과 원고적격을 가진다." (대법원 2018.8.1. 선고 2014두35379)

③ (○) "원고 등과 유사한 지위에 있는 전임강사에 대하여는 피고가 정규교사로 특별채용한 전례가 있다 하더라도 그러한 사정만으로 임용지원자에 불과한 원고 등에게 피고에 대하여 교사로의 특별채용을 요구할 법규상 또는 조리상의 권리가 있다고 할 수는 없다." (대법원 2005.4.15. 선고 2004두11626)

④ (○) "피해자의 의사와 무관하게 주민등록번호가 유출된 경우에는 조리상 주민등록번호의 변경을 요구할 신청권을 인정함이 타당하고, 구청장의 주민등록번호 변경신청 거부행위는 항고소송의 대상이 되는 행정처분에 해당한다." (대법원 2017.6.15. 선고 2013두2945)

정답 ②

PART 06

548 [회독] ☐☐☐

행정소송의 대상인 행정처분에 대한 설명으로 옳지 않은 것은?
(다툼이 있는 경우 판례에 의함)

① 구「민원사무 처리에 관한 법률」에서 정한 사전심사결과 통보는 항고소송의 대상이 되는 행정처분에 해당하지 않는다.

② 「교육공무원법」상 승진후보자 명부에 의한 승진심사 방식으로 행해지는 승진임용에서 승진후보자 명부에 포함되어 있던 후보자를 승진임용인사발령에서 제외하는 행위는 항고소송의 대상인 처분에 해당하지 않는다.

③ 건축주가 토지소유자로부터 토지사용승낙서를 받아 그 토지 위에 건축물을 건축하는 건축허가를 받았다가 착공에 앞서 건축주의 귀책사유로 해당 토지를 사용할 권리를 상실한 경우, 토지소유자의 건축허가 철회신청을 거부한 행위는 항고소송의 대상이 된다.

④ 사업시행자인 한국도로공사가 구「지적법」에 따라 고속도로 건설공사에 편입되는 토지소유자들을 대위하여 토지면적등록 정정신청을 하였으나 관할 행정청이 이를 반려하였다면, 이러한 반려행위는 항고소송 대상이 되는 행정처분에 해당한다.

548

해설 ① (○) "행정청은 사전심사결과 가능하다는 통보를 한 때에도 구 민원사무처리법 제19조 제3항에 의한 제약이 따르기는 하나 반드시 민원사항을 인용하는 처분을 해야 하는 것은 아닌 점, 행정청은 사전심사결과 불가능하다고 통보하였더라도 사전심사결과에 구애되지 않고 민원사항을 처리할 수 있으므로 불가능하다는 통보가 민원인의 권리의무에 직접적 영향을 미친다고 볼 수 없고, 통보로 인하여 민원인에게 어떠한 법적 불이익이 발생할 가능성도 없는 점 등 여러 사정을 종합해 보면, 구 민원사무처리법이 규정하는 사전심사결과 통보는 항고소송의 대상이 되는 행정처분에 해당하지 아니한다." (대법원 2014.4.24. 선고 2013두7834)

② (×) "교육공무원법상 승진후보자 명부에 의한 승진심사 방식으로 행해지는 승진임용에서 승진후보자 명부에 포함되어 있던 후보자를 승진임용인사발령에서 제외하는 행위는 불이익처분으로서 항고소송의 대상인 처분에 해당한다고 보아야 한다." (대법원 2018.3.27. 선고 2015두47492)

③ (○) "건축허가는 대물적 성질을 갖는 것이어서 행정청으로서는 허가를 할 때에 건축주 또는 토지 소유자가 누구인지 등 인적 요소에 관하여는 형식적 심사만 한다. 건축주가 토지 소유자로부터 토지사용승낙서를 받아 그 토지 위에 건축물을 건축하는 대물적 성질의 건축허가를 받았다가 착공에 앞서 건축주의 귀책사유로 해당 토지를 사용할 권리를 상실한 경우, 건축허가의 존재로 말미암아 토지에 대한 소유권 행사에 지장을 받을 수 있는 토지 소유자로서는 건축허가의 철회를 신청할 수 있다고 보아야 한다. 따라서 토지 소유자의 위와 같은 신청을 거부한 행위는 항고소송의 대상이 된다." (대법원 2017.3.15. 선고 2014두41190)

④ (○) "토지면적등록 정정신청을 하였으나 화성시장이 이를 반려한 사안에서, 반려처분은 공공사업의 원활한 수행을 위하여 부여된 사업시행자의 관계 법령상 권리 또는 이익에 영향을 미치는 공권력의 행사 또는 그 거부에 해당하는 것으로서 항고소송 대상이 되는 행정처분에 해당한다." (대법원 2011.8.25. 선고 2011두3371)

정답 ②

---

549 [회독] □□□　　　　　19년 지방 7급

판례의 입장으로 옳지 않은 것은?

① 「건축법」상 이행강제금은 행정상의 간접강제 수단에 해당하므로, 시정명령을 받은 의무자가 이행강제금이 부과되기 전에 그 의무를 이행한 경우에는 비록 시정명령에서 정한 기간을 지나서 이행한 경우라도 이행강제금을 부과할 수 없다.

② 지방자치단체가 체결하는 이른바 '공공계약'이 사경제의 주체로서 상대방과 대등한 위치에서 체결하는 사법상 계약에 해당하는 경우, 그 계약에는 법령에 특별한 정함이 있는 경우 외에는 사적 자치와 계약자유의 원칙 등 사법의 원리가 그대로 적용된다.

③ 「교육공무원법」에 따라 승진후보자명부에 포함되어 있던 후보자를 승진심사에 의해 승진임용인사발령에서 제외하는 행위는 항고소송의 대상인 처분으로 보아야 한다.

④ 허가에 타법상의 인·허가가 의제되는 경우, 의제된 인·허가는 통상적인 인·허가와 동일한 효력을 가질 수 없으므로 '부분 인·허가 의제'가 허용되는 경우라도 그에 대한 쟁송취소는 허용될 수 없다.

549

해설　① (○) "건축법상의 이행강제금은 시정명령의 불이행이라는 과거의 위반행위에 대한 제재가 아니라, 의무자에게 시정명령을 받은 의무의 이행을 명하고 그 이행기간 안에 의무를 이행하지 않으면 이행강제금이 부과된다는 사실을 고지함으로써 의무자에게 심리적 압박을 주어 의무의 이행을 간접적으로 강제하는 행정상의 간접강제 수단에 해당한다. 이러한 이행강제금의 본질상 시정명령을 받은 의무자가 이행강제금이 부과되기 전에 그 의무를 이행한 경우에는 비록 시정명령에서 정한 기간을 지나서 이행한 경우라도 이행강제금을 부과할 수 없다." (대법원 2018.1.25. 선고 2015두35116)

② (○) "지방자치단체가 일방 당사자가 되는 이른바 '공공계약'이 사경제의 주체로서 상대방과 대등한 위치에서 체결하는 사법상 계약에 해당하는 경우 그에 관한 법령에 특별한 정함이 있는 경우를 제외하고는 사적 자치와 계약자유의 원칙 등 사법의 원리가 그대로 적용된다." (대법원 2018.2.13. 선고 2014두11328)

③ (○) "교육공무원법 제29조의2 제1항, 제13조, 제14조 제1항, 제2항, 교육공무원 승진규정 제1조, 제2조 제1항 제1호, 제40조 제1항, 교육공무원임용령 제14조 제1항, 제16조 제1항에 따르면 임용권자는 3배수의 범위 안에 들어간 후보자들을 대상으로 승진임용 여부를 심사하여야 하고, 이에 따라 승진후보자 명부에 포함된 후보자는 임용권자로부터 정당한 심사를 받게 될 것에 관한 절차적 기대를 하게 된다. 그런데 임용권자 등이 자의적인 이유로 승진후보자 명부에 포함된 후보자를 승진임용에서 제외하는 처분을 한 경우에, 이러한 승진임용제외처분을 항고소송의 대상이 되는 처분으로 보지 않는다면, 달리 이에 대하여는 불복하여 침해된 권리 또는 법률상 이익을 구제받을 방법이 없다. 따라서 교육공무원법상 승진후보자 명부에 의한 승진심사 방식으로 행해지는 승진임용에서 승진후보자 명부에 포함되어 있던 후보자를 승진임용인사발령에서 제외하는 행위는 불이익처분으로서 항고소송의 대상인 처분에 해당한다고 보아야 한다." (대법원 2018.3.27. 선고 2015두47492)

④ (×) "인허가 의제 대상이 되는 처분에 어떤 하자가 있더라도, 그로써 해당 인허가 의제의 효과가 발생하지 않을 여지가 있게 될 뿐이고, 그러한 사정이 주택건설사업계획 승인처분 자체의 위법사유가 될 수는 없다. 또한 의제된 인허가는 통상적인 인허가와 동일한 효력을 가지므로, 적어도 '부분 인허가 의제'가 허용되는 경우에는 그 효력을 제거하기 위한 법적 수단으로 의제된 인허가의 취소나 철회가 허용될 수 있고, 이러한 직권 취소·철회가 가능한 이상 그 의제된 인허가에 대한 쟁송취소 역시 허용된다." (대법원 2018.11.29. 선고 2016두38792)

정답 ④

550 [회독] □□□   22년 국가 9급

항고소송에서 수소법원의 판결에 대한 설명으로 옳지 않은 것은? (다툼이 있는 경우 판례에 의함)

① 행정처분의 취소를 구하는 소에서, 비록 행정처분의 위법을 이유로 취소판결을 받더라도 처분에 의하여 발생한 위법상태를 원상회복시키는 것이 불가능한 경우에는 원칙적으로 취소를 구할 법률상 이익이 없으므로, 수소법원은 소를 각하하여야 한다.

② 해임처분 취소소송 계속 중 임기가 만료되어 해임처분의 취소로 지위를 회복할 수는 없다고 할지라도, 그 취소로 해임처분일부터 임기만료일까지 기간에 대한 보수 지급을 구할 수 있는 경우에는 해임처분의 취소를 구할 법률상 이익이 있으므로, 수소법원은 본안에 대하여 판단하여야 한다.

③ 관할청이 「농지법」상의 이행강제금 부과처분을 하면서 재결청에 행정심판을 청구하거나 관할 행정법원에 행정소송을 할 수 있다고 잘못 안내한 경우 행정법원의 항고소송 재판관할이 생긴다.

④ 「행정소송법」 제19조에서 말하는 '재결 자체에 고유한 위법'이란 원처분에는 없고 재결에만 있는 재결청의 권한 또는 구성의 위법, 재결의 절차나 형식의 위법, 내용의 위법 등을 뜻한다.

550

해설 ① (○) "행정처분의 무효확인 또는 취소를 구하는 소에서, 비록 행정처분의 위법을 이유로 무효확인 또는 취소 판결을 받더라도 처분에 의하여 발생한 위법상태를 원상으로 회복시키는 것이 불가능한 경우에는 원칙적으로 무효확인 또는 취소를 구할 법률상 이익이 없고, 다만 원상회복이 불가능하더라도 무효확인 또는 취소로써 회복할 수 있는 다른 권리나 이익이 남아 있는 경우 예외적으로 법률상 이익이 인정될 수 있을 뿐이다." (대법원 2016.6.10. 선고 2013두1638)

② (○) "해임처분 무효확인 또는 취소소송 계속 중 임기가 만료되어 해임처분의 무효확인 또는 취소로 지위를 회복할 수는 없다고 할지라도, 그 무효확인 또는 취소로 해임처분일부터 임기만료일까지 기간에 대한 보수 지급을 구할 수 있는 경우에는 해임처분의 무효확인 또는 취소를 구할 법률상 이익이 있다. 해임권자와 보수지급의무자가 다른 경우에도 마찬가지이다." (대법원 2012.2.23. 선고 2011두5001)

③ (✕) "농지법 제62조 제1항에 따른 이행강제금 부과처분에 불복하는 경우에는 비송사건절차법에 따른 재판절차가 적용되어야 하고, 행정소송법상 항고소송의 대상은 될 수 없다. 설령 관할청이 이행강제금 부과처분을 하면서 재결청에 행정심판을 청구하거나 관할 행정법원에 행정소송을 할 수 있다고 잘못 안내하거나 관할 행정심판위원회가 각하재결이 아닌 기각재결을 하면서 관할 법원에 행정소송을 할 수 있다고 잘못 안내하였다고 하더라도, 그러한 잘못된 안내로 행정법원의 항고소송 재판관할이 생긴다고 볼 수도 없다." (대법원 2019.4.11. 선고 2018두42955)

④ (○) "행정소송법 제19조에서 말하는 '재결 자체에 고유한 위법'이란 원처분에는 없고 재결에만 있는 재결청의 권한 또는 구성의 위법, 재결의 절차나 형식의 위법, 내용의 위법 등을 뜻하고, 그 중 내용의 위법에는 위법·부당하게 인용재결을 한 경우가 해당한다." (대법원 1997.9.12. 선고 96누14661)

정답 ③

551 [회독] ☐☐☐ 21년 국가 7급

항고소송의 대상인 재결에 대한 설명으로 옳지 않은 것은?
(다툼이 있는 경우 판례에 의함)

① 행정심판청구가 부적법하지 않음에도 각하한 재결은 심판청구인의 실체심리를 받을 권리를 박탈한 것으로서 원처분에 없는 고유한 하자가 있는 경우에 해당하고, 따라서 위 재결은 취소소송의 대상이 된다.

② 제3자효를 수반하는 행정행위에 대한 행정심판청구에 있어서 그 청구를 인용하는 내용의 재결로 인하여 비로소 권리이익을 침해받게 되는 자는 그 인용재결에 대하여 다툴 필요가 있고, 그 인용재결은 원처분과 내용을 달리하는 것이므로 그 인용재결의 취소를 구하는 것은 원처분에는 없는 재결에 고유한 하자를 주장하는 셈이어서 당연히 항고소송의 대상이 된다.

③ 토지수용에 관한 행정소송에 있어서 토지소유자는 중앙토지수용위원회의 이의재결에 대하여 불복이 있을 때 제기할 수 있고 수용재결은 행정소송의 대상이 될 수 없다.

④ 제3자효 행정행위에 대하여 재결청이 직접 당해 사업계획승인처분을 취소하는 형성적 재결을 한 경우에는 그 재결 외에 그에 따른 행정청의 별도의 처분이 있지 않기 때문에 재결 자체를 쟁송의 대상으로 할 수 있다.

551

해설 ① (○) "행정소송법 제19조에 의하면 행정심판에 대한 재결에 대하여도 그 재결 자체에 고유한 위법이 있음을 이유로 하는 경우에는 항고소송을 제기하여 그 취소를 구할 수 있고, 여기에서 말하는 '재결 자체에 고유한 위법'이란 그 재결자체에 주체, 절차, 형식 또는 내용상의 위법이 있는 경우를 의미하는데, 행정심판청구가 부적법하지 않음에도 각하한 재결은 심판청구인의 실체심리를 받을 권리를 박탈한 것으로서 원처분에 없는 고유한 하자가 있는 경우에 해당하고, 따라서 위 재결은 취소소송의 대상이 된다." (대법원 2001.7.27. 선고 99두2970)

② (○) "이른바 복효적 행정행위, 특히 제3자효를 수반하는 행정행위에 대한 행정심판청구에 있어서 그 청구를 인용하는 내용의 재결로 인하여 비로소 권리이익을 침해받게 되는 자는 그 인용재결에 대하여 다툴 필요가 있고, 그 인용재결은 원처분과 내용을 달리하는 것이므로 그 인용재결의 취소를 구하는 것은 원처분에는 없는 재결에 고유한 하자를 주장하는 셈이어서 당연히 항고소송의 대상이 된다." (대법원 1997.12.23. 선고 96누10911)

③ (✕) "수용재결에 불복하여 취소소송을 제기하는 때에는 이의신청을 거친 경우에도 수용재결을 한 중앙토지수용위원회 또는 지방토지수용위원회를 피고로 하여 수용재결의 취소를 구하여야 하고, 다만 이의신청에 대한 재결 자체에 고유한 위법이 있음을 이유로 하는 경우에는 그 이의재결을 한 중앙토지수용위원회를 피고로 하여 이의재결의 취소를 구할 수 있다고 보아야 한다." (대법원 2010.1.28. 선고 2008두1504)

④ (○) "인용재결청인 문화체육부장관 스스로가 직접 당해 사업계획승인처분을 취소하는 형성적 재결을 한 경우에는 그 재결 외에 그에 따른 행정청의 별도의 처분이 있지 않기 때문에 재결 자체를 쟁송의 대상으로 할 수밖에 없다." (대법원 1997.12.23. 선고 96누10911)

정답 ③

552 [회독] □□□   22년 소방직

행정상 손실보상에 대한 설명으로 옳지 않은 것은? (다툼이 있는 경우 판례에 의함)

① 손실보상과 손해배상은 근거규정 및 요건·효과를 달리하지만 손실보상청구권에 '손해 전보'라는 요소가 포함되어 있어 실질적으로 같은 내용의 손해에 관하여 양자의 청구권이 동시에 성립한다면 청구권자는 어느 하나만을 선택적으로 행사할 수 있을 뿐이다.

② 공공사업시행지구 밖에서 발생한 간접손실에 관하여 그 피해자와 사업시행자 사이에 협의가 이루어지지 아니하고, 그 보상에 관한 명문의 근거 법령이 없는 경우라고 하더라도 공공사업의 시행으로 인하여 그러한 손실이 발생하리라는 것을 쉽게 예견할 수 있고, 그 손실의 범위도 구체적으로 특정할 수 있다면 그 손실보상에 관하여 관련 규정 등을 유추적용할 수 있다.

③ 수용재결에 불복하여 취소소송을 제기하는 때에는 이의신청을 거친 경우에도 이의신청에 대한 재결 자체에 고유한 위법이 없는 한 수용재결을 한 중앙토지수용위원회 또는 지방토지수용위원회를 피고로 하여 수용재결의 취소를 구하여야 한다.

④ 어떤 보상항목이 공익사업을 위한 토지 등의 취득 및 보상에 관한 법령상 손실보상대상에 해당함에도 관할 토지수용위원회가 법리를 오해함으로써 손실보상대상에 해당하지 않는다고 잘못된 내용의 재결을 한 경우에는, 피보상자는 관할 토지수용위원회를 상대로 그 재결에 대한 취소소송을 제기하여야 한다.

552

[해설] ① (○) "공익사업을 위한 토지 등의 취득 및 보상에 관한 법률 제79조 제2항(그 밖의 토지에 관한 비용보상 등)에 따른 손실보상과 환경정책기본법 제44조 제1항(환경오염의 피해에 대한 무과실책임)에 따른 손해배상은 근거 규정과 요건·효과를 달리하는 것으로서, 각 요건이 충족되면 성립하는 별개의 청구권이다. 다만 손실보상청구권에는 이미 '손해 전보'라는 요소가 포함되어 있어 실질적으로 같은 내용의 손해에 관하여 양자의 청구권을 동시에 행사할 수 있다고 본다면 이중배상의 문제가 발생하므로, 실질적으로 같은 내용의 손해에 관하여 양자의 청구권이 동시에 성립하더라도 영업자는 어느 하나만을 선택적으로 행사할 수 있을 뿐이고, 양자의 청구권을 동시에 행사할 수는 없다." (대법원 2019.11.28. 선고 2018두227)

② (○) "행정주체의 행정행위를 신뢰하여 그에 따라 재산출연이나 비용지출 등의 행위를 한 자가 그 후에 공공필요에 의하여 수립된 적법한 행정계획으로 인하여 재산권행사가 제한되고 이로 인한 공공사업의 시행 결과 공공사업시행지구 밖에서 발생한 간접손실에 관하여 그 피해자와 사업시행자 사이에 협의가 이루어지지 아니하고, 그 보상에 관한 명문의 근거 법령이 없는 경우라고 하더라도, 헌법 제23조 제3항 및 구 토지수용법 등의 개별 법률의 규정, 구 공공용지의취득및손실보상에관한특례법소 제3조 제1항 및 같은 법 시행규칙 제23조의2 내지 7 등의 규정 취지에 비추어 보면, 공공사업의 시행으로 인하여 그러한 손실이 발생하리라는 것을 쉽게 예견할 수 있고, 그 손실의 범위도 구체적으로 이를 특정할 수 있는 경우에는 그 손실의 보상에 관하여 구 공공용지의취득및손실보상에관한특례법시행규칙의 관련 규정 등을 유추적용할 수 있다." (대법원 2004.9.23. 선고 2004다25581)

③ (○) "수용재결에 불복하여 취소소송을 제기하는 때에는 이의신청을 거친 경우에도 수용재결을 한 중앙토지수용위원회 또는 지방토지수용위원회를 피고로 하여 수용재결의 취소를 구하여야 하고, 다만 이의신청에 대한 재결 자체에 고유한 위법이 있음을 이유로 하는 경우에는 그 이의재결을 한 중앙토지수용위원회를 피고로 하여 이의재결의 취소를 구할 수 있다고 보아야 한다." (대법원 2010.1.28. 선고 2008두1504)

④ (×) "어떤 보상항목이 공익사업을 위한 토지 등의 취득 및 보상에 관한 법령상 손실보상대상에 해당함에도 관할 토지수용위원회가 사실을 오인하거나 법리를 오해함으로써 손실보상대상에 해당하지 않는다고 잘못된 내용의 재결을 한 경우에는, 피보상자는 관할 토지수용위원회를 상대로 그 재결에 대한 취소소송을 제기할 것이 아니라, 사업시행자를 상대로 구 공익사업을 위한 토지 등의 취득 및 보상에 관한 법률 제85조 제2항에 따른 보상금증감소송을 제기하여야 한다." (대법원 2018.7.20. 선고 2015두4044)

정답 ④

553 [회독] □□□ 19년 국가 9급

항고소송에서 수소법원이 하여야 하는 판결에 대한 설명으로 옳지 않은 것은? (다툼이 있는 경우 판례에 의함)

① 무효확인소송의 제1심 판결시까지 원고적격을 구비하였는데 제2심 단계에서 원고적격을 흠결하게 된 경우, 제2심 수소법원은 각하판결을 하여야 한다.

② 행정처분이 있음을 안 날부터 90일을 넘겨 행정심판을 청구하였다가 각하재결을 받은 후 그 재결서를 송달받은 날부터 90일 내에 원래의 처분에 대하여 취소소송을 제기한 경우, 수소법원은 각하판결을 하여야 한다.

③ 허가처분 신청에 대한 부작위를 다투는 부작위위법확인소송을 제기하여 제1심에서 승소판결을 받았는데 제2심 단계에서 피고 행정청이 허가처분을 한 경우, 제2심 수소법원은 각하판결을 하여야 한다.

④ 행정심판을 청구하여 기각재결을 받은 후 재결 자체에 고유한 위법이 있음을 주장하며 그 기각재결에 대하여 취소소송을 제기한 경우, 수소법원은 심리 결과 재결 자체에 고유한 위법이 없다면 각하판결을 하여야 한다.

553

해설 ① (○) "원고적격은 소송요건의 하나이므로 사실심 변론종결시는 물론 상고심에서도 존속하여야 하고 이를 흠결하면 부적법한 소가 된다." (대법원 2007.4.12. 선고 2004두7924)

② (○) "처분이 있음을 안 날부터 90일 이내에 행정심판을 청구하지도 않고 취소소송을 제기하지도 않은 경우에는 그 후 제기된 취소소송은 제소기간을 경과한 것으로서 부적법하고, 처분이 있음을 안 날부터 90일을 넘겨 청구한 부적법한 행정심판청구에 대한 재결이 있은 후 재결서를 송달받은 날부터 90일 이내에 원래의 처분에 대하여 취소소송을 제기하였다고 하여 취소소송이 다시 제소기간을 준수한 것으로 되는 것은 아니다." (대법원 2011.11.24. 선고 2011두18786)

③ (○) "부작위위법확인의 소는 판결(사실심의 구두변론 종결)시를 기준으로 그 부작위의 위법을 확인함으로써 행정청의 응답을 신속하게 하여 부작위 내지 무응답이라고 하는 소극적인 위법상태를 제거하는 것을 목적으로 하는 것이므로, 소제기의 전후를 통하여 판결시까지 행정청이 그 신청에 대하여 적극 또는 소극의 처분을 함으로써 부작위상태가 해소된 때에는 소의 이익을 상실하게 되어 당해 소는 각하를 면할 수가 없는 것이다." (대법원 1990.9.25. 선고 89누4758)

④ (×) "재결취소소송의 경우 재결 자체에 고유한 위법이 있는지 여부를 심리할 것이고, 재결 자체에 고유한 위법이 없는 경우에는 원처분의 당부와는 상관없이 당해 재결취소소송은 이를 기각하여야 한다." (대법원 1994.1.25. 선고 93누16901)

정답 ④

554 [회독] ☐☐☐　　　20년 군무원 9급

재결 자체에 고유한 위법이 있는 경우와 관련된 내용으로 옳지 않은 것은? (다툼이 있는 경우 판례에 의함)

① 권한이 없는 행정심판위원회에 의한 재결의 경우가 그 예이다.

② 재결 자체의 내용상 위법도 재결 자체에 고유한 위법이 있는 경우에 포함된다.

③ 제3자효를 수반하는 행정행위에 대한 행정심판청구의 인용재결은 원처분과 내용을 달리하는 것이므로 그 인용재결의 취소를 구하는 것은 원처분에는 없는 재결에 고유한 하자를 주장하는 것이라고 하더라도 당연히 항고소송의 대상이 되는 것은 아니다.

④ 행정처분에 대한 행정심판의 재결에 이유모순의 위법이 있다는 사유는 재결처분 자체에 고유한 하자로서 재결처분의 취소를 구하는 소송에서는 그 위법사유로서 주장할 수 있으나, 원처분의 취소를 구하는 소송에서는 그 취소를 구할 위법사유로서 주장할 수 없다.

554

해설 ① (○) 옳은 내용이다.

> **고유한 하자가 있는 것으로 거론되는 예들**

① 행정심판의 청구요건을 갖추지 못하여 각하재결을 하였어야 하는데도 본안재결을 한 경우 ⇨ 내용상 위법의 일종

② 행정심판 청구요건을 갖추었음에도 불구하고 청구요건을 갖추지 못했다며 각하재결을 한 경우(99두2970) ⇨ ∵ 각하재결로 인하여 비로소 심판청구인의 본안심리를 받을 권리가 박탈되기 때문

③ 인용재결을 하더라도 공공복리에 크게 위배되지 않는데도 사정재결을 한 경우(행정심판법 제44조 위반)

④ 심판청구의 대상이 되지도 않은 처분에 대하여 기각재결을 한 경우(불고불리원칙 위반)(행정심판법 제47조 제1항 위반)

⑤ 행정청이 행한 원처분보다 불리한 재결을 내린 경우(불이익변경금지원칙 위반)(행정심판법 제47조 제2항 위반)

⑥ 재결을 서면으로 하지 아니한 경우(행정심판법 제46조 제1항 위반) ⇨ 형식상 위법

⑦ 결격사유가 있는 자가 행정심판위원이 되어 재결을 한 경우

⑧ 권한 없는 행정심판위원회에 의해 재결이 내려진 경우

⑨ 제3자에 대하여 침익적인 복효적 행정행위로 인하여 손해를 보던 제3자(A)가 청구한 취소심판에서 그 복효적 행정행위에 대하여 취소재결이 내려지자, 그 복효적 행정행위로 인하여 이익을 보던 직접상대방(B)이 취소재결에 대해 다투는 경우(99두10292) ⇨ 재결로 인하여 비로소 침해되는 B의 이익을 구제받기 위한 것이므로, 원처분에는 없는 재결에 고유한 하자를 주장하는 것이 되어 허용

⑩ 행정심판 재결에 이유모순의 위법이 있는 경우(95누8027)

---

② (○) "행정소송법 제19조에 의하면 행정심판에 대한 재결에 대하여도 그 재결 자체에 고유한 위법이 있음을 이유로 하는 경우에는 항고소송을 제기하여 그 취소를 구할 수 있고, 여기에서 말하는 '재결 자체에 고유한 위법'이란 그 재결자체에 주체, 절차, 형식 또는 내용상의 위법이 있는 경우를 의미한다." (대법원 2001.7.27. 선고 99두2970)

③ (×) 고유한 하자를 주장하는 것이어서 항고소송의 대상이 된다. "이른바 복효적 행정행위, 특히 제3자효를 수반하는 행정행위에 대한 행정심판청구에 있어서 그 청구를 인용하는 내용의 재결로 인하여 비로소 권리이익을 침해받게 되는 자는 그 인용재결에 대하여 다툴 필요가 있고, 그 인용 재결은 원처분과 내용을 달리하는 것이므로 그 인용재결의 취소를 구하는 것은 원처분에는 없는 재결에 고유한 하자를 주장하는 셈이어서 당연히 항고소송의 대상이 된다." (대법원 2001.5.29. 선고 99두10292)

④ (○) "행정처분에 대한 행정심판의 재결에 이유모순의 위법이 있다는 사유는 재결처분 자체에 고유한 하자로서 재결처분의 취소를 구하는 소송에서는 그 위법사유로서 주장할 수 있으나, 원처분의 취소를 구하는 소송에서는 그 취소를 구할 위법사유로서 주장할 수 없다." (대법원 1996.2.13. 선고 95누8027)

정답 ③

555 [회독] ☐☐☐　　　　　24년 국가 7급

재결취소소송에 대한 설명으로 옳지 않은 것은?

① 행정심판의 재결에 이유모순의 위법이 있다는 사유는 재결처분 자체에 고유한 하자로서 재결처분의 취소를 구하는 소송에서는 그 위법사유로서 주장할 수 있으나, 원처분의 취소를 구하는 소송에서는 그 취소를 구할 위법사유로서 주장할 수 없다.

② 징계혐의자에 대한 감봉 1월의 징계처분을 견책으로 변경한 소청결정 중 그를 견책에 처한 조치는 재량권의 남용 또는 일탈로서 위법하다는 사유는 소청결정 자체에 고유한 위법을 주장하는 것이어서 소청결정의 취소사유가 된다.

③ 행정심판청구가 부적법하지 않음에도 각하한 재결은 심판청구인의 실체심리를 받을 권리를 박탈한 것으로서 원처분에 없는 고유한 하자가 있는 경우에 해당하고, 따라서 위 재결은 취소소송의 대상이 된다.

④ 제3자효를 수반하는 행정행위에 대한 행정심판청구에 있어서 그 청구를 인용하는 내용의 재결로 인하여 비로소 권리이익을 침해받게 되는 자는 그 인용재결에 대하여 다툴 필요가 있고, 그 인용재결은 원처분과 내용을 달리하는 것이므로 그 인용재결의 취소를 구하는 것은 원처분에는 없는 재결에 고유한 하자를 주장하는 셈이어서 당연히 항고소송의 대상이 된다.

555

해설 ① (○) "행정처분에 대한 행정심판의 재결에 이유모순의 위법이 있다는 사유는 재결처분 자체에 고유한 하자로서 재결처분의 취소를 구하는 소송에서는 그 위법사유로서 주장할 수 있으나, 원처분의 취소를 구하는 소송에서는 그 취소를 구할 위법사유로서 주장할 수 없다." (대법원 1996.2.13. 선고 95누8027)

② (×) "항고소송은 원칙적으로 당해 처분을 대상으로 하나, 당해 처분에 대한 재결 자체에 고유한 주체, 절차, 형식 또는 내용상의 위법이 있는 경우에 한하여 그 재결을 대상으로 할 수 있다고 해석되므로, 징계혐의자에 대한 감봉 1월의 징계처분을 견책으로 변경한 소청결정 중 그를 견책에 처한 조치는 재량권의 남용 또는 일탈로서 위법하다는 사유는 소청결정 자체에 고유한 위법을 주장하는 것으로 볼 수 없어 소청결정의 취소사유가 될 수 없다." (대법원 1993.8.24. 선고 93누5673)

③ (○) "행정소송법 제19조에 의하면 행정심판에 대한 재결에 대하여도 그 재결 자체에 고유한 위법이 있음을 이유로 하는 경우에는 항고소송을 제기하여 그 취소를 구할 수 있고, 여기에서 말하는 '재결 자체에 고유한 위법'이란 그 재결자체에 주체, 절차, 형식 또는 내용상의 위법이 있는 경우를 의미하는데, 행정심판청구가 부적법하지 않음에도 각하한 재결은 심판청구인의 실체심리를 받을 권리를 박탈한 것으로서 원처분에 없는 고유한 하자가 있는 경우에 해당하고, 따라서 위 재결은 취소소송의 대상이 된다." (대법원 2001.7.27. 선고 99두2970)

④ (○) "이른바 복효적 행정행위, 특히 제3자효를 수반하는 행정행위에 대한 행정심판청구에 있어서 그 청구를 인용하는 내용의 재결로 인하여 비로소 권리이익을 침해받게 되는 자는 그 인용재결에 대하여 다툴 필요가 있고, 그 인용재결은 원처분과 내용을 달리하는 것이므로 그 인용재결의 취소를 구하는 것은 원처분에는 없는 재결에 고유한 하자를 주장하는 셈이어서 당연히 항고소송의 대상이 된다." (대법원 1997.12.23. 선고 96누10911)

정답 ②

556 [회독] ☐☐☐

20년 지방 7급

판례의 입장으로 옳은 것(○)과 옳지 않은 것(×)을 바르게 연결한 것은?

> ㉠ 환지처분이 고시되어 효력을 발생한 이상, 환지처분의 대상이 된 특정 토지에 대한 개별적인 환지가 지정되어 있어야만 환지처분에 따른 소유권 상실의 효과가 그 토지에 대하여 발생하는 것은 아니다.
>
> ㉡ 국민건강보험공단에 의한 '직장가입자 자격상실 및 자격변동 안내' 통보 및 '사업장 직권탈퇴에 따른 가입자 자격상실 안내' 통보는 가입자 자격이 변동되는 효력을 가져오므로 항고소송의 대상이 되는 처분에 해당한다.
>
> ㉢ 감사원의 변상판정 처분에 대하여 위법 또는 부당하다고 인정하는 본인 등은 이 처분에 대하여 행정소송을 제기할 수 없고, 재결에 해당하는 재심의 판정에 대하여서만 감사원을 피고로 행정소송을 제기할 수 있다.
>
> ㉣ 직무집행과 관련하여 공상을 입은 군인 등이 먼저 「국가배상법」에 따라 손해배상금을 지급받은 다음, 구 「국가유공자 등 예우 및 지원에 관한 법률」이 정한 보상금 등 보훈급여금의 지급을 청구하는 경우, 「국가배상법」에 따라 손해배상을 받았다는 이유로 그 지급을 거부할 수 없다.

	㉠	㉡	㉢	㉣
①	○	○	○	○
②	○	×	○	○
③	○	×	×	○
④	×	○	×	×

556

[해설] ㉠ (○) 각론의 범위에 속하는 내용이다. "일단 환지처분이 고시되어 효력을 발생한 이상, 환지처분의 대상이 된 특정 토지에 대한 개별적인 '환지'가 지정되어 있어야만 환지처분에 따른 소유권 상실의 효과가 그 토지에 대하여 발생하는 것은 아니다." (대법원 2019.1.31. 선고 2018다255105) 환지처분은 고시되면 효력이 발생하는 것이고, 환지처분의 대상이 된 특정토지에 대한 개별적인 '환지'(새롭게 부여받게 되는 토지)가 지정되어 있어야만 환지처분에 따른 소유권 상실의 효과가 그 토지에 대하여 발생하는 것은 아니라는 말이다.

㉡ (×) "국민건강보험공단이 甲 등에게 '직장가입자 자격상실 및 자격변동 안내 통보 및 사업장 직권탈퇴에 따른 가입자 자격상실 안내' 통보를 한 경우, 국민건강보험 직장가입자 또는 지역가입자 자격 변동은 법령이 정하는 사유가 생기면 별도 처분 등의 개입 없이 사유가 발생한 날부터 변동의 효력이 당연히 발생하므로, 위 각 통보에 의하여 가입자 자격이 변동되는 효력이 발생한다고 볼 수 없고, 위 각 통보의 처분성이 인정되지 않는다." (대법원 2019.2.14. 선고 2016두41729)

㉢ (○) "감사원의 변상판정처분에 대하여서는 행정소송을 제기할 수 없고, 재결에 해당하는 재심의 판정에 대하여서만 감사원을 피고로 하여 행정소송을 제기할 수 있다." (대법원 1984.4.10. 선고 84누91)

㉣ (○) "직무집행과 관련하여 공상을 입은 군인 등이 먼저 「국가배상법」에 따라 손해배상금을 지급받은 다음 「보훈보상대상자 지원에 관한 법률」이 정한 보상금 등 보훈급여금의 지급을 청구하는 경우, 국가배상법에 따라 손해배상을 받았다는 이유로 그 지급을 거부할 수 없다." (대법원 2017.2.3. 선고 2014두40012)

정답 ②

557 [회독] ☐☐☐　　　　　　　　19년 지방 7급

행정청이 종전의 과세처분에 대한 경정처분을 함에 따라 상대방이 제기하는 항고소송에 대한 설명으로 옳지 않은 것은? (다툼이 있는 경우 판례에 의함)

① 「국세기본법」에 정한 경정청구기간이 도과한 후 제기된 경정청구에 대하여는 과세관청이 과세표준 및 세액을 결정 또는 경정하거나 거부처분을 할 의무가 없으므로, 과세관청의 경정 거절에 대하여 항고소송을 제기할 수 없다.

② 증액경정처분이 있는 경우, 원칙적으로는 당초 신고나 결정에 대한 불복기간의 경과 여부 등에 관계없이 증액경정처분만이 항고소송의 대상이 되고 납세의무자는 그 항고소송에서 당초신고나 결정에 대한 위법사유를 주장할 수 없다.

③ 증액경정처분이 있는 경우, 당초처분은 증액경정처분에 흡수되어 소멸하고, 소멸한 당초처분의 절차적 하자는 존속하는 증액경정처분에 승계되지 아니한다.

④ 감액경정처분이 있는 경우, 항고소송의 대상은 당초의 부과처분 중 경정처분에 의하여 아직 취소되지 않고 남은 부분이고, 적법한 전심절차를 거쳤는지 여부도 당초처분을 기준으로 판단하여야 한다.

557

해설 ① (○) "경정청구기간이 도과한 후에 제기된 경정청구는 부적법하여 과세관청이 과세표준 및 세액을 결정 또는 경정하거나 거부처분을 할 의무가 없으므로, 과세관청이 경정을 거절하였다고 하더라도 이를 항고소송의 대상이 되는 거부처분으로 볼 수 없다." (대법원 2017.8.23. 선고 2017두38812)

② (×) "증액경정처분이 있는 경우, 당초 신고나 결정은 증액경정처분에 흡수됨으로써 독립한 존재가치를 잃게 된다고 보아야 하므로, 원칙적으로는 당초 신고나 결정에 대한 불복기간의 경과 여부 등에 관계없이 증액경정처분만이 항고소송의 심판대상이 되고, 납세의무자는 그 항고소송에서 당초 신고나 결정에 대한 위법사유도 함께 주장할 수 있다고 해석함이 타당하다." (대법원 2009.5.14. 선고 2006두17390)

③ (○) "증액경정처분이 있는 경우 당초처분은 증액경정처분에 흡수되어 소멸하고, 소멸한 당초처분의 절차적 하자는 존속하는 증액경정처분에 승계되지 아니한다." (대법원 2010.6.24. 선고 2007두16493)

④ (○) "경정결정으로도 아직 취소되지 아니하고 남아 있는 부분이 위법하다 하여 다투는 경우 항고소송의 대상은 당초의 부과처분 중 경정결정에 의하여 취소되지 않고 남은 부분이고, 경정결정이 항고소송의 대상이 되는 것은 아니며, 이 경우 적법한 전심절차를 거쳤는지 여부도 당초처분을 기준으로 판단하여야 한다." (대법원 1997.10.24. 선고 96누10768)

정답 ②

558 [회독] □□□　　　　25년 국가 9급

판례의 입장으로 옳지 않은 것은?

① 증액경정처분이 있는 경우 당초처분은 증액경정처분에 흡수되어 소멸하고, 소멸한 당초처분의 절차적 하자는 존속하는 증액경정처분에 승계되지 아니한다.

② 「공무원연금법」상 퇴직연금의 환수결정은 당사자에게 의무를 과하는 처분이므로 퇴직연금의 환수결정에 앞서 당사자에게 의견진술의 기회를 주지 아니하면 「행정절차법」상 의견제출에 관한 규정이나 신의칙에 어긋난다.

③ 거부처분이 있은 후 당사자가 다시 신청을 한 경우에는 그 내용이 새로운 신청을 하는 취지라면 관할 행정청이 이를 다시 거절하는 것은 새로운 거부처분이라고 보아야 한다.

④ 처분청이 「행정절차법」상 고지절차에 관한 규정에 따른 고지의무를 이행하지 아니하였다고 하더라도 경우에 따라 행정심판의 제기기간이 연장될 수 있음에 그칠 뿐, 그 때문에 심판의 대상이 되는 행정처분이 위법하다고 할 수는 없다.

558

해설 ① (○) "증액경정처분이 있는 경우 당초처분은 증액경정처분에 흡수되어 소멸하고, 소멸한 당초처분의 절차적 하자는 존속하는 증액경정처분에 승계되지 아니한다." (대법원 2010.6.24. 선고 2007두16493)

② (×) "퇴직연금의 환수결정은 당사자에게 의무를 과하는 처분이기는 하나, 관련 법령에 따라 당연히 환수금액이 정하여지는 것이므로, 퇴직연금의 환수결정에 앞서 당사자에게 의견진술의 기회를 주지 아니하여도 행정절차법 제22조 제3항(의견제출 기회 부여)이나 신의칙에 어긋나지 아니한다." (대법원 2000.11.28. 선고 99두5443)

③ (○) "수익적 행정행위 신청에 대한 거부처분은 당사자의 신청에 대하여 관할 행정청이 거절하는 의사를 대외적으로 명백히 표시함으로써 성립되고, 거부처분이 있은 후 당사자가 다시 신청을 한 경우에는 신청의 제목 여하에 불구하고 그 내용이 새로운 신청을 하는 취지라면 관할 행정청이 이를 다시 거절하는 것은 새로운 거부처분으로 봄이 원칙이다." (대법원 2019.4.3. 선고 2017두52764)

④ (○) "행정절차법 제26조 고지절차에 관한 규정은 행정처분의 상대방이 그 처분에 대한 행정심판의 절차를 밟는 데 편의를 제공하려는 것이어서 처분청이 위 규정에 따른 고지의무를 이행하지 아니하였다고 하더라도 경우에 따라 행정심판의 제기기간이 연장될 수 있음에 그칠 뿐, 그 때문에 심판의 대상이 되는 행정처분이 위법하다고 할 수는 없다." (대법원 2018.2.8. 선고 2017두66633)

행정절차법	제26조(고지) 행정청이 처분을 할 때에는 당사자에게 그 처분에 관하여 행정심판 및 행정소송을 제기할 수 있는지 여부, 그 밖에 불복을 할 수 있는지 여부, 청구절차 및 청구기간, 그 밖에 필요한 사항을 알려야 한다.

정답 ②

559 [회독] □□□　　　　25년 국가 9급

제재처분에 대한 설명으로 옳지 않은 것은?

① 자동차운수사업면허조건 등을 위반한 사업자에 대한 과징금부과처분이 법이 정한 한도액을 초과하여 위법할 경우 법원으로서는 그 전부를 취소할 수밖에 없다.

② 「행정기본법」상 제재처분 제척기간의 적용 대상인 제재처분은 '인허가의 정지·취소·철회, 등록 말소, 영업소 폐쇄와 정지를 갈음하는 과징금 부과'에 한정된다.

③ 여러 처분사유에 관하여 하나의 제재처분을 하였을 때 그중 일부가 인정되지 않고 나머지 처분사유들만으로 처분의 정당성이 인정된다고 하더라도 그 처분은 위법하다고 보아 취소할 수 있다.

④ 효력기간이 정해져 있는 제재적 행정처분의 효력이 발생한 이후에도 행정청은 특별한 사정이 없는 한 상대방에 대한 별도의 처분으로써 효력기간의 시기와 종기를 다시 정할 수 있다.

559

[해설] ① (○) "자동차운수사업면허조건 등을 위반한 사업자에 대하여 행정청이 행정제재수단으로 사업 정지를 명할 것인지, 과징금을 부과할 것인지, 과징금을 부과키로 한다면 그 금액은 얼마로 할 것인지에 관하여 재량권이 부여되었다 할 것이므로 과징금부과처분이 법이 정한 한도액을 초과하여 위법할 경우 법원으로서는 그 전부를 취소할 수밖에 없고, 그 한도액을 초과한 부분이나 법원이 적정하다고 인정되는 부분을 초과한 부분만을 취소할 수 없다." (대법원 1998.4.10. 선고 98두2270)

② (○) 행정기본법 제23조 제1항은 제척기간의 적용 대상인 제재처분을 예시하지 않고 '열거'하고 있다.

행정기본법	제23조(제재처분의 제척기간) ① 행정청은 법령등의 위반행위가 종료된 날부터 5년이 지나면 해당 위반행위에 대하여 제재처분(인허가의 정지·취소·철회, 등록 말소, 영업소 폐쇄와 정지를 갈음하는 과징금 부과를 말한다. 이하 이 조에서 같다)을 할 수 없다.

③ (×) "여러 처분사유에 관하여 하나의 제재처분을 하였을 때 그중 일부가 적법하지 않다고 하더라도 나머지 처분사유들만으로도 그 처분의 정당성이 인정되는 경우에는 그 처분을 위법하다고 보아 취소하여서는 아니 된다." (대법원 2017.6.15. 선고 2015두2826)

④ (○) "효력기간이 정해져 있는 제재적 행정처분의 효력이 발생한 이후에도 행정청은 특별한 사정이 없는 한 상대방에 대한 별도의 처분으로써 효력기간의 시기와 종기를 다시 정할 수 있다. 이는 당초의 제재적 행정처분이 유효함을 전제로 그 구체적인 집행시기만을 변경하는 후속 변경처분이다. 이러한 후속 변경처분도 특별한 규정이 없는 한 의사표시에 관한 일반법리에 따라 상대방에게 고지되어야 효력이 발생한다." (대법원 2022.2.11. 선고 2021두40720)

정답 ③

제3항 │ 취소소송 계속 중 발생하는 일들

기출테마 107 소의 변경

기출테마 108 처분 사유의 추가 또는 변경(처추변)

560 [회독] □□□　　　　　　　22년 국가 9급

다음 사례에 대한 설명으로 옳은 것을 고르시오. (다툼이 있는 경우 판례에 의함)

> A시 시장은 식품접객업주 甲에게 청소년고용금지업소에 청소년을 고용하였다는 사유로 식품위생법령에 근거하여 영업정지 2개월 처분에 갈음하는 과징금부과처분을 하였고, 甲은 부과된 과징금을 납부하였다. 그러나 甲은 이후 과징금부과처분에 하자가 있음을 알게 되었다.

① 甲은 납부한 과징금을 돌려받기 위해 관할 행정법원에 과징금반환을 구하는 당사자소송을 제기할 수 있다.

② A시 시장이 과징금부과처분을 함에 있어 과징금부과통지서의 일부 기재가 누락되어 이를 이유로 이 관할 행정법원에 과징금부과처분의 취소를 구하는 소를 제기한 경우, A시 시장은 취소소송 절차가 종결되기 전까지 보정된 과징금부과처분 통지서를 송달하면 일부 기재 누락의 하자는 치유된다.

③ 「식품위생법」이 청소년을 고용한 행위에 대하여 영업허가를 취소하거나 6개월 이내의 기간을 정하여 그 영업의 전부 또는 일부를 정지하거나 영업소 폐쇄를 명할 수 있다고 하면서 행정처분의 세부기준은 총리령으로 위임한다고 정하고 있는 경우에, 총리령에서 정하고 있는 행정처분의 기준은 재판규범이 되지 못한다.

④ 甲이 자신은 청소년을 고용한 적이 없다고 주장하면서 제기한 과징금부과처분의 취소소송 계속 중에 A시 시장은 甲이 유통기한이 경과한 식품을 판매한 사실을 처분사유로 추가·변경할 수 있다.

560

해설 ① (×) 당사자소송이 아니라 항고소송인 무효확인소송 혹은 취소소송을 제기하면서 민사소송인 부당이득반환청구소송을 병합하여 제기하여야 한다. 하자의 정도가 무효인 경우 부당이득반환청구소송을 바로 제기할 수도 있다.

② (×) "세액산출근거가 누락된 납세고지서에 의한 과세처분의 하자의 치유를 허용하려면 늦어도 과세처분에 대한 불복여부의 결정 및 불복신청에 편의를 줄 수 있는 상당한 기간내에 하여야 한다고 할 것이므로 위 과세처분에 대한 전심절차가 모두 끝나고 상고심의 계류중에 세액산출근거의 통지가 있었다고 하여 이로써 위 과세처분의 하자가 치유되었다고는 볼 수 없다." (대법원 1984.4.10. 선고 83누393)

③ (○) "구 식품위생법 시행규칙(이하 '시행규칙'이라 한다) 제36조 [별표 14](이하 '시행규칙 조항'이라 한다)에는 일반음식점에서 손님들이 춤을 출 수 있도록 하는 시설(이하 '무도장'이라 한다)을 설치해서는 안 된다는 내용이 명시적으로 규정되어 있지 않고, 다만 시행규칙 제89조가 법 제74조에 따른 행정처분의 기준으로 마련한 [별표 23] 제3호 8. 라. 1)에서 위반사항을 '유흥주점 외의 영업장에 무도장을 설치한 경우'로 한 행정처분 기준을 규정하고 있을 뿐이다. 그러나 이러한 행정처분 기준은 행정청 내부의 재량준칙에 불과하므로, 재량준칙에서 위반사항의 하나로 '유흥주점 외의 영업장에 무도장을 설치한 경우'를 들고 있다고 하여 이를 위반의 대상이 된 금지의무의 근거 규정이라고 해석할 수는 없다." (대법원 2015.7.9. 선고 2014두47853)

④ (×) 청소년을 고용하였다는 사유와 유통기한이 경과한 식품을 판매한 사실은 기본적 사실관계의 동일성이 인정되지 아니하므로 처분사유의 추가·변경을 인정할 수 없다.

정답 ③

561 [회독] ☐☐☐　　　　　　　　　24년 소방직

행정소송에서 처분사유의 추가·변경에 관한 설명으로 옳지 않은 것은? (다툼이 있는 경우 판례에 의함)

① 추가 또는 변경된 사유가 처분 당시에 이미 존재하고 있었다거나 당사자가 그 사실을 알고 있었다면 당초의 처분사유와 동일성이 있다고 할 수 있다.

② 소송에서 처분사유와 기본적 사실관계가 동일하여 추가·변경할 수 있는 다른 사유가 있었음에도 처분청이 이를 적절하게 주장·증명하지 못하여 법원이 그 처분을 위법하다고 판단하여 취소하는 판결이 확정되면, 처분청이 그 다른 사유를 근거로 다시 종전과 같은 내용의 처분을 하는 것은 허용되지 않는다.

③ 어떤 처분의 당초 처분사유와 기본적 사실관계의 동일성이 인정되지 않는 다른 사유가 있다면, 그 처분에 대한 취소소송에서 처분사유 추가·변경은 허용되지 않지만, 처분청이 그 처분에 대한 취소판결 확정 후 그 다른 사유를 근거로 별도의 처분을 하는 것은 허용된다.

④ 처분청이 처분 당시에 적시한 구체적 사실을 변경하지 아니하는 범위 내에서 단지 그 처분의 근거 법령만을 추가·변경하는 것에 불과한 경우에는 새로운 처분사유의 추가라고 볼 수 없으므로 행정청이 처분 당시에 적시한 구체적 사실에 대하여 처분 후에 추가·변경한 법령을 적용하여 그 처분의 적법 여부를 판단할 수 있다.

561

해설 ① (✕) "행정처분의 취소를 구하는 항고소송에서 처분청은 당초 처분의 근거로 삼은 사유와 기본적 사실관계가 동일성이 있다고 인정되는 한도 내에서만 다른 사유를 추가 또는 변경할 수 있고, 이러한 기본적 사실관계의 동일성 유무는 처분사유를 법률적으로 평가하기 이전의 구체적 사실에 착안하여 그 기초인 사회적 사실관계가 기본적인 점에서 동일한지에 따라 결정되므로, 추가 또는 변경된 사유가 처분 당시에 이미 존재하고 있었다거나 당사자가 그 사실을 알고 있었다고 하여 당초의 처분사유와 동일성이 있다고 할 수 없다. 그리고 이러한 법리는 행정심판 단계에서도 그대로 적용된다." (대법원 2014.5.16. 선고 2013두26118)

②, ③ (○) "어떤 처분 내용의 적법성을 뒷받침하기 위하여 당초 처분사유와 기본적 사실관계의 동일성이 인정되는 다른 사유가 있다면 처분청은 그 처분에 대한 취소소송의 사실심 변론종결 시까지 그 사유를 적극적으로 주장·증명하여 법원으로부터 그 처분이 적법하다는 판단을 받아야 한다. 만약 소송에서 추가·변경할 수 있는 다른 사유가 있었음에도 처분청이 이를 적절하게 주장·증명하지 못하여 법원이 그 처분을 위법하다고 판단하여 취소하는 판결이 확정되면, 처분청이 그 다른 사유를 근거로 다시 종전과 같은 내용의 처분을 하는 것은 허용되지 않는다. 어떤 처분의 당초 처분사유와 기본적 사실관계의 동일성이 인정되지 않는 다른 사유가 있다면, 그 처분에 대한 취소소송에서 처분사유 추가·변경은 허용되지 않지만, 처분청이 그 처분에 대한 취소판결 확정 후 그 다른 사유를 근거로 별도의 처분을 하는 것은 허용된다." (대법원 2020.12.24. 선고 2019두55675)

④ (○) "행정처분이 적법한지는 특별한 사정이 없는 한 처분 당시 사유를 기준으로 판단하면 되고, 처분청이 처분 당시 적시한 구체적 사실을 변경하지 아니하는 범위 내에서 단지 처분의 근거 법령만을 추가·변경하는 것은 새로운 처분사유의 추가라고 볼 수 없으므로 이와 같은 경우에는 처분청이 처분 당시 적시한 구체적 사실에 대하여 처분 후 추가·변경한 법령을 적용하여 처분의 적법 여부를 판단하여도 무방하다. 그러나 처분의 근거 법령을 변경하는 것이 종전 처분과 동일성을 인정할 수 없는 별개의 처분을 하는 것과 다름없는 경우에는 허용될 수 없다." (대법원 2011.5.26. 선고 2010두28106)

정답 ①

562 [회독] □□□　　　　　　　　25년 지방 9급

처분사유의 추가 · 변경에 대한 설명으로 옳지 않은 것은?

① 항고소송에서 처분청은 당초 처분의 근거로 삼은 사유와 기본적 사실관계가 동일성이 있다고 인정되는 한도 내에서만 다른 사유를 추가 · 변경할 수 있다.

② 당초 처분의 근거로 삼은 사유와 사회적 사실관계의 기본적 동일성이 인정된다면 그에 대한 규범적 평가와 처분의 근거 법령 변경으로 당초 처분의 내용을 변경할 필요성이 제기되는 경우라도, 처분청은 당초 처분의 내용을 그대로 유지한 채 근거 법령만 추가 · 변경할 수 있다.

③ 처분청이 처분 당시에 적시한 구체적 사실을 변경하지 아니하는 범위 내에서 단지 그 처분의 근거 법령만을 추가 · 변경하는 것에 불과한 경우에는 새로운 처분사유의 추가라고 볼 수 없다.

④ 어떤 처분 내용의 적법성을 뒷받침하기 위하여 당초 처분사유와 기본적 사실관계의 동일성이 인정되는 다른 사유가 처분 당시에 이미 존재하고 있다면 처분청은 그 처분에 대한 취소소송의 사실심 변론종결 시까지 그 사유를 적극적으로 주장 · 증명하여 법원으로부터 그 처분이 적법하다는 판단을 받아야 한다.

562

해설 ① (○) "행정처분의 취소를 구하는 항고소송에서 처분청은 당초 처분의 근거로 삼은 사유와 기본적 사실관계가 동일성이 있다고 인정되는 한도 내에서만 다른 사유를 추가 또는 변경할 수 있고, 이러한 기본적 사실관계의 동일성 유무는 처분사유를 법률적으로 평가하기 이전의 구체적 사실에 착안하여 그 기초인 사회적 사실관계가 기본적인 점에서 동일한지에 따라 결정되므로, 추가 또는 변경된 사유가 처분 당시에 이미 존재하고 있었다거나 당사자가 그 사실을 알고 있었다고 하여 당초의 처분사유와 동일성이 있다고 할 수 없다." (대법원 2014.5.16. 선고 2013두26118)

② (×) "사회적 사실관계의 기본적 동일성이 인정되는 경우라고 하더라도 그에 대한 규범적 평가와 처분의 근거 법령의 변경으로, 예를 들어 기속행위가 재량행위로 변경되는 경우와 같이, 당초 처분의 내용을 변경할 필요성이 제기되는 경우에는 해당 처분을 취소한 후 처분청으로 하여금 다시 처분절차를 거쳐 새로운 처분을 하도록 하여야 할 것이지 당초 처분의 내용을 그대로 유지한 채 근거 법령만 추가 · 변경하는 것은 허용될 수 없다." (대법원 2024.11.28. 선고 2023두61349)

③ (○) "처분청이 처분 당시에 적시한 구체적 사실을 변경하지 아니하는 범위 내에서 단지 그 처분의 근거법령만을 추가 · 변경하거나 당초의 처분사유를 구체적으로 표시하는 것에 불과한 경우에는 새로운 처분사유를 추가하거나 변경하는 것이라고 볼 수 없다." (대법원 2007.2.8. 선고 2006두4899)

④ (○) "어떤 처분 내용의 적법성을 뒷받침하기 위하여 당초 처분사유와 기본적 사실관계의 동일성이 인정되는 다른 사유가 있다면 처분청은 그 처분에 대한 취소소송의 사실심 변론종결 시까지 그 사유를 적극적으로 주장 · 증명하여 법원으로부터 그 처분이 적법하다는 판단을 받아야 한다. 만약 소송에서 추가 · 변경할 수 있는 다른 사유가 있었음에도 처분청이 이를 적절하게 주장 · 증명하지 못하여 법원이 그 처분을 위법하다고 판단하여 취소하는 판결이 확정되면, 처분청이 그 다른 사유를 근거로 다시 종전과 같은 내용의 처분을 하는 것은 허용되지 않는다." (대법원 2020.12.24. 선고 2019두55675)

정답 ②

563 [회독] ☐☐☐   22년 군무원 9급

판례에 따르면, 처분사유의 추가·변경 시 기본적 사실관계 동일성을 긍정한 사례로 가장 적절한 것은?

① 석유판매업허가신청에 대하여, 주유소 건축 예정 토지에 관하여 도시계획법령에 의거하여 행위제한을 추진하고 있다는 당초의 불허가 처분 사유와, 항고소송에서 주장한 위 신청이 토지형질변경허가의 요건 불비 및 도심의 환경보전의 공익상 필요라는 사유

② 석유판매업허가신청에 대하여, 관할 군부대장의 동의를 얻지 못하였다는 당초의 불허가사유와, 토지가 탄약창에 근접한 지점에 있어 공익적인 측면에서 보아 허가신청을 불허한 것은 적법하다는 사유

③ 온천으로서의 이용가치, 기존의 도시계획 및 공공사업에의 지장 여부 등을 고려하여 온천발견신고수리를 거부한 것은 적법하다는 사유와, 규정온도가 미달되어 온천에 해당하지 않는다는 사유

④ 이주대책신청기간이나 소정의 이주대책실시(시행)기간을 모두 도과하여 이주대책을 신청할 권리가 없고, 사업시행자가 이를 받아들여 택지나 아파트공급을 해 줄 법률상 의무를 부담한다고 볼 수 없다는 사유와, 사업지구 내 가옥 소유자가 아니라는 사유

563

해설 ① **(기사동 긍정)** "석유판매업허가신청에 대하여 "주유소 건축 예정 토지에 관하여 도시계획법 제4조 및 구 토지의형질변경등행위허가기준등에관한규칙에 의거하여 행위제한을 추진하고 있다."는 당초의 불허가처분사유와 항고소송에서 주장한 위 신청이 토지형질변경허가의 요건을 갖추지 못하였다는 사유 및 도심의 환경보전의 공익상 필요라는 사유는 기본적 사실관계의 동일성이 있다." (대법원 1999.4.23. 선고 97누14378)

② **(기사동 부정)** "피고는 석유판매업허가신청에 대하여 당초 사업장 소인 토지가 군사보호시설구역 내에 위치하고 있는 관할 군부대장의 동의를 얻지 못하였다는 이유로 이를 불허가하였다가, 소송에서 위 토지는 탄약창에 근접한 지점에 위치하고 있어 공공의 안전과 군사시설의 보호라는 공익적인 측면에서 보아 허가신청을 불허한 것은 적법하다는 것을 불허가사유로 추가한 경우, 양자는 기본적 사실관계에 있어서의 동일성이 인정되지 아니하는 별개의 사유라고 할 것이므로 이와 같은 사유를 불허가처분의 근거로 추가할 수 없다고 본다." (대법원 1991.11.8. 선고 91누70)

③ **(기사동 부정)** "온천으로서의 이용가치, 기존의 도시계획 및 공공사업에의 지장 여부 등을 고려하여 이 사건 온천발견신고수리를 거부한 것은 적법하다는 취지의 피고의 주장에 대하여 아무런 판단도 하지 아니한 것은 소론이 지적하는 바와 같으나 기록에 의하면 그와 같은 사유는 피고가 당초에 이 사건 거부처분의 사유로 삼은 바가 없을 뿐만 아니라 규정온도가 미달되어 온천에 해당하지 않는다는 당초의 이 사건 처분사유와는 기본적 사실관계를 달리하여 이를 거부처분의 사유로 추가할 수는 없다." (대법원 1992.11.24. 선고 92누3052)

④ **(기사동 부정)** "이주대책신청기간이나 소정의 이주대책실시(시행)기간을 모두 도과하여 실기한 이주대책신청을 하였으므로 원고에게는 이주대책을 신청할 권리가 없고, 사업시행자가 이를 받아들여 택지나 아파트공급을 해 줄 법률상 의무를 부담한다고 볼 수 없다는 피고의 상고이유의 주장은 원심에서는 하지 아니한 새로운 주장일 뿐만 아니라 사업지구 내 가옥 소유자가 아니라는 이 사건 처분사유와 기본적 사실관계의 동일성도 없다." (대법원 1999.8.20. 선고 98두17043)

정답 ①

564 [회독] ▢▢▢

23년 소방직

항고소송의 피고에 관한 설명으로 옳지 않은 것은? (다툼이 있는 경우 판례에 의함)

① 항고소송은 원칙적으로 소송의 대상인 처분등을 외부적으로 그의 명의로 행한 행정청을 피고로 하여야 하는 것이다.

② 「행정소송법」 제14조에 의한 피고경정은 사실심 변론종결에 이르기까지 허용된다.

③ 처분등이 있은 뒤에 그 처분등에 관계되는 권한이 다른 행정청에 승계된 때에는 그 처분등에 대한 사무가 귀속되는 국가 또는 지방자치단체를 피고로 한다.

④ 대리기관이 대리관계를 표시하고 피대리 행정청을 대리하여 행정처분을 한 때에는 피대리 행정청이 피고가 되어야 한다.

564

해설 ① (○) "행정처분의 취소 또는 무효확인을 구하는 행정소송은 다른 법률에 특별한 규정이 없는 한 소송의 대상인 행정처분 등을 외부적으로 그의 명의로 행한 행정청을 피고로 하여야 하는 것으로서 그 행정처분을 하게 된 연유가 상급행정청이나 타행정청의 지시나 통보에 의한 것이라 하여 다르지 않다." (대법원 1995.12.22. 선고 95누14688)

② (○) "행정소송법 제14조에 의한 피고경정은 사실심 변론종결에 이르기까지 허용되는 것으로 해석하여야 할 것이고, 굳이 제1심 단계에서만 허용되는 것으로 해석할 근거는 없다." (대법원 2006.2.23.자 2005부4 결정)

③ (✕) 행정소송법 제13조

행정소송법	제13조(피고적격) ① 취소소송은 다른 법률에 특별한 규정이 없는 한 그 처분등을 행한 행정청을 피고로 한다. 다만, 처분등이 있은 뒤에 그 처분등에 관계되는 권한이 다른 행정청에 승계된 때에는 이를 승계한 행정청을 피고로 한다. ② 제1항의 규정에 의한 행정청이 없게 된 때에는 그 처분등에 관한 사무가 귀속되는 국가 또는 공공단체를 피고로 한다.

④ (○) "항고소송은 다른 법률에 특별한 규정이 없는 한 원칙적으로 소송의 대상인 행정처분을 외부적으로 행한 행정청을 피고로 하여야 하고(행정소송법 제13조 제1항 본문), 다만 대리기관이 대리관계를 표시하고 피대리 행정청을 대리하여 행정처분을 한 때에는 피대리 행정청이 피고로 되어야 한다." (대법원 2018.10.25. 선고 2018두43095)

정답 ③

565 [회독] □□□

행정소송제도에 대한 설명으로 옳지 않은 것은?

① 개별법령에 합의제 행정청의 장을 피고로 한다는 명문 규정이 없는 한 합의제 행정청 명의로 한 행정처분의 취소소송의 피고적격자는 당해 합의제 행정청이 아닌 합의제 행정청의 장이다.

② 원고가 피고를 잘못 지정한 경우 피고경정은 취소소송과 당사자소송 모두에서 사실심 변론종결에 이르기까지 허용된다.

③ 법원은 당사자소송을 취소소송으로 변경하는 것이 상당하다고 인정할 때에는 청구의 기초에 변경이 없는 한 사실심의 변론종결시까지 원고의 신청에 의하여 결정으로써 소의 변경을 허가할 수 있다.

④ 당사자소송의 원고가 피고를 잘못 지정하여 피고경정신청을 한 경우 법원은 결정으로써 피고의 경정을 허가할 수 있다.

565

해설 ① (×) 개별법령에 합의제 행정청의 장을 피고로 한다는 명문규정이 없는 한, 합의제 행정청 명의로 한 행정처분의 취소소송의 피고적격자는 당해 합의체 행정청의 장이 아닌 합의제 행정청이다.

② (○) "행정소송법 제14조에 의한 피고경정은 사실심 변론종결에 이르기까지 허용되는 것으로 해석하여야 할 것이고, 굳이 제1심 단계에서만 허용되는 것으로 해석할 근거는 없다." (대법원 2006.2.23.자 2005부4)

③ (○) 행정소송법 제21조 제1항, 제42조

행정소송법	제21조(소의 변경) ① 법원은 취소소송을 당해 처분 등에 관계되는 사무가 귀속하는 국가 또는 공공단체에 대한 당사자소송 또는 취소소송외의 항고소송으로 변경하는 것이 상당하다고 인정할 때에는 청구의 기초에 변경이 없는 한 사실심의 변론종결시까지 원고의 신청에 의하여 결정으로써 소의 변경을 허가할 수 있다. 제42조(소의 변경) 제21조의 규정은 당사자소송을 항고소송으로 변경하는 경우에 준용한다.

④ (○) 행정소송법 제14조, 제44조

행정소송법	제14조(피고경정) ① 원고가 피고를 잘못 지정한 때에는 법원은 원고의 신청에 의하여 결정으로써 피고의 경정을 허가할 수 있다. 제44조(준용규정) ① 제14조 내지 제17조, 제22조, 제25조, 제26조, 제30조제1항, 제32조 및 제33조의 규정은 당사자소송의 경우에 준용한다.

정답 ①

566 [회독] □□□ 20년 국가 9급

「행정소송법」상 피고 및 피고의 경정에 대한 설명으로 옳은 것은? (다툼이 있는 경우 판례에 의함)

① 취소소송에서 원고가 처분청 아닌 행정관청을 피고로 잘못 지정한 경우, 법원은 석명권의 행사 없이 소송요건의 불비를 이유로 소를 각하할 수 있다.

② 소의 종류의 변경에 따른 피고의 변경은 교환적 변경에 한한다고 봄이 상당하므로 예비적 청구만이 있는 피고의 추가경정신청은 예외적 규정이 있는 경우를 제외하고는 원칙적으로 허용되지 않는다.

③ 상급행정청의 지시에 의해 하급행정청이 자신의 명의로 처분을 하였다면, 당해 처분에 대한 취소소송에서는 지시를 내린 상급행정청이 피고가 된다.

④ 취소소송에서 피고가 될 수 있는 행정청에는 대외적으로 의사를 표시할 수 있는 기관이 아니더라도 국가나 공공단체의 의사를 실질적으로 결정하는 기관이 포함된다.

566

해설 ① (×) "원고가 피고를 잘못 지정하였다면 법원으로서는 당연히 석명권을 행사하여 원고로 하여금 피고를 경정하게 하여 소송을 진행케 하였어야 할 것임에도 불구하고 이러한 조치를 취하지 아니한 채 피고의 지정이 잘못되었다는 이유로 소를 각하한 것은 위법하다." (대법원 2004.7.8. 선고 2002두7852)

② (○) "소위 주관적, 예비적 병합은 행정소송법 제28조 제3항과 같은 예외적 규정이 있는 경우를 제외하고는 원칙적으로 허용되지 않는 것이고, 또 행정소송법상 소의 종류의 변경에 따른 당사자(피고)의 변경은 교환적 변경에 한 한다고 봄이 상당하므로 예비적 청구만이 있는 피고의 추가경정신청은 허용되지 않는다." (대법원 1989.10.27. 선고 89두1) 소의 종류 변경에 수반하여 이루어지는 피고의 변경은 ㉠ 피고를 A → B로 바꾸는 형태로만 가능하고, ㉡ 피고를 A → A and B로 바꾸는 것은 허용되지 않는다는 말이다. 아직 유효한 법리인지에 대해 의문이 있을 뿐더러, 과도하게 민사소송법적 배경지식을 요하는 판례이지만, 그럼에도 불구하고 정선지로 출제가 되었는데, 다소 문제가 있는 출제라고 본다.

③ (×) "행정처분의 취소 또는 무효확인을 구하는 행정소송은 다른 법률에 특별한 규정이 없는 한 소송의 대상인 행정처분 등을 외부적으로 그의 명의로 행한 행정청을 피고로 하여야 하는 것으로서 그 행정처분을 하게 된 연유가 상급행정청이나 타행정청의 지시나 통보에 의한 것이라 하여 다르지 않다." (대법원 1995.12.22. 선고 95누14688)

④ (×) "취소소송은 다른 법률에 특별한 규정이 없는 한 그 처분 등을 행한 행정청을 피고로 한다(행정소송법 제13조 제1항). 여기서 '행정청'이라 함은 국가 또는 공공단체의 기관으로서 국가나 공공단체의 의견을 결정하여 외부에 표시할 수 있는 권한, 즉 처분권한을 가진 기관을 말하고, 대외적으로 의사를 표시할 수 있는 기관이 아닌 내부기관은 실질적인 의사가 그 기관에 의하여 결정되더라도 피고적격을 갖지 못한다." (대법원 2014.5.16. 선고 2014두274)

정답 ②

567 [회독] ☐☐☐

행정소송의 피고에 대한 설명으로 옳지 않은 것은?

① 취소소송은 다른 법률에 특별한 규정이 없는 한 그 처분
등을 행한 행정청을 피고로 하지만, 처분등이 있은 뒤에
그 처분등에 관계되는 권한이 다른 행정청에 승계된 때
에는 이를 승계한 행정청을 피고로 한다.

② 조례가 집행행위의 개입 없이도 그 자체로서 직접 국민
의 구체적인 권리·의무나 법적 이익에 영향을 미치는
등의 법률상 효과를 발생하는 경우 무효확인소송의 피
고는 당해 조례를 통과시킨 지방의회가 된다.

③ 「행정소송법」상 원고가 피고를 잘못 지정한 때에는 법
원은 원고의 신청에 의하여 결정으로써 피고의 경정을
허가할 수 있다.

④ 행정처분을 행할 적법한 권한 있는 상급행정청으로부터
내부위임을 받은 데 불과한 하급행정청이 권한 없이 행
정처분을 한 경우 실제로 그 처분을 행한 하급행정청을
피고로 하여야 할 것이지 그 처분을 행할 적법한 권한
있는 상급행정청을 피고로 할 것은 아니다.

567

해설 ① (○) 행정소송법 제13조 제1항

행정소송법	제13조(피고적격) ① 취소소송은 다른 법률에 특별한 규정이 없는 한 그 처분등을 행한 행정청을 피고로 한다. 다만, 처분등이 있은 뒤에 그 처분등에 관계되는 권한이 다른 행정청에 승계된 때에는 이를 승계한 행정청을 피고로 한다. ② 제1항의 규정에 의한 행정청이 없게 된 때에는 그 처분등에 관한 사무가 귀속되는 국가 또는 공공단체를 피고로 한다.

② (×) "조례가 집행행위의 개입 없이도 그 자체로서 직접 국민의 구체적인 권리의무나 법적 이익에 영향을 미치는 등의 법률상 효과를 발생하는 경우 그 조례는 항고소송의 대상이 되는 행정처분에 해당하고, 이러한 조례에 대한 무효확인소송을 제기함에 있어서 행정소송법 제38조 제1항, 제13조에 의하여 피고적격이 있는 처분 등을 행한 행정청은, 행정주체인 지방자치단체 또는 지방자치단체의 내부적 의결기관으로서 지방자치단체의 의사를 외부에 표시한 권한이 없는 지방의회가 아니라, 구 지방자치법(1994. 3. 16. 법률 제4741호로 개정되기 전의 것) 제19조 제2항, 제92조에 의하여 지방자치단체의 집행기관으로서 조례로서의 효력을 발생시키는 공포권이 있는 지방자치단체의 장이다." (대법원 1996.9.20. 선고 95누8003)

③ (○) 행정소송법 제14조 제1항

행정소송법	제14조(피고경정) ① 원고가 피고를 잘못 지정한 때에는 법원은 원고의 신청에 의하여 결정으로써 피고의 경정을 허가할 수 있다.

④ (○) "행정처분의 취소 또는 무효확인을 구하는 행정소송은 다른 법률에 특별한 규정이 없는 한 그 처분을 행한 행정청을 피고로 하여야 하며, 행정처분을 행할 적법한 권한 있는 상급행정청으로부터 내부위임을 받은 데 불과한 하급행정청이 권한 없이 행정처분을 한 경우에도 실제로 그 처분을 행한 하급행정청을 피고로 하여야 할 것이지 그 처분을 행할 적법한 권한 있는 상급행정청을 피고로 할 것은 아니다." (대법원 1994.8.12. 선고 94누2763)

정답 ②

제4항 임시구제수단

기출테마 110 집행정지

568 [회독] □□□　　　　　　　23년 지방 7급

판례의 입장으로 옳지 않은 것은?

① 「도로교통법」상의 통고처분은 처분을 받은 당사자의 임의의 승복을 발효요건으로 하고 있으며, 행정공무원에 의하여 발하여지는 것이지만, 통고처분에 따르지 않고자 하는 당사자에게는 정식재판의 절차가 보장되어 있다.

② 행정처분의 집행정지를 구하는 신청사건에서는 행정처분 자체의 적법 여부는 원칙적으로 판단의 대상이 아니나, 집행정지사건 자체에 의하여도 신청인의 본안청구가 이유 없음이 명백할 때에는 행정처분의 집행정지를 명할 수 없다.

③ 「국가배상법」상의 '공공의 영조물'은 일반공중의 자유로운 사용에 직접적으로 제공되는 공공용물에 한하고, 행정주체 자신의 사용에 제공되는 공용물은 포함하지 않는다.

④ 행정처분에 그 효력기간이 정하여져 있는 경우, 그 처분의 효력 또는 집행이 정지된 바 없다면 위 기간의 경과로 그 행정처분의 효력은 상실되므로 그 기간 경과 후에는 그 처분이 외형상 잔존함으로 인하여 어떠한 법률상 이익이 침해되고 있다고 볼 만한 별다른 사정이 없는 한 그 처분의 취소를 구할 법률상 이익이 없다.

568

해설 ① (○) "도로교통법상의 통고처분은 처분을 받은 당사자의 임의의 승복을 발효요건으로 하고 있으며, 행정공무원에 의하여 발하여 지는 것이지만, 통고처분에 따르지 않고자 하는 당사자에게는 정식재판의 절차가 보장되어 있다." (헌법재판소 2003.10.30. 선고 2002헌마275)

② (○) "행정처분의 효력정지나 집행정지를 구하는 신청사건에서 행정처분 자체의 적법 여부는 궁극적으로 본안재판에서 심리를 거쳐 판단할 성질의 것이므로 원칙적으로는 판단할 것이 아니고 그 행정처분의 효력이나 집행을 정지할 것인가에 대한 행정소송법 제23조 제2항, 제3항에 정해진 요건의 존부만이 판단의 대상이 된다고 할 것이지만, 효력정지나 집행정지는 신청인이 본안소송에서 승소판결을 받을 때까지 그 지위를 보호함과 동시에 후에 받을 승소판결을 무의미하게 하는 것을 방지하려는 것이어서 본안소송에서 처분의 취소가능성이 없음에도 처분의 효력이나 집행의 정지를 인정한다는 것은 제도의 취지에 반하므로 효력정지나 집행정지사건 자체에 의하여도 신청인의 본안청구가 이유 없음이 명백하지 않아야 한다는 것도 효력정지나 집행정지의 요건에 포함시켜야 한다." (대법원 1997.4.28.결정 96두75)

③ (×) "국가배상법 제5조 제1항 소정의 "공공의 영조물"이라 함은 국가 또는지방자치단체에 의하여 특정 공공의 목적에 공여된 유체물 내지 물적 설비를 지칭하며, 특정 공공의 목적에 공여된 물이라 함은 일반공중의 자유로운 사용에 직접적으로 제공되는 공공용물에 한하지 아니하고, 행정주체 자신의 사용에 제공되는 공용물도 포함하며 국가 또는 지방자치단체가 소유권, 임차권 그밖의 권한에 기하여 관리하고 있는 경우뿐만 아니라 사실상의 관리를 하고 있는 경우도 포함한다." (대법원 1995.1.24. 선고 94다45302)

④ (○) "행정처분에 그 효력기간이 정하여져 있는 경우 그 기간의 경과로 그 행정처분의 효력은 상실되는 것이므로 그 기간경과 후에는 그 처분이 외형상 잔존함으로 인하여 어떠한 법률상의 이익이 침해되고 있다고 볼 만한 별다른 사정이 없는 한 그 처분의 취소 또는 무효확인을 구할 법률상의 이익이 없다고 하겠으나, 위와 같은 행정처분의 전력이 장래에 불이익하게 취급되는 것으로 법에 규정되어 있어 법정의 가중요건으로 되어 있고, 이후 그 법정가중요건에 따라 새로운 제재적인 행정처분이 가해지고 있다면, 선행행정처분의 효력기간이 경과하였다 하더라도 선행행정처분의 잔존으로 인하여 법률상의 이익이 침해되고 있다고 볼 만한 특별한 사정이 있는 경우에 해당한다." (대법원 2005.3.25. 선고 2004두14106)

정답 ③

569 [회독] ☐☐☐   22년 군무원 9급

다음 중 「행정소송법」상 집행정지결정에 대한 설명으로 가장 옳지 않은 것은? (단, 다툼이 있는 경우 판례에 의함)

① 법원은 당사자의 신청 또는 직권에 의하여 처분 등의 효력이나 그 집행 또는 절차의 속행의 전부 또는 일부의 정지를 결정하거나, 또는 집행정지의 취소를 결정할 수 있다.

② 집행정지결정은 속행정지, 집행정지, 효력정지로 구분되고 이 중 속행정지는 처분의 집행이나 효력을 정지함으로써 목적을 달성할 수 있는 경우에는 허용되지 아니한다.

③ 과징금납부명령의 처분이 사업자의 자금사정이나 경영전반에 미치는 파급효과가 매우 중대하다는 이유로 인한 손해는 효력정지 내지 집행정지의 적극적 요건인 '회복하기 어려운 손해'에 해당한다.

④ 효력기간이 정해져 있는 제재적 행정처분에 대한 취소소송에서 법원이 본안소송의 판결선고 시까지 집행정지결정을 하면, 처분에서 정해 둔 효력기간은 판결 선고 시까지 진행하지 않다가 판결이 선고되면 그때 집행정지결정의 효력이 소멸함과 동시에 처분의 효력이 당연히 부활하여 처분에서 정한 효력기간이 다시 진행한다.

569

해설 ① (○) 행정소송법 제23조 제2항 본문

② (✕) 효력정지보다 속행정지가 우선한다. 효력정지는 처분의 집행 또는 절차의 속행을 정지함으로써 목적을 달성할 수 있는 경우에는 허용되지 않는다는 행정소송법 제23조 제2항 단서 문장을 오선지화한 것이다.

행정소송법	제23조(집행정지) ② 취소소송이 제기된 경우에 처분등이나 그 집행 또는 절차의 속행으로 인하여 생길 회복하기 어려운 손해를 예방하기 위하여 긴급한 필요가 있다고 인정할 때에는 본안이 계속되고 있는 법원은 당사자의 신청 또는 직권에 의하여 처분등의 효력이나 그 집행 또는 절차의 속행의 전부 또는 일부의 정지(이하 "집행정지"라 한다)를 결정할 수 있다. 다만, 처분의 효력정지는 처분등의 집행 또는 절차의 속행을 정지함으로써 목적을 달성할 수 있는 경우에는 허용되지 아니한다.

③ (○) "이 사건 처분이 신청인의 자금사정이나 경영전반에 미치는 파급효과는 매우 중대하다고 할 것이므로, 그로 인한 신청인의 손해는 비록 그 성질이나 태양이 재산상의 손해에 속한다고 하더라도 사회관념상 사후의 금전보상으로는 참고 견딜 수 없거나 또는 견디기가 현저히 곤란한 손해라고 할 것이어서 효력정지 내지 집행정지의 적극적 요건인 '회복하기 어려운 손해'에 해당한다." (대법원 2001.10.10.자 2001무29)

④ (○) "행정소송법 제23조에 의한 집행정지결정의 효력은 결정주문에서 정한 시기까지 존속하였다가 그 시기의 도래와 동시에 당연히 실효하는 것이므로, 일정기간 동안 업무를 정지할 것을 명한 행정청의 업무정지처분에 대하여 법원이 집행정지결정을 하면서 주문에서 당해 법원에 계속중인 본안소송의 판결선고시까지 처분의 효력을 정지한다고 선언하였을 경우에는 당초 처분에서 정한 업무정지기간의 진행은 그때까지 저지되다가 본안소송의 판결선고에 의하여 위 정지결정의 효력이 소멸함과 동시에 당초 처분의 효력이 당연히 부활되어 그 처분에서 정하였던 정지기간(정지결정 당시 이미 일부 진행되었다면 나머지 기간)은 이때부터 다시 진행한다." (대법원 2005.6.10. 선고 2005두1190)

정답 ②

570 [회독] ☐☐☐　　　21년 지방 9급

「행정소송법」에 따른 집행정지에 대한 설명으로 옳지 않은 것은? (다툼이 있는 경우 판례에 의함)

① 처분의 효력정지결정을 하려면 그 효력정지를 구하는 당해 행정처분에 대한 본안소송이 법원에 제기되어 계속 중임을 요건으로 한다.

② 거부처분의 효력정지는 그 거부처분으로 인하여 신청인에게 생길 손해를 방지하는 데 필요하므로 신청인에게는 그 효력정지를 구할 이익이 있다.

③ 처분의 효력정지는 처분의 집행 또는 절차의 속행을 정지함으로써 목적을 달성할 수 있는 경우에는 허용되지 아니한다.

④ 신청인의 본안청구의 이유 없음이 명백할 때는 집행정지가 인정되지 않는다.

570

해설 ①, ③ (○) 행정소송법 제23조 제2항

행정소송법	제23조 (집행정지) ② 취소소송이 제기된 경우에 처분등이나 그 집행 또는 절차의 속행으로 인하여 생길 회복하기 어려운 손해를 예방하기 위하여 긴급한 필요가 있다고 인정할 때에는 **본안이 계속되고 있는 법원**은 당사자의 신청 또는 직권에 의하여 **처분등의 효력이나 그 집행 또는 절차의 속행의 전부 또는 일부의 정지(이하 "집행정지"라 한다)를 결정할 수 있다.** 다만, **처분의 효력 정지는 처분등의 집행 또는 절차의 속행을 정지함으로써 목적을 달성할 수 있는 경우에는 허용되지 아니한다.**

② (×) "신청에 대한 거부처분의 효력을 정지하더라도 거부처분이 없었던 것과 같은 상태 즉 거부처분이 있기 전의 신청시의 상태로 되돌아가는 데에 불과하고 행정청에게 신청에 따른 처분을 하여야 할 의무가 생기는 것이 아니므로, **거부처분의 효력정지는 그 거부처분으로 인하여 신청인에게 생길 손해를 방지하는 데에 아무런 소용이 없어 그 효력 정지를 구할 이익이 없다.**" (대법원 1992.2.13. 선고 91두47)

④ (○) "행정처분의 효력정지를 구하는 신청사건에 있어서는 행정처분 자체의 적법 여부는 궁극적으로 본안판결에서 심리를 거쳐 판단할 성질의 것이므로 원칙적으로는 판단할 것이 아니고, 그 행정처분의 효력을 정지할 것인가에 대한 행정소송법 제23조 제2항 소정의 요건의 존부만이 판단의 대상이 되나, 본안소송에서의 처분의 취소가능성이 없음에도 불구하고 처분의 효력정지를 인정한다는 것은 제도의 취지에 반하므로, 효력정지사건 자체에 의하여도 **신청인의 본안청구가 이유 없음이 명백할 때에는 행정처분의 효력정지를 명할 수 없다.**" (대법원 1992.6.8. 선고 92두14)

정답 ②

571 [회독] ☐☐☐　　　　　24년 소방직

「행정소송법」상 집행정지에 관한 설명으로 옳지 않은 것은?
(다툼이 있는 경우 판례에 의함)

① '처분등이나 그 집행 또는 절차의 속행으로 인한 손해발생의 우려' 등 적극적 요건에 관한 주장·소명 책임은 원칙적으로 신청인 측에 있고, 이 요건을 결여하였다는 이유로 효력정지 신청을 기각한 결정에 대하여 행정처분 자체의 적법 여부를 가지고 불복사유로 삼을 수 없다.

② 집행정지결정을 하려면 이에 대한 본안소송이 법원에 제기되어 계속 중임을 요하고, 집행정지신청 기각결정 후 본안소송이 취하되었다면, 그 기각결정에 대한 재항고는 그 실익이 없어 각하될 수밖에 없다.

③ 제재처분에 대한 행정쟁송절차에서 처분에 대해 집행정지결정이 이루어졌더라도 본안에서 해당 처분이 최종적으로 적법한 것으로 확정되어 집행정지결정이 실효된 경우, 처분청은 당초 집행정지결정이 없었던 경우와 동등한 수준으로 해당 제재처분이 집행되도록 하여서는 아니 된다.

④ 효력기간이 정해져 있는 제재적 행정처분에 대한 취소소송에서 법원이 본안소송의 판결 선고 시까지 집행정지결정을 하면, 처분에서 정해 둔 효력기간은 판결 선고 시까지 진행하지 않다가 판결이 선고되면 그때 집행정지결정의 효력이 소멸함과 동시에 처분의 효력이 당연히 부활하여 처분에서 정한 효력기간이 다시 진행한다

571

해설 ① (○) "행정처분의 효력정지나 집행정지를 구하는 신청사건에서는 행정처분 자체의 적법 여부를 판단할 것이 아니고 행정처분의 효력이나 집행 등을 정지시킬 필요가 있는지 여부, 즉 행정소송법 제23조 제2항에서 정한 요건의 존부만이 판단대상이 된다. 나아가 '처분 등이나 그 집행 또는 절차의 속행으로 인한 손해발생의 우려' 등 적극적 요건에 관한 주장·소명 책임은 원칙적으로 신청인 측에 있으며, 이러한 요건을 결여하였다는 이유로 효력정지 신청을 기각한 결정에 대하여 행정처분 자체의 적법 여부를 가지고 불복사유로 삼을 수 없다." (대법원 2011.4.21.자 선고 2010무111 전원합의체)

② (○) "행정처분의 집행정지는 행정처분집행 부정지의 원칙에 대한 예외로서 인정되는 일시적인 응급처분이라 할 것이므로 집행정지결정을 하려면 이에 대한 본안소송이 법원에 제기되어 계속 중임을 요하고(대법원 1975.11.11. 선고 75누97 판결 등 참조), 따라서 집행정지신청 기각결정 후 본안소송이 취하되었다면 위 기각결정에 대한 재항고는 그 실익이 없어 각하될 수밖에 없다." (대법원 2019.6.27. 선고 2019무622)

③ (×) "제재처분에 대한 행정쟁송절차에서 처분에 대해 집행정지결정이 이루어졌더라도 본안에서 해당 처분이 최종적으로 적법한 것으로 확정되어 집행정지결정이 실효되고 제재처분을 다시 집행할 수 있게 되면, 처분청으로서는 당초 집행정지결정이 없었던 경우와 동등한 수준으로 해당 제재처분이 집행되도록 필요한 조치를 취하여야 한다." (대법원 2020.9.3. 선고 2020두34070)

④ (○) "행정소송법 제23조에 따른 집행정지결정의 효력은 결정 주문에서 정한 종기까지 존속하고, 그 종기가 도래하면 당연히 소멸한다. 따라서 효력기간이 정해져 있는 제재적 행정처분에 대한 취소소송에서 법원이 본안소송의 판결 선고 시까지 집행정지결정을 하면, 처분에서 정해 둔 효력기간(집행정지결정 당시 이미 일부 집행되었다면 그 나머지 기간)은 판결 선고 시까지 진행하지 않다가 판결이 선고되면 그때 집행정지결정의 효력이 소멸함과 동시에 처분의 효력이 당연히 부활하여 처분에서 정한 효력기간이 다시 진행한다. 이는 처분에서 효력기간의 시기(始期)와 종기(終期)를 정해 두었는데, 그 시기와 종기가 집행정지기간 중에 모두 경과한 경우에도 특별한 사정이 없는 한 마찬가지이다. 이러한 법리는 행정심판위원회가 행정심판법 제30조에 따라 집행정지결정을 한 경우에도 그대로 적용된다. 행정심판위원회가 행정심판 청구 사건의 재결이 있을 때까지 처분의 집행을 정지한다고 결정한 경우에는, 재결서 정본이 청구인에게 송달된 때 재결의 효력이 발생하므로(행정심판법 제48조 제2항, 제1항 참조) 그때 집행정지결정의 효력이 소멸함과 동시에 처분의 효력이 부활한다." (대법원 2022.2.11. 선고 2021두40720)

정답 ③

572 [회독] ▢▢▢   20년 소방직

취소소송에 대한 설명으로 옳은 것은?

① 취소소송은 처분등을 대상으로 하나, 재결취소소송은 처분 및 재결 자체에 고유한 위법이 있음을 이유로 하는 경우에 한한다.

② 「행정소송법」 제23조 제2항 소정의 행정처분 등의 효력이나 집행을 정지하기 위한 요건으로서의 '회복하기 어려운 손해'라 함은 특별한 사정이 없는 한 금전적 보상을 과도하게 요하는 경우, 금전보상이 불가능한 경우, 그 밖에 금전보상으로는 사회관념상 행정처분을 받은 당사자가 참고 견딜 수 없거나 또는 참고 견디기가 현저히 곤란한 경우의 유형, 무형의 손해를 일컫는다.

③ 취소소송은 처분등이 있음을 안 날부터 90일 이내에, 처분등이 있은 날부터 1년 이내에 제기할 수 있고, 다만 처분등이 있은 날부터 1년이 경과하여도 정당한 사유가 있다면 취소소송을 제기할 수 있다.

④ 집행정지의 결정을 신청함에 있어서는 그 이유에 대한 소명을 반드시 필요로 하는 것은 아니므로 정당한 사유 등 특별한 사정이 있다면 재판부는 그 소명 없이 직권으로 집행정지에 대한 결정을 하여야 한다.

572

해설 ① (×) 재결취소소송이란 재결을 대상으로 하여 제기하는 취소소송을 말하는데, "처분 및 재결"이 아니라 "재결"에 고유한 위법이 있음을 이유로 하는 경우에만 허용된다.

② (×) 금전적 보상을 과도하게 요하는 경우의 손해는 '회복하기 어려운 손해'에 해당하지 않는다. "행정소송법 제23조 제2항에 정하고 있는 행정처분 등의 집행정지 요건인 '회복하기 어려운 손해'라 함은 특별한 사정이 없는 한 금전으로 보상할 수 없는 손해로서 이는 금전보상이 불능인 경우 내지는 금전보상으로는 사회관념상 행정처분을 받은 당사자가 참고 견딜 수 없거나 또는 참고 견디기가 곤란한 경우의 유형, 무형의 손해를 일컫는다." (대법원 2003.4.25. 선고 2003무2)

③ (○) 행정소송법 제20조

행정소송법	제20조(제소기간) ① 취소소송은 처분등이 있음을 안 날부터 90일 이내에 제기하여야 한다. 다만, 제18조 제1항 단서에 규정한 경우와 그 밖에 행정심판청구를 할 수 있는 경우 또는 행정청이 행정심판청구를 할 수 있다고 잘못 알린 경우에 행정심판청구가 있은 때의 기간은 재결서의 정본을 송달받은 날부터 기산한다. ② 취소소송은 처분등이 있은 날부터 1년(제1항 단서의 경우는 재결이 있은 날부터 1년)을 경과하면 이를 제기하지 못한다. 다만, 정당한 사유가 있는 때에는 그러하지 아니하다.

④ (×) 그 이유에 대한 소명이 반드시 필요하다(제23조 제4항).

행정소송법	제23조(집행정지) ② 취소소송이 제기된 경우에 처분등이나 그 집행 또는 절차의 속행으로 인하여 생길 회복하기 어려운 손해를 예방하기 위하여 긴급한 필요가 있다고 인정할 때에는 본안이 계속되고 있는 법원은 당사자의 신청 또는 직권에 의하여 처분등의 효력이나 그 집행 또는 절차의 속행의 전부 또는 일부의 정지(이하 "집행정지"라 한다)를 결정할 수 있다. 다만, 처분의 효력정지는 처분등의 집행 또는 절차의 속행을 정지함으로써 목적을 달성할 수 있는 경우에는 허용되지 아니한다. ④ 제2항의 규정에 의한 집행정지의 결정을 신청함에 있어서는 그 이유에 대한 소명이 있어야 한다.

정답 ③

573 [회독] ☐☐☐　　　　　　　　　　　　　23년 국가 9급

판례의 입장으로 옳지 않은 것은?

① 거부처분에 대한 집행정지는 그 거부처분으로 인하여 신청인에게 생길 손해를 방지하는 데 아무런 보탬이 되지 아니하므로 허용되지 않는다.

② 사정판결의 요건인 처분의 위법성은 변론 종결시를 기준으로 판단하고, 공공복리를 위한 사정판결의 필요성은 처분시를 기준으로 판단하여야 한다.

③ 집행정지의 요건으로 규정하고 있는 '공공복리에 중대한 영향을 미칠 우려'가 없을 것이라고 할 때의 '공공복리'는 그 처분의 집행과 관련된 구체적이고도 개별적인 공익을 말하는 것으로서 이러한 집행정지의 소극적 요건에 대한 주장·소명책임은 행정청에게 있다.

④ 「도시 및 주거환경정비법」에 근거한 조합설립인가처분은 행정주체로서의 지위를 부여하는 설권적 처분이고, 조합설립결의는 조합설립인가처분의 요건이므로, 조합설립결의에 하자가 있다면 그 하자를 이유로 직접 항고소송의 방법으로 조합설립인가처분의 취소 또는 무효확인을 구하여야 한다.

573

[해설] ① (○) "신청에 대한 거부처분의 효력을 정지하더라도 거부처분이 없었던 것과 같은 상태, 즉 거부처분이 있기 전의 신청 시의 상태로 되돌아가는 데에 불과하고 행정청에게 신청에 따른 처분을 하여야 할 의무가 생기는 것이 아니므로, 거부처분의 효력정지는 그 거부처분으로 인하여 신청인에게 생길 손해를 방지하는 데 아무런 보탬이 되지 아니하여 그 효력정지를 구할 이익이 없다." (대법원 1995.6.21. 선고 95두26)

② (×) 처분의 위법성은 처분시를 기준으로 판단하고, 사정판결의 필요성은 변론종결시를 기준으로 판단한다.

③ (○) "집행정지의 장애사유로서의 '공공복리에 중대한 영향을 미칠 우려'라 함은 일반적·추상적인 공익에 대한 침해의 가능성이 아니라 당해 처분의 집행과 관련된 구체적·개별적인 공익에 중대한 해를 입힐 개연성을 말하는 것으로서 이러한 집행정지의 소극적 요건에 대한 주장·소명책임은 행정청에게 있다." (대법원 2004.5.17.자 2004무6 결정)

④ (○) "조합설립인가처분은 도시 및 주거환경정비법상 주택재건축사업을 시행할 수 있는 권한을 갖는 행정주체(공법인)로서의 지위를 부여하는 일종의 설권적 처분의 성격을 갖는다고 보아야 한다. 그리고 그와 같이 보는 이상 조합설립결의는 조합설립인가처분이라는 행정처분을 하는 데 필요한 요건 중 하나에 불과한 것이어서, 조합설립결의에 하자가 있다면 그 하자를 이유로 직접 항고소송의 방법으로 조합설립인가처분의 취소 또는 무효확인을 구하여야 한다." (대법원 2009.9.24. 선고 2008다60568)

정답 ②

574 [회독] □□□

「행정소송법」상 행정소송에 대한 설명으로 옳지 않은 것은? (다툼이 있는 경우 판례에 의함)

① 교도소장이 수형자를 '접견내용 녹음·녹화 및 접견 시 교도관 참여대상자'로 지정한 행위는 수형자의 구체적 권리의무에 직접적 변동을 가져오는 행정청의 공법상 행위로서 항고소송의 대상이 되는 처분에 해당한다.

② 어느 하나의 처분의 취소를 구하는 소에 당해 처분과 관련되는 처분의 취소를 구하는 청구를 추가적으로 병합한 경우, 추가적으로 병합된 소의 소제기 기간의 준수 여부는 그 청구취지의 추가신청이 있는 때를 기준으로 한다.

③ 일정한 납부기한을 정한 과징금부과처분에 대하여 집행정지결정이 내려졌다면 과징금부과처분에서 정한 과징금의 납부기간은 더 이상 진행되지 아니하고 집행정지결정의 주문에 표시된 종기의 도래로 인하여 집행정지가 실효된 때부터 다시 진행된다.

④ 법원이 어느 하나의 사유에 의한 과징금부과처분에 대하여 그 사유와 기본적 사실관계의 동일성이 인정되지 아니하는 다른 처분사유가 존재한다는 이유로 적법하다고 판단하는 것은 특별한 사정이 없는 한 직권심사주의의 한계를 넘는 것이 아니다.

574

[해설] ① (○) "교도소장이 수형자 甲을 '접견내용 녹음·녹화 및 접견 시 교도관 참여대상자'로 지정한 사안에서, 위 지정행위는 수형자의 구체적 권리의무에 직접적 변동을 가져오는 행정청의 공법상 행위로서 항고소송의 대상이 되는 '처분'에 해당한다." (대법원 2014.2.13. 선고 2013두20899)

② (○) "이 사건 공익근무요원복무중단처분, 현역병입영대상편입처분 및 현역병입영통지처분은 보충역편입처분취소처분을 전제로 한 것이기는 하나 각각 단계적으로 별개의 법률효과를 발생시키는 독립된 행정처분으로서 하나의 소송물로 평가할 수 없고, 보충역편입처분취소처분의 효력을 다투는 소에 공익근무요원복무중단처분, 현역병입영대상편입처분 및 현역병입영통지처분을 다투는 소도 포함되어 있다고 볼 수는 없다고 할 것이므로, 공익근무요원복무중단처분, 현역병입영대상편입처분 및 현역병입영통지처분의 취소를 구하는 소의 제소기간의 준수 여부는 각 그 청구취지의 추가·변경신청이 있는 때를 기준으로 개별적으로 살펴야 할 것이지, 최초에 보충역편입처분취소처분의 취소를 구하는 소가 제기된 때를 기준으로 할 것은 아니라고 할 것이다." (대법원 2004.12.10. 선고 2003두12257)

③ (○) "일정한 납부기한을 정한 과징금부과처분에 대하여 '회복하기 어려운 손해'를 예방하기 위하여 긴급한 필요가 있고 달리 공공복리에 중대한 영향을 미치지 아니한다는 이유로 집행정지결정이 내려졌다면 그 집행정지기간 동안은 과징금부과처분에서 정한 과징금의 납부기간은 더 이상 진행되지 아니하고 집행정지결정이 당해 결정의 주문에 표시된 시기의 도래로 인하여 실효되면 그때부터 당초의 과징금부과처분에서 정한 기간(집행정지결정 당시 이미 일부 진행되었다면 그 나머지 기간)이 다시 진행하는 것으로 보아야 한다." (대법원 2003.7.11. 선고 2002다48023)

④ (×) "이와 같이 명의신탁등기 과징금과 장기미등기 과징금은 위반행위의 태양, 부과 요건, 근거 조항을 달리하므로, 각 과징금 부과처분의 사유는 상호 간에 기본적 사실관계의 동일성이 있다고 할 수 없다. 그러므로 그중 어느 하나의 처분사유에 의한 과징금 부과처분에 대하여 당해 처분사유가 아닌 다른 처분사유가 존재한다는 이유로 적법하다고 판단하는 것은 특별한 사정이 없는 한 행정소송법상 직권심사주의의 한계를 넘는 것으로서 허용될 수 없다." (대법원 2017.5.17. 선고 2016두53050)

정답 ④

기출테마 111 가처분

제5항 취소소송의 종료

기출테마 112 판결의 종류

575 [회독] ☐☐☐
21년 지방 9급

사정판결에 대한 설명으로 옳지 않은 것은? (다툼이 있는 경우 판례에 의함)

① 사정판결은 본안심리 결과 원고의 청구가 이유 있다고 인정됨에도 불구하고 처분을 취소하는 것이 현저히 공공복리에 적합하지 아니하다고 인정하는 때 원고의 청구를 기각하는 판결을 말한다.

② 사정판결은 항고소송 중 취소소송 및 무효등확인소송에서 인정되는 판결의 종류이다.

③ 법원이 사정판결을 함에 있어서는 미리 원고가 그로 인하여 입게 될 손해의 정도와 배상방법 그 밖의 사정을 조사하여야 한다.

④ 원고는 피고인 행정청이 속하는 국가 또는 공공단체를 상대로 손해배상, 제해시설의 설치 그 밖에 적당한 구제방법의 청구를 당해 취소소송등이 계속된 법원에 병합하여 제기할 수 있다.

575

해 설 ① (○) 행정소송법 제28조 제1항

행정소송법	제28조(사정판결) ① 원고의 청구가 이유있다고 인정하는 경우에도 처분등을 취소하는 것이 현저히 공공복리에 적합하지 아니하다고 인정하는 때에는 법원은 원고의 청구를 기각할 수 있다. 이 경우 법원은 그 판결의 주문에서 그 처분등이 위법함을 명시하여야 한다.

② (×) 취소소송에 대한 규정을 무효확인소송으로 준용하는 규정인 행정소송법 제38조 제1항에서는, 사정판결에 대한 규정인 제28조를 준용하고 있지 않다. 따라서 무효확인소송에서는 사정판결이 인정되지 않는다.

행정소송법	제38조(준용규정) ① 제9조, 제10조, 제13조 내지 제17조, 제19조, 제22조 내지 제26조, 제29조 내지 제31조 및 제33조의 규정은 무효등 확인소송의 경우에 준용한다.

③ (○) 행정소송법 제28조 제2항

행정소송법	제28조(사정판결) ② 법원이 제1항의 규정에 의한 판결을 함에 있어서는 미리 원고가 그로 인하여 입게 될 손해의 정도와 배상방법 그 밖의 사정을 조사하여야 한다.

④ (○) 행정소송법 제28조 제3항

행정소송법	제28조(사정판결) ③ 원고는 피고인 행정청이 속하는 국가 또는 공공단체를 상대로 손해배상, 제해시설의 설치 그 밖에 적당한 구제방법의 청구를 당해 취소소송등이 계속된 법원에 병합하여 제기할 수 있다.

정답 ②

576 [회독] ☐☐☐　　　　　24년 국가 9급

행정처분에 대한 설명으로 옳지 않은 것은?

① 과징금부과처분이 법이 정한 한도액을 초과하여 위법할 경우 법원으로서는 그 한도액을 초과한 부분이나 법원이 적정하다고 인정되는 부분을 초과한 부분만을 취소할 수 있다.

② 건축물대장의 용도는 건축물의 소유권을 제대로 행사하기 위한 전제요건으로서 건축물 소유자의 실체적 권리관계에 밀접하게 관련되어 있으므로, 건축물대장 소관청의 용도변경신청 거부행위는 국민의 권리관계에 영향을 미치는 것으로서 항고소송의 대상이 되는 행정처분에 해당한다.

③ 한국철도시설공단(현 국가철도공단)이 공사낙찰적격심사 감점처분의 근거로 내세운 규정은 공사낙찰적격심사 세부기준이고, 이러한 규정은 공공기관이 사인과의 계약관계를 공정하고 합리적·효율적으로 처리할 수 있도록 관계 공무원이 지켜야 할 계약사무처리에 관한 필요한 사항을 규정한 것으로서 공공기관의 내부규정에 불과하여 대외적 구속력이 없다.

④ 「식품위생법」에 따른 식품접객업(일반음식점영업)의 영업신고의 요건을 갖춘 자라고 하더라도, 그 영업신고를 한 당해 건축물이 「건축법」 소정의 허가를 받지 아니한 무허가 건물이라면 적법한 신고를 할 수 없다.

576

[해설] ① (×) "자동차운수사업면허조건 등을 위반한 사업자에 대하여 행정청이 행정제재수단으로 사업 정지를 명할 것인지, 과징금을 부과할 것인지, 과징금을 부과키로 한다면 그 금액은 얼마로 할 것인지에 관하여 재량권이 부여되었다 할 것이므로 과징금부과처분이 법이 정한 한도액을 초과하여 위법할 경우 법원으로서는 그 전부를 취소할 수밖에 없고, 그 한도액을 초과한 부분이나 법원이 적정하다고 인정되는 부분을 초과한 부분만을 취소할 수 없다." (대법원 1998.4.10. 선고 98두2270)

② (○) "구 건축법 제14조 제4항의 규정은 건축물의 소유자에게 건축물대장의 용도변경신청권을 부여한 것이고, 한편 건축물의 용도는 토지의 지목에 대응하는 것으로서 건물의 이용에 대한 공법상의 규제, 건축법상의 시정명령, 지방세 등의 과세대상 등 공법상 법률관계에 영향을 미치고, 건물소유자는 용도를 토대로 건물의 사용·수익·처분에 일정한 영향을 받게 된다. 이러한 점 등을 고려해 보면, 건축물대장의 용도는 건축물의 소유권을 제대로 행사하기 위한 전제요건으로서 건축물 소유자의 실체적 권리관계에 밀접하게 관련되어 있으므로, 건축물대장 소관청의 용도변경신청 거부행위는 국민의 권리관계에 영향을 미치는 것으로서 항고소송의 대상이 되는 행정처분에 해당한다." (대법원 2009.1.30. 선고 2007두7277)

③ (○) "원심판결 이유와 기록에 의하면, 피고가 2008.12.31. 원고에 대하여 한 공사낙찰적격심사 감점처분(이하 '이 사건 감점조치'라 한다)의 근거로 내세운 규정은 피고의 공사낙찰적격심사세부기준(이하 '이 사건 세부기준'이라 한다) 제4조 제2항인 사실, 이 사건 세부기준은 공공기관의 운영에 관한 법률 제39조 제1항, 제3항, 구 공기업·준정부기관 계약사무규칙 제12조에 근거하고 있으나, 이러한 규정은 공공기관이 사인과 사이의 계약관계를 공정하고 합리적·효율적으로 처리할 수 있도록 관계 공무원이 지켜야 할 계약사무처리에 관한 필요한 사항을 규정한 것으로서 공공기관의 내부규정에 불과하여 대외적 구속력이 없는 것임을 알 수 있다." (대법원 2014.12.24. 선고 2010두6700)

④ (○) "식품위생법과 건축법은 그 입법 목적, 규정사항, 적용범위 등을 서로 달리하고 있어 식품접객업에 관하여 식품위생법이 건축법에 우선하여 배타적으로 적용되는 관계에 있다고는 해석되지 않는다. 그러므로 식품위생법에 따른 식품접객업(일반음식점영업)의 영업신고의 요건을 갖춘 자라고 하더라도, 그 영업신고를 한 당해 건축물이 건축법 소정의 허가를 받지 아니한 무허가 건물이라면 적법한 신고를 할 수 없다." (대법원 2009.4.23. 선고 2008도6829)

정답 ①

577 [회독] □□□ 20년 소방직

사정판결에 대한 설명으로 옳은 것은? (다툼이 있는 경우 판례에 의함)

① 행정청의 재량에 속하는 처분이라도 재량권의 한계를 넘거나 그 남용이 있는 때에는 법원은 이를 취소할 수 있고, 재량권 일탈·남용에 관하여는 피고인 행정청이 증명책임을 부담한다.

② 법원은 사정판결을 하기 전에 원고가 그로 인하여 입게 될 손해의 정도와 배상방법, 그 밖의 사정을 조사하여야 한다.

③ 사정판결을 하는 경우 법원은 처분의 위법함을 판결의 주문에 표기할 수 없으므로 판결의 내용에서 그 처분 등이 위법함을 명시함으로써 원고에 대한 실질적 구제가 이루어지도록 하여야 한다.

④ 원고는 취소소송이 계속된 법원에 당해 행정청에 대한 손해배상 청구 등을 병합하여 제기할 수 없으므로, 손해배상 청구를 담당하는 민사법원의 판결이 먼저 내려진 경우라 할지라도 이 판결의 내용은 취소소송에 영향을 미치지 아니한다.

577

해설 ① (×) 행정청의 재량에 속하는 처분이라도 재량권의 한계를 넘거나 그 남용이 있는 때에는 법원은 이를 취소할 수 있다는 점은 옳다(행정소송법 제27조). 그러나 재량권 일탈·남용이 있다는 점은 피고 행정청이 아니라 행정행위의 효력을 다투는 사람이 주장·증명 책임을 부담한다. (대법원 2017.10.12. 선고 2017두48956)

② (○) 행정소송법 제28조 제2항

행정소송법	제28조(사정판결) ① 원고의 청구가 이유있다고 인정하는 경우에도 처분등을 취소하는 것이 현저히 공공복리에 적합하지 아니하다고 인정하는 때에는 법원은 원고의 청구를 기각할 수 있다. 이 경우 법원은 그 판결의 주문에서 그 처분등이 위법함을 명시하여야 한다. ② 법원이 제1항의 규정에 의한 판결을 함에 있어서는 미리 원고가 그로 인하여 입게 될 손해의 정도와 배상방법 그 밖의 사정을 조사하여야 한다. ③ 원고는 피고인 행정청이 속하는 국가 또는 공공단체를 상대로 손해배상, 제해시설의 설치 그 밖에 적당한 구제방법의 청구를 당해 취소소송등이 계속된 법원에 병합하여 제기할 수 있다.

③ (×) 사정판결을 하는 경우 법원은 처분의 위법함을 판결의 주문에 표기할 수 있다. 행정소송법 제28조 제1항 2문도 그것이 가능함을 전제로 규정이 되어 있다.

④ (×) 원고는 취소소송이 계속된 법원에 당해 행정청에 대한 손해배상 청구 등을 병합하여 제기할 수 있다(행정소송법 제28조 제3항).

정답 ②

578 [회독] □□□　　　　　　　　　　　23년 지방 9급

행정소송의 판결에 대한 설명으로 옳지 않은 것은?

① 처분등을 취소하는 확정판결은 제3자에 대하여도 효력이 있다.

② 취소 확정판결의 기속력은 판결의 주문 및 전제가 되는 처분등의 구체적 위법사유에 관한 판단에도 미치므로, 종전 처분이 판결에 의하여 취소되었다면 종전 처분의 처분사유와 기본적 사실관계에서 동일하지 않은 다른 사유를 들어서 새로이 동일한 내용을 처분하는 것 또한 확정판결의 기속력에 저촉된다.

③ 법원은 원고의 청구가 이유있다고 인정하는 경우에도 처분등을 취소하는 것이 현저히 공공복리에 적합하지 아니하다고 인정하는 때에는 원고의 청구를 기각할 수 있다.

④ 과세의 절차 내지 형식에 위법이 있어 과세처분을 취소하는 판결이 확정되었을 경우 과세관청은 그 위법사유를 보완하여 다시 새로운 과세처분을 할 수 있고, 그 새로운 과세처분은 확정판결에 의하여 취소된 종전의 과세처분과는 별개의 처분이다.

578

해설 ① (○) 행정소송법 제29조 제1항

행정소송법	제29조(취소판결등의 효력) ① 처분등을 취소하는 확정판결은 제3자에 대하여도 효력이 있다.

② (×) "취소 확정판결의 기속력은 판결의 주문 및 전제가 되는 처분등의 구체적 위법사유에 관한 판단에도 미치나, 종전 처분이 판결에 의하여 취소되었더라도 종전 처분과 다른 사유를 들어서 새로이 처분을 하는 것은 기속력에 저촉되지 않는다. 여기에서 동일 사유인지 다른 사유인지는 확정판결에서 위법한 것으로 판단된 종전 처분사유와 기본적 사실관계에서 동일성이 인정되는지 여부에 따라 판단되어야 하고, 기본적 사실관계의 동일성 유무는 처분사유를 법률적으로 평가하기 이전의 구체적인 사실에 착안하여 그 기초인 사회적 사실관계가 기본적인 점에서 동일한지에 따라 결정된다. 또한 행정처분의 위법 여부는 행정처분이 행하여진 때의 법령과 사실을 기준으로 판단하므로, 확정판결의 당사자인 처분 행정청은 종전 처분 후에 발생한 새로운 사유를 내세워 다시 처분을 할 수 있고, 새로운 처분의 처분사유가 종전 처분의 처분사유와 기본적 사실관계에서 동일하지 않은 다른 사유에 해당하는 이상, 처분사유가 종전 처분 당시 이미 존재하고 있었고 당사자가 이를 알고 있었더라도 이를 내세워 새로이 처분을 하는 것은 확정판결의 기속력에 저촉되지 않는다." (대법원 2016.3.24. 선고 2015두48235)

③ (○) 행정소송법 제28조 제1항

행정소송법	제28조(사정판결) ① 원고의 청구가 이유있다고 인정하는 경우에도 처분등을 취소하는 것이 현저히 공공복리에 적합하지 아니하다고 인정하는 때에는 법원은 원고의 청구를 기각할 수 있다. 이 경우 법원은 그 판결의 주문에서 그 처분등이 위법함을 명시하여야 한다.

④ (○) "과세처분시 납세고지서에 과세표준, 세율, 세액의 산출근거 등이 누락되어 있어 이러한 절차 내지 형식의 위법을 이유로 과세처분을 취소하는 판결이 확정된 경우에 그 확정판결의 기판력은 확정판결에 적시된 절차 내지 형식의 위법사유에 한하여 미친다고 할 것이므로 과세처분권자가 그 확정판결에 적시된 위법사유를 보완하여 행한 새로운 과세처분은 확정판결에 의하여 취소된 종전의 과세처분과는 별개의 처분으로서 확정판결의 기판력에 저촉되는 것은 아니다." (대법원 1986.11.11. 선고 85누231)

정답 ②

579 [회독] ☐☐☐ 22년 지방 9급

행정처분의 위법성에 대한 설명으로 옳지 않은 것은? (다툼이 있는 경우 판례에 의함)

① 행정청이 행정처분을 하면서 상대방에게 불복절차에 관한 고지의무를 이행하지 않았다면 이는 절차적 하자로서 그 행정처분은 위법하게 된다.

② 행정처분이 나중에 항고소송에서 위법하다고 판단되어 취소되더라도 그러한 사실만으로 바로 행정처분이 공무원의 고의나 과실로 인한 불법행위를 구성한다고 할 수 없다.

③ 절차상의 하자를 이유로 행정처분을 취소하는 판결이 선고되어 확정된 경우, 그 확정판결의 기속력은 취소사유로 된 절차의 위법에 한하여 미치는 것이므로 행정청은 적법한 절차를 갖추어 동일한 내용의 처분을 다시 할 수 있다.

④ 권한 없는 행정청이 한 위법한 행정처분을 취소할 수 있는 권한은 그 행정처분을 한 처분청에게 속하는 것이고, 그 행정처분을 할 수 있는 적법한 권한을 가지는 행정청에게 그 취소권이 귀속되는 것은 아니다.

580 [회독] ☐☐☐ 22년 군무원 9급

다음 중 판결의 효력에 대한 설명으로 가장 옳지 않은 것은?

① 취소판결 자체의 효력으로써 그 행정처분을 기초로 하여 새로 형성된 제3자의 권리까지 당연히 그 행정처분 전의 상태로 환원되는 것이라고는 할 수 없다.

② 처분의 취소를 구하는 청구에 대한 기각판결은 기판력이 발생하지 않는다.

③ 취소판결이 확정된 경우 행정청은 종전 처분과 다른 사유로 다시 처분할 수 있고, 이 경우 그 다른 사유가 종전 처분 당시 이미 존재하고 있었고 당사자가 이를 알고 있었다 하더라도 확정판결의 기속력에 저촉되지 않는다.

④ 거부처분에 대한 취소판결이 확정된 후 법령이 개정된 경우 개정된 법령에 따라 다시 거부처분을 하여도 기속력에 반하지 아니하다.

579

해설 ① (×) "고지절차에 관한 규정은 행정처분의 상대방이 그 처분에 대한 행정심판의 절차를 밟는데 있어 편의를 제공하려는데 있으며 처분청이 위 규정에 따른 고지의무를 이행하지 아니하였다고 하더라도 경우에 따라서는 행정심판의 제기기간이 연장될 수 있는 것에 그치고 이로 인하여 심판의 대상이 되는 행정처분에 어떤 하자가 수반된다고 할 수 없다." (대법원 1987.11.24. 선고 87누529)

② (○) "행정처분이 나중에 항고소송에서 위법하다고 판단되어 취소되더라도 그것만으로 행정처분이 공무원의 고의나 과실로 인한 불법행위를 구성한다고 단정할 수 없다." (대법원 2021.6.30. 선고 2017다249219)

③ (○) "과세처분시 납세고지서에 과세표준, 세율, 세액의 산출근거 등이 누락되어 있어 이러한 절차 내지 형식의 위법을 이유로 과세처분을 취소하는 판결이 확정된 경우에 그 확정판결의 기판력은 확정판결에 적시된 절차 내지 형식의 위법사유에 한하여 미친다고 할 것이므로 과세처분권자가 그 확정판결에 적시된 위법사유를 보완하여 행한 새로운 과세처분은 확정판결에 의하여 취소된 종전의 과세처분과는 별개의 처분으로서 확정판결의 기판력에 저촉되는 것은 아니다." (대법원 1986.11.11. 선고 85누231)

④ (○) "권한없는 행정기관이 한 당연무효인 행정처분을 취소할 수 있는 권한은 당해 행정처분을 한 처분청에게 속하고, 당해 행정처분을 할 수 있는 적법한 권한을 가지는 행정청에게 그 취소권이 귀속되는 것이 아니다." (대법원 1984.10.10. 선고 84누463)

정답 ①

580

해설 ① (○) "행정처분을 취소하는 확정판결이 제3자에 대하여도 효력이 있다고 하더라도 일반적으로 판결의 효력은 주문에 포함한 것에 한하여 미치는 것이니 그 취소판결 자체의 효력으로써 그 행정처분을 기초로 하여 새로 형성된 제3자의 권리까지 당연히 그 행정처분 전의 상태로 환원되는 것이라고는 할 수 없고, 단지 취소판결의 존재와 취소판결에 의하여 형성되는 법률관계를 소송당사자가 아니었던 제3자라 할지라도 이를 용인하지 않으면 아니된다는 것을 의미하는 것에 불과하다." (대법원 1986.8.19. 선고 83다카2022)

② (×) 기판력은 기각판결에서도 발생한다.

③ (○) "취소 확정판결의 기속력은 판결의 주문 및 전제가 되는 처분 등의 구체적 위법사유에 관한 판단에도 미치나, 종전 처분이 판결에 의하여 취소되었더라도 종전 처분과 다른 사유를 들어서 새로이 처분을 하는 것은 기속력에 저촉되지 않는다. … 새로운 처분의 처분사유가 종전 처분의 처분사유와 기본적 사실관계에서 동일하지 않은 다른 사유에 해당하는 이상, 처분사유가 종전 처분 당시 이미 존재하고 있었고 당사자가 이를 알고 있었더라도 이를 내세워 새로이 처분을 하는 것은 확정판결의 기속력에 저촉되지 않는다." (대법원 2016.3.24. 선고 2015두48235)

④ (○) "행정처분의 적법 여부는 그 행정처분이 행하여진 때의 법령과 사실을 기준으로 하여 판단하는 것이므로 거부처분 후에 법령이 개정·시행된 경우에는 개정된 법령 및 허가기준을 새로운 사유로 들어 다시 이전의 신청에 대한 거부처분을 할 수 있으며 그러한 처분도 행정소송법 제30조 제2항에 규정된 재처분에 해당된다." (대법원 1998.1.7.자 97두22)

정답 ②

581 [회독] ☐☐☐

24년 지방 7급

취소판결의 기속력에 대한 설명으로 옳지 않은 것은?

① 취소판결에 의하여 취소되는 처분이 당사자의 신청을 거부하는 것을 내용으로 하는 경우에는 그 처분을 행한 행정청은 판결의 취지에 따라 다시 이전의 신청에 대한 처분을 하여야 한다.

② 취소 확정판결의 기속력은 판결의 주문 및 전제가 되는 처분 등의 구체적 위법사유에 관한 판단에 미친다.

③ 확정판결의 당사자인 처분 행정청은 그 행정소송의 사실심 변론종결 이후 발생한 새로운 사유를 내세워 다시 이전의 신청에 대하여 거부처분을 할 수 있다.

④ 임용기간이 만료된 교원의 재임용이 거부되었다가 그 재임용거부처분이 법원의 판결에 의하여 취소되었다면 이러한 취소판결로 인하여 당연히 그 교원은 재임용거부처분 당시로 소급하여 신분관계를 회복한다고 볼 수 있다.

581

[해설] ① (○) 행정소송법 제30조 제2항

행정소송법	제30조(취소판결등의 기속력) ② 판결에 의하여 취소되는 처분이 당사자의 신청을 거부하는 것을 내용으로 하는 경우에는 그 처분을 행한 행정청은 판결의 취지에 따라 다시 이전의 신청에 대한 처분을 하여야 한다.

② (○) "취소 확정판결의 기속력은 판결의 주문 및 전제가 되는 처분 등의 구체적 위법사유에 관한 판단에도 미치나, 종전 처분이 판결에 의하여 취소되었더라도 종전 처분과 다른 사유를 들어서 새로이 처분을 하는 것은 기속력에 저촉되지 않는다." (대법원 2016.3.24. 선고 2015두48235)

③ (○) "행정소송법 제30조 제2항에 의하면, 행정청의 거부처분을 취소하는 판결이 확정된 경우에는 그 처분을 행한 행정청은 판결의 취지에 따라 이전의 신청에 대하여 재처분할 의무가 있고, 이 경우 확정판결의 당사자인 처분 행정청은 그 행정소송의 사실심 변론종결 이후 발생한 새로운 사유를 내세워 다시 이전의 신청에 대하여 거부처분을 할 수 있으며, 그러한 처분도 이 조항에 규정된 재처분에 해당한다." (대법원 1999.12.28. 선고 98두1895)

④ (×) "기간을 정하여 임용된 국·공립대학의 교원은 특별한 사정이 없는 한 그 임용기간의 만료로 교원으로서의 신분관계가 종료되는 것이고, 임용기간이 만료된 교원의 재임용이 거부되었다가 그 재임용거부처분이 법원의 판결에 의하여 취소되었다고 하더라도 임용권자는 다시 재임용 심의를 하여 재임용 여부를 결정할 의무를 부담할 뿐, 위와 같은 취소 판결로 인하여 당연히 그 교원이 재임용거부처분 당시로 소급하여 신분관계를 회복한다고 볼 수는 없다." (대법원 2009.3.26. 선고 2009두416)

정답 ④

582 [회독] □□□ 21년 국가 9급

甲 회사는 '토석채취허가지 진입도로와 관련 우회도로 개설 등은 인근 주민들과의 충분한 협의를 통해 민원발생에 따른 분쟁이 생기지 않도록 조치 후 사업을 추진할 것'이란 조건으로 토석채취허가를 받았다. 그러나 甲은 위 조건이 법령에 근거가 없다는 이유로 이행하지 아니하였고, 인근 주민이 민원을 제기하자 관할 행정청은 甲에게 공사중지명령을 하였다. 甲은 공사중지명령의 해제를 신청하였으나 거부되자 거부처분 취소소송을 제기하였다. 이에 대한 설명으로 옳지 않은 것은? (다툼이 있는 경우 판례에 의함)

① 일반적으로 기속행위의 경우 법령의 근거 없이 위와 같은 조건을 부가하는 것은 위법하다.

② 공사중지명령의 원인사유가 해소되었다면 甲은 공사중지명령의 해제를 신청할 수 있고, 이에 대한 거부는 처분성이 인정된다.

③ 甲에게는 공사중지명령 해제신청 거부처분에 대한 집행정지를 구할 이익이 인정되지 아니한다.

④ 甲이 앞서 공사중지명령 취소소송에서 패소하여 그 판결이 확정되었더라도, 甲은 그 후 공사중지명령의 해제를 신청한 후 해제신청 거부처분 취소소송에서 다시 그 공사중지명령의 적법성을 다툴 수 있다.

582

해설 ① (○) "일반적으로 기속행위나 기속적 재량행위에는 부관을 붙일 수 없고 가사 부관을 붙였다 하더라도 무효이다." (대법원 1995.6.13. 선고 94다56883)

② (○) 예외적으로 처분 해제신청권을 인정한 중요 판례이다. "지방자치단체장이 건축회사에 대하여 당해 신축공사와 관련하여 인근 주택에 공사로 인한 피해를 주지 않는 공법을 선정하고 이에 대하여 안전하다는 전문가의 검토의견서를 제출할 때까지 신축공사를 중지하라는 당해 공사중지명령에 있어서는, 그 명령의 내용 자체로 또는 그 성질상으로 명령 이후에 그 원인사유가 해소되는 경우에는 잠정적으로 내린 당해 공사중지명령의 해제를 요구할 수 있는 권리를 위 명령의 상대방에게 인정하고 있다고 할 것이므로, 위 회사에게는 조리상으로 그 해제를 요구할 수 있는 권리가 인정된다." (대법원 1997.12.26. 선고 96누17745) 따라서 그 거부행위에는 처분성이 인정된다.

[동지판례] "행정청이 행한 공사중지명령의 상대방은 그 명령 이후에 그 원인사유가 소멸하였음을 들어 행정청에게 공사중지명령의 철회를 요구할 수 있는 조리상의 신청권이 있다." (대법원 2005.4.14. 선고 2003두7590)

③ (○) "신청에 대한 거부처분의 효력을 정지하더라도 거부처분이 없었던 것과 같은 상태 즉 거부처분이 있기 전의 신청시의 상태로 되돌아가는 데에 불과하고 행정청에게 신청에 따른 처분을 하여야 할 의무가 생기는 것이 아니므로, 거부처분의 효력정지는 그 거부처분으로 인하여 신청인에게 생길 손해를 방지하는 데에 아무런 소용이 없어 그 효력정지를 구할 이익이 없다." (대법원 1992.2.13. 선고 91두47)

④ (×) 공사중지명령이 적법하다는 점에 대해 기판력이 발생하였으므로, 甲은 공사중지명령이 위법함을 전제로 하는 일체의 법적 주장을 할 수 없게 된다. 따라서 공사중지명령의 해제를 신청한 후 해제신청 거부처분 취소소송에서 다시 그 공사중지명령의 적법성을 다툴 수도 없게 된다. "행정청이 관련 법령에 근거하여 행한 공사중지명령의 상대방이 명령의 취소를 구한 소송에서 패소함으로써 그 명령이 적법한 것으로 이미 확정되었다면, 이후 이러한 공사중지명령의 상대방은 그 명령의 해제신청을 거부한 처분의 취소를 구하는 소송에서 그 명령의 적법성을 다툴 수 없다." (대법원 2014.11.27. 선고 2014두37666)

정답 ④

583 [회독] □□□

25년 지방 9급

「행정소송법」상 취소판결의 기속력에 대한 설명으로 옳은 것은?

① 취소소송에서 청구를 기각하는 판결이 확정된 경우에도 기속력이 인정된다.

② 취소판결의 기속력은 판결의 주문에 대해서만 인정된다.

③ 행정청의 거부처분을 취소하는 판결이 확정된 경우, 취소사유가 행정처분의 절차의 위법으로 인한 것이라면 그 처분 행정청은 확정판결의 취지에 따라 그 위법사유를 보완하여 다시 종전의 신청에 대한 거부처분을 할 수 있다.

④ 취소판결의 기속력에 반하는 처분은 그 하자가 중대하지만 명백하다고 볼 수는 없다.

583

해설 ① (×) 취소판결의 기속력은 인용판결에서만 발생한다. (행정소송법 제30조 제1항)

행정소송법	제30조(취소판결등의 기속력) ① 처분등을 취소하는 확정판결은 그 사건에 관하여 당사자인 행정청과 그 밖의 관계행정청을 기속한다.

② (×) "취소소송에서 처분 등을 취소하는 확정판결의 기속력은 주로 판결의 실효성 확보를 위하여 인정되는 효력으로서 판결의 주문뿐만 아니라 그 전제가 되는 처분 등의 구체적 위법사유에 관한 이유 중의 판단에 대하여도 인정된다." (대법원 2001.3.23. 선고 99두5238)

③ (○) "행정소송법 제30조 제2항의 규정에 의하면 행정청의 거부처분을 취소하는 판결이 확정된 경우에는 그 처분을 행한 행정청이 판결의 취지에 따라 이전의 신청에 대하여 재처분할 의무가 있다고 할 것이나, 그 취소사유가 행정처분의 절차, 방법의 위법으로 인한 것이라면 그 처분 행정청은 그 확정판결의 취지에 따라 그 위법사유를 보완하여 다시 종전의 신청에 대한 거부처분을 할 수 있고, 그러한 처분도 위 조항에 규정된 재처분에 해당한다." (대법원 2005.1.14. 선고 2003두13045)

④ (×) "행정소송법 제30조 제1항, 제2항의 규정에 의하면 행정처분을 취소하는 확정판결은 그 사건에 관하여 당사자인 행정청을 기속하고 판결에 의하여 취소되는 처분이 당사자의 신청을 거부하는 것을 내용으로 하는 경우에는 그 처분을 행한 행정청은 판결의 취지에 따라 다시 이전의 신청에 대한 처분을 하도록 되어 있으므로, 확정판결의 당사자인 처분행정청이 그 행정소송의 사실심 변론종결 이전의 사유를 내세워 다시 확정판결과 저촉되는 행정처분을 하는 것은 허용되지 않는 것으로서 이러한 행정처분은 그 하자가 중대하고도 명백한 것이어서 당연무효라 할 것이다." (대법원 1990.12.11. 선고 90누3560)

정답 ③

584 [회독] ☐☐☐ 20년 국가 9급

「행정소송법」상 취소소송에서 확정된 청구인용판결의 효력에 대한 설명으로 옳지 않은 것은? (다툼이 있는 경우 판례에 의함)

① 취소판결의 효력은 원칙적으로 소급적이므로, 취소판결에 의해 취소된 영업허가취소처분 이후의 영업행위는 무허가영업에 해당하지 않는다.

② 취소된 행정처분을 기초로 하여 새로 형성된 제3자의 권리가 취소판결 자체의 효력에 의해 당연히 그 행정처분 전의 상태로 환원되는 것은 아니다.

③ 취소판결의 기속력은 주로 판결의 실효성 확보를 위하여 인정되는 효력으로서 판결의 주문뿐만 아니라 그 전제가 되는 처분 등의 구체적 위법사유에 관한 이유 중의 판단에 대하여도 인정된다.

④ 행정처분이 판결에 의해 취소된 경우, 취소된 처분의 사유와 기본적 사실관계에서 동일성이 인정되지 않는 다른 사유를 들어 새로이 처분을 하는 것은 기속력에 반한다.

584

해설 ① (○) "영업의 금지를 명한 영업허가취소처분 자체가 나중에 행정쟁송절차에 의하여 취소되었다면 그 영업허가취소처분은 그 처분시에 소급하여 효력을 잃게 되며, 그 영업허가취소처분에 복종할 의무가 원래부터 없었음이 확정되었다고 봄이 타당하고, 영업허가취소처분이 장래에 향하여서만 효력을 잃게 된다고 볼 것은 아니므로 그 영업허가취소처분 이후의 영업행위를 무허가영업이라고 볼 수는 없다." (대법원 1993.6.25. 선고 93도277)

② (○) "행정처분을 취소하는 확정판결이 제3자에 대하여도 효력이 있다고 하더라도 일반적으로 판결의 효력은 주문에 포함한 것에 한하여 미치는 것이니 그 취소판결 자체의 효력으로써 그 행정처분을 기초로 하여 새로 형성된 제3자의 권리까지 당연히 그 행정처분 전의 상태로 환원되는 것이라고는 할 수 없고, 단지 취소판결의 존재와 취소판결에 의하여 형성되는 법률관계를 소송당사자가 아니었던 제3자라 할지라도 이를 용인하지 않으면 아니된다는 것을 의미하는 것에 불과하다." (대법원 1986.8.19. 선고 83다카2022)

③ (○) "행정소송법 제30조 제1항에 의하여 인정되는 취소소송에서 처분 등을 취소하는 확정판결의 기속력은 주로 판결의 실효성 확보를 위하여 인정되는 효력으로서 판결의 주문뿐만 아니라 그 전제가 되는 처분 등의 구체적 위법사유에 관한 이유 중의 판단에 대하여도 인정된다." (대법원 2001.3.23. 선고 99두5238)

④ (✕) 취소된 처분의 사유와 기본적 사실관계에서 동일성이 인정되지 않는 다른 사유를 들어 새로운 처분을 하는 것이 기속력에 반하는 것이 아니라, 기본적 사실관계에서 동일성이 인정되는 사유를 들어 같은 처분을 반복하는 것이 기속력에 반하는 것이다. "취소 확정판결의 기속력은 판결의 주 및 전제가 되는 처분 등의 구체적 위법사유에 관한 판단에도 미치나, 종전 처분이 판결에 의하여 취소되었더라도 종전 처분과 다른 사유를 들어서 새로이 처분을 하는 것은 기속력에 저촉되지 않는다. 여기에서 동일 사유인지 다른 사유인지는 확정판결에서 위법한 것으로 판단된 종전 처분사유와 기본적 사실관계에서 동일성이 인정되는지 여부에 따라 판단되어야 한다." (대법원 2016.3.24. 선고 2015두48235)

정답 ④

585 [회독] □□□

19년 지방 7급

행정행위에 대한 설명으로 옳은 것은? (다툼이 있는 경우 판례에 의함)

① 확약에는 공정력이나 불가쟁력과 같은 효력이 인정되는 것은 아니라고 하더라도, 일단 확약이 있은 후에 사실적·법률적 상태가 변경되었다고 하여 행정청의 별다른 의사표시 없이 확약이 실효된다고 할 수 없다.

② 영업허가를 취소하는 처분에 대해 불가쟁력이 발생하였더라도 이후 사정변경을 이유로 그 허가취소의 변경을 요구하였으나 행정청이 이를 거부한 경우라면, 그 거부는 원칙적으로 항고소송의 대상이 되는 처분이다.

③ 영업허가취소처분이 나중에 항고소송을 통해 취소되었다면 그 영업허가취소처분 이후의 영업행위를 무허가영업이라 할 수 없다.

④ 행정처분에 대해 불가쟁력이 발생한 경우 이로 인해 그 처분의 기초가 된 사실관계나 법률적 판단이 확정되는 것이므로 처분의 당사자는 당초 처분의 기초가 된 사실관계나 법률관계와 모순되는 주장을 할 수 없다.

585

해설 ① (×) "어업권면허에 선행하는 우선순위결정은 행정청이 우선권자로 결정된 자의 신청이 있으면 어업권면허처분을 하겠다는 것을 약속하는 행위로서 강학상 확약에 불과하고 행정처분은 아니므로, 우선순위결정에 공정력이나 불가쟁력과 같은 효력은 인정되지 아니한다." (대법원 1995.1.20. 선고 94누6529)

"행정청이 상대방에게 장차 어떤 처분을 하겠다고 확약 또는 공적인 의사표명을 하였다고 하더라도, 그 자체에서 상대방으로 하여금 언제까지 처분의 발령을 신청을 하도록 유효기간을 두었는데도 그 기간 내에 상대방의 신청이 없었다거나 확약 또는 공적인 의사표명이 있은 후에 사실적·법률적 상태가 변경되었다면, 그와 같은 확약 또는 공적인 의사표명은 행정청의 별다른 의사표시를 기다리지 않고 실효된다." (대법원 1996.8.20. 선고 95누10877)

② (×) "제소기간이 이미 도과하여 불가쟁력이 생긴 행정처분에 대하여는 개별 법규에서 그 변경을 요구할 신청권을 규정하고 있거나 관계 법령의 해석상 그러한 신청권이 인정될 수 있는 등 특별한 사정이 없는 한 국민에게 그 행정처분의 변경을 구할 신청권이 있다 할 수 없다. … 관련 법령에서 그러한 변경신청권을 인정하는 아무런 규정도 두고 있지 않을 뿐 아니라, 나아가 관계 법령의 해석상으로도 그러한 신청권이 인정된다고 볼 수 없으므로 원고들에게 이를 구할 법규상 또는 조리상의 신청권이 인정된다 할 수 없고, 그러한 이상 피고가 원고들의 이 사건 신청을 거부하였다 하여도 그 거부로 인해 원고들의 권리나 법적 이익에 어떤 영향을 주는 것은 아니라 할 것이므로 그 거부행위인 이 사건 통지는 항고소송의 대상이 되는 행정처분이 될 수 없다." (대법원 2007.4.26. 선고 2005두11104)

③ (○) "영업의 금지를 명한 영업허가취소처분 자체가 나중에 행정쟁송절차에 의하여 취소되었다면 그 영업허가취소처분은 그 처분시에 소급하여 효력을 잃게 되며, 그 영업허가취소처분에 복종할 의무가 원래부터 없었음이 확정되었다고 봄이 타당하고, 영업허가취소처분이 장래에 향하여서만 효력을 잃게 된다고 볼 것은 아니므로 그 영업허가취소처분 이후의 영업행위를 무허가영업이라고 볼 수는 없다." (대법원 1993.6.25. 선고 93도277)

④ (×) "행정처분이나 행정심판 재결이 불복기간의 경과로 인하여 확정될 경우 확정력은 처분으로 인하여 법률상 이익을 침해받은 자가 처분이나 재결의 효력을 더 이상 다툴 수 없다는 의미일 뿐 판결에 있어서와 같은 기판력이 인정되는 것은 아니어서 처분의 기초가 된 사실관계나 법률적 판단이 확정되고 당사자들이나 법원이 이에 기속되어 모순되는 주장이나 판단을 할 수 없게 되는 것은 아니다." (대법원 1993.4.13. 선고 92누17181)

정답 ③

586 [회독] ☐☐☐

행정행위의 효력에 대한 설명으로 옳지 않은 것은? (다툼이 있는 경우 판례에 의함)

① 영업허가취소처분이 나중에 행정쟁송절차에 의하여 취소되었더라도, 그 영업허가취소처분 이후의 영업행위는 무허가영업이다.

② 연령미달 결격자가 다른 사람 이름으로 교부받은 운전면허는 당연무효가 아니고 취소되지 않는 한 유효하므로 그 연령미달 결격자의 운전행위는 무면허운전에 해당하지 아니한다.

③ 구 「도시계획법」상 원상회복 등의 조치명령을 받고도 이를 따르지 않은 자에 대해 형사처벌을 하기 위해서는 적법한 조치명령이 전제되어야 하며, 이때 형사법원은 그 적법여부를 심사할 수 있다.

④ 조세부과처분을 취소하는 행정판결이 확정된 경우 부과처분의 효력은 처분 시에 소급하여 효력을 잃게 되므로 확정된 행정판결은 조세포탈에 대한 무죄를 인정할 명백한 증거에 해당한다.

586

해설 ① (×) "영업의 금지를 명한 영업허가취소처분 자체가 나중에 행정쟁송절차에 의하여 취소되었다면 그 영업허가취소처분은 그 처분시에 소급하여 효력을 잃게 되며, 그 영업허가취소처분에 복종할 의무가 원래부터 없었음이 확정되었다고 봄이 타당하고, 영업허가취소처분이 장래에 향하여서만 효력을 잃게 된다고 볼 것은 아니므로 그 영업허가취소처분 이후의 영업행위를 무허가영업이라고 볼 수는 없다." (대법원 1993.6.25. 선고 93도277)

② (○) "연령미달의 결격자인 피고인이 소외인의 이름으로 운전면허시험에 응시, 합격하여 교부받은 운전면허는 당연무효가 아니고 도로교통법 제65조 제3호의 사유에 해당함에 불과하여 취소되지 않는 한 유효하므로 피고인의 운전행위는 무면허운전에 해당하지 아니한다." (대법원 1982.6.8. 선고 80도2646)

③ (○) "도시계획법 제78조 제1호에 정한 처분이나 조치명령을 받은 자가 이에 위반한 경우 이로 인하여 같은 법 제92조에 정한 처벌을 받기 위하여는 그 처분이나 조치명령이 적법한 것이어야 한다." (대법원 1992.8.18. 선고 90도1709) 한편, 형사법원은 처분의 위법여부를 판단하는 것은 독자적으로 할 수 있기 때문에, 이 조치명령의 적법여부도 심사할 수 있다.

④ (○) "조세의 부과처분을 취소하는 행정소송판결이 확정된 경우 그 조세부과처분의 효력은 처분시에 소급하여 효력을 잃게 되고 따라서 그 부과처분을 받은 사람은 그 처분에 따른 납부의무가 없다고 할 것이므로 위 확정된 행정판결은 조세포탈에 대한 무죄 내지 원판결이 인정한 죄보다 경한 죄를 인정할 명백한 증거라 할 것이다." (대법원 1985.10.22. 선고 83도2933)

정답 ①

587 [회독] ☐☐☐　23년 국가 7급

「행정소송법」상 취소소송의 판결의 효력에 대한 설명으로 옳지 않은 것은?

① 전소의 판결이 확정된 경우 후소의 소송물이 전소의 소송물과 동일하지 않더라도 전소의 소송물에 관한 판단이 후소의 선결문제가 되는 경우에 후소에서 전소 판결의 판단과 다른 주장을 하는 것은 기판력에 반한다.

② 행정처분을 취소하는 확정판결이 있으면 그 취소판결 자체의 효력에 의해 그 행정처분을 기초로 하여 새로 형성된 제3자의 권리는 당연히 그 행정처분 전의 상태로 환원된다.

③ 처분의 취소판결이 확정된 후 새로운 처분을 하는 경우, 새로운 처분의 사유가 취소된 처분의 사유와 기본적 사실관계에서 동일하지 않다면 취소된 처분과 같은 내용의 처분을 하는 것은 기속력에 반하지 않는다.

④ 법원이 간접강제결정에서 정한 의무이행기한이 경과한 후에라도 확정판결의 취지에 따른 재처분이 행하여지면, 처분상대방이 더 이상 배상금을 추심하는 것은 허용되지 않는다.

587

해설 ① (○) "행정소송법 제30조 제1항은 "처분 등을 취소하는 확정판결은 그 사건에 관하여 당사자인 행정청과 그 밖의 관계행정청을 기속한다."라고 규정하고 있다. 이러한 취소 확정판결의 '기속력'은 취소 청구가 인용된 판결에서 인정되는 것으로서 당사자인 행정청과 그 밖의 관계행정청에게 확정판결의 취지에 따라 행동하여야 할 의무를 지우는 작용을 한다. 이에 비하여 행정소송법 제8조 제2항에 의하여 행정소송에 준용되는 민사소송법 제216조, 제218조가 규정하고 있는 '기판력'이란 기판력 있는 전소 판결의 소송물과 동일한 후소를 허용하지 않음과 동시에, 후소의 소송물이 전소의 소송물과 동일하지는 않더라도 전소의 소송물에 관한 판단이 후소의 선결문제가 되거나 모순관계에 있을 때에는 후소에서 전소 판결의 판단과 다른 주장을 하는 것을 허용하지 않는 작용을 한다." (대법원 2016.3.24. 선고 2015두48235)

② (×) "행정처분을 취소하는 확정판결이 제3자에 대하여도 효력이 있다고 하더라도 일반적으로 판결의 효력은 주문에 포함한 것에 한하여 미치는 것이니 그 취소판결 자체의 효력으로써 그 행정처분을 기초로 하여 새로 형성된 제3자의 권리까지 당연히 그 행정처분 전의 상태로 환원되는 것이라고는 할 수 없다." (대법원 1986.8.19. 선고 83다카2022)

③ (○) "취소 확정판결의 기속력은 판결의 주문 및 전제가 되는 처분 등의 구체적 위법사유에 관한 판단에도 미치나, 종전 처분이 판결에 의하여 취소되었더라도 종전 처분과 다른 사유를 들어서 새로이 처분을 하는 것은 기속력에 저촉되지 않는다. 여기에서 동일 사유인지 다른 사유인지는 확정판결에서 위법한 것으로 판단된 종전 처분사유와 기본적 사실관계에서 동일성이 인정되는지 여부에 따라 판단되어야 하고, 기본적 사실관계의 동일성 유무는 처분사유를 법률적으로 평가하기 이전의 구체적인 사실에 착안하여 그 기초인 사회적 사실관계가 기본적인 점에서 동일한지에 따라 결정된다. 또한 행정처분의 위법 여부는 행정처분이 행하여진 때의 법령과 사실을 기준으로 판단하므로, 확정판결의 당사자인 처분 행정청은 종전 처분 후에 발생한 새로운 사유를 내세워 다시 처분을 할 수 있고, 새로운 처분의 처분사유가 종전 처분의 처분사유와 기본적 사실관계에서 동일하지 않은 다른 사유에 해당하는 이상, 처분사유가 종전 처분 당시 이미 존재하고 있었고 당사자가 이를 알고 있었더라도 이를 내세워 새로이 처분을 하는 것은 확정판결의 기속력에 저촉되지 않는다." (대법원 2016.3.24. 선고 2015두48235)

④ (○) "특별한 사정이 없는 한 간접강제결정에서 정한 의무이행기한이 경과한 후에라도 확정판결의 취지에 따른 재처분의 이행이 있으면 배상금을 추심함으로써 심리적 강제를 꾀할 목적이 상실되어 처분상대방이 더 이상 배상금을 추심하는 것은 허용되지 않는다." (대법원 2004.1.15. 선고 2002두2444)

정답 ②

588 [회독] □□□ 25년 지방 9급

취소소송 확정판결의 기판력에 대한 설명으로 옳지 않은 것은?

① 「행정소송법」은 기판력에 관한 명문의 규정을 두지 않아, 「행정소송법」 제8조제2항에 따라 「민사소송법」상 기판력 규정이 준용된다.

② 취소판결의 기판력은 소송물로 된 행정처분의 위법성 존부에 관한 판단에 미치는 것이므로 전소와 후소가 그 소송물을 달리하는 경우에는 전소 확정판결의 기판력이 후소에 미치지 아니한다.

③ 과세처분의 취소소송에서 청구가 기각된 확정판결의 기판력은 그 과세처분의 무효확인을 구하는 소송에는 미치지 않는다.

④ 과세처분 취소소송의 피고는 처분청이지만 행정청을 피고로 하는 취소소송에 있어서의 기판력은 당해 처분이 귀속하는 국가 또는 공공단체에 미친다.

588

[해설] ① (○) 옳은 내용이다. 민사소송법 제216조 ~ 218조에 규정되어 있는 기판력에 관한 규정들이, 행정소송법 제8조 제2항에 의해 행정소송에도 준용된다고 본다. 판례도 같은 입장이다. "행정소송법 제8조 제2항에 의하여 행정소송에 준용되는 민사소송법 제216조, 제218조가 규정하고 있는 '기판력'이란 기판력 있는 전소 판결의 소송물과 동일한 후소를 허용하지 않음과 동시에, 후소의 소송물이 전소의 소송물과 동일하지는 않더라도 전소의 소송물에 관한 판단이 후소의 선결문제가 되거나 모순관계에 있을 때에는 후소에서 전소 판결의 판단과 다른 주장을 하는 것을 허용하지 않는 작용을 한다." (대법원 2016.3.24. 선고 2015두48235)

② (○) "취소판결의 기판력은 소송물로 된 행정처분의 위법성 존부에 관한 판단 그 자체에만 미치는 것이므로 전소와 후소가 그 소송물을 달리하는 경우에는 전소 확정판결의 기판력이 후소에 미치지 아니한다." (대법원 1996.4.26. 선고 95누5820)

③ (×) "과세처분의 취소소송은 과세처분의 실체적, 절차적 위법을 그 취소원인으로 하는 것으로서 그 심리의 대상은 과세관청의 과세처분에 의하여 인정된 조세채무인 과세표준 및 세액의 객관적 존부, 즉 당해 과세처분의 적부가 심리의 대상이 되는 것이며, 과세처분 취소청구를 기각하는 판결이 확정되면 그 처분이 적법하다는 점에 관하여 기판력이 생기고 그 후 원고가 이를 무효라 하여 무효확인을 소구할 수 없는 것이어서 과세처분의 취소소송에서 청구가 기각된 확정판결의 기판력은 그 과세처분의 무효확인을 구하는 소송에도 미친다." (대법원 1998.7.24. 선고 98다10854)

④ (○) "과세처분 취소소송의 피고는 처분청이므로 행정청을 피고로 하는 취소소송에 있어서의 기판력은 당해 처분이 귀속하는 국가 또는 공공단체에 미친다." (대법원 1998.7.24. 선고 98다10854)

정답 ③

589 [회독] ☐☐☐

다음 중 행정소송 판결의 형성력과 기속력에 대한 설명으로 가장 적절한 것은? (다툼이 있는 경우 판례에 의함)

① 구 「도시 및 주거환경정비법」상 주택재개발사업조합의 조합설립인가처분이 법원의 재판에 의하여 취소된 경우 그 조합설립인가처분은 소급하여 효력을 상실하지 않는다.

② 취소소송에서 처분 등을 취소하는 확정판결의 기속력은 주로 판결의 실효성 확보를 위하여 인정되는 효력으로서 판결의 주문 외에 그 전제가 되는 처분 등의 구체적 위법사유에 관한 이유 중의 판단에 대하여는 인정되지 않는다.

③ 징계처분의 취소를 구하는 소에서 징계사유가 될 수 없다고 판결한 사유와 동일한 사유를 내세워 행정청이 다시 징계처분을 한 것은 확정판결에 저촉되지 않는 행정처분을 한 것으로서 허용될 수 있다.

④ 행정처분을 취소한다는 확정판결이 있으면 그 취소판결의 형성력에 의하여 당해 행정처분의 취소나 취소통지 등의 별도의 절차를 요하지 아니하고 당연히 취소의 효과가 발생한다.

589

해설 ① (×) "도시 및 주거환경정비법(이하 '도시정비법'이라고 한다)상 주택재개발사업조합의 조합설립인가처분이 법원의 재판에 의하여 취소된 경우 그 조합설립인가처분은 소급하여 효력을 상실하고, 이에 따라 당해 주택재개발사업조합 역시 조합설립인가처분 당시로 소급하여 도시정비법상 주택재개발사업을 시행할 수 있는 행정주체인 공법인으로서의 지위를 상실하므로, 당해 주택재개발사업조합이 조합설립인가처분 취소 전에 도시정비법상 적법한 행정주체 또는 사업시행자로서 한 결의 등 처분은 달리 특별한 사정이 없는 한 소급하여 효력을 상실한다고 보아야 한다. 다만 그 효력 상실로 인한 잔존사무의 처리와 같은 업무는 여전히 수행되어야 하므로, 종전에 결의 등 처분의 법률효과를 다투는 소송에서의 당사자지위까지 함께 소멸한다고 할 수는 없다." (대법원 2012.3.29. 선고 2008다95885)

② (×) "행정소송법 제30조 제1항에 의하여 인정되는 취소소송에서 처분 등을 취소하는 확정판결의 기속력은 주로 판결의 실효성 확보를 위하여 인정되는 효력으로서 판결의 주문뿐만 아니라 그 전제가 되는 처분 등의 구체적 위법사유에 관한 이유 중의 판단에 대하여도 인정되고, 같은 조 제2항의 규정상 특히 거부처분에 대한 취소판결이 확정된 경우에는 그 처분을 행한 행정청은 판결의 취지에 따라 다시 처분을 하여야 할 의무를 부담하게 되므로, 취소소송에서 소송의 대상이 된 거부처분을 실체법상의 위법사유에 기하여 취소하는 판결이 확정된 경우에는 당해 거부처분을 한 행정청은 원칙적으로 신청을 인용하는 처분을 하여야 하고, 사실심 변론종결 이전의 사유를 내세워 다시 거부처분을 하는 것은 확정판결의 기속력에 저촉되어 허용되지 아니한다." (대법원 2001.3.23. 선고 99두5238)

③ (×) "징계처분의 취소를 구하는 소에서 징계사유가 될 수 없다고 판결한 사유와 동일한 사유를 내세워 행정청이 다시 징계처분을 한 것은 확정판결에 저촉되는 행정처분을 한 것으로서, 위 취소판결의 기속력이나 확정판결의 기판력에 저촉되어 허용될 수 없다." (대법원 1992.7.14. 선고 92누2912)

④ (○) "행정처분을 취소한다는 확정판결이 있으면 그 취소판결의 형성력에 의하여 당해 행정처분의 취소나 취소통지 등의 별도의 절차를 요하지 아니하고 당연히 취소의 효과가 발생한다." (대법원 1991.10.11. 선고 90누5443)

정답 ④

590 [회독] ☐☐☐　　　19년 국가 7급

갑은 개발제한구역 내의 토지에 건축물을 건축하기 위하여 건축허가를 신청하였다. 이에 대한 설명으로 옳은 것(○)과 옳지 않은 것(×)을 바르게 연결한 것은? (다툼이 있는 경우 판례에 의함)

ㄱ 갑의 허가신청이 관련 법령의 요건을 모두 충족한 경우에는 관할 행정청은 허가를 하여야 하며, 관련 법령상 제한사유 이외의 사유를 들어 허가를 거부할 수 없다.

ㄴ 갑에게 허가를 하면서 일방적으로 부담을 부가할 수도 있지만, 부담을 부가하기 이전에 갑과 협의하여 부담의 내용을 협약의 형식으로 미리 정한 다음 허가를 하면서 이를 부가할 수도 있다.

ㄷ 갑이 허가를 신청한 이후 관계 법령이 개정되어 허가기준이 변경되었다면, 허가 여부에 대해서는 신청 당시의 법령을 적용하여야 하며 허가 당시의 법령을 적용할 수 없다.

ㄹ 허가가 거부되자 갑이 이에 대해 취소소송을 제기하여 승소하였고 판결이 확정되었다면, 관할 행정청은 갑에게 허가를 하여야 하며 이전 처분사유와 다른 사유를 들어 다시 허가를 거부할 수 없다.

	ㄱ	ㄴ	ㄷ	ㄹ
①	○	○	×	×
②	×	×	○	○
③	×	○	×	×
④	○	×	○	○

590

해설 ㄱ (×) "구 도시계획법상 … 개발제한구역 내에서는 구역 지정의 목적상 건축물의 건축, 공작물의 설치, 토지의 형질변경 등의 행위는 원칙적으로 금지되고, 다만 구체적인 경우에 위와 같은 구역 지정의 목적에 위배되지 아니할 경우 예외적으로 허가에 의하여 그러한 행위를 할 수 있게 되며, 한편 개발제한구역 내에서의 건축물의 건축 등에 대한 예외적 허가는 그 상대방에게 수익적인 것으로서 재량행위에 속하는 것이라고 할 것이다." (대법원 2004.7.22. 선고 2003두7606)

ㄴ (○) "부담은 행정청이 행정처분을 하면서 일방적으로 부가할 수도 있지만 부담을 부가하기 이전에 상대방과 협의하여 부담의 내용을 협약의 형식으로 미리 정한 다음 행정처분을 하면서 이를 부가할 수도 있다." (대법원 2009.2.12. 선고 2005다65500)

ㄷ (×) "행정처분은 원칙적으로 처분시의 법령과 허가기준에 의하여 처리되어야 하고 허가신청 당시의 기준에 따라야 하는 것은 아니라 할 것이며, 허가신청 후 허가기준이 변경되었다 하더라도 소관 행정청이 허가신청을 수리하고도 이유 없이 처리를 늦추어 그 사이에 허가기준이 변경된 것이 아닌 이상 새로운 허가기준에 따라서 처분을 하여야 한다." (대법원 1993.2.12. 선고 92누4390)

ㄹ (×) "재결의 기속력은 재결의 주문 및 그 전제가 된 요건사실의 인정과 판단, 즉 처분 등의 구체적 위법사유에 관한 판단에만 미친다고 할 것이고, 종전 처분이 재결에 의하여 취소되었다 하더라도 종전 처분시와는 다른 사유를 들어서 처분을 하는 것은 기속력에 저촉되지 않는다고 할 것이다." (대법원 2005.12.9. 선고 2003두7705)

정답 ③

591 [회독] ☐☐☐ 20년 국가 7급

자동차운전면허 및 운송사업면허에 대한 설명으로 옳지 않은 것은? (다툼이 있는 경우 판례에 의함)

① 운전면허취소처분에 대한 취소소송에서 취소판결이 확정되었다면 운전면허취소처분 이후의 운전행위를 무면허운전이라 할 수는 없다.

② 음주운전 여부에 대한 조사 과정에서 운전자 본인의 동의를 받지 아니하고 법원의 영장도 없이 채혈 조사가 행해졌다면, 그 조사 결과를 근거로 한 운전면허취소처분은 특별한 사정이 없는 한 위법하다.

③ 개인택시 운송사업의 양도·양수에 대한 인가가 있은 후에 그 양도·양수 이전에 있었던 양도인에 대한 운송사업면허 취소사유를 들어 양수인의 사업면허를 취소할 수 있다.

④ 음주운전으로 인해 운전면허를 취소하는 경우의 이익형량에서 음주운전으로 인한 교통사고를 방지할 공익상의 필요가 취소의 상대방이 입게 될 불이익보다 강조되어야 하는 것은 아니다.

591

해설 ① (○) "피고인이 1997. 3. 1. 자동차 운전면허취소처분을 받은 후 처분청을 상대로 운전면허취소처분의 취소소송을 제기하여 1997. 11. 27. 서울고등법원에서 승소판결을 받았고 그 판결이 대법원의 상고기각 판결로 확정되었다면, 피고인이 1997. 11. 18. 자동차를 운전한 행위는 도로교통법에 규정된 무면허운전의 죄에 해당하지 아니한다." (대법원 1999.2.5. 선고 98도4239)

② (○) "도로교통법은 호흡조사와 달리 운전자에게 조사에 응할 의무를 부과하는 규정을 두지 아니할 뿐만 아니라, 측정에 앞서 운전자의 동의를 받도록 규정하고 있으므로(제44조 제3항), 운전자의 동의 없이 임의로 채혈조사를 하는 것은 허용되지 아니한다. 따라서 음주운전 여부에 대한 조사 과정에서 운전자 본인의 동의를 받지 아니하고 또한 법원의 영장도 없이 채혈조사를 한 결과를 근거로 한 운전면허정지·취소 처분은 도로교통법을 위반한 것으로서 특별한 사정이 없는 한 위법한 처분으로 볼 수밖에 없다." (대법원 2016.12.27. 선고 2014두46850)

③ (○) "구 여객자동차 운수사업법에 의하면 개인택시 운송사업을 양수한 사람은 양도인의 운송사업자로서의 지위를 승계하는 것이므로, 관할관청은 개인택시 운송사업의 양도·양수에 대한 인가를 한 후에도 그 양도·양수 이전에 있었던 양도인에 대한 운송사업면허 취소사유를 들어 양수인의 사업면허를 취소할 수 있는 것이고, 가사 양도·양수 당시에는 양도인에 대한 운송사업면허 취소사유가 현실적으로 발생하지 않은 경우라도 그 원인되는 사실이 이미 존재하였다면, 관할관청으로서는 그 후 발생한 운송사업면허 취소사유에 기하여 양수인의 사업면허를 취소할 수 있는 것이다." (대법원 2010.4.8. 선고 2009두17018)

④ (✕) "음주운전으로 인한 운전면허취소처분의 재량권 일탈·남용 여부를 판단할 때, 일반의 수익적 행정행위의 취소와는 달리 운전면허의 취소로 입게 될 당사자의 불이익보다 음주운전으로 인한 교통사고를 방지하여야 하는 일반예방적 측면이 더 강조되어야 한다." (대법원 2019.1.17. 선고 2017두59949)

정답 ④

592 [회독] □□□

행정절차에 대한 설명으로 옳은 것은? (다툼이 있는 경우 판례에 의함)

① 퇴직연금의 환수결정은 당사자에게 의무를 과하는 처분이기는 하나 관련 법령에 따라 당연히 환수금액이 정하여지는 것이므로, 퇴직연금의 환수결정에 앞서 당사자에게 의견진술의 기회를 주지 아니하여도 「행정절차법」에 어긋나지 아니한다.

② 수익적 행정행위의 신청에 대한 거부처분은 직접 당사자의 권익을 제한하는 처분에 해당하므로, 그 거부처분은 행정절차법상 처분의 사전통지대상이 된다.

③ 절차상의 하자를 이유로 과세처분을 취소하는 판결이 확정된 후 그 위법사유를 보완하여 이루어진 새로운 부과처분은 확정판결의 기판력에 저촉된다.

④ 행정청이 당사자와 사이에 도시계획사업의 시행과 관련한 협약을 체결하면서 관련 법령상 요구되는 청문절차를 배제하는 조항을 두었다면, 이는 청문을 실시하지 않아도 되는 예외적인 경우에 해당한다.

592

해설 ① (○) "공무원연금법상 퇴직연금 지급정지 사유기간 중 수급자에게 지급된 퇴직연금의 환수결정은 당사자에게 의무를 과하는 처분이기는 하나, 관련 법령에 따라 당연히 환수금액이 정하여지는 것이므로, 퇴직연금의 환수결정에 앞서 당사자에게 의견진술의 기회를 주지 아니하여도 행정절차법 제22조 제3항이나 신의칙에 어긋나지 아니한다." (대법원 2000.11.28. 선고 99두5443)

② (✕) "신청에 따른 처분이 이루어지지 아니한 경우에는 아직 당사자에게 권익이 부과되지 아니하였으므로 특별한 사정이 없는 한 신청에 대한 거부처분이라고 하더라도 직접 당사자의 권익을 제한하는 것은 아니어서 신청에 대한 거부처분을 여기에서 말하는 '당사자의 권익을 제한하는 처분'에 해당한다고 할 수 없는 것이어서 처분의 사전통지 대상이 된다고 할 수 없다." (대법원 2003.11.28. 선고 2003두674)

③ (✕) "과세처분시 납세고지서에 과세표준, 세율, 세액의 산출근거등이 누락되어 있어 이러한 절차 내지 형식의 위법을 이유로 과세처분을 취소하는 판결이 확정된 경우에 그 확정판결의 기판력은 확정판결에 적시된 절차 내지 형식의 위법사유에 한하여 미친다고 할 것이므로, 과세처분권자가 그 확정판결에 적시된 위법사유를 보완하여 행한 새로운 과세처분은 확정판결에 의하여 취소된 종전의 과세처분과는 별개의 처분으로서 확정판결의 기판력에 저촉되는 것은 아니다." (대법원 1986.11.11. 선고 85누231)

④ (✕) "행정청이 당사자와 사이에 도시계획사업의 시행과 관련한 협약을 체결하면서 관계 법령 및 행정절차법에 규정된 청문의 실시 등 의견청취절차를 배제하는 조항을 두었다고 하더라도, 국민의 행정참여를 도모함으로써 행정의 공정성·투명성 및 신뢰성을 확보하고 국민의 권익을 보호한다는 행정절차법의 목적 및 청문제도의 취지 등에 비추어 볼 때, 위와 같은 협약의 체결로 청문의 실시에 관한 규정의 적용을 배제할 수 있다고 볼 만한 법령상 규정이 없는 한, 이러한 협약이 체결되었다고 하여 청문의 실시에 관한 규정의 적용이 배제된다거나 청문을 실시하지 않아도 되는 예외적인 경우에 해당한다고 할 수 없다." (대법원 2004.7.8. 선고 2002두8350)

정답 ①

593 [회독] □□□
22년 군무원 9급

행정소송법의 규정 내용으로 가장 옳지 않은 것은?

① 법원은 소송의 결과에 따라 권리 또는 이익의 침해를 받을 제3자가 있는 경우에는 당사자 또는 제3자의 신청 또는 직권에 의하여 결정으로써 그 제3자를 소송에 참가시킬 수 있다.

② 법원은 다른 행정청을 소송에 참가시킬 필요가 있다고 인정할 때에는 당사자 또는 당해 행정청의 신청 또는 직권에 의하여 결정으로써 그 행정청을 소송에 참가시킬 수 있다.

③ 법원이 제3자의 소송참가와 행정청의 소송참가에 관한 결정을 하는 경우에는 각각 당사자 및 제3자의 의견, 당사자 및 당해 행정청의 의견을 들어야 한다.

④ 법원은 취소소송을 당해 처분 등에 관계되는 사무가 귀속하는 국가 또는 공공단체에 대한 당사자소송 또는 취소소송 외의 항고소송으로 변경하는 것이 상당하다고 인정할 때에는 청구의 기초에 변경이 없는 한 사실심의 변론종결시까지 원고의 신청 또는 직권에 의하여 결정으로써 소의 변경을 허가할 수 있다.

593

| 해설 | ① (○) 행정소송법 제16조 제1항 |

| 행정소송법 | 제16조(제3자의 소송참가) ① 법원은 소송의 결과에 따라 권리 또는 이익의 침해를 받을 제3자가 있는 경우에는 당사자 또는 제3자의 신청 또는 직권에 의하여 결정으로써 그 제3자를 소송에 참가시킬 수 있다. |

② (○) 행정소송법 제17조 제1항

| 행정소송법 | 제17조(행정청의 소송참가) ① 법원은 다른 행정청을 소송에 참가시킬 필요가 있다고 인정할 때에는 당사자 또는 당해 행정청의 신청 또는 직권에 의하여 결정으로써 그 행정청을 소송에 참가시킬 수 있다. |

③ (○) 행정소송법 제16조 제2항, 제17조 제2항

| 행정소송법 | 제16조(제3자의 소송참가) ② 법원이 제1항의 규정에 의한 결정을 하고자 할 때에는 미리 당사자 및 제3자의 의견을 들어야 한다. |
| 행정소송법 | 제17조(행정청의 소송참가) ② 법원은 제1항의 규정에 의한 결정을 하고자 할 때에는 당사자 및 당해 행정청의 의견을 들어야 한다. |

④ (×) 법원의 직권으로 소의 변경을 할 수는 없다(행정소송법 제21조 제1항).

| 행정소송법 | 제21조(소의 변경) ① 법원은 취소소송을 당해 처분 등에 관계되는 사무가 귀속하는 국가 또는 공공단체에 대한 당사자소송 또는 취소소송 외의 항고소송으로 변경하는 것이 상당하다고 인정할 때에는 청구의 기초에 변경이 없는 한 사실심의 변론종결시까지 원고의 신청에 의하여 결정으로써 소의 변경을 허가할 수 있다. |

정답 ④

594 [회독] ☐☐☐　　　24년 지방 9급

행정소송에 대한 설명으로 옳지 않은 것은?

① 해당 처분을 다툴 법률상 이익이 있는지 여부는 직권조사사항으로 이에 관한 당사자의 주장은 직권발동을 촉구하는 의미밖에 없으므로, 원심법원이 이에 관하여 판단하지 않았다고 하여 판단유탈의 상고이유로 삼을 수 없다.

② 행정청은 「민사소송법」상의 보조참가를 할 수 있을 뿐만 아니라 「행정소송법」에 의한 소송참가를 할 수 있고 공법상 당사자소송의 원고가 된다.

③ 부작위위법확인의 소에 있어 당사자가 행정청에 대하여 어떠한 행정행위를 하여 줄 것을 요구할 수 있는 법규상 또는 조리상 권리를 갖고 있지 아니한 경우에는 원고적격이 없거나 항고소송의 대상인 위법한 부작위가 있다고 볼 수 없어 그 부작위위법확인의 소는 부적법하다.

④ 국가가 국토이용계획과 관련한 지방자치단체의 장의 기관위임사무의 처리에 관하여 지방자치단체의 장을 상대로 취소소송을 제기하는 것은 허용되지 않는다.

594

[해설] ① (○) "해당 처분을 다툴 법률상 이익이 있는지 여부는 직권조사사항으로 이에 관한 당사자의 주장은 직권발동을 촉구하는 의미밖에 없으므로, 원심법원이 이에 관하여 판단하지 않았다고 하여 판단유탈의 상고이유로 삼을 수 없다. 또한 행정청은 당사자소송의 원고적격도 갖지 못한다. 권리주체가 아니기 때문이다. 소송은 기본적으로 권리주체들만 상호 원고와 피고가 될 수 있다." (대법원 2017.3.9. 선고 2013두16852)

② (×) "타인 사이의 항고소송에서 소송의 결과에 관하여 이해관계가 있다고 주장하면서 민사소송법 제71조에 의한 보조참가를 할 수 있는 제3자는 민사소송법상의 당사자능력 및 소송능력을 갖춘 자이어야 하므로 그러한 당사자능력 및 소송능력이 없는 행정청으로서는 민사소송법상의 보조참가를 할 수는 없고 다만 행정소송법 제17조 제1항에 의한 소송참가를 할 수 있을 뿐이다." (대법원 2002.9.24. 선고 99두1519)

③ (○) "부작위위법확인의 소에 있어 당사자가 행정청에 대하여 어떠한 행정행위를 하여 줄 것을 요구할 수 있는 법규상 또는 조리상 권리를 갖고 있지 아니한 경우에는 원고적격이 없거나 항고소송의 대상인 위법한 부작위가 있다고 볼 수 없어 그 부작위위법확인의 소는 부적법하다." (대법원 1999.12.7. 선고 97누17568)

④ (○) "건설교통부장관은 지방자치단체의 장이 기관위임사무인 국토이용계획 사무를 처리함에 있어 자신과 의견이 다를 경우 행정협의조정위원회에 협의·조정 신청을 하여 그 협의·조정 결정에 따라 의견불일치를 해소할 수 있고, 법원에 의한 판결을 받지 않고서도 행정권한의 위임 및 위탁에 관한 규정이나 구 지방자치법에서 정하고 있는 지도·감독을 통하여 직접 지방자치단체의 장의 사무처리에 대하여 시정명령을 발하고 그 사무처리를 취소 또는 정지할 수 있으며, 지방자치단체의 장에게 기간을 정하여 직무이행명령을 하고 지방자치단체의 장이 이를 이행하지 아니할 때에는 직접 필요한 조치를 할 수도 있으므로, 국가가 국토이용계획과 관련한 지방자치단체의 장의 기관위임사무의 처리에 관하여 지방자치단체의 장을 상대로 취소소송을 제기하는 것은 허용되지 않는다." (대법원 2007.9.20. 선고 2005두6935)

정답 ②

기출테마 115 간접강제(기속력 확보수단)

595 [회독] □□□ 21년 국가 7급

취소판결의 기속력에 대한 설명으로 옳은 것(○)과 옳지 않은 것(×)을 바르게 연결한 것은? (다툼이 있는 경우 판례에 의함)

> ㉠ 취소 확정판결의 기속력은 판결의 주문(主文)에 대해서만 발생하며, 처분의 구체적 위법사유에 대해서는 발생하지 않는다.
>
> ㉡ 처분청이 재처분을 하였는데 종전 거부처분에 대한 취소 확정판결의 기속력에 반하는 경우에는 간접강제의 대상이 될 수 있다.
>
> ㉢ 취소 확정판결의 기속력에 대한 규정은 무효확인판결에도 준용되므로, 무효확인판결의 취지에 따른 처분을 하지 아니할 때에는 1심 수소법원은 간접강제결정을 할 수 있다.
>
> ㉣ 특별한 사정이 없는 한 간접강제결정에서 정한 의무이행기한이 경과한 후에라도 확정판결의 취지에 따른 재처분의 이행이 있으면 더 이상 배상금의 추심은 허용되지 않는다.

	㉠	㉡	㉢	㉣
①	○	×	○	○
②	×	○	×	○
③	×	○	×	×
④	×	×	○	○

595

해설 ㉠ (×) "행정소송법 제30조 제1항에 의하여 인정되는 취소소송에서 처분 등을 취소하는 확정판결의 기속력은 주로 판결의 실효성 확보를 위하여 인정되는 효력으로서 판결의 주문뿐만 아니라 그 전제가 되는 처분 등의 구체적 위법사유에 관한 이유 중의 판단에 대하여도 인정된다." (대법원 2001.3.23. 선고 99두5238)

㉡ (○) "거부처분에 대한 취소의 확정판결이 있음에도 행정청이 아무런 재처분을 하지 아니하거나, 재처분을 하였다 하더라도 그것이 종전 거부처분에 대한 취소의 확정판결의 기속력에 반하는 등으로 당연 무효라면 이는 아무런 재처분을 하지 아니한 때와 마찬가지라 할 것이므로 이러한 경우에는 행정소송법 제30조 제2항, 제34조 제1항 등에 의한 간접강제신청에 필요한 요건을 갖춘 것으로 보아야 한다." (대법원 2002.12.11.자 선고 2002무22)

㉢ (×) "행정소송법 제38조 제1항이 무효확인 판결에 관하여 취소판결에 관한 규정을 준용함에 있어서 같은 법 제30조 제2항을 준용한다고 규정하면서도 같은 법 제34조는 이를 준용한다는 규정을 두지 않고 있으므로, 행정처분에 대하여 무효확인 판결이 내려진 경우에는 그 행정처분이 거부처분인 경우에도 행정청에 판결의 취지에 따른 재처분의무가 인정될 뿐 그에 대하여 간접강제까지 허용되는 것은 아니라고 할 것이다." (대법원 1998.12.24.자 선고 98무37)

㉣ (○) "간접강제결정에서 정한 의무이행기한이 경과한 후에라도 확정판결의 취지에 따른 재처분의 이행이 있으면 배상금을 추심함으로써 심리적 강제를 꾀할 목적이 상실되어 처분상대방이 더 이상 배상금을 추심하는 것은 허용되지 않는다." (대법원 2004.1.15. 선고 2002두2444)

정답 ②

596 [회독] □□□ 19년 국가 9급

甲은 관할 A행정청에 토지형질변경허가를 신청하였으나 A행정청은 허가를 거부하였다. 이에 甲은 거부처분취소소송을 제기하여 재량의 일탈·남용을 이유로 취소판결을 받았고, 그 판결은 확정되었다. 이에 대한 설명으로 옳은 것은? (다툼이 있는 경우 판례에 의함)

① A행정청이 거부처분 이전에 이미 존재하였던 사유 중 거부처분 사유와 기본적 사실관계의 동일성이 없는 사유를 근거로 다시 거부처분을 하는 것은 허용되지 않는다.

② A행정청이 재처분을 하였더라도 취소판결의 기속력에 저촉되는 경우에는 甲은 간접강제를 신청할 수 있다.

③ A행정청의 재처분이 취소판결의 기속력에 저촉되더라도 당연무효는 아니고 취소사유가 될 뿐이다.

④ A행정청이 간접강제결정에서 정한 의무이행 기한 내에 재처분을 이행하지 않아 배상금이 이미 발생한 경우에는 그 이후에 재처분을 이행하더라도 甲은 배상금을 추심할 수 있다.

596

해설 ① (×) "새로운 처분의 처분사유가 종전 처분의 처분사유와 기본적 사실관계에서 동일하지 않은 다른 사유에 해당하는 이상, 처분사유가 종전 처분 당시 이미 존재하고 있었고 당사자가 이를 알고 있었더라도 이를 내세워 새로이 처분을 하는 것은 확정판결의 기속력에 저촉되지 않는다." (대법원 2016.3.24. 선고 2015두48235)

② (○) "거부처분에 대한 취소의 확정판결이 있음에도 행정청이 아무런 재처분을 하지 아니하거나, 재처분을 하였다 하더라도 그것이 종전 거부처분에 대한 취소의 확정판결의 기속력에 반하는 등으로 당연무효라면 이는 아무런 재처분을 하지 아니한 때와 마찬가지라 할 것이므로 이러한 경우에는 행정소송법 제30조 제2항, 제34조 제1항 등에 의한 간접강제신청에 필요한 요건을 갖춘 것으로 보아야 한다." (대법원 2002.12.11.자 선고 2002무22)

③ (×) "확정판결의 당사자인 처분행정청이 그 행정소송의 사실심 변론종결 이전의 사유를 내세워 다시 확정판결과 저촉되는 행정처분을 하는 것은 허용되지 않는 것으로서 이러한 행정처분은 그 하자가 중대하고도 명백한 것이어서 당연무효라 할 것이다." (대법원 1990.12.11. 선고 90누3560)

④ (×) "행정소송법 제34조 소정의 간접강제결정에 기한 배상금은 이는 확정판결의 취지에 따른 재처분의 지연에 대한 제재나 손해배상이 아니고 재처분의 이행에 관한 심리적 강제수단에 불과한 것으로 보아야 하므로, 특별한 사정이 없는 한 간접강제결정에서 정한 의무이행 기한이 경과한 후에라도 확정판결의 취지에 따른 재처분의 이행이 있으면 배상금을 추심함으로써 심리적 강제를 꾀할 목적이 상실되어 처분상대방이 더 이상 배상금을 추심하는 것은 허용되지 않는다." (대법원 2004.1.15. 선고 2002두2444)

정답 ②

기출테마 116 취소소송의 종결 기타논점

제3절 무효등 확인소송

기출테마 117 무효등 확인소송 특수논점

597 [회독] □□□
22년 군무원 9급

다음 중 취소소송과 무효확인소송의 관계에 대한 설명으로 가장 옳지 않은 것은?

① 행정처분에 대한 취소소송과 무효확인소송은 단순 병합이나 선택적 병합의 방식으로 제기할 수 있다.
② 무효선언을 구하는 취소소송이라도 형식이 취소소송이므로 제소요건을 갖추어야 한다.
③ 무효확인을 구하는 소에는 당사자가 명시적으로 취소를 구하지 않는다고 밝히지 않는 한 취소를 구하는 취지가 포함되었다고 보아서 취소소송의 요건을 갖추었다면 취소판결을 할 수 있다.
④ 취소소송의 기각판결의 기판력은 무효확인소송에 미친다.

597

해설 ① (×) "행정처분에 대한 무효확인과 취소청구는 서로 양립할 수 없는 청구로서 주위적 · 예비적 청구로서만 병합이 가능하고 선택적 청구로서의 병합이나 단순 병합은 허용되지 아니한다." (대법원 1999.8.20. 선고 97누6889)
② (○) "행정처분의 당연무효를 선언하는 의미에서 취소를 구하는 행정소송을 제기한 경우에도 제소기간의 준수 등 취소소송의 제소요건을 갖추어야 한다." (대법원 1993.3.12. 선고 92누11039)
③ (○) 옳은 지문이다. 대법원은 이 경우, 소의 변경이 없이도 곧바로 취소판결을 하고 있다. "일반적으로 행정처분의 무효확인을 구하는 소에는 원고가 그 처분의 취소를 구하지 아니한다고 밝히지 아니한 이상 그 처분이 만약 당연무효가 아니라면 그 취소를 구하는 취지도 포함되어 있는 것으로 보아야 한다." (대법원 1986.9.23. 선고 85누838)
④ (○) "과세처분 취소청구를 기각하는 판결이 확정되면 그 처분이 적법하다는 점에 관하여 기판력이 생기고 그 후 원고가 이를 무효라 하여 무효확인을 소구할 수 없는 것이어서 과세처분의 취소소송에서 청구가 기각된 확정판결의 기판력은 그 과세처분의 무효확인을 구하는 소송에도 미친다." (대법원 1998.7.24. 선고 98다10854)

정답 ①

598 [회독] □□□
20년 군무원 9급

무효와 취소의 구별실익에 관한 내용으로 옳지 않은 것은?

① 취소할 수 있는 행정행위에 대하여서만 사정재결, 사정판결이 인정된다.
② 행정심판전치주의는 무효선언을 구하는 취소소송과 무효확인소송 모두에 적용되지 않는다.
③ 무효확인판결에 간접강제가 인정되지 않는 것은 입법의 불비라는 비판이 있다.
④ 판례에 따르면, 무효선언을 구하는 취소소송은 제소기간의 제한이 인정된다고 한다.

598

해설 ① (○) 무효인 행정행위에 대해서는 사정재결과 사정판결이 허용되지 않는다. (대법원 1996.3.22. 선고 95누5509)
② (×) 무효선언을 구하는 취소소송도 형식은 취소소송에 해당하므로, 취소소송으로서의 소송요건을 구비하여야 한다(대법원 1993.3.12. 선고 92누11039). 따라서 행정심판 전치주의는 무효확인소송에는 적용되지 않는다 하더라도, 무효선언을 구하는 취소소송에는 적용된다.
③ (○) 무효확인소송에는 간접강제에 대한 규정인 제34조가 준용되지 않는데, 준용되지 말아야 할 이유가 없음에도 불구하고 준용되지 않고 있다는 점에서, 일부 학설은 이를 입법의 불비로 보고 있다. 참고로, 우리 대법원은 이를 입법의 불비로 보지 않아, 무효확인판결에 대해서는 간접강제를 할 수 없다고 한다. "행정소송법 제38조 제1항이 무효확인 판결에 관하여 취소판결에 관한 규정을 준용함에 있어서 같은 법 제30조 제2항을 준용한다고 규정하면서도 같은 법 제34조는 이를 준용한다는 규정을 두지 않고 있으므로, 행정처분에 대하여 무효확인 판결이 내려진 경우에는 그 행정처분이 거부처분인 경우에도 행정청에 판결의 취지에 따른 재처분의무가 인정될 뿐 그에 대하여 간접강제까지 허용되는 것은 아니라고 할 것이다." (대법원 1998.12.24.자 선고 98무37)
④ (○) "행정처분의 당연무효를 선언하는 의미에서 취소를 구하는 행정소송을 제기한 경우에도 제소기간의 준수 등 취소소송의 제소요건을 갖추어야 한다." (대법원 1993.3.12. 선고 92누11039)

정답 ②

599 [회독] ☐☐☐

무효등 확인소송에 대한 설명으로 옳지 않은 것은?

① 행정처분의 당연무효를 선언하는 의미에서 그 취소를 구하는 행정소송을 제기하는 경우에는 무효등 확인소송과 같이 제소기간의 제한이 없는 것으로 본다.

② 행정처분의 근거 법률에 의하여 보호되는 직접적이고 구체적인 이익이 있는 경우에는 「행정소송법」상 '무효확인을 구할 법률상 이익'이 있다고 보아야 하고, 이와 별도로 무효확인소송의 보충성이 요구되는 것은 아니다.

③ 동일한 행정처분에 대하여 무효확인의 소를 제기하였다가 그 후 그 처분의 취소를 구하는 소를 추가적으로 병합한 경우, 주된 청구인 무효확인의 소가 적법한 제소기간 내에 제기되었다면 추가로 병합된 취소청구의 소도 적법하게 제기된 것으로 볼 수 있다.

④ 행정처분의 당연무효를 주장하여 그 무효확인을 구하는 행정소송에 있어서는 원고에게 그 행정처분이 무효인 사유를 주장·입증할 책임이 있다.

599

해설 ① (×) "행정처분의 당연무효를 선언하는 의미에서 취소를 구하는 행정소송을 제기한 경우에도 제소기간의 준수 등 취소소송의 제소요건을 갖추어야 한다." (대법원 1993.3.12. 선고 92누11039)

② (○) "행정에 대한 사법통제, 권익구제의 확대와 같은 행정소송의 기능 등을 종합하여 보면, 행정처분의 근거 법률에 의하여 보호되는 직접적이고 구체적인 이익이 있는 경우에는 행정소송법 제35조에 규정된 '무효확인을 구할 법률상 이익'이 있다고 보아야 하고, 이와 별도로 무효확인소송의 보충성이 요구되는 것은 아니므로 행정처분의 무효를 전제로 한 이행소송 등과 같은 직접적인 구제수단이 있는지 여부를 따질 필요가 없다고 해석함이 상당하다." (대법원 2008.3.20. 선고 2007두6342 전원합의체)

③ (○) "행정처분의 무효확인을 구하는 소에는 특단의 사정이 없는 한 그 취소를 구하는 취지도 포함되어 있다고 보아야 하는 점 등에 비추어 볼 때, 동일한 행정처분에 대하여 무효확인의 소를 제기하였다가 그 후 그 처분의 취소를 구하는 소를 추가적으로 병합한 경우, 주된 청구인 무효확인의 소가 적법한 제소기간 내에 제기되었다면 추가로 병합된 취소청구의 소도 적법하게 제기된 것으로 봄이 상당하다." (대법원 2005.12.23. 선고 2005두3554)

④ (○) "행정처분의 당연무효를 주장하여 그 무효확인을 구하는 행정소송에 있어서는 원고에게 그 행정처분이 무효인 사유를 주장, 입증할 책임이 있다." (대법원 1992.3.10. 선고 91누6030)

정답 ①

PART **06**

600 [회독] ☐☐☐ 20년 국가 7급

행정소송에 대한 설명으로 옳지 않은 것은? (다툼이 있는 경우 판례에 의함)

① 무효확인소송에서 '무효확인을 구할 법률상 이익'이 있는지를 판단할 때, 행정처분의 무효를 전제로 한 이행소송 등과 같은 직접적인 구제수단이 있는지를 먼저 따질 필요는 없다.

② 「국토의 계획 및 이용에 관한 법률」상 토지소유자 등이 도시·군계획시설 사업시행자의 토지의 일시 사용에 대하여 정당한 사유 없이 동의를 거부한 경우, 사업시행자가 토지소유자를 상대로 동의의 의사표시를 구하는 소송은 당사자 소송으로 보아야 한다.

③ 합의제행정청의 처분에 대하여는 합의제행정청이 피고가 되므로 부당노동행위에 대한 구제명령 등 중앙노동위원회의 처분에 대한 소송에서는 중앙노동위원회가 피고가 된다.

④ 권한의 내부위임이 있는 경우 내부수임기관이 착오 등으로 원처분청의 명의가 아닌 자기명의로 처분을 하였다면, 내부수임기관이 그 처분에 대한 항고소송의 피고가 된다.

600

해설 ① (○) "행정처분의 근거 법률에 의하여 보호되는 직접적이고 구체적인 이익이 있는 경우에는 행정소송법 제35조에 규정된 '무효확인을 구할 법률상 이익'이 있다고 보아야 하고, 이와 별도로 무효확인소송의 보충성이 요구되는 것은 아니므로 행정처분의 무효를 전제로 한 이행소송 등과 같은 직접적인 구제수단이 있는지 여부를 따질 필요가 없다고 해석함이 상당하다." (대법원 2008.3.20. 선고 2007두6342)

② (○) "국토의 계획 및 이용에 관한 법률 제130조 제3항에서 정한 토지의 소유자·점유자 또는 관리인이 사업시행자의 일시 사용에 대하여 정당한 사유 없이 동의를 거부하는 경우, 사업시행자는 해당 토지의 소유자 등을 상대로 동의의 의사표시를 구하는 소를 제기할 수 있다. 이와 같은 토지의 일시 사용에 대한 동의의 의사표시를 할 의무는 '국토의 계획 및 이용에 관한 법률'에서 특별히 인정한 공법상의 의무이므로, 그 의무의 존부를 다투는 소송은 행정소송법 제3조 제2호에서 규정한 당사자소송이라고 보아야 한다." (대법원 2019.9.9. 선고 2016다262550)

③ (×) 일반적으로 합의제행정청의 처분에 대하여는 합의제행정청이 피고가 되는 것이 맞다. 그러나, 부당노동행위에 대한 구제명령 등 중앙노동위원회의 처분에 대한 소송에서는 중앙노동위원회가 아니라, 중앙노동위원회 위원장이 피고가 된다.

노동위원회법	제27조(중앙노동위원회의 처분에 대한 소송) ① 중앙노동위원회의 처분에 대한 소송은 중앙노동위원회 위원장을 피고(被告)로 하여 처분의 송달을 받은 날부터 15일 이내에 제기하여야 한다.

④ (○) "행정처분의 취소 또는 무효확인을 구하는 행정소송은 다른 법률에 특별한 규정이 없는 한 그 처분을 행한 행정청을 피고로 하여야 하며, 행정처분을 행할 적법한 권한 있는 상급행정청으로부터 내부위임을 받은 데 불과한 하급행정청이 권한 없이 행정처분을 한 경우에도 실제로 그 처분을 행한 하급행정청을 피고로 하여야 할 것이지 그 처분을 행할 적법한 권한 있는 상급행정청을 피고로 할 것은 아니다." (대법원 1994.8.12. 선고 94누2763) 여기서 '하급행정청이 권한 없이 행정처분을 하였다'는 것은 '자기의 명의로' 처분을 하였다는 의미이다.

정답 ③

601 [회독] ☐☐☐　　　　　25년 지방 9급

소의 이익에 대한 설명으로 옳지 않은 것은?

① 지방의회 의원에 대한 제명의결 취소소송 계속 중 의원의 임기가 만료된 경우라도 그 제명의결의 취소를 구할 법률상 이익이 인정된다.

② 특별한 사정이 없는 한 경원관계에서 허가 등 수익적 처분을 받지 못한 사람은 자신에 대한 거부처분의 취소를 구할 소의 이익이 있다.

③ 항고소송의 일종인 무효확인소송에서는 행정처분의 근거 법률에 의해 보호되는 직접적이고 구체적인 이익이 있는 경우에 '무효확인을 구할 법률상 이익'이 있고, 별도로 무효확인소송의 보충성이 요구되지 않는다.

④ 고등학교에서 퇴학처분을 당한 후 고등학교졸업학력검정고시에 합격하였다면 퇴학처분을 받은 자는 퇴학처분의 위법을 주장하여 그 취소를 구할 소송상의 이익이 없다.

601

해설 ① (○) "원고가 이 사건 제명의결 취소소송 계속 중 임기가 만료되어 제명의결의 취소로 지방의회 의원으로서의 지위를 회복할 수는 없다 할지라도, 그 취소로 인하여 최소한 제명의결시부터 임기 만료일까지의 기간에 대해 월정수당의 지급을 구할 수 있는 등 여전히 그 제명의결의 취소를 구할 법률상 이익은 남아 있다고 보아야 한다." (대법원 2009.1.30. 선고 2007두13487)

② (○) "인가·허가 등 수익적 행정처분을 신청한 여러 사람이 서로 경원관계에 있어서 한 사람에 대한 허가 등 처분이 다른 사람에 대한 불허가 등으로 귀결될 수밖에 없을 때허가 등 처분을 받지 못한 사람은 신청에 대한 거부처분의 직접 상대방으로서 원칙적으로 자신에 대한 거부처분의 취소를 구할 원고적격이 있고, 취소판결이 확정되는 경우 판결의 직접적인 효과로 경원자에 대한 허가 등 처분이 취소되거나 효력이 소멸되는 것은 아니더라도 행정청은 취소판결의 기속력에 따라 판결에서 확인된 위법사유를 배제한 상태에서 취소판결의 원고와 경원자의 각 신청에 관하여 처분요건의 구비 여부와 우열을 다시 심사하여야 할 의무가 있으며, 재심사 결과 경원자에 대한 수익적 처분이 직권취소되고 취소판결의 원고에게 수익적 처분이 이루어질 가능성을 완전히 배제할 수는 없으므로, 특별한 사정이 없는 한 경원관계에서 허가 등 처분을 받지 못한 사람은 자신에 대한 거부처분의 취소를 구할 소의 이익이 있다." (대법원 2015.10.29. 선고 2013두27517)

③ (○) "무효확인소송의 보충성을 규정하고 있는 외국의 일부 입법례와는 달리 우리나라 행정소송법에는 명문의 규정이 없어 이로 인한 명시적 제한이 존재하지 않는다. 이와 같은 사정을 비롯하여 행정에 대한 사법통제, 권익구제의 확대와 같은 행정소송의 기능 등을 종합하여 보면, 행정처분의 근거 법률에 의하여 보호되는 직접적이고 구체적인 이익이 있는 경우에는 행정소송법 제35조에 규정된 '무효확인을 구할 법률상 이익'이 있다고 보아야 하고, 이와 별도로 무효확인소송의 보충성이 요구되는 것은 아니므로 행정처분의 무효를 전제로 한 이행소송 등과 같은 직접적인 구제수단이 있는지 여부를 따질 필요가 없다고 해석함이 상당하다." (대법원 2008.3.20. 선고 2007두6342 전원합의체)

④ (×) "고등학교졸업이 대학입학자격이나 학력인정으로서의 의미밖에 없다고 할 수 없으므로 고등학교졸업학력검정고시에 합격하였다 하여 고등학교 학생으로서의 신분과 명예가 회복될 수 없는 것이니 퇴학처분을 받은 자로서는 퇴학처분의 위법을 주장하여 그 취소를 구할 소송상의 이익이 있다." (대법원 1992.7.14. 선고 91누4737)

정답 ④

602 [회독] □□□　　　　　24년 지방 9급

무효등 확인소송에 대한 설명으로 옳은 것은?

① 무효확인판결에는 취소판결의 기속력에 관한 규정이 준용되지 않는다.

② 무효등 확인소송의 제기 당시에 원고적격을 갖추었다면 상고심 계속중에 원고적격을 상실하더라도 그 소는 적법하다.

③ 행정처분의 무효란 행정처분이 처음부터 아무런 효력도 발생하지 아니한다는 의미이므로 무효등 확인소송에 대해서는 집행정지가 인정되지 아니한다.

④ 행정처분의 당연무효를 주장하여 그 무효확인을 구하는 행정소송에 있어서는 원고에게 그 행정처분이 무효인 사유를 주장·입증할 책임이 있다.

602

해설 ①, ③ (×) 행정소송법 제38조 제1항

행정소송법	
	제38조(준용규정) ① 제9조, 제10조, 제13조 내지 제17조, 제19조, 제22조 내지 제26조, 제29조 내지 제31조 및 제33조의 규정은 무효등 확인소송의 경우에 준용한다. ② 제9조, 제10조, 제13조 내지 제19조, 제20조, 제25조 내지 제27조, 제29조 내지 제31조, 제33조 및 제34조의 규정은 부작위위법확인소송의 경우에 준용한다.
	제30조(취소판결등의 기속력) ① 처분등을 취소하는 확정판결은 그 사건에 관하여 당사자인 행정청과 그 밖의 관계행정청을 기속한다. ② 판결에 의하여 취소되는 처분이 당사자의 신청을 거부하는 것을 내용으로 하는 경우에는 그 처분을 행한 행정청은 판결의 취지에 따라 다시 이전의 신청에 대한 처분을 하여야 한다. ③제2항의 규정은 신청에 따른 처분이 절차의 위법을 이유로 취소되는 경우에 준용한다.
	제23조(집행정지) ① 취소소송의 제기는 처분등의 효력이나 그 집행 또는 절차의 속행에 영향을 주지 아니한다. ② 취소소송이 제기된 경우에 처분등이나 그 집행 또는 절차의 속행으로 인하여 생길 회복하기 어려운 손해를 예방하기 위하여 긴급한 필요가 있다고 인정할 때에는 본안이 계속되고 있는 법원은 당사자의 신청 또는 직권에 의하여 처분등의 효력이나 그 집행 또는 절차의 속행의 전부 또는 일부의 정지(이하 "執行停止"라 한다)를 결정할 수 있다. 다만, 처분의 효력정지는 처분등의 집행 또는 절차의 속행을 정지함으로써 목적을 달성할 수 있는 경우에는 허용되지 아니한다. ③ 집행정지는 공공복리에 중대한 영향을 미칠 우려가 있을 때에는 허용되지 아니한다. ④ 제2항의 규정에 의한 집행정지의 결정을 신청함에 있어서는 그 이유에 대한 소명이 있어야 한다. ⑤ 제2항의 규정에 의한 집행정지의 결정 또는 기각의 결정에 대하여는 즉시항고할 수 있다. 이 경우 집행정지의 결정에 대한 즉시항고에는 결정의 집행을 정지하는 효력이 없다. ⑥ 제30조 제1항의 규정은 제2항의 규정에 의한 집행정지의 결정에 이를 준용한다.

② (×) "행정처분의 직접 상대방이 아닌 제3자라 하더라도 당해 행정처분으로 인하여 법률상 보호되는 이익을 침해당한 경우에는 그 처분의 취소나 무효확인을 구하는 행정소송을 제기하여 그 당부의 판단을 받을 자격 즉 원고적격이 있고, 여기에서 말하는 법률상 보호되는 이익은 당해 처분의 근거 법규 및 관련 법규에 의하여 보호되는 개별적·직접적·구체적 이익을 말하며, 원고적격은 소송요건의 하나이므로 사실심 변론종결시는 물론 상고심에서도 존속하여야 하고 이를 흠결하면 부적법한 소가 된다." (대법원 2007.4.12. 선고 2004두7924)

④ (○) "행정처분의 당연무효를 주장하여 그 무효확인을 구하는 행정소송에 있어서는 원고에게 그 행정처분이 무효인 사유를 주장, 입증할 책임이 있다." (대법원 1992.3.10. 선고 91누6030)

정답 ④

603 [회독] ☐☐☐

갑에 대한 과세처분 이후 조세부과의 근거가 되었던 법률에 대해 헌법재판소의 위헌결정이 있었고, 위헌결정 이후에 그 조세채권의 집행을 위해 갑의 재산에 대해 압류처분이 있었다. 이에 대한 설명으로 옳은 것은? (다툼이 있는 경우 판례에 의함)

① 갑은 압류처분에 대해 무효확인소송을 제기하려면 무효확인심판을 거쳐야 한다.

② 위헌결정 당시 이미 과세처분에 불가쟁력이 발생하여 조세채권이 확정된 경우에도 갑의 재산에 대한 압류처분은 무효이다.

③ 갑이 압류처분에 대해 무효확인소송을 제기하였다가 압류처분에 대한 취소소송을 추가로 병합하는 경우, 무효확인의 소가 취소소송 제소기간 내에 제기됐더라도 취소청구의 소의 추가 병합이 제소기간을 도과했다면 병합된 취소청구의 소는 부적법하다.

④ 갑이 압류처분에 대해 무효확인소송을 제기하였다가 취소소송으로 소의 종류를 변경하는 경우, 제소기간의 준수 여부는 취소소송으로 변경되는 때를 기준으로 한다.

603

[해설] ① (×) 무효등확인소송에는 행정심판전치주의가 적용되지 아니한다.

② (○) "조세 부과의 근거가 되었던 법률규정이 위헌으로 선언된 경우, 비록 그에 기한 과세처분이 위헌결정 전에 이루어졌고, 과세처분에 대한 제소기간이 이미 경과하여 조세채권이 확정되었다고 하더라도, 위와 같은 위헌결정 이후에 조세채권의 집행을 위한 새로운 체납처분에 착수하거나 이를 속행하는 것은 더 이상 허용되지 않고, 나아가 이러한 위헌결정의 효력에 위배하여 이루어진 체납처분은 그 사유만으로 하자가 중대하고 객관적으로 명백하여 당연무효라고 보아야 한다." (대법원 2012.2.16. 선고 2010두10907)

③ (×) "행정처분의 무효확인을 구하는 소에는 특단의 사정이 없는 한 그 취소를 구하는 취지도 포함되어 있다고 보아야 하는 점 등에 비추어 볼 때, 동일한 행정처분에 대하여 무효확인의 소를 제기하였다가 그 후 그 처분의 취소를 구하는 소를 추가적으로 병합한 경우, 주된 청구인 무효확인의 소가 적법한 제소기간 내에 제기되었다면 추가로 병합된 취소청구의 소도 적법하게 제기된 것으로 봄이 상당하다." (대법원 2005.12.23. 선고 2005두3554)

④ (×) 행정소송법 제14조, 제21조, 제37조

행정소송법	제37조(소의 변경) 제21조의 규정은 무효등 확인소송이나 부작위법확인소송을 취소소송 또는 당사자소송으로 변경하는 경우에 준용한다.
행정소송법	제21조(소의 변경) ① 법원은 취소소송을 당해 처분등에 관계되는 사무가 귀속하는 국가 또는 공공단체에 대한 당사자소송 또는 취소소송외의 항고소송으로 변경하는 것이 상당하다고 인정할 때에는 청구의 기초에 변경이 없는 한 사실심의 변론종결시까지 원고의 신청에 의하여 결정으로써 소의 변경을 허가할 수 있다. ④ 제1항의 규정에 의한 허가결정에 대하여는 제14조제2항·제4항 및 제5항의 규정을 준용한다.
행정소송법	행정소송법 제14조(피고경정) ① 원고가 피고를 잘못 지정한 때에는 법원은 원고의 신청에 의하여 결정으로써 피고의 경정을 허가할 수 있다. ④ 제1항의 규정에 의한 결정이 있은 때에는 새로운 피고에 대한 소송은 처음에 소를 제기한 때에 제기된 것으로 본다.

정답 ②

604 [회독] ☐☐☐　　　　　　　　　　　23년 국가 7급

「행정소송법」상 항고소송에 대한 설명으로 옳은 것은?

① 부작위위법확인소송에서 부작위상태가 계속되는 한 그 위법의 확인을 구할 이익이 있다고 보아야 하므로 행정심판 등 전심절차를 거친 경우에도 제소기간에 관한 규정은 적용되지 않는다.

② 외국 국적의 甲이 위명(僞名)인 乙 명의의 여권으로 대한민국에 입국한 뒤 乙 명의로 난민 신청을 하였고 법무부장관이 乙 명의를 사용한 甲을 직접 면담하여 조사한 후에 甲에 대하여 난민불인정 처분을 한 경우, 甲은 난민불인정 처분의 취소를 구할 법률상 이익이 없다.

③ 주민 등의 도시관리계획의 입안 제안을 거부하는 처분에 대하여 이익형량의 하자를 이유로 취소판결이 확정된 후에 행정청이 다시 이익형량을 하여 주민 등이 제안한 것과는 다른 내용의 계획을 수립한다면 이는 재처분의무를 이행한 것으로 볼 수 없다.

④ 무효확인소송에서 '무효확인을 구할 법률상 이익'을 판단함에 있어 행정처분의 무효를 전제로 한 이행소송 등과 같은 직접적인 구제수단이 있는지 여부를 따질 필요가 없다.

604

해설 ① (×) "부작위위법확인의 소는 부작위상태가 계속되는 한 그 위법의 확인을 구할 이익이 있다고 보아야 하므로 원칙적으로 제소기간의 제한을 받지 않는다. 그러나 행정소송법 제38조 제2항이 제소기간을 규정한 같은 법 제20조를 부작위위법확인소송에 준용하고 있는 점에 비추어 보면, 행정심판 등 전심절차를 거친 경우에는 행정소송법 제20조가 정한 제소기간 내에 부작위위법확인의 소를 제기하여야 한다." (대법원 2009.7.23. 선고 2008두10560)

② (×) "미얀마 국적의 甲이 위명(僞名)인 '乙' 명의의 여권으로 대한민국에 입국한 뒤 乙 명의로 난민 신청을 하였으나 법무부장관이 乙 명의를 사용한 甲을 직접 면담하여 조사한 후 甲에 대하여 난민불인정 처분을 한 사안에서, 처분의 상대방은 허무인이 아니라 '乙'이라는 위명을 사용한 甲이라는 이유로, 甲이 처분의 취소를 구할 법률상 이익이 있다." (대법원 2017.3.9. 선고 2013두16852)

③ (×) "주민 등의 도시관리계획 입안 제안을 거부한 처분을 이익형량에 하자가 있어 위법하다고 판단하여 취소하는 판결이 확정되었더라도 행정청에 그 입안 제안을 그대로 수용하는 내용의 도시관리계획을 수립할 의무가 있다고는 볼 수 없고, 행정청이 다시 새로운 이익형량을 하여 적극적으로 도시관리계획을 수립하였다면 취소판결의 기속력에 따른 재처분의무를 이행한 것이라고 보아야 한다. 다만 취소판결의 기속력 위배 여부와 계획재량의 한계 일탈 여부는 별개의 문제이므로, 행정청이 적극적으로 수립한 도시관리계획의 내용이 취소판결의 기속력에 위배되지는 않는다고 하더라도 계획재량의 한계를 일탈한 것인지의 여부는 별도로 심리·판단하여야 한다." (대법원 2020.6.25. 선고 2019두56135)

④ (○) "행정에 대한 사법통제, 권익구제의 확대와 같은 행정소송의 기능 등을 종합하여 보면, 행정처분의 근거 법률에 의하여 보호되는 직접적이고 구체적인 이익이 있는 경우에는 행정소송법 제35조에 규정된 '무효확인을 구할 법률상 이익'이 있다고 보아야 하고, 이와 별도로 무효확인소송의 보충성이 요구되는 것은 아니므로 행정처분의 무효를 전제로 한 이행소송 등과 같은 직접적인 구제수단이 있는지 여부를 따질 필요가 없다." (대법원 2008.3.20. 선고 2007두6342 전원합의체)

정답 ④

605 [회독] ☐☐☐　　20년 국가 7급

무효인 행정행위에 대한 설명으로 옳은 것은? (다툼이 있는 경우 판례에 의함)

① 무효인 행정행위에 대해서 무효선언을 구하는 의미의 취소소송을 제기하는 경우 취소소송의 제소요건을 구비하여야 한다.
② 행정행위의 무효사유를 판단하는 기준으로서의 명백성은 행정행위의 법적 안정성 확보를 통하여 행정의 원활한 수행을 도모하는 한편, 그 행정행위를 유효한 것으로 믿은 제3자나 공공의 신뢰를 보호하여야 할 필요가 있는 경우에 보충적으로 요구된다.
③ 무효인 행정행위에 대해서 사정판결을 할 수 있다.
④ 거부처분에 대한 무효확인판결에는 간접강제가 인정된다.

606 [회독] ☐☐☐　　25년 소방직

행정행위의 하자에 관한 설명으로 옳지 않은 것은? (다툼이 있는 경우 판례에 의함)

① 「병역법」상 보충역편입처분과 공익근무요원소집처분은 각각 단계적으로 별개의 법률효과를 발생하는 독립된 행정처분이 아니므로, 불가쟁력이 발생한 보충역편입처분의 위법을 이유로 공익근무요원소집처분의 효력을 다툴 수 있다.
② 행정처분의 당연무효를 선언하는 의미에서 그 취소를 구하는 행정소송을 제기하는 경우에는 전치절차와 그 제소기간의 준수 등 취소소송의 제소요건을 갖추어야 한다.
③ 선행처분인 소득금액변동통지에 하자가 존재하더라도 당연무효 사유에 해당하지 않는 한 후행처분인 징수처분에 그대로 승계되지 아니한다.
④ 행정청이 구 「학교보건법」상 학교환경위생정화구역 내에서 금지행위 및 시설의 해제 여부에 관한 행정처분을 하면서 학교환경위생정화위원회의 심의를 누락한 흠이 있다면, 특별한 사정이 없는 한 이는 행정처분을 위법하게 하는 취소사유가 된다.

605

[해설] ① (○) "행정처분의 당연무효를 선언하는 의미에서 취소를 구하는 행정소송을 제기한 경우에도 제소기간의 준수 등 취소소송의 제소요건을 갖추어야 한다." (대법원 1993.3.12. 선고 92누11039)
② (✕) 이와 같은 입장을 명백성 보충요건설이라 하는데, 대법원은 이와 달리, 중대명백설의 입장을 취하고 있다. 참고로, 명백성 보충요건설은 94누4615 사건의 전원합의체 소수의견의 입장이었다.
③ (✕) "당연무효의 행정처분을 소송목적물로 하는 행정소송에서는 존치시킬 효력이 있는 행정행위가 없기 때문에 행정소송법 제28조 소정의 사정판결을 할 수 없다." (대법원 1996.3.22. 선고 95누5509)
④ (✕) "행정소송법 제38조 제1항이 무효확인 판결에 관하여 취소판결에 관한 규정을 준용함에 있어서 같은 법 제30조 제2항을 준용한다고 규정하면서도 같은 법 제34조는 이를 준용한다는 규정을 두지 않고 있으므로, 행정처분에 대하여 무효확인판결이 내려진 경우에는 그 행정처분이 거부처분인 경우에도 행정청에 판결의 취지에 따른 재처분의무가 인정될 뿐 그에 대하여 간접강제까지 허용되는 것은 아니라고 할 것이다." (대법원 1998.12.24.자 선고 98무37)

정답 ①

606

[해설] ① (✕) "보충역편입처분과 공익근무요원소집처분은 후자의 처분이 전자의 처분을 전제로 하는 것이기는 하나 각각 단계적으로 별개의 법률효과를 발생하는 독립된 행정처분이라고 할 것이므로, 따라서 보충역편입처분의 기초가 되는 신체등위 판정에 잘못이 있다는 이유로 이를 다투기 위하여는 신체등위 판정을 기초로 한 보충역편입처분에 대하여 쟁송을 제기하여야 할 것이며, 그 처분을 다투지 아니하여 이미 불가쟁력이 생겨 그 효력을 다툴 수 없게 된 경우에는, 병역처분변경신청에 의하는 경우는 별론으로 하고, 보충역편입처분에 하자가 있다고 할지라도 그것이 당연무효라고 볼만한 특단의 사정이 없는 한 그 위법을 이유로 공익근무요원소집처분의 효력을 다툴 수 없다." (대법원 2002.12.10. 선고 2001두5422)
② (○) "행정처분의 당연무효를 선언하는 의미에서 그 취소를 구하는 행정소송을 제기하는 경우에는 전치절차와 그 제소기간의 준수 등 취소소송의 제소요건을 갖추어야 한다." (대법원 1987.6.9. 선고 87누219)
③ (○) "원천징수의무자인 법인이 원천징수하는 소득세의 납세의무를 이행하지 아니함에 따라 과세관청이 하는 납세고지는 확정된 세액의 납부를 명하는 징수처분에 해당하므로 선행처분인 소득금액변동통지에 하자가 존재하더라도 당연무효 사유에 해당하지 않는 한 후행처분인 징수처분에 그대로 승계되지 아니한다." (대법원 2012.1.26. 선고 2009두14439)
④ (○) "금지행위 및 시설의 해제 여부에 관한 행정처분을 하면서 절차상 위와 같은 심의를 누락한 흠이 있다면 그와 같은 흠을 가리켜 위 행정처분의 효력에 아무런 영향을 주지 않는다거나 경미한 정도에 불과하다고 볼 수는 없으므로, 특별한 사정이 없는 한 이는 행정처분을 위법하게 하는 취소사유가 된다." (대법원 2007.3.15. 선고 2006두15806)

정답 ①

607 [회독] ☐☐☐   19년 지방 7급

甲은 단순위법인 취소사유가 있는 A처분에 대하여 「행정소송법」상 무효확인소송을 제기하였다. 이에 대한 설명으로 옳은 것은? (다툼이 있는 경우 판례에 의함)

① 무효확인소송에 A처분의 취소를 구하는 취지도 포함되어 있고 무효확인소송이 「행정소송법」상 취소소송의 적법요건을 갖추었다 하더라도, 법원은 A처분에 대한 취소판결을 할 수 없다.

② 무효확인소송이 「행정소송법」상 취소소송의 적법한 제소기간 안에 제기되었더라도, 적법한 제소기간 이후에는 A처분의 취소를 구하는 소를 추가적·예비적으로 병합하여 제기할 수 없다.

③ 甲이 무효확인소송의 제기 전에 이미 A처분의 위법을 이유로 국가배상청구소송을 제기하였다면, 무효확인소송의 수소법원은 甲의 무효확인소송을 국가배상청구소송이 계속된 법원으로 이송·병합할 수 있다.

④ 甲이 무효확인소송의 제기 당시에 원고적격을 갖추었더라도 상고심 중에 원고적격을 상실하면 그 소는 부적법한 것이 된다.

607

해설 ① (×) "행정처분의 무효확인을 구하는 청구에는 특별한 사정이 없는 한 그 처분의 취소를 구하는 취지까지도 포함되어 있다고 볼 수는 있으나 위와 같은 경우에 취소청구를 인용하려면 먼저 취소를 구하는 항고소송으로서의 제소요건을 구비한 경우에 한한다." (대법원 1986.9.23. 선고 85누838)

② (×) "하자 있는 행정처분을 놓고 이를 무효로 볼 것인지 아니면 단순히 취소할 수 있는 처분으로 볼 것인지는 동일한 사실관계를 토대로 한 법률적 평가의 문제에 불과하고, 행정처분의 무효확인을 구하는 소에는 특단의 사정이 없는 한 그 취소를 구하는 취지도 포함되어 있다고 보아야 하는 점 등에 비추어 볼 때, 동일한 행정처분에 대하여 무효확인의 소를 제기하였다가 그 후 그 처분의 취소를 구하는 소를 추가적으로 병합한 경우, 주된 청구인 무효확인의 소가 적법한 제소기간 내에 제기되었다면 추가로 병합된 취소청구의 소도 적법하게 제기된 것으로 봄이 상당하다." (대법원 2005.12.23. 선고 2005두3554)

③ (×) 무효등 확인소송을 관련청구소송이 계속된 법원으로 이송·병합할 수는 없다. 관련청구소송을 무효등확인소송이 계속된 법원으로 이송·병합할 수 있을 뿐이다(행정소송법 제10조 제1항, 제38조 제1항).

행정소송법	제10조(관련청구소송의 이송 및 병합) ① 취소소송과 다음 각호의 1에 해당하는 소송(이하 "관련청구소송"이라 한다)이 각각 다른 법원에 계속되고 있는 경우에 관련청구소송이 계속된 법원이 상당하다고 인정하는 때에는 당사자의 신청 또는 직권에 의하여 이를 취소소송이 계속된 법원으로 이송할 수 있다. 1. 당해 처분등과 관련되는 손해배상·부당이득반환·원상회복등 청구소송 2. 당해 처분등과 관련되는 취소소송 ② 취소소송에는 사실심의 변론종결시까지 관련청구소송을 병합하거나 피고외의 자를 상대로 한 관련청구소송을 취소소송이 계속된 법원에 병합하여 제기할 수 있다.
행정소송법	제38조(준용규정) ① 제9조, 제10조, 제13조 내지 제17조, 제19조, 제22조 내지 제26조, 제29조 내지 제31조 및 제33조의 규정은 무효등 확인소송의 경우에 준용한다.

④ (○) "행정처분의 직접 상대방이 아닌 제3자라 하더라도 당해 행정처분으로 인하여 법률상 보호되는 이익을 침해당한 경우에는 그 처분의 취소나 무효확인을 구하는 행정소송을 제기하여 그 당부의 판단을 받을 자격 즉 원고적격이 있고, 여기에서 말하는 법률상 보호되는 이익은 당해 처분의 근거 법규 및 관련 법규에 의하여 보호되는 개별적·직접적·구체적 이익을 말하며, 원고적격은 소송요건의 하나이므로 사실심 변론종결시는 물론 상고심에서도 존속하여야 하고 이를 흠결하면 부적법한 소가 된다." (대법원 2007.4.12. 선고 2004두7924)

정답 ④

제4절 부작위위법확인소송

기출테마 118 부작위위법확인소송 특수논점

608 [회독] ☐☐☐

20년 국가 9급

「행정소송법」상 부작위위법확인소송에 대한 설명으로 옳지 않은 것은? (다툼이 있는 경우 판례에 의함)

① 어떠한 처분에 대하여 그 근거 법률에서 행정소송 이외의 다른 절차에 의하여 불복할 것을 예정하고 있는 경우, 그 처분이 「행정소송법」상 처분의 개념에 해당한다고 하더라도 그 처분의 부작위는 부작위위법확인소송의 대상이 될 수 없다.

② 어떠한 행정처분에 대한 법규상 또는 조리상의 신청권이 인정되지 않는 경우, 그 처분의 신청에 대한 행정청의 무응답이 위법하다고 하여 제기된 부작위위법확인소송은 적법하지 않다.

③ 취소소송의 제소기간에 관한 규정은 부작위위법확인소송에 준용되지 않으므로 행정심판 등 전심절차를 거친 경우에도 부작위위법확인소송에 있어서는 제소기간의 제한을 받지 않는다.

④ 처분의 신청 후에 원고에게 생긴 사정의 변화로 인하여, 그 처분에 대한 부작위가 위법하다는 확인을 받아도 종국적으로 침해되거나 방해받은 원고의 권리·이익을 보호·구제받는 것이 불가능하게 되었다면, 법원은 각하판결을 내려야 한다.

608

해설 ① (○) "여기에서 '처분'이란 행정소송법상 항고소송의 대상이 되는 처분을 의미하는 것으로서, 행정소송법 제2조의 처분의 개념 정의에는 해당한다고 하더라도 그 처분의 근거 법률에서 행정소송 이외의 다른 절차에 의하여 불복할 것을 예정하고 있는 처분은 항고소송의 대상이 될 수 없다." (대법원 2018.9.28. 선고 2017두47465) 따라서 그 '처분'의 부작위는 부작위위법확인소송의 대상이 될 수 없다고 보았다.

② (○) "부작위위법확인의 소에 있어 당사자가 행정청에 대하여 어떠한 행정행위를 하여 줄 것을 요구할 수 있는 법규상 또는 조리상 권리를 갖고 있지 아니한 경우에는 원고적격이 없거나 항고소송의 대상인 위법한 부작위가 있다고 볼 수 없어 그 부작위위법확인의 소는 부적법하다." (대법원 1999.12.7. 선고 97누17568)

③ (×) "부작위위법확인의 소는 부작위상태가 계속되는 한 그 위법의 확인을 구할 이익이 있다고 보아야 하므로 원칙적으로 제소기간의 제한을 받지 않는다. 그러나 행정소송법 제38조 제2항이 제소기간을 규정한 같은 법 제20조를 부작위위법확인소송에 준용하고 있는 점에 비추어 보면, 행정심판 등 전심절차를 거친 경우에는 행정소송법 제20조가 정한 제소기간(재결서의 정본을 송달받은 날부터 90일이내) 내에 부작위위법확인의 소를 제기하여야 한다." (대법원 2009.7.23. 선고 2008두10560)

④ (○) "부작위위법확인의 소는 최종적으로는 당사자의 권리와 이익을 보호하려는 제도이므로, 당사자의 신청이 있은 이후 당사자에게 생긴 사정의 변화로 인하여 위 부작위가 위법하다는 확인을 받는다고 하더라도 종국적으로 침해되거나 방해받은 권리와 이익을 보호·구제받는 것이 불가능하게 되었다면 그 부작위가 위법하다는 확인을 구할 이익은 없다." (대법원 2002.6.28. 선고 2000두4750)

정답 ③

609 [회독] ☐☐☐

부작위위법확인소송에 대한 설명으로 옳지 않은 것은? (다툼이 있는 경우 판례에 의함)

① 부작위위법확인소송은 처분의 신청을 한 자로서 부작위의 위법의 확인을 구할 법률상의 이익이 있는 자만이 제기할 수 있다.

② 당사자가 행정청에 대하여 어떠한 행정처분을 하여 줄 것을 요청할 수 있는 법규상 또는 조리상의 권리를 갖고 있지 아니한 경우에 제기한 부작위위법확인의 소는 부적법하다.

③ 부작위위법확인소송의 경우 사실심의 구두변론종결시점의 법적·사실적 상황을 근거로 행정청의 부작위의 위법성을 판단하여야 한다.

④ 부작위위법확인소송은 행정심판 등 전심절차를 거친 경우라 하더라도 「행정소송법」 제20조가 정한 제소기간 내에 제기해야 하는 것은 아니다.

609

해설 ① (○) 행정소송법 제36조

행정소송법	제36조(부작위위법확인소송의 원고적격) 부작위위법확인소송은 처분의 신청을 한 자로서 부작위의 위법의 확인을 구할 법률상 이익이 있는 자만이 제기할 수 있다.

② (○) "부작위위법확인의 소에 있어 당사자가 행정청에 대하여 어떠한 행정행위를 하여 줄 것을 요구할 수 있는 법규상 또는 조리상 권리를 갖고 있지 아니한 경우에는 원고적격이 없거나 항고소송의 대상인 위법한 부작위가 있다고 볼 수 없어 그 부작위위법확인의 소는 부적법하다." (대법원 1999.12.7. 선고 97누17568)

③ (○) 부작위위법확인소송은 발급된 처분이 없어 처분시를 기준시로 삼을 수는 없기 때문에, 취소소송이나 무효등 확인소송과 달리 사실심 구두변론종결시(판결시)가 위법판단의 기준시로 본다. 따라서 부작위위법확인소송은 사실심 변론종결시(판결시)까지도 처분을 발급하지 않고 있는 것이 위법한지 여부를 확인하는 소송으로 기능하게 된다.

④ (✕) "부작위위법확인의 소는 부작위상태가 계속되는 한 그 위법의 확인을 구할 이익이 있다고 보아야 하므로 원칙적으로 제소기간의 제한을 받지 않는다. 그러나 행정소송법 제38조 제2항이 제소기간을 규정한 같은 법 제20조를 부작위위법확인소송에 준용하고 있는 점에 비추어 보면, 행정심판 등 전심절차를 거친 경우에는 행정소송법 제20조가 정한 제소기간 내에 부작위위법확인의 소를 제기하여야 한다." (대법원 2009.7.23. 선고 2008두10560)

정답 ④

610 [회독] ☐☐☐   23년 국가 9급

서훈 또는 서훈취소에 대한 설명으로 옳은 것만을 모두 고르면?

> ㉠ 서훈취소는 대통령이 국가원수로서 행하는 행위이지만 통치행위는 아니다.
>
> ㉡ 서훈은 서훈대상자의 특별한 공적에 의하여 수여되는 고도의 일신전속적 성격을 가지는 것이므로 유족이라고 하더라도 처분의 상대방이 될 수 없다.
>
> ㉢ 건국훈장 독립장이 수여된 망인에 대한 서훈취소를 국무회의에서 의결하고 대통령이 결재함으로써 서훈취소가 결정된 후에 국가보훈처장이 망인의 유족에게 독립유공자 서훈취소결정 통보를 하였다면 서훈취소처분 취소소송에서의 피고적격은 국가보훈처장에 있다.
>
> ㉣ 국가보훈처장이 서훈추천 신청자에 대한 서훈추천을 거부한 것은 항고소송의 대상으로 볼 수는 없어 항고소송을 제기할 수는 없으나 행정권력의 부작위에 대한 헌법소원으로서 다툴 수 있다.

① ㉠, ㉡   ② ㉠, ㉣

③ ㉠, ㉢, ㉣   ④ ㉡, ㉢, ㉣

610

해설 ㉠ (○) "서훈취소가 대통령이 국가원수로서 행하는 행위라고 하더라도 법원이 사법심사를 자제하여야 할 고도의 정치성을 띤 행위라고 볼 수는 없다." (대법원 2015.4.23. 선고 2012두26920)

㉡ (○) "서훈은 서훈대상자의 특별한 공적에 의하여 수여되는 고도의 일신전속적 성격을 가지는 것이다. 나아가 상훈법은 일반적인 행정행위와 달리 사망한 사람에 대하여도 그의 공적을 영예의 대상으로 삼아 서훈을 수여할 수 있도록 규정하고 있다. 그러나 그러한 경우에도 서훈은 어디까지나 서훈대상자 본인의 공적과 영예를 기리기 위한 것이므로 비록 유족이라고 하더라도 제3자는 서훈수여 처분의 상대방이 될 수 없다." (대법원 2014.9.26. 선고 2013두2518)

㉢ (×) "국무회의에서 건국훈장 독립장이 수여된 망인에 대한 서훈취소를 의결하고 대통령이 결재함으로써 서훈취소가 결정된 후 국가보훈처장이 망인의 유족 갑에게 '독립유공자 서훈취소결정 통보'를 하자 갑이 국가보훈처장을 상대로 서훈취소결정의 무효 확인 등의 소를 제기한 사안에서, 갑이 서훈취소 처분을 행한 행정청(대통령)이 아니라 국가보훈처장을 상대로 제기한 위 소는 피고를 잘못 지정한 경우에 해당하므로, 법원으로서는 석명권을 행사하여 정당한 피고로 경정하게 하여 소송을 진행해야 한다." (대법원 2014.9.26. 선고 2013두2518)

㉣ (×) 아래 2개의 판례를 토대로, 항고소송도 허용되지 않고 헌법소원도 허용되지 않는다고 해석하여 오선지로 처리하였다. "서훈추천권의 행사, 불행사가 당연무효임의 확인, 또는 그 부작위가 위법함의 확인을 구하는 청구는 과거의 역사적 사실관계의 존부나 공법상의 구체적인 법률관계가 아닌 사실관계에 관한 것들을 확인의 대상으로 하는 것이거나 행정청의 단순한 부작위를 대상으로 하는 것으로서 항고소송의 대상이 되지 아니하는 것이다." (대법원 1990.11.23. 선고 90누3553) "국가보훈처장이 서훈추천 신청자에 대한 서훈추천을 하여 주어야 할 헌법적 작위의무가 있다고 할 수는 없으므로, 서훈추천을 거부한 것에 대하여 행정권력의 부작위에 대한 헌법소원으로서 다툴 수 없다." (헌법재판소 2005.6.30. 선고 2004헌마859 전원합의체)

정답 ①

PART 06

제5절 당사자소송

기출테마 119 당사자소송

611 [회독] □□□

23년 지방 9급

「행정소송법」상 당사자소송에 대한 설명으로 옳지 않은 것은?

① 당사자소송이란 행정청의 처분등을 원인으로 하는 법률관계에 관한 소송, 그 밖에 공법상의 법률관계에 관한 소송으로서 그 법률관계의 한쪽 당사자를 피고로 하는 소송을 의미한다.

② 공법상 계약의 한쪽 당사자가 다른 당사자를 상대로 효력을 다투거나 이행을 청구하는 소송은 공법상의 법률관계에 관한 분쟁이므로 분쟁의 실질이 공법상 권리·의무의 존부·범위에 관한 다툼이 아니라 손해배상액의 구체적인 산정방법·금액에 국한되는 등의 특별한 사정이 없는 한 당사자소송으로 제기하여야 한다.

③ 명예퇴직한 법관이 미지급 명예퇴직수당액에 대하여 가지는 권리는 명예퇴직수당 지급대상자 결정 절차를 거쳐 명예퇴직수당규칙에 의하여 확정된 공법상 법률관계에 관한 권리로서, 그 지급을 구하는 소송은 당사자소송에 해당하며, 그 법률관계의 당사자인 국가를 상대로 제기하여야 한다.

④ 당사자소송은 공법상 법률관계에 관한 소송이므로 이를 본안으로 하는 가처분에 대하여는 「민사집행법」상 가처분에 관한 규정이 준용되지 않는다.

611

해설 ① (○) 당사자소송의 개념에 해당한다(행정소송법 제3조 제2호).

② (○) "공법상 계약의 한쪽 당사자가 다른 당사자를 상대로 효력을 다투거나 이행을 구하는 소송은 공법상 법률관계에 관한 분쟁이므로 특별한 사정이 없는 한 공법상 당사자소송으로 제기하여야 한다." (대법원 2021.2.4. 선고 2019다277133)

③ (○) "명예퇴직한 법관이 미지급 명예퇴직수당액에 대하여 가지는 권리는 명예퇴직수당 지급대상자 결정 절차를 거쳐 명예퇴직수당규칙에 의하여 확정된 공법상 법률관계에 관한 권리로서, 그 지급을 구하는 소송은 행정소송법의 당사자소송에 해당하며, 그 법률관계의 당사자인 국가를 상대로 제기하여야 한다." (대법원 2016.5.24. 선고 2013두14863).

④ (×) "당사자소송에 대하여는 행정소송법 제8조 제2항에 따라 민사집행법상 가처분에 관한 규정이 준용된다." (대법원 2019.9.9. 선고 2016다262550)

정답 ④

612 [회독] □ □ □

판례에 따르면 공법상 당사자소송과 가장 옳지 않은 것은?

① 조세부과처분의 당연무효를 전제로 하여 이미 납부한 세금의 반환청구

② 재개발조합을 상대로 조합원자격 유무에 관한 확인을 구하는 소송

③ 사업주가 당연가입자가 되는 고용보험 및 산재보험에서 보험료 납부의무 부존재확인소송

④ 한국전력공사가 한국방송공사로부터 수신료의 징수업무를 위탁받아 자신의 고유업무와 관련된 고지행위와 결합하여 수신료를 징수할 권한이 있는지 여부를 다투는 쟁송

612

해설 출제위원은 "판례에 따를 때 공법상 당사자소송에 해당하지 않는 것은?"이라고 묻고 싶었던 것 같다.

① (×) "조세부과처분이 당연무효임을 전제로 하여 이미 납부한 세금의 반환을 청구하는 것은 민사상의 부당이득반환청구로서 민사소송 절차에 따라야 한다." (대법원 1995.4.28. 선고 94다55019)

② (○) "구 도시재개발법에 의한 재개발조합은 조합원에 대한 법률관계에서 적어도 특수한 존립목적을 부여받은 특수한 행정주체로서 국가의 감독하에 그 존립 목적인 특정한 공공사무를 행하고 있다고 볼 수 있는 범위 내에서는 공법상의 권리의무 관계에 서 있다. 따라서 조합을 상대로 한 쟁송에 있어서 강제가입제를 특색으로 한 조합원의 자격 인정 여부에 관하여 다툼이 있는 경우에는 그 단계에서는 아직 조합의 어떠한 처분 등이 개입될 여지는 없으므로 공법상의 당사자소송에 의하여 그 조합원 자격의 확인을 구할 수 있다." (대법원 1996.2.15. 선고 94다31235)

③ (○) "고용보험 및 산업재해보상보험의 보험료징수 등에 관한 법률 제4조, 제16조의2, 제17조, 제19조, 제23조의 각 규정에 의하면, 사업주가 당연가입자가 되는 고용보험 및 산재보험에서 보험료 납부의무 부존재확인의 소는 공법상의 법률관계 자체를 다투는 소송으로서 공법상 당사자소송이다." (대법원 2016.10.13. 선고 2016다221658)

④ (○) "수신료의 법적 성격, 피고 보조참가인의 수신료 강제징수권의 내용[구 방송법 제66조 제3항] 등에 비추어 보면 수신료 부과행위는 공권력의 행사에 해당하므로, 피고(한국전력공사)가 피고 보조참가인(한국방송공사)으로부터 수신료의 징수업무를 위탁받아 자신의 고유업무와 관련된 고지행위와 결합하여 수신료를 징수할 권한이 있는지 여부를 다투는 이 사건 쟁송은 민사소송이 아니라 공법상의 법률관계를 대상으로 하는 것으로서 행정소송법 제3조 제2호에 규정된 당사자소송에 의하여야 한다고 봄이 상당하다." (대법원 2008.7.24. 선고 2007다25261)

정답 ①

613 [회독] □□□　　　24년 국가 7급

당사자소송에 대한 설명으로 옳지 않은 것은?

① 「행정소송법」상 당사자소송의 피고적격에 관한 규정은 당사자소송의 경우 피고적격이 인정되는 권리주체를 행정주체로 한정한다는 취지이므로, 사인을 피고로 하는 당사자소송을 제기할 수는 없다.

② 명예퇴직한 법관이 미지급 명예퇴직수당액에 대하여 가지는 권리는 명예퇴직수당 지급대상자 결정 절차를 거쳐 「법관 및 법원공무원 명예퇴직수당 등 지급규칙」에 의하여 확정된 공법상 법률관계에 관한 권리로서, 그 지급을 구하는 소송은 「행정소송법」의 당사자소송에 해당한다.

③ 「도시 및 주거환경정비법」상 행정주체인 주택재건축정비사업조합을 상대로 관리처분계획안에 대한 조합 총회결의의 효력을 다투는 소송에 대하여는 「행정소송법」상 집행정지에 관한 규정이 준용되지 아니하므로, 이를 본안으로 하는 가처분에 대하여는 「민사집행법」상 가처분에 관한 규정이 준용되어야 한다.

④ 공법상 계약의 한쪽 당사자가 다른 당사자를 상대로 효력을 다투거나 이행을 청구하는 소송은 공법상의 법률관계에 관한 분쟁이므로 분쟁의 실질이 공법상 권리·의무의 존부·범위에 관한 다툼이 아니라 손해배상액의 구체적인 산정방법·금액에 국한되는 등의 특별한 사정이 없는 한 공법상 당사자소송으로 제기하여야 한다.

613

해설 ① (×) "행정소송법 제39조는, "당사자소송은 국가·공공단체 그 밖의 권리주체를 피고로 한다."라고 규정하고 있다. 이것은 당사자소송의 경우 항고소송과 달리 '행정청'이 아닌 '권리주체'에게 피고적격이 있음을 규정하는 것일 뿐, 피고적격이 인정되는 권리주체를 행정주체로 한정한다는 취지가 아니므로, 이 규정을 들어 사인을 피고로 하는 당사자소송을 제기할 수 없다고 볼 것은 아니다." (대법원 2019.9.9. 선고 2016다262550)

② (○) "명예퇴직한 법관이 미지급 명예퇴직수당액에 대하여 가지는 권리는 명예퇴직수당 지급대상자 결정 절차를 거쳐 명예퇴직수당규칙에 의하여 확정된 공법상 법률관계에 관한 권리로서, 그 지급을 구하는 소송은 행정소송법의 당사자소송에 해당하며, 그 법률관계의 당사자인 국가를 상대로 제기하여야 한다." (대법원 2016.5.24. 선고 2013두14863)

③ (○) "도시 및 주거환경정비법상 행정주체인 주택재건축정비사업조합을 상대로 관리처분계획안에 대한 조합 총회결의의 효력을 다투는 소송은 행정처분에 이르는 절차적 요건의 존부나 효력 유무에 관한 소송으로서 소송결과에 따라 행정처분의 위법 여부에 직접 영향을 미치는 공법상 법률관계에 관한 것이므로, 이는 행정소송법상 당사자소송에 해당한다. 그리고 이러한 당사자소송에 대하여는 행정소송법 제23조 제2항의 집행정지에 관한 규정이 준용되지 아니하므로(행정소송법 제44조 제1항 참조), 이를 본안으로 하는 가처분에 대하여는 행정소송법 제8조 제2항에 따라 민사집행법상 가처분에 관한 규정이 준용되어야 한다." (대법원 2015.8.21.자 2015무26)

④ (○) "공법상 계약의 한쪽 당사자가 다른 당사자를 상대로 효력을 다투거나 이행을 청구하는 소송은 공법상의 법률관계에 관한 분쟁이므로 분쟁의 실질이 공법상 권리·의무의 존부·범위에 관한 다툼이 아니라 손해배상액의 구체적인 산정방법·금액에 국한되는 등의 특별한 사정이 없는 한 공법상 당사자소송으로 제기하여야 한다." (대법원 2021.2.4. 선고 2019다277133)

정답 ①

614 [회독] ☐☐☐ 21년 국가 7급

당사자소송에 대한 설명으로 옳지 않은 것은? (다툼이 있는 경우 판례에 의함)

① 당사자소송에는 항고소송에서의 집행정지규정은 적용되지 않고 「민사집행법」상의 가처분규정은 준용된다.

② 지방자치단체가 보조금 지급결정을 하면서 일정 기한 내에 보조금을 반환하도록 교부 조건을 부가한 경우, 보조사업자에 대한 지방자치단체의 보조금반환청구는 당사자소송의 대상이 된다.

③ 국가에 대한 납세의무자의 부가가치세 환급세액 지급청구는 당사자소송이 아니라 민사소송의 절차에 따라야 한다.

④ 조세부과처분의 당연무효를 전제로 하여 이미 납부한 세금의 반환을 청구하는 것은 민사상 부당이득반환청구로서 당사자소송이 아니라 민사소송절차에 따른다.

614

해설 ① (○) "당사자소송에 대하여는 행정소송법 제23조 제2항의 집행정지에 관한 규정이 준용되지 아니하므로(행정소송법 제44조 제1항 참조), 이를 본안으로 하는 가처분에 대하여는 행정소송법 제8조 제2항에 따라 민사집행법상 가처분에 관한 규정이 준용되어야 한다." (대법원 2015.8.21.자 2015무26)

② (○) "지방자치단체가 보조금 지급결정을 하면서 일정 기한 내에 보조금을 반환하도록 하는 교부조건을 부가한 사안에서, 보조사업자의 지방자치단체에 대한 보조금 반환의무는 행정처분인 위 보조금 지급결정에 부가된 부관상 의무이고, 이러한 부관상 의무는 보조사업자가 지방자치단체에 부담하는 공법상 의무이므로, 보조사업자에 대한 지방자치단체의 보조금반환청구는 공법상 권리관계의 일방 당사자를 상대로 하여 공법상 의무이행을 구하는 청구로서 행정소송법 제3조 제2호에 규정한 당사자소송의 대상이 된다." (대법원 2011.6.9. 선고 2011다2951)

③ (✕) "납세의무자에 대한 국가의 부가가치세 환급세액 지급의무는 그 납세의무자로부터 어느 과세기간에 과다하게 거래징수된 세액 상당을 국가가 실제로 납부받았는지와 관계없이 부가가치세법령의 규정에 의하여 직접 발생하는 것으로서, 그 법적 성질은 정의와 공평의 관념에서 수익자와 손실자 사이의 재산상태 조정을 위해 인정되는 부당이득 반환의무가 아니라 부가가치세법령에 의하여 그 존부나 범위가 구체적으로 확정되고 조세 정책적 관점에서 특별히 인정되는 공법상 의무라고 봄이 타당하다. 그렇다면 납세의무자에 대한 국가의 부가가치세 환급세액 지급의무에 대응하는 국가에 대한 납세의무자의 부가가치세 환급세액 지급청구는 민사소송이 아니라 행정소송법 제3조 제2호에 규정된 당사자소송의 절차에 따라야 한다." (대법원 2013.3.21. 선고 2011다95564)

④ (○) "조세부과처분이 당연무효임을 전제로 하여 이미 납부한 세금의 반환을 청구하는 것은 민사상의 부당이득반환청구로서 민사소송절차에 따라야 한다." (대법원 1995.4.28. 선고 94다55019)

정답 ③

615 [회독] ☐☐☐

「행정소송법」상 행정소송에 대한 설명으로 옳은 것은? (다툼이 있는 경우 판례에 의함)

① 「도시 및 주거환경정비법」상 주택재건축정비사업조합을 상대로 관리처분계획안에 대한 조합 총회결의의 효력을 다투는 소송은 당사자소송에 해당하므로 당해 소송에서 「민사집행법」상 가처분에 관한 규정이 준용되지 않는다.

② 원고가 고의 또는 중대한 과실 없이 행정소송으로 제기하여야 할 사건을 민사소송으로 잘못 제기한 경우, 행정소송에 대한 관할을 가지고 있지 아니한 수소법원은 당해 소송이 행정소송으로서의 제소기간을 도과한 것이 명백하더라도 관할법원에 이송하여야 한다.

③ 「도시 및 주거환경정비법」상 주택재건축사업조합이 새로이 조합설립인가처분을 받은 것과 동일한 요건과 절차를 거쳐 조합설립변경인가처분을 받은 경우, 당초의 조합설립인가처분이 유효한 것을 전제로 당해 주택재건축사업조합이 시공사 선정 등의 후속행위를 하였다 하더라도 특별한 사정이 없는 한 당초의 조합설립인가처분의 무효확인을 구할 소의 이익은 없다.

④ 처분에 대한 취소소송에 당해 처분의 취소를 선결문제로 하는 부당이득반환청구가 병합된 경우, 부당이득반환청구가 인용되기 위해서는 당해 처분이 그 소송절차에서 판결에 의해 취소되면 충분하고 당해 처분의 취소가 확정되어야 하는 것은 아니다.

615

해설 ① (×) "도시 및 주거환경정비법상 행정주체인 주택재건축정비사업조합을 상대로 관리처분계획안에 대한 조합 총회결의의 효력을 다투는 소송은 행정처분에 이르는 절차적 요건의 존부나 효력 유무에 관한 소송으로서 소송결과에 따라 행정처분의 위법 여부에 직접 영향을 미치는 공법상 법률관계에 관한 것이므로, 이는 행정소송법상 당사자소송에 해당한다. 그리고 이러한 당사자소송에 대하여는 행정소송법 제23조 제2항의 집행정지에 관한 규정이 준용되지 아니하므로, 이를 본안으로 하는 가처분에 대하여는 행정소송법 제8조 제2항에 따라 민사집행법상 가처분에 관한 규정이 준용되어야 한다." (대법원 2015.8.21. 선고 2015무26)

② (×) "원고가 고의 또는 중대한 과실 없이 행정소송으로 제기하여야 할 사건을 민사소송으로 잘못 제기한 경우, 수소법원으로서는 만약 행정소송에 대한 관할도 동시에 가지고 있다면 이를 행정소송으로 심리·판단하여야 하고, 행정소송에 대한 관할을 가지고 있지 아니하다면 당해 소송이 이미 행정소송으로서의 전심절차 및 제소기간을 도과하였거나 행정소송의 대상이 되는 처분 등이 존재하지도 아니한 상태에 있는 등 행정소송으로서의 소송요건을 결하고 있음이 명백하여 행정소송으로 제기되었더라도 어차피 부적법하게 되는 경우가 아닌 이상 이를 부적법한 소라고 하여 각하할 것이 아니라 관할법원에 이송하여야 한다." (대법원 2017.11.9. 선고 2015다215526)

③ (×) "설령 참가인 조합이 이 사건 조합설립인가 처분 후 새로이 조합설립인가 처분을 받는 것과 동일한 요건과 절차를 거쳐 이 사건 변경인가 처분을 받았더라도, 이 사건 조합설립인가 처분의 유효를 전제로 참가인 조합이 시공사 선정 등의 후속행위를 한 이상, 원고들에게는 이 사건 조합설립인가 처분의 무효확인을 구할 소의 이익이 있다고 보아야 한다." (대법원 2014.5.16. 선고 2011두27094)

④ (○) "행정소송법 제10조는 처분의 취소를 구하는 취소소송에 당해 처분과 관련되는 부당이득반환소송을 관련 청구로 병합할 수 있다고 규정하고 있는바, 이 조항을 둔 취지에 비추어 보면, 취소소송에 병합할 수 있는 당해 처분과 관련되는 부당이득반환소송에는 당해 처분의 취소를 선결문제로 하는 부당이득반환청구가 포함되고, 이러한 부당이득반환청구가 인용되기 위해서는 그 소송절차에서 판결에 의해 당해 처분이 취소되면 충분하고 그 처분의 취소가 확정되어야 하는 것은 아니라고 보아야 한다." (대법원 2009.4.9. 선고 2008두23153)

정답 ④

616 [회독] ▢▢▢

다음 중 항고소송과 당사자소송에 대한 설명으로 가장 적절한 것은? (다툼이 있는 경우 판례에 의함)

① 국가 등 과세주체가 당해 확정된 조세채권의 소멸시효 중단을 위하여 납세의무자를 상대로 제기한 조세채권존재확인의 소는 공법상 당사자소송에 해당한다.

② 광주광역시립합창단원으로서 위촉기간이 만료되는 자들의 재위촉 신청에 대하여 광주광역시 문화예술회관장이 실기와 근무성적에 대한 평정을 실시하여 재위촉을 하지 아니한 것을 항고소송의 대상이 되는 불합격처분이라고 할 수는 있다.

③ 「민주화운동관련자 명예회복 및 보상 등에 관한 법률」에 따른 보상금 등의 지급을 구하는 소송은 공법상 당사자소송이다.

④ 공무원연금관리공단이 「공무원연금법령」의 개정사실과 퇴직연금 수급자가 퇴직연금 중 일부 금액의 지급정지 대상자가 되었다는 사실을 통보한 경우, 위 통보는 항고소송의 대상이 되는 행정처분이다.

616

[해설] ① (○) "국가 등 과세주체가 당해 확정된 조세채권의 소멸시효 중단을 위하여 납세의무자를 상대로 제기한 조세채권존재확인의 소는 공법상 당사자소송에 해당한다." (대법원 2020.3.2. 선고 2017두41771)

② (×) "광주광역시문화예술회관장의 단원 위촉은 광주광역시문화예술회관장이 행정청으로서 공권력을 행사하여 행하는 행정처분이 아니라 공법상의 근무관계의 설정을 목적으로 하여 광주광역시와 단원이 되고자 하는 자 사이에 대등한 지위에서 의사가 합치되어 성립하는 공법상 근로계약에 해당한다고 보아야 할 것이므로, 광주광역시립합창단원으로서 위촉기간이 만료되는 자들의 재위촉 신청에 대하여 광주광역시문화예술회관장이 실기와 근무성적에 대한 평정을 실시하여 재위촉을 하지 아니한 것을 항고소송의 대상이 되는 불합격처분이라고 할 수는 없다." (대법원 2001.12.11. 선고 2001두7794)

③ (×) "'민주화운동관련자 명예회복 및 보상 등에 관한 법률' 제17조는 보상금 등의 지급에 관한 소송의 형태를 규정하고 있지 않지만, 위 규정 전단에서 말하는 보상금 등의 지급에 관한 소송은 '민주화운동관련자 명예회복 및 보상 심의위원회'의 보상금 등의 지급신청에 관하여 전부 또는 일부를 기각하는 결정에 대한 불복을 구하는 소송이므로 취소소송을 의미한다." (대법원 2008.4.17. 선고 2005두16185 전원합의체)

④ (×) "공무원연금관리공단이 위와 같은 법령의 개정 사실과 퇴직연금 수급자가 퇴직연금 중 일부 금액의 지급정지 대상자가 되었다는 사실을 통보한 것은 단지 위와 같이 법령에서 정한 사유의 발생으로 퇴직연금 중 일부 금액의 지급이 정지된다는 점을 알려주는 관념의 통지에 불과하고, 그로 인하여 비로소 지급이 정지되는 것은 아니므로 항고소송의 대상이 되는 행정처분으로 볼 수 없다." (대법원 2004.12.24. 선고 2003두15195)

정답 ①

617 [회독] □□□

21년 군무원 9급

「행정소송법」상 당사자소송에 대한 설명으로 옳지 않은 것은?

① 공법상 당사자소송이란 행정청의 처분 등을 원인으로 하는 법률관계에 관한 소송 그 밖에 공법상의 법률관계에 관한 소송으로서 그 법률관계의 한쪽 당사자를 피고로 하는 소송을 말한다.

② 공법상 계약의 한쪽 당사자가 다른 당사자를 상대로 효력을 다투거나 이행을 청구하는 소송은 공법상의 법률관계에 관한 분쟁이므로 분쟁의 실질이 공법상 권리·의무의 존부·범위에 관한 다툼에 관해서는 공법상 당사자소송으로 제기하여야 한다.

③ 원고가 고의 또는 중대한 과실 없이 행정소송으로 제기하여야 할 사건을 민사소송으로 잘못 제기한 경우, 수소법원으로서는 만약 그 행정소송에 대한 관할도 동시에 가지고 있다면 이를 행정소송으로 심리·판단하여야 하고, 그 행정소송에 대한 관할을 가지고 있지 아니하다면 관할법원에 이송하여야 한다.

④ 당사자소송의 경우 법원은 필요하다고 인정할 때에는 직권으로 증거조사를 할 수 있으나, 당사자가 주장하지 아니한 사실에 대하여는 판단하여서는 안 된다.

617

해설 ① (○) 행정소송법 제3조 제2호

행정소송법	제3조(행정소송의 종류) 행정소송은 다음의 네가지로 구분한다. 2. 당사자소송 : 행정청의 처분등을 원인으로 하는 법률관계에 관한 소송 그 밖에 공법상의 법률관계에 관한 소송으로서 그 법률관계의 한쪽 당사자를 피고로 하는 소송

② (○) "공법상 계약의 한쪽 당사자가 다른 당사자를 상대로 효력을 다투거나 이행을 청구하는 소송은 공법상의 법률관계에 관한 분쟁이므로 분쟁의 실질이 공법상 권리·의무의 존부·범위에 관한 다툼이 아니라 손해배상액의 구체적인 산정방법·금액에 국한되는 등의 특별한 사정이 없는 한 공법상 당사자소송으로 제기하여야 한다." (대법원 2021.2.4. 선고 2019다277133)

③ (○) "원고가 고의 또는 중대한 과실 없이 행정소송으로 제기하여야 할 사건을 민사소송으로 잘못 제기한 경우, 수소법원으로서는 만약 그 행정소송에 대한 관할도 동시에 가지고 있다면 이를 행정소송으로 심리·판단하여야 하고, 그 행정소송에 대한 관할을 가지고 있지 아니하다면 당해 소송이 이미 행정소송으로서의 전심절차 및 제소기간을 도과하였거나 행정소송의 대상이 되는 처분 등이 존재하지도 아니한 상태에 있는 등 행정소송으로서의 소송요건을 결하고 있음이 명백하여 행정소송으로 제기되었더라도 어차피 부적법하게 되는 경우가 아닌 이상 이를 부적법한 소라고 하여 각하할 것이 아니라 관할법원에 이송하여야 한다." (대법원 1997.5.30. 선고 95다28960)

④ (×) 행정소송법 제26조, 제44조

행정소송법	제26조(직권심리) 법원은 필요하다고 인정할 때에는 직권으로 증거조사를 할 수 있고, 당사자가 주장하지 아니한 사실에 대하여도 판단할 수 있다.
행정소송법	제44조(준용규정) ① 제14조 내지 제17조, 제22조, 제25조, 제26조, 제30조제1항, 제32조 및 제33조의 규정은 당사자소송의 경우에 준용한다.

정답 ④

618 [회독] ☐☐☐

「행정소송법」상 당사자소송에 대한 설명으로 옳은 것만을 모두 고르면? (다툼이 있는 경우 판례에 의함)

> ㉠ 공법상 당사자소송에서 재산권의 청구를 인용하는 판결을 하는 경우 가집행선고를 할 수 있다.
> ㉡ 소송형태는 당사자소송의 형식을 취하지만 실질적으로는 처분 등의 효력을 다투는 항고소송의 성질을 가지는 소송은 현행법상 인정되지 아니한다.
> ㉢ 「도시 및 주거환경정비법」상 행정주체인 주택재건축정비사업조합을 상대로 관리처분계획안에 대한 조합 총회 결의의 효력 등을 다투는 소송은 민사상 법률관계에 관한 것이므로 민사소송에 해당한다.
> ㉣ 「석탄산업법」과 관련하여 피재근로자는 석탄산업합리화사업단이 한 재해위로금 지급거부의 의사표시에 불복이 있는 경우 공법상의 당사자소송을 제기하여야 한다.

① ㉠, ㉡
② ㉠, ㉣
③ ㉡, ㉢
④ ㉢, ㉣

618

해설 ㉠ (○) "행정소송법 제8조 제2항에 의하면 행정소송에도 민사소송법의 규정이 일반적으로 준용되므로 법원으로서는 공법상 당사자소송에서 재산권의 청구를 인용하는 판결을 하는 경우 가집행선고를 할 수 있다." (대법원 2000.11.28. 선고 99두3416)

㉡ (×) 소송형태는 당사자소송의 형식을 취하지만 실질적으로는 처분 등의 효력을 다투는 항고소송의 성질을 가지는 소송을 형식적(부진정) 당사자소송이라 한다. 이 소송은 명문의 규정이 있는 경우에는 허용될 수 있다고 본다. 그리고 실제로도 예컨대, 공익사업을 위한 토지 등의 취득 및 보상에 관한 법률 제85조 제2항에 형식적 당사자소송의 형태로 소송이 규정되어 있기도 하다.

공익사업을 위한 토지 등의 취득 및 보상에 관한 법률	제85조(행정소송의 제기) ① 사업시행자, 토지소유자 또는 관계인은 제34조에 따른 재결에 불복할 때에는 재결서를 받은 날부터 90일 이내에, 이의신청을 거쳤을 때에는 이의신청에 대한 재결서를 받은 날부터 60일 이내에 각각 행정소송을 제기할 수 있다. 이 경우 사업시행자는 행정소송을 제기하기 전에 제84조에 따라 늘어난 보상금을 공탁하여야 하며, 보상금을 받을 자는 공탁된 보상금을 소송이 종결될 때까지 수령할 수 없다. ② 제1항에 따라 제기하려는 행정소송이 보상금의 증감(增減)에 관한 소송인 경우 그 소송을 제기하는 자가 토지소유자 또는 관계인일 때에는 사업시행자를, 사업시행자일 때에는 토지소유자 또는 관계인을 각각 피고로 한다.

㉢ (×) "도시 및 주거환경정비법상 행정주체인 주택재건축정비사업조합을 상대로 관리처분계획안에 대한 조합 총회결의의 효력 등을 다투는 소송은 행정처분에 이르는 절차적 요건의 존부나 효력 유무에 관한 소송으로서 그 소송결과에 따라 행정처분의 위법 여부에 직접 영향을 미치는 공법상 법률관계에 관한 것이므로, 이는 행정소송법상의 당사자소송에 해당한다." (대법원 2009.9.17. 선고 2007다2428)

㉣ (○) "피재근로자가 석탄산업합리화사업단에 대하여 가지는 재해위로금의 지급청구권은 위 규정이 정하는 지급요건이 충족되면 당연히 발생함과 이울러 그 금액도 확정되는 것이지 위 사업단의 지급결정 여부에 의하여 그 청구권의 발생이나 금액이 좌우되는 것이 아니므로, 위 사업단이 그 재해위로금의 전부 또는 일부에 대하여 지급거부의 의사표시를 하였다고 하더라도 그 의사표시는 행정처분이 아니라고 할 것이므로 사업단이 표시한 재해위로금 지급거부의 의사표시에 불복이 있는 경우에는 공법상의 당사자소송을 제기하여야 한다." (대법원 1999.1.26. 선고 98두12598)

정답 ②

619 [회독] □□□ 19년 지방 7급

판례의 입장으로 옳은 것은?

① 공무원연금법령상 급여를 받으려고 하는 자는 우선 급여지급을 신청하여 공무원연금공단이 이를 거부하거나 일부 금액만 인정하는 급여지급결정을 하는 경우 그 결정을 대상으로 항고소송을 제기하는 등으로 구체적 권리를 인정받아야 한다.

② 행정청이 공무원에게 국가공무원법령상 연가보상비를 지급하지 아니한 행위는 공무원의 연가보상비청구권을 제한하는 행위로서 항고소송의 대상이 되는 처분이다.

③ 법관이 이미 수령한 명예퇴직수당액이 구 「법관 및 법원공무원 명예퇴직수당 등 지급규칙」에서 정한 정당한 명예퇴직수당액에 미치지 못한다고 주장하며 차액의 지급을 신청한 것에 대하여 법원행정처장이 행한 거부의 의사표시는 행정처분에 해당한다.

④ 「도시 및 주거환경정비법」상 주택재건축정비사업조합을 상대로 관리처분계획안에 대한 조합총회결의의 효력 등을 다투는 소송은 관리처분계획의 인가·고시가 있은 이후라도 특별한 사정이 없는 한 허용되어야 한다.

619

[해설] ① (○) "공무원연금법령상 급여를 받으려고 하는 자는 우선 관계 법령에 따라 공무원연금공단에 급여지급을 신청하여 공무원연금공단이 이를 거부하거나 일부 금액만 인정하는 급여지급결정을 하는 경우 그 결정을 대상으로 항고소송을 제기하는 등으로 구체적 권리를 인정받아야 하고, 구체적인 권리가 발생하지 않은 상태에서 곧바로 공무원연금공단을 상대로 한 당사자소송으로 권리의 확인이나 급여의 지급을 소구하는 것은 허용되지 아니한다." (대법원 2017.2.9. 선고 2014두43264)

② (×) "공무원의 연가보상비청구권은 공무원이 연가를 실시하지 아니하는 등 법령상 정해진 요건이 충족되면 그 자체만으로 지급기준일 또는 보수지급기관의 장이 정한 지급일에 구체적으로 발생하고 행정청의 지급결정에 의하여 비로소 발생하는 것은 아니라고 할 것이므로, 행정청이 공무원에게 연가보상비를 지급하지 아니한 행위로 인하여 공무원의 연가보상비청구권 등 법률상 지위에 아무런 영향을 미친다고 할 수는 없으므로 행정청의 연가보상비 부지급 행위는 항고소송의 대상이 되는 처분이라고 볼 수 없다." (대법원 1999.7.23. 선고 97누10857)

③ (×) "법관이 이미 수령한 수당액이 위 규정에서 정한 정당한 명예퇴직수당액에 미치지 못한다고 주장하며 차액의 지급을 신청함에 대하여 법원행정처장이 거부하는 의사를 표시했더라도, 그 의사표시는 명예퇴직수당액을 형성·확정하는 행정처분이 아니라 공법상의 법률관계의 한쪽 당사자로서 지급의무의 존부 및 범위에 관하여 자신의 의견을 밝힌 것에 불과하므로 행정처분으로 볼 수 없다." (대법원 2016.5.24. 선고 2013두14863)

④ (×) "도시 및 주거환경정비법상 주택재건축정비사업조합이 같은 법 제48조에 따라 수립한 관리처분계획에 대하여 관할 행정청의 인가·고시까지 있게 되면 관리처분계획은 행정처분으로서 효력이 발생하게 되므로, 총회결의의 하자를 이유로 하여 행정처분의 효력을 다투는 항고소송의 방법으로 관리처분계획의 취소 또는 무효확인을 구하여야 하고, 그와 별도로 행정처분에 이르는 절차적 요건 중 하나에 불과한 총회결의 부분만을 따로 떼어내어 효력 유무를 다투는 확인의 소를 제기하는 것은 특별한 사정이 없는 한 허용되지 않는다." (대법원 2009.9.17. 선고 2007다2428)

정답 ①

기출테마 120 공법관계와 사법관계의 구별

620 [회독] ☐☐☐   23년 군무원 9급

행정상 법률관계에 관한 설명으로 옳지 않은 것은? (다툼이 있는 경우 판례에 의함)

① 국유재산의 관리청이 그 무단점유자에 대하여 하는 변상금부과처분은 순전히 사경제 주체로서 행하는 사법상의 법률행위라 할 수 없고, 이는 관리청이 공권력을 가진 우월적 지위에서 행한 것으로서 행정소송의 대상이 되는 행정처분이다.

② 국가나 지방자치단체에 근무하는 청원경찰은 「국가공무원법」이나 「지방공무원법」상의 공무원은 아니지만, 다른 청원경찰과는 달리 그 임용권자가 행정기관의 장이고, 국가나 지방자치단체로부터 보수를 받으므로, 그 근무관계는 사법상의 고용계약관계로 보기는 어려우므로 그에 대한 징계처분의 시정을 구하는 소는 행정소송의 대상이지 민사소송의 대상이 아니다.

③ 조세채무는 법률의 규정에 의하여 정해지는 법정채무로서 당사자가 그 내용 등을 임의로 정할 수 없고, 조세채무관계는 공법상의 법률관계이고 그에 관한 쟁송은 원칙적으로 행정사건으로서 「행정소송법」의 적용을 받는다.

④ 개발부담금 부과처분이 취소된 이상 그 후의 부당이득으로서의 과오납금 반환에 관한 법률관계는 단순한 민사 관계라 볼 수 없고, 행정소송 절차에 따라야 하는 행정법 관계로 보아야 한다.

620

[해설] ① (○) "국유재산법 제51조 제1항은 국유재산의 무단점유자에 대하여는 대부 또는 사용, 수익허가 등을 받은 경우에 납부하여야 할 대부료 또는 사용료 상당액 외에도 그 징벌적 의미에서 국가측이 일방적으로 그 2할 상당액을 추가하여 변상금을 징수토록 하고 있으며 동조 제2항은 변상금의 체납시 국세징수법에 의하여 강제징수토록 하고 있는 점 등에 비추어 보면 국유재산의 관리청이 그 무단점유자에 대하여 하는 변상금부과처분은 순전히 사경제 주체로서 행하는 사법상의 법률행위라 할 수 없고 이는 관리청이 공권력을 가진 우월적 지위에서 행한 것으로서 행정소송의 대상이 되는 행정처분이라고 보아야 한다." (대법원 1988.2.23. 선고 87누1046)

② (○) "국가나 지방자치단체에 근무하는 청원경찰은 국가공무원법이나 지방공무원법상의 공무원은 아니지만, 다른 청원경찰과는 달리 그 임용권자가 행정기관의 장이고, 국가나 지방자치단체로부터 보수를 받으며, 산업재해보상보험법이나 근로기준법이 아닌 공무원연금법에 따른 재해보상과 퇴직급여를 지급받고, 직무상의 불법행위에 대하여도 민법이 아닌 국가배상법이 적용되는 등의 특질이 있으며 그외 임용자격, 직무, 복무의무 내용 등을 종합하여 볼 때, 그 근무관계를 사법상의 고용계약관계로 보기는 어려우므로 그에 대한 징계처분의 시정을 구하는 소는 행정소송의 대상이지 민사소송의 대상이 아니다." (대법원 1993.7.13. 선고 92다47564)

③ (○) "조세채권은 국세징수법에 의하여 우선권 및 자력집행권 등이 인정되는 권리로서 사적 자치가 인정되는 사법상의 채권과 그 성질을 달리할 뿐 아니라, 부당한 조세징수로부터 국민을 보호하고 조세부담의 공평을 기하기 위하여 그 성립과 행사는 법률에 의해서만 가능하고 법률의 규정과 달리 당사자가 그 내용 등을 임의로 정할 수 없으며, 조세채무관계는 공법상의 법률관계로서 그에 관한 쟁송은 원칙적으로 행정소송법의 적용을 받고, 조세는 공익성과 공공성 등의 특성을 갖는다는 점에서도 사법상의 채권과 구별된다. 따라서 조세에 관한 법률이 아닌 사법상 계약에 의하여 납세의무 없는 자에게 조세채무를 부담하게 하거나 이를 보증하게 하여 이들로부터 조세채권의 종국적 만족을 실현하는 것은 앞서 본 조세의 본질적 성격에 반할 뿐 아니라 과세관청이 과세징수상의 편의만을 위해 법률의 규정 없이 조세채권의 성립 및 행사 범위를 임의로 확대하는 것으로서 허용될 수 없다." (대법원 2017.8.29. 선고 2016다224961)

④ (×) "개발부담금 부과처분이 취소된 이상 그 후의 부당이득으로서의 과오납금 반환에 관한 법률관계는 단순한 민사 관계에 불과한 것이고, 행정소송 절차에 따라야 하는 관계로 볼 수 없다." (대법원 1995.12.22. 선고 94다51253)

정답 ④

621 [회독] □□□　　　　　　　　　22년 국가 9급

행정법관계에 대한 설명으로 옳지 않은 것은? (다툼이 있는 경우 판례에 의함)

① 군인연금법령상 급여를 받으려고 하는 사람이 국방부장관에게 급여지급을 청구하였으나 거부된 경우, 곧바로 국가를 상대로 한 당사자소송으로 급여의 지급을 청구할 수 있다.

② 법무사가 사무원을 채용할 때 소속 지방법무사회로부터 승인을 받아야 할 의무는 공법상 의무이다.

③ 사무처리의 긴급성으로 인하여 해양경찰의 직접적인 지휘를 받아 보조로 방제작업을 한 경우, 사인은 그 사무를 처리하며 지출한 필요비 내지 유익비의 상환을 국가에 대하여 민사소송으로 청구할 수 있다.

④ 「공익사업을 위한 토지 등의 취득 및 보상에 관한 법률」상 환매권의 존부에 관한 확인을 구하는 소송 및 환매금액의 증감을 구하는 소송은 민사소송이다.

621

해설 ① (✕) "국방부장관 등이 하는 급여지급결정은 단순히 급여수급 대상자를 확인·결정하는 것에 그치는 것이 아니라 구체적인 급여수급액을 확인·결정하는 것까지 포함한다. 구 군인연금법령상 급여를 받으려고 하는 사람은 우선 관계 법령에 따라 국방부장관 등에게 급여지급을 청구하여 국방부장관 등이 이를 거부하거나 일부 금액만 인정하는 급여지급결정을 하는 경우 그 결정을 대상으로 항고소송을 제기하는 등으로 구체적 권리를 인정받은 다음 비로소 당사자소송으로 그 급여의 지급을 구해야 한다. 이러한 구체적인 권리가 발생하지 않은 상태에서 곧바로 국가를 상대로 한 당사자소송으로 급여의 지급을 소구하는 것은 허용되지 않는다." (대법원 2021.12.16. 선고 2019두45944)

② (○) "법무사가 사무원 채용에 관하여 법무사법이나 법무사규칙을 위반하는 경우에는 소관 지방법원장으로부터 징계를 받을 수 있으므로, 법무사에 대하여 지방법무사회로부터 채용승인을 얻어 사무원을 채용할 의무는 법무사법에 의하여 강제되는 공법적 의무이다." (대법원 2020.4.9. 선고 2015다34444)

③ (○) "타인의 사무가 국가의 사무인 경우, 원칙적으로 사인이 법령상 근거 없이 국가의 사무를 수행할 수 없다는 점을 고려하면, 사인이 처리한 국가의 사무가 사인이 국가를 대신하여 처리할 수 있는 성질의 것으로서, 사무 처리의 긴급성 등 국가의 사무에 대한 사인의 개입이 정당화되는 경우에 한하여 사무관리가 성립하고, 사인은 그 범위 내에서 국가에 대하여 국가의 사무를 처리하면서 지출된 필요비 내지 유익비의 상환을 청구할 수 있다." (대법원 2014.12.11. 선고 2012다15602)

④ (○) "구 공익사업을 위한 토지 등의 취득 및 보상에 관한 법률 제91조에 규정된 환매권은 상대방에 대한 의사표시를 요하는 형성권의 일종으로서 재판상이든 재판 외이든 위 규정에 따른 기간 내에 행사하면 매매의 효력이 생기는 바, 이러한 환매권의 존부에 관한 확인을 구하는 소송 및 구 공익사업법 제91조 제4항에 따라 환매금액의 증감을 구하는 소송 역시 민사소송에 해당한다." (대법원 2010.9.30. 선고 2010다30782)

정답 ①

622 [회독] ☐☐☐

공법관계와 사법관계의 구별에 대한 설명으로 옳지 않은 것은?

① 국유재산 중 행정재산의 사용허가는 공법관계이나, 한국공항공단이 무상사용허가를 받은 행정재산에 대하여 하는 전대행위는 사법관계이다.

② 조달청장이 「예산회계법」에 따라 계약을 체결하거나 입찰보증금 국고귀속조치를 취하는 것은 사법관계에 해당한다.

③ 국유재산의 무단점유에 대한 변상금부과는 공법관계에 해당하나, 국유 일반재산의 대부행위는 사법관계에 해당한다.

④ 조달청장이 법령에 근거하여 입찰참가자격을 제한하는 것은 사법관계에 해당한다.

622

해설 ① (○) "국유재산 등의 관리청이 하는 행정재산의 사용·수익에 대한 허가는 순전히 사경제주체로서 행하는 사법상의 행위가 아니라 관리청이 공권력을 가진 우월적 지위에서 행하는 행정처분으로서 특정인에게 행정재산을 사용할 수 있는 권리를 설정하여 주는 강학상 특허에 해당한다." (대법원 2006.3.9. 선고 2004다31074) "한국공항공단이 무상 사용허가를 받은 행정재산에 대하여 하는 전대행위는 통상의 사인 간의 임대차와 다를 바가 없고, 그 임대차계약이 임차인의 사용승인신청과 임대인의 사용승인의 형식으로 이루어졌다고 하여 달리 볼 것은 아니다." (대법원 2004.1.15. 선고 2001다12638)

② (○) "예산회계법에 따라 체결되는 계약은 사법상의 계약이라고 할 것이고, 동법 제70조의5의 입찰보증금은 사법상의 손해배상 예정으로서의 성질을 갖는 것이라고 할 것이므로 입찰보증금의 국고귀속조치는 국가가 사법상의 재산권의 주체로서 행위하는 것이지 공권력을 행사하는 것이거나 공권력 작용과 일체성을 가진 것이 아니라 할 것이므로 이에 관한 분쟁은 행정소송이 아닌 민사소송의 대상이 될 수밖에 없다." (대법원 1983.12.27. 선고 81누366)

③ (○) "국유재산의 관리청이 그 무단점유자에 대하여 하는 변상금부과처분은 순전히 사경제 주체로서 행하는 사법상의 법률행위라 할 수 없고 이는 관리청이 공권력을 가진 우월적 지위에서 행한 것으로서 행정소송의 대상이 되는 행정처분이라고 보아야 한다." (대법원 1988.2.23. 선고 87누1046,1047) "국유잡종재산을 대부하는 행위는 국가가 사경제 주체로서 상대방과 대등한 위치에서 행하는 사법상의 계약이고, 행정청이 공권력의 주체로서 상대방의 의사 여하에 불구하고 일방적으로 행하는 행정처분이라고 볼 수 없다." (대법원 2000.2.11. 선고 99다61675)

④ (×) 처분성이 인정되어 공법관계로 취급된다. "준정부기관으로부터 공공기관운영법 제44조 제2항에 따라 계약 체결 업무를 위탁받은 조달청장은 국가계약법 제27조 제1항에 따라 입찰참가자격 제한 처분을 할 수 있는 권한이 있다." (대법원 2017.12.28. 선고 2017두39433)

정답 ④

623 [회독] ☐☐☐

공법관계와 사법관계에 관한 판례의 내용으로 옳지 않은 것은?

① 서울특별시 지하철공사의 사장이 소속직원에게 한 징계처분에 대한 불복절차는 민사소송에 의하여야 한다.

② 공기업·준정부기관이 계약에 근거한 권리행사로서 입찰참가자격 제한 조치를 하였더라도 입찰참가자격 제한 조치는 행정처분이다.

③ 국유재산 등의 관리청이 하는 행정재산의 사용·수익에 대한 허가는 관리청이 특정인에게 행정재산을 사용할 수 있는 권리를 설정하여주는 강학상 특허로서 공법관계이다.

④ 기부자가 기부채납한 부동산을 일정기간 무상 사용한 후에 한 사용허가기간 연장신청을 거부한 지방자치단체의 장의 행위는 사법상의 행위이다.

623

해설 ① (○) "서울특별시지하철공사의 임원과 직원의 근무관계의 성질은 지방공기업법의 모든 규정을 살펴보아도 공법상의 특별권력관계라고는 볼 수 없고 사법관계에 속할 뿐만 아니라, 위 지하철공사의 사장이 그 이사회의 결의를 거쳐 제정된 인사규정에 의거하여 소속직원에 대한 징계처분을 한 경우 위 사장은 행정소송법 제13조 제1항 본문과 제2조 제2항 소정의 행정청에 해당되지 않으므로 공권력발동주체로서 위 징계처분을 행한 것으로 볼 수 없고, 따라서 이에 대한 불복절차는 민사소송에 의할 것이지 행정소송에 의할 수는 없다." (대법원 1989.9.12. 선고 89누2103)

② (×) 공기업·준정부기관이 행한 입찰참가자격 제한 조치는 법령에 근거한 경우 처분성이 인정되나, 계약에 근거하여 행한 권리행사의 경우 사법상의 통지에 해당한다. "공기업·준정부기관이 법령 또는 계약에 근거하여 선택적으로 입찰참가자격 제한 조치를 할 수 있는 경우, 계약상대방에 대한 입찰참가자격 제한 조치가 법령에 근거한 행정처분인지 아니면 계약에 근거한 권리행사인지는 원칙적으로 의사표시의 해석 문제이다. 이때에는 공기업·준정부기관이 계약상대방에게 통지한 문서의 내용과 해당 조치에 이르기까지의 과정을 객관적·종합적으로 고찰하여 판단하여야 한다. 그럼에도 불구하고 공기업·준정부기관이 법령에 근거를 둔 행정처분으로서의 입찰참가자격 제한 조치를 한 것인지 아니면 계약에 근거한 권리행사로서의 입찰참가자격 제한 조치를 한 것인지가 여전히 불분명한 경우에는, 그에 대한 불복방법 선택에 중대한 이해관계를 가지는 그 조치 상대방의 인식가능성 내지 예측가능성을 중요하게 고려하여 규범적으로 이를 확정함이 타당하다." (대법원 2018.10.25. 선고 2016두33537)

③ (○) "국유재산 등의 관리청이 하는 행정재산의 사용·수익에 대한 허가는 순전히 사경제주체로서 행하는 사법상의 행위가 아니라 관리청이 공권력을 가진 우월적 지위에서 행하는 행정처분으로서 특정인에게 행정재산을 사용할 수 있는 권리를 설정하여 주는 강학상 특허에 해당한다." (대법원 2006.3.9. 선고 2004다31074)

④ (○) "지방자치단체가 구 지방재정법시행령 제71조의 규정에 따라 기부채납받은 공유재산을 무상으로 기부자에게 사용을 허용하는 행위는 사경제주체로서 상대방과 대등한 입장에서 하는 사법상 행위이지 행정청이 공권력의 주체로서 행하는 공법상 행위라고 할 수 없으므로, 기부자가 기부채납한 부동산을 일정기간 무상사용한 후에 한 사용허가기간 연장신청을 거부한 행정청의 행위도 단순한 사법상의 행위일 뿐 행정처분 기타 공법상 법률관계에 있어서의 행위는 아니다." (대법원 1994.1.25. 선고 93누7365)

정답 ②

624 [회독] □□□

다음 각 사례에 대한 설명으로 옳은 것만을 모두 고르면?

- 행정청 甲은 국유 일반재산인 건물 1층을 5년간 대부하는 계약을 乙과 체결하면서 대부료는 1년에 1억으로 정하였고 6회에 걸쳐 분납하기로 하였다. 甲은 乙이 1년간 대부료를 납부하지 않자, 체납한 대부료를 납부할 것을 통지하였다. 「국유재산법」에 따르면 국유재산의 대부료 등이 납부기한까지 납부되지 아니한 경우에는 「국세징수법」상의 강제징수에 관한 규정을 준용하고 있다.
- 행정청 甲은 국가 소유의 땅을 무단점유하여 사용하고 있는 丙에게 변상금 100만 원 부과처분을 하였다.

㉠ 甲이 乙에게 대부하는 행위는 공권력의 주체로서 상대방의 의사 여하에 불구하고 일방적으로 행하는 행정처분이 아니다.

㉡ 甲은 대부료를 납부하지 않은 乙을 상대로 민사소송을 제기하여 대부료 지급을 구해야 한다.

㉢ 변상금 부과처분은 순전히 사경제 주체로서 행하는 사법상의 법률행위이므로, 丙은 그 처분에 대해 민사소송을 제기하여 다툴 수 있다.

---

① ㉠

② ㉡

③ ㉠, ㉢

④ ㉠, ㉡, ㉢

624

해설 ㉠ (○) "국유일반재산을 대부하는 행위는 국가가 사경제주체로서 행하는 사법상 계약이고, 행정청이 공권력의 주체로서 일방적으로 행하는 행정처분이라고 볼 수 없으며, 국유일반재산에 관한 대부료 납부고지도 사법상 이행청구에 해당하고, 이를 행정처분이라고 할 수 없다." (대법원 2000.2.11. 선고 99다61675) 따라서 甲이 乙에게 대부하는 행위는 행정처분이 아니다.

㉡ (×) "일반재산의 대부료의 징수에 관하여도 국세체납처분의 예에 따른 간이하고 특별한 구제절차가 마련되어 있으므로, 특별한 사정이 없는 한 민사소송으로 일반재산의 대부료의 지급을 구하는 것은 허용되지 아니한다." (대법원 2017.4.13. 선고 2013다207941) 따라서 甲은 대부료를 납부하지 않은 乙을 상대로 민사소송을 제기하여 대부료 지급을 구할 수 없다.

㉢ (×) "국유재산의 무단점유자에 대한 변상금 부과는 공권력을 가진 우월적 지위에서 행하는 행정처분이다." (대법원 2014.7.16. 선고 2011다76402) 따라서 丙은 그 처분에 대해 민사소송을 제기하여 다툴 수 없다.

정답 ①

PART 06

625 [회독] ☐☐☐　　　　　　　　　25년 국가 9급

행정행위에 대한 설명으로 옳은 것은?

① 사실상 영업이 양도·양수되었지만 승계신고 및 그 수리처분이 있기 이전에 양도인이 양수인으로 하여금 영업을 하도록 허락하였다면 양수인의 영업 중 발생한 위반행위에 대한 행정적인 책임은 양도인에게 귀속된다.

② 산림청장이 「산림법」 등이 정하는 바에 따라 국유임야를 대부하는 행위는 사경제적 주체로서 하는 사법상 계약이지만, 이 대부계약에 의한 대부료부과 조치는 행정청이 공권력의 주체로서 일방적으로 행하는 행정처분이다.

③ 인가처분에 하자가 없더라도 기본행위에 하자가 있다면, 기본행위의 하자를 내세워 바로 그에 대한 행정청의 인가처분의 취소를 구할 수 있다.

④ 행정청이 행정처분을 하면서 논리적으로 당연히 수반되어야 하는 의사표시를 명시적으로 하지 않았으면, 그것이 행정청의 추단적 의사에 부합하고 상대방이 이를 알 수 있는 경우에도, 행정처분에 이와 같은 의사표시가 묵시적으로 포함되어 있다고 볼 수 없다.

625

해설 ① (○) "사실상 영업이 양도·양수되었지만 아직 승계신고 및 그 수리처분이 있기 이전에는 여전히 종전의 영업자인 양도인이 영업허가자이고, 양수인은 영업허가자가 되지 못한다 할 것이어서 행정제재처분의 사유가 있는지 여부 및 그 사유가 있다고 하여 행하는 행정제재처분은 영업허가자인 양도인을 기준으로 판단하여 그 양도인에 대하여 행하여야 할 것이고, 한편 양도인이 그의 의사에 따라 양수인에게 영업을 양도하면서 양수인으로 하여금 영업을 하도록 허락하였다면 그 양수인의 영업 중 발생한 위반행위에 대한 행정적인 책임은 영업허가자인 양도인에게 귀속된다고 보아야 할 것이다." (대법원 1995.2.24. 선고 94누9146)

② (×) "산림청장이나 그로부터 권한을 위임받은 행정청이 산림법 등이 정하는 바에 따라 국유임야를 대부하거나 매각하는 행위는 사경제적 주체로서 상대방과 대등한 입장에서 하는 사법상 계약이지 행정청이 공권력의 주체로서 상대방의 의사 여하에 불구하고 일방적으로 행하는 행정처분이라고 볼 수 없으며 이 대부계약에 의한 대부료부과 조치 역시 사법상 채무이행을 구하는 것으로 보아야지 이를 행정처분이라고 할 수 없다." (대법원 1993.12.7. 선고 91누11612)

③ (×) "기본행위인 관리처분계획이 적법유효하고 보충행위인 인가처분 자체에만 하자가 있다면 그 인가처분의 무효나 취소를 주장할 수 있지만, 인가처분에 하자가 없다면 기본행위에 하자가 있다 하더라도 따로 그 기본행위의 하자를 다투는 것은 별론으로 하고 기본행위의 무효를 내세워 바로 그에 대한 행정청의 인가처분의 취소 또는 무효확인을 소구할 법률상의 이익이 있다고 할 수 없다." (대법원 1994.10.14. 선고 93누22753)

④ (×) "처분서의 문언만으로는 행정청이 어떤 처분을 하였는지 불분명한 경우에는 처분 경위와 목적, 처분 이후 상대방의 태도 등 여러 사정을 고려하여 처분서의 문언과 달리 처분의 내용을 해석할 수 있다. 특히 행정청이 행정처분을 하면서 논리적으로 당연히 수반되어야 하는 의사표시를 명시적으로 하지 않았다고 하더라도, 그것이 행정청의 추단적 의사에도 부합하고 상대방도 이를 알 수 있는 경우에는 행정처분에 위와 같은 의사표시가 묵시적으로 포함되어 있다고 볼 수 있다." (대법원 2020.10.29. 선고 2017다269152)

정답 ①

626 [회독] ☐☐☐   21년 소방직

행정상의 법률관계와 소송형태 등에 관한 설명으로 옳지 않은 것은? (다툼이 있는 경우 판례에 의함)

① 「도시 및 주거환경정비법」상의 주택재건축정비사업조합을 상대로 관리처분계획안에 대한 조합 총회결의의 무효확인을 구하는 소는 공법관계이므로 당사자소송을 제기하여야 한다.

② 「국가를 당사자로 하는 계약에 관한 법률」에 따라 국가가 당사자로 되는 입찰방식에 의한 사인과 체결하는 이른바 공공계약은 국가가 사경제의 주체로서 상대방과 대등한 위치에서 체결하는 사법상의 계약이다.

③ 「국유재산법」에 따른 국유재산의 무단점유자에 대한 변상금 부과·징수권은 민사상 부당이득반환청구권과 법적성질을 달리하므로, 국가는 무단점유자를 상대로 변상금 부과·징수권의 행사와 별개로 국유재산의 소유자로서 민사상 부당이득반환청구의 소를 제기할 수 있다.

④ 2020년 4월 1일부터 시행되는 전부개정 「소방공무원법」 이전의 경우, 지방소방공무원의 보수에 관한 법률관계는 사법상의 법률관계이므로 지방소방공무원이 소속 지방자치단체를 상대로 초과근무수당의 지급을 구하는 소송은 행정소송상 당사자소송이 아닌 민사소송절차에 따라야 했다.

626

해설 ① (○) "도시 및 주거환경정비법상 행정주체인 주택재건축정비사업조합을 상대로 관리처분계획안에 대한 조합 총회결의의 효력 등을 다투는 소송은 행정처분에 이르는 절차적 요건의 존부나 효력 유무에 관한 소송으로서 그 소송결과에 따라 행정처분의 위법 여부에 직접 영향을 미치는 공법상 법률관계에 관한 것이므로, 이는 행정소송법상의 당사자소송에 해당한다." (대법원 2009.9.17. 선고 2007다2428)

② (○) "국가를 당사자로 하는 계약에 관한 법률에 따라 국가가 당사자가 되는 이른바 공공계약은 사경제 주체로서 상대방과 대등한 위치에서 체결하는 사법상 계약으로서 본질적인 내용은 사인 간의 계약과 다를 바가 없으므로, 그에 관한 법령에 특별한 정함이 있는 경우를 제외하고는 사적 자치와 계약자유의 원칙 등 사법의 원리가 그대로 적용된다." (대법원 2020.5.14. 선고 2018다298409)

③ (○) "구 국유재산법 제51조 제1항, 제4항, 제5항에 의한 변상금 부과·징수권은 민사상 부당이득반환청구권과 법적 성질을 달리하므로, 국가는 무단점유자를 상대로 변상금 부과·징수권의 행사와 별도로 국유재산의 소유자로서 민사상 부당이득반환청구의 소를 제기할 수 있다." (대법원 2014.7.16. 선고 2011다76402)

④ (×) 2020년 4월 1일부터 시행되는 전부개정 「소방공무원법」 이전의 경우"라는 표현을 사용한 이유는, 개정 전 법령을 기준으로 하여 판시된 2012다102629 판례의 결론을 물어보는 것이 출제의도였기 때문이다. 참고로, 「소방공무원법」 개정은 근무관계의 성질을 변경하기 위하여 이루어진 것이 아니었기 때문에, 기존의 이러한 대법원의 입장에 변경이 있을 것 같지는 않다. 동법의 개정으로 인해, 2020년 4월 1일부터 지방소방공무원과 국가소방공무원으로 이원화되어 있던 소방공무원들이, 국가소방공무원으로 일원화되었다. "지방자치단체와 그 소속 경력직 공무원인 지방소방공무원 사이의 관계, 즉 지방소방공무원의 근무관계는 사법상의 근로계약관계가 아닌 공법상의 근무관계에 해당하고, 그 근무관계의 주요한 내용 중 하나인 지방소방공무원의 보수에 관한 법률관계는 공법상의 법률관계라고 보아야 한다. 지방소방공무원의 초과근무수당 지급청구권은 법령의 규정에 의하여 직접 그 존부나 범위가 정하여지고 법령에 규정된 수당의 지급요건에 해당하는 경우에는 곧바로 발생한다고 할 것이므로, 지방소방공무원이 자신이 소속된 지방자치단체를 상대로 초과근무수당의 지급을 구하는 청구에 관한 소송은 행정소송법 제3조 제2호에 규정된 당사자소송의 절차에 따라야 한다." (대법원 2013.3.28. 선고 2012다102629)

정답 ④

627 [회독] ☐☐☐

행정소송에 대한 설명으로 옳지 않은 것은? (다툼이 있는 경우 판례에 의함)

① 검사의 불기소결정은 「행정소송법」상 처분에 해당되어 항고소송을 제기할 수 있다.

② 납세의무부존재확인의 소는 공법상의 법률관계 그 자체를 다투는 소송으로서 당사자소송이다.

③ 행정청의 부작위에 대하여 행정심판을 거치지 않고 부작위위법확인소송을 제기하는 경우에는 제소기간의 제한을 받지 않는다.

④ 거부처분에 대하여 무효확인 판결이 확정된 경우, 행정청에 대해 판결의 취지에 따른 재처분의무가 인정될 뿐 그에 대하여 간접강제까지 허용되는 것은 아니다.

627

해설 ① (×) "'처분'이란 행정소송법상 항고소송의 대상이 되는 처분을 의미하는 것으로서, 행정소송법 제2조의 처분의 개념 정의에는 해당한다고 하더라도 그 처분의 근거 법률에서 행정소송 이외의 다른 절차에 의하여 불복할 것을 예정하고 있는 처분은 항고소송의 대상이 될 수 없다. 검사의 불기소결정에 대해서는 검찰청법에 의한 항고와 재항고, 형사소송법에 의한 재정신청에 의해서만 불복할 수 있는 것이므로, 이에 대해서는 행정소송법상 항고소송을 제기할 수 없다." (대법원 2018.9.28. 선고 2017두47465)

② (○) "납세의무부존재확인의 소는 공법상의 법률관계 그 자체를 다투는 소송으로서 당사자소송이라 할 것이므로 행정소송법 제3조 제2호, 제39조에 의하여 그 법률관계의 한쪽 당사자인 국가·공공단체 그 밖의 권리주체가 피고적격을 가진다." (대법원 2000.9.8. 선고 99두2765)

③ (○) "부작위위법확인의 소는 부작위상태가 계속되는 한 그 위법의 확인을 구할 이익이 있다고 보아야 하므로 원칙적으로 제소기간의 제한을 받지 않는다. 그러나 행정소송법 제38조 제2항이 제소기간을 규정한 같은 법 제20조를 부작위위법확인소송에 준용하고 있는 점에 비추어 보면, 행정심판 등 전심절차를 거친 경우에는 행정소송법 제20조가 정한 제소기간 내에 부작위위법확인의 소를 제기하여야 한다." (대법원 2009.7.23. 선고 2008두10560)

④ (○) "행정소송법 제38조 제1항이 무효확인 판결에 관하여 취소판결에 관한 규정을 준용함에 있어서 같은 법 제30조 제2항을 준용한다고 규정하면서도 같은 법 제34조는 이를 준용한다는 규정을 두지 않고 있으므로, 행정처분에 대하여 무효확인 판결이 내려진 경우에는 그 행정처분이 거부처분인 경우에도 행정청에 판결의 취지에 따른 재처분의무가 인정될 뿐 그에 대하여 간접강제까지 허용되는 것은 아니라고 할 것이다." (대법원 1998.12.24.자 선고 98무37)

정답 ①

628 [회독] ☐☐☐

공법관계와 사법관계에 대한 설명으로 옳은 것은? (다툼이 있는 경우 판례에 의함)

① 「행정절차법」은 공법관계는 물론 사법관계에 대해서도 적용된다.

② 공법관계는 행정소송 중 항고소송의 대상이 되며, 사인 간의 법적 분쟁에 관한 사법관계는 행정소송 중 당사자소송의 대상이 된다.

③ 법률관계의 한쪽 당사자가 행정주체인 경우에는 공법관계로 보는 것이 판례의 일관된 입장이다.

④ 입찰보증금의 국고귀속조치는 국가가 사법상의 재산권의 주체로서 행위하는 것이지, 공권력을 행사하는 것이거나 공권력작용과 일체성을 가진 것이 아니라 할 것이다.

628

해설 ① (×) 「행정절차법」은 공법관계인 행정절차를 규율하는 법률이다(행정절차법 제3조 제1항).

행정절차법	제3조(적용 범위) ① 처분, 신고, 확약, 위반사실 등의 공표, 행정계획, 행정상 입법예고, 행정예고 및 행정지도의 절차(이하 "행정절차"라 한다)에 관하여 다른 법률에 특별한 규정이 있는 경우를 제외하고는 이 법에서 정하는 바에 따른다.

② (×) 공법관계는 행정소송 중 항고소송의 대상이 될 수 있다. 그러나 사인 간의 법적 분쟁에 관한 사법관계는 당사자소송이 아니라 민사소송에 의한다. 행정소송 중 당사자소송은 공법관계에 관한 분쟁을 다루는 소송이다(행정소송법 제3조 제2호).

행정소송법	제3조(행정소송의 종류) 행정소송은 다음의 네 가지로 구분한다. 2. 당사자소송 : 행정청의 처분등을 원인으로 하는 법률관계에 관한 소송 그 밖에 공법상의 법률관계에 관한 소송으로서 그 법률관계의 한쪽 당사자를 피고로 하는 소송

③ (×) 행정주체가 일방 당사자가 되는 경우에도 국고작용에 따른 법률관계의 경우에는 사법관계가 된다. "국가를 당사자로 하는 계약에 관한 법률'에 따라 지방자치단체가 당사자가 되는 이른바 공공계약은 사경제의 주체로서 상대방과 대등한 위치에서 체결하는 사법(私法)상의 계약으로서 그 본질적인 내용은 사인 간의 계약과 다를 바가 없다." (대법원 2006.6.19. 선고 2006마117)

④ (○) "구 예산회계법(현 국가를 당사자로 하는 계약에 관한 법률)에 따라 체결되는 계약은 사법상의 계약이라고 할 것이고 동법 제70조의5의 입찰보증금은 사법상의 손해배상 예정으로서의 성질을 갖는 것이라고 할 것이므로 입찰보증금의 국고귀속조치는 국가가 사법상의 재산권의 주체로서 행위하는 것이므로 이에 관한 분쟁은 행정소송이 아닌 민사소송의 대상이 될 수 밖에 없다." (대법원 1983.12.27. 선고 81누366)

정답 ④

PART 06

629 [회독] □□□ · 19년 국가 9급

행정소송의 대상에 대한 판례의 입장으로 옳지 않은 것은?

① 「수도법」에 의하여 지방자치단체인 수도사업자가 그 수 돗물의 공급을 받는 자에게 하는 수도료 부과·징수와 이에 따른 수도료 납부관계는 공법상의 권리의무 관계 이므로, 이에 관한 분쟁은 행정소송의 대상이다.

② 구 「예산회계법」상 입찰보증금의 국고귀속조치는 국가 가 공권력을 행사하는 것이라는 점에서, 이를 다투는 소 송은 행정소송에 해당한다.

③ 「도시 및 주거환경정비법」상 주택재건축정비사업조합 을 상대로 관리처분계획안에 대한 조합 총회결의의 효 력 등을 다투는 소송은 「행정소송법」상 당사자소송에 해당한다.

④ 공익사업을 위한 토지 등의 취득 및 보상에 관한 법령에 의한 협의취득은 사법상의 법률행위이므로, 이에 관한 분쟁은 민사소송의 대상이다.

630 [회독] □□□ · 24년 국가 9급

행정심판 재결의 효력에 대한 설명으로 옳지 않은 것은?

① 행정심판 재결의 내용이 처분청의 처분을 스스로 취소 하는 것일 때에는 그 재결의 형성력이 발생하여 당해 행 정처분은 별도의 행정처분을 기다릴 것 없이 당연히 취 소되어 소멸된다.

② 행정처분이나 행정심판 재결이 불복기간의 경과로 확정 될 경우 그 확정력은 처분으로 법률상 이익을 침해받은 자가 당해 처분이나 재결의 효력을 더 이상 다툴 수 없 다는 의미일 뿐 판결과 같은 기판력이 인정되는 것은 아 니다.

③ 당사자의 신청을 받아들이지 않은 거부처분이 재결에서 취소된 경우에 행정청은 종전 거부처분 또는 재결 후에 발생한 새로운 사유를 내세워 다시 거부처분을 할 수 없다.

④ 교원소청심사위원회의 결정은 처분청에 대하여 기속력 을 가지고 이는 그 결정의 주문에 포함된 사항뿐 아니라 처분 등의 구체적 위법사유에 관한 판단에까지 미친다.

629

해설 ① (○) "수도료 부과징수와 납부관계는 공법관계이다." (대법 원 1977.2.22. 선고 76다2517)

② (×) "'국가를 당사자로 하는 계약에 관한 법률'(구 예산회계법)에 따라 체결되는 계약은 사법상의 계약이라고 할 것이므로 입찰보증금 의 국고귀속조치는 국가가 사법상의 재산권의 주체로서 행위하는 것 이어서 이에 관한 분쟁은 행정소송이 아닌 민사소송의 대상이 될 수 밖에 없다고 할 것이다." (대법원 1983.12.27. 선고 81누366)

③ (○) "도시 및 주거환경정비법상 행정주체인 주택재건축정비사업 조합을 상대로 관리처분계획안에 대한 조합 총회결의의 효력 등을 다 투는 소송은 행정처분에 이르는 절차적 요건의 존부나 효력 유무에 관한 소송으로서 그 소송결과에 따라 행정처분의 위법 여부에 직접 영향을 미치는 공법상 법률관계에 관한 것이므로, 이는 행정소송법상 의 당사자소송에 해당한다." (대법원 2009.9.17. 선고 2007다2428)

④ (○) "공익사업을위한토지등의취득및보상에관한법률에 의한 협의 취득 또는 보상합의는 공공기관이 사경제주체로서 행하는 사법상 매 매 내지 사법상 계약의 실질을 가진다." (대법원 2004.9.24. 선고 2002다 68713)

정답 ②

630

해설 ① (○) "행정심판법 제32조 제3항에 의하면 재결청은 취소심 판의 청구가 이유 있다고 인정되는 때에는 처분을 취소 또는 변경하 거나 처분청에게 취소 또는 변경할 것을 명한다고 규정하고 있으므 로, 행정심판에 있어서 재결청의 재결 내용이 처분청의 취소를 명하 는 것이 아니라 처분청의 처분을 스스로 취소하는 것일 때에는 그 재 결의 형성력이 발생하여 당해 행정처분은 별도의 행정처분을 기다릴 것 없이 당연히 취소되어 소멸되는 것이다." (대법원 1997.5.30. 선고 96 누14678)

② (○) "일반적으로 행정처분이나 행정심판 재결이 불복기간의 경과 로 인하여 확정될 경우 그 확정력은, 그 처분으로 인하여 법률상 이익 을 침해받은 자가 당해 처분이나 재결의 효력을 더 이상 다툴 수 없다 는 의미일 뿐, 더 나아가 판결에 있어서와 같은 기판력이 인정되는 것 은 아니어서 그 처분의 기초가 된 사실관계나 법률적 판단이 확정되 고 당사자들이나 법원이 이에 기속되어 모순되는 주장이나 판단을 할 수 없게 되는 것은 아니다." (대법원 2004.7.8. 선고 2002두11288)

③ (×) "당사자의 신청을 받아들이지 않은 거부처분이 재결에서 취소 된 경우에 행정청은 종전 거부처분 또는 재결 후에 발생한 새로운 사 유를 내세워 다시 거부처분을 할 수 있다. 그 재결의 취지에 따라 이전 의 신청에 대하여 다시 어떠한 처분을 하여야 할지는 처분을 할 때의 법령과 사실을 기준으로 판단하여야 하기 때문이다." (대법원 2017.10.31. 선고 2015두45045)

④ (○) "교원소청심사위원회(이하 '위원회'라 한다)의 결정은 처분청 에 대하여 기속력을 가지고 이는 그 결정의 주문에 포함된 사항뿐 아 니라 그 전제가 된 요건사실의 인정과 판단, 즉 처분 등의 구체적 위법 사유에 관한 판단에까지 미친다." (대법원 2013.7.25. 선고 2012두12297)

정답 ③

631 [회독] □□□　　　　　　　　　　　20년 국가 7급

공법관계와 사법관계에 대한 설명으로 옳은 것은? (다툼이 있는 경우 판례에 의함)

① 구 「예산회계법」에 따른 입찰보증금의 국고귀속조치는 국가가 공법상의 재산권의 주체로서 행위하는 것으로 그 행위는 공법행위에 속한다.

② 공유재산의 관리청이 행하는 행정재산의 사용·수익에 대한 허가는 순전히 사경제주체로서 행하는 사법상의 법률행위이다.

③ 개발부담금 부과처분이 취소된 후의 부당이득으로서의 과오납금 반환에 관한 법률관계는 공법상 법률관계이다.

④ 공익사업을 위한 토지 등의 취득 및 보상에 관한 법령에 의한 협의취득은 사법상의 법률행위이다.

631

해설 ① (×) "예산회계법에 따라 체결되는 계약은 사법상의 계약이라고 할 것이고 동법 제70조의5의 입찰보증금은 낙찰자의 계약체결의무이행의 확보를 목적으로 하여 그 불이행시에 이를 국고에 귀속시켜 국가의 손해를 전보하는 사법상의 손해배상 예정으로서의 성질을 갖는 것이라고 할 것이므로 입찰보증금의 국고귀속조치는 국가가 사법상의 재산권의 주체로서 행위하는 것이지 공권력을 행사하는 것이거나 공권력작용과 일체성을 가진 것이 아니라 할 것이므로 이에 관한 분쟁은 행정소송이 아닌 민사소송의 대상이 될 수 밖에 없다고 할 것이다." (대법원 1983.12.27. 선고 81누366)

② (×) "공유재산의 관리청이 행정재산의 사용·수익에 대한 허가는 순전히 사경제주체로서 행하는 사법상의 행위가 아니라 관리청이 공권력을 가진 우월적 지위에서 행하는 행정처분으로서 특정인에게 행정재산을 사용할 수 있는 권리를 설정하여 주는 강학상 특허에 해당한다." (대법원 1998.2.27. 선고 97누1105)

③ (×) "개발부담금 부과처분이 취소된 이상 그 후의 부당이득으로서의 과오납금 반환에 관한 법률관계는 단순한 민사관계에 불과한 것이고, 행정소송 절차에 따라야 하는 관계로 볼 수 없다." (대법원 1995.12.22. 선고 94다51253)

④ (○) "구 공공용지의취득및손실보상에관한특례법(폐지 − 현 「공익사업을위한토지등의취득및보상에관한법률」)에 의한 협의취득 또는 보상합의는 공공기관이 사경제주체로서 행하는 사법상 매매 내지 사법상 계약의 실질을 가진다." (대법원 2004.9.24. 선고 2002다68713)

정답 ④

632 [회독] ☐☐☐

다음 중 대법원 판례의 내용과 다른 것은? (다툼이 있는 경우 판례에 의함)

① 일정한 자격을 갖추고 소정의 절차에 따라 국립대학의 장에 의하여 임용된 조교는 법정된 근무기간 동안 신분이 보장되는 교육공무원법상의 교육공무원 내지 「국가공무원법」상의 특정직 공무원 지위가 부여되지만, 근무관계는 공법상 근무관계가 아닌 사법상의 근로계약관계에 해당한다.

② 행정규칙의 내용이 상위법령에 반하는 것이라면 법치국가원리에서 파생되는 법질서의 통일성과 모순금지 원칙에 따라 그것은 법질서상 당연무효이고, 행정내부적 효력도 인정될 수 없다.

③ 계약직공무원에 관한 현행 법령의 규정에 비추어 볼 때, 계약직공무원 채용계약해지의 의사표시는 일반공무원에 대한 징계처분과는 달라서 항고소송의 대상이 되는 처분 등의 성격을 가진 것으로 인정되지 아니한다.

④ 「국가공무원법」상 당연퇴직은 결격사유가 있을 때 법률상 당연히 퇴직하는 것이지, 공무원관계를 소멸시키기 위한 별도의 행정처분을 요하는 것이 아니며, 당연퇴직의 인사발령은 법률상 당연히 발생하는 퇴직사유를 공적으로 확인하여 알려주는 이른바 관념의 통지에 불과하고 공무원의 신분을 상실시키는 새로운 형성적 행위가 아니므로 행정소송의 대상이 되는 독립한 행정처분이라고 할 수 없다.

632

해설 ① (×) "국가공무원법에 의하면 일정한 자격을 갖추고 소정의 절차에 따라 대학의 장에 의하여 임용된 조교는 법정된 근무기간 동안 신분이 보장되는 교육공무원법상의 교육공무원 내지 국가공무원법상의 특정직공무원 지위가 부여되고, 근무관계는 사법상의 근로계약관계가 아닌 공법상 근무관계에 해당한다." (대법원 2019.11.14. 선고 2015두52531)

② (○) "행정규칙의 내용이 상위법령에 반하는 것이라면 법치국가원리에서 파생되는 법질서의 통일성과 모순금지 원칙에 따라 그것은 법질서상 당연무효이고, 행정내부적 효력도 인정될 수 없다." (대법원 2019.10.31. 선고 2013두20011)

③ (○) "계약직공무원 채용계약해지의 의사표시는 일반공무원에 대한 징계처분과는 달라서 항고소송의 대상이 되는 처분 등의 성격을 가진 것으로 인정되지 아니하고, 국가 또는 지방자치단체가 채용계약관계의 한쪽 당사자로서 대등한 지위에서 행하는 의사표시로 취급되는 것으로 이해된다." (대법원 2002.11.26. 선고 2002두5948)

④ (○) "국가공무원법 제69조에 의하면 공무원이 제33조 각 호의 1에 해당할 때에는 당연히 퇴직한다고 규정하고 있으므로, 국가공무원법상 당연퇴직은 결격사유가 있을 때 법률상 당연히 퇴직하는 것이지 공무원관계를 소멸시키기 위한 별도의 행정처분을 요하는 것이 아니며, 당연퇴직의 인사발령은 법률상 당연히 발생하는 퇴직사유를 공적으로 확인하여 알려주는 이른바 관념의 통지에 불과하고 공무원의 신분을 상실시키는 새로운 형성적 행위가 아니므로 행정소송의 대상이 되는 독립한 행정처분이라고 할 수 없다." (대법원 1995.11.14. 선고 95누2036)

정답 ①

633 [회독] □□□ 20년 지방 9급

행정소송의 소송요건 등에 대한 설명으로 옳지 않은 것은?
(다툼이 있는 경우 판례에 의함)

① 고시 또는 공고에 의하여 행정처분을 하는 경우 그 행정처분에 이해관계를 갖는 사람이 고시 또는 공고가 있었다는 사실을 현실적으로 알았는지 여부에 관계없이 고시 또는 공고가 효력을 발생한 날에 행정처분이 있음을 알았다고 보아야 한다.

② 「행정소송법」상 제3자 소송참가의 경우 참가인이 상소를 하였더라도, 소송당사자 본인인 피참가인은 참가인의 의사에 반하여 상소취하나 상소포기를 할 수 있다.

③ 무효인 과세처분에 근거하여 세금을 납부한 경우 부당이득반환청구의 소로써 직접 위법상태의 제거를 구할 수 있는지 여부와 관계없이 「행정소송법」 제35조에 규정된 '무효확인을 구할 법률상 이익'을 가진다.

④ 공법상 당사자소송으로서 납세의무부존재확인의 소는 과세처분을 한 과세관청이 아니라 「행정소송법」 제3조 제2호, 제39조에 의하여 그 법률관계의 한쪽 당사자인 국가·공공단체, 그 밖의 권리주체가 피고적격을 가진다.

633

해설 ① (○) "통상 고시 또는 공고에 의하여 행정처분을 하는 경우에는 그 처분의 상대방이 불특정 다수인이고, 그 처분의 효력이 불특정 다수인에게 일률적으로 적용되는 것이므로, 그 행정처분에 이해관계를 갖는 자는 고시 또는 공고가 있었다는 사실을 현실적으로 알았는지 여부에 관계없이 고시가 효력을 발생하는 날에 행정처분이 있음을 알았다고 보아야 하고, 따라서 그에 대한 취소소송은 그 날로부터 90일 이내에 제기하여야 한다." (대법원 2006.4.14. 선고 2004두3847)

② (×) "「행정소송법」상 제3자 소송참가(제16조)의 경우 그 법적성질이, 민사소송법 제78조에서 규정하고 있는 공동소송적 보조참가에 해당한다고 본다. 따라서 그 공동소송적 보조참가인이 동의하지 않는 한, 소송당사자 본인인 피참가인은 상소취하나 상소포기를 할 수 없다. 그런데 참가인이 이미 상소를 한 경우이므로, 피참가인은 상소취하나 상소포기를 할 수 없게 된다. 민사소송법 제78조의 공동소송적 보조참가에는 필수적 공동소송에 관한 민사소송법 제67조 제1항, 즉 "소송목적이 공동소송인 모두에게 합일적으로 확정되어야 할 공동소송의 경우에 공동소송인 가운데 한 사람의 소송행위는 모두의 이익을 위하여서만 효력을 가진다."라고 한 규정이 준용되므로, 피참가인의 소송행위는 모두의 이익을 위하여서만 효력을 가지고, 공동소송적 보조참가인에게 불이익이 되는 것은 효력이 없으므로, 참가인이 상소를 할 경우에 피참가인이 상소취하나 상소포기를 할 수는 없다." (대법원 2017.10.12. 선고 2015두36836)

③ (○) "행정처분의 근거 법률에 의하여 보호되는 직접적이고 구체적인 이익이 있는 경우에는 행정소송법 제35조에 규정된 '무효확인을 구할 법률상 이익'이 있다고 보아야 하고, 이와 별도로 무효확인소송의 보충성이 요구되는 것은 아니므로 행정처분의 무효를 전제로 한 이행소송 등과 같은 직접적인 구제수단이 있는지 여부를 따질 필요가 없다고 해석함이 상당하다. … 원고로서는 부당이득반환청구의 소나 소유권이전등기말소청구의 소로써 직접 원고가 주장하는 위법상태의 제거를 구할 수 있는지 여부에 관계없이, 압류처분 및 매각처분의 근거 법률에 의하여 보호되는 직접적이고 구체적인 이익을 가지고 있어 행정소송법 제35조에 규정된 '무효확인을 구할 법률상 이익'을 가지는 자에 해당한다." (대법원 2008.3.20. 선고 2007두6342)

④ (○) "납세의무부존재확인의 소는 공법상의 법률관계 그 자체를 다투는 소송으로서 당사자소송이라 할 것이므로 행정소송법 제3조 제2호, 제39조에 의하여 그 법률관계의 한쪽 당사자인 국가·공공단체 그 밖의 권리주체가 피고적격을 가진다." (대법원 2000.9.8. 선고 99두2765)

정답 ②

PART **06**

기출테마 121 민중소송 및 객관소송

634 [회독] □□□   24년 군무원 9급

다음 중 「행정소송법」에 대한 내용으로 가장 적절하지 않은 것은?

① 당사자소송은 원칙적으로 당해 처분을 행한 행정청을 피고로 한다.

② 민중소송은 법률이 정한 경우에 법률에 정한 자에 한하여 제기할 수 있다.

③ 기관소송은 법률이 정한 경우에 법률에 정한 자에 한하여 제기할 수 있다.

④ 국가의 사무를 위임 또는 위탁받은 공공단체 또는 그 장에 해당하는 피고에 대하여 취소소송을 제기하는 경우에는 대법원소재지를 관할하는 행정법원에 제기할 수 있다.

634

[해 설] ① (×) 행정소송법 제39조

행정소송법	제39조(피고적격) 당사자소송은 국가·공공단체 그 밖의 권리주체를 피고로 한다.

②, ③ (○) 행정소송법 제45조

행정소송법	제45조(소의 제기) 민중소송 및 기관소송은 법률이 정한 경우에 법률에 정한 자에 한하여 제기할 수 있다.

④ (○) 행정소송법 제9조 제2항 제2호

행정소송법	제9조(재판관할) ① 취소소송의 제1심관할법원은 피고의 소재지를 관할하는 행정법원으로 한다. ② 제1항에도 불구하고 다음 각 호의 어느 하나에 해당하는 피고에 대하여 취소소송을 제기하는 경우에는 대법원소재지를 관할하는 행정법원에 제기할 수 있다. 1. 중앙행정기관, 중앙행정기관의 부속기관과 합의제 행정기관 또는 그 장 2. 국가의 사무를 위임 또는 위탁받은 공공단체 또는 그 장

정답 ①

제7절 행정구제수단으로서의 헌법소원

기출테마 122 행정구제수단으로서의 헌법소원

제2장 행정심판

제1절 서론

기출테마 123 행정심판 개설

635

[회독] ☐☐☐　　　　　　　　　　　　　　22년 국가 9급

다음 중 「행정심판법」에 따른 행정심판을 제기할 수 없는 경우만을 모두 고르면? (다툼이 있는 경우 판례에 의함)

> ㉠ 「공공기관의 정보공개에 관한 법률」상 정보공개와 관련한 공공기관의 비공개결정에 대하여 이의신청을 한 경우
> ㉡ 「공익사업을 위한 토지 등의 취득 및 보상에 관한 법률」상 토지수용위원회의 수용재결에 이의가 있어 중앙토지수용위원회에 이의를 신청한 경우
> ㉢ 「난민법」상 난민불인정결정에 대해 법무부장관에게 이의신청을 한 경우
> ㉣ 「민원 처리에 관한 법률」상 법정민원에 대한 행정기관의 장의 거부처분에 대해 그 행정기관의 장에게 이의신청을 한 경우

① ㉠, ㉡　　　　　　　　　② ㉠, ㉣

③ ㉡, ㉢　　　　　　　　　④ ㉢, ㉣

635

[해설] 행정심판에 해당할 경우, 별도의 행정심판제기(청구)를 하는 것이 허용되지 않는데(행정심판법 제51조), 명칭이 "이의신청"임에도 불구하고, 성질상 행정심판에 해당하기 때문에, 그 이의신청을 한 후에는 다시 행정심판청구를 할 수 없게 되는 예를 찾아보라는 문제이다.

행정심판법	제51조(행정심판 재청구의 금지) 심판청구에 대한 재결이 있으면 그 재결 및 같은 처분 또는 부작위에 대하여 다시 행정심판을 청구할 수 없다.

㉠ (○) 「공공기관의 정보공개에 관한 법률」상 이의신청은 행정심판이 아닌 이의신청이므로 이의신청을 한 경우에도 행정심판을 제기할 수 있다.

㉡ (✕) 「공익사업을 위한 토지 등의 취득 및 보상에 관한 법률」상 중앙토지수용위원회에 대한 이의신청은 그 성질이 행정심판에 해당하므로 당해 절차를 거친 이후에는 다시 행정심판을 제기할 수 없다.

㉢ (✕) 난민법상 난민불인정 결정에 대한 이의신청은 성질상 행정심판에 해당하는 것으로 본다. 난민법 제21조 제2항에서 동법상 이의신청을 거친 경우에는 행정심판을 청구할 수 없게 하고 있기 때문이다.

난민법	제21조(이의신청) ① 제18조제2항 또는 제19조에 따라 난민불인정결정을 받은 사람 또는 제22조에 따라 난민인정이 취소 또는 철회된 사람은 그 통지를 받은 날부터 30일 이내에 법무부장관에게 이의신청을 할 수 있다. 이 경우 이의신청서에 이의의 사유를 소명하는 자료를 첨부하여 지방출입국·외국인관서의 장에게 제출하여야 한다. ② 제1항에 따른 이의신청을 한 경우에는 「행정심판법」에 따른 행정심판을 청구할 수 없다.

㉣ (○) 민원 처리에 관한 법률 제35조 제3항

민원 처리에 관한 법률	제35조(거부처분에 대한 이의신청) ① 법정민원에 대한 행정기관의 장의 거부처분에 불복하는 민원인은 그 거부처분을 받은 날부터 60일 이내에 그 행정기관의 장에게 문서로 이의신청을 할 수 있다. ③ 민원인은 제1항에 따른 이의신청 여부와 관계없이 「행정심판법」에 따른 행정심판 또는 「행정소송법」에 따른 행정소송을 제기할 수 있다.

정답 ③

636 [회독] ☐☐☐

24년 군무원 9급

다음 중 「행정기본법」상 처분에 대한 이의신청에 대한 설명으로 가장 적절하지 않은 것은?

① 행정청의 처분에 이의가 있는 당사자는 처분을 받은 날부터 30일 이내에 해당 행정청에 이의신청을 할 수 있다.

② 이의신청을 한 경우에도 그 이의신청과 관계없이 「행정심판법」에 따른 행정심판 또는 「행정소송법」에 따른 행정소송을 제기할 수 있다.

③ 과태료·과징금의 부과 및 징수에 관한 사항에 대하여는 「행정기본법」을 적용하지 않는다.

④ 다른 법률에서 이의신청과 이에 준하는 절차에 대하여 정하고 있는 경우에도 그 법률에서 규정하지 아니한 사항에 관하여는 「행정기본법」이 정하는 바에 따른다.

636

해설 ①, ②, ④ (○) / ③ (×) 행정기본법 제36조

행정기본법

제36조(처분에 대한 이의신청) ① 행정청의 처분(「행정심판법」 제3조에 따라 같은 법에 따른 행정심판의 대상이 되는 처분을 말한다. 이하 이 조에서 같다)에 이의가 있는 당사자는 처분을 받은 날부터 30일 이내에 해당 행정청에 이의신청을 할 수 있다.

② 행정청은 제1항에 따른 이의신청을 받으면 그 신청을 받은 날부터 14일 이내에 그 이의신청에 대한 결과를 신청인에게 통지하여야 한다. 다만, 부득이한 사유로 14일 이내에 통지할 수 없는 경우에는 그 기간을 만료일 다음 날부터 기산하여 10일의 범위에서 한 차례 연장할 수 있으며, 연장 사유를 신청인에게 통지하여야 한다.

③ 제1항에 따라 이의신청을 한 경우에도 그 이의신청과 관계없이 「행정심판법」에 따른 행정심판 또는 「행정소송법」에 따른 행정소송을 제기할 수 있다.

④ 이의신청에 대한 결과를 통지받은 후 행정심판 또는 행정소송을 제기하려는 자는 그 결과를 통지받은 날(제2항에 따른 통지기간 내에 결과를 통지받지 못한 경우에는 같은 항에 따른 통지기간이 만료되는 날의 다음 날을 말한다)부터 90일 이내에 행정심판 또는 행정소송을 제기할 수 있다.

⑤ 다른 법률에서 이의신청과 이에 준하는 절차에 대하여 정하고 있는 경우에도 그 법률에서 규정하지 아니한 사항에 관하여는 이 조에서 정하는 바에 따른다.

⑥ 제1항부터 제5항까지에서 규정한 사항 외에 이의신청의 방법 및 절차 등에 관한 사항은 대통령령으로 정한다.

⑦ 다음 각 호의 어느 하나에 해당하는 사항에 관하여는 이 조를 적용하지 아니한다.

1. 공무원 인사 관계 법령에 따른 징계 등 처분에 관한 사항

2. 「국가인권위원회법」 제30조에 따른 진정에 대한 국가인권위원회의 결정

3. 「노동위원회법」 제2조의2에 따라 노동위원회의 의결을 거쳐 행하는 사항

4. 형사, 행형 및 보안처분 관계 법령에 따라 행하는 사항

5. 외국인의 출입국·난민인정·귀화·국적회복에 관한 사항

6. 과태료 부과 및 징수에 관한 사항

정답 ③

637 [회독] □□□

「행정심판법」에 따른 행정심판기관이 아닌 특별행정심판기관에 의하여 처리되는 특별행정심판에 해당하는 것만을 모두 고르면? (다툼이 있는 경우 판례에 의함)

> ㉠ 「국세기본법」상 조세심판
> ㉡ 「도로교통법」상 행정심판
> ㉢ 「국가공무원법」상 소청심사
> ㉣ 「공익사업을 위한 토지 등의 취득 및 보상에 관한 법률」상 토지수용재결에 대한 이의신청

① ㉠, ㉡
② ㉠, ㉢, ㉣
③ ㉡, ㉢, ㉣
④ ㉠, ㉡, ㉢, ㉣

637

해설	행정심판법 제4조
행정심판법	제4조(특별행정심판 등) ① 사안(事案)의 전문성과 특수성을 살리기 위하여 특히 필요한 경우 외에는 이 법에 따른 행정심판을 갈음하는 특별한 행정불복절차(이하 "특별행정심판"이라 한다)나 이 법에 따른 행정심판 절차에 대한 특례를 다른 법률로 정할 수 없다. ② 다른 법률에서 특별행정심판이나 이 법에 따른 행정심판 절차에 대한 특례를 정한 경우에도 그 법률에서 규정하지 아니한 사항에 관하여는 이 법에서 정하는 바에 따른다.

㉠ (○) 국세기본법 제67조

국세기본법	제67조(조세심판원) ① 심판청구에 대한 결정을 하기 위하여 국무총리 소속으로 조세심판원을 둔다.

㉡ (×) 행정심판법 제8조 제6항

행정심판법	제8조(중앙행정심판위원회의 구성) ⑥ 중앙행정심판위원회는 심판청구사건(이하 "사건"이라 한다) 중 「도로교통법」에 따른 자동차운전면허 행정처분에 관한 사건(소위원회가 중앙행정심판위원회에서 심리·의결하도록 결정한 사건은 제외한다)을 심리·의결하게 하기 위하여 4명의 위원으로 구성하는 소위원회를 둘 수 있다.

㉢ (○) 국가공무원법 제9조

국가공무원법	제9조(소청심사위원회의 설치) ① 행정기관 소속 공무원의 징계처분, 그 밖에 그 의사에 반하는 불리한 처분이나 부작위에 대한 소청을 심사·결정하게 하기 위하여 인사혁신처에 소청심사위원회를 둔다. ② 국회, 법원, 헌법재판소 및 선거관리위원회 소속 공무원의 소청에 관한 사항을 심사·결정하게 하기 위하여 국회사무처, 법원행정처, 헌법재판소사무처 및 중앙선거관리위원회사무처에 각각 해당 소청심사위원회를 둔다.

㉣ (○) 공익사업을 위한 토지 등의 취득 및 보상에 관한 법률 제83조

공익사업을 위한 토지 등의 취득 및 보상에 관한 법률	제83조(이의의 신청) ① 중앙토지수용위원회의 제34조에 따른 재결에 이의가 있는 자는 중앙토지수용위원회에 이의를 신청할 수 있다. ② 지방토지수용위원회의 제34조에 따른 재결에 이의가 있는 자는 해당 지방토지수용위원회를 거쳐 중앙토지수용위원회에 이의를 신청할 수 있다.

정답 ②

638 [회독] □□□   21년 국가 9급

「행정심판법」상 행정심판위원회가 취소심판의 청구가 이유가 있다고 인정하는 경우에 행할 수 있는 재결에 해당하지 않는 것은?

① 처분을 취소하는 재결
② 처분을 할 것을 명하는 재결
③ 처분을 다른 처분으로 변경하는 재결
④ 처분을 다른 처분으로 변경할 것을 명하는 재결

639 [회독] □□□   20년 지방 9급

「행정심판법」상의 행정심판에 대한 설명으로 옳지 않은 것은?
(다툼이 있는 경우 판례에 의함)

① 행정청의 부당한 처분을 변경하는 행정심판은 현행법상 허용된다.
② 당사자의 신청에 대한 행정청의 부당한 거부처분에 대하여 일정한 처분을 하도록 하는 행정심판은 현행법상 허용된다.
③ 당사자의 신청에 대한 행정청의 위법한 부작위에 대하여 행정청의 부작위가 위법하다는 것을 확인하는 행정심판은 현행법상 허용되지 않는다.
④ 당사자의 신청에 대한 행정청의 부당한 거부처분을 취소하는 행정심판은 현행법상 허용되지 않는다.

638

해설 취소심판의 인용재결에는 취소재결, 변경재결, 변경명령재결이 존재한다(행정심판법 제43조 제3항). '처분을 할 것을 명하는 재결'은 처분명령재결을 의미하는데, 이는 의무이행심판에서의 인용재결 중 하나이다(행정심판법 제43조 제5항).

행정심판법	제43조 (재결의 구분) ③ 위원회는 취소심판의 청구가 이유가 있다고 인정하면 처분을 취소 또는 다른 처분으로 변경하거나 처분을 다른 처분으로 변경할 것을 피청구인에게 명한다. ⑤ 위원회는 의무이행심판의 청구가 이유가 있다고 인정하면 지체 없이 신청에 따른 처분을 하거나 처분을 할 것을 피청구인에게 명한다.

정답 ②

639

해설

행정심판법	제5조(행정심판의 종류) 행정심판의 종류는 다음 각 호와 같다. 1. 취소심판 : 행정청의 위법 또는 부당한 처분을 취소하거나 변경하는 행정심판 2. 무효등확인심판 : 행정청의 처분의 효력 유무 또는 존재 여부를 확인하는 행정심판 3. 의무이행심판 : 당사자의 신청에 대한 행정청의 위법 또는 부당한 거부처분이나 부작위에 대하여 일정한 처분을 하도록 하는 행정심판

① (○) 취소심판이 현행 행정심판법상 행정심판의 한 종류로 규정되어 있다는 말이다(행정심판법 제5조 제1호). 참고로 행정심판은 행정소송과 달리 부당성에 대해서도 다툴 수 있게 제도가 마련되어 있다.
② (○) 의무이행심판이 현행 행정심판법상 행정심판의 한 종류로 규정되어 있다는 말이다(행정심판법 제5조 제3호).
③ (○) 부작위위법확인심판은 현행 행정심판법상 행정심판의 한 종류로 규정되어 있지 않다는 말이다. 대신 의무이행심판이 행정심판의 한 종류로서 존재한다.
④ (×) 취소심판의 대상인 '처분'에 거부처분이 포함되는지에 대해 묻는 지문이다. 의무이행심판의 경우, 부작위위법확인소송과 달리 거부처분도 대상으로 삼기 때문에, 의무이행심판으로 거부처분에 대해 다투는 것이 가능한데, 굳이 취소심판으로 거부처분을 다투는 것을 허용해야 하는지에 대해 논쟁이 있다. 통설과 판례는 취소심판의 대상인 '처분'에는 거부처분도 포함된다고 보는 입장이다.

정답 ④

제2절 행정심판위원회

640 [회독] □□□　　　　　　　　21년 소방직

「행정심판법」상 위원회에 대한 설명으로 옳지 않은 것은?

① 중앙행정심판위원회의 비상임위원은 일정한 요건을 갖춘 사람 중에서 중앙행정심판위원회 위원장의 제청으로 국무총리가 성별을 고려하여 위촉한다.

② 중앙행정심판위원회의 회의는 위원장, 상임위원 및 위원장이 회의마다 지정하는 비상임위원을 포함하여 총 15명으로 구성한다.

③ 「행정심판법」 제10조에 의하면, 위원장은 제척신청이나 기피신청을 받으면 제척 또는 기피 여부에 대한 결정을 한다.

④ 중앙행정심판위원회는 위원장 1명을 포함하여 70명 이내의 위원으로 구성한다.

640

해설 ① (○) 행정심판법 제8조 제4항

행정심판법	제8조(중앙행정심판위원회의 구성) ④ 중앙행정심판위원회의 비상임위원은 제7조제4항 각 호의 어느 하나에 해당하는 사람 중에서 중앙행정심판위원회 위원장의 제청으로 국무총리가 성별을 고려하여 위촉한다.
행정심판법	제7조(행정심판위원회의 구성) ④ 행정심판위원회의 위원은 해당 행정심판위원회가 소속된 행정청이 다음 각 호의 어느 하나에 해당하는 사람 중에서 성별을 고려하여 위촉하거나 그 소속 공무원 중에서 지명한다. 1. 변호사 자격을 취득한 후 5년 이상의 실무 경험이 있는 사람 2. 「고등교육법」 제2조제1호부터 제6호까지의 규정에 따른 학교에서 조교수 이상으로 재직하거나 재직하였던 사람 3. 행정기관의 4급 이상 공무원이었거나 고위공무원단에 속하는 공무원이었던 사람 4. 박사학위를 취득한 후 해당 분야에서 5년 이상 근무한 경험이 있는 사람 5. 그 밖에 행정심판과 관련된 분야의 지식과 경험이 풍부한 사람

② (×) 총 9명으로 구성한다(행정심판법 제8조 제5항).

행정심판법	제8조(중앙행정심판위원회의 구성) ⑤ 중앙행정심판위원회의 회의(제6항에 따른 소위원회 회의는 제외한다)는 위원장, 상임위원 및 위원장이 회의마다 지정하는 비상임위원을 포함하여 총 9명으로 구성한다.

③ (○) 행정심판법 제10조 제6항

행정심판법	제10조(위원의 제척·기피·회피) ⑥ 위원장은 제척신청이나 기피신청을 받으면 제척 또는 기피 여부에 대한 결정을 하고, 지체 없이 신청인에게 결정서 정본(正本)을 송달하여야 한다.

④ (○) 행정심판법 제8조 제1항

행정심판법	제8조(중앙행정심판위원회의 구성) ① 중앙행정심판위원회는 위원장 1명을 포함하여 70명 이내의 위원으로 구성하되, 위원 중 상임위원은 4명 이내로 한다.

정답 ②

641 [회독] ☐☐☐　　　　23년 지방 7급

「행정심판법」상 행정심판에 대한 설명으로 옳은 것만을 모두 고르면?

㉠ 심판청구에 대한 재결이 있으면 그 재결 및 같은 처분 또는 부작위에 대하여 다시 행정심판을 청구할 수 없다.

㉡ 행정심판위원회는 처분 또는 부작위가 위법·부당하다고 상당히 의심되는 경우로서 처분 또는 부작위 때문에 당사자가 받을 우려가 있는 중대한 불이익이나 당사자에게 생길 급박한 위험을 막기 위하여 임시지위를 정하여야 할 필요가 있는 경우에는 집행정지로 목적을 달성할 수 있더라도 직권으로 또는 당사자의 신청에 의하여 임시처분을 결정할 수 있다.

㉢ 행정심판위원회는 피청구인이 의무이행재결 중 처분명령재결의 취지에 따른 처분을 하지 아니하는 경우에, 청구인의 신청에 의하여 결정으로 상당한 기간을 정하고 피청구인이 그 기간 내에 이행하지 아니하는 경우에는 그 지연기간에 따라 일정한 배상을 하도록 명하거나 즉시 배상을 할 것을 명할 수 있다.

㉣ 피청구인 또는 행정심판위원회는 전자정보처리조직을 통하여 행정심판을 청구하거나 심판참가를 한 자가 동의한 경우에 전자정보처리조직과 그와 연계된 정보통신망을 이용하여 재결서나 「행정심판법」에 따른 각종 서류를 청구인 또는 참가인에게 송달할 수 있다.

---

① ㉠, ㉢

② ㉠, ㉡, ㉣

③ ㉠, ㉢, ㉣

④ ㉡, ㉢, ㉣

641

해설 ㉠ (○) 행정심판법 제51조

행정심판법	제51조(행정심판 재청구의 금지) 심판청구에 대한 재결이 있으면 그 재결 및 같은 처분 또는 부작위에 대하여 다시 행정심판을 청구할 수 없다.

㉡ (×) 행정심판법 제31조 제1항

행정심판법	제31조(임시처분) ① 위원회는 처분 또는 부작위가 위법·부당하다고 상당히 의심되는 경우로서 처분 또는 부작위 때문에 당사자가 받을 우려가 있는 중대한 불이익이나 당사자에게 생길 급박한 위험을 막기 위하여 임시지위를 정하여야 할 필요가 있는 경우에는 직권으로 또는 당사자의 신청에 의하여 임시처분을 결정할 수 있다.

㉢ (○) 행정심판법 제50조의2 제1항

행정심판법	제50조의2(위원회의 간접강제) ① 위원회는 피청구인이 제49조제2항(제49조제4항에서 준용하는 경우를 포함한다) 또는 제3항에 따른 처분을 하지 아니하면 청구인의 신청에 의하여 결정으로 상당한 기간을 정하고 피청구인이 그 기간 내에 이행하지 아니하는 경우에는 그 지연기간에 따라 일정한 배상을 하도록 명하거나 즉시 배상을 할 것을 명할 수 있다.

㉣ (○) 행정심판법 제54조 제1항

행정심판법	제54조(전자정보처리조직을 이용한 송달 등) ① 피청구인 또는 위원회는 제52조제1항에 따라 행정심판을 청구하거나 심판참가를 한 자에게 전자정보처리조직과 그와 연계된 정보통신망을 이용하여 재결서나 이 법에 따른 각종 서류를 송달할 수 있다. 다만, 청구인이나 참가인이 동의하지 아니하는 경우에는 그러하지 아니하다.

정답 ③

---

642 [회독] □□□ 21년 국가 9급

다음 사례에 관한 설명으로 옳지 않은 것은? (다툼이 있는 경우 판례에 의함)

> A도(道) B군(郡)에서 식품접객업을 하는 甲은 청소년에게 술을 팔다가 적발되었다. 「식품위생법」은 위법하게 청소년에게 주류를 제공한 영업자에게 "6개월 이내의 기간을 정하여 그 영업의 전부 또는 일부를 정지할 수 있다."라고 규정하고, 「식품위생법 시행규칙」 [별표 23]은 청소년 주류제공(1차 위반) 시 행정처분기준을 '영업정지 2개월'로 정하고 있다. B군수는 甲에게 2개월의 영업정지처분을 하였다.

① 甲은 영업정지처분에 불복하여 A도 행정심판위원회에 행정심판을 청구할 수 있다.

② 甲은 행정심판을 청구하지 않고 영업정지처분에 대한 취소소송을 제기할 수 있다.

③ 「식품위생법 시행규칙」의 행정처분기준은 행정규칙의 형식이나, 「식품위생법」의 내용을 보충하면서 「식품위생법」의 규정과 결합하여 위임의 범위 내에서 대외적인 구속력을 가진다.

④ 甲이 취소소송을 제기하는 경우 법원은 재량권의 일탈·남용이 인정되면 영업정지처분을 취소할 수 있다.

642

[해설] ① (○) 군수의 처분에 대해서는 시·도지사 소속으로 두는 행정심판위원회(~도 행정심판위원회)에 행정심판을 청구할 수 있다. (행정심판법 제6조 제3항 제1호, 제2호)

행정심판법	제6조(행정심판위원회의 설치) ③ 다음 각 호의 행정청의 처분 또는 부작위에 대한 심판청구에 대하여는 시·도지사 소속으로 두는 행정심판위원회에서 심리·재결한다. 1. 시·도 소속 행정청 2. 시·도의 관할구역에 있는 시·군·자치구의 장, 소속 행정청 또는 시·군·자치구의 의회(의장, 위원회의 위원장, 사무국장, 사무과장 등 의회 소속 모든 행정청을 포함한다)

② (○) 「식품위생법」상의 처분에 대해서는 행정심판 전치주의가 적용된다는 별도의 명문의 규정이 없다. 따라서 원칙에 따라 행정심판 임의주의의 적용을 받는다(행정소송법 제18조 제1항). 그러므로 甲은 행정심판을 청구하지 않고 곧바로 「식품위생법」상의 처분인 영업정지처분에 대해 취소소송을 제기할 수 있다.

행정소송법	제18조 (행정심판과의관계) ① 취소소송은 법령의 규정에 의하여 당해 처분에 대한 행정심판을 제기할 수 있는 경우에도 이를 거치지 아니하고 제기할 수 있다. 다만, 다른 법률에 당해 처분에 대한 행정심판의 재결을 거치지 아니하면 취소소송을 제기할 수 없다는 규정이 있는 때에는 그러하지 아니하다.

③ (×) "구 식품위생법 시행규칙 제89조에서 [별표 23]으로 구 식품위생법 제75조에 따른 행정처분의 기준을 정하였다 하더라도, 이는 행정기관 내부의 사무처리준칙을 규정한 것에 불과한 것으로서 보건복지부장관이 관계행정기관 및 직원에 대하여 직무권한행사의 지침을 정하여 주기 위하여 발한 행정명령의 성질을 가지는 것이지 같은 법 제75조 제1항의 규정에 의하여 보장된 재량권을 기속하는 것이라고 할 수 없고, 대외적으로 국민이나 법원을 기속하는 힘이 있는 것은 아니다." (대법원 2014.6.12. 선고 2014두2157)

④ (○) 행정소송법 제27조

행정소송법	제27조(재량처분의 취소) 행정청의 재량에 속하는 처분이라도 재량권의 한계를 넘거나 그 남용이 있는 때에는 법원은 이를 취소할 수 있다.

정답 ③

제3절) 행정심판의 당사자와 관계인

기출테마 126   행정심판의 당사자 · 이해관계인

제4절) 행정심판의 청구

기출테마 127   행정심판의 청구

643 [회독] □□□   25년 국가 9급

행정소송의 제소기간과 행정심판의 청구기간에 대한 설명으로 옳지 않은 것은?

① 부작위위법확인의 소는 부작위상태가 계속되는 한 제소기간의 제한을 받지 않으므로, 행정심판 등 전심절차를 거친 경우에도 「행정소송법」상 제소기간이 적용되지 않는다.

② 당사자소송에 관하여 법령에 제소기간이 정하여져 있는 때에는 그 기간은 불변기간으로 한다.

③ 행정청이 법정 심판청구기간보다 긴 기간으로 잘못 알린 경우에 그 잘못 알린 기간 내에 심판청구가 있으면 그 심판청구는 법정 심판청구기간 내에 제기된 것으로 본다는 취지의 「행정심판법」의 규정은 행정소송 제기에도 당연히 적용되는 규정이라고 할 수는 없다.

④ 처분이 있음을 안 날부터 90일을 넘겨 청구한 부적법한 행정심판청구에 대한 재결이 있은 후 재결서를 송달받은 날부터 90일 이내에 원래의 처분에 대하여 취소소송을 제기하였다고 하여 취소소송이 다시 제소기간을 준수한 것으로 되는 것은 아니다.

643

[해설] ① (✕) "부작위위법확인의 소는 부작위상태가 계속되는 한 그 위법의 확인을 구할 이익이 있다고 보아야 하므로 원칙적으로 제소기간의 제한을 받지 않는다. 그러나 행정소송법 제38조 제2항이 제소기간을 규정한 같은 법 제20조를 부작위위법확인소송에 준용하고 있는 점에 비추어 보면, 행정심판 등 전심절차를 거친 경우에는 행정소송법 제20조가 정한 제소기간 내에 부작위위법확인의 소를 제기하여야 한다." (대법원 2009.7.23. 선고 2008두10560)

② (○) 행정소송법 제41조

행정소송법	제41조(제소기간) 당사자소송에 관하여 법령에 제소기간이 정하여져 있는 때에는 그 기간은 불변기간으로 한다.

③ (○) 행정심판에서는 행정청이 심판청구기간을 제27조 제1항에 규정된 기간보다 긴 기간으로 잘못 알린 경우 잘못 알린 기간 내에 심판청구가 있으면 적법한 청구로 본다는 명문의 규정이 존재하지만, 행정소송에는 그러한 명문의 규정이 없어, 행정심판법 규정을 유추적용할 수 있는지가 문제되는데, 대법원은 유추적용을 인정할 수 없다는 입장이다. 그러한 입장을 드러낸 판례를 지문화한 것이다. "행정청이 법정 심판청구기간보다 긴 기간으로 잘못 알린 경우에 그 잘못 알린 기간 내에 심판청구가 있으면 그 심판청구는 법정 심판청구기간 내에 제기된 것으로 본다는 취지의 행정심판법 제18조 제5항의 규정은 행정심판 제기에 관하여 적용되는 규정이지, 행정소송 제기에도 당연히 적용되는 규정이라고 할 수는 없다." (대법원 2001.5.8. 선고 2000두6916)

④ (○) "처분이 있음을 안 날부터 90일 이내에 행정심판을 청구하지도 않고 취소소송을 제기하지도 않은 경우에는 그 후 제기된 취소소송은 제소기간을 경과한 것으로서 부적법하고, 처분이 있음을 안 날부터 90일을 넘겨 청구한 부적법한 행정심판청구에 대한 재결이 있은 후 재결서를 송달받은 날부터 90일 이내에 원래의 처분에 대하여 취소소송을 제기하였다고 하여 취소소송이 다시 제소기간을 준수한 것으로 되는 것은 아니다." (대법원 2011.11.24. 선고 2011두18786)

정답 ①

644 [회독] ☐☐☐　　　19년 국가 9급

「행정심판법」상 행정심판에 대한 설명으로 옳지 않은 것은?
(다툼이 있는 경우 판례에 의함)

① 대통령의 처분 또는 부작위에 대하여는 다른 법률에서 행정심판을 청구할 수 있도록 정한 경우 외에는 행정심판을 청구할 수 없다.

② 당사자의 신청에 대한 행정청의 부당한 거부처분에 대하여 일정한 처분을 하도록 하는 행정심판의 청구는 현행법상 허용되고 있다.

③ 「행정심판법」에 따른 서류의 송달에 관하여는 「행정절차법」 중 송달에 관한 규정을 준용한다.

④ 행정심판 청구인이 경제적 능력으로 인해 대리인을 선임할 수 없는 경우에는 행정심판위원회에 국선대리인을 선임하여 줄 것을 신청할 수 있다.

644

해설	① (○) 행정심판법 제3조 제2항

행정심판법	제3조(행정심판의 대상) ② 대통령의 처분 또는 부작위에 대하여는 다른 법률에서 행정심판을 청구할 수 있도록 정한 경우 외에는 행정심판을 청구할 수 없다.

② (○) 행정심판법 제5조 제3호

행정심판법	제5조(행정심판의 종류) 행정심판의 종류는 다음 각 호와 같다. 3. 의무이행심판: 당사자의 신청에 대한 행정청의 위법 또는 부당한 거부처분이나 부작위에 대하여 일정한 처분을 하도록 하는 행정심판

③ (✕) 행정심판법 제57조

행정심판법	제57조(서류의 송달) 이 법에 따른 서류의 송달에 관하여는 「민사소송법」 중 송달에 관한 규정을 준용한다.

④ (○) 행정심판법 제18조의2 제1항

행정심판법	제18조의2(국선대리인) ① 청구인이 경제적 능력으로 인해 대리인을 선임할 수 없는 경우에는 위원회에 국선대리인을 선임하여 줄 것을 신청할 수 있다.

정답 ③

645 [회독] ☐☐☐　　　24년 소방직

행정심판에 관한 설명으로 옳지 않은 것은? (다툼이 있는 경우 판례에 의함)

① '진정'이란 국민이 법정의 절차나 형식에 구애됨이 없이 행정청에 대하여 어떠한 희망을 진술하는 것을 말하며, 경우에 따라 진정서의 형식을 취하고 있더라도 행정심판청구로 볼 수 있는 경우가 있다.

② 「행정심판법」에서는 취소심판, 무효등확인심판, 의무이행심판에 대해서 규정하고 있다.

③ 행정심판은 원칙적으로 처분이 있음을 알게 된 날부터 90일, 처분이 있었던 날부터 1년 이내에 청구하여야 한다.

④ 시·도 소속 행정청의 처분 또는 부작위에 대한 심판청구에 대하여는 시·도지사 소속으로 두는 행정심판위원회가 심리·재결한다.

645

해설 ① (○) 옳은 지문이다. "비록 제목이 '진정서'로 되어 있고, 재결청의 표시, 심판청구의 취지 및 이유, 처분을 한 행정청의 고지의 유무 및 그 내용 등 행정심판법 제19조 제2항 소정의 사항들을 구분하여 기재하고 있지 아니하여 행정심판청구서로서의 형식을 다 갖추고 있다고 볼 수는 없으나, 피청구인인 처분청과 청구인의 이름과 주소가 기재되어 있고, 청구인의 기명이 되어 있으며, 문서의 기재 내용에 의하여 심판청구의 대상이 되는 행정처분의 내용과 심판청구의 취지 및 이유, 처분이 있은 것을 안 날을 알 수 있는 경우, 위 문서에 기재되어 있지 않은 재결청, 처분을 한 행정청의 고지의 유무 등의 내용과 날인 등의 불비한 점은 보정이 가능하므로 위 문서를 행정처분에 대한 행정심판청구로 보는 것이 옳다." (대법원 2000.6.9. 선고 98두2621)

② (○) 행정심판법 제5조

행정심판법	제5조(행정심판의 종류) 행정심판의 종류는 다음 각 호와 같다. 1. **취소심판**: 행정청의 위법 또는 부당한 처분을 취소하거나 변경하는 행정심판 2. **무효등확인심판**: 행정청의 처분의 효력 유무 또는 존재 여부를 확인하는 행정심판 3. **의무이행심판**: 당사자의 신청에 대한 행정청의 위법 또는 부당한 거부처분이나 부작위에 대하여 일정한 처분을 하도록 하는 행정심판

③ (✕) 행정심판법 제27조 제1항, 제2항

행정심판법	제27조(심판청구의 기간) ① 행정심판은 처분이 있음을 알게 된 날부터 90일 이내에 청구하여야 한다. ③ 행정심판은 처분이 있었던 날부터 180일이 지나면 청구하지 못한다. 다만, 정당한 사유가 있는 경우에는 그러하지 아니하다.

④ (○) 행정심판법 제6조 제3항

행정심판법	제6조(행정심판위원회의 설치) ③ 다음 각 호의 행정청의 처분 또는 부작위에 대한 심판청구에 대하여는 시·도지사 소속으로 두는 행정심판위원회에서 심리·재결한다. 1. 시·도 소속 행정청 2. 시·도의 관할구역에 있는 시·군·자치구의 장, 소속 행정청 또는 시·군·자치구의 의회(의장, 위원회의 위원장, 사무국장, 사무과장 등 의회 소속 모든 행정청을 포함한다) 3. 시·도의 관할구역에 있는 둘 이상의 지방자치단체(시·군·자치구를 말한다)·공공법인 등이 공동으로 설립한 행정청

정답 ③

646 [회독] ☐☐☐　　20년 군무원 9급

행정심판법의 규정 내용으로 옳지 않은 것은?

① 관계 행정기관의 장이 특별행정심판 또는 행정심판법에 따른 행정심판 절차에 대한 특례를 신설하거나 변경하는 법령을 제정·개정할 때에는 미리 법무부장관과 협의하여야 한다.

② 행정청의 처분 또는 부작위에 대하여는 다른 법률에 특별한 규정이 있는 경우 외에는 이 법에 따라 행정심판을 청구할 수 있다.

③ 대통령의 처분 또는 부작위에 대하여는 다른 법률에서 행정심판을 청구할 수 있도록 정한 경우 외에는 행정심판을 청구할 수 없다.

④ 행정청이란 행정에 관한 의사를 결정하여 표시하는 국가 또는 지방자치단체의 기관, 그 밖에 법령 또는 자치법규에 따라 행정권한을 가지고 있거나 위탁을 받은 공공단체나 그 기관 또는 사인(私人)을 말한다.

646

해설 ① (×) 법무부장관이 아니라 **중앙행정심판위원회와 협의하여야 한다**(행정심판법 제4조 제3항).

행정심판법	제4조(특별행정심판등) ③ 관계 행정기관의 장이 특별행정심판 또는 이 법에 따른 행정심판 절차에 대한 특례를 신설하거나 변경하는 법령을 제정·개정할 때에는 미리 중앙행정심판위원회와 협의하여야 한다.

② (○) 행정심판법 제3조 제1항

행정심판법	제3조(행정심판의 대상) ① 행정청의 처분 또는 부작위에 대하여는 다른 법률에 특별한 규정이 있는 경우 외에는 이 법에 따라 행정심판을 청구할 수 있다.

③ (○) 행정심판법 제3조 제2항

행정심판법	제3조(행정심판의 대상) ② 대통령의 처분 또는 부작위에 대하여는 다른 법률에서 행정심판을 청구할 수 있도록 정한 경우 외에는 행정심판을 청구할 수 없다.

④ (○) 행정심판법 제2조 제4호

행정심판법	제2조(정의) 이 법에서 사용하는 용어의 뜻은 다음과 같다. 4. "행정청"이란 행정에 관한 의사를 결정하여 표시하는 국가 또는 지방자치단체의 기관, 그 밖에 법령 또는 자치법규에 따라 행정권한을 가지고 있거나 위탁을 받은 공공단체나 그 기관 또는 사인(私人)을 말한다.

정답 ①

PART **06**

제5절 행정심판의 심리

기출테마 128 행정심판의 심리

제6절 행정심판에서의 가구제 수단

기출테마 129 행정심판에서의 가구제 수단

647 [회독] ☐☐☐   19년 지방 9급

「행정심판법」의 내용에 대한 설명으로 옳지 않은 것은?

① 행정심판위원회는 필요하면 당사자가 주장하지 아니한 사실에 대하여도 심리할 수 있다.

② 행정심판위원회는 임시처분을 결정한 후에 임시처분이 공공복리에 중대한 영향을 미치는 경우에는 직권으로 또는 당사자의 신청에 의하여 이 결정을 취소할 수 있다.

③ 청구인은 행정심판위원회의 간접강제 결정에 불복하는 경우 그 결정에 대하여 행정소송을 제기할 수 있다.

④ 당사자의 신청을 거부하는 처분에 대한 취소심판에서 인용재결이 내려진 경우, 의무이행심판과 달리 행정청은 재처분의무를 지지 않는다.

647

해설	① (○) 행정심판법 제39조
행정심판법	제39조(직권심리) 위원회는 필요하면 당사자가 주장하지 아니한 사실에 대하여도 심리할 수 있다.

② (○) 행정심판법 제30조 제4항, 제31조 제2항

행정심판법	제31조(임시처분) ① 위원회는 처분 또는 부작위가 위법·부당하다고 상당히 의심되는 경우로서 처분 또는 부작위 때문에 당사자가 받을 우려가 있는 중대한 불이익이나 당사자에게 생길 급박한 위험을 막기 위하여 임시지위를 정하여야 할 필요가 있는 경우에는 직권으로 또는 당사자의 신청에 의하여 임시처분을 결정할 수 있다.

행정심판법	② 제1항에 따른 임시처분에 관하여는 제30조제3항부터 제7항까지를 준용한다. 이 경우 같은 조 제6항 전단 중 "중대한 손해가 생길 우려"는 "중대한 불이익이나 급박한 위험이 생길 우려"로 본다.
행정심판법	행정심판법 제30조(집행정지) ④ 위원회는 집행정지를 결정한 후에 집행정지가 공공복리에 중대한 영향을 미치거나 그 정지사유가 없어진 경우에는 직권으로 또는 당사자의 신청에 의하여 집행정지 결정을 취소할 수 있다.

③ (○) 행정심판법 제50조의2 제4항

행정심판법	제50조의2(위원회의 간접강제) ① 위원회는 피청구인이 제49조제2항(제49조제4항에서 준용하는 경우를 포함한다) 또는 제3항에 따른 처분을 하지 아니하면 청구인의 신청에 의하여 결정으로 상당한 기간을 정하고 피청구인이 그 기간 내에 이행하지 아니하는 경우에는 그 지연기간에 따라 일정한 배상을 하도록 명하거나 즉시 배상을 할 것을 명할 수 있다. ④ 청구인은 제1항 또는 제2항에 따른 결정에 불복하는 경우 그 결정에 대하여 행정소송을 제기할 수 있다.

④ (×) 행정심판법 제49조 제2항

행정심판법	제49조(재결의 기속력 등) ① 심판청구를 인용하는 재결은 피청구인과 그 밖의 관계 행정청을 기속한다. ② 재결에 의하여 취소되거나 무효 또는 부존재로 확인되는 처분이 당사자의 신청을 거부하는 것을 내용으로 하는 경우에는 그 처분을 한 행정청은 재결의 취지에 따라 다시 이전의 신청에 대한 처분을 하여야 한다. ③ 당사자의 신청을 거부하거나 부작위로 방치한 처분의 이행을 명하는 재결이 있으면 행정청은 지체 없이 이전의 신청에 대하여 재결의 취지에 따라 처분을 하여야 한다.

정답 ④

648 [회독] □□□ 24년 지방 7급

행정심판에 대한 설명으로 옳지 않은 것은?

① 행정심판청구가 부적법하지 않음에도 각하한 재결은 심판청구인의 실체심리를 받을 권리를 박탈한 것으로서 원처분에 없는 고유한 하자가 있는 경우에 해당한다.

② 선정대표자가 선정되더라도 다른 청구인들은 그 선정대표자를 통해서만 그 사건에 관한 행위를 할 수 있는 것은 아니다.

③ 「행정심판법」상 임시처분은 집행정지로 목적을 달성할 수 있는 경우에는 허용되지 아니한다.

④ 처분의 상대방이 아닌 제3자가 심판청구를 한 경우 행정심판위원회는 재결서의 등본을 지체 없이 피청구인을 거쳐 처분의 상대방에게 송달하여야 한다.

648

해설 ① (○) "행정소송법 제19조에 의하면 행정심판에 대한 재결에 대하여도 그 재결 자체에 고유한 위법이 있음을 이유로 하는 경우에는 항고소송을 제기하여 그 취소를 구할 수 있고, 여기에서 말하는 '재결 자체에 고유한 위법'이란 그 재결자체에 주체, 절차, 형식 또는 내용상의 위법이 있는 경우를 의미하는데, 행정심판청구가 부적법하지 않음에도 각하한 재결은 심판청구인의 실체심리를 받을 권리를 박탈한 것으로서 원처분에 없는 고유한 하자가 있는 경우에 해당하고, 따라서 위 재결은 취소소송의 대상이 된다." (대법원 2001.7.27. 선고 99두2970)

② (×) 행정심판법 제15조 제4항

행정심판법	제15조(선정대표자) ④ 선정대표자가 선정되면 다른 청구인들은 그 선정대표자를 통해서만 그 사건에 관한 행위를 할 수 있다.

③ (○) 행정심판법 제31조 제3항

행정심판법	제31조(임시처분) ③ 제1항에 따른 임시처분은 제30조제2항에 따른 집행정지로 목적을 달성할 수 있는 경우에는 허용되지 아니한다.

④ (○) 행정심판법 제48조 제4항

행정심판법	제48조(재결의 송달과 효력 발생) ④ 처분의 상대방이 아닌 제3자가 심판청구를 한 경우 위원회는 재결서의 등본을 지체 없이 피청구인을 거쳐 처분의 상대방에게 송달하여야 한다.

정답 ②

649 [회독] □□□

25년 지방 9급

행정쟁송에 있어서 가구제에 대한 설명으로 옳지 않은 것은?

① 「행정소송법」상 집행정지의 결정 또는 기각의 결정에 대하여는 즉시항고할 수 있다.

② 행정처분의 효력이나 집행 혹은 절차속행 등의 정지를 구하는 신청은 「행정소송법」상 집행정지신청의 방법으로서만 가능할 뿐 「민사소송법」상 가처분의 방법으로는 허용될 수 없다.

③ 「행정심판법」상 임시처분은 집행정지로 목적을 달성할 수 없는 경우 관할 행정심판위원회가 직권으로 또는 당사자의 신청에 의하여 결정할 수 있다.

④ 집행정지결정 후 본안소송이 취하되어 소송이 계속되지 아니하더라도 집행정지결정의 효력이 당연히 소멸되는 것은 아니고 별도의 취소조치를 필요로 한다.

649

해설 ① (○) 행정소송법 제23조 제5항

행정소송법	제23조(집행정지) ⑤ 제2항의 규정에 의한 집행정지의 결정 또는 기각의 결정에 대하여는 즉시항고할 수 있다. 이 경우 집행정지의 결정에 대한 즉시항고에는 결정의 집행을 정지하는 효력이 없다.

② (○) "항고소송의 대상이 되는 행정처분의 효력이나 집행 혹은 절차속행 등의 정지를 구하는 신청은 행정소송법상 집행정지신청의 방법으로서만 가능할 뿐 민사소송법상 가처분의 방법으로는 허용될 수 없다." (대법원 2009.11.2.자 선고 2009마596) 집행정지제도가 존재하기 때문에, 굳이 민사소송(집행)법 규정까지 준용할 필요가 없기 때문이다. 행정소송법상의 제도 내에서 문제해결이 가능하다면 행정소송법상의 제도를 활용하라는 말이다.

③ (○) 행정심판법 제31조 제1항, 제3항

행정심판법	제31조(임시처분) ① 위원회는 처분 또는 부작위가 위법·부당하다고 상당히 의심되는 경우로서 처분 또는 부작위 때문에 당사자가 받을 우려가 있는 중대한 불이익이나 당사자에게 생길 급박한 위험을 막기 위하여 임시지위를 정하여야 할 필요가 있는 경우에는 직권으로 또는 당사자의 신청에 의하여 임시처분을 결정할 수 있다. ② 제1항에 따른 임시처분에 관하여는 제30조제3항부터 제7항까지를 준용한다. 이 경우 같은 조 제6항 전단 중 "중대한 손해가 생길 우려"는 "중대한 불이익이나 급박한 위험이 생길 우려"로 본다. ③ 제1항에 따른 임시처분은 제30조제2항에 따른 집행정지로 목적을 달성할 수 있는 경우에는 허용되지 아니한다.

④ (✕) "행정처분의 집행정지는 행정처분집행 부정지의 원칙에 대한 예외로서 인정되는 일시적인 응급처분이라 할 것이므로 집행정지결정을 하려면 이에 대한 본안소송이 법원에 제기되어 계속 중임을 요건으로 하는 것이므로 집행정지결정을 한 후에라도 본안소송이 취하되어 소송이 계속하지 아니한 것으로 되면 집행정지결정은 당연히 그 효력이 소멸되는 것이고 별도의 취소조치를 필요로 하는 것이 아니다." (대법원 2007.6.28.자 2005무75)

정답 ④

기출테마 130 　행정심판의 재결

650 [회독] □□□   24년 지방 9급

판례의 입장으로 옳지 않은 것은?

① 교원소청심사위원회의 결정은 학교법인에 대하여 기속력을 가지지만 기속력은 그 결정의 주문에 포함된 사항에 미치는 것이지 그 전제가 된 요건사실의 인정과 불리한 처분 등의 구체적 위법사유에 관한 판단에까지 미치는 것은 아니다.

② 어업권면허에 선행하는 우선순위결정은 행정청이 우선권자로 결정된 자의 신청이 있으면 어업권면허처분을 하겠다는 것을 약속하는 행위로서 행정처분이 아니다.

③ 행정지도가 강제성을 띠지 않은 비권력적 작용으로서 행정지도의 한계를 일탈하지 않았다면, 그로 인하여 상대방에게 어떤 손해가 발생하였다 하더라도 행정기관은 그에 대한 손해배상책임이 없다.

④ 「공익사업을 위한 토지 등의 취득 및 보상에 관한 법률」상 적법하게 시행된 공익사업으로 인하여 이주하게 된 주거용 건축물 세입자의 주거이전비 보상청구권은 공법상의 권리이고, 따라서 그 보상을 둘러싼 쟁송은 민사소송이 아니라 공법상의 법률관계를 대상으로 하는 행정소송에 의하여야 한다.

650

해설　① (×) "교원소청심사위원회의 결정은 학교법인 등에 대하여 기속력을 가지고 이는 그 결정의 주문에 포함된 사항뿐 아니라 그 전제가 된 요건사실의 인정과 판단, 즉 불리한 처분 등의 구체적 위법사유에 관한 판단에까지 미친다." (대법원 2018.7.12. 선고 2017두65821)

② (○) "어업권면허에 선행하는 우선순위결정은 행정청이 우선권자로 결정된 자의 신청이 있으면 어업권면허처분을 하겠다는 것을 약속하는 행위로서 강학상 확약에 불과하고 행정처분은 아니므로, 우선순위결정에 공정력이나 불가쟁력과 같은 효력은 인정되지 아니하며, 따라서 우선순위결정이 잘못되었다는 이유로 종전의 어업권면허처분이 취소되면 행정청은 종전의 우선순위결정을 무시하고 다시 우선순위를 결정한 다음 새로운 우선순위결정에 기하여 새로운 어업권면허를 할 수 있다." (대법원 1995.1.20. 선고 94누6529)

③ (○) "행정지도가 강제성을 띠지 않은 비권력적 작용으로서 행정지도의 한계를 일탈하지 아니하였다면, 그로 인하여 상대방에게 어떤 손해가 발생하였다 하더라도 행정기관은 그에 대한 손해배상책임이 없다." (대법원 2008.9.25. 선고 2006다18228)

④ (○) "구 공익사업을 위한 토지 등의 취득 및 보상에 관한 법률 제2조, 제78조에 의하면, 세입자는 사업시행자가 취득 또는 사용할 토지에 관하여 임대차 등에 의한 권리를 가진 관계인으로서, 같은 법 시행규칙 제54조 제2항 본문에 해당하는 경우에는 주거이전에 필요한 비용을 보상받을 권리가 있다. 그런데 이러한 주거이전비는 당해 공익사업 시행지구 안에 거주하는 세입자들의 조기이주를 장려하여 사업추진을 원활하게 하려는 정책적인 목적과 주거이전으로 인하여 특별한 어려움을 겪게 될 세입자들을 대상으로 하는 사회보장적인 차원에서 지급되는 금원의 성격을 가지므로, 적법하게 시행된 공익사업으로 인하여 이주하게 된 주거용 건축물 세입자의 수거이선비 보상청구권은 공법상의 권리이고, 따라서 그 보상을 둘러싼 쟁송은 민사소송이 아니라 공법상의 법률관계를 대상으로 하는 행정소송에 의하여야 한다." (대법원 2008.5.29. 선고 2007다8129)

정답 ①

651 [회독] ☐☐☐   22년 군무원 9급

다음 중 행정심판의 재결에 대한 설명으로 가장 옳지 않은 것은? (단, 다툼이 있는 경우 판례에 의함)

① 조세부과처분이 국세청장에 대한 불복심사청구에 의하여 그 불복사유가 이유있다고 인정되어 취소되었음에도 처분청이 동일한 사실에 관하여 부과처분을 되풀이 한 것이라면 설령 그 부과처분이 감사원의 시정요구에 의한 것이라 하더라도 위법하다.

② 행정심판위원회는 의무이행재결이 있는 경우에 피청구인이 처분을 하지 아니한 경우에는 당사자의 신청 또는 직권으로 기간을 정하여 시정을 명하고 그 기간에 이행하지 아니하면 직접 처분을 할 수 있다.

③ 행정심판의 재결이 확정된 경우에도 처분의 기초가 된 사실관계나 법률적 판단이 확정되고 당사자들이나 법원이 이에 기속되어 모순되는 주장이나 판단을 할 수 없게 되는 것은 아니다.

④ 처분 취소재결이 있는 경우 당해 처분청은 재결의 취지에 반하지 아니하는 한 그 재결에 적시된 위법사유를 시정·보완하여 새로운 처분을 할 수 있는 것이고, 이러한 새로운 부과처분은 재결의 기속력에 저촉되지 아니한다.

651

해설 ① (○) "양도소득세 및 방위세부과처분이 국세청장에 대한 불복심사청구에 의하여 그 불복사유가 이유있다고 인정되어 취소되었음에도 처분청이 동일한 사실에 관하여 부과처분을 되풀이 한 것이라면 설령 그 부과처분이 감사원의 시정요구에 의한 것이라 하더라도 위법하다." (대법원 1986.5.27. 선고 86누127)

② (×) 직접 처분은 직권으로는 할 수 없다(행정심판법 제50조 제1항).

행정심판법	제49조(재결의 기속력 등) ③ 당사자의 신청을 거부하거나 부작위로 방치한 처분의 이행을 명하는 재결이 있으면 행정청은 지체 없이 이전의 신청에 대하여 재결의 취지에 따라 처분을 하여야 한다.
행정심판법	제50조(위원회의 직접 처분) ① 위원회는 피청구인이 제49조 제3항에도 불구하고 처분을 하지 아니하는 경우에는 당사자가 신청하면 기간을 정하여 서면으로 시정을 명하고 그 기간에 이행하지 아니하면 직접 처분을 할 수 있다. 다만, 그 처분의 성질이나 그 밖의 불가피한 사유로 위원회가 직접 처분을 할 수 없는 경우에는 그러하지 아니하다.

③ (○) "행정심판의 재결은 피청구인인 행정청을 기속하는 효력을 가지므로 재결청이 취소심판의 청구가 이유 있다고 인정하여 처분청에 처분을 취소할 것을 명하면 처분청으로서는 재결의 취지에 따라 처분을 취소하여야 하지만, 나아가 재결에 판결에서와 같은 기판력이 인정되는 것은 아니어서 재결이 확정된 경우에도 처분의 기초가 된 사실관계나 법률적 판단이 확정되고 당사자들이나 법원이 이에 기속되어 모순되는 주장이나 판단을 할 수 없게 되는 것은 아니다." (대법원 2015.11.27. 선고 2013다6759)

④ (○) "택지초과소유부담금 부과처분을 취소하는 재결이 있는 경우 당해 처분청은 재결의 취지에 반하지 아니하는 한, 즉 당초 처분과 동일한 사정 아래에서 동일한 내용의 처분을 반복하는 것이 아닌 이상, 그 재결에 적시된 위법사유를 시정·보완하여 정당한 부담금을 산출한 다음 새로이 부담금을 부과할 수 있는 것이고, 이러한 새로운 부과처분은 재결의 기속력에 저촉되지 아니한다." (대법원 1997.2.25. 선고 96누14784)

정답 ②

652 [회독] ☐ ☐ ☐　　　　　　23년 소방직

자신이 소유한 모텔에서 성인 乙과 청소년 丙을 투숙시켜 이성 혼숙하도록 한 사실이 적발되어 A도 관할 B군 군수 丁으로부터 「공중위생관리법」에 따라 영업정지 3개월의 처분을 받은 甲이 처분의 취소를 구하는 행정심판을 청구하려는 경우, 이에 관한 설명으로 옳지 않은 것은?

① 본 사안은 이른바 행정심판전치주의가 적용되지 않으므로, 甲은 행정심판을 거치지 아니하고도 곧바로 취소소송을 제기할 수 있다.

② 본 사안에서 丁의 영업정지처분에 대한 불복은 A도 행정심판위원회가 심리·재결한다.

③ 행정심판위원회가 甲의 청구를 기각하는 재결을 한 경우, 甲은 재결서의 정본을 송달받은 날부터 90일 이내에 행정소송을 제기할 수 있다.

④ 행정심판위원회가 甲의 청구를 인용하는 재결을 한 경우, 丁이 인용재결의 취소를 구하는 행정소송을 제기할 수 있다.

652

[해설] ① (○) 문제가 된 처분은 「공중위생관리법」상 영업정지 3개월의 처분이다. 이 처분은 행정심판 전치주의의 적용대상이 아니다. 따라서 행정심판을 거치지 않고도 곧바로 취소소송을 제기할 수 있다. 행정심판 전치주의의 적용대상인지 여부는 어떤 처분에 대해 다투고 있는지로 판단하는 것이다.

② (○) 이 경우 B군 군수 丁의 처분에 대해 다투고 있는 상황이므로, 행정심판법 제6조 제3항 제2호에 따라 시·도지사 소속으로 두는 행정심판위원회(이 사안의 경우 A도 행정심판위원회)가 행정심판을 심리·재결하게 된다.

행정심판법	제6조(행정심판위원회의 설치) ③ 다음 각 호의 행정청의 처분 또는 부작위에 대한 심판청구에 대하여는 시·도지사 소속으로 두는 행정심판위원회에서 심리·재결한다. 1. 시·도 소속 행정청 2. 시·도의 관할구역에 있는 시·군·자치구의 장, 소속 행정청 또는 시·군·자치구의 의회(의장, 위원회의 위원장, 사무국장, 사무과장 등 의회 소속 모든 행정청을 포함한다) 3. 시·도의 관할구역에 있는 둘 이상의 지방자치단체(시·군·자치구를 말한다)·공공법인 등이 공동으로 설립한 행정청

③ (○) 행정소송법 제20조 제1항

행정소송법	제20조(제소기간) ① 취소소송은 처분등이 있음을 안 날부터 90일 이내에 제기하여야 한다. 다만, 제18조제1항 단서에 규정한 경우와 그 밖에 행정심판청구를 할 수 있는 경우 또는 행정청이 행정심판청구를 할 수 있다고 잘못 알린 경우에 행정심판청구가 있은 때의 기간은 재결서의 정본을 송달받은 날부터 기산한다.

④ (×) 행정심판위원회의 인용재결에는 기속력이 인정되기 때문에, 이를 이유로 처분청은 그 인용재결에 대해 불복할 수 없다고 보는 것이 대법원의 입장이다. 따라서 행정심판위원회가 甲의 청구를 인용하는 재결을 한 경우, 丁이 인용재결의 취소를 구하는 행정소송을 제기할 수 없다. "행정심판법 제49조 제1항은 "재결은 피청구인인 행정청과 그 밖의 관계행정청을 기속한다"고 규정하였고, 이에 따라 처분행정청은 재결에 기속되어 재결의 취지에 따른 처분의무를 부담하게 되므로 이에 불복하여 행정소송을 제기할 수 없다 할 것이며 그렇다고 하더라도 위 법령의 규정이 지방자치의 내재적 제약의 범위를 일탈하여 헌법상의 지방자치의 제도적 보장을 침해하는 것으로 볼 수는 없다고 할 것이다." (대법원 1998.5.8. 선고 97누15432)

정답 ④

653 [회독] ☐☐☐   23년 지방 9급

다음 사례에 대한 설명으로 옳은 것은?

> 식품접객업을 하는 甲은 청소년의 연령을 확인하지 않고 주류를 판매한 사실이 적발되어 관할 행정청 乙로부터 「식품위생법」 위반을 이유로 영업정지 2개월을 부과받자 관할 행정심판위원회 丙에 행정심판을 청구하였다.

① 丙은 영업정지 2개월에 갈음하여 「식품위생법」 소정의 과징금으로 변경할 수 없다.

② 甲이 丙의 기각재결을 받은 후 재결 자체에 고유한 하자가 있음을 주장하며 그 기각재결에 대하여 취소소송을 제기한 경우, 수소법원은 심리 결과 재결 자체에 고유한 위법이 없다면 각하판결을 하여야 한다.

③ 丙이 영업정지처분을 취소하는 재결을 할 경우, 乙은 이 인용재결의 취소를 구하는 행정소송을 제기할 수 없다.

④ 丙은 행정심판의 심리과정에서 甲의 「식품위생법」상의 또 다른 위반 사실을 인지한 경우, 乙의 2개월 영업정지와는 별도로 1개월 영업정지를 추가하여 부과하는 재결을 할 수 있다.

653

해설 ① (×) 행정심판은 항고소송과 달리 처분을 적극적으로 변경하는 재결도 가능하다.

② (×) "행정소송법 제19조는 취소소송은 행정청의 원처분을 대상으로 하되(원처분주의), 다만 "재결 자체에 고유한 위법이 있음을 이유로 하는 경우"에 한하여 행정심판의 재결도 취소소송의 대상으로 삼을 수 있도록 규정하고 있으므로 재결취소소송의 경우 재결 자체에 고유한 위법이 있는지 여부를 심리할 것이고, 재결 자체에 고유한 위법이 없는 경우에는 원처분의 당부와는 상관없이 당해 재결취소소송은 이를 기각하여야 한다." (대법원 1994.1.25. 선고 93누16901)

③ (○) 취소심판의 인용재결은 취소재결, 변경재결, 변경명령재결로, 판례는 인용재결의 기속력(행정심판법 제49조 제1항) 때문에 인용재결에 대해 처분청은 행정소송으로 불복할 수 없다고 본다. (대법원 1998.5.8. 선고 97누15432)

행정심판법	제49조(재결의 기속력 등) ① 심판청구를 인용하는 재결은 피청구인과 그 밖의 관계 행정청을 기속(羈束)한다.

④ (×) 행정심판법 제47조 제2항(불이익변경금지 원칙)

행정심판법	제47조(재결의 범위) ② 위원회는 심판청구의 대상이 되는 처분보다 청구인에게 불리한 재결을 하지 못한다.

정답 ③

654 [회독] □□□　　　　　　23년 군무원 9급

헌법재판소와 대법원 판례의 내용으로 옳지 않은 것은?

① 도축장 사용정지·제한명령은 공익목적을 위하여 이미 형성된 구체적 재산권을 박탈하거나 제한하는 「헌법」 제23조 제3항의 수용·사용 또는 제한에 해당하는 것이 아니라, 도축장 소유자들이 수인하여야 할 사회적 제약으로서 「헌법」 제23조 제1항의 재산권의 내용과 한계에 해당한다.

② 토지수용위원회의 수용재결에 대한 이의절차는 실질적으로 행정심판의 성질을 갖는 것이므로 「토지수용법」에 특별한 규정이 있는 것을 제외하고는 「행정심판법」의 규정이 적용된다고 할 것이다.

③ 「공무원연금법」상 공무원연금급여 재심위원회에 대한 심사청구 제도는 사안의 전문성과 특수성을 살리기 위하여 특히 필요하여 행정심판법에 따른 일반행정심판을 갈음하는 특별한 행정불복절차, 즉 특별행정심판에 해당한다.

④ 당사자의 신청을 받아들이지 않은 거부처분이 재결에서 취소된 경우에 행정청은 종전 거부처분 또는 재결 후에 발생한 새로운 사유를 내세워 다시 거부처분을 할 수 없다.

654

해설 ① (○) "도축장 사용정지·제한명령은 구제역과 같은 가축전염병의 발생과 확산을 막기 위한 것이고, 도축장 사용정지·제한명령이 내려지면 국가가 도축장 영업권을 강제로 취득하여 공익 목적으로 사용하는 것이 아니라 소유자들이 일정기간 동안 도축장을 사용하지 못하게 되는 효과가 발생할 뿐이다. 이와 같은 재산권에 대한 제약의 목적과 형태에 비추어 볼 때, 도축장 사용정지·제한명령은 공익목적을 위하여 이미 형성된 구체적 재산권을 박탈하거나 제한하는 헌법 제23조 제3항의 수용·사용 또는 제한에 해당하는 것이 아니라, 도축장 소유자들이 수인하여야 할 사회적 제약으로서 헌법 제23조 제1항의 재산권의 내용과 한계에 해당한다." (헌법재판소 2015.10.21. 선고 2012헌바367)

② (○) "토지수용위원회의 수용재결에 대한 이의절차는 실질적으로 행정심판의 성질을 갖는 것이므로 토지수용법에 특별한 규정이 있는 것을 제외하고는 행정심판법의 규정이 적용된다고 할 것이다." (대법원 1992.6.9. 선고 92누565)

③ (○) "공무원연금급여 재심위원회에 대한 심사청구 제도의 입법 취지와 심사청구기간, 행정심판법에 따른 일반행정심판의 적용 배제, 구 공무원연금법 제80조 제3항의 위임에 따라 구 공무원연금법 시행령 제84조 내지 제95조의2에서 정한 공무원연금급여 재심위원회의 조직, 운영, 심사절차에 관한 사항 등을 종합하면, 구 공무원연금법상 공무원연금급여 재심위원회에 대한 심사청구 제도는 사안의 전문성과 특수성을 살리기 위하여 특히 필요하여 행정심판법에 따른 일반행정심판을 갈음하는 특별한 행정불복절차(행정심판법 제4조 제1항), 즉 특별행정심판에 해당한다." (대법원 2019.8.9. 선고 2019두38656)

④ (×) "당사자의 신청을 받아들이지 않은 거부처분이 재결에서 취소된 경우에 행정청은 종전 거부처분 또는 재결 후에 발생한 새로운 사유를 내세워 다시 거부처분을 할 수 있다. 그 재결의 취지에 따라 이전의 신청에 대하여 다시 어떠한 처분을 하여야 할지는 처분을 할 때의 법령과 사실을 기준으로 판단하여야 하기 때문이다." (대법원 2017.10.31. 선고 2015두45045)

정답 ④

655 [회독] □□□　　　　22년 소방직

「행정심판법」에 대한 설명으로 옳지 않은 것은?

① 청구인이 피청구인을 잘못 지정한 경우에는 위원회는 직권으로 또는 당사자의 신청에 의하여 결정으로써 피청구인을 경정할 수 있다.

② 행정심판위원회는 심판청구의 대상이 되는 처분보다 청구인에게 불리한 재결을 할 수 있다.

③ 중앙행정심판위원회는 위법 또는 불합리한 명령 등의 시정조치를 관계 행정기관에 요청할 수 있다.

④ 법령의 규정에 따라 공고하거나 고시한 처분이 재결로써 취소되거나 변경되면 처분을 한 행정청은 지체 없이 그 처분이 취소 또는 변경되었다는 것을 공고하거나 고시하여야 한다.

655

해설 ① (○) 행정심판법 제17조 제2항

행정심판법	제17조(피청구인의 적격 및 경정) ② 청구인이 피청구인을 잘못 지정한 경우에는 위원회는 직권으로 또는 당사자의 신청에 의하여 결정으로써 피청구인을 경정(更正)할 수 있다.

② (×) 행정심판법 제47조 제2항

행정심판법	제47조(재결의 범위) ② 위원회는 심판청구의 대상이 되는 처분보다 청구인에게 불리한 재결을 하지 못한다.

③ (○) 행정심판법 제59조 제1항

행정심판법	제59조(불합리한 법령 등의 개선) ① 중앙행정심판위원회는 심판청구를 심리·재결할 때에 처분 또는 부작위의 근거가 되는 명령 등(대통령령·총리령·부령·훈령·예규·고시·조례·규칙 등을 말한다. 이하 같다)이 법령에 근거가 없거나 상위 법령에 위배되거나 국민에게 과도한 부담을 주는 등 크게 불합리하면 관계 행정기관에 그 명령 등의 개정·폐지 등 적절한 시정조치를 요청할 수 있다. 이 경우 중앙행정심판위원회는 시정조치를 요청한 사실을 법제처장에게 통보하여야 한다.

④ (○) 행정심판법 제49조 제5항

행정심판법	제49조(재결의 기속력 등) ⑤ 법령의 규정에 따라 공고하거나 고시한 처분이 재결로써 취소되거나 변경되면 처분을 한 행정청은 지체 없이 그 처분이 취소 또는 변경되었다는 것을 공고하거나 고시하여야 한다.

정답 ②

656 [회독] ☐☐☐　　25년 소방직

「행정심판법」상 행정심판에 관한 설명으로 옳지 않은 것은?
(다툼이 있는 경우 판례에 의함)

① 고지절차에 관한 규정은 행정처분의 상대방이 그 처분에 대한 행정심판의 절차를 밟는데 있어 편의를 제공하려는데 있으며 처분청이 위 규정에 따른 고지의무를 이행하지 아니하였다고 하더라도 경우에 따라서는 행정심판의 제기기간이 연장될 수 있는 것에 그치고 이로 인하여 심판의 대상이 되는 행정처분에 어떤 하자가 수반된다고 할 수 없다.

② 양도소득세 및 방위세부과처분이 국세청장에 대한 불복심사청구에 의하여 그 불복사유가 이유있다고 인정되어 취소되었음에도 처분청이 동일한 사실에 관하여 특별한 사유 없이 부과처분을 되풀이 한 경우 그 부과처분이 감사원의 시정요구에 따른 것이라면 위법하지 않다.

③ 법인이 아닌 사단 또는 재단으로서 대표자나 관리인이 정하여져 있는 경우에는 그 사단이나 재단의 이름으로 심판청구를 할 수 있다.

④ 행정심판의 재결은 피청구인 또는 행정심판위원회가 심판청구서를 받은 날부터 60일 이내에 하여야 하나 부득이한 사정이 있는 경우에는 위원장이 직권으로 30일을 연장할 수 있다.

657 [회독] ☐☐☐　　23년 군무원 9급

다음 중 행정심판의 재결의 효력에 관한 설명으로 옳지 않은 것은? (다툼이 있는 경우 판례에 의함)

① 재결의 기속력은 인용재결의 효력이며 기각재결에는 인정되지 않는다.

② 재결이 확정된 경우에는 처분의 기초가 된 사실관계나 법률적 판단이 확정되고 당사자들이나 법원이 이에 기속되어 모순되는 주장이나 판단을 할 수 없게 된다.

③ 당해 처분에 관하여 위법한 것으로 재결에서 판단된 사유와 기본적 사실관계에 있어 동일성이 인정되는 사유를 내세워 다시 동일한 내용의 처분을 하는 것은 허용되지 않는다.

④ 형성력이 인정되는 재결로는 취소재결, 변경재결, 처분재결이 있다.

656

해설 ① (O) "자동차운수사업법 제31조 등의 규정에 의한 사업면허의 취소 등의 처분에관한 규칙(교통부령) 제7조 제3항의 고지절차에 관한 규정은 행정처분의 상대방이 그 처분에 대한 행정심판의 절차를 밟는데 있어 편의를 제공하려는데 있으며 처분청이 위 규정에 따른 고지의무를 이행하지 아니하였다고 하더라도 경우에 따라서는 행정심판의 제기기간이 연장될 수 있는 것에 그치고 이로 인하여 심판의 대상이 되는 행정처분에 어떤 하자가 수반된다고 할 수 없다." (대법원 1987.11.24. 선고 87누529)

② (X) 감사원의 시정요구에 따른 것이라 하더라도, 기속력(반복금지의무) 위반으로서 위법하다. "양도소득세 및 방위세부과처분이 국세청장에 대한 불복심사청구에 의하여 그 불복사유가 이유있다고 인정되어 취소되었음에도 처분청이 동일한 사실에 관하여 부과처분을 되풀이 한 것이라면 설령 그 부과처분이 감사원의 시정요구에 의한 것이라 하더라도 위법하다." (대법원 1986.5.27. 선고 86누127)

③ (O) 행정심판법 제14조

행정심판법	제14조(법인이 아닌 사단 또는 재단의 청구인 능력) 법인이 아닌 사단 또는 재단으로서 대표자나 관리인이 정하여져 있는 경우에는 그 사단이나 재단의 이름으로 심판청구를 할 수 있다.

④ (O) 행정심판법 제45조 제1항

행정심판법	제45조(재결 기간) ① 재결은 제23조에 따라 피청구인 또는 위원회가 심판청구서를 받은 날부터 60일 이내에 하여야 한다. 다만, 부득이한 사정이 있는 경우에는 위원장이 직권으로 30일을 연장할 수 있다.

정답 ②

657

해설 ① (O) 옳은 내용이다. 재결의 기속력은 인용재결에만 인정된다.

② (X) "행정심판의 재결은 피청구인인 행정청을 기속하는 효력을 가지므로 재결청이 취소심판의 청구가 이유 있다고 인정하여 처분청에 처분을 취소할 것을 명하면 처분청으로서는 재결의 취지에 따라 처분을 취소하여야 하지만, 나아가 재결에 판결에서와 같은 기판력이 인정되는 것은 아니어서 재결이 확정된 경우에도 처분의 기초가 된 사실관계나 법률적 판단이 확정되고 당사자들이나 법원이 이에 기속되어 모순되는 주장이나 판단을 할 수 없게 되는 것은 아니다." (대법원 2015.11.27. 선고 2013다6759)

③ (O) "행정심판법 제37조가 정하고 있는 재결은 당해 처분에 관하여 재결주문 및 그 전제가 된 요건사실의 인정과 판단에 대하여 처분청을 기속하므로, 당해 처분에 관하여 위법한 것으로 재결에서 판단된 사유와 기본적 사실관계에 있어 동일성이 인정되는 사유를 내세워 다시 동일한 내용의 처분을 하는 것은 허용되지 않는다." (대법원 2003.4.25. 선고 2002두3201)

④ (O) 옳은 내용이다. 재결의 형성력은 취소심판의 인용재결인 취소재결, 변경재결과 의무이행심판 인용재결인 처분재결에서 인정된다.

정답 ②

658 [회독] □□□

22년 지방 9급

행정쟁송에 대한 설명으로 옳은 것은? (다툼이 있는 경우 판례에 의함)

① 행정심판의 재결에도 판결에서와 같은 기판력이 인정되는 것이어서 재결이 확정되면 처분의 기초가 된 사실관계나 법률적 판단이 확정되는 것이므로 당사자는 이와 모순되는 주장을 할 수 없게 된다.

② 무효인 처분에 대해 무효선언을 구하는 취소소송을 제기하는 경우에는 제소기간의 제한이 없다.

③ 거부행위가 항고소송의 대상인 처분이 되기 위해서는 그 거부행위가 신청인의 실체상의 권리관계에 직접적인 변동을 일으키는 것이어야 하며, 신청인이 실체상의 권리자로서 권리를 행사함에 중대한 지장을 초래하는 것만으로는 부족하다.

④ 처분시에 행정청으로부터 행정심판 제기기간에 관하여 법정 심판청구기간보다 긴 기간으로 잘못 통지받은 경우에 보호할 신뢰 이익은 그 통지받은 기간 내에 행정소송을 제기한 경우에까지 확대되지 않는다.

658

해설 ① (×) "재결에 판결에서와 같은 기판력이 인정되는 것은 아니어서 재결이 확정된 경우에도 처분의 기초가 된 사실관계나 법률적 판단이 확정되고 당사자들이나 법원이 이에 기속되어 모순되는 주장이나 판단을 할 수 없게 되는 것은 아니다." (대법원 2015.11.27. 선고 2013다6759)

② (×) "행정처분의 당연무효를 선언하는 의미에서 취소를 구하는 행정소송을 제기한 경우에도 제소기간의 준수 등 취소소송의 제소요건을 갖추어야 한다." (대법원 1993.3.12. 선고 92누11039)

③ (×) "국민의 적극적 행위 신청에 대하여 행정청이 그 신청에 따른 행위를 하지 않겠다고 거부한 행위가 항고소송의 대상이 되는 행정처분에 해당하는 것이라고 하려면, 그 신청한 행위가 공권력의 행사 또는 이에 준하는 행정작용이어야 하고, 그 거부행위가 신청인의 법률관계에 어떤 변동을 일으키는 것이어야 하며, 그 국민에게 그 행위발동을 요구할 법규상 또는 조리상의 신청권이 있어야 하는바, 여기에서 '신청인의 법률관계에 어떤 변동을 일으키는 것'이라는 의미는 신청인의 실체상의 권리관계에 직접적인 변동을 일으키는 것은 물론, 그렇지 않다 하더라도 신청인이 실체상의 권리자로서 권리를 행사함에 중대한 지장을 초래하는 것도 포함한다." (대법원 2007.10.11. 선고 2007두1316)

④ (○) "행정처분시나 그 이후 행정청으로부터 행정심판 제기기간에 관하여 법정 심판청구기간보다 긴 기간으로 잘못 통지받은 경우에 보호할 신뢰 이익은 그 통지받은 기간 내에 행정심판을 제기한 경우에 한하는 것이지 행정소송을 제기한 경우에까지 확대된다고 할 수 없으므로, 당사자가 행정처분시나 그 이후 행정청으로부터 행정심판 제기기간에 관하여 법정 심판청구기간보다 긴 기간으로 잘못 통지받아 행정소송법상 법정 제소기간을 도과하였다고 하더라도, 그것이 당사자가 책임질 수 없는 사유로 인한 것이라고 할 수는 없다." (대법원 2001.5.8. 선고 2000두6916)

정답 ④

659 [회독] ☐☐☐ 22년 지방 9급

A행정청이 甲에게 한 처분에 대하여 甲은 B행정심판위원회에 행정심판을 청구하였다. 이에 대한 설명으로 옳은 것은? (다툼이 있는 경우 판례에 의함)

① B행정심판위원회의 기각재결이 있은 후에는 A행정청은 원처분을 직권으로 취소할 수 없다.

② 甲이 취소심판을 제기한 경우, B행정심판위원회는 심판청구가 이유가 있다고 인정하면 처분변경명령재결을 할 수 있다.

③ 甲이 무효확인심판을 제기한 경우, B행정심판위원회는 심판청구가 이유있다고 인정하면서도 이를 인용하는 것이 공공복리에 크게 위배된다고 인정하면 甲의 심판청구를 기각할 수 있다.

④ B행정심판위원회의 재결에 고유한 위법이 있는 경우에는 甲은 다시 행정심판을 청구할 수 있다.

660 [회독] ☐☐☐ 19년 국가 7급

행정심판의 재결의 기속력에 대한 설명으로 옳지 않은 것은? (다툼이 있는 경우 판례에 의함)

① 재결이 확정된 경우에는 처분의 기초가 된 사실관계나 법률적 판단이 확정되고 당사자들이나 법원은 이에 기속되어 모순되는 주장이나 판단을 할 수 없게 된다.

② 재결에 의하여 취소되거나 무효 또는 부존재로 확인되는 처분이 당사자의 신청을 거부하는 것을 내용으로 하는 경우에는 그 처분을 한 행정청은 재결의 취지에 따라 다시 이전의 신청에 대한 처분을 하여야 한다.

③ 재결의 기속력은 재결의 주문 및 그 전제가 된 요건사실의 인정과 판단에 대하여만 미친다.

④ 당사자의 신청을 받아들이지 않은 거부처분이 재결에서 취소된 경우, 그 재결의 취지에 따라 이전의 신청에 대하여 다시 어떠한 처분을 하여야 할지는 처분을 할 때의 법령과 사실을 기준으로 판단하여야 하므로, 행정청은 종전 거부처분 또는 재결 후에 발생한 새로운 사유를 내세워 다시 거부처분을 할 수 있다.

659

해설 ① (×) 기각재결이 있은 후에도 원처분청은 원처분을 직권으로 취소 또는 변경할 수 있다. 기각재결에서는 기속력이 발생하지 않기 때문이다.

② (○) 행정소송법 제43조 제3항

행정소송법	제43조(재결의 구분) ③ 위원회는 취소심판의 청구가 이유가 있다고 인정하면 처분을 취소 또는 다른 처분으로 변경하거나 처분을 다른 처분으로 변경할 것을 피청구인에게 명한다.

③ (×) 행정소송법 제44조 제1항, 제3항

행정소송법	제44조(사정재결) ① 위원회는 심판청구가 이유가 있다고 인정하는 경우에도 이를 인용(認容)하는 것이 공공복리에 크게 위배된다고 인정하면 그 심판청구를 기각하는 재결을 할 수 있다. 이 경우 위원회는 재결의 주문(主文)에서 그 처분 또는 부작위가 위법하거나 부당하다는 것을 구체적으로 밝혀야 한다. ③ 제1항과 제2항은 무효등확인심판에는 적용하지 아니한다.

④ (×) 재결의 고유한 위법이 있다 하더라도 여전히 행정심판 재청구는 금지된다. 재결의 고유한 위법이 있을 때 허용되는 것은 재결을 대상으로 하는 취소소송이다(행정소송법 제19조 단서 참조).

행정소송법	제51조(행정심판 재청구의 금지) 심판청구에 대한 재결이 있으면 그 재결 및 같은 처분 또는 부작위에 대하여 다시 행정심판을 청구할 수 없다.

정답 ②

660

해설 ① (×) "재결에 판결에서와 같은 기판력이 인정되는 것은 아니어서 재결이 확정된 경우에도 처분의 기초가 된 사실관계나 법률적 판단이 확정되고 당사지들이니 법원이 이에 기속되어 모순되는 주장이나 판단을 할 수 없게 되는 것은 아니다."(대법원 2015.11.27. 선고 2013다6759)

② (○) 행정심판법 제49조 제2항

행정심판법	제49조(재결의 기속력 등) ② 재결에 의하여 취소되거나 무효 또는 부존재로 확인되는 처분이 당사자의 신청을 거부하는 것을 내용으로 하는 경우에는 그 처분을 한 행정청은 재결의 취지에 따라 다시 이전의 신청에 대한 처분을 하여야 한다.

③ (○) "재결의 기속력은 재결의 주문 및 그 전제가 된 요건사실의 인정과 판단, 즉 처분 등의 구체적 위법사유에 관한 판단에만 미친다."(대법원 2005.12.9. 선고 2003두7705)

④ (○) "당사자의 신청을 받아들이지 않은 거부처분이 재결에서 취소된 경우에 행정청은 종전 거부처분 또는 재결 후에 발생한 새로운 사유를 내세워 다시 거부처분을 할 수 있다. 그 재결의 취지에 따라 이전의 신청에 대하여 다시 어떠한 처분을 하여야 할지는 처분을 할 때의 법령과 사실을 기준으로 판단하여야 하기 때문이다."(대법원 2017.10.31. 선고 2015두45045)

정답 ①

661 [회독] ☐☐☐

재결의 기속력에 대한 설명으로 옳은 것만을 모두 고르면? (다툼이 있는 경우 판례에 의함)

> ㉠ 재결에 의하여 취소되거나 무효 또는 부존재로 확인되는 처분이 당사자의 신청을 거부하는 것을 내용으로 하는 경우에는 그 처분을 한 행정청은 재결의 취지에 따라 다시 이전의 신청에 대한 처분을 하여야 한다.
> ㉡ 재결의 기속력은 인용재결의 경우에만 인정되고, 기각재결에서는 인정되지 않는다.
> ㉢ 기속력은 재결의 주문에만 미치고, 처분 등의 구체적 위법사유에 관한 판단에는 미치지 않는다.
> ㉣ 행정심판 인용재결에 따른 행정청의 재처분 의무에도 불구하고 행정청이 인용재결에 따른 처분을 하지 아니하는 경우에, 행정심판위원회는 청구인의 신청이 없어도 결정으로 일정한 배상을 하도록 명할 수 있다.

① ㉠, ㉡
② ㉠, ㉡, ㉣
③ ㉠, ㉢, ㉣
④ ㉡, ㉢, ㉣

661

해설 ㉠ (○) 행정심판법 제49조 제2항

행정심판법	제49조 (재결의 기속력 등) ① 심판청구를 인용하는 재결은 피청구인과 그 밖의 관계 행정청을 기속(羈束)한다. ② 재결에 의하여 취소되거나 무효 또는 부존재로 확인되는 처분이 당사자의 신청을 거부하는 것을 내용으로 하는 경우에는 그 처분을 한 행정청은 재결의 취지에 따라 다시 이전의 신청에 대한 처분을 하여야 한다. ③ 당사자의 신청을 거부하거나 부작위로 방치한 처분의 이행을 명하는 재결이 있으면 행정청은 지체 없이 이전의 신청에 대하여 재결의 취지에 따라 처분을 하여야 한다. ④ 신청에 따른 처분이 절차의 위법 또는 부당을 이유로 재결로써 취소된 경우에는 제2항을 준용한다.

㉡ (○) 재결의 기속력은 인용재결에만 인정된다.

㉢ (×) "재결의 기속력은 재결의 주문 및 그 전제가 된 요건사실의 인정과 판단, 즉 처분 등의 구체적 위법사유에 관한 판단에만 미친다." (대법원 2005.12.9. 선고 2003두7705)

㉣ (×) 신청에 의해서만 간접강제가 이루어진다(행정심판법 제50조의2 제1항).

행정심판법	제50조의2 (위원회의 간접강제) ① 위원회는 피청구인이 제49조 제2항(제49조 제4항에서 준용하는 경우를 포함한다) 또는 제3항에 따른 처분을 하지 아니하면 청구인의 신청에 의하여 결정으로 상당한 기간을 정하고 피청구인이 그 기간 내에 이행하지 아니하는 경우에는 그 지연기간에 따라 일정한 배상을 하도록 명하거나 즉시배상을 할 것을 명할 수 있다.

정답 ①

662 [회독] ☐☐☐

행정심판의 재결에 대한 설명으로 옳지 않은 것은?

① 기각재결이 있은 후에도 원처분청은 원처분을 직권으로 취소 또는 변경할 수 있다.

② 재결의 기속력에는 반복금지효와 원상회복의무가 포함된다.

③ 행정심판에는 불고불리의 원칙과 불이익변경금지의 원칙이 인정되며, 처분청은 행정심판의 재결에 대해 불복할 수 없다.

④ 행정심판의 재결기간은 강행규정이다.

662

해설 ① (○) 기각재결은 심판청구의 실체적 내용에 대한 심리를 거쳐 심판청구가 이유 없다고 판단되는 경우 내려진다. 기각재결이 있은 후에도 원처분청은 원처분을 직권으로 취소 또는 변경할 수 있다.

② (○) 재결의 기속력에는 반복금지효, 원상회복의무가 포함된다. 인용재결이 있으면 행정청에 동일한 상황에서 그에 저촉되는 동일한 처분을 할 수 없는 의무가 발생하는데, 이를 반복금지의무라고 한다. 또한 행정청에 위법·부당으로 명시된 처분에 의해 야기된 위법한 상태를 제거하여야 할 의무가 발생하는데, 이를 원상회복의무라 한다.

③ (○) 행정심판법은 국민의 권리구제를 도모하기 위하여 불고불리원칙과 불이익변경금지원칙을 채택하고 있다.

행정심판법	제47조(재결의 범위) ① 위원회는 심판청구의 대상이 되는 처분 또는 부작위 외의 사항에 대하여는 재결하지 못한다. ② 위원회는 심판청구의 대상이 되는 처분보다 청구인에게 불리한 재결을 하지 못한다.

또한 처분청은 재결의 기속력에 의하여 행정심판의 재결에 대해 불복할 수 없다는 것이 판례의 태도다.

"행정심판법 제49조 제1항은 "심판청구를 인용하는 재결은 피청구인과 그 밖의 관계 행정청을 기속한다"라고 규정하였고, 이에 따라 처분행정청은 재결에 기속되어 재결의 취지에 따른 처분의무를 부담하게 되므로 이에 불복하여 행정소송을 제기할 수 없다." (대법원 1998.5.8. 선고 97누15432)

④ (×) 재결기간은 강행규정이 아니라 훈시규정이다.

행정심판법	제45조(재결 기간) ① 재결은 제23조에 따라 피청구인 또는 위원회가 심판청구서를 받은 날부터 60일 이내에 하여야 한다. 다만, 부득이한 사정이 있는 경우에는 위원장이 직권으로 30일을 연장할 수 있다.

정답 ④

663 [회독] □□□

21년 국가 7급

행정심판에 대한 설명으로 옳지 않은 것은? (다툼이 있는 경우 판례에 의함)

① 취소심판의 인용재결로서 취소재결, 변경재결, 변경명령재결을 할 수 있다.

② 당사자의 신청을 받아들이지 않은 거부처분이 재결에서 취소된 경우에 행정청은 재결 후에 발생한 새로운 사유를 내세워 다시 거부처분을 할 수 있다.

③ 정보공개명령재결은 행정심판위원회에 의한 직접처분의 대상이 된다.

④ 인용재결의 기속력은 피청구인과 그 밖의 관계 행정청에 미치고, 행정심판위원회의 간접강제 결정의 효력은 피청구인인 행정청이 소속된 국가·지방자치단체 또는 공공단체에 미친다.

663

[해설] ① (○) 행정심판위원회는 취소심판의 청구가 이유 있다고 인정하면 처분을 취소 또는 다른 처분으로 변경하거나(형성재결), 처분을 다른 처분으로 변경할 것(이행재결)을 피청구인에게 명한다. 따라서 취소심판의 인용재결에는 취소재결·변경재결 이외에도 변경명령재결이 있다. 구 행정심판법에는 취소명령재결을 규정하고 있었으나 현행 행정심판법에는 삭제되었다.

행정심판법	제43조(재결의 구분) ③ 위원회는 취소심판의 청구가 이유가 있다고 인정하면 처분을 취소 또는 다른 처분으로 변경하거나 처분을 다른 처분으로 변경할 것을 피청구인에게 명한다.

② (○) "당사자의 신청을 받아들이지 않은 거부처분이 재결에서 취소된 경우에 행정청은 종전 거부처분 또는 재결 후에 발생한 새로운 사유를 내세워 다시 거부처분을 할 수 있다. 그 재결의 취지에 따라 이전의 신청에 대하여 다시 어떠한 처분을 하여야 할지는 처분을 할 때의 법령과 사실을 기준으로 판단하여야 하기 때문이다." (대법원 2017.10.31. 선고 2015두45045)

③ (×) 정보공개거부처분취소청구에 대한 이행재결인 정보공개명령재결의 경우 정보공개처분의 성질상 위원회가 직접처분을 할 수 없다.

④ (○) 행정심판법 제49조 제1항, 제50조의2 제5항

행정심판법	제49조(재결의 기속력 등) ① 심판청구를 인용하는 재결은 피청구인과 그 밖의 관계 행정청을 기속(羈束)한다.
행정심판법	제50조의2(위원회의 간접강제) ⑤ 제1항 또는 제2항에 따른 결정의 효력은 피청구인인 행정청이 소속된 국가·지방자치단체 또는 공공단체에 미치며, 결정서 정본은 제4항에 따른 소송제기와 관계없이 「민사집행법」에 따른 강제집행에 관하여는 집행권원과 같은 효력을 가진다. 이 경우 집행문은 위원장의 명에 따라 위원회가 소속된 행정청 소속 공무원이 부여한다.

정답 ③

664 [회독] ☐☐☐

다음 중 「행정심판법」상 간접강제와 직접처분에 대한 설명으로 가장 적절하지 않은 것은?

① 간접강제는 행정심판위원회가 청구인의 신청이 있는 때에만 명할 수 있고, 직권으로는 할 수 없다.

② 간접강제결정에 불복할 경우에는 청구인은 그 결정에 대하여 행정심판위원회를 상대로 행정소송을 제기할 수 있다.

③ 직접처분은 당사자의 신청을 거부하거나 부작위로 방치한 처분의 이행을 명하는 재결에 적용된다.

④ 행정심판위원회가 직접처분을 하였을 때에는 그 사실을 해당 행정청에 통보하여야 하며, 그 통보를 받은 행정청은 행정심판위원회의 직접처분 취지에 따라 처분을 하고 관계 법령에 따라 관리·감독 등 필요한 조치를 하여야 한다.

664

해설 ①, ② (○) 행정심판법 제50조의2 제1항, 제4항

행정심판법	제50조의2(위원회의 간접강제) ① 위원회는 피청구인이 제49조제2항(제49조제4항에서 준용하는 경우를 포함한다) 또는 제3항에 따른 처분을 하지 아니하면 청구인의 신청에 의하여 결정으로 상당한 기간을 정하고 피청구인이 그 기간 내에 이행하지 아니하는 경우에는 그 지연기간에 따라 일정한 배상을 하도록 명하거나 즉시 배상을 할 것을 명할 수 있다. ④ 청구인은 제1항 또는 제2항에 따른 결정에 불복하는 경우 그 결정에 대하여 행정소송을 제기할 수 있다.

③ (○) 행정심판법 제50조 제1항, 제49조 제3항

행정심판법	제50조(위원회의 직접 처분) ① 위원회는 피청구인이 제49조제3항에도 불구하고 처분을 하지 아니하는 경우에는 당사자가 신청하면 기간을 정하여 서면으로 시정을 명하고 그 기간에 이행하지 아니하면 직접 처분을 할 수 있다. 다만, 그 처분의 성질이나 그 밖의 불가피한 사유로 위원회가 직접 처분을 할 수 없는 경우에는 그러하지 아니하다.
	제49조(재결의 기속력 등) ③ 당사자의 신청을 거부하거나 부작위로 방치한 처분의 이행을 명하는 재결이 있으면 행정청은 지체 없이 이전의 신청에 대하여 재결의 취지에 따라 처분을 하여야 한다.

④ (×) 행정심판위원회의 직접처분이 있으면 그것으로 곧바로 처분이 발급되는 것이지, 행정청이 추가로 직접처분의 취지에 따른 처분을 해야 하는 것은 아니다. 그 이외의 나머지 부분은 옳다.

행정심판법	제50조 ② 위원회는 제1항 본문에 따라 직접 처분을 하였을 때에는 그 사실을 해당 행정청에 통보하여야 하며, 그 통보를 받은 행정청은 위원회가 한 처분을 자기가 한 처분으로 보아 관계 법령에 따라 관리·감독 등 필요한 조치를 하여야 한나.

정답 ④

665 [회독] ☐☐☐

다음 각 사례에 대한 설명으로 옳은 것은? (다툼이 있는 경우 판례에 의함)

> • A시장으로부터 3월의 영업정지처분을 받은 숙박업자 甲은 이에 불복하여 행정쟁송을 제기하고자 한다.
> • B시장으로부터 건축허가거부처분을 받은 乙은 이에 불복하여 행정쟁송을 제기하고자 한다.

① 甲이 취소소송을 제기하면서 집행정지신청을 한 경우 법원이 집행정지결정을 하는 데 있어 甲의 본안청구의 적법 여부는 집행정지의 요건에 포함되지 않는다.

② 甲이 2022. 1. 5. 영업정지처분을 통지받았고, 행정심판을 제기하여 2022. 3. 29. 1월의 영업정지처분으로 변경하는 재결이 있었고 그 재결서 정본을 2022. 4. 2. 송달받은 경우 취소소송의 기산점은 2022. 1. 5.이다.

③ 乙이 의무이행심판을 제기하여 처분명령재결이 있었음에도 B시장이 허가를 하지 않는 경우 행정심판위원회는 직권으로 시정을 명하고 이를 이행하지 아니하면 직접 건축허가처분을 할 수 있다.

④ 乙이 건축허가거부처분에 대해 제기한 취소소송에서 인용판결이 확정되었으나 B시장이 기속력에 위반하여 다시 거부처분을 한 경우 乙은 간접강제신청을 할 수 있다.

665

해설 ① (×) 본안청구의 적법여부라는 것은, 소제기의 적법여부를 뜻한다. 어차피 각하될 사건이라면 집행정지가 허용되지 않는다. "행정처분의 효력정지나 집행정지를 구하는 신청사건에 있어서는 행정처분 자체의 적법 여부는 궁극적으로 본안재판에서 심리를 거쳐 판단할 성질의 것이므로 원칙적으로 판단할 것이 아니고, 그 행정처분의 효력이나 집행을 정지할 것인가에 관한 행정소송법 제23조 제2항 소정의 요건의 존부만이 판단의 대상이 된다고 할 것이지만, 나아가 본안에서 원고가 승소할 수 있는 가능성을 전제로 한 권리보호수단이라는 점에 비추어 보면 집행정지사건 자체에 의하여도 신청인의 본안청구가 적법한 것이어야 한다는 것을 집행정지의 요건에 포함시켜야 할 것이다." (대법원 1995.2.28. 선고 94두36)

② (×) 재결서 정본을 송달받은 2022. 4. 2.가 기산점이 된다.

행정소송법	제20조(제소기간) ① 취소소송은 처분등이 있음을 안 날부터 90일 이내에 제기하여야 한다. 다만, 제18조제1항 단서에 규정한 경우와 그 밖에 행정심판청구를 할 수 있는 경우 또는 행정청이 행정심판청구를 할 수 있다고 잘못 알린 경우에 행정심판청구가 있은 때의 기간은 재결서의 정본을 송달받은 날부터 기산한다.

③ (×) 직접처분은 직권으로는 불가능하다.

행정심판법	제49조(재결의 기속력 등) ③ 당사자의 신청을 거부하거나 부작위로 방치한 처분의 이행을 명하는 재결이 있으면 행정청은 지체 없이 이전의 신청에 대하여 재결의 취지에 따라 처분을 하여야 한다.
행정심판법	제50조(위원회의 직접 처분) ① 위원회는 피청구인이 제49조제3항에도 불구하고 처분을 하지 아니하는 경우에는 당사자가 신청하면 기간을 정하여 서면으로 시정을 명하고 그 기간에 이행하지 아니하면 직접 처분을 할 수 있다. 다만, 그 처분의 성질이나 그 밖의 불가피한 사유로 위원회가 직접 처분을 할 수 없는 경우에는 그러하지 아니하다.

④ (○) "거부처분에 대한 취소의 확정판결이 있음에도 행정청이 아무런 재처분을 하지 아니하거나, 재처분을 하였다 하더라도 그것이 종전 거부처분에 대한 취소의 확정판결의 기속력에 반하는 등으로 당연무효라면 이는 아무런 재처분을 하지 아니한 때와 마찬가지라 할 것이므로 이러한 경우에는 행정소송법 제30조 제2항, 제34조 제1항 등에 의한 간접강제신청에 필요한 요건을 갖춘 것으로 보아야 한다." (대법원 2002.12.11.자 선고 2002무22)

정답 ④

666 [회독] □□□ 21년 지방 9급

「행정심판법」상 행정심판에 대한 설명으로 옳지 않은 것은? (다툼이 있는 경우 판례에 의함)

① 심판청구기간의 기산점인 '처분이 있음을 안 날'이라 함은 당사자가 통지·공고 기타의 방법에 의하여 당해 처분이 있었다는 사실을 현실적으로 안 날을 의미한다.

② 행정청의 부작위에 대한 의무이행심판은 심판청구기간 규정의 적용을 받지 않고, 사정재결이 인정되지 아니한다.

③ 심판청구에 대한 재결이 있으면 그 재결 및 같은 처분 또는 부작위에 대하여 다시 행정심판을 청구할 수 없다.

④ 재결이 확정된 경우에도 처분의 기초가 된 사실관계나 법률적 판단이 확정되고 당사자들이나 법원이 이에 기속되어 모순되는 주장이나 판단을 할 수 없게 되는 것은 아니다.

666

해설 ① (○) "심판청구기간의 기산점인 행정심판법 제27조 제1항 소정의 '처분이 있음을 안 날'이라 함은 당사자가 통지·공고 기타의 방법에 의하여 당해 처분이 있었다는 사실을 현실적으로 안 날을 의미하고, 추상적으로 알 수 있었던 날을 의미하는 것은 아니다."(대법원 2002.8.27. 선고 2002두3850)

② (✕) 부작위에 대한 의무이행심판은 심판청구기간의 제한을 받지 않지만(행정심판법 제27조 제7항), 사정재결은 인정된다(행정심판법 제44조 제3항 반대해석).

행정심판법	제27조(심판청구의 기간) ① 행정심판은 처분이 있음을 알게 된 날부터 90일 이내에 청구하여야 한다. ③ 행정심판은 처분이 있었던 날부터 180일이 지나면 청구하지 못한다. 다만, 정당한 사유가 있는 경우에는 그러하지 아니하다. ⑦ 제1항부터 제6항까지의 규정은 무효등확인심판청구와 부작위에 대한 의무이행심판청구에는 적용하지 아니한다.
행정심판법	제44조(사정재결) ① 위원회는 심판청구가 이유가 있다고 인정하는 경우에도 이를 인용(認容)하는 것이 공공복리에 크게 위배된다고 인정하면 그 심판청구를 기각하는 재결을 할 수 있다. 이 경우 위원회는 재결의 주문(主文)에서 그 처분 또는 부작위가 위법하거나 부당하다는 것을 구체적으로 밝혀야 한다. ③ 제1항과 제2항은 무효등확인심판에는 적용하지 아니한다.

③ (○) 행정심판법 제51조

행정심판법	제51조(행정심판 재청구의 금지) 심판청구에 대한 재결이 있으면 그 재결 및 같은 처분 또는 부작위에 대하여 다시 행정심판을 청구할 수 없다.

④ (○) "재결에 판결에서와 같은 기판력이 인정되는 것은 아니어서 재결이 확정된 경우에도 처분의 기초가 된 사실관계나 법률적 판단이 확정되고 당사자들이나 법원이 이에 기속되어 모순되는 주장이나 판단을 할 수 없게 되는 것은 아니다."(대법원 2015.11.27. 선고 2013다6759)

정답 ②

667 [회독] □□□

20년 국가 9급

「행정심판법」에 의해 행정청이 행정심판위원회의 재결의 취지에 따라 재처분을 할 의무가 있음에도 그 의무를 이행하지 않은 경우에 행정심판위원회가 직접 처분을 할 수 있는 재결은?

① 당사자의 신청에 따른 처분을 절차가 부당함을 이유로 취소하는 재결
② 당사자의 신청을 거부한 처분의 이행을 명하는 재결
③ 당사자의 신청을 거부하는 처분을 취소하는 재결
④ 당사자의 신청을 거부하는 처분을 부존재로 확인하는 재결

668 [회독] □□□

19년 국가 9급

행정행위의 효력에 대한 설명으로 옳지 않은 것은? (다툼이 있는 경우 판례에 의함)

① 과·오납세금반환청구소송에서 민사법원은 그 선결문제로서 과세처분의 무효여부를 판단할 수 있다.
② 행정처분이 위법임을 이유로 국가배상을 청구하기 위한 전제로서 그 처분이 취소되어야만 하는 것은 아니다.
③ 영업허가취소처분이 청문절차를 거치지 않았다 하여 행정심판에서 취소되었더라도 그 허가취소처분 이후 취소재결시까지 영업했던 행위는 무허가영업에 해당한다.
④ 건물 소유자에게 소방시설 불량사항을 시정·보완하라는 명령을 구두로 고지한 것은 「행정절차법」에 위반한 것으로 하자가 중대·명백하여 당연무효이다.

667

해설 직접 처분(행정심판법 제50조)은 의무이행심판의 인용재결 중 하나인 처분명령재결의 기속력 확보수단이다.

행정심판법	제50조(위원회의 직접 처분) ① 위원회는 피청구인이 제49조 제3항에도 불구하고 처분을 하지 아니하는 경우에는 당사자가 신청하면 기간을 정하여 서면으로 시정을 명하고 그 기간에 이행하지 아니하면 직접 처분을 할 수 있다. 다만, 그 처분의 성질이나 그 밖의 불가피한 사유로 위원회가 직접 처분을 할 수 없는 경우에는 그러하지 아니하다.
행정심판법	제49조(재결의 기속력 등) ③ 당사자의 신청을 거부하거나 부작위로 방치한 처분의 이행을 명하는 재결이 있으면 행정청은 지체 없이 이전의 신청에 대하여 재결의 취지에 따라 처분을 하여야 한다.

정답 ②

668

해설 ① (○) "민사소송에 있어서 어느 행정처분의 당연무효 여부가 선결문제로 되는 때에는 이를 판단하여 당연무효임을 전제로 판결할 수 있고 반드시 행정소송 등의 절차에 의하여 그 취소나 무효확인을 받아야 하는 것은 아니다." (대법원 2010.4.8. 선고 2009다90092)
② (○) "미리 그 행정처분의 취소판결이 있어야만, 그 행정처분의 위법임을 이유로 한 손해배상 청구를 할 수 있는 것은 아니다." (대법원 1972.4.28. 선고 72다337)
③ (×) "영업의 금지를 명한 영업허가취소처분 자체가 나중에 행정쟁송절차에 의하여 취소되었다면 그 영업허가취소처분은 그 처분시에 소급하여 효력을 잃게 되며, 그 영업허가취소처분에 복종할 의무가 원래부터 없었음이 확정되었다고 봄이 타당하고 … 그 영업허가취소처분 이후의 영업행위를 무허가영업이라고 볼 수는 없다." (대법원 1993.6.25. 선고 93도277)
④ (○) "담당 소방공무원이 행정처분인 위 시정보완명령을 구술로 고지한 것은 행정절차법 제24조를 위반한 것으로 하자가 중대하고 명백하여 당연 무효이다." (대법원 2011.11.10. 선고 2011도11109)

정답 ③

669 [회독] □□□

다음 중 행정심판에 대한 설명으로 가장 옳지 않은 것은?

① 처분청이 처분을 통지할 때 행정심판을 제기할 수 있다
는 사실과 기타 청구절차 및 청구기간 등에 대한 고지를
하지 않았다고 하여 처분에 하자가 있다고 할 수 없다.

② 행정심판청구서가 피청구인에게 접수된 경우, 피청구인
은 심판청구가 이유 있다고 인정하면 직권으로 처분을
취소할 수 있다.

③ 수익적 처분의 거부처분이나 부작위에 대해 임시적 지위
를 인정할 필요가 있어서 인정한 제도는 임시처분이다.

④ 의무이행심판에서 이행을 명하는 재결이 있음에도 불구
하고 처분청이 이를 이행하지 아니할 때 위원회가 직접
처분을 할 수 있는데, 행정심판의 재결은 처분청을 기속
하므로 지방자치단체는 직접 처분에 대해 행정심판위원
회가 속한 국가기관을 상대로 권한쟁의심판을 청구할
수 없다.

669

해설 ① (○) 대법원은 고지는 처분의 적법요건이 아니라고 보는
입장이다. "자동차운수사업법 제31조 등의 규정에 의한 사업면허의
취소 등의 처분에 관한 규칙(교통부령) 제7조 제3항의 고지절차에 관
한 규정은 행정처분의 상대방이 그 처분에 대한 행정심판의 절차를
밟는데 있어 편의를 제공하려는데 있으며 처분청이 위 규정에 따른
고지의무를 이행하지 아니하였다고 하더라도 경우에 따라서는 행정
심판의 제기기간이 연장될 수 있는 것에 그치고 이로 인하여 심판의
대상이 되는 행정처분에 어떤 하자가 수반된다고 할 수 없다." (대법원
1987.11.24. 선고 87누529)

② (○) 행정심판법 제25조 제1항

행정심판법	제25조(피청구인의 직권취소등) ① 제23조제1항·제2항 또는 제26조제1항에 따라 심판청구서를 받은 피청구인은 그 심판청구가 이유 있다고 인정하면 심판청구의 취지에 따라 직권으로 처분을 취소·변경하거나 확인을 하거나 신청에 따른 처분(이하 이 조에서 "직권취소등"이라 한다)을 할 수 있다. 이 경우 서면으로 청구인에게 알려야 한다.

③ (○) 옳은 지문이다. 임시처분은 이러한 목적으로 도입된 제도이다.

④ (×) 경기도지사가 성남시의 사무에 대해 직접처분을 하자(당시에
는 행정심판위원회가 아니라 도지사가 직접처분을 하게 하고 있었
다), 성남시가 경기도지사를 상대로 청구한 권한쟁의심판에 대해, 헌
법재판소가 본안에 들어간 사건이 있는데(98헌라4), 이를 토대로, 학자
들은 자신의 사무에 대하여 직접처분을 받은 지방자치단체는 행정심
판위원회가 속한 국가기관을 상대로 헌법상 권한쟁의심판을 청구할
수 있다고 해석한 것이다. 변별력 확보목적으로 최초 출제된 지엽적
인 내용이다.

정답 ④

670 [회독] ☐☐☐   20년 지방 7급

행정심판에 대한 설명으로 옳은 것은?

① 「행정심판법」은 당사자심판을 규정하여 당사자소송과 연동시키고 있다.

② 피청구인의 경정은 행정심판위원회에서 결정하며 언제나 당사자의 신청을 전제로 한다.

③ 조정은 당사자가 합의한 사항을 조정서에 기재한 후 당사자가 서명 또는 날인함으로써 완성된다.

④ 법령의 규정에 따라 공고하거나 고시한 처분이 재결로써 취소되거나 변경되면 처분을 한 행정청은 지체 없이 그 처분이 취소 또는 변경되었다는 것을 공고하거나 고시하여야 한다.

670

해설 ① (×) 당사자심판은 인정되지 않고 있다(행정심판법 제5조).

행정심판법	제5조(행정심판의 종류) 행정심판의 종류는 다음 각 호와 같다. 1. **취소심판**: 행정청의 위법 또는 부당한 처분을 취소하거나 변경하는 행정심판 2. **무효등확인심판**: 행정청의 처분의 효력 유무 또는 존재 여부를 확인하는 행정심판 3. **의무이행심판**: 당사자의 신청에 대한 행정청의 위법 또는 부당한 거부처분이나 부작위에 대하여 일정한 처분을 하도록 하는 행정심판

② (×) 행정심판법 제17조 제2항

행정심판법	제17조(피청구인의 적격 및 경정) ② 청구인이 피청구인을 잘못 지정한 경우에는 위원회는 **직권으로 또는 당사자의 신청에 의하여** 결정으로써 피청구인을 경정(更正)할 수 있다.

③ (×) 추가로 **위원회의 확인**까지 있어야 성립한다(행정심판법 제43조의2 제3항).

행정심판법	제43조의2(조정) ① 위원회는 당사자의 권리 및 권한의 범위에서 당사자의 동의를 받아 심판청구의 신속하고 공정한 해결을 위하여 조정을 할 수 있다. 다만, 그 조정이 공공복리에 적합하지 아니하거나 해당 처분의 성질에 반하는 경우에는 그러하지 아니하다. ③ **조정은 당사자가 합의한 사항을 조정서에 기재한 후 당사자가 서명 또는 날인하고 위원회가 이를 확인함으로써 성립한다.**

④ (○) 행정심판법 제49조 제5항

행정심판법	제49조(재결의 기속력 등) ⑤ 법령의 규정에 따라 공고하거나 고시한 **처분이 재결로써 취소되거나 변경되면 처분을 한 행정청은 지체 없이 그 처분이 취소 또는 변경되었다는 것을 공고하거나 고시하여야 한다.**

정답 ④

기출테마 131 | 전자정보처리조직을 통한 행정심판

유대웅 행정법총론
단원별 기출문제

07
PART

정보행정법

제1장 공공기관의 정보공개에 관한 법률(정보공개법)

기출테마 132 공공기관의 정보공개에 관한 법률(정보공개법)

671 [회독] □□□   22년 국가 9급

다음 사례에 대한 설명으로 옳은 것은? (다툼이 있는 경우 판례에 의함)

> 민간시민단체 A는 관할 행정청 B에게 개발사업의 승인과 관련한 정보공개를 청구하였으나 B는 현재 재판 진행 중인 사안이 포함되어 있다는 이유로 「공공기관의 정보공개에 관한 법률」 제9조 제1항 제4호의 사유를 들어 A의 정보공개청구를 거부하였다.

① A는 공개청구한 정보에 대해 개별·구체적 이익이 없는 경우에도 B의 정보공개거부에 대해 취소소송으로 다툴 수 있다.

② A가 공개청구한 정보에 대해 직접적인 이해관계가 있는 경우에는 B의 정보공개거부에 대해 정보공개의 이행을 구하는 당사자소송을 제기하여 다툴 수 있다.

③ A가 공개청구한 정보의 일부가 「공공기관의 정보공개에 관한 법률」상 비공개사유에 해당하는 때에는 그 나머지 정보만을 공개하는 것이 가능한 경우라 하더라도 법원은 공개가능한 정보에 관한 부분만의 일부취소를 명할 수는 없다.

④ B의 비공개사유가 정당화되기 위해서는 A가 공개청구한 정보가 진행 중인 재판의 소송기록 자체에 포함된 내용이어야 한다.

671

해설 ① (○) "정보공개청구권은 법률상 보호되는 구체적인 권리이므로 청구인이 공공기관에 대하여 정보공개를 청구하였다가 거부처분을 받은 것 자체가 법률상 이익의 침해에 해당한다." (대법원 2003.12.12. 선고 2003두8050)

② (×) 정보공개거부처분에 대하여는 항고소송으로 다투어야 한다.

③ (×) "법원이 행정청의 정보공개거부처분의 위법 여부를 심리한 결과 공개를 거부한 정보에 비공개대상정보에 해당하는 부분과 공개가 가능한 부분이 혼합되어 있고 공개청구의 취지에 어긋나지 아니하는 범위 안에서 두 부분을 분리할 수 있음을 인정할 수 있을 때에는, 위 정보 중 공개가 가능한 부분을 특정하고 판결의 주문에 행정청의 위 거부처분 중 공개가 가능한 정보에 관한 부분만을 취소한다고 표시하여야 한다." (대법원 2003.3.11. 선고 2001두6425)

④ (×) "법원 이외의 공공기관이 정보공개법 제9조 제1항 제4호에서 정한 '진행 중인 재판에 관련된 정보'에 해당한다는 사유로 정보공개를 거부하기 위하여는 반드시 그 정보가 진행 중인 재판의 소송기록 자체에 포함된 내용일 필요는 없다. 그러나 재판에 관련된 일체의 정보가 그에 해당하는 것은 아니고 진행 중인 재판의 심리 또는 재판결과에 구체적으로 영향을 미칠 위험이 있는 정보에 한정된다고 보는 것이 타당하다." (대법원 2011.11.24. 선고 2009두19021)

정답 ①

672 [회독] □□□ 25년 소방직

공공기관의 정보공개에 관한 설명 중 옳은 것은? (다툼이 있는 경우 판례에 의함)

① 정보에의 접근·수집·처리의 자유는 헌법상 직접 보장되는 권리로서 자유권적 성질을 가지나 청구권적 성질까지 공유하는 것은 아니다.

② 국민의 알 권리에서 파생되는 정부의 공개의무는 특별한 사정이 없는 한 국민의 적극적인 정보수집행위나 특정의 정보에 대한 공개청구가 있는 경우에야 비로소 존재하는 것은 아니다.

③ 형사재판확정기록에 관하여는 「공공기관의 정보공개에 관한 법률」에 의한 공개청구가 허용되지 않는다.

④ 공공기관은 전자적 형태로 보유·관리하는 정보에 대하여 청구인이 전자적 형태로 공개하여 줄 것을 요청하는 경우에는 어떠한 경우라도 청구인의 요청에 따라야 한다.

672

해설 ① (×) 알권리에 대한 설명으로서, 알권리는 자유권적 성질과 청구권적 성질을 가진다. 이 부분은 헌법학의 내용이다. "자유로운 의사의 형성은 정보에의 접근이 충분히 보장됨으로써 비로소 가능한 것이며, 그러한 의미에서 정보에의 접근·수집·처리의 자유, 즉 "알 권리"는 표현의 자유와 표리일체의 관계에 있으며 자유권적 성질과 청구권적 성질을 공유하는 것이다." (헌법재판소 1991.5.13. 선고 90헌마133)

② (×) 헌법학의 내용이다. "알 권리에서 파생되는 정부의 공개의무는 특별한 사정이 없는 한 국민의 적극적인 정보수집행위, 특히 특정의 정보에 대한 공개청구가 있는 경우에야 비로소 존재하므로, 정보공개청구가 없었던 경우 대한민국과 중화인민공화국이 체결한 양국간 마늘교역에 관한 합의서 및 그 부속서 중 '2003. 1. 1.부터 한국의 민간기업이 자유롭게 마늘을 수입할 수 있다'는 부분을 사전에 마늘재배 농가들에게 공개할 정부의 의무는 인정되지 아니한다." (헌법재판소 2004.12.16. 선고 2002헌마579)

③ (○) "형사소송법 제59조의2의 내용·취지 등을 고려하면, 형사소송법 제59조의2는 형사재판확정기록의 공개 여부나 공개 범위, 불복절차 등에 대하여 구 공공기관의 정보공개에 관한 법률과 달리 규정하고 있는 것으로 정보공개법 제4조 제1항에서 정한 '정보의 공개에 관하여 다른 법률에 특별한 규정이 있는 경우'에 해당한다. 따라서 형사재판확정기록의 공개에 관하여는 정보공개법에 의한 공개청구가 허용되지 아니한다." (대법원 2016.12.15. 선고 2013두20882)

④ (×) 공공기관의 정보공개에 관한 법률 (정보공개법) 제15조 제1항

정보공개법	제15조(정보의 전자적 공개) ① 공공기관은 전자적 형태로 보유·관리하는 정보에 대하여 청구인이 전자적 형태로 공개하여 줄 것을 요청하는 경우에는 그 정보의 성질상 현저히 곤란한 경우를 제외하고는 청구인의 요청에 따라야 한다.

정답 ③

673 [회독] ☐☐☐ 24년 소방직

「공공기관의 정보공개에 관한 법률」에 관한 설명으로 옳은 것은? (다툼이 있는 경우 판례에 의함)

① 대법원은 정보공개청구권의 헌법적 근거를 헌법 제21조 표현의 자유에서 도출하고 있다.

② 모든 국민은 정보의 공개를 청구할 권리를 가지나, 외국인은 정보공개를 청구할 수 없다.

③ 사법시험 제2차 시험의 답안지 열람은 사법시험업무의 수행에 현저한 지장을 초래한다고 볼 수 있으므로 비공개사유에 해당한다.

④ 청구인이 정보공개와 관련한 공공기관의 결정에 대하여 불복이 있거나 정보공개 청구 후 30일이 경과하도록 정보공개 결정이 없는 때에는 「행정소송법」에서 정하는 바에 따라 행정소송을 제기할 수 있다.

673

[해설] ① (○) "국민의 알 권리, 특히 국가정보에의 접근의 권리는 우리 헌법상 기본적으로 표현의 자유와 관련하여 인정되는 것으로 그 권리의 내용에는 일반 국민 누구나 국가에 대하여 보유·관리하고 있는 정보의 공개를 청구할 수 있는 이른바 일반적인 정보공개청구권이 포함된다." (대법원 1999.9.21. 선고 97누5114)

② (×) 공공기관의 정보공개에 관한 법률 시행령(정보공개법 시행령) 제3조

정보공개법	제5조(정보공개 청구권자) ① 모든 국민은 정보의 공개를 청구할 권리를 가진다. ② 외국인의 정보공개 청구에 관하여는 대통령령으로 정한다.
정보공개법 시행령	제3조(외국인의 정보공개 청구) 법 제5조제2항에 따라 정보공개를 청구할 수 있는 외국인은 다음 각 호의 어느 하나에 해당하는 자로 한다. 1. 국내에 일정한 주소를 두고 거주하거나 학술·연구를 위하여 일시적으로 체류하는 사람 2. 국내에 사무소를 두고 있는 법인 또는 단체

③ (×) "사법시험 제2차 시험의 답안지 열람은 시험문항에 대한 채점위원별 채점 결과의 열람과 달리 사법시험업무의 수행에 현저한 지장을 초래한다고 볼 수 없다." (대법원 2003.3.14. 선고 2000두6114)

④ (×) 공공기관의 정보공개에 관한 법률(정보공개법) 제20조

정보공개법	제20조(행정소송) ① 청구인이 정보공개와 관련한 공공기관의 결정에 대하여 불복이 있거나 정보공개 청구 후 20일이 경과하도록 정보공개 결정이 없는 때에는 「행정소송법」에서 정하는 바에 따라 행정소송을 제기할 수 있다.

정답 ①

674 [회독] □□□　　　24년 지방 7급

「공공기관의 정보공개에 관한 법률」에 대한 설명으로 옳은 것은?

① 청구인이 정보공개와 관련한 공공기관의 비공개 결정 또는 부분 공개 결정에 대하여 불복이 있거나 정보공개 청구 후 20일이 경과하도록 정보공개 결정이 없는 때에는 공공기관으로부터 정보공개 여부의 결정 통지를 받은 날 또는 정보공개 청구 후 20일이 경과한 날부터 30일 이내에 해당 공공기관에 문서로 이의신청을 할 수 있다.

② 청구인이 정보공개거부처분의 취소를 구하는 소송에서 공공기관이 청구정보를 증거 등으로 법원에 제출하여 법원을 통하여 그 사본을 청구인에게 교부 또는 송달되게 하여 결과적으로 청구인에게 정보를 공개하는 셈이 되었다면, 당해 정보의 비공개결정의 취소를 구할 소의 이익은 소멸된다.

③ 법원이 행정기관의 정보공개거부처분의 위법 여부를 심리한 결과 공개를 거부한 정보에 비공개사유에 해당하는 부분과 그렇지 않은 부분이 혼합되어 있고, 공개청구의 취지에 어긋나지 않는 범위 안에서 두 부분을 분리할 수 있더라도 공개가 가능한 정보에 국한하여 일부취소를 명할 수 없다.

④ 공공기관이 공개청구의 대상이 된 정보를 공개는 하되, 청구인이 신청한 공개방법 이외의 방법으로 공개하기로 하는 결정을 하였다면, 이는 정보공개청구 중 정보공개방법에 관한 부분만을 달리한 것이므로 일부 거부처분이라 할 수 없다.

674

해설 ① (○) 정보공개법 제18조 제1항

정보공개법	제18조(이의신청) ① 청구인이 정보공개와 관련한 공공기관의 비공개 결정 또는 부분 공개 결정에 대하여 불복이 있거나 정보공개 청구 후 20일이 경과하도록 정보공개 결정이 없는 때에는 공공기관으로부터 정보공개 여부의 결정 통지를 받은 날 또는 정보공개 청구 후 20일이 경과한 날부터 30일 이내에 해당 공공기관에 문서로 이의신청을 할 수 있다.

② (×) "청구인이 정보공개거부처분의 취소를 구하는 소송에서 공공기관이 청구정보를 증거 등으로 법원에 제출하여 법원을 통하여 그 사본을 청구인에게 교부 또는 송달되게 하여 결과적으로 청구인에게 정보를 공개하는 셈이 되었다고 하더라도, 이러한 우회적인 방법은 정보공개법이 예정하고 있지 아니한 방법으로서 정보공개법에 의한 공개라고 볼 수는 없으므로, 당해 정보의 비공개결정의 취소를 구할 소의 이익은 소멸되지 않는다." (대법원 2016.12.15. 선고 2012두11409)

③ (×) "법원이 행정기관의 정보공개거부처분의 위법 여부를 심리한 결과 공개를 거부한 정보에 비공개사유에 해당하는 부분과 그렇지 않은 부분이 혼합되어 있고, 공개청구의 취지에 어긋나지 않는 범위 안에서 두 부분을 분리할 수 있음을 인정할 수 있을 때에는 공개가 가능한 정보에 국한하여 일부취소를 명할 수 있다. 이러한 정보의 부분 공개가 허용되는 경우란 그 정보의 공개방법 및 절차에 비추어 당해 정보에서 비공개대상정보에 관련된 기술 등을 제외 혹은 삭제하고 나머지 정보만을 공개하는 것이 가능하고 나머지 부분의 정보만으로도 공개의 가치가 있는 경우를 의미한다." (대법원 2009.12.10. 선고 2009두12785)

④ (×) "공공기관이 공개청구의 대상이 된 정보를 공개는 하되, 청구인이 신청한 공개방법 이외의 방법으로 공개하기로 하는 결정을 하였다면, 이는 정보공개청구 중 정보공개방법에 관한 부분에 대하여 일부 거부처분을 한 것이고, 청구인은 그에 대하여 항고소송으로 다툴 수 있다." (대법원 2016.11.10. 선고 2016두44674)

정답 ①

675 [회독] ☐☐☐　　　　　　　　　24년 국가 9급

판례의 입장으로 옳지 않은 것만을 모두 고르면?

> ㉠ 정보의 부분 공개가 허용되는 경우란 당해 정보에서 비공개대상정보에 관련된 기술 등을 제외 혹은 삭제하고 나머지 정보만 공개하는 것이 가능하고 나머지 부분의 정보만으로도 공개의 가치가 있는 경우를 의미한다.
>
> ㉡ 음주운전으로 적발된 주취운전자가 도로 밖으로 차량을 이동하겠다며 단속경찰관으로부터 보관 중이던 차량열쇠를 반환받아 몰래 차량을 운전하여 가던 중 사고를 일으킨 경우, 국가배상책임이 인정되지 않는다.
>
> ㉢ 원고적격의 요건으로서 법률상 이익에는 당해 처분의 근거 법률에 의하여 보호되는 직접적이고 구체적인 이익뿐만 아니라 간접적이거나 사실적·경제적 이해관계를 가지는 경우도 여기에 포함된다.
>
> ㉣ 영어 과목의 2종 교과용 도서에 대하여 검정신청을 하였다가 불합격결정처분을 받은 자는 자신들이 검정신청한 교과서의 과목과 전혀 관계가 없는 수학 과목의 교과용 도서에 대한 합격결정처분에 대하여 그 취소를 구할 법률상 이익이 없다.

① ㉠, ㉡　　　　　　　② ㉠, ㉣

③ ㉡, ㉢　　　　　　　④ ㉢, ㉣

675

[해설] ㉠ (○) "법원이 행정기관의 정보공개거부처분의 위법 여부를 심리한 결과 공개를 거부한 정보에 비공개사유에 해당하는 부분과 그렇지 않은 부분이 혼합되어 있고, 공개청구의 취지에 어긋나지 않는 범위 안에서 두 부분을 분리할 수 있음을 인정할 수 있을 때에는 공개가 가능한 정보에 국한하여 일부취소를 명할 수 있다. 이러한 정보의 부분 공개가 허용되는 경우란 그 정보의 공개방법 및 절차에 비추어 당해 정보에서 비공개대상정보에 관련된 기술 등을 제외 혹은 삭제하고 나머지 정보만을 공개하는 것이 가능하고 나머지 부분의 정보만으로도 공개의 가치가 있는 경우를 의미한다." (대법원 2009.12.10. 선고 2009두12785)

정보공개법	제14조(부분 공개) 공개 청구한 정보가 제9조제1항 각 호의 어느 하나에 해당하는 부분과 공개 가능한 부분이 혼합되어 있는 경우로서 공개 청구의 취지에 어긋나지 아니하는 범위에서 두 부분을 분리할 수 있는 경우에는 제9조제1항 각 호의 어느 하나에 해당하는 부분을 제외하고 공개하여야 한다.

㉡ (×) "음주운전으로 적발된 주취운전자가 도로 밖으로 차량을 이동하겠다며 단속경찰관으로부터 보관 중이던 차량열쇠를 반환받아 몰래 차량을 운전하여 가던 중 사고를 일으킨 경우, 국가배상책임이 인정된다." (대법원 1998.5.8. 선고 97다54482)

㉢ (×) "행정소송법 제12조에서 말하는 법률상 이익이란 당해 행정처분의 근거 법률에 의하여 보호되는 직접적이고 구체적인 이익을 말하고 당해 행정처분과 관련하여 간접적이거나 사실적·경제적 이해관계를 가지는 데 불과한 경우는 여기에 포함되지 아니하나, 행정처분의 직접 상대방이 아닌 제3자라 하더라도 당해 행정처분으로 인하여 법률상 보호되는 이익을 침해당한 경우에는 취소소송을 제기하여 그 당부의 판단을 받을 자격이 있다." (대법원 2007.1.25. 선고 2006두12289)

행정소송법	제12조(원고적격) 취소소송은 처분등의 취소를 구할 법률상 이익이 있는 자가 제기할 수 있다. 처분등의 효과가 기간의 경과, 처분등의 집행 그 밖의 사유로 인하여 소멸된 뒤에도 그 처분등의 취소로 인하여 회복되는 법률상 이익이 있는 자의 경우에는 또한 같다.

㉣ (○) "2종 교과용 도서에 대하여 검정신청을 하였다가 불합격결정처분을 받은 뒤 그 처분이 위법하다 하여 이의 취소를 구하면서 위 처분 당시 시행중이던 구 교과용 도서에 관한 규정 제19조에 "2종 도서의 합격종수는 교과목 당 5종류 이내로 한다"고 규정되어 있음을 들어 위 처분과 같은 때에 행하여진 수학, 음악, 미술, 한문, 영어과목의 교과용 도서에 대한 합격결정처분의 취소를 구하고 있으나 원고들은 각 한문, 영어, 음악과목에 관한 교과용 도서에 대하여 검정신청을 하였던 자들이므로 자신들이 검정신청한 교과서의 과목과 전혀 관계가 없는 수학, 미술과목의 교과용 도서에 대한 합격결정처분에 대하여는 그 취소를 구할 법률상의 이익이 없다 할 것이다." (대법원 1992.4.24. 선고 91누6634)

정답 ③

676 [회독] □□□

정보공개제도에 대한 설명으로 옳은 것은? (다툼이 있는 경우 판례에 의함)

① 공개를 구하는 정보를 공공기관이 한때 보유·관리하였으나 후에 그 정보가 담긴 문서등이 폐기되어 존재하지 않게 된 것이라면 그 정보를 더 이상 보유·관리하고 있지 아니하다는 점에 대한 증명책임은 공공기관에 있다.

② 의사결정과정에 제공된 회의관련자료나 의사결정과정이 기록된 회의록은 의사가 결정되거나 의사가 집행된 경우에는 더 이상 의사결정과정에 있는 사항 그 자체라고는 할 수 없으므로 비공개대상정보에 포함될 수 없다.

③ 정보공개거부처분의 취소를 구하는 소송에서 공공기관이 청구정보를 증거 등으로 법원에 제출하여 법원을 통하여 그 사본을 청구인에게 교부 또는 송달되게 하여 결과적으로 청구인에게 정보를 공개하는 셈이 되었다면, 당해 정보의 비공개결정의 취소를 구할 소의 이익은 소멸된다.

④ 공공기관이 공개청구의 대상이 된 정보를 공개는 하되, 청구인이 신청한 공개방법 이외의 방법으로 공개하기로 하는 결정을 하였다면, 이는 정보공개청구 중 정보공개방법에 관한 부분만을 달리한 것이므로 일부 거부처분이라 할 수 없다.

676

[해설] ① (○) "정보공개제도는 공공기관이 보유·관리하는 정보를 그 상태대로 공개하는 제도로서 공개를 구하는 정보를 공공기관이 보유·관리하고 있을 상당한 개연성이 있다는 점에 대하여 원칙적으로 공개청구자에게 증명책임이 있다고 할 것이지만, 공개를 구하는 정보를 공공기관이 한 때 보유·관리하였으나 후에 그 정보가 담긴 문서 등이 폐기되어 존재하지 않게 된 것이라면 그 정보를 더 이상 보유·관리하고 있지 아니하다는 점에 대한 증명책임은 공공기관에게 있다." (대법원 2004.12.9. 선고 2003두12707)

② (×) "공공기관의정보공개에관한법률상 비공개대상정보의 입법 취지에 비추어 살펴보면, 같은 법 제7조 제1항 제5호에서의 '감사·감독·검사·시험·규제·입찰계약·기술개발·인사관리·의사결정과정 또는 내부검토과정에 있는 사항'은 비공개대상정보를 예시적으로 열거한 것이라고 할 것이므로 의사결정과정에 제공된 회의관련자료나 의사결정과정이 기록된 회의록 등은 의사가 결정되거나 의사가 집행된 경우에는 더 이상 의사결정과정에 있는 사항 그 자체라고는 할 수 없으나, 의사결정과정에 있는 사항에 준하는 사항으로서 비공개대상정보에 포함될 수 있다." (대법원 2003.8.22. 선고 2002두12946)

③ (×) "청구인이 정보공개거부처분의 취소를 구하는 소송에서 공공기관이 청구정보를 증거 등으로 법원에 제출하여 법원을 통하여 그 사본을 청구인에게 교부 또는 송달하게 하여 결과적으로 청구인에게 정보를 공개하는 셈이 되었다고 하더라도, 이러한 우회적인 방법은 법이 예정하고 있지 아니한 방법으로서 법에 의한 공개라고 볼 수는 없으므로, 당해 문서의 비공개결정의 취소를 구할 소의 이익은 소멸되지 않는다고 할 것이다." (대법원 2004.3.26. 선고 2002두6583)

④ (×) "공공기관이 공개청구의 대상이 된 정보를 공개는 하되, 청구인이 신청한 공개방법 이외의 방법으로 공개하기로 하는 결정을 하였다면, 이는 정보공개청구 중 정보공개방법에 관한 부분에 대하여 일부 거부처분을 한 것이고, 청구인은 그에 대하여 항고소송으로 다툴 수 있다." (대법원 2016.11.10. 선고 2016두44674)

정답 ①

677 [회독] □□□

「공공기관의 정보공개에 관한 법률」상 정보공개에 대한 설명으로 옳은 것만을 모두 고르면?

┤ 보기 ├

㉠ 정보비공개결정에 대하여 이의신청이 있는 경우 국가기관 등은 정보공개심의회를 개최해야 하는데, 법령에 따라 비밀로 규정된 정보에 대한 청구에 해당하는 경우에는 정보공개심의회를 개최하지 아니할 수 있다.

㉡ 공공기관이 보유·관리하고 있는 정보가 제3자와 관련이 있는 경우, 제3자의 비공개요청이 있다는 사유만으로도 「공공기관의 정보공개에 관한 법률」상 정보의 비공개사유에 해당한다.

㉢ 재소자가 교도관의 가혹행위를 이유로 형사고소 및 민사소송을 제기하면서 그 증명자료 확보를 위해 '징벌위원회 회의록' 등의 정보공개를 요청한 경우, 징벌위원회 회의록 중 징벌절차 진행 부분은 비공개사유에 해당한다.

① ㉠

② ㉠, ㉢

③ ㉡, ㉢

④ ㉠, ㉡, ㉢

677

해설 ㉠ (○) 정보공개법 제18조 제2항 제3호

정보공개법	제18조(이의신청) ② 국가기관등은 제1항에 따른 이의신청이 있는 경우에는 심의회를 개최하여야 한다. 다만, 다음 각 호의 어느 하나에 해당하는 경우에는 심의회를 개최하지 아니할 수 있으며 개최하지 아니하는 사유를 청구인에게 문서로 통지하여야 한다. 〈개정 2020. 12. 22.〉 1. 심의회의 심의를 이미 거친 사항 2. 단순·반복적인 청구 3. 법령에 따라 비밀로 규정된 정보에 대한 청구

㉡ (×) "정보공개법의 입법 취지 및 위와 같은 규정 형식에 비추어 보면, 여기에서 말하는 공공기관이 보유·관리하는 정보라 함은 당해 공공기관이 작성하여 보유·관리하고 있는 정보뿐만 아니라 경위를 불문하고 당해 공공기관이 보유·관리하고 있는 모든 정보를 의미한다고 할 것이므로, 제3자와 관련이 있는 정보라고 하더라도 당해 공공기관이 이를 보유·관리하고 있는 이상 정보공개법 제9조 제1항 단서 각 호의 비공개사유에 해당하지 아니하면 정보공개의 대상이 되는 정보에 해당한다고 보아야 할 것이다. … 공공기관이 보유·관리하고 있는 정보가 제3자와 관련이 있는 경우 그 정보공개여부를 결정함에 있어 공공기관이 제3자와의 관계에서 거쳐야 할 절차를 규정한 것에 불과할 뿐, 제3자의 비공개요청이 있다는 사유만으로 정보공개법상 정보의 비공개사유에 해당한다고 볼 수 없다." (대법원 2008.9.25. 선고 2008두8680)

㉢ (×) "교도소에 수용 중이던 재소자가 담당 교도관들을 상대로 가혹행위를 이유로 형사고소 및 민사소송을 제기하면서 그 증명자료 확보를 위해 '근무보고서'와 '징벌위원회 회의록' 등의 정보공개를 요청하였으나 교도소장이 이를 거부한 사안에서, 근무보고서는 공공기관의 정보공개에 관한 법률 제9조 제1항 제4호에 정한 비공개대상정보에 해당한다고 볼 수 없고, 징벌위원회 회의록 중 비공개 심사·의결 부분은 위 법 제9조 제1항 제5호의 비공개사유에 해당하지만 재소자의 진술, 위원장 및 위원들과 재소자 사이의 문답 등 징벌절차 진행 부분은 비공개사유에 해당하지 않는다고 보아 분리 공개가 허용된다." (대법원 2009.12.10. 선고 2009두12785)

정답 ①

678 [회독] □□□

신문사 기자 갑(甲)은 A광역시가 보유·관리하고 있던 시의원 을(乙)과 관련이 있는 정보를 사본 교부의 방법으로 공개하여 줄 것을 청구하였다. 이에 대한 설명으로 옳지 않은 것은? (다툼이 있는 경우 판례에 의함)

① 정보공개청구권자가 선택한 공개방법에 따라 정보를 공개하여야 하므로, 원칙적으로 A광역시는 사본 교부가 아닌 열람의 방법으로는 공개할 수 없다.

② 을(乙)의 비공개 요청이 있는 경우 A광역시는 공개를 하여서는 아니 되고, 만일 공개하였다면 을(乙)에 대하여 손해배상책임을 지게 된다.

③ 을(乙)의 의견을 듣고 A광역시가 공개를 거부하였다면, 갑(甲)과 을(乙) 사이에 아무런 법률상 이해관계가 없다고 할지라도 갑(甲)은 A광역시의 거부에 대하여 항고소송으로 다툴 수 있다.

④ A광역시가 「공공기관의 정보공개에 관한 법률」상 비공개 대상 정보임을 이유로 비공개 결정을 한 경우, A광역시는 당초 처분의 근거로 삼은 사유와 기본적 사실관계가 동일성이 있다고 인정되는 한도 내에서만 항고소송에서 다른 공개거부 사유를 추가하거나 변경할 수 있다.

678

해설 ① (○) "정보공개를 청구하는 자가 공공기관에 대해 정보의 사본 또는 출력물의 교부의 방법으로 공개방법을 선택하여 정보공개청구를 한 경우에 공개청구를 받은 공공기관으로서는 법 제8조 제2항에서 규정한 정보의 사본 또는 복제물의 교부를 제한할 수 있는 사유에 해당하지 않는 한 정보공개청구자가 선택한 공개방법에 따라 정보를 공개하여야 하므로 그 공개방법을 선택할 재량권이 없다고 해석함이 상당하다." (대법원 2004.8.20. 선고 2003두8302)

② (×) "이는 공공기관이 보유·관리하고 있는 정보가 제3자와 관련이 있는 경우 그 정보공개여부를 결정함에 있어 공공기관이 제3자와의 관계에서 거쳐야 할 절차를 규정한 것에 불과할 뿐, 제3자의 비공개요청이 있다는 사유만으로 정보공개법상 정보의 비공개사유에 해당한다고 볼 수 없다." (대법원 2008.9.25. 선고 2008두8680)

③ (○) "국민의 정보공개청구권은 법률상 보호되는 구체적인 권리이므로, 공공기관에 대하여 정보의 공개를 청구하였다가 공개거부처분을 받은 청구인은 행정소송을 통하여 그 공개거부처분의 취소를 구할 법률상의 이익이 있다." (대법원 2003.3.11. 선고 2001두6425)

④ (○) "행정처분의 취소를 구하는 항고소송에서 처분청은 당초 처분의 근거로 삼은 사유와 기본적 사실관계가 동일성이 있다고 인정되는 한도 내에서만 다른 사유를 추가 또는 변경할 수 있고, 이러한 기본적 사실관계의 동일성 유무는 처분사유를 법률적으로 평가하기 이전의 구체적 사실에 착안하여 그 기초인 사회적 사실관계가 기본적인 점에서 동일한지에 따라 결정되므로, 추가 또는 변경된 사유가 처분 당시에 이미 존재하고 있었다거나 당사자가 그 사실을 알고 있었다고 하여 당초의 처분사유와 동일성이 있다고 할 수 없다." (대법원 2011.11.24. 선고 2009두19021)

정답 ②

679 [회독] □□□   22년 국가 7급

정보공개에 대한 판례의 입장으로 옳지 않은 것은?

① 정보공개 청구권자의 권리구제 가능성은 정보의 공개 여부 결정에 영향을 미치지 못한다.

② 정보공개청구에 대하여 행정청이 전부공개 결정을 하는 경우에는, 청구인이 지정한 정보공개방법에 의하지 않았다고 하더라도 청구인은 이를 다툴 수 없다.

③ 정보공개거부처분취소소송에서 행정기관이 청구정보를 증거 등으로 법원에 제출하여 결과적으로 청구인에게 정보를 공개하는 결과가 되었다고 하더라도, 당해 정보의 비공개결정의 취소를 구할 소의 이익은 소멸되지 않는다.

④ 「형사소송법」은 형사재판확정기록의 공개 여부 등에 대하여 「공공기관의 정보공개에 관한 법률」과 달리 규정하고 있으므로, 형사재판확정기록의 공개에 관하여는 「공공기관의 정보공개에 관한 법률」에 의한 공개청구가 허용되지 아니한다.

679

해설 ① (○) "공공기관의 정보공개에 관한 법률은 국민의 알권리를 보장하고 국정에 대한 국민의 참여와 국정 운영의 투명성을 확보함을 목적으로 하고(제1조), 공공기관이 보유·관리하는 정보는 국민의 알권리 보장 등을 위하여 적극적으로 공개하여야 한다는 정보공개의 원칙을 선언하고 있으며(제3조), 모든 국민은 정보의 공개를 청구할 권리를 가진다고 하면서(제5조 제1항) 비공개대상정보에 해당하지 않는 한 공공기관이 보유·관리하는 정보는 공개 대상이 된다고 규정하고 있을 뿐(제9조 제1항) 정보공개 청구권자가 공개를 청구하는 정보와 어떤 관련성을 가질 것을 요구하거나 정보공개청구의 목적에 특별한 제한을 두고 있지 아니하므로 정보공개 청구권자의 권리구제 가능성 등은 정보의 공개 여부 결정에 아무런 영향을 미치지 못한다." (대법원 2017.9.7. 선고 2017두44558)

② (×) "공공기관이 공개청구의 대상이 된 정보를 공개는 하되, 청구인이 신청한 공개방법 이외의 방법으로 공개하기로 하는 결정을 하였다면, 이는 정보공개청구 중 정보공개방법에 관한 부분에 대하여 일부 거부처분을 한 것이고, 청구인은 그에 대하여 항고소송으로 다툴 수 있다." (대법원 2016.11.10. 선고 2016두44674)

③ (○) "청구인이 정보공개거부처분의 취소를 구하는 소송에서 공공기관이 청구정보를 증거 등으로 법원에 제출하여 법원을 통하여 그 사본을 청구인에게 교부 또는 송달하게 하여 결과적으로 청구인에게 정보를 공개하는 셈이 되었다고 하더라도, 이러한 우회적인 방법은 법이 예정하고 있지 아니한 방법으로서 법에 의한 공개라고 볼 수는 없으므로, 당해 문서의 비공개결정의 취소를 구할 소의 이익은 소멸되지 않는다고 할 것이다." (대법원 2004.3.26. 선고 2002두6583)

④ (○) "형사소송법 제59조의2의 내용·취지 등을 고려하면, 형사소송법 제59조의2는 형사재판확정기록의 공개 여부나 공개 범위, 불복절차 등에 대하여 구 공공기관의 정보공개에 관한 법률(2013.8.6. 선고 법률 제11991호로 개정되기 전의 것, 이하 '정보공개법'이라고 한다)과 달리 규정하고 있는 것으로 정보공개법 제4조 제1항에서 정한 '정보의 공개에 관하여 다른 법률에 특별한 규정이 있는 경우'에 해당한다. 따라서 형사재판확정기록의 공개에 관하여는 정보공개법에 의한 공개청구가 허용되지 아니한다." (대법원 2016.12.15. 선고 2013두20882)

정답 ②

680 [회독] ☐☐☐ 23년 국가 9급

공익신고자 丙은 甲이 「국민기초생활 보장법」상의 복지급여를 부정수급하고 있다고 관할 乙행정청에 신고하였다. 이에 대하여 甲은 乙에게 부정수급 신고를 한 자와 그 내용에 대해 정보공개청구를 하였다. 이후 甲은 乙의 비공개결정통지를 받았고(2022. 8. 26.) 이에 대해 국민권익위원회에 고충민원을 제기하였으나(2022. 9. 16.), 국민권익위원회로부터 乙의 결정은 문제가 없다는 안내를 받았다(2022. 10. 26.). 그리고 甲은 乙의 비공개결정의 취소를 구하는 행정심판을 제기하게 되었다(2022. 12. 27.). 이에 대한 설명으로 옳은 것만을 모두 고르면?

> ㉠ 「개인정보 보호법」상 정보주체에게 열람청구권이 보장되어 있더라도, 甲은 이에 근거하여 乙에게 신고자에 대한 정보공개를 요구하여 그 정보를 받을 수 없다.
> ㉡ 甲의 행정심판청구는 행정심판 제기기간 내에 이루어졌으므로 적법하다.
> ㉢ 甲의 국민권익위원회에 대한 고충민원 제기는 이의신청에 해당하므로, 고충민원에 대한 답변을 받은 날이 행정심판 제기기간의 기산점이 된다.
> ㉣ 학술·연구를 위하여 일시적으로 체류하는 외국인 丙은 「국민기초생활 보장법」상의 복지급여 지급기준에 대해 정보공개를 청구할 권리가 인정된다.

① ㉠, ㉡　　　　　　② ㉠, ㉣
③ ㉡, ㉢　　　　　　④ ㉠, ㉢, ㉣

680

해설 ㉠ (○) 「개인정보 보호법」에 따라 정보주체는 자신의 개인정보를 열람할 수는 있으나 타인(신고자)에 대한 정보를 받을 수는 없다. 설사 「정보공개법」에 따라 정보공개를 청구하였다 하더라도, 「공익신고자 보호법」제12조 제1항에서 공익신고자를 알려주지 못하게 하고 있기 때문에, 갑(甲)은 정보를 받을 수 없다.

㉡ (✕) 행정심판청구는 처분이 있음을 안 날로부터 90일 또는 처분이 있었던 날부터 180일 이내에 하여야 한다(행정심판법 제27조). 비공개결정통지를 2022. 8. 26.에 받았고 행정심판을 2022. 12. 27.에 제기하였으므로, 안 날로부터 90일이 지났으므로 부적법한 행정심판청구가 된다.

참고로, ⓐ 고충민원신청이 이의신청의 일종에 해당하고, ⓑ 공개결정이 2023년 3월 24일 이후에 있었던 경우라면, 신설되는 「행정기본법」 제36조 제4항에 의해 고충민원에 대한 결과를 통지받은 날로부터 90일 이내에 행정심판이나 행정소송을 제기할 수 있게 된다.

행정기본법	제36조(처분에 대한 이의신청) ④ 이의신청에 대한 결과를 통지받은 후 행정심판 또는 행정소송을 제기하려는 자는 그 결과를 통지받은 날(제2항에 따른 통지기간 내에 결과를 통지받지 못한 경우에는 같은 항에 따른 통지기간이 만료되는 날의 다음 날을 말한다)부터 90일 이내에 행정심판 또는 행정소송을 제기할 수 있다.
행정기본법	부칙 제6조(처분에 대한 이의신청에 관한 적용례) 제36조는 부칙 제1조 단서에 따른 시행일(23. 3. 24.) 이후에 하는 처분부터 적용한다.

㉢ (✕) 대법원은 고충민원의 제기를 이의신청이 아니라고 보고 있고, 행정기본법이 적용되는 경우도 아니므로, 행정심판 제기기간에 관한 원칙적 규정인 제27조에 따라 처분이 있음을 안 날 또는 처분이 있었던 날이 기산점이 된다. "국민고충처리제도는 행정심판법에 의한 행정심판 내지 다른 특별법에 따른 이의신청, 심사청구, 재결의 신청 등의 불복구제절차와는 제도의 취지나 성격을 달리하고 있으므로 고충민원의 신청이 행정소송의 전치절차로서 요구되는 행정심판청구에 해당하는 것으로 볼 수는 없다." (대법원 1006.0.20. 선고 95누5332)

㉣ (○) 정보공개법 시행령 제3조 제1호에 의해 정보공개청구권을 갖는다.

정보공개법	제5조(정보공개 청구권자) ① 모든 국민은 정보의 공개를 청구할 권리를 가진다. ② 외국인의 정보공개 청구에 관하여는 대통령령으로 정한다.
정보공개법 시행령	제3조(외국인의 정보공개 청구) 법 제5조제2항에 따라 정보공개를 청구할 수 있는 외국인은 다음 각 호의 어느 하나에 해당하는 자로 한다. 1. 국내에 일정한 주소를 두고 거주하거나 학술·연구를 위하여 일시적으로 체류하는 사람 2. 국내에 사무소를 두고 있는 법인 또는 단체

정답 ②

681 [회독] ☐☐☐

「공공기관의 정보공개에 관한 법률」상 정보공개제도에 대한 설명으로 옳은 것은? (다툼이 있는 경우 판례에 의함)

① 정보의 공개 및 우송에 드는 비용은 모두 정보공개 의무가 있는 공공기관이 부담한다.

② 사립대학교는 정보공개를 할 의무가 있는 공공기관에 해당하지 않는다.

③ 정보공개청구의 대상이 되는 정보를 공공기관이 보유·관리하고 있다는 점에 관하여는 정보공개를 구하는 사람에게 증명책임이 있다.

④ 국내에 사무소를 두고 있는 외국법인 또는 외국단체는 학술·연구를 위한 목적으로만 정보공개를 청구할 수 있다.

681

해설 ① (×) 공공기관의 정보공개에 관한 법률 제17조 제1항

공공기관의 정보공개에 관한 법률	제17조(비용 부담) ① 정보의 공개 및 우송 등에 드는 비용은 실비(實費)의 범위에서 청구인이 부담한다.

② (×) "정보공개 의무기관을 정하는 것은 입법자의 입법형성권에 속하고, 이에 따라 입법자는 구 공공기관의 정보공개에 관한 법률 제2조 제3호에서 정보공개 의무기관을 공공기관으로 정하였는바, 공공기관은 국가기관에 한정되는 것이 아니라 지방자치단체, 정부투자기관, 그 밖에 공동체 전체의 이익에 중요한 역할이나 기능을 수행하는 기관도 포함되는 것으로 해석되고, 여기에 정보공개의 목적, 교육의 공공성 및 공·사립학교의 동질성, 사립대학교에 대한 국가의 재정지원 및 보조 등 여러 사정을 고려해 보면, 사립대학교에 대한 국비 지원이 한정적·일시적·국부적이라는 점을 고려하더라도, 같은 법 시행령 제2조 제1호가 정보공개의무를 지는 공공기관의 하나로 사립대학교를 들고 있는 것이 모법인 구 공공기관의 정보공개에 관한 법률의 위임 범위를 벗어났다거나 사립대학교가 국비의 지원을 받는 범위 내에서만 공공기관의 성격을 가진다고 볼 수 없다." (대법원 2006.8.24. 선고 2004두2783)

③ (○) "정보공개제도는 공공기관이 보유·관리하는 정보를 그 상태대로 공개하는 제도로서 공개를 구하는 정보를 공공기관이 보유·관리하고 있을 상당한 개연성이 있다는 점에 대하여 원칙적으로 공개청구자에게 증명책임이 있다고 할 것이지만, 공개를 구하는 정보를 공공기관이 한 때 보유·관리하였으나 후에 그 정보가 담긴 문서등이 폐기되어 존재하지 않게 된 것이라면 그 정보를 더 이상 보유·관리하고 있지 아니하다는 점에 대한 증명책임은 공공기관에게 있다." (대법원 2004.12.9. 선고 2003두12707)

④ (×) 공공기관의 정보공개에 관한 법률 시행령 제3조

공공기관의 정보공개에 관한 법률 시행령	제3조(외국인의 정보공개 청구) 법 제5조제2항에 따라 정보공개를 청구할 수 있는 외국인은 다음 각 호의 어느 하나에 해당하는 자로 한다. 1. 국내에 일정한 주소를 두고 거주하거나 학술·연구를 위하여 일시적으로 체류하는 사람 2. 국내에 사무소를 두고 있는 법인 또는 단체

정답 ③

682 [회독] ☐☐☐　　　　　　　　　　23년 소방직

「공공기관의 정보공개에 관한 법률」에 관한 설명으로 옳지 않은 것은? (다툼이 있는 경우 판례에 의함)

① 국민의 정보공개청구가 오로지 공공기관의 담당공무원을 괴롭힐 목적으로 정보공개청구를 하는 경우처럼 권리의 남용에 해당하는 것이 명백한 경우에는 정보공개청구권의 행사가 허용되지 아니한다.

② 정보공개청구권자인 국민에는 자연인은 물론 법인, 권리능력 없는 사단·재단도 포함되고, 법인, 권리능력 없는 사단·재단 등의 경우에는 설립목적을 불문한다.

③ 공개청구의 대상이 되는 정보란 공공기관이 직무상 작성 또는 취득하여 현재 보유·관리하고 있는 문서에 한정되며, 그 문서가 반드시 원본일 필요는 없다.

④ '진행 중인 재판에 관련된 정보'에 해당한다는 사유로 정보공개청구를 거부하기 위하여는 그 정보가 진행 중인 재판에 관련된 일체의 정보일 뿐만 아니라, 진행 중인 재판의 소송기록 그 자체에 포함된 내용의 정보에 해당하여야 한다.

682

해설 ① (○) "국민의 정보공개청구는 정보공개법 제9조에 정한 비공개 대상 정보에 해당하지 아니하는 한 원칙적으로 폭넓게 허용되어야 하지만, 실제로는 해당 정보를 취득 또는 활용할 의사가 전혀 없이 정보공개 제도를 이용하여 사회통념상 용인될 수 없는 부당한 이득을 얻으려 하거나, 오로지 공공기관의 담당공무원을 괴롭힐 목적으로 정보공개청구를 하는 경우처럼 권리의 남용에 해당하는 것이 명백한 경우에는 정보공개청구권의 행사를 허용하지 아니하는 것이 옳다." (대법원 2014.12.24. 선고 2014두9349)

② (○) "공공기관의 정보공개에 관한 법률 제5조 제1항은 "모든 국민은 정보의 공개를 청구할 권리를 가진다."고 규정하고 있는데, 여기에서 말하는 국민에는 자연인은 물론 법인, 권리능력 없는 사단·재단도 포함되고, 법인, 권리능력 없는 사단·재단 등의 경우에는 설립목적을 불문하며, 한편 정보공개청구권은 법률상 보호되는 구체적인 권리이므로 청구인이 공공기관에 대하여 정보공개를 청구하였다가 거부처분을 받은 것 자체가 법률상 이익의 침해에 해당한다."

③ (○) "공공기관의 정보공개에 관한 법률상 공개청구의 대상이 되는 정보란 공공기관이 직무상 작성 또는 취득하여 현재 보유·관리하고 있는 문서에 한정되는 것이기는 하나, 그 문서가 반드시 원본일 필요는 없다." (대법원 2006.5.25. 선고 2006두3049)

④ (×) 진행 중인 재판에 관련된 일체의 정보가 모두 비공개의 대상이 되는 것이 아니다. 또 소송 기록 그 자체에 포함된 내용의 정보에 해당해야 하는 것도 아니다. "공공기관의 정보공개에 관한 법률(이하 '정보공개법'이라 한다)의 입법 목적, 정보공개의 원칙, 비공개대상정보의 규정 형식과 취지 등을 고려하면, 법원 이외의 공공기관이 정보공개법 제9조 제1항 제4호에서 정한 '진행 중인 재판에 관련된 정보'에 해당한다는 사유로 정보공개를 거부하기 위하여는 반드시 그 정보가 진행 중인 재판의 소송기록 자체에 포함된 내용일 필요는 없다. 그러나 재판에 관련된 일체의 정보가 그에 해당하는 것은 아니고 진행 중인 재판의 심리 또는 재판결과에 구체적으로 영향을 미칠 위험이 있는 정보에 한정된다고 보는 것이 타당하다."

정답 ④

683 [회독] ☐☐☐　　　　　　　　　　　23년 국가 7급

「공공기관의 정보공개에 관한 법률」상 정보공개에 대한 설명으로 옳지 않은 것은?

① 지방자치단체는 그 소관 사무에 관하여 법령의 범위에서 정보공개에 관한 조례를 정할 수 있다.

② 정보공개청구인은 공공기관의 비공개결정에 불복하는 행정심판을 청구하려면 「공공기관의 정보공개에 관한 법률」에서 정하는 이의신청 절차를 거쳐야 한다.

③ 정보공개거부처분 취소소송에서 공개청구의 취지에 어긋나지 아니하는 범위 안에서 공개를 거부한 정보가 비공개대상정보에 해당하는 부분과 공개가 가능한 부분으로 분리될 수 있다고 인정되면 법원은 공개가 가능한 부분을 특정하고 판결의 주문에 공개가 가능한 정보에 관한 부분만을 취소한다고 표시해야 한다.

④ 공공기관이 공개청구의 대상이 된 정보를 청구인이 신청한 공개방법 이외의 방법으로 공개하는 결정을 하였다면, 이는 정보공개청구 중 정보공개방법에 관한 부분에 대하여 일부 거부처분을 한 것이므로 청구인은 그에 대하여 항고소송으로 다툴 수 있다.

683

[해설] ① (○) 공공기관의 정보공개에 관한 법률(정보공개법) 제4조 제2항

정보공개법	제4조(적용 범위) ② 지방자치단체는 그 소관 사무에 관하여 법령의 범위에서 정보공개에 관한 조례를 정할 수 있다.

② (×) 공공기관의 정보공개에 관한 법률(정보공개법) 제19조 제2항

정보공개법	제19조(행정심판) ② 청구인은 제18조에 따른 이의신청 절차를 거치지 아니하고 행정심판을 청구할 수 있다.

③ (○) "법원이 행정청의 정보공개거부처분의 위법 여부를 심리한 결과 공개를 거부한 정보에 비공개대상정보에 해당하는 부분과 공개가 가능한 부분이 혼합되어 있고 공개청구의 취지에 어긋나지 아니하는 범위 안에서 두 부분을 분리할 수 있음을 인정할 수 있을 때에는, 위 정보 중 공개가 가능한 부분을 특정하고 판결의 주문에 행정청의 위 거부처분 중 공개가 가능한 정보에 관한 부분만을 취소한다고 표시하여야 한다." (대법원 2003.3.11. 선고 2001두6425)

④ (○) "공공기관이 공개청구의 대상이 된 정보를 공개는 하되, 청구인이 신청한 공개방법 이외의 방법으로 공개하기로 하는 결정을 하였다면, 이는 정보공개청구 중 정보공개방법에 관한 부분에 대하여 일부 거부처분을 한 것이고, 청구인은 그에 대하여 항고소송으로 다툴 수 있다." (대법원 2016.11.10. 선고 2016두44674)

정답 ②

684 [회독] ☐☐☐

다음 중 「공공기관의 정보공개에 관한 법률」에 대한 설명으로 가장 적절하지 않은 것은? (다툼이 있는 경우 판례에 의함)

① 공공기관은 정보공개의 청구가 있는 때에는 원칙적으로 10일 이내에 공개 여부를 결정하여야 한다.

② 청구인이 공공기관에 대하여 정보공개를 청구하였다가 거부처분을 받은 것 자체는 법률상 이익의 침해에 해당하지는 않는다.

③ 공개거부결정에 대하여 「공공기관의 정보공개에 관한 법률」상의 이의신청절차를 거치지 아니하고서도 행정심판을 청구할 수 있다.

④ 공개대상정보는 공공기관이 직무상 작성 또는 취득하여 현재 보유·관리하고 있는 문서에 한정되며, 그 문서가 반드시 원본일 필요는 없다.

684

해설 ① (○) 공공기관의 정보공개에 관한 법률(정보공개법) 제11조 제1항

정보공개법	제11조(정보공개 여부의 결정) ① 공공기관은 제10조에 따라 정보공개의 청구를 받으면 그 청구를 받은 날부터 10일 이내에 공개 여부를 결정하여야 한다.

② (×) "공공기관의정보공개에관한법률 제6조 제1항은 "모든 국민은 정보의 공개를 청구할 권리를 가진다."고 규정하고 있는데, 여기에서 말하는 국민에는 자연인은 물론 법인, 권리능력 없는 사단·재단도 포함되고, 법인, 권리능력 없는 사단·재단 등의 경우에는 설립목적을 불문하며, 한편 정보공개청구권은 법률상 보호되는 구체적인 권리이므로 청구인이 공공기관에 대하여 정보공개를 청구하였다가 거부처분을 받은 것 자체가 법률상 이익의 침해에 해당한다." (대법원 2003.12.12. 선고 2003두8050)

③ (○) 공공기관의 정보공개에 관한 법률(정보공개법) 제19조 제2항

정보공개법	제19조(행정심판) ② 청구인은 제18조에 따른 이의신청 절차를 거치지 아니하고 행정심판을 청구할 수 있다.

④ (○) "공공기관의 정보공개에 관한 법률상 공개청구의 대상이 되는 정보란 공공기관이 직무상 작성 또는 취득하여 현재 보유·관리하고 있는 문서에 한정되는 것이기는 하나, 그 문서가 반드시 원본일 필요는 없다." (대법원 2006.5.25. 선고 2006두3049)

정답 ②

685 [회독] □□□　　　24년 국가 9급

정보공개에 대한 설명으로 옳지 않은 것은?

① 구 「학교폭력예방 및 대책에 관한 법률」에 따른 학교폭력대책자치위원회의 회의록은 「공공기관의 정보공개에 관한 법률」 소정의 '공개될 경우 업무의 공정한 수행에 현저한 지장을 초래한다고 인정할 만한 상당한 이유가 있는 정보'에 해당한다.

② 정보공개를 청구하는 자가 공공기관에 대해 정보의 사본 또는 출력물의 교부 방법으로 공개방법을 선택하여 정보공개청구를 한 경우, 공개청구를 받은 공공기관은 「공공기관의 정보공개에 관한 법률」에서 규정한 정보의 사본 또는 복제물의 교부를 제한할 수 있는 사유에 해당하지 않는 한 그 공개방법을 선택할 재량권이 없다.

③ '2002학년도부터 2005학년도까지의 대학수학능력시험 원데이터'는 연구목적으로 그 정보의 공개를 청구하는 경우 「공공기관의 정보공개에 관한 법률」 소정의 비공개대상정보에 해당한다.

④ 「공공기관의 정보공개에 관한 법률」상 '공개하는 것이 공익 또는 개인의 권리구제를 위하여 필요하다고 인정되는 정보'에 해당하는지 여부는 비공개에 의하여 보호되는 개인의 사생활의 비밀 등 이익과 공개에 의하여 보호되는 국정운영의 투명성 확보 등의 공익 또는 개인의 권리구제 등 이익을 비교·교량하여 구체적 사안에 따라 신중히 판단하여야 한다.

685

해설 ① (○) "학교폭력대책자치위원회의 회의록은 공공기관의 정보공개에 관한 법률 제9조 제1항 제5호의 '공개될 경우 업무의 공정한 수행에 현저한 지장을 초래한다고 인정할 만한 상당한 이유가 있는 정보'에 해당한다." (대법원 2010.6.10. 선고 2010두2913) 추가로 해당 판례에 따르면, 학교폭력대책자치위원회의 회의록은 공공기관의 정보공개에 관한 법률 제9조 제1항 제1호의 '다른 법률 또는 법률이 위임한 명령에 의하여 비밀 또는 비공개 사항으로 규정된 정보'에도 해당한다.

② (○) "공공기관의정보공개에관한법률 제2조 제2항, 제3조, 제5조, 제8조 제1항, 같은법시행령 제14조, 같은 법 시행규칙 제2조 [별지 제1호 서식] 등의 각 규정을 종합하면, 정보공개를 청구하는 자가 공공기관에 대해 정보의 사본 또는 출력물의 교부의 방법으로 공개방법을 선택하여 정보공개청구를 한 경우에 공개청구를 받은 공공기관으로서는 같은 법 제8조 제2항에서 규정한 정보의 사본 또는 복제물의 교부를 제한할 수 있는 사유에 해당하지 않는 한 정보공개청구자가 선택한 공개방법에 따라 정보를 공개하여야 하므로 그 공개방법을 선택할 재량권이 없다고 해석함이 상당하다." (대법원 2003.12.12. 선고 2003두8050)

③ (×) "'2002년도 및 2003년도 국가 수준 학업성취도평가 자료'는 표본조사 방식으로 이루어졌을 뿐만 아니라 학교식별정보 등도 포함되어 있어서 그 원자료 전부가 그대로 공개될 경우 학업성취도평가 업무의 공정한 수행이 객관적으로 현저하게 지장을 받을 것이라는 고도의 개연성이 존재한다고 볼 여지가 있어 공공기관의 정보공개에 관한 법률 제9조 제1항 제5호에서 정한 비공개대상정보에 해당하는 부분이 있으나, '2002학년도부터 2005학년도까지의 대학수학능력시험 원데이터'는 연구 목적으로 그 정보의 공개를 청구하는 경우, 공개로 인하여 초래될 부작용이 공개로 얻을 수 있는 이익보다 더 클 것이라고 단정하기 어려우므로 그 공개로 대학수학능력시험 업무의 공정한 수행이 객관적으로 현저하게 지장을 받을 것이라는 고도의 개연성이 존재한다고 볼 수 없어 위 조항의 비공개대상정보에 해당하지 않는다." (대법원 2010.2.25. 선고 2007두9877)

④ (○) "공공기관의 정보공개에 관한 법률 제9조 제1항 제6호 단서 (다)목은 '공공기관이 작성하거나 취득한 정보로서 공개하는 것이 공익이나 개인의 권리 구제를 위하여 필요하다고 인정되는 정보'를 비공개대상정보에서 제외하고 있다. 여기에서 '공개하는 것이 개인의 권리구제를 위하여 필요하다고 인정되는 정보'에 해당하는지는 비공개에 의하여 보호되는 개인의 사생활의 비밀 등의 이익과 공개에 의하여 보호되는 개인의 권리구제 등의 이익을 비교·교량하여 구체적 사안에 따라 신중히 판단하여야 한다." (대법원 2017.9.7. 선고 2017두44558)

정답 ③

686 [회독] ☐☐☐ 22년 지방 9급

「공공기관의 정보공개에 관한 법률」상 정보공개에 대한 설명으로 옳지 **않은** 것은? (다툼이 있는 경우 판례에 의함)

① 정보공개 청구권자의 권리구제 가능성은 정보의 공개 여부 결정에 아무런 영향을 미치지 못한다.

② 학교환경위생구역 내 금지행위 해제결정에 관한 학교환경위생정화위원회의 회의록에 기재된 발언내용에 대한 해당 발언자의 인적사항 부분에 관한 정보는 비공개대상에 해당하지 아니한다.

③ 공공기관이 정보공개를 거부하는 경우에는 어느 부분이 어떠한 법익 또는 기본권과 충돌되어 비공개사유에 해당하는지를 주장·증명하여야 하고, 그에 이르지 아니한 채 개괄적인 사유만을 들어 공개를 거부하는 것은 허용되지 아니한다.

④ 공개를 구하는 정보를 공공기관이 한때 보유·관리하였으나 후에 그 정보가 담긴 문서등이 폐기되어 존재하지 않게 된 것이라면 그 정보를 더 이상 보유·관리하고 있지 아니하다는 점에 대한 증명책임은 공공기관에게 있다.

686

해설 ① (○) "공공기관의 정보공개에 관한 법률은 비공개대상정보에 해당하지 않는 한 공공기관이 보유·관리하는 정보는 공개 대상이 된다고 규정하고 있을 뿐(제9조 제1항) 정보공개 청구권자가 공개를 청구하는 정보와 어떤 관련성을 가질 것을 요구하거나 정보공개청구의 목적에 특별한 제한을 두고 있지 아니하므로 정보공개 청구권자의 권리구제 가능성 등이 정보의 공개 여부 결정에 영향을 미치지 아니한다." (대법원 2017.9.7. 선고 2017두44558)

② (×) "학교환경위생구역 내 금지행위(숙박시설) 해제결정에 관한 학교환경위생정화위원회의 회의록에 기재된 발언내용에 대한 해당 발언자의 인적사항 부분에 관한 정보는 공공기관의정보공개에관한법률 제7조 제1항 제5호 소정의 비공개대상에 해당한다." (대법원 2003.8.22. 선고 2002두12946)

③ (○) "국민으로부터 보유·관리하는 정보에 대한 공개를 요구받은 공공기관으로서는 같은 법 제9조 제1항 각 호에서 정하고 있는 비공개사유에 해당하지 않는 한 이를 공개하여야 할 것이고, 만일 이를 거부하는 경우라 할지라도 어느 부분이 같은 법 제9조 제1항 몇 호에서 정하고 있는 비공개사유에 해당하는지를 주장·입증하여야만 할 것이며, 그에 이르지 아니한 채 개괄적인 사유만을 들어 공개를 거부하는 것은 허용되지 아니한다." (대법원 2003.12.11. 선고 2001두8827)

④ (○) "공개를 구하는 정보를 공공기관이 보유·관리하는 점에 대한 증명책임의 소재 공개청구자는 그가 공개를 구하는 정보를 공공기관이 보유·관리하고 있을 상당한 개연성이 있다는 점에 대하여 입증할 책임이 있으나, 공개를 구하는 정보를 공공기관이 한때 보유·관리하였으나 후에 그 정보가 담긴 문서들이 폐기되어 존재하지 않게 된 것이라면 그 정보를 더 이상 보유·관리하고 있지 않다는 점에 대한 증명책임은 공공기관에 있다." (대법원 2013.1.24. 선고 2010두18918)

정답 ②

687 [회독] □□□

「공공기관의 정보공개에 관한 법률」상 정보공개청구에 대한 설명으로 옳지 않은 것은?

① 정보의 공개를 청구하는 자는 정보공개청구서에 청구대상 정보를 기재함에 있어서 사회일반인의 관점에서 청구대상정보의 내용과 범위를 확정할 수 있을 정도로 특정함을 요한다.

② 공공기관이 공개청구의 대상이 된 정보를 공개는 하되, 청구인이 신청한 공개방법 이외의 방법으로 공개하기로 하는 결정을 하였다면, 이는 정보공개청구 중 정보공개 방법에 관한 부분에 대하여 일부 거부처분을 한 것이고, 청구인은 그에 대하여 항고소송으로 다툴 수 있다.

③ 「유아교육법」에 따른 사립유치원은 공공기관의 정보공개에 관한 법령상 공공기관에 해당하지 않는다.

④ 행정청이 정보를 공개하는 경우에 그 정보의 원본이 더럽혀지거나 파손될 우려가 있거나 그 밖에 상당한 이유가 있다고 인정할 때에는 그 정보의 사본·복제물을 공개할 수 있다.

687

해설 ① (○) "공공기관의 정보공개에 관한 법률 제10조 제1항 제2호는 정보의 공개를 청구하는 자는 정보공개청구서에 '공개를 청구하는 정보의 내용' 등을 기재할 것을 규정하고 있는바, 청구대상정보를 기재함에 있어서는 사회일반인의 관점에서 청구대상정보의 내용과 범위를 확정할 수 있을 정도로 특정함을 요한다." (대법원 2007.6.1. 선고 2007두2555)

② (○) "공공기관이 공개청구의 대상이 된 정보를 공개는 하되, 청구인이 신청한 공개방법 이외의 방법으로 공개하기로 하는 결정을 하였다면, 이는 정보공개청구 중 정보공개방법에 관한 부분에 대하여 일부 거부처분을 한 것이고, 청구인은 그에 대하여 항고소송으로 다툴 수 있다." (대법원 2016.11.10. 선고 2016두44674)

③ (✕) 옳지 않은 내용이다. 유치원, 초등학교, 중학교, 고등학교, 대학교 등 각급 학교는 국립, 공립, 사립을 가리지 않고 모두 공공기관의 정보공개에 관한 법률상 공공기관 중 그 밖에 대통령령으로 정하는 기관에 해당한다.

정보공개법 시행령	제2조(공공기관의 범위) 「공공기관의 정보공개에 관한 법률」(이하 "법"이라 한다) 제2조 제3호 마목에서 "대통령령으로 정하는 기관"이란 다음 각 호의 기관 또는 단체를 말한다. 1. 「유아교육법」, 「초·중등교육법」, 「고등교육법」에 따른 각급 학교 또는 그 밖의 다른 법률에 따라 설치된 학교

④ (○) 공공기관의 정보공개에 관한 법률(정보공개법) 제13조 제4항

정보공개법	제13조(정보공개 여부 결정의 통지) ④ 공공기관은 제1항에 따라 정보를 공개하는 경우에 그 정보의 원본이 더럽혀지거나 파손될 우려가 있거나 그 밖에 상당한 이유가 있다고 인정할 때에는 그 정보의 사본·복제물을 공개할 수 있다.

정답 ③

688 [회독] ▢▢▢　　　　21년 국가 9급

정보공개에 대한 판례의 입장으로 옳지 않은 것은?

① 국민의 알 권리의 내용에는 일반 국민 누구나 국가에 대하여 보유·관리하고 있는 정보의 공개를 청구할 수 있는 이른바 일반적인 정보공개청구권이 포함된다.

② 정보공개청구권은 법률상 보호되는 구체적인 권리이므로 청구인이 공공기관에 대하여 정보공개를 청구하였다가 거부처분을 받은 것 자체가 법률상 이익의 침해에 해당한다.

③ 「공공기관의 정보공개에 관한 법률」상 공개청구의 대상이 되는 정보란 공공기관이 직무상 작성 또는 취득하여 현재 보유·관리하고 있는 원본인 문서만을 의미한다.

④ 정보공개가 신청된 정보를 공공기관이 보유·관리하고 있지 아니한 경우에는 특별한 사정이 없는 한 정보공개 거부처분의 취소를 구할 법률상의 이익이 없다.

688

해설 ① (○) "국민의 알 권리, 특히 국가정보에의 접근의 권리는 우리 헌법상 기본적으로 표현의 자유와 관련하여 인정되는 것으로 그 권리의 내용에는 일반 국민 누구나 국가에 대하여 보유·관리하고 있는 정보의 공개를 청구할 수 있는 이른바 일반적인 정보공개청구권이 포함된다." (대법원 1999.9.21. 선고 97누5114)

② (○) "정보공개청구권은 법률상 보호되는 구체적인 권리이므로 청구인이 공공기관에 대하여 정보공개를 청구하였다가 거부처분을 받은 것 자체가 법률상 이익의 침해에 해당한다." (대법원 2003.12.12. 선고 2003두8050)

③ (×) "「공공기관의 정보공개에 관한 법률」상 공개청구의 대상이 되는 정보란 공공기관이 직무상 작성 또는 취득하여 현재 보유·관리하고 있는 문서에 한정되는 것이기는 하나, 그 문서가 반드시 원본일 필요는 없다." (대법원 2006.5.25. 선고 2006두3049)

④ (○) "공개청구자가 특정한 바와 같은 정보를 공공기관이 보유·관리하고 있지 않은 경우라면 특별한 사정이 없는 한 해당 정보에 대한 공개거부처분에 대하여는 취소를 구할 법률상 이익이 없다." (대법원 2013.1.24. 선고 2010두18918)

정답 ③

689 [회독] □□□

23년 지방 7급

「공공기관의 정보공개에 관한 법률」(이하 '정보공개법'이라 함)에 대한 설명으로 옳지 않은 것은?

① 도시공원위원회의 회의관련자료 및 회의록은 시장 등의 결정의 대외적 공표행위가 있은 후에는 이를 의사결정 과정이나 내부검토과정에 있는 사항이라고 할 수 없고 위 위원회의 회의관련자료 및 회의록을 공개하더라도 업무의 공정한 수행에 지장을 초래할 염려가 없으므로 공개대상이 된다.

② 전자적 형태로 보유·관리되는 정보의 경우에 그 정보가 청구인이 구하는 대로 되어 있지 않더라도 공개청구를 받은 공공기관이 공개청구대상정보의 기초자료를 검색하여 청구인이 구하는 대로 편집할 수 있으며, 그 작업이 당해 기관의 업무수행에 별다른 지장을 초래하지 않는다면 그 공공기관이 공개청구대상정보를 보유·관리하고 있는 것으로 볼 수 있다.

③ 정보공개법에서 공개대상의 예외로 규정하고 있는 '다른 법률 또는 법률에서 위임한 명령(국회규칙·대법원규칙·헌법재판소규칙·중앙선거관리위원회규칙·대통령령 및 조례로 한정함)에 따라 비밀이나 비공개 사항으로 규정된 정보'의 해석에 있어서 '법률에서 위임한 명령'은 정보의 공개에 관하여 법률의 구체적인 위임 아래 제정된 법규명령(위임명령)을 의미한다.

④ 정보공개청구인이 정보공개와 관련한 공공기관의 비공개 결정 또는 부분 공개 결정에 대하여 불복하는 경우에는 정보공개법상 이의신청절차를 거친 후에야 비로소 행정심판을 청구할 수 있다.

689

해설 ① (○) "지방자치단체의 도시공원에 관한 조례에서 규정된 도시공원위원회의 심의사항에 관하여 위 위원회의 심의 후 그 심의사항들에 대한 시장 등의 결정의 대외적 공표행위가 있기 전까지는 위 위원회의 회의관련자료 및 회의록은 공공기관의정보공개에관한법률 제7조 제1항 제5호에서 규정하는 비공개대상정보에 해당한다고 할 것이고, 다만 시장 등의 결정의 대외적 공표행위가 있은 후에는 이를 의사결정과정이나 내부검토과정에 있는 사항이라고 할 수 없고 위 위원회의 회의관련자료 및 회의록을 공개하더라도 업무의 공정한 수행에 지장을 초래할 염려가 없으므로, 시장 등의 결정의 대외적 공표행위가 있은 후에는 위 위원회의 회의관련자료 및 회의록은 같은 법 제7조 제2항에 의하여 공개대상이 된다." (대법원 2000.5.30. 선고 99추85)

② (○) "공공기관의 정보공개에 관한 법률에 의한 정보공개제도는 공공기관이 보유·관리하는 정보를 그 상태대로 공개하는 제도이지만, 전자적 형태로 보유·관리되는 정보의 경우에는, 그 정보가 청구인이 구하는 대로는 되어 있지 않다고 하더라도, 공개청구를 받은 공공기관이 공개청구대상정보의 기초자료를 전자적 형태로 보유·관리하고 있고, 당해 기관에서 통상 사용되는 컴퓨터 하드웨어 및 소프트웨어와 기술적 전문지식을 사용하여 그 기초자료를 검색하여 청구인이 구하는 대로 편집할 수 있으며, 그러한 작업이 당해 기관의 컴퓨터 시스템 운용에 별다른 지장을 초래하지 아니한다면, 그 공공기관이 공개청구대상정보를 보유·관리하고 있는 것으로 볼 수 있고, 이러한 경우에 기초자료를 검색·편집하는 것은 새로운 정보의 생산 또는 가공에 해당한다고 할 수 없다." (대법원 2010.2.11. 선고 2009두6001)

③ (○) "공공기관의정보공개에관한법률 제1조, 제3조, 헌법 제37조의 각 취지와 행정입법으로는 법률이 구체적으로 범위를 정하여 위임한 범위 안에서만 국민의 자유와 권리에 관련된 규율을 정할 수 있는 점 등을 고려할 때, 공공기관의정보공개에관한법률 제7조 제1항 제1호 소정의 '법률에 의한 명령'은 법률의 위임규정에 의하여 제정된 대통령령, 총리령, 부령 전부를 의미한다기보다는 정보의 공개에 관하여 법률의 구체적인 위임 아래 제정된 법규명령(위임명령)을 의미한다." (대법원 2003.12.11. 선고 2003두8395)

④ (×) 공공기관의 정보공개에 관한 법률(정보공개법) 제19조 제2항

정보공개법	제19조(행정심판) ② 청구인은 제18조에 따른 이의신청 절차를 거치지 아니하고 행정심판을 청구할 수 있다.

정답 ④

690 [회독] □□□   21년 국가 7급

행정정보의 공개에 대한 설명으로 옳지 않은 것은? (다툼이 있는 경우 판례에 의함)

① 공개청구의 대상이 되는 정보가 인터넷 등을 통하여 공개되어 인터넷검색 등을 통하여 쉽게 알 수 있는 경우에는 비공개결정이 정당화될 수 있다.

② 정보의 공개에 관하여 법률의 구체적인 위임이 없는 「교육공무원승진규정」상 근무성적평정 결과를 공개하지 않는다는 규정을 근거로 정보공개청구를 거부할 수 없다.

③ 의사결정과정에 제공된 회의관련자료나 의사결정과정이 기록된 회의록은 의사가 결정되거나 의사가 집행된 경우에도 비공개대상정보에 포함될 수 있다.

④ 공공기관이 정보를 보유·관리하고 있지 아니한 경우에는 특별한 사정이 없는 한 정보공개거부처분의 취소를 구할 법률상의 이익이 없다.

690

해설 ① (×) "정보공개청구의 대상이 이미 널리 알려진 사항이라 하더라도 그 공개의 방법만을 제한할 수 있도록 규정하고 있을 뿐 공개 자체를 제한하고 있지는 아니하므로, 공개청구의 대상이 되는 정보가 이미 다른 사람에게 공개하여 널리 알려져 있다거나 인터넷이나 관보 등을 통하여 공개하여 인터넷검색이나 도서관에서의 열람 등을 통하여 쉽게 알 수 있다는 사정만으로는 소의 이익이 없다거나 비공개결정이 정당화될 수는 없다." (대법원 2008.11.27. 선고 2005두15694)

② (○) "교육공무원법 제13조, 제14조의 위임에 따라 제정된 교육공무원승진규정은 정보공개에 관한 사항에 관하여 구체적인 법률의 위임에 따라 제정된 명령이라고 할 수 없고, 따라서 교육공무원승진규정 제26조에서 근무성적평정의 결과를 공개하지 아니한다고 규정하고 있다고 하더라도 위 교육공무원승진규정은 공공기관의 정보공개에 관한 법률 제9조 제1항 제1호에서 말하는 법률이 위임한 명령에 해당하지 아니하므로 위 규정을 근거로 정보공개청구를 거부하는 것은 잘못이다." (대법원 2006.10.26. 선고 2006두11910)

③ (○) "의사결정과정에 제공된 회의관련자료나 의사결정과정이 기록된 회의록 등은 의사가 결정되거나 의사가 집행된 경우에는 더 이상 의사결정과정에 있는 사항 그 자체라고는 할 수 없으나, 의사결정과정에 있는 사항에 준하는 사항으로서 비공개대상정보에 포함될 수 있다." (대법원 2003.8.22. 선고 2002두12946)

④ (○) "정보공개제도는 공공기관이 보유·관리하는 정보를 그 상태대로 공개하는 제도라는 점 등에 비추어 보면, 정보공개를 구하는 자가 공개를 구하는 정보를 행정기관이 보유·관리하고 있을 상당한 개연성이 있다는 점을 입증함으로써 족하다 할 것이지만, 공공기관이 그 정보를 보유·관리하고 있지 아니한 경우에는 특별한 사정이 없는 한 정보공개거부처분의 취소를 구할 법률상의 이익이 없다." (대법원 2006.1.13. 선고 2003두9459)

정답 ①

PART 07

691 [회독] ☐☐☐　　　24년 국가 7급

정보공개에 대한 설명으로 옳지 않은 것은?

① 정보공개거부처분의 취소를 구하는 행정소송에서 정보공개청구인이 정보공개거부처분을 받은 것 외에 추가로 법률상 이익이 있어야 하는 것도 아니며, 정보공개청구의 대상이 되는 정보가 이미 공개되어 있다는 사정만으로 소의 이익이 없는 것도 아니다.

② 「공공기관의 정보공개에 관한 법률」에 따라 중앙행정기관은 전자적 형태로 보유·관리하는 정보 중 공개대상으로 분류된 정보를 국민의 정보공개 청구가 없더라도 정보통신망을 활용한 정보공개시스템 등을 통하여 공개하여야 한다.

③ 정보공개청구인이 공공기관의 비공개 결정 또는 부분공개 결정에 대한 이의신청을 하여 공공기관으로부터 이의신청에 대한 결과를 통지받은 후 취소소송을 제기하는 경우, 그 제소기간은 이의신청에 대한 결과를 통지받은 날부터 기산한다.

④ 견책의 징계처분을 받은 자가 소속기관의 장에게 징계위원회에 참여한 징계위원의 성명과 직위에 대한 정보공개청구를 하였으나 해당 정보가 비공개 대상이라는 이유로 거부된 경우, 그 견책처분에 대한 취소소송의 기각판결이 확정되었다면 정보공개거부처분의 취소를 구할 법률상 이익은 인정되지 않는다.

691

해설 ① (○) "국민의 정보공개청구권은 법률상 보호되는 구체적인 권리이므로, 공공기관에 대하여 정보의 공개를 청구하였다가 공개거부처분을 받은 청구인은 행정소송을 통하여 그 공개거부처분의 취소를 구할 법률상의 이익이 있고, 공개청구의 대상이 되는 정보가 이미 공개되어 있다거나 다른 방법으로 손쉽게 알 수 있다는 사정만으로 소의 이익이 없다거나 비공개결정이 정당화될 수 없다. 또한, 청구인이 공공기관에 대하여 정보공개를 청구하였다가 거부처분을 받은 이상, 그 자체로 공개거부처분의 취소를 구할 법률상 이익이 인정되고, 그 외에 추가로 어떤 법률상 이익이 있을 것을 요하지 않는다." (대법원 2022.5.26. 선고 2022두34562)

② (○) 정보공개법 제8조의2

정보공개법	제8조의2(공개대상 정보의 원문공개) 공공기관 중 중앙행정기관 및 대통령령으로 정하는 기관은 전자적 형태로 보유·관리하는 정보 중 공개대상으로 분류된 정보를 국민의 정보공개 청구가 없더라도 정보통신망을 활용한 정보공개시스템 등을 통하여 공개하여야 한다.

③ (○) "「공공기관의 정보공개에 관한 법률」 제18조 제1항, 제3항, 제4항, 제20조 제1항, 「행정소송법」 제20조 제1항의 규정 내용과 그 취지 등을 종합하여 보면, 청구인이 공공기관의 비공개 결정 또는 부분공개 결정에 대한 이의신청을 하여 공공기관으로부터 이의신청에 대한 결과를 통지받은 후 취소소송을 제기하는 경우 그 제소기간은 이의신청에 대한 결과를 통지받은 날부터 기산한다고 봄이 타당하다." (대법원 2023.7.27. 선고 2022두52980)

행정기본법	제36조(처분에 대한 이의신청) ④ 이의신청에 대한 결과를 통지받은 후 행정심판 또는 행정소송을 제기하려는 자는 그 결과를 통지받은 날(제2항에 따른 통지기간 내에 결과를 통지받지 못한 경우에는 같은 항에 따른 통지기간이 만료되는 날의 다음 날을 말한다)부터 90일 이내에 행정심판 또는 행정소송을 제기할 수 있다.

④ (×) "견책의 징계처분을 받은 갑이 사단장에게 징계위원회에 참여한 징계위원의 성명과 직위에 대한 정보공개청구를 하였으나 위 정보가 공공기관의 정보공개에 관한 법률 제9조 제1항 제1호, 제2호, 제5호, 제6호에 해당한다는 이유로 공개를 거부한 사안에서, 비록 징계처분 취소사건에서 갑의 청구를 기각하는 판결이 확정되었더라도 이러한 사정만으로 위 처분의 취소를 구할 이익이 없어지지 않고, 사단장이 갑의 정보공개청구를 거부한 이상 갑으로서는 여전히 정보공개거부처분의 취소를 구할 법률상 이익이 있다." (대법원 2022.5.26. 선고 2022두33439)

정답 ④

692 [회독] ☐☐☐

「공공기관의 정보공개에 관한 법률」에 대한 설명으로 옳지 않은 것은?

① 정보공개의 원칙에 따라 공공기관이 보유·관리하는 정보는 국민의 알권리 보장 등을 위하여 이 법에서 정하는 바에 따라 적극적으로 공개하여야 한다.

② 모든 국민은 정보의 공개를 청구할 권리를 가진다.

③ 공공기관의 정보공개 담당자(정보공개 청구대상 정보와 관련된 업무 담당자를 포함한다)는 정보공개 업무를 성실하게 수행하여야 하며, 공개여부의 자의적인 결정, 고의적인 처리 지연 또는 위법한 공개 거부 및 회피 등 부당한 행위를 하여서는 아니 된다.

④ 공공기관은 예산집행의 내용과 사업평가 결과 등 행정감시를 위하여 필요한 정보에 대해서는 공개의 구체적 범위, 주기, 시기 및 방법 등을 미리 정하여 정보통신망 등을 통하여 알릴 필요까지는 없으나, 정기적으로 공개하여야 한다.

692

해 설 ① (○) 공공기관의 정보공개에 관한 법률 제3조

공공기관의 정보공개에 관한 법률	제3조(정보공개의 원칙) 공공기관이 보유·관리하는 정보는 국민의 알권리 보장 등을 위하여 이 법에서 정하는 바에 따라 적극적으로 공개하여야 한다.

② (○) 공공기관의 정보공개에 관한 법률 제5조

공공기관의 정보공개에 관한 법률	제5조(정보공개 청구권자) ① 모든 국민은 정보의 공개를 청구할 권리를 가진다.

③ (○) 공공기관의 정보공개에 관한 법률 제6조의2

공공기관의 정보공개에 관한 법률	제6조의2(정보공개 담당자의 의무) 공공기관의 정보공개 담당자(정보공개 청구 대상 정보와 관련된 업무 담당자를 포함한다)는 정보공개 업무를 성실하게 수행하여야 하며, 공개 여부의 자의적인 결정, 고의적인 처리 지연 또는 위법한 공개 거부 및 회피 등 부당한 행위를 하여서는 아니 된다.

④ (×) 공공기관의 정보공개에 관한 법률 제7조 제1항

공공기관의 정보공개에 관한 법률	제7조(정보의 사전적 공개 등) ① 공공기관은 다음 각 호의 어느 하나에 해당하는 정보에 대해서는 공개의 구체적 범위, 주기, 시기 및 방법 등을 미리 정하여 정보통신망 등을 통하여 알리고, 이에 따라 정기적으로 공개하여야 한다. 다만, 제9조제1항 각 호의 어느 하나에 해당하는 정보에 대해서는 그러하지 아니하다. 3. 예산집행의 내용과 사업평가 결과 등 행정감시를 위하여 필요한 정보

정답 ④

693 [회독] □□□　　　　　　　　　21년 지방 9급

「공공기관의 정보공개에 관한 법률」상 정보공개에 대한 설명으로 옳지 않은 것은? (다툼이 있는 경우 판례에 의함)

① 정보의 공개 및 우송 등에 드는 비용은 실비의 범위에서 청구인이 부담한다.

② 공공기관은 공개 청구된 정보가 공공기관이 보유·관리하지 아니하는 정보인 경우로서 「민원 처리에 관한 법률」에 따른 민원으로 처리할 수 있는 경우에는 민원으로 처리할 수 있다.

③ 청구인이 공공기관에 대하여 정보공개를 청구하였다가 거부처분을 받은 것 자체가 법률상 이익의 침해에 해당한다.

④ 오로지 공공기관의 담당공무원을 괴롭힐 목적으로 정보공개청구를 하는 경우에도 정보공개청구권의 행사는 허용되어야 한다.

693

해설　① (○) 공공기관의 정보공개에 관한 법률 제17조 제1항

공공기관의 정보공개에 관한 법률	제17조(비용 부담) ① 정보의 공개 및 우송 등에 드는 비용은 실비(實費)의 범위에서 청구인이 부담한다.

② (○) 공공기관의 정보공개에 관한 법률 제11조 제5항 제1호

공공기관의 정보공개에 관한 법률	제11조(정보공개 여부의 결정) ⑤ 공공기관은 정보공개 청구가 다음 각 호의 어느 하나에 해당하는 경우로서 「민원 처리에 관한 법률」에 따른 민원으로 처리할 수 있는 경우에는 민원으로 처리할 수 있다. 1. 공개 청구된 정보가 공공기관이 보유·관리하지 아니하는 정보인 경우 2. 공개 청구의 내용이 진정·질의 등으로 이 법에 따른 정보공개 청구로 보기 어려운 경우

③ (○) "정보공개청구권은 법률상 보호되는 구체적인 권리이므로 청구인이 공공기관에 대하여 정보공개를 청구하였다가 거부처분을 받은 것 자체가 법률상 이익의 침해에 해당한다." (대법원 2003.12.12. 선고 2003두8050)

④ (×) "실제로는 해당 정보를 취득 또는 활용할 의사가 전혀 없이 정보공개 제도를 이용하여 사회통념상 용인될 수 없는 부당한 이득을 얻으려 하거나, 오로지 공공기관의 담당공무원을 괴롭힐 목적으로 정보공개청구를 하는 경우처럼 권리의 남용에 해당하는 것이 명백한 경우에는 정보공개청구권의 행사를 허용하지 아니하는 것이 옳다." (대법원 2014.12.24. 선고 2014두9349)

정답 ④

694 [회독] □□□ 21년 지방 7급

「공공기관의 정보공개에 관한 법률」상 정보공개에 대한 설명으로 옳지 않은 것은? (다툼이 있는 경우 판례에 의함)

① 청구인이 공공기관에 대하여 정보공개를 청구하였다가 거부처분을 받은 것 자체가 법률상 이익의 침해에 해당한다고 할 것이고, 거부처분을 받은 것 이외에 추가로 어떤 법률상의 이익을 가질 것을 요구하는 것은 아니다.

② 비공개대상정보로 '진행 중인 재판에 관련된 정보'는 재판에 관련된 일체의 정보가 그에 해당하는 것은 아니고, 진행 중인 재판의 심리 또는 재판결과에 구체적으로 영향을 미칠 위험이 있는 정보에 한정된다.

③ 법원이 행정기관의 정보공개거부처분의 위법 여부를 심리한 결과 공개를 거부한 정보에 비공개사유에 해당하는 부분과 그렇지 않은 부분이 혼합되어 있고, 공개청구의 취지에 어긋나지 않는 범위 안에서 두 부분을 분리할 수 있음을 인정할 수 있을 때에도 공개가 가능한 정보에 국한하여 정보공개거부 처분의 일부취소를 명할 수는 없다.

④ 정보공개를 요구받은 공공기관이 법률에서 정한 비공개사유에 해당하는지를 주장·증명하지 아니한 채 개괄적인 사유만을 들어 공개를 거부하는 것은 허용되지 아니한다.

694

해설 ① (○) "정보공개청구권은 법률상 보호되는 구체적인 권리이므로 청구인이 공공기관에 대하여 정보공개를 청구하였다가 거부처분을 받은 것 자체가 법률상 이익의 침해에 해당한다고 할 것이고, 거부처분을 받은 것 이외에 추가로 어떤 법률상의 이익을 가질 것을 요구하는 것은 아니다." (대법원 2004.9.23. 선고 2003두1370)

② (○) "법원 이외의 공공기관이 정보공개법 제9조 제1항 제4호에서 정한 '진행 중인 재판에 관련된 정보'에 해당한다는 사유로 정보공개를 거부하기 위하여는 반드시 그 정보가 진행 중인 재판의 소송기록 자체에 포함된 내용일 필요는 없다. 그러나 재판에 관련된 일체의 정보가 그에 해당하는 것은 아니고 진행 중인 재판의 심리 또는 재판결과에 구체적으로 영향을 미칠 위험이 있는 정보에 한정된다고 보는 것이 타당하다." (대법원 2011.11.24. 선고 2009두19021)

③ (×) "법원이 행정기관의 정보공개거부처분의 위법 여부를 심리한 결과 공개를 거부한 정보에 비공개사유에 해당하는 부분과 그렇지 않은 부분이 혼합되어 있고, 공개청구의 취지에 어긋나지 않는 범위 안에서 두 부분을 분리할 수 있음을 인정할 수 있을 때에는 공개가 가능한 정보에 국한하여 일부취소를 명할 수 있다." (대법원 2009.12.10. 선고 2009두12785)

④ (○) "국민으로부터 보유·관리하는 정보에 대한 공개를 요구받은 공공기관으로서는, 정보공개법 제9조 제1항 각호에서 정하고 있는 비공개사유에 해당하지 않는 한 이를 공개하여야 한다. 이를 거부하는 경우라 할지라도, 대상이 된 정보의 내용을 구체적으로 확인·검토하여, 어느 부분이 어떠한 법익 또는 기본권과 충돌되어 정보공개법 제9조 제1항 몇 호에서 정하고 있는 비공개사유에 해당하는지를 주장·증명하여야만 하고, 그에 이르지 아니한 채 개괄적인 사유만을 들어 공개를 거부하는 것은 허용되지 아니한다." (대법원 2018.4.12. 선고 2014두5477)

정답 ③

695 [회독] □□□   20년 지방 7급

정보공개제도에 대한 설명으로 옳지 않은 것은? (다툼이 있는 경우 판례에 의함)

① 정보공개를 청구하는 자가 공개를 구하는 정보를 행정기관이 보유·관리하고 있을 상당한 개연성이 있다는 점을 입증하여야 한다.

② 국민의 알 권리, 즉 정보에의 접근·수집·처리의 자유는 자유권적 성질과 청구권적 성질을 공유하는 것으로서, 헌법 제21조에 의하여 직접 보장되는 권리이다.

③ 사립대학교에 정보공개를 청구하였다가 거부될 경우 사립대학교에 대한 국가의 지원이 한정적·국부적·일시적임을 고려한다면 사립대학교 총장을 피고로 하여 취소소송을 제기할 수 없다.

④ 공개를 구하는 정보를 공공기관이 한때 보유·관리하였으나 그 후에 그 정보가 담긴 문서 등이 폐기되어 존재하지 않게 된 것이라면 그 정보를 더 이상 보유·관리하고 있지 아니하다는 점에 대한 증명책임은 공공기관에 있다.

696 [회독] □□□   19년 국가 7급

정보공개에 대한 판례의 입장으로 옳은 것은?

① 공공기관이 정보공개청구권자가 신청한 공개방법 이외의 방법으로 정보를 공개하기로 하는 결정을 하였다면, 정보공개청구자는 이에 대하여 항고소송으로 다툴 수 있다.

② 공개청구된 정보가 이미 인터넷을 통해 공개되어 인터넷검색으로 쉽게 접근할 수 있는 경우는 비공개사유가 된다.

③ 공개청구된 정보를 공공기관이 한때 보유·관리하였으나 후에 그 정보가 담긴 문서가 정당하게 폐기되어 존재하지 않게 된 경우, 정보 보유·관리 여부의 입증책임은 정보공개청구자에게 있다.

④ 정보공개를 청구한 목적이 손해배상소송에 제출할 증거자료를 획득하기 위한 것이었고 그 소송이 이미 종결되었다면, 그러한 정보공개청구는 권리남용에 해당한다.

695

해설 ①, ④ (○) "공개청구자는 그가 공개를 구하는 정보를 공공기관이 보유·관리하고 있을 상당한 개연성이 있다는 점에 대하여 입증할 책임이 있으나, 공개를 구하는 정보를 공공기관이 한때 보유·관리하였으나 후에 그 정보가 담긴 문서들이 폐기되어 존재하지 않게 된 것이라면 그 정보를 더 이상 보유·관리하고 있지 않다는 점에 대한 증명책임은 공공기관에 있다." (대법원 2013.1.24. 선고 2010두18918)

② (○) "국민의 '알권리', 즉 정보에의 접근·수집·처리의 자유는 자유권적 성질과 청구권적 성질을 공유하는 것으로서 헌법 제21조에 의하여 직접 보장되는 권리이고, 그 구체적 실현을 위하여 제정된 공공기관의 정보공개에 관한 법률도 제3조에서 공공기관이 보유·관리하는 정보를 원칙적으로 공개하도록 하여 정보공개의 원칙을 천명하고 있고, 위 법 제9조가 예외적인 비공개사유를 열거하고 있다." (대법원 2009.12.10. 선고 2009두12785)

③ (×) "사립대학교에 대한 국가의 지원이 한정적·국부적·일시적임을 고려한다 하더라도, 사립대학교가 국비의 지원을 받는 범위 내에서만 공공기관의 성격을 가진다고 볼 수 없기 때문에, 사립대학교 총장을 피고로 하여 취소소송을 제기할 수 있다." (대법원 2006.8.24. 선고 2004두2783)

정답 ③

696

해설 ① (○) "공공기관이 공개청구의 대상이 된 정보를 공개는 하되, 청구인이 신청한 공개방법 이외의 방법으로 공개하기로 하는 결정을 하였다면, 이는 정보공개청구 중 정보공개방법에 관한 부분에 대하여 일부 거부처분을 한 것이고, 청구인은 그에 대하여 항고소송으로 다툴 수 있다." (대법원 2016.11.10. 선고 2016두44674)

② (×) "국민의 정보공개청구권은 법률상 보호되는 구체적인 권리이므로, 공공기관에 대하여 정보의 공개를 청구하였다가 공개거부처분을 받은 청구인은 행정소송을 통하여 그 공개거부처분의 취소를 구할 법률상의 이익이 있고, 공개청구의 대상이 되는 정보가 이미 다른 사람에게 공개되어 널리 알려져 있다거나 인터넷 등을 통하여 공개되어 인터넷검색 등을 통하여 쉽게 알 수 있다는 사정만으로는 소의 이익이 없다거나 비공개결정이 정당화될 수 없다." (대법원 2010.12.23. 선고 2008두13101)

③ (×) "공개청구자는 그가 공개를 구하는 정보를 공공기관이 보유·관리하고 있을 상당한 개연성이 있다는 점에 대하여 입증할 책임이 있으나, 공개를 구하는 정보를 공공기관이 한때 보유·관리하였으나 후에 그 정보가 담긴 문서들이 폐기되어 존재하지 않게 된 것이라면 그 정보를 더 이상 보유·관리하고 있지 않다는 점에 대한 증명책임은 공공기관에 있다." (대법원 2013.1.24. 선고 2010두18918)

④ (×) "정보공개청구의 목적에 특별한 제한이 있다고 할 수 없으므로, 피고의 주장과 같이 원고가 이 사건 정보공개를 청구한 목적이 이 사건 손해배상소송에 제출할 증거자료를 획득하기 위한 것이었고 위 소송이 이미 종결되었다고 하더라도, 원고가 오로지 피고를 괴롭힐 목적으로 정보공개를 구하고 있다는 등의 특별한 사정이 없는 한, 위와 같은 사정만으로는 원고가 이 사건 소송을 계속하고 있는 것이 권리남용에 해당한다고 볼 수 없다." (대법원 2004.9.23. 선고 2003두1370)

정답 ①

697 [회독] ☐☐☐   19년 국가 9급

「공공기관의 정보공개에 관한 법률」상 정보공개에 대한 설명으로 옳은 것은? (다툼이 있는 경우 판례에 의함)

① 공개청구된 정보가 인터넷을 통하여 공개되어 인터넷 검색을 통하여 쉽게 알 수 있다는 사정만으로 비공개결정이 정당화될 수는 없다.

② 정보공개 청구 후 20일이 경과하도록 정보공개 결정이 없는 경우, 이의신청은 허용되나 행정심판청구는 허용되지 않는다.

③ 정보의 공개 및 우송 등에 드는 비용은 정보공개청구를 받은 행정청이 부담한다.

④ 행정소송의 재판기록 일부의 정보공개청구에 대한 비공개 결정은 전자문서로 통지할 수 없다.

697

해설 ① (○) "공개청구의 대상이 되는 정보가 이미 다른 사람에게 공개되어 널리 알려져 있다거나 인터넷 등을 통하여 공개되어 인터넷 검색 등을 통하여 쉽게 알 수 있다는 사정만으로는 소의 이익이 없다거나 비공개결정이 정당화될 수 없다." (대법원 2010.12.23. 선고 2008두13101)

② (✕) 공공기관의 정보공개에 관한 법률 제18조 제1항, 제19조 제2항

공공기관의 정보공개에 관한 법률	제18조(이의신청) ① 청구인이 정보공개와 관련한 공공기관의 비공개 결정 또는 부분 공개 결정에 대하여 불복이 있거나 정보공개 청구 후 20일이 경과하도록 정보공개 결정이 없는 때에는 공공기관으로부터 정보공개 여부의 결정 통지를 받은 날 또는 정보공개 청구 후 20일이 경과한 날부터 30일 이내에 해당 공공기관에 문서로 이의신청을 할 수 있다.
공공기관의 정보공개에 관한 법률	제19조(행정심판) ① 청구인이 정보공개와 관련한 공공기관의 결정에 대하여 불복이 있거나 정보공개 청구 후 20일이 경과하도록 정보공개 결정이 없는 때에는 「행정심판법」에서 정하는 바에 따라 행정심판을 청구할 수 있다. 이 경우 국가기관 및 지방자치단체 외의 공공기관의 결정에 대한 감독행정기관은 관계 중앙행정기관의 장 또는 지방자치단체의 장으로 한다. ② 청구인은 제18조에 따른 이의신청 절차를 거치지 아니하고 행정심판을 청구할 수 있다.

③ (✕) 공공기관의 정보공개에 관한 법률 제17조 제1항

공공기관의 정보공개에 관한 법률	제17조(비용 부담) ① 정보의 공개 및 우송 등에 드는 비용은 실비(實費)의 범위에서 청구인이 부담한다.

④ (✕) "甲이 재판기록 일부의 정보공개를 청구한 데 대하여 서울행정법원장이 민사소송법 제162조를 이유로 소송기록의 정보를 비공개한다는 결정을 전자문서로 통지한 사안에서, '문서'에 '전자문서'를 포함한다고 규정한 구 공공기관의 정보공개에 관한 법률(이하 '정보공개법'이라 한다) 제2조와 정보의 비공개결정을 '문서'로 통지하도록 정한 정보공개법 제13조 제4항의 규정에 의하면 정보의 비공개결정은 전자문서로 통지할 수 있다." (대법원 2014.4.10. 선고 2012두17384)

정답 ①

698 [회독] ☐☐☐

「공공기관의 정보공개에 관한 법률」상 행정정보공개제도에 대한 설명으로 옳지 않은 것은? (다툼이 있는 경우 판례에 의함)

① 정보공개 청구권자의 권리구제 가능성 등은 정보의 공개 여부 결정에 아무런 영향을 미치지 못한다.

② 형사재판확정기록의 공개에 관하여는 「형사소송법」의 규정이 적용되므로 「공공기관의 정보공개에 관한 법률」에 의한 공개청구는 허용되지 아니한다.

③ 「공공기관의 정보공개에 관한 법률」상 비공개대상정보인 '진행 중인 재판에 관련된 정보'라 함은 재판에 관련된 일체의 정보를 의미한다.

④ 정보의 공개를 청구하는 자가 청구대상정보를 기재함에 있어서는 사회일반인의 관점에서 청구대상정보의 내용과 범위를 확정할 수 있을 정도로 특정하여야 한다.

698

해설 ① (○) "공공기관의 정보공개에 관한 법률은 … 정보공개 청구권자가 공개를 청구하는 정보와 어떤 관련성을 가질 것을 요구하거나 정보공개청구의 목적에 특별한 제한을 두고 있지 아니하므로 정보공개 청구권자의 권리구제 가능성 등은 정보의 공개 여부 결정에 아무런 영향을 미치지 못한다." (대법원 2017.9.7. 선고 2017두44558)

② (○) "형사소송법 제59조의2의 내용·취지 등을 고려하면, 형사소송법 제59조의2는 형사재판확정기록의 공개 여부나 공개 범위, 불복 절차 등에 대하여 구 공공기관의 정보공개에 관한 법률(이하 '정보공개법'이라고 한다)과 달리 규정하고 있는 것으로 정보공개법 제4조 제1항에서 정한 '정보의 공개에 관하여 다른 법률에 특별한 규정이 있는 경우'에 해당한다. 따라서 형사재판확정기록의 공개에 관하여는 정보공개법에 의한 공개청구가 허용되지 아니한다." (대법원 2016.12.15. 선고 2013두20882)

③ (×) "공공기관의 정보공개에 관한 법률(이하 '정보공개법'이라 한다)의 입법 목적, 정보공개의 원칙, 비공개대상정보의 규정 형식과 취지 등을 고려하면, 법원 이외의 공공기관이 정보공개법 제9조 제1항 제4호에서 정한 '진행 중인 재판에 관련된 정보'에 해당한다는 사유로 정보공개를 거부하기 위하여는 반드시 그 정보가 진행 중인 재판의 소송기록 자체에 포함된 내용일 필요는 없다. 그러나 재판에 관련된 일체의 정보가 그에 해당하는 것은 아니고 진행 중인 재판의 심리 또는 재판결과에 구체적으로 영향을 미칠 위험이 있는 정보에 한정된다고 보는 것이 타당하다." (대법원 2011.11.24. 선고 2009두19021)

④ (○) "공공기관의 정보공개에 관한 법률 제10조 제1항 제2호는 정보의 공개를 청구하는 자는 정보공개청구서에 '공개를 청구하는 정보의 내용' 등을 기재할 것을 규정하고 있는바, 청구대상정보를 기재함에 있어서는 사회일반인의 관점에서 청구대상정보의 내용과 범위를 확정할 수 있을 정도로 특정함을 요한다." (대법원 2007.6.1. 선고 2007두2555)

정답 ③

699 [회독] □□□ 19년 지방 9급

정보공개에 대한 판례의 입장으로 옳은 것은?

① 지방자치단체의 업무추진비 세부항목별 집행내역 및 그에 관한 증빙서류에 포함된 개인에 관한 정보는 「공공기관의 정보공개에 관한 법률」 소정의 '공개하는 것이 공익을 위하여 필요하다고 인정되는 정보'에 해당하여 공개대상이 된다.

② 학교환경위생구역 내 금지행위(숙박시설) 해제결정에 관한 학교환경위생정화위원회의 회의록에 기재된 발언내용에 대한 해당 발언자의 인적사항 부분에 관한 정보는 「공공기관의 정보공개에 관한 법률」 소정의 비공개대상 정보에 해당하지 않는다.

③ 「보안관찰법」 소정의 보안관찰 관련 통계자료는 「공공기관의 정보공개에 관한 법률」 소정의 비공개대상정보에 해당하지 않는다.

④ 학교폭력대책자치위원회가 피해학생의 보호를 위한 조치, 가해학생에 대한 조치, 학교폭력과 관련된 분쟁의 조정 등에 관하여 심의한 결과를 기재한 회의록은 「공공기관의 정보공개에 관한 법률」 소정의 비공개대상 정보에 해당한다.

699

해설 ① (×) "지방자치단체의 업무추진비 세부항목별 집행내역 및 그에 관한 증빙서류에 포함된 개인에 관한 정보는 '공개하는 것이 공익을 위하여 필요하다고 인정되는 정보'에 해당하지 않는다." (대법원 2003.3.11. 선고 2001두6425)

② (×) "학교환경위생구역 내 금지행위(숙박시설) 해제결정에 관한 학교환경위생정화위원회의 회의록에 기재된 발언내용에 대한 해당 발언자의 인적사항 부분에 관한 정보는 공공기관의정보공개에관한법률 제7조 제1항 제5호 소정의 비공개대상에 해당한다." (대법원 2003.8.22. 선고 2002두12946)

③ (×) "보안관찰법 소정의 보안관찰 관련 통계자료는 우리나라 53개 지방검찰청 및 지청관할지역에서 매월 보고된 보안관찰처분에 관한 각종 자료로서, 보안관찰처분대상자 또는 피보안관찰자들의 매월별 규모, 그 처분시기, 지역별 분포에 대한 전국적 현황과 추이를 한눈에 파악할 수 있는 구체적이고 광범위한 자료에 해당하므로 '통계자료'라고 하여도 그 함의를 통하여 나타내는 의미가 있음이 분명하여 가치중립적일 수는 없고, 그 통계자료의 분석에 의하여 대남공작활동이 유리한 지역으로 보안관찰처분대상자가 많은 지역을 선택하는 등으로 위 정보가 북한정보기관에 의한 간첩의 파견, 포섭, 선전선동을 위한 교두보의 확보 등 북한의 대남전략에 있어 매우 유용한 자료로 악용될 우려가 없다고 할 수 없으므로, 위 정보는 공공기관의정보공개에관한법률 제7조 제1항 제2호 소정의 공개될 경우 국가안전보장·국방·통일·외교관계 등 국가의 중대한 이익을 해할 우려가 있는 정보, 또는 제3호 소정의 공개될 경우 국민의 생명·신체 및 재산의 보호 기타 공공의 안전과 이익을 현저히 해할 우려가 있다고 인정되는 정보에 해당한다." (대법원 2004.3.18. 선고 2001두8254)

④ (○) "자치위원회가 피해학생의 보호를 위한 조치, 가해학생에 대한 조치, 학교폭력과 관련된 분쟁의 조정 등에 관하여 심의한 결과를 기재한 회의록은 정보공개법 제9조 제1항 제1호의 '다른 법률 또는 법률이 위임한 명령에 의하여 비밀 또는 비공개 사항으로 규정된 정보'에 해당한다고 보아야 할 것이다." (대법원 2010.6.10. 선고 2010두2913)

정답 ④

700 [회독] □□□

「공공기관의 정보공개에 관한 법률」상 정보공개에 대한 설명으로 옳지 않은 것은? (다툼이 있는 경우 판례에 의함)

① 정보공개청구권자에는 자연인은 물론 법인, 권리능력 없는 사단·재단도 포함되며, 법인, 권리능력 없는 사단·재단의 경우에는 설립목적을 불문한다.

② 공개청구된 정보가 수사의견서인 경우 수사의 방법 및 절차 등이 공개되더라도 수사기관의 직무수행을 현저히 곤란하게 하지 않는 때에는 비공개대상정보에 해당하지 않는다.

③ 외국 또는 외국 기관으로부터 비공개를 전제로 입수한 정보는 비공개를 전제로 하였다는 이유만으로 비공개대상정보에 해당한다.

④ 교육공무원의 근무성적평정 결과를 공개하지 아니한다고 규정하고 있는 「교육공무원 승진규정」을 근거로 정보공개청구를 거부하는 것은 위법하다.

700

해설 ① (O) "공공기관의정보공개에관한법률 제6조 제1항은 "모든 국민은 정보의 공개를 청구할 권리를 가진다."고 규정하고 있는데, 여기에서 말하는 국민에는 자연인은 물론 법인, 권리능력 없는 사단·재단도 포함되고, 법인, 권리능력 없는 사단·재단 등의 경우에는 설립목적을 불문한다." (대법원 2003.12.12. 선고 2003두8050)

② (O) "공개청구대상인 정보가 수사기록 중의 의견서 등에 해당한다고 하여 곧바로 정보공개법 제9조 제1항 제4호에 규정된 비공개대상 정보라고 볼 것은 아니고, 의견서 등의 실질적인 내용을 구체적으로 살펴 수사의 방법 및 절차 등이 공개됨으로써 수사기관의 직무수행을 현저히 곤란하게 한다고 인정할 만한 상당한 이유가 있어야만 위 비공개대상정보에 해당한다고 봄이 타당하다." (대법원 2012.7.12. 선고 2010두7048)

③ (×) "외국 또는 외국 기관으로부터 비공개를 전제로 정보를 입수하였다는 이유만으로 이를 공개할 경우 업무의 공정한 수행에 현저한 지장을 받을 것이라고 단정할 수는 없다." (대법원 2018.9.28. 선고 2017두69892) 정보공개법 제9조 제1항 제5호와 관련된 판례이다.

공공기관의 정보공개에 관한 법률	제9조(비공개 대상 정보) ① 공공기관이 보유·관리하는 정보는 공개 대상이 된다. 다만, 다음 각 호의 어느 하나에 해당하는 정보는 공개하지 아니할 수 있다. 5. 감사·감독·검사·시험·규제·입찰계약·기술개발·인사관리에 관한 사항이나 의사결정 과정 또는 내부검토 과정에 있는 사항 등으로서 공개될 경우 업무의 공정한 수행이나 연구·개발에 현저한 지장을 초래한다고 인정할 만한 상당한 이유가 있는 정보.

④ (O) "교육공무원승진규정은 공공기관의 정보공개에 관한 법률 제9조 제1항 제1호에서 말하는 법률이 위임한 명령에 해당하지 아니하므로 위 규정을 근거로 정보공개청구를 거부하는 것은 잘못이다." (대법원 2006.10.26. 선고 2006두11910)

정답 ③

701 [회독] ☐☐☐   20년 국가 9급

정보공개에 대한 설명으로 옳지 않은 것은? (다툼이 있는 경우 판례에 의함)

① 정보공개거부처분의 취소를 구하는 소송에서 공공기관이 청구정보를 증거 등으로 법원에 제출하여 법원을 통하여 그 사본을 청구인에게 교부 또는 송달되게 하여 청구인에게 정보를 공개하는 셈이 되었다면, 이러한 우회적인 방법에 의한 공개는 「공공기관의 정보공개에 관한 법률」에 의한 공개라고 볼 수 있다.

② 정보공개청구권자에는 자연인은 물론 법인, 권리능력 없는 사단·재단도 포함되고, 법인, 권리능력 없는 사단·재단 등의 경우에는 설립목적을 불문한다.

③ 공개청구의 대상이 되는 정보가 이미 다른 사람에게 공개되어 널리 알려져 있다거나 인터넷 등을 통하여 공개되어 인터넷검색 등을 통하여 쉽게 알 수 있다는 사정만으로는 비공개결정이 정당화될 수 없다.

④ 「공공기관의 정보공개에 관한 법률」은 정보공개청구권자가 공개를 청구하는 정보와 어떤 관련성을 가질 것을 요구하거나 정보공개청구의 목적에 특별한 제한을 두고 있지 아니하므로 정보공개청구권자의 권리구제 가능성 등은 정보의 공개 여부 결정에 아무런 영향을 미치지 못한다.

701

해설 ① (×) "청구인이 정보공개거부처분의 취소를 구하는 소송에서 공공기관이 청구정보를 증거 등으로 법원에 제출하여 법원을 통하여 그 사본을 청구인에게 교부 또는 송달하게 하여 결과적으로 청구인에게 정보를 공개하는 셈이 되었다고 하더라도, 이러한 우회적인 방법은 법이 예정하고 있지 아니한 방법으로서 법에 의한 공개라고 볼 수는 없으므로, 당해 문서의 비공개결정의 취소를 구할 소의 이익은 소멸되지 않는다." (대법원 2004.3.26. 선고 2002두6583)

② (○) "공공기관의정보공개에관한법률 제6조 제1항은 "모든 국민은 정보의 공개를 청구할 권리를 가진다."고 규정하고 있는데, 여기에서 말하는 국민에는 자연인은 물론 법인, 권리능력 없는 사단·재단도 포함되고, 법인, 권리능력 없는 사단·재단 등의 경우에는 설립목적을 불문한다." (대법원 2003.12.12. 선고 2003두8050)

③ (○) "공개청구의 대상이 되는 정보가 이미 다른 사람에게 공개되어 널리 알려져 있다거나 인터넷 등을 통하여 공개되어 인터넷검색 등을 통하여 쉽게 알 수 있다는 사정만으로는 소의 이익이 없다거나 비공개결정이 정당화될 수 없다." (대법원 2010.12.23. 선고 2008두13101)

④ (○) "공공기관의 정보공개에 관한 법률은 비공개대상정보에 해당하지 않는 한 공공기관이 보유·관리하는 정보는 공개 대상이 된다고 규정하고 있을 뿐(제9조 제1항) 정보공개 청구권자가 공개를 청구하는 정보와 어떤 관련성을 가질 것을 요구하거나 정보공개청구의 목적에 특별한 제한을 두고 있지 아니하므로, 정보공개 청구권자의 권리구제 가능성 등은 정보의 공개 여부 결정에 영향을 미치지 아니한다." (대법원 2017.9.7. 선고 2017두44558)

정답 ①

PART 07

702 [회독] ☐☐☐ 20년 군무원 9급

정보공개에 대한 설명으로 옳지 않은 것은?

① 정보의 공개를 청구하는 자는 해당 정보를 보유하거나 관리하고 있는 공공기관에 법령상의 요건을 갖춘 정보공개 청구서를 제출하거나 말로써 정보의 공개를 청구할 수 있다.

② 공공기관은 공개 청구된 공개 대상 정보의 전부 또는 일부가 제3자와 관련이 있다고 인정할 때에는 그 사실을 제3자에게 지체 없이 통지하여야 하며, 필요한 경우에는 그의 의견을 들을 수 있다.

③ 「공공기관의 정보공개에 관한 법률」 제11조 제3항에 따라 공개 청구된 사실을 통지받은 제3자는 그 통지를 받은 날부터 7일 이내에 해당 공공기관에 대하여 자신과 관련된 정보를 공개하지 아니할 것을 요청할 수 있다.

④ 「공공기관의 정보공개에 관한 법률」 제21조 제2항에 따른 비공개 요청에도 불구하고 공공기관이 공개 결정을 할 때에는 공개 결정이유와 공개 실시일을 분명히 밝혀 지체 없이 문서로 통지하여야 하며, 제3자는 해당 공공기관에 문서로 이의신청을 하거나 행정심판 또는 행정소송을 제기할 수 있다.

702

해설 ① (○) 공공기관의 정보공개에 관한 법률 제10조 제1항

공공기관의 정보공개에 관한 법률	제10조(정보공개의 청구방법) ① 정보의 공개를 청구하는 자(이하 "청구인"이라 한다)는 해당 정보를 보유하거나 관리하고 있는 공공기관에 다음 각 호의 사항을 적은 정보공개 청구서를 제출하거나 말로써 정보의 공개를 청구할 수 있다. 1. 청구인의 성명·생년월일·주소 및 연락처(전화번호·전자우편주소 등을 말한다. 이하 이 조에서 같다). 다만, 청구인이 법인 또는 단체인 경우에는 그 명칭, 대표자의 성명, 사업자등록번호 또는 이에 준하는 번호, 주된 사무소의 소재지 및 연락처를 말한다. 2. 청구인의 주민등록번호(본인임을 확인하고 공개 여부를 결정할 필요가 있는 정보를 청구하는 경우로 한정한다) 3. 공개를 청구하는 정보의 내용 및 공개방법

② (○) 공공기관의 정보공개에 관한 법률 제11조 제3항

공공기관의 정보공개에 관한 법률	제11조(정보공개 여부의 결정) ③ 공공기관은 공개 청구된 공개 대상 정보의 전부 또는 일부가 제3자와 관련이 있다고 인정할 때에는 그 사실을 제3자에게 지체 없이 통지하여야 하며, 필요한 경우에는 그의 의견을 들을 수 있다.

③ (×) 7일이 아니라, **3일** 이내만 요청할 수 있다(공공기관의 정보공개에 관한 법률 제21조 제1항).

공공기관의 정보공개에 관한 법률	제21조(제3자의 비공개 요청 등) ① 제11조 제3항에 따라 공개 청구된 사실을 통지받은 제3자는 그 통지를 받은 날부터 3일 이내에 해당 공공기관에 대하여 자신과 관련된 정보를 공개하지 아니할 것을 요청할 수 있다.

④ (○) 공공기관의 정보공개에 관한 법률 제21조 제2항

공공기관의 정보공개에 관한 법률	제21조(제3자의 비공개 요청 등) ② 제1항에 따른 비공개 요청에도 불구하고 공공기관이 공개 결정을 할 때에는 공개 결정 이유와 공개 실시일을 분명히 밝혀 지체 없이 문서로 통지하여야 하며, 제3자는 해당 공공기관에 문서로 이의신청을 하거나 행정심판 또는 행정소송을 제기할 수 있다. 이 경우 이의신청은 통지를 받은 날부터 7일 이내에 하여야 한다.

정답 ③

703 [회독] □□□ 23년 지방 9급

공공기관의 정보공개에 관한 법률상 정보공개에 대한 설명으로 옳은 것만을 모두 고르면?

ㄱ 모든 국민은 정보의 공개를 청구할 권리를 가진다.

ㄴ 법무부령인 「검찰보존사무규칙」은 행정기관 내부의 사무처리준칙인 행정규칙이지만, 「검찰보존사무규칙」상의 열람·등사의 제한은 「공공기관의 정보공개에 관한 법률」 제9조제1항제1호의 '다른 법률 또는 법률에 의한 명령에 의하여 비공개사항으로 규정된 경우'에 해당한다.

ㄷ 해당 정보를 취득 또는 활용할 의사가 전혀 없이 정보공개 제도를 이용하여 사회통념상 용인될 수 없는 부당한 이득을 얻으려 하거나, 오로지 공공기관의 담당 공무원을 괴롭힐 목적으로 정보공개청구를 하는 경우 권리 남용에 해당함이 명백하므로 정보공개청구권의 행사가 허용되지 아니한다.

ㄹ 청구인이 정보공개와 관련한 공공기관의 결정에 대하여 불복이 있거나 정보공개청구 후 10일이 경과하도록 정보공개 결정이 없는 때에는 「행정심판법」에서 정하는 바에 따라 행정심판을 청구할 수 있다.

---

① ㄱ, ㄴ   ② ㄱ, ㄷ

③ ㄴ, ㄹ   ④ ㄷ, ㄹ

703

해설 ㄱ (○) 모든 국민은 정보의 공개를 청구할 권리를 가진다(정보공개법 제5조 제1항).

ㄴ (×) "검찰보존사무규칙은 비록 법무부령으로 되어 있으나, 그중 불기소사건기록 등의 열람·등사에 대하여 제한하고 있는 부분은 위임근거가 없어 행정규칙에 불과하므로, 위 규칙에 의한 열람·등사의 제한을 '다른 법률 또는 명령에 의하여 비공개사항으로 규정된 경우'에 해당한다고 볼 수 없다." (대법원 2004.9.23. 선고 2003두1370)

ㄷ (○) "국민의 정보공개청구는 비공개 대상 정보에 해당하지 아니하는 한 원칙적으로 폭넓게 허용되어야 하지만, 실제로는 해당 정보를 활용할 의사가 전혀 없이 정보공개 제도를 이용하여 사회통념상 용인될 수 없는 부당한 이득을 얻으려 하거나, 오로지 공공기관의 담당공무원을 괴롭힐 목적으로 정보공개청구를 하는 경우처럼 권리의 남용에 해당하는 것이 명백한 경우에는 정보공개청구권의 행사를 허용하지 아니하는 것이 옳다." (대법원 2014.12.24. 선고 2014두9349)

ㄹ (×) 청구인이 정보공개와 관련한 공공기관의 결정에 대하여 불복이 있거나 정보공개 청구 후 20일이 경과하도록 정보공개 결정이 없는 때에는 「행정심판법」에서 정하는 바에 따라 행정심판을 청구할 수 있다(정보공개법 제19조 제1항).

정답 ②

704 [회독] ☐☐☐   20년 군무원 9급

「공공기관의 정보공개에 관한 법률」의 내용으로 옳지 않은 것은? (다툼이 있는 경우 판례에 의함)

① 정보공개를 거부하기 위해서는 반드시 그 정보가 진행 중인 재판의 소송기록 그 자체에 포함된 내용의 정보일 필요는 없으나, 재판에 관련된 일체의 정보가 그에 해당하는 것은 아니고 진행 중인 재판의 심리 또는 재판 결과에 구체적으로 영향을 미칠 위험이 있는 정보에 한정된다고 보는 것이 타당하다.

② 처분청이 처분 당시에 적시한 구체적 사실을 변경하지 아니하는 범위 내에서 단지 그 처분의 근거법령만을 추가·변경하거나 당초의 처분사유를 구체적으로 표시하는 것에 불과한 경우에는 새로운 처분사유를 추가하거나 변경하는 것이라고 볼 수 없다.

③ 학교환경위생구역 내 금지행위(숙박시설) 해제결정에 관한 학교환경위생정화위원회의 회의록에 기재된 발언내용에 대한 해당 발언자의 인적사항 부분에 관한 정보는 「공공기관의 정보공개에 관한 법률」 제7조 제1항 제5호 소정의 비공개대상에 해당한다고 볼 수 없다.

④ 의사결정과정에 제공된 회의관련자료나 의사결정과정이 기록된 회의록 등은 의사가 결정되거나 의사가 집행된 경우에는 더 이상 의사결정과정에 있는 사항 그 자체라고는 할 수 없으나, 의사결정과정에 있는 사항에 준하는 사항으로서 비공개대상정보에 포함될 수 있다.

704

해설 ① (○) "법원 이외의 공공기관이 정보공개법 제9조 제1항 제4호에서 정한 '진행 중인 재판에 관련된 정보'에 해당한다는 사유로 정보공개를 거부하기 위하여는 반드시 그 정보가 진행 중인 재판의 소송기록 자체에 포함된 내용일 필요는 없다. 그러나 재판에 관련된 일체의 정보가 그에 해당하는 것은 아니고 진행 중인 재판의 심리 또는 재판결과에 구체적으로 영향을 미칠 위험이 있는 정보에 한정된다고 보는 것이 타당하다." (대법원 2011.11.24. 선고 2009두19021)

② (○) "처분청이 처분 당시에 적시한 구체적 사실을 변경하지 아니하는 범위 내에서 단지 그 처분의 근거법령만을 추가·변경하거나 당초의 처분사유를 구체적으로 표시하는 것에 불과한 경우에는 새로운 처분사유를 추가하거나 변경하는 것이라고 볼 수 없다." (대법원 2007.2.8. 선고 2006두4899)

③ (×) "학교환경위생구역 내 금지행위(숙박시설) 해제결정에 관한 학교환경위생정화위원회의 회의록에 기재된 발언내용에 대한 해당 발언자의 인적사항 부분에 관한 정보는 공공기관의정보공개에관한법률 제7조 제1항 제5호 소정의 비공개대상에 해당한다." (대법원 2003.8.22. 선고 2002두12946)

④ (○) "공공기관의정보공개에관한법률상 비공개대상정보의 입법 취지에 비추어 살펴보면, 같은 법 제7조 제1항 제5호에서의 '감사·감독·검사·시험·규제·입찰계약·기술개발·인사관리·의사결정과정 또는 내부검토과정에 있는 사항'은 비공개대상정보를 예시적으로 열거한 것이라고 할 것이므로, 의사결정과정에 제공된 회의관련 자료나 의사결정과정이 기록된 회의록 등은 의사가 결정되거나 의사가 집행된 경우에는 더 이상 의사결정과정에 있는 사항 그 자체라고는 할 수 없으나, 의사결정과정에 있는 사항에 준하는 사항으로서 비공개대상정보에 포함될 수 있다." (대법원 2003.8.22. 선고 2002두12946)

정답 ③

제2장　개인정보 보호법

기출테마 133　개인정보 보호법

705 [회독] ☐☐☐

개인정보의 보호에 대한 판례의 설명으로 옳은 것만을 모두 고르면?

> ㉠ 개인정보자기결정권의 보호대상이 되는 개인정보는 반드시 개인의 내밀한 영역에 속하는 정보에 국한되지 않고 공적 생활에서 형성되었거나 이미 공개된 개인정보까지 포함한다.
>
> ㉡ 이미 공개된 개인정보를 정보주체의 동의가 있었다고 객관적으로 인정되는 범위 내에서 처리를 할 때는 정보주체의 별도의 동의는 불필요하다고 보아야 하고, 별도의 동의를 받지 아니하였다고 하여 「개인정보 보호법」을 위반한 것으로 볼 수 없다.
>
> ㉢ 개인정보 처리위탁에 있어 수탁자는 정보제공자의 관리·감독 아래 위탁받은 범위 내에서만 개인정보를 처리하게 되지만, 위탁자로부터 위탁사무 처리에 따른 대가를 지급받는 이상 개인정보 처리에 관하여 독자적인 이익을 가지므로, 그러한 수탁자는 「개인정보 보호법」 제17조에 의해 개인정보처리자가 정보주체의 개인정보를 제공할 수 있는 '제3자'에 해당한다.
>
> ㉣ 인터넷 포털사이트 등의 개인정보 유출사고로 주민등록번호가 불법 유출되어 그 피해자가 주민등록번호 변경을 신청했으나 구청장이 거부 통지를 한 사안에서, 피해자의 의사와 무관하게 주민등록번호가 유출된 경우에는 조리상 주민등록번호의 변경요구신청권을 인정함이 타당하다.

① ㉠, ㉢　　　　　　② ㉡, ㉣
③ ㉠, ㉡, ㉢　　　　④ ㉠, ㉡, ㉣

705

해설　㉠ (○) "개인정보자기결정권의 보호대상이 되는 개인정보는 개인의 신체, 신념, 사회적 지위, 신분 등과 같이 인격주체성을 특징짓는 사항으로서 개인의 동일성을 식별할 수 있게 하는 일체의 정보를 의미하며, 반드시 개인의 내밀한 영역에 속하는 정보에 국한되지 않고 공적 생활에서 형성되었거나 이미 공개된 개인정보까지도 포함한다." (대법원 2016.3.10. 선고 2012다105482)

㉡ (○) "이미 공개된 개인정보를 정보주체의 동의가 있었다고 객관적으로 인정되는 범위 내에서 수집·이용·제공 등 처리를 할 때는 정보주체의 별도의 동의는 불필요하다고 보아야 하고, 별도의 동의를 받지 아니하였다고 하여 「개인정보 보호법」 제15조나 제17조를 위반한 것으로 볼 수 없다." (대법원 2016.8.17. 선고 2014다235080)

㉢ (✕) "개인정보 보호법 제26조와 정보통신망법 제25조에서 말하는 개인정보의 '처리위탁'은 본래의 개인정보 수집·이용 목적과 관련된 위탁자 본인의 업무 처리와 이익을 위하여 개인정보가 이전되는 경우를 의미한다. 개인정보 처리위탁에 있어 수탁자는 위탁자로부터 위탁사무 처리에 따른 대가를 지급받는 것 외에는 개인정보 처리에 관하여 독자적인 이익을 가지지 않고, 정보제공자의 관리·감독 아래 위탁받은 범위 내에서만 개인정보를 처리하게 되므로, 개인정보 보호법 제17조(개인정보의 제공)과 정보통신망법 제24조의2에서 정한 '제3자'에 해당하지 않는다." (대법원 2017.4.7. 선고 2016도1326) 「개인정보 보호법」 제26조는 개인정보처리자가 개인정보와 관련한 자신의 업무를 외부업체(수탁자)에 처리위탁(아웃소싱)하는 경우에는 정보주체의 동의가 필요하지 않음을 전제로 규정이 되어 있고, 「개인정보 보호법」 제17조는 개인정보의 '제3자' 제공시에는 정보주체의 동의가 필요하다고 규정하고 있다. 이에 양자의 관계에 대해 판시한 것이다. 외부업체에 '처리위탁'을 할 때에는 그 수탁자는 자신들의 독자적인 이익과 업무처리를 위하여 개인정보를 제공받는 것이 아니기 때문에, 제17조에도 불구하고 정보주체의 동의가 필요하지 않다고 본다. 다만, 단순한 수탁자가 아니라 자신들의 독자적인 이익과 업무 처리를 위하여 개인정보를 제공받은 자라면 '제3자'에 해당하므로 정보주체의 동의가 필요하다고 본다.

㉣ (○) "갑 등이 인터넷 포털사이트 등의 개인정보 유출사고로 자신들의 주민등록번호 등 개인정보가 불법 유출되자 이를 이유로 관할 구청장에게 주민등록번호를 변경해 줄 것을 신청하였으나 주민등록번호 변경을 거부하는 취지의 통지를 한 경우, 피해자의 의사와 무관하게 주민등록번호가 유출된 경우에는 조리상 주민등록번호의 변경을 요구할 신청권을 인정함이 타당하고, 구청장의 주민등록번호 변경신청 거부행위는 항고소송의 대상이 되는 행정처분에 해당한다." (대법원 2017.6.15. 선고 2013두2945)

정답 ④

706 [회독] ☐☐☐   24년 소방직

행정정보공개 및 개인정보 보호에 관한 설명으로 옳지 않은 것은? (다툼이 있는 경우 판례에 의함)

① 정보공개청구의 대상이 되는 정보는 반드시 원본이어야 한다.

② 「공공기관의 정보공개에 관한 법률」에 따르면 지방자치단체는 그 소관 사무에 관하여 법령에 위배되지 않는 범위에서 정보공개에 관한 조례를 제정할 수 있다.

③ 「개인정보 보호법」에 따르면 정보주체는 개인정보처리자가 이 법을 위반한 행위로 손해를 입으면 개인정보처리자에게 손해배상을 청구할 수 있다. 이 경우 그 개인정보처리자는 고의 또는 과실이 없음을 입증하지 아니하면 책임을 면할 수 없다.

④ 「개인정보 보호법」에 따르면 개인정보와 관련한 분쟁의 조정을 원하는 자는 개인정보 분쟁조정위원회에 조정을 신청할 수 있으며, 개인정보 분쟁조정위원회는 그 신청 내용을 상대방에게 알려야 하며, 상대방은 특별한 사유가 없는 한 분쟁조정에 응하여야 한다.

706

해설 ① (✕) "공공기관의 정보공개에 관한 법률상 공개청구의 대상이 되는 정보란 공공기관이 직무상 작성 또는 취득하여 현재 보유·관리하고 있는 문서에 한정되는 것이기는 하나, 그 문서가 반드시 원본일 필요는 없다." (대법원 2006.5.25. 선고 2006두3049)

② (○) 공공기관의 정보공개에 관한 법률(정보공개법) 제4조 제2항

정보공개법	제4조(적용 범위) ② 지방자치단체는 그 소관 사무에 관하여 법령의 범위에서 정보공개에 관한 조례를 정할 수 있다.

③ (○) 개인정보 보호법 제39조 제1항

개인정보 보호법	제39조(손해배상책임) ① 정보주체는 개인정보처리자가 이 법을 위반한 행위로 손해를 입으면 개인정보처리자에게 손해배상을 청구할 수 있다. 이 경우 그 개인정보처리자는 고의 또는 과실이 없음을 입증하지 아니하면 책임을 면할 수 없다.

④ (○) 개인정보 보호법 제43조

개인정보 보호법	제43조(조정의 신청 등) ① 개인정보와 관련한 분쟁의 조정을 원하는 자는 분쟁조정위원회에 분쟁조정을 신청할 수 있다. ② 분쟁조정위원회는 당사자 일방으로부터 분쟁조정 신청을 받았을 때에는 그 신청내용을 상대방에게 알려야 한다. ③ 개인정보처리자가 제2항에 따른 분쟁조정의 통지를 받은 경우에는 특별한 사유가 없으면 분쟁조정에 응하여야 한다.

정답 ①

707 [회독] ☐☐☐

「개인정보 보호법」에 대한 내용으로 옳지 않은 것은?

① 고정형영상정보처리기기운영자는 고정형 영상정보처리기기의 설치 목적과 다른 목적으로 고정형 영상정보처리기기를 임의로 조작하거나 다른 곳을 비춰서는 아니 되며, 녹음기능은 사용할 수 없다.

② 개인정보처리자는 공중위생 등 공공의 안전과 안녕을 위하여 긴급히 필요한 경우에는 개인정보를 수집할 수 있으며 그 수집 목적의 범위에서 이용할 수 있다.

③ 개인정보처리자는 정보주체가 필요한 최소한의 정보 외의 개인정보 수집에 동의하지 아니한다는 이유로 정보주체에게 재화 또는 서비스의 제공을 거부하여서는 아니 된다.

④ 정보주체는 「행정기본법」 제20조에 따른 행정청의 자동적 처분이 자신의 권리 또는 의무에 중대한 영향을 미치는 경우에는 해당 개인정보처리자에 대하여 해당 결정을 거부할 수 있는 권리를 가진다.

707

해설 ① (○) 개인정보 보호법 제25조 제5항

개인정보 보호법	제25조(고정형 영상정보처리기기의 설치·운영 제한) ⑤ 고정형영상정보처리기기운영자는 고정형 영상정보처리기기의 설치 목적과 다른 목적으로 고정형 영상정보처리기기를 임의로 조작하거나 다른 곳을 비춰서는 아니 되며, 녹음기능은 사용할 수 없다.

② (○) 개인정보 보호법 제15조 제1항 제7호

개인정보 보호법	제15조(개인정보의 수집·이용) ① 개인정보처리자는 다음 각 호의 어느 하나에 해당하는 경우에는 개인정보를 수집할 수 있으며 그 수집 목적의 범위에서 이용할 수 있다. 7. 공중위생 등 공공의 안전과 안녕을 위하여 긴급히 필요한 경우

③ (○) 개인정보 보호법 제16조 제3항

개인정보 보호법	제16조(개인정보의 수집 제한) ③ 개인정보처리자는 정보주체가 필요한 최소한의 정보 외의 개인정보 수집에 동의하지 아니한다는 이유로 정보주체에게 재화 또는 서비스의 제공을 거부하여서는 아니 된다.

④ (×) 개인정보 보호법 제37조의2 제1항

개인정보 보호법	제37조의2(자동화된 결정에 대한 정보주체의 권리 등) ① 정보주체는 완전히 자동화된 시스템(인공지능 기술을 적용한 시스템을 포함한다)으로 개인정보를 처리하여 이루어지는 결정(「행정기본법」 제20조에 따른 행정청의 자동적 처분은 제외하며, 이하 이 조에서 "자동화된 결정"이라 한다)이 자신의 권리 또는 의무에 중대한 영향을 미치는 경우에는 해당 개인정보처리자에 대하여 해당 결정을 거부할 수 있는 권리를 가진다. 다만, 자동화된 결정이 제15조제1항제1호·제2호 및 제4호에 따라 이루어지는 경우에는 그러하지 아니하다.

(참고) 행정기본법 제20조

행정기본법	제20조(자동적 처분) 행정청은 법률로 정하는 바에 따라 완전히 자동화된 시스템(인공지능 기술을 적용한 시스템을 포함한다)으로 처분을 할 수 있다. 다만, 처분에 재량이 있는 경우는 그러하지 아니하다.

정답 ④

708 [회독] ☐☐☐   22년 소방직

「개인정보 보호법」상 개인정보 보호제도에 대한 설명으로 옳은 것은?

① 살아 있는 개인에 관하여 알아볼 수 있는 정보라도 가명처리함으로써 원래의 상태로 복원하기 위한 추가 정보의 사용·결합 없이는 특정 개인을 알아볼 수 없게 된 정보는 이 법에 따른 개인정보에 해당하지 아니한다.

② 개인정보 보호위원회는 대통령 직속 기관으로 대통령이 직접 지휘·감독한다.

③ 정보주체가 자신의 개인정보에 대한 열람을 공공기관에 요구하고자 할 때에는 공공기관에 직접 열람을 요구하거나 대통령령으로 정하는 바에 따라 개인정보 보호위원회를 통하여 열람을 요구할 수 있다.

④ 개인정보처리자는 당초 수집 목적과 합리적으로 관련된 범위에서 정보주체에게 불이익이 발생하는지 여부, 암호화 등 안전성 확보에 필요한 조치를 하였는지 여부 등을 고려하더라도 정보주체의 동의 없이는 개인정보를 제3자에게 제공할 수 없다.

708

해설 ① (✕) 개인정보 보호법 제2조 제1호 다목

개인정보 보호법	제2조(정의) 이 법에서 사용하는 용어의 뜻은 다음과 같다. 1. "개인정보"란 살아 있는 개인에 관한 정보로서 다음 각 목의 어느 하나에 해당하는 정보를 말한다. 다. 가목 또는 나목을 제1호의2에 따라 가명처리함으로써 원래의 상태로 복원하기 위한 추가 정보의 사용·결합 없이는 특정 개인을 알아볼 수 없는 정보(이하 "가명정보"라 한다)

② (✕) 개인정보 보호법 제7조 제1항

개인정보 보호법	제7조(개인정보 보호위원회) ① 개인정보 보호에 관한 사무를 독립적으로 수행하기 위하여 국무총리 소속으로 개인정보 보호위원회(이하 "보호위원회"라 한다)를 둔다.

③ (○) 개인정보 보호법 제35조 제2항

개인정보 보호법	제35조(개인정보의 열람) ② 제1항에도 불구하고 정보주체가 자신의 개인정보에 대한 열람을 공공기관에 요구하고자 할 때에는 공공기관에 직접 열람을 요구하거나 대통령령으로 정하는 바에 따라 보호위원회를 통하여 열람을 요구할 수 있다.

④ (✕) 개인정보 보호법 제17조 제4항

개인정보 보호법	제17조(개인정보의 제공) ④ 개인정보처리자는 당초 수집 목적과 합리적으로 관련된 범위에서 정보주체에게 불이익이 발생하는지 여부, 암호화 등 안전성 확보에 필요한 조치를 하였는지 여부 등을 고려하여 대통령령으로 정하는 바에 따라 정보주체의 동의 없이 개인정보를 제공할 수 있다.

정답 ③

709 [회독] ☐☐☐　　　　23년 군무원 9급

다음 중 「개인정보보호법」에 관한 내용으로 옳지 않은 것은?
(다툼이 있는 경우 판례에 의함)

① 개인정보처리자는 개인정보를 익명 또는 가명으로 처리하여도 개인정보 수집목적을 달성할 수 있는 경우 익명처리가 가능한 경우에는 익명에 의하여, 익명처리로 목적을 달성할 수 없는 경우에는 가명에 의하여 처리될 수 있도록 하여야 한다.

② 개인정보처리자는 정보주체가 필요한 최소한의 정보 외의 개인정보 수집에 동의하지 아니한다는 이유로 정보주체에게 재화 또는 서비스의 제공을 거부할 수 있다.

③ 개인정보처리자는 공공기관이 법령 등에서 정하는 소관 업무의 수행을 위하여 불가피한 경우에는 개인정보를 수집할 수 있으며 그 수집 목적의 범위에서 이용할 수 있다.

④ 개인정보처리자는 보유기간의 경과, 개인정보의 처리 목적 달성, 가명정보의 처리 기간 경과 등 그 개인정보가 불필요하게 되었을 때에는 지체 없이 그 개인정보를 파기하여야 한다. 다만, 다른 법령에 따라 보존하여야 하는 경우에는 그러하지 아니하다.

709

해설　① (○) 개인정보 보호법 제3조 제7항

개인정보 보호법	제3조(개인정보 보호 원칙) ⑦ 개인정보처리자는 개인정보를 익명 또는 가명으로 처리하여도 개인정보 수집 목적을 달성할 수 있는 경우 익명처리가 가능한 경우에는 익명에 의하여, 익명처리로 목적을 달성할 수 없는 경우에는 가명에 의하여 처리될 수 있도록 하여야 한다.

② (×) 개인정보 보호법 제16조 제3항

개인정보 보호법	제16조(개인정보의 수집 제한) ③ 개인정보처리자는 정보주체가 필요한 최소한의 정보 외의 개인정보 수집에 동의하지 아니한다는 이유로 정보주체에게 재화 또는 서비스의 제공을 거부하여서는 아니 된다.

③ (○) 개인정보 보호법 제15조 제1항 제3호

개인정보 보호법	제15조(개인정보의 수집·이용) ① 개인정보처리자는 다음 각 호의 어느 하나에 해당하는 경우에는 개인정보를 수집할 수 있으며 그 수집 목적의 범위에서 이용할 수 있다. 1. 정보주체의 동의를 받은 경우 2. 법률에 특별한 규정이 있거나 법령상 의무를 준수하기 위하여 불가피한 경우 3. 공공기관이 법령 등에서 정하는 소관 업무의 수행을 위하여 불가피한 경우 4. 정보주체와 체결한 계약을 이행하거나 계약을 체결하는 과정에서 정보주체의 요청에 따른 조치를 이행하기 위하여 필요한 경우 5. 명백히 정보주체 또는 제3자의 급박한 생명, 신체, 재산의 이익을 위하여 필요하다고 인정되는 경우 6. 개인정보처리자의 정당한 이익을 달성하기 위하여 필요한 경우로서 명백하게 정보주체의 권리보다 우선하는 경우. 이 경우 개인정보처리자의 정당한 이익과 상당한 관련이 있고 합리적인 범위를 초과하지 아니하는 경우에 한한다. 7. 공중위생 등 공공의 안전과 안녕을 위하여 긴급히 필요한 경우

④ (○) 개인정보 보호법 제21조 제1항

개인정보 보호법	제21조(개인정보의 파기) ① 개인정보처리자는 보유기간의 경과, 개인정보의 처리 목적 달성, 가명정보의 처리 기간 경과 등 그 개인정보가 불필요하게 되었을 때에는 지체 없이 그 개인정보를 파기하여야 한다. 다만, 다른 법령에 따라 보존하여야 하는 경우에는 그러하지 아니하다.

정답 ②

710 [회독] ☐☐☐　　　　　　　　　　25년 소방직

「개인정보 보호법」상 '영상정보처리기기' 및 '자동화된 결정' 에 관한 설명으로 옳지 않은 것은?

① 공개된 장소에는 고정형 영상정보처리기기의 설치·운영이 제한되나, 시설의 안전 및 관리, 화재 예방을 위해서는 공개된 장소라도 권한 유무를 불문하고 누구나 고정형 영상정보처리기기를 설치·운영할 수 있다.

② 불특정 다수가 이용하는 목욕실, 화장실 등 개인의 사생활을 현저히 침해할 우려가 있는 장소의 내부를 볼 수 있는 곳에서라도 소방공무원이 화재 발생시 인명의 구조·구급을 위하여 필요한 경우에는 이동형 영상정보처리기기로 개인정보에 해당하는 사람 또는 그 사람과 관련된 사물의 영상을 촬영할 수 있다.

③ 자동화된 결정은 인공지능 기술을 적용한 시스템을 포함하여 완전히 자동화된 시스템으로 개인정보를 처리하여 이루어지는 결정으로서, 「행정기본법」 제20조에 따른 행정청의 자동적 처분은 제외된다.

④ 개인정보처리자는 정보주체가 자동화된 결정을 거부하거나 그 결정에 대한 설명 등을 요구한 경우에는 정당한 사유가 없는 한 자동화된 결정을 적용하지 아니하거나 인적 개입에 의한 재처리·설명 등 필요한 조치를 하여야 한다.

710

해설 ① (✕) 개인정보 보호법 제25조 제1항 제3호

개인정보 보호법	제25조(고정형 영상정보처리기기의 설치·운영 제한) ① 누구든지 다음 각 호의 경우를 제외하고는 공개된 장소에 고정형 영상정보처리기기를 설치·운영하여서는 아니 된다. 1. 법령에서 구체적으로 허용하고 있는 경우 2. 범죄의 예방 및 수사를 위하여 필요한 경우 3. 시설의 안전 및 관리, 화재 예방을 위하여 정당한 권한을 가진 자가 설치·운영하는 경우 4. 교통단속을 위하여 정당한 권한을 가진 자가 설치·운영하는 경우 5. 교통정보의 수집·분석 및 제공을 위하여 정당한 권한을 가진 자가 설치·운영하는 경우 6. 촬영된 영상정보를 저장하지 아니하는 경우로서 대통령령으로 정하는 경우

② (○) 개인정보 보호법 제25조의2 제2항

개인정보 보호법	제25조의2(이동형 영상정보처리기기의 운영 제한) ① 업무를 목적으로 이동형 영상정보처리기기를 운영하려는 자는 다음 각 호의 경우를 제외하고는 공개된 장소에서 이동형 영상정보처리기기로 사람 또는 그 사람과 관련된 사물의 영상(개인정보에 해당하는 경우로 한정한다. 이하 같다)을 촬영하여서는 아니 된다. (생략) ② 누구든지 불특정 다수가 이용하는 목욕실, 화장실, 발한실, 탈의실 등 개인의 사생활을 현저히 침해할 우려가 있는 장소의 내부를 볼 수 있는 곳에서 이동형 영상정보처리기기로 사람 또는 그 사람과 관련된 사물의 영상을 촬영하여서는 아니 된다. 다만, 인명의 구조·구급 등을 위하여 필요한 경우로서 대통령령으로 정하는 경우에는 그러하지 아니하다.

③, ④ (○) 개인정보 보호법 제37조의2 제1항, 제3항

개인정보 보호법	제37조의2(자동화된 결정에 대한 정보주체의 권리 등) ① 정보주체는 완전히 자동화된 시스템(인공지능 기술을 적용한 시스템을 포함한다)으로 개인정보를 처리하여 이루어지는 결정(「행정기본법」 제20조에 따른 행정청의 자동적 처분은 제외하며, 이하 이 조에서 "자동화된 결정"이라 한다)이 자신의 권리 또는 의무에 중대한 영향을 미치는 경우에는 해당 개인정보처리자에 대하여 해당 결정을 거부할 수 있는 권리를 가진다. 다만, 자동화된 결정이 제15조제1항제1호·제2호 및 제4호에 따라 이루어지는 경우에는 그러하지 아니하다. ② 정보주체는 개인정보처리자가 자동화된 결정을 한 경우에는 그 결정에 대하여 설명 등을 요구할 수 있다. ③ 개인정보처리자는 제1항 또는 제2항에 따라 정보주체가 자동화된 결정을 거부하거나 이에 대한 설명 등을 요구한 경우에는 정당한 사유가 없는 한 자동화된 결정을 적용하지 아니하거나 인적 개입에 의한 재처리·설명 등 필요한 조치를 하여야 한다.

정답 ①

711 [회독] ☐☐☐   21년 군무원 9급

개인정보 보호에 대한 설명으로 옳지 않은 것은?

① 정보통신서비스 제공자는 이용자가 필요한 최소한의 개인정보 이외의 개인정보를 제공하지 아니한다는 이유로 그 서비스의 제공을 거부할 수 있다.

② 개인정보처리자가 집단분쟁조정을 거부하거나 집단분쟁조정의 결과를 수락하지 아니한 경우에는 법원에 권리침해 행위의 금지·중지를 구하는 단체소송을 제기할 수 있다.

③ 개인정보보호법은 외국의 정보통신서비스 제공자 등에 대하여 개인정보보호규제에 대한 상호주의를 채택하고 있다.

④ 개인정보자기결정권의 보호대상이 되는 개인정보는 개인의 내밀한 영역에 속하는 영역뿐만 아니라 공적 생활에서 형성되었거나 이미 공개된 개인정보까지 포함한다.

711

해설 ① (×) 개인정보 보호법 제16조 제3항

개인정보 보호법	제16조(개인정보의 수집 제한) ③ 개인정보처리자는 정보주체가 필요한 최소한의 정보 외의 개인정보 수집에 동의하지 아니한다는 이유로 정보주체에게 재화 또는 서비스의 제공을 거부하여서는 아니 된다.

② (○) 개인정보 보호법 제51조

개인정보 보호법	제51조(단체소송의 대상 등) 다음 각 호의 어느 하나에 해당하는 단체는 개인정보처리자가 제49조에 따른 집단분쟁조정을 거부하거나 집단분쟁조정의 결과를 수락하지 아니한 경우에는 법원에 권리침해 행위의 금지·중지를 구하는 소송(이하 "단체소송"이라 한다)을 제기할 수 있다.

③ (○) 개인정보 보호법 제28조의10

개인정보 보호법	제28조의10(상호주의) 제28조의8(개인정보의 국외 이전)에도 불구하고 개인정보의 국외 이전을 제한하는 국가의 개인정보처리자에 대해서는 해당 국가의 수준에 상응하는 제한을 할 수 있다. 다만, 조약 또는 그 밖의 국제협정의 이행에 필요한 경우에는 그러하지 아니하다.

④ (○) "개인정보자기결정권의 보호대상이 되는 개인정보는 개인의 신체, 신념, 사회적 지위, 신분 등과 같이 개인의 인격주체성을 특징짓는 사항으로서 그 개인의 동일성을 식별할 수 있게 하는 일체의 정보라고 할 수 있고, 반드시 개인의 내밀한 영역이나 사사(私事)의 영역에 속하는 정보에 국한되지 않고 공적 생활에서 형성되었거나 이미 공개된 개인정보까지 포함한다." (헌법재판소 2005.5.26. 선고 99헌마513, 2004헌마190(병합))

정답 ①

PART 07

712 [회독] ☐☐☐　　　　　　　　　21년 소방직

「개인정보 보호법」상 개인정보 단체소송에 대한 설명으로 옳지 않은 것은?

① 단체소송의 원고는 변호사를 소송대리인으로 선임하여야 한다.

② 단체소송에 관하여 「개인정보 보호법」에 특별한 규정이 없는 경우에는 「민사소송법」을 적용한다.

③ 법원은 개인정보처리자가 분쟁조정위원회의 조정을 거부하지 않을 경우에만, 결정으로 단체소송을 허가한다.

④ 단체소송의 절차에 관하여 필요한 사항은 대법원규칙으로 정한다.

712

해설 ① (○) 개인정보 보호법 제53조

개인정보 보호법	제53조(소송대리인의 선임) 단체소송의 원고는 변호사를 소송대리인으로 선임하여야 한다.

② (○) 개인정보 보호법 제57조 제1항

개인정보 보호법	제57조(「민사소송법」의 적용 등) ① 단체소송에 관하여 이 법에 특별한 규정이 없는 경우에는 「민사소송법」을 적용한다.

③ (×) 조정을 거부하지 않을 경우가 아니라, 조정을 거부하거나 조정결과를 수락하지 아니하였을 경우에 한하여 결정으로 단체소송을 허가한다(개인정보 보호법 제55조 제1항).

개인정보 보호법	제55조(소송허가요건 등) ① 법원은 다음 각 호의 요건을 모두 갖춘 경우에 한하여 결정으로 단체소송을 허가한다. 1. 개인정보처리자가 분쟁조정위원회의 조정을 거부하거나 조정결과를 수락하지 아니하였을 것 2. 제54조(소송허가신청)에 따른 소송허가신청서의 기재사항에 흠결이 없을 것

④ (○) 개인정보 보호법 제57조 제3항

개인정보 보호법	제57조(「민사소송법」의 적용 등) ③ 단체소송의 절차에 관하여 필요한 사항은 대법원규칙으로 정한다.

정답 ③

713 [회독] □□□

판례의 입장으로 옳지 않은 것은?

① 개인의 고유성, 동일성을 나타내는 지문은 그 정보주체를 타인으로부터 식별가능하게 하는 개인정보이다.

② 거부처분의 처분성을 인정하기 위한 전제 요건이 되는 신청권은 신청인이 그 신청에 따른 단순한 응답을 받을 권리를 넘어서 신청의 인용이라는 만족적 결과를 얻을 권리를 의미한다.

③ 지적공부 소관청의 지목변경신청 반려행위는 국민의 권리관계에 영향을 미치는 것으로서 항고소송의 대상이 되는 행정처분에 해당한다.

④ 산업단지개발계획상 산업단지 안의 토지 소유자로서 산업단지개발계획에 적합한 시설을 설치하여 입주하려는 자는 산업단지지정권자 또는 그로부터 권한을 위임받은 기관에 대하여 산업단지개발계획의 변경을 요청할 수 있는 법규상 또는 조리상 신청권이 있다.

713

해설 ① (○) "개인의 고유성, 동일성을 나타내는 지문은 그 정보주체를 타인으로부터 식별가능하게 하는 개인정보이므로, 시장·군수 또는 구청장이 개인의 지문정보를 수집하고, 경찰청장이 이를 보관·전산화하여 범죄수사목적에 이용하는 것은 모두 개인정보자기결정권을 제한하는 것이다." (헌법재판소 2005.5.26. 선고 99헌마513)

② (×) "거부처분의 처분성을 인정하기 위한 전제요건이 되는 신청권의 존부는 구체적 사건에서 신청인이 누구인가를 고려하지 않고 관계 법규의 해석에 의하여 일반 국민에게 그러한 신청권을 인정하고 있는가를 살펴 추상적으로 결정되는 것이고, 신청인이 그 신청에 따른 단순한 응답을 받을 권리를 넘어서 신청의 인용이라는 만족적 결과를 얻을 권리를 의미하는 것은 아니다." (대법원 1996.6.11. 선고 95누12460)

③ (○) "구 지적법의 규정은 토지소유자에게 지목변경신청권과 지목정정신청권을 부여한 것이고, 한편 토지소유자는 지목을 토대로 토지의 사용·수익·처분에 일정한 제한을 받게 되는 점 등을 고려하면, 지목은 토지소유권을 제대로 행사하기 위한 전제요건으로서 토지소유자의 실체적 권리관계에 밀접하게 관련되어 있으므로 지적공부 소관청의 지목변경신청 반려행위는 국민의 권리관계에 영향을 미치는 것으로서 항고소송의 대상이 되는 행정처분에 해당한다." (대법원 2004.4.22. 선고 2003두9015)

④ (○) "산업단지개발계획상 산업단지 안의 토지 소유자로서 산업단지개발계획에 적합한 시설을 설치하여 입주하려는 자는 산업단지지정권자 또는 그로부터 권한을 위임받은 기관에 대하여 산업단지개발계획의 변경을 요청할 수 있는 법규상 또는 조리상 신청권이 있고, 이러한 신청에 대한 거부행위는 항고소송의 대상이 되는 행정처분에 해당한다고 보아야 한다." (대법원 2017.8.29. 선고 2016두44186)

정답 ②

PART 07

714 [회독] ☐☐☐   20년 군무원 9급

개인정보보호법상 고유식별정보에 관한 설명으로 옳지 않은 것은?

① 「여권법」에 따른 여권번호나 「출입국관리법」에 따른 외국인등록번호는 고유식별정보이다.

② 고유식별정보를 처리하려면 정보주체에게 정보의 수집·이용·제공 등에 필요한 사항을 알리고 다른 개인정보의 처리에 대한 동의와 함께 일괄적으로 동의를 받아야 한다.

③ 개인정보처리자가 이 법에 따라 고유식별정보를 처리하는 경우에는 그 고유식별정보가 분실·도난·유출·위조·변조 또는 훼손되지 아니하도록 대통령령으로 정하는 바에 따라 암호화 등 안전성 확보에 필요한 조치를 하여야 한다.

④ 개인정보처리자는 다른 개인정보의 처리에 대한 동의와 별도로 동의를 받은 경우라 하더라도 주민등록번호는 법에서 정한 예외적 인정사유에 해당하지 않는 한 처리할 수 없다.

714

해설 ① (○) 개인정보 보호법 제24조 제1항, 동법 시행령 제19조 제2호, 제4호

개인정보 보호법	제24조(고유식별정보의 처리 제한) ① 개인정보처리자는 다음 각 호의 경우를 제외하고는 법령에 따라 개인을 고유하게 구별하기 위하여 부여된 식별정보로서 대통령령으로 정하는 정보(이하 "고유식별정보"라 한다)를 처리할 수 없다. 1. 정보주체에게 제15조 제2항 각 호 또는 제17조제2항 각 호의 사항을 알리고 다른 개인정보의 처리에 대한 동의와 별도로 동의를 받은 경우 2. 법령에서 구체적으로 고유식별정보의 처리를 요구하거나 허용하는 경우
개인정보 보호법 시행령	제19조(고유식별정보의 범위) 법 제24조제1항 각 호 외의 부분에서 "대통령령으로 정하는 정보"란 다음 각 호의 어느 하나에 해당하는 정보를 말한다. 다만, 공공기관이 법 제18조제2항제5호부터 제9호까지의 규정에 따라 다음 각 호의 어느 하나에 해당하는 정보를 처리하는 경우의 해당 정보는 제외한다. 1. 「주민등록법」 제7조의2제1항에 따른 주민등록번호 2. 「여권법」 제7조제1항제1호에 따른 여권번호 3. 「도로교통법」 제80조에 따른 운전면허의 면허번호 4. 「출입국관리법」 제31조제5항에 따른 외국인등록번호

② (×) 고유식별정보를 처리하려면 정보주체에게 정보의 수집·이용·제공 등에 필요한 사항을 알리고, 다른 개인정보의 처리에 대한 동의와 별도로 동의를 받아야 한다(개인정보 보호법 제24조 제1항 제1호).

③ (○) 개인정보 보호법 제24조 제3항

개인정보 보호법	제24조(고유식별정보의 처리 제한) ③ 개인정보처리자가 제1항 각 호에 따라 고유식별정보를 처리하는 경우에는 그 고유식별정보가 분실·도난·유출·위조·변조 또는 훼손되지 아니하도록 대통령령으로 정하는 바에 따라 암호화 등 안전성 확보에 필요한 조치를 하여야 한다.

④ (○) 개인정보 보호법 제24조의2 제1항

개인정보 보호법	제24조의2(주민등록번호 처리의 제한) ① 제24조 제1항에도 불구하고 개인정보처리자는 다음 각 호의 어느 하나에 해당하는 경우를 제외하고는 주민등록번호를 처리할 수 없다. 1. 법률·대통령령·국회규칙·대법원규칙·헌법재판소규칙·중앙선거관리위원회규칙 및 감사원규칙에서 구체적으로 주민등록번호의 처리를 요구하거나 허용한 경우 2. 정보주체 또는 제3자의 급박한 생명, 신체, 재산의 이익을 위하여 명백히 필요하다고 인정되는 경우 3. 제1호 및 제2호에 준하여 주민등록번호 처리가 불가피한 경우로서 보호위원회가 고시로 정하는 경우

정답 ②

715 [회독] ☐☐☐ 24년 군무원 9급

다음 중 「개인정보보호법」에 대한 설명으로 가장 적절하지 않은 것은?

① 공중위생 등 공공의 안전과 안녕을 위하여 긴급히 필요한 경우는 개인정보처리자는 정보주체의 동의가 없더라도 개인정보를 수집 또는 이용할 수 있다.

② 공공기관은 등록대상이 되는 개인정보파일에 대하여는 개인정보 처리방침을 정하여야 한다.

③ 공공기관의 장은 일정한 기준에 해당하는 개인정보파일의 운용으로 인하여 정보주체의 개인정보 침해가 우려되는 경우에는 그 위험요인의 분석과 개선 사항 도출을 위한 평가를 하고 그 결과를 정보주체에게 알려야 한다.

④ 정보주체가 자신의 개인정보에 대한 열람을 공공기관에 요구하고자 할 때에는 공공기관에 직접 열람을 요구할 수도 있고, 아니면 개인정보보호위원회를 통하여 열람을 요구할 수도 있다.

715

해설 ① (○) 개인정보 보호법 제15조 제1항 제7호

개인정보 보호법	제15조(개인정보의 수집·이용) ① 개인정보처리자는 다음 각 호의 어느 하나에 해당하는 경우에는 개인정보를 수집할 수 있으며 그 수집 목적의 범위에서 이용할 수 있다. 1. 정보주체의 동의를 받은 경우 2. 법률에 특별한 규정이 있거나 법령상 의무를 준수하기 위하여 불가피한 경우 3. 공공기관이 법령 등에서 정하는 소관 업무의 수행을 위하여 불가피한 경우 4. 정보주체와 체결한 계약을 이행하거나 계약을 체결하는 과정에서 정보주체의 요청에 따른 조치를 이행하기 위하여 필요한 경우 5. 명백히 정보주체 또는 제3자의 급박한 생명, 신체, 재산의 이익을 위하여 필요하다고 인정되는 경우 6. 개인정보처리자의 정당한 이익을 달성하기 위하여 필요한 경우로서 명백하게 정보주체의 권리보다 우선하는 경우. 이 경우 개인정보처리자의 정당한 이익과 상당한 관련이 있고 합리적인 범위를 초과하지 아니하는 경우에 한한다. 7. 공중위생 등 공공의 안전과 안녕을 위하여 긴급히 필요한 경우

② (○) 개인정보 보호법 제30조 제1항

개인정보 보호법	제30조(개인정보 처리방침의 수립 및 공개) ① 개인정보처리자는 다음 각 호의 사항이 포함된 개인정보의 처리 방침(이하 "개인정보 처리방침"이라 한다)을 정하여야 한다. 이 경우 공공기관은 제32조에 따라 등록대상이 되는 개인정보파일에 대하여 개인정보 처리방침을 정한다.

③ (×) 개인정보 보호법 제33조 제1항

개인정보 보호법	제33조(개인정보 영향평가) ① 공공기관의 장은 대통령령으로 정하는 기준에 해당하는 개인정보파일의 운용으로 인하여 정보주체의 개인정보 침해가 우려되는 경우에는 그 위험요인의 분석과 개선 사항 도출을 위한 평가(이하 "영향평가"라 한다)를 하고 그 결과를 보호위원회에 제출하여야 한다.

④ (○) 개인정보 보호법 제35조 제2항

개인정보 보호법	제35조(개인정보의 열람) ① 정보주체는 개인정보처리자가 처리하는 자신의 개인정보에 대한 열람을 해당 개인정보처리자에게 요구할 수 있다. ② 제1항에도 불구하고 정보주체가 자신의 개인정보에 대한 열람을 공공기관에 요구하고자 할 때에는 공공기관에 직접 열람을 요구하거나 대통령령으로 정하는 바에 따라 보호위원회를 통하여 열람을 요구할 수 있다.

정답 ③

PART 07

유대웅

주요 약력

서울대학교 법과대학 법학부 졸업
Oklahoma State University Research scholar
현, 박문각 공무원 행정법 대표 강사

주요 저서

유대웅 행정법총론 핵심정리(박문각)
유대웅 행정법총론 단원별 기출문제(박문각)
유대웅 행정법각론 핵심정리(박문각)
유대웅 행정법총론 불 동형 모의고사(박문각)
한 권으로 끝! 군무원 행정법(박문각)
유대웅 행정법총론 끝장내기(박문각)
유대웅 행정법총론 끝장내기 핸드북(박문각)

유대웅 행정법총론 단원별 기출문제

초판 인쇄 | 2025. 9. 25.   **초판 발행** | 2025. 9. 30.   **편저자** | 유대웅
발행인 | 박 용   **발행처** | (주)박문각출판   **등록** | 2015년 4월 29일 제2019-000137호
주소 | 06654 서울시 서초구 효령로 283 서경 B/D 4층   **팩스** | (02)584-2927
전화 | 교재 문의 (02)6466-7202

저자와의
협의하에
인지생략

정가 41,000원
ISBN 979-11-7519-200-3